SYNOPSE DES QUATRE ÉVANGILES

EN FRANÇAIS

TOME III

Couverture : Fers originaux de Jacques Devillers

SYNOPSE DES QUATRE ÉVANGILES

EN FRANÇAIS

TOME III

L'ÉVANGILE DE JEAN

COMMENTAIRE PAR M.-É. BOISMARD ET A. LAMOUILLE
de l'École Biblique de Jérusalem
avec la collaboration de G. Rochais

LES ÉDITIONS DU CERF

MCMLXXVII

IMPRIMI POTEST : V. DE COUESNONGLE, MAG. GEN. ORD. PRAED.
IMPRIMATUR : PARIS, LE 16 JUIN 1977, É. BERRAR, V. É.

AVANT-PROPOS

1. *En présentant le tome II de la* Synopse des Quatre Évangiles en français, *nous écrivions :* «*Ce volume a pour but de proposer une explication de la genèse littéraire des quatre évangiles ; il donne donc le primat aux analyses littéraires. La valeur théologique des textes n'est cependant pas négligée, dans la mesure où elle interfère avec leur évolution littéraire. Malgré tout, on ne trouvera pas, dans les notes, un commentaire détaillé et complet de chaque péricope évangélique. Pour cette raison, nous avons renoncé à rédiger des notes sur les sections johanniques qui n'ont pas de parallèle dans les Synoptiques... Le problème littéraire posé par les textes johanniques pourra faire l'objet d'un volume ultérieur*» (*p. 7*). *Ce projet s'est réalisé. Le tome III de la* Synopse, *qui paraît sous le titre :* L'évangile de Jean, *se situe dans la même perspective que le tome II. Il s'en distingue toutefois sur deux points. D'une part, les analyses de vocabulaire et de style y sont beaucoup plus poussées. D'autre part, les développements et les synthèses théologiques ont souvent une ampleur plus considérable que les analyses littéraires. Pour faciliter l'accès de ce volume aux personnes qui sont peu familiarisées avec le travail exégétique, nous avons, dans chaque note, groupé en deux parties distinctes les analyses littéraires et les développements théologiques ; ceux qui ne voudraient pas se lancer dès l'abord dans le dédale d'analyses souvent subtiles pourront commencer par lire la dernière partie de chaque note où nous donnons le sens des récits ou des discours de Jésus à leurs divers niveaux rédactionnels. Il reste qu'analyses littéraires et développements théologiques sont étroitement liés, à tel point que, souvent, les premières ne trouveront leur achèvement qu'à la lecture des seconds. En général, les discours sont d'un abord plus difficile que les récits. Pour se familiariser avec la méthode que nous avons suivie, nous suggérons au Lecteur de se laisser guider par la Samaritaine, personnage, au reste, peu farouche (note § 81).*

2. *Est-il besoin de préciser que nous sommes, les premiers, conscients du caractère hypothétique des conclusions que nous proposons. Les analyses littéraires sont d'un maniement fort délicat. Certains indices sont susceptibles d'interprétations différentes. Des conclusions peuvent être faussées parce que toutes les données d'un problème n'ont pas été envisagées. Nous n'avons pas la naïveté de croire que nous apportons une réponse définitive à la question johannique. Avouons-le, certaines notes nous laissent insatisfaits, notamment celles qui concernent le* «*discours après la Cène*». *Nous aurions été souvent plus à l'aise en distinguant, non pas deux, mais trois niveaux successifs pour Jean II. Nous y avons renoncé faute de critères suffisants. Nous croyons apporter toutefois nombre d'analyses nouvelles qui permettront à d'autres de mieux approcher la solution du problème johannique. Ils seront aidés aussi par le relevé que nous avons fait des caractéristiques stylistiques des écrits johanniques, beaucoup plus systématique qu'il ne l'avait été jusqu'ici.*

3. *En rédigeant jadis le tome II de la* Synopse, *nous avions utilisé de façon un peu prématurée l'évangile de Jn. Sur plus d'un point, une étude plus poussée de cet évangile nous a amenés à envisager de façon différente ses rapports avec la tradition synoptique ; d'où un certain nombre de* retractationes *qui seront signalées au cours des notes. Elles ne mettent pas en cause la solution du problème synoptique que nous avions alors proposée. Dans le présent volume, nous avons renvoyé aussi peu que possible aux analyses du tome II, de façon à ne pas gêner ceux qui ne le possèdent pas.*

4. *Ce volume est le fruit d'une étroite collaboration avec le Père Arnaud Lamouille. Il est impossible de préciser ce qui revient à l'un ou à l'autre dans l'œuvre définitive. Chaque note a connu quatre ou cinq rédactions successives, à mesure que notre théorie générale se précisait, et porte l'empreinte plus ou moins profonde de la réflexion de l'un et de l'autre. Pour sauvegarder l'unité de style de l'ensemble, j'ai assuré l'ultime rédaction de l'Introduction et des notes du Commentaire. Le Père Lamouille s'est attaché spécialement à perfectionner la liste des caractéristiques stylistiques et à rechercher les analogies de structure de phrases dans les écrits johanniques ; j'ai pris la responsabilité des options de critique textuelle signalées dans la première partie des notes.*

Gérard Rochais, riche de ses études bibliques poursuivies à Rome, puis à *Jérusalem, est venu travailler seize mois avec nous. Il nous a fourni un certain nombre de matériaux que nous avons utilisés pour commenter le Prologue de l'évangile, les chapitres 7 et 8, le discours après la Cène. Sa connaissance de la littérature targumique nous a été une aide précieuse. Si ce volume lui doit beaucoup, cela ne veut pas dire qu'il serait prêt à en signer toutes les pages. — Nous avons bénéficié aussi, durant quatre mois, de la collaboration de l'abbé Georges Roux, ancien élève de l'École Biblique de Jérusalem, responsable du recyclage des prêtres et des religieuses dans le diocèse de Rodez. Il a pu lire près de la moitié des notes, en vérifier les références, nous suggérer certaines améliorations dont nous lui sommes reconnaissants.*

Le Père J.-M. Rousée a bien voulu assurer la composition de l'Index des matières, sans lequel le présent volume aurait constitué un instrument de travail beaucoup moins facile à manier.

Nous nous faisons un agréable devoir de remercier les Pères Fr. Dreyfus et J. Murphy O'Connor qui ont lu notre manuscrit et nous ont suggéré un certain nombre d'améliorations. Mgr Joseph Gelin, Recteur de la Maison d'Abraham à Jérusalem, a suivi de près nos travaux et nous a encouragés de ses conseils. Notre gratitude enfin va à mademoiselle Rachel Lepeer, secrétaire de l'École Biblique de Jérusalem, qui a souvent allongé ses journées de travail pour hâter la dactylographie des ultimes rédactions.

5. Explication de quelques procédés littéraires ou termes techniques utilisés dans cet ouvrage.

Pour indiquer dans quelle proportion un mot est utilisé dans le NT, nous emploierons une suite de chiffres ainsi disposés : 3|1|9|0|17|2. Ces chiffres correspondent, respectivement et dans l'ordre, aux livres suivants : Mt, Mc, Lc, Jn, Ac, reste du NT. S'il n'y a que cinq chiffres, c'est que le « reste du NT » n'est pas pris en considération. Nous avons omis de compter : pour Mc, les mots contenus dans la finale (16 9-20) qui, bien que canonique, n'est pas marcienne ; pour Jn, les mots contenus dans l'épisode de la femme adultère (7 53 — 8 11).

Rappelons la signification de quelques termes techniques, pour les non-spécialistes :

— « eschatologique » : qui concerne la fin du monde ou la vie de l'Au-delà ;

— logion (singulier) ou logia (pluriel) : mot grec qui signifie « parole » ; il désigne d'ordinaire des « paroles » de Jésus ;

— « péricope » : petite section évangélique qui forme un tout (récit déterminé, parole ou groupe de paroles de Jésus) ;

— kérygme : proclamation de la Bonne Nouvelle apportée par Jésus ; kérygmatique : qui se réfère à cette proclamation.

M.-É. Boismard

INTRODUCTION

I. L'ÉNIGME
DU QUATRIÈME ÉVANGILE

1. Dans son état actuel, l'évangile de Jean présente un certain nombre de difficultés, voire de menues contradictions, qui ont embarrassé les commentateurs ; en voici quelques-unes. Dans le Prologue, les versets concernant le Baptiste (1 6-8.15) interrompent les développements sur le Verbe et semblent être des ajouts. En 3 22.26, il est dit que Jésus baptisait, ce qui est nié en 4 2. Au chapitre 5, Jésus se trouve à Jérusalem et, en 6 1, on apprend brusquement qu'il s'en va de l'autre côté de la mer de Galilée ; la transition serait plus satisfaisante si l'on intervertissait l'ordre des chapitres 5 et 6 puisque Jésus se trouve en Galilée à la fin du chapitre 4 ; même le Père Lagrange, pourtant peu suspect de vouloir bouleverser le texte de l'évangile, admettait cette transposition. En 7 19-23, Jésus se justifie d'avoir guéri un homme durant le sabbat et cette guérison ne peut être que celle qui est racontée en 5 1 ss. ; mais, d'après les fêtes mentionnées en 5 1, 6 4 et 7 2, il se serait passé au moins une dizaine de mois entre la guérison et la justification qu'en donne Jésus ! Durant les trois ou quatre derniers jours de la fête des Tentes (7 14.37), il y a quatre tentatives d'arrêter Jésus (7 30.32.44 ; 8 20) et un essai de le lapider (8 59) ; c'est beaucoup ! Grands prêtres et Pharisiens envoient des gardes pour arrêter Jésus (7 32) mais ceux-ci ne reviennent rendre compte de l'échec de leur mission (7 45) que trois ou quatre jours plus tard (cf. 7 14.37). En 12 44-50, Jésus prononce un discours hors de contexte puisqu'il s'est caché en 12 36b et que 12 37 ss. constitue la conclusion de la première partie de l'évangile. En 13 36, Simon-Pierre demande à Jésus : « Où vas-tu ? », mais en 16 5 Jésus s'étonne que nul ne lui demande où il va. En 14 31, Jésus donne le signal du départ : « Levez-vous, allons hors d'ici », mais il continue son entretien durant

les chapitres 15-16, sans parler de la prière qu'il prononce au chapitre 17. La présence du chapitre 21 étonne puisque l'évangile semble se terminer en 20 30-31. Jn 21 24 n'indique-t-il pas que l'évangile fut édité par un autre que celui qui l'a écrit ? Ces exemples « montrent clairement que le problème de la composition est posé par les textes eux-mêmes » (Ph.-H. Menoud).

2. Bien des solutions ont été proposées pour tenter de **1b** résoudre l'énigme de la composition de l'évangile de Jn. Il n'est pas question de les énumérer toutes ici (cf. Howard M. Teeple) ; nous nous contenterons de signaler celles qui nous ont paru les plus intéressantes et que nous citerons dans le Commentaire.

Dans une série d'articles publiés en 1907 et 1908, Eduard Schwartz a, le premier, tenté un relevé systématique des « apories » contenues dans le quatrième évangile. Pour en rendre compte, il propose la solution suivante. L'évangile de Jn aurait connu trois états successifs. Une première rédaction, le proto-Jean, offrait une structure analogue à celle des évangiles synoptiques et insistait surtout sur les miracles accomplis par Jésus. Un « Rédacteur », identique à l'auteur des épîtres, reprit ce texte et l'amplifia de matériaux en provenance de la tradition synoptique et de « discours ». Un « Interpolateur » enfin ajouta le chapitre 21 et introduisit dans le corps de l'évangile, entre autres, la série des fêtes qui le jalonnent, et donc les diverses montées de Jésus à Jérusalem.

Presque au même moment (1908), J. Wellhausen publiait un petit livre dans lequel il proposait sa propre théorie qui n'est pas sans analogies avec celle de Schwartz. L'évangile primitif (A), comme celui de Mc, comprenait trois parties : le ministère en Galilée, la venue à Jérusalem en passant par la Samarie (motivée par l'épisode de Lazare), puis les récits concernant la passion et la résurrection. Un « Réviseur » (B), qui travailla probablement en plusieurs étapes, reprit l'évangile primitif, en changea quelque peu l'ordonnance première, y ajouta de nombreuses sections, spécialement des discours, l'harmonisa sur les Synoptiques, et introduisit les diverses « montées » de Jésus à Jérusalem pour les fêtes mentionnées aux chapitres **2** à **10**.

Fr. Spitta (1910) suppose lui aussi l'existence d'un écrit fondamental (A), repris et amplifié par un Réviseur (B). L'écrit fondamental, antérieur aux Synoptiques et de valeur plus grande, serait de l'apôtre Jean. Le Réviseur y aurait ajouté, d'une part des gloses et des développements de son cru, d'autre part des matériaux en provenance de sources diverses, y compris les Synoptiques.

Signalons en passant l'hypothèse que suggéra J.H. Bernard dans son commentaire de l'évangile de Jn, et qui eut en son heure un certain succès (1929). Pour expliquer la place anormale de certaines sections (par exemple : **3** 31-36 et **12** 44-50), il supposa que des feuillets de l'évangile avaient été accidentellement déplacés.

Dans son commentaire, paru en 1941, Bultmann n'a pas jugé utile de présenter une vue d'ensemble de la solution qu'il propose touchant la composition de l'évangile de Jean. Voici cependant ce que l'on peut déduire de ses notes. L'évangéliste aurait utilisé trois sources différentes : l'une racontait les « signes » accomplis par Jésus (*sèmeia-Quelle*) ; la deuxième était un recueil de discours dans lesquels Jésus se présente comme le Révélateur envoyé par Dieu (*Offenbarungsreden*), discours reconnaissables à leur style rythmé ; la troisième contenait les récits de la passion et de la résurrection. Le tout aurait été complété par des emprunts aux évangiles synoptiques. Un Rédacteur a complété l'œuvre de l'évangéliste en ajoutant un certain nombre de gloses et des passages à portée sacramentelle ou eschatologique. Par ailleurs, le Rédacteur s'est efforcé de remettre en ordre l'évangile de Jean, qui lui était parvenu à l'état de feuillets plus ou moins mêlés, voire réduits à l'état de fragments ; mais son œuvre de « restauration » reste très imparfaite, et c'est une des tâches de l'exégète moderne de la mener à son terme. Bultmann s'y est essayé, d'où le grand nombre de transpositions qu'il propose afin de retrouver l'ordonnance de l'évangile primitif.

D'une façon générale, les conclusions de Bultmann furent accueillies avec scepticisme ; certains même lui ont reproché acerbement d'avoir trop librement bouleversé l'ordonnance de l'évangile. Nous croyons utile toutefois de rappeler ce jugement de Ph.-H. Menoud : « C'est donc avec réserve que nous accueillons les idées neuves présentées par le professeur Bultmann. Mais nous nous empressons d'ajouter, avant de fermer temporairement son commentaire, qu'il s'en faut, et de beaucoup, que ce livre ne provoque que la contradiction. D'ailleurs, il était utile que les hypothèses touchant les sources et les déplacements dans le quatrième évangile fussent reprises de main de maître, et éprouvées jusqu'à l'extrême limite de leurs possibilités d'explication. Car l'exégète s'instruit plus par l'étude d'une thèse trop hardie pour être retenue telle quelle, mais riche et suggestive au premier chef, que par la lecture d'un ouvrage qui le conduit paisiblement sur la voie plus monotone des idées reçues. »

La valeur de la distinction des sources établie par Bultmann fut soumise, d'abord par E. Schweizer, puis plus complètement par E. Ruckstuhl, au test suivant. Ils ont relevé un certain nombre de caractéristiques de vocabulaire ou de style typiques de l'évangile de Jn (cinquante pour Ruckstuhl). Or, ces caractéristiques se trouvent réparties, sauf exceptions peu nombreuses, dans toutes les couches rédactionnelles distinguées par Bultmann : les diverses sources, l'œuvre de l'évangéliste, voire les gloses du Rédacteur. Ne faudrait-il pas en conclure à l'unité d'auteur de tout l'évangile ? Et que vaut alors la distinction des sources proposée par Bultmann ?

En 1958, W. Wilkens a proposé une solution nouvelle qui, influencée par les travaux de Wellhausen et de Bultmann, tient compte aussi des études qui ont mis en évidence l'unité de style du quatrième évangile. Celui-ci aurait été composé en trois vagues successives, mais par le même auteur. L'évangile primitif racontait surtout les « signes » accomplis par Jésus mais contenait aussi les récits de la passion et de la résurrection. Plus tard, l'évangéliste reprit son œuvre en y insérant les grands discours théologiques. Une troisième rédaction l'amena à insérer de nouveaux matériaux, mais surtout à refondre profondément l'ordonnance de l'évangile primitif afin de mettre en évidence l'importance du thème pascal. Un Rédacteur ajouta la conclusion de l'évangile (**21** 24-25) et quelques gloses.

R. Schnackenburg (1965) distingue lui aussi trois stades dans la rédaction du quatrième évangile, mais qu'il attribue à des auteurs différents : Jean, le disciple que Jésus aimait ; l'évangéliste ; un Rédacteur final. Ces trois stades se différencient surtout par leurs tendances doctrinales.

Pour Raymond E. Brown (1966), on pourrait envisager cinq niveaux différents. Le premier se situe encore au stade de la tradition orale. Puis, les matériaux de cette tradition furent repensés et prêchés dans les cercles johanniques. Au troisième niveau, nous aurions la première rédaction de l'évangile de Jean. Le même auteur révisa cette rédaction afin de l'adapter à des situations nouvelles créées dans l'Église. La dernière édition de l'évangile fut faite par un Rédacteur de même école que l'évangéliste.

Robert T. Fortna (1970) s'est efforcé de préciser la teneur de la « source des Signes » admise par Bultmann et son ordonnance primitive. Il est vraisemblable que cette « source » contenait aussi les récits de la passion et de la résurrection. L'évangéliste a quelque peu bouleversé l'ordre des sections de cette source et en a complété le texte, soit par des commentaires personnels, soit par des matériaux repris d'ailleurs.

La solution que nous proposons n'est pas entièrement nouvelle ; dans le Commentaire, nous aurons d'ailleurs l'occasion de citer les noms des auteurs précédents pour indiquer les nombreux points où nous sommes d'accord avec eux. L'évangile de Jn se serait développé en quatre étapes successives, mais à l'intérieur d'une même « école johannique ». La rédaction la plus ancienne (Jean I) constituait déjà un évangile complet allant du ministère du Baptiste jusqu'aux récits d'apparition du Christ ressuscité. Il ne comportait aucun des grands « discours » de Jésus et ne racontait que cinq miracles, ou « signes », accomplis par Jésus. Écrit en Palestine, il était fortement influencé par la pensée samaritaine. Utilisé par Lc et, dans une moindre mesure, par Mc, il correspond à ce que nous avons appelé le Document C dans le tome II de la Synopse ; c'est sous ce nom que nous continuerons à l'appeler (et non sous celui de Jean I). — Ce Document C fut repris et amplifié par un auteur que nous nommerons Jean II et qui composa *sa* première rédaction évangélique (Jean II-A) également en Palestine. Il conserva l'ordre des sections du Document C, mais y ajouta, entre autres : le récit de la vocation d'André et de Pierre, deux miracles repris de la tradition synoptique, quelques « discours » de Jésus. — Étant venu s'établir en Asie Mineure, probablement à Éphèse, ce Jean II se trouva confronté à des problèmes nouveaux, spécialement à l'hostilité de certains milieux judéo-chrétiens, comme l'avait été Paul. Il résolut donc d'écrire une deuxième rédaction évangélique (Jean II-B). Il reprit, en les transformant ou en les glosant, les matériaux de sa première rédaction et y ajouta des matériaux en provenance des évangiles synoptiques. C'est lui qui introduisit le cadre des fêtes juives dans lequel se déroule la vie de Jésus, donnant la primauté à la fête de Pâque au détriment de celle des Tentes, la seule qui était mentionnée dans le Document C ; il fut alors forcé de bouleverser dans une assez large mesure l'ordre des sections en provenance de Jean II-A (et donc aussi du Document C). Dans cette nouvelle rédaction, Jean II subit l'influence des lettres de Paul, des écrits de Lc (évangile et Actes), des textes de Qumrân ; la parenté avec les épîtres johanniques est évidente. — Un troisième auteur (Jean III) inséra dans le texte de Jean II-B les passages parallèles du texte de Jean II-A et quelques logia en provenance d'un recueil johannique. C'est lui qui inversa l'ordre des chapitres **5** et **6**. Il introduisit un certain nombre de gloses dont certaines eurent pour but de reprendre l'eschatologie héritée de Daniel. Il s'efforça d'atténuer les tendances anti-judaïsantes de Jean II-A et surtout de Jean II-B.

II. COMMENT RÉSOUDRE L'ÉNIGME ?

A) CRITIQUE TEXTUELLE

Pour entreprendre les analyses littéraires qui constituent la partie fondamentale de ce volume, nous avons utilisé le texte grec « classique » donné dans l'édition critique manuelle de Nestle. Toutefois, nous avons cru devoir apporter un certain nombre de corrections à ce texte et nous discutons chaque cas dans la première partie des notes du Commentaire. Voici les principes qui nous ont guidés. Lorsque les témoins du texte johannique (manuscrits grecs, versions anciennes, citations patristiques) présentent des variantes, le choix d'une de ces leçons concurrentes s'appuie sur ce que l'on appelle les « critères externes » et les « critères internes ». Les critères externes sont constitués par les témoins qui soutiennent telle leçon ; ce sont eux qui, trop souvent à notre avis, emportent la décision. Il est rare qu'une leçon soit adoptée si elle n'est pas soutenue par les « meilleurs » manuscrits grecs, le *Vaticanus* en tête. Que de fois telle ou telle variante est rejetée avec, en note, cette simple notice : « La variante X est trop peu attestée pour pouvoir être retenue. » Mais l'accord des « meilleurs » manuscrits grecs est parfois trompeur ! Nous préférons nous ranger dans la catégorie, minoritaire il est vrai, de ceux qui accordent plus de poids aux critères internes qu'aux critères externes. Les critères internes sont les motifs intrinsèques qui rendent telle leçon plus vraisemblable que telle autre ; ils sont fonction de la manière dont les scribes recopiaient les manuscrits. Ces scribes pouvaient commettre des fautes d'inattention (saut du même au même, par exemple). Ils avaient aussi la tentation de corriger un texte qui leur semblait peu clair, ou grammaticalement défectueux, ou comportant une difficulté théologique. Souvent aussi, ils harmonisaient entre eux les textes des divers évangiles. Sauf exception, on devra donc choisir la leçon la plus difficile, celle qui contredit la tendance facilitante des scribes, celle qui peut expliquer la genèse des autres, même si elle n'est attestée que par un petit nombre de manuscrits, voire par les seules versions anciennes ou citations patristiques.

Donnons un exemple tout à fait typique. En Jn **14** 24, la quasi-unanimité des manuscrits grecs, y compris les « meilleurs », ont comme texte : « Et la parole *que vous entendez* n'est pas mienne, mais du Père qui m'a envoyé » (*kai ho logos hon akouete ouk estin emos...* » ; c'est le texte unanimement adopté, sans l'ombre d'une discussion. Mais on lit dans deux manuscrits de l'ancienne version latine (*a e*), chez Didyme d'Alexandrie et Chrysostome (d'après le commentaire qu'il donne du texte) : « Et la parole, *la mienne*, n'est pas mienne mais du Père qui m'a envoyé » (*kai ho logos ho emos ouk estin emos...*) Qui songerait à adopter, ou même à discuter, ce texte si pauvrement attesté ? Et cependant, les critères internes en sa faveur sont décisifs. La formule « la parole, la mienne » est la première des caractéristiques johanniques absolues (A 1*) ; il y a donc de grandes chances qu'elle remonte à Jn lui-même. La phrase contient un paradoxe dont on a l'équivalent en **7** 16 : « La mienne doctrine n'est pas mienne, mais de celui qui m'a envoyé » ; de ce point de vue encore, elle est donc très « johannique ». Enfin, il est facile de voir pourquoi ce texte aurait été corrigé pour donner celui des manuscrits grecs. Il contient une apparente contradiction que Chrysostome a bien vue : « Mais comment (est-elle) 'tienne' et 'pas tienne' ? (*pôs de sos kai ou sos*) » ; pour éviter cette contradiction, il suffisait de remplacer « la mienne » (*ho emos*) par « que vous entendez » (*hon akouete*), et le tour était joué ! Voici donc un cas où les critères internes invitent à adopter une leçon que les critères externes auraient irrémédiablement condamnée. Pour être complet, ajoutons que certains témoins ont combiné les deux leçons concurrentes : « Et la parole, *la mienne, que vous entendez...* » (D 660 2145 *r* Arm Geo).

L'utilisation des critères internes, il faut le reconnaître, est souvent assez délicate. Il peut même arriver que de bons arguments peuvent être invoqués en faveur de deux leçons concurrentes. Dans le doute, les critères externes peuvent dirimer le débat. Encore faut-il rester très prudent et se garder de simplifier la notion de « meilleurs témoins ». Le *Vaticanus* jouit d'un préjugé favorable, d'autant qu'il est maintenant très souvent soutenu par P[75]. Mais nous avons constaté que le groupement S P[66] est souvent excellent, que l'accord entre les anciennes versions latine et syriaque n'est jamais à négliger, que le texte attesté par Tatien et Chrysostome mérite toujours d'être soigneusement pesé.

Dans l'ensemble, notre critique textuelle est restée assez modérée, et nous n'avons pas pris en considération nombre de variantes habituellement négligées. Nous n'avons pas voulu construire notre critique littéraire à partir d'un texte que beaucoup n'auraient pas manqué de contester.

B) CRITIQUE LITTÉRAIRE

Il nous faut exposer maintenant les principes qui nous ont guidés pour élaborer notre théorie touchant la composition du quatrième évangile.

1. *Les additions.*

1d   *a)* L'évangile de Jn contient un certain nombre de *gloses*, assez courtes, qu'il est souvent facile de repérer. L'existence de telles gloses est d'ailleurs reconnue aujourd'hui par presque tous les commentateurs ; les uns toutefois s'efforcent de les réduire au minimum, tandis que les autres n'hésitent pas à reconnaître que leur nombre pourrait être assez considérable. Il est clair que **4** 2 est une glose qui a pour but de rectifier les données de **3** 22.26 et **4** 1 : ce n'est pas Jésus lui-même qui baptisait ; cette glose doit être d'un « éditeur » de l'évangile, car elle contient des expressions étrangères au style de Jn (note § 81, II 1 *b bb*). De même en **7** 22, l'évangéliste ayant écrit : « Moïse vous a donné la circoncision », l'éditeur de l'évangile croit devoir rectifier : « ... non qu'elle soit de Moïse, mais des Pères » (note § 148, III A 3). — Les gloses peuvent avoir simplement pour but de rendre plus explicite le texte de l'évangile. Jn **10** 13 veut expliquer pour quelle raison le mercenaire payé pour garder le troupeau s'enfuit à la vue du loup ; mais cette précision vient en surcharge et ne s'accorde pas avec la fin du v. 12 ! Il faut voir là la présence d'une glose explicative, plutôt qu'une maladresse de style de l'évangéliste (note § 263, II C CA 3). C'est une glose du même genre qui se lit en **11** 13 : « Mais Jésus avait parlé de sa mort, tandis que ceux-là pensèrent qu'il parlait de la dormition du sommeil » ; elle perturbe un procédé littéraire typiquement johannique (note § 266, II D 3 *c ca*). — D'autres gloses enfin ont un caractère plus théologique. En **4** 22, il serait étonnant que Jn, dont on connaît par ailleurs les tendances anti-judaïsantes (cf. *infra*), ait pu écrire que « le salut vient des Juifs » ; le mot « salut » est d'ailleurs étranger à son vocabulaire. Nous sommes en présence d'une glose théologique qui invite à poser le problème de l'unité littéraire de **4** 19-24 (note § 81, II 4 *a aa*). — Toutes ces gloses sont de Jean III, l'éditeur de l'évangile ; nous en relèverons beaucoup d'autres dans les notes du Commentaire.

b) Certaines *additions* sont beaucoup plus que de simples gloses. Il est possible de les déceler du fait qu'elles introduisent une certaine incohérence dans un récit ou dans un discours. En **19** 23-24, ce sont les soldats (romains) qui effectuent le partage des vêtements de Jésus ; cette circonstance est anormale puisque, d'après **19** 15-18, les Juifs eux-mêmes et leurs satellites auraient procédé à la crucifixion. La présence des soldats est donc une addition au récit primitif, ce que confirme une anomalie grammaticale dans le v. 23 (note §§ 351-355, II B 3 *a*). — Au début du discours après la Cène (**14**), les vv. 4-6 s'accordent mal avec les vv. 1-3. Thomas affirme : « Seigneur, nous ne savons pas où tu vas » (v. 5) alors que Jésus vient de dire qu'il s'en va dans la maison du Père afin de préparer une place pour ses disciples (vv. 2-3). Et pourquoi s'inquiéter de la route à suivre (vv. 4-5) puisque Jésus doit revenir chercher ses disciples (v. 3) ? Les vv. 1-3 et 4-6 n'ont pas été écrits au même moment ; l'un des deux textes est une addition par rapport à l'autre (note § 325, I A 1). — A la fin du discours après la Cène, Jésus reconnaît que ses disciples ont cru qu'il est sorti de Dieu (**16** 27), et c'est la raison pour laquelle le Père les aime ; mais aussitôt après, lorsque les disciples affirment leur foi dans le même mystère, Jésus met en doute la réalité de cette foi (vv. 30-32) ! L'un des deux passages est une addition par rapport à l'autre. Ces exemples suffisent à montrer comment se pose le problème des additions à un texte primitif.

c) Il existe un autre signe qui permet de déceler d'éventuelles additions à un texte primitif : le procédé rédactionnel que les Allemands appellent la *Wiederaufnahme*, c'est-à-dire la « reprise ». Lorsqu'un auteur insère un passage plus ou moins long dans un texte antérieur, il est souvent obligé de « reprendre », après l'insertion qu'il vient d'effectuer, des expressions du texte primitif qui se lisent avant le passage ajouté. Une comparaison de Jn **18** 33-37 avec le parallèle des Synoptiques montre que Jn utilise ce procédé rédactionnel : la question de Pilate à Jésus « Tu es le roi des Juifs » (v. 33b) est reprise au v. 37b sous la forme « Donc, tu es roi ? » (note §§ 347.349, II A 3 b). Un autre exemple très clair de ce procédé rédactionnel est fourni par **18** 18.25 ; la répétition, au v. 25a, des données du v. 18b prouve que l'épisode de la comparution de Jésus devant Anne fut inséré dans le récit des reniements de Pierre (note § 339, I A 3).

Mais la répétition d'expressions identiques ou analogues, à quelques versets d'intervalle, n'indique pas forcément la présence d'une insertion, et il faut rester prudent. De telles répétitions peuvent correspondre, non pas à un procédé rédactionnel, mais à un procédé littéraire qui consiste à reprendre au terme d'un développement, sous forme d'inclusion, un thème exprimé au début de ce développement. Les structures en chiasme, que nous étudierons plus loin, contiennent aussi, par définition, la répétition d'expressions analogues. Pour être certain qu'une « reprise » est le signe d'une insertion dans un texte plus ancien, il faudra donc faire appel à d'autres critères : la différence des caractéristiques stylistiques (**7** 6-8, note § 256, II A 4), une particularité théologique (**1** 1-2, note § 1, II A 1), la comparaison avec d'autres textes johanniques de même type (**11** 25-26, note § 266, II B 5 a ab), l'insertion d'une glose théologique dans un récit (**11** 4-6, note § 266, II C 1 a), le fait que deux citations bibliques se suivent et que l'une est faite d'après le texte hébreu tandis que l'autre reprend le texte de la Septante (**12** 38-40, note § 310, I A 1 a). On notera les trois « reprises » effectuées de façon analogue par Jean II-A en **4** 30.40, **11** 29.32 et **20** 3-4 (note § 81, II 5 a). Ce procédé rédactionnel est utilisé par Jean II-A, Jean II-B et Jean III.

d) Une addition peut encore se reconnaître au fait qu'elle détruit une structure johannique habituelle. Nous avons déjà mentionné la glose constituée par **11** 13 ; elle détruit le procédé littéraire johannique de l'incompréhension des interlocuteurs de Jésus (A 10*). Il en va de même de **4** 15 (note § 81, II 3 a). En **11** 39-40, l'ordre donné par Jésus n'est plus immédiatement suivi de son exécution, comme on l'attendrait chez Jn (note § 266, II C 2). En **11** 4, l'expression « pour la gloire de Dieu » est redondante et rompt une structure grammaticale typiquement johannique (note § 266, II C 1 b).

e) Une addition peut enfin se reconnaître à certaines chevilles rédactionnelles. Ainsi en **7** 6-9, les vv. 6b-8 constituent une addition marquée par la « reprise » au v. 8b des expressions du v. 6a : « Mon temps n'est pas encore là » « mon temps n'est pas encore accompli ». Or, avant de reprendre le texte de sa source au v. 9, l'interpolateur a ajouté l'expression « Or ayant dit cela » (note § 256, II A 4). Chaque fois que l'on se trouvera devant cette expression (B 80*), il faudra donc se demander si elle ne signalerait pas une insertion

antérieure. On pourrait faire la même démonstration à propos des chevilles rédactionnelles possibles que sont les expressions « quand donc » (B 30*), « lorsque donc » (A 28), « alors donc » (A 99*). D'une façon générale, nous avons noté que la conjonction « donc » est souvent ajoutée après une insertion ou un remaniement de texte, surtout lorsqu'elle a perdu son sens consécutif.

2. Les doublets.

L'évangile de Jn contient un nombre assez considérable de doublets que nous avons signalés dans le tome I de la Synopse. L'étude de ces doublets est d'une très grande importance pour résoudre le problème de la composition du quatrième évangile ; mais, fait curieux, elle n'a jamais été menée de façon systématique par les commentateurs. Nous pensons que ces doublets doivent être interprétés de deux façons différentes.

a) Jn **11** 19-21 et **11** 29.31-32 constituent deux séquences **1i** parallèles (moyennant une inversion) se terminant par une phrase identique qu'adressent à Jésus, d'abord Marthe (v. 21), puis Marie (v. 32). Le dédoublement est évident, mais comment l'expliquer ? Est-ce un procédé littéraire de l'évangéliste en mal d'imagination ? Pour répondre à cette question, il faut tenir compte d'un autre fait littéraire. En **11** 1, Marie est nommée la première, et Marthe en référence à elle ; il est même probable que Marie était seule nommée, comme en **11** 45, d'après les données de la critique textuelle (note § 266, I 1). En **11** 5, au contraire, Marthe est seule explicitement nommée, et Marie en référence à elle par l'expression « sa sœur » ; Marthe tient encore la première place en **11** 19 (cf. **11** 39). Le récit a donc eu au moins deux états successifs ; le premier ne connaissait que Marie et c'est dans le second que fut introduit le personnage de Marthe, qui a pris la première place. Le dédoublement des situations, en **11** 19-21 et **11** 29.31-32, provient de ce que Marthe a supplanté Marie, lui prenant même la parole qu'elle adressait à Jésus (vv. 21 et 32). Sur tout ce problème, voir note § 266, II B et III C 2.

Citons encore deux exemples analogues. Le dialogue sur le pain de vie, entre Jésus et les Juifs (**6** 35-58), contient deux séquences en partie parallèles ; selon l'une, Dieu donne le pain qui est Jésus-Sagesse ; selon l'autre, Jésus donne le pain qui est son corps. Mais la seconde séquence seule peut se concilier avec le contexte antérieur : la multiplication des pains (**6** 1-15). Il faut donc distinguer, ici aussi, deux états successifs du texte johannique (note § 163, II B). — Au chapitre **5**, les vv. 22.25 et 27-29 forment doublet. Mais tandis que les vv. 22.25 parlent d'une eschatologie déjà réalisée, avec le Fils de Dieu au premier plan, les vv. 27-29 reprennent l'eschatologie héritée de Daniel, centrée sur le Fils de l'homme. Nous sommes en présence de deux niveaux rédactionnels différents (note § 149, II C 2).

Pour des raisons théologiques qui seront données dans le commentaire, les deux premiers exemples que nous venons de donner concernent des textes de Jean II-A et de Jean II-B, le troisième des textes de Jean II-B et de Jean III.

1j *b*) Jn **7** 28-36 et **8** 19-22 contiennent aussi deux séquences parallèles : les Juifs ne connaissent ni Jésus ni Dieu, on essaie vainement d'arrêter Jésus, celui-ci annonce qu'il s'en va, ce qui provoque l'incompréhension de ses interlocuteurs (Synopse, tome I, p. 217). Il s'agit là d'un doublet mais dont la formation offre une légère variante par rapport aux exemples précédents. L'état des chapitres **7** et **8** apparaît si embrouillé, si surchargé, que nous avons adopté la solution suivante. Jean II-A avait rédigé un premier texte (cf. chap. **8**) qui fut *remplacé* par une nouvelle rédaction, plus théologique, au niveau de Jean II-B. C'est Jean III qui, se trouvant devant deux textes en partie parallèles, a réinséré celui de Jean II-A dans la trame de l'évangile de Jean II-B (note §§ 257-260, II). — En **1** 29-36, texte où les doublets abondent, nous sommes en présence de deux récits parallèles, l'un du Document C et l'autre de Jean II-A, qui ont été fusionnés par Jean II-B dans le but d'obtenir les matériaux nécessaires à la constitution de la première « semaine » du ministère de Jésus (note §§ 19-25, II B).

L'évangile de Jn contient de très nombreux doublets, voire des triplets, et nous avons là une des clefs les plus importantes qui permet d'obtenir la solution du problème johannique. Il est dommage que les commentateurs ne l'aient pas mieux utilisée.

3. *Les textes déplacés.*

Nous venons de voir que, dans le processus de la formation du quatrième évangile, des niveaux anciens ont été repris, réinterprétés, modifiés à des niveaux plus récents. Par ailleurs, les textes des niveaux anciens ont été réinsérés dans les niveaux plus récents. Nous trouvons une confirmation de ces divers phénomènes dans les remarques suivantes.

1k *a*) En **12** 34, la foule demande à Jésus : « ... et comment dis-tu qu'il faut que soit élevé le Fils de l'homme ? Qui est ce Fils de l'homme ? » Mais, dans le contexte antérieur, Jésus a simplement dit à la foule : « Et moi, quand j'aurai été élevé de la terre, j'attirerai tout à moi » (**12** 32) ; il n'est même pas question du Fils de l'homme ! En revanche, on lit en **3** 14 une parole de Jésus qui correspond exactement à la question que pose la foule en **12** 34 : « ... il faut que le Fils de l'homme soit élevé... » Ne faut-il pas en conclure qu'à un état antérieur du texte johannique **12** 34 suivait de peu **3** 14 et que les deux passages ont été séparés ensuite, pour une raison qu'il est d'ailleurs possible de trouver (note §§ 309-A.311, II B BB) ? De même, en **6** 41, les Juifs murmurent parce que Jésus a dit : « Je suis le pain qui est descendu du ciel. » Mais dans l'état actuel du texte johannique, c'est

seulement au v. 51a que Jésus dit : « Je suis le pain vivant qui est descendu du ciel. » Ne faut-il pas envisager un état antérieur du texte de l'évangile dans lequel le v. 51a précédait le v. 41 ? (note § 163, II C 1 *f*). Ces deux exemples montrent que l'ordre primitif de l'évangile a été plus ou moins bouleversé à un stade ultérieur.

b) Comme l'a bien vu Bultmann, il est clair que **8** 54-55 rompt la séquence formée par **8** 51-53 et **8** 56-59. Ce « corps étranger » provient d'un autre contexte qu'il est possible de retrouver en vertu d'un principe de solution que nous exposerons tout à l'heure (note § 261, II C 2). De même, **8** 14b-16a rompt la séquence formée par **8** 14a.16b-19 : c'est à propos du témoignage de Jésus (v. 14a) que vaut l'argument développé en 16b-18, et non à propos du jugement qu'il exerce. Nous avons ici encore un « corps étranger » en provenance d'un autre contexte (note §§ 257-260, II B 2).

c) Pour dépister les déplacements de textes, et en conséquence pour retrouver leur contexte primitif, nous avons eu souvent recours à des passages parallèles tirés, soit de Jn, soit de 1 Jn, soit des évangiles synoptiques, soit même de Paul.

ca) Il est souvent utile de comparer des passages semblables de l'évangile de Jn ; nous nous contenterons ici d'envisager des problèmes déjà évoqués dans les développements précédents. Jn **12** 34 doit être rapproché de **3** 14 (*supra*, 1 k) ; mais **3** 14 est parallèle à **12** 32, ce qui invite à replacer **3** 14 ss. entre **12** 31 et **12** 34 (note §§ 309-A.311, II B BB). Le lien primitif qui devait exister entre **8** 14a et **8** 16b-19, comme entre **5** 31-32a et **5** 37b, apparaît lorsque l'on compare ces passages entre eux et avec **8** 54-55a (note §§ 257-260, II B 2 *a aa*). D'une façon générale, la reconstitution de l'ordre primitif des textes aux chapitres **7** et **8**, considérablement bouleversé, ne peut être faite que par une comparaison minutieuse des doublets que contiennent ces chapitres (note §§ 257-260, II).

cb) La reconstitution du texte du Document C, en **1** 31-32.29, est confirmée par une comparaison avec 1 Jn **3** 5, qui semble se référer explicitement à un texte connu des lecteurs (note §§ 19-25, II B BA 1).

cc) Primitivement, **7** 40-43 devait suivre **12** 14-15, comme le montre le parallèle de Mt **21** 4-11 (note §§ 257-260, II B 1 *b*). Ce rapprochement de textes est d'autant plus facile à faire que, aux niveaux anciens, **12** 12-15 se lisait dans le contexte de la fête des Tentes, comme **7** 40-43 (cf. *infra*). — Jn **12** 23.27-28a doit être rapproché de Jn **14** 30-31, d'après le parallèle de Mc **14** 34-42 ; nous sommes en présence d'un texte du Document C repris par Jn et par Mc (note § 328, II A 1 et 2).

cd) Certains arguments invitent à rapprocher **8** 14c-15a de **7** 40-43 ; or ce rapprochement est confirmé par Rm **1** 3 (note §§ 257-260, II B 2 *a ac*). Nous avons rapproché **3** 35-36 de **3** 19-21 à cause du parallélisme avec Ep **5** 6-14, texte paulinien qui a influencé la rédaction de celui de Jn.

Ce ne sont là que quelques échantillons de la façon dont nous avons essayé de retrouver la place primitive de textes qui apparaissent par ailleurs déplacés. Ce principe de solution a été à peine utilisé par les commentateurs.

4. Les critères stylistiques.

Chaque écrivain possède son propre style, utilise certains mots plus volontiers que d'autres. Il devrait donc être possible d'utiliser les particularités de vocabulaire et de style pour distinguer les diverses mains qui sont intervenues dans la rédaction d'un écrit. En fait, l'argument des critères stylistiques doit être manié avec beaucoup de précaution.

a) Il est certain que l'évangile de Jn se distingue des autres écrits du NT par son vocabulaire et son style et que ces caractéristiques « johanniques », plus accentuées dans les discours que dans les récits, se retrouvent tout au long de l'ouvrage. Schweizer en avait relevé une trentaine ; Ruckstuhl a porté ce nombre à cinquante et Nicol à quatre-vingts. Nous en avons rassemblé plus de quatre cents (cf. Appendice I), sans parler d'un grand nombre de structures de phrases analogues. Il ne faudrait cependant pas se hâter d'en conclure que l'évangile de Jn est parfaitement un et que son unité de style rend caduque tout essai d'y distinguer des niveaux différents.

aa) Lorsqu'un auteur utilise des sources, il peut les intégrer telles quelles dans son œuvre et il sera alors relativement facile de les isoler grâce à leur style différent. Mais il peut aussi les retoucher de façon à leur imposer, dans une certaine mesure, son propre vocabulaire et son propre style. L'évangile de Lc, par exemple, offre des notes lucaniennes là même où il est certain que Lc reprend un texte de Mc ou d'une source de Mc. De ce que tel passage de l'évangile de Jn contient des caractéristiques johanniques, on ne peut donc en conclure qu'il fut *entièrement* rédigé par Jn ; il reste la possibilité que Jn dépende d'une source qu'il aurait plus ou moins retravaillée. Le problème se posera alors en ces termes : moins un passage contiendra de caractéristiques johanniques et plus il aura de chances de provenir d'une source non johannique.

ab) Un écrit peut se développer et s'amplifier de façon homogène lorsque cette évolution se produit au sein d'un milieu déterminé. Prenons un exemple concret que nous retrouverons plus loin. Un écrit archaïque a mis en valeur le thème de Jésus nouveau Moïse, en référence à Dt **18** 18 et à d'autres textes de l'AT. Pour exprimer ce thème, il utilise à plusieurs reprises l'expression « faire des signes » (au sens de faire des miracles) et le terme de « œuvres » (pour désigner les miracles accomplis par Jésus). Supposons que cet écrit soit repris et amplifié par un auteur de même école, qui connaît lui aussi ce thème de Jésus nouveau Moïse et le développe dans la ligne du premier écrit. Les expressions « faire des signes » et « œuvres » pourront se retrouver aux deux niveaux rédactionnels du nouvel écrit. En d'autres termes, si Jn reprend un écrit plus ancien mais le développe dans la même ligne de pensée, ce que l'on serait tenté d'appeler « caractéristiques johanniques » ne le sont plus au sens strict puisque Jn les tient de la source dont il dépend. L'unité de vocabulaire n'est plus la preuve d'une unité d'auteur.

ac) Il peut arriver qu'un même auteur, après un certain **1s** nombre d'années, éprouve le besoin de reprendre, en le modifiant et en l'amplifiant, un premier écrit. Dans ce cas, l'unité de vocabulaire et de style n'est plus une objection à la distinction des niveaux rédactionnels.

ad) Enfin, l'ouvrage d'un auteur pourra être édité par **1t** une tierce personne moyennant un certain nombre de retouches, voire d'amplifications mineures. Si cet « éditeur » connaît parfaitement le style de l'auteur principal de l'ouvrage en question, il pourra « imiter » plus ou moins consciemment ce style. Dans ce cas encore, une certaine unité de style ne s'oppose pas forcément à la distinction des niveaux rédactionnels.

On voit avec quelle prudence il faut manier l'argument de l'unité de style pour conclure à une unité d'auteur !

b) Une prudence égale s'impose lorsque, à l'inverse, on se trouve en présence de notes « non johanniques » ; il ne faut pas se hâter de conclure à l'utilisation d'une source par Jn, ou à une retouche effectuée par un « éditeur ».

ba) Une expression étrangère au style de Jn n'a aucune **1u** signification si elle se trouve isolée. Le cas sera différent si l'on se trouve devant une accumulation de telles expressions dans un passage relativement restreint ; cette accumulation *pourra* dénoter, soit l'utilisation d'une source, soit la main d'un éditeur, à plus forte raison s'il s'agit d'expressions *contraires* au style de Jn.

bb) Devant des expressions étrangères, voire contraire au **1v** style de Jn, avant de conclure à l'utilisation d'une source il faudra toujours se demander si de telles expressions ne sont pas l'écho de textes de l'AT, ou même de textes du NT (autres évangiles, Actes, lettres de Paul). Dans ce cas, on ne peut parler de « sources » au sens propre.

bc) Nous avons envisagé plus haut le cas d'un auteur qui, **1w** après un certain nombre d'années, récrit son évangile en utilisant sa première rédaction. D'une rédaction à l'autre, son style pourra avoir quelque peu changé, surtout s'il se trouve habiter dans un milieu différent ou s'il a subi des influences diverses. Une certaine évolution dans le style sera l'indice, non de mains différentes, mais de rédactions faites à des époques différentes par un même auteur.

Nous reprendrons ce problème des critères stylistiques à propos des divers niveaux rédactionnels de l'évangile de Jn. Dans le commentaire, les arguments d'ordre stylistique viendront presque toujours en dernier, étant donné la difficulté de les utiliser. D'ordinaire même, nous nous contenterons de mentionner les caractéristiques stylistiques de tel ou tel passage après en avoir achevé l'analyse littéraire.

1x   5. *Critères théologiques.*

Pour répartir les textes entre les divers niveaux rédactionnels, nous avons tenu compte aussi de critères théologiques, ce qui implique une certaine systématisation. Donnons quelques exemples. Nous verrons plus loin que l'évangile de Jn contient deux conceptions différentes de la valeur du « signe » ; selon certains textes, le « signe » est donné par Dieu aux hommes comme un moyen normal de croire en la mission de Jésus ; selon d'autres, une foi qui s'appuie sur les « signes » est imparfaite et instable. Il est impossible d'attribuer ces textes au même niveau rédactionnel puisqu'ils impliquent une théologie différente du « signe ». Nous avons souvent tenu compte de ce critère pour distinguer les textes de Jean II-B de ceux de Jean II-A.

A la note §§ 257-260, les nombreux doublets des chapitres **7** et **8** permettront de distinguer deux récits parallèles, l'un de Jean II-A et l'autre de Jean II-B. Le récit de Jean II-B offre une christologie plus approfondie, en ce sens qu'elle attribue à Jésus le Nom divin par excellence : « Je suis » (fin de II A 5). Nous serons donc amenés à attribuer aussi à Jean II-B le v. 19 du chapitre **13**, dans lequel l'expression « je suis » s'applique à Jésus en évoquant le Nom divin, même si le v. 18 appartient à Jean II-A (note § 317, III B 1).

En **4** 22, dans un développement de Jean II-B, nous trouvons l'affirmation : « le salut vient des Juifs ». Une telle affirmation se concilie difficilement avec l'anti-judaïsme de Jean II-B (cf. *infra*), comme l'avait bien vu Bultmann (qui parle, lui, de l'évangéliste). Ce fait invite alors à mener une critique plus approfondie du passage constitué par **4** 19-24 (note § 81, II 4 *a*).

III. LES DIVERS NIVEAUX RÉDACTIONNELS

A) LES TEXTES ET LEUR ORDONNANCE

1y   ## AA) *LE DOCUMENT C*

Le texte du Document C se divise en cinq parties ; les quatre premières correspondent aux régions où s'est déroulée l'activité de Jésus : Samarie, Galilée, Jérusalem, Béthanie ; la cinquième comprend les récits de la passion et de la résurrection.

1. EN SAMARIE

Jean baptise à Aenon.

3 23 Or était ( ) Jean baptisant à Aenon près de Salim ( ), et ils arrivaient et ils étaient baptisés.
25 Il y eut donc une discussion entre les disciples de Jean et des Juifs à propos de purification.

Témoignage de Jean.

1 19 Et ( ) les Juifs de Jérusalem envoyèrent des prêtres et des lévites afin de l'interroger :
21 ( ) « Es-tu le Prophète ? » Et il répondit « Non. »
25 Et ils l'interrogèrent : « Pourquoi donc baptises-tu, si tu n'es pas ( ) le Prophète ? »
26 Jean leur répondit en disant : « ( ) Au milieu de vous se tient quelqu'un que vous ne connaissez pas ;
31 et moi non plus je ne le connaissais pas, mais pour qu'il fût manifesté à Israël, pour cela je suis venu, moi, baptisant.
32 ( ) (Et) j'ai vu l'Esprit descendre du ciel ( ) et il demeura sur lui. »
29 ( ) (Et) il voit Jésus venant vers lui et il dit : « Voici l'Agneau de Dieu qui enlève le péché du monde. »

Vocation de Philippe et de Nathanaël.

1 43 ( ) Et (Jésus) rencontre Philippe et lui dit : « Suis-moi. »
45 Philippe rencontre Nathanaël et lui dit : « Celui dont Moïse a écrit dans la Loi ( ), nous l'avons trouvé : Jésus, le fils de Joseph, de Nazareth. »
46 Et Nathanaël lui dit : « De Nazareth, peut-il y avoir quelque chose de bon ? » Philippe lui dit : « Viens et vois. »
47 Jésus vit Nathanaël venant vers lui et il dit à son sujet : « Voici vraiment un Israélite ( ). »
48 Nathanaël lui dit : « D'où me connais-tu ? » Jésus répondit et lui dit : « Avant que Philippe ne t'appelle, comme tu étais sous le figuier, je t'ai vu. »
49 Nathanaël lui répondit : « ( ) Tu es le roi d'Israël. »

Jésus et la Samaritaine.

4 5 Il arrive ( ) à une ville ( ) dite Sychar, près du terrain que Jacob avait donné à Joseph, son fils.
6 Or, il y avait là la source de Jacob. Jésus donc ( ) était assis ainsi près de la source. ( )
7 Vient une femme ( ) pour puiser de l'eau. Jésus lui dit : « Donne-moi à boire. »
9 La femme ( ) lui dit : « Comment toi, ( ) me demandes-tu à boire à moi, une femme ( ) ? »
16 Il lui dit : « Va, appelle ton mari, et reviens ici. »
17 La femme répondit et dit : « Je n'ai pas de mari. » Jésus lui dit : « Tu as bien dit : Je n'ai pas de mari,
18 car tu as eu cinq maris et celui que tu as maintenant n'est pas ton mari. En cela tu as dit vrai. »

28 La femme, donc, laissa là sa cruche et courut à la ville et elle dit aux gens :

29 « Venez, voyez un homme qui m'a dit tout ce que j'ai fait. Est-ce que celui-ci ne serait pas (le Prophète) ? »

30 Ils sortirent de la ville et ( )

40 ( ) ils vinrent vers lui (et) ils le priaient de demeurer chez eux. Et il y demeura ( ).

2. En Galilée

4 43 ( ) (Et) il partit de là pour la Galilée

45 ( ) (et) les Galiléens le reçurent.

Les noces de Cana.

2 1 Et ( ) il y eut des noces à Cana de Galilée

2 et Jésus fut invité aux noces et sa mère était là et ses frères.

3 Et ils n'avaient plus de vin parce que le vin des noces était épuisé ( ).

6 Or il y avait là ( ) (des) jarres de pierre ( ) contenant chacune deux ou trois mesures.

7 Jésus leur dit : « Emplissez d'eau les jarres. » Et ils les remplirent jusqu'en haut.

8 Et il leur dit : « Puisez maintenant ( ). » (Ils puisèrent)

9 ( ) (et) l'eau (était) devenue du vin. ( )

11 Ce premier signe fit Jésus à Cana de Galilée ( ).

Le fils du fonctionnaire royal.

2 12 Après cela, il descendit à Capharnaüm, lui et sa mère et ses frères et ils demeurèrent là ( ).

4 46 ( ) Or il y avait un certain fonctionnaire royal dont le fils était malade ( ).

47 Celui-ci, ayant entendu dire que Jésus était arrivé ( ), s'en vint vers lui et il lui demandait que ( ) il guérit son fils ( ).

50 Jésus lui dit : « Pars, ton fils vit. » ( )

(Et, étant revenu à la maison, il trouva son fils vivant.)

54 Jésus fit de nouveau ce deuxième signe (à Capharnaüm).

Jésus et ses frères.

7 1 ( ) Jésus circulait en Galilée ( ).

3 Ses frères (lui) dirent : « Passe d'ici en Judée afin que ( ) (ils) voient tes œuvres que tu fais.

4 Nul en effet n'agit en secret et cherche à être en évidence. Si tu fais cela, manifeste-toi au monde. »

6 Jésus leur dit : « (Le) temps n'est pas encore là ( ). »

9 ( ) (Et) il demeura en Galilée.

La pêche miraculeuse.

21 1 ( ) Jésus se manifesta de nouveau ( ) au bord de la mer de Tibériade ( ).

2 Étaient ensemble Simon-Pierre ( ) et les fils de Zébédée ( ).

3 Simon-Pierre leur dit : « Je vais pêcher. » Ils lui disent : « Nous venons nous aussi avec toi. » Ils partirent et montèrent dans la barque et cette nuit-là ils ne prirent rien.

4 Or le matin étant déjà arrivé, Jésus se tint sur le rivage ( ).

6 Il leur dit : « Jetez le filet au côté droit de la barque et vous trouverez. » Ils le jetèrent donc et ils ne pouvaient plus le retirer à cause de l'abondance des poissons.

14 Ceci (fut) déjà la troisième (fois) que Jésus fut manifesté ( ).

3. A Jérusalem, la fête des Tentes

Entrée de Jésus à Jérusalem.

7 2 Or était proche la Skènopègie ( ).

10 (Et Jésus) monta ~ à la fête.

12 12 ( ) (Une) foule nombreuse ( ), ayant entendu dire que Jésus venait à Jérusalem,

13 prirent des rameaux de palmiers et sortirent à sa rencontre et ils poussaient des cris : « *Hosanna ! Béni soit celui qui vient au nom du Seigneur*, et le roi d'Israël ! »

Expulsion des vendeurs du Temple.

7 14 ( ) Jésus monta au Temple ( ).

2 14 Et il trouva dans le Temple ceux qui vendaient bœufs et brebis et colombes, et les changeurs assis,

15 et ( ) il les chassa tous du Temple ( )

16 et il dit ( ) : « Enlevez cela d'ici. Ne faites plus de la maison de mon Père une maison de commerce. »

Des Grecs veulent voir Jésus.

12 20 Or il y avait certains Grecs, de ceux qui étaient montés afin d'adorer pendant la fête.

21 Ceux-ci s'approchèrent de Philippe ( ) et ils le priaient en disant : « Seigneur, nous voulons voir Jésus. »

22 Philippe vient et le dit ( ) à Jésus.

23 Mais Jésus (lui) répond en disant : ( )

31 « Maintenant, c'est le jugement de ce monde ; maintenant, le Prince de ce monde sera jeté bas.

32 Et moi, quand j'aurai été élevé de terre, j'attirerai tout à moi.

48 Qui me rejette et ne reçoit pas mes paroles a son juge ( ). »

Guérison d'un aveugle.

8 59 ( ) Et il sortit du Temple.

9 1 Et, en passant, il vit un homme aveugle ( ).

6 (Et) il cracha à terre et fit de la boue avec sa salive et oignit la boue sur ses yeux

7 et il lui dit : « Va, lave-toi à la piscine de Siloé ( ). » Il s'en alla donc et se lava et revint en voyant.

Complot contre Jésus

11 47 Les grands prêtres ( ) rassemblèrent le Sanhédrin, et ils disaient : ( )

12 19 ( ) « Voilà le monde parti derrière lui ! »
11 53 (Et) ils décidèrent qu'ils le tueraient.
54 Jésus donc ne circulait plus en public parmi les Juifs, mais il partit de là pour une ville dite Éphraïm, proche du désert, et il y demeura ( ).

4. A Béthanie

Résurrect on de Lazare.

11 1 Or il y avait un(e) certain(e) (Marie) de Béthanie ( ),
2 ( ) dont le frère Lazare était malade.
3 (Elle) envoya lui dire : « Seigneur, voici que celui que tu aimes est malade. »
4 Or, ayant entendu, Jésus ( )
6 ( ) resta deux jours à l'endroit où il était.
7 Puis, après cela, il dit : ( )
11 ( ) « Lazare ( ) est endormi ; mais je pars (vers lui). »
17 Étant venu ( ) (il) le trouva ( ) déjà au tombeau.
29 (Marie), quand elle eut entendu (que Jésus venait), se leva vite et (vint) vers lui (et)
32 ( ) (lui dit) : « Seigneur, si tu avais été là, mon frère ne serait pas mort. »
33 Jésus ( ) (la rudoya) ( )
34 et dit : « Où l'avez-vous mis ? » Ils lui disent : « Seigneur, viens et vois. »
38 ( ) (Il) vient donc au tombeau. Or c'était une grotte et une pierre était placée dessus.
39 Jésus dit : « Enlevez la pierre. » ( )
41 Ils enlevèrent donc la pierre. Jésus ( )
43 ( ) cria d'une voix forte : « Lazare, viens dehors ! »
44 (Et) le mort sortit ( ).

L'onction à Béthanie.

12 2 Ils lui firent ( ) un repas ( ).
3 Marie donc, ayant pris (un vase d'albâtre) de parfum ( ) de grand prix, (le versa sur sa tête).
4 (Ils disaient :) ( )
5 « Pourquoi ce parfum ne fut-il pas vendu ( ) et donné aux pauvres ? »
7 Jésus donc dit : « Laisse(z)-la ( ).
8 Car les pauvres, toujours vous les aurez avec vous ; mais moi, vous ne m'aurez pas toujours. »

Le lavement des pieds.

13 1 ( ) Jésus, sachant que (l') heure est venue ( ),
4 se lève du repas et dépose ses vêtements et, prenant un linge, il s'en ceignit.
5 Puis il met de l'eau dans le bassin et commença à (leur) laver les pieds et à les essuyer avec le linge dont il était ceint.
12 Lors donc qu'il leur eut lavé les pieds et qu'il eut repris ses vêtements et qu'il se fut remis à table, il leur dit : « Reconnaissez ce que je vous ai fait ;

17 puisque vous savez cela, vous êtes heureux si vous le faites. »

Jésus annonce son retour.

13 33 « ( ) Encore un peu je suis avec vous ; vous me chercherez et ( ) où je vais vous ne pouvez pas venir ( ) maintenant.
14 1 Que votre cœur ne se trouble pas ; croyez en Dieu ( ).
2 Dans la maison de mon Père, il y a beaucoup de demeures ( ) ; je pars vous préparer une place.
3 Et si je pars et vous prépare une place, je viendrai de nouveau et vous prendrai près de moi ( ). »

Le trouble de Jésus.

12 23 « L'heure est venue, (voici qu'est livré) le Fils de l'homme (aux mains des pécheurs).
27 Maintenant, mon âme est troublée ; et que dirai-je ? Père, sauve-moi de cette heure ? Mais pour cela je suis venu à cette heure !
28 Père, glorifie ton Nom. ( )
14 30 ( ) Le Prince de ce monde vient ( ) ;
31 ( ) Levez-vous, allons hors d'ici. »

5. Passion et résurrection

Arrestation de Jésus.

18 1 ( ) Jésus sortit avec ses disciples au delà du torrent du Cédron ( ).
3 Judas ( ), ayant pris ( ) des gardes de la part des grands prêtres ( ), vient là.
12 ( ) Les gardes ( ) saisirent Jésus ( )
13 et le menèrent chez Anne ( ).

Reniement de Pierre.

18 15 Or suivait (de loin) Simon-Pierre ( ) et il entra avec Jésus dans la cour du Grand Prêtre.
18 (·) Les gardes, ayant fait un feu de braises, ( ) se tenaient là ( ) ; (Simon-) Pierre aussi se tenait là avec eux ( ).
25 ( ) Ils lui dirent : « Toi aussi, tu es (d'entre eux). » ( ) Il dit : « Je n'en suis pas. »
27 ( ) Et aussitôt un coq chanta.

Jésus comparaît devant Anne.

18 19 Le Grand Prêtre donc interrogea Jésus ( ) sur sa doctrine.
20 Jésus lui répondit : « En public j'ai parlé au monde ( ) et en secret je n'ai parlé de rien.
21 Pourquoi m'interroges-tu ? Interroge ceux qui ont entendu ce que je leur ai dit ( ). »
22 ( ) (Et) un des gardes ( ) donna une gifle à Jésus ( ).

Jésus comparaît devant Pilate.

18 28 Ils (le) mènent ( ) (à Pilate).

29 Pilate sortit ( ) vers eux et dit : « Quelle accusation portez-vous contre cet homme ? »
30 Ils répondirent et lui dirent : « Si celui-ci n'était pas un malfaiteur, nous ne te l'aurions pas livré. »
33 Pilate ( ) dit (à Jésus) : « Tu es le roi des Juifs ? »
37 ( ) Jésus répondit : « Tu (le) dis ( ). » ( )
19 4 Et Pilate ( ) leur dit : « Je ne trouve en lui aucun motif de condamnation. »
12 ( ) Pilate cherchait à le relâcher.
6 ( ) Les grands prêtres et les gardes crièrent, disant : « Crucifie ! crucifie ! » Pilate leur dit : « Prenez-le vous-mêmes et crucifiez-le, car moi, je ne trouve en lui aucun motif de condamnation. »
16a ( ) (Et) il le leur livra ( ).

Mort de Jésus.

19 16b Ceux-ci, l'ayant pris,
17 l'emmenèrent en un lieu dit du Crâne ( )
18 où ils le crucifièrent et avec lui deux autres, un de-ci, un de-là, et au milieu Jésus.
23 ( ) Lorsque (donc) ils eurent crucifié Jésus, (ils) prirent ses vêtements ( ) et la tunique.
28 Après cela, Jésus ( ) dit : « J'ai soif. »
29 Un vase était là, plein de vinaigre ( ) ; ils l'approchèrent de sa bouche.
30 Quand donc il eut pris le vinaigre, Jésus ( ), penchant la tête, rendit l'esprit.
25 Mais se tenaient...

Ensevelissement de Jésus.

19 31 Les Juifs donc, ( ) afin que les corps ne restent pas sur la croix ( ), demandèrent à Pilate qu'(ils) les enlève(nt).
38 ( ) Et Pilate permit. Ils vinrent donc et enlevèrent
40 ( ) le corps de Jésus et le lièrent de bandelettes ( )
42 ( ) (et) ils (le) mirent (dans un tombeau).

Les femmes et Pierre au tombeau.

20 1 Or, le premier jour de la semaine, (elles vinrent) au tombeau, tôt, ( ) et elles voient la pierre enlevée du tombeau.
2 Elles courent donc et elles viennent à Simon-Pierre ( ) et elles lui disent : « Ils ont enlevé le Seigneur du tombeau et nous ne savons pas où ils l'ont mis. »
3 Pierre sortit donc ( )
4 ( ) et vint ( ) au tombeau
5 et, s'étant penché, il voit les bandelettes (seules).
10 et il s'en retourna chez lui.

Jésus apparaît à Marie.

20 11 Or Marie se tenait ( ) dehors et pleurait. ( )
14 ( ) Elle se retourna en arrière et elle voit Jésus debout ( )

18 (et elle) vient, annonçant aux disciples : « J'ai vu le Seigneur ( ). »

Jésus apparaît aux disciples.

6 19 ... Ils voient Jésus marchant au bord de la mer ( ) (et ils pensaient voir un esprit) et ils eurent peur.
20 20 ( ) (et) il leur montra ses mains et (ses pieds) ( )
6 20 (et) il leur dit : « C'est moi, n'ayez pas peur. »
21 9 Lorsque ( ) ils furent descendus à terre, ils voient là un feu de braises et du poisson placé dessus ( ).
12 Jésus leur dit : « Venez, déjeunez. » Mais personne ( ) n'osait lui demander : « Qui es-tu ? », sachant que c'était le Seigneur.
13 Jésus vient et il prend le (poisson) et il le leur donne ( ).

21 25 Il y a encore beaucoup d'autres choses que fit Jésus, que, si on les écrivait une à une, je ne pense pas que même le monde contiendrait les livres qu'on en écrirait.

Tout lecteur, même le moins prévenu, sera certainement décontenancé, et partant fort sceptique, en constatant que l'ordre des sections que nous proposons pour le Document C (cf. Jean II-A) est si différent de celui qui existe dans l'évangile actuel de Jn. Une telle valse de fragments de chapitres est-elle vraisemblable ? Comment ne pas crier aussitôt à l'arbitraire ? Il nous faut donc justifier le regroupement des sections que nous avons obtenu en élaborant le contenu du Document C. Précisons tout de suite que nous ne nous occuperons ici que de *l'ordre* des diverses sections, non des simplifications du texte à l'intérieur de chaque section. Par ailleurs, pour certains développements plus théologiques, nous nous contenterons de renvoyer à des notes ultérieures afin d'éviter trop de répétitions. Enfin, les arguments que nous allons proposer ne pourront emporter la conviction que si, en contrepartie, il est possible de justifier les bouleversements effectués par Jean II-B, et éventuellement Jean III, dans le texte du Document C et de Jean II-A. Nous prions donc le lecteur de réserver son jugement jusqu'à ce qu'il ait achevé l'étude de ce chapitre ; il ne pourra accepter la reconstitution de l'ordre des sections au niveau du Document C que lorsqu'il aura compris pourquoi Jean II-B l'a si profondément modifié.

1. JEAN ET JÉSUS EN SAMARIE

Les événements racontés dans la première partie du Document C se passent tous en Samarie et sont marqués par la pensée samaritaine. Rappelons que la Samarie était l'héritière de l'ancien royaume d'Israël, formé par les tribus du nord qui se rattachaient à un ancêtre commun : Joseph, le fils de Jacob, lui-même petit-fils d'Abraham.

1z   *a) Jean à Aenon*. Au niveau du Document C, l'évangile commençait par la présentation du Baptiste qui se lit maintenant en **3** 23.25, et ce texte précédait immédiatement **1** 19 ss. (moins la cheville rédactionnelle qui commence le v. 19). Voici les raisons qui nous le font penser.

2a   *aa)* Jn **3** 23 contient un sommaire sur l'activité du Baptiste qui offre beaucoup d'analogies avec celui de Mc **1** 4-5 :

Jn **3** 23	Mc **1** 4-5
Or était ( ) Jean baptisant à Aenon près de Salim ( ) et ils arrivaient et ils étaient baptisés.	Il y eut Jean le Baptisant dans le désert... et s'en allaient vers lui... et ils étaient baptisés...

Dans Mc, ce sommaire forme le début de l'évangile et sert d'introduction aux récits concernant Jésus. Avec un certain nombre de commentateurs modernes, on peut penser que Jn **3** 23 est actuellement hors de contexte et que, dans un état plus archaïque des traditions johanniques, il se lisait *au début* de l'évangile, à l'analogie du parallèle de Mc. Par ailleurs, « Aenon » et « Salim » étaient situés dans la région de Sichem, en plein cœur de la Samarie (note §§ 19-25, III A 1); nous nous trouvons donc devant une tradition indépendante de celle des Synoptiques qui · place l'activité du Baptiste sur les bords du Jourdain (Mc **1** 5).

2b   *ab)* Jn **3** 23 était immédiatement suivi du v. 25 (on s'accorde à tenir le v. 24 pour une glose). Ce v. 25 mentionne une discussion entre les disciples du Baptiste et des Juifs à propos de purification. La « purification » dont il s'agit concerne le baptême que Jean administrait «pour la rémission des péchés » (cf. Mc **1** 4 ; Lc **3** 3) ; la discussion porte donc sur la valeur « purificatrice » du baptême de Jean. Mais en lisant la suite du récit johannique, on constate qu'il n'offre aucun lien avec le v. 25 : les Juifs disparaissent de la scène, il n'est plus question ni de discussion avec eux, ni même de « purification » ! On a l'impression que le récit commencé en **3** 23.25 se trouve brusquement interrompu, et c'est la raison pour laquelle certains auteurs ont fait de ces deux versets le début d'un récit dont la suite serait perdue. Mais puisque **3** 23 formait primitivement le début d'un évangile (cf. *supra*), la suite du récit commencé en **3** 23.25 ne serait-elle pas à chercher en **1** 19 ss. ? Des Juifs discutent sur la valeur du baptême administré par Jean, spécialement sur sa valeur en tant que rite de purification. Mis au courant de ces discussions, les Juifs de Jérusalem envoient des prêtres, accompagnés de lévites, pour enquêter à ce sujet ; ils étaient en effet chargés de contrôler l'observation des divers rites concernant la purification. On notera que **1** 19 ss. est le seul passage de Jn où il est question de « prêtres » ; **3** 25 et **2** 6 les deux seuls textes où apparaît le terme de « purification » ; or, dans certains passages de l'AT, Lv **14** 1-32 par exemple, les termes de « purification » et de « prêtres » sont étroitement associés et alternent d'un bout à l'autre du récit (cf. aussi Mc **1** 44 ; Lc **5** 14 ; **17** 14). Jn **1** 19 et **3** 25 sont donc des passages qui s'appellent l'un l'autre ; **3** 25 ne trouve un sens acceptable que s'il est replacé avant le récit qui commence en **1** 19b.

2   *b)* Le récit de la *vocation de Philippe et de Nathanaël* (**1** 43 ss.) est étroitement lié à celui du témoignage de Jean (**1** 19 ss.) par le thème commun de Jésus assimilé au Prophète semblable à Moïse annoncé par Dt **18** 18. Or les espérances messianiques des Samaritains étaient centrées sur l'attente de ce Prophète (note §§ 19-25, III A 2 *c*). Jn **1** 43 ss. présente aussi Jésus comme le roi d'Israël, héritier du patriarche Joseph, ce qui correspond encore à l'attente des Samaritains (note §§ 19-25, III A 4). Cette coloration samaritaine des récits convient bien à un évangile qui situe l'activité baptismale de Jean en pleine Samarie (**3** 23, *supra*). Il est d'ailleurs possible que le Philippe dont parle **1** 43 ss. soit identique à celui qui évangélisa la Samarie d'après Ac **8** (note §§ 19-25, III A 4 *f*).

2   *c) L'entretien de Jésus et de la Samaritaine* (**4** 5 ss.) est situé près de la source de Jacob, non loin de Aenon où Jean baptisait (note §§ 19-25, III A 1). Les deux épisodes de **3** 23 et de **4** 5 sont donc liés par la topographie. Ils le sont aussi par la théologie (note § 81, fin de III A 1 *a*) et ils ne devaient pas être éloignés l'un de l'autre dans le Document C : le Baptiste fut envoyé par Dieu pour préparer les habitants de la Samarie à accueillir Jésus comme le nouveau Moïse ; d'où la facilité avec laquelle la Samaritaine et les habitants de Sychar vont croire en sa mission.

Il existe aussi des liens thématiques entre le récit de la Samaritaine et celui de la vocation (de Philippe et) de Nathanaël. Les deux personnages commencent par ironiser sur Jésus (**1** 46 ; **4** 9) ; mais celui-ci montre qu'il connaît la vie privée de son interlocuteur (**1** 48 ; **4** 16-18) et ce signe provoque une confession de foi (**1** 49 ; **4** 29) ; ce sont les deux seuls cas chez Jn. Une importance spéciale est donnée au patriarche Joseph, l'ancêtre des Samaritains, aussi bien dans le récit de la Samaritaine (**4** 5, note § 81, III A 2 *a*) que dans celui de la vocation de Nathanaël (**1** 45.49, note §§ 19-25, III A 4). Enfin Jésus est reconnu comme le Prophète annoncé par Dt **18** 18 (**1** 45 ; **4** 29, avant la correction effectuée par Jean II-B). Les deux épisodes sont en harmonie et il est normal de les lire à la suite l'un de l'autre dans le Document C.

2. En Galilée

2   La section suivante groupe trois miracles accomplis par Jésus en Galilée : l'eau changée en vin aux noces de Cana (**2** 1 ss.), la guérison du fils du fonctionnaire royal de Capharnaüm (**4** 46b ss.), la pêche miraculeuse (**21** 1 ss.). Deux sommaires faisaient le lien entre ces miracles : celui de **2** 12 et celui de **7** 1.3-4.6a.9. Le lien entre la section « Samarie » et la section « Galilée » était assuré par **4** 43b.45b, que Jean II-B a gardé à sa place primitive, après le récit de la Samaritaine. Voici comment nous justifions la séquence que nous avons reconstituée ici.

2f *a*) Beaucoup de commentateurs admettent aujourd'hui que, dans la source reprise par Jn, le récit des noces de Cana (**2** 1-11) était immédiatement suivi par celui de la guérison du fils du fonctionnaire royal de Capharnaüm (**4** 46b-54) ; **2** 12 faisait le lien entre les deux épisodes. Voici les arguments en faveur de cette hypothèse. Le récit des noces de Cana se termine par ces mots : « Ce premier signe fit Jésus à Cana de Galilée... » (**2** 11a). Or on lit une formule analogue à la fin du récit de guérison mentionné à l'instant : « De nouveau, ce deuxième signe fit Jésus... » (**4** 54a). Les deux miracles accomplis par Jésus sont étroitement liés grâce à cette « numérotation ». Par ailleurs, après le récit des noces de Cana, le v. 12 contient cette notice : « Après cela, il descendit à Capharnaüm, lui et sa mère et ses frères, et ils restèrent là peu de jours. » Jésus va en effet monter à Jérusalem pour la Pâque (**2** 13). Pourquoi mentionner cette descente de Jésus à Capharnaüm puisqu'il n'y accomplit rien d'important et qu'il ne va même pas y rester ? Ce verset ne proviendrait-il pas d'un texte plus ancien dans lequel Jésus accomplissait une action *à Capharnaüm* ? Or, justement, le deuxième miracle accompli par Jésus commence par ces mots : « Et il y avait un certain fonctionnaire royal dont le fils était malade à Capharnaüm » (**4** 46b). N'aurions-nous pas là le récit qui, primitivement, était introduit par la notice de **2** 12 ? On objectera que, d'après **4** 46a.47b.51, Jésus accomplit ce miracle à distance, tandis qu'il se trouvait à Cana et non à Capharnaüm. Mais d'après le récit parallèle de la tradition synoptique (Mt **8** 5-13 ; Lc **7** 1b-10), Jésus aurait effectué cette guérison tandis qu'il était à Capharnaüm, non à Cana. Le récit *actuel* de Jn aurait été remanié pour en faire un miracle accompli à distance, tandis que Jésus était à Cana (note § 84). Ainsi, Jn dépendrait d'une source plus ancienne, pour nous le Document C, qui comportait les éléments suivants : miracle de Cana (**2** 1 ss.), descente de Jésus à Capharnaüm (**2** 12, moins les derniers mots), guérison du fils du fonctionnaire royal effectuée tandis que Jésus se trouvait à Capharnaüm (**4** 46b ss.). Ces deux miracles étaient numérotés comme premier et deuxième miracles accomplis par Jésus (**2** 11a et **4** 54a).

2g *b*) Selon quelques auteurs, dont le plus récent est Fortna, le troisième miracle contenu dans la source de Jn serait la pêche au lac de Tibériade racontée en **21** 1-14. De bonnes raisons permettent de le penser. Il est vrai que, dans l'évangile actuel de Jn, la pêche miraculeuse est présentée comme une apparition du Christ ressuscité. Mais selon Lc **5** 1-11, Jésus aurait accompli ce miracle au début de son ministère en Galilée. On admet sans peine aujourd'hui que Lc et Jn dépendent d'une source commune (note § 371) ; dans cette source, la pêche miraculeuse avait-elle lieu après la résurrection du Christ (Jn) ou au début du ministère en Galilée (Lc) ? Le récit johannique commence par ces mots : « Après cela, Jésus *se manifesta* de nouveau aux disciples au bord de la mer de Tibériade ; or il (se) *manifesta* ainsi. » Dans les évangiles, y compris celui de Jn, les apparitions du Christ ressuscité ne sont presque jamais données comme « manifestations » ; les seules exceptions se lisent en Mc **16** 12.14, texte qui, bien que canonique, fut ajouté à l'évangile de Mc. Chez Jn, le verbe utilisé en **21** 1 (cf. **21** 14), lorsqu'il fait référence à Jésus, implique partout ailleurs la « manifestation » de Jésus comme Messie (**1** 31 ; **2** 11 ; **7** 4 ; cf. **9** 3). Le texte de **7** 4 est spécialement intéressant puisque le verbe est utilisé avec le pronom réfléchi, comme en **21** 1, et que ce sont les deux seuls cas dans tout le NT : « Si tu fais cela, manifeste-toi au monde » ; il s'agit de la manifestation de Jésus comme Messie grâce aux miracles qu'il accomplit. Si l'on se réfère donc à la tradition évangélique en général, à la tradition johannique en particulier, il faut conclure que la pêche miraculeuse était primitivement une « manifestation » de Jésus-Messie, au début de son ministère, et non une apparition du Christ ressuscité. C'est Lc, et non Jn, qui a gardé le contexte primitif de cet épisode.

Reportons-nous maintenant à la conclusion du récit de la pêche miraculeuse, en Jn **21** 14a ; le texte est difficile à traduire et il est nécessaire de sous-entendre le mot « fois » : « Ce(tte) troisième (fois) fut manifesté Jésus... » La parenté avec les formules qui terminent les récits de Cana (**2** 11a) et de Capharnaüm (**4** 54a) est indéniable, surtout si l'on se réfère au texte grec qui a partout le neutre : « ce premier... ce deuxième... ce troisième... » Nous sommes donc en présence d'un troisième « signe » accompli par Jésus durant les débuts de son ministère, miracle qui, dans la source de Jn (pour nous, le Document C), suivait plus ou moins immédiatement le « premier » et le « deuxième », les noces de Cana et la guérison du fils du fonctionnaire royal de Capharnaüm. En Jn **21** 14, la deuxième partie du verset aurait été ajoutée lorsque la pêche miraculeuse fut présentée comme une apparition du Christ ressuscité (note § 371).

2h *c*) Selon Fortna, qui rejoint ici Bultmann et sa « source des signes », la source utilisée par Jn aurait contenu tous les miracles racontés dans le quatrième évangile. Dans ce cas, les autres miracles étaient-ils également numérotés ? Si oui, pourquoi la tradition johannique n'aurait-elle gardé que la numérotation des trois premiers miracles ? Nous pensons que la source johannique (Document C) ne contenait que cinq miracles, dont trois seulement accomplis par Jésus en Galilée, et *au début de son ministère*, les trois qui sont encore numérotés dans l'évangile de Jn. Ce chiffre de « trois » répondait à une intention précise : établir un parallèle entre Jésus et Moïse qui dut faire trois miracles pour être reconnu par les Hébreux comme l'envoyé de Dieu, d'après Ex **4** 1-9 ; plusieurs indices permettent de le penser, comme nous le verrons à la note § 29 (III A 2).

d) Les conclusions auxquelles nous venons d'arriver vont être confirmées par l'analyse de Jn **7** 1-10 ; nous ne traiterons ici que les grandes lignes du problème, réservant à la note § 256 les analyses de détail.

2i *da)* La séquence offerte par **7** 1-10 contient un certain nombre de difficultés. Pourquoi les frères de Jésus lui suggèrent-ils de venir en Judée (v. 3) alors que, ils ne peuvent pas l'ignorer, les Juifs de Jérusalem cherchent à le faire mourir (v. 1b) ? Par ailleurs, leur suggestion ne fait aucune allusion à une nécessité cultuelle en relation avec la fête des Tentes mentionnée au v. 2. Le v. 3 semble donc lié artificiellement au v. 2 et se concilie mal avec le v. 1b. D'autre part, à ses frères qui l'invitent à venir en Judée afin de s'y manifester au monde (vv. 3-4), Jésus répond : « Mon temps n'est pas encore là » (v. 6a) ; il ne veut donc pas monter à la fête (v. 8) et reste en Galilée (v. 9). Mais au v. 10 il décide finalement de monter à la fête ! Pourquoi Jésus change-t-il ainsi d'avis ? Ce n'est pas un laps de temps de quelques jours (cf. **7** 14) qui modifie la donnée du v. 6 : « Mon temps n'est pas encore là. » Pour remédier en partie à cette difficulté, Jn précise que Jésus monta « non pas manifestement mais en secret » (v. 10) ; mais que signifie cette montée « en secret » puisque Jésus va enseigner devant tout le monde dans le Temple (**7** 14.28) ! En fait, **7** 1-10 mêle deux textes primitivement distincts. Selon l'un, les frères de Jésus lui demandent de partir en Judée afin de s'y manifester au monde (**7** 3-4) ; mais Jésus refuse parce que son temps n'est pas encore là (**7** 6a) et il reste en Galilée (v. 9). Selon l'autre, la fête des Tentes approche (**7** 2) et Jésus monte à Jérusalem (**7** 10, en partie). Ces deux textes appartenaient au Document C. Le second commençait la troisième section, qui se passe à Jérusalem ; le premier se situait dans le contexte du ministère en Galilée, comme nous allons le montrer maintenant.

2j *db)* Aux vv. 3-4, les frères de Jésus l'invitent à aller en Judée afin que ses disciples voient les « œuvres », c'est-à-dire les miracles, qu'il accomplit. Lorsqu'ils lui disent : « Passe d'ici en Judée », ils ne lui demandent pas simplement de monter pour la fête des Tentes, ils l'invitent à quitter la Galilée pour aller s'établir en Judée. Une telle requête suppose que jusqu'ici Jésus a restreint son activité à la seule Galilée, comme dans les Synoptiques ; elle ne peut se concilier avec des textes tels que **2** 23 et **4** 45b où il est dit que Jésus accomplit beaucoup de miracles à Jérusalem ; elle ignore même le récit de la guérison du paralytique (**5** 1 ss.), effectuée à Jérusalem et qui eut un grand retentissement du fait qu'elle eut lieu un jour de sabbat. Le contexte des vv. 3-4 serait donc, non celui de la fête des Tentes, mais celui des premiers miracles accomplis en Galilée.

dc) Or il se trouve que ces vv. 3-4 offrent deux contacts **2**　remarquables avec le groupement des trois miracles tel qu'il se lisait dans le Document C : changement de l'eau en vin à Cana, guérison du fils du fonctionnaire royal à Capharnaüm, pêche miraculeuse sur les bords du lac de Tibériade (cf. *supra*). D'une part, ce sont les « frères » de Jésus qui s'adressent à lui (**7** 3). Mais ces frères ne sont mentionnés ailleurs chez Jn qu'en **2** 2 (critique textuelle) et en **2** 12, donc au début et à la fin du récit des noces de Cana. D'autre part, les frères de Jésus lui disent : « ... si tu fais cela, manifeste-toi au monde » (**7** 4) ; l'expression « se manifester » (*phaneroun* suivi d'un pronom réfléchi) ne se lit ailleurs dans tout le NT qu'en Jn **21** 1, pour introduire le récit de la pêche miraculeuse. Le petit texte de **7** 3-4, augmenté des vv. 1a, 6a et 9b, constitue donc le crampon qui consolide le lien entre les trois miracles que Jésus accomplissait en Galilée au niveau du Document C.

3. A Jérusalem, la fête des Tentes　**2**

Dans la troisième partie du Document C, Jésus est monté à Jérusalem pour la fête des Tentes (**7** 2.10 ; cf. *supra*), qu'il serait plus juste d'appeler fête des « huttes » (*sukkôt*). « Les textes anciens ne laissent aucun doute sur le caractère de la fête : c'est la fête agricole, celle de la Récolte, quand on rentre les produits des champs, Ex **23** 16, au moment où l'on rentre le produit de l'aire et du pressoir, Dt **16** 13. Après qu'on a récolté les derniers fruits de la terre, pressé les olives et le raisin, on vient rendre grâces à Dieu. C'est une fête joyeuse... » (de Vaux). Au temps de Jésus, la fête commençait le 15 du septième mois de l'année de printemps, soit à la fin de notre mois de septembre, et durait sept jours suivis d'un jour de clôture. C'est durant cette fête que le Document C plaçait : l'entrée de Jésus à Jérusalem (**12** 12-13), l'expulsion des vendeurs du Temple (**2** 14-16), la demande des Grecs qui veulent voir Jésus (**12** 20 ss.) et la guérison d'un aveugle (**9** 1.6-7). Pour le comprendre, nous allons préciser le rituel de la fête, indiquer les échos qu'elle trouve en Za **14**, puis dans l'Apocalypse de Jean ; nous pourrons alors reprendre les textes johanniques et montrer leur lien étroit avec cette fête des Tentes.

a) Le rituel juif de la fête des Tentes est décrit dans le traité *sukka* de la Mishna. Ces textes législatifs sont nettement postérieurs au temps du Christ, mais, dans l'ensemble, ils reflètent une tradition liturgique dont les grandes lignes étaient fixées au début de l'ère chrétienne. Voyons les passages qui trouvent un écho dans les textes johanniques.

aa) Durant les huit jours de la fête, chaque matin, se déroulait une procession qui se terminait au Temple. On portait d'une main un cédrat (genre de citron) et de l'autre une palme souple à laquelle étaient attachés des rameaux de myrte et de saule (*lulab*). Durant la procession, on chantait le Hallel,　**2** et spécialement le Psaume **118** dont le v. 25 était repris en refrain : « Donne le salut, Yahvé ! » Dans ses grandes lignes, ce cérémonial est très ancien. Au second siècle avant notre ère, l'auteur du livre des Jubilés décrit, de façon anachronique, une fête des Tentes qu'aurait célébrée Abraham : « Il fut commandé à Israël de célébrer cette fête et de s'asseoir sous des tentes et de placer des couronnes sur leur tête et de prendre des rameaux épais et des saules du torrent. Et Abraham prit des palmes et des fruits d'un arbre magnifique et, tous les jours (de la fête), il faisait le tour de l'autel avec des rameaux, sept fois, le matin, louant Dieu avec joie et reconnaissant toutes (ses merveilles) » (16 **29-31**). Ce texte reprend, en le complétant, les données de Lv **23** 40 où l'on trouve une première ébauche du rituel de la fête. Rameaux, palmes et hymnes sont aussi mentionnés en 2 M **10** 7 ; il s'agit ici, il est vrai, de la fête de la Dédicace, mais le texte précise que cette fête fut célébrée selon le rituel de la fête des Tentes. Quant au Psaume **118**, il donne un écho de la procession en ces termes : « Voici le jour que fit Yahvé, pour nous allégresse et joie. Donne le salut, Yahvé ! Donne la victoire, Yahvé ! Béni soit au nom de Yahvé celui qui vient ! Nous vous bénissons de la maison de Yahvé. Yahvé est Dieu, il nous illumine. Serrez vos cortèges, rameaux en main, jusqu'aux cornes de l'autel » (vv. 24-27).

n *ab*) Le rite de la libation d'eau était la partie la plus importante de la fête des Tentes. On allait en procession puiser de l'eau à la piscine de Siloé, dans un vase d'or. Après avoir passé la porte des Eaux, située au sud-est du Temple, on arrivait jusqu'à l'autel ; là, un prêtre portant le vase d'or montait la rampe de l'autel et faisait la libation d'eau. Ce rite, peut-être d'origine magique, était devenu une prière destinée à obtenir de Dieu la pluie nécessaire aux cultures ; la fête se célébrait en effet peu de temps avant le début de la saison des pluies. Peut-être avons-nous un écho de ce rite en Ne **8** ; c'est une célébration de la fête des Tentes dont la description donne une place importante à la porte des Eaux (Ne **8** 1.16).

o *ac*) La fête des Tentes était la fête de la joie, qui éclate dans tous les textes. Pour l'exprimer, une sorte de « kermesse » se déroulait, la nuit, dans le parvis des femmes. Ce parvis était illuminé par de grands lampadaires en or au sommet desquels étaient fixées quatre coupes en or ; à chaque lampadaire, quatre échelles permettaient de monter jusqu'aux coupes pour les remplir d'huile. Toute la ville était illuminée par la clarté de ces lampadaires. Le peuple dansait, torches en main, en chantant les louanges de Dieu ; les chants étaient soutenus par les instruments sacrés dont jouaient les lévites.

p *b*) La fin du *livre de Zacharie* est centrée sur la fête des Tentes dont la célébration est mentionnée à trois reprises en **14** 16-19. On lit aux vv. 16-17 : « Il arrivera que tous les survivants de toutes les nations qui auront marché contre Jérusalem monteront année après année se prosterner devant le roi Yahvé Sabaot et célébrer la fête des Tentes. Celle des familles de la terre qui ne montera pas se prosterner à Jérusalem devant le roi Yahvé Sabaot, *il n'y aura pas de pluie pour* elle. » Cette menace fait probablement allusion au rite de la libation d'eau puisque ce rite avait pour but d'obtenir de Dieu la pluie nécessaire à la vie du pays (cf. *supra*).

Quant aux vv. 7-9, ils feraient allusion aux illuminations du Temple durant la nuit et au rite de la libation d'eau : « Il y aura un jour unique – Yahvé le connaît – plus de jour ni de nuit, mais au temps du soir, il y aura de la lumière. Il arrivera, en ce jour-là, que des eaux vives sortiront de Jérusalem, moitié vers la mer orientale et moitié vers la mer occidentale : il y en aura été comme hiver. Alors Yahvé sera roi sur toute la terre... » Pour le prophète, la fête des Tentes exalte la royauté de Dieu (vv. 9.16). On en a conclu que cette fête était celle de la royauté de Dieu ; ce point est discutable. Il n'en demeure pas moins que, pour Zacharie, fête des Tentes et royauté de Dieu sont étroitement liées.

c) Les résonances liturgiques de l'*Apocalypse de Jean* sont **2q** nombreuses. D'une façon plus précise, J. Comblin, suivi par J. Daniélou, a montré l'influence du rituel juif de la fête des Tentes sur deux passages complémentaires de ce livre : Ap **7** 1-17 et **21** 1 – **22** 5. Notons d'abord les thèmes communs qui unissent ces deux passages. Les serviteurs de Dieu portent sa marque sur leur front (**7** 3 ; **22** 3b-4). Ils appartiennent aux douze tribus d'Israël (**7** 4-8 ; **21** 12). Les nations de l'univers se joignent à eux (**7** 9 ; **21** 24-26 ; **22** 2). Tous se tiennent près du trône de Dieu pour l'adorer, avec l'Agneau (**7** 9.15 ; **22** 1.3). Le Temple de Dieu est le lieu où se déroule la liturgie céleste (**7** 15 ; **21** 22). Des sources d'eau (**7** 17), ou un fleuve sortant du trône de Dieu (**22** 1-2), dispensent la vie aux serviteurs de Dieu. Il n'y aura plus de soif, plus de larmes (**7** 16-17 ; **21** 4.6). Cette convergence de thèmes communs prouve que les deux passages sont étroitement liés. Or c'est en eux, et en eux seuls, que se trouvent les allusions à la fête des Tentes.

ca) La procession qui se déroulait chaque jour de la fête est **2r** évoquée en **7** 9-10 : « Après quoi, voici qu'apparut à mes yeux une foule immense... Debout devant le trône et devant l'Agneau, vêtus de robes blanches, *des palmes à la main*, ils crient d'une voix puissante : *Le salut* à notre Dieu, qui siège sur le trône, ainsi qu'à l'Agneau ! » Dans ce texte, on retrouve les deux éléments essentiels de la procession rituelle juive : les palmes tenues à la main et le refrain repris de Ps **118** 25 : « Donne le salut, Yahvé ! » Ajoutons que la liturgie de Ap **7** 9 ss. se déroule dans le Temple (**7** 15), comme la procession de la fête des Tentes. Par ailleurs, elle exalte la royauté de Dieu, symbolisée par le trône sur lequel il est assis (**7** 10.11.15) ; on rejoint les thèmes de Za **14** 9.16.

cb) Comme en Za **14** 7-8, nous avons en Ap **21** 23 – **22** 2 **2s** la succession des deux thèmes de la lumière et de l'eau. L'influence de Za **14** sur ce passage de l'Apocalypse est très probable.

En Ap 21 25 (cf. **22** 5), il est dit qu'il n'y aura plus de nuit, ce qui correspond à Za **14** 7. En Ap **22** 1-2, le thème du fleuve est repris de Ez **47** 1 ss. ; mais il est complété par Za **14** 8 où il est parlé d'« eau vive ». Enfin, en Ap **22** 3, nous avons une citation littérale de Za **14** 11 : « De malédiction, il n'y en aura plus. » Par l'intermédiaire de Za **14**, les thèmes de la lumière et de l'eau (cf. Ap **7** 17 ; **22** 17) évoquent donc deux des principales cérémonies de la fête des Tentes : libation d'eau et illumination du Temple durant la nuit.

d) Venons-en maintenant aux échos du rituel de la fête des Tentes que l'on trouve dans *les récits du Document C.*

2t   *da)* Le lien entre l'entrée solennelle de Jésus à Jérusalem (Synopse, tome I, § 273) et la fête des Tentes (ou des Tabernacles) a été noté depuis longtemps. Citons J. Daniélou qui, complétant les études de T.W. Manson et de Ph. Carrington, écrit : « Mais un autre épisode (que celui de la Transfiguration) rappelle de façon plus décisive encore la fête des Tabernacles : c'est l'entrée triomphale du Christ à Jérusalem le jour des Rameaux. Tout ici rappelle les Tabernacles : les branches portées par les disciples et dont Jean dit que ce sont des palmes (*phoinikes*) (**12** 13) ; le chant de l'Hosanna, c'est-à-dire du Psaume **118**, qui est celui de la Fête et que nous avons déjà rencontré dans l'Apocalypse ; la procession elle-même... Le fait que la scène soit située sur le mont des Oliviers est aussi en rapport avec les Tabernacles, car c'était là que les Juifs dressaient leurs huttes de feuillage avant la fête. » Le récit johannique, surtout au niveau du Document C, est plus significatif que celui des Synoptiques. Très concis, tous ses éléments évoquent la procession de la fête des Tentes : les rameaux de palmier, qui formaient l'essentiel des *lulab* que l'on portait à la main (cf. *supra*), le chant du Ps **118**, le titre de « roi d'Israël » qui évoque Za **14** 9.16.

2u   *db)* Dans les Synoptiques, l'entrée solennelle de Jésus à Jérusalem est suivie par l'expulsion des vendeurs du Temple (Synopse, tome I, § 275). On rejoint le thème de Za **14** 21 qui, après avoir mentionné trois fois la fête des Tentes (**14** 16-19), écrit : « ... et il n'y aura plus de marchand dans la maison de Yahvé Sabaot, en ce jour-là. » Mais ici encore, bien qu'il soit actuellement situé lors de la première fête de Pâque (**2** 13 ss.), le récit johannique évoque Za **14** 21, et donc la fête des Tentes, plus que celui des Synoptiques. Dans les Synoptiques, Jésus aurait dit aux vendeurs : « Ma maison sera appelée une maison de prière ; mais vous, vous en faites un repaire de brigands » (Mt **21** 13 et par. ; cf. Jr **7** 11). D'après Jn **2** 16, Jésus aurait dit : « Ne faites plus de la maison de mon Père une maison de commerce », texte qui évoque celui de Za **14** 21 cité à l'instant.

2v   *dc)* Dans l'évangile de Jn sous sa forme actuelle, l'entrée solennelle de Jésus à Jérusalem est immédiatement suivie par l'épisode des Grecs qui demandent à « voir » Jésus (**12**

20 ss.). Il commence par cette phrase : « Or il y avait quelques *Grecs*, de ceux *qui étaient montés afin d'adorer pendant la fête.* » Ces « Grecs » ne sont pas des Juifs parlant grec, mais des païens qui, sans avoir adhéré complètement au judaïsme, étaient attirés par cette religion et prenaient part de temps en temps à ses cérémonies religieuses. Il existe alors un lien étroit entre Jn **12** 20 et Za **14** 16, texte qui commence les développements explicites sur la fête des Tentes et dans lequel les « nations » ne sont autres que les « païens » : « Il arrivera que tous les survivants de *toutes les nations* qui auront marché contre Jérusalem *monteront* d'année en année *pour adorer le roi* Yahvé Sabaot et célébrer *la fête* des Tentes. » N'oublions pas que Jésus, que les Grecs veulent « voir », vient d'être acclamé comme « le roi d'Israël » (Jn **12** 13). L'épisode des Grecs se situe donc dans la même optique que l'entrée de Jésus à Jérusalem et l'expulsion des vendeurs du Temple : celle de la fête des Tentes (cf. Za **14**).

dd) L'épisode de la guérison d'un aveugle par Jésus (Jn **9**) **2** se rattache lui aussi à la fête des Tentes grâce à la mention de la piscine de Siloé (**9** 7) qui tenait une place essentielle dans la liturgie de la fête (cf. *supra*).

Des quatre épisodes que nous venons d'énumérer, seul celui de la guérison de l'aveugle est resté dans son contexte primitif. Les trois premiers ont été transférés par Jean II-B dans un contexte pascal, soit la première Pâque (**2** 13 ss.), soit la dernière (**12** 12 ss. ; **12** 20 ss.). J. Daniélou a bien vu la raison de ce transfert, mais nous en traiterons à propos de l'activité rédactionnelle de Jean II-B.

de) Au niveau du Document C, le récit de la résurrection **2** de Lazare (**11** 1 ss.) suivait de peu celui de la guérison de l'aveugle (**9** 1 ss.). Mais tout le jeu de scène décrit en **11** 3 ss. suppose que Jésus n'est plus à Jérusalem et se trouve même à une certaine distance de la ville. Nous avons donc placé *avant* la résurrection de Lazare la décision prise par le Sanhédrin de mettre Jésus à mort (**11** 47 ss.), ce qui provoque la retraite de Jésus à Éphraïm (**11** 54). Ainsi, le séjour de Jésus à Jérusalem, inauguré par son entrée solennelle dans la ville et se poursuivant par l'expulsion des vendeurs du Temple, s'achève sur une décision des grands prêtres de le mettre à mort. On notera alors la séquence attestée par Mc **11** 1 ss. : entrée de Jésus à Jérusalem, expulsion des vendeurs du Temple, volonté des grands prêtres et des scribes de perdre Jésus (Mc **11** 18 ; cf. Lc **19** 47).

4. A BÉTHANIE   **2**

Dans la quatrième partie du Document C, l'ordre des sections offre peu de difficultés puisqu'il est presque identique à l'ordre actuel. La seule exception est celle de **12** 23.27-28a, que nous avons transféré avant **14** 30-31 en raison du parallèle de Mc **14** 34-42 ; pour composer son récit de l'agonie de

Jésus à Gethsémani, Mc a fusionné trois textes, dont l'un repris du Document C et qui correspond à Jn **12** 23.27-28a et **14** 30-31 (note § 328, II A 1).

Au niveau du Document C, il n'y avait pas deux repas pris par Jésus, l'un à Béthanie (**12** 1 ss.) et l'autre à Jérusalem (**13** 1 ss.), mais un seul, celui de Béthanie. Ce point est confirmé par le témoignage de Lc qui utilise cette section du Document C (note § 316, II A 2, III A 1).

5. Passion et résurrection

La dernière partie du Document C offre également peu de problèmes concernant l'ordre des sections. L'inversion entre le reniement de Pierre (**18** 25-27) et la comparution de Jésus devant Anne (**18** 19 ss.) provient de ce que Jean II-B a voulu tripler le reniement de Pierre tout en insérant la comparution de Jésus entre le premier et le deuxième reniement (cf. *infra*). D'ailleurs, le fait que le v. 25a reprend les données du v. 18b confirme le lien qui existait entre les vv. 18a et 25 ss.

Dans le dernier épisode, où Jésus apparaît aux disciples, nous avons regroupé des éléments qui se lisent actuellement aux chapitres **6**, **20** et **21**. Un tel regroupement est justifié par le parallèle de Lc **24** 36-43 (note § 371, I B BB 2 et 5 *b*).

AB) *JEAN II-A*

Jean II-A a repris dans le même ordre le texte du Document C ; nous avons donc gardé les divisions du Document C sans tenir compte du fait que Jean II-A a introduit une montée de Jésus à Jérusalem au cours du séjour en Galilée. Les sections ajoutées par Jean II-A sont signalées par un trait vertical à la marge gauche du texte (par des tirets lorsque les deux rédactions sont trop mêlées).

1. En Samarie

Jean baptise à Aenon.

1 6 Il y eut un homme envoyé par Dieu dont le nom était Jean.
7 Celui-ci vint pour un témoignage, afin que tous crussent par lui.
3 23 Or était Jean baptisant à Aenon près de Salim, ( ) et ils arrivaient et ils étaient baptisés.
25 Il y eut donc une discussion entre les disciples de Jean et des Juifs à propos de purification.

Témoignage de Jean.

1 19 Et ( ) les Juifs de Jérusalem envoyèrent des prêtres et des lévites afin de l'interroger : « Qui es-tu ? »
20 Et il confessa et il ne nia pas et il confessa : « Je ne suis pas le Christ. »

21 Et ils l'interrogèrent : « Quoi donc, es-tu Élie ? » Et il dit : « Je ne le suis pas. » « Es-tu le Prophète ? » Et il répondit : « Non. »
25 Et ils l'interrogèrent : « Pourquoi donc baptises-tu, si tu n'es pas le Christ, ni Élie, ni le Prophète ? »
26 Jean leur répondit en disant : « ( ) Au milieu de vous se tient quelqu'un que vous ne connaissez pas.
33 et moi je ne le connaissais pas, mais celui qui m'a envoyé baptiser celui-là m'a dit : Celui sur qui tu verras l'Esprit descendre et demeurer sur lui, c'est lui. »

Vocation des premiers disciples.

1 35 Le lendemain ( ), Jean se tenait là et deux de ses disciples ;
36 et ayant regardé Jésus qui passait il dit : « Voici l'Agneau de Dieu (qui enlève le péché du monde). »
37 Et les deux disciples l'entendirent parler et suivirent Jésus.
38 Or Jésus s'étant retourné et les ayant vu suivre, leur dit : « Que cherchez-vous ? » Eux lui dirent : « Rabbi, ( ) où demeures-tu ? »
39 Il leur dit : « Venez et voyez. » Ils vinrent donc et ils virent où il demeurait et ils demeurèrent près de lui ce jour-là ( ).
40 André, le frère de Simon-Pierre, était l'un des deux qui avaient entendu de Jean et l'avaient suivi.
41 Celui-ci rencontre en premier son frère Simon et lui dit : « Nous avons trouvé le Messie ( ). »
42 Il le mena à Jésus. L'ayant regardé, Jésus lui dit : « Tu es Simon, fils de Jean, tu t'appelleras Céphas ( ). »
43 ( ) Et (Jésus) rencontre Philippe et lui dit : « Suis-moi. »
45 Philippe rencontre Nathanaël et lui dit : « Celui dont Moïse a écrit dans la Loi ( ), nous l'avons trouvé : Jésus, le fils de Joseph, de Nazareth. »
46 Et Nathanaël lui dit : « De Nazareth, peut-il y avoir quelque chose de bon ? » Philippe lui dit : « Viens et vois. »
47 Jésus vit Nathanaël venant vers lui et il dit à son sujet : « Voici vraiment un Israélite ( ). »
48 Nathanaël lui dit : « D'où me connais-tu ? » Jésus répondit et lui dit : « Avant que Philippe ne t'appelle, comme tu étais sous le figuier, je t'ai vu. »
49 Nathanaël lui répondit : « ( ) Tu es le roi d'Israël. »

Jésus et la Samaritaine.

4 5 Il arrive ( ) à une ville ( ) dite Sychar, près du terrain que Jacob avait donné à Joseph, son fils.
6 Or, il y avait là la source de Jacob. Jésus donc ( ) était assis ainsi près de la source. ( )
7 Vient une femme ( ) pour puiser de l'eau. Jésus lui dit : « Donne-moi à boire. »
8 Ses disciples, en effet, s'en étaient allés à la ville afin qu'ils achètent des vivres.
9 La femme ( ), donc, lui dit : « Comment toi, ( ) me demandes-tu à boire à moi, une femme ( ) ? »

10 Jésus répondit et lui dit : « Si tu connaissais ( ) qui est celui qui te dit : Donne-moi à boire, c'est toi qui lui aurais demandé et il t'aurai donné de l'eau vive. »

11 La femme lui dit : « Seigneur, tu n'as pas de seau et le puits est profond ; d'où donc l'aurais-tu, l'eau vive ?

12 Es-tu plus grand que notre Père Jacob qui nous a donné le puits et lui-même en a bu, et ses fils, et ses troupeaux ? »

13 Jésus répondit et lui dit : « Quiconque boit de cette eau aura encore soif ;

14 mais qui boira de l'eau que moi je lui donnerai ( ), il y aura en lui une source d'eau jaillissant pour la vie éternelle. »

16 Il lui dit : « Va, appelle ton mari et reviens ici. »

17 La femme répondit et dit : « Je n'ai pas de mari. » Jésus lui dit : « Tu as bien dit : Je n'ai pas de mari,

18 car tu as eu cinq maris et celui que tu as maintenant n'est pas ton mari. En cela tu as dit vrai. »

27 Et là-dessus, ses disciples arrivèrent ( ).

28 La femme, donc, laissa là sa cruche et courut à la ville et elle dit aux gens :

29 « Venez, voyez un homme qui m'a dit tout ce que j'ai fait. Est-ce que celui-ci ne serait pas (le Prophète) ? »

30 Ils sortirent de la ville et ils venaient vers lui.

31 Entre-temps, les disciples le priaient en disant : « Rabbi, mange ! »

32 Mais lui leur dit : « J'ai une nourriture à manger que vous ne connaissez pas. »

33 Les disciples se disaient donc entre eux : « Quelqu'un lui aurait-il apporté à manger ? »

34 Jésus leur dit : « Ma nourriture est de faire la volonté de celui qui m'a envoyé et de parfaire son œuvre. »

40 Lors donc que les Samaritains vinrent vers lui, ils le priaient de demeurer chez eux. Et il y demeura ( ).

2. EN GALILÉE

4 43 ( ) (Et) il partit de là pour la Galilée

45 ( ) (et) les Galiléens le reçurent. ( )

Les noces de Cana.

2 1 Et ( ) il y eut des noces à Cana de Galilée

2 et Jésus fut invité aux noces et sa mère était là et ses frères.

3 Et ils n'avaient plus de vin parce que le vin des noces était épuisé ( ).

6 Or il y avait là (des) jarres de pierre ( ) contenant chacune deux ou trois mesures.

7 Jésus leur dit : « Emplissez d'eau les jarres. » Et ils les remplirent jusqu'en haut.

8 Et il leur dit : « Puisez maintenant et portez au maître du repas. » Ils en portèrent.

9 Or lorsque le maître du repas eut goûté l'eau devenue du vin ( )

10 (il) appelle le marié et lui dit : « Tout homme offre d'abord le bon vin, et lorsque l'on est ivre, le moins bon. Toi, tu as gardé le bon vin jusqu'à maintenant. »

11 Ce premier signe fit Jésus à Cana de Galilée. Et il manifesta sa gloire et ses disciples crurent en lui.

Le fils du fonctionnaire royal.

2 12 Après cela, il descendit à Capharnaüm, lui et sa mère et ses frères et ils demeurèrent là ( ).

4 46 ( ) Or il y avait un certain fonctionnaire royal dont le fils était malade ( ).

47 Celui-ci, ayant entendu dire que Jésus était arrivé ( ), s'en vint vers lui et il lui demandait qu'( ) il guérît son fils ( ).

50 Jésus lui dit : « Pars, ton fils vit. » ( )

(Et, étant revenu dans sa maison, il trouva son fils vivant.)

54 Jésus fit de nouveau ce deuxième signe (à Capharnaüm).

La multiplication des pains.

6 1 Après cela, Jésus s'en alla de l'autre côté de la mer de Galilée, vers la région de Tibériade.

2 Or une foule nombreuse le suivait parce qu'ils voyaient les signes qu'il faisait sur les malades.

. . . .

8 Lui dit un de ses disciples ( ) :

9 « Il y a un enfant ici qui a cinq pains d'orge ( ), mais qu'est-ce que cela pour tant de gens ? »

10 Jésus dit : « Faites s'allonger les gens. » ( ) Ils s'allongèrent donc au nombre d'environ cinq mille hommes.

11 Jésus prit donc ( ) les pains et ( ) il les leur distribua ( ).

13 ( ) Et ils remplirent douze couffins avec les morceaux ( ) qui étaient restés à ceux qui avaient mangé.

14 Les hommes donc, en voyant le signe qu'il avait fait, disaient : « C'est lui vraiment le Prophète ( ). »

Le pasteur et les brebis.

10 1 (Jésus leur dit :) « En vérité, en vérité, je vous le dis : celui qui n'entre pas par la porte dans l'enclos des brebis, ( ) celui-là est un voleur et un brigand.

2 Mais celui qui entre par la porte est le pasteur des brebis,

3 ( ) et les brebis entendent sa voix ( ) et il les mène dehors

4 ( ) et il va devant elles et les brebis le suivent ( ).

7 Je suis le pasteur des brebis.

8 Tous ceux qui sont venus sont des voleurs et des brigands, mais les brebis ne les ont pas entendus.

27 Mes brebis entendent ma voix et je les connais et elles me suivent.

11 Le bon pasteur donne sa vie pour ses brebis.

12 Le mercenaire ( ) voit le loup venir et abandonne les brebis et fuit et le loup les ravit et les disperse.

14 Je suis le bon Pasteur ( )

15 ( ) et je donne ma vie pour mes brebis

28 et je leur donne la vie éternelle et elles ne périront jamais et nul ne les ravira de ma main. »

Guérison d'un infirme.

5 1 Après cela, il y avait une fête ( ) et Jésus monta à Jérusalem.
5 Or il y avait là un certain homme en proie depuis (long-temps) à sa maladie.
6 Jésus, le voyant gisant, ( )
8 ( ) lui dit : « Lève-toi, prends ton grabat et marche. »
9 Et aussitôt l'homme (se leva) et il prit son grabat et il marchait.
2 23 ( ) Pendant la fête, beaucoup crurent en son nom en voyant les signes qu'il faisait.

Entretien avec Nicodème.

3 1 Or il y avait un homme d'entre les Pharisiens, dont le nom était Nicodème ( ).
2 Celui-ci vint vers lui, de nuit, et lui dit : « Rabbi, nous savons que tu es venu de la part de Dieu, comme Maître ; car personne ne peut faire ces signes que tu fais si Dieu n'est avec lui. »
3 Jésus répondit et lui dit : « En vérité, en vérité, je te le dis : si quelqu'un ne naît pas de nouveau, il ne peut voir le royaume de Dieu. »
9 Nicodème répondit et lui dit : « Comment cela peut-il arriver ? »
10 Jésus répondit et lui dit : « Tu es le maître en Israël et tu ignores cela ?
31 ( ) Celui qui est de la terre est de la terre et parle de la terre ; celui qui vient du ciel
32 témoigne de ce qu'il a vu et entendu, et son témoignage personne ne le reçoit.
33 Qui reçoit son témoignage certifie que Dieu est vrai,
34 car celui que Dieu a envoyé dit les paroles de Dieu.
5 24 En vérité, en vérité, je vous dis que celui qui écoute ma parole et croit à celui qui m'a envoyé a la vie éternelle ( ).
30 Je ne peux rien faire de moi-même : comme j'entends, je juge, et mon jugement est juste parce que je ne cherche pas ma volonté, mais la volonté de celui qui m'a envoyé.
31 Si je me rends témoignage, mon témoignage n'est pas vrai.
32 (Le Père) est celui qui me rend témoignage, ( )
37 ( ) ni vous n'avez jamais entendu sa voix, ni vous n'avez vu son apparence. »

Jésus et ses frères.

7 1 Jésus circulait en Galilée ( ).
3 Ses frères (lui) dirent : « Passe d'ici en Judée, afin que ( ) (ils) voient tes œuvres que tu fais.
4 Nul en effet n'agit en secret et cherche à être en évidence. Si tu fais cela, manifeste-toi au monde. »
6 Jésus leur dit : « (Le) temps n'est pas encore là ( ). »
9 ( ) (Et) il demeura en Galilée.

La pêche miraculeuse.

21 1 ( ) Jésus se manifesta de nouveau ( ) au bord de la mer de Tibériade ( ).
2 Étaient ensemble Simon-Pierre ( ) et les fils de Zébédée ( ).
3 Simon-Pierre leur dit : « Je vais pêcher. » Ils lui dirent : « Nous venons nous aussi avec toi. » Ils partirent et montèrent dans la barque et cette nuit-là ils ne prirent rien.
4 Or le matin étant déjà arrivé, Jésus se tint sur le rivage ( ).
6 Il leur dit : « Jetez le filet au côté droit de la barque et vous trouverez. » Ils le jetèrent donc et ils ne pouvaient plus le retirer à cause de l'abondance des poissons.
14 Ceci (fut) déjà la troisième (fois) que Jésus fut manifesté ( ).

3. A Jérusalem, la fête des Tentes

Entrée de Jésus à Jérusalem.

7 2 Or était proche la Skènopègie ( ).
10 (Et Jésus) monta ~ à la fête.
12 12 ( ) (Une) foule nombreuse ( ), ayant entendu dire que Jésus venait à Jérusalem,
13 prirent des rameaux de palmiers et sortirent à sa rencontre et ils poussaient des cris : « *Hosanna ! Béni soit celui qui vient au nom du Seigneur*, le roi d'Israël ! »
14 Or Jésus, ayant trouvé un petit âne, s'assit sur lui, selon qu'il est écrit :
15 « *Sois sans crainte, fille de Sion, voici que ton roi vient, assis sur l'ânon d'une ânesse.* »

Discussion dans la foule.

7 40 De la foule ( ) ils disaient : « Celui-ci est vraiment le Prophète. »
41 D'autres disaient : « Celui-ci est le Christ. » D'autres disaient : « Est-ce que de la Galilée le Christ vient ?
42 L'Écriture ne dit-elle pas que de la postérité de David, et de Bethléem, le village, vient le Christ ? »
43 Il y eut donc division dans la foule à cause de lui.

Dialogues avec Jésus.

8 14 ( ) (Jésus leur dit) : « Vous, vous ne savez pas d'où je viens ni où je vais.
15 Vous, vous jugez selon la chair ( ).
54 ( ) Si je me glorifie, ma gloire n'est rien ; c'est mon Père qui me glorifie ( )
55 et vous ne l'avez pas connu ; mais moi, je le connais ( ) et je garde sa parole,
42 ( ) car je ne suis pas venu de moi-même, mais celui-là m'a envoyé. »
20 ( ) Et personne ne le prit parce que son heure n'était pas encore venue.
21 Il leur dit donc de nouveau : « Je m'en vais et vous me

chercherez et vous mourrez dans votre péché. Où je m'en vais, vous ne pouvez pas venir. »
22 Les Juifs disaient donc : « Est-ce qu'il se tuera lui-même, qu'il dise : Où je m'en vais, vous ne pouvez pas venir ? »
23 Et il leur disait : « ( ) Vous êtes de ce monde, je ne suis pas de ce monde.
24 Je vous ai donc dit que vous mourrez dans votre péché ( ). »

Expulsion des vendeurs du Temple.

7 14 ( ) Jésus monta au Temple ( ).
2 14 Et il trouva dans le Temple ceux qui vendaient bœufs et brebis et colombes, et les changeurs assis,
15 et ( ) il les chassa tous du Temple ( )
16 et il dit : « Enlevez cela d'ici. Ne faites plus de la maison de mon Père une maison de commerce. »

Jésus, pain de vie et eau vive.

2 18 Les Juifs donc répondirent et lui dirent : « Quel signe nous montres-tu, que tu fasses cela ?
6 31 Nos Pères ont mangé la manne dans le désert, comme il est écrit : *Un pain du ciel il leur a donné à manger.* »
32 Jésus leur dit donc : « En vérité, en vérité, je vous le dis : Non pas Moïse vous a donné le pain du ciel, mais mon Père vous donne le pain du ciel, le véritable.
49 Vos Pères ont mangé dans le désert la manne et ils sont morts.
50 Tel est le pain qui descend du ciel que quelqu'un en mange et ne meure pas.
51 Je suis le pain ( ) qui est descendu du ciel ; si quelqu'un mange de ce pain il vivra pour toujours. »
41 Les Juifs murmuraient donc à son sujet parce qu'il avait dit : « Je suis le pain qui est descendu du ciel. »
43 Jésus répondit et leur dit : « Ne murmurez pas entre vous.
35 Je suis le pain de la vie. Celui qui vient à moi n'aura pas faim et celui qui croit en moi n'aura pas soif, jamais.
37 Tout ce que me donne le Père viendra à moi, et celui qui vient à moi je ne le jetterai pas dehors,
38 car je suis descendu du ciel, non pour faire ma volonté, mais la volonté de celui qui m'a envoyé.
39 Or telle est la volonté de celui qui m'a envoyé, que tout ce qu'il m'a donné, je n'en perde rien ( ).
7 37 ( ) Si quelqu'un a soif, qu'il vienne, et qu'il boive celui qui croit en moi,
38 comme dit l'Écriture : *Des fleuves d'eau vive couleront de son sein.* »

Les Juifs sont du Diable.

8 25 Ils lui disaient donc : « Qui es-tu ? » Jésus leur dit : « D'abord ce que je vous dis.
26 J'ai beaucoup à dire et à juger à votre sujet. Mais celui qui m'a envoyé est vrai et ce que j'ai entendu de lui, je le dis au monde.
43 Pourquoi ne reconnaissez-vous pas mon parler ? Parce que vous ne pouvez pas écouter ma parole.
40 Mais en réalité vous cherchez à me tuer, un homme, (moi) qui vous ai dit la vérité, que j'ai entendue d'auprès de Dieu. ( )
41 Vous faites, vous, les œuvres de votre père. » Ils lui dirent : « Nous ne sommes pas nés de prostitution, nous avons un seul père : Dieu. »
42 Jésus leur dit : « Si Dieu était votre père, vous m'aimeriez, car je suis sorti de Dieu et je suis venu ( ).
44 Vous êtes du Diable, et vous voulez faire les désirs de votre père. Celui-ci était tueur d'homme dès le commencement et il ne s'est pas tenu dans la vérité ( ).
46 ( ) Si je dis la vérité, pourquoi ne me croyez-vous pas ?
47 ( ) Parce que vous n'êtes pas de Dieu. »
48 Les Juifs répondirent et lui dirent : « ( ) Tu es un samaritain ( ). »
59 Ils prirent donc des pierres afin de les jeter sur lui, mais Jésus se cacha ( ).

Des Grecs veulent voir Jésus.

12 20 Or il y avait certains Grecs, de ceux qui étaient montés afin d'adorer pendant la fête.
21 Ceux-ci s'approchèrent de Philippe ( ) et ils le priaient en disant : « Seigneur, nous voulons voir Jésus. »
22 Philippe vient et le dit à André. André et Philippe viennent et le disent à Jésus.
23 Mais Jésus leur répond en disant : ( )
31 « Maintenant, c'est le jugement de ce monde ; maintenant, le Prince de ce monde sera jeté bas.
3 14 Et comme Moïse éleva le serpent dans le désert, ainsi faut-il que soit élevé le Fils de l'homme
16 ( ) afin que quiconque croit en lui ne périsse pas mais ait la vie éternelle.
18 Qui croit en lui n'est pas jugé ; qui ne croit pas est déjà jugé ( ). »
12 34 La foule lui répondit : « Nous avons appris de la Loi que le Christ demeure pour toujours ; et comment dis-tu qu'il faut que soit élevé le Fils de l'homme ? Qui est ce Fils de l'homme ? »

Guérison d'un aveugle.

8 59 ( ) Et (Jésus) sortit du Temple.
9 1 Et, en passant, il vit un homme aveugle de naissance.
2 Et ses disciples l'interrogèrent en disant : « Rabbi, qui a péché, lui ou ses parents, qu'il soit né aveugle ? »
3 Jésus répondit : « Ni lui n'a péché, ni ses parents, mais afin que soient manifestées les œuvres de Dieu en lui. »
6 Ayant dit cela, il cracha à terre et fit de la boue avec sa

salive et oignit la boue sur ses yeux
7 et il lui dit : « Va, lave-toi à la piscine de Siloé ( ). » Il s'en alla donc et se lava et revint en voyant.
15 ( ) (Les Juifs) lui demandaient comment il voyait à nouveau. Il leur dit : « Il a mis de la boue sur mes yeux et je me suis lavé et je vois. »
17 Ils disent donc ( ) à l'aveugle : « Toi, que dis-tu de lui, qu'il t'a ouvert les yeux ? » Il dit : « C'est un prophète. »
18 Les Juifs donc ne crurent pas à son sujet qu'il avait été aveugle et qu'il voyait à nouveau jusqu'à ce qu'ils aient appelé ses parents, de celui qui avait recouvré la vue,
19 et ils les interrogèrent en disant : « Celui-ci est-il votre fils, que vous dites qu'il est né aveugle ? Comment donc y voit-il maintenant ? »
20 Ses parents donc répondirent et dirent : « Nous savons que celui-là est notre fils et qu'il est né aveugle ;
21 mais comment y voit-il maintenant, nous ne savons pas, ( ) interrogez-le, il a l'âge ; lui-même parlera pour lui. »
24 Ils appelèrent donc pour la seconde fois l'homme qui avait été aveugle et lui dirent : ( )
26 « Que t'a-t-il fait ? ( ) »
27 Il leur répondit : « Je vous l'ai déjà dit et vous n'avez pas écouté ! Pourquoi voulez-vous l'entendre de nouveau ? Est-ce que vous voudriez, vous aussi, devenir ses disciples ? »
28 Et ils l'injurièrent et dirent : « Toi, tu es disciple de celui-là ; mais nous, nous sommes disciples de Moïse.
29 Nous savons que Dieu a parlé à Moïse, mais celui-ci, nous ne savons pas d'où il est. »
30 L'homme répondit et leur dit : « Là est l'étonnant, que vous ne sachiez pas d'où il est, et il m'a ouvert les yeux !
33 Si celui-ci n'était pas de Dieu, il ne pourrait rien faire. »
34 Ils répondirent et lui dirent : « Toi, tu es né tout entier dans le péché et tu nous fais la leçon ? » Et ils le jetèrent dehors.
35 Jésus entendit dire qu'ils l'avaient jeté dehors et, l'ayant rencontré, il dit : « Crois-tu au Fils de l'homme ? »
36 Celui-là répondit et dit : « Et qui est-il, Seigneur, que je croie en lui ? »
37 Jésus lui dit : « Et tu l'as vu, et celui qui parle avec toi, c'est lui. »

L'incrédulité des Juifs.

12 37 Mais alors qu'il avait fait tant de signes devant eux, ils ne croyaient pas en lui,
39 ( ) parce que ( ) Isaïe a dit :
40 *« Il a aveuglé leurs yeux et endurci leurs cœurs afin qu'ils ne voient pas de leurs yeux et ne saisissent pas de leur cœur, et qu'ils ne se convertissent, et je les guérirai. »*

Complot contre Jésus.

11 47 Les grands prêtres ( ) rassemblèrent le Sanhédrin, et ils disaient : ( )

12 19 ( ) « Voilà le monde parti derrière lui ! »
11 53 (Et) ils décidèrent qu'ils le tueraient.
54 Jésus donc ne circulait plus en public parmi les Juifs, mais il partit de là pour une ville dite Éphraïm, proche du désert, et il y demeura ( ).

4. A BÉTHANIE

Résurrection de Lazare.

11 1 Or il y avait un(e) certain(e) (Marie), de Béthanie ( ),
2 ( ) dont le frère Lazare était malade.
3 (Elle) envoya lui dire : « Seigneur, voici que celui que tu aimes est malade. »
4 Or, ayant entendu, Jésus ( )
6 ( ) resta deux jours à l'endroit où il était.
7 Puis, après cela, il dit : ( )
11 ( ) « Lazare ( ) est endormi ; mais je pars (vers lui). »
17 Étant venu ( ) (il) le trouva ( ) déjà au tombeau.
29 (Marie), quand elle eut entendu (que Jésus venait), se leva vite et venait vers lui.
31 ( ) Ceux qui étaient avec elle dans la maison et qui la consolaient ( ) la suivirent, pensant qu'elle allait au tombeau afin d'y pleurer.
32 Marie donc, quand elle vint où était Jésus, ( ) (lui dit) : « Seigneur, si tu avais été là, mon frère ne serait pas mort. »
33 Jésus donc, quand il la vit pleurer, ( ) frémit en esprit et se troubla
34 et dit : « Où l'avez-vous mis ? » Ils lui disent : « Seigneur, viens et vois. »
38 ( ) (Il) vient donc au tombeau. Or c'était une grotte et une pierre était placée dessus.
39 Jésus dit : « Enlevez la pierre. » ( )
41 Ils enlevèrent donc la pierre. Jésus leva les yeux en haut et dit : « Père, je te rends grâce de m'avoir écouté.
42 Pour moi, je savais que tu m'écoutes toujours ; mais j'ai parlé à cause de la foule qui se tient à l'entour, afin qu'ils croient que tu m'as envoyé. »
43 Et ayant dit cela, il cria d'une voix forte : « Lazare, viens dehors ! »
44 (Et) le mort sortit ( ).
45 ( ) (Ceux) qui étaient venus à Marie, ayant vu ce qu'il avait fait, crurent en lui.

L'onction à Béthanie.

12 2 Ils lui firent ( ) un repas ( ).
3 Marie donc, ayant pris (un vase d'albâtre) de parfum ( ) de grand prix, (le versa sur sa tête).
4 (Ils disaient :) ( )
5 « Pourquoi ce parfum ne fut-il pas vendu ( ) et donné aux pauvres ? »
7 Jésus donc dit : « Laisse(z)-la ( ).

8 Car les pauvres, toujours vous les aurez avec vous ; mais moi, vous ne m'aurez pas toujours. »

Le lavement des pieds.

13 3 (Jésus), sachant que le Père lui a tout donné dans les mains ( ),
4 se lève du repas et dépose ses vêtements et, prenant un linge, il s'en ceignit.
5 Puis il met de l'eau dans le bassin et commença à laver les pieds des disciples et à les essuyer avec le linge dont il était ceint.
6 Il vient donc vers Simon-Pierre. Il lui dit : « Seigneur, toi, me laver les pieds ! »
7 Jésus répondit et lui dit : « Ce que je fais, tu ne le sais pas maintenant ; mais tu comprendras plus tard. »
8 Pierre lui dit : « Tu ne me laveras pas les pieds, jamais ! » Jésus lui répondit : « Si je ne te lave pas, tu n'auras pas de part avec moi. »
9 Simon-Pierre lui dit : « Seigneur, pas seulement les pieds, mais aussi les mains et la tête ! »
10 Jésus lui dit : « Celui qui s'est baigné n'en a pas besoin, mais il est entièrement pur ; vous aussi vous êtes purs ( ) ;

Annonce de la trahison de Judas.

13 18 je ne le dis pas de vous tous ; je connais ceux que j'ai choisis
6 70 ( ) et l'un de vous est un diable !
13 18 Mais afin que l'Écriture fût accomplie : « *Celui qui mange mon pain a levé contre moi son talon.* »
27 ( ) Jésus ( ) dit (à Judas) : « Ce que tu fais, fais-le vite. »
28 Mais cela, aucun de ceux qui étaient à table ne comprit en vue de quoi il lui disait.
29 Car certains pensaient, puisque Judas avait la bourse, que Jésus lui dit ( ) qu'il donne quelque chose aux pauvres.
30 ( ) (Et il) sortit aussitôt ( ).

Jésus annonce son départ.

13 31 Lors donc qu'il fut sorti, Jésus dit : ( )
33 ( ) « Encore un peu je suis avec vous ; vous me chercherez ( )
14 4 et où je vais, vous savez la route. »
5 Thomas lui dit : « Seigneur, nous ne savons pas où tu vas, comment savons-nous la route ? »
6 Jésus lui dit : « Je suis la Route ( ) ; nul ne vient au Père sinon par moi.
7 Si vous m'avez connu, vous connaîtrez aussi mon Père. Dès maintenant, vous le connaissez et vous l'avez vu. »
8 Philippe lui dit : « Seigneur, montre-nous le Père et cela nous suffit. »
9 Jésus lui dit : « Depuis tant de temps je suis avec vous et tu ne m'as pas connu, Philippe ? Qui m'a vu a vu le Père. Comment dis-tu : Montre-nous le Père ?
10 Ne crois-tu pas que je suis dans le Père et que le Père

est en moi ? Les paroles que je vous dis, je ne les dis pas de moi-même, mais le Père qui demeure en moi fait ses œuvres.
11 Croyez-moi, que je suis dans le Père et le Père en moi. Sinon, à cause des œuvres croyez-le.
12 En vérité, en vérité, je vous le dis : celui qui croit en moi, les œuvres que je fais, celui-là aussi les fera ( ), parce que je pars vers le Père.

Manifestation aux disciples et non au monde.

18 Je ne vous laisserai pas orphelins : je viens à vous.
19 Encore un peu et le monde ne me verra plus, mais vous, vous me verrez ( ).
20 En ce jour-là vous connaîtrez que je suis dans le Père ( ).
21 Celui qui a mes commandements ( ), c'est celui-là qui m'aime ; mais celui qui m'aime sera aimé de mon Père, et moi je l'aimerai et je me manifesterai à lui. »
22 Judas ( ) lui dit : « Seigneur, et qu'est-il arrivé que tu ailles te manifester à nous et non au monde ? »
24 (Jésus répondit et lui dit :) « Celui qui ne m'aime pas ne garde pas mes paroles, et ma parole n'est pas mienne, mais du Père qui m'a envoyé.
15 22 Si je n'étais pas venu et ne leur avais pas parlé, ils n'auraient pas de péché ; mais maintenant, ils n'ont pas d'excuse à leur péché.
23 Qui me hait hait aussi mon Père.
24 Si je n'avais pas fait parmi eux les œuvres que nul autre n'a faites, ils n'auraient pas de péché ; mais maintenant, ils ont vu et ils ont haï et moi et mon Père.
25 Mais afin que fût accomplie la parole qui est écrite dans leur Loi : *Ils m'ont haï sans motif.*
16 3 Et ils feront cela parce qu'ils n'ont connu ni le Père ni moi.
4 Mais je vous ai dit ces choses afin que, lorsque viendra l'heure, vous vous souveniez que je vous les ai dites.

Le don de la paix.

14 27 Je vous laisse la paix, je vous donne ma paix. Je ne vous donne pas comme donne le monde. Que votre cœur ne se trouble pas et ne craigne pas.
28 Vous avez entendu que je vous ai dit : Je m'en vais et je viens à vous ; si vous m'aimiez, vous vous réjouiriez de ce que je pars vers le Père, parce que le Père est plus grand que moi.
29 Et maintenant, je vous l'ai dit avant que cela n'arrive afin que, lorsque cela arrivera, vous croyiez.

Le trouble de Jésus.

12 23 L'heure est venue, (voici qu'est livré) le Fils de l'homme (aux mains des pécheurs).
27 Maintenant, mon âme est troublée ; et que dirai-je ? Père, sauve-moi de cette heure ? Mais pour cela je suis venu à cette heure !

28 Père, glorifie ton Nom ( ).

14 30 Je ne parlerai plus avec vous car le Prince de ce monde vient ( ).

31 ( ) Levez-vous, allons hors d'ici. »

5. Passion et résurrection

Arrestation de Jésus.

18 1 ( ) Jésus sortit avec ses disciples au delà du torrent du Cédron ( ).

3 Judas ( ), ayant pris ( ) des gardes de la part des grands prêtres ( ), vient là ( ).

4 Jésus donc ( ) leur dit : « Qui cherchez-vous ? »

5 Ils lui répondirent : « Jésus le Nazôréen. » Il leur dit : « Je (le) suis.

8 ( ) Si donc vous me cherchez, laissez ceux-là partir. »

12 ( ) Les gardes ( ) saisirent Jésus ( )

13 et le menèrent chez Anne ( ).

Reniement de Pierre.

18 15 Or (le) suivait ( ) Simon-Pierre et un autre disciple. Ce disciple était connu du Grand Prêtre et il entra avec Jésus dans la cour du Grand Prêtre.

16 Pierre se tenait à la porte, dehors. Cet autre disciple, qui était connu du Grand Prêtre, sortit donc et parla à la portière et introduisit Pierre.

18 ( ) Les gardes, ayant fait un feu de braises, ( ) se tenaient là ( ) ; (Simon-) Pierre aussi se tenait là avec eux ( ).

25 ( ) Ils lui dirent ( ) : « Toi aussi, tu es (d'entre eux). » ( ) (Il) dit : « Je n'en suis pas. »

27 ( ) Et aussitôt un coq chanta.

Jésus comparaît devant Anne.

18 19 Le Grand Prêtre donc interrogea Jésus ( ) sur sa doctrine.

20 Jésus lui répondit : « En public j'ai parlé au monde ( ) et en secret je n'ai parlé de rien.

21 Pourquoi m'interroges-tu ? Interroge ceux qui ont entendu ce que je leur ai dit. ( ) »

22 ( ) (Et) un des gardes ( ) donna une gifle à Jésus ( ).

Jésus comparaît devant Pilate.

18 28 Ils (le) mènent ( ) au prétoire ( ).

29 Pilate sortit ( ) vers eux et dit : « Quelle accusation portez-vous contre cet homme ? »

30 Ils répondirent et lui dirent : « Si celui-ci n'était pas un malfaiteur, nous ne te l'aurions pas livré. »

33 Pilate entra donc de nouveau dans le prétoire et appela Jésus et lui dit : « Tu es le roi des Juifs ? »

36 Jésus répondit : « Ma royauté n'est pas de ce monde. Si de ce monde était ma royauté, mes gardes auraient combattu pour que je ne sois pas livré aux Juifs. Mais en réalité, ma royauté n'est pas d'ici. »

37 Pilate lui dit donc : « Donc, tu es roi ? » Jésus répondit : « Tu dis que je suis roi. »

19 4 Et Pilate sortit de nouveau dehors et leur dit : « Voici, je vous le mène dehors afin que vous sachiez que je ne trouve en lui aucun motif de condamnation. »

12 ( ) Pilate cherchait à le relâcher.

13 ( ) (Il) mena Jésus dehors et l'assit sur le tribunal au lieu dit Lithostrôton ( ),

14 ( ) et il (leur) dit : « Voici votre roi. »

6 Quand donc ils le virent, les grands prêtres et les gardes crièrent, disant : « Crucifie ! crucifie ! » Pilate leur dit : « Prenez-le vous-mêmes et crucifiez-le, car moi, je ne trouve en lui aucun motif de condamnation. »

16 ( ) (Et) il le leur livra ( ).

Mort de Jésus.

19 17 Ceux-ci, l'ayant pris, l'emmenèrent en un lieu dit du Crâne ( )

18 où ils le crucifièrent et avec lui deux autres, un de-ci, un de-là, et au milieu Jésus.

23 ( ) Lorsque (donc) ils eurent crucifié Jésus, (ils) prirent ses vêtements ( ) et la tunique.

28 Après cela, Jésus ( ) dit : « J'ai soif. »

29 Un vase était là, plein de vinaigre. ( ) Ils l'approchèrent de sa bouche.

30 Quand donc il eut pris le vinaigre, Jésus ( ), penchant la tête, rendit l'esprit.

25 (Mais se tenaient...)

Ensevelissement de Jésus.

19 31 Les Juifs donc, ( ) afin que les corps ne restent pas sur la croix ( ), demandèrent à Pilate que soient brisées leurs jambes et qu'ils soient enlevés.

38 Et Pilate permit ( ).

32 Les soldats vinrent donc et brisèrent les jambes du premier puis de l'autre qui avait été crucifié avec lui.

33 Mais étant venus à Jésus, comme ils virent qu'il était déjà mort, ils ne lui brisèrent pas les jambes,

34 mais un des soldats, de sa lance, lui perça le côté ( )

36 ( ) afin que l'Écriture fût accomplie : ( )

37 ( ) *« Ils verront celui qu'ils ont transpercé. »*

38 ( ) Ils ( ) enlevèrent ( )

40 ( ) le corps de Jésus et le lièrent de bandelettes ( )

42 ( ) (et) ils (le) mirent (dans un tombeau).

Les femmes et Pierre au tombeau.

20 1 Or, le premier jour de la semaine, (elles) vinrent au tombeau, tôt, ( ) et (elles) voient la pierre enlevée du tombeau.

2 Elles courent donc et elles viennent à Simon-Pierre et à l'autre disciple ( ) et elles leur disent : « Ils ont enlevé le Seigneur du tombeau et nous ne savons pas où ils l'ont mis. »
3 Pierre sortit donc, et l'autre disciple, et ils venaient au tombeau.
4 Ils couraient tous les deux ensemble. Et l'autre disciple courut en avant, plus vite que Pierre, et vint le premier au tombeau
5 et, s'étant penché, il voit les bandelettes (seules) ; cependant il n'entra pas.
6 Simon-Pierre vient alors, le suivant, et il entra dans le tombeau et il aperçoit les bandelettes (seules).
8 Alors donc entra aussi l'autre disciple qui était venu le premier au tombeau et il vit et il crut.
10 Les disciples s'en retournèrent donc de nouveau chez eux.

Jésus apparaît à Marie.

20 11 Or Marie se tenait ( ) dehors et pleurait.
14 ( ) Elle se retourna en arrière et elle voit Jésus debout, et elle ne savait pas que c'était Jésus.
15 Jésus lui dit : « Femme, pourquoi pleures-tu ? Qui cherches-tu ? »
Celle-là, pensant que c'était le jardinier, lui dit : « Seigneur, si tu l'as emporté, dis-moi où tu l'as mis et j'irai le prendre. »
16 Jésus lui dit : « Mariam. » Se retournant, celle-là lui dit ( ) : « Rabbouni ! ( ) »
17 Jésus lui dit : « Ne me touche plus, car je ne suis pas encore monté vers le Père, mais pars vers les frères et dis-leur : Je monte vers mon Père et votre Père, vers mon Dieu et votre Dieu. »
18 ( ) (Et elle) vient, annonçant aux disciples : « J'ai vu le Seigneur » et qu'il lui a dit cela.

Jésus apparaît aux disciples.

6 19 ... Ils voient Jésus marchant au bord de la mer ( ) (et ils pensaient voir un esprit) et ils eurent peur.
20 20 ( ) (et) il leur montra ses mains (et ses pieds) ( )
6 20 (et) il leur dit : « C'est moi, n'ayez pas peur. »
21 9 Lorsque ( ) ils furent descendus à terre, ils voient là un feu de braises et du poisson placé dessus ( ).
12 Jésus leur dit : « Venez, déjeunez. » Mais personne ( ) n'osait lui demander : « Qui es-tu ? », sachant que c'était le Seigneur.
13 Jésus vient et il prend le (poisson) et il le leur donne ( ).

Conclusion.

21 25 Il y eut encore beaucoup d'autres choses que fit Jésus, que, si on les écrivait une à une, je ne pense pas que même le monde contiendrait les livres qu'on en écrirait.

Jean II-A a repris le texte du Document C sans en changer l'ordonnance ; mais il y a inséré un certain nombre de sections constituées soit de récits, soit de discours. Il n'est pas question maintenant de justifier l'attribution à Jean II-A de telle ou telle section ; nous le ferons dans les notes du Commentaire. Nous voudrions seulement donner quelques explications touchant l'ordre des sections ajoutées par Jean II-A quand il s'écarte de l'ordre actuel de l'évangile. Nous allons diviser cette étude en reprenant les cinq grandes parties du Document C.

1. EN SAMARIE

Au début des événements qui se passent en Samarie, Jean II-A a ajouté la « présentation du Baptiste » qui se lit actuellement en 1 6-7. Ce texte s'inspire de formules de l'AT qui introduisent l'histoire de tel ou tel personnage et il est beaucoup mieux en situation avant 3 23.25 et 1 19 ss. ; comme dans l'AT, il introduisait le personnage du Baptiste au début du récit concernant son témoignage (note §§ 19-25, II A 1). – L'addition du récit de la vocation d'André et de Pierre, en 1 36 ss., ne pose aucun problème quant à l'ordre des sections.

2. EN GALILÉE

Entre l'épisode de la guérison du fils du fonctionnaire royal (4 46b ss.) et celui des frères de Jésus (7 1a.3 ss.), Jean II-A a inséré une longue section composée des épisodes suivants : multiplication des pains (6 1 ss.), paraboles sur le pasteur (10 1 ss.), guérison du paralytique (5 1 ss.), miracles de Jésus à Jérusalem (2 23), entretien avec Nicodème (3 1 ss.) suivi du discours sur le jugement et le témoignage (5 24a.30-32a.37b). Deux de ces épisodes sont des miracles repris du Document A (cf. infra) et leur addition provient peut-être de ce que Jean II-A a voulu obtenir le chiffre de sept miracles dont l'évangile donne une histoire détaillée.

a) Analysons d'abord la séquence formée par les récits des chapitres 4 à 7. Elle ne diffère de l'ordre actuel de l'évangile que par l'inversion des chapitres 5 et 6. Mais cette inversion est admise par la plupart des commentateurs modernes (y compris Lagrange). La suite actuelle de ces chapitres est en effet difficile à justifier. Jésus se trouve à Jérusalem (5 1-47), puis nous apprenons brusquement qu'il « s'en alla de l'autre côté de la mer de Galilée... » (6 1). Cette façon de noter le déplacement de Jésus ne se comprend que si celui-ci se trouvait déjà en Galilée, et même au bord du lac. La difficulté disparaît si l'on inverse l'ordre des chapitres 5 et 6. Jésus est en Galilée (4 46b ss.), et même à Capharnaüm, au bord du lac, selon Jean II-A (voir le texte, supra) ; il s'en va « de l'autre côté de la mer » (6 1) où a lieu la multiplication des pains ; il monte ensuite à Jérusalem à l'occasion d'une fête indéterminée (**5** 1). On le retrouve enfin « circulant en Galilée » (**7** 1a), transition un peu brusque due au fait qu'à cet endroit Jean II-A retrouve le texte du Document C ; elle n'offre d'ailleurs pas les mêmes difficultés que celle de **6** 1 dans le texte johannique actuel.

b) Beaucoup de commentateurs reconnaissent que le lien entre les paraboles sur le pasteur (**10** 1 ss.) et la discussion entre Jésus et les Pharisiens (**9** 39-41) est factice. D'ailleurs, dans la tradition évangélique, Jésus n'a pas l'habitude de parler de la sorte aux Pharisiens et aux « docteurs » de la Loi ; ces comparaisons tirées de la vie paysanne se comprennent mieux dans le cadre du ministère de Jésus en Galilée, comme dans les Synoptiques (Mc **4** et par.). Nous proposons de replacer ces paraboles après le récit de la multiplication des pains. Le thème du pasteur, en effet, y est développé en référence à Nb **27** 15 ss., où Josué est établi par Moïse comme pasteur du troupeau que constituent les Hébreux au désert, pour lui succéder (note § 263, III A AA 2 *a*). Or le récit de la multiplication des pains se termine par l'affirmation que Jésus est « le Prophète » (**6** 14), c'est-à-dire le nouveau Moïse annoncé par Dt **18** 18. Le lien entre multiplication des pains et paraboles sur le pasteur est donc constitué par le fait que Jésus est comparé au nouveau Moïse. On notera encore que Nb **27** 15 ss., qui a influencé la rédaction de Jn **10** 1 ss., est le prolongement de Nb **11** 16 ss., où il s'agit aussi de l'institution de prophètes destinés à aider Moïse dans sa charge grâce au don de l'Esprit ; ces deux textes sont rapprochés dans la tradition rabbinique (Midrash Rabba sur Nb **15** 25 ; Midrash Tanhuma sur Nb **11** 27). Mais Nb **11** 16 ss. fait suite à l'évocation du don de la manne au désert (Nb **11** 6-9), qui était la préfiguration des pains multipliés par Jésus. Il n'y aurait donc rien d'étonnant à ce que Jean II-A ait lié le thème de Jésus-pasteur (**10** 1 ss. ; cf. Nb **27** 15 ss. et Nb **11** 16 ss.) à celui de la multiplication des pains (**6** 1 ss. ; cf. Nb **11** 6-9). Ce lien est d'ailleurs fait également en Mc **6** 34 et l'on pourrait avoir là une donnée traditionnelle, fondée sur l'AT, reprise par Mc et Jean II-A.

c) Au niveau de Jean II-A, l'entretien de Jésus avec Nicodème (**3** 1 ss.) et le sommaire de **2** 23 qui le prépare (cf. **3** 2) étaient situés entre la guérison du paralytique (**5** 1 ss.) et le discours sur le jugement et le témoignage (**5** 24 ss.).

ca) L'entretien avec Nicodème ne peut avoir lieu qu'à Jérusalem puisqu'il s'agit d'un notable habitant cette ville. Dans le texte johannique actuel, Jésus est monté de Galilée à Jérusalem à l'occasion de la première fête de Pâque (**2** 13) ; mais cette fête fut introduite par Jean II-B (cf. *infra*). Au niveau de Jean II-A, il faut donc chercher une autre fête où Jésus monte à Jérusalem, et la première qui se rencontre est celle de **5** 1. Ici, Jn ne précise pas de quelle fête il s'agit, contrairement aux autres passages semblables de l'évangile qui sont, soit du Document C (**7** 2), soit de Jean II-B (**2** 13 ;

6 4 ; **10** 22 ; **11** 55 ; **12** 1 ; **13** 1). Cette anomalie s'explique dans l'hypothèse que nous proposons. Jean II-A doit faire monter Jésus à Jérusalem parce qu'il veut placer là l'entretien avec Nicodème qu'il compose ; il mentionne donc une fête en **5** 1, mais sans préciser de quelle fête il s'agit car ce détail ne l'intéresse pas ; ses lecteurs savaient que les Juifs devaient monter à Jérusalem aux trois principales fêtes de l'année (Dt **16** 16). Quant au récit de la guérison du paralytique (**5** 5 ss.), suivi du sommaire de **2** 23, il prépare la réflexion de Nicodème : « ... personne ne peut faire ces signes que tu fais si Dieu n'est pas avec lui » (**3** 2).

cb) En **2** 23, nous apprenons que beaucoup crurent en **3g** Jésus à la vue des « signes » qu'il faisait. Ce texte vient assez mal après l'épisode des vendeurs chassés du Temple ; il s'explique beaucoup mieux dans le prolongement du récit de la guérison du paralytique (**5** 5 ss.), dont il élargit la perspective.

cc) Au niveau de Jean II-A, l'entretien avec Nicodème **3h** comprenait les vv. 1-3, 9-10 et 31b-34 du chapitre 3 ; il était suivi du discours sur le jugement et le témoignage des vv. 24a, 30-32a et 37b du chapitre **5**. Or ces deux sections se situent bien dans le prolongement l'une de l'autre. Jn **3** 3 et **5** 24a expriment le même thème fondamental : « Si quelqu'un ne naît pas de nouveau (en recevant la parole de Dieu transmise par Jésus) il ne peut voir le royaume de Dieu » « Celui qui écoute ma parole et croit à celui qui m'a envoyé a la vie éternelle. » Ce texte de **5** 24a doit aussi être rapproché de **3** 33 : « Celui que Dieu a envoyé dit les paroles de Dieu. » Dieu rend témoignage à Jésus (**5** 32a) grâce aux signes qu'il lui fait accomplir (**3** 2). Les Juifs rejettent le témoignage de Jésus (**3** 32b) comme ils ont rejeté celui du Père (**5** 37b). – Nous citons ces rapports entre les deux passages, non pas pour prouver qu'ils *devaient* se suivre l'un l'autre, mais pour montrer qu'ils se complètent et *pouvaient* donc se suivre.

3. A Jérusalem, la fête des Tentes

Dans cette partie de l'évangile, la reconstitution du texte de Jean II-A est difficile à décrire car elle met en jeu une série de parallélismes avec des textes de Jean II-B, des Synoptiques ou de Paul. Nous nous contenterons d'indiquer ces parallélismes, en renvoyant aux notes du commentaire pour plus de détails.

a) Jean II-A a repris du Document C la montée de Jésus **3i** à la fête des Tentes (**7** 2.10) et son entrée solennelle à Jérusalem (**12** 12-13). Il a complété ce dernier épisode en ajoutant les vv. 14-15 sous l'influence du texte parallèle du Document A (note § 273, I B 2 *c e*). Puis il a composé une section nouvelle mettant en scène la foule (ou les Juifs) et Jésus, dont les éléments ont été complètement disloqués par Jean III (**7** 40-43 ; **8** 14c-15a ; 54-55 ; 42b ; 20-23).

3i   *aa*) Le lien entre **12** 12-15 et **7** 40-43 est établi de la façon suivante. Le contexte de **7** 40-43 est encore actuellement celui de la fête des Tentes (**7** 2.14.37) ; c'était le contexte primitif du récit de l'entrée à Jérusalem (**12** 12-15). Par ailleurs, **7** 40-43 est un doublet du texte de Jean II-B qui se lit en **7** 25-27 ; ce passage doit encore être de Jean II-A et *pouvait* être situé, comme **7** 25-27, au début du séjour de Jésus à Jérusalem (note §§ 257-260, II B 1). Enfin, et ce n'est pas le moins important, le lien entre **12** 14-15 et **7** 40-43 est confirmé par le parallèle de Mt **21** 4-5. 10-11, qui dépend du texte de Jean II-A (note § 273, I B 2 *d*).

3j   *ab*) Jn **8** 14c-15a, **8** 54-55, **8** 42b sont des passages actuellement hors de contexte et qui viennent en surcharge. Si on les regroupe en les plaçant après **7** 40-43, on obtient une séquence parallèle à celle de **7** 24-29, texte de Jean II-B qui en est la réinterprétation. Par ailleurs, le rapprochement entre **7** 42 et **8** 15a permet de retrouver le thème kérygmatique cité en Rm **1** 3 (note §§ 257-260, II B 2).

3k   *ac*) Jn **8** 20-23 se situe dans la ligne des textes précédents puisque ce passage a son parallèle en **7** 30.33-36, de Jean II-B.
Ainsi, la séquence formée par **7** 40-43 ; **8** 14c-15a ; **8** 54-55 ; **8** 42b ; **8** 20-23, fut réinterprétée au niveau de Jean II-B pour donner le texte qui se lit en **7** 24-36. C'est le texte de Jean II-B qui sert de guide pour reconstituer celui de Jean II-A.

b) Après l'épisode des vendeurs du Temple, repris du Document C, Jean II-A a ajouté une série de controverses entre les Juifs et Jésus : **2** 18 ; **6** 31 ss. et **7** 37b-38 ; **8** 25-26; **8** 40 ss. Voici la justification de cette séquence.

ba) L'épisode constitué par la demande de signe (**6** 30) et le dialogue sur le pain de vie (**6** 31 ss.) ne va pas dans son contexte actuel. Les gens qui, la veille, ont vu le miracle de la multiplication des pains et en ont conclu que Jésus était « le Prophète » semblable à Moïse (**6** 1-14) lui demandent maintenant de faire un « signe », donc un miracle, analogue à celui que Moïse avait accompli en donnant la manne aux Hébreux (**6** 30-31), afin de pouvoir croire en lui. Les deux situations sont incompatibles et le fait qu'il s'agit des mêmes gens dans les deux épisodes doit être la conséquence d'un remaniement du texte. Primitivement, la demande de signe et le dialogue sur le pain de vie ne devaient pas appartenir au contexte de la multiplication des pains. Nous en avons la confirmation dans le fait que, en **6** 41, ce sont les « Juifs » qui s'en prennent à Jésus ; or, partout ailleurs chez Jn, ce terme désigne les habitants de Jérusalem, ou les chefs religieux qui se trouvent à Jérusalem ; la controverse qui se lit en **6** 30 ss. devait donc se situer à Jérusalem, et non en Galilée. Enfin **6** 30 ss. et **7** 37b-38 se complètent pour former un texte homogène ; la finale seule (**7** 37b-38) est restée dans son contexte primitif : la fête des Tentes (note § 163, II C 1).

Il est possible de confirmer cette conclusion et de la préciser en recourant à la tradition synoptique. L'évangile de Jn contient deux demandes de signe : l'une en **6** 30, l'autre en **2** 18 immédiatement après l'expulsion des vendeurs du Temple (**2** 12-16). Or, dans la tradition synoptique, et déjà au niveau du Document A, l'expulsion des vendeurs du Temple (Mc **11** 15-19) est suivie d'une controverse entre Jésus et les autorités juives de Jérusalem (Mc **11** 27-33) qui commence à l'analogie de la demande de signe rapportée en Jn **2** 18 ; mettons les textes en parallèle :

Mc **11** 28	Jn **2** 18	Jn **6** 30
« Par quelle autorité fais-tu cela ? » (*tauta poieis*)	« Quel signe nous montres-tu que tu fasses cela ? » (*hoti tauta poieis*)	« Quel signe donc fais-tu que nous voyions et croyions en toi ? Quelle œuvre fais-tu ? »

Voici donc l'hypothèse que nous proposons. Au niveau de Jean II-A, l'expulsion des vendeurs du Temple (**2** 14-16), située dans le contexte de la fête des Tentes (cf. *supra*), était suivie de la demande de signe rapportée en **2** 18, puis du dialogue sur le pain de vie qui se lit en **6** 31 ss. ; le tout se passait donc à Jérusalem. Jean II-B a transféré dans le contexte de la première Pâque l'expulsion des vendeurs et la demande de signe, dans le contexte de la deuxième Pâque le dialogue sur le pain de vie (cf. *supra*). Mais il a dédoublé le thème de la demande de signe en composant le v. 30 du chapitre **6** de façon à garder la même introduction au dialogue sur le pain de vie, ce qui lui permettait aussi de retrouver une séquence

de la tradition synoptique : la multiplication des pains (Mc **8** 1-10) et la demande d'un signe du ciel (Mc **8** 11-13).

bb) La controverse constituée par **8** 25-26 et **8** 40 ss. (note § 261) n'a pas changé d'ordre par rapport au texte reconstitué plus haut et qui se terminait par **8** 20-23 (*supra*, 3 i-k). On notera que cette controverse commence par une question concernant l'identité mystérieuse de Jésus (**8** 25) et se poursuit par une diatribe de Jésus contre les Juifs qu'il accuse de vouloir le tuer (**8** 40.44), lui qui a été envoyé par Dieu (**8** 26.42). Cet ensemble a le même thème que la parabole des vignerons homicides en Mc **12** 1-12 et par. : les vignerons décident de tuer le « fils bien-aimé » du propriétaire de la vigne, « envoyé » par celui-ci pour en recueillir les fruits (Mc **12** 6-8).

Voici donc comment on pourrait reconstituer l'activité littéraire de Jean II-A. Il reprend du Document C l'épisode des vendeurs chassés du Temple, épisode qui avait son parallèle dans le Document A (cf. Mc **11** 15-19). Il complète ensuite le texte du Document C en ajoutant deux épisodes inspirés par les controverses qui, dans le Document A, faisaient suite à l'expulsion des vendeurs du Temple : le dialogue sur le pain de vie (**2** 18 suivi de **6** 31 ss. ; cf. Mc **11** 28), la diatribe de Jésus contre les Juifs qui veulent le mettre à mort (**8** 25-26.40 ss. ; cf. Mc **12** 6-8).

c) Au niveau de Jean II-A, le sommaire de **12** 37.39b-40 suivait le récit de la guérison de l'aveugle-né (**9** 1 ss.), comme le prouvent les modifications apportées par Jean II-A à la citation de Is **6** 9-10 faite en **12** 40. Lorsqu'il a transféré ce texte, Jean II-B l'a remplacé par **9** 39-41, qui développe un thème analogue (note § 310, II A).

4. A BÉTHANIE

Les éléments du discours après la Cène ajoutés par Jean II-A au chapitre **14** sont restés dans leur ordre primitif et ne font donc pas problème. Mais il faut insérer **15** 22 ss. et **16** 3-4 entre **14** 4-12.18-22.24 et **14** 27 ss. Ce passage, en effet, développe des thèmes qui se situent dans le prolongement de ceux qui se lisent en **14** 4 ss. (note § 330, II B 4 *b*). Chez Jean II-A comme dans le Document C, le discours après la Cène se terminait par la parole de Jésus rapportée en **14** 31b : « Levez-vous, allons hors d'ici. »

Dans la passion et la résurrection, Jean II-A a gardé les sections du Document C dans le même ordre.

AC) *JEAN II-B*

Nous ne donnerons le texte de Jean II-B que là où il a subi d'importantes modifications de la part de Jean III. La division de l'évangile en « semaines » sera justifiée plus loin.

PROLOGUE : **1** 1-18

PREMIÈRE SEMAINE

Témoignage de Jean : **1** 19-34

Vocation des premiers disciples : **1** 35-51

Noces de Cana : **2** 1-12

DEUXIÈME SEMAINE

Expulsion des vendeurs du Temple : **2** 13-22

Signes accomplis par Jésus : **2** 23-25

Entretien avec Nicodème : **3** 1-13

Discours sur le jugement :

3 14 « Et comme Moïse éleva le serpent dans le désert, ainsi faut-il que soit élevé le Fils de l'homme
16 ( ) afin que quiconque croit en lui ne périsse pas mais ait la vie éternelle.
18 Qui croit en lui n'est pas jugé ; qui ne croit pas est déjà jugé ( ).
19 Or tel est le jugement : que la lumière est venue dans le monde et les hommes ont aimé les ténèbres plus que la lumière, car leurs œuvres étaient mauvaises.
20 Car quiconque accomplit des choses viles hait la lumière et ne vient pas à la lumière de peur que ne soient dénoncées ses œuvres.
21 Mais qui fait la vérité vient à la lumière afin que soient manifestées ses œuvres parce qu'elles ont été faites en Dieu.
35 Le Père aime le Fils et il a tout remis dans sa main.
36 Qui croit au Fils a la vie éternelle ; mais qui est incrédule au Fils ne verra pas la vie mais la colère de Dieu demeure sur lui.

Jean baptise à Aenon : **3** 22-30

Jésus et la Samaritaine : **4** 1-42

4 10 Jésus répondit et lui dit : « Si tu connaissais le don de Dieu et qui est celui qui te dit : Donne-moi à boire, c'est toi qui lui aurais demandé et il t'aurait donné l'eau vive. »
15 La femme lui dit : « Seigneur, donne-moi de cette eau que je n'aie plus soif et que je ne vienne plus ici puiser. »
13 Jésus répondit et dit : ( )
14 « Celui qui boira de l'eau que moi je lui donnerai n'aura plus jamais soif, mais l'eau que je lui donnerai deviendra en lui une source d'eau jaillissant pour la vie éternelle. »

Jésus part en Galilée : **4** 43-45

Le fils du fonctionnaire royal : **4** 46-54

TROISIÈME SEMAINE

La multiplication des pains : **6** 1-15

La marche sur la mer : **6** 16-21

Dialogue sur le pain de vie : **6** 22-51a
(sauf vv. 27b, 39)

Dialogue sur l'eucharistie : **6** 51b-59
(sauf vv. 53b, 57)

Profession de foi de Pierre : **6** 60-69

Annonce de la trahison de Judas : **6** 70-71

QUATRIÈME SEMAINE

Guérison d'un infirme : **5** 1-16

Discussions sur Jésus

7 11 (Ils) le cherchaient donc ( ) et disaient : « Où est celui-là ? »

12 Et il y avait murmure dans la foule à son sujet. Les uns disaient : « Il est bon. » D'autres disaient : « Non, mais il égare la foule. »

13 Nul cependant ne parlait ouvertement à son sujet par crainte des Juifs.

Jésus se justifie

7 19 (Jésus leur dit :) « Moïse ne vous a-t-il pas donné la Loi ? Et nul d'entre vous n'accomplit la Loi ! Pourquoi cherchez-vous à me tuer ? »

20 La foule répondit : « Tu as un démon ! Qui cherche à te tuer ? »

21 Jésus répondit et leur dit : « J'ai fait une seule œuvre et vous êtes tous étonnés

22 pour cela ! Moïse vous a donné la circoncision ( ) et vous circoncisez un homme durant le sabbat.

23 Si un homme reçoit la circoncision durant le sabbat, afin que la Loi de Moïse ne soit pas violée, vous êtes en colère contre moi parce que j'ai rendu sain un homme tout entier durant le sabbat ?

24 ( ) Jugez le juste jugement. »

Les Pharisiens veulent arrêter Jésus

7 31 De la foule, beaucoup crurent en lui et ils disaient : « Le Christ, lorsqu'il viendra, fera-t-il plus de signes que n'en a fait celui-ci ? »

32 Les Pharisiens entendirent la foule qui murmurait cela à son sujet et les grands prêtres et les Pharisiens envoyèrent des gardes afin de le prendre.

44 Certains d'entre eux voulaient le prendre, mais personne ne mit sur lui les mains.

45 Les gardes revinrent auprès des grands prêtres et des Pharisiens, et ceux-ci leur dirent : « Pourquoi ne l'avez-vous pas amené ? »

46 Les gardes répondirent : « Jamais un homme n'a parlé comme cet homme. »

47 Les Pharisiens leur répondirent : « Est-ce que vous aussi vous auriez été égarés ?

48 Est-ce que l'un des notables a cru en lui, ou des Pharisiens ?

49 Mais cette foule-là qui ne connaît pas la Loi, ils sont maudits. »

50 Nicodème leur dit, lui qui était venu vers lui auparavant, l'un d'entre eux :

51 « Est-ce que notre Loi juge l'homme sans avoir écouté d'abord de lui, et sans avoir su de lui ce qu'il fait ? »

52 Ils répondirent et lui dirent : « Est-ce que, toi aussi, tu es de la Galilée ? Scrute et vois que le Prophète n'est pas suscité de la Galilée. »

Discours sur le jugement.

5 19 (Jésus disait :) « En vérité, en vérité, je vous dis : Le Fils ne peut rien faire de lui-même qu'il ne verrait faire au Père ; car ce que Celui-là fait, le Fils aussi le fait pareillement.

21 Car comme le Père réveille les morts et les vivifie, ainsi le Fils aussi vivifie ceux qu'il veut.

22 Car le Père ne juge personne, mais il a donné au Fils tout le jugement,

23 afin que tous honorent le Fils comme ils honorent le Père ; qui n'honore pas le Fils n'honore pas le Père qui l'a envoyé.

24 En vérité, en vérité, je vous dis que celui qui écoute ma parole et croit à celui qui m'a envoyé a la vie éternelle et il ne vient pas en jugement, mais il est passé de la mort à la vie.

25 En vérité, en vérité, je vous dis que l'heure vient ( ) lorsque les morts entendront la voix du Fils de Dieu et, ayant entendu, ils vivront.

26 Car comme le Père a la vie en lui, ainsi au Fils aussi il a donné d'avoir la vie en lui.

30 Je ne peux rien faire de moi-même : comme j'entends, je juge, et mon jugement est juste parce que je ne cherche pas ma volonté, mais la volonté de celui qui m'a envoyé. »

Discours sur les témoignages : **5** 31-47

CINQUIÈME SEMAINE

Jésus monte à la fête des Tentes : **7** 1-10

Jésus enseigne dans le Temple : **7** 14-18

Discussions sur Jésus

7 25 Certains des Hiérosolymitains disaient donc : « N'est-ce pas celui qu'ils cherchent à tuer ?

26 Et voici qu'il parle ouvertement et ils ne lui disent rien ! Les chefs auraient-ils vraiment reconnu que celui-ci est le Christ ?

27 Mais celui-ci, nous savons d'où il est tandis que le Christ, lorsqu'il viendra, nul ne sait d'où il est. »

28a Jésus s'écria, enseignant dans le Temple et disant : « Et vous me connaissez et vous connaissez d'où je suis ?

24a Ne jugez pas selon l'apparence ( ).

28b ( ) Je ne suis pas venu de moi-même mais celui qui m'a envoyé est vrai, que vous ne connaissez pas ;

29 moi, je le connais parce que je suis d'auprès de lui et celui-là m'a envoyé. »

30 Ils cherchaient donc à le prendre et personne ne mit sur lui la main parce que son heure n'était pas encore venue.

Jésus annonce son départ

7 33 Jésus dit donc : « Encore un peu de temps je suis avec vous, et je m'en vais vers celui qui m'a envoyé.

34 Vous me chercherez et vous ne me trouverez pas ; et où je suis, vous ne pouvez pas venir. »

35 Les Juifs donc se dirent entre eux : « Où celui-ci doit-il partir, que nous ne le trouverons pas ? Va-t-il partir vers la Dispersion des Grecs et enseigner les Grecs ?

36 Quelle est cette parole qu'il a dite : Vous me chercherez et vous ne me trouverez pas, et où je suis vous ne pouvez pas venir ? »

8 23 Et il leur disait : « Vous êtes d'en bas, je suis d'en haut ( ).

24 ( ) Si ( ) vous ne croyez pas que je suis, vous mourrez dans vos péchés.

28 ( ) Quand vous aurez élevé le Fils de l'homme, alors vous connaîtrez que je suis, et que de moi-même je ne fais rien mais, comme m'a enseigné le Père, de cela je parle.

29 Et celui qui m'a envoyé est avec moi ; il ne m'a pas laissé seul parce que je fais toujours ce qui lui plaît. »

Les fleuves d'eau vive

7 37 Or, le grand jour de la fête, Jésus se tenait debout et s'écria, disant : « Si quelqu'un a soif, qu'il vienne, et qu'il boive celui qui croit en moi.

38 Comme dit l'Écriture : 'Des fleuves d'eau vive couleront de son sein'. »

39 Or il dit cela de l'Esprit que devaient recevoir ceux qui avaient cru en lui. Car il n'y avait pas encore d'Esprit parce que Jésus n'avait pas encore été glorifié.

8 30 Alors qu'il disait cela, beaucoup crurent en lui.

*Jésus nous rend libres : **8** 31-39*

*Les Juifs sont du Diable : **8** 44-59*
(sauf vv. 46b-47 et 54b-55)

*Guérison d'un aveugle : **9** 1-37*
(sauf v. 5)

Aveuglement des Pharisiens

9 39 ( ) « Pour un jugement je suis venu en ce monde, afin que ceux qui ne voient pas voient, et que ceux qui voient deviennent aveugles. »

40 Des Pharisiens qui étaient avec lui, certains entendirent cela et lui dirent : « Est-ce que, nous aussi, nous serions aveugles ? »

41 Jésus leur dit : « Si vous étiez aveugles, vous n'auriez pas de péché ; mais en fait vous dites : Nous voyons ; votre péché demeure.

8 12 ( ) Je suis la lumière du monde. Qui me suit ne marchera pas dans les ténèbres mais il aura la lumière de la vie.

15 ( ) Moi, je ne juge personne,

16 mais même si je juge mon jugement est véritable ( )

14 ( ) parce que je sais d'où je suis venu et où je vais ( ). »

13 Les Pharisiens lui dirent : « Tu te rends témoignage, ton témoignage n'est pas vrai. »

14 Jésus répondit et leur dit : « Même si je me rends témoignage, vrai est mon témoignage ( )

16 ( ) parce que je ne suis pas seul, mais moi et celui qui m'a envoyé.

17 Et dans votre Loi il est écrit que le témoignage de deux hommes est vrai.

18 Je suis celui qui me rend témoignage, et me rend témoignage le Père qui m'a envoyé. »

19 Ils lui disaient donc : « Où est ton père ? » Jésus répondit : « Vous ne connaissez ni moi ni mon Père ; si vous me connaissiez, vous connaîtriez aussi mon Père. »

*Paraboles sur le pasteur : **10** 1-21*
(sauf vv. 9, 13 et 16)

SIXIÈME SEMAINE

*Jésus, Christ et Fils de Dieu : **10** 22-39*

*Jésus se retire au-delà du Jourdain : **10** 40-42*

*Résurrection de Lazare : **11** 1-46*
(sauf vv. 13, 25b-26a)

*Complot contre Jésus : **11** 47-54*

SEPTIÈME SEMAINE

*Approche de la Pâque : **11** 55-57*

*L'onction de Béthanie : **12** 1-11*

*Entrée de Jésus à Jérusalem : **12** 12-19*

*Des Grecs veulent voir Jésus : **12** 20-30*

Le jugement de ce monde

12 31 « Maintenant, c'est le jugement de ce monde ; maintenant, le Prince de ce monde sera jeté bas.

32 Et moi, quand j'aurai été élevé de terre, j'attirerai tout à moi. »

33 Or, il disait cela pour signifier de quelle mort il allait mourir.

44 Or Jésus s'écria et dit : ( )

46 « Moi, lumière, je suis venu dans le monde afin que quiconque croit en moi ne demeure pas dans les ténèbres.

47 Et si quelqu'un écoute mes paroles et ne les garde pas, moi je ne le juge pas ( ) ;

48 ( ) la parole que j'ai dite, celle-là le juge ( ).

49 Parce que je n'ai pas parlé de moi-même, mais le Père qui m'a envoyé, lui, m'a donné commandement de ce que je dirai et de ce que je parlerai ;

50 et je sais que son commandement est vie éternelle. Donc, ce que je dis, comme me l'a dit le Père ainsi je parle.

35 ( ) Encore un peu de temps la lumière est parmi vous. Marchez tant que vous avez la lumière, de peur que les ténèbres ne vous surprennent. Et celui qui marche dans les ténèbres ne sait pas où il va.

36 Tant que vous avez la lumière, croyez en la lumière afin de devenir des fils de lumière. » Ainsi parla Jésus et, étant parti, il se cacha d'eux.

L'incrédulité des Juifs : **12** 37-43

Le lavement des pieds : **13** 1-17
(moins le v. 16)

Annonce de la trahison de Judas : **13** 18-30
(moins le v. 20)

Jésus annonce son départ : **13** 31-35

Annonce du reniement de Pierre : **13** 36-38

Jésus annonce son départ : **14** 1-12

Venue des trois Personnes : **14** 13-26
(moins le v. 14)

Le don de la paix : **14** 27-31

La vraie vigne : **15** 1-6

L'amour des disciples : **15** 7-17

La haine du monde

15 18 « Si le monde vous hait, sachez qu'il m'a haï avant vous. 20 ( ) Le serviteur n'est pas plus grand que son seigneur ; s'ils m'ont persécuté, vous aussi ils vous persécuteront. **16** 2 Ils vous exclueront des synagogues. Mais l'heure vient où quiconque vous tuera pensera offrir un sacrifice à Dieu. **15** 21 Mais ils feront tout cela contre vous à cause de mon nom, parce qu'ils ne connaissent pas celui qui m'a envoyé. 26 Lorsque viendra le Paraclet que je vous enverrai d'auprès du Père, l'Esprit de vérité qui procède du Père, celui-là me rendra témoignage. 27 Mais vous aussi vous rendrez témoignage, parce que vous êtes avec moi dès le début. **16** 1 Je vous ai dit ces choses afin que vous ne soyez pas scandalisés. »

Jésus enverra le Paraclet : **16** 4b-15

Il annonce son retour : **16** 16-22

Dernières paroles aux disciples

16 23 « En ce jour-là, vous ne m'interrogerez plus sur rien ( ). 25 Je vous ai dit ces choses en figures. L'heure vient où je ne vous parlerai plus en figures, mais je vous annoncerai ouvertement au sujet du Père.

23b En vérité, en vérité, je vous le dis : ce que vous demanderez au Père en mon nom, il vous le donnera. 24 Jusqu'à maintenant, vous n'avez rien demandé en mon nom ; demandez et vous recevrez, afin que votre joie soit pleine. »

29 Ses disciples lui disent : ( )

30 « Maintenant, nous savons que tu sais tout et que tu n'as pas besoin qu'on t'interroge. A cela nous croyons que tu es sorti de Dieu. »

31 Jésus leur répondit : « Maintenant, vous croyez ?

32 Voici que l'heure vient, et elle est venue, où vous serez dispersés chacun chez soi et vous me laisserez seul. Et je ne suis pas seul, parce que le Père est avec moi.

33 Je vous ai dit ces choses afin que vous ayez la paix en moi. Dans le monde vous avez de la souffrance ; mais ayez confiance : j'ai vaincu le monde. »

La prière de Jésus : **17** 1-26
(moins les vv. 3, 12b et 19-21)

Récits de la passion : **18** 1-**19** 42

HUITIÈME SEMAINE

Récits de la résurrection : **20** 1-31

CONCLUSION

La pêche miraculeuse : **21** 1-14

Pierre institué pasteur : **21** 15-19

Destin du disciple bien-aimé : **21** 20-22

Épilogue : **21** 24-25

ACA) *STRUCTURE DU TEXTE*

La structure du texte de Jean II-B que nous allons proposer est fondée sur les remarques suivantes. Le ministère de Jésus est jalonné par une série de fêtes liturgiques juives : trois Pâques (**2** 13 ; **6** 4 ; **11** 55 suivi de **12** 1 ; **13** 1), la Pentecôte (**5** 1 ; note § 148, IV B 1), les Tentes (**7** 2) et la Dédicace (**10** 22). Ces fêtes sont au nombre de *six*, chiffre qui pour Jean II-B symbolise l'imperfection (cf. *infra*). Mais la dernière Pâque est aussi la Pâque du Christ, l'heure où il doit « passer de ce monde vers le Père » (note § 316, III C 1 *b ba*) ; or le mot « Pâque » revient *sept* fois au cours de cette dernière fête (**11** 55 a ; **11** 55 b ; **12** 1 ; **13** 1 ; **18** 28 ; **18** 39 ; **19** 14), et « sept » est le chiffre qui symbolise la totalité, la perfection. L'intention de Jn est donc de montrer que la Pâque chrétienne, celle du Christ, a remplacé le cycle des fêtes liturgiques juives. On comprend alors l'importance de ce cycle des fêtes liturgiques dans la structure de l'évangile. – Durant sa vie terrestre, Jésus accomplit six miracles, ou « signes », répartis assez régulièrement tout au long de son ministère : changement de l'eau en vin à Cana (**2** 1-11), guérison du fils du fonctionnaire royal de Capharnaüm (**4** 46-54), multiplication des pains (**6** 1-15), guérison d'un infirme à la piscine de Béthesda (**5** 1-16 ; ces deux miracles ont été déplacés par Jean III), guérison de l'aveugle-né (**9** 1 ss.), résurrection de Lazare (**11** 1 ss.). Tous ces « signes » manifestent la gloire de Jésus (**2** 11 ; cf. **11** 4.40), mais de façon imparfaite et c'est pour le symboliser qu'ils sont au nombre de six. Le « signe » par excellence, celui qui manifestera parfaitement la gloire du Christ, ce sera celui de la résurrection (cf. **2** 18-19) que Jn considère implicitement comme le septième « signe ». Il ne faudra donc pas s'étonner si les miracles, ou « signes », tiennent une place essentielle dans la structure de l'évangile de Jean II-B. – Enfin, à plusieurs reprises, Jn note soigneusement le comput des jours de façon à diviser la vie de Jésus en périodes déterminées de sept ou huit jours : la première « semaine » du ministère de Jésus (**1** 19 – **2** 11), la fête des Tentes (**7** 2, 14, 37), la semaine de la passion (**12** 1, 12 ; **19** 31, 42), celle des apparitions du Ressuscité (**20** 1.26). – En tenant compte de toutes ces données, nous proposons de diviser l'évangile en huit unités, en partie scandées par la succession des fêtes et des signes, que nous appellerons des « semaines » bien que certaines seulement comportent exactement sept jours ; bien qu'approximative, cette dénomination est commode. Les huit unités sont précédées d'un Prologue (**1** 1-18) et d'une conclusion (**21**).

1. Structure générale

Prologue : **1** 1-18.

Première semaine : **1** 19 – **2** 12.
  Pas de fête.
  Signe : le vin des noces de Cana (**2** 1-11).

Deuxième semaine : **2** 13 – **4** 54.
  Première Pâque (**2** 13).
  Signe : guérison d'un enfant à Capharnaüm (**4** 46-54).

Troisième semaine : **6** 1-71.
  Deuxième Pâque (**6** 4).
  Signe : multiplication des pains (**6** 1-13).

Quatrième semaine : **5** 1-47 (cf. **7**).
  Pentecôte (**5** 1).
  Signe : guérison d'un infirme (**5** 2-16).

Cinquième semaine : **7** 1 – **10** 21.
  Tentes (**7** 2.14.37).
  Signe : guérison de l'aveugle-né (**9** 1 ss.).

Sixième semaine : **10** 22 – **11** 54.
  Dédicace (**10** 22).
  Signe : résurrection de Lazare (**11** 1-44).

Septième semaine : **11** 55 – **19** 42.
  Troisième Pâque : **11** 55 ; **12** 1 ; **13** 1.
  Pas de signe.

Huitième semaine : **20** 1-31.
  Pas de fête.
  Signe : Jésus ressuscité (cf. **2** 18-19).

Conclusion : **21** 1-25.
  Pas de fête.
  Signe : pêche miraculeuse (**21** 1-14).

Donnons quelques précisions sur cette structure générale au niveau de Jean II-B.

Le Prologue de l'évangile reprend une hymne qui fait écho au récit de la création de Gn 1 (note § 1, III A 1). La création du monde est évoquée par la guérison de l'aveugle-né (cinquième semaine), où Jésus apparaît comme la lumière du monde (**8** 12 ; cf. Gn **1** 3-5), et la résurrection de Lazare (sixième semaine), où Jésus est la résurrection (et la vie ; **11** 25, cf. Gn **1** 20-25). Durant sa vie terrestre schématisée en sept « semaines », Jésus effectue la nouvelle création (2 Co **5** 17 ; Ga **6** 15) accomplie par Dieu en sept jours ; il continue et mène à son terme l'œuvre de son Père (Jn **5** 17).

Dans la perspective de la création nouvelle, Jésus n'accomplit aucun « signe » durant la septième semaine ; il ne « travaille » pas puisque cette semaine correspond au septième jour du récit de la création durant lequel Dieu « chôma après tout l'ouvrage qu'il avait fait » (Gn **2** 2). Jean II-B a pris un soin spécial pour composer la dernière semaine de la vie terrestre de Jésus ; elle est construite en forme de chiasme, ce qui en assure l'unité (note §§ 272-357).

La huitième semaine est celle des apparitions du Christ ressuscité. Il s'agit bien du signe par excellence effectué *par Jésus* car, pour Jean II-B, ce n'est pas le Père qui ressuscite Jésus, c'est Jésus qui se ressuscite lui-même (**2** 18-19 ; **10** 17-18 ; note § 77-A, III B 4 *a*). Aucune fête juive n'est mentionnée à l'occasion de cette huitième semaine. En fait, elle correspond à la fête des Azymes, qui commençait le lendemain de la Pâque et durait sept jours.

Bien qu'elle contienne un « signe » effectué par Jésus, celui de la pêche miraculeuse, la Conclusion de l'évangile ne rentre pas dans le cadre des « semaines » précédentes. Elle annonce les développements de l'Église primitive, dont la pêche miraculeuse est le symbole.

2. Première et septième semaines
3 s

La première et la septième semaines offrent entre elles des résonances que l'on ne retrouve pas ailleurs dans l'évangile ;

elles forment donc une « inclusion » qui délimite la vie terrestre de Jésus. Celui-ci est le « roi d'Israël » (**1** 49 ; **12** 13), à la fois « roi » et « Fils de Dieu » (**1** 49 ; **19** 7.14) ; mais il n'obtiendra son intronisation royale qu'après avoir été immolé, comme l'Agneau pascal (**1** 29 ; **19** 36 qui cite Ex **12** 46). Au début de son ministère, Jésus affirme que son heure n'est pas encore venue (**2** 4), l'heure de sa mort et de son exaltation ; lors de sa dernière semaine, il annonce qu'elle est venue (**12** 23.27). – Dans la première semaine, André et Philippe mènent à Jésus, d'une part les Juifs (**1** 40-42), d'autre part les Samaritains (**1** 45-49 ; voir le commentaire) ; dans la septième semaine, ce sont les Grecs (= les païens) qu'ils mènent à Jésus (**12** 20-22). Ils agissent en « pêcheurs d'hommes », ce que Jean II-B souligne en notant qu'ils sont de Bethsaïde (**1** 44 ; **12** 21), ce qui signifie « maison de pêche ». D'une façon plus générale, les premiers disciples de Jésus sont « serviteurs » de la parole (**2** 5.9 ; **12** 26). – La foi des premiers disciples est fondée sur le témoignage du Baptiste : il a vu et il témoigne (**1** 32-34) ; la foi de l'Église sera fondée sur le témoignage du disciple que Jésus aimait : il a vu et il témoigne lui aussi (**19** 35 ; cf. **19** 25-27) ; ce sont les seuls *personnages* dont il est dit qu'ils témoignent au sujet de Jésus (cf. **5** 33-35). Le Baptiste peut témoigner parce qu'il a vu l'Esprit descendre sur Jésus (**1** 32) ; le Disciple peut témoigner parce qu'il a vu le sang et l'eau sortir du côté de Jésus (**19** 34-35) ; l'Esprit, l'eau et le sang, ce sont les trois « témoins » dont parle 1 Jn **5** 7. – Marie est présente lors des noces de Cana (**2** 1 ss.) ; elle l'est aussi au pied de la croix (**19** 25-27) ; aux deux fois, Jésus l'appelle « femme » (A 140 **). Elle n'apparaît nulle part ailleurs chez Jn.

Dans la septième semaine, tous les contacts thématiques avec la première semaine sont situés aux chapitres **12** et **19** et appartiennent à quatre épisodes complémentaires : l'entrée de Jésus à Jérusalem, Jésus annonce sa crucifixion aux Grecs qui veulent le voir, la comparution de Jésus devant Pilate, sa crucifixion. Ces épisodes se correspondent dans la structure en chiasme que forme la septième semaine (B et B') et sont centrés sur le thème de la royauté de Jésus (note §§ 272-357).

3t

3. Première et troisième semaines

Il existe aussi des résonances thématiques entre la première et la troisième semaines, mais d'un autre ordre. Jésus est reconnu comme le Prophète par excellence, et ce titre est mis en parallèle avec celui de « roi » (**1** 45.49 ; **6** 14-15). Mais il est aussi « le fils de Joseph » (**1** 45 ; **6** 42), ce qui est une pierre d'achoppement pour la foi. – Au récit de la vocation des disciples (**1** 35-51) correspond celui de leur défection (**6** 60-66) ; il ne reste plus que les Douze, groupés autour de Simon-Pierre (**6** 67-69), et dont l'un va encore abandonner Jésus et le trahir (**6** 70-71). Aux professions de foi d'André (**1** 41), de Philippe (**1** 45) et de Nathanaël (**1** 49) répond celle de Simon-Pierre : « Tu es le Saint de Dieu » (**6** 69). Simon

reconnaît d'ailleurs que Jésus a « les paroles de la vie éternelle » (**6** 68) ; il est donc le Prophète par excellence annoncé par Dt **18** 18 (cf. **1** 45). – Une prophétie de Jésus concernant le Fils de l'homme termine le récit de la vocation des disciples (**1** 51) et commence celui de leur défection (**6** 62). – Au niveau de Jean II-B, le miracle de l'eau changée en vin (**2** 1-11) et la multiplication des pains (**6** 1-13) évoquent l'eucharistie ; ce sont les deux seuls miracles de Jésus qui ont cette portée symbolique. Philippe et André interviennent lors de la multiplication des pains, comme ils sont intervenus lors de la vocation de Simon et de Nathanaël (**6** 5-9 ; **1** 40-42 ; 45-49).

4. Cinquième et septième semaines

La cinquième semaine correspond à la septième comme la troisième à la première ; les analogies portent encore sur le thème du « disciple » de Jésus, mais avec une insistance sur le contraste qui existe entre « disciples » et « anti-disciples », ceux-ci étant représentés surtout par les Juifs qui refusent de croire en Jésus. Celui-ci porte en lui le Nom par excellence, « Je suis » (A 77 **) ; les Juifs ne veulent pas le reconnaître et ils mourront (**8** 24b.28.58), tandis que les disciples le reconnaîtront (**13** 19) et ils vivront (**14** 19). Les Juifs ne connaissent ni Jésus ni son Père (**8** 19), à l'inverse des disciples (**14** 7-9) ; ils ne connaissent pas celui qui a envoyé Jésus (**7** 28b ; **15** 21). Ce refus de croire en Jésus, envoyé par le Père, constitue le « péché » par excellence (**8** 21.24b.34 ; **9** 41 ; **15** 22-24 ; **16** 8-9). – L'opposition entre « disciples » et « anti-disciples » se situe sur le plan de l'agir. Le disciple est celui qui demeure dans la parole de Jésus, ou en Jésus ; celui-ci le déclare aux Juifs (**8** 31) comme à ses disciples (**15** 7-8 ; C 39 *). L'essentiel est de donner sa vie (A 18 *) pour les autres, comme le Christ (**10** 11-18 ; **15** 13). Le disciple garde la parole de Jésus (**8** 51-52) tandis que l'anti-disciple ne la garde pas (**14** 24 ; A 23). D'une façon plus profonde, le disciple accomplit ce que commande Jésus, ce que Jésus a entendu d'auprès de son Père (**15** 14-15) ; les Juifs font ce qu'ils ont entendu d'auprès de leur père, le Diable (**8** 38.44). – Il se produit une séparation de plus en plus profonde entre les disciples et les anti-disciples. Ceux-ci haïssent Jésus (**7** 7) et ses disciples (**15** 18 ; **17** 14 ; A 38 **) ; ils vont exclure les disciples de la Synagogue (**9** 22 ; **16** 2 ; A 101 **). Mais cette séparation qu'ils provoquent se retournera contre eux. Même si, dans l'immédiat, Juifs et disciples ne peuvent suivre Jésus et parvenir là où il va (**7** 33-34 ; **8** 21-22 ; **13** 33), seuls les disciples seront un jour là où est Jésus (**7** 34.36 ; **12** 26 ; **14** 3 ; **17** 24 ; A 65 **).

ACB) *ORDRE DES SECTIONS*

Il nous faut essayer de comprendre maintenant pour quelles raisons Jean II-B a bouleversé en partie l'ordre des sections qu'il lisait chez Jean II-A (et dans le Document C). Rappelons que, au niveau de Jean II-B, l'ordre des sections correspondait à celui qui se lit dans l'évangile actuel, sauf en ce qui concerne les chapitres **5** et **6** qui se présentaient en ordre inverse. Pour rendre cet exposé plus clair, nous allons procéder par approches successives.

1. Fête des Tentes et fêtes de Pâque

Jean II-A			Jean II-B	
			Première Pâque	2 13
			Expulsion des vendeurs	2 14-22
			Deuxième Pâque	6 4
			Dialogue sur le pain de vie	6 30 ss.
Fête des Tentes	7 2		Fête des Tentes	7 2
Jésus monte à la fête	7 10		Jésus monte à la fête	7 10
Entrée à Jérusalem	12 12-15			
			Jésus monte au Temple	7 14
Dialogue avec la foule	7 40-43		Dialogue avec des gens	7 24b-27
Origine de Jésus	8 14 ss.		Origine de Jésus	7 28-29
Personne n'arrête Jésus	8 20b		Personne n'arrête Jésus	7 30
Controverse avec les Juifs	8 21-24		Controverse avec les Juifs	7 33-36 ;
Jésus monte au Temple	7 14			8 23b ss.
Expulsion des vendeurs	2 14-18			
Dialogue sur le pain de vie	6 31 ss.			
Les fleuves d'eau vive	7 37-38		Les fleuves d'eau vive	7 37-38
Controverse avec les Juifs	8 25 ss.		Controverse avec les Juifs	8 31 ss.
On veut lapider Jésus	8 59ab		On veut lapider Jésus	8 59ab
Épisode des Grecs	12 20 ss.			
Jésus sort du Temple	8 59c		Jésus sort du Temple	8 59c
L'aveugle-né	9 1 ss.		L'aveugle-né	9 1 ss.
Incrédulité des Juifs	12 37 ss.		Incrédulité des Pharisiens	9 40-41
			Troisième Pâque	11 55
			Entrée à Jérusalem	12 12-19
			Épisode des Grecs	12 20-36
			Incrédulité des Juifs	12 37 ss.

a) Jean II-A, comme le Document C, ne mentionnait explicitement qu'une seule fête : celles des Tentes (**7 2**). Jean II-B a introduit dans son évangile trois fêtes de Pâque et il y a transféré une partie des épisodes qui, selon Jean II-A (cf. le Document C), avaient eu lieu lors de la fête des Tentes. L'entrée solennelle de Jésus à Jérusalem est transférée à la troisième Pâque, l'expulsion des vendeurs du Temple à la première Pâque, le dialogue sur le pain de vie à la deuxième Pâque, l'épisode des Grecs et la conclusion sur l'incrédulité des Juifs à la troisième Pâque. J. Daniélou, à propos de l'entrée de Jésus à Jérusalem, a bien vu la raison de ces transferts. Nous le citons, en rappelant qu'il appelle la fête des Tentes : fête des Tabernacles : « Il semblerait que chez Jean tout l'intérêt de l'année liturgique se concentre sur Pâques et que ceci constitue une réaction contre les milieux judéo-chrétiens chez qui subsistaient les usages juifs : sabbat, circoncision, Tabernacles. Ceci s'explique encore mieux si nous nous rappelons que la fête des Tabernacles était la plus populaire dans le judaïsme à l'époque du Christ. Nous constatons

qu'encore au quatrième siècle Jean Chrysostome devait lutter contre l'attrait qu'elle continuait d'exercer sur les chrétiens. L'Évangile de Jean correspond à une époque où le conflit du christianisme et des Juifs est dans une phase aiguë. Il importait de montrer qu'il n'y a qu'une fête chrétienne, la Résurrection du Christ, et que les fêtes juives étaient abolies. Il faut ajouter que la fête des Tabernacles était associée dans le judaïsme contemporain du Christ à l'espérance messianique sous sa forme temporelle. Ce messianisme temporel avait agi sur les chrétiens sous la forme du millénarisme. Et précisément le foyer du millénarisme se trouvait dans le milieu asiate auquel appartenait saint Jean, avec Cérinthe et Papias. Or dans le millénarisme l'attente messianique gardait des attaches avec la fête des Tabernacles, ainsi que l'attestent saint Jérôme (*In Zach.*, **4** 4) et Méthode d'Olympe (Banquet, **9** 5). La polémique contre le messianisme de la fête des Tabernacles peut résulter dans l'Évangile de Jean d'une réaction antimillénariste. »

Reprenons la phrase qui résume la première partie de cette citation de J. Daniélou : « Il importait de montrer qu'il n'y a qu'une fête chrétienne, la Résurrection du Christ, et que les fêtes juives étaient abolies. » Nous avons vu plus haut (3 q) que Jean II-B l'avait souligné d'une autre façon : en mentionnant *six* fêtes juives successives et en utilisant *sept* fois le mot « Pâque » lors de la septième semaine, celle de la Pâque du Christ. Le chiffre six est symbole d'imperfection, le chiffre sept au contraire symbole de totalité, de perfection.

3w *b*) Jean II-B a repris toutes les autres sections du texte de Jean II-A, mais en les exprimant de façon différente ou en les complétant. Sur le parallélisme des textes de Jean II-A et de Jean II-B aux chapitres 7 et 8, voir notes §§ 257-260 et 261. On notera le transfert de la notice concernant la montée de Jésus au Temple (7 14a), que Jean II-B fait suivre d'un nouvel épisode où il est question de l'enseignement de Jésus qui provoque l'étonnement des Juifs (7 14b-18 ; les vv. 19-23 ont été insérés ici par Jean III).

3x *c*) Chez Jean II-A, le thème de l'incrédulité des Juifs (12 37 ss.) formait une conclusion au ministère public de Jésus. Jean II-B a voulu garder cette disposition, et c'est pourquoi il a transféré ce thème dans le contexte de la troisième Pâque. Il l'a toutefois remplacé par un texte qui en est comme un écho : l'incrédulité des Pharisiens (9 40-41).

2. LA PÊCHE MIRACULEUSE

Chez Jean II-A, le complexe constitué par la fête des Tentes était précédé de la séquence suivante :

Jésus circule en Galilée	7 1a
Jésus et ses frères	7 3-4.6a
Jésus reste en Galilée	7 9
La pêche miraculeuse	21 1 ss.
La fête des Tentes	7 2
Jésus monte à la fête	7 10

3y *a*) Ayant fait de la pêche miraculeuse une apparition du Christ ressuscité (cf. *infra*), Jean II-B s'est contenté de fusionner, en les complétant, les textes de 7 1a.3-4.6a et de 7 2.10. Il en résulte une certaine maladresse, dans la rédaction nouvelle, que nous avons signalée plus haut (2 i).

b) Mais pour quelle raison faire de la pêche miraculeuse un récit d'apparition du Christ ressuscité ? Les motivations de Jean II-B sont ici complexes.

3z *ba*) L'évangile de Jean II-A contenait *sept* miracles, ou « signes », accomplis par Jésus durant sa vie terrestre : l'eau changée en vin à Cana (2 1 ss.), la guérison du fils du fonctionnaire royal de Capharnaüm (4 46b ss.), la multiplication des pains (6 1 ss.), la guérison d'un infirme à la piscine de

Béthesda (5 1 ss.), la pêche miraculeuse (21 1 ss.), la guérison de l'aveugle-né (9 1 ss.) et la résurrection de Lazare (11 1 ss.). Mais Jean II-B n'en veut que six, de façon à faire de la résurrection de Jésus le septième « signe », le signe par excellence (cf. 2 18-21). Il décide donc de diminuer d'une unité le nombre des miracles effectués par Jésus durant sa vie terrestre.

bb) Mais il n'était pas question de supprimer purement et simplement un des miracles accomplis par Jésus. Jean II-B eut alors l'idée de faire d'un de ces miracles un récit d'apparition du Christ ressuscité. Dans ce cas, le choix de la pêche miraculeuse s'imposait pour deux raisons. D'une part, il était facile de combiner ce récit avec celui du repas offert par Jésus ressuscité à ses disciples, que Jean II-B trouvait dans l'évangile de Jean II-A (cf. le Document C), puisque ce repas avait lieu sur les bords du lac de Tibériade, après que les disciples eurent débarqué de leur bateau ; les circonstances étaient les mêmes (note § 371). D'autre part, la pêche miraculeuse pouvait symboliser le début de l'expansion de l'Église, après la résurrection de Jésus ; le miracle convenait alors à une Conclusion de l'évangile centrée sur ce thème (note § 371, II C 4).

3. LES DEUX PREMIÈRES SEMAINES

Pour composer ses deux premières semaines de la vie de Jésus, Jean II-B a quelque peu bouleversé l'ordre des épisodes qu'il lisait au niveau de Jean II-A. Dans le tableau ci-contre, nous ne tiendrons pas compte des troisième et quatrième semaines du texte de Jean II-B, puisqu'il n'a fait que reprendre, dans leur ordre, les matériaux qu'il trouvait chez Jean II-A (chapitres 6 et 5).

a) La composition de la première semaine ne présente aucune difficulté puisque Jean II-B reprend, dans le même ordre, les matériaux qu'il trouvait chez Jean II-A. Il suffira de donner les deux précisions suivantes. Jean II-B a transféré dans la deuxième semaine le passage où il est dit que Jean baptisait à Aenon près de Salim (3 23.25). Ce lieu était en effet situé en Samarie (note §§ 19-25, III A 1). Mais, selon la tradition synoptique, le Baptiste exerçait son activité près du Jourdain au moment où Jésus commence son ministère (Mc 1 5 et par.). Jean II-B déplace donc le texte où il est question de Aenon et le remplace par la notice de 1 28 : « Cela se passa à Béthabara, au-delà du Jourdain, où Jean baptisait. » Jn harmonise ainsi son récit avec celui des Synoptiques.

Par ailleurs, il transfère dans la deuxième semaine le bloc constitué par l'entretien de Jésus avec la Samaritaine et son départ pour la Galilée (4 5 ss. ; 4 43b) ; on en verra la raison dans un instant. Mais puisque Jésus doit se retrouver finalement en Galilée pour les noces de Cana, Jean II-B ajoute 1 43a où il est dit que Jésus part pour la Galilée.

Jean II-A		Jean II-B		Ac 1 8
Jean baptise à Aenon	3 23.25			
		Première semaine		
Témoignage de Jean	1 19 ss.	Témoignage de Jean	1 19-34	
Appel d'André		Appel d'André		
et de Pierre	1 35-42	et de Pierre	1 35-42	
		Jésus part en Galilée	1 43a	
Appel de Philippe	1 43b	Appel de Philippe	1 43b-44	
Appel de Nathanaël	1 45-49	Appel de Nathanaël	1 45-51	
Jésus et la Samaritaine	4 5 ss.			
Jésus se rend en Galilée	4 43b			
Les noces de Cana	2 1 ss.	Les noces de Cana	2 1-11	
Jésus descend à		Jésus descend à		
Capharnaüm	2 12	Capharnaüm	2 12	
				« Et vous serez mes témoins
		Deuxième semaine		
		Jésus monte à Jérusalem	2 13	à Jérusalem
		Expulsion des vendeurs	2 14-21	
		Miracles à Jérusalem	2 23-25	
		Entretien avec Nicodème	3 1-21	
		Jésus se rend en Judée	3 22	et dans toute la Judée
		Jean baptise à Aenon	3 23-30	
		Jésus se rend en Samarie	4 1-4	et en Samarie
		Jésus et la Samaritaine	4 5-42	
		Jésus se rend en Galilée	4 43-45	et jusqu'au bout de la terre. »
		Rappel		
		du miracle de Cana	4 46a	
Le fils		Le fils du fonctionnaire	4 46b-54	
du fonctionnaire royal	4 46b ss.			
Multiplication des pains	6 1 ss.			
Discours en paraboles	10 1 ss.			
Montée à Jérusalem	5 1			
Guérison d'un infirme	5 5 ss.			
Miracles à Jérusalem	2 23			
Entretien avec Nicodème	3 1 ss.			
Discours sur le jugement	5 24a.30			
Discours sur le témoignage	5 31 ss.			

b) A part l'épisode final de la guérison du fils du fonctionnaire royal de Capharnaüm (4 46b-54), la deuxième semaine est constituée d'éléments transférés d'ailleurs ou ajoutés par Jean II-B.

ba) Il introduit au début de cette semaine la mention de la première Pâque (2 13) de façon à inaugurer la suite des fêtes juives qui vont jalonner la vie de Jésus (*supra*, 3 z), et il la fait suivre immédiatement par le récit de l'expulsion des vendeurs du Temple (*supra*, 3 v). Jésus se trouve donc maintenant à Jérusalem (2 13). Jean II-B va composer la notice sur le séjour de Jésus en Judée (3 22), la notice sur le départ pour la Galilée (4 1-4), et transférer ici l'entretien de Jésus avec la Samaritaine (4 5-42) suivi de la mention de l'arrivée en Galilée (4 43-45). Jésus exerce donc son activité successivement : à Jérusalem, en Judée, en Samarie et en Galilée. Il réalise à l'avance le programme qu'il fixera à ses disciples : « Vous serez mes témoins à Jérusalem, et dans toute la Judée, et en Samarie et jusqu'au bout de la terre » (Ac 1 8). Le « bout

de la terre » fait référence au monde païen, qui est évoqué dans la séquence johannique par la Galilée, dont le nom complet était « Galilée des nations » ou « district des nations » (Is 8 23). Pour Jean II-B d'ailleurs, le fils du fonctionnaire royal de Capharnaüm, que Jésus guérit à la fin de cette deuxième semaine, est probablement un païen, comme dans le récit parallèle des Synoptiques (Mt 8 5-13 et Lc 7 1-10).

bb) Nous avons vu plus haut pourquoi Jean II-B n'a pas **4d** voulu laisser dans la première semaine la notice sur l'activité baptismale de Jean à Aenon (3 23.25). La solution la plus normale était de placer cet épisode durant la deuxième semaine, juste avant l'entretien de Jésus avec la Samaritaine qu'il prépare (note § 81, III A 1 *a*, à la fin). Ce transfert avait en outre l'avantage d'accentuer le parallélisme entre les deux voyages que Jésus accomplit maintenant de Judée en Galilée (1 35 – 2 11 et 3 22 – 4 54) ; chacun de ces voyages commence par une notice concernant le témoignage de Jean-Baptiste sur Jésus (1 35 ss. ; 3 23-30) ; il se termine par l'arrivée de

Jésus à Cana (**2** 1-2 ; **4** 46a) où (ou d'où) il accomplit un « signe ».

4e   *bc*) Pour étoffer le séjour de Jésus à Jérusalem (**2** 13), Jean II-B a placé aussitôt après l'expulsion des vendeurs du Temple la notice sur les miracles accomplis par Jésus à Jérusalem (**2** 23-25) et l'entretien avec Nicodème (**3** 1-21). Cette nouvelle disposition lui permettait d'obtenir une « inclusion » : le premier discours de Jésus adressé à un Juif et son dernier discours tenu en public sont des menaces de « jugement » contre les « notables » juifs qui n'osent pas prendre parti ouvertement pour lui (**3** 11-21 ; **12** 46-51) ; sur ce problème, voir note §§ 309-A.311, II B BB 4.

4. Déplacements mineurs

4f   *a*) Au niveau de Jean II-A, les paraboles sur le pasteur et ses brebis (**10** 1 ss.) étaient peut-être placées aussitôt après le récit de la multiplication des pains (cf. *supra*). Jean II-B les aurait transférées à leur place actuelle afin d'accentuer sa polémique contre les Pharisiens (note § 263, III A AB 1).

4g   *b*) Dans le Document C, et encore chez Jean II-A, la réunion du Sanhédrin qui décide la mort de Jésus (**11** 47.53) et la retraite de celui-ci à Éphraïm (**11** 54) étaient placées avant le récit de la résurrection de Lazare (**11** 1 ss.). Jean II-B a inversé l'ordre des sections afin de présenter le dernier miracle accompli par Jésus : la résurrection de Lazare, comme la cause immédiate de la décision prise par le Sanhédrin. Jésus sera mis à mort parce qu'il a redonné la vie à Lazare !

4h   *c*) Jean II-B a transféré dans le contexte de l'épisode des Grecs qui demandent à voir Jésus (**12** 20 ss.) l'équivalent johannique de l'agonie à Gethsémani (**12** 23.27-28a). Il a voulu établir ainsi un parallélisme entre cette section de son évangile et Mt **16** 21-28 ; voir note § 309-B, II B 1.

4i   *d*) Il a déplacé **14** 27-31, qui au niveau de Jean II-A formait la finale du discours d'adieux, de façon à obtenir deux séquences parallèles aux chapitres **14** et **16** et surtout pour préparer les développements du chapitre **15** sur l'amour fraternel (note § 328, III C 2).

4j   *e*) Il a transféré en **6** 17-21 certains éléments de l'apparition du Christ ressuscité qui avait lieu au bord du lac de Tibériade pour en faire un récit de marche sur la mer. En complétant le chapitre **6** de Jean II-A, amputé des paraboles sur le pasteur, Jean II-B obtenait une séquence analogue à celle qui se lit dans les Synoptiques (note § 152).

AD) *JEAN III*

C'est Jean III qui est responsable de l'ordre actuel de l'évangile ; il n'est pas toujours facile de comprendre les motifs qui ont guidé son activité rédactionnelle.

1. Le changement le plus important apporté par Jean III est l'inversion des chapitres **5** et **6** ; beaucoup d'auteurs l'admettent, mais bien peu cherchent à en donner une justification. Il est vrai que le motif de cette inversion reste mystérieux ! Peut-être Jean III a-t-il voulu allonger ainsi le temps du ministère de Jésus. Il introduit en effet une fête (**5** 1) entre la première Pâque (**2** 13) et la deuxième (**6** 4). Puisqu'elle n'était pas spécifiée, cette fête de **5** 1 ne pouvait-elle pas être prise pour une nouvelle Pâque, étant donné sa place entre deux autres fêtes de Pâque ? Dans ce cas, le ministère de Jésus aurait été porté à trois années, commençant peu de temps avant la première Pâque (**2** 13) et se terminant à la *quatrième* (cf. **11** 55 ; **12** 1). Jean III aurait voulu harmoniser son évangile avec la donnée que l'on pouvait tirer de la parabole du figuier, en Lc **13** 7, qui pouvait faire allusion au ministère de Jésus (cf. note § 148, IV C).

En inversant les chapitres **5** et **6**, Jean III a cependant laissé après le chapitre **6**, et donc incorporé au chapitre **7**, toute la finale du récit de la guérison de l'infirme à la piscine de Béthesda (**7** 11-13, 19-23, 31-32, 44-52). Il a voulu ainsi rassembler dans le cadre de la fête des Tentes (**7** 2) les divers épisodes où l'on discute sur la véritable identité de Jésus note § 148, II 2 *b bf* et III A 1).

(2. Jean III a encore transféré à sa place actuelle le discours de Jésus qui se lit en **12** 44-50 et qui, au niveau de Jean II-B, se lisait avant **12** 35. Les raisons de ce transfert seront données à la note §§ 309-A.311 (III D 2), où il sera plus facile de les expliquer.

3. Jean III se trouvait devant deux évangiles parallèles : celui de Jean II-A et celui de Jean II-B. L'ordre actuel des sections est souvent commandé par le fait que Jean III a réinséré dans l'évangile de Jean II-B les sections parallèles qu'il lisait en Jean II-A. C'est le cas par exemple de **3** 31-36, discours primitivement prononcé par Jésus mais que Jean III met sur les lèvres du Baptiste (note §§ 78.80, III C 2). La façon dont il disloque les textes de Jean II-A et même de Jean II-B au chapitre **8** est assez déconcertante ; il semble procéder par association de mots ou de thèmes (note §§ 257-260, II B 2).

4. Outre des gloses théologiques, que nous mentionnerons en leur temps, Jean III en ajoute d'autres qui rompent souvent le fil du récit et qui ont pour but d'expliciter certains passages qu'il juge difficiles à comprendre : en **10** 1, addition des mots « mais monte par une autre voie » (note § 263, II A AA) ; en **10** 12, précision « qui n'est pas pasteur dont les brebis ne sont pas siennes » (note § 263, II C CA 2) ; tout le v. 13 du même chapitre (note § 263, II C CA 3) ; l'explication de **11** 13 « mais Jésus avait parlé de sa mort, tandis qu'eux pensèrent qu'il parlait de la dormition du sommeil » (note § 266,

II D 3 *c ca*) ; en **11** 15, addition des mots « afin que vous croyiez » (note § 266, II D 3 *c cb*) ; en **14** 22, la précision « non pas l'Iscariote » (note § 327, II B) ; en **15** 15a les mots « je ne vous appelle plus serviteurs, parce que le serviteur ne sait pas ce que fait son maître ; mais je vous ai appelés amis » (note § 329, III BB) ; **15** 19, qui explicite le motif de la haine du monde (note § 330, II A 3) ; en **20** 2 la précision « que Jésus aimait » (note §§ 359-360, I B 3). – Certaines gloses ont pour but de rectifier ce que Jean III estime être une inexactitude : **4** 2, concernant l'activité baptismale de Jésus (note § 81, II 1 *b bb*) ; en **7** 22 les mots « non qu'elle soit de Moïse, mais des Pères » (note § 148, III A 3) ; **21** 23, à propos d'une croyance au fait que le disciple bien-aimé ne mourrait pas (note § 373, II A et III B). – Notons enfin l'addition des mots « et les prophètes » en **1** 45 (note §§ 19-25, II C CA) et en **8** 52 (note § 261, II C 2).

B) TRADITIONS JOHANNIQUE ET SYNOPTIQUE

1. LE DOCUMENT C

A certains points de vue, le Document C apparaît plus proche de la tradition synoptique commune (Mt/Mc/Lc) que l'évangile actuel de Jn. Le ministère de Jésus n'est plus réparti sur deux ans et demi ou trois ans mais pourrait être restreint à une dizaine de mois. Comme dans les Synoptiques, Jésus ne monte qu'une fois à Jérusalem, après avoir achevé son ministère en Galilée, et c'est pour y mourir. L'essentiel des matériaux rassemblés dans le Document C est constitué de récits ; les discours ne prennent une importance réelle que dans la quatrième partie, à Béthanie, où Jésus s'adresse au petit cercle de ses intimes ; sous ce rapport, le Document C est encore plus radical que l'évangile de Mc. Mais malgré ces rapprochements, ce Document reste très original et représente, sauf exception, une tradition indépendante de la tradition synoptique commune.

a) La première partie, que nous avons intitulée « en Samarie », ne rejoint la tradition synoptique que par l'allusion au baptême de Jésus faite en **1** 31-32 ; même là, c'est le Baptiste et non Jésus qui voit l'Esprit descendre, et aucune voix ne se fait entendre du ciel. Tout le reste est propre au Document C : Jean baptise à Aenon, au cœur de la Samarie, et non sur les bords du Jourdain ; les Juifs de Jérusalem lui envoient une délégation pour lui demander qui il est ; la vocation de Philippe et de Nathanaël, comme l'entretien de Jésus avec la Samaritaine, ne trouvent aucun écho chez les Synoptiques.

b) Même le ministère en Galilée ne rejoint la tradition synoptique que sur un point : la guérison du fils du fonctionnaire royal de Capharnaüm (Jn **4** 46 b ss. ; Mt **8** 5-13 ; Lc **7** 1b-10) ; selon la théorie des Deux Sources, cet épisode proviendrait d'ailleurs de la source Q et non de la tradition synoptique commune. Tout le reste est propre au Document C : les noces de Cana, Jésus et ses frères, la pêche miraculeuse. Si Lc raconte ce dernier miracle, c'est parce qu'il le tient du Document C.

c) C'est la partie centrale, décrivant l'activité de Jésus à **4r** Jérusalem, qui offre le plus de contacts avec la tradition synoptique. On y trouve en effet deux récits communs : l'entrée solennelle de Jésus à Jérusalem et l'expulsion des vendeurs du Temple. Un troisième récit, la guérison d'un aveugle, pourrait être comparé à l'épisode de l'aveugle de Jéricho (§ 268), mais les circonstances de temps et de lieu, comme aussi les modalités de la guérison, sont différentes. L'épisode des Grecs qui veulent voir Jésus, comme aussi la retraite de Jésus à Éphraïm après la décision du Sanhédrin de le mettre à mort, sont ignorés de la tradition synoptique commune. Surtout, tous les événements racontés dans la section centrale du Document C sont en étroite relation avec la fête des Tentes, qui était la fête principale des Juifs, tandis qu'elle n'est pas même mentionnée dans la tradition synoptique. Même ici, les divergences entre le Document C et les Synoptiques restent considérables.

d) Dans la quatrième partie, qui se passe à Béthanie, le **4s** récit de la résurrection de Lazare est propre au Document C. On rejoint la tradition synoptique avec l'épisode de l'onction à Béthanie, faite au cours d'un repas (§ 272). Mais le Document C donne une importance beaucoup plus grande à ce repas au cours duquel Jésus lave les pieds de ses intimes, leur annonce son départ et son retour prochain, laisse apparaître son angoisse devant la mort qui approche ; les Synoptiques ne placent ce dernier épisode qu'à Gethsémani, juste avant l'arrestation de Jésus (§ 337). Il est remarquable que le Document C ne parle pas du repas pascal, de l'institution de l'Eucharistie (§§ 315-318) et du contexte pascal de la mort de Jésus.

e) Malgré de nombreux points communs, et il ne pouvait **4t** en être autrement, les récits de la passion et de la résurrection restent très originaux dans le Document C. Dès son arrestation, Jésus est conduit chez le Grand Prêtre, mais ce dernier est Anne, et non Caïphe. Le Document C rejoint la tradition synoptique en plaçant là le reniement de Pierre ; mais il ne parle pas d'une réunion du Sanhédrin au cours de laquelle Jésus aurait été condamné à mort (§ 342) ; cette réunion avait déjà eu lieu (Jn **11** 47.53), en l'absence de Jésus. Comme dans les Synoptiques, Jésus comparaît ensuite devant Pilate, mais il n'y est pas question de Barabbas, ce bandit qui tient une place essentielle dans le récit des Synoptiques. Ce ne sont plus les soldats romains, mais les Juifs qui mènent Jésus au Calvaire et l'y crucifient ; ce sont eux également qui procèdent à la descente de croix et à la mise au tombeau. Comme les Synoptiques, le Document C connaît l'épisode des femmes au tombeau trouvé vide, mais il y ajoute une visite de Pierre.

Seul enfin le Document C raconte l'apparition de Jésus à Marie, puis l'apparition à quelques disciples sur les bords du lac de Tibériade ; bien qu'elle ait connu ce dernier épisode, la tradition synoptique en a profondément modifié le sens (note § 152).

Il est difficile de dire d'où le Document C tient les matériaux qu'il a en propre. Peut-être a-t-il utilisé des sources diverses, déjà écrites. Peut-être a-t-il rassemblé et mis par écrit des données de la tradition orale. De toute façon, l'influence des milieux samaritano-chrétiens est prépondérante.

2. JEAN II-A

4u La source principale de Jean II-A est le Document C, dont il a repris les diverses sections sans en changer l'ordonnance (cf. *supra*). Il l'a enrichi de matériaux nouveaux, surtout des discours, qui semblent être des compositions personnelles même si elles peuvent faire écho à des traditions anciennes. Il reste donc, lui aussi, assez indépendant de la tradition synoptique. Mais il s'en rapproche puisqu'il complète le Document C en puisant dans le Document A, d'origine palestinienne, source principale du Mt-intermédiaire et que le Mc-intermédiaire fusionne avec le Document B (Synopse, tome II, pp. 48-50) ; il montre aussi des affinités avec la tradition lucanienne.

4v *a)* Le Document C ne contenait que cinq miracles de Jésus ; Jean II-A en a ajouté deux, dont la forme archaïque remonte au *Document A :* la guérison du paralytique (**5** 5 ss., note § 148, III C) et la multiplication des pains (**6** 1 ss., note § 151, II). Un indice permet d'attribuer ce dernier miracle au Document A plutôt qu'au Document C. Chez Jn comme dans les Synoptiques, le récit est littérairement très influencé par le précédent d'Élisée raconté en 2 R 4 42-44 (note § 151, III A 2). Le même procédé littéraire se retrouve dans le récit de la vocation de Jacques et de Jean, en Mc **1** 19-20 et Mt **4** 21-22, qui démarque le récit de la vocation d'Élisée par Élie (Synopse, tome II, note § 31, I 1). Ce fait permet d'attribuer les deux récits à la même source, le Document A qui est à l'origine de la tradition Mt/Mc.

Jean II-A s'inspire aussi du Document A pour ajouter après le récit de l'expulsion des vendeurs du Temple, d'une part la demande de signe (**2** 18), d'autre part le dialogue dans lequel Jésus reproche aux Juifs de vouloir le tuer (**8** 40 ss.) (*supra*, 3 l-m). Il reprend peut-être aussi du Document A : le récit de l'annonce de la trahison de Judas, mais qu'il transforme profondément sous l'influence de thèmes qui se lisent aussi dans les textes de Qumrân (note § 317, III A 1), la parole de Jésus rapportée en **3** 3 et qui a son parallèle en Mt **18** 3 (note §§ 78.80, III A 2 *a aa*), en partie la parole de Jésus qui se lit en **6** 38, parallèle à Lc **22** 42 qui pourrait refléter le texte du Document A plus fidèlement que Mt/Mc (Synopse, tome II, note § 337, I C 2 *b*).

b) Jean II-A a-t-il connu le *proto-Lc*, ou du moins les traditions lucaniennes ? Il est difficile de répondre. Le cas le plus intéressant est celui des « disciples » qui sont explicitement nommés chez Jn. Simon-Pierre et les fils de Zébédée (**21** 2) étaient déjà connus du Document C ; Jean II-A leur adjoint : André, Philippe, Thomas et Jude. Le nom de Jude (**14** 22) est le plus significatif puisqu'il n'apparaît dans les listes d'apôtres qu'en Lc **6** 16 et Ac **1** 13 (Synopse, tome I, § 49). Mais est-ce alors un hasard si, en Ac **1** 13, les noms qui suivent immédiatement ceux de Pierre, Jean et Jacques (les fils de Zébédée), sont précisément ceux que l'on voit apparaître, dans le même ordre, au niveau de Jean II-A : André, Philippe et Thomas ? Chez Jn d'ailleurs, André et Philippe sont étroitement unis (**1** 40.43 ; **12** 21-22 ; cf. **6** 5.8, de Jean II-B), de même que Philippe et Thomas (**14** 5.8). Un détail encore mérite d'être signalé. En Ac **1** 13, Pierre est rapproché de Jean, et non de Jacques comme dans les Synoptiques ; on les retrouve tous les deux agissant ensemble en Ac **3** 1 ss. ; **4** 13.19 ; **8** 14, et aussi en Lc **22** 8 (cf. Lc **8** 51 ; **9** 28, opposés aux parallèles de Mc/Mt). Si l'on admet que « l'autre disciple » dont il est parlé en Jn **18** 15-16 et **20** 2-10 doit être identifié à Jean l'apôtre, nous avons un nouveau contact entre Jean II-A et les traditions lucaniennes : l'amitié qui liait ensemble Pierre et Jean. On notera que, en Jn **18** 15-16 et **20** 2 ss., le personnage de « l'autre disciple » fut ajouté à celui de Pierre par Jean II-A, comme celui de Jean par Lc en Ac **3**, **4** et **8** (note § 339, I B 2) ; cette similitude des procédés littéraires reste valable même si l'on n'admet pas l'identité entre Jean et « l'autre disciple ».

Il existe un autre contact entre Jean II-A et les traditions lucaniennes. En Jn **1** 20-21.25, le Baptiste nie explicitement être Élie revenu sur terre. Or Lc, en **3** 1-6, enlève de son récit tous les détails qui, dans les parallèles de Mc/Mt, établissent un lien entre le Baptiste et Élie ; pour lui, c'est Jésus qui doit être comparé à Élie (note §§ 19-25, III B 3 *d*).

Le contact littéraire est plus précis entre Jn **3** 31c-32 et Ac **22** 14-15. Le Christ johannique dit : « Celui qui vient du ciel témoigne de ce qu'il a vu et entendu », tandis que Paul s'entend dire : « ... tu dois être témoin devant tous les hommes de ce que tu as vu et entendu. » Mais ne serait-ce pas le texte des Actes qui dépendrait de Jean II-A ? Celui de Jean II-A est typiquement johannique : « témoigner » et « voir » (A 40* ; Ac **22** 15 a le substantif « témoin », mais l'idée ne se lit nulle part ailleurs), « voir » au parfait (B 82, dans la proportion : 0/0/3/20/2/3 + 7) ; la succession des verbes « voir » et « entendre » se lit encore en Jn **8** 38, avec un sens identique. Si l'on voulait voir ici une influence littéraire directe, elle se serait exercée plutôt de Jn sur Lc/Ac.

Il est possible enfin que la présentation du Baptiste, en **1** 6-7, reprenne le texte du proto-Lc ou un texte apparenté ; nous avons traité ce point à propos de l'évangile des Ébionites dans le tome II de la Synopse (note § 19, II 2 *a ad*).

Il existe donc déjà au niveau de Jean II-A une parenté entre les traditions johannique et lucanienne ; mais il est difficile de parler d'une influence directe soit dans un sens soit dans l'autre.

3. Jean II-B

a) La source principale de Jean II-B est *le texte de Jean II-A*, dont il bouleverse l'ordonnance (cf. *supra*) et qu'il reprend, soit littéralement, soit en en réinterprétant les données. Mais Jean II-B connaît aussi le *Document C* dont il réinsère dans son évangile certaines sections abandonnées par Jean II-A. Un exemple fera comprendre cette situation assez complexe. Le thème du retour du Christ, exprimé en **14** 1-3, remonte pour l'essentiel au Document C. Jean II-A abandonne ce texte, dont les conceptions eschatologiques sont dépassées, et il le remplace par le texte de **14** 4 ss. qui en transpose les données. Jean II-B réinsère le texte du Document C (**14** 1-3) avant sa réinterprétation par Jean II-A (**14** 4 ss.). – Jean II-B a utilisé aussi un *recueil de logia*, de tradition johannique et dont le style est proche du sien (cf. *infra*). – Il a enfin puisé de nombreux détails dans les *trois évangiles synoptiques* sous leur forme actuelle. Il le fait afin d'harmoniser ses récits avec les leurs, et, dans ce but, il puise volontairement dans *chacun* des trois Synoptiques. On trouvera un bon exemple de cette façon de composer dans le récit de la multiplication des pains (note § 151, III B) ; mais voir aussi, entre autres : le témoignage du Baptiste (note §§ 19-25, II A 4-6, II B BC, III C 1-2), l'expulsion des vendeurs du Temple (note § 77-A, II A 2), la guérison du fils du fonctionnaire royal de Capharnaüm (note § 84, II B 2 et 4 *a*), la séquence des épisodes qui suivent la multiplication des pains (note § 164, II 3), la guérison de l'aveugle-né (note § 262, II B 2 *b ba*), la discussion entre Jésus et les Juifs lors de la fête de la Dédicace (note § 264, II 1 *a* et III A 1 *b*), la résurrection de Lazare (note § 266, III C 4 *b bc*), l'onction de Béthanie (note § 272, II A 5), l'annonce de la trahison de Judas (note § 317, II C 2), les logia sur la prière (note § 327, II A 1), l'allégorie de la vigne (note § 329, II A 2 *a ab* et III A 3 *d*), le thème des persécutions contre les disciples (note § 330, II B 4 *a*), l'arrestation de Jésus (note § 338, I 1.3 et II C 5), les reniements de Pierre (note § 340-A, A 1 *a* et B 3-4), la comparution de Jésus devant Pilate (note §§ 347.349, II A 4-7, III C 2 *e*), la crucifixion (note §§ 351-355, II B), l'ensevelissement (note §§ 356-357, I B 1 *a*, 4, 6), l'apparition à Marie de Magdala (note § 361, I A 1 *b*, II C 1).

b) Mais les écrits lucaniens, évangile et Actes, ont exercé une influence prépondérante sur certaines parties de l'évangile de Jean II-B. Dans le récit de la guérison du fils du fonctionnaire royal, Jn **4** 50-51 reprend Lc **7** 6 (note § 84, II B 4 *a*). La controverse avec les Juifs durant la fête de la Dédicace (**10** 24 ss.) transpose les données du procès de Jésus devant le Sanhédrin, mais surtout sous sa forme lucanienne (note § 264,

III A 1 *a*). L'insertion du personnage de Marthe dans le récit de la résurrection de Lazare et dans celui de l'onction à Béthanie, comme certains détails concernant Marie, proviennent de ce que Jean II-B a sous les yeux le récit de Lc **10** 38-42 (note § 266, III C 2 *b*). Pour le récit de l'onction à Béthanie, Jn emprunte certains traits au récit de la pécheresse de Lc **7** 44-46 (note § 272, III B 2). En **12** 28b-29a, le thème de l'ange pourrait rappeler celui de l'agonie à Gethsémani selon Lc **22** 43 (note § 309-B, II B 3 *b*). L'annonce du reniement de Pierre, en Jn **13** 36-38, a subi l'influence du parallèle de Lc **22** 31-34 pour le détail du récit et la place de l'épisode (note § 323, I 1). La rédaction du deuxième logion sur l'Esprit, en Jn **14** 25-26, est très influencée par le logion analogue de Lc **12** 12 (note § 327, III B 2 *b*). Le troisième logion (**15** 26-27), outre l'influence des Actes, a peut-être subi celle de Lc **1** 2 (note § 330, III B 3 *a*). Les cinq logia sur la prière, et spécialement ceux de **16** 23b-24, ont été écrits en référence à Lc **11** 9-10 (note § 333, III A 2). En **20** 20, le thème de la joie a peut-être été ajouté sous l'influence de Lc **24** 41 (note § 365, II B 2). Dans la première apparition de Jésus aux disciples, **20** 22-23 dépend de Lc **24** 47-49 (note § 367, I 3 *b* et II 2 *a*). Le récit de la deuxième apparition, en présence de Thomas (**20** 24-29), reprend les données de l'apparition aux Onze racontée en Lc **24** 39 (note § 368, I 3 et II 2) et s'inspire du thème de Lc **1** 18-20.45 (ibid., II 3). Jn **21** 5 tient compte de Lc **24** 41b (note § 371, I B BB 4 *a*). Sur le problème de l'épisode de la femme adultère, de rédaction lucanienne mais qui *pourrait* avoir été incorporé dans l'évangile de Jn par Jean II-B, voir note § 259, I 1.

Ceux qui voudraient reprendre sur de nouvelles bases *tous* les contacts littéraires entre Jn et Lc devront tenir compte aussi de ceux que nous avons attribués à une influence commune du Document C sur le proto-Lc et sur Jean II-A.

Le texte de Ac **1** 8 a commandé la disposition des épisodes dans la deuxième semaine de la vie de Jésus (*supra*, 4 c). Jn **1** 27 est influencé par le texte de Ac **13** 25 concernant Jean-Baptiste (note §§ 19-25, II A 5). Jn **4** 10 contient l'expression « don de Dieu », reprise de Ac **8** 20 (note § 81, III C 4 *b*). Le double acte de foi du fonctionnaire royal de Capharnaüm évoque les étapes de la diffusion de l'Église selon les Actes (note § 84, III B 2). Pour composer **7** 15-18, Jn s'inspire librement de Ac **2** 7 et **4** 13 (note § 256, III B 5). Il utilise de même Ac **4** 15 ss. et **5** 21 ss. pour rédiger **11** 47b-48a (note § 267, II B 1). La glose de **7** 39 sur l'Esprit rappelle Ac **19** 2-3 (note § 163, III B 5). La rédaction du troisième logion sur l'Esprit, en **15** 26-27, est influencée par Ac **5** 32, **1** 8 et **2** 33 (note § 330, III B 3 *a*). En **18** 3.12-13a, la mention de la cohorte romaine et du tribun est reprise de Ac **21** 31-34 (note § 339, I A 1 *a*). De même, en **18** 19-23, Jn complète le récit du Document C grâce à des détails repris de Ac **23** 1-5 (note § 340-B, I B 4). En **18** 31, les paroles prononcées par Pilate doivent être rapprochées de celles que prononce Festus en Ac **25** 6-12 (note §§ 347.349, II A 2 *c*). En **19** 12b, les Juifs portent contre Jésus la même accusation que contre les chrétiens en Ac **17** 7 (note §§ 347.349, II A 8 *b*). Dans le premier dialogue avec les Juifs (Jn **18** 30-32), Pilate a la même réaction que les autorités romaines en Ac **18** 12 ss., **23** 27 ss. et **25** 8-9 (note §§ 347.349, III C 2 *b*). En Jn **20** 9, la formule « ressusciter des morts », avec le verbe *anistèmi*, pourrait s'expliquer par influence de Ac **17** 2-3 (note §§ 359-360, I A AA 2 et II C 2). La rédaction de Jn **20** 22-23 a peut-être subi l'influence de Ac **2** 38 (note § 367, I 3 *b*). On notera enfin que le titre de « Paraclet » donné à l'Esprit dans le discours après la Cène prend une signification différente de celle qu'il a dans 1 Jn **2** 1 sous l'influence de textes lucaniens et pauliniens (note § 331, III 3 c). La raison d'être de la plupart de ces emprunts aux Actes sera donnée plus loin (6 s).

On reviendra plus loin également sur l'influence du style de Lc/Ac sur celui de Jean II-B (8 c).

4z   *c*) Jean II-B utilise dans une large mesure les *épîtres de Paul*. Les cas les plus clairs se trouvent en **3** 19-21.35-36 (cf. Ep **5** 6-14, note §§ 78.80, II C 1), **8** 31-37 (cf. Ga **3-5** 1, note § 261, III B 1) et **5** 21 (cf. 1 Co **15** 22, note § 149, III B 2). Mais on peut voir encore une influence de Col **2** 9-13 sur Jn **1** 14.16 (note § 1, II B 4 *b* et III B 2 *e eb*), de 1 Co **15** 45-50, Ga **5** 16-21, Rm **8** 2-25 sur Jn **3** 6 (note §§ 78.80, III B 2 *c*) et sur Jn **6** 63 (note § 164, III 3), de Col **3** 1-2 sur Jn **8** 23b (note §§ 257-260, III B 3 *c ca*), de Rm **13** 12-13 sur Jn **9** 4 (note § 262, II B 1 *b* et III C 1 *a*) et sur Jn **11** 9-10 (note § 266, II D 1 *a*), de 2 Co **5** 14-15 sur Jn **11** 50-51 (note § 267, III B 3), de 1 Th **4** 16-17 sur Jn **14** 3b (note § 325, II B 2). – On notera des contacts avec la pensée paulinienne en Jn **7** 19 (note § 148, III B 4 *c cc*), en **6** 28 (note § 163, III B 2 *b*), en **17** 2 (note § 334, III A AB 1 *c*), en **17** 22b-23a (note § 334, III A AB 2 *d db*), en **19** 37 (note §§ 356-357, I B 2 *d*).

5a   4. LES SOURCES DE JEAN III

La source principale de Jean III est *le texte de Jean II-B*, qu'il complète en y insérant les passages parallèles du *texte de Jean II-A*, voire des fragments du *Document C* abandonnés aux niveaux suivants. Ceci l'amène à bouleverser quelque peu l'ordonnance de telle ou telle section des deux évangiles qu'il fusionne (spécialement aux chapitres **7** et **8**). – Il utilise aussi un *Recueil de logia* de tonalité johannique, probablement celui qu'a connu Jean II-B (cf. *supra*). Mais il procède de façon assez déconcertante, en insérant tel ou tel logion sans qu'il offre de lien apparent avec le contexte : en **13** 16 (note § 316, II A 3 *a*), **13** 20 (note § 317, II A), **12** 44b-45 (note §§ 309-A.311, II B BD 1), **10** 9 (note § 263, II B 3 *b*, avec essai d'adaptation au contexte : III A AC). En **16** 28, le logion qu'il reprend est peut-être de Jean II-A (note § 333,

II B 1 *b*). – Jean III utilise aussi la *première épître de Jn*, avec d'ailleurs des transpositions caractéristiques ; 1 Jn **4** 9 est repris en Jn **3** 16a.17 (note §§ 78.80, II B 1 *a*) et en **6** 57 (note § 163, III C 2) ; 1 Jn **5** 20b est repris en Jn **17** 3 (note § 334, III B 1). – Jean III enfin complète l'harmonisation sur *les Synoptiques* effectuée par Jean II-B. Dans ce but, il déplace **3** 35-36 (note §§ 78.80, III C 2 *b*) et il ajoute deux logia sur la prière afin d'en obtenir sept, en conformité avec les sept demandes du *Pater* en Mt **6** 9-13 (note § 333, III B 1).

C) LES IDÉES MAITRESSES

CA) *LA PERSONNE DE JÉSUS*

1. LE PROPHÈTE, NOUVEAU MOÏSE

a) Dans le *Document C*, Jésus est avant tout présenté comme le Prophète par excellence, le nouveau Moïse annoncé par Dt **18** 18.

aa) Lorsque Philippe rencontre Nathanaël, il lui affirme avoir trouvé « celui dont Moïse a écrit dans la Loi » (**1** 45), c'est-à-dire le Prophète semblable à Moïse que Dieu avait promis d'envoyer d'après Dt **18** 18 (note §§ 19-25, III A 4 *b*) ; le Baptiste avait refusé ce titre pour lui-même (**1** 21), mais Jésus confirme sa qualité de « prophète » en révélant à Nathanaël un fait connu de lui seul (**1** 48 ; cf. Lc **7** 39). Il agit de même envers la Samaritaine (**4** 16-18) et celle-ci en conclut qu'il pourrait être le Prophète qu'attendaient les Samaritains (note § 81, II 4 *b*).

ab) Jésus est encore implicitement désigné comme le Prophète semblable à Moïse lorsque le Document C parle de lui comme la Bible parlait de Moïse. En **7** 3, la formule « les œuvres que tu fais » pourrait faire écho à Nb **16** 28 (note § 256, III A 1). Le fait que Jésus est crucifié « entre deux autres » (**19** 18) pourrait évoquer le récit de Ex **17** 8-13 (note §§ 351-355, III A 2). Mais surtout, en **12** 48, Jésus annonce le jugement de ceux qui ne reçoivent pas ses paroles, ce qui renvoie à Dt **18** 19 (note §§ 309-A.311, III A 4). En accord avec Dt **18** 19, c'est Dieu lui-même, et non Jésus, qui juge ceux qui ne croient pas.

ac) Les trois miracles qu'accomplit Jésus en Galilée au début de son ministère : changement de l'eau en vin à Cana, guérison du fils du fonctionnaire royal à Capharnaüm, pêche inattendue au lac de Tibériade, sont des « signes » qui authentifient sa mission ; ils correspondent aux trois « signes » que Moïse doit accomplir afin de persuader les Hébreux de croire qu'il a été envoyé par Dieu, selon Ex **4** 1-9 (note § 29, III A 2). On comprend alors pourquoi la signification du miracle n'est pas la même que dans les Synoptiques. Chez ceux-ci, le miracle est le plus souvent conçu comme une conséquence de la foi ; il suit la foi et en est comme la récompense (Mc **5** 36 ; **9** 23-24 ; **11** 23 ; Mt **8** 13 ; **9** 28 ; Lc **8** 50 ; et la formule « ta foi t'a sauvé » : Mc **5** 34 ; **10** 52 ; Mt **9** 22 ; Lc **7** 50 ; **8** 48 ; **17** 19) ; dans le Document C au contraire, le miracle précède la foi et la fait naître, il « manifeste » que Jésus est le Prophète envoyé par Dieu (cf. **7** 4 et *supra*). Cette valeur apologétique du miracle, en liaison avec le thème de Jésus nouveau Moïse, se retrouvera plus développée chez Jean II-A tandis que Jean II-B l'abandonnera pour des raisons qui seront données plus loin.

ad) Lorsque Jésus annonce son départ (**14** 2-3), il le fait en référence à Dt **1** 29 ss. : il s'en va « préparer une place » pour les siens comme Dieu le faisait pour les Hébreux durant l'Exode (note § 325, II A 1). Il pourrait aussi y avoir une allusion à Dt **2** 13 dans la séquence formée par **14** 31c et **18** 1a (note § 338, II A 1). Jésus est donc celui qui prend la tête du nouvel Exode, l'Exode définitif qui doit conduire les hommes dans la maison du Père.

b) Jean II-A reprend les idées du Document C en les précisant et en les complétant.

ba) A deux reprises, la foule affirme solennellement de Jésus : « Celui-ci est vraiment le Prophète », ce Prophète annoncé par Dt **18** 18 (Jn **6** 14 ; **7** 40).

bb) L'objet de sa mission est mieux décrit que dans le Document C. Ce qu'il dit et fait est entièrement conditionné par la volonté de Dieu (**5** 30 ; **6** 38 ; cf. **4** 34). Lorsqu'il enseigne, il ne fait que transmettre aux hommes les paroles de Dieu, comme le Prophète annoncé par Dt **18** 18 (**3** 33-34, note §§ 78.80, III A 4 *a-b* ; **8** 26.40b, note § 261, III A 2-3 ; **14** 10, note § 326, III A 2 *a*). Comme Moïse en Dt **30** 15-20, il leur propose ainsi la vie ou la mort, selon qu'ils accepteront ou refuseront son enseignement (**5** 24a.30, note § 149, III A 2-5). A la différence de ce que disait le Document C, ce n'est plus Dieu qui juge ceux qui refusent de recevoir les paroles du Prophète (Dt **18** 19, cf. *supra*), mais Jésus lui-même ; il ne fait toutefois que promulguer le jugement prononcé par Dieu (**5** 30).

bc) Comme dans le Document C, les miracles accomplis par Jésus sont les « signes » qu'il a bien été envoyé par Dieu ; ils authentifient sa mission. Ce thème prend une grande importance chez Jean II-A. La valeur apologétique du miracle est développée en deux textes parallèles : Jésus ne pourrait rien faire si Dieu n'était pas avec lui (**3** 2, note §§ 78.80, III A 1), s'il n'était pas venu de la part de Dieu (**9** 30.33, note § 262, III B 4). Le « signe » a pour but de « manifester les œuvres de Dieu », accomplies grâce à Jésus (**9** 2-3, note § 262, III B 1 *b*). Ainsi, en « voyant les signes » que « fait » Jésus, la foule vient à sa suite (**6** 2) et reconnaît qu'il est « le Prophète » (**6** 14 ; cf. **2** 23).

bd) Le « signe » doit inciter les hommes à « croire » en la mission de Jésus ; ce lien entre le miracle et la foi, implicite

au niveau du Document C, est souvent souligné par Jean II-A (**2** 11b, note § 29, III B 2 ; **2** 23, note § 77-B, II A 1 ; **11** 41-42, note § 266, III B 2 *a* ; **14** 11, note § 326, III A 1 *b* ; cf. **20** 8, note §§ 359-360, II B 2). Malgré ces miracles, beaucoup refusent toutefois de croire (**12** 37, note § 310, II A 1) ; c'est là le « péché » par excellence, qui est « sans excuse » (**15** 22-24, en référence au thème du nouveau Moïse, note § 330, III A 2) et condamne les hommes à la mort (**8** 21.24a).

c) Jean II-B reprend et développe le thème hérité du Document C et de Jean II-A.

ca) Du fait même que les autorités juives de Jérusalem **5j** refusent de reconnaître en Jésus « le Prophète » par excellence (cf. Dt **18** 18) parce qu'il est originaire de Galilée (**7** 52), le lecteur de l'évangile comprend que, pour Jean II-B, Jésus *est en réalité* ce Prophète (note § 148, IV B 10).

cb) Pour le souligner, Jean II-B reprend des textes de **5k** l'AT qui concernent Moïse, sa mission, son œuvre de révélation, et il les applique à Jésus, comme en écho. Le texte essentiel de Dt **18** 18-19 se retrouve en Jn **12** 47-50 (note §§ 309-A.311, II B BC 3 *a* et III C CB 2). Jn **8** 28b-29 est une mosaïque composée de Nb **16** 28, Ex **3** 12 et Ex **4** 12 (note §§ 257-260, III B 4 *b*). Jn **7** 17 prête à Jésus des expressions que la tradition rabbinique met sur les lèvres de Moïse (note § 256, III B 5). Tous ces textes développent la même idée : Jésus ne fait que transmettre aux hommes les paroles ou l'enseignement qu'il a reçus de celui qui l'a envoyé (cf. encore **17** 7-8, note § 334, III A AB 2 *a aa*).

Comme Moïse, Jésus est celui que Dieu a chargé de révéler aux hommes son Nom ineffable ; mais il peut le faire beaucoup mieux que Moïse puisqu'il porte en lui ce Nom (Jn **17** 6, note § 334, III A AB 2 *a aa* ; cf. *infra*). Il achèvera cette révélation du Nom lorsque lui et ses disciples seront parvenus auprès du Père (**17** 26, note § 334, III A AB 2 *e*). En Jn **1** 14.16-18, Jésus est décrit comme le nouveau Moïse de la nouvelle Alliance, en référence à Ex **33**-**34** ; mais sa supériorité sur Moïse (**1** 17) provient de ce qu'il demeure « dans le sein du Père » et qu'il peut donc révéler aux hommes les secrets du Père (**1** 18, note § 1, III B 2 *e*). Nous reviendrons plus loin sur cette supériorité de Jésus sur Moïse.

Certains thèmes sont plus généraux et pourraient s'appliquer à n'importe quel prophète, comme celui de la connaissance surnaturelle que possède Jésus (**2** 24-25, note § 77-B, II B ; **5** 6b, note § 148, IV B 3 ; **13** 10c-11, note § 316, III C 3). Mais ils concernent *a fortiori* Jésus en tant que nouveau Moïse. C'est assez clair d'ailleurs pour le thème de la sanctification de Jésus en vue de sa mission (**10** 35-36, note § 264, III B 3 *b*) ; il est « le Saint de Dieu » par excellence, celui qui transmet les paroles de la vie éternelle (**6** 68-69, note § 164, III 5 ; cf. **6** 27a, note § 163, III B 2 *a*).

L'attente de la venue du Prophète semblable à Moïse était surtout vivace chez les Samaritains. Dans l'entretien de Jésus avec la Samaritaine, celle-ci exprime son espérance messianique dans des termes que l'on retrouve plus tard sous la plume de Marqah, un auteur samaritain du quatrième siècle (Jn **4** 25), et Jésus lui répond en faisant peut-être allusion à un titre que les Samaritains donnaient à Moïse : « le Parlant » (**4** 26, note § 81, III C 5 *c* et *d*).

5l   *cc*) Jusqu'ici, Jean II-B reste dans la ligne de pensée du Document C et de Jean II-A, mais il va s'en séparer sur un point important : le rapport entre *les miracles et la foi*. Jean II-B a dû se heurter à une objection que pouvaient faire les gens de la deuxième génération chrétienne : il était facile aux disciples de Jésus de croire en lui puisqu'ils voyaient les « signes » qu'il accomplissait ; mais nous qui n'avons pas vu ces miracles, comment pouvons-nous croire en lui ? Pour répondre à cette objection, Jean II-B va modifier le problème des rapports entre les miracles et la foi. Dans le Document C (cf. Jean II-A), le miracle précède la foi et facilite son épanouissement (cf. *supra*) ; pour Jean II-B, qui rejoint d'ailleurs la tradition synoptique, c'est la foi qui précède le miracle : il faut croire en Jésus pour obtenir le miracle espéré (**11** 26 et 39b-40, note § 266, II C 2, III C 1 *b*, III C 3 *a*). Tout au long de son évangile, Jean II-B s'efforce de montrer combien est fragile une foi fondée sur la vue des miracles ; il le souligne à propos des miracles accomplis par Jésus à Jérusalem (**2** 23-25, note § 77-B, II B ; **4** 44-45, note § 82, II 2 *b bb*), après la multiplication des pains (**6** 15, note § 151, II C 2 *a* et III B 2 *g* ; **6** 22 ss., note § 163, III B 1 *b* ; **6** 30.36, note § 163, III B 1 *b ba* ; **6** 42, note § 163, III B 1 *b bb*), à propos des frères de Jésus (**7** 5, note § 256, III B 2), lorsque les Juifs exigent de lui qu'il dise clairement s'il est le Messie (**10** 25, note § 264, III B 2 *b*), après que Jésus eut manifesté aux disciples sa connaissance surnaturelle (**16** 30-32, note § 333, III A 1 *b*). Même lorsque Jean II-B reprend le texte de Jean II-A concernant l'autre disciple au tombeau : « il vit et il crut » (**20** 8), il ajoute le v. 9 afin de diminuer la force de cette affirmation (note §§ 359-360, II C 2). Sa position s'exprime au mieux dans ces paroles qu'il met sur les lèvres de Jésus lors de l'apparition à Thomas : « Parce que tu m'as vu, tu crois ; heureux ceux qui n'ont pas vu et qui ont cru » (**20** 29, note § 368, II 3 ; cf. **4** 48, note § 84, III B 2).

5m   *cd*) Malgré ces textes si clairs, il ne faudrait pas en conclure que Jean II-B a rompu complètement avec la pensée de Jean II-A et du Document C. Il reconnaît implicitement une certaine valeur aux « signes » lorsqu'il invoque *le témoignage* du Baptiste (**1** 32-34) ou celui du disciple que Jésus aimait (**19** 35 ; cf. **19** 25-27) ; tous deux peuvent témoigner parce qu'ils ont vu (notes §§ 19-25, III C 3 et §§ 356-357, I B 2 *b*, II C 2 *a*). D'ailleurs, les disciples eux-mêmes n'ont-ils pas fait confiance au témoignage de Jésus (**8** 14 ss., note § 262, III C 6 *d* ; cf. **18** 37, note §§ 347.349, III C 2 *c cb*) ? C'est ce témoignage qui se prolonge maintenant dans celui de la communauté johannique (**3** 11-12, note §§ 78.80, III B 3 *a*) qui se porte garante de l'exactitude de tout ce qui est rapporté par l'évangile (**21** 24, note § 375, II B ; cf. **20** 30-31, note § 369, II 2). En fait, pour les chrétiens contemporains de Jean II-B, le « témoignage » remplace le « signe » pour mener les hommes à la foi en Jésus (note § 150, III B 3 *a*). N'ont-ils pas d'ailleurs ce témoignage privilégié qu'est celui des Écritures (**5** 39, note § 150, III B 1 *e* ; cf. **20** 9, note §§ 359-360, II C 2) ? Il faut remarquer aussi que le témoignage des disciples porte sur l'ensemble de la vie de Jésus (**15** 26-27) ; il concerne *ce qu'il a dit* aussi bien que ce qu'il a fait (**2** 9, note § 29, III C 5).

ce) Il n'est pas besoin de miracles pour croire parce que *la parole de Jésus* a, par elle-même, une force persuasive qui doit emporter l'adhésion de tout homme et le décider à croire en Jésus. Jean II-A avait déjà souligné cette valeur apologétique de la parole de Jésus, mais en parallèle avec les « signes » ou les « œuvres » (**15** 22-24) ; Jean II-B montre combien la parole est supérieure au « signe », à la fin de l'épisode de la Samaritaine (**4** 39.41-42, note § 81, III C 7 ; cf. **10** 41-42, à propos du Baptiste, note § 265, II 2).

Les développements qui précèdent devront être complétés par ce que nous dirons plus loin sur les thèmes de Jésus-Sagesse et de Jésus-Parole de Dieu ; c'est parce qu'il est la Sagesse et la Parole de Dieu que Jésus peut revendiquer le titre de « Prophète » par excellence, beaucoup mieux que Moïse.

2. Jésus est le Messie

Assez peu répandue dans le judaïsme, l'attente du Prophète semblable à Moïse était en revanche prépondérante chez les Samaritains (note §§ 19-25, III A 2 *c*). Jean II-A estompe ce caractère samaritain du thème en montrant que ce Prophète est aussi le Messie, le Christ qu'attendaient les Juifs. En **7** 40-41a, la foule fait une double profession de foi : « Celui-ci est vraiment le Prophète » « Celui-ci est le Christ. » Lorsqu'il dédouble le récit de la vocation de Philippe et de Nathanaël pour rédiger celui de la vocation d'André et de Pierre, Jean II-A met en parallèle l'affirmation d'André « Nous avons trouvé le Messie » (**1** 41) avec celle de Philippe : « Celui dont Moïse a écrit dans la Loi ( ), nous l'avons trouvé... » (**1** 45) ; or celui dont Moïse a écrit n'est autre que le Prophète annoncé par Dt **18** 18 (cf. note §§ 19-25, III B 3 *a*).

De même, Jean II-B laisse penser que la Samaritaine attendait la venue du Messie (**4** 25.29 ; cf. l'hypothèse proposée à la note § 81, II 4 *b*). Lorsqu'il reprend le texte de Jean II-A où Jésus est reconnu comme « Prophète » et comme « Christ » (**7** 40-41a), il abandonne le titre de « Prophète » pour ne plus retenir que celui de « Christ » (**7** 26-27 ; cf. **7** 31 et note §§ 257-260, II B 1). La question essentielle qui tourmente les Juifs est celle de savoir si Jésus est le Christ (**10** 24). Jean II-B fait écho aux difficultés rencontrées par les judéo-chrétiens de son temps lorsqu'il rappelle le décret d'exclusion de la Synagogue porté contre ceux qui reconnaîtraient que Jésus est le Christ (**9** 22, note § 262, III C 4). Mais c'est ce que n'hésite pas à faire Marthe, la disciple parfaite (**11** 27 ; cf. **20** 31).

3. JÉSUS EST ROI

a) Selon le *Document C*, Jean est venu baptiser afin que Jésus « fût manifesté à Israël » (**1** 31) ; effectivement, peu de temps après, Nathanaël reconnaît qu'il est « le roi d'Israël » (**1** 49). Les gens de Jérusalem, à leur tour, acclament Jésus comme « le roi d'Israël » lorsqu'ils l'accueillent dans leur ville (**12** 13). La Samarie et la Judée sont donc d'accord pour reconnaître la royauté de Jésus ; la prophétie de Ez **37** 24 se réalise : il n'y aura plus deux peuples, Juda et Israël (= la Samarie), mais un seul peuple, et « mon serviteur David régnera sur eux, il n'y aura qu'un seul pasteur pour eux tous ». — Il est possible cependant que l'auteur du Document C envisage cette réunification des deux royaumes ennemis au profit, non pas du royaume de Juda, mais de celui d'Israël. Jésus n'est pas désigné comme le « fils de David » (Mc **10** 47-48 ; **12** 35 ; Mt **15** 22 ; Lc **1** 27.32), c'est-à-dire le descendant et l'héritier du roi David, mais comme le « fils de Joseph », et cette expression pourrait renvoyer à la fois à celui que l'on tenait pour le père de Jésus et au patriarche Joseph, l'ancêtre de ceux qui formaient le royaume d'Israël et que les Samaritains considéraient comme le « roi d'Israël ». C'est en tant que « fils de Joseph » que Jésus serait « roi d'Israël » (note §§ 19-25, III A 4 *d*).

b) *Jean II-A* donne aussi à Jésus le titre de « roi », mais le thème est traité dans une perspective moins « samaritaine ». Il retrouve les traditions juives en appliquant à Jésus l'oracle de Za **9** 9 à propos de son entrée à Jérusalem (**12** 14-15, note § 273, II B 1), ou en le comparant au « pasteur » qui mène paître son troupeau, tel un nouveau David (**10** 3-4, note § 263, III A AA 2 *a*). Il prend soin de préciser que la royauté de Jésus « n'est pas de ce monde » (**18** 36) ; elle est d'ordre spirituel et appartient au monde d'en haut (note §§ 347.349, III B 2).

c) *Jean II-B* développe le thème de la royauté de Jésus en accentuant la référence à David. Il le fait en utilisant le même procédé littéraire que pour le thème du nouveau Moïse : il établit un parallélisme entre Jésus persécuté et David en fuite devant ses ennemis en reprenant, à propos de Jésus, des textes de l'AT qui parlent de David. Jn **11** 50-51 fait écho à 2 S **17** 3 et **16** 23 (note § 267, III B 3) ; Jn **12** 26 utilise 2 S **15** 21 (note § 309-B, I B 3) ; Jn **13** 36-37 fait écho à 2 S **15** 19 ss. (note § 323, II 2). Jésus est bien un nouveau David, mais un David traqué par ses ennemis. Pour le souligner, Jean II-B place au centre du récit de la comparution de Jésus devant Pilate la scène d'outrages à Jésus roi (**19** 1-3, note §§ 347.349, III C 2 *e*). Jésus refuse d'ailleurs la royauté triomphale que les foules galiléennes voudraient lui imposer (**6** 15, note § 151, III B 2 *g*). C'est pourtant en l'accusant de vouloir se faire roi que les chefs du peuple juif obtiennent de Pilate l'autorisation de le crucifier (**19** 12.15 ; cf. **19** 19).

4. LE FILS DE L'HOMME

a) Déjà au niveau du *Document C* Jésus est identifié au **5s** « Fils de l'homme » dont parle Dn **7** 13-14. Dans le livre de Daniel, ce Fils d'homme est d'abord persécuté et humilié (**7** 1-8.23-25), puis il va sur les nuées du ciel jusqu'au trône de Dieu où il reçoit l'investiture royale (**7** 13-14.22.27). Dans le Document C, la seule mention explicite du Fils de l'homme est liée à son humiliation (**12** 23, note § 328, III A 1). Mais son exaltation jusqu'auprès de Dieu est décrite en **12** 32 ; élevé sur la croix, Jésus sera par le fait même élevé à la droite de Dieu et son investiture royale provoquera la chute de Satan, le Prince de ce monde (**12** 31 ; cf. Dn **7** 26-27 et note §§ 309-A.311, III A 3). Le titre de « Fils de l'homme », on le voit, est étroitement lié à celui de « roi », ce qui est impliqué dans la vision de Dn **7** 13-14. C'est Jésus déjà exalté à la droite de son Père qui apparaît à Marie et celle-ci s'en va trouver les disciples en leur disant : « J'ai vu le Seigneur » (**20** 18). Le Christ ressuscité est maintenant le Seigneur et roi de l'univers, celui dont le Ps **110** 1 annonçait l'investiture royale (note § 361, II A 2 ; cf. **21** 12).

b) En remplaçant **12** 32 par **3** 14, *Jean II-A* met mieux en **5t** lumière que Jésus sera « élevé » en tant que Fils de l'homme (note §§ 309-A.311, III B 2 *a*). La fin de la domination de Satan sur le monde (**12** 31) pourrait être liée à un aspect de la mission de Jésus-Fils de l'homme : abolir le péché, qui est aveuglement des hommes et méconnaissance de Dieu (**9** 2-3.34-37, note § 262, III B 5 *a*). On notera que **9** 36 et **3** 14-16 sont les seuls textes du NT où il est demandé de « croire » au Fils de l'homme.

c) Dans la tradition juive, la vision de Dn **7** 13 fut conçue **5u** d'abord comme une montée du Fils de l'homme jusqu'auprès de Dieu, puis comme sa descente sur la terre, ce qui impliquait qu'il avait une origine mystérieuse (note §§ 19-25, III C 6 *c*). Jean II-A ne connaît que le thème de la montée, exprimée sous la forme d'une « élévation » (**3** 14). *Jean II-B* reprend ce thème (**8** 28 ; cf. **12** 23 ; **13** 31), mais il le fusionne avec le second en ce sens que, si le Fils de l'homme peut monter au ciel, c'est parce qu'il en est descendu (**3** 13 ; **6** 62). En **3** 13, le Fils de l'homme s'identifie avec le nouveau Moïse qui va chercher au ciel la révélation de la parole de Dieu (note §§ 78.80, III B 3 *b bb*). En **1** 51, la présence des anges évoque sa divinité (note §§ 19-25, III C 6 *b* et *infra*).

5v

d) *Jean III* réinsère dans l'évangile le thème classique du Fils de l'homme venant juger les hommes lors de la résurrection, donc à la fin des temps (**5** 27-29, note § 149, III C 2 *a*). Il est plus difficile de voir ce que vient faire le thème du Fils de l'homme en **6** 27.53, lié à celui de l'eucharistie ; Jean III veut probablement accentuer l'évocation de la résurrection « au dernier jour » qu'il fait en ajoutant le refrain « je le ressusciterai au dernier jour » aux vv. 39, 40, 44, 54 (note § 163, III C 1).

5. La Sagesse et la Parole de Dieu

5w

a) C'est à partir de *Jean II-A* que Jésus est explicitement comparé à la Sagesse de Dieu envoyée sur la terre afin d'enseigner aux hommes comment vivre en accord avec la volonté de Dieu ; beaucoup mieux que Moïse, il est donc habilité à tenir le rôle du Prophète par excellence, de celui qui parle à la place de Dieu. Comme la Sagesse, Jésus est « sorti » de Dieu et venu dans le monde (**8** 42a, note § 261, III A 5). Il est le pain descendu du ciel qui, comme elle, nourrit les hommes et aussi les abreuve (**6** 35, note § 163, III A 3 *b*). Dans la ligne de la tradition sapientielle, le vin et l'eau qu'il donne symbolisent son enseignement qui permet aux hommes de vivre (**2** 9-10, note § 29, III B 1 ; **4** 10-14, note § 81, III B 1 *c*), d'échapper à la mort qui pèse sur l'humanité depuis la faute d'Adam (**6** 37, note § 163, III A 3 *c*). Après sa victoire sur la mort, il revient habiter chez ses disciples et se manifeste à eux en tant que Sagesse (**14** 21, note § 327, III A 2). Dans presque tous ces passages, Jean II-A utilise le même procédé littéraire : il met sur les lèvres de Jésus des paroles qui, dans la littérature sapientielle de l'AT, sont prononcées par la Sagesse ; Jésus s'identifie donc à elle.

Cet approfondissement de la théologie amène Jean II-A à envisager les thèmes de l'Exode dans une optique nouvelle. Jésus est comparé, non plus à Moïse, mais à la manne envoyée par Dieu (**6** 31 ss.) ou au rocher qui, frappé par Moïse, laisse couler des fleuves d'eau (**7** 37b-38). La manne et l'eau étaient le symbole de Jésus-Sagesse, envoyé par Dieu pour sauver les hommes (note § 163, III A 3 *ffc*). Il les délivre ainsi de l'emprise de Satan, le Prince de ce monde, et ce thème est développé dans un autre texte où Jésus est comparé au serpent d'airain élevé par Moïse dans le désert, d'après Nb **21** 4-9 (Jn **3** 14, note §§ 309-A.311, III B 2 *b*). Il est remarquable que l'arrière-plan de ces deux passages est constitué par des traditions juives développées à partir de Nb **21** 4-9 et qui ont été incorporées dans le targum Palestinien sur ce passage.

5x

b) *Jean II-B* apporte quelques développements nouveaux à ce thème, mais toujours en appliquant à Jésus des textes de l'AT qui concernent la Sagesse (**3** 12, en référence à Sg **9** 16-18, note §§ 78.80, III B 3 *b ba* ; peut-être aussi **8** 12 en référence à Pr **6** 23 et Ps **119** 105, note § 262, III C 6 *c*). Il présente aussi

Jésus comme la Parole de Dieu, en reprenant une hymne plus ancienne (**1** 1-2). Il complète cette hymne pour former le Prologue de son évangile, dont le mouvement évoque la geste de cette Parole qui part de Dieu pour venir dans le monde, puis fait retour à Dieu, comme en Is **55** 10-11 ; Jn recoupe en partie aussi certains textes concernant la Sagesse (note § 1, III B 1 *b* et 2 *c*).

En tant que Parole ou Sagesse de Dieu, Jésus existait avant le Baptiste (**1** 30, note §§ 19-25, III C 2), avant Abraham (**8** 56-58, note § 261, III B 3 *c*), avant toute la création (**17** 5, note § 334, III A AB 1 *a*).

6. Le Fils de Dieu

a) Dans l'AT, le titre de « fils de Dieu » ne revêtait pas un sens transcendant ; il signifiait seulement une sorte d'adoption divine qui impliquait la protection de Dieu envers celui qu'il avait adopté (cf., entre autres textes, Sg **2** 12-20). Mais il semble que, au niveau de *Jean II-B*, le sens transcendant soit impliqué dans la confession de foi de Marthe (**11** 27, note § 266, III C 1 *c*), comme dans la comparution de Jésus devant Pilate (**19** 7, note §§ 347.349, III C 2 *f*). Pour éviter toute équivoque, Jean II-B utilise d'ailleurs à l'occasion un terme beaucoup plus fort : Jésus est l'Unique Engendré (*Monogenès*), expression qui place sa filiation divine sur un plan transcendant (**1** 14.18 ; 1 Jn **4** 9, note § 1, III B 2 *d db*).

b) Jésus n'est donc pas simplement « fils de Dieu » ; il est « le Fils » par excellence (B 77 **), que Jean II-B met le plus souvent en parallèle avec « le Père » (B 73). C'est du Père que le Fils a reçu pouvoir sur tout ce qui existe (**3** 35, note §§ 78.80, III B 6 ; cf. **17** 2). Le Fils ne peut rien faire de lui-même, il ne fait que ce qu'il voit faire au Père, y compris la résurrection des morts (**5** 19.22-23.25, note § 149, III B 1-2 ; cf. **8** 36.38-39, note § 261, III B 2). Le Fils reçoit sa gloire du Père et il fait connaître le Père en manifestant sa propre gloire (**17** 1-2.4-5, note § 334, III A AB 1 ; cf. **14** 13). On peut donc dire que tout ce qu'a le Fils, il le tient du Père. En ce sens, Jean II-B peut reprendre l'affirmation que Jean II-A avait mise sur les lèvres de Jésus : « ... car le Père est plus grand que moi » (**14** 28).

c) Mais Jésus dit aussi : « Moi et le Père nous sommes un » (**10** 30 ; cf. **17** 22). Jésus agit comme Dieu, à l'égal de Dieu. A ce titre, il vient prendre possession du Temple de Jérusalem et le purifier (note § 77-A, III B 1), il peut être considéré comme l'époux de l'Église (**3** 29, note § 79, II 4), il domine la mer en marchant sur elle (**6** 19, note § 152, II B 2 *a-b*), il garde ceux qui sont dans sa main (**10** 28-29, note § 264, III B 2 *c*), il a pouvoir de vivifier les morts (**11** 27, note § 266, III C 1 *c*) et même de se ressusciter lui-même (**2** 19, note § 77-A, III B 4 *a* ; **10** 17-18, note § 263, III B BB 2). Lorsque la gloire de Dieu se manifestait dans tel ou tel épisode de l'ancienne Alliance, c'était sa propre gloire que l'on pouvait voir (**12** 40-41, note § 310, II B 3 ; cf. **11** 4.40, note § 266, III C 3 *c* ; **17** 5, note § 334, III A AB 1).

d) Puisque Jésus est le Verbe, la Parole de Dieu, il peut revendiquer le titre de « Dieu » (**1** 1c ; cf. 1 Jn **5** 20 et aussi Jn **20** 28, mais avec le possessif), titre que très peu de textes du NT donnent explicitement à Jésus (Tt **2** 13 ; cf. Rm **9** 5, dont le sens est contesté). Il porte en lui le Nom divin par excellence, celui qui avait été révélé jadis à Moïse lors de l'épisode du buisson ardent : JE SUIS (**8** 24b, note §§ 257-260, III B 3 *c cb* ; cf. **8** 28.58 ; **13** 19) et ce Nom redoutable suffit à jeter bas tous ses adversaires (**18** 6, note § 338, II C 3).

Jésus *est* Dieu, et cependant il se distingue de Dieu, il est le Verbe de Dieu, sa Parole (**1** 1-2). Nous avons là le fondement de la doctrine trinitaire concernant la distinction des deux premières personnes divines (note § 1, III B 2 *a*).

7. LES TITRES DE JÉSUS

En **1** 19-51, Jean II-B a rassemblé une série de titres qui s'appliquent à Jésus, dont certains d'ailleurs sont repris du Document C ou de Jean II-A. Jésus est l'*Agneau de Dieu* (**1** 19.36), titre qui, pour Jean II-B, pourrait désigner l'agneau pascal (note §§ 19-25, III A 3 *b bb*) et qui sera de nouveau évoqué en **18** 28b (note §§ 347.349, III C 2 *a ab* et *b*) et surtout en **19** 36 (note §§ 356-357, II C 2 *c*). - Il est l'*Élu de Dieu*, identique au Serviteur de Yahvé dont parle Is **42** 1-2 (**1** 34, note §§ 19-25, III C 3) et auquel Jean II-B fera encore allusion en **19** 1-3 (note §§ 347.349, III C 2 *e*). - Il est celui que l'on appelle « Rabbi », le *Maître* qui enseigne ses disciples (**1** 38) et qui, à ce titre, prend la place du Baptiste (**1** 30, note §§ 19-25, III C 2 ; **3** 30, note § 79, II 5). - Il est le *Messie*, c'est-à-dire le Christ (**1** 41) ; la Samaritaine en aura conscience (**4** 25-26), mais c'est Marthe qui le reconnaîtra solennellement (**11** 27). - Au centre, nous avons le titre fondamental : Jésus est « celui dont Moïse a écrit dans la Loi ( ) » (**1** 45), *le Prophète* par excellence annoncé par Dt **18** 18 (cf. *supra*). - Mais il est aussi « *Jésus de Nazareth*, le fils de Joseph » (**1** 45), dont l'origine constitue une pierre d'achoppement pour la foi en sa mission (**1** 46 ; **6** 41-42 ; **7** 27.41b-42.52) ; c'est sous le nom de « Jésus le Nazôréen » qu'il sera arrêté (**18** 5.7), preuve que ce nom manifeste sa vulnérabilité humaine. - Jésus est encore le *Fils de Dieu* (**1** 49), le *roi d'Israël* (**1** 49), le *Fils de l'homme* (**1** 51) ; pour ces derniers titres, cf. *supra*.

CB) *LA PERSONNE DE L'ESPRIT*

Il est souvent question de l'Esprit de Dieu dans l'AT, mais cet Esprit n'est pas conçu comme une personne ; il représente simplement la puissance de Dieu. Mis à part Mt **28** 19, les textes synoptiques ne nous renseignent guère sur la person-nalité de l'Esprit. Dans la tradition johannique, l'Esprit n'apparaît ni dans le Document C, ni chez Jean II-A ; en revanche, il tient chez Jean II-B une place prépondérante.

Communiqué aux disciples par le Christ ressuscité (**7** 39 ; **20** 22), il devient en eux principe de vie nouvelle, de re-naissance (**3** 5-6, note §§ 78.80, III B 2 *b*) ; il effectue comme une nouvelle création de l'homme (**20** 22, note § 367, II 2 *b* ; cf. **6** 63 en référence à Gn **2** 7). Il vient prendre la place du Christ après son départ (**16** 4b ss., note § 331, III 1) afin de conduire l'Église, d'achever l'œuvre de révélation commencée par Jésus, de témoigner que Jésus avait bien été envoyé par Dieu. Il est donc à la fois l'Esprit de vérité et le Paraclet (voir la synthèse des textes sur l'Esprit contenus dans le discours après la Cène à la note § 331, III). Pour décrire son action dans l'Église, Jean II-B reprend des expressions qui ailleurs s'appliquent à Jésus (note § 331, III 1) ; il apparaît donc comme une « personne » distincte du Fils et du Père. Cette personnalité de l'Esprit est surtout mise en relief en **14** 15-23, où Jean II-B parle successivement de l'Esprit, du Christ et du Père, en termes analogues ; ils sont mis en parallèle comme trois personnes distinctes mais étroitement unies. Ce passage est un des textes trinitaires les plus clairs de tout le NT (note § 327, III B 3).

CC) *LES DISCIPLES DE JÉSUS*

6e 1. Le *Document C* nomme un certain nombre de disciples de Jésus : Philippe et Nathanaël (**1** 43 ss. ; cf. **12** 20-22), Simon-Pierre (**21** 2 ss. ; **18** 15 ss. ; **20** 2 ss.), les fils de Zébédée (**21** 2), Marie (**11** 1 ss. ; cf. **20** 11 ss.) et Lazare (**11** 2-3) ; mais ils ne semblent pas former un groupe homogène qui aurait suivi Jésus dans ses déplacements. Le terme même de « disciple » n'apparaît qu'à deux reprises, dans les récits de la passion (**18** 1) et de la résurrection (**20** 18), et l'on peut se demander s'il n'y aurait pas été introduit à un niveau ultérieur. L'auteur du Document C ne s'intéresse donc pas aux « disciples » en tant que tels, il n'a pas élaboré une théologie du disciple. Il se contente de rejoindre la tradition synoptique commune en indiquant que le disciple est celui qui « suit » Jésus (**1** 43, note §§ 19-25, III A 4 *a*).

6f 2. C'est *Jean II-A* qui a introduit dans l'évangile les disciples en tant que groupe suivant Jésus dans ses déplacements (**2** 11 ; **4** 8.27.31-34 ; **9** 2-3).

6g *a)* Dès le récit des premières vocations (**1** 35 ss.), il donne implicitement les caractéristiques du disciple ; celui-ci « cherche » Jésus et le « trouve » ; il le « suit » afin de pouvoir « demeurer » avec lui (note §§ 19-25, III B 4 *a*). Marie (de Magdala) est ainsi le type du parfait disciple puisqu'elle reconnaît Jésus ressuscité (et donc le « trouve ») au moment même où elle le « cherche » (**20** 15-16, note § 361, II B 2-3).

Il en va de même de cet « autre disciple » qui peut « suivre » Jésus jusque dans la cour du Grand Prêtre tandis que Pierre ne peut le faire que grâce à lui (**18** 15-16, note § 339, II A). Les disciples sont comparés à des brebis qui « suivent » leur pasteur parce qu'elles entendent sa voix, c'est-à-dire obéissent à ses commandements (**10** 3-4, note § 263, III A AA 2 *b*). Le disciple est celui qui reconnaît en Jésus le « rabbi » par excellence et se met à son école, écoute son enseignement pour le mettre en pratique (**1** 38 ; **20** 16, note § 361, II B 2). En ce sens, l'aveugle-né est le type du disciple puisque, à l'inverse des autorités religieuses de Jérusalem, il a choisi Jésus plutôt que Moïse (**9** 27-28, note § 262, III B 4), il a cru que Jésus était le nouveau Moïse dont il faut suivre les enseignements.

6h *b*) Pour se faire disciple de Jésus, il faut donc *croire* qu'il a été envoyé par Dieu, qu'il est « le Prophète », le nouveau Moïse. Cette foi, qui peut s'appuyer sur le témoignage du Baptiste (**1** 7, note §§ 19-25, III B 2), est confirmée par la vue des « signes » que Jésus accomplit, comme jadis Moïse (Ex **4** 1-9 ; Jn **2** 11.23), et qui sont la preuve qu'il a bien été envoyé par Dieu (**11** 41-42 ; cf. **5** 24 ; **9** 33.36-37). Elle trouve son ultime confirmation dans la vue du tombeau vide, et donc dans la certitude de la résurrection de Jésus (**20** 8, note §§ 359-360, II B 1). Pour Jean II-A, la foi n'est donc pas l'acceptation purement intellectuelle de vérités abstraites, elle est la certitude que Jésus parle aux hommes de la part de Dieu et leur transmet ses paroles. Il est significatif que l'évangile de Jn ne contient pas le terme abstrait de « foi » ; d'ordinaire même, il ne dit pas qu'il faut « croire à » Jésus, mais qu'il faut « croire en » lui (B 51), ce qui implique un mouvement de l'homme vers la personne de Jésus, une rencontre de l'homme et de Jésus.

Celui qui croit en Jésus se met à son école et donc s'efforce de garder ses commandements ; à ce prix seulement, il manifeste qu'il *aime* Jésus. Ce thème, qui deviendra prépondérant chez Jean II-B, est simplement effleuré par Jean II-A, à propos de Jésus-Sagesse (**14** 21.24, note § 327, III A 2 ; cf. note § 330, III A 1).

6i *c*) En se faisant disciple de Jésus-Sagesse, l'homme retrouve l'arbre de vie du Paradis terrestre, perdu lors de la faute originelle (note § 163, III A 3 *c*). Il possède dès maintenant la vie éternelle, qui est participation à la vie même de Dieu (**5** 24a) et qui ne lui fera jamais défaut ; en ce sens, il ne mourra jamais (**6** 31 ss., note § 163, III A 2-3). Mais dès maintenant, Jésus ressuscité se manifeste en lui comme la Sagesse de Dieu (**14** 21, note § 327, III A 1-2) et le fait participer à son royaume qui n'est pas « de ce monde » (**18** 36) mais se situe dans la sphère du divin (**8** 23, note §§ 257-260, III A 2). En définitive, le disciple qui accepte de « suivre » Jésus obtient d'avoir « part » avec lui aux biens célestes (**13** 8a, note § 316, III B 1 *b*).

d) Jean II-A souligne l'initiative divine dans l'œuvre de notre salut. L'ensemble des disciples de Jésus est désigné par l'expression collective au neutre « ce que me donne le Père » (**6** 37 ; cf. **6** 39) ; c'est d'ailleurs le sens du nom de l'un des premiers disciples appelés par Jésus : Nathanaël. « Dieu a donné » (**1** 45).

e) Les disciples restent sous la menace du Prince de ce monde (**12** 31, du Document C mais repris par Jean II-A), cette bête féroce qui cherche à dévorer les hommes (cf. 1 P **5** 8). Ce Prince de ce monde, le Diable, est probablement évoqué par le « loup » de la parabole du berger (**10** 12). Mais, comme le bon pasteur, Jésus n'hésite pas à se porter au devant du loup afin de sauver ses brebis, même s'il doit y laisser sa vie (**10** 11 ss., note § 263, III B BA 1 ; **18** 4 ss., note § 338, II B). Il est possible aussi que, déjà au niveau de Jean II-A, la mort de Jésus ait une valeur « purificatrice » à l'égard des péchés des hommes ; c'est en ce sens qu'il faudrait comprendre l'épisode du lavement des pieds (**13** 3 ss.) au cours duquel Jésus s'identifie au « Serviteur de Yahvé » dont la mort purifie les hommes de leurs péchés (Is **53** 10-12 ; cf. note § 316, III B 2 *c*).

3. En reprenant les idées de Jean II-A, *Jean II-B* les a développées d'une façon très personnelle.

a) Le disciple « suit » Jésus en ce sens qu'il doit marcher (au sens moral) comme a marché Jésus (1 Jn **2** 6). En conséquence, les rapports entre le disciple et Jésus sont à l'analogie de ceux qui existent entre Jésus et son Père ; Jésus est donc le « type » même du disciple parfait. Ce thème forme le centre du discours après la Cène, où Jean II-B décrit la condition du disciple de Jésus ; c'est un des sommets de la pensée johannique et nous y renvoyons le lecteur (**15** 7-16, note § 329, III B BA). Ce thème apparaît encore en **10** 14b-15a, à propos de la connaissance mutuelle (note § 263, III B BB 1), en **14** 20 et **17** 11.13.22-23, à propos de l'unité et de la présence réciproque (notes § 327, II C 2 *b* et § 334, III A AB 2 *b* et *d*), en **15** 5 enfin : le disciple ne peut rien faire sans Jésus comme Jésus ne peut rien faire sans le Père (note § 329, III A 3 *c*). — Si le disciple est appelé à donner sa vie comme Jésus a donné la sienne (**15** 12-14 ; **10** 17-18, note § 263, III B BB 2), s'il doit donc le « suivre » jusque dans la mort, il aura en revanche le privilège de parvenir finalement là où est Jésus, dans la gloire dont la possession constitue la vie éternelle (**12** 26, note § 309-B, II B 3 *a* ; **14** 3, note § 325, II B 2 ; **17** 24, note § 334, III A AB 2 *e*). En ce sens, Thomas peut être considéré comme un des « types » du disciple (**11** 16, note § 266, III C 5 *d*).

b) Le disciple « suit » Jésus en marchant à la lumière de son enseignement (**8** 12, note § 262, III C 6 *c* ; **12** 35-36a, note §§ 309-A.311, III C CB 1). Il s'engage à observer sa parole et ses commandements (**8** 31b-32, note § 261, III

B 1 *c ca* ; cf. Appendice I, A 23 et B 56 **). Mais les commandements de Jésus se résument dans celui de l'amour des frères (**15** 12-14, note § 329, III B BA 1 *c*) ; c'est donc à cet amour que se reconnaît le parfait disciple de Jésus (**13** 34-35), amour qui lui vaut d'être aimé de Jésus (**15** 9-10). Le type par excellence du disciple, c'est celui « que Jésus aimait » (**13** 23 ; **19** 26 ; **21** 7.20) ; voir les développements qui seront donnés note § 317, III B 3. Il est le témoin par excellence de la mort et donc de la résurrection du Christ (**19** 35, note §§ 356-357, II C 2 *a*). Il sera toujours présent dans l'Église, jusqu'à la fin des temps (note § 373, III A ; cf. note §§ 351-355, III B 3). – Dans le récit de la résurrection de Lazare, ce n'est plus Marie, mais Marthe qui est présentée comme « type » du disciple (note § 266, III C 2 *a*).

c) Comme Jean II-A, Jean II-B souligne l'initiative du Père dans la démarche qui mène les hommes à Jésus (**3** 27, note § 79, II 2 ; **6** 44-46, note § 163, III B 3 *e* ; **17** 6, note § 334, III A AB 2 *a ab*).

d) L'importance donnée par Jean II-B au thème du « disciple » de Jésus rejaillit sur le personnage de Judas, type de tout disciple qui trahit son maître. Tandis que le vrai disciple échappe aux atteintes du Mauvais (**17** 15, note § 334, III A AB 2 *c*), Judas accomplit son forfait parce qu'il est sous l'emprise du Diable, de Satan (**6** 70-71, note § 164, III 6), qui se sert de lui pour mener son combat contre Dieu et son Christ (**13** 2, note § 316, III C 1 *c* ; **13** 27.30, note § 317, III B 5 ; **18** 2.5, note § 338, II C 2). Judas trahit Jésus en révélant le lieu où il se cache (**18** 1b-2, note § 338, II C 1). Jean II-B le présente comme un hypocrite et un voleur (**12** 4-6, note § 272, II A 8 et III B 6).

CD) *LA COMMUNAUTÉ CHRÉTIENNE*

Dans l'évangile de Jn, le chapitre **21** forme un appendice, après la séquence des huit « semaines » consacrées à la vie, la mort et la résurrection de Jésus (cf. *supra*). C'est volontairement que *Jean II-B* a rassemblé ici, sous forme de Conclusion, un certain nombre d'épisodes touchant le Christ ressuscité : ils symbolisent pour lui l'essor de la communauté chrétienne, de l'Église, sous l'impulsion du Christ glorifié. Les 153 gros poissons de la pêche miraculeuse (**21** 11) représentent la multitude des chrétiens de tous les temps, rassemblés dans le filet qui symbolise l'Église et son unité (note § 371, II C 4). Les disciples qui s'adonnent à la pêche sont les « apôtres » qui font entrer les hommes dans l'Église. A la mention du poisson grillé, Jean II-B ajoute celle du pain afin d'évoquer l'Eucharistie, nourriture du chrétien (*id.* II C 5). Dans l'épisode suivant (**21** 14-19), Simon-Pierre est constitué pasteur du troupeau, à la place de Jésus, maintenant que celui-ci n'est plus visiblement présent sur la terre (note § 372, II A 1). Enfin, l'évangile se termine par l'évocation du disciple

bien-aimé (**21** 20-22), type du disciple parfait, idéal proposé aux chrétiens de tous les temps (note § 373, III A). Reprenons ces différents points pour montrer comment ils avaient été préparés dans le corps de l'évangile.

1. *L'Église* est constituée par tous ceux qui « viennent » **6q** à Jésus pour entendre son enseignement et le suivre. Formée à partir d'un petit nombre de Juifs, le « petit reste » dont parlaient les prophètes (note § 262, III C 7 ; cf. note § 148, IV B 3) et que Jésus va rassembler dans l'unité (**11** 52), elle prendra son essor en accueillant dans son sein la foule des païens (**12** 20-22, note §§ 309-A.311, III A 1 et C CB 3 ; **19** 34, note §§ 356-357, II B 2). L'Église ne peut se concevoir sans le Christ, dont elle est l'épouse (**3** 26.29, note § 79, II 4). Elle est comme la nouvelle Ève qui sort du côté transpercé du nouvel Adam (**19** 34, note §§ 356-357, II C 2 *b*), enfantée dans la douleur (**16** 21-22, note § 332, III 2), naissant à la vie par le don de l'Esprit que lui fait le Christ ressuscité et qui est principe d'une re-création de l'homme (**20** 22 ; cf. Gn **2** 7 et note § 367, II 2 *b*).

Pour prévenir les défections qui se produisaient au sein de la communauté chrétienne (1 Jn **2** 18-19), Jean II-B insiste sur l'unité de l'Église (**17** 11.22), symbolisée par la tunique de Jésus qui reste une (**19** 23, note §§ 351-355, III B 2) ou le filet de la pêche miraculeuse qui ne se déchire pas (**21** 11, note § 371, II C 4).

L'Église est encore symbolisée par la maison de Marie, lors de l'onction à Béthanie ; remplie par l'odeur du parfum, elle reçoit l'incorruptibilité (**12** 3, note § 272, III B 5). Elle est enfin symbolisée par la mère de Jésus, la nouvelle Ève présente au pied de la croix (**19** 25-27, note §§ 351-355, III B 3) comme elle l'avait été au début du ministère de Jésus (**2** 2-5, note § 29, III C 2).

2. *Simon-Pierre* reçoit de Jésus son surnom de Céphas, **6r** « rocher », le jour même de sa vocation (**1** 41-42, de Jean II-A). Il parle au nom des Douze pour proclamer que Jésus est le Saint de Dieu, le Prophète par excellence (**6** 68-69, note § 164, III 5). Bien que « rocher », Pierre n'est pas encore assez solide pour suivre Jésus jusque dans la mort (**13** 36-38, note § 323, II 1) et, par peur, il nie à trois reprises être disciple de Jésus (**18** 17.25-27, notes § 340-A et § 340-B, II B 3). C'est seulement après avoir reçu l'Esprit (**20** 22) qu'il peut affirmer trois fois de suite son amour pour Jésus ; le « rocher » est confirmé comme pasteur du troupeau, de l'Église naissante (**21** 15-17, note § 372, II A 1) ; à l'exemple du bon Pasteur, il donnera sa vie pour ses brebis (**21** 18-19, *id.* II B).

3. Déjà au niveau de Jean II-A, André et Philippe sont **6s** les « types » de *l'apôtre* qui conduit les hommes à Jésus (**1** 41-42.45-46 ; **12** 20-22). Jean II-B le souligne en précisant qu'ils sont de Bethsaïde (**1** 44 ; **12** 21), ce qui signifie « maison

de pêche » ; ils sont des « pêcheurs d'hommes » (note §§ 19-25, III B 2 *b*, à la fin). Dans le récit de la pêche miraculeuse, c'est la totalité des premiers disciples qui sont présentés implicitement comme des pêcheurs d'hommes (note § 371, II C 6 *b*). Témoins de la prédication de Jésus, ils sont les « serviteurs de la parole » symbolisés par les serviteurs qui interviennent aux noces de Cana (**2** 9, note § 29, III C 5) ; c'est grâce à leur témoignage que les générations chrétiennes pourront croire en la parole de Jésus (**4** 50-53, note § 84, III B 2). Jean II-B fait intervenir de nouveau André et Philippe lors de la multiplication des pains, symbole de l'Eucharistie (note § 151, III B 2 *b*).

La mission des apôtres par Jésus prolonge la mission de Jésus par le Père (**20** 21, note § 367, II 1). Jean II-B le souligne en montrant comment, lors de la deuxième « semaine » de son ministère, Jésus a réalisé le programme d'évangélisation qu'il assigne à ses disciples en Ac **1** 8 (*supra*, 4 c). Par ailleurs, en utilisant certains passages des Actes concernant Pierre ou Paul pour composer des épisodes de la vie de Jésus, Jean II-B veut montrer le parallélisme qui existe entre l'activité missionnaire de Jésus et celle des apôtres (**7** 15-18, note § 256, III B 5), spécialement en ce qui concerne les difficultés rencontrées (**11** 47-48, note § 267, III B 2), allant jusqu'à l'arrestation (**18** 12-13a, note § 339, II B 1), la comparution devant les autorités religieuses (**18** 19-23, note § 340-B, II B 2) et la mort (**16** 2, note § 330, III B 2 *a*). Le message d'amour qu'ils doivent annoncer aux hommes leur attirera la haine du monde, comme ce fut le cas de Jésus (**15** 18.20bc, note § 330, III B 1).

4. A la différence du Document C et de Jean II-A, Jean II-B donne une grande importance à *la vie sacramentelle* de l'Église.

6t *a*) Le sacrement du *baptême* est évoqué dans trois récits au moyen du même procédé littéraire. Jean II-B y fait allusion dans le récit de la guérison de l'infirme à la piscine de Béthesda (Jn **5** 1 ss.), et par la mention de l'eau de la piscine, et par les sept mentions de l'adjectif « sain » (note § 148, IV B 6 *b*). Il en va de même pour le récit de la guérison de l'aveugle-né, grâce à l'eau de la piscine de Siloé, récit qui comporte sept fois l'expression « ouvrir les yeux ». L'ensemble du récit semble d'ailleurs décrire les diverses étapes de l'initiation chrétienne (Jn **9** 1 ss. ; note § 262, III C 5 *a* et *b*). C'est Jean II-B, enfin, qui a donné une signification baptismale à l'épisode du lavement des pieds, où l'on retrouve sept fois le verbe « laver » (Jn **13** 1 ss., note § 316, III C 2). C'est le baptême qui effectue en nous notre nouvelle naissance, par l'eau et par l'Esprit (**3** 5, note § 78.80, III B 2 *b* ; cf. **4** 10, note § 81, III C 4 *b*).

En **4** 10 ss., les remaniements de Jean II-B ont pour but de mettre en parallèle l'eau que Jésus promet à la Samaritaine et le pain qu'il promet aux Juifs (**6** 34) ; grâce à ce parallélisme, l'eau de **4** 10-15 évoque probablement le baptême, comme

le pain de **6** 34 annonce l'eucharistie (note § 81, III C 4 *a*). De même, le sang et l'eau qui sortent du côté transpercé du Christ symbolisent l'eucharistie et le baptême (**19** 34, note §§ 356-357, II C 2 *b*).

b) Jean II-B traite explicitement de l'*eucharistie* en **6** 51b ss. (note § 163, III B 3 et 4). Mais le thème avait été préparé dès le récit de la multiplication des pains grâce aux remaniements et aux additions effectuées par Jean II-B (note § 151, III B 2 *a* et *d*). C'est pour évoquer l'eucharistie qu'il ajoute la mention des pains en **21** 9.13 (note § 371, II C 5). – L'intérêt de Jean II-B pour l'eucharistie se manifeste dans l'utilisation qu'il fait des anciennes prières eucharistiques attestées dans les chapitres 9 et 10 de la Didachè : en **6** 12-13a (note § 151, III B 2 *e*), en **11** 52 (note § 267, III B 4), en **15** 5-6 (note § 329, III A 2 *b*), enfin en **17** 6-26 (note § 334, III A AA 2 *a*). – La célébration eucharistique comprenait le chant solennel du *Pater*, la prière par excellence ; on ne s'étonnera donc pas que Jean II-B ait fait souvent allusion aux demandes du *Pater*. La première se lit en **6** 34, à propos du pain (note § 163, III B 3 *c cb*). Les cinq logia sur la prière, insérés par Jean II-B dans le discours après la Cène (**14** 13 ; **15** 7.16 ; **16** 23b-24), évoquent les cinq demandes du *Pater* selon sa version lucanienne (note § 333, III A 2). Enfin la dernière prière de Jésus, au chapitre **17**, est structurée par la première et la septième demandes du *Pater* selon sa version matthéenne (note § 334, III A AA 2 *a*). – On notera comment, pour Jean II-B, l'eucharistie a pour effet de créer une présence réciproque entre Jésus et ses disciples (**6** 56 et **15** 4-5, note § 329, III A 3 *b*).

c) Jn **20** 23 parle du pouvoir de *remettre les péchés* accordé par Jésus à ses disciples ; sur le sens de ce texte, voir note § 367, II 3.

CE) *LES ADVERSAIRES DE JÉSUS ET DE L'ÉGLISE*

1. Le *Document C* ne parle des adversaires de Jésus qu'à propos de sa mort ; ce sont *les grands prêtres*. Il est vrai que le Sanhédrin tout entier décide de faire mourir Jésus, mais il le fait à l'instigation des grands prêtres (**11** 47.53). Ils envoient des gardes pour l'arrêter (**18** 3), le font conduire chez Anne, le Grand Prêtre (**18** 13.19), puis devant Pilate auquel ils arrachent l'autorisation de le crucifier (**19** 6). Dans ces textes (**11** 47 et **18** 3), la mention des Pharisiens fut probablement ajoutée par Jean II-B (cf. *infra*).

L'expression « les Juifs » n'a pas le sens péjoratif qu'elle revêtira au niveau de Jean II-A. En **11** 54, elle pourrait simplement désigner les habitants de la Judée, comme en **3** 25 (critique textuelle). En **19** 31, il s'agit des autorités religieuses de Jérusalem et l'expression n'est pas restreinte aux seuls grands prêtres. Il en va de même en **1** 19 à propos de l'ambassade envoyée au Baptiste pour enquêter sur son activité (cf. note §§ 19-25, III A 4 *e*).

Le mot « monde » n'a pas non plus le sens péjoratif qu'il aura plus tard ; il désigne simplement l'ensemble des hommes (**7** 4 ; **12** 19 ; **18** 20) ou l'univers créé (**21** 25). Même en **1** 29, le « monde » n'est pas radicalement mauvais puisque son péché est enlevé par l'Agneau de Dieu. Il faut toutefois faire une exception pour l'expression « ce monde », avec le démonstratif (**12** 31 ; **14** 30) ; mais le Document C la reprend de la tradition juive, qui opposait « ce monde-ci » au « monde à venir », le monde de maintenant, soumis aux puissances du mal, au monde eschatologique idéalisé.

2. C'est au niveau de *Jean II-A* que les adversaires de Jésus sont systématiquement appelés « les Juifs ». Leur personnalité se précise à mesure qu'ils apparaissent dans cet évangile (cf. le texte donné *supra*, 3 a). En **8** 22, on pourrait penser qu'il s'agit seulement de ceux qui, parmi la foule ayant assisté à l'entrée solennelle de Jésus à Jérusalem (**12** 12-15), refusent de le reconnaître pour le Christ (**7** 41b-42, suivi de peu par **8** 20b-24a). Mais après l'expulsion des vendeurs du Temple (**2** 14-16), les Juifs qui interviennent (**2** 18) pour demander un signe justifiant l'action de Jésus ne peuvent être que les autorités religieuses de Jérusalem, les grands prêtres et les anciens dont il est parlé dans le parallèle de Mt **21** 23, auxquels Mc **11** 27 et Lc **20** 1 ajoutent les scribes. Ils refusent de reconnaître l'origine céleste de Jésus-Sagesse (**6** 41), ils veulent tuer Jésus (**8** 40.48.59) et c'est pourquoi celui-ci les accuse d'être du Diable (**8** 44). Dans l'épisode de l'aveugle-né, les Juifs (**9** 18 ; cf. **9** 15) sont encore les chefs religieux du peuple puisqu'ils ont autorité pour faire comparaître les parents de l'ancien aveugle. Ils refusent de reconnaître le sens du miracle accompli par Jésus et sa qualité d'envoyé de Dieu ; ils préfèrent rester « disciples de Moïse » (**9** 28). Entre Jésus et Moïse, ils choisissent Moïse et rejettent Jésus représenté par l'ancien aveugle (**9** 34). Ils ne veulent pas croire malgré les signes nombreux accomplis devant eux par Jésus (**12** 37) parce que Dieu les a aveuglés (**12** 40). Ce sont eux enfin qui ont procédé à l'arrestation de Jésus et machiné sa mort (**18** 36). En résumé, pour Jean II-A, les adversaires de Jésus ne sont plus seulement les grands prêtres, comme dans le Document C ; ils sont constitués par l'ensemble des autorités religieuses de Jérusalem : grands prêtres, scribes et anciens du peuple. Mais ce sont eux qui représentent la nation juive en tant que telle, et c'est pour le souligner que Jean II-A les nomme « les Juifs ».

Comme dans le Document C, le terme de « monde » peut avoir un sens très général (**8** 26, qui reprend **18** 20 du Document C), tandis que l'expression « ce monde » a un sens nettement péjoratif (**8** 23 ; cf. **18** 36). Ce sens péjoratif rejaillit sur des textes tels que **14** 19.22.27, sans que le mot « monde » implique une hostilité déclarée contre Jésus ou ses disciples, comme ce sera le cas au niveau de Jean II-B (*infra*).

3. Le problème des adversaires de Jésus devient beaucoup plus complexe au niveau de *jean II-B* ; ceci tient à plusieurs causes. D'une part, puisque Jean II-B reprend les textes de Jean II-A et du Document C, il se trouve en partie lié par leur façon de présenter les choses : les adversaires de Jésus restent les grands prêtres (Document C) et « les Juifs » (Jean II-A). Mais d'autre part, il écrit pour les chrétiens de son temps et il veut tenir compte de la situation historique qui était la leur. Les dirigeants du peuple juif ne sont plus les grands prêtres, mais les Pharisiens, et c'est à eux que se heurtent les chrétiens, surtout ceux qui viennent du judaïsme. Par ailleurs, si les persécutions subies par Jésus font toujours problème, il faut justifier aussi celles qui s'abattent contre les chrétiens pour la raison qu'ils sont disciples de Jésus ; un fait est significatif : en **15** 22 ss., Jean II-A avait composé un discours de Jésus dans lequel celui-ci dénonce la haine dont il est l'objet de la part du monde ; Jean II-B remplace ce discours par un autre dans lequel Jésus annonce les persécutions qu'auront à subir ses disciples (**15** 18 ss., note § 330). L'horizon de Jean II-B s'est donc élargi. Pour mettre un parallèle entre Jésus persécuté et ses disciples persécutés, Jean II-B, fidèle à sa méthode, s'inspirera de la façon de parler de Lc dans les Actes. Il y eut enfin le problème de certains milieux judéo-chrétiens qui n'hésitèrent pas à faire sécession, peut-être même à retourner au judaïsme, parce qu'ils s'étaient sclérosés dans l'idée qu'ils se faisaient de Jésus. Essayons de préciser tous ces points.

a) Une dizaine d'années après la catastrophe de 70, qui **6z** culmina dans la prise de Jérusalem par les Romains et la ruine du Temple, le judaïsme connut un nouvel essor concrétisé par l'académie de Jamnia. Mais puisque le Temple était détruit, la vie religieuse juive cessa d'être réglée par le culte qui s'y déroulait jadis ; par le fait même, la caste sacerdotale perdit toute influence et ce sont les Pharisiens qui prirent en main l'œuvre de rénovation religieuse, centrée maintenant sur le culte de la Loi dont lecture était faite régulièrement dans les synagogues. Cette œuvre de rénovation ne pouvait être menée à bien qu'en éliminant tous les éléments « douteux ». Jusque là, beaucoup de chrétiens n'avaient pas rompu avec le judaïsme ; ils pensaient pouvoir être à la fois « Juifs » et « disciples de Jésus ». Mais à la fin du premier siècle, l'introduction, dans la prière des « dix-huit bénédictions », d'une phrase maudissant les judéo-chrétiens et les excluant du monde à venir équivalait à une expulsion de la Synagogue ; c'est à cette expulsion que fait allusion Jean II-B en **12** 42 : « Toutefois, même des notables, beaucoup crurent en lui (Jésus), mais *à cause des Pharisiens* ils ne (le) reconnaissaient pas afin de ne pas être *exclus de la Synagogue* » (cf. **9** 22, où l'expulsion est attribuée aux « Juifs », et **16** 2). Dans la dernière décade du premier siècle, c'est donc aux Pharisiens que se heurtent les chrétiens, et c'est pour le souligner que Jean II-B les a introduits dans son évangile : avant d'être les adversaires des chrétiens, ils ont été les adversaires de Jésus.

Ils sont mentionnés pour la première fois en **1** 24 (Jean II-B), verset parallèle à **1** 19 ; les Pharisiens ne sont autres que ces « Juifs de Jérusalem » qui envoyèrent une ambassade au Baptiste pour lui demander compte de son activité baptismale. Très tôt, ils manifestent contre Jésus une hostilité qui oblige celui-ci à quitter la Judée pour se rendre en Galilée (**4** 1-3). Mais c'est lorsque Jésus veut assouplir la loi du repos sabbatique (**5** 1-16) que leur agressivité devient virulente. En **7** 32, apprenant que la foule est favorable à Jésus, ils se concertent avec les grands prêtres pour le faire arrêter ; mais les grands prêtres ne sont que des comparses puisque ce sont les Pharisiens qui répondent vertement aux gardes venus rendre compte de l'échec de leur mission (**7** 47). C'est aux Pharisiens que l'on mène l'aveugle que Jésus vient de guérir (**9** 13) et, dans le récit de Jean II-B, ces Pharisiens s'identifient aux « Juifs » dont parlait le récit de Jean II-A (**9** 15 ss.), comme en **1** 19.24. Ce sont maintenant les Pharisiens qui veulent rester « disciples de Moïse » (**9** 28) et que Jésus prend à partie pour leur reprocher leur aveuglement spirituel (**9** 39b-41 ; **8** 13 ss.). Ils sont les mauvais pasteurs dont parlent les paraboles de **10** 1 ss., et c'est pour le souligner que Jean II-B place ces paraboles là où elles sont maintenant (note § 263, III A AB 1 *a*). En **11** 46, c'est aux Pharisiens que certains Juifs vont dénoncer Jésus après la résurrection de Lazare et ceux-ci, de concert avec les grands prêtres, provoquent la réunion du Sanhédrin qui va décider la mort de Jésus (**11** 47.53) ; en **11** 47, Jean II-B a ajouté la mention des Pharisiens, obtenant ainsi une situation analogue à celle qui est décrite en **7** 32 (note § 267, II A 1 *b*). En écho à cette réunion du Sanhédrin, les Pharisiens manifesteront de nouveau leur inquiétude lors de l'entrée de Jésus à Jérusalem, en **12** 19 (note § 273, II C 1). En **18** 3, Jean II-B ajoute la mention des Pharisiens à celle des grands prêtres pour montrer qu'ils sont inclus dans « les Juifs » qui vont mener à son terme la décision prise en **11** 53 de mettre Jésus à mort (note § 338, I 1 *c* et II C 1 ; cf. **11** 57). Pour Jean II-B, les vrais responsables de la mort de Jésus, ce ne sont plus les grands prêtres (Document C), mais les Pharisiens.

7a *b*) Pour Jean II-A, les adversaires de Jésus étaient avant tout *les Juifs*, c'est-à-dire les chefs religieux du peuple juif, habitant à Jérusalem. Pour Jean II-B, on vient de le voir, ce sont les Pharisiens. En conséquence, le terme de « Juifs » revêt une signification plus large, analogue à celle qu'il a dans les Actes des apôtres ; il désigne l'ensemble de ceux qui sont de religion juive, quel que soit leur lieu d'habitation, qu'ils soient favorables ou hostiles à Jésus. Dans ce dernier cas, l'expression pourra avoir le même sens que chez Jean II-A.

La portée très générale du mot « Juifs » apparaît dans les expressions telles que « la fête des Juifs » (**7** 2 ; cf. **5** 1), « la Pâque des Juifs » (**2** 13 ; **11** 55), « notable des Juifs » (**3** 1), « les grands prêtres des Juifs » (**19** 21) ; elles ont leur équivalent dans les Actes, surtout la dernière (Ac **25** 15 ; cf. **25** 2 ; **10** 22 ;

12 11 ; **13** 5 ; **14** 1). Lorsque Jn parle de « tous les Juifs » qui se réunissent au Temple, il s'agit de tous ceux qui sont de religion juive (**18** 20 ; cf. Ac **18** 2 ; **19** 17 ; **21** 21 ; **22** 12 ; **24** 5 ; **26** 4). On notera encore la formule « selon qu'il est coutume aux Juifs d'ensevelir » (**19** 40). Dans le cadre où se déroule l'évangile, « les Juifs » se trouvent aussi bien en Galilée (**6** 41.52) qu'en Judée ou à Jérusalem (**11** 19.31.33.36.45 ; **12** 9.11 ; **19** 20). Ils ne sont pas forcément hostiles à Jésus ; au contraire, beaucoup croient en lui (**12** 11). En fait, ils sont divisés devant la personne de Jésus : certains lui sont favorables tandis que d'autres manifestent leur hostilité (**10** 19-21 ; **11** 36-37 ; **11** 45-46), comme dans les Actes (**13** 43-44 ; **14** 1-3 ; **17** 4-5). Ceux qui sont hostiles à Jésus pourront alors s'identifier aux chefs religieux de Jérusalem, comme chez Jean II-A ; ainsi en **2** 20 qui prolonge **2** 18 (Jean II-A), ou en **7** 35 et **13** 33 qui reprennent **8** 22 (Jean II-A). Ce sont eux que craignent : la foule de Jérusalem (**7** 13), les parents de l'aveugle (**9** 22) ou encore les disciples (**20** 19). Ils s'acharnent à obtenir la mort de Jésus (**18** 14 ; cf. **11** 47 ss. ; **18** 31.38 ; **19** 7.12.14), comme les « Juifs » s'acharneront plus tard à obtenir celle de Paul d'après Ac **18** – **26**, où ils représentent probablement aussi les chefs religieux de Jérusalem. Pour Jean II-B, « les Juifs » mis en scène dans l'évangile sont proches de ceux qui vivaient à la fin du premier siècle : les uns favorables aux chrétiens, les autres résolument hostiles. Ces derniers refusent de voir en Jésus le Fils de Dieu, au sens transcendant ; ils lui dénient le droit de porter en lui le Nom divin par excellence (**8** 24b, note §§ 257-260, III B 3 *c*) ; ils ne veulent même pas le reconnaître pour le Christ (**10** 24 ; cf. Ac **9** 22 ; **18** 5-6.28). Ils sont des « anti-disciples » : ils chercheront Jésus sans pouvoir le trouver, ils ne pourront pas le suivre là où il est (**7** 33-36, note §§ 257-260, III B 5 *a* et *b*). Ils sont donc voués à la mort puisqu'ils appartiennent au monde d'en bas, destiné à périr (**8** 23ab.24b, note §§ 257-260, III B 3 *c*).

c) A la fin du premier siècle, les ennemis des chrétiens ne sont pas seulement les Juifs ; des persécutions, plus ou moins officielles, viennent aussi des païens. Juifs et païens hostiles aux chrétiens sont désignés sous le nom de « monde ». *Le monde* refuse de « connaître » le Verbe (**1** 10), l'Esprit (**14** 17) et le Père (**17** 25). Son péché est de nier que Jésus ait été envoyé par Dieu (**16** 8-11) et ses œuvres sont mauvaises (**7** 7). De même qu'il a poursuivi Jésus de sa haine (**7** 7), il haïra aussi ses disciples (**15** 18 ; **17** 14) ; il se réjouira quand il les verra dans la peine (**16** 20). Jésus ne prie pas pour le monde puisque ce monde est, par définition, l'ensemble de ceux qui refusent de croire en lui (**17** 9). Ce monde hostile est au pouvoir du Mauvais, de Satan (**17** 15 ; 1 Jn **5** 19). Mais que les chrétiens ne perdent pas confiance ; ils n'ont rien à craindre du monde puisque Jésus l'a déjà vaincu (**16** 33 ; 1 Jn **5** 4-5). Le « monde » de Jean II-B correspond en fait à « ce monde » mauvais dont parlait déjà le Document C (**12** 31 ; **14** 30) et la tradition juive (cf. *supra*).

Il faut remarquer toutefois que Jean II-B ne donne pas toujours au mot « monde » un sens péjoratif ; ce mot désigne alors l'univers créé par Dieu (**17** 5.24), en référence plus spéciale aux hommes qu'il contient. Jean II-B l'emploie surtout dans des expressions stéréotypées telles que « venir dans le monde » (B 13*), « envoyer dans le monde » (A 54**), « lumière du monde » (**11** 9 ; cf. **8** 12). Les deux sens peuvent se suivre de près (**16** 20-21 ; **17** 5-6 ; **17** 24-25). – La formule « pour la vie du monde » (**6** 51b ; cf. **6** 33) est probablement d'origine liturgique. Quant au titre de « sauveur du monde », il est volontairement repris du paganisme (**4** 42 et le commentaire du texte).

d) Jean II-B s'en prend enfin à certains groupes de chrétiens issus du judaïsme, de *judéo-chrétiens*. A plusieurs reprises, les épîtres de Jn font allusion à ceux qui professent des doctrines erronées (2 Jn 7-11), qui créent des dissensions dans les communautés (3 Jn 9-10). Il y en a même qui ont fait schisme et se sont séparés de la Communauté johannique (1 Jn **2** 18-19). Ils nient que Jésus soit le Christ (1 Jn **2** 22 ; cf. **5** 1), la réalité de l'Incarnation (**4** 2 ; 2 Jn 7), la divinité de Jésus (1 Jn **2** 22-23). Peut-être objectent-ils que Jésus lui-même ne s'était pas présenté comme tel ; mais Jean II-B a prévu cette objection et il y répond en affirmant que les disciples de Jésus ne pouvaient pas tout comprendre de son vivant, et que l'Esprit viendrait remplacer Jésus pour achever la formation des disciples (**16** 12-15 ; cf. **2** 22 ; **12** 16 ; **14** 26). Lorsque, par la bouche de Jésus, Jean II-B fustige « les Juifs qui avaient cru en lui » (**8** 31a), c'est à ces judéo-chrétiens qu'il s'en prend ; il leur applique les terribles développements que Jean II-A avait formulés contre les Juifs incrédules (**8** 37 ss., note § 261, II A 1), en les complétant grâce à des emprunts à l'épître aux Galates, là où Paul, quelques décades plus tôt, s'en prenait déjà à certains judéo-chrétiens auxquels il se heurtait (note § 261, III B 1 *b ba, cb, cc*). Quand, après s'en être pris aux Juifs qui refusent de reconnaître l'origine céleste de Jésus (**6** 41-42), Jean II-B note la défection de beaucoup de disciples (**6** 60 ss.), ne pense-t-il pas aux judéo-chrétiens de son temps qui ont fait défection (note § 164, III 1 ; cf. 1 Jn **2** 19 ss.) ? De même lorsque, à ceux qui ne veulent pas accepter l'enseignement de Jésus (**12** 48, du Document C), Jean II-B joint ceux qui le rejettent après l'avoir accepté (**12** 47), ne pense-t-il pas à certains judéo-chrétiens (note §§ 309-A.311, III C CB 2) ? Il est significatif que, non seulement il note l'incrédulité des « frères de Jésus » (**7** 5), mais encore il les confond avec le « monde » hostile à Jésus (**7** 6-8, note § 256, III B 3 *a*) ; or Jacques, un des « frères de Jésus », avait été le chef de file des judéo-chrétiens (Ac **15** 13 ; Ga **1** 19 ; **2** 12). – N'oublions pas enfin que, après l'interdiction faite aux Juifs de reconnaître Jésus pour le Christ (**9** 22 ; cf. *supra*), beaucoup de judéo-chrétiens se trouvèrent acculés à un choix déchirant ; ils devaient rompre avec le judaïsme s'ils voulaient rester disciples de Jésus.

Jean II-B s'en prend à ceux qui n'ont pas le courage de faire ce choix et il les menace du jugement (**3** 1 ss.; **12** 31 ss., note §§ 309-A.311, II B BB 4).

4. Il est curieux de constater que les tendances de *Jean III* sont à l'inverse de celles de Jean II-B.

a) Aux polémiques anti-judaïsantes de Jean II-B succède **7d** l'affirmation : « le salut vient des Juifs » (**4** 22, note § 81, III D 2). La même idée se retrouve peut-être en **4** 37-38 (note § 81, III D 3). Il est possible enfin que, en **17** 3, Jean III veuille atténuer certaines formules de Jean II-B qui choquaient le monothéisme juif, compris de façon trop étroite ; ne tend-il pas la main à certains judéo-chrétiens qui s'étaient séparés du christianisme (note § 334, III B 1) ? On verra plus loin comment il a le souci de réinsérer dans l'évangile des données eschatologiques, traditionnelles en certains milieux juifs.

b) Jean III a également le souci de « réhabiliter » le monde, **7e** oubliant peut-être ce que Jean II-B entendait exactement par « monde ». Si Jésus fut envoyé par Dieu, ce fut afin de sauver le monde (**3** 16a.17, note §§ 78.80, II B 1 *a* ; **12** 47b, note §§ 309-A.311, III D 1 *b*). Le monde gardera la parole des disciples comme il a gardé celle de Jésus (**15** 20c, note § 330, II A 2) ; il croira que Jésus a été envoyé par Dieu, ce qui est le propre du disciple (**17** 21, note § 334, III B 3 *c*).

CF) *L'ESCHATOLOGIE*

1. Le retour du Christ

7f

Les premiers chrétiens attendaient le retour du Christ pour un avenir relativement proche, comme on peut le conclure des épîtres de Paul. C'est encore la perspective du *Document C* en Jn **14** 1-3 : Jésus va bientôt revenir pour chercher les siens et les emmener dans la maison de son Père (note § 325, II A 2). Mais ce thème fut réinterprété aux niveaux ultérieurs puisque, à mesure que les années passaient, on se rendait compte que ce retour n'était plus aussi proche qu'on l'avait pensé. Au niveau de *Jean II-A*, ce « retour » est interprété au sens spirituel : c'est en tant que Sagesse de Dieu que Jésus revient habiter dans le cœur des siens, où il se manifeste à eux (**14** 18-22, note § 327, III A 2) ; il les conduit au Père en le leur faisant connaître à travers sa propre personne (**14** 4-11, note § 326, III A). Pour *Jean II-B*, le « retour » de Jésus se réalisera d'abord dans l'événement des apparitions du Christ ressuscité (**16** 16-22, note § 332, III 1 *a*). Mais, d'une façon plus durable, il enverra l'Esprit qui prendra sa place pour conduire l'Église et l'aider à cheminer vers le Père (**16** 4b-11, note § 331, III 1 *a* et *b*).

2. Le passage de la mort a la vie

7g

a) Selon les conceptions juives anciennes, à la mort, l'homme disparaît au Shéol où il n'est plus qu'une ombre privée de toute vie, incapable de penser, de vouloir, d'aimer ; il n'a plus aucune vie psychique, il est quasi anéanti dans les ténèbres. Dn **12** 2 avait apporté une lumière dans ce sombre tableau : un jour viendra où l'homme qui a été fidèle à Dieu retrouvera la vie ; Dieu effectuera comme une recréation de son corps, il lui redonnera le souffle vital et il se réveillera de son long sommeil pour reprendre sa place au soleil des vivants (cf. Ez **37** 1-10). Pour *Jean II-A* et *Jean II-B*, la victoire de l'homme sur la mort est conçue de façon différente. Dès sa vie terrestre, le disciple de Jésus est habité par la Sagesse de Dieu qui lui communique une vie nouvelle (**14** 21, cf. *supra*). Il possède en lui, dès maintenant, la vie éternelle, qui est participation à la vie même de Dieu (**3** 16 ; **5** 24 ; **6** 40.47.54 ; **10** 28 ; **12** 50 ; **17** 2). Il est donc *déjà* passé de la mort à la vie (**5** 24 ; 1 Jn **3** 14), il ne peut plus mourir au sens où on l'entendait jadis : être privé de toute vie psychique, au Shéol (**6** 50 ; **8** 51-52). En ce sens-là, il est *déjà* ressuscité puisqu'il possède le Christ, qui est la résurrection (et la vie) ; le « dernier jour » n'est plus à venir, il est déjà là (**11** 25-26, note § 266, III C 1 *a*).

7h *b*) Mais *Jean III* veut réintroduire dans l'évangile la notion de « résurrection » telle que l'entendait Daniel. Dans ce but, au chapitre **5**, il ajoute les vv. 27-29, inspirés de Dn **12** 2 (note § 149, III C 2). Au chapitre **6**, dans le dialogue sur le pain de vie, il insère à quatre reprises le thème de la résurrection *au dernier jour* (**6** 39.40.44.54, note § 163, III C 1) en même temps qu'il donne une importance accrue au thème du Fils de l'homme, rappelant Dn **7** 13 (**6** 27b.53, note § 163, II A 1). En **11** 25-26, il glose le texte de façon à réintroduire l'eschatologie héritée de Daniel, et cette glose est préparée par l'addition du v. 22 (note § 266, III D).

7i
3. Le jugement

Dans le *Document C*, la notion de jugement est simple, reprise de Dt **18** 19 : « Celui qui me rejette et ne reçoit pas mes paroles a son juge ( ) » ; ce juge est Dieu, mais il n'est pas précisé quand a lieu le jugement de ceux qui rejettent Jésus (note §§ 309-A.311, III A 4).

En reprenant ce texte, *Jean II-A* précise que celui qui ne croit pas « est *déjà* jugé » (**3** 18a). Cette idée du jugement déjà réalisé est une conséquence de celle que nous venons d'exposer sur la possession de la vie éternelle. Puisque c'est en gardant les paroles de Jésus que l'on possède déjà la vie éternelle, que l'on est passé de la mort à la vie, celui qui refuse de croire se prive de cette vie ; il est donc voué à la mort par le fait même qu'il rejette Jésus et son enseignement ; il est déjà condamné (note §§ 309-A.311, III B 3). – *Jean II-B* ne fera que développer cette idée fondamentale. En **3** 19-21, il donne une véritable définition du « jugement », qui est « séparation » entre ceux qui acceptent la lumière et ceux qui préfèrent les ténèbres. Dès maintenant, les hommes sont ainsi divisés en deux catégories, et l'on sent là l'influence

de la pensée qumranienne si fortement marquée par le dualisme (note §§ 78.80, III B 5). On comprend alors l'importance que *Jean II-B* donne au thème de la « division » ; devant la personne de Jésus et son enseignement, l'humanité se divise, se sépare en deux groupes : ceux qui acceptent et ceux qui refusent, ceux qui ne viennent pas en jugement et ceux qui sont déjà condamnés (**6** 66-69 ; **7** 11-13 ; **9** 8-9 ; **9** 16 ; **10** 19-21 ; **11** 36-37 ; **11** 45-46 ; cf. **7** 40-43, de *Jean II-A*). Ce n'est pas tant Jésus qui juge les hommes (**5** 22-23) que les hommes qui se condamnent eux-mêmes en rejetant la parole de Jésus (**12** 48, note §§ 309-A.311, III C CB 2). S'il doit encore y avoir un « jour de jugement » (1 Jn **4** 17) il ne fera que « manifester » une réalité déjà existante au cœur de chacun (1 Jn **3** 2 ; en **2** 28, il s'agit de la « parousie » de Dieu, et non de Jésus).

Jean III revient à la notion traditionnelle de « jugement » en précisant qu'il aura lieu « au dernier jour » (**12** 48, note §§ 309-A.311, III D 1 *c*).

CG) *LE SYMBOLISME*

Pour exprimer ses idées théologiques, *Jean II* a souvent recours au symbolisme. Déjà utilisé par *Jean II-A*, ce procédé littéraire est surtout systématisé par *Jean II-B*.

1. Les *personnages* mis en scène ont souvent une valeur symbolique tout en gardant leur réalité propre. Pour *Jean II-A*, les deux premiers disciples de Jésus, André et Philippe, sont le symbole du disciple par excellence ; Nathanaël, de par son nom même, exprime l'idée que le fait de devenir disciple est un don de Dieu (note §§ 19-25, III B 4). Pour *Jean II-B*, c'est « le disciple que Jésus aimait » qui représente le disciple parfait (note § 317, III B 3 *b*), et, dans une moindre mesure, c'est aussi Marthe (note § 266, III C 2 *a*). – André et Philippe représentent aussi ceux qui sont « apôtres », chargés de mener les hommes à Jésus (*Jean II-A*, note §§ 19-25, III B 2 *b*, à la fin). Quant aux « serviteurs » qui interviennent aux noces de Cana, ils symbolisent les ministres de la parole (*Jean II-B*, note § 29, III C 5). – Il est possible que, pour *Jean II-B*, l'infirme malade depuis 38 ans soit le symbole du peuple de Dieu (note § 148, IV B 3). Marie au pied de la croix est la nouvelle Ève et symbolise l'Église (note §§ 351-355, III B 3) ; elle y est étroitement associée au « disciple que Jésus aimait » (cf. *supra*). En **4** 50-53, la double mention de la foi du fonctionnaire royal de Capharnaüm pourrait représenter la foi de l'Église à l'âge apostolique, puis à la seconde génération chrétienne (note § 84, III B 2). – Dans le récit de la guérison de l'aveugle-né, celui-ci devient comme un substitut de Jésus (note § 262, III C 2 *b*). Quant à Jésus, il est le nouvel Adam (note §§ 356-357, II C 2 *b*).

2. Certaines *choses* ou certaines *situations* peuvent aussi

revêtir une valeur symbolique. Pour Jean II-A, l'eau symbolise la Sagesse ou l'enseignement qui vient de Dieu (note § 81, III B 1 *c*), mais elle devient le symbole de l'Esprit pour Jean II-B (note § 163, III B 5). L'enseignement apporté par Jésus est aussi symbolisé par le vin des noces de Cana (note § 29, III B 1). Lors de l'onction à Béthanie, la maison de Marie représente l'Église et le parfum qui se répand symbolise l'incorruptibilité qui lui est donnée (note § 272, III B 5). En **13** 30, la mention de la « nuit » évoque les puissances des ténèbres liguées contre Jésus (note § 317, III B 5) ; il en va de même du terme « matin » en **18** 28 (note §§ 347.349, III C 2 *a aa*), et du rappel des « ténèbres » en **20** 1 (note §§ 359-360, II C 1). Le thème de l'unité de l'Église est suggéré par la tunique de Jésus, sans couture et qui n'est pas déchirée (note §§ 351-355, III B 2), par le filet qui ne se rompt pas lors de la pêche miraculeuse (note § 371, II C 4). Les poissons de cette pêche symbolisent la multitude des chrétiens de tous les temps (*ibid.*) ; il en va de même des morceaux de pain rassemblés par les disciples après la multiplication des pains (note § 151, III B 2 *e*). En **19** 41, le « jardin » rappelle le thème du paradis terrestre, la croix l'arbre de vie qui y était planté (note §§ 356-357, II C 2 *b*). A la fin du récit de la résurrection de Lazare, les bandelettes qui lient ses pieds et ses mains symbolisent les liens de la mort (note § 266, III C 6 *a*). En **12** 36b, le fait que Jésus « se cache » des Juifs a une signification à la fois réelle et spirituelle (note §§ 309-A.311, III C CB 3). Quand Jésus affirme qu'il ne « monte » pas (à la fête des Tentes), il veut peut-être insinuer que l'heure n'est pas venue pour lui de « monter » vers son Père (note § 256, III B 3 *c*).

3. Jean II-B a utilisé de façon systématique la symbolique des *chiffres*.

a) L'intérêt de Jean II-B pour les chiffres se manifeste dans les faits suivants, que l'on ne peut attribuer au hasard. Dans l'entretien de Jésus avec la Samaritaine, Jésus reproche à celle-ci d'avoir eu cinq maris et le mot « mari » revient cinq fois dans ce court passage (**4** 16-18). Dans le récit de la multiplication des pains, il est question de cinq pains et de deux poissons ; or le mot « pain » revient cinq fois (**6** 5.7.9. 11.13) et le mot « poisson » deux fois (**6** 9.11). Les premiers disciples de Jésus sont au nombre de deux, et le mot « disciple » se lit deux fois dans le récit de leur vocation (**1** 35-37). A cet épisode correspond celui de la pêche miraculeuse ; Jean II-B y nomme sept disciples (**21** 2) et le mot « disciple » est utilisé sept fois dans le récit (**21** 1.2.4.7.8.12.14). Dans chacun de ces récits, Jean II-B veut indiquer que le mot en question revêt une importance particulière, ou a un sens mystérieux qu'il faut savoir trouver.

b) Pour Jean II-B, comme dans la Bible, le chiffre *sept* symbolise la totalité, la plénitude. Le récit de la guérison de l'infirme à la piscine de Béthesda contient sept fois l'adjectif « sain », la septième fois en relation avec l'adjectif « tout entier » ; Jésus a totalement rendu sain cet infirme (note § 148, IV B 6 *a*). Le récit de la guérison de l'aveugle-né contient sept fois l'expression « ouvrir les yeux », la septième fois en relation avec l'adjectif « tout entier » ; Jésus a totalement ouvert les yeux de l'aveugle, physiquement et spirituellement (note § 262, II B 5). Le récit du lavement des pieds contient sept fois le verbe « laver », en relation aussi avec l'adjectif « tout entier » ; les disciples sont maintenant totalement purs (note § 316, III C 2 *c*). La personne de Jésus est parfaitement définie par l'expression « je suis », qui revient sept fois dans le discours de Jésus constitué par **7** 28 ss. (note §§ 257-260, III B 4 *b*). Marthe est nommée sept fois par son nom dans le récit de la résurrection de Lazare ; elle est la disciple parfaite (note § 266, III C 2 *a*). Thomas est nommé sept fois dans l'évangile ; il est le disciple qui, en suivant Jésus, parvient à la résurrection glorieuse (notes § 266, III C 5 *d*; § 371, II C 2). Le développement de **15** 1-16, qui décrit la condition du disciple, contient sept fois l'expression « porter du fruit », qui caractérise le disciple parfait (note § 329, III B BA 5). Jn **5** 31-47, qui énumère les divers témoignages en faveur de Jésus, a sept fois le verbe « rendre témoignage » (note § 150, III B 3 *a*). En **16** 16-22, le mot « un peu » apparaît sept fois, car c'est celui qui donne la clef pour comprendre le sens du passage (note § 332, II 1 et III 1 *a*). Si Jn mentionne sept disciples en **21** 2, c'est que ceux-ci représentent la totalité des disciples qui sont appelés à participer au repas de Jésus, jusqu'à la fin des temps (note § 371, II C 2). La septième heure (**4** 52) est celle de la victoire sur la mort (note § 84, III B 4). La dernière semaine de la vie de Jésus est celle de sa Pâque, et le mot « Pâque » y revient sept fois ; c'est la Pâque parfaite (*supra*, 3 q).

c) A l'opposé du chiffre sept, le chiffre *six* (7 moins 1) **7n** symbolise l'imperfection, le manque, la faiblesse. C'est à la sixième heure que Jésus est fatigué (**4** 6, note § 81, III C 2) et qu'il est livré aux Juifs par Pilate (**19** 14b) ; c'est par son humanité que Jésus est vulnérable, et pour le souligner Jn le désigne six fois par l'expression « cet homme » (notes § 340-A, B 1 et §§ 347.349, III C 2 *f*). Les jarres destinées aux purifications des Juifs sont au nombre de six parce que ce mode de purification est imparfait et doit être remplacé (**2** 6, note § 29, II A 3 et III C 4). En **5** 31-47, les Juifs ne croient pas et pour le souligner Jn insère dans ce discours six fois le verbe « croire » ; on notera que le manque de foi des Juifs s'oppose à la perfection des témoignages en faveur de Jésus (cf. *supra* et note § 150, III B 3 *a*). La vie de Jésus est scandée par six fêtes juives auxquelles s'opposent les sept mentions de la Pâque de Jésus (*supra*, 3 q) ; le culte juif est remplacé par le culte chrétien centré sur la seule véritable Pâque, le « passage » de ce monde vers le Père effectué par Jésus, puis par ses disciples (**13** 1).

7o   *d*) Les *cent cinquante-trois* gros poissons mentionnés en **21** 11 symbolisent la totalité et la multitude des disciples de Jésus, par combinaison des chiffres *sept et dix* (note § 371, II C 4). En **1** 39, la « dixième heure » devrait aussi avoir une valeur symbolique, mais qu'il est difficile de préciser (note §§ 19-25, III C 4).

Il est possible que les chiffres *trois* et *cinq* revêtent aussi pour Jean II-B une valeur symbolique ; mais il est beaucoup plus difficile de le montrer et nous n'y ferons que des allusions occasionnelles dans les notes du Commentaire.

CH) *UTILISATION DE L'ANCIEN TESTAMENT*

Les références explicites ou implicites à l'AT sont encore une façon d'exprimer certains thèmes christologiques ; elles sont abondantes dès le Document C et chez Jean II.

7p   1. Dans le *Document C*, les principaux événements qui se passent lors de la fête des Tentes sont liés à cette fête par un texte de l'AT. L'entrée de Jésus à Jérusalem évoque la procession qui se déroulait chaque jour de la fête des Tentes au chant du Ps **118** dont les vv. 25-26, qui étaient repris en refrain, sont cités en Jn **12** 13 (note § 273, II A 1 et 2 *a*). C'est la seule citation explicite de l'AT que l'on trouve dans le Document C ; elle se lit aussi dans le récit parallèle des Synoptiques. Le texte est identique à celui de la Septante, mais correspond aussi au texte hébreu ; ce contact avec la Septante, peu probable au niveau du Document C (cf. *infra*), est probablement dû à une harmonisation sur Mc **11** 9. Par ailleurs, la fin du récit de l'expulsion des vendeurs du Temple fait allusion à Za **14** 21, d'après le texte hébreu (Jn **2** 16), et le début de l'épisode des Grecs qui veulent voir Jésus (Jn **12** 20) renvoie à Za **14** 16 (*supra*, 2 u et 2 v). Rappelons que Za **14** est consacré à la fête des Tentes.

Le récit de l'entretien de Jésus avec la Samaritaine est en partie calqué sur celui de Gn **24** dans lequel le serviteur d'Abraham rencontre Rébecca près d'un puits (note § 81, III A 1 *a*). Ce même récit, en **4** 16-18, fait allusion à 2 R **17** 24 ss. et surtout à Os **2** 18-19 dont il reprend un jeu de mot perceptible seulement en hébreu ou en araméen (note § 81, III A 1 *b bc*).

En **7** 3 et en **12** 48, Jésus est identifié implicitement au nouveau Moïse par allusion à Nb **16** 28 (note § 256, III A 1) et à Dt **18** 19 (note §§ 309-A.311, III A 4). De même, Jn **14** 2-3 évoque le thème de l'Exode en référence à Dt **1** 29 ss. (note § 325, II A 1), et **14** 31c suivi de **18** 1a pourrait renvoyer à Dt **2** 13 (note § 338, II A 1). Enfin, les trois « signes » que Jésus accomplissait en Galilée au début de son ministère répondaient aux trois « signes » que Moïse devait effectuer pour se faire reconnaître comme l'envoyé de Dieu, d'après Ex **4** 1-9 (note § 29, III A 2).

2. A six reprises, *Jean II-A* cite explicitement l'AT. En **12** 40 (Is **6** 9-10) et en **13** 18 (Ps **41** 10) il traduit directement le texte hébreu. En **6** 31, il se réfère au targum sur Ex **16** 4.15b en fusionnant deux textes voisins (note § 163, III A 2 *a*). En **19** 37 (Za **12** 10), son texte se rapproche de celui qui est attesté par Théodotion. En **12** 15, il fusionne Za **9** 9, So **3** 16 et peut-être aussi Gn **49** 11 ; c'est le texte de la Septante qui est utilisé ici. En **15** 25 (Ps **69** 5), la citation n'est pas assez longue pour que l'on puisse déterminer quel texte suit Jean II-A ; ce pourrait être encore la Septante. On voit que Jean II-A est assez éclectique ! – Les formules d'introduction sont variées : « comme il est écrit », propre à Jean II-A (**6** 31 ; **12** 14), « afin que l'Écriture fût accompli » (**13** 18 ; **19** 36b.37b), « afin que fût accompli la parole qui est écrite dans leur Loi » (**15** 25), « Isaïe a dit » (**12** 39). Toutes ces formules ont une intention apologétique : montrer que le destin de Jésus s'est réalisé conformément aux Écritures ; il est donc bien le Prophète envoyé par Dieu.

Mais Jean II-A systématise le style anthologique que l'on trouve déjà utilisé dans le Document C (*supra*) et dans le Document A (note § 151, III A 2) : dans ses récits ou ses discours, il fait écho à telle ou telle phrase de l'AT, surtout lorsqu'il veut préciser la personnalité de Jésus. Pour montrer que Jésus est la Sagesse, il utilise Pr **18** 4 en Jn **4** 14 (note § 81, III B 1 *c*), Si **24** 19-21 et Pr **9** 5 en Jn **6** 35 (note § 163, III A 3 *b*), divers textes sapientiaux en Jn **14** 21 (note § 327, III A 2). La Sagesse est venue sur la terre afin d'abolir l'œuvre de mort accomplie par le Serpent selon Gn **2**-3 (Jn **6** 37 ss., note § 163, III A 3 *c* ; cf. note § 261, III A 7). – Jésus est le nouveau Moïse : Jn **3** 2 fait en effet écho à Ex **3** 12 (note §§ 78. 80, III A 1) ; Jn **10** 3-4 à Nb **27** 15 ss. (note § 263, III A AA 2 *a*) ; Jn **14** 10-11 à Ex **4** 12.17 (note § 326, III A 2 *a*). – Pour montrer que Jésus est le « juste » dont parlent les psaumes, Jean II-A fait allusion à Ps **40** 8-9 en **6** 38 (note § 163, III A 3 *d*), à Ps **118** 28 en **11** 42 (note § 266, III B 2 *b bb*), à Ps **89** 27 en **20** 17 (note § 361, II B 3 *c*). Dans ce dernier passage, il y a peut-être une allusion plus précise au descendant de David, comme en **12** 34 qui fait écho à Ps **89** 36-38 (note §§ 309-A.311, III B 4 *a*). Pour toutes ces allusions à l'AT, Jean II-A utilise le texte de la Septante. Il agit de même en **1** 6-7a (cf. **3** 1-2a) où il utilise 1 S **1** 1 pour rapprocher les figures de Jean-Baptiste et du prophète Samuel (note §§ 19-25, II A 1 *c ca*).

En revanche, Jean II-A utilise le targum sur Nb **21** 4-9 lorsqu'il compare Jésus à la manne donnée par Moïse durant l'Exode (**6** 31 ss., note § 163, III A 3 *f fc* ; cf. III A 3 *a*), au rocher qui laisse couler des fleuves d'eau (**7** 37b-38, note § 163, III A 3 *f fc*), au serpent élevé par Moïse dans le désert (**3** 14, note §§ 309-A.311, III B 2 *b*). Il peut ainsi se référer, non seulement aux textes de l'AT, mais aussi aux traditions juives qui les interprétaient.

3. *Jean II-B* cite explicitement l'AT à sept reprises, et toujours d'après la Septante : en **1** 23 (Is **40** 3, texte simplifié), **2** 17 (Ps **69** 10), **6** 45 (Is **54** 13, avec une portée plus universelle), **10** 34 (Ps **82** 6), **12** 38 (Is **53** 1), **19** 24 (Ps **22** 19), **19** 36 (Ps **34** 21 combiné avec Ex **12** 46). – Les formules d'introduction recoupent celles de Jean II-A et sont aussi variées : « comme a dit Isaïe le prophète » (**1** 23), « il est écrit » (**2** 17 ; **6** 45 ; **10** 34), « afin que l'Écriture fût accomplie » (**19** 24), « et de nouveau une autre Écriture dit » (**19** 36), formule qui fait suite à « afin que l'Écriture fût accomplie », de Jean II-A. On notera la formule complexe de **12** 38 : « afin que la parole d'Isaïe le prophète fût accomplie, qu'il a dite. » L'intention apologétique de ces citations est la même que pour Jean II-A : montrer que la vie de Jésus s'est déroulée conformément aux Écritures.

Jean II-B continue à utiliser le style anthologique noté à propos de Jean II-A. En **2** 5, il reprend les expressions de Gn **41** 55 pour montrer que Jésus est l'héritier du patriarche Joseph (note § 29, II A 2 et III C 3). Jésus est aussi le nouveau Moïse et pour le souligner Jean II-B fait écho à Dt **18** 18-19 en **12** 49-50 (note §§ 309-A.311, III C CB 2) ; **8** 28b-29 est une mosaïque composée de Nb **16** 28, Ex **3** 12 et **4** 12 (note §§ 257-260, III B 4 *b*), **9** 4 se réfère probablement à Nb **16** 28 (note § 262, III C 1 *b*), **1** 14-18 rappelle la manifestation de Dieu à Moïse racontée en Ex **34** (note § 1, III B 2 *e ea*). En **10** 35-36, c'est Jr **1** 4-7 qui est utilisé (note § 264, III B 3 *b*). Pour montrer que Jésus est un nouveau David persécuté, Jean II-B utilise 2 S **17** 3 et **16** 23 en **11** 50-51 (note § 267, III B 3), 2 S **15** 21 en **12** 26 (note § 309-B, I B 3), 2 S **15** 19 ss. en **13** 36-37 (note § 323, II 2). Jésus est le Serviteur de Yahvé comme l'indiquent les allusions à Is **42** 1 en Jn **1** 34 (note §§ 19-25, III C 3), et à Is **50** 6 en **19** 1-3 (note §§ 347.349, III C 2 *e*). Signalons enfin l'utilisation de Is **43** 10 en **8** 24b.28 pour indiquer que Jésus porte en lui le Nom divin par excellence (note §§ 257-260, III B 3 *c cb*). – Toutes ces allusions à l'AT sont faites d'après la Septante ; en **12** 49-50 toutefois, le texte de la Septante est probablement complété d'après le targum.

Nous avons relevé encore un grand nombre d'allusions à l'AT faites par Jean II-B, mais elles sont littérairement moins dépendantes du texte biblique ; on pourra les trouver dans l'Index alphabétique.

4. *Jean III* utilise lui aussi l'AT. Les allusions les plus littérales se trouvent en **11** 11.25, qui renvoie à Jb **14** 12.14 d'après la Septante (note § 266, III D 1 *a*), et en **5** 27-28 qui fait écho à Dn **7** 13-14.22 et surtout à Dn **12** 2 (note § 149, III C 2). Jn **10** 16 fait allusion à Ez **37** 15-28 sans qu'il y ait vraiment d'emprunt littéraire (note § 263, III B BC).

D) VOCABULAIRE ET STYLE

DA) *LE DOCUMENT C*

1. Il serait vain de vouloir distinguer systématiquement le **7t** vocabulaire et le style du Document C de celui de Jean II. D'une part, en effet, les textes du Document C sont passés entre les mains de Jean II-A, puis de Jean II-B (sans parler de Jean III), et il serait invraisemblable que ces rédactions successives n'aient pas laissé de traces dans son texte. Ce doit être le cas, par exemple, de la formule de dialogue « Dit donc » (B 1), très rare dans le Document C (**12** 7 ; **18** 25) mais si fréquente chez Jean II. D'autre part, nous sommes en présence de textes rédigés dans une même école « johannique », ce qui implique une certaine unité de vocabulaire et de style, une certaine façon de parler commune à tous les niveaux. Ainsi en est-il des formules utilisées dans les dialogues : « il répondit » (B 74), « il répondit et dit » (B 6), « un tel lui dit » (C 12), déjà fréquentes au niveau du Document C, comme aussi de la séquence « donc ... et ... et ... » (A 13) ou de la façon d'indiquer l'exécution d'un ordre en reprenant le même verbe suivi de « donc » (B 24). Ceci vaut surtout quand il s'agit d'expressions liées à un thème christologique précis lorsque ce thème est repris par Jean II-A ou Jean II-B. C'est le cas des expressions « faire des signes » (B 81) ou des « œuvres » (B 4 et B 101) et du verbe « manifester » (E 2), en référence au thème de Jésus nouveau Moïse. Citons encore le titre de « roi » donné à Jésus (C 19), le thème de l'« heure » de Jésus qui « est venue » (B 7 et B 50), la façon dont Jésus annonce sa mort en disant « je pars » (B 102). On notera spécialement les expressions de **13** 33 (Document C), reprises surtout en **8** 21-22 (Jean II-A) et **7** 33-36 (Jean II-B), mais aussi en **14** 19 et **16** 16 ss. : « un peu » (C 15), « vous me chercherez » (C 21), « où je vais vous ne pouvez venir » (A 66, B 3, B 18).

Il reste que les caractéristiques stylistiques communes au Document C et à Jean II sont relativement peu fréquentes, surtout dans la catégorie A, la plus significative. On pourra s'en rendre compte en parcourant l'Appendice I. Il ne faut pas oublier non plus que, pour avoir une valeur significative, les caractéristiques de deuxième et surtout de troisième ordre doivent se présenter plus ou moins groupées.

2. On relève malgré tout, dans le Document C, un certain nombre de caractéristiques stylistiques ou de structures de phrases qui ne se retrouvent pas chez Jean II ou Jean III, ou qui s'y trouvent en même contexte et par emprunt immédiat.

a) On relève, comme caractéristiques stylistiques du **7u** Document C absentes de Jean II ou de Jean III : « cruche/ jarre » (A 130 ; Jn **2** 6.7 ; **4** 28), « braises » (A 134 ; **18** 18 ; **21** 9), « maison de mon Père » (A 147 ; **2** 16 ; **14** 2), « se manifester » (A 155 ; **7** 4 ; **21** 1), « à moi » (C 23 ; **12** 32 ; **14** 3).

Voici celles qui sont reprises en contexte immédiat à un niveau postérieur : « puiser » (A 75 ; **2** 8 ; **4** 7 ; cf. **2** 9 ; **4** 15), « après cela » (A 88 ; **2** 12 ; **11** 7 ; **19** 28 ; cf. **11** 11), « en secret » (A 114 ; **7** 4 ; **18** 20 ; cf. **7** 10), « bandelettes » (B 67 ; **19** 40 ; **20** 5 ; cf. **20** 6.7), « crier » (B 96 ; **11** 43 ; **12** 13 ; **19** 6 ; cf. **18** 40 ; **19** 12.15).

7 v *b)* Certaines structures de phrases sont typiques du Document C : « ( ) il voit Jésus venant vers lui et il dit : Voici ... » (**1** 29), « Vit Jésus Nathanaël venant vers lui et il dit à son sujet : Voici ... » (**1** 47). – « à (*eis*) une ville ( ) dite Sychar » (**4** 5), « pour (*eis*) une ville dite Éphraïm » (**11** 54), « en (*eis*) un lieu dit du Crâne » (**19** 17). – « il partit de là pour la Galilée » (**4** 43), « il partit de là pour une ville ... » (**11** 54). – « Or il y avait un certain fonctionnaire royal ... celui-ci ... s'en vint ... » (**4** 46b-47), « Or il y avait certains Grecs ... ceux-ci s'approchèrent ... » (**12** 20-21). – « Or il y avait un certain fonctionnaire royal dont le fils était malade ... » (**4** 46b), « Or il y avait un(e) certain(e) (Marie) ( ) dont le frère était malade » (**11** 1-2). – « Celui-ci ... ayant entendu que Jésus était arrivé ( ), s'en vint vers lui » (**4** 47), « (Une) foule nombreuse ( ), ayant entendu que Jésus était venu ... prirent ... » (**12** 12). – « ( ) il voit (*blepei*) Jésus venant vers lui » (**1** 29), « elle voit (*blepei*) la pierre enlevée » (**20** 1), « ils voient (*blepousin*) un feu de braises gisant » (**21** 9). – « Viens et vois » (**1** 46 et **11** 34). – « Ayant pris », sans article et suivi d'un complément direct (**12** 3 ; **13** 4 ; **18** 3).

On notera la fréquence des pluriels impersonnels (cf. Mc), qui ne se retrouvent pas chez Jean II et Jean III : **2** 3a (critique textuelle), **2** 7 ; **3** 23 (*bis*) ; **7** 3 ; **11** 34.41 ; **12** 2.4.

7 w 3. Le Document C contient enfin un certain nombre d'expressions qui sont contraires au style de Jean II. Il construit les verbes de mouvement avec l'infinitif (**4** 7 ; **14** 2 ; **21** 3) tandis que Jean II a *hina* et le subjonctif (B 76). – Dans des expressions telles que « le fils de Joseph » (**1** 45), « la source de Jacob » (**4** 6), il place l'article défini devant le nom propre et non devant le substantif déterminé ; Jean II ferait plutôt l'inverse (**1** 40.42 ; **6** 42). – En **11** 6b, pour dire « à l'endroit où il était » il a *en hôi èn topôi* tandis que Jean II aurait écrit *en tôi topôi hopou èn* (**11** 30 ; **19** 41 ; cf. B 23). – En **7** 6a, dans la phrase « (le) temps n'est pas encore là », ni le vocabulaire ni l'ordre des mots ne sont conformes au style de Jean II. – Le Document C aime les impératifs qui se suivent sans être coordonnés (**4** 16 ; **4** 29 ; **9** 7 ; **21** 12), construction que l'on ne trouve pas au niveau de Jean II. – Pour dire « recevoir » quelqu'un, on a le verbe *dechomai* (**4** 45c) au lieu de *lambanô* (A 25). L'expression « en évidence » contient la préposition *en* (**7** 4) tandis que Jean II la supprime (B 21). Pour dire « après cela », le Document C a *meta touto* et Jean II *meta tauta* (B 29). La préposition « avec » est rendue par *syn* (**18** 1 ; **21** 3) au lieu de *meta* chez Jean II (40 fois). En **21** 6, on a le verbe *ischyein* (« pouvoir ») au lieu de l'habituel *dynamai* (36 fois) ;

pour dire « à cause de », on a *apo* suivi du génitif tandis que Jean II aurait mis *dia* et l'accusatif (26 fois). En **21** 12, le verbe *exetazein* (« demander ») tient lieu de l'habituel *erôtan* (C 52).

DB) *JEAN II*

Malgré certaines particularités sur lesquelles nous aurons à revenir, le vocabulaire et le style de Jean II-A et de Jean II-B offrent tant d'affinités que, selon toute vraisemblance, il s'agit d'un même auteur ayant écrit à deux époques différentes de sa vie (cf. *infra*). Dans l'Appendice I, nous avons marqué d'un astérisque toutes les particularités stylistiques qui leur sont communes ; nous y renvoyons le lecteur. Par ailleurs, dans le Commentaire, en menant la critique littéraire des diverses sections de l'évangile, nous signalerons un grand nombre de structures de phrases analogues chez Jean II-A et Jean II-B ; il serait fastidieux de les rassembler ici. Nous allons donc simplement relever quelques procédés rédactionnels ou littéraires qui se retrouvent chez Jean II-A et chez Jean II-B.

1. La structure littéraire appelée *chiasme* consiste à reprendre, en sens inverse, les principaux mots d'une phrase ou les idées d'un développement homogène. Ainsi, en **18** 36, la phrase de Jean II-A « ma royauté n'est pas de ce monde ; si de ce monde était ma royauté ... » est construite en forme de chiasme de type A B C C' B' A' (les lettres identiques correspondent aux mots identiques). Lorsqu'il s'agit de simples phrases, de telles structures sont fréquentes, non seulement chez Jean II, mais aussi dans les évangiles synoptiques et les Actes ; contrairement à certains auteurs, nous ne les considérons pas comme des caractéristiques johanniques. Plus significatifs sont les chiasmes qui portent sur des sections entières, plus ou moins étendues ; relativement fréquents dans certains livres de l'AT, ils sont beaucoup plus rares dans les Synoptiques et les Actes. Nous en avons relevé quatre au niveau de Jean II-A : la deuxième partie du discours sur le pain de vie (**6** 35-39 ; **7** 37b-38, note § 163, III A), la diatribe contre les Juifs en **8** 25 ss. (note § 261, III A), les cinq dialogues ajoutés par Jean II-A dans le récit de la guérison de l'aveugle-né (note § 262, III B), le corps de la parabole du pasteur et des voleurs (**10** 3-4, note § 263, II A AB 1 *a*). – Ils sont beaucoup plus nombreux chez Jean II-B : le Prologue, formé de onze éléments (**1** 1-18, note § 1, III B), le témoignage du Baptiste (**1** 32-34, note §§ 19-25, II B BC 3 *a*), le discours sur Jésus qui imite le Père (**5** 19.21-26.30, note § 149, III B), le dialogue sur le pain de vie (**6** 30-58, note § 163, II D 2 et III B 3), le discours sur la liberté apportée par Jésus (**8** 31b-36, note § 261, II A 2 *a*), le corps de la parabole sur le pasteur (**10** 3-4, note § 263, II A AB 1 *b*), l'interprétation de la parabole du pasteur (**10** 7b-8.10, note § 263, II B 3 *a*), le discours sur le pouvoir qu'a Jésus de donner sa vie et de la reprendre (**10** 17-18, note § 263, III B BB 2), la fin du discours sur le

jugement (**12** 49-50, note §§ 309-A.311, II B BC 3 *b*), l'entretien avec les disciples sur l'amour fraternel (**15** 7-16, note § 329, III B BA), l'annonce des persécutions (**15** 18.20bc, note § 330, II A 3 et III B 1), la grande scène de la comparution de Jésus devant Pilate (note §§ 347.349, III C 1). Une mention spéciale doit être donnée à la prière de Jésus à son Père, en Jn **17**, pour laquelle Jean II-B s'est surpassé ; elle comprend deux parties dont chacune forme un chiasme (**17** 1-2.4-5, note § 334, III A AA 1 ; **17** 6-26, *ibid.* 2) ; chaque partie du second chiasme est elle-même construite en forme de chiasme (*ibid.* 2 *b*). Notons enfin que la septième « semaine » de la vie de Jésus est disposée en forme de chiasme (**12-19**, note §§ 272-357).

2. Il peut arriver que des groupes de personnes *apparaissent brusquement* dans le cours d'un récit ; c'est souvent pour permettre à Jean II d'introduire un développement à portée théologique. Ainsi en va-t-il des Juifs en **9** 15.17 (Jean II-A, note § 262, III B 2), des Pharisiens en **9** 13 (Jean II-B), des disciples en **4** 8.27.31 ss. (Jean II-A, note § 81, II 5 *a*), en **9** 2-3 (Jean II-A, note § 262, II B 1), en **11** 7 (Jean II-B, note § 266, II D), de la foule en **7** 20 (Jean II-B), en **12** 29 (Jean II-B), en **12** 34 (Jean II-A).

3. Le procédé rédactionnel de la « reprise » (*supra*, 1 f) est employé par Jean II-A et Jean II-B, mais on le trouve à l'occasion également chez Jean III ; c'est d'ailleurs un procédé rédactionnel classique. Notons toutefois que, après une insertion, la « reprise » est marquée, chez Jean II-A et Jean II-B, par les mêmes *chevilles rédactionnelles* : « ayant dit cela » (B 80 *), « quand donc » (A 28), « lors donc que » (B 30 *). D'une façon générale, la conjonction « donc » (*oun*) semble avoir été souvent ajoutée par Jean II lorsqu'il complète le texte de ses sources ; cette conjonction perd alors son sens consécutif et n'a plus qu'un sens vague, correspondant au « alors » français. Pour cette raison, nous avons souvent omis ces « donc » du texte du Document C.

4. On trouve aussi bien chez Jean II-A que chez Jean II-B le procédé littéraire de *l'incompréhension des interlocuteurs* : Jésus prononce une parole qui peut se comprendre en deux sens différents, matériel ou spirituel, réel ou métaphorique ; les interlocuteurs comprennent dans le mauvais sens, ce qui donne à Jésus l'occasion de préciser sa pensée. Donnons un seul exemple : Jésus annonce à Nicodème qu'il faut naître de nouveau pour voir le royaume de Dieu (**3** 3) ; celui-ci comprend l'expression au sens physique, d'où sa perplexité (**3** 4) qui donne à Jésus l'occasion d'expliquer en quel sens il comprend cette nouvelle naissance (**3** 5). On trouvera les diverses applications de ce procédé littéraire mentionné dans l'Appendice I, à la caractéristique A 10 *.

DC) *JEAN II-B*

Jean II-B offre cependant par rapport à Jean II-A certaines particularités de vocabulaire qui s'expliquent, soit par les influences qu'a subies Jean II-B, soit simplement parce que le style d'un auteur peut varier après un certain nombre d'années. Dans l'Appendice I, les caractéristiques stylistiques propres à Jean II-B (mais cf. 1 Jn) sont marquées de deux astérisques ; nous y renvoyons le lecteur. Nous nous contenterons ici de signaler les particularités dues à des influences extérieures.

1. Pour composer son évangile, Jean II-B a utilisé dans **8c** une très large mesure les écrits lucaniens, évangile et Actes (*supra*, 4 y) ; il s'est donc familiarisé avec le style de Lc-Ac, et il ne faut pas s'étonner si ce style a quelque peu déteint sur le sien.

Voici d'abord un certain nombre d'expressions qui ne se lisent dans le NT que chez Jean II-B et en Lc/Ac. Le mot « Juifs » est souvent utilisé comme déterminatif dans des expressions telles que « la fête des Juifs » ou « notable des Juifs » (mais à l'exception de « roi des Juifs ») (0/0/2/9/12/0 ; Jn **2** 13 ; **3** 1 ; **5** 1 ; **6** 4 ; **7** 2 ; **18** 12 ; **19** 21.42). – « Or comme » (*hôs de* : 0/0/2/5/28/0 ; Jn **2** 9.23 ; **6** 12.16 ; **7** 10). – « demeurer » (*diatribein* : 0/0/0/1/8/0 ; Jn **3** 22). – « ville » suivi d'un déterminatif de région (0/0/3/1/3/0 ; Jn **4** 5). – « le don de Dieu » (Jn **4** 10 et Ac **8** 20 ; *dôrea* : 0/0/0/1/4/6). – « Il (crut) lui et toute sa maison » (Jn **4** 53 ; Ac **18** 8 ; **10** 2 ; **11** 14 ; **16** 15.31). – « être suscité » (avec *egeiromai* : Jn **7** 52 et Lc **7** 16 ; avec *anistèmi* : Lc **9** 8.19). – « répondre » construit avec *pros* et l'accusatif (0/0/3/1/3/0 ; Jn **8** 33). – Construction « à lui le portier ouvre » (Jn **10** 3 ; Ac **10** 43 ; **15** 15 ; **21** 9). – « venir avec » (*synerchesthai*, avec ce sens précis et non celui de « se rassembler » : Jn **11** 33 ; Lc **23** 55 ; Ac **1** 21 ; **9** 39 ; **10** 23.45 ; **11** 12 ; **15** 38). – Le mot *ethnos* pour désigner la « nation » juive (0/0/2/5/6/0 ; Jn **11** 48.50.51.52 ; **18** 35). – Le mot *topos* pour désigner le « lieu » saint, le Temple de Jérusalem (Jn **11** 48 ; Ac **6** 14 ; **7** 7 ; **21** 28). – « la fête de la Pâque » (Jn **13** 1 et Lc **2** 41). – « or avant » (*pro de* ; Jn **13** 1 et Lc **21** 12). – « tout ce qui est mien est tien » (Jn **17** 10 et Lc **15** 31). – « Mais comme il disait cela » (*tauta de autou eipontos*, Jn **18** 22 ; cf. Ac **23** 7 « mais comme il parlait cela », *touto de autou lalountos* et Ac **28** 25). – « juger selon la Loi » (Jn **18** 31 et Ac **23** 3). – Particules *men oun* placées entre un substantif et son article (0/0/0/1/9/0 ; Jn **19** 24 ; cf. Ac **23** 31 où le substantif est le même !). – « le jour du sabbat » (Jn **19** 31 ; Lc **13** 14.16 ; **14** 5 ; avec le mot « sabbat » au pluriel : Lc **4** 16 ; Ac **13** 14 ; **16** 13). – « Or après cela » (*meta de tauta* ; Jn **19** 38 ; Lc **10** 1 ; **18** 4). – L'adjectif *pistos* pour désigner celui qui croit (Jn **20** 27 ; Ac **10** 45 ; **16** 1.15). – « Donc beaucoup d'autres » (*polla men oun kai alla*, Jn **20** 30 ; cf. Lc **3** 18 : *polla men oun kai hetera*). – « Plein » (*plèrès*) suivi de deux déterminatifs (Jn **1** 14 ;

Ac **6** 3.5.8 ; **9** 36 ; **11** 24 ; **13** 10). – « raconter » (*exègeisthai* : 0/0/1/1/4/0).

Signalons encore un certain nombre de cas où Jean II-B utilise des expressions qui se lisent surtout dans Lc-Ac, soit par rapport au reste du NT, soit par rapport aux autres évangiles. Verbe « dire » construit avec *pros* et l'accusatif, mais à l'exclusion de *pros allèlous* ou *pros heautous* qui ont un sens particulier ; avec *legein* : 0/0/13/7/5/6 (Jn **2** 3 ; **3** 4 ; **4** 15 ; **4** 49 ; **6** 5 ; **7** 50 ; **8** 31) ; avec *eipein* : 0/1/74/6/26/0 (Jn **4** 48 ; **6** 28 ; **6** 34 ; **7** 3 ; **8** 57 ; **11** 21) ; le seul exemple hors de Lc/Jn/Ac est Mc **12** 12, où *pros* revêt le sens de « contre » (cf. Lc **20** 19). – Chiffre accompagné de *hôs* avec le sens de « environ » : 0/2/2/8/8/0 (Jn **1** 39 ; **4** 6 ; **6** 10.19 ; **11** 18 ; **19** 14.39 ; **21** 8). – Particule *te* non redoublée (1/0/1/3/72/10 ; Jn **2** 15 ; **4** 42 ; **6** 18 ; le chiffre donné pour les Actes n'est qu'approximatif, étant donné les incertitudes de la critique textuelle). – « Traverser » (*dierchesthai* : 1/2/10/2/21/6 ; Jn **4** 4 et **4** 15). – « Tous » (*apas* : 3/3/17/1/13/5 ; Jn **4** 25). – « Multitude » (*plèthos* : 0/2/8/2/17/3 ; Jn **5** 3 ; **21** 6). – « Nombre » (*arithmos* : 0/0/1/1/5/1 et 10 fois dans Ap ; Jn **6** 10 à rapprocher de Ac **4** 4 et **5** 36). – Verbe « être étonné » (*thaumazein*) avec « tous » comme sujet : Jn **7** 21 ; Lc **1** 63 ; **2** 18 ; **4** 22 ; **9** 43 et aussi Mc **5** 20. – Verbe « croire » au participe parfait (0/0/0/1/6/1 ; Jn **8** 31). – Verbe *phylassein* pour dire « garder » la Loi, les commandements, les paroles (1/1/2/1/4/2 ; Jn **12** 47 et Lc **11** 28 seuls ont la séquence « entendre » et « garder ». – « Les notables » (*hoi archontes* : 1/0/4/3/7/3 ; Jn **7** 26.48 ; **12** 42). – « Tribun » (*chiliarchos* : 0/1/0/1/17/2 ; Jn **18** 12). – « Tous les Juifs » (0/1/0/1/6/0 ; Jn **18** 20). – Verbe *synerchesthai* au sens de « se réunir » (1/2/1/1/11/7 ; Jn **18** 20). – « Vouloir » (*boulesthai* : 2/1/2/1/14/15 + 2 ; Jn **18** 39 ; 2 Jn 12 ; 3 Jn 10). – « S'opposer » (*antilegein* : 0/0/2/1/4/3 ; Jn **19** 12). – Adjectif « autre » exprimé par *heteros* et non *allos* (9/0/33/1/18 ; Jn **19** 37). – « Coutume » (*ethos* : 0/0/3/1/7/1 ; Jn **19** 40, que l'on rapprochera de Ac **25** 16). – Particules *men oun* liées (0/0/1/2/27/9 ; Jn **20** 30). – « Devant » exprimé par *enôpion* et non *emprosthen* (0/0/22/1/13 ; Jn **20** 30). – « Glorifier Dieu » (2/1/8/1/3/9 ; Jn **21** 19).

Ces rapprochements avec le vocabulaire et le style de Lc/Ac sont d'autant plus significatifs qu'ils n'existent pas aux niveaux du Document C et de Jean II-A.

8d 2. L'influence des textes de Qumrân est sensible surtout dans la première épître de Jn, mais on la constate aussi dans l'évangile au niveau de Jean II-B. Le texte le plus significatif est Jn **3** 19-21.35-36, avec la double opposition « lumière-ténèbres » et « vérité-choses viles », liée au thème des œuvres mauvaises qu'il faut « dénoncer » (note §§ 78.80, III B 5 *a* et *b*). Mais il faut citer aussi **12** 36a.46 avec de nouveau l'opposition « lumière-ténèbres » et l'expression « fils de lumière » (note §§ 309-A.311, II B BC 4 et III C CB 1). En Jn **14** 17, **15** 26 et **16** 13 comme en 1 Jn **4** 6, l'expression « Esprit de vérité »

provient d'une influence de Qumrân (note § 331, III 2 *a* et *b*). Enfin, en **17** 15, il est possible que Jean II-B réagisse contre l'attitude des gens de Qumrân qui se séparaient des autres hommes (note § 334, III A AB 2 *c cc*).

3. Signalons encore une particularité du style de Jean II-B : l'utilisation de la première personne du pluriel pour insinuer que c'est la communauté johannique qui parle ; ainsi en **3** 11 (note §§ 78.80, II A 2 *a*), en **9** 4 (note § 262, III C 1 *c*), en **12** 38 (note § 310, II B 1), en **21** 24 (note § 375, I A). Il arrive aussi que Jean II-B adopte la deuxième personne du pluriel à la place de la deuxième ou de la troisième personne du singulier. Il le fait en pensant aux chrétiens de son temps auxquels il adresse son évangile ; ainsi en **1** 51 (note §§ 19-25, II C CB 6), en **3** 7.11 (note §§ 78.80, III B 3 *a*), en **4** 48 (note § 84, II B 3), en **15** 3.5 (note § 329, II A 1 et 2 *a aa*), en **19** 35 (note §§ 356-357, I B 2 *b*).

4. Lorsque Jean II-B déplace un texte de Jean II-A, il compose souvent un court passage qui reste comme un écho du texte qu'il a déplacé. Chez Jean II-A, par exemple, la guérison du fils du fonctionnaire royal de Capharnaüm suivait l'épisode des noces de Cana (*supra*, 3 a) ; Jean II-B fait venir Jésus à Cana (**4** 46a) d'où il effectue la guérison de l'enfant. – Jean II-A avait la séquence : expulsion des vendeurs du Temple (**2** 14-16), demande de signe (**2** 18), dialogue sur le pain de vie (**6** 31 ss.) ; Jean II-B sépare le troisième épisode du premier, mais il dédouble le thème de la demande de signe (**6** 30). – Jean II-B déplace la finale de l'explication de la parabole du pasteur (**10** 27) mais il la remplace par un texte de portée un peu différente (**10** 10, note § 263, II B 4). Il agit de même pour la finale de l'explication de la parabole du pasteur et du mercenaire : **10** 28 est remplacé par **10** 17-18 (note § 263, II C CB 2). – Chez Jean II-A, le sommaire de **11** 54 précédait le récit de la résurrection de Lazare ; Jean II-B le met à sa place actuelle, mais le remplace par le sommaire de **10** 40-42 (note § 265, II 1). – Au niveau de Jean II-A, l'onction à Béthanie (**12** 1 ss.), le lavement des pieds (**13** 1 ss.) et l'annonce de la trahison de Judas (**13** 18 ss.) avaient lieu au cours d'un même repas, à Béthanie ; Jean II-B place les deux derniers épisodes lors d'un second repas, mais il garde un écho de la séquence primitive en plaçant en **12** 4.6 des détails sur Judas qui se lisaient à propos de l'unique repas (**13** 29, note § 272, II A 8). – En **13** 4-17, Jean II-B a fusionné les récits du Document C et de Jean II-A, ce qui l'a obligé à repousser plus loin l'annonce de la trahison de Judas (**13** 18 ss.) ; mais il en a gardé un écho en **13** 10c-11, place primitive au niveau de Jean II-A (note § 316, II C et III C 3). – En déplaçant l'équivalent johannique du récit de l'agonie de Jésus (à Gethsémani), qui se lit maintenant en **12** 23.27-28a, Jean II-B en a gardé un écho à sa place primitive en ajoutant **14** 30c-31a (note § 328, III C 1). – Jn **16** 33 fait écho à **14** 27-31

qui, chez Jean II-A, terminait l'entretien de Jésus avec les disciples (note § 328, III C 2). D'une façon plus ample, Jn **9** 39b-41, suivi de **8** 12b ss., remplace **12** 37.39b-40 qui, chez Jean II-A, terminait le récit de la guérison de l'aveugle-né (note § 262, III C 6).

E) DATE, LIEU DE COMPOSITION, AUTEUR

EA) *LE DOCUMENT C*

1. De nombreux arguments permettent de prouver la *très haute antiquité* du Document C.

a) Il est plus ancien que le proto-Lc qui l'a utilisé dans les épisodes suivants : la pêche miraculeuse (note § 371, I A), peut-être l'épisode des frères de Jésus (note § 256, fin de III A 2), celui des Grecs qui veulent voir Jésus (note §§ 309-A.311, II B BA 4), le lavement des pieds (note § 316, II A 2), l'arrestation de Jésus (note § 338, I 4), Jésus mené chez le Grand Prêtre (note § 339, I C 1 et 3), le reniement de Pierre (note § 340-A, A 1), le procès devant Pilate (note §§ 347.349, II B et C), le crucifiement (note §§ 351-355, II A 1 et 2), l'ensevelissement (note §§ 356-357, I A 2), Pierre au tombeau (note §§ 359-360, I A AB 2 et I B 1-2), l'apparition de Jésus aux disciples (note § 365, II A 3 et note § 371, I B BB 2). – L'influence du Document C s'est exercée aussi sur les Actes des apôtres, qui ne formaient qu'un seul livre avec le proto-Lc. Elle se manifeste surtout dans l'insistance des Actes à souligner comment les Juifs eux-mêmes procédèrent à la crucifixion de Jésus, à la descente de croix et à la mise au tombeau (note §§ 351-355, III A 1 ; note §§ 356-357, I A 1 ; II A 2 *c*). En Ac **7** 55-56, la vision par Étienne du Christ ressuscité s'inspire peut-être littérairement de la vision par Marie du Christ ressuscité (note § 361, II A 1 *b*).

Il est difficile de dater le proto-Lc, mais sa composition est certainement antérieure à 70.

b) Le Document C est plus ancien que le Mc-intermédiaire qui l'a fusionné avec les Documents A et B dans les épisodes suivants : l'agonie à Gethsémani (§ 337), les reniements de Pierre (§ 340), les outrages à Jésus prophète (§ 343) ; voir Synopse, tome II, p. 18. Il combine les Documents A et C dans l'épisode de l'onction à Béthanie (note § 272 du présent volume). Si l'on place la composition du Mc-intermédiaire, utilisé par Mt et par Lc, vers les années 60-65, le Document C doit être antérieur à cette date.

c) L'analyse interne du Document C confirme son caractère archaïque. Il est vrai qu'il forme déjà un évangile complet, allant du ministère de Jean-Baptiste jusqu'aux récits des apparitions du Christ ressuscité ; à ce point de vue, il ne se distingue pas des Synoptiques. Mais les récits qu'il nous donne se recommandent par leur sobriété ; ils n'offrent que très peu de traits qui ne sont pas commandés par leur finalité première. Ainsi, les miracles accomplis par Jésus en Galilée n'ont aucun détail superflu ; ils veulent seulement évoquer la figure du nouveau Moïse. Les événements de la troisième partie sont réduits à l'essentiel : juste ce qui est nécessaire pour évoquer la fête des Tentes. Il suffit de lire à la suite le Document C et l'évangile de Mc pour comprendre combien le premier est plus archaïque que le second. Donnons un seul exemple. Dans le récit des femmes au tombeau, le Document C se contente de mentionner que les femmes trouvèrent la pierre enlevée et qu'elles ne savent où l'on a mis Jésus ; elles s'imaginent qu'on a volé son corps. Dans les Synoptiques, un personnage céleste donne aux femmes l'interprétation de l'événement qu'elles constatent, ceci à l'intention des lecteurs : Jésus est ressuscité (note §§ 359-360, II A 2).

Le Document C ne met jamais en scène les disciples de Jésus avant les récits de la passion et de la résurrection. Plus exactement, s'il nomme Philippe et Nathanaël (**1** 43-49 ; cf. **12** 20-22), Simon-Pierre et les fils de Zébédée (**21** 2 ; cf. **18** 25), il ne les désigne pas comme « disciples » et ceux-ci ne semblent pas former un groupe homogène qui suivrait Jésus dans ses déplacements. Ce groupe serait plutôt formé des « frères » de Jésus et de sa mère (**2** 2.12 ; **7** 3-4). En conséquence, Simon-Pierre n'est pas présenté comme chef du groupe des disciples, comme au niveau de Jean II et dans les Synoptiques.

La christologie reste très simple ; Jésus est avant tout le Prophète semblable à Moïse annoncé par Dt **18** 18, et aussi le Fils de l'homme de Dn **7** 13 (*supra*, 5 b et 5 s). La fête principale est encore celle des Tentes, comme dans le judaïsme ; la fête de Pâque, appelée à devenir la première fête chrétienne en raison de la résurrection de Jésus, n'est pas même nommée.

Plus significative encore est la conception du « retour » de Jésus exprimée en **14** 1-3 : celui-ci s'en va, mais il va bientôt revenir pour chercher les siens et les conduire dans la maison de son Père. C'est la même conception que dans la plus ancienne épître de Paul (1 Th **4** 16-17), écrite vers 51, ou dans le texte archaïque repris par Lc en Ac **3** 19-21. Le problème du « retard de la Parousie » ne semble pas encore se poser.

La composition du Document C pourrait ainsi se situer aux environs de l'an 50.

2. Le Document C fut écrit *en Palestine*, par un chrétien proche des milieux samaritains.

a) L'auteur connaît bien la Palestine. Outre les villages **8j** de Capharnaüm (**2** 12), de Nazareth (**1** 46) et de Béthanie (**11** 1), connus de la tradition synoptique, il cite un certain nombre de petites bourgades ignorées des autres évangiles : Aenon près de Salim (**3** 23), Sychar (**4** 5), Cana (**2** 1), Éphraïm (**11** 54). Il sait qu'il existe une piscine de Siloé à Jérusalem (**9** 7) et la source de Jacob en Samarie (**4** 6). – Quand il cite la Bible, il utilise le texte hébreu. Son évangile fut même probablement écrit en araméen ; en **4** 16-18, en effet, il joue sur le double sens du mot *ba'al*, perceptible seulement dans une langue sémitique (note § 81, III A 1 *b bb*).

8k   *b)* Les influences samaritaines sur le Document C sont très marquées. Toute la première partie de l'évangile se passe en Samarie. La christologie est dominée par le thème de Jésus nouveau Moïse, le Prophète annoncé par Dt **18** 18, et c'est un tel Prophète qu'attendaient les Samaritains (note §§ 19-25, III A 2 *c*). Même le titre de « roi » est donné à Jésus dans une perspective samaritaine. Le premier disciple appelé par Jésus est Philippe (**1** 43), qui pourrait être le Philippe qui évangélisa la Samarie. Pour tout ceci, nous renvoyons à la note §§ 19-25, III A 4, et à la note § 81, III A 2 *a*.

81   3. Le problème de *l'auteur* du Document C reste encore une énigme. Nous ne voulons pas reprendre ici tous les arguments que l'on a invoqués pour ou contre l'attribution du quatrième évangile à l'apôtre Jean ; on les trouvera dans tous les manuels d'Introduction au NT, voire dans les éditions des traductions évangéliques. Nous voudrions simplement rappeler quelques indications tirées de l'évangile lui-même. Nous venons de voir que l'auteur du Document C devait être originaire de Palestine et qu'il avait probablement écrit son évangile en araméen, la langue parlée en Palestine au premier siècle de notre ère. D'après Jean II-B, l'auteur de l'évangile serait « le disciple que Jésus aimait » (**21** 24 ; cf. **21** 20-22), témoin oculaire d'une partie au moins des événements racontés dans l'évangile (**13** 23 ; **19** 25-27 ; **21** 7 ; cf. **20** 2). Nous n'avons aucune raison de mettre en doute cette affirmation ; mais qui était ce disciple ? Une tradition qui remonte au moins à saint Irénée (fin du deuxième siècle) répond : Jean l'apôtre. En faveur de cette tradition on peut invoquer le fait suivant. Le « disciple que Jésus aimait » semble lié d'amitié avec Pierre (**13** 23 ss. ; **21** 7.20-23; cf. **20** 2-10 ; **18** 15) ; or Lc nous apprend que c'était effectivement le cas de Jean l'apôtre (Lc **22** 8 ; Ac **3** 1-4.11 ; **4** 13.19 ; **8** 14). Ce rapprochement de textes est d'autant plus significatif que traditions johannique et lucanienne sont étroitement liées, comme on a pu le voir plus haut. L'identification du disciple bien-aimé avec Jean l'apôtre ne va pas cependant sans difficulté. Il n'apparaît dans l'évangile que lors du dernier repas pris par Jésus avec ses disciples, donc à Jérusalem selon Jean II-B (**13** 23 ss.). S'il faut l'identifier à « l'autre disciple » dont parle Jean II-A, comme le fait Jean III (**20** 2), il a ses entrées dans le palais du Grand Prêtre parce qu'il est connu de lui (**18** 15). Ces détails s'appliqueraient à quelqu'un habitant Jérusalem ou les environs plutôt qu'à un pêcheur de Galilée, comme l'était Jean l'apôtre (cf. Mc **1** 19-20). On pense alors à Lazare, un habitant de Béthanie dont il est dit précisément que Jésus l'aimait (Jn **11** 3). On comprendrait alors l'importance donnée à Marie, la sœur de Lazare, au niveau du Docu-

ment C (**11** 1 ss. ; **12** 2 ss. ; peut-être aussi **20** 11.14.18). Nous verrons plus loin comment, dans cette hypothèse, il serait possible d'expliquer l'attribution de l'évangile à l'apôtre Jean.

En fait, aucune raison n'est décisive, ni dans un sens ni dans l'autre. Discuter le problème plus à fond dépasserait le cadre que nous nous sommes fixés.

EB) *JEAN II-A*

1. Bien qu'il soit plus tardif que le Document C, l'évangile composé par Jean II-A représente encore un stade assez ancien de la tradition évangélique. Deux indices le prouvent. D'une part, il semble bien avoir été utilisé par l'ultime Rédacteur de l'évangile de Mt : en Mt **21** 4-5.9-11, qui reprend Jn **12** 14-15 suivi de **7** 40-42 (note § 273, I B 2 *d*) ; en Mt **16** 16 ss. qui s'inspire littérairement de Jn **1** 40-42 (note §§ 19-25, III B 3 *b*) ; en **18** 14 qui reprend Jn **6** 39 (note § 163, III A 3 *e*). On discute il est vrai sur la date de composition de l'évangile de Mt : entre 65 et 80 ; disons que Jean II-A doit être au moins antérieur à l'an 80. D'autre part, Jean II-A ne connaît aucun des Synoptiques sous leur forme actuelle. Lorsqu'il complète le Document C, il utilise le Document A et c'est donc seulement sous cette forme qu'il connaît la tradition synoptique (*supra*, 4 v). Dans ces conditions, l'évangile de Jean II-A pourrait remonter aux années 60-65.

2. Le lieu de composition doit être la Palestine, comme pour le Document C ; ce point sera traité à propos de Jean II-B, de même que celui de l'identité de Jean II.

EC) *JEAN II-B*

1. Pour fixer approximativement la date de composition de l'évangile de Jean II-B, nous avons les deux données suivantes. D'une part, Jn **9** 22 (cf. **12** 42 ; **16** 2) fait allusion à la décision prise par les Pharisiens vers l'an 90 selon laquelle les chrétiens ne pouvaient plus appartenir au judaïsme ; l'évangile de Jean II-B est donc postérieur à cette date puisque **9** 22 est de sa main. D'autre part, le papyrus Rylands 457, copié vers 150, contient quelques fragments de versets appartenant à Jn **18** 31-33.37-38. Mieux, le papyrus Egerton 2, dont on repousse maintenant la date jusque vers 125, contient plusieurs citations de l'évangile de Jn, spécialement Jn **5** 39 que nous avons attribué à Jean II-B. C'est donc entre 90 et 125 qu'il faut placer la composition de l'évangile de Jean II-B ; une date située aux environs de l'an 100 paraît vraisemblable car il faut laisser à cet évangile, composé en Asie Mineure (cf. *infra*), le temps de se répandre jusqu'en Égypte, d'où proviennent les papyrus cités à l'instant. On peut même remonter jusque vers 95, car la décision prise par les Pharisiens contre les chrétiens semble assez récente.

2. L'unité de vocabulaire et de style entre Jean II-A et Jean II-B nous a fait conclure à une unité d'auteur : Jean II. Mais les deux écrits comportent aussi des différences qui doivent s'expliquer parce qu'ils furent composés, non seulement à des époques différentes (il y aurait un écart d'une trentaine d'années), mais encore en des lieux différents. L'évangile de Jean II-A reste assez bien dans la ligne du Document C et les influences qu'il a subies peuvent rester dans le cadre de la Palestine. La judaïsation des thèmes samaritains se conçoit bien en Palestine. Les influences de la tradition sapientielle, même du livre de la Sagesse, peuvent s'être exercées en Palestine. Nous n'avons aucune raison de penser que l'évangile de Jean II-A ne fut pas composé dans le même milieu que le Document C dont il dépend : en Palestine. Il n'en va pas de même de l'évangile de Jean II-B. Citons seulement quelques faits. On y trouve la traduction grecque de mots transcrits de l'araméen (ou de l'hébreu), comme en 1 38, 41, 42 ; il fut donc écrit pour des gens ignorant l'araméen, ce qui nous conduit hors de Palestine. Il a subi une influence assez massive des lettres de Paul ; or ces lettres furent presque toutes écrites pour les chrétientés d'Asie Mineure ; ce serait donc plutôt dans cette région que l'évangile de Jean II-B aurait été composé. Il donne à Jésus le titre de « sauveur du monde » (4 42) ; or ce titre ne se trouve, donné aux empereurs romains, qu'en Asie Mineure (note § 81, III C 7). Ces indices convergents donnent donc l'Asie Mineure comme la patrie de l'évangile de Jean II-B. Nous verrons plus loin qu'il s'agit probablement d'Éphèse, la métropole de cette province romaine, ce qui nous fait rejoindre les données de la tradition.

Ainsi Jean II, originaire de Palestine où il aurait écrit sa première rédaction évangélique, se retrouvait une trentaine d'années plus tard à Éphèse et c'est là qu'il aurait écrit sa seconde rédaction évangélique.

3. Mais qui était Jean II ? Pour répondre à cette question, il faut d'abord examiner les rapports qui existent entre l'évangile de Jn et les épîtres johanniques.

a) Les rapports entre la première épître de Jn et l'évangile de Jn sont difficiles à établir parce que cette épître offre probablement, comme l'évangile, des niveaux rédactionnels différents. Il reste toutefois un fait indéniable : évangile et épîtres contiennent en grande partie les mêmes caractéristiques stylistiques. Pour s'en convaincre, il suffit de se reporter à l'Appendice I dans lequel sont données les caractéristiques stylistiques de l'évangile de Jn. Pour nous en tenir à la catégorie A, la plus significative, voici la liste des caractéristiques qui, dans tout le NT, sont propres à Jean II (A et B) et aux épîtres johanniques : 1, 4, 7, 18, 25, 27, 29, 32, 40, 47, 53, 55, 62, 84, 135. Voici maintenant la liste de celles qui sont propres à Jean II-B et aux épîtres johanniques : 8, 15, 22, 30, 35, 38, 48, 52, 54, 58, 60, 63, 70, 73, 89, 95, 106, 107, 115, 117, 123, 133, 136, 138, 144, 149, 152, 154,

161, 164, 167. – On notera encore les structures de phrases analogues, voire identiques, entre : Jn 1 12b et 1 Jn 5 13 ; Jn 3 19 (cf. 7 7) et 1 Jn 3 12 ; Jn 5 23 et 1 Jn 2 23 ; Jn 5 24b et 1 Jn 3 14 ; Jn 5 38 et 1 Jn 3 15 (cf. 1 10) ; Jn 5 32b et 3 Jn 12 ; Jn 5 34a.36a et 1 Jn 5 9 ; Jn 5 42 et 1 Jn 2 15 ; Jn 5 32-37 et 1 Jn 5 9-10 ; Jn 8 29 et 1 Jn 3 22 ; Jn 8 34 et 1 Jn 3 4 (cf. 3 15) ; Jn 12 35c et 1 Jn 2 11 ; Jn 13 35 et 1 Jn 2 3 ; Jn 15 7 et 1 Jn 3 21-22 (cf. 5 14-15) ; Jn 14 13.15-17 et 1 Jn 3 22.24 ; Jn 14 16-17 et 2 Jn 1-2 ; Jn 15 8 et 1 Jn 4 17 ; Jn 15 12 et 2 Jn 6 ; Jn 15 13 et 3 Jn 4 ; Jn 15 26-27 et 3 Jn 12 ; Jn 17 13 et 1 Jn 1 4 ; Jn 20 31 et 1 Jn 5 1.5 (cf. 5 13) ; Jn 21 24 et 3 Jn 12. Tous ces contacts stylistiques entre Jn et les épîtres johanniques se situent au niveau de Jean II-B.

Des remarques précédentes on peut conclure que Jean II est aussi l'auteur des épîtres johanniques, même s'il a utilisé des sources pour son évangile et sa première épître, même si son évangile et sa première épître ont subi après lui d'ultimes retouches. Jean II écrivit les épîtres à l'époque où il composait sa seconde rédaction évangélique, d'où les contacts stylistiques beaucoup plus étroits entre les épîtres et Jean II-B ; nous pensons que les épîtres précédèrent de peu l'évangile.

b) Lisons maintenant ces lignes qu'écrivait Papias, évêque **8r** de Hiérapolis en Phrygie, vers 135, et qu'Eusèbe de Césarée nous a conservées : « Si quelque part venait quelqu'un qui avait été dans la compagnie des anciens, je m'informais des paroles des anciens : ce qu'ont dit André ou Pierre, ou Philippe, ou Thomas, ou Jacques, ou Jean, ou Matthieu, ou quelque autre des disciples du Seigneur ; et ce que disent Aristion et Jean l'ancien, disciples du Seigneur. Je ne pensais pas que les choses qui proviennent des livres ne fussent aussi utiles que ce qui vient d'une parole vivante et durable » (Hist. Ecc., III 29 **4**). A côté des apôtres, nommés les premiers, Papias connaît donc deux autres personnages dont l'un, nommé Jean, est qualifié de « ancien ». Un peu plus loin, Eusèbe, qui avait l'ouvrage de Papias sous les yeux, ajoute que celui-ci « dans son propre ouvrage transmet encore d'autres explications des discours du Seigneur, dues à Aristion dont il a été question plus haut, et des traditions de Jean l'ancien : nous y renvoyons ceux qui aiment à s'instruire » (id., III 29 **14**). Ce Jean connaissait donc bien les traditions touchant Jésus, et Papias ne parle de lui qu'en précisant qu'il était « ancien », c'est-à-dire chef de communauté (cf. Tt 1 5). Est-ce alors un hasard si le quatrième évangile nous est parvenu sous le patronage de « Jean », et si son auteur, dans ses épîtres, se désigne comme « l'Ancien » (2 Jn 1 ; 3 Jn 1) ? On comprendrait alors que, dans le désir de rattacher les évangiles aux apôtres, la tradition ancienne ait confondu Jean l'ancien et Jean l'apôtre ; Eusèbe de Césarée accuse explicitement saint Irénée d'avoir confondu les deux personnages (Hist. Ecc., III 29 **1-6**). Et lorsqu'Irénée affirme que Jean l'apôtre serait demeuré à Éphèse jusqu'au temps de Trajan (Adv. Haer., II 22 **5** ; III 3 **4**), n'aurait-il pas reporté sur Jean l'apôtre ce que Papias disait de Jean l'ancien ? En résumé, l'identité entre notre Jean II et Jean l'ancien dont parle Papias nous semble plausible, sinon probable.

8s   ED) *JEAN III*

L'identité de Jean III, comme les circonstances dans lesquelles il mit la dernière main à l'évangile, restent mystérieuses. C'était probablement un chrétien issu du judaïsme, étant donné les tendances « judaïsantes » des retouches qu'il a apportées. Se situant dans la même ligne traditionnelle que Jean II et appartenant lui-même à « l'école johannique », il vivait probablement à Éphèse et c'est là qu'il aurait fusionné les deux évangiles de Jean II pour donner l'évangile sous sa forme actuelle. Cette ultime rédaction évangélique se situerait assez bien dans les premières années du deuxième siècle.

COMMENTAIRE

Note § **1.** *PROLOGUE JOHANNIQUE* (Jn **1** 1-18)

I. CRITIQUE TEXTUELLE

1. Bien qu'il ne s'agisse pas à proprement parler de critique textuelle, puisque les manuscrits anciens n'étaient pas ponctués, nous allons étudier tout de suite le problème de la coupe entre les vv. 3 et 4. Selon la coupe A, on met un point *avant* l'expression « ce qui fut » (*ho gegonen*) ; il faut alors traduire : « Tout fut par lui, et sans lui rien ne fut. Ce qui fut en lui était vie... » Selon la coupe B, on met un point *après* l'expression « ce qui fut » ; la traduction devient : « Tout fut par lui et sans lui ne fut rien (de) ce qui fut. En lui était (la) vie... » Des arguments décisifs font pencher la balance en faveur de la coupe A (K. Aland). Du point de vue de la critique externe, les données sont les suivantes. Les plus anciens manuscrits grecs qui mettent une ponctuation entre les vv. 3 et 4 ont la coupe A (C D L) ; la coupe B ne commence à se répandre qu'à partir des sixième-septième siècles. Les plus anciennes versions attestent également la coupe A (VetLat, SyrCur, Sah). Tous les auteurs gnostiques du deuxième siècle ont la coupe A. Chez les Pères, la coupe B ne fait son apparition qu'au quatrième siècle ; elle prend naissance dans la lutte contre les Macédoniens et les Ariens et son caractère secondaire est évident. On peut donc dire que, selon nos connaissances actuelles, la coupe A était la seule connue jusqu'au milieu du quatrième siècle. — Du point de vue de la critique interne, le principal argument en faveur de la coupe A est l'absence d'article, au v. 4, devant le mot « vie » (1). En faisant abstraction de l'expression « ce qui fut », le v. 4 se traduit très littéralement : « ... en lui était, et la vie était la lumière des hommes. » Si l'on veut rattacher l'expression « ce qui fut » au v. 3 (coupe B), le mot « vie » du v. 4a devient obligatoirement le sujet de la phrase et le fait qu'il n'ait pas l'article défini devient impossible à justifier, d'autant que ce même mot « vie » a l'article au v. 4b. En revanche, si l'on adopte la coupe A, l'expression « ce qui fut » devient sujet de la phrase, et le mot « vie » est attribut ; or chez Jn lorsqu'un substantif attribut est placé avant le verbe « être », comme

ici, il ne prend pas l'article défini même s'il est déterminé. Seule, donc, la coupe A peut justifier l'absence d'article devant le mot « vie » au v. 4a. — Elle seule également respecte le parallélisme antithétique entre les vv. 3a et 3b. Traduisons le grec très littéralement : « Tout fut par lui, et sans lui (ne) fut rien. » Les deux phrases sont construites sur la double opposition « par lui-sans lui » et « tout-rien » ; cette dernière est d'autant plus marquée que les deux mots viennent en tête, puis en fin de phrase ; elle serait fortement émoussée si l'on ajoutait l'expression « de ce qui fut » après le mot « rien ». — Seule encore la coupe A respecte l'enchaînement des phrases, comme aux vv. 1 et 4-5 où le premier mot de chaque phrase reprend le dernier mot de la phrase précédente ; si l'on joignait les mots « ce qui fut » au v. 3b, ce v. 3b comporterait deux fois le même verbe ; au contraire, en les rattachant au v. 4a, les vv. 3 et 4 sont liés par le verbe *ginesthai* (« ne fut rien-ce qui fut »). — Certains textes de Qumrân enfin sont en faveur de la coupe A : l'idée que Dieu a tout créé y est exprimée sous forme positive et négative (cf. Jn **1** 3), et la forme négative est exprimée au moyen d'un seul verbe. Citons un de ces textes : « Et par son intelligence tout a été, et tout être il l'affermit par sa pensée, et sans lui rien ne se fait » (1 QS 11 **11** ; cf. 11 **17-18** ; 1 QH 5 **1-2**).

Nous adopterons donc la coupe A, malgré la difficulté qu'elle offre pour l'interprétation du texte johannique (cf. *infra*).

2. Au v. 13, faut-il lire le verbe final au pluriel ou au singulier, « furent engendrés » ou « fut engendré » ? Ce problème a fait couler beaucoup d'encre ! La leçon au singulier n'est attestée par aucun manuscrit grec. Elle se lit dans 2 témoins de l'ancienne version latine : *b* et le *Liber Comicus Toletanus ;* dans la syriaque de Cureton et plusieurs manuscrits de la Peshitta, mais tous ces témoins syriaques ont le relatif au pluriel (au début du v. 13) ; dans quelques témoins de la version éthiopienne. L'ensemble est assez pauvre et la leçon au singulier n'aurait pas retenu l'attention des exégètes si elle n'avait été soutenue par de nombreux Pères des deuxième-

troisième siècles : Justin, Irénée, l'*Epistula Apostolorum*, Tertullien, Hippolyte (le témoignage d'Ignace d'Antioche, le plus ancien de tous, est très douteux). Du point de vue de la critique interne, le principal argument que l'on peut faire valoir en faveur de la leçon au singulier est que la leçon au pluriel est tautologique : « Mais à tous ceux qui l'ont reçu il a donné pouvoir de devenir enfants de Dieu, à ceux qui croient en son nom, qui ... de Dieu furent engendrés. » Il existe une équivalence entre « ceux qui l'ont reçu » et « ceux qui croient en son nom » ; le Verbe aurait donc donné « pouvoir de devenir enfants de Dieu » à ceux qui furent « engendrés de Dieu » ; mais les deux expressions ont même sens (cf. 1 Jn **3** 9-10) ! Le problème se poserait en termes différents si l'on admettait que les vv. 12a et 12b-13 n'appartiennent pas au même niveau rédactionnel ; dans ce cas, les vv. 12b-13 pourraient être considérés comme une glose ajoutée pour expliciter le sens du v. 12a, et l'argument de la tautologie s'en trouverait fortement émoussé. Mais nous verrons plus loin qu'au point de vue du vocabulaire et du style les vv. 12a et 12b-13 ne peuvent être dissociés et sont de Jean II-B. Avec hésitation, nous optons donc pour la leçon au singulier ; ce choix sera confirmé par d'autres arguments lorsque nous ferons le commentaire du texte.

3. Au début du v. 16, nous ne voyons pas de raison décisive de nous écarter de la leçon couramment reçue « parce que » (*hoti*), bien soutenue par le texte Alexandrin (y compris P[66] et P[75]), S D et VetLat.

4. Au v. 18, la leçon « Un Dieu Fils Unique » (*monogenès theos*) nous semble trop exclusivement alexandrine pour être retenue, d'autant qu'elle pourrait être une correction de portée christologique. Nous adopterons la leçon « le Fils Unique » (*ho monogenès hyios*), avec l'ensemble des témoins non alexandrins.

II. CRITIQUE LITTÉRAIRE

Presque tous les auteurs modernes s'accordent à reconnaître que le Prologue de l'évangile de Jn ne forme pas une unité littéraire ; Jn aurait repris une hymne plus ancienne et y aurait introduit un certain nombre d'additions. Les essais de reconstitution de l'hymne primitive sont nombreux ... et variés ! Voici une vue d'ensemble des diverses hypothèses proposées. L'accord est quasi unanime pour attribuer à l'hymne primitive, au minimum, les vv. 1, 3-5 et 10-11. Même accord pour exclure de l'hymne les vv. 6-8, 12b-13 et 15. Pour les vv. 2 et 9, on constate une tendance de plus en plus marquée à les exclure de l'hymne, tandis que la tendance est inverse pour le v. 12a. Les vv. 14 et 16 sont assez couramment retenus, mais avec de notables exceptions ; en revanche, le v. 18 est le plus souvent exclu, mais ici encore avec de notables exceptions. Quant au v. 17, les avis sont très partagés.

Nous pensons que l'hymne primitive ne contenait que les vv. 1ab et 3-5. Le reste fut ajouté par Jean II-B.

H   II-B

1 Au commencement était le Verbe et le Verbe était auprès de Dieu (.)
    | et le Verbe était Dieu.
2 | Celui-ci était au commencement auprès de Dieu.
3 Tout fut par lui et sans lui (ne) fut rien.
4 Ce qui fut en lui était vie et la vie était la lumière des hommes
5 et la lumière brille dans les ténèbres et les ténèbres ne l'ont pas atteinte.

A) L'HYMNE PRIMITIVE

1. L'hymne primitive était constituée par les vv. 1ab.3-5. C'est en analysant les additions faites par Jean II-B que nous verrons pourquoi nous ne pouvons inclure dans cette hymne aucun des vv. 6 à 18. Occupons-nous maintenant des seuls vv. 1c-2. Le v. 2 reprend les expressions du v. 1ab : « au commencement était » « était auprès de Dieu ». Cette « reprise » *pourrait* correspondre à un procédé littéraire classique dénotant une insertion (Introd., 1 f), ici l'insertion du v. 1c « et le Verbe était Dieu ». Cette insertion du v. 1c est confirmée par le fait que, actuellement, le v. 1 a un rythme ternaire tandis que les vv. 3-5 ont un rythme binaire ; en supprimant le v. 1c, on rend au v. 1 le rythme binaire qui est celui de l'hymne primitive. Notons d'ailleurs que l'affirmation du v. 1c « et le Verbe était Dieu » exprime une christologie qui est celle de Jean II-B (Introd., 6 b).

2. L'hymne est constituée par dix phrases groupées deux par deux. Chaque phrase contient trois éléments : verbe, sujet, complément ou attribut. Les liaisons sont établies grâce à la seule conjonction « et ». Chaque phrase est liée à la précédente par au moins un mot-crochet ; en d'autres termes, chacune des phrases contient au moins un des mots de la phrase précédente. Il existe toutefois une exception à cette dernière règle : entre les vv. 1b et 3a, la liaison est établie par les mots « Verbe » et « lui », qui désignent la même personne. Voici l'hymne donnée dans une traduction française qui respecte intégralement l'ordre des mots du texte grec.

1 Au commencement |était| le Verbe
   et le Verbe |était| auprès de Dieu.
3 Tout |par lui| fut
   et sans lui |(ne) fut| rien.
4 Ce qui fut en lui | vie | était
   et la vie |était| la lumière des hommes.
5 Et la lumière |dans les ténèbres| brille
   et les ténèbres |elle| n'ont pas atteinte.

3. Résumons ce que nous développerons dans la troisième partie de cette note, afin de faciliter les analyses littéraires suivantes. Cette hymne est une adaptation (*midrash*) des données de Gn **1** 1 ss, texte qui raconte la création du monde. Comme dans le récit de la Genèse, la « vie » et la « lumière » ont été faites par le Verbe (= Parole) de Dieu ; le Verbe n'est donc pas identique à la vie ou à la lumière.

4. Les caractéristiques stylistiques de cette hymne sont les suivantes. Au v. 4 : « vie » (F 6), « lumière » (F 24*). Au v. 5 : « lumière » (F 24*), « ténèbres » (B 8*). Toutes

proviennent du récit de Gn **1** 1 ss., au moins en ce qui concerne les thèmes qu'elles impliquent. L'opposition entre la lumière et les ténèbres découle du récit de la Genèse et ne doit rien au dualisme qui imprègne si fortement les textes de Qumrân ; il n'en va pas de même dans certains passages que nous attribuerons à Jean II-B, spécialement **3** 19-21 (note §§ 78.80, III B 5).

B) LES ADDITIONS DE JEAN II-B

En reprenant l'hymne primitive, Jean II-B lui a ajouté, outre les vv. 1c-2 (cf. *supra*), les vv. 6-18. Son texte est structuré en forme de chiasme, comme nous le verrons dans la troisième partie de cette note, ce qui explique certaines anomalies du texte johannique (cf. *infra*).

1. Les vv. 6-8 sont attribués par les commentateurs, non à l'hymne primitive, mais à l'évangéliste. Nous y distinguons deux niveaux rédactionnels : les vv. 6-7ac qui, au niveau de Jean II-A, se lisaient avant **1** 19 ss. et servaient d'introduction au récit concernant le Baptiste ; les vv. 7b et 8 qui furent ajoutés par Jean II-B quand il a transféré ici les vv. 6-7ac. Cette prise de position sera justifiée à la note §§ 19-25 (II A 1), où nous donnerons les caractéristiques stylistiques de ces versets.

2. Dans le bloc constitué par les vv. 9-12a, tous ceux qui ont cherché à reconstituer une hymne primitive ont attribué à cette hymne les vv. 10 et 11 ; beaucoup y ajoutent le v. 12a ; en revanche, le v. 9 est de plus en plus exclu de cette hymne. Nous pensons toutefois que l'ensemble des vv. 9-12a est de Jean II-B.

a) Voyons d'abord le cas des vv. 10-11.

aa) Leur structure diffère de celle des vv. 1ab.3-5, malgré des ressemblances indéniables. Ils contiennent cinq phrases qui donnent un groupement 3 + 2, et non 2 + 2. De ces cinq phrases, la première et la quatrième sont constituées de deux éléments, et non de trois comme dans l'hymne primitive : « Il était | dans le monde » (v. 10), « Il vint | chez lui » (v. 11).

ab) Les vv. 10 et 11 sont presque exclusivement formés d'expressions typiques de Jean II-B. Au v. 10 : « être dans le monde » (B 36 ; toujours chez Jean II-B ou 1 Jn, sauf 1 fois chez Jean III) ; « le monde ne l'a pas connu » (B 42** ; cf. C 68) ; la phrase « et le monde fut par lui » reprend le thème du v. 3 « tout fut par lui ». On notera que le monde ne connaît ni le Verbe (**1** 10), ni l'Esprit (**14** 17), ni le Père (**17** 25) ; cette intention trinitaire correspond à la théologie de Jean II-B (Introd., 6 b et 6 d). On rapprochera spécialement **1** 10 de **17** 25 : « et le monde lui n'a pas connu » et « le monde toi n'a pas connu. » — Au v. 11 : « chez lui » (B 92**), « les siens » (C 29**). L'idée de « recevoir » quelqu'un est propre à Jean II-B, aux logia johanniques et à 2 Jn (cf. A 25*) ; il est vrai que nous avons ici *paralambanein* et ailleurs le simple *lambanein* (cf. **1** 12a !), mais Jean II-B aime à varier son style, surtout lorsqu'il s'agit de deux mots très rapprochés, comme ici.

Il nous semble impossible de ne pas attribuer les vv. 10 et 11 à Jean II-B.

b) Dans ce cas, le problème du v. 9 se trouve réglé puisqu'il fait le lien entre deux textes de Jean II-B : les vv. 6-8 et 10-11 ; il est aussi de Jean II-B, ce que confirme l'analyse stylistique : « lumière » (F 24*), dite du Christ (A 5**), « lumière véritable » (A 164** ; cf. E 1) ; dans cette dernière expression, l'adjectif « véritable » suit le substantif, avec redoublement de l'article comme en **6** 32 et **15** 1, deux textes de Jean II-B (cf. 1 Jn **2** 8 ; He **8** 2 et 3 fois dans Ap). En **1** 9, c'est la « lumière » qui vient dans le monde (cf. *infra*), thème que l'on retrouvera en **3** 19 et **12** 46, deux textes de Jean II-B.

c) Le v. 12a est lié au v. 11 et ne peut lui être que contemporain ou postérieur. Il n'offre aucune des caractéristiques rythmiques des vv. 1ab.3-5, ce qui confirme qu'il n'a pas appartenu à l'hymne primitive. Le style convient à Jean II-B : « tous ceux qui l'ont reçu » (A 25* ; cf. *supra*), « leur » supportant un *casus pendens* (B 35*), « enfants de Dieu » (C 57**). On notera l'apparente contradiction entre les vv. 11b et 12a : « ... les siens ne l'ont pas reçu. Tous ceux qui l'ont reçu », comme en **3** 32-33 (Jean II-A) et **8** 15c-16a (Jean II-B).

3. Les vv. 12b-13 sont toujours exclus de l'hymne primitive à cause de leur absence de rythme. Ceux qui attribuent le v. 12a à l'hymne primitive considèrent donc les vv. 12b-13 comme une glose du v. 12a ; mais le v. 12a est-il plus « rythmé » que les vv. 12b-13 ? On en peut douter ! L'analyse stylistique confirme leur appartenance à Jean II-B, comme les vv. 9-12a. On trouve comme caractéristiques : au v. 12b : « ceux qui croient » (E 10), « qui croient en son nom » (A 94 ; cf. B 51). Au v. 13 : « chair » (F 7*), « naître de » (A 8**) ; sous la forme complète « naître de Dieu », la formule ne se lit ailleurs que dans 1 Jn ; ici, il est vrai, l'article fait défaut devant le mot « Dieu », mais le cas est analogue à ceux de **1** 6 (*para theou*) et de **1** 14 (*para patros*). On notera comment la structure du v. 12 est analogue à celle de 1 Jn **5** 13 (cf. **5** 16) :

Jn **1** 12	1 Jn **5** 13
... il *leur* a donné pouvoir de devenir enfants de Dieu, à (ceux) qui croient (*tois pisteuousin*) en son nom...	Je *vous* ai écrit cela afin que vous sachiez que..., à (vous) qui croyez (*tois pisteuousin*) au nom du Fils de Dieu.

Dans les deux cas, le participe au datif pluriel *tois pisteuousin* est construit sur un pronom au datif pluriel ; même avec un autre verbe, une telle construction ne se lit nulle part ailleurs chez Jn et 1 Jn (mais cf. 1 Jn **5** 16). Cette parenté entre le style du v. 12b et celui de 1 Jn confirme l'attribution de tout le v. 12 à Jean II-B. Ajoutons une dernière remarque ; le v. 12 contient une équivalence entre le fait de « recevoir » le Verbe et celui de « croire » en lui ; une telle équivalence ne se retrouve ailleurs chez Jn qu'en **5** 43-44, un texte de Jean II-B.

Les vv. 12b-13 sont donc de Jean II-B comme les vv. 9-12a.

4. Venons-en au bloc constitué par les vv. 14-18. Si tous les commentateurs sont d'accord pour exclure le v. 15 de l'hymne primitive, ils sont très divisés en ce qui concerne les vv. 14 et 16-18.

a) On serait tenté, à première vue, d'attribuer le v. 15 à un autre niveau rédactionnel que les vv. 14.16 ; il semble rompre, en effet, le lien qui devrait exister entre ces versets. Mais cette anomalie pourrait provenir de ce que Jean II-B a voulu construire le Prologue de son évangile en forme de chiasme et qu'il lui fallait placer ici la personne du Baptiste de même qu'il l'avait introduite aux vv. 6-8. Ce v. 15 ne contient il est vrai qu'une caractéristique stylistique : « rendre témoignage à » (A 4* ; cf. C 58*), mais il a son parallèle en Jn **1** 30, de Jean II-B. On notera la formule « s'écrie *en disant* », comme en **7** 37 et aussi **7** 28, deux textes de Jean II-B ; en **12** 44, aussi de Jean II-B, on a « s'écria *et dit.* »

b) Les vv. 14 et 16-18 forment un tout dominé par le thème de la manifestation de Dieu à Moïse racontée en Ex **33-34** (cf. *infra*). Au v. 14a, le rythme des phrases diffère de celui des vv. 1ab.3-5. Les vv. 14b, 16 et surtout 18 ne sont pas rythmés. Si le v. 17 rappelle la structure du v. 3, c'est par imitation (cf. *infra*) ; personne n'a d'ailleurs songé à rattacher ce seul v. 17 à l'hymne primitive. Du point de vue rythmique, il est donc impossible de faire des vv. 14.16-18 la suite des vv. 1ab.3-5.

Ces vv. 14.16-18, surtout 14 et 18, contiennent une abondance de caractéristiques stylistiques qui invitent à les attribuer à Jean II-B. Au v. 14 : « chair » (F 7* ; 9 fois ailleurs au niveau de Jean II-B ; cf. aussi 1 Jn **4** 2 ; 2 Jn 7), « nous avons vu sa gloire » (B 88**), « Fils Unique » (A 63**), « du Père » (B 55 ; cf. B 73), « vérité » (E 3*). — Au v. 16 : « recevoir de » (E 15**). On notera le « nous tous », de saveur assez lucanienne (« tous » accompagnant un pronom personnel : 2/0/1/1/7/32). — Au v. 17 : « la Loi fut donnée » (A 160**), « vérité » (E 3*). L'expression « Jésus-Christ » ne se lit ailleurs chez Jn qu'en **17** 3, de Jean III, mais est fréquente en 1 Jn (6 fois) et 2 Jn (2 fois ; cf. spécialement 2 Jn 3). — Au v. 18 « voir Dieu » (B 54*), « a ... vu » (B 82), « jamais » (B 44*), « Fils Unique » (A 63**), « du Père » (B 73), « celui-là » (B 31* ; cf. C 37), supportant un *casus pendens* (B 33).

Il est vrai que ces vv. 14.16-18 contiennent un certain nombre d'expressions non johanniques ; elles peuvent toutefois s'expliquer au niveau de Jean II-B. Au v. 14, dans l'expression « plein de grâce et de vérité », l'adjectif « plein » ne se lit pas ailleurs chez Jn (mais cf. 2 Jn 8) et le substantif « grâce » ne revient qu'aux vv. 16-17 (mais cf. 2 Jn 3). Le thème toutefois est repris de Ex **34** 6 (cf. *infra*) et la forme stylistique est de tonalité lucanienne : « plein » suivi de deux déterminatifs, ailleurs dans le NT seulement en Ac **6** 3.5.8 ; **9** 36 ; **11** 24 ; **13** 10 ; « grâce » : 0/0/8/4/17 et souvent chez Paul. Ce style « lucanien » conviendrait bien à Jean II-B (Introd., 8 c). Au même v. 14, le verbe « habiter » (*skènoun*) rappelle le thème de l'Exode (cf. *infra*) ; il ne se lit ailleurs dans le NT qu'en Ap (4 fois). Au v. 16, le substantif « plénitude », venant après le v. 14, est influencé par Col **2** 9 ; cette influence paulinienne sur Jean II-B est fréquente (Introd., 4 z). Au v. 18, le verbe « raconter » est de saveur lucanienne (*exègeisthai* : 0/0/1/1/4/0/). Les singularités stylistiques des vv. 14.16-18 ne font donc que confirmer l'attribution de ces versets à Jean II-B.

III. LE SENS DES TEXTES

A) L'HYMNE PRIMITIVE

1 Au commencement était le Verbe
  et le Verbe était auprès de Dieu ( ).
3 Tout fut par lui
  et sans lui (ne) fut rien.
4 Ce qui fut en lui était vie
  et la vie était la lumière des hommes
5 et la lumière brille dans les ténèbres
  et les ténèbres ne l'ont pas atteinte.

1. L'HYMNE ET LE RÉCIT DE LA CRÉATION

L'hymne primitive dépend étroitement du récit de la création de Gn **1** 1 – **2** 4a (P. Borgen). Les commentateurs admettent que, en Jn **1** 1a, l'expression « Au commencement » renvoie à celle de Gn **1** 1 : « Au commencement Dieu créa le ciel et la terre. » – Dans la Genèse, toutes les étapes de l'œuvre créatrice se réalisent à l'analogie de la première : « Dieu dit : Que soit la lumière, et fut la lumière » (Gn **1** 3 ; cf. **1** 6.9.11.14-15.20.24) ; les six premiers jours, les seuls où Dieu « crée », sont donc scandés par la phrase « Dieu dit » à laquelle répond l'exécution de l'ordre « et fut ». L'hymne donne une synthèse de cette œuvre créatrice dans la simple phrase : « Tout fut par lui » (v. 3a), par le Verbe, c'est-à-dire par la Parole de Dieu ; ce rôle de la Parole dans l'œuvre créatrice était déjà exprimé en Ps **33** 6 : « Par la parole de Dieu les cieux ont été faits. » — Dans la Genèse, Dieu commence par créer la lumière, il crée en dernier les êtres vivants : ce sont les premier (**1** 3), cinquième (**1** 20) et sixième jours (**1** 24). De même en Jn **1** 4-5, le résultat de l'œuvre créatrice est « la vie » et « la lumière ». Cette lumière s'oppose aux ténèbres dans la Genèse comme dans Jn : « Or la terre était vide et vague, les ténèbres couvraient l'abîme ... Et Dieu sépara la lumière et les ténèbres » (Gn **1** 2.4), « et la lumière brille dans les ténèbres » (Jn **1** 5a). — Dieu crée la lumière en premier, l'homme en dernier (Gn **1** 3.26-27), et le lecteur comprend que la lumière est créée afin que l'homme s'y épanouisse. Ce thème est synthétisé dans la formule de Jn **1** 4 : « la lumière des hommes », la lumière dont le but premier est d'illuminer les hommes.

Le parallélisme entre Jn **1** 1ab.3-5 et Gn **1** 1 – **2** 4a est indéniable.

2. LE SENS DE L'HYMNE

a) « Au commencement était le Verbe » (**1** 1a). Il eût été plus expressif de traduire : « Au commencement était la Parole » ; on retient d'ordinaire le terme de « Verbe » parce qu'il est au masculin, ce qui convient mieux puisqu'il s'agit du Christ. Au moment où Dieu entreprend l'œuvre créatrice (cf. Gn **1** 1a), le Verbe « était », c'est-à-dire existait déjà ; c'est par lui en effet que Dieu va créer toutes choses (cf. v. 3 et *infra*). Le Verbe apparaît comme une « personne » distincte de Dieu, et certains textes de l'AT allaient déjà en ce sens : « De même que la pluie et la neige descendent des cieux et n'y retournent pas sans avoir arrosé la terre ... ainsi en est-il de *la parole* qui sort de ma bouche, elle ne revient pas vers moi sans effet, sans avoir accompli ce pour quoi je l'ai envoyée » (Is **55** 10-11 ; cf. Sg **18** 14-16). De même, Philon d'Alexandrie a une tendance à personnaliser la Parole de Dieu (cf. de Somm. **1** 75). — Cette Parole « était auprès de Dieu » (**1** 1b). Le texte grec a ici la préposition *pros* suivie de l'accusatif, qui signifie normalement un mouvement vers quelque chose ou quelqu'un. A l'époque du NT toutefois, *pros* et l'accusatif pouvait avoir le même sens que *para* et le datif, sans aucune idée de mouvement ; l'idée est celle d'une *présence auprès* de quelqu'un. On rejoint le thème de Pr **8** 30 dans lequel la Sagesse de Dieu, après avoir décrit l'œuvre créatrice, ajoute : « J'étais auprès de lui (Dieu), comme le maître d'œuvre. » On lit de même en Sg **9** 9 que, lorsque Dieu faisait le monde, la Sagesse était « avec lui », « présente ». Le v. 1b annonce donc déjà le thème de la création par l'intermédiaire de la Parole, qui va se développer au v. 3.

b) « Tout fut par lui et sans lui (ne) fut rien » (v. 3). Les deux phrases antithétiques se renforcent l'une l'autre, encadrées par les deux pronoms « tout » « rien ». On a ici un raccourci de toute l'œuvre créatrice, scandée dans le récit de la Genèse par les deux petites phrases « Dieu dit » « et (cela) fut » (cf. *supra*). Le même raccourci se lisait déjà en Sg **9** 1b-2a, dont l'hymne dépend peut-être plus immédiatement : « Toi qui as fait tout par ta Parole, et par ta Sagesse as formé l'homme. » Il suffit que Dieu « parle », qu'il donne un ordre, et les êtres sortent du néant parce que la Parole de Dieu est souverainement efficace, liée qu'elle est au « souffle » de Dieu, c'est-à-dire à sa puissance : « Par la parole de Yahvé les cieux ont été faits, par le souffle de sa bouche toute leur armée » (Ps **33** 6).

Plusieurs autres textes du NT soulignent le rôle que joua dans la création le Christ-Parole ou le Christ-Sagesse : He **1** 1-2 ; 1 Co **8** 6 ; Col **1** 15-17.

c) « Ce qui fut en lui était vie » (v. 4a). Dans cette phrase, le mot « vie » est attribut (*supra*, I 1), mais il faut probablement le laisser indéterminé, seule façon de donner un sens acceptable à la phrase. Par ailleurs, la construction la plus normale est de rattacher l'expression « en lui » à « ce qui fut », et non à « était vie ». Rappelons que cette phrase fait allusion à la création des êtres vivants par la Parole de Dieu, décrite en Gn **1** 20 ss. ; voici dès lors le sens qui nous semble le plus probable. La préposition « en » (grec : *en*) revêt un sens instrumental, comme souvent dans le NT sous l'influence de l'hébreu ; c'est la même préposition que l'on a en Sg **9** 2, avec le sens instrumental : « Toi qui as tout fait par (*en*) ta parole... » L'hymne veut donc dire : tout ce qui fut *par* la Parole était vie. Le thème est exprimé de façon plus abstraite qu'en Gn **1** 20 ss. : ce qui fut créé par la Parole était vivant, doué de vie. L'idée première est celle de la vie physique ; mais pour un sémite, cette vie ne mérite son nom que si elle implique paix, prospérité, bonheur, joie parfaite.

d) « Et la vie était la lumière des hommes » (v. 4b). De tous les êtres vivants, l'auteur de l'hymne s'intéresse avant tout aux hommes, les « vivants » par excellence. Il met une

équivalence entre la « vie » et la « lumière », comme en Ps **36** 10 : « En toi est la source de vie ; par ta lumière nous voyons la lumière », c'est-à-dire la prospérité, le bonheur. La lumière naturelle est source de joie : « Douce est la lumière, et il plaît aux yeux de voir le soleil » (Qo **11** 7). Elle est donc devenue le symbole du bonheur : « Je façonne la lumière (dit Dieu) et je crée les ténèbres, je fais le bonheur et je crée le malheur » (Is **45** 7 ; cf. Jb **30** 26). La vie parfaite, comblée de tous biens, apporte aux hommes la lumière, qui est joie ; mais il n'est de vie parfaite qu'en Dieu et par Dieu, car lui seul peut combler toutes les aspirations de l'homme (Ps **36** 10, *supra*).

e) « Et la lumière brille dans les ténèbres et les ténèbres ne l'ont pas atteinte » (v. 5). Dès le premier jour de la création, Dieu a séparé la lumière des ténèbres (Gn **1** 3-5) ; il y eut « séparation », mais non pas destruction des ténèbres. Les ténèbres symbolisent les puissances du mal, toujours prêtes à lutter contre la lumière, contre le bien. Mais dans ce combat, les ténèbres ne peuvent atteindre la lumière, c'est-à-dire la vaincre. C'est ce sens, croyons-nous, qu'il faut donner au verbe grec *katelaben*, si discuté. L'idée est celle qui est exprimée en Sg **7** 29-30 : « (La Sagesse) en effet est plus belle que le soleil, elle surpasse toutes les constellations, comparée à la lumière, elle l'emporte ; car celle-ci fait place à la nuit, mais contre la Sagesse le mal ne prévaut pas. » On la retrouve dans les Odes dites de Salomon, une œuvre chrétienne de la fin du premier siècle : « Que la lumière ne soit pas vaincue par les ténèbres, et que la vérité ne fuie pas devant le mensonge » (**18** 6). Ce pourrait être la plus ancienne citation connue d'un texte johannique.

3. L'ORIGINE DE L'HYMNE PRIMITIVE

Rien, à proprement parler, n'indique que l'hymne que nous venons de commenter est d'origine chrétienne. De quel milieu proviendrait-elle ? Elle n'est certes pas gnostique, car jamais en milieu gnostique on n'aurait affirmé que la création, conçue comme essentiellement mauvaise, puisse être l'œuvre de la Parole de Dieu. Il faudrait plutôt penser à un milieu judéo-hellénistique. Dans de tels milieux, les hymnes à la Sagesse étaient monnaie courante, et la Parole de Dieu était présentée comme un être quasi vivant, comme une « personne ». Par ailleurs, on a vu plus haut que déjà dans l'AT le parallélisme entre « Parole » et « Sagesse » était assez marqué ; mais il est beaucoup plus net chez Philon d'Alexandrie, ce Juif pétri de culture hellénistique ; la Sagesse divine décrite dans les livres sapientiaux de l'AT est identifiée au Logos (= Parole) des Grecs (Leg. Alleg. **1** 65 ; **2** 86 ; Heres. 127 et 234), que Philon tend à personnifier (de Somn. **1** 75). Ainsi était jeté un pont entre les conceptions juives de la Sagesse et de la Parole de Dieu et la conception grecque du *Logos*. Tout compte fait, l'hymne reprise par Jean II-B semble avoir été composée en milieu judéo-hellénistique ; c'est ce milieu qui en explique le mieux les caractéristiques.

B) LE PROLOGUE DE JEAN II-B

1 A   Au commencement était le Verbe et le Verbe était auprès de Dieu et le Verbe était Dieu.

2   Celui-ci était au commencement auprès de Dieu.

3 B   Tout fut par lui et sans lui (ne) fut rien.

4 C   Ce qui fut en lui était vie, et la vie était la lumière des hommes

5   et la lumière brille dans les ténèbres et les ténèbres ne l'ont pas atteinte.

6 D   Il y eut un homme envoyé par Dieu dont le nom était Jean.

7   Celui-ci vint pour un témoignage, afin de rendre témoignage à la lumière, afin que tous crussent par lui.

8   Il n'était pas la lumière, celui-là, mais afin de rendre témoignage à la lumière.

9 E   Il était la lumière véritable qui éclaire tout homme, venant dans le monde.

10   Il était dans le monde et le monde fut par lui et le monde ne l'a pas connu.

11   Il vint chez lui et les siens ne l'ont pas reçu.

12 F   Mais tous ceux qui l'ont reçu, il leur a donné pouvoir de devenir enfants de Dieu, à ceux qui croient en son nom,

13   lui qui, ni des sangs, ni d'un vouloir de chair, ni d'un vouloir d'homme, mais de Dieu fut engendré.

14 E'   Et le Verbe devint chair et il habita parmi nous et nous avons vu sa gloire, gloire (qu'il tient) du Père comme Fils Unique, plein de grâce et de vérité.

15 D'   Jean lui rend témoignage et s'écrie en disant : « C'était celui dont j'ai dit : Celui qui vient derrière moi est passé devant moi parce qu'avant moi il était. »

16 C'   Car de sa plénitude tous nous avons reçu, et grâce sur grâce.

17 B'   Car la Loi fut donnée par Moïse, la grâce et la vérité furent par Jésus Christ.

18 A'   Dieu, nul ne l'a jamais vu ; le Fils Unique qui est dans le sein du Père, celui-là a raconté.

1. La composition du Prologue

a) Jean II-B a repris l'hymne primitive, mais en y ajoutant les vv. 1c-2. On notera un glissement de sens assez net. Dans l'hymne, la « vie » et la « lumière » étaient distinctes du Verbe, puisque créées par lui (comme en Gn **1**). Pour Jean II-B, le Verbe *est* la lumière (**1** 9), et donc la vie. Les deux derniers miracles que Jésus accomplira seront d'ailleurs la guérison de l'aveugle-né, où il se présente comme « la lumière du monde » (**9** ; **8** 12, note § 262), et la résurrection de Lazare, où il affirme être la résurrection (**11** 25). L'hymne primitive a influencé aussi la rédaction de 1 Jn **1** 1-5 ; mais dans 1 Jn **1** 5, c'est Dieu, et non le Christ, qui est identifié à la lumière ; les mêmes thèmes, traités dans une perspective théocentrique dans 1 Jn, le sont dans une perspective christocentrique chez Jean II-B.

b) Jean II-B a construit son Prologue en forme de chiasme, structure dont il est coutumier (Introd., 7 y). Les sections A

et A' mettent en relation, d'une part le Verbe et Dieu, d'autre part le Fils Unique et le Père. A l'œuvre créatrice du Verbe (B) correspond l'œuvre recréatrice de Jésus Christ (B'). Les sections C et C' décrivent le don qui a été fait aux hommes : vie et lumière d'une part, grâce d'autre part. La figure de Jean-Baptiste est évoquée aux sections D et D'. Les sections E et E' parlent de la venue du Verbe dans le monde. Au centre, la section F traite de l'œuvre essentielle du Verbe sur la terre : donner à ceux qui le reçoivent pouvoir de devenir enfants de Dieu.

Ce mouvement du Verbe, ou Parole de Dieu, présent en Dieu, venant sur la terre, puis que l'on retrouve « dans le sein du Père », évoque ce texte de Is **55** 10-11 : « De même que la pluie et la neige descendent des cieux et n'y retournent pas sans avoir arrosé la terre, sans l'avoir fécondée et l'avoir fait germer pour fournir la semence au semeur et le pain à manger, ainsi en est-il de la parole qui sort de ma bouche, elle ne revient pas vers moi sans effet, sans avoir accompli ce pour quoi je l'ai envoyée. » Dans Isaïe, la parole de Dieu féconde la terre ; en Jn **1** 12a, elle transforme les hommes en enfants de Dieu. Quant à la première partie du Prologue (vv. 1-12a), elle développe un thème sapientiel classique : la Sagesse, issue de Dieu, collabore à l'œuvre créatrice, puis est envoyée par Dieu chez les hommes afin de leur apprendre comment vivre en accord avec la volonté de Dieu (Pr **8** 22-31 ; Sg **9** 9-12 ; Si **24** 5-31).

2. Le sens du Prologue

a) En reprenant l'hymne primitive, Jean II-B a ajouté le v. 1c : « et le Verbe était Dieu. » Cette affirmation est placée entre deux phrases qui se réfèrent au rôle joué par le Verbe dans la création : « et le Verbe était auprès de Dieu » (**1** 1b ; cf. Pr **8** 30 ; Sg **9** 9), « tout fut par lui » (**1** 3). Jean II-B veut éviter ici une équivoque. Malgré cette action créatrice du Verbe, on aurait pu se le représenter comme ayant été créé lui-même par Dieu, avant le monde ; la Sagesse ne dit-elle pas d'elle-même : « Yahvé m'a créée, prémices de son œuvre, avant ses œuvres les plus anciennes » (Pr **8** 22 LXX ; cf. Si **24** 8-9). Mais le Verbe était Dieu ; il n'a donc pas été créé, il est le Dieu éternel. Et cependant, il se distingue de Dieu : « et le Verbe était auprès de Dieu, et le Verbe était Dieu » ; tout le mystère de la vie, en Dieu, tient dans la juxtaposition de ces deux phrases. Comment le Verbe, tout en étant Dieu, peut-il s'en distinguer ? Jn va le dire dans la suite du Prologue. Le Verbe est aussi le Fils Unique, ou mieux, le Seul Engendré (*monogenès* ; **1** 14), qui est « dans le sein du Père » (**1** 18). Dans son Prologue, Jn a posé les fondements de la théologie trinitaire, au moins en ce qui concerne la distinction des deux premières personnes. Il n'y a qu'un seul Dieu, puisque le Verbe est Dieu ; mais en Dieu, le Père se distingue du Seul Engendré, qui est aussi son Verbe, sa Parole.

Nous ne reviendrons pas sur le sens des vv. 3-5, commentés plus haut (III A 2 *b-e*).

b) Au niveau de Jean II-A, les vv. 6-7a.c se lisaient avant le v. 19 et servaient d'introduction à l'évangile en présentant la personne du Baptiste, témoin du Christ. C'est Jean II-B qui les a insérés ici, en ajoutant les vv. 7b et 8. Le commentaire des vv. 6-7a.c sera donné à la note §§ 19-25 (III B 1-2) ; nous ne parlerons maintenant que de l'activité rédactionnelle de Jean II-B.

ba) Pourquoi a-t-il voulu transférer ici le thème de la venue et du témoignage du Baptiste ? Ce thème reviendra au v. 15, par mode d'inclusion. Or, ces vv. 6-8 et 15 enserrent les vv. 9-11 et 14 qui décrivent la venue progressive du Verbe dans le monde. Le Baptiste fut envoyé par Dieu afin de préparer les cœurs à accueillir son Verbe fait chair ; Jn a voulu le rappeler dès le Prologue de l'évangile, au moment où il va donner comme une synthèse de la présence du Verbe dans le monde.

bb) Jean II-B profite du remaniement de texte qu'il effectue pour lancer une pointe contre les disciples du Baptiste, qui tenaient leur maître pour supérieur à Jésus (cf. Synopse, tome II, note §§ 19-27, 7). Il « remet » Jean-Baptiste à sa place, par rapport au Verbe incarné. Même si on a pu le comparer à une lampe qui brûle et illumine (**5** 35), il n'était pas « la » lumière ; le Verbe seul est la lumière par excellence (v. 9), et le Baptiste ne fut que le témoin de cette lumière (v. 8).

c) A partir du v. 9, Jn va décrire la venue progressive du Verbe dans le monde, un peu comme dans le Prologue de l'épître aux Hébreux : « Après avoir, à maintes reprises et sous maintes formes, parlé jadis aux Pères par les prophètes, Dieu, en ces jours qui sont les derniers, nous a parlé par le Fils... par qui aussi il a fait les siècles » (He **1** 2-3).

ca) Le v. 9 est d'interprétation difficile. L'expression « venant dans le monde » doit se rattacher, non pas à « tout homme », mais à « (il) était la lumière véritable » (cf. **3** 19 ; **12** 46 et B 13). Ce participe ne peut être rattaché directement au verbe « était », comme s'il constituait avec lui une sorte d'imparfait de forme surtout sémitisante : « était... venant », c'est-à-dire « venait » ; l'insertion de la relative « qui éclaire tout homme » rend impossible une telle construction ; il faut donc le considérer comme une épithète du substantif « lumière ». Enfin, le sujet de « était » doit être le mot « Verbe », sous-entendu. D'où la traduction : « Il était la lumière véritable, qui illumine tout homme, venant dans le monde. »

Dans l'hymne primitive, la « lumière » était le symbole de la vie parfaitement heureuse (*supra*, III A 2 *d*), et c'est pourquoi la « vie » était nommée avant la « lumière » (**1** 4b). Pour Jean II-B, la lumière est le symbole de la Parole, en tant qu'elle dit aux hommes ce qu'ils doivent faire pour plaire à Dieu et parvenir ainsi à la vie. La « lumière véritable » permet de « marcher » en sachant où l'on va, sans heurter d'obstacle et sans trébucher (1 Jn **2** 8-11 ; cf. Jn **11** 9-10 ; **12** 35-36a). En ce sens, le Verbe (= la Parole) *est* la lumière ; celui qui le suit ne marchera pas dans les ténèbres mais il aura la lumière de la vie, la lumière qui permet de parvenir à la vie éternelle (Jn **8** 12). Aux vv. 10, 11 et 14, Jean II-B va décrire comment cette lumière est venue dans le monde

afin d'éclairer *tout homme* (v. 9) sur le chemin de la vie (cf. Dodd).

cb) « Il était dans le monde, et le monde fut par lui, et le monde ne l'a pas connu » (v. 10). Comment le Verbe était-il dans le monde ? La référence à la création, qui suit immédiatement, invite à comprendre cette présence du Verbe comme une conséquence de son activité créatrice. Comme la Sagesse créatrice, le Verbe aurait pu dire : « Seule j'ai fait le tour du cercle des cieux, j'ai parcouru la profondeur des abîmes. Dans les flots de la mer, sur toute la terre, chez tous les peuples et toutes les nations, j'ai régné » (Si **24** 5-6). Le Verbe était dans le monde, en tant que principe créateur. Il était spécialement en « tout homme » (v. 9), éclairant sa raison pour lui indiquer comment vivre selon la loi divine (cf. Rm **2** 14-16), « parole innée » (Jc **1** 21) que tout homme porte en son cœur dès le moment où il vient au monde. Mais « le monde ne l'a pas connu », c'est-à-dire n'a pas agi en conformité avec ce que le Verbe lui disait. Ce pessimisme à l'égard du monde païen, Jean II-B le partage avec Paul, même s'il ne s'arrête pas, comme lui, à en décrire les turpitudes (Rm **1** 18-32).

cc) « Il vint chez lui et les siens ne l'ont pas reçu » (v. 11). Après être venu « dans le monde », le Verbe est venu « chez lui ». Comme l'ont compris presque tous les Pères anciens, Jn veut parler maintenant de la venue du Verbe chez le peuple que Dieu, et donc son Verbe, s'était choisi. D'une façon analogue, la Sagesse, après avoir établi sa demeure chez tous les peuples, est venue habiter en Israël : « Chez tous les peuples et toutes les nations j'ai régné. Parmi eux tous j'ai cherché le repos, j'ai cherché en quel patrimoine m'installer. Alors le créateur de l'univers m'a donné un ordre, celui qui m'a créée m'a fait dresser ma tente, il m'a dit : Installe-toi en Jacob, entre dans l'héritage d'Israël » (Si **24** 6b-8). Le Verbe, après avoir déposé la Loi naturelle dans le cœur de tous les hommes, s'est manifesté à Israël par le don de la Loi et par la bouche des prophètes (cf. He **1** 1-2). Mais « les siens ne l'ont pas reçu », ils n'ont pas accueilli son message et n'ont pas vécu selon son enseignement (Jr **3** 25 ; **7** 28 ; **9** 12 ; **32** 23 ; **40** 3 ; **42** 21 ; **44** 23 ; Ba **1** 18 – **2** 10). Comme Paul, Jn dénonce d'abord la perversité du monde païen, puis celle d'Israël (cf. Rm **1** 18-32 ; **2** 17-29).

d) Voici la section centrale du Prologue, dans laquelle Jn va décrire l'effet de la venue du Verbe chez le peuple élu.

da) Après avoir affirmé que « les siens ne l'ont pas reçu », Jn ajoute : « Mais tous ceux qui l'ont reçu, il leur a donné pouvoir de devenir enfants de Dieu, à ceux qui croient en son nom » (v. 12). La situation d'Israël n'est pas désespérée, en ce sens qu'un petit nombre d'entre eux « recevront » le Verbe en croyant en son nom. C'est le « petit reste » dont avaient parlé les prophètes (Is **4** 3 ; **10** 19-21 ; So **3** 12-13 et *passim*). A ceux-là, le Verbe a donné pouvoir de devenir « enfants de Dieu » (Jn **11** 52, où il s'agit des Juifs dispersés ; Sg **2** 13-18). Il ne faut pas trop insister sur le mot « pouvoir » qui, ici, a le sens de « faculté, possibilité » (cf. Ap **13** 5-7). Le Verbe accorde à ceux qui le reçoivent et croient en lui la faculté de devenir enfants de Dieu. Ce thème est courant dans le christianisme primitif. La parole de Dieu est comparée à une semence qui, tombant dans le cœur de l'homme, y germe et produit du fruit en abondance (Lc **8** 11-15 et par.). En accueillant la Parole, ou le Verbe, l'homme acquiert une vie nouvelle, il est ré-engendré par Dieu, il devient « enfant de Dieu » (1 P **1** 22-25 ; Jc **1** 17-18 ; 1 Jn **3** 9-10). En ce sens, la Parole peut être comparée à la pluie ou à la rosée qui descend du ciel pour féconder la terre et la faire germer (Is **55** 10-11).

db) « Lui qui, ni des sangs, ni d'un vouloir de chair, ni d'un vouloir d'hommes, mais de Dieu fut engendré » (v. 13). Celui qui fut engendré de Dieu, le Verbe, la Parole, a donné à ceux qui ont cru en son nom le pouvoir de devenir enfants de Dieu. Ce thème synthétise trois passages de 1 Jn où il est question de la victoire des hommes sur le Mauvais, grâce à la Parole de Dieu, à l'Engendré de Dieu. Le premier passage est 1 Jn **5** 13.18 (les vv. 14-17 sont une parenthèse, probablement même un ajout) : « Je vous ai écrit cela afin que vous sachiez que vous avez la vie éternelle, *à vous qui croyez au nom* du Fils de Dieu... Nous savons que quiconque est engendré de Dieu ne pèche pas, mais *l'Engendré de Dieu* le garde et le Mauvais ne le touche pas. » Le deuxième passage est 1 Jn **3** 8-10, où il s'agit encore de la victoire sur le Diable, c'est-à-dire sur le Mauvais (**3** 12) ; au v. 9, la « semence » de Dieu est sa parole : « Celui qui fait le péché est du Diable, parce que dès l'origine *le Diable* pèche. Pour cela est apparu *le Fils de Dieu*, pour détruire les œuvres *du Diable*. Quiconque est engendré de Dieu ne commet pas de péché, parce que *sa semence demeure en lui* ; et il ne peut pas pécher parce qu'il est engendré de Dieu. En cela sont manifestés *les enfants de Dieu* et les enfants du Diable. » Le troisième passage est 1 Jn **2** 14c : « Je vous ai écrit, jeunes gens, parce que vous êtes forts, et *la Parole de Dieu demeure en vous et vous avez vaincu le Mauvais.* » Ces trois passages de 1 Jn se complètent les uns les autres et éclairent Jn **1** 12-13. Celui qui fut engendré de Dieu, le Fils, la Parole, le Verbe, donne à ceux qui croient en son nom le pouvoir de devenir ce qu'il est lui-même : enfants de Dieu, car cette Parole est une « semence » divine qui, reçue dans l'homme, lui communique une vie nouvelle, une vie divine. L'homme peut alors résister aux attaques du Mauvais, du Diable (cf. Lc **8** 11-12), et il ne pèche plus.

Le Verbe fut engendré de Dieu ; il ne fut engendré « ni des sangs, ni d'un vouloir de chair, ni d'un vouloir d'hommes.» Cette phraséologie pourrait s'expliquer en référence à un passage du livre d'Hénoch, conservé en grec et en éthiopien, mais dont, malheureusement, aucune trace ne fut relevée dans les fragments de ce livre trouvés à Qumrân. Il s'agit de l'épisode raconté en Gn **6** 1-4 : les fils de Dieu, c'est-à-dire les anges, se sont unis aux filles des hommes et celles-ci ont engendré les Géants, les Nephilim. Hénoch leur reproche : « Dans *le sang* des femmes vous vous êtes souillés, et dans *le sang de la chair* vous avez engendré, et dans *le sang des hommes* vous avez désiré... » (Hén. **15** 4). Le texte johannique aurait synthétisé les trois mentions du « sang » dans l'expression « les sangs », qui pourrait désigner alors le sang de l'homme et celui de la femme d'où provenait, selon les anciens, la

génération du petit être nouveau. Le Verbe n'a rien à voir avec les Géants dont parle Gn **6** 1-4. Il n'est pas né d'un commerce illicite entre anges et femmes. Il fut engendré de Dieu et de Dieu seul. Il est le *Monogenès*, l'Unique Engendré.

e) Les vv. 14.16-18 forment un tout destiné à présenter le Verbe incarné comme le nouveau Moïse de la nouvelle Alliance, en référence aux événements racontés en Ex **33-34**. Ce thème est explicite au v. 17 : « La Loi fut donnée par Moïse (Ex **34** 14-27), la grâce et la vérité furent par Jésus Christ » ; mais il affleure aussi dans les autres versets (cf. *infra*). Sa présence dès le Prologue de l'évangile est normale puisqu'il constitue une des pièces essentielles de la christologie de Jean II, héritée du Document C (Introd., 5 j-k).

ea) Le v. 14 commence par cette double affirmation : « Et le Verbe devint chair et il habita parmi nous. » Quelle opposition avec le v. 1 où était décrite la condition du Verbe et ses rapports avec Dieu ! « Au commencement *était* le Verbe » « et le Verbe *devint* » ; à la permanence dans l'exister succède le devenir. « Et le Verbe était *auprès de Dieu* » « et il habita *parmi nous* ». « Et le Verbe *était Dieu* » « Et le Verbe devint *chair* », cette pauvre chose corruptible que la Bible oppose toujours à l'éternité de Dieu : « Toute chair est de l'herbe et toute sa grâce est comme la fleur des champs. L'herbe se dessèche, la fleur se fane, quand le souffle de Yahvé passe sur elles... mais le Verbe de notre Dieu demeure éternellement » (Is **40** 6-8). Ainsi, le Verbe est devenu homme corruptible, et c'est ce mystère qui fonde la prétention de cet homme, Jésus Christ, à remplir la mission du nouveau Moïse ; Dieu parlait à Moïse et ce dernier transmettait aux hommes les commandements de Dieu (Ex **34** 34-35 ; cf. **4** 12 ; **33** 11) ; lorsque Jésus parle, c'est le Verbe de Dieu lui-même qui s'adresse aux hommes.

Le Verbe « habita » parmi nous, ou, en traduisant plus littéralement, il « dressa sa tente » (*eskènôsen*) parmi nous ; Jn ajoute : « et nous avons vu sa gloire, gloire (qu'il tient) du Père... » Le rapprochement entre les thèmes de la « tente » et de la « gloire » évoque l'Exode. Dieu avait promis à Moïse : « J'irai moi-même (avec vous) et je te donnerai le repos » (Ex **33** 14). Il ordonne de fabriquer une Tente dans laquelle il va venir habiter (Ex **36** 8 ss.). Lors de l'inauguration de cette Tente, « la nuée couvrit la Tente du témoignage, et *la gloire* du Seigneur remplit *la Tente*, et Moïse ne put pas entrer dans la Tente du témoignage parce que la nuée la recouvrait et que la gloire du Seigneur l'avait remplie » (Ex **40** 34-35, LXX). Dieu habite maintenant parmi nous dans la personne du Verbe incarné. Le Verbe est devenu « chair », et cette « chair » est comme la Tente de l'ancienne Alliance, remplie par la « gloire » du Verbe, du Fils Unique, qu'il tient lui-même du Père. Cette gloire reste voilée dans la « chair » (cf. Ex **34** 29.33-35 ; Jn **17** 5) ; mais elle transparaît dans les miracles que Jésus accomplit (Jn **2** 11 ; **11** 4.40), ou lors d'événements extraordinaires comme la Transfiguration : « Or Pierre et ceux qui étaient avec lui étaient accablés de sommeil ; restant éveillés, *ils virent sa gloire* et les deux hommes qui se tenaient avec lui » (Lc **9** 32).

Jésus tient sa gloire du Père, « comme Fils Unique, plein

de grâce et de vérité ». Cette dernière formule, on le reconnaît assez couramment aujourd'hui, reprend celle de Ex **34** 6. Moïse avait demandé à Dieu : « Fais-moi voir ta gloire » (Ex **33** 18), et Dieu lui répond : « Je ferai passer devant toi toute ma beauté et je prononcerai devant toi le nom de Yahvé. Je fais grâce à qui je fais grâce et j'ai pitié de qui j'ai pitié » (**33** 19). Effectivement, le lendemain, Dieu se révèle à Moïse en criant : « Yahvé, Yahvé, Dieu de tendresse et de pitié, *riche en grâce et en fidélité*, qui garde sa grâce à des milliers, tolère faute, transgression et péché... » (**34** 6-7). L'adjectif hébreu qui signifie « riche » peut aussi se traduire par « plein », et nous verrons au v. 16 pourquoi Jn a préféré cet adjectif ; quant au substantif *emeth*, il a les deux sens de « fidélité » et de « vérité ». Dieu est « riche en grâce et en fidélité », expression qui est aussitôt expliquée : « ... *qui garde sa grâce* à des milliers. » La « grâce » de Dieu, c'est sa miséricorde, sa faculté de pardonner fautes et transgressions ; mais Dieu exprime ce pardon en « donnant » aux hommes ses bienfaits ; la « grâce » est inséparable du « don ». Cette grâce, Dieu la garde fidèlement à ceux à qui il l'a promise. En révélant son nom à Moïse, Dieu se manifeste comme le Dieu de miséricorde, qui donne aux hommes malgré leurs fautes. Mais puisque le Verbe est Dieu (v. 1c), il est lui aussi « plein de grâce et de vérité ». En reprenant cette expression de l'AT, Jn lui garde probablement le même sens ; le terme de « vérité » y désigne la fidélité de Dieu envers ceux à qui il fait grâce ; au v. 16, en effet, qui se relie au v. 14, Jn ne parlera plus que de « grâce », et ce pourrait être un indice que le terme de « vérité », ou de « fidélité », n'est là que pour qualifier celui de « grâce ».

eb) « Car de sa plénitude tous nous avons reçu, et grâce sur grâce » (v. 16). Ce verset se rattache au v. 14 : le substantif « plénitude » répond à l'adjectif « plein », et le même mot « grâce » se lit dans les deux versets. La « grâce » indéfectible de Dieu se trouve en plénitude dans le Verbe incarné, et tous, nous avons reçu de cette plénitude, « et grâce sur grâce », c'est-à-dire une grâce de plus en plus abondante (cf. Philon, de post. Caïni, 145).

Jn qui, comme Paul, va opposer la Loi et la grâce au v. 17 semble bien dépendre de Paul déjà pour la fin du v. 14 et le v. 16. Comparons son texte à celui de Col **2** 9 ss :

Jn **1**	Col **2**
14 ... plein de grâce et de vérité.	9 Car en lui habite toute la plénitude de la divinité, corporellement,
16 Car de sa plénitude	10 et vous êtes emplis en lui...
tous nous avons reçu, et grâce sur grâce.	13 ... vous ayant fait grâce de tous vos péchés.

Dans Jn, le Verbe est « plein de grâce et de vérité », ce qui fait référence à sa divinité d'après Ex **34** 6-7 (*supra*) ; on rejoint l'affirmation de Paul que dans le Christ habite toute la plénitude de la divinité. Dans Jn, le thème « de sa plénitude nous avons tous reçu » se lit aussi dans Paul : « et vous êtes emplis en lui » ; on notera que le substantif « plénitude », avec ce sens très précis, ne se lit que dans ces deux textes et en Ep **1** 23 ; **3** 19, qui dépendent de Col **2** 9. Enfin le thème de la « grâce » divine pour nous, qui court tout au long du texte johannique, est exprimé aussi en Col **2** 13. Si Jn **1** 14 dépend de Ex **34** 6-7, la façon dont le thème est exprimé, spécialement avec l'adjectif « plein », et l'addition du v. 16 dénotent aussi une influence de Col **2** 9-13 (sur les influences de Paul sur Jean II-B, voir Introd., 4 z).

ec) Au v. 17, Jn oppose l'œuvre de Jésus Christ à celle de Moïse. C'est par ce dernier que la Loi fut donnée aux hommes (Ex **34** 14-27), tandis que la grâce et la vérité furent par Jésus Christ. Il faut garder à l'expression « grâce et vérité » le sens qu'elle avait au v. 14 : il s'agit de la miséricorde indéfectible de Dieu pour les hommes. Grâce à la venue du Verbe incarné, qui est Jésus Christ, les hommes ne sont plus sous le régime de la Loi mais sous celui de la grâce, de la miséricorde. Dieu pardonne nos péchés (cf. Col **2** 13), abolissant ainsi le décret de mort que la Loi, compliquée de ses observances humaines, faisait peser sur les hommes (cf. Col **2** 14-23). Nous ne sommes plus sous le régime de la Loi, mais sous celui de la grâce, de la miséricorde (Rm **3** 21-26 ; **4** 16 ; **6** 14 ; Ga **2** 21 ; 1 Jn **2** 1-2 qui reprend Rm **3** 24).

ed) Le v. 18 achève de développer le thème de Ex **33**-34. « Dieu, nul ne l'a jamais vu » ; c'est ce que Dieu affirmait à Moïse : « ... tu ne peux pas voir ma face, car l'homme ne peut me voir et vivre » (Ex **33** 20). Comment l'homme pourrait-il alors connaître Dieu ? Le Fils Unique connaît le Père parfaitement puisqu'il est dans son sein ; il est devenu « chair » afin de nous raconter ce qu'il a vu auprès du Père (Jn **6** 46 ; **8** 38). Lui seul sait que le Père est « grâce et fidélité » (Ex **34** 6-7) ; beaucoup mieux que Moïse, il peut le dire aux hommes.

Cette révélation de l'Amour miséricordieux, Jn la décrit ainsi dans sa première épître : « car Dieu est Amour. En ceci s'est manifesté l'amour de Dieu pour nous : Dieu a envoyé son *Fils Unique* dans le monde afin que nous vivions par lui. En ceci consiste l'amour : ce n'est pas nous qui avons aimé Dieu, mais c'est lui qui nous a aimés et qui a envoyé son Fils en *victime de propitiation* (cf. Rm **3** 24 !) pour nos péchés. Bien-aimés, si Dieu nous a ainsi aimés, nous devons, nous aussi, nous aimer les uns les autres. *Dieu, personne ne l'a jamais contemplé*. Si nous nous aimons les uns les autres, Dieu demeure en nous, en nous son amour est accompli » (1 Jn **4** 8-12). Dieu est invisible, mais le Fils Unique nous a révélé l'Amour miséricordieux puisqu'il est mort comme victime de propitiation pour nos péchés.

Note §§ **19-25.** *JEAN-BAPTISTE ET JÉSUS. PREMIÈRES VOCATIONS* (Jn **1** 19-51)

Dans le tome I de la Synopse, les matériaux de Jn **1** 19-51 sont répartis en quatre sections différentes, selon leur parallélisme avec les récits des Synoptiques : Entrée en scène de Jean-Baptiste, Jean-Baptiste annonce la venue du Messie, Baptême de Jésus, Premières vocations près du Jourdain. Mais ces quatre sections sont étroitement liées entre elles par les problèmes littéraires qu'elles offrent ; il est donc nécessaire de les analyser dans une note unique.

I. CRITIQUE TEXTUELLE

1. Au v. 19, on peut hésiter sur l'authenticité des mots « vers lui », qui accompagnent le verbe « envoyèrent ». Nous les avons omis avec les plus anciens témoins du texte johannique : P[66] P[75] S, suivis par la Koinè. Ces mots se lisent après « lévites » dans le texte Césaréen et une partie de la *Vetus Latina*. S'ils étaient authentiques, leur omission s'expliquerait difficilement ; tandis qu'un scribe a pu les ajouter pour la clarté du récit.

2. Au v. 25, la plupart des éditions critiques donnent comme texte : « ils l'interrogèrent et lui dirent ». Mais une telle formule serait unique dans tout le NT, tandis que l'on a d'ordinaire : « ils l'interrogèrent en disant » (Jn **4** 31 ; **9** 2.19 ; **12** 21 ; Mt **15** 23 ; **16** 13 ; Lc **23** 3 ; Ac **1** 6), ou plus souvent encore « ils l'interrogèrent », sans verbe « dire ». Le texte retenu d'ordinaire est une « leçon double », et il faut choisir entre les deux leçons simples suivantes : « ils l'interrogèrent ( ) » (P[5] 251 VetLat (*l*) Eth Tatien), et « ( ) ils lui dirent » (S *a e* SyrCur) ; la première semble préférable, dans le style des vv. 19 et 21 (verbe « interroger »).

3. Au v. 28, au lieu du nom propre « Béthanie », adopté d'ordinaire, on a « Béthabara » (ou « Bétharaba ») dans quelques manuscrits du texte Alexandrin (083 33), le texte Césaréen, les anciennes versions syriaques dont le témoignage nous fait probablement remonter jusqu'à Tatien (deuxième siècle), Épiphane et Chrysostome. Origène (début du troisième siècle) affirme qu'il a entendu parler par des gens du pays d'un tel lieu situé non loin du Jourdain. Le nom de « Béthabara », très anciennement attesté, nous semble préférable car il peut avoir une valeur symbolique qui, on le verra, est dans la ligne de la pensée johannique.

4. A la fin du v. 31, Bultmann et d'autres auteurs considèrent comme une glose du Rédacteur l'expression « dans l'eau » ; nous pensons qu'il s'agit là d'une glose de scribe (et non du Rédacteur), car les mots en question sont omis par divers témoins du texte johannique : 1194 Tatien (Harmonie de Pepys) Chrysostome Nonnos.

5. Au v. 33, Bultmann considère de nouveau comme une glose du Rédacteur les mots « dans l'eau ». Nous proposons ici encore d'y voir une glose de copiste ; les mots en question sont omis par SyrSin, Tatien, Origène, Épiphane, Chrysostome et Jérôme.

6. Le même problème se pose encore pour les mots qui terminent le v. 33 : « ... qui baptise dans l'Esprit Saint. » Bultmann y voit une glose du Rédacteur de l'évangile ; il s'agit probablement d'une glose de copiste. Il est vrai que les témoins qui attestent l'omission des mots en question sont exclusivement patristiques : Origène, Épiphane, Chrysostome, Cyrille de Jérusalem, Eusèbe d'Emèse et Jérôme. Mais les arguments de critique interne sont très forts. Le texte attesté par les Pères cités à l'instant a cette forme : « Celui sur qui tu verras l'Esprit descendre et demeurer sur lui, c'est lui ( ). » La structure de la phrase est alors analogue à celle que l'on trouve en Jn **9** 37 : « ... et celui qui parle avec toi, c'est lui » (cf. **4** 26). On comprendrait qu'un réviseur du texte évangélique ait trouvé la phrase trop elliptique et l'ait complétée en ajoutant, d'après le parallèle des Synoptiques, « qui baptise dans l'Esprit Saint ». En revanche, si ces mots se lisaient dans l'évangile de Jn, pourquoi auraient-ils été supprimés, ce qui donnait un texte beaucoup plus difficile à comprendre ?

7. A la fin du v. 34, il faut lire, non pas « celui-ci est le Fils de Dieu », mais « celui-ci est l'Élu de Dieu », avec P[5] S VetLat, SyrSin, SyrCur (cf. Sah). La leçon « Élu de Dieu », on le verra dans le commentaire, s'explique en fonction de Is **42** 1 lu dans la Septante. C'est un scribe qui aura remplacé ce titre unique dans tout le NT par le titre beaucoup plus fréquent de « Fils de Dieu », influencé d'ailleurs par le parallèle des Synoptiques (cf. *infra*).

8. Nous verrons plus loin que Jn **3** 23.25 doit être replacé avant **1** 19. Si l'on admet cette hypothèse, on préférera au v. 25 la leçon « des Juifs » à la leçon « un Juif », car elle s'accorde mieux avec le contexte. Elle est d'ailleurs mieux attestée que la leçon concurrente, avec P[66] S, le texte Césaréen, VetLat, SyrCur, Boh, Sah, Geo, Eth, Origène et Cyrille d'Alexandrie.

9. Au v. 38, au lieu de *methermèneuomenon* (« étant traduit »), nous avons préféré la leçon *hermèneuomenon*, qui a même sens mais est plus rarement utilisée dans le NT. Elle est attestée par P[5] S *Thêta* et la Koinè, en partie soutenus par VetLat. Sur l'emploi du verbe simple chez Jn, cf. **1** 42 et **9** 7.

II. ANALYSES LITTÉRAIRES

Jn **1** 19 ss. présente un certain nombre de difficultés qui ont été notées depuis longtemps. Le témoignage que donne le Baptiste aux envoyés des Juifs (v. 19) s'échelonne sur trois journées successives (cf. vv. 29 et 35). Mais, solennellement annoncé au v. 19, il n'est donné que le deuxième jour (**1** 32-34), à un moment où les envoyés des Juifs à qui il est destiné sont vraisemblablement partis, car la donnée topographique du v. 28 a pour but de clore la scène commencée en **1** 19. Au moment où le Baptiste donne son témoignage (vv. 29-34), il n'a plus aucun auditoire devant lui ; l'illogisme du récit est visible. D'autre part, les doublets abondent du v. 19 au v. 36. Les émissaires envoyés vers le Baptiste (**1** 19.24) lui demandent à deux reprises qui il est (vv. 19 et 22) ; Jean dit de Jésus dans les mêmes circonstances : « Voici l'agneau de Dieu » (vv. 29 et 35-36) ; il reconnaît deux fois : « Et moi je ne le connaissais pas, mais... » (vv. 31a et 33a) ; il témoigne deux fois qu'il a vu l'Esprit descendre et demeurer sur Jésus (vv. 32 et 33b-34). Le récit de la vocation des premiers disciples (vv. 37-51) se déroule selon deux schémas en partie parallèles (cf. *infra*). La présence de ces doublets, comme les difficultés du récit sous sa forme actuelle, font penser que la rédaction de ce passage est complexe ; essayons d'en préciser les étapes.

Nous allons analyser le texte en le divisant en trois sections. La première comprendra les vv. 19 à 28, auxquels nous joindrons le v. 31 qui ne peut être dissocié du v. 26 (cf. *infra*) ; on y ajoutera aussi, au début, **1** 6-8 et **3** 23.25, pour des raisons qui seront indiquées plus loin. La deuxième section ira de **1** 29 à **1** 36. La troisième de **1** 37 à **1** 51.

A) PREMIÈRE SECTION DU RÉCIT

C	II-A	II-B	
1	6		Il y eut un homme envoyé par Dieu dont le nom était Jean.
	7		Celui-ci vint pour un témoignage,
			afin de rendre témoignage à la lumière,
			afin que tous crussent par lui.
	8		Il n'était pas la lumière, celui-là, mais afin de rendre témoignage à la lumière.

3 23 Or était
> aussi

Jean baptisant à Aenon près de Salim
>> car il y avait là beaucoup d'eau

et ils arrivaient et ils étaient baptisés.

25 Il y eut donc une discussion entre les disciples de Jean et des Juifs à propos de purification.

1 19 Et
> tel est le témoignage de Jean lorsque

les Juifs de Jérusalem envoyèrent des prêtres et des lévites afin de l'interroger :
>> « Qui es-tu ? »

20 Et il confessa et il ne nia pas et il confessa : « Je ne suis pas le Christ. »

21 Et ils l'interrogèrent : « Quoi donc, es-tu Élie ? » Et il dit : « Je ne le suis pas. »

« Es-tu le Prophète ? » Et il répondit : « Non. »

22 Ils lui dirent donc : « Qui es-tu, que nous donnions réponse à ceux qui nous ont envoyés ? Que dis-tu de toi-même ? »

23 Il déclara : « Moi, la *voix de celui qui crie dans le désert : Applanissez le chemin du Seigneur*, comme a dit Isaïe le prophète. »

24 Et ils avaient été envoyés par les Pharisiens.

25 Et ils l'interrogèrent : « Pourquoi donc baptises-tu si tu n'es pas

le Christ, ni Élie, ni le Prophète ? »

26 Jean leur répondit en disant :
> « Moi je baptise dans l'eau.

(«) Au milieu de vous se tient quelqu'un que vous ne connaissez pas,

27 celui qui vient derrière moi, dont moi, je ne suis pas digne de dénouer la courroie de sa sandale. »

28 Cela se passa à Béthabara, au delà du Jourdain, où Jean baptisait.

31 et moi je ne le connaissais pas, mais pour qu'il fût manifesté à Israël, pour cela je suis venu, moi, baptisant. »

1. ENTRÉE EN SCÈNE DU BAPTISTE

a) Beaucoup de commentateurs admettent que Jn **1** 6-7, qui se lit actuellement dans le Prologue de l'évangile, formait l'introduction du récit du témoignage du Baptiste et devait se lire immédiatement avant **1** 19 ss. D'une part, en effet, ces versets rompent le développement harmonieux du Prologue (note § 1). D'autre part, le v. 6 est constitué par une phrase reprise de l'AT (cf. *infra*) et qui, normalement, présente un personnage dont on va conter l'histoire. Une telle phrase se conçoit donc mal dans un passage isolé, comme **1** 6-7 ; elle serait au contraire bien en situation dans l'hypothèse où **1** 6-7 introduisait le récit du témoignage du Baptiste (**1** 19 ss.). Pour des raisons que nous expliquerons plus loin, nous pensons toutefois que le petit récit concernant l'activité baptismale de Jean, qui se lit actuellement en **3** 23.25, séparait **1** 6-7 et **1** 19 ss.

b) L'insertion des vv. 6-7 dans le Prologue a provoqué l'addition de quelques gloses. Au v. 7, la proposition finale « afin de rendre témoignage à la lumière » fut ajoutée pour établir un lien avec le nouveau contexte, où le Verbe est qualifié de « lumière des hommes » (**1** 4-5) ; son caractère de glose est d'ailleurs souligné, et par la répétition des expressions « pour un témoignage » « afin de rendre témoignage », et par la succession anormale des deux propositions finales « afin de rendre témoignage... afin que tous crussent par lui ». – Il faut également considérer comme une glose tout le v. 8, étroitement lié aux vv. 4-5. – Enfin, le déplacement de **1** 6-7 motiva, au v. 19, l'addition des mots « Tel est le témoignage de Jean lorsque » ; ces mots rappellent le personnage de Jean-Baptiste (v. 6) et le thème du « témoignage » (v. 7) ; ce double rappel était nécessaire après le transfert dans le Prologue des vv. 6-7.

Voici les caractéristiques stylistiques de ces gloses. Au v. 7 : « (il vint)... afin de » (B 76), « rendre témoignage à » (A 4*), « lumière » dit du Christ (A 5**). Au v. 8 : « lumière », dit du Christ (A 5**), « celui-là » (C 37), « mais afin de » (B 78*), « rendre témoignage » (A 4*). Au début du v. 19, la formule de définition « Tel est le témoignage de Jean » (cf. A 6) a son équivalent exact en 1 Jn **5** 9 : « Tel est le témoignage de Dieu. » Ce style, apparenté à celui de 1 Jn, est de Jean II-B. C'est donc lui qui a transféré dans le Prologue les vv. 6-7, ce que nous avions déjà établi à la note § 1, III B 1 et 2 *b ba*.

c) Les vv. 6-7 (moins la glose au v. 7), antérieurs à Jean II-B, ne pourraient être que du Document C ou de Jean II-A. Il faut opter pour Jean II-A, étant donné les remarques suivantes.

ca) Analysons le texte formé par le v. 6 et le début du v. 7.

Jn **1** 6-7a	Jn **3** 1-2a	Jg **13** 2 (LXX)	1 S **1** 1 (LXX)
Il y eut un homme, envoyé par Dieu, nom à lui : Jean. Celui-ci vint...	Or était un homme, d'entre les Pharisiens, Nicodème nom à lui... Celui-ci vint...	Et il y eut un homme... de la tribu de Dan, et nom à lui : Manoé.	Était un homme... de la montagne d'Ephraïm, et nom à lui : Elkana.

La parenté entre **1** 6-7a et **3** 1-2a est évidente, d'autant que ce sont les deux seuls textes du NT où se lit la formule traduite littéralement par « nom à lui » (A 148 ; en **18** 10, de Jean II-B, il y a addition du verbe « être »). Ces deux textes de Jn reprennent une structure de phrase courante dans l'AT : après la formule « il y eut un homme » vient la mention de son origine, puis de son nom. La distinction entre le verbe « il y eut » (*egeneto*, **1** 6) et le verbe « était » (*èn*, **3** 1) se retrouve dans la Septante pour traduire le même verbe hébreu (Jg **13** 2, manuscrit A et Jg **17** 1 d'une part ; Jg **13** 2, manuscrit B, 1 S **1** 1, 1 S **25** 2-3, 2 S **9** 2, Est **2** 5, d'autre part). Par ailleurs, à côté de l'ordre des mots attestés par Jn **1** 6 « nom à lui : Jean », on trouve aussi dans l'AT l'ordre inverse attesté par Jn **3** 1 « Nicodème, nom à lui » (1 S **17** 4 ; 1 R **13** 2). Malgré leurs légères divergences, Jn **1** 6-7a et **3** 1-2a dépendent de phrases analogues qui se lisent dans l'AT. Mais ils ont la particularité commune de commencer la phrase suivante par un démonstratif au nominatif suivi du verbe « venir » ; ils ont donc un lien en plus de leur commune dépendance à l'égard de l'AT ; ils furent donc écrits par la même main, et Jn **1** 6-7a est de Jean II-A comme **3** 1-2a.

Donnons encore une précision au sujet de ces deux textes. On peut les comparer à deux autres textes qui, eux, remontent au Document C : « Or était un certain fonctionnaire royal... Celui-ci... s'en alla » (**4** 46b-47a), « Or étaient certains Grecs... Ceux-ci s'approchèrent de » (**12** 20-21a). La phraséologie de **1** 6-7a et de **3** 1-2a reprend celle du Document C, mais en la remodelant en référence aux textes de l'AT cités plus haut.

cb) Voici les autres caractéristiques stylistiques de ce texte de Jean II-A. Au v. 6 : « par Dieu » (B 84*), « dont le nom était Jean » (A 148). Au v. 7 : « témoignage » (C 1), « afin que tous crussent par lui » (A 84* et B 100).

2. JEAN BAPTISAIT A AENON

Au niveau du Document C, l'évangile commençait par la présentation du Baptiste qui se lit maintenant en **3** 23.25, et ce texte précédait immédiatement **1** 19 ss. Sur ce problème, voir Introd., 1 z à 2 b. Jn **3** 23.25 contient deux caractéristiques stylistiques : « Or était... (Jean) » (B 14) et « près de (Salim) » (C 22). En revanche, deux mots ne se lisent nulle part ailleurs chez Jn : « arriver » (*paraginesthai* : 3/1/8/1/20/3)

et « dispute » (*zètèsis* : 0/0/0/1/3/3). Les deux pluriels impersonnels du v. 23 sont dans le style du Document C (Introd., 7 v).

Voici donc comment on peut reconstituer l'histoire du début de l'évangile de Jn. Au niveau du Document C, il commençait par **3** 23.25, texte qui était suivi immédiatement par **1** 19b ss. En reprenant ce texte, Jean II-A le fit précéder de **1** 6-7ac, pour des raisons qui seront données lors du commentaire des textes. Quant à Jean II-B, d'une part il ajouta le Prologue (note § 1) en y transférant les vv. 6-7ac, augmentés de gloses, d'autre part il transféra **3** 23.25 à sa place actuelle afin d'harmoniser son évangile avec la tradition synoptique (cf. *infra*).

3. INTERROGATOIRE DU BAPTISTE

Dans l'état actuel du texte johannique, l'interrogatoire du Baptiste porte sur trois titres : Christ, Élie, le Prophète (**1** 19-21 ; **1** 25). Au niveau du Document C, croyons-nous, il n'était question que du Prophète par excellence. Aux vv. 19-21, comme au v. 25, c'est Jean II-A qui compléta le texte de sa source en ajoutant les deux passages que nous avons placés en retrait (*supra*), où il est question du Christ et d'Élie. Nous n'avons ici, reconnaissons-le, aucun argument littéraire pour le prouver ; cette hypothèse dépend étroitement des analyses qui seront faites dans la troisième partie du récit.

Le texte du Document C offre les caractéristiques stylistiques suivantes. Au v. 19b : « les Juifs » (C 7), « interroger » (C 52) ; au v. 21 : « il répondit » (B 74) ; au v. 25 : « interroger » (C 52). – Dans les additions de Jean II-A, on trouve comme caractéristiques ; à la fin du v. 19 : « Qui es-tu ? » (A 128) ; au v. 20 : « je (ne) suis (pas) » (C 50) ; au v. 21 : « interroger » (C 52).

4. LA CITATION DE Is **40** 3

Le v. 25 forme la suite normale des vv. 19-21 (Wellhausen, Bultmann, Wilkens, van Iersel, Brown) : après avoir appris du Baptiste qu'il n'est ni le Christ, ni Élie, ni le Prophète (vv. 20-21), les envoyés des Juifs lui demandent pourquoi il baptise puisqu'il n'est aucun de ces personnages (v. 25). Il faut donc considérer les vv. 22-24 comme une addition dont le but principal fut d'introduire dans le récit johannique la citation d'Is **40** 3 (v. 23) afin d'harmoniser ce récit avec celui de la tradition synoptique (Mt **3** 3 et par.). Le v. 22 prépare cette citation, qui est mise sur les lèvres du Baptiste lui-même. Quant au v. 24, il sert de transition entre le v. 23 et le v. 25 du récit primitif ; mais surtout, il introduit les Pharisiens dans un récit où ils n'apparaissaient pas.

Les vv. 23-24 ne contiennent aucune caractéristique stylistique ; en revanche, il y en a quatre au v. 22 : « dirent donc » (B 1), « donner réponse » (A 165**), « que dis-tu de » (A 166* et C 81). Au v. 23, la citation qui synthétise un texte plus complexe de l'AT est bien dans la manière de Jean II (Introd., 7 q-r). La formule « Isaïe le prophète » ne se retrouve ailleurs chez Jn qu'en **12** 38, texte que nous attribuerons à Jean II-B. Au v. 24, la volonté d'introduire les Pharisiens dans le récit correspond à une préoccupation de Jean II-B (Introd., 6 z). En définitive, ces vv. 22-24 peuvent être attribués sans difficulté à Jean II-B.

5. LA PAROLE DU BAPTISTE SUR JÉSUS

Le v. 31 formait la suite normale des vv. 25-26 (Bultmann, Wilkens, van Iersel, Brown). En effet, la réponse à la question formulée au v. 25 est donnée au v. 31 : « Pourquoi baptises-tu... ? » « Pour cela je suis venu, moi, baptisant. » Or, dans le texte actuel de Jn, cette réponse n'est donnée que le lendemain, et devant un auditoire inexistant ! La difficulté disparaît si l'on relie directement le v. 31 aux vv. 25-26. Dans cette hypothèse, la phrase qui commence le v. 31 « et moi je ne le connaissais pas » prolonge celle qui termine le v. 26 « quelqu'un que vous ne connaissez pas » ; le début du v. 31 se traduisait alors : « moi *non plus* je ne le connaissais pas. » Les vv. 27-30 furent donc insérés entre les vv. 26 et 31.

Comme l'addition des vv. 22-24, celle du v. 27 eut pour but d'harmoniser le récit johannique avec celui des Synoptiques. Ce v. 27, en effet, reprend les données de Mt **3** 11 et par., mais sous une forme assez particulière. La formule « Celui qui vient derrière moi » reprend la formule correspondante de Mt. La suite du texte johannique est assez proche de Ac **13** 25, avec l'adjectif *axios* au lieu de *ikanos* pour signifier « digne de », le mot « sandale » au singulier, l'omission du thème du « plus fort ». En revanche, la mention de la « courroie » de la sandale rapproche Jn de Mc et de Lc. Cette volonté d'harmoniser Jn sur les Synoptiques (ou sur les Actes) en puisant dans les divers textes parallèles est typique de la manière de Jean II-B (cf. Introd., 4 x).

Étant donné cette tendance harmonisante, on tiendra aussi pour une addition de Jean II-B, au v. 26, les mots « moi je baptise dans l'eau », repris de Mt **3** 11a (Bultmann, Wilkens, van Iersel, Brown). D'ailleurs, l'intention des vv. 25-26.31 n'est pas d'opposer baptême d'eau (Jean-Baptiste) et baptême d'Esprit (Jésus), comme dans les Synoptiques, mais simplement d'expliquer pourquoi Jean baptise.

Débarrassé des additions qui le surchargent, le texte des vv. 25-26.31 offre une excellente structure en forme de chiasme :

25	A	Et ils l'interrogèrent :
		« Pourquoi donc baptises-tu, si... ? »
26	B	Jean leur répondit en disant : ( )
		« Au milieu de vous se tient
	C	quelqu'un que vous ne connaissez pas ;
31	C'	moi non plus je ne le connaissais pas,
	B'	mais pour qu'il fût manifesté à Israël,
	A'	pour cela je suis venu, moi baptisant. »

Ce texte du Document C contient les caractéristiques stylistiques suivantes. Au v. 25 : « interroger » (C 52). Au v. 26 : « que vous ne connaissez pas » (A 121 ; cf. F 25). Au v. 31 : « connaître » (F 25) ; « manifester » (E 2).

6. LE LIEU DE L'ACTIVITÉ DE JEAN

Le v. 28 place l'activité baptismale de Jean à Béthabara, de l'autre côté du Jourdain. Cette donnée topographique est inconciliable, au moins lorsqu'il s'agit d'un même récit, avec celle de **3** 23 qui se trouvait encore dans le présent récit aux niveaux du Document C et de Jean II-A. C'est Jean II-B qui a transféré la notice de **3** 23 à sa place actuelle (Introd., 4 b) et l'a remplacée par celle de **1** 28. Le site de Béthabara se trouvait non loin du Jourdain ; Jean II-B rejoint donc ici encore les données de la tradition synoptique (Mc **1** 5 et par.).

Le vocabulaire et le style sont de Jean II-B. On trouve dans ce verset deux caractéristiques stylistiques : « au delà du (Jourdain) » (B 71) et « où était » (C 13* ; « où Jean baptisait » devrait se traduire très littéralement « où était Jean baptisant »). La formule « cela se passa » (*tauta egeneto*) se lit encore en Jn **19** 36, dans une addition de Jean II-B (traduite par « cela est arrivé »), et ailleurs dans le NT seulement en Lc **24** 21. La formule « se passer à tel lieu » se retrouvera en Jn **10** 22, encore un texte de Jean II-B. Le vocabulaire et le style de ce v. 28 conviennent donc bien à Jean II-B.

B) DEUXIÈME SECTION DU RÉCIT

Pour faire ressortir les doublets qui constituent en partie la deuxième section du récit (**1** 29-36), nous allons mettre en parallèle les textes du Document C, de Jean II-A et de Jean II-B. Disons tout de suite que Jean II-B a transféré au début de cette section le v. 29 qu'il lisait après les vv. 31-32 au niveau du Document C.

L'hypothèse que nous proposons, concernant l'évolution du texte johannique, est fondée sur la présence de doublets caractéristiques : le v. 33 est un doublet des vv. 31-32 ; les vv. 35-36 forment doublet avec le v. 29. Au niveau du Document C, le récit ne contenait que les v. 31, 32 (sous une forme plus simple) et 29 (sans l'adverbe « le lendemain »). Jean II-A réinterpréta le texte du Document C, ce qui donna les vv. 33 et 35-36. Enfin Jean II-B fusionna, en les remaniant légèrement, les textes de Jean II-A et du Document C, et ajouta les vv. 30 et 34.

Document C	Jean II-A	Jean II-B
		29 Le lendemain, il voit Jésus venant vers lui et il dit : « Voici l'Agneau de Dieu qui enlève le péché du monde. »
		30 C'est de lui que j'ai dit : Derrière moi vient un homme qui est passé devant moi parce qu'avant moi il était.
31 « *Et moi je ne le connaissais pas, mais* pour qu'il fût manifesté à Israël, pour cela je suis venu, moi, baptisant.		31 Et moi je ne le connaissais pas, mais pour qu'il fût manifesté à Israël, pour cela je suis venu, moi, baptisant.
32 ( ) (Et) j'ai vu l'Esprit descendre du ciel ( ) et il demeura sur lui. »		32 Et Jean témoigna en disant : « J'ai vu l'Esprit descendre du ciel comme une colombe et il demeura sur lui.
	33 *Et moi je ne le connaissais pas, mais* celui qui m'a envoyé baptiser, celui-là m'a dit : Celui sur qui tu verras l'Esprit descendre et demeurer sur lui, c'est lui. »	33 Et moi je ne le connaissais pas, mais celui qui m'a envoyé baptiser celui-là m'a dit : Celui sur qui tu verras l'Esprit descendre et demeurer sur lui, c'est lui.
		34 Et moi j'ai vu et je témoigne que celui-ci est l'Élu de Dieu. »
29 ( ) (Et) il voit Jésus venant vers lui et il dit : « Voici l'Agneau de Dieu qui enlève le péché du monde. »	35 Le lendemain, ( ), Jean se tenait là, et deux de ses disciples,	35 Le lendemain, de nouveau, Jean se tenait là, et deux de ses disciples,
	36 et ayant regardé Jésus passant il dit : « Voici l'Agneau de Dieu (qui enlève le péché du monde). »	36 et ayant regardé Jésus passant il dit : « Voici l'Agneau de Dieu. »

BA) *LE TEXTE DU DOCUMENT C*

1. En étudiant la section précédente, nous avons vu que le v. 31 devait appartenir au récit primitif, donc au Document C. Quelle était la suite du texte ? D'une part, le Baptiste affirme « et moi je ne le connaissais pas » en tant que Messie ; il faut donc un « signe » qui permette à Jean de reconnaître en Jésus le Messie, et ce « signe » ne peut être que la descente sur lui de l'Esprit dont il est parlé au v. 32 (voir le commentaire). Nous pensons cependant que, au niveau du Document C, le v. 32 se présentait sous une forme plus simple que dans l'évangile actuel et ne comportait pas l'introduction : « Et Jean témoigna en disant » ; ce thème du « témoignage » du Baptiste fut en effet introduit au niveau de Jean II-A mais développé surtout au niveau de Jean II-B (cf. *supra*). Le v. 32 contenait donc une parole du Baptiste qui prolongeait simplement celle qu'il prononçait au v. 31. Il est probable aussi que, lorsqu'il reprit le v. 32, Jean II-B l'harmonisa sur la tradition synoptique en ajoutant l'expression « comme une colombe » ; cette expression ne se lit pas au v. 33, qui reprend cependant le contenu du v. 32 (cf. *infra*).

Par ailleurs, le texte du Document C devait indiquer de quelle façon Jean « manifesta » Jésus à Israël. Il le fit en le désignant comme « l'Agneau de Dieu qui enlève le péché du monde », déclaration qui se lit actuellement au v. 29. La séquence primitive des vv. 31.32b et 29 est confirmée, et par le parallèle des vv. 33.35-36, et par le parallèle de 1 Jn **3** 5 :

Jn **1**	1 Jn **3** 5
31 « ... pour qu'il fût manifesté à Israël... »	Or vous savez que celui-là fût manifesté
29 « Voici l'Agneau de Dieu qui enlève le péché du monde. »	pour enlever les péchés.

On notera que 1 Jn **3** 5 semble se référer à un texte connu des lecteurs de l'épître, étant donné le « vous savez que » par lequel il commence ; ce texte serait celui du Document C.

Au début du v. 29, c'est Jean II-B qui ajouta l'adverbe « le lendemain » afin d'obtenir une répartition sur sept jours des événements racontés dans ce chapitre et au début du chapitre suivant (cf. *infra*).

2. Le v. 32b contient deux caractéristiques stylistiques :
« descendre du ciel » (B 94) et « demeurer sur » (A 116).
Au v. 29, la caractéristique la plus importante est « le péché
du monde » (A 74 et C 68) ; mais on verra dans le commentaire
que le mot « péché », au singulier et suivi d'un déterminatif,
peut s'expliquer ici par une influence du thème de « Moïse »
dans l'AT ; cette caractéristique stylistique peut donc fort
bien remonter au Document C. Le mot « le monde » était
aussi déjà utilisé au niveau du Document C (cf. C 68), comme
l'adverbe « voici » (C 77 ; cf. *infra*, **1** 47). En résumé, le
vocabulaire et le style des vv. 31, 32b et 29 n'a rien d'étrange
au niveau du Document C.

BB) *LE TEXTE DE JEAN II-A*

Jean II-A ne fit que reprendre, en le réinterprétant, le
texte du Document C, ce qui donna les vv. 33 et 35-36.

1. Le début du v. 33 reprend mot pour mot le début
du v. 31 ; par ailleurs, aux mots « je suis venu, moi, baptisant »
de la fin du v. 31 répondent les mots « celui qui m'a envoyé
baptiser » du v. 33b (comparer en ce sens Jn **3** 17 et **12** 47) ;
enfin le v. 33c reprend le thème de la descente de l'Esprit
sur Jésus exprimé au v. 32b. Jean II-A a donc supprimé le
thème de la « manifestation à Israël » (cf. v. 31), mais en
revanche il a explicité la valeur de « signe » donnée à la descente
de l'Esprit sur Jésus. Cette explicitation a une signification
très précise, comme on le verra dans le commentaire de ce
passage.

Les vv. 35-36 reprennent le thème fondamental du v. 29,
mais en mettant en scène deux disciples du Baptiste de façon
à préparer les développements des vv. 37-42, qui sont de
Jean II-A (cf. *infra*). Au v. 35, l'adverbe « de nouveau »
fut évidemment ajouté par Jean II-B lorsqu'il fusionna les
deux récits. En revanche, l'adverbe « le lendemain » pouvait
se lire déjà dans le récit de Jean II-A, car c'est une nouvelle
scène qui commence avec ce v. 35. Au v. 36, le texte de
Jean II-A devait avoir les mots « qui enlève le péché du
monde », repris du Document C (cf. v. 29) ; ils auront été
supprimés par Jean II-B afin d'abréger le texte dédoublé.

2. Le v. 33 est bien dans le style de Jean II : le verbe
« connaître » (F 25), l'expression « celui qui m'a envoyé »
(A 3*), le démonstratif « celui-là » utilisé comme pronom
et désignant Dieu (B 17*), le *casus pendens* construit sur ce
démonstratif (B 35), « demeurer sur » (A 116, repris du
Document C). On comparera spécialement la phrase de **1** 33
« celui qui m'a envoyé baptiser, celui-là m'a dit... » avec
celle de Jn **5** 11 « celui qui m'a rendu sain, celui-là m'a dit... »
(texte de Jean II-B). Le court v. 35 contient deux caractéristiques johanniques : « deux de ses disciples » (C 75*) et le

verbe « se tenait » (F 31). Le v. 36 reprend le « voici » du
v. 29 (C 77).

BC) *LE TEXTE DE JEAN II-B*

1. Jean II-B fusionna les deux textes du Document C et
de Jean II-A, ce qui lui permettait de répartir les événements
sur deux journées successives (cf. vv. 29 et 35) et d'obtenir
ainsi les sept jours dont il avait besoin pour constituer la
première semaine du ministère de Jésus (cf. *infra*). Rappelons
que, au v. 29, c'est lui qui ajouta l'adverbe « le lendemain ».

2. Le v. 30 est une réinterprétation christologique de
la parole du Baptiste rapportée en Mc **1** 7 et par. (voir le
commentaire), dans la ligne de la pensée de Jean II-B qui
insiste dans les mêmes termes sur la préexistence du Christ
en **8** 24.28.58 ; **13** 19 et aussi **18** 6. Le complément du verbe
« dire » est régi par la préposition *hyper*, utilisée volontiers
par Jean II (F 26) ; cette préposition n'est, il est vrai, attestée
que par le texte Alexandrin ; les autres témoins ont *peri*,
ce qui donnerait un texte plus conforme encore au style
de Jean II (C 81).

3. Le v. 32b provient du Document C et le v. 33 de Jean II-A
(cf. *supra*). En les fusionnant, Jean II-B a ajouté le v. 32a
et le v. 34. Le texte de Jean II-B appelle les remarques suivantes.

a) Tout en dépendant de ses sources, Jean II-B a réussi
à construire un texte homogène, en forme de chiasme :

32 A   Et Jean témoigna en disant :
   B   « J'ai vu
   C   l'Esprit descendre du ciel comme une colombe
             et il demeura sur lui.
33 D   Et moi je ne le connaissais pas, mais celui qui
             m'a envoyé baptiser, celui-là m'a dit :
   C'   Celui sur qui tu verras l'Esprit descendre
             et demeurer sur lui, c'est lui.
34 B'   Et moi j'ai vu
   A'   et je témoigne que celui-ci est l'Élu de Dieu. »

b) Les additions effectuées par Jean II-B sont marquées
de son style. Aux vv. 32 et 34, « voir » et « témoigner »
(A 40*). Au v. 34 : « voir » au parfait (B 82) et la formule
« témoigner que » (C 83**). L'expression « Élu de Dieu »
est unique dans le NT, mais elle provient de Is **42** 1 (cf. *infra*).

c) Enfin, grâce surtout aux additions effectuées par Jean II-B,
les vv. 32 d'une part, 33b-34 d'autre part, se complètent
pour donner un excellent parallèle à Mt **3** 16-17 :

Mt **3** 16-17	Jn **1** 33b-34	Jn **1** 32
Et il vit l'Esprit de Dieu descendre comme une colombe, venir sur lui.	« Celui sur qui tu verras l'Esprit descendre et demeurer sur lui...	« J'ai vu l'Esprit descendre du ciel comme une colombe et il demeura sur lui. »
Et voici une voix (venue) des cieux disant : « Celui-ci est mon Fils bien-aimé... »	... et je témoigne que celui-ci est l'Élu de Dieu. »	

Jean II-B a donc harmonisé le texte de ses sources sur celui de Mt (Introd., 4 x).

C) TROISIÈME SECTION DU RÉCIT

La troisième section du récit comprend la vocation des premiers disciples (**1** 37-51), qui s'accroche étroitement à la fin de la deuxième section (**1** 35-36). Au niveau du Document C, croyons-nous, le récit ne comportait que la vocation de Philippe et de Nathanaël (**1** 43-49, moins quelques gloses). Jean II-A a dédoublé le récit de façon à obtenir en premier une vocation d'André et de son frère Simon-Pierre : il a donc procédé exactement comme le Mc-intermédiaire dans la tradition synoptique ; ce dernier en effet, trouvant dans sa source (Document A) un récit de vocation de Jacques et Jean (Mc **1** 19-20), l'a dédoublé de façon à le faire précéder par un récit de vocation de Simon et André (Mc **1** 16-18 ; cf. Synopse, tome II, note § 31). Jean II-B reprit le récit de Jean II-A en y ajoutant quelques gloses afin de l'intégrer dans son plan de voyage de Jésus (du Jourdain à Cana) et de continuer la division de tout le récit en sept jours. Une glose peut être également attribuée à Jean III. Voici comment se fait la répartition des divers niveaux rédactionnels.

	C	II-A	II-B	III	
37		Et les deux disciples l'entendirent parler et suivirent Jésus.			
38		Jésus, s'étant retourné et les ayant vu suivre, leur dit : « Que cherchez-vous ? » Eux lui dirent : « Rabbi,			
				ce qui se dit, étant traduit : Maître,	
		où demeures-tu ?			
39		Il leur dit : « Venez et voyez ». Ils vinrent donc et ils virent où il demeurait et ils demeurèrent près de lui ce jour-là.			
				C'était environ la dixième heure.	
40			André, le frère de Simon-Pierre, était un des deux qui avaient entendu de Jean et l'avaient suivi.		
41			Celui-ci rencontre en premier son frère Simon et lui dit : « Nous avons trouvé le Messie. »		
				c'est-à-dire, étant traduit, Christ.	
42			Il le mena à Jésus. L'ayant regardé, Jésus dit : « Tu es Simon, le fils de Jean, tu t'appelleras Céphas. »		
				ce qui se traduit : Pierre.	
43				Le lendemain, il voulut partir pour la Galilée.	
	Et (Jésus) rencontre Philippe et il lui dit : « Suis-moi. »				
44				Or Philippe était de Bethsaïde, la ville d'André et de Pierre.	

45	Philippe rencontre Nathanaël et lui dit : « Celui dont Moïse a écrit dans la Loi
	et les prophètes
	nous l'avons trouvé : Jésus, le fils de Joseph, de Nazareth. »
46	Et Nathanaël lui dit : « De Nazareth, peut-il y avoir quelque chose de bon ? »
	Philippe lui dit : « Viens et vois. »
47	Jésus vit Nathanaël venant vers lui et il dit à son sujet : « Voici vraiment un Israélite (. »)
	en qui il n'y a pas de ruse. »
48	Nathanaël lui dit : « D'où me connais-tu ? » Jésus répondit et lui dit : « Avant que Philippe ne t'appelle, comme tu étais sous le figuier, je t'ai vu. »
49	Nathanaël lui répondit :
	« Rabbi, tu es le fils de Dieu, tu es le roi d'Israël. »
50	Jésus répondit et lui dit : « Parce que je t'ai dit : Je t'ai vu sous le figuier, tu crois ? Tu verras de plus grandes choses que cela. »
51	Et il lui dit : « En vérité, en vérité, je vous le dis : vous verrez le ciel ouvert et les anges de Dieu montant et descendant au-dessus du Fils de l'homme.»

CA) *UNE ADDITION DE JEAN III*

Au v. 45, nous pensons que les mots « et les prophètes » sont une glose de Jean III, influencée par la formule courante : « la Loi et les prophètes » (cf. Mt **5** 17 ; **7** 12 ; **11** 13 ; **22** 40 ; etc.). Il ajoutera une glose semblable en **8** 52. Jean III veut préciser que non seulement la Loi avait parlé de Jésus, mais aussi les prophètes ; cette précision toutefois n'est pas dans la ligne du sens théologique du récit du Document C, comme on le verra dans le commentaire du texte.

CB) *LES ADDITIONS DE JEAN II-B*

1. Nous avons attribué à Jean II-B les gloses qui donnent le sens grec d'un mot araméen, aux vv. 38, 41 et 42. Introduits dans le récit par Jean II-A, qui écrivait en Palestine pour des lecteurs parlant l'araméen, ces mots n'avaient pas besoin d'être traduits. Il n'en allait plus de même au niveau de Jean II-B, qui écrivait en Asie Mineure pour des lecteurs dont la langue maternelle était le grec ; d'où les gloses dont nous nous occupons ici. Au v. 38, la formule « ce qui se dit, étant traduit : Maître » contient d'ailleurs deux caractéristiques stylistiques (C 80** et B 90**) dont la première ne peut être attribuée qu'à Jean II-B aux deux autres passages où elle se lit : **19** 17 et **20** 16 (voir la critique littéraire de ces textes). Au v. 41, la glose traduit le terme de « Messie » par « Christ », et l'on trouvera une équivalence identique en **4** 25, un texte qui est certainement de Jean II-B.

2. Au v. 39, la remarque « C'était environ la dixième heure » doit être attribuée à Jean II-B, comme les gloses analogues de **4** 6 et de **19** 14 ; c'est lui en effet qui montre un intérêt spécial pour les chiffres (cf. Introd., 7 l-o). La formule « c'était environ la (dixième) heure » est une caractéristique johannique absolue (A 132**).

3. On lit au v. 43 : « Le lendemain, il voulut partir pour la Galilée. » Ce demi-verset forme, on le verra tout à l'heure, la charnière entre les textes de Jean II-A et du Document C. Par ailleurs, il suppose que le récit de la vocation des premiers disciples est inscrit dans le cadre d'un voyage de Judée en Galilée, et c'est Jean II-B qui est responsable de ce cadre (cf. Introd., 4 b-d). Enfin, il introduit une journée nouvelle dans le récit, grâce à l'adverbe « le lendemain », et c'est Jean II-B qui a réparti systématiquement les événements de ce récit sur un laps de temps de sept jours. Tout porte donc à attribuer à Jean II-B ce v. 43a.

4. Beaucoup de commentateurs considèrent le v. 44 comme une glose, et nous pensons qu'elle est de Jean II-B. Ce verset contient en effet une intention ecclésiale assez claire : Philippe le pêcheur devient un pêcheur d'hommes (voir le commentaire), intention qui convient beaucoup mieux à Jean II-B qu'à Jean II-A ou au Document C (cf. Introd., 6 s). La formule de type « Or était (Philippe) » a d'ailleurs été systématisée par Jean II-B (B 14). On notera enfin que ce verset a même forme que le v. 1 du chapitre **11** tel qu'il se lisait au niveau de Jean II-B : « Or était Philippe de (*apo*) Bethsaïde, de (*ek*) la ville d'André et de Pierre » « ... Lazare, de (*apo*) Béthanie, du (*ek*) village de Marie sa sœur. »

5. Au v. 47, Jean II-B ajouta la précision « en qui il n'y a pas de ruse » (A 15**). Il voulut expliciter le sens de l'adjectif « Israélite », comme on le verra dans le commentaire du texte.

6. Beaucoup de commentateurs admettent aujourd'hui que le v. 51 formait à l'origine un logion isolé, ajouté par Jn en finale du récit primitif. De fait, le brusque changement de la deuxième personne du singulier (**1** 50-51a) en la deuxième personne du pluriel (**1** 51bc) pourrait indiquer deux niveaux rédactionnels différents. Mais, du point de vue thématique, il est difficile de séparer le v. 50 du v. 51, qu'il prépare. Nous pensons donc que le v. 50 est un verset de liaison destiné à introduire le logion du v. 51. Un indice stylistique le confirme. La formule « sous le figuier » est rendue de façon différente au v. 50 (*hypokatô tès sykès*) et au v. 48 (*hypo tèn sykèn*) ; la main qui a écrit le v. 50 est donc probablement différente de celle qui a écrit le v. 48. Le récit du Document C devait se terminer par la profession de foi de Nathanaël, au v. 49 : « Tu es le roi d'Israël. »
Cette addition de Jean II-B contient comme caractéristiques stylistiques ; au v. 50 : « répondit et dit » (B 6), « tu crois » (F 20) ; au v. 51 : « en vérité, en vérité » (A 2*).

7. Ajoutons encore une précision. Au v. 49, deux professions de foi viennent en concurrence : « Tu es le Fils de Dieu » et « tu es le roi d'Israël ». Théoriquement, elles pourraient évidemment appartenir toutes deux au récit primitif. Mais la première se rattache étroitement au logion du v. 51 et fut probablement ajoutée au récit primitif en même temps que ce v. 51. Elle est d'ailleurs introduite par le titre de « Rabbi », qui est partout ailleurs de Jean II (C 35*). Nous pensons donc que Jean II-B ajouta en finale du récit du

Document C, non seulement les vv. 50-51, mais encore, au v. 49, les mots « Rabbi, tu es le Fils de Dieu. » Ces points seront développés plus à fond dans le commentaire des textes.

CC) *LES TEXTES DU DOCUMENT C ET DE JEAN II-A*

Nous arrivons au point le plus délicat des analyses de cette troisième section : la distinction de deux niveaux rédactionnels différents dans le récit qui va de **1** 37 à **1** 49. Voici les arguments qui nous ont fait admettre cette hypothèse.

1. La section qui va de **1** 37 à **1** 49 raconte, d'une part la vocation d'André et de son frère Simon (Pierre), d'autre part la vocation de Philippe et de Nathanaël. Or il est évident que ces deux parties sont construites selon deux schémas en grande partie parallèles :

Jn **1**	Jn **1**
37 Et les deux disciples l'entendirent parler et *suivirent Jésus.*	43 ( ) Et il rencontre Philippe et il lui dit : « *Suis-moi.* »
41 Celui-ci rencontre en premier son frère Simon et lui dit : « *Nous avons trouvé* le Messie. »	45 Philippe rencontre Nathanaël et lui dit :
	« Celui dont Moïse a écrit dans la Loi ( ), *nous l'avons trouvé :* Jésus, le fils de Joseph, de Nazareth. »
42 Il le mena à Jésus. L'ayant regardé, Jésus dit : « Tu es Simon, le fils de Jean, tu t'appelleras Céphas. »	46 «... Philippe lui dit : « Viens et vois. »
	47 Vit Jésus Nathanaël venant à lui et il dit à son sujet : « Voici vraiment un Israélite ( ). »

Les vv. 37 et 43b contiennent tous deux le thème typique qui marque la qualité de « disciple » : suivre Jésus. Les vv. 41 et 45 sont en parallélisme évident, malgré l'inversion du verbe « nous avons trouvé » et de son complément direct. Les vv. 42a et 46b indiquent explicitement ou implicitement qu'André d'une part, Philippe de l'autre, conduisent leur compagnon vers Jésus. Le parallélisme entre les vv. 42b et 47 est encore très net : Jésus regarde ou voit celui qui vient vers lui et prononce une parole à son sujet, qui définit sa véritable personnalité. Les deux sections du récit sont donc bien en partie parallèles.

2. Le fait littéraire que nous venons de relever n'est évidemment pas suffisant pour nous permettre de conclure que nous sommes en présence de deux niveaux rédactionnels différents. Un même auteur aurait pu rédiger un récit composé de deux volets parallèles. Mais des arguments stylistiques viennent appuyer l'hypothèse de deux niveaux rédactionnels différents.

a) Dans la section précédente, nous avons vu que les vv. 29 et 35-36 formaient un doublet ; nous avons attribué le v. 29 au Document C et les vv. 35-36 à Jean II-A. Or, dans la section dont nous nous occupons maintenant, les deux versets parallèles 42b et 47 offrent les mêmes variantes de style que les vv. 29 et 35-36 :

Jn **1**	Jn **1**
29 ( ) Il voit Jésus venant vers lui et il dit : « Voici... »	36 ... et ayant regardé Jésus passant, il dit : « Voici... »
47 Vit Jésus Nathanaël venant vers lui et il dit à son sujet : « Voici... »	42 L'ayant regardé, Jésus dit : « Tu es Simon... »

Les vv. 29 et 47 ont exactement même structure et doivent appartenir au même niveau rédactionnel : le Document C. En reprenant le v. 29, Jean II-A (cf. v. 36) remplaça la formule « Il voit... et il dit » par « ayant regardé, il dit ». Or, on trouve un changement identique entre les vv. 47 et 42 : « Vit Jésus... et il dit » « L'ayant regardé, Jésus dit ». Au v. 36 comme au v. 42, nous avons le participe aoriste du verbe *emblepein* (« regarder »), verbe qui ne se lit qu'ici chez Jn. On est donc en droit de conclure que, comme le v. 36 est une « relecture » du v. 29, de même le v. 42 est une « relecture » du v. 47 et doit être attribué à Jean II-A. Les vv. 47 et 42 appartiennent à deux niveaux rédactionnels différents.

b) Au v. 45, pour dire « fils de Joseph » on a la formule grecque *hyion tou Iôsèph* ; contrairement à ce que l'on aurait attendu, le mot « fils » n'a pas l'article tandis qu'il se trouve devant le nom propre « Joseph ». On trouvera une construction grammaticale analogue en Jn **4** 6, texte que nous attribuerons au Document C : « la source de Jacob » (*pègè tou Iakôb*). On opposera cette construction à celle de Jn **6** 42, de Jean II : « Jésus, le fils de Joseph » (*Ièsous ho hyios Iôsèph*) ; l'article se trouve devant le mot « fils » et non devant le nom propre. Dans la section qui nous occupe, à la structure grammaticale de **1** 45 on opposera celles de **1** 42 : « Simon, le fils de Jean » (*ho hyios Iôannou*), et de **1** 40 : « André, le frère de Simon-Pierre » (*ho adelphos Simônos*), où l'article se trouve devant le premier mot, comme en **6** 42. Ceci confirmerait que **1** 45 remonte au Document C, comme **4** 6, tandis que **1** 40.42 serait de Jean II, comme **6** 42.

Ces indices littéraires invitent à attribuer à deux niveaux rédactionnels différents les deux sections de même structure **1** 37-42 et **1** 43-49, la vocation d'André et de Simon-Pierre d'une part, de Philippe et de Nathanaël d'autre part. Le récit de la vocation de Philippe et de Nathanaël fut rédigé au niveau du Document C, celui de la vocation d'André et de Pierre par Jean II-A. Toutefois, contrairement à ce qui s'est passé pour la section **1** 29-36, il ne semble pas que Jean II-A ait *remplacé* le texte du Document C par sa nouvelle rédaction ; nous croyons plutôt qu'il avait gardé le texte de ce Document, mais en le faisant précéder d'un développement nouveau, la vocation d'André et de Pierre, calqué sur le texte primitif.

Ces conclusions seront confirmées lorsque nous ferons le commentaire des récits. Nous verrons en effet que Jn **1** 43.45-49 est fortement influencé par la pensée samaritaine, mais que cette influence fait défaut aux vv. 37-42.

3. Voici quelles sont les caractéristiques stylistiques de cette troisième partie du récit.

a) Dans le texte du Document C, outre le nom de Nathanaël (A 49, aux vv. 45, 46, 47, 48 et 49), on relève comme caractéristiques ; au v. 46 : « De... y avoir (= être) » (C 18), « Philippe lui dit » (C 12) ; au v. 47a : « il dit à son sujet » (C 81), « voici » (C 77), « vraiment » (C 69) ; au v. 48 : « Nathanaël lui dit » (C 12), « d'où » (C 76), « répondit et dit » (B 6) ; au v. 49 : « répondit » (B 74), « roi », dit de Jésus (C 19).

b) Dans le texte de Jean II-A, les caractéristiques stylistiques sont les suivantes. Au v. 38 : « Que cherchez-vous » (A 59*), « Rabbi » (C 35*), « où » (F 13). Au v. 39 : « venez... ils vinrent donc » (B 24), « donc... et... et... » (A 13), « où » (F 13). Au v. 40 : « Simon-Pierre » (B 32), « un des deux » (C 75*), « qui avait entendu de » (C 38*). Au v. 41 : « son frère » (C 53*), « Messie » (A 145*). Au v. 42 : « Simon, le fils de Jean » (A 97* ; la forme est légèrement différente de ce qu'elle sera au niveau de Jean II-B).

Au v. 38, la phrase « Jésus, s'étant retourné et... ayant vu... leur dit » ressemble à celle de Jn **6** 5, que nous attribuerons il est vrai à Jean II-B : « Ayant donc levé... Jésus, et ayant vu... dit à Philippe. »

III. LE SENS DES RÉCITS

A) LE RÉCIT DU DOCUMENT C

3 23 Or était ( ) Jean baptisant à Aenon près de Salim ( ) et ils arrivaient et ils étaient baptisés.

25 Il y eut une discussion entre les disciples de Jean et des Juifs à propos de purification.

1 19 Et ( ) les Juifs de Jérusalem envoyèrent des prêtres et des lévites afin de l'interroger :

21 ( ) « Es-tu le Prophète ? » Et il répondit : « Non. »

25 Et ils l'interrogèrent : « Pourquoi donc baptises-tu, si tu n'es pas ( ) le Prophète ? »

26 Jean leur répondit en disant : « ( ) Au milieu de vous se tient quelqu'un que vous ne connaissez pas ;

31 moi non plus je ne le connaissais pas, mais pour qu'il fût manifesté à Israël, pour cela je suis venu, moi, baptisant.

32 ( ) (Et) j'ai vu l'Esprit descendre du ciel ( ) et il demeura sur lui.

29 ( ) (Et) il voit Jésus venant vers lui et il dit : « Voici l'Agneau de Dieu qui enlève le péché du monde. »

43 ( ) Et (Jésus) rencontre Philippe et il lui dit : « Suis-moi. »

45 Philippe rencontre Nathanaël et lui dit : « Celui dont Moïse a écrit dans la Loi ( ), nous l'avons trouvé : Jésus, le fils de Joseph, de Nazareth. »

46 Et Nathanaël lui dit : « De Nazareth, peut-il y avoir quelque chose de bon ? » Philippe lui dit : « Viens et vois. »

47 Jésus vit Nathanaël venant vers lui et il dit à son sujet : « Voici vraiment un Israélite ( ). »

48 Nathanaël lui dit : « D'où me connais-tu ? » Jésus répondit et lui dit : « Avant que Philippe ne t'appelle, comme tu étais sous le figuier, je t'ai vu. »

49 Nathanaël lui répondit : « ( ) Tu es le roi d'Israël. »

Ce récit comprend deux parties nettement distinctes. La première concerne Jean-Baptiste et le sens du baptême qu'il administre ; elle se termine en 1 29. La seconde raconte la vocation par Jésus de deux de ses disciples : Philippe et Nathanaël (1 43.45-49). Ces deux parties sont liées entre elles. Jean lui-même déclare que son baptême a pour but de manifester Jésus à Israël (1 31) ; finalement, Nathanaël proclame que Jésus est le roi d'Israël (1 49). Les deux scènes sont donc en relation étroite avec la destinée d'Israël. Or, nous allons le voir, le terme de « Israël » doit être pris ici dans un sens restreint ; il désigne ce qui fut jadis le royaume du nord, ce qui était devenu à l'époque du Christ la Samarie. Les deux parties du récit ont une perspective nettement « samaritaine ».

1. JEAN ET LE BAPTÊME QU'IL ADMINISTRE

Au niveau du Document C, l'évangile commençait par une présentation du Baptiste et de son activité baptismale analogue à celle qui se lit dans la tradition synoptique, mais plus sobre et probablement plus archaïque. On comparera plus spécialement Jn 3 23 à Mc 1 4-5 : « Il y eut Jean le Baptisant dans le désert... Et sortaient vers lui... et ils étaient baptisés dans le fleuve Jourdain. »

Malgré la parenté des textes, celui du Document C offre cependant une particularité remarquable. Tandis que, dans la tradition synoptique, Jean baptisait dans le Jourdain, le texte johannique nous le montre « baptisant à Aenon près de Salim » (3 23). Est-il possible de préciser où se trouvait ce lieu ? Le nom propre « Aenon » n'est que la transcription grecque d'un mot araméen signifiant « sources » ; Jean baptisait donc au lieu dit « Les Sources ». Cette appellation suppose évidemment la présence de sources abondantes. Une tradition, attestée dès le quatrième siècle et suivie assez couramment encore aujourd'hui, place Aenon dans la vallée du Jourdain, à une trentaine de kms au sud du lac de Tibériade. Il y a là effectivement des sources nombreuses, mais rien, dans la toponymie actuelle, ne vient justifier cette localisation influencée probablement par la tradition synoptique qui place au Jourdain l'activité baptismale de Jean. En revanche, il est certain que, dès le deuxième siècle avant notre ère, il existait une ville de Salem située à moins de 5 kms à l'Est de Sichem (près de la moderne Naplouse) qu'elle avait même supplantée en importance. Cette ville de Salem est attestée, par exemple, en Gn 33 18-19 selon le texte de la Septante : « Et (Jacob) vint à Salem, ville des Sichémites qui se trouve en terre de Canaan... et il acheta la portion de champ où il dressa sa tente... » Notons en passant que cette « portion de champ » n'est autre que le « terrain » donné par Jacob

à son fils Joseph dont il sera parlé en Jn 4 5 (cf. Gn 48 22 ; Jos 24 32) et où se trouvait le « puits de Jacob » près duquel Jésus va rencontrer la Samaritaine (Jn 4 6) ; on verra, à la note § 81, qu'il y a un lien étroit entre l'activité du Baptiste à Aenon et l'entretien de Jésus avec la Samaritaine. Il existait donc, à l'époque du Christ, une ville de Salem, située non loin de l'ancienne Sichem et dont le nom s'est conservé dans l'actuel village arabe de Salim.

D'autre part, à environ 9 kms au nord de Salim, jaillissent les sources très abondantes du wadi Fâr'ah qui donnent naissance au seul cours d'eau permanent qui descend des montagnes de Judée-Samarie vers la vallée du Jourdain. A 4 ou 5 kms au nord-est de ces sources se trouvent des ruines qui portent le nom de Aenon. Or, à l'emplacement de ces ruines, il n'y eut certainement jamais de sources ! On est donc en droit de penser que le site de Aenon (= Les Sources) s'est transféré, des sources elles-mêmes, jusqu'aux ruines actuelles ; à une époque qu'il est difficile de préciser, les habitants de Aenon ont dû émigrer à quelques kms des sources, et plus haut, afin d'y trouver un site plus salubre ; encore actuellement, les sources du wadi Fâr'ah sont connues pour leur insalubrité (malaria). Selon toute vraisemblance, donc, les sources du wadi Fâr'ah s'appelaient jadis « Aenon », « Les Sources » ; elles étaient situées à moins de 10 kms de la petite ville de Salem ; c'est là qu'il faudrait placer « Aenon près de Salim » dont parle Jn 3 23, comme le reconnaissent un bon nombre d'auteurs modernes (Albright, P. Winter. J.A.T. Robinson, F.M. Abel).

Jean exerçait donc son activité baptismale en pleine Samarie, à quelques kms seulement du puits de Jacob où Jésus va rencontrer la Samaritaine (4 6 ss.). Ceci nous explique la tonalité « samaritaine » de la suite du récit du Document C.

2. POURQUOI JEAN BAPTISE-T-IL ?

a) Jean baptisait à Aenon près de Salim, et beaucoup de gens venaient recevoir de ses mains le baptême (Jn 3 23). Ce mouvement de foules, à caractère nettement religieux, étonne et peut-être scandalise des Juifs qui se trouvaient là : il y avait en effet inimitié entre Juifs et Samaritains car ces derniers avaient abandonné la pureté du culte primitif en se laissant contaminer par des cultes importés de l'étranger (cf. 2 R 17 24 ss.). Pour des Juifs, quelle valeur pouvait avoir un mouvement religieux naissant dans ces milieux à demi paganisés ? Il y eut donc, nous dit le récit du Document C, « une discussion entre les disciples de Jean et des Juifs à propos de purification » (Jn 3 25). Que faut-il comprendre ici par « purification » ? Très probablement le baptême même que Jean administrait. D'après les Synoptiques, en effet, Jean « prêchait un baptême de repentir pour la rémission des péchés » (Mc 1 4 ; Lc 3 3 ; cf. Mt 3 2). Le baptême de Jean « purifiait » les hommes de leurs péchés grâce à la conversion qu'il provoquait (cf. Mc 1 5c ; Mt 3 6.8 ; Lc 3 10-14). C'est probablement cette valeur purificatrice du baptême de Jean que contestent les Juifs. A leurs yeux, il est inconcevable qu'un mouvement religieux authentique puisse avoir son origine en Samarie.

b) Informés de ce qui se passe à Aenon, les Juifs de Jérusalem, grands prêtres et Pharisiens, les véritables chefs religieux du peuple juif, envoient une délégation auprès du Baptiste afin d'enquêter sur ce baptême qui attire tant de foules (Jn **1** 19). Cette délégation est composée de prêtres et de lévites, personnages qui n'apparaissent qu'ici dans l'évangile de Jn. Pourquoi envoyer des prêtres accompagnés de lévites ? Précisément parce qu'il s'agissait du baptême de Jean considéré comme rite de purification (**3** 25). Tout ce qui touchait à des questions de « purification » était en effet du ressort des prêtres (cf., par exemple, Lv **14** 1-32). Ils sont chargés de s'informer sur le véritable sens du baptême que Jean administre.

c) Puisque Jean se pose en réformateur religieux, instituant un nouveau rite de purification par le baptême qu'il administre, il doit avoir reçu de Dieu un mandat spécial. Les prêtres, sans s'embarrasser de questions secondaires, vont donc directement à l'essentiel et demandent à Jean : « Es-tu le Prophète ? » (**1** 21). Ils ne lui demandent pas s'il est un prophète quelconque (cf. Mc **8** 28), mais s'il est le Prophète par excellence. Ils font allusion, sans aucun doute, à ce Prophète que Dieu avait promis d'envoyer à son peuple comme un nouveau Moïse : « Et Yahvé dit : Ils ont bien parlé. Je leur susciterai, du milieu de leurs frères, un prophète semblable à toi (Moïse), je mettrai mes paroles dans sa bouche et il leur dira tout ce que je lui ordonnerai » (Dt **18** 17-18). Jean-Baptiste ne se considérerait-il pas comme ce Prophète ?

Mais pourquoi les envoyés des Juifs font-ils allusion à cette attente d'un prophète semblable à Moïse ? Parce que Jean-Baptiste exerce son activité en Samarie, et que l'attente d'un tel Prophète revêtait une importance particulière chez les Samaritains. En effet, ils ne reconnaissaient comme Écriture inspirée que les cinq premiers livres de la Bible, attribués à Moïse : le Pentateuque. C'est donc dans un de ces livres qu'ils devaient chercher le fondement de leur espérance messianique, et ils l'avaient trouvé précisément dans la prophétie de Dt **18** 18. Ce texte revêtait une telle importance pour eux qu'ils le lisaient deux fois dans leur Pentateuque ; ils avaient en effet ajouté le texte de Dt **18** 17-22 après Ex **20** 22, comme une sorte de prolongement du texte énonçant les dix commandements de Dieu (Ex **20** 1-17). On peut donc dire que l'attente messianique des Samaritains était entièrement centrée sur le texte de Dt **18** 18 ; ils vivaient dans l'espérance de la venue du Prophète semblable à Moïse, le *Taheb* comme ils l'appelaient. Même si certains écrits rabbiniques présentent la libération future du peuple de Dieu comme un nouvel Exode et comparent le Messie à Moïse, cette représentation du Messie n'était pas exclusive, comme chez les Samaritains, ni même prépondérante. A ce point de vue, la christologie du Document C s'apparente à celle des Samaritains : le Messie y est *avant tout* présenté comme le Prophète annoncé par Dt **18** 18, comme le nouveau Moïse (Introd., 5 b-e). Cette christologie du Document C se distingue ainsi très nettement de celle du reste du NT, même si quelques rares textes y présentent Jésus en référence à Dt **18** 18 (Ac **3** 22 ; cf. **7** 37).

Mais Jean-Baptiste refuse de se considérer comme le Prophète annoncé par Dt **18** 18 (Jn **1** 21b). Les envoyés des Juifs lui demandent alors : « Pourquoi baptises-tu, si tu n'es pas ( ) le Prophète ? » (**1** 25). De quel droit Jean a-t-il pris l'initiative d'instaurer un rite nouveau de purification s'il n'est pas celui qu'attendaient les Samaritains ?

d) En **1** 26.31, le Baptiste explique aux envoyés des Juifs pourquoi il est venu baptiser : « Au milieu de vous se tient quelqu'un que vous ne connaissez pas ; moi non plus je ne le connaissais pas, mais pour qu'il fût manifesté à Israël, pour cela je suis venu, moi, baptisant. » Ce « quelqu'un » mystérieux dont parle Jean, c'est évidemment Jésus. Il est encore un inconnu, au moins en tant que Messie : inconnu des foules et de Jean lui-même. Mais Jean est venu justement pour le faire sortir de son anonymat et le « manifester » à Israël. On a là un thème courant dans la littérature juive contemporaine du NT. Le Messie devait rester caché, ignoré de tous, jusqu'au jour où il serait manifesté au peuple par suite d'une intervention divine. De nombreux textes nous rapportent ces traditions qui s'étaient d'ailleurs développées selon des lignes diverses (cf. le commentaire de Jn **7** 26-27) ; citons un des plus clairs, tiré du Dialogue avec Tryphon, de s. Justin. Tryphon, ce Juif avec qui dialogue Justin, lui dit : « Mais le Christ, à supposer qu'il soit né et qu'il existe quelque part, c'est un inconnu, il ne se connaît même pas lui-même ; il n'a aucune puissance tant qu'Élie n'est pas venu l'oindre et le manifester à tous » (Dial 8 4). Et Justin rapporte encore cette opinion des Didascales : « S'il en est qui disent que le Messie est venu, on ne sait qui il est ; c'est seulement lorsqu'il se manifestera dans la gloire qu'alors on saura qui il est » (Dial 110 1). Jean-Baptiste est donc celui qui a été envoyé par Dieu afin de « manifester » Jésus « à Israël ». Le baptême qu'il administre a pour but de préparer les cœurs à recevoir « le Prophète » (cf. Ml **3** 23-24) ; le rassemblement des foules qu'il provoque sera l'occasion propice à cette manifestation.

3. LA MANIFESTATION DU MESSIE

En tant que Messie, Jésus était inconnu, non seulement des foules (**1** 26), mais encore du Baptiste lui-même (**1** 31). Pour que Jean pût le manifester à Israël, il était donc nécessaire qu'un « signe » le lui fît connaître. Le Baptiste va maintenant expliquer quel fut ce signe (**1** 32b), puis il manifestera Jésus (**1** 29).

a) Le Baptiste affirme donc aux envoyés des Juifs : « (Et) j'ai vu l'Esprit descendre du ciel ( ) et il demeura sur lui » (**1** 32b). Le texte du Document C fait ici allusion à la scène du baptême de Jésus racontée par la tradition synoptique (Mc **1** 9-11 et par.). Il s'en distingue toutefois sur un point important : ce n'est pas Jésus qui voit l'Esprit descendre sur lui, c'est le Baptiste qui voit l'Esprit descendre sur Jésus. La venue de l'Esprit est un « signe », non plus pour Jésus, mais pour le Baptiste. Quelle en est la signification ? La venue de l'Esprit sur Jésus pourrait être interprétée dans une perspective strictement samaritaine. Reportons-nous en effet à la scène racontée en Nb **11** 16-17.24-25. Moïse se plaint à Dieu de ne pouvoir porter la charge du peuple qui lui a été confié (cf. **11** 14) ; Dieu lui dit alors : « Rassemble-moi soixante-dix des anciens d'Israël... Je descendrai parler avec toi ; mais je prendrai de l'Esprit qui est sur toi pour le mettre sur eux. Ainsi ils porteront avec toi la charge de ce peuple et tu ne seras plus seul à la porter » (**11** 16-17). C'est ce que va faire Moïse : « Moïse sortit pour dire au peuple les paroles de Yahvé. Puis il réunit soixante-dix anciens du peuple et les plaça autour de la tente. Yahvé descendit dans la nuée. Il lui parla et prit de l'Esprit qui reposait sur lui pour le mettre sur les soixante-dix anciens. Quand l'Esprit reposa sur eux, ils prophétisèrent... » (**11** 24-25). Un peu plus loin, Moïse dira : « Ah ! puisse tout le peuple être prophète, Yahvé leur donnant son Esprit ! » (**11** 29). Le don de l'Esprit est lié à la fonction de prophète. Moïse avait en lui cet Esprit de Dieu ; ceux qui doivent l'aider dans sa charge reçoivent aussi l'Esprit. Si Jésus à son tour reçoit l'Esprit, n'est-ce-pas parce qu'il est le nouveau Moïse, le Prophète annoncé par Dt **18** 18 ? On aura remarqué les expressions utilisées en Nb **11** 25 : l'Esprit « repose sur » Moïse et sur les anciens du peuple ; n'en aurait-on pas un écho dans la formule johannique : « (Et) j'ai vu l'Esprit descendre du ciel ( ) et *il demeura sur lui* » (**1** 32) ?

Il est possible toutefois que, déjà au niveau du Document C, la perspective strictement samaritaine ait été élargie et ait fait éclater le cadre trop strict du Pentateuque. La venue de l'Esprit sur Jésus évoquerait alors des textes tels que Is **11** 1-2 : « Un rejeton sortira de la souche de Jessé, un surgeon poussera de ses racines. Sur lui reposera l'Esprit de Yahvé... » ; Is **61** 1 : « L'Esprit du Seigneur Yahvé est sur moi, car Yahvé m'a donné l'onction... » ; et surtout Is **42** 1 : « Voici mon serviteur que je soutiens, mon élu en qui mon âme se complaît. J'ai mis sur lui mon Esprit, il présentera aux nations le droit. » Mais pour le comprendre, il faut expliquer la façon dont le Baptiste présente Jésus en **1** 29.

b) Jean voit Jésus venir vers lui et il déclare solennellement : « Voici l'Agneau de Dieu qui enlève le péché du monde » (**1** 29). Peu de textes ont fait couler autant d'encre que cette déclaration du Baptiste, très difficile à comprendre.

ba) Avant de rechercher ce que signifie l'expression « Agneau de Dieu », essayons de comprendre en quel sens il « enlève le péché du monde ». On a souvent interprété ce texte en fonction de Is **53** 12 : le Serviteur de Yahvé, qu' Isaïe vient de comparer à un agneau (**53** 7), s'est livré à la mort « parce qu'il portait le péché des multitudes ». Ce serait donc par son sacrifice d'expiation que l'Agneau de Dieu enlèverait le péché, c'est-à-dire tous les péchés particuliers commis par les hommes contre Dieu. On notera cependant que le texte johannique ne dit pas « porter » le péché, mais « enlever » le péché. Essayons alors de voir si le texte johannique ne pourrait pas s'expliquer plutôt en fonction des traditions johanniques postérieures, mais qui seraient restées dans la ligne de la tradition johannique primitive. Le mot « péché » est utilisé ici au singulier, et avec un déterminatif au génitif (« du monde ») ; un tel usage du mot « péché » est propre à Jn dans tout le NT (A 74). Or ailleurs chez Jn, ce « péché » est essentiellement le fait de rejeter le Christ, de ne pas le reconnaître comme l'envoyé de Dieu, de refuser son enseignement qu'il nous transmet de la part de Dieu (Jn **15** 22-24 ; **9** 40-41 ; **8** 21). Dans cette ligne de pensée, mais à un stade

plus archaïque, le « péché du monde » serait le fait de rejeter Dieu, ou peut-être simplement d'ignorer sa parole, sa volonté sur le monde, et donc de ne pas agir en conformité avec cette volonté. L'Agneau de Dieu enlèverait le péché du monde en apportant au monde la vraie connaissance de Dieu.

Ainsi compris, le texte johannique s'harmoniserait parfaitement à son contexte. On a vu plus haut, que, dans la première partie du récit, Jean-Baptiste niait être « le Prophète », c'est-à-dire le nouveau Moïse annoncé par Dt **18** 18, celui qu'attendaient les Samaritains. On verra plus loin que, à l'inverse, Jésus sera présenté par Philippe à Nathanaël comme ce Prophète, objet de l'attente des Samaritains (Jn **1** 45-49). Nouveau Moïse, Jésus est donc bien celui qui apporte aux hommes la connaissance de Dieu et de sa volonté sur les hommes. Il « enlève le péché du monde », c'est-à-dire l'ignorance de Dieu et de sa Parole. Dans cette perspective, on pourra se reporter à cet épisode de l'histoire de Moïse. Il est chargé par Dieu d'aller trouver Pharaon pour exiger le départ du peuple de Dieu (Ex **3** 7-12 ; **5** 1). Mais Pharaon refuse d'obéir à cet ordre de Dieu transmis par Moïse, d'où les diverses plaies qui s'abattent sur le pays d'Égypte. Alors, Pharaon reconnaît : « Cette fois, *j'ai péché* ; c'est Yahvé qui est juste, moi et mon peuple sommes coupables » (Ex **9** 27). Mais Pharaon s'endurcit dans son aveuglement, et d'autres fléaux s'abattent sur le pays. Pharaon va reconnaître à nouveau : « *J'ai péché* contre Yahvé votre Dieu et contre vous. Et maintenant, pardonne-moi *mon péché*, je t'en prie, cette fois seulement, et priez Yahvé votre Dieu qu'il détourne de moi ce fléau meurtrier » (Ex **10** 16-17). On notera au passage que, comme chez Jn, le mot « péché » est utilisé au singulier avec un déterminatif au génitif. Or, quel est le péché de Pharaon ? Comme l'a bien compris une glose du Targum Néofiti sur Ex **9** 27 : « J'ai péché parce que je me suis révolté contre la parole de Yahvé. » Il y aurait une analogie entre le péché de Pharaon dont parle Ex **10** 17 et le péché du monde dont parle Jn **1** 29 : ce serait le refus de reconnaître la Parole de Dieu.

On a dit plus haut que 1 Jn **3** 5 avait repris le thème de Jn **1** 31.29 : « Et vous savez que lui (le Christ) est apparu pour enlever les péchés. » On notera que le mot « péché » est ici au pluriel. L'auteur de 1 Jn reprend donc Jn **1** 31.29 en *développant* le thème, mais en restant fondamentalement dans la ligne de la pensée primitive. En quel sens le Christ enlève-t-il les péchés ? Le texte poursuit : « Celui qui demeure en lui ne pèche pas ». Il ne s'agit pas ici d'une expiation des péchés des hommes, mais d'un pouvoir qui leur est donné de ne plus commettre de péché. Comment ce pouvoir leur est-il donné ? Nous lisons un peu plus loin : « C'est pour détruire les œuvres du diable que le Fils de Dieu *est apparu* (cf. Jn **1** 31). Quiconque est né de Dieu ne pèche pas parce que sa semence demeure en lui ; il ne peut pas pécher parce qu'il est né de Dieu » (1 Jn **3** 8-9). Quelle est cette « semence de Dieu » qui donne aux hommes la force de ne plus pécher ? C'est la Parole de Dieu, qui leur donne d'être plus fort que le diable (1 Jn **2** 14) et qui a produit en eux une nouvelle naissance (1 P **1** 22-25 ; Jc **1** 18.21 ; cf. Jn **1** 1.12-13). C'est grâce à la Parole de Dieu que les hommes ne pèchent plus.

Malgré l'évolution du thème, on reste bien dans la ligne de pensée amorcée en Jn **1** 29.

bb) Reste le problème le plus difficile : en quel sens comprendre le titre de « Agneau de Dieu » ? Il doit se référer à un texte de l'AT, ou à des traditions juives dérivées de l'AT ; mais lequel ou lesquelles ? Plusieurs solutions peuvent être envisagées.

La première reste dans la perspective samaritaine qui est celle du récit primitif. Jésus serait appelé « Agneau de Dieu » en tant que nouveau Moïse, en accord avec une tradition juive ancienne. Voulant expliquer pourquoi Pharaon donne l'ordre de tuer tous les enfants mâles qui naîtraient aux Hébreux le targum du Pseudo-Jonathan commente Ex **1** 15 en ces termes : « Pharaon, lorsqu'il dormait, vit en songe : Voici que tout le pays d'Égypte était posé sur le plateau d'une balance, et un agneau (*talya*), le petit d'une brebis, sur l'autre plateau ; et le plateau qui portait l'agneau s'abaissait. Aussitôt, il envoya appeler tous les magiciens d'Égypte et leur raconta son rêve. Immédiatement, Yannès et Yimbrès, les chefs des magiciens, se mirent à parler et dirent à Pharaon : Un fils va naître dans la communauté d'Israël, qui détruira toute l'Égypte. » Ce fils qui va naître, c'est évidemment Moïse, comparé à un agneau qui va vaincre l'Égypte. Une telle tradition, qui est abondamment répandue dans les écrits rabbiniques, est attestée dès la fin du premier siècle par l historien Josèphe qui y fait une brève allusion, sans mentionner il est vrai le titre de « agneau » donné à Moïse (Ant. 2 **205** ; cf. R. Bloch). Puisque, dans le Document C, Jésus est le nouveau Moïse, il peut être appelé, « Agneau de Dieu », c'est-à-dire « Agneau » envoyé par Dieu.

On resterait encore dans la perspective de l'Exode si, avec nombre de commentateurs, on interprétait le titre de « Agneau de Dieu » en référence à l'Agneau pascal dont il est parlé en Ex **12**. Mais, à notre avis, il faudrait alors comprendre le texte johannique dans le sens de 1 P **1** 19-20, qui reflète probablement une tradition liturgique très ancienne. Grâce à l'Agneau « sans reproche et sans tâche » (cf. Ex **12** 5 ; 1 Jn **3** 5), les chrétiens ont été rachetés d'un monde mauvais (dont l'Égypte et Pharaon étaient le type), où ils vivaient en opposition à la Loi divine, pour être transférés dans un monde nouveau où règne la loi de l'amour fraternel (1 P **1** 22 ss.) ; ils sont passés des ténèbres du paganisme à la lumière du christianisme (1 P **2** 9-10), et c'est cela leur Exode qu'a rendu possible l'immolation de l'Agneau pascal. En ce sens, on pourrait dire que l'Agneau de Dieu a enlevé le péché du monde (Jn **1** 29).

En revanche, il faudrait faire éclater le cadre de la perspective samaritaine, restreinte au Pentateuque (cf. *supra*), si l'on admettait, avec certains auteurs, que le titre de « Agneau de Dieu » serait une mauvaise traduction d'un original araméen. Le même mot araméen *talya*, en effet, peut signifier « agneau » (cf. *supra*, le targum du Pseudo-Jonathan sur Ex **1** 15), ou « serviteur ». Il aurait fallu traduire le texte araméen « Voici le *serviteur* de Dieu qui enlève le péché du monde », en référence à Is **42** 1 : « Voici mon serviteur que je soutiens, mon élu en qui mon âme se complaît. J'ai mis sur lui mon Esprit, il présentera aux nations le droit. » La mission de ce « serviteur » est de faire connaître aux nations païennes le « droit » de Dieu : la Loi divine exprimée par sa parole et son enseignement (cf. **42** 4) ; ce serait le thème, on l'a vu, de la formule johannique « qui enlève le péché du monde », son péché d'ignorance de la Loi divine. On notera en passant l'universalisme du texte de Is **42** 1-4, qui expliquerait celui de Jn **1** 29 : par delà Israël, c'est le « monde » entier qui obtiendra la connaissance de la volonté de Dieu grâce à la révélation apportée par Jésus. Il semble que ce soit en ce sens que Jean II-B comprendra le texte du Document C, car il ajoutera le v. 34 dans lequel le Baptiste déclare : « Celui-ci est l'Élu de Dieu », en référence à Is **42** 1 (cf. *infra*). Une telle interprétation resterait d'ailleurs dans la ligne du thème « Jésus, nouveau Moïse » car il existe des similitudes frappantes entre la figure de « Serviteur de Yahvé » dont il est parlé dans le livre d'Isaïe et celle de Moïse : « Le Serviteur, comme Moïse, transmet la *Parole* de Dieu ; et comme Moïse a apporté à Israël la Torah et le *Mishpat*, le Serviteur les apporte aux nations. Comme Moïse, médiateur et homme de l'Alliance, le Serviteur est médiateur d'une Alliance qui s'étend cette fois-ci, en plus d'Israël, à l'humanité entière. L'intercession du Serviteur peut aussi être mise en parallèle avec celle de Moïse, si caractéristique, si efficace, s'exerçant, elle aussi, particulièrement pour le peuple coupable. De même que Moïse enfin, le Serviteur ne se contente pas de l'intercession, il y joint ses souffrances expiatrices et l'offrande de sa vie pour les pécheurs » (R. Bloch).

4. LA VOCATION DE DEUX DISCIPLES

Les vv. 43 et 45-49 racontent la vocation par Jésus de Philippe et de Nathanaël. Cette seconde partie du récit, comme la première, semble avoir été fortement influencée par les traditions samaritaines.

a) La vocation de Philippe est racontée de la façon la plus simple possible. Jésus rencontre Philippe et lui dit : « Suis-moi» (**1** 43). C'est l'appel classique à devenir disciple de Jésus (cf. Mt **4** 19.22 et par. ; **9**, 9 et par. ; **8** 22 et par.). Le texte ne dit même pas que Philippe ait effectivement répondu à l'appel de Jésus, mais cela ressort évidemment du contexte ultérieur. Le texte du Document C aurait-il été abrégé par Jean II-A ou Jean II-B ? C'est possible. Nous reviendrons plus loin sur la personnalité de ce Philippe.

b) Philippe rencontre ensuite Nathanaël et lui dit : « Celui dont Moïse a écrit dans la Loi ( ), nous l'avons trouvé : Jésus, le fils de Joseph, de Nazareth. » On reconnaît d'ordinaire que, en désignant Jésus par l'expression « celui dont Moïse a écrit dans la Loi », le texte johannique fait référence à Dt **18** 18 où Dieu annonce l'envoi d'un prophète semblable à Moïse. Les deux parties du récit s'opposent et se complètent. Jean-Baptiste n'est pas « le Prophète » par excellence qu'attendaient les Samaritains (**1** 21), c'est Jésus qui est ce Prophète (**1** 45).

c) En apprenant que ce Jésus dont lui parle Philippe est originaire de Nazareth, Nathanaël se montre sceptique :

« De Nazareth, peut-il y avoir quelque chose de bon ? »
(**1** 46). Ce thème sera repris aux niveaux de Jean II-A (**7** 41-42)
et de Jean II-B (**7** 52), mais dans une perspective différente,
en référence au texte de Mi **5** 1 annonçant de façon voilée
que le descendant de David serait originaire de Bethléem ;
ici, Nathanaël objecte simplement le fait que Nazareth est
une pauvre bourgade sans aucune importance ; comment
aurait-elle pu donner naissance au Prophète attendu ? Sous
cette forme, le thème est certainement plus archaïque qu'en
7 41-42 et 7 52. Philippe invite malgré tout Nathanaël à venir
voir par lui-même de qui il s'agit (**1** 46b).

En voyant arriver Nathanaël, Jésus déclare : « Voici vraiment un Israélite » (**1** 47), ou, comme on aurait dit en araméen :
« Voici vraiment un fils d'Israël. » Selon une étymologie
assez fantaisiste, et cependant très répandue chez les auteurs
anciens et connue déjà de Philon d'Alexandrie, le nom de
« Israël » aurait signifié « homme voyant Dieu ». Jésus déclare
donc que Nathanaël est un véritable « voyant Dieu », au sens
sémitique du terme : un homme qui observe parfaitement
la Loi divine. Nathanaël s'étonne : « D'où me connais-tu ? »
(**1** 48a). Jésus lui révèle alors un fait mystérieux, qu'il était
sans doute seul à connaître (**1** 48b) ; cette connaissance
surnaturelle d'une réalité cachée prouve que Jésus est réellement un prophète (cf. Lc **7** 39), et Nathanaël ne demande
pas d'autre preuve (**1** 49).

Un jeu de scène analogue se lit dans le récit de l'entretien
de Jésus avec la Samaritaine, et déjà au niveau du Document C
(note § 81). Jésus, un inconnu de passage, révèle à cette
femme qu'elle a eu cinq maris (**4** 16-18) ; il possède donc une
connaissance surnaturelle et la femme en conclut qu'il est
prophète (**4** 19). Un tel jeu de scène, incluant la reconnaissance explicite du charisme prophétique de Jésus, ne se lit
nulle part ailleurs dans les évangiles. Sur ce point, notre
récit rejoint donc un récit où, nous le verrons à la note § 81,
il s'agit de la conversion de la Samarie à la vraie foi par l'intermédiaire de Jésus. Dans les traditions johanniques anciennes
on reste dans une perspective « samaritaine ».

d) Nathanaël affirme de Jésus : « Tu es le roi d'Israël »
(**1** 49). Ici encore, on constate combien cette seconde partie
du récit s'accorde avec la première. Jean-Baptiste est venu
baptiser afin que Jésus « fût manifesté à Israël » (**1** 31) ;
le récit se termine par la proclamation que Jésus est « le roi
d'Israël » (**1** 49).

On notera par ailleurs que Nathanaël fait cette profession
de foi après que Jésus se fût manifesté comme prophète
(cf. *supra*). Il doit donc exister un lien étroit entre les deux titres
reconnus à Jésus, par Philippe d'abord, par Nathanaël ensuite :
le Prophète semblable à Moïse (**1** 45) et le roi d'Israël (**1** 49).
N'aurions-nous pas dans ce fait un écho de traditions samaritaines ? Les Samaritains tenaient en grand honneur Joseph,
le fils de Jacob, l'ancêtre de qui descendaient les tribus qui
formèrent le royaume d'Israël (opposé au royaume de Juda),
devenu plus tard la Samarie. Joseph et Moïse étaient les
deux plus grandes figures de la Bible vénérées par les Samaritains. Or, si Moïse était vénéré comme le Prophète par
excellence, Joseph était le « Possesseur » par excellence :
possesseur du mont Garizim, la montagne sacrée, mais aussi

possesseur de toute la terre d'Israël. Mais dans la langue
samaritaine, on ne distingue pas entre « possesseur » et « roi » ;
en fait, Joseph était considéré comme un roi dont la royauté
devait être restaurée un jour (cf. Gn **37** 5-11). Parmi tous
les textes samaritains qui mettent en parallèle Moïse et Joseph,
citons-en deux, spécialement intéressants car ils donnent à ces
deux personnages leurs titres respectifs : « Il n'y a personne
comme Joseph, le Possesseur (= Roi), et personne comme
Moïse, le Prophète. Tous deux ont possédé une condition
élevée : Moïse a possédé la prophétie, et Joseph a possédé
la bonne montagne (= le Garizim) ; personne n'est plus
grand que ces deux-là » (Memar Marqah 4 **12**). On lit dans
un autre texte composé par Marqah : « Et après sa mort,
il (Joseph) fut glorifié, ses ossements furent rapportés par
le grand Prophète (= Moïse ; cf. Gen **50** 25 ; Jos **24** 32)
qui avait été appelé « dieu » par Celui qui règne (cf. Ex **7** 1).
Deux hommes en qui Dieu s'est complu : Joseph le Roi
(= le Possesseur) et Moïse le Prophète » (Durran 22).

Est-ce un hasard alors si, en Jn **1** 45.49, Jésus est reconnu
successivement : comme le Prophète semblable à Moïse (**1** 45a),
le fils de Joseph (**1** 45b), le roi d'Israël (**1** 49) ? Ne serait-ce
pas en tant que « fils de Joseph » qu'il aurait droit au titre
de « roi » ? Bien entendu, ce nom de Joseph désigne avant
tout le charpentier de Nazareth dont on pensait que Jésus
était le fils ; mais n'évoquerait-il pas aussi le Patriarche dont
les Samaritains attendaient une restauration de la royauté
sur Israël ? Par-delà son sens littéral, l'expression « fils de
Joseph » ne pourrait-elle avoir un sens plus large, analogue
à l'expression « fils de David » qui se lit dans les Synoptiques
mais qui est absente de Jn ? Jean II semble l'avoir admis.
En effet, lorsqu'il place l'épisode des noces de Cana juste
après le récit de la vocation de Philippe et de Nathanaël
(**2** 1 ss.), il ajoute au texte de sa source l'intervention de la
mère de Jésus (vv. 3b-5 ; cf. note § 29) qui se termine sur
cette phrase : « Tout ce qu'il vous dira, faites-le » (**2** 5) ;
or, cette phrase est reprise de Gn **41** 55 : c'est l'ordre par
lequel Pharaon renvoie les Égyptiens à Joseph lors des sept
années de famine qui viennent de s'abattre sur l'Égypte.
Jean II veut donc insinuer que Jésus est un nouveau Joseph,
établi par Pharaon maître absolu sur tout le pays d'Égypte
(Gn **41** 41-43) parce qu'en lui résidait l'Esprit de Dieu
(Gn **41** 38 ; cf. Jn **1** 32). Une telle identification, insolite si
elle demeure isolée dans l'évangile, se comprend beaucoup
mieux si elle est préparée par le thème de la royauté du « fils
de Joseph », c'est-à-dire de l'héritier du patriarche Joseph,
en Jn **1** 45b.49.

Ainsi, en Jn **1** 45.49, le récit du Document C pourrait
contenir un thème typiquement samaritain ; Jésus serait identifié aux deux figures les plus marquantes de la théologie
samaritaine, si souvent associées dans les textes samaritains :
Moïse, le Prophète par excellence, et Joseph, le roi d'Israël.

e) Dans le récit du Document C, le terme de « Israël »
tient une place prépondérante. Si le Baptiste est venu, c'est
afin de manifester Jésus à Israël (**1** 31) ; Nathanaël reconnaît
en Jésus le roi d'Israël (**1** 49) ; Jésus dit à Nathanaël : « Voici
vraiment un Israélite » (**1** 47), ou, selon la façon de parler
sémitique, « un fils d'Israël ». Cette fréquence est d'autant

plus remarquable que le mot ne se lit ailleurs dans Jn qu'en **3** 10 et **12** 13. Certes, au temps de Jésus et souvent déjà dans la Bible, ce terme ne désignait pas seulement le royaume du Nord (qui deviendra la Samarie), mais s'appliquait à tous les Juifs dont il rappelait l'élection par Dieu ; des textes comme Dn **13** 57 indiquent cependant que la distinction pouvait encore être faite aux alentours de l'ère chrétienne : « Ainsi agissiez-vous avec les filles d'Israël, et la peur les faisait consentir à votre commerce ; mais voici qu'une fille de Juda n'a pu supporter votre iniquité. » Dans la littérature samaritaine, « Israël » désigne toujours les habitants de la Samarie, parfois en opposition explicite avec « Juda » qui est rangé parmi les nations païennes : « Yahvé appela *Israël* 'fils premier-né' ; celui qui n'écoute pas son père, *Canaan* est meilleur que lui ! Le Seigneur appela *Israël* 'fils premier-né' ; celui qui ne connaît pas la gloire, *Nimrod* est meilleur que lui !... Le Seigneur appela *Israël* 'roi' ; celui qui ne préserve pas sa royauté, *Juda* est meilleur que lui ! » (Memar Marqah **4** 10). On lit encore : « Heureux es-tu, Israël, car Yahvé est ton Dieu. Heureux es-tu, Israël, car vos Pères sont les justes ancêtres. Heureux es-tu, Israël, car le mont Garizim est le lieu où tu adores. Heureux es-tu, Israël, car Moïse, le fils d'Amram, est ton Prophète. Heureux es-tu, Israël ; qui est comme toi, le peuple délivré ? » (Memar Marqah **2** 12). Après avoir lu ces textes, ne serait-on pas tenté de donner un sens restreint au terme « Israël » en Jn **1** 31.47.49, étant donné l'insistance du récit sur le thème du Prophète semblable à Moïse (Jn **1** 21.25.45), thème central de l'espérance samaritaine ?

Cela permettrait peut-être de résoudre une des énigmes de l'évangile de Jn. Pourquoi l'expression « les Juifs » y revêt-elle si souvent un sens péjoratif et désigne-t-elle les chefs du peuple juif, ceux de Jérusalem, hostiles à Jésus ? Cette expression se lit pour la première fois en **1** 19, dans le récit du Document C : « Et ( ) les Juifs de Jérusalem envoyèrent des prêtres et des lévites pour lui demander : ( ) Es-tu le Prophète ? » Le terme de « Juif » ne devrait pas être compris en opposition au terme de « païen », mais il s'opposerait en fait à « Samaritain » ; les « Juifs » seraient les habitants de la Judée par opposition à ceux de la Samarie ; le *hoi Ioudaioi* grec devrait se traduire par « les Judéens ». Nous retrouverons ce problème spécialement à propos des chapitres **7** et **8** de Jn, où nous verrons Jésus discuter avec « les Juifs » en adoptant une théologie tellement « samaritaine » que ceux-ci finiront par lui dire : « Ne disons-nous pas avec raison que tu es samaritain ?... » (Jn **8** 48 ; cf. note § 261).

f) D'après Jn **1** 45, c'est Philippe qui annonce à Nathanaël que Jésus est le Prophète dont a parlé Moïse en Dt **18** 18. Ce disciple de Jésus ne serait-il pas identique au Philippe dont parlent les Actes des Apôtres (**8** 5 ss.) et qui fut le premier à évangéliser la Samarie ? On objectera évidemment que le Philippe de Jn **1** 43 est l'un des Douze apôtres (Mc **3** 16-19 et par. ; Ac **1** 13 ; cf. Jn **6** 5-7 ; **12** 21-22 ; **14** 8-9), tandis que le Philippe de Ac **8** 5 ss. est un des sept « Hellénistes » choisis par les Douze pour le service des tables (Ac **6** 1-6). L'objection n'est cependant pas décisive, car on ne sait rien de la façon dont les sept Hellénistes étaient devenus chrétiens

avant d'avoir été choisis par les Douze ; l'un ou l'autre aurait fort bien pu avoir été appelé directement par Jésus. Par ailleurs, les listes des « douze » apôtres de Mc **3** 16-19 et par., qui sont probablement l'écho d'une tradition déjà évoluée (cf. Synopse, tome II, note § 48, 1), peuvent avoir fait de Philippe, l'Helléniste, un apôtre au sens strict, et cela d'autant plus facilement qu'il évangélisa la Samarie ; en Ac **21** 8, il est appelé « l'évangéliste », c'est-à-dire le propagateur de l'évangile. Il ne faut pas oublier non plus que le Philippe des Actes était d'origine grecque, ou du moins avait adopté jusque dans son nom le mode de vie des Grecs (Ac **6** 1 ss.) ; or, le Philippe dont parle l'évangile de Jn était certainement lui aussi très hellénisé (Jn **12** 21). On sait enfin que Polycrate d'Éphèse, dans la seconde moitié du deuxième siècle, et peut-être déjà Papias de Hiérapolis (vers 130), identifiaient les deux Philippe, identification que semble accepter Eusèbe de Césarée. Il dit en effet de Polycrate : « Polycrate écrivit à Victor, évêque des Romains. Il mentionne également Philippe l'apôtre et ses filles en ces termes : De grands astres se sont en effet couchés en Asie... Philippe, un des Douze apôtres, qui repose à Hiérapolis, ainsi que deux de ses filles qui ont vieilli dans la virginité... » (Hist. Eccl. III 31 3). Mais ce Philippe, donné comme un des Douze apôtres, ne peut être que celui des Actes, étant donné la mention de ses filles (Ac **21** 8-9) qu'Eusèbe rappelle un peu plus loin (III 31 5) en se référant explicitement à Ac **21** 8-9. Polycrate et Eusèbe n'avaient-ils pas quelque raison de confondre les deux personnages ? Si l'on refuse cette identification des deux Philippe, il faut alors admettre un effet du hasard assez curieux : selon Ac **8** 5 ss., c'est un certain Philippe, Helléniste (Ac **6** 1-6), qui évangélisa la Samarie ; selon Jn **1** 45, un certain Philippe, proche des milieux helléniques (Jn **12** 20-21), proclame sa foi en Jésus sous une forme typiquement samaritaine !

B) LE RÉCIT DE JEAN II-A

Jean II-A reprit à peu près intégralement le texte du Document C, mais il lui fit subir les modifications suivantes. Il ajouta, en début d'évangile, une nouvelle présentation du Baptiste (**1** 6-7ac). Il remplaça les vv. 31.32b.29 par les vv. 33.35-36. Il ajouta enfin les vv. 37-42 (avec leur écho au v. 44), où sont racontées les vocations d'André et de Simon-Pierre, ce qui l'obligea à compléter le dialogue entre les envoyés des Juifs de Jérusalem et le Baptiste aux vv. 19-21 et 25. Quelle est la signification de ces divers remaniements ?

1. JEAN-BAPTISTE ET SAMUEL

a) Au niveau de Jean II-A, l'évangile commençait par ces mots : « Il y eut un homme envoyé par Dieu dont le nom (était) Jean » (Jn **1** 6). Cette phrase a même structure que celle qui ouvre le premier livre de Samuel : « Il y eut un homme de Ramatayim, un Çuphite de la montagne d'Éphraïm, dont le nom (était) Elqana » (1 S **1** 1 ; cf. *supra*, II A 1 *c ca*). Après les mots d'introduction « Il y eut un homme », on apprend l'origine de cet homme, puis son nom. Ce rapprochement entre Jn **1** 6 et 1 S **1** 1 n'est probablement pas fortuit. Elqana, présenté en 1 S **1** 1, est le père de Samuel, ce prophète chargé par Dieu, à la suite d'une révélation, de « sacrer » Saül comme « chef de mon peuple Israël » (1 S **9** 14-25) ; de même, Jean-Baptiste, présenté en Jn **1** 6, est celui qui fut envoyé par Dieu pour « manifester » Jésus « à Israël » (**1** 31), en suite de quoi Nathanaël pourra proclamer : « Tu es le roi d'Israël » (**1** 49). La mission de Jean-Baptiste, le prophète, est analogue à celle du prophète Samuel ; tous deux sont chargés de désigner et de manifester le roi que Dieu a choisi pour régner sur Israël.

b) C'est probablement pour rappeler ce parallélisme entre Jean-Baptiste et Samuel que Jean II a remplacé le v. 32b de sa source par le v. 33. Beaucoup plus clairement que dans le récit du Document C, le Baptiste explique qu'il a pu reconnaître en Jésus le Messie grâce à une révélation venue de Dieu : « Et moi je ne le connaissais pas, mais celui qui m'a envoyé baptiser, celui-là m'a dit : Celui sur qui tu verras l'Esprit descendre et demeurer sur lui, c'est lui. » De même Samuel a pu reconnaître Saül comme celui qui doit régner sur Israël grâce à une révélation venue de Dieu : « Or un jour, avant que Saül ne vint, Yahvé avait fait cette révélation à Samuel : Demain à pareille heure, avait-il dit, je t'enverrai un homme du pays de Benjamin, tu lui donneras l'onction comme chef de mon peuple Israël... Et quand Samuel aperçut Saül, Yahvé lui signifia : Voilà l'homme dont je t'ai dit : C'est lui qui jugera mon peuple » (1 S **9** 15-17).

2. LE TÉMOIGNAGE DU BAPTISTE

Après le v. 6, Jean II-A ajouta ces mots : « Celui-ci vint pour un témoignage ( ), afin que tous crussent par lui » (**1** 7). Tous ceux qui vont croire en Jésus auront leur foi fondée sur le témoignage du Baptiste.

a) Pour développer ce thème, Jean II modifie le v. 29 du récit du Document C, ce qui donne les vv. 35-36 qui introduisent immédiatement le récit de la vocation d'André et de Simon-Pierre. Au niveau du Document C, c'était seulement devant les envoyés des Juifs de Jérusalem que le Baptiste disait de Jésus : « Voici l'Agneau de Dieu qui enlève le péché du monde » (**1** 29) ; dans la rédaction de Jean II-A, les envoyés des Juifs perdent de leur importance au profit de deux disciples du Baptiste, introduits sur la scène aux vv. 35-36. En entendant Jean proclamer que Jésus est l'Agneau de Dieu, ces deux disciples se mettent à « suivre » Jésus, et donc quittent Jean pour devenir « disciples » de Jésus (**1** 37). Les deux premiers disciples de Jésus ont cru en lui grâce au témoignage du Baptiste.

b) Mais avec ces deux disciples, on est loin du « tous » annoncé en Jn **1** 7 ! Il faut donc poursuivre l'analyse du récit de Jean II-A. Des deux disciples qui suivent Jésus, l'un était André, le frère de Simon (**1** 40), et c'est l'affirmation d'André : « Nous avons trouvé le Messie » qui décide Simon-Pierre à venir à Jésus. Par l'intermédiaire d'André, la foi de Pierre en Jésus est fondée sur le témoignage du Baptiste.

Quel était le second des deux disciples qui suivirent Jésus, d'après **1** 37 ? Jean II ne le dit pas explicitement. On a souvent répondu que ce second disciple était Jean l'apôtre, qui aurait tu son nom par discrétion. Mais rien dans le texte ne favorise cette hypothèse. Le parallélisme entre les deux parties du récit, **1** 37-42 et **1** 43.45.49, invite plutôt à voir dans ce second disciple le Philippe qui va intervenir à partir du v. 43. D'ailleurs dans les traditions johanniques, Philippe et André sont à plusieurs reprises mentionnés ensemble (**6** 5-9 ; **12** 20-22), ce qui invite à les rapprocher ici aussi et à en faire les deux disciples qui, ensemble, quittent le Baptiste pour suivre Jésus. Dans cette hypothèse, la foi de Philippe en Jésus est, comme celle d'André, motivée par le témoignage du Baptiste (**1** 35-37) ; en conséquence, la foi de Nathanaël dépend du témoignage du Baptiste par l'intermédiaire de Philippe (**1** 45).

Que l'on se reporte maintenant à la scène racontée en Jn **12** 20-22. C'est par l'intermédiaire de Philippe et d'André que les « Grecs », c'est-à-dire les païens, viennent à Jésus pour le voir, et donc veulent croire en lui (voir le commentaire sur ce passage). Après avoir mené Simon et Nathanaël à Jésus, Philippe et André mènent les Grecs à Jésus. Simon et Nathanaël représentent la totalité du peuple juif alors divisé : les Judéens et les Samaritains ; les Grecs représentent le monde païen. Par l'intermédiaire de Philippe et d'André, c'est le monde entier qui va croire en Jésus grâce au témoignage initial du Baptiste.

Philippe et André apparaissent ainsi comme ceux qui mènent les autres à Jésus pour en faire des disciples. C'est la raison pour laquelle Jean II-B ajoutera la précision que Philippe était de Bethsaïde, la ville d'André et de Simon (**1** 44), précision qui sera reprise en **12** 21. Le nom « Bethsaïde » signifie « maison » ou « lieu de pêche ». Philippe et André sont ces « pêcheurs d'hommes » dont parlait Jésus en Mt **4** 19, lorsqu'il invitait André et Pierre à le suivre.

3. LA VOCATION D'ANDRÉ ET DE PIERRE

Le récit du Document C, fidèle à ses attaches samaritaines, ne racontait que la vocation de Philippe, l'apôtre de la Samarie, et de Nathanaël. Mais était-il concevable qu'un évangile destiné à un auditoire plus vaste passât entièrement sous silence la vocation de Pierre, le chef du collège apostolique ? Jean II-A voulut donc compléter le récit primitif en ajoutant un passage concernant la vocation d'André et de son frère Simon, dont Jésus changera le nom en celui de Pierre.

a) Le récit de la vocation d'André et de Simon est construit selon un schéma analogue à celui de la vocation de Philippe et de Nathanaël, de sorte que les deux récits forment deux séquences parallèles (cf. la disposition des textes, *supra* II C CC 1). Selon toute vraisemblance, Jean II-A procéda de la même façon que dans la tradition synoptique : il dédoubla le récit de sa source. Nous avons rappelé plus haut, en effet, que la tradition synoptique ancienne ne racontait que la vocation de Jacques et de Jean (Mc **1** 19-20 ; Mt **4** 21-22) et que, probablement au niveau du Mc-intermédiaire, ce récit avait été dédoublé afin d'obtenir un récit de vocation de Pierre et d'André placé *avant* celui de la vocation de Jacques et de Jean (Mc **1** 16-18 ; Mt **4** 18-20 ; cf. Synopse, tome II, note § 31).

Dans le Document C, Philippe présentait Jésus comme « celui dont Moïse a parlé dans la Loi » (**1** 45), comme le Prophète annoncé par Dt **18** 18 ; dans le passage parallèle du texte de Jean II-A, André présente Jésus comme le « Messie », le Christ (**1** 41). Les fonctions de « Prophète » semblable à Moïse et de « Messie » sont mises en parallèle, comme en **7** 40-41a, texte de Jean II-A. Les deux courants de la tradition samaritaine et de la tradition juive se rejoignent ainsi dans le récit johannique. Le terme de « Messie », en effet, simple transcription grecque du mot hébreu qui signifie « oint », désignait celui qui avait reçu l'onction royale (1 S **2** 10 ; **24** 7.11), le successeur de David (Ps **89** 21.39), le chef du nouveau peuple de Dieu (Ps **2** 2.6).

b) Jésus regarde Simon et lui dit : « Tu es Simon, fils de Jean, tu t'appelleras Céphas » (**1** 42). Le terme de Céphas est la transcription grecque du mot araméen qui signifie « rocher » (plutôt que « pierre »). Dans la tradition chrétienne primitive, Simon fut effectivement appelé Céphas ; c'est le nom qui lui est donné dans la formule kérygmatique de 1 Co **15** 5 et Paul ne le connaît presque que sous ce nom (1 Co **1** 12 ; **3** 22 ; **9** 5 ; Ga **1** 18 ; **2** 9.11.14) ; c'est plus tard que l'on a grécisé son nom en celui de « Pierre » (cf. Mc **3** 16 et par.).

Selon Mt **16** 18, ce serait seulement lors de la confession de foi de Pierre à Césarée que Jésus aurait changé son nom de Simon en celui de Pierre. Mais le récit de Mt pourrait dépendre littérairement de celui de Jean II-A. Dans les deux textes, Jésus est d'abord reconnu comme le Messie (Jn **1** 41) ou le Christ (Mt **16** 16), puis il change le nom de Simon en celui de Céphas (Jn **1** 42), ou de Pierre (Mt **16** 18). Deux indices vont dans le sens d'une priorité de Jn sur Mt. Le nom de Céphas d'abord, plus archaïque que celui de Pierre. La présence ensuite chez Mt du nom double « Simon-Pierre » (v. 16 ; cf. Jn **1** 40), ici seulement chez Mt, habituel chez Jn dès le Document C (B 32), ailleurs dans le NT seulement en Lc **5** 8, dans le récit de la pêche miraculeuse repris du Document C (note § 371).

c) L'addition du récit de la vocation d'André et de Simon a obligé Jean II-A à compléter le texte du Document C repris en **1** 21.25. Le Baptiste refuse, non seulement le titre de « Prophète » par excellence (Document C), mais encore celui de « Christ » (**1** 20 ; cf. **1** 25) qu'André va attribuer à Jésus (**1** 41). L'antithèse porte maintenant sur les deux titres : le Baptiste n'est ni le Christ ni le Prophète (**1** 20-21) tandis que Jésus est à la fois le Messie (**1** 41) et le Prophète annoncé par Moïse dans la Loi (**1** 45).

d) Jean-Baptiste nie également être Élie (**1** 21a). L'introduction de ce nom par Jean II-A peut avoir deux motifs complémentaires. Jn aurait eu la même réaction que Lc qui, lorsqu'il présente le Baptiste, a soin d'enlever tous les détails du récit de Mc (ou de Mt) qui établissent un parallélisme entre Jean-Baptiste et Élie (Synopse, tome II, note § 19, I 3 *b*) ; c'est Jésus qui doit être comparé à Élie (Lc **17** 15 qui

cite 1 R **17** 23). Jn pourrait aussi avoir été influencé par le texte du Document A attesté en Mc **8** 28-29 (cf. Mc **6** 14b-15), où se succèdent les expressions « Jean le Baptiste » « Élie » « un des prophètes » « le Christ ».

4. La condition du disciple

a) Dans l'évangile de Jn, les personnages mis en scène sont des personnages réels, mais qui revêtent souvent une portée symbolique. C'est ce qui se passe ici. En lisant ces récits de vocation, on est frappé par le schématisme, qui évite tout détail qui ne serait pas essentiel. Ainsi, en **1** 39, Jean II-A note simplement que les deux disciples suivirent Jésus et « demeurèrent près de lui ce jour-là ». Dans son commentaire, le P. Lagrange fait remarquer : « Quand nous voudrions tant savoir ce qui s'est dit, Jo. le tait et insiste sur des minuties. » Mais n'aurions-nous pas précisément dans ce fait la clef qui permet de comprendre le sens profond de toute la scène ? Jean II ne raconte pas l'entretien que Jésus eut avec les deux premiers disciples ; il ne nomme pas le lieu où Jésus demeurait, bien qu'il ait rapporté la question des disciples : « Où demeures-tu ? », et la réponse de Jésus : « Venez et voyez. » Pourquoi agit-il ainsi ? Parce que ces détails n'ont pour lui aucune importance. Ce qui importe à ses yeux, c'est le simple fait qu'André et son compagnon suivent Jésus, parviennent là où Jésus demeure et finalement demeurent avec lui. Le caractère dépouillé du récit, qui fait abstraction de toutes les contingences que nous aurions attendues, indique que ces contingences ne comptent pas. Donc, l'événement raconté, parce qu'il est dépouillé de ces contingences, doit avoir une portée générale, une valeur en soi. Dans la vocation des deux premiers disciples, Jean II voit le type et le modèle de toute vocation à devenir disciple de Jésus ; et, comme le notait Bultmann, la première parole de Jésus dans l'évangile : « Que cherchez-vous ? », est la première question que posera Jésus à tous ceux qui voudront le suivre pour devenir ses disciples.

Or, si l'on fait abstraction des formules de remplissage, les faits essentiels du récit peuvent se grouper en deux thèmes complémentaires. D'une part, André et son compagnon, Philippe, *suivent* Jésus et veulent voir *où il demeure* ; ils le suivent et, finalement, *ils demeurent avec lui* (**1** 37-39). D'autre part, Jésus leur demande « *Que cherchez-vous ?* » (**1** 38) ; or André et Philippe reconnaîtront qu'*ils ont trouvé* le Messie (**1** 41), celui dont Moïse a écrit dans la Loi (**1** 45). Il faut « chercher » Jésus pour le « trouver ». En d'autres termes, « suivre » et « chercher » sont les deux conditions pour être disciple de Jésus ; le « trouver » et « demeurer » avec lui, c'est la récompense de ceux qui ont su le chercher et le suivre. L'exégèse que nous proposons ici est confirmée par Jn **7** 33-36, texte dans lequel Jean II-B présente les Juifs comme des « anti-disciples », comme le type de ceux qui refusent d'être disciples de Jésus. Jésus leur prédit : « Vous me chercherez et vous ne me trouverez pas, et où je suis vous ne pouvez pas venir. » Sur les harmoniques de ce thème, voir Introd., 7 a.

b) Dans la perspective de cette définition du « disciple », on peut se demander si Jean II-A n'aurait pas donné une valeur symbolique au nom de « Nathanaël » qu'il recevait du récit du Document C (**1** 45 ss.). Ce nom, en effet, signifie en hébreu « Dieu a donné ». Or, pour Jean II, les disciples de Jésus lui ont été « donnés » par son Père ; cela est si vrai que les disciples sont souvent désignés par l'expression « ce que le Père m'a donné » (**6** 37.39 ; **17** 2.6.24 ; cf. **3** 27). Il est difficile de ne pas voir un lien entre le nom de « Nathanaël » et cette façon de désigner les disciples. Nathanaël serait donc le type du disciple en tant qu'il a été donné à Jésus par Dieu.

C) LES ADDITIONS DE JEAN II-B

C'est Jean II-B qui donna au récit sa physionomie actuelle. Jean III n'y ajoutera qu'une glose de minime importance. Quelles furent les intentions de Jean II-B ?

1. HARMONISATION AVEC LES SYNOPTIQUES

a) Dans le récit primitif, et encore au niveau de Jean II-A, Jean-Baptiste exerçait son activité à Aenon près de Salim qui se situait, nous l'avons vu, en pleine Samarie. Mais d'après la tradition synoptique, Jean baptisait dans le Jourdain (Mc **1** 4-5 et par.). Pour harmoniser sa rédaction avec la tradition synoptique, Jean II-B supprima du présent récit la mention de Aenon près de Salim, qu'il transféra ailleurs (Jn **3** 23.25), et la remplaça par la notice de **1** 28 : « Cela se passa à Béthabara, au delà du Jourdain, où Jean baptisait. » On retrouvait ainsi la région du Jourdain comme lieu de l'activité du Baptiste.

aa) Comme souvent chez Jn, ce lieu aurait une valeur réelle et symbolique. Son nom signifie « lieu du passage » et le site devait commémorer le passage du Jourdain par les Hébreux, à la fin de l'Exode, en face de Jéricho. Mais le Baptiste reste en deçà du Jourdain ; il ne participe pas encore au nouvel Exode du peuple de Dieu. C'est Jésus seul qui doit inaugurer ce nouvel Exode, d'abord en se faisant baptiser dans le Jourdain, ensuite en « passant de ce monde vers le Père » (Jn **13** 1 ; voir note § 316).

ab) Jean II-B adopte donc deux localisations différentes pour l'activité baptismale de Jean : Béthabara près du Jourdain (**1** 28) et Aenon près de Salim (**3** 23). On notera que, au niveau de Jean II-B, on obtient alors deux séries parallèles qui commencent toutes deux par une description de l'activité baptismale de Jean (**1** 19-28 ; **3** 23-30) et se terminent par l'arrivée de Jésus à Cana de Galilée, où il effectue un miracle (**2** 1 ss. ; **4** 46 ss.). Ces deux séries parallèles impliquent un voyage de Jésus vers la Galilée ; dans la première série, Jean II-B l'a indiqué en ajoutant au récit primitif le v. 43a du chap. **1** : « Le lendemain, il voulut partir pour la Galilée » ; dans la seconde série, ce voyage est indiqué en **4** 3.43.

ac) Ajoutons un détail. En **3** 23, c'est Jean II-B qui ajouta la précision concernant Aenon : « car il y avait là beaucoup d'eau. » Écrivant pour des gens qui ne connaissent pas la Palestine, il ajoute des détails qui aident à l'intelligence du texte.

b) Dans la tradition synoptique, Jean-Baptiste est comparé à la « voix de celui qui crie dans le désert : Préparez le chemin du Seigneur, rendez plats ses sentiers » (Mc **1** 3 et par.). Cette référence à l'oracle de Is **40** 3 n'avait pas de place dans le récit de la tradition johannique primitive, puisque le Baptiste exerçait son activité en Samarie, et non dans le désert. Mais ayant replacé l'activité de Jean dans la région du Jourdain (Jn **1** 28), Jean II-B peut incorporer à son évangile l'identification du Baptiste avec la « voix de celui qui crie dans le désert... » (**1** 23). C'est même le Baptiste lui-même qui se désigne comme cette voix ! On notera que Jean II-B simplifie la citation d'Isaïe en écrivant simplement « Aplanissez le chemin du Seigneur ».

Le v. 22, ajouté par Jean II-B, est un simple verset de transition destiné à préparer l'addition du v. 23. Le v. 24 est aussi un verset de transition destiné à renouer le fil du récit ; mais Jean II-B y introduit la mention des Pharisiens, qu'il identifie aux « Juifs » du récit primitif (**1** 19) ; sur cet intérêt de Jean II-B pour les Pharisiens, voir Introd., 6 z.

L'addition de la citation d'Is **40** 3, faite ici par Jean II-B sous l'influence de la tradition synoptique, est probablement liée au fait que notre auteur place l'expulsion des vendeurs du Temple peu de temps après, lors de la première Pâque du ministère de Jésus (Jn **2** 13 ss.). L'oracle d'Is **40** 3, en effet, a son parallèle en Ml **3** 1 : « Voici que je vais envoyer mon messager, pour qu'il prépare un chemin devant moi. Et soudain, il entrera dans son Temple, le Seigneur que vous cherchez ; et l'Ange d'Alliance que vous désirez, le voici qui vient, dit Yahvé Sabaoth. » Au niveau de Jean II-B, Jean-Baptiste est venu préparer le chemin devant Jésus, en qui réside le Nom de Yahvé (cf. note §§ 257-260, III B 3 *c cb* et 4), et c'est ce Jésus qui, représentant de Yahvé, va entrer dans son Temple (Jn **2** 14 ss.). Il est venu préparer le chemin en appelant les hommes à la pénitence (cf. Ml **3** 23-24). Sur ce problème, voir note § 77-A, II C 1.

2. LE BAPTISTE ET JÉSUS

Jean II-B ajouta au récit de ses sources le v. 30, dans lequel le Baptiste déclare au sujet de Jésus : « C'est de lui que j'ai dit : Derrière moi vient un homme qui est passé devant moi, parce qu'avant moi il était. » Il se réfère à la parole qu'il a prononcée, d'après les Synoptiques, pour annoncer la venue de Jésus : « Vient le plus fort que moi, derrière moi, dont je ne suis pas digne... de délier la courroie de ses sandales » (Mc **1** 7). Mais cette parole est ici réinterprétée en fonction de deux thèmes johanniques.

Jean II-B précise d'abord que celui qui vient « derrière » Jean est passé « devant » lui. Dans la tradition rabbinique, dont on trouve des échos dans la tradition synoptique, c'était le propre du disciple de marcher « derrière » son Maître (Mc **1** 17. 20 ; **8** 34 ; Lc **14** 27). En disant : « Derrière moi vient un homme qui est passé devant moi », le Baptiste ne voudrait-il pas signifier que, jusqu'ici, Jésus était son disciple, mais que les rôles sont maintenant inversés : Jésus devient le Maître qui marche devant, et Jean-Baptiste s'efface pour passer au rang du disciple ? Exprimé au moyen d'une image différente, c'est probablement le thème que l'on a en Jn **3** 30, également de Jean II-B (note § 79, II 5).

Jean II-B donne ensuite la raison pour laquelle Jésus est passé devant Jean : « parce qu'avant moi, il était. » Ce verbe « être » à l'imparfait, rejeté en fin de phrase, a un sens très fort ; il évoque l'existence éternelle du Verbe de Dieu : « Au commencement était le Verbe, et le Verbe était auprès de Dieu, et le Verbe était Dieu » (Jn **1** 1). Sous une forme un peu différente, Jésus lui-même dira aux Juifs : « Avant qu'Abraham fût, je suis » (Jn **8** 58). En tant qu'il est la Parole de Dieu, Jésus a une existence qui transcende les catégories humaines. Avant que les hommes ne vinssent à l'existence, avant même que le monde ne fût créé, la Parole « était » (cf. Jn **17** 5). Et puisqu'il est la Parole de Dieu, à lui seul appartient maintenant de dire aux hommes quelle est la volonté de Dieu ; il est le « rabbi » par excellence, et Jean-Baptiste n'a plus qu'à s'effacer devant lui.

3. Voir et témoigner

En fusionnant les vv. 32b, du Document C, et 33, de Jean II-A, Jean II-B ajouta le v. 32a et le v. 34. Le nouveau texte se trouve ainsi encadré par un thème cher à Jean II-B ; « Et Jean témoigna : J'ai vu... » « Et moi j'ai vu et je témoigne... » Le Baptiste peut « témoigner » parce qu'il a « vu ». Jean II-B pense déjà aux chrétiens de la seconde génération, dont la foi est fondée, non plus sur la vue de ce qu'a fait le Christ, mais sur le témoignage de ceux qui ont vu ce qu'a fait le Christ. Sur ce problème, voir Introd., 5 m.

Déjà au niveau du Document C, la descente de l'Esprit sur Jésus et la Parole du Baptiste « Voici l'Agneau de Dieu qui enlève le péché du monde » (**1** 32b.29) évoquaient peut-être le texte de Is **42** 1 : « Voici mon serviteur que je soutiens, mon élu en qui mon âme se complaît. J'ai mis sur lui mon Esprit, il présentera aux nations le droit » (cf. *supra*, III A 3 *b bb*). Jean II-B accentue ce rapprochement avec Is **42** 1 en faisant dire au Baptiste : « Et moi j'ai vu et je témoigne que celui-ci est *l'Élu de Dieu* » (**1** 34). Ce titre de « Élu de Dieu » ne se lit nulle part ailleurs dans le NT, et la référence à Is **42** 1 est certaine. Pour Jean II-B, Jésus est donc le « Serviteur de Dieu » annoncé par Is **42** 1, que Dieu a « choisi » pour annoncer aux hommes la vérité de Dieu.

4. La dixième heure

Au v. 39, Jean II-B complète le texte de Jean II-A « ... et ils demeurèrent près de lui ce jour-là » en précisant : « C'était environ la dixième heure. » Pourquoi cette précision ? La « dixième heure » correspondait à quatre heures de l'après-midi, selon notre façon moderne de compter (cf. Jn **11** 9) ; on était donc vers la fin du jour puisque, pour les Juifs, chaque jour commençait au coucher du soleil. Certains commentateurs en ont conclu que l'intention de Jn était d'indiquer que la rencontre entre Jésus et les deux disciples se produisit vers la fin d'un jour ; la notice « ils demeurèrent près de lui ce

jour-là » ne pourrait alors concerner que la journée suivante, qui aurait été un sabbat, jour de repos. Mais ne vaut-il pas mieux donner à l'expression « la dixième heure » une valeur symbolique, comme aux expressions analogues « c'était environ la sixième heure » de **4** 6 et **19** 14 ? Selon une interprétation assez répandue et connue spécialement de Philon d'Alexandrie (Vit. Mosis 1 **96**), « dix » était le chiffre parfait. La « dixième heure » symboliserait donc l'heure parfaite de l'histoire du monde, celle où commence l'avènement du Royaume, lorsque Jésus recrute ses deux disciples et leur permet de « demeurer avec lui » (cf. Jn **14** 2-3, qui marquerait l'épanouissement de cette « dixième heure »).

5. En qui il n'y a pas de ruse

Au v. 47, dans le récit du Document C repris par Jean II-A, Jésus disait seulement de Nathanaël : « Voici vraiment un Israélite. » Comme on l'a noté plus haut, le terme de « Israélite », ou « fils d'Israël », signifiait le « voyant Dieu ». Nathanaël est le type de celui qui « voit Dieu », c'est-à-dire qui observe la Loi divine. Mais une telle étymologie, assez fantaisiste, ne devait plus être comprise par les lecteurs de Jean II-B. Celui-ci voulut donc expliciter le texte de ses sources en ajoutant : « en qui il n'y a pas de ruse. » Nathanaël ne cherche pas à « ruser » avec la Loi divine, à la tourner en cherchant quelque subterfuge.

6. Le Fils de Dieu et le Fils de l'homme

Enfin, Jean II-B a complété le récit de ses sources en ajoutant, d'une part la première profession de foi de Nathanaël au v. 49 : « Rabbi, tu es le Fils de Dieu », d'autre part la finale constituée par les vv. 50-51.

a) Ces deux additions semblent liées tout d'abord, comme l'a bien noté R. Brown, par leur commune référence à la scène du Baptême de Jésus racontée dans la tradition synoptique ; elles reprennent deux détails qui avaient été omis en **1** 32-34 : la mention du « ciel ouvert » (Jn **1** 51 ; cf. Lc **3** 21 et par.) et la proclamation de la voix venue du ciel : « Tu es mon Fils... » (Lc **3** 22 ; Mc **1** 11 ; cf. Jn **1** 49).

b) Elles sont liées également par leur contenu christologique. Il est vrai que l'interprétation du v. 51 est difficile. On reconnaît aujourd'hui que la parole de Jésus rapportée dans ce verset, au moins sous sa forme actuelle, fait allusion à Gn **28** 12, texte qui raconte un songe de Jacob à Béthel : « Voilà qu'une échelle était dressée sur la terre et que son sommet atteignait le ciel, et les anges de Dieu y montaient et y descendaient. » Dans le texte johannique, les anges de Dieu « montent et descendent » au-dessus du Fils de l'homme, et non sur l'échelle. Mais le sens fondamental de la vision réside dans le mouvement des « anges de Dieu », qui représentent Dieu lui-même, ou la gloire divine, qui va reposer sur le Fils de l'homme. Voici dès lors comment on pourrait comprendre l'addition faite par Jean II-B. Nathanaël vient de proclamer que Jésus est « le Fils de Dieu » parce que Jésus lui a révélé un fait connu de lui seul (**1** 48-49). Jésus lui répond : cela a suffi pour te convaincre et te révéler ma vraie personnalité, mais tu verras plus grand encore (**1** 50). Quel sera ce « plus grand » ? La manifestation de la gloire divine à travers l'œuvre de Jésus, cette gloire qu'il tient du Père en tant que « Fils unique » (Jn **1** 14) et qui se manifestera spécialement dans les miracles qu'il accomplira. Jean II-B fera donc suivre le présent récit par celui des noces de Cana, où Jésus « manifesta sa gloire » pour la première fois (**2** 11).

c) On notera que Jean II-B a volontairement rapproché les titres en apparence opposés de « Fils de Dieu » (**1** 49) et de « Fils de l'homme » (**1** 51). Loin de s'opposer, ces deux titres, en réalité, se complètent. Le titre de « Fils de l'homme » est repris de Dn **7** 13 : « Voici, allant sur les nuées du ciel, comme un Fils d'homme. » Dans la tradition juive, ce « mouvement » du Fils d'homme fut compris de deux façons différentes : soit comme une « montée » du Fils d'homme vers Dieu, ce qui correspond vraisemblablement au texte de Daniel puisque le Fils d'homme atteint le trône de Dieu au terme de son mouvement, soit au contraire comme une « descente » du Fils d'homme sur la terre. Dans ce dernier cas, le Fils d'homme avait une origine mystérieuse, quasi divine, puisqu'il semblait venir du ciel. Dans la tradition johannique, le premier sens domine, et c'est pourquoi le titre de « Fils de l'homme » est ordinairement lié aux verbes « monter », « être glorifié », « être élevé » (A 41*). Mais Jean II-B adopte *aussi* la seconde interprétation, comme le prouvent des textes tels que **3** 13 : « Personne ne monte au ciel, sinon celui qui est descendu du ciel, le Fils de l'homme », ou **6** 62 : « Si donc vous voyiez le Fils de l'homme montant là où il était auparavant ! » Le Fils de l'homme peut monter vers son Père parce qu'il est venu du Père, descendu du ciel (B 94). Il a donc une origine mystérieuse, précisément en tant que « Fils de Dieu », en tant que Sagesse, ou Parole de Dieu, qui fait retour à Dieu après avoir été envoyé sur la terre (cf. Is **55** 10-11 et note § 1).

7. Le récit de Jean II-B

Jean II-B n'est pas un simple compilateur. En utilisant les matériaux qu'il trouvait dans les récits du Document C et de Jean II-A pour donner à son propre récit sa physionomie actuelle, il a obéi à des motifs très précis.

a) *La division en sept jours.*

Comme nous l'avions fait remarquer au début de cette note, la première partie du récit johannique actuel n'est pas très cohérente. Tandis que les envoyés des Juifs de Jérusalem demandent au Baptiste pourquoi il baptise puisqu'il n'est ni le Christ, ni Élie, ni le Prophète (**1** 25), celui-ci ne donne sa réponse que le lendemain (**1** 29) devant un auditoire fictif et alors que les envoyés des Juifs semblent avoir disparu de la scène : il est venu baptiser afin de manifester Jésus à Israël (**1** 31). On est alors en droit de se demander pourquoi Jean II-B a bouleversé l'ordre des textes dans toute la section qui va de **1** 26 à **1** 36. C'est, semble-t-il, parce qu'il a voulu disposer les événements du début du ministère de Jésus sur une période d'une semaine. Lui-même a pris soin de noter soigneusement

cette division en journées successives, grâce à l'adverbe « le lendemain » qui revient aux vv. 29, 35 et 43. La première journée est constituée par les vv. 19 à 28. La seconde va du v. 29 au v. 34. La troisième journée commence au v. 35 et se termine au v. 39 par la remarque : « ... et ils demeurèrent près de lui ce jour-là. C'était environ la dixième heure. » La quatrième journée comprend la vocation de Simon (vv. 40-42) ; bien qu'elle ne soit pas explicitement distinguée de la précédente, il est clair que les événements racontés ne peuvent se passer le même jour que la vocation d'André et de son compagnon puisqu'ils demeurent auprès de Jésus « ce jour-là ». La division serait plus nette si, au début du v. 40, on adoptait la leçon « au matin » au lieu de « en premier », attestée par des manuscrits de l'ancienne version latine (*e b r*) et l'ancienne version syriaque ; mais cette division demeure même si l'on préfère garder la leçon « en premier », comme on le fait d'ordinaire. La cinquième journée comprend la vocation de Philippe et de Nathanaël (vv. 43-51) ; elle est bien marquée par l'adverbe « le lendemain » placé au début du v. 43. Le récit ne comporte pas explicitement de sixième journée. C'est à la septième qu'ont lieu les noces de Cana (**2** 1-11), dont le récit commence par la donnée chronologique « le troisième jour » (**2** 1), ajoutée par Jean II-B, et qui indique que les noces de Cana eurent lieu deux jours après la dernière journée mentionnée dans le récit antérieur, celle qui commence au v. 43 (la cinquième). Si Jean II n'a pas voulu mentionner de sixième journée, c'est précisément afin de pouvoir utiliser la formule « le troisième jour », en **2** 1, qui, pour les chrétiens, évoquait le thème de la résurrection (note § 29, III C 1).

Une telle division en sept journées est évidemment en grande partie artificielle. Il faut la prendre comme Jean II-B la comprenait : non pas comme une donnée « historique », au sens moderne du mot, mais comme une manifestation de l'histoire du salut. L'évangile de Jn commence par l'expression « au commencement », qui se lit également au début du livre de la Genèse, plus précisément au début du récit de la création du monde dans le livre de la Genèse. Cette œuvre créatrice primordiale fut effectuée en sept jours (Gn **1** 1 – **2** 4) grâce à la Parole de Dieu (Jn **1** 1-3). Cette Parole s'est faite « chair », elle s'est « incarnée » en Jésus (Jn **1** 14), afin d'accomplir l'œuvre de la « nouvelle création » (cf. **2 Co 5** 17 ; **Ga 6** 15) qui, au septième jour, prendra sa forme définitive par la résurrection de Jésus (évoquée en Jn **2** 1), gage de notre propre résurrection.

b) *Les « titres » de Jésus.*

Dans cette première semaine de la vie de Jésus, Jean II-B a rassemblé comme en un bouquet les principaux « titres » qui évoquent la personnalité de Jésus (cf. Introd., 6 c).

c) *La primauté de Pierre.*

Des sept journées qui constituent la première semaine de la vie publique de Jésus, la journée médiane, la quatrième, revêt une importance particulière. Ce jour-là, nous apprenons que Jésus est le « Messie » (= « Christ »), titre essentiel pour ceux qui s'appellent « chrétiens » précisément parce qu'ils sont disciples du « Christ ». Ce jour-là également, Simon reçoit de Jésus le nom de « Pierre » : il est institué chef et fondement de l'Église. A cette journée médiane fera écho, à la fin de l'évangile, la scène racontée en **21** 15-19 : Pierre,

le fils de Jean, est institué « pasteur » du troupeau que constitue l'Église (Introd., 6 r).

Sur le sens de la glose ajoutée par Jean III au v. 45, voir *supra* II C CA.

Note § **29.** *LES NOCES DE CANA* (Jn **2** 1-12)

I. CRITIQUE TEXTUELLE

1. Le problème le plus important concerne les vv. 2 et 12. Dans le texte johannique authentique, il y était question des « frères » de Jésus, et non de ses « disciples » ; le changement de « frères » en « disciples » fut effectué par un scribe ou un réviseur évangélique, sous l'influence du v. 11. Cette conclusion, proposée par Fr. Blass au début du siècle, fut reprise par Wellhausen et Bultmann. Nous pouvons l'étayer au moyen d'arguments nouveaux.

Au v. 12, les mots « et ses disciples » sont omis par d'importants témoins du texte johannique : S 0141, une dizaine de minuscules, les meilleurs manuscrits de l'ancienne version latine (*a b e ff² l*), les versions arménienne et géorgienne (ms de Adysh), une des versions coptes (achm.), 1 ms de la version éthiopienne, Épiphane, Jérôme et probablement aussi Chrysostome, au témoignage des plus anciens témoins de son texte (à noter que D et les anciennes versions syriaques sont ici lacuneuses). Par ailleurs, les autres témoins du texte johannique ont « et ses disciples » à trois places différentes : avant ou après la mention des frères de Jésus, voire même avant « sa mère » (W), ce qui ne plaide pas en faveur de l'expression litigieuse. Enfin, le texte Alexandrin lui-même, avec P⁶⁶ et P⁷⁵, ne témoigne-t-il pas indirectement en faveur de la leçon courte ? Il a ce texte curieux : « ... lui et *sa* mère et *les* frères et *ses* disciples » ; les mots « mère » et « disciples » ont le possessif tandis que le mot « frère » a un simple article. En grec, il n'était pas nécessaire de répéter le possessif ; la formule « *sa* mère et *les* frères » pouvait se comprendre « *sa* mère et *ses* frères ». Mais dans ce cas, il ne fallait pas mettre le possessif non plus au mot « disciples » ! On a l'impression que les mots « et ses disciples » (avec le possessif) furent ajoutés à un texte qui avait seulement « sa mère et les (= ses) frères ». La mention des « disciples », au v. 12, est donc très douteuse ; elle fut probablement ajoutée par un scribe en raison du v. 11 où l'on a « et ses disciples crurent en lui ».

Au v. 2, Chrysostome et Épiphane lisaient le texte suivant : « Et fut invité Jésus aux noces, et sa mère était là, et ses frères. » C'est certainement un texte semblable que connaissait l'auteur de l'*Epistula Apostolorum* ; son témoignage est important puisqu'il nous permet de remonter jusqu'au second siècle (cf. A. Smitmans). Comme au v. 12, une forme archaïque du texte johannique mentionnait les frères de Jésus au lieu de ses disciples ; les deux variantes sont évidemment liées (cf. d'ailleurs le témoignage de Chrysostome et d'Épiphane). Que lisait-on dans l'évangile de Jn ? Si le texte primitif mentionnait les disciples, on ne voit pas pourquoi un scribe

les aurait remplacés par les « frères » de Jésus ! L'opération inverse est beaucoup plus vraisemblable ; le texte de Jn ne mentionnait que les « frères » de Jésus ; un scribe a remplacé « frères » par « disciples » en raison du v. 11 (de rédaction plus récente que les vv. 2 et 12 ; cf. *infra*).

2. Au v. 3, au lieu de la leçon courte « le vin faisant défaut », nous adopterons la leçon longue attestée par S, l'ancienne traduction latine et une note marginale de la Syriaque Harcléenne : « ils n'avaient plus de vin parce que le vin de la noce était épuisé. Ensuite » (cf. Lagrange, Bultmann, Fortna, Bible de Jérusalem). La leçon courte répond à un souci de rendre le texte johannique plus élégant, en évitant notamment la répétition des expressions « ils n'avaient plus de vin » et « ils n'ont plus de vin ». On notera de plus que la leçon longue fait commencer le v. 3b par une expression typique de Jean II-B : « Ensuite dit (la mère de Jésus) » (*eita legei*, A 108**). Puisque, on le verra plus loin, ce v. 3b est de Jean II-B, nous avons là un argument de plus pour adopter la leçon longue.

3. Au v. 11, Fortna s'efforce de reconstituer par conjecture un texte qui aurait eu cette forme : « Ce premier signe fit Jésus à Cana de Galilée... » Sans qu'il s'en doute, cette forme de texte est attestée par 3 manuscrits de l'ancienne version latine (*b r q*), la Peshitta syriaque, les versions copte et éthiopienne, et enfin Tatien (second siècle) et Épiphane. Il semble en outre que P⁶⁶ et S ont connu un texte qui avait combiné les deux leçons ; on peut donc tenir compte de leur témoignage indirect. Cette leçon se recommande du parallèle de Jn **4** 54 : « Ce deuxième signe fit Jésus... »

Voici donc les modifications que nous proposons au texte adopté dans le tome I de la Synopse :

2 Et Jésus fut invité aux noces et sa mère était là et ses frères.
3a Et ils n'avaient plus de vin parce que le vin des noces était épuisé. Ensuite...
11 Ce premier signe fit Jésus à Cana...
12 ... lui, et sa mère et ses frères, et ils restèrent là...

II. ANALYSES LITTÉRAIRES

De nombreuses études ont été consacrées à l'épisode des noces de Cana ; ce récit en effet offre des difficultés célèbres que les commentateurs se sont efforcés, en vain semble-t-il, de résoudre. La critique littéraire ne pourrait-elle pas nous aider à sortir de l'impasse ? Cette question se pose d'autant plus facilement que, on le reconnaît sans peine aujourd'hui, Jn a repris ici un récit plus ancien, étant donné la faible proportion de caractéristiques johanniques que contient le passage. C'est dans cette direction que nous allons nous engager, à la suite de Spitta et, plus récemment, de M.M. Bourke, R.J. Dillon et Fortna. Nous distinguerons un récit primitif (Document C) considérablement augmenté, d'abord par Jean II-A, ensuite par Jean II-B. Voici la distribution des textes entre les divers niveaux.

	C	II-A	II-B
1	Et,		
			le troisième jour,
	il y eut des noces à Cana de Galilée,		
2	et Jésus fut invité aux noces et sa mère était là et ses frères.		
3a	Et ils n'avaient plus de vin parce que le vin des noces était épuisé.		
3b			Ensuite, la mère de Jésus lui dit : « Ils n'ont plus de vin. »
4			Et Jésus lui dit : « Que me veux-tu, femme ? Mon heure n'est pas encore venue ? »
5			Sa mère dit aux serviteurs : « Tout ce qu'il vous dira, faites-le. »
6	Or il y avait là	six	
	(des) jarres de pierre		
			destinées à la purification des Juifs,
	contenant chacune deux ou trois mesures.		
7	Jésus leur dit : « Emplissez d'eau les jarres. » Et ils les remplirent jusqu'en haut.		
8	Et il leur dit : « Puisez maintenant (. »)	et portez au maître du repas. »	
	(Ils puisèrent)		
9		Ils en portèrent.	
		Lorsque le maître du repas eut goûté	
	(et) l'eau (était) devenue du vin (.)		
			et il ne savait pas d'où elle était, tandis que les serviteurs le savaient, qui avaient puisé l'eau, le maître du repas
10			(il) appelle le marié et lui dit : « Tout homme offre d'abord le bon vin et, lorsque l'on est ivre, le moins bon. Toi, tu as gardé le bon vin jusqu'à maintenant. »
11	Ce premier signe fit Jésus à Cana de Galilée.		
			Et il manifesta sa gloire et ses disciples crurent en lui.
12	Après cela, il descendit à Capharnaüm, lui et sa mère et ses frères, et ils demeurèrent là (.)		
			peu de jours.

A) LES ADDITIONS DE JEAN II-B

1. Au début du récit, la donnée chronologique « le troisième jour » ne se lisait certainement pas dans le récit du Document C ; elle met en effet l'épisode des noces de Cana en relation avec le contexte antérieur, qui n'existait pas au niveau du Document C. La plupart des commentateurs sont d'accord sur ce point. Il est plus difficile de préciser à quel niveau elle fut ajoutée. Nous pensons que ce fut au niveau de Jean II-B, pour des raisons théologiques qui seront exposées dans la section suivante de cette note. – En grec,

on a la formule *tèi hèmerai tèi tritèi* : le mot « jour » est suivi d'un nombre ordinal, avec répétition de l'article. Une telle structure grammaticale ne se lit ailleurs dans le NT qu'en Lc **1** 59 ; **18** 33 ; Ac **7** 8 ; 1 Co **15** 4 ; He **4** 4 ; elle est malgré tout bien en accord avec le style de Jean II (cf. la caractéristique johannique A 1*).

2. C'est aux vv. 3b-5 que se trouvent les réelles difficultés du récit. Au v. 4, Jésus rejette la demande faite implicitement par sa mère au v. 3b ; ce qui ne l'empêche pas d'accomplir finalement le miracle demandé, et sa mère elle-même comprend cette intention malgré le refus qu'elle a reçu (v. 5). Déjà Spitta proposait de supprimer du récit primitif les vv. 4 et 5. Beaucoup plus récemment, Fortna tient les vv. 3b-4 pour une addition de l'évangéliste. Nous pensons que la vraie solution est celle proposée par M.M. Bourke et reprise par R.J. Dillon : tout le dialogue entre Jésus et sa mère est un ajout et le récit primitif passait directement du v. 3a au v. 6. Selon nous, les vv. 3b-5 furent ajoutés par Jean II-B. Voici les raisons qui nous le font penser.

Dans le quatrième évangile, la mère de Jésus n'apparaît qu'à deux reprises : ici et lors de la crucifixion (**19** 25-27), au début et à la fin du ministère de Jésus. Comme le reconnaissent la plupart des commentateurs, ces deux dialogues entre Jésus et sa mère sont théologiquement liés et il semble normal de les attribuer à la même main. Mais **19** 25-27, qui met en scène également « le disciple que Jésus aimait », fut rédigé, nous le verrons, par Jean II-B, comme tous les textes où apparaît ce disciple préféré de Jésus. Nous avons donc un sérieux indice d'attribuer aussi à Jean II-B les vv. 3b-5 du récit dont nous nous occupons ici.

De nombreux indices stylistiques confirment cette hypothèse. Le v. 3b commence par une phrase que l'on devrait traduire littéralement : « Ensuite, dit la mère de Jésus à lui » (*eita legei... pros auton* ; cf. critique textuelle, *supra*). La formule « ensuite dit » est typique de Jean II-B (A 108**). Par ailleurs, la construction grammaticale *legein pros tina*, de saveur assez lucanienne (0/0/13/7/5/3), ne se lit ailleurs chez Jn qu'au niveau de Jean II-B (**3** 4 ; **4** 15.49 ; **6** 6 ; **7** 50 ; **8** 31). Le v. 4 est également de tonalité johannique, au sens strict, avec la formule « Jésus lui dit » (C 12) ; le vocatif « femme » (A 140**) ; la phrase « mon heure n'est pas encore venue » (A 67*, B 49* et B 50). – On notera enfin, au v. 5, la citation de Gn **41** 55 faite d'après la Septante. Dans la Septante, l'expression « tout ce que » est rendue en grec par *ho ean*, que le texte johannique remplace par *ho ti an*, formule que l'on retrouvera en **15** 16 dans un texte de Jean II-B. Ainsi, même en dehors de toute autre considération, le seul examen stylistique des vv. 3b-5 invite à les attribuer, non au récit primitif, mais à Jean II-B.

3. Beaucoup de commentateurs reconnaissent que, au v. 6, les mots « destinées à la purification des Juifs » sont une addition au récit primitif (Spitta, Bultmann, Fortna). Dans le texte grec, ils séparent d'ailleurs indûment, le verbe *èsan* du participe *keimenai* ; c'est la raison pour laquelle une partie de la tradition manuscrite a remplacé le participe juste après

les mots « six jarres de pierre », ou même l'a supprimé ! On notera d'ailleurs que l'expression « purification des Juifs » convient bien au style de Jean II-B (Introd., 8 c).

Nous pensons que le chiffre « six » fut aussi ajouté par Jean II-B. Le thème de l'eau destinée aux purifications des Juifs a en effet une valeur symbolique (cf. *infra*) ; c'est tout le principe des rites purificateurs du judaïsme qui est en cause, et qui doit être remplacé par un nouveau système de purification, symbolisé par le vin qui va remplacer l'eau des jarres. Mais si les rites de purification des Juifs doivent être remplacés, c'est évidemment, aux yeux de Jn, parce qu'ils sont *imparfaits*. Est-ce un hasard alors si les jarres contenant cette eau sont au nombre de « six », chiffre qui, pour Jean II, symbolise l'*imperfection* (Introd., 7 n) ? Nous pensons donc que le chiffre « six » fut ajouté en même temps que la précision « destinées à la purification des Juifs », et ajouté par Jean II-B qui s'intéresse spécialement à la symbolique des nombres.

4. Presque tous les commentateurs reconnaissent aujourd'hui que, au v. 9, les mots « et il ne savait pas d'où elle était, tandis que les serviteurs le savaient, qui avaient puisé l'eau » sont une glose tardive ; ils sont d'ailleurs mis entre parenthèses dans de nombreuses traductions. L'insertion de cette phrase assez lourde obligea le glossateur à répéter l'expression « le maître du repas » dans la dernière partie du v. 9 ; cette répétition insolite confirme que nous sommes en présence d'un texte surchargé. Nous attribuerons cette glose à Jean II-B car, on le verra dans le commentaire du texte, elle est liée à l'addition des vv. 3b-5. On notera dans cette glose les quatre caractéristiques stylistiques suivantes : « savoir d'où » (B 52), « d'où elle était » (C 40*), « savoir » (F 25), « puiser » (A 75, repris du Document C).

5. Dans le Document C, et encore au niveau de Jean II-A, l'épisode des noces de Cana était immédiatement suivi par celui de la guérison du fils du fonctionnaire royal de Capharnaüm (Jn 4 46b-54), et **2** 12 constituait le lien entre les deux épisodes (Introd., 2 f). Il faut donc exclure du récit primitif, au v. 12, les mots « peu de jours », ajoutés évidemment lorsque les deux épisodes furent séparés l'un de l'autre et que fut introduite la montée de Jésus à Jérusalem mentionnée en **2** 13. Puisque c'est Jean II-B qui est responsable de ces remaniements, c'est lui qui ajouta les mots « peu de jours » en **2** 12.

B) LES ADDITIONS DE JEAN II-A

1. On peut se demander si la réflexion du maître du repas, au v. 10, appartenait au récit primitif. Elle donne en effet une interprétation symbolique du miracle, de portée sapientielle, qui n'est pas dans la manière des autres miracles appartenant au Document C. Il est probable que nous sommes devant une addition faite par Jean II-A, qui montre un grand intérêt pour les thèmes sapientiaux (Introd., 5 w). Mais, aux vv. 8 et 9, l'introduction, dans le récit, du personnage

du « maître du repas » n'est-elle pas conditionnée par la « parole » qu'il doit prononcer au v. 10 ? Si l'on admet que le v. 10 est une addition de Jean II-A, on pourra penser que c'est le même auteur qui a introduit le personnage du maître du repas aux vv. 8 et 9. Voici donc comment nous proposons de restituer le texte du Document C antérieur aux insertions et aux remaniements effectués par Jean II-A. Au v. 8, cet auteur ajouta les mots « et portez au maître du repas » ; dans le récit primitif, Jésus disait simplement : « Puisez maintenant. » En conséquence, l'exécution de l'ordre, à la fin du v. 8, devait être mentionnée par la formule « ils puisèrent » (*hoi de èntlèsan*), que Jean II-A changea en « ils portèrent » (*hoi de ènegkan*). Au v. 9a, le texte primitif avait simplement : « et l'eau était devenue du vin » (*kai to hydôr oinos gegenètai*), hypothèse déjà proposée par E. Hirsch et que Fortna juge « possible » ; Jean II-A ajouta les mots « Lorsque le maître du repas eut goûté » et reprit ensuite le texte du Document C en le changeant légèrement : « ( ) l'eau devenue du vin » (*to hydôr oinon gegenèmenon*). N'aurait-on pas d'ailleurs un écho du texte primitif dans la formule que Jean II-B utilise en 4 46a : « où il fit l'eau vin » (*epoièsen to hydôr oinon*) ?

Quelques indices stylistiques, à vrai dire moins nombreux que pour les vv. 3b-5, viennent à l'appui de cette hypothèse. Au début du v. 9, la phrase que nous avons attribuée à Jean II-A commence par « lorsque », rendu en grec par *hôs de* ; une telle formule, de saveur lucanienne (0/0/2/5/28/0), ne se retrouve ailleurs chez Jn que dans les textes de Jean II (**2** 23 ; **6** 12.16 ; **7** 10). A la fin du v. 9, le mot « marié » (*nymphios*) ne se lit ailleurs chez Jn qu'en **3** 29 (trois fois), où il a la même valeur symbolique qu'ici ; or nous attribuerons **3** 29 à Jean II-B. Au v. 10, l'expression « tout homme », fréquente chez Paul, ne se lit ailleurs dans les évangiles qu'en Jn **1** 9, de Jean II-B. Mentionnons encore, à la fin du v. 10 : « garder » (F 30) et « jusqu'à maintenant » (C 79).

2. Les commentateurs qui admettent que Jn réutilise un récit plus ancien sont presque tous d'accord pour attribuer à Jn la rédaction du v. 11b : « Et il manifesta sa gloire et ses disciples crurent en lui. » Si le verbe « manifester » est une caractéristique stylistique seulement mineure (E 2), l'expression « croire en » est en revanche assez typique du style de Jn (pour nous, de Jean II : cf. B 51). Faut-il attribuer le v. 11b à Jean II-A ou à Jean II-B ? Nous penchons pour la première hypothèse. Restant dans la ligne de pensée du Document C, Jean II-A considère encore les miracles de Jésus comme des preuves de sa mission, comme des « signes » qui permettent aux hommes de croire en lui ; c'est au niveau de Jean II-B que cette perspective sera abandonnée (Introd., 5 l).

Au niveau du Document C, Jésus « se manifeste » comme Messie grâce à son troisième miracle (Jn **21** 1 ; cf. *infra*). Il est possible que, dans le Document C, on avait aussi au v. 11b « et il se manifesta », expression que Jean II-A aurait changée en « il manifesta sa gloire ». Mais nous ne tiendrons pas compte de cette suggestion dans le commentaire du texte.

C) LE RÉCIT DU DOCUMENT C

Nous avons souligné en passant le style « johannique » des additions effectuées par Jean II-A et surtout par Jean II-B. Il nous faut maintenant, à l'inverse, noter l'absence de caractéristiques johanniques dans le récit du Document C. Aux vv. 1-3a, un seul mot est caractéristique du quatrième évangile : le nom propre de « Cana », qui se retrouve au v. 11 (A 85). Il ne se lit ailleurs qu'en **4** 46a et **21** 2. Mais il est clair que **4** 46a ne fait que reprendre **2** 1.11, en ajoutant d'ailleurs l'article devant *Kana* ce qui pourrait être l'indice d'une main différente. Quant à **21** 2, il se réfère probablement aussi à **2** 1.11, comme on le verra à la note § 371. Le nom de « Cana » est donc propre au Document C. – Aux vv. 6 et 7, on a deux fois le mot « jarre » ; au v. 8, on lit le verbe « puiser » ; ces deux termes ne se lisent que dans le quatrième évangile (A 130 et A 75), et tous les deux seulement dans l'épisode de la Samaritaine (**4** 28 ; **4** 7.15) où ils proviennent aussi du Document C (sauf **4** 15 qui reprend **4** 7). On ne peut donc pas parler ici de « vocabulaire johannique » au sens restreint du terme ; il s'agit plutôt d'un vocabulaire « pré-johannique », assez peu caractéristique d'ailleurs. – Le terme le plus « johannique » du récit du Document C est le mot « signe » pour désigner les miracles, et plus spécialement l'expression « faire des signes » (B 81). Mais nous verrons en commentant le récit du Document C que cette expression provient de l'AT où elle se dit en particulier de Moïse et que l'auteur du Document C la reprend de l'AT pour établir un parallélisme entre Jésus et Moïse. On la retrouvera d'ailleurs en **4** 54, toujours au niveau du Document C. C'est donc du Document C qu'elle est passée dans les niveaux johanniques postérieurs. – Au v. 12, on a l'expression « après cela », avec le démonstratif au singulier, qui ne se lit que dans le quatrième évangile (A 88) ; mais les autres cas dans Jn se retrouvent au niveau du Document C (**11** 7 ; **19** 28), et en **11** 11 qui ne fait que reprendre **11** 7. Au niveau de Jean II, on a plutôt l'expression « après cela », avec le démonstratif au pluriel (0/0/5/8/4/0 + 8 dans Ap). L'expression « après cela » (sing.) de Jn **2** 12 est donc typique du style du Document C. – Signalons enfin, au v. 7, deux caractéristiques stylistiques beaucoup plus neutres : « Jésus leur dit » (C 12) et « en haut » (D 2).

On notera enfin la tonalité « biblique » de ce v. 12, en le comparant par exemple à ce texte de Rt **1** 1 : « Et il s'en alla... lui et sa femme et ses fils. »

III. LE SENS DES RÉCITS

A) LE RÉCIT DU DOCUMENT C

1 Et ( ) il y eut des noces à Cana de Galilée
2 et Jésus fut invité aux noces et sa mère était là et ses frères.
3a Et ils n'avaient plus de vin parce que le vin des noces était épuisé.
6 Or il y avait là ( ) des jarres de pierre ( ) contenant chacune deux ou trois mesures.
7 Jésus leur dit : « Emplissez d'eau les jarres. » Et ils les remplirent jusqu'en haut.
8 Et il leur dit : « Puisez maintenant. » (Ils puisèrent)
9 (et) l'eau (était) devenue du vin !
11 Ce premier signe fit Jésus à Cana de Galilée ( ).
12 Après cela, il descendit à Capharnaüm, lui et sa mère et ses frères et ils demeurèrent là ( ).

1. LE SENS DU RÉCIT

Dégagé de ses ajouts, le récit du Document C n'offre plus aucune difficulté d'interprétation. Des noces eurent lieu à Cana de Galilée. Ce village était probablement situé, non à Kefr Kenna, sur l'actuelle route de Nazareth à Tibériade, mais au Khirbet Qana, à une quinzaine de kms au nord de Nazareth. De toute façon, les deux villages étaient proches, ce qui explique la présence de Jésus, de sa mère et de ses frères (cf. Lc **2** 39 ; Mc **1** 9 ; **6** 1.3 ; Lc **4** 16.22). Pour une raison difficile à préciser, peut-être parce que le nombre des convives était plus grand que prévu, on manqua de vin. Il y avait là des jarres de pierre d'une capacité de « deux ou trois mesures », soit entre 90 et 135 litres. Jésus les fait emplir d'eau, puis il ordonne aux gens de la noce de puiser dans les jarres ; mais l'eau est devenue du vin ! Ce fut le premier « signe » accompli par Jésus, le premier de ses miracles. Il est raconté ici sous une forme très simple, dépouillé de tout détail inutile ; la capacité des jarres est notée afin de souligner la grandeur du miracle. Voyons quelle était sa signification fondamentale.

2. JÉSUS ET MOÏSE

Au niveau du Document C, le miracle de l'eau changée en vin à Cana était le premier d'une série de trois miracles accomplis par Jésus au début de son ministère, en Galilée ; les deux autres miracles étaient la guérison du fils du fonctionnaire royal de Capharnaüm (**4** 46b ss.) et la pêche miraculeuse (**21** 1 ss. ; cf. Introd., 2 e). Ce groupement de trois miracles permet d'en saisir le véritable sens.

Un certain nombre d'auteurs ont voulu voir une influence païenne sur la formation du récit des noces de Cana. Dionysos était le dieu du vin. Lors de sa fête, célébrée le 6 janvier, certains « miracles » se produisaient. Ainsi, à Andros et à Theos, les fontaines du temple de ce dieu laissaient couler du vin au lieu de l'eau habituelle ; à Elis, la veille de la fête, on plaçait dans le temple trois jarres vides et, le lendemain matin, on les trouvait pleines de vin. Par ailleurs, la liturgie chrétienne a voulu célébrer le 6 janvier (fête de Dionysos) le souvenir des noces de Cana, et cela à une époque certainement très ancienne. Ne doit-on pas alors mettre un lien entre le culte de Dionysos et le récit johannique ? – Que les chrétiens aient voulu commémorer le miracle de Cana le 6 janvier afin de supplanter la fête de Dionysos, le dieu du vin, c'est plus que vraisemblable. On sait que Constantin fixa la fête de Noël au 25 décembre parce que les païens célébraient ce jour-là la fête du *Sol Invictus*, la victoire du Soleil. Faut-il aller plus loin et penser que le récit johannique aurait été « inventé » afin de montrer que Jésus pouvait accomplir les mêmes miracles que les dieux du paganisme ? On en peut douter d'autant plus facilement que certains parallèles de l'AT pourraient rendre compte, beaucoup mieux, de la « forme » du récit johannique.

On a souvent rapproché le miracle de Cana de certains miracles accomplis par les prophètes Élie et Élisée. Selon 1 R **17** 7-24, Élie effectue successivement deux miracles en faveur de la veuve de Sarepta : en période de disette, elle n'a presque plus d'huile dans sa jarre, mais cette jarre ne se videra pas ; peu de temps après, son fils mort revient à la vie. Cette séquence offre des analogies évidentes avec les deux premiers miracles accomplis par Jésus selon le Document C : Jésus remédie à une pénurie de vin, puis il guérit le fils du fonctionnaire royal. Le rapprochement est encore plus grand avec les deux premiers miracles accomplis par le prophète Élisée, selon 2 R **4** 1-37 : avec un peu d'huile restant dans une jarre, une veuve peut remplir toutes les jarres qu'elle a sous la main ; le fils de la Shunamite, mort d'insolation, revient à la vie. La séquence quasi identique des cycles d'Élie et d'Élisée a probablement influencé le choix des deux miracles accomplis par Jésus selon le Document C ; Jésus est présenté ainsi comme un nouvel Élie.

Mais le parallèle le plus intéressant est donné par Ex **4** 1-9. Pour authentifier sa mission auprès des Hébreux qui pourraient ne pas le croire (**4** 1 ; cf. **3** 12), Dieu donne à Moïse le pouvoir d'accomplir successivement trois miracles. Voici les rapprochements que l'on peut faire avec les trois miracles de Jésus racontés dans le Document C, tels que nous avons cru pouvoir les reconstituer.

Les miracles accomplis par Moïse sont appelés des « signes » (*'ôthoth*, *sèmeia*) ; il en va de même des miracles effectués par Jésus selon le Document C (Jn **2** 11a ; **4** 54a) ; une telle appellation habituelle dans l'évangile de Jn, est extrêmement rare chez les Synoptiques. – Moïse accomplira *trois* miracles, et ces miracles sont numérotés : « Ainsi, s'ils ne croient pas et ne sont pas convaincus par le *premier signe*, ils croiront à cause *du second signe* » (Ex **4** 8) ; de même, Jésus effectue *trois* miracles au début de son ministère, et ces miracles sont soigneusement numérotés : « Ce *premier signe* fit Jésus... Ce *second signe* fit Jésus... » – Moïse accomplit les trois signes afin de pouvoir être reconnu comme l'envoyé de Dieu ; les signes ont donc une valeur apologétique. De même dans l'évangile de Jn, et cela déjà au niveau du Document C : grâce aux signes, Jésus « se manifeste » ou « est manifesté » (Jn **21** 1.14) ; dans le contexte du début du ministère de Jésus, qui était celui de la pêche miraculeuse au niveau du Document C, le verbe signifie que, grâce aux signes, Jésus est reconnu comme l'envoyé de Dieu, probablement comme le nouveau Moïse que l'on attendait d'après Dt **18** 18 (Introd., 5 d). Ce contact entre Jn et Ex **4** 1-9 est d'autant plus remarquable que, dans la tradition synoptique, les miracles sont conçus d'ordinaire comme une conséquence de la foi dans le Christ, et non comme un « signe » qui mènerait les hommes à la foi. – Enfin, il existe une analogie indéniable entre le troisième signe que fait Moïse et le miracle de Cana : « Et s'ils ne croient pas, même avec ces deux signes, et qu'ils

n'écoutent pas ta voix, tu prendras de l'eau du fleuve et tu la répandras par terre et l'eau que tu auras puisée au Fleuve se changera en sang sur la terre sèche » (Ex **4** 9) ; on pourrait traduire plus littéralement : « l'eau... deviendra du sang », expression que l'on comparera à celle de Jn **2** 9 « l'eau devenue du vin », ou, selon la restitution proposée plus haut « l'eau était devenue du vin ». Le passage du thème du sang (Ex) au thème du vin (Jn) était d'autant plus facile que, dans un oracle royal bien connu de la tradition juive, le vin est comparé au sang de la vigne « Il lie à la vigne son ânon, au cep le petit de son ânesse ; il lave son vêtement dans le vin, son habit dans le sang des raisins » (Gn **49** 11 ; cf. Dt **32** 14 ; Si **39** 26).

B) LE RÉCIT DE JEAN II-A

Jean II-A reprit intégralement le récit du Document C, dont il modifia et amplifia la finale. Rappelons quel était son texte à partir du v. 8 :

8 Et il leur dit : « Puisez maintenant et portez au maître du repas. Ils en portèrent.
9 Lorsque le maître du repas eut goûté l'eau devenue du vin ( ), (il) appelle le marié
10 et lui dit : « Tout homme offre d'abord le bon vin et, lorsque l'on est ivre, le moins bon. Toi, tu as gardé le bon vin jusqu'à maintenant. »
11 Ce premier signe fit Jésus à Cana de Galilée. Et il manifesta sa gloire et ses disciples crurent en lui.

1. LE VIN DE LA NOUVELLE ALLIANCE

Jean II-A compléta le récit du Document C en introduisant les personnages du « maître du repas » (v. 8) et du « marié » (v. 9), dans le but de placer la « parole » que le maître du repas prononce au v. 10. Elle a une valeur symbolique. Le « marié » représente le Christ lui-même, comme en **3** 29 (cf. Ap **19** 7.9 ; **21** 2). Ou si l'on préfère, par delà la personne du marié, la parole prononcée par le maître du repas au v. 10 s'adresse en fait à Jésus puisque c'est lui, en réalité, qui a procuré le bon vin à la fin du repas. Le lecteur chrétien pouvait comprendre facilement le symbolisme fondamental de la scène. Le vin donné par Jésus est meilleur que le vin servi au début du repas ; il faut comprendre : Jésus apporte un vin supérieur à celui qu'offrait le judaïsme (cf. Mc **2** 22 et par. ; surtout Lc **5** 39). Mais que représente exactement le vin ? Selon une interprétation avancée déjà par Origène, Cyrille d'Alexandrie, Éphrem le syrien, et reprise par beaucoup de commentateurs modernes, le vin symboliserait la révélation faite par Dieu aux hommes, d'abord dans l'AT par le moyen de la Loi mosaïque et de la Sagesse, puis dans le NT par Jésus. Les textes qui soutiennent cette interprétation sont nombreux. En Pr **9** 4b-6, la Sagesse elle-même dit à l'homme insensé : « Venez, mangez de mon pain, buvez du vin que j'ai préparé ! Quittez la niaiserie et vous vivrez, marchez droit dans la voie de l'intelligence. » Le pain et le vin symbolisent l'intelligence (au sens religieux, cf. Is **11** 2) donnée aux hommes par la Sagesse, et qui leur permet d'obtenir la vie (cf. Is **55** 1-3, texte d'inspiration sapientielle). Pour

Philon d'Alexandrie, la Parole de Dieu, le Logos, est « échanson de Dieu et maître de festin » (De Somn. 2 249) ; il peut alors écrire : « Que Melchisédech donc, au lieu d'eau, apporte du vin, qu'il le fasse boire tout pur aux âmes, pour qu'elles se trouvent possédées d'une ivresse divine, plus sobre que la sobriété même ; en effet, il est le Logos-prêtre, ayant l'Être comme héritage et sur celui-ci des idées élevées, imposantes et magnifiques » (Leg. Alleg. 3 82). Le vin symbolise donc l'enseignement donné par la Parole de Dieu. C'est dans cette ligne de pensée qu'il faut interpréter Jn **2** 10. La révélation de l'ancienne Alliance, donnée par la Loi, les prophètes, la Sagesse, était bonne ; mais la révélation apportée par Jésus est meilleure encore : « La Loi fut donnée par Moïse, la grâce et la vérité furent par Jésus Christ » (Jn **1** 17).

2. LA MANIFESTATION DE LA GLOIRE

Le récit primitif se terminait par ces mots : « Ce premier signe fit Jésus à Cana de Galilée » (**2** 11a) ; Jean II-A ajouta : « Et il manifesta sa gloire et ses disciples crurent en lui. » Dans l'AT, la gloire de Dieu était l'expression visible de sa toute-puissance, manifestée notamment par les prodiges de l'Exode. Faisant allusion au don prochain de la manne dans le désert, Moïse dit aux Hébreux : «... au matin, vous verrez la gloire de Yahvé » (Ex **16** 7). En Nb **14** 22, Dieu parle de « tous ces hommes qui ont vu ma gloire et les 'signes' que j'ai faits en Égypte et au désert. » Mais Jésus, en tant que Fils Unique, participe à la gloire même de Dieu (**1** 14). En un certain sens, il s'est dépouillé de cette gloire en venant dans le monde (**17** 5), mais tout miracle ou « signe » qu'il accomplit est une manifestation de gloire, de cette puissance qu'il tient de son Père. Pour le souligner, Jean II-A ajoute ici : « Et il manifesta sa gloire. » De même, au début du récit de la résurrection de Lazare, le dernier « signe » accompli par Jésus sur la terre, Jean II-B ajoutera ces paroles de Jésus : « Cette maladie n'est pas pour la mort, mais ( ) afin que soit glorifié le Fils de Dieu par elle » (**11** 4 ; voir la note).

Dans le récit du Document C, les disciples n'étaient pas nommés, mais seulement les frères de Jésus. Ayant introduit les récits de la vocation des premiers disciples (note § 25), Jean II-A suppose qu'ils sont venus aussi aux noces de Cana puisqu'il termine le récit en écrivant : «... et ses disciples crurent en lui. » Tout « signe », qui est manifestation de gloire, a pour conséquence de mener les disciples à la foi ; grâce au « signe », ils peuvent reconnaître que Jésus fut vraiment l'envoyé de Dieu. Jean II-A ne fait ici qu'expliciter le sens du récit primitif, dans la ligne du récit de la vocation de Moïse en Ex **4** 1-9, où les signes devaient être accomplis pour que les gens auxquels il était envoyé « croient » et « soient convaincus ».

C) LE RÉCIT DE JEAN II-B

1. LE TROISIÈME JOUR

C'est Jean II-B qui, au début du récit, ajouta la donnée chronologique du « troisième jour ». Cette précision a pour but premier de répartir les événements du début du ministère de Jésus sur une période d'une semaine, scandée par l'adverbe « le lendemain » (Jn **1** 29.35.43). Ce point a été traité à la note § 25 ; nous n'y reviendrons pas ici. Mais la mention du « troisième jour » avait, aux yeux de Jean II-B, une portée beaucoup plus profonde, reconnue actuellement par de nombreux commentateurs. Pour un lecteur chrétien, l'expression « le troisième jour » ne pouvait pas ne pas évoquer la résurrection du Christ, effectuée elle aussi « le troisième jour » (1 Co **15** 4 ; Mt **16** 21 ; **17** 23 ; **20** 19 ; Lc **24** 7.46 ; Ac **10** 40). Que Jean II-B ait voulu évoquer la résurrection, nous en trouvons un indice dans le fait suivant. Encore au niveau de Jean II-B (donc dans la structure actuelle de l'évangile de Jn), les deux miracles de l'eau changée en vin et de la guérison du fils du fonctionnaire royal sont étroitement liés. Selon Jean II-B, Jésus aurait accompli le second miracle alors qu'il était, non à Capharnaüm, mais à Cana de Galilée ; Jn **4** 46a (de Jean II-B) le dit explicitement en rappelant le premier miracle de Cana : « Il vint donc de nouveau à Cana de Galilée, où il avait fait l'eau (devenir) du vin. » Les deux miracles restent d'ailleurs numérotés en tant que premier et second miracles accomplis par Jésus en Galilée (**2** 11 ; **4** 54). Notons alors la donnée chronologique qui précède le second miracle : Jésus reste « deux jours » chez les Samaritains (**4** 40), et c'est « après les deux jours » qu'il vient en Galilée et à Cana (**4** 43 et 46). Le premier « signe » de Jésus est accompli « le troisième jour » (**2** 1), le second fut effectué « après les deux jours » (**4** 43). Ces deux expressions parallèles nous renvoient au texte de Os **6** 2 : « Après deux jours il nous fera revivre, le troisième jour il nous relèvera et nous vivrons en sa présence. » Jésus est celui en qui et par qui doit s'accomplir cet oracle d'Osée. L'allusion à la résurrection de Jésus, comme introduction au premier « signe » qu'il effectue, est d'ailleurs parfaitement dans la ligne de la théologie johannique puisque cette résurrection est donnée en Jn **2** 18-22 comme le « signe » par excellence, la preuve définitive de l'authenticité de la mission de Jésus. La résurrection sera la pleine manifestation de la gloire du Christ (Jn **17** 5).

2. L'HEURE DE JÉSUS

Au v. 3, Jean II-B ajouta la réflexion de la mère de Jésus « Ils n'ont plus de vin », ainsi que la réponse de Jésus au v. 4 : « Que me veux-tu, femme ? Mon heure n'est pas encore venue. » Ces trois phrases ont suscité bien des commentaires. Pour comprendre (si possible !) le sens exact de ces additions faites par Jean II-B, serrons de plus près la signification des expressions qu'il emploie.

On a voulu voir, dans la phrase « Ils n'ont plus de vin », une demande faite par Marie à son fils ; mais c'est forcer le sens du texte. Marie ne demande certainement pas un miracle ! Jésus n'en a encore fait aucun et rien ne permet de penser que, pour Jean II-B, Marie était au courant du pouvoir thaumaturgique de son fils. La mère de Jésus lui demande-t-elle d'intervenir par quelque moyen humain ? Le texte ne le dit même pas. Elle se contente de mettre son fils au courant d'une situation délicate et quelque peu déshonorante pour leur hôte : « Voilà, catastrophe ! Ils n'ont plus de vin ! Que vont-ils faire ? »

Au v. 4, la phrase grecque traduite par « Que me veux-tu, femme ? » devrait être rendue littéralement par « Quoi à moi et à toi, femme ? » Elle fait écho à une formule hébraïque fréquente dans l'AT. Les textes qui l'attestent peuvent se ranger en deux catégories. Dans la première, deux interlocuteurs sont en présence : A et B. B veut faire contre A une action que A considère comme hostile et non motivée ; A lui demande alors : « Quoi à moi et à toi ? », c'est-à-dire : « Qu'y a-t-il entre toi et moi, que t'ai-je fait, que tu me veuilles ce mal ? » Le « quoi » fait donc allusion à une action antérieure de A contre B dont B voudrait tirer vengeance (cf. Jg **11** 12 ; 2 Ch **35** 21 ; 1 R **17** 18). Une telle situation peut difficilement s'appliquer à Jésus et à sa mère. Dans la seconde catégorie de textes, le sens serait plutôt : « Qu'y a-t-il de commun entre toi et moi ? », ou « Quelle est la relation qui nous unit ? » (cf. Os **14** 9 ; 2 R **3** 13 ; Jos **22** 24) ; c'est le sens que l'on trouve toujours dans le grec profane, et qui semble seul en situation ici. Marie fait part à son fils d'une situation embarrassante et elle ne voit pas comment il serait possible d'en sortir. Jésus lui reproche : « Qu'y a-t-il de commun entre moi et toi ? » Il veut lui dire : nous ne nous plaçons pas sur le même plan, nous ne jugeons pas de même ; toi, tu juges humainement, avec des préoccupations et des craintes humaines ; moi je juge au plan de ma mission messianique, en tenant compte de la « gloire » toute-puissante que je peux maintenant mettre en œuvre. C'est dans cette perspective que nous oriente, en effet, la seconde partie de la réponse de Jésus ; encore faut-il la comprendre correctement.

Elle commence en grec par une négation (*oupô*) qui, venant après une phrase interrogative (« Quoi à moi et à toi ? »), doit *normalement* revêtir un sens interrogatif : « Mon heure n'est-elle pas encore venue ? » (cf. Mc **4** 40 ; **8** 17 ; Mt **16** 9). Ce point de grammaire est incontestable. L'« heure » de Jésus serait alors celle de sa manifestation comme Messie (cf. Jn **1** 31), grâce aux « signes » qu'il a pouvoir d'effectuer (cf. Jn **7** 3 ; **2** 11). On rejoindrait un thème assez courant dans l'apocalyptique juive. Avec ce sens interrogatif, la réponse de Jésus à sa mère n'offre plus aucune difficulté d'interprétation. A sa mère, qui exprime son inquiétude devant le manque de vin, Jésus reproche d'oublier que l'heure est venue pour lui de se manifester comme Messie et qu'il peut donc remédier au manque de vin grâce à son pouvoir de thaumaturge, grâce à sa « gloire ».

A cette interprétation du texte johannique, on a fait plusieurs objections. La première est d'ordre grammatical. Le mot *oupô* revient 12 fois chez Jn, et partout ailleurs il se trouve dans des propositions énonciatives, non interrogatives. « A cette objection, il faut répondre que la construction de Jn **2** 4 est différente des onze autres, non seulement parce qu'elle est la seule à suivre une proposition interrogative, mais aussi parce qu'elle est la seule qui soit privée de toute particule de liaison... La construction de Jn **2** 4 correspond exactement à celle des textes interrogatifs de Mt et Mc » (A. Vanhoye ; les textes de Mt/Mc sont ceux cités un peu plus haut).

La seconde objection est tirée des parallèles de **7** 30 et **8** 20 : personne ne peut arrêter Jésus « parce que son heure n'était pas encore venue ». Cette proposition causale est évidemment très proche de la phrase que Jésus prononce en **2** 4 ; or, l'« heure » y désigne le moment de sa mort et non le début de son ministère ; le mot *oupô* a un sens purement négatif. Le sens sans équivoque des deux passages que l'on vient de citer devrait déterminer celui de **2** 4. On fera remarquer toutefois que **8** 20 fut écrit par Jean II-A et que Jean II-B, en **7** 30, ne fit que reprendre la phrase de **8** 20. Jn **2** 4 fut écrit par Jean II-B un certain nombre d'années après la première rédaction évangélique qu'il avait faite. Ce laps de temps ne nous autoriserait-il pas à donner un sens différent aux expressions analogues de **8** 20 (repris en **7** 30) et de **2** 4 ?

Il reste à faire une dernière remarque à propos de ce texte. Jésus s'adresse à Marie en lui disant « femme », et non pas « mère » ; il agira de même en **19** 26. Le terme de « femme » n'était pas l'appellation normale d'un fils envers sa mère. C'est le terme que Jésus emploie pour s'adresser à n'importe quelle femme, qu'il lui soit lié par les liens de l'affection (Jn **20** 13) ou qu'elle lui soit étrangère (**4** 21 ; **8** 10 ; Mt **15** 28 ; Lc **13** 12). Ce n'est donc pas un terme de mépris, puisque Jésus l'emploie à l'égard d'autres femmes, même affectionnées ; mais Jésus évite le terme de « mère » parce qu'il veut faire abstraction du lien qui l'unit à Marie, de sa qualité de « fils ». Il agit maintenant en Messie, et les relations familiales, même les plus chères, doivent passer au second plan (cf. Lc **2** 41-50 ; **11** 27-28 ; Mc **3** 31-35). Jésus le fera comprendre plus clairement encore à sa mère, lorsque, juste avant de mourir, il lui dira : « Femme, voici ton fils » (Jn **19** 25-27). Pour Jean II-B, les deux épisodes de Cana et de la Croix sont évidemment liés puisque ce sont les deux seuls où la mère de Jésus intervient : au début et à la fin du ministère du Christ. Sur leur signification mariologique, voir note §§ 351-355, III B 3.

3. LE FILS DE JOSEPH

Le dialogue entre Marie et Jésus se clôt par ce conseil donné par Marie aux serviteurs : « Tout ce qu'il vous dira, faites-le. » C'est une citation presque littérale tirée d'un passage de l'histoire du patriarche Joseph : « Puis tout le pays d'Égypte souffrit de la faim et le peuple demanda à grands cris du pain à Pharaon, mais Pharaon dit à tous les Égyptiens : Allez à Joseph, et *ce qu'il vous dira*, *faites-le* » (Gn **41** 55). L'intérêt de la citation n'est évidemment pas dans le parallèle entre la mère de Jésus et Pharaon, mais dans le parallèle entre Jésus et Joseph. De même que Joseph avait procuré du pain à ceux qui n'en avaient plus, de même Jésus procure du vin à ceux qui n'en ont plus. Jésus est comparé au patriarche Joseph dont Pharaon disait : « Trouverons-nous un homme comme celui-ci, en qui soit l'esprit de Dieu ? » (Gn **41** 38 ; cf. Jn **1** 32-33, où le Baptiste affirme que l'Esprit est descendu sur Jésus). Mais pour comprendre la pleine signification de ce rapprochement entre Jésus et Joseph, et sa portée messianique, il faut se reporter au commentaire que nous avons donné de Jn **1** 45-50 (Note §§ 19-25, III A 4 *d*).

4. LES PURIFICATIONS DES JUIFS

Au v. 6, Jean II-B a précisé que les jarres de pierre étaient au nombre de « six » et qu'elles étaient « destinées à la purification des Juifs » (cf. Mc **7** 2-4). Ces deux additions ont une portée symbolique. Dans le récit johannique, l'eau versée dans ces jarres va devenir du vin grâce à la puissance de Jésus ; l'eau va être remplacée par du vin. On a vu que, dans la rédaction de Jean II-A, le vin symbolisait l'enseignement nouveau apporté par Jésus et qui doit remplacer toute la révélation de l'ancienne Alliance. En ajoutant le chiffre « six », qui pour lui symbolise l'imperfection (Introd., 7 n), Jean II-B ne fait que souligner combien, à ses yeux, l'ancienne Alliance était imparfaite. Mais en introduisant le thème de la « purification », qui a une résonance cultuelle, ne veut-il pas modifier le symbolisme du vin qui était celui du récit primitif ? Étant donné l'intérêt qu'il montre maintenant pour les valeurs sacramentelles de l'Église (Introd., 6 t-u), le vin ne serait-il pas aussi le symbole des sacrements du baptême et de l'eucharistie, comme le pensent certains commentateurs ? L'hypothèse n'est pas à exclure.

5. Jean II-B introduisit au v. 9 la glose : « et il ne savait pas d'où elle était, tandis que les serviteurs le savaient, qui avaient puisé l'eau. » Pourquoi cette insertion ? Si l'on se refuse à ne voir là qu'une réflexion fort banale dont on ne comprend pas comment elle pourrait justifier l'alourdissement du texte qui en résulte, il faut lui donner une valeur symbolique, en relation avec l'insertion des vv. 3b-5. Le symbole porte sur la personne des « serviteurs », introduits dans le récit au v. 5 et qui seuls savent d'où vient le vin qu'ils font goûter au maître du repas (v. 9). Les « serviteurs » symboliseraient les premiers disciples de Jésus, devenus les « serviteurs de la Parole » (cf. Lc **1** 2) et chargés de distribuer le vin de la Sagesse (cf. 1 Co **3** 5 ; 2 Co **3** 6 ; **6** 4 ; Ep **3** 7 ; Col **1** 7.23.25). Jean II-B s'adresse maintenant à ses contemporains, aux fidèles de la seconde génération chrétienne. Comme le maître du repas, ils ne savent pas d'où vient l'enseignement nouveau dispensé par les disciples de Jésus ; ceux-ci seuls savent que cet enseignement vient de Jésus lui-même, puisqu'ils l'ont suivi durant tout son ministère public. Les fidèles de la seconde génération chrétienne, et tous ceux qui viendront après eux, doivent faire confiance aux disciples de Jésus, qui savent d'où vient l'enseignement qu'ils transmettent

Note § **77-A**. *EXPULSION DES VENDEURS DU TEMPLE* (Jn **2** 13-22)

Afin de simplifier les analyses, nous avons divisé la note § 77 en deux notes distinctes. La première traite de l'expulsion des vendeurs du Temple (**2** 13-22) ; la seconde est consacrée au sommaire qui suit ce récit (**2** 23-25).

I. CRITIQUE TEXTUELLE

Au début du v. 13, au lieu de « et était proche » nous avons adopté la leçon « or était proche » (*eggys de èn*), avec S *j* Sah (cf. P⁶⁶, qui a fusionné les deux leçons) ; c'est la structure grammaticale que l'on retrouvera dans les textes analogues de **6** 4 ; **7** 2 ; **11** 55.

II. ANALYSES LITTÉRAIRES

Le récit de l'expulsion des vendeurs du Temple est commun aux quatre évangiles ; mais Jn le place au début du ministère de Jésus, juste avant la première Pâque (**2** 13), tandis qu'il se trouve dans les Synoptiques à la fin du ministère de Jésus, aussitôt après le récit de l'entrée solennelle à Jérusalem (Mt **21** 12-13 et par.). Beaucoup de commentateurs admettent aujourd'hui que Jn reprend un récit plus ancien, plus sobre que le récit actuel, qui proviendrait d'une tradition parallèle à celle des Synoptiques. Nos analyses vont nous amener à une conclusion analogue. Le récit primitif, en provenance du Document C, ne contenait que les vv. 14-15a et 16b ; comme dans la tradition synoptique, il suivait immédiatement le récit de l'entrée solennelle de Jésus à Jérusalem, mais il était placé dans le contexte de la fête des Tentes (Jn **7**). Jean II-A reprit le texte du Document C et lui ajouta la demande de signe du v. 18, laquelle était suivie de la controverse sur le pain de vie qui se lit en **6** 31 ss. (Introd., 3 v). Jean II-B a transporté l'épisode à sa place actuelle, y compris le thème de la demande de signe qu'il a dédoublé (cf. **6** 30) ; il a ajouté le v. 13, des gloses aux vv. 15-16, le v. 17 et les vv. 19-22.

	C	II-A	II-B
13			Or était proche la Pâque des Juifs et Jésus monta à Jérusalem.
14	Et il trouva dans le Temple ceux qui vendaient bœufs et brebis et colombes, et les changeurs assis,		
15	• et, ayant fait un fouet de cordes, il les chassa tous du Temple, et les brebis et les bœufs, et il renversa la monnaie des changeurs et il retourna les tables,		
16	et il dit (:) aux vendeurs de colombes : « Enlevez cela d'ici. Ne faites plus de la maison de mon Père une maison de commerce. »		
17			Ses disciples se souvinrent qu'il est écrit : « *Le zèle pour ta maison me dévorera.* »
18		Les Juifs donc répondirent et lui dirent : « Quel signe nous montres-tu, que tu fasses cela ? »	
19			Jésus répondit et leur dit : « Détruisez ce Temple et en trois jours je le relèverai. »
20			Les Juifs lui dirent : « Ce Temple fut bâti en quarante-six ans, et toi, tu le relèveras en trois jours ? »

21
22
| Mais celui-là parlait du Temple de son corps. Lors donc qu'il se fut relevé d'entre les morts, ses disciples se souvinrent qu'il avait dit cela et ils crurent à l'Écriture et à la parole que Jésus avait dite.

A) LES ADDITIONS DE JEAN II-B

1. Jean II-B a composé le v. 13 pour introduire la mention de la première fête de Pâque (Introd., 3 v). Il a sa réplique en **11** 55, texte que nous attribuerons aussi à Jean II-B : « Or était proche la Pâque des Juifs et monta à Jérusalem Jésus » « Or était proche la Pâque des Juifs et montèrent beaucoup à Jérusalem. » Les caractéristiques stylistiques sont les suivantes : « était proche » (B 16), « Pâque » (C 84**) ; sur la formule « la Pâque des Juifs », voir Introd., 8 c.

2. Le v. 15b et les mots « aux vendeurs de colombes » du v. 16a n'appartenaient pas au récit primitif (cf. Bultmann) ; ils furent ajoutés par Jean II-B. Ces passages du récit rendent en effet le texte de Jn fort semblable à celui des Synoptiques. Or, deux indices permettent de penser qu'il s'agit d'additions harmonisantes. Pour dire « changeur », le v. 15b a le mot grec *kollybistès*, comme dans le parallèle de Mc/Mt ; mais au v. 14 on avait *kermatistès*, hapax du NT qui doit provenir du Document C. Par ailleurs, la parole de Jésus au v. 16b n'est plus adressée qu'aux seuls vendeurs de colombes, alors qu'elle vise tous les vendeurs que Jésus chasse du Temple ; cette anomalie confirme l'insertion tardive des mots « aux vendeurs de colombes », qui a aussi son équivalent dans le parallèle de Mc/Mt. Il est impossible de préciser si ces additions furent faites d'après le récit de Mt ou celui de Mc. De toute façon, cette volonté d'harmoniser Jn sur les Synoptiques est le fait de Jean II-B (Introd., 4 x).

Le vocabulaire de ces additions, emprunté en grande partie à Mt ou à Mc, n'offre rien de caractéristique. Notons toutefois, au début du v. 15b, la particule *te* (rendue par le premier « et »), qui ne se lit ailleurs chez Jn qu'en 4 42 et 6 18, textes que nous attribuerons à Jean II-B. Cette particule est spécialement fréquente dans les Actes (près de 150 fois). Au même v. 15b, le mot « brebis » (C 60) est repris du Document C (v. 14).

3. Au v. 15a, c'est Jean II-B qui a ajouté la précision « ayant fait un fouet de cordes ». On verra en effet, dans le commentaire du récit, que cette précision est très probablement liée aux mots « et les brebis et les bœufs », du début du v. 15b, de Jean II-B.

4. La réflexion des disciples, au v. 17, est une addition de Jean II-B. Elle a un bon parallèle en Jn **12** 16 : « ... mais, quand Jésus eut été glorifié, ils (les disciples) se souvinrent que cela avait été écrit de lui », qui contient le thème de la glorification de Jésus après sa mort, typique de Jean II-B. On notera le verbe « se souvenir » (*mimnèskomai*), qui ne se lit chez Jn qu'en 2 17.22 et **12** 16. Par ailleurs, l'expression « il est écrit », en **2** 17, est de Jean II (B 11*).

5. Les vv. 19-21 contiennent un procédé littéraire typique de Jean II : Jésus prononce une parole qui peut se comprendre en deux sens différents (v. 19) ; les interlocuteurs comprennent dans le mauvais sens (v. 20), ce qui donne à Jésus l'occasion de préciser sa pensée (A 10*). Ce procédé littéraire comporte toutefois ici une variante qui ne se retrouve pas ailleurs : ce n'est pas Jésus lui-même qui précise sa pensée, mais l'évangéliste (v. 21). Cette légère anomalie s'explique, on le verra plus loin, par le fait que Jn dépend ici de traditions synoptiques. De toute façon, la présence du procédé littéraire dont on vient de parler oblige à attribuer les vv. 19-21 à Jean II, comme aussi le v. 22 qui leur est étroitement lié (cf. *infra*). – On peut même préciser qu'il s'agit de Jean II-B. On verra dans la dernière partie de cette note qu'il emprunte beaucoup ici à la tradition synoptique, plus précisément aux Synoptiques dans leur rédaction actuelle. L'addition des vv. 19-22 se situe donc bien dans la ligne de l'addition des vv. 15b-16a, où l'on a dénoté aussi une influence des Synoptiques sur Jean II-B. Par ailleurs, le thème de la résurrection de Jésus, à l'arrière-plan des vv. 19-22, convient mieux au niveau de Jean II-B, qui a placé l'épisode lors de la fête de Pâque (**2** 13), qu'aux niveaux antérieurs où l'épisode était situé lors de la fête des Tentes ; dans la tradition chrétienne, en effet, fête de Pâque et résurrection de Jésus sont étroitement unies. Enfin, l'intérêt de Jean II-B pour le thème de la résurrection de Jésus s'est déjà manifesté dans l'épisode précédent par l'addition de l'expression « le troisième jour », en **2** 1 (note § 29, III C 1).

Voici les caractéristiques stylistiques des vv. 19-22. Au v. 19 : « répondit et dit » (B 6). Au v. 20 : « dirent donc les Juifs » (B 1 et C 7). Au v. 21, le démonstratif « celui-là » (B 31*), « parler de » (C 81). Au v. 22 : « lors donc que » (A 28), « il avait dit cela » (C 64), « ils crurent à l'Écriture » (C 42** et F 1*), « la parole que (Jésus) avait dite » (A 36**). Dans ce v. 22, on notera aussi le verbe « se souvenir », déjà rencontré au v. 17 et qui ne se lit ailleurs qu'en **12** 16, de Jean II-B, et l'expression « réveiller des morts » (F 38**).

Au v. 21, il est possible que la formule « le temple de son corps » dénote une influence paulinienne, comme on le verra plus loin ; une telle influence se situerait bien au niveau de Jean II-B.

B) LE RÉCIT DU DOCUMENT C

Notons simplement que, du point de vue stylistique, le récit du Document C ne contient que les quelques caractéristiques suivantes. Au v. 14, le mot « brebis » (C 60), qui n'a pas grande signification, surtout couplé avec le mot « bœufs ». Au v. 16, l'adverbe « d'ici » (C 24) se lit ailleurs chez Jn presque toujours dans d'autres textes du Document C. Quant à l'expression « maison de mon Père », elle est typique du Document C (A 147).

Sur l'addition du v. 18 par Jean II-A, voir Introd., 3 v et note § 163. En voici les caractéristiques stylistiques : « répondirent donc les Juifs et lui dirent » (A 19, B 6 et C 7).

III. LE SENS DES RÉCITS

A) LE RÉCIT DU DOCUMENT C

14 Et il trouva dans le Temple ceux qui vendaient bœufs et brebis et colombes, et les changeurs assis,

15 et ( ) il les chassa tous du Temple ( )

16 et il dit ( ) : « Enlevez cela d'ici. Ne faites plus de la maison de mon Père une maison de commerce. »

Ce récit est indépendant de celui des Synoptiques et représente une tradition parallèle (Bultmann, Dodd). Il s'en distingue surtout par la parole que prononce Jésus en chassant les vendeurs, parole qui constitue la « pointe » du récit. Selon Mc **11** 17 et par., Jésus aurait invectivé les vendeurs en les accusant d'avoir transformé une « maison de prière » en « repaire de brigands ». Il leur appliquait ainsi l'oracle de Jr **7** 11 et évoquait l'éventualité d'une destruction du Temple et du rejet d'Israël par Dieu (Jr **7** 12-15), d'où la fureur des grands prêtres et les scribes (Mc **11** 18a). Selon Jn **2** 16b, Jésus se contente de dire : « Ne faites plus de la maison de mon Père une maison de commerce. » C'est une allusion au texte qui clôt les oracles du prophète Zacharie, cité d'après l'hébreu : « et il n'y aura plus de marchand dans la maison de Yahvé Sabaot, en ce jour-là » (Za **14** 21). En chassant les vendeurs du Temple, Jésus se pose en réformateur religieux, ce qui lui vaudra la haine de la classe sacerdotale de Jérusalem.

Le texte de Za **14** 21 concerne la célébration de la fête des Tentes (Za **14** 16-19) ; c'était aussi le contexte du présent épisode dans le Document C et chez Jean II-A (Introd., 2 u).

B) LES ADDITIONS DE JEAN II-B

Jean II-B introduisit la mention de la Pâque en **2** 13 et transféra dans ce contexte le récit des vendeurs chassés du Temple (Introd., 3 v).

1. Dans son nouveau contexte, le récit suit d'assez près celui de la manifestation du Christ par le Baptiste (**1** 29-34). Or, dans la tradition chrétienne, ce dernier est le « messager » annoncé par Ml **3** 1 : « Voici que je vais envoyer mon messager, pour qu'il fraye un chemin devant moi » (Mt **11** 10 ; Mc **1** 2 ; Jn **1** 30 ; **3** 28 ; Ac **13** 24-25). Le texte de Malachie se poursuit par ces mots : « Et soudain, il entrera dans son Temple, le Seigneur que vous cherchez... Il siégera comme fondeur et nettoyeur. Il purifiera les fils de Lévi et les affinera comme or et argent, et ils deviendront pour Yahvé ceux qui présentent l'offrande selon la justice » (Ml **3** 1b-3). En rapprochant la purification du Temple par Jésus de l'activité du Baptiste, Jean II-B aurait voulu montrer qu'en la personne de Jésus c'est Yahvé qui vient dans le Temple afin de restaurer le culte dans sa pureté primitive (cf. Jn **8** 24.28 ; Introd., 6 a et b).

2. L'addition du v. 15b et, au v. 16a, des mots « aux vendeurs de colombes » a pour but d'harmoniser le récit johannique avec celui de Mt/Mc. Plus difficile à comprendre est l'addition, au v. 15a, de la précision « et ayant fait un fouet de cordes ».

Le texte primitif avait seulement : « et ( ) il les chassa tous du Temple », où le mot « tous » se rapporte aux vendeurs. Jean II-B ajoute, non seulement les mots « et ayant fait un fouet de cordes », mais encore, au début du v. 15b, les mots « et les brebis et les bœufs ». Or en grec et dans ce contexte, la particule *te*, traduite par le premier « et », a le sens de « à savoir ». L'expression « et les brebis et les bœufs » a donc pour but de préciser et de restreindre le sens du mot « tous » repris au texte primitif : avec son fouet de cordes, Jésus les chasse tous, à savoir les brebis et les bœufs. Ce ne sont plus les vendeurs que Jésus chasse avec son fouet, mais les animaux qui se trouvaient dans le Temple.

3. Le v. 17 contient une citation de Ps **69** 10 : « Le zèle pour ta maison me dévorera » (LXX). Jean II-B change le présent du texte grec : « me dévore », en un futur ; le zèle pour la maison de Dieu, qui fait agir Jésus maintenant, le dévorera plus tard, quand il sera mis à mort par les autorités juives de Jérusalem. Il existe donc un lien de cause à effet entre le zèle de Jésus pour purifier le culte juif et son destin tragique. Un thème analogue se lisait déjà dans l'évangile de Mc. Après avoir rapporté la parole de Jésus aux vendeurs : « ... mais vous, vous en avez fait un repaire de brigands », Mc ajoute : « Et les grands prêtres et les scribes *entendirent* et ils cherchaient comment ils le feraient périr » (Mc **11** 17-18).

4. Dans le texte de Jean II-A, l'expulsion des vendeurs du Temple était suivie par une demande de signe de la part des Juifs (**2** 18), qui introduisait le dialogue sur le pain de vie (**6** 31 ss. ; voir note § 163). Jean II-B garde ici la demande de signe (qu'il dédoublera, cf. **6** 30), mais il remplace le dialogue sur le pain de vie par les développements des vv. 19-22.

a) A la demande de signe des Juifs (v. 18), Jésus répond en disant : « Détruisez ce Temple et en trois jours je le relèverai » (v. 19). Deux passages des Synoptiques éclairent ici l'activité littéraire de Jean II-B. En Mt **12** 38-40, scribes et Pharisiens demandent à Jésus un signe et celui-ci les renvoie au « signe de Jonas » qu'il explique ainsi : « Car comme Jonas était dans le ventre du monstre marin trois jours et trois nuits, de même sera le Fils de l'homme dans le sein de la terre trois jours et trois nuits » (cf. Jon **2** 1). Dans Jn comme dans Mt, Jésus répond à la demande de signe en renvoyant à sa résurrection, qui sera donc le « signe » par excellence (Introd., 3 q).

En **2** 19, Jésus fait allusion à sa résurrection en utilisant l'image d'un temple détruit et relevé. Jean II-B reprend le texte de Mt **27** 40 et Mc **15** 29 où les passants se moquent de Jésus en disant : « Toi qui détruis le Temple et *en trois jours* le rebâtis, sauve-toi toi-même... » (cf. Mt **26** 61 et Mc **14** 58). Mais il lui fait subir deux modifications. D'une part, ce n'est plus Jésus qui est censé détruire le Temple, mais les Juifs eux-mêmes ; l'allusion à la mort de Jésus devient claire. D'autre part, le verbe « rebâtir » (*oikodomein*) est remplacé par « relever » (*egeirein*), qui était le terme technique employé pour parler de la résurrection. Un chrétien lisant Jn **2** 19 ne pouvait s'y tromper : le « Temple » que les Juifs vont détruire et que Jésus va relever ne peut être que le « corps » de Jésus (cf. v. 21). Jn **2** 19 (cf. implicitement Jn **10** 17-18) est le seul texte du NT où Jésus est donné comme l'auteur de sa propre résurrection ; partout ailleurs c'est le Père qui ressuscite Jésus. Jean II-B répond aux moqueries des passants rapportées plus haut : oui, Jésus va se sauver lui-même en se ressuscitant !

b) Jn **2** 19-21 contient un procédé littéraire propre à Jean II (A 10*). Jésus déclare : « Détruisez ce Temple et en trois jours je le relèverai » (v. 19). Cette parole pouvait se comprendre en deux sens différents. Selon le sens le plus immédiat, Jésus aurait parlé du Temple de Jérusalem dont il venait de chasser les vendeurs ; c'est ce que comprennent les Juifs qui s'étonnent aussitôt : « Ce temple fut bâti en quarante-six ans, et toi, tu le relèveras en trois jours ? » (v. 20). La construction du Temple avait été commencée par Hérode en 20/19 avant notre ère ; elle ne sera achevée qu'en 63 de notre ère, au témoignage de l'historien Josèphe. Jn simplifie le problème en supposant le Temple achevé au moment où parle Jésus ; les quarante-six ans du v. 20 nous mèneraient aux années 27/28. De toute façon, les Juifs prennent Jésus pour un imposteur, mais c'est parce qu'ils ont mal compris ce qu'il voulait dire. La vraie pensée de Jésus est donnée par Jean II-B au v. 21 : « Mais celui-là parlait du Temple de son corps. » Peut-être Jn est-il influencé par le texte de 1 Co **6** 19 : « Ne savez-vous pas que votre corps est le Temple de l'Esprit Saint qui est en vous ? » Quoi qu'il en soit, le lecteur doit comprendre, non seulement que Jésus va « relever » son propre corps, mais encore que ce corps va prendre la place du Temple de Jérusalem comme « lieu » du culte chrétien : tout le cycle des fêtes juives va être remplacé par la Pâque chrétienne, mémorial de la résurrection de Jésus (Introd., 3 q et v). La vie cultuelle sera désormais centrée sur le corps du Christ ressuscité (Jn **6** 51b).

Tout ceci ne pourra être compris qu'après la résurrection de Jésus, comme le reconnaît Jean II-B : « Lors donc qu'il se fut relevé d'entre les morts, ses disciples se souvinrent qu'il avait dit cela et ils crurent à l'Écriture et à la parole que Jésus avait dite. » La parole de Jésus est la promesse de « relever » le Temple (de son corps) « en trois jours » (v. 19). Quant à l'Écriture, c'est le texte de Os **6** 2 : « Après deux jours il nous fera revivre, le troisième jour il nous relèvera » (cf. Jn **2** 1 ; **4** 43 ; note § 29, III C 1).

c) Le procédé littéraire que Jean II-B vient de mettre en œuvre offre une anomalie par rapport aux autres exemples que l'on trouve dans l'évangile (A 10) : ce n'est pas Jésus qui donne le vrai sens de la parole qu'il vient de prononcer, mais l'évangéliste (v. 21). Ce fait proviendrait de ce que Jean II-B dépend ici de la tradition synoptique. En Mt **16** 1-4 (cf. Lc **11** 16.29), aux Pharisiens qui demandent un signe, Jésus se contente de mentionner le « signe de Jonas », sans plus d'explication ; il ne dévoile pas le sens de la parole qu'il prononce. Ainsi en est-il du récit johannique, où c'est Jean II-B et non Jésus qui précise le sens de ce « signe ».

Note § **77-B.** *MIRACLES DE JÉSUS A JÉRUSALEM* (Jn **2** 23-25)

I. ANALYSES LITTÉRAIRES

Le sommaire de Jn **2** 23-25 contient deux niveaux rédactionnels différents : le premier de Jean II-A, le second de Jean II-B.

II-A	II-B
23	Or, comme il était à Jérusalem pendant la Pâque, Pendant la fête, beaucoup crurent en son nom en voyant les signes qu'il faisait.
24	Mais lui, Jésus, ne se fiait pas à eux pour la raison qu'il les connaissait tous
25	et qu'il n'avait pas besoin que quelqu'un rendit témoignage sur l'homme ; lui-même, en effet, connaissait ce qui était dans l'homme.

1. L'ensemble de ce texte peut être attribué à Jean II (A et B), comme cela apparaît à l'analyse du style. Le v. 23 abonde en caractéristiques johanniques : le nom propre « Jérusalem » précédé en grec de l'article (A 79**), les mots « Pâque » (C 84**) et « fête » (C 2), l'expression « beaucoup crurent » (C 32*) et la formule « croire en son nom » (A 94), l'expression « faire des signes » (B 81). Ce verset ne peut être que de Jean II. – Le v. 24 ne contient aucune caractéristique johannique. On notera cependant : d'une part la formule « lui, Jésus », qui se lit encore en Jn **4** 44, un texte que nous attribuerons à Jean II-B ; d'autre part la construction grammaticale *dia* suivie de l'infinitif, de saveur assez lucanienne (3/3/8/1/8/5) ce qui conviendrait bien au style de Jean II-B (Introd., 8 c). – Le v. 25 contient la formule très johannique « il n'avait pas besoin que quelqu'un » (A 48**), et l'expression « témoigner sur » (A 4*). Ce v. 25 ne peut avoir été écrit que par Jean II.

2. Mais il faut distinguer deux niveaux rédactionnels dans ce texte, l'un de Jean II-A et l'autre de Jean II-B. On en trouve un premier indice, au v. 23, dans la redondance des expressions « pendant la Pâque, pendant la fête ». L'expression assez vague « pendant la fête », qui se justifiait au niveau de Jean II-A, comme on le verra plus loin, fut précisée par l'expression « pendant la Pâque » au niveau de Jean II-B c'est à ce niveau-là, en effet, que fut introduite dans l'évangile la fête de la Pâque mentionnée en **2** 13 (Introd., 3 v). Au niveau de Jean II-A, ce sommaire suivait le récit de la guérison de l'infirme à la piscine du Bézatha (cf. *infra*). La précision que Jésus exerce son activité thaumaturgique « Jérusalem » n'était donc pas nécessaire. Mais elle le devenait au niveau de Jean II-B qui situait ce sommaire juste après

l'expulsion des vendeurs du Temple. En effet, selon cette nouvelle ordonnance des récits, Jésus n'avait pas encore opéré de signes à Jérusalem. Jean II-B fut donc obligé de le préciser en ajoutant les expressions « Or, comme il était à Jérusalem », au début du v. 23. La construction « Or comme » (*hôs de*) est typique du style des Actes (0/0/2/5/28/0), ce qui dénote plutôt la main de Jean II-B (cf. encore Jn 6 12.16 ; 7 10). Quant au nom propre « Jérusalem » précédé en grec de l'article, il ne se rencontre ailleurs qu'au niveau de Jean II-B (A 79**). Il est aussi possible que, Jean II-B ayant *remplacé* l'expression « pendant la fête » par la formule « Or, comme il était à Jérusalem pendant la Pâque », Jean III ait combiné les deux formules, « afin que rien ne se perde ».

Un autre indice de remaniement est la différence de tonalité qui existe entre le v. 23 d'une part, les vv. 24-25 d'autre part. Les vv. 24-25 s'efforcent, non sans peine, sinon de détruire, au moins d'atténuer l'affirmation du v. 23b : « beaucoup crurent en son nom. » Nous verrons plus loin que cela correspond à deux notions différentes de la valeur des « signes » accomplis par Jésus.

II. LE SENS DES TEXTES

A) LE TEXTE DE JEAN II-A

23 Pendant la fête, beaucoup crurent en son nom en voyant les signes qu'il faisait.

1. Le but de ce sommaire est de préparer l'entretien de Jésus avec Nicodème (3 1 ss.), et surtout la réflexion de Nicodème à Jésus : « ... car personne ne peut faire *ces signes que tu fais* si Dieu n'est avec lui » (3 2). Or nous verrons à la note § 78 que le début du récit de l'entretien avec Nicodème (3 1-3) doit être attribué à Jean II-A ; il faut donc aussi lui attribuer le v. 23 du chapitre 2. L'ensemble de ces textes suppose une théologie du « signe » qui est encore celle que Jean II-A a héritée du Document C : le miracle est un « signe » que Jésus a bien été envoyé par Dieu ; c'est un moyen que Dieu accorde aux hommes pour les aider à croire. On retrouvera la même façon de parler et de penser en Jn 6 2, que nous attribuerons aussi à Jean II-A : « Or une foule nombreuse le suivait parce qu'ils voyaient les signes qu'il faisait sur les malades. »

2. Au niveau de Jean II-A, le sommaire de 2 23 ne suivait pas le récit de l'expulsion des vendeurs du Temple ; il était précédé par le récit de la guérison de l'infirme à la piscine du Bézatha (Jn 5 1 ss.), qui était d'ailleurs beaucoup plus court que le récit actuel (cf. note § 148 ; sur le problème de cette disposition des textes au niveau de Jean II-A, voir Introd., 3 f-g). Or le récit du chapitre 5 commence par cette phrase : « Après cela, il y avait une fête des Juifs et Jésus monta à Jérusalem. » Il s'agit d'une fête que Jean II-A n'avait pas éprouvé le besoin de préciser ; on verra pourquoi à la note § 148. C'est à cette fête anonyme qu'il est fait allusion en 2 23 : « Pendant la fête... »

B) LE TEXTE DE JEAN II-B

Ayant placé l'épisode de Nicodème (3 1 ss.), et le sommaire de 2 23 qui le prépare, juste après l'expulsion des vendeurs du Temple, et donc durant la fête de la Pâque mentionnée en 2 13, Jean II-B a précisé en 2 23 que Jésus se trouvait « à Jérusalem pendant la Pâque » (cf. *supra*). Mais surtout, il a ajouté les vv. 24-25 afin d'introduire dans le récit sa théologie du « signe ». Les hommes n'ont pas besoin de « signes » (= miracles) pour croire ; il leur suffit d'écouter la parole de Jésus, qui a valeur persuasive par elle-même. Une foi qui est fondée principalement sur la vue des miracles est une foi imparfaite, qui peut vaciller à la première difficulté. Cette théologie du « signe » sera développée dans des textes tels que Jn 4 39.41-42 ; 4 48-49 ; 20 24-29, tous de Jean II-B. Sur ce problème, voir Introd., 5 l.

En insistant sur la connaissance qu'a Jésus de la conscience des hommes, Jean II-B reste dans la ligne de pensée du Document C : Jésus dévoile à Nathanaël (1 47-48), puis à la Samaritaine (4 16-18), des faits qu'il n'aurait pas dû normalement connaître. Au niveau du Document C, cette connaissance surnaturelle découle de sa qualité de « prophète » (voir le commentaire de ces textes). Au niveau de Jean II-B, Jésus connaît le mystère de chaque homme parce qu'il est Fils de Dieu et Dieu lui-même.

Note § 78. *ENTRETIEN AVEC NICODÈME* (Jn 3 1-21)

Note § 80. *RÉFLEXIONS SUR LE TÉMOIGNAGE DE JÉSUS* (Jn 3 31-36)

I. CRITIQUE TEXTUELLE

1. En 3 15, dans l'expression « croire en lui », on pourra hésiter entre la leçon *en autôi* (P75 B W quelques témoins tardifs de l'ancienne version latine) et *ep'autôi* (P66 L 1253 Théodoret). La leçon *eis auton* des autres témoins est une harmonisation avec le v. 16, qui donne la formule johannique habituelle (B 51).

2. Au v. 31b, il faut omettre le deuxième « est au-dessus de tous ». La variété et l'importance des témoins en faveur du texte court sont un argument décisif. Ce texte court est en effet attesté par l'ensemble du texte Occidental (S D SyrCur

VetLat Tertullien), appuyé par le texte Césaréen (groupe Lake Arm Geo) et surtout par les plus anciens témoins du texte Alexandrin : P[75] et Origène, sans parler de la Sahidique. L'addition des mots en question s'explique par influence du v. 31a : « Celui qui vient d'en haut est au-dessus de tous... Celui qui vient du ciel (est au-dessus de tous) ».

3. Au v. 32, il faut omettre aussi le démonstratif *touto* devant le verbe « témoigner ». Les témoins en faveur de cette omission sont les mêmes que pour la variante précédente, à l'exclusion toutefois de ceux du texte Alexandrin. Malgré cette absence des témoins du texte Alexandrin, les deux variantes sont solidaires, comme on l'admet d'ordinaire. L'addition du démonstratif eut pour but de rendre le texte grec plus facile à lire.

4. Le cas du v. 34b est beaucoup plus délicat. Toutes les éditions critiques et les traductions le donnent sous cette forme : « Car il ne donne pas l'Esprit avec mesure. » De très nombreux témoins du texte johannique ont ajouté un sujet au verbe « donner » : Dieu ; mais on reconnaît d'ordinaire que c'est une leçon facilitante destinée à expliciter un texte trop concis. Beaucoup plus étrange est l'omission du complément direct « l'Esprit » par B, SyrSin et probablement Novatien, un auteur latin du milieu du troisième siècle. L'accord entre un des meilleurs témoins du texte Alexandrin (B) et des témoins de la tradition syro-latine est de première importance. Par ailleurs, l'omission par un scribe du complément direct, « l'Esprit », est impossible à justifier. En revanche, si ce complément manquait, on comprend fort bien qu'un réviseur du texte johannique l'ait ajouté sous l'influence de Jn **3** 5-8. Mais quel sens donner alors au texte ultra-court attesté par B : « Car il ne donne pas avec mesure » ? Certains auteurs ont suggéré que l'on pouvait se trouver devant une glose marginale qu'un scribe aurait ajoutée pour expliquer la phrase « il a *tout* donné en sa main », du v. 35. Cette glose,

très archaïque, aurait ensuite été insérée dans le texte johannique, puis complétée. De tels exemples de gloses marginales insérées ensuite dans le texte biblique ont été repérées déjà dans plusieurs passages de l'Ancien et du Nouveau Testament. C'est l'hypothèse qui nous semble ici la plus plausible.

II. ANALYSES LITTÉRAIRES

La genèse du récit de l'entretien de Jésus avec Nicodème (**3** 1-21) est fort complexe. Certains commentateurs maintiennent son unité (Roustang), sans ignorer les difficultés d'une telle position (Brown) ; d'autres admettent l'intervention plus ou moins importante de l'évangéliste, retravaillant le texte d'une source, et parfois aussi celle d'un Rédacteur final (Wellhausen, Spitta, Wendt, Bultmann, Schnackenburg). Pour comprendre l'évolution littéraire de ce récit, il faut tenir compte de deux autres passages de l'évangile de Jn. Depuis longtemps, on a remarqué le lien entre **3** 11-13 et **3** 31-36. A ce premier parallélisme, il faut ajouter celui qui existe entre **3** 16-19 et **12** 46-48, non moins évident (Synopse, Tome I, pp. 62-63 ; Brown, de la Potterie). Pour plus de clarté, nous allons résoudre les problèmes par étapes.

A) UN TEXTE DE JEAN II-A RÉINTERPRÉTÉ PAR JEAN II-B

Sous sa forme la plus ancienne, le récit de l'entretien de Jésus avec Nicodème ne comprenait que les vv. 1-3 (moins une glose), 9-10 et 31b-34 ; il remonterait à Jean II-A qui l'aurait composé à partir d'une « parole » de Jésus rapportée par la tradition synoptique (cf. **3** 3). Jean II-B reprit intégralement les vv. 1-3 et 9-10, mais en insérant une glose au v. 1 et en intercalant les vv. 4-8 ; puis, il remplaça les vv. 31b-34 par leur parallèle des vv. 11-13.

II-A III	II-B
1 Or il y avait un homme d'entre les Pharisiens, dont le nom était Nicodème, ( ).	1 Or il y avait un homme d'entre les Pharisiens, dont le nom était Nicodème, notable des Juifs.
2 Celui-ci vint vers lui, de nuit, et lui dit : « Rabbi, nous savons que tu es venu de la part de Dieu, comme Maître ; car personne ne peut faire ces signes que tu fais si Dieu n'est avec lui. »	2 Celui-ci vint vers lui, de nuit, et lui dit : « Rabbi, nous savons que tu es venu de la part de Dieu, comme Maître ; car personne ne peut faire ces signes que tu fais si Dieu n'est avec lui. »
3 Jésus répondit et lui dit : « En vérité, en vérité, je te le dis : si quelqu'un ne naît pas de nouveau, il ne peut voir le royaume de Dieu. »	3 Jésus répondit et lui dit : « En vérité, en vérité, je te le dis : si quelqu'un ne naît pas de nouveau, il ne peut voir le royaume de Dieu. »
	4 Nicodème lui dit : « Comment un homme peut-il naître étant vieux ? Peut-il une seconde fois entrer dans le sein de sa mère et naître ? »
	5 Jésus répondit : « En vérité, en vérité, je te le dis : si quelqu'un ne naît pas d'eau et d'Esprit il ne peut entrer dans le royaume de Dieu.
	6 Ce qui est né de la chair est chair et ce qui est né de l'esprit est esprit.
	7 Ne t'étonne pas que je t'aie dit : Il vous faut naître de nouveau.
	8 Le vent souffle où il veut, et tu entends sa voix mais tu ne sais pas d'où il vient et où il va ; ainsi est quiconque est né de l'Esprit. »

9 Nicodème répondit et lui dit : « Comment cela peut-il arriver ? »
10 Jésus répondit et lui dit : « Tu es le maître d'Israël et tu ignores cela ?
31a | Celui qui vient d'en haut est au-dessus de tous ;
31b celui qui est de la terre est de la terre
et *parle de la terre.*
Celui qui vient du ciel

32 témoigne
de ce qu'il a vu et entendu
et son témoignage
personne ne le reçoit.
33 Qui reçoit son témoignage certifie que Dieu est vrai,
34 car celui que Dieu a envoyé

dit les paroles de Dieu. »

9 Nicodème répondit et lui dit : « Comment cela peut-il arriver ? »
10 Jésus répondit et lui dit : « Tu es le maître d'Israël et tu ignores cela ?

11 En vérité, en vérité, je te dis que nous parlons
de ce que nous savons
et nous témoignons
de ce que nous avons vu
et notre témoignage
vous ne le recevez pas.

12 Si *je vous ai dit les choses terrestres*
et que vous ne croyez pas, comment croirez-vous
si je vous dis les choses célestes ?
13 Et personne ne monte au ciel sinon
celui qui est descendu du ciel, le Fils de l'homme. »

1. LE PROBLÈME DES VV. 1 A 10

Comme l'avaient bien vu Wellhausen et Spitta, les vv. 1 à 10 ne forment pas une unité littéraire. Après les explications données aux vv. 5 à 8, on s'étonne que Nicodème puisse intervenir de nouveau pour demander : « Comment cela peut-il arriver ? » (v. 9). Cette seconde question, de portée très générale, se comprend difficilement après ce que Jésus vient de dire concernant le don de l'Esprit, thème bien connu de la tradition prophétique de l'AT. On notera d'ailleurs que la réflexion de Nicodème, au v. 4 : « Comment peut... » (*pôs dynatai*), commence comme celle qu'il fera au v. 9 : « Comment peut (*pôs dynatai*) cela arriver ? » On a l'impression d'une « reprise » rédactionnelle. De fait, la question du v. 9 : « Comment cela peut-il arriver ? » se justifierait mieux dans un texte qui ne comportait pas les vv. 4 à 8 ; après l'affirmation solennelle : « ... si quelqu'un ne naît pas de nouveau, il ne peut voir le royaume de Dieu » (v. 3), Nicodème demande des éclaircissements (v. 9) ; mais, loin de le tirer d'embarras, Jésus ironise sur lui (v. 10). Allégé des vv. 4-8, le texte johannique apparaît plus homogène. Ce n'est évidemment là qu'une hypothèse encore fragile, mais qui va trouver une confirmation dans les analyses suivantes.

2. LE DOUBLET DES VV. 11-13 ET 31b-34

La présence de deux niveaux rédactionnels aux vv. 1-10 est confirmée par le fait que la suite immédiate du récit (3 11-13) trouve un excellent parallèle en 3 31b-34, qui constitue même un *doublet* de 3 11-13. Or, nous allons le voir, les vv. 31b-34 sont actuellement hors de contexte ; primitivement, ils devaient faire suite au v. 10, mais ont été supplantés dans une rédaction ultérieure par les vv. 11-13. Essayons de préciser ces différents points.

a) Le parallélisme le plus étroit est entre les vv. 11 et 32 qui expriment la même idée (cf. textes *supra*). Au v. 32 toutefois Jésus parle de façon impersonnelle, partout à la troisième personne du singulier. Au v. 11 au contraire, il parle de lui à la première personne (d'abord du singulier, puis du pluriel) et s'adresse à Nicodème en utilisant la deuxième personne (d'abord du singulier, puis du pluriel). Sur ce point, on peut constater une analogie entre ce v. 11 et le v. 7, où Jésus s'adresse aussi à Nicodème en passant de la deuxième personne du singulier à la deuxième personne du pluriel ; c'est un premier indice que les vv. 11-13 pourraient être de la même main que celle qui a ajouté les vv. 4-8 dans la première partie du récit.

Le parallélisme fondamental entre les vv. 11 et 32 se complète par celui, moins strict, qui existe entre les vv. 12-13 et 34.31 b ; ces versets contiennent l'idée de parler « de la terre » ou « des réalités terrestres », de dire « les paroles de Dieu » ou « les réalités célestes », et le thème de « descendre » ou de « venir » du ciel. La différence de formulation provient de ce que la rédaction des vv. 12-13 fut influencée par des thèmes sapientiaux (cf. *infra*).

b) Dans leur contexte actuel, les vv. 11-13 n'offrent aucune difficulté ; ils sont bien à leur place à la suite des vv. 1-10. Il n'en va pas de même des vv. 31b-34 ; ils sont insérés dans un discours (3 31-36) qui a donné bien des soucis aux commentateurs ! Certains ne voient pas trop de difficultés à en faire la suite du discours que tient Jean-Baptiste aux vv. 27-30 (Bauer, Barrett). D'autres y voient plutôt des réflexions de l'évangéliste (Lagrange). D'autres encore notent la parenté entre les thèmes traités dans ce discours et ceux que Jésus tient ailleurs dans l'évangile de Jn ; ce discours ne peut donc être que du Christ johannique et il faut alors reconnaître qu'il n'est plus en place. Selon certains, il faudrait le replacer après 3 21 (Bernard, Bultmann) ; entre 3 12 et 3 13 selon Schnackenburg ; après 3 13 selon Gourbillon. Mais ces solutions ne rendent compte, ni du doublet formé par les vv. 11-13 et 31b-34, ni du changement de personne entre les deux discours. Brown est mieux inspiré lorsqu'il voit en 3 31b-34 une variante de 3 11-13 (cf. déjà Synopse, tome I, p. 62). Nous arrivons ainsi à la solution proposée plus haut :

le récit de l'entretien de Jésus avec Nicodème a connu deux rédactions successives. La première ne comprenait que les vv. 1-3, 9-10 et 31b-34. La seconde, qui reprit, amplifia et modifia la première, se retrouve intégralement dans les vv. 1 à 13.

3. Caractéristiques stylistiques

En règle générale, dans l'évangile de Jn, lorsque nous sommes en présence de deux textes parallèles dont l'un est une réinterprétation de l'autre, le plus ancien est de Jean II-A et le plus récent de Jean II-B. Il en va de même ici comme le montre l'analyse stylistique des deux textes que nous avons distingués.

a) Dans le texte constitué par les vv. 1-3, 9-10 et 31b-34, que l'on doit normalement attribuer à Jean II-A, on relève les caractéristiques stylistiques suivantes. Au v. 1 : « Or il y avait un homme » (C 49), « il y avait (= était)... de » (C 18), « Nicodème » (A 64*), l'expression traduite littéralement « son nom à lui » (A 148). – Au v. 2 : « Rabbi » (C 35*), « nous savons que » (E 4*), « personne ne peut... si... ne... pas » (B 89* et C 62), « faire des signes » (B 81). – Au v. 3 : « répondit et dit » (B 6), « en vérité, en vérité » (A 2*), « si quelqu'un » (C 48*), « si... ne... pas... ne... » (C 62), « de nouveau » (F 16). – Au v. 9 : « répondit et dit » (B 6), « Nicodème » (A 64*), « comment... peut-il (arriver) » (C 73*). – Au v. 10 : « répondit et dit » (B 6). – Au v. 31b : « être de » (C 18), « parler de » (B 62*). – Au v. 32 : selon l'ordre des mots en grec « il a vu... témoigne » (A 40* et B 82 ; cf. C 58*), « recevoir le témoignage » (A 62* ; cf. C 1). – Au v. 33 : « recevoir le témoignage » (A 62* ; cf. C 1), « certifier » (F 11), « vrai » (C 36). – Au v. 34 : « les paroles de Dieu » (A 153), « envoyer » (B 34). La séquence des vv. 32b-33a offre la même contradiction apparente que celle de **1** 11b-12a : « et son témoignage personne ne le reçoit. Qui reçoit son témoignage... » « et les siens ne l'ont pas reçu. Mais tous ceux qui l'ont reçu... » Quant au thème des vv. 33-34, il se retrouvera, avec un vocabulaire en partie identique, en **17** 8, de Jean II-B : « parce que les paroles (*ta rhèmata*) que tu m'as données je les leur ai données et ils les ont reçues (*elabon*) et ils ont connu vraiment... que tu m'as envoyé (*apesteilas*). » Dans son ensemble, ce style convient bien à Jean II.

Quelques indices confirment l'attribution à Jean II-A du texte le plus ancien. On lit au v. 1 : « Or il y avait un homme d'entre les Pharisiens dont le nom (était) Nicodème... » Ce verset doit être rapproché de Jn **1** 6 : « Il y eut un homme envoyé par Dieu dont le nom (était) Jean. » Ce sont les seuls passages du NT où la formule « dont le nom (était) un tel » est rendue en grec par *onoma autôi* (A 148), qui provient de l'AT ; nous avons traité ce problème à la note §§ 19-25 (II A 1 *c ca*). Or nous avons vu que **1** 6 devait être attribué à Jean II-A, certainement pas à Jean II-B ; on peut donc aussi attribuer **3** 1 à Jean II-A.

Au **v.** 2, les signes accomplis par Jésus sont présentés comme un moyen normal accordé aux hommes pour croire en la mission de Jésus. Cette théologie du « signe » est contraire à celle de Jean II-B, mais en revanche conforme à celle que Jean II-A a héritée du Document C (Introd., 5 h).

L'affirmation du v. 33 : « Dieu est vrai », ne se lit ailleurs chez Jn qu'en **8** 26, sous la forme « celui qui m'a envoyé est vrai », un texte que nous attribuerons à Jean II-A. Jn **3** 34 et **8** 26 ont aussi en commun l'idée que Jésus « dit (*lalei*) les paroles de Dieu » ou « ce qu'il a entendu de lui ». Quant à l'expression « dit les paroles de Dieu (*lalei ta rhèmata*) », elle a son équivalent en **14** 10, de Jean II-A : « les paroles que je vous dis (*ta rhèmata ha egô lalô*), je ne les dis pas de moi-même. »

b) Les caractéristiques stylistiques, dans les additions (vv. 4-8) ou les réinterprétations (vv. 11-13) du texte de Jean II-A faites par Jean II-B, sont les suivantes. Aux vv. 3-5, nous avons le procédé littéraire de l'incompréhension des interlocuteurs de Jésus (A 10*). On notera que ce procédé littéraire fut obtenu en ajoutant les vv. 4-5 au v. 3 du texte de Jean II-A ; Jean II-B procédera de même en **6** 33-35 : pour obtenir le procédé littéraire de l'incompréhension, il fera précéder le v. 35, de Jean II-A, des vv. 33-34 (voir note § 163). – On trouve encore comme caractéristiques stylistiques. Au v. 4 : « Nicodème » (A 64*), « comment... peut-il (naître) » (C 73*), négation *mè* à sens interrogatif (F 3*). – Au v. 5 : « répondit » (B 74), « en vérité, en vérité » (A 2*), « si quelqu'un » (C 48*), « si... ne... pas... ne... » (C 62), « naître de » (A 8**). – Au v. 6 : à deux reprises « naître de » (A 8**), « chair » (F 7*). – Au v. 7 : « de nouveau » (F 16). – Au v. 8 : « où » (F 33), « écouter sa voix » (F 8*), « savoir d'où » (B 52 ; cf. C 76), « il vient... il va » (B 18), « où il va » (A 29* ; cf. F 13), « naître de » (A 8**). – Au v. 11 : « en vérité, en vérité » (A 2*), « savoir » (F 25), la construction traduite en respectant l'ordre des mots grecs « nous avons vu... nous témoignons » (A 40* et B 82 ; cf. C 58*), « recevoir le témoignage » (A 62* ; cf. C 1). – Au v. 12 : « dire les choses terrestres (ou les choses célestes) » (C 64), « croire » (F 20). – Au v. 13 : « monte... le Fils de l'homme » (A 41*), « descendre du ciel » (B 94).

Ajoutons les remarques suivantes, souvent d'un ordre plus général. Le v. 4 commence par ces mots : « Nicodème lui dit... » En grec, le verbe « dire » est construit ici avec *pros* et l'accusatif au lieu du simple datif. Fréquente dans la Septante et dans Lc/Ac, une telle construction ne se lit ailleurs chez Jn que dans des textes de Jean II-B (Introd., 8 c). – Au v. 5, le lien mis entre l'eau et l'Esprit ne peut être que de Jean II-B (cf. **7** 39 et le commentaire) ; au niveau de Jean II-A, l'eau symbolise la Sagesse (Introd., 7 k). – Aux vv. 5-6, le thème de l'entrée dans le royaume de Dieu est suivi d'un développement sur l'opposition entre la « chair » et l'« esprit » ; nous avons là une influence paulinienne (cf. la troisième partie de cette note) qui confirme que ces versets sont de Jean II-B (Introd., 4 z). – Au v. 8, la proposition « Le vent souffle où il veut » est à rapprocher de celles de Jn **21** 18 : « où tu voulais » « où tu ne voulais pas », dans un texte que nous attribuerons à Jean II-B ; ce sont les seuls passages du NT où la conjonction « où » (*hopou*) est suivie du verbe « vouloir ». Par ailleurs, la formule « d'où il vient et où il va » a son équivalent en Jn **8** 14 : « d'où je viens et où je vais », texte que nous attribuerons aussi à Jean II-B. – On a déjà fait remarquer plus haut que le v. 11 devait être rapproché littérairement du v. 7, l'un et l'autre contenant un brusque passage de la deuxième personne du singulier à la deuxième personne du pluriel.

B) LE PROBLÈME DES VV. 14-18

Occupons-nous maintenant du problème assez complexe des vv. 14-18. Nous allons voir que, hormis un certain nombre de gloses insérées par Jean III, ce texte fut composé par Jean II-A. Mais au niveau de Jean II-A, il se lisait dans le contexte du chapitre **12**, plus précisément entre **12** 31 et **12** 34 ; c'est Jean II-B qui l'a transféré à sa place actuelle (cf. *infra*).

1. LES GLOSES DE JEAN III

Jean III a glosé un texte plus ancien, composé des vv. 14, 16b et 18a, afin d'y insérer des thèmes repris de 1 Jn **4** 9. Pour le montrer, mettons en parallèle : le texte de 1 Jn **4** 9 et celui de Jn **3** 14-18 dans lequel nous placerons en retrait les additions faites par Jean III.

1 Jn **4** 9	Jn **3**
	14 « Et comme Moïse éleva le serpent dans le désert, ainsi faut-il que soit élevé le Fils de l'homme
	15 *afin que quiconque croit en lui ait la vie éternelle.*
En ceci s'est manifesté l'amour de Dieu pour nous que son Fils Unique	16a Car ainsi Dieu a aimé le monde que le Fils Unique il (l') a donné
	16b *afin que quiconque croit en lui* ne périsse pas mais *ait la vie éternelle.*
Dieu (l') a envoyé dans le monde	17 Car Dieu n'a pas envoyé le Fils dans le monde afin de juger le monde mais afin que soit sauvé le monde par lui.
afin que nous vivions par lui.	18a Qui croit en lui n'est pas jugé ; qui ne croit pas est déjà jugé (.)
	18b car il n'a pas cru au nom du Fils Unique de Dieu. »

a) Il est clair tout d'abord que les vv. 16a et 17 se complètent pour exprimer des thèmes très analogues à ceux de 1 Jn **4** 9. On notera toutefois une transposition caractéristique. Dans 1 Jn **4** 9, le terme de « monde » est pris dans un sens assez général, et ce sont les disciples de Jésus (« nous ») qui bénéficient de l'envoi du Fils Unique et du don de la vie par Dieu ; en Jn **3** 16a.17 au contraire, le terme de « monde » revêt un sens beaucoup plus particulier puisque c'est le « monde » qui bénéficie de l'amour de Dieu et du salut par le Fils Unique. Cette transposition correspond aux préoccupations de Jean III : réhabiliter le « monde » (cf. Introd., 7 e).

Le v. 18b est relié au v. 16a et à 1 Jn **4** 9 par le terme de « Fils Unique », propre à Jn dans toute la Bible. Nous allons donc lier son sort à ceux des vv. 16a et 17.

b) L'addition des versets parallèles à 1 Jn **4** 9 apparaît surtout par l'analyse des vv. 15-16.

ba) Un fait littéraire saute aux yeux : tous les éléments du v. 15 (sauf une particularité stylistique sur laquelle nous reviendrons plus loin) se retrouvent au v. 16b. Nous sommes en présence d'une « reprise » rendue nécessaire précisément à la suite de l'insertion du v. 16a (cf. Introd., 1 f). Précisons cependant que la « reprise » est ici d'un type un peu spécial, comme cela se produit parfois ; c'est le v. 16b qui appartenait au texte primitif, et il fut *anticipé* par Jean III au v. 15. La raison en est que les expressions « ne périsse pas mais », du v. 16b, sont étroitement liées au thème du serpent élevé dans le désert (v. 14), comme nous le verrons dans le commentaire de ce texte à la note §§ 309-A.311.

bb) Plusieurs indices stylistiques confirment l'addition des vv. 15-16a par Jean III. Au v. 15, le verbe « croire » est construit, soit avec *en* et le datif, soit avec *epi* et le datif (*supra*, I 1) ; connues de la tradition synoptique et du reste du NT, de telles constructions ne se lisent nulle part ailleurs chez Jn, qui a régulièrement *eis* et l'accusatif (B 51), construction qui se lit précisément au v. 16b. Pour éviter cette difficulté, certains auteurs coupent autrement la phrase : « afin que quiconque croit, en lui ait la vie éternelle » ; mais ce serait le seul cas chez Jn où l'expression « quiconque croit » resterait sans complément. De toute façon donc, le v. 15 a un style étranger à celui de Jean II ; c'est une imitation, par Jean III, du v. 16b. Au v. 16a, plusieurs expressions seraient insolites sous la plume de Jean II. C'est le seul texte johannique où il est dit que Dieu a « aimé » (*agapan*) le monde. C'est le seul texte aussi où il est dit que Dieu a « donné » son Fils, tandis qu'ailleurs on a le verbe « envoyer » (B 34). Enfin, on ne lit nulle part ailleurs chez Jn la conjonction « que » (*hôste*), relativement fréquente dans le NT (15/13/5/1/8/42).

c) La plupart des caractéristiques « johanniques » des vv. 15-16a, 17 et 18b s'expliquent par emprunt, soit au v. 16b, soit à 1 Jn **4** 9.14 – Au v. 15 : « quiconque croit » (E 10), « ait la vie » (B 2 ; cf. F 6), « vie éternelle » (C 59). – Au v. 16a : « Dieu a aimé » (B 26), « le monde » (C 68), « le Fils » (B 77, influencé ici par 1 Jn **4** 14), « Fils Unique » (A 63), « donner afin que » (F 17). – Au v. 17 : « envoyer dans le monde » (A 54 ; cf. B 34 et C 68), « le Fils » (B 77 ; cf. 1 Jn **4** 14), « juger » (E 14), « afin que... par lui » (A 84). – Au v. 18b : « croire au nom » (A 94), « Fils Unique » (A 63).

2. UN TEXTE DÉPLACÉ

Le lien entre **3** 13 et **3** 14 est factice ; ces deux mentions successives du Fils de l'homme sont insolites et font penser à deux textes rapprochés l'un de l'autre précisément parce qu'ils contenaient tous deux l'idée d'une « élévation » du Fils de l'homme. Pour cette raison, plusieurs commentateurs modernes estiment que l'entretien avec Nicodème se termine au v. 13. Mais que faire alors du texte composé de **3** 14.16b.18a ? Il se lisait primitivement entre **12** 31 et **12** 34 et fut transféré ici au niveau de Jean II-B. Les preuves de ce déplacement ne pourront être exposées qu'à la note §§ 309-A.311 (II B BB 4).

3. Un texte de Jean II-A

a) Au point de vue du vocabulaire et du style, l'attribution de **3** 14.16b.18a à Jean II-A ne fait aucune difficulté. On y trouve les caractéristiques stylistiques suivantes. Au v. 14 : « comme... ainsi » (F 9*), « que soit élevé le Fils de l'homme » (A 41*). – Au v. 16b : « quiconque croit en lui » (E 10 et B 51), « ait la vie éternelle » (B 2* et C 59* ; cf. F 6). – Au v. 18a : « qui croit en lui » (E 10 et B 51), « juger » (E 14).

b) En commentant **3** 14.16b.18a, à la note §§ 309-A.311, nous verrons que ce passage développe une christologie analogue à celle que l'on trouve en Jn **6** 31 ss., texte que nous attribuerons aussi à Jean II-A. Par ailleurs, des trois textes de l'évangile de Jn qui parlent d'une « élévation » de Jésus, le premier (**12** 32) provient du Document C ; le deuxième (**3** 14) est attribué à Jean II-A qui réinterprète **12** 32 ; le troisième (**8** 28) sera attribué à Jean II-B, lui aussi réinterprétant **12** 32.

C) LE PROBLÈME DES VV. 19-21.35-36

1. Analyse des vv. 19-21.35-36

Il semble que, primitivement, les vv. 19-21 et 35-36 aient formé un tout constituant la suite du discours de Jésus commencé en **3** 11-18. La rédaction de ces vv. 19-21 et 35-36 fut fortement influencée, non seulement par la phraséologie des textes de Qumrân, mais aussi et surtout par un texte de Paul : Ep **5** 6-14. Mettons ces textes en parallèle.

Jn **3**	Ep **5**
19 Or tel est le jugement : que la *lumière* est venue dans le monde et les hommes ont aimé *les ténèbres* plus que la *lumière* car *leurs œuvres* étaient mauvaises.	14 ... et *le Christ luira* sur toi. 8 Car jadis vous étiez *ténèbres* mais maintenant *lumière*...
20 Car quiconque accomplit des choses viles hait la *lumière* et ne vient pas à la *lumière* de peur que *ne soient dénoncées ses œuvres* ;	11 Ne prenez aucune part *aux œuvres*... des *ténèbres* mais plutôt *dénoncez-les*.
21 mais qui fait la vérité vient à la *lumière* afin que *soient manifestées ses œuvres,*	13 Mais quand tout *sera dénoncé* c'est dans la *lumière* qu'on le voit *manifesté*. 14 Car tout ce qui *est manifesté* est *lumière*...

35 Le Père aime le Fils et il a tout donné dans sa main.
36 Qui croit au Fils a la vie éternelle ;

mais qui est *incrédule* au Fils ne verra pas la vie, mais *la colère de Dieu* demeure *sur lui*. »

6b ... vient *la colère de Dieu* sur les fils de *l'incrédulité*.

L'influence de la pensée de Qumrân sur l'un et l'autre texte se manifeste dans le dualisme « lumière-ténèbres » qui court tout au long des deux textes, complété chez Jn par le dualisme « vérité-choses viles » (**3** 20-21) et dans le thème des œuvres mauvaises qu'il faut « dénoncer » et qui seront « manifestées ». Nous le verrons plus en détail en faisant le commentaire du texte johannique. Mais il faut admettre aussi une influence de Paul sur Jn. Nous avons souligné tous les mots ou les expressions qu'ils ont en commun. Or, dans aucun texte de Qumrân on ne trouve une telle accumulation d'expressions et de thèmes semblables. Le Christ est identifié à la lumière : explicitement en Ep **5** 14b, implicitement en Jn **3** 19a. L'opposition « lumière-ténèbres » distingue les hommes en deux groupes, en rapport avec les œuvres qu'ils accomplissent (Ep **5** 8a.11 ; Jn **3** 19b.20a.21a). Les œuvres mauvaises de chacun seront « dénoncées », les œuvres bonnes seront « manifestées » (Ep **5** 11.13 ; Jn **3** 20b. 21b). La colère de Dieu menace celui qui refuse de croire (Ep **5** 6 ; Jn **3** 36). L'influence de l'un des deux textes sur l'autre est indéniable. Or, c'est le texte de Ep **5** qui a influencé celui de Jn, comme l'indique le vocabulaire commun aux deux textes. L'indice le plus caractéristique est l'utilisation ici par Jn du mot *skotos* pour dire « ténèbres » (**3** 19 ; cf. Ep **5** 8a), au lieu de son habituel *skotia* (B 8*) ; l'influence des textes de Qumrân, écrits en hébreu, ne peut expliquer cette anomalie chez Jn. On notera aussi, chez Jn comme chez Paul, le thème de l' « incrédulité » lié à celui de la « colère de Dieu » (Jn **3** 36 ; Ep **5** 6b) ; le verbe « être incrédule » (*apeithein*) ne se lit nulle part ailleurs chez Jn tandis qu'on l'a 5 fois chez Paul, qui utilise aussi 6 fois le substantif « incrédulité » (*apeitheia*). Quant à l'expression « colère de Dieu », elle ne se trouve dans tout le NT qu'en Jn **3** 36 ; Rm **1** 18 ; Col **3** 6 ; Ep **5** 6 et Ap **19** 15.

Un autre texte de Paul a pu influencer celui de Jn : Rm **2** 5-8. Nous le donnons ici en soulignant les termes qui rapprochent Paul et Jn : « Par ton endurcissement et l'impénitence de ton cœur, tu amasses contre toi un trésor de *colère*, au jour de la *colère* où se révélera le juste *jugement* de Dieu, qui rendra à chacun selon *ses œuvres* : à ceux qui par la constance dans le bien recherchent gloire, honneur et incorruptibilité : *la vie éternelle* ; aux autres, âmes rebelles, *incrédules* à la *vérité* et crédules à l'injustice : *colère* et indignation. » On notera spécialement le thème de la « vérité » et celui de la rétribution finale exprimé par l'opposition « colère-vie éternelle », comme en Jn **3** 36.

2. Un texte de Jean II-B

L'influence paulinienne sur ce texte, qui amplifie le premier discours sur le jugement que Jésus adresse aux Juifs, invite à l'attribuer à Jean II-B (Introd., 4 z). L'analyse du vocabulaire et du style confirme d'ailleurs cette attribution.

Les caractéristiques johanniques sont les suivantes. Au v. 19 : « Or tel est le jugement : que... » (A 6), « lumière », dit du Christ (2 fois ; A 5**), « aimer » (C 63*), « venir dans le monde » (B 13* ; cf. C 68), « œuvres mauvaises » (B 58**). – Au v. 20 : « choses viles » (D 6), « haïr » (C 67*), « lumière », dit du Christ (2 fois ; A 5**). – Au v. 21 : « faire la vérité » (A 152** ; cf. E 3*), « lumière », dit du Christ (A 5**), « manifester » (E 2), l'expression traduite littéralement « elles (= les œuvres) ont été œuvrées » (A 112**). – Au v. 35 : « Le Père » (B 73), « aimer » (B 26**), « le Fils » (B 77**), « il a tout donné » (A 14*). – Au v. 36 : « Qui croit au (Fils) » (E 10 et B 51), « le Fils » (2 fois ; B 77**), « avoir la vie éternelle » (B 2* et C 59*), « vie » (F 6), « demeurer sur » (A 116).

Le nombre important de caractéristiques stylistiques propres à Jean II-B dans ces versets est déjà une preuve suffisante pour les lui attribuer ; mais ajoutons quelques autres indices. Au v. 19 : on rapprochera la phrase « les hommes ont aimé les ténèbres plus que la lumière » de celle de Jn **12** 43 : « Car ils ont aimé la gloire des hommes plus que la gloire de Dieu », texte que nous attribuerons à Jean II-B ; ce sont les seuls passages du NT où le verbe « aimer » (*agapan*) est construit avec le comparatif « plus » (*mallon*). Toujours dans ce v. 19, la phrase « car leurs œuvres étaient mauvaises » se retrouve en termes presque identiques en Jn **7** 7 : « que ses œuvres sont mauvaises », dans une insertion de Jean II-B, et en 1 Jn **3** 12 : « parce que ses œuvres étaient mauvaises ». Ce style commun avec 1 Jn dénote la main de Jean II-B. – Au v. 35 : la proposition « il a tout donné dans sa main » a son parallèle en **13** 3a : « Le Père a tout donné dans ses mains », texte de Jean II-A ; mais en **13** 3a, on aura remarqué que l'expression « dans ses mains » est au pluriel, tandis qu'on a le singulier en **3** 35. Cette petite divergence pourrait être l'indice de deux niveaux rédactionnels différents. – Enfin au v. 36 : la formule « qui croit au Fils a la vie éternelle » se lit encore en **6** 40 : « que quiconque voit le Fils et croit en lui ait la vie éternelle », un texte que nous attribuerons aussi à Jean II-B.

D) L'ORGANISATION DE **3** 31-36 PAR JEAN III

1. Les vv. 31b-34 sont de Jean II-A et suivaient primitivement les vv. 1-3.9-10 (cf. *supra*). Puisque Jean II-B les avait *remplacés* par les vv. 11-13 (cf. *supra*), c'est Jean III qui les a repris du texte de Jean II-A pour les insérer dans leur contexte actuel. Il a alors composé le v. 31a pour faire le lien entre les vv. 27-30 et 31b-34. On lit en effet au v. 31a : « Celui qui vient d'en haut est au-dessus de tous. » Le thème « venir d'en haut » annonce le v. 31c « Celui qui vient du ciel... » ; les mots « est au-dessus de tous » continuent en revanche la pensée de **3** 30 : « Il faut que celui-ci grandisse

et que moi je décroisse. » Ce v. 31a ne contient qu'une caractéristique stylistique mineure : « d'en haut » (F 16).

2. Les vv. 35-36, de Jean II-B, suivaient primitivement **3** 19-21 pour former un texte parallèle à Ep **5** 6-14 (cf. *supra*). C'est Jean III qui les a transférés à leur place actuelle ; il voulait clore le discours qu'il attribue au Baptiste (**3** 31-36) par le thème de la colère de Dieu (cf. *infra*).

III. LE SENS DES RÉCITS

A) LE RÉCIT DE JEAN II-A

1 Or il y avait un homme d'entre les Pharisiens dont le nom était Nicodème ( ).
2 Celui-ci vint vers lui, de nuit, et lui dit : « Rabbi, nous savons que tu es venu de la part de Dieu, comme Maître ; car personne ne peut faire ces signes que tu fais si Dieu n'est avec lui. »
3 Jésus répondit et lui dit : « En vérité, en vérité, je te le dis : si quelqu'un ne naît pas de nouveau, il ne peut voir le royaume de Dieu. »
9 Nicodème répondit et lui dit : « Comment cela peut-il arriver ? »
10 Jésus répondit et lui dit : « Tu es le maître d'Israël et tu ignores cela ?
31 ( ) Celui qui est de la terre est de la terre et parle de la terre ; celui qui vient du ciel
32 témoigne de ce qu'il a vu et entendu, et son témoignage, personne ne le reçoit.
33 Qui reçoit son témoignage certifie que Dieu est vrai,
34 car celui que Dieu a envoyé dit les paroles de Dieu. »

1. Jésus reconnu comme prophète

Ce petit récit raconte une entrevue entre Jésus et un Pharisien, du nom de Nicodème (cf. **7** 50 ; **19** 39), interpellé par les « signes » que Jésus vient de faire à Jérusalem (**2** 23). Il veut s'informer davantage sur ce thaumaturge qui soulève un tel enthousiasme et vient le trouver pour le mieux connaître. Il effectue toutefois cette démarche de nuit, afin de ne pas se compromettre aux yeux des autres Pharisiens (cf. **7** 13 ; **12** 42 ; **19** 39). C'est probablement en raison de cette pusillanimité que Jésus se permettra d'ironiser quelque peu à son sujet (v. 10). Dès l'entrée en matière, il lui donne le titre de « Rabbi » et le reconnaît comme un « Maître » (**3** 2) ; ce second terme, qu'il faut comprendre au sens de « Didascale », « celui qui enseigne », n'est que l'équivalent grec du premier (Jn **1** 38 ; **20** 16). Pour ses intimes, Jésus était, « le Maître » par excellence, et, quand ils parlaient de lui, ce titre suffisait à le désigner clairement (Jn **11** 28 ; **13** 13-14 ; Mc **14** 14 et par.). Les Pharisiens se faisaient appeler habituellement « Rabbi » (cf. Mt **23** 7) ; en le saluant de ce titre, Nicodème reconnaît qu'il vient discuter d'égal à égal avec Jésus. Était-il très sincère ? Le « nous savons » qu'il ajoute aussitôt après pourrait en faire douter, car le groupe des Pharisiens, dont il semble se donner comme le représentant, tenait Jésus pour un ignorant (cf. Jn **7** 15). Jésus ne s'y laisse pas prendre et, après que Nicodème aura avoué son ignorance des réalités spirituelles que Jésus lui enseigne (**3** 9), il lui « retourne » ce titre de « Maître » avec une ironie assez savoureuse : « Tu es le maître d'Israël et tu ignores cela ? » (**3** 10).

Nicodème reconnaît en Jésus, non seulement un « Rabbi », mais encore un envoyé de Dieu : « Nous savons que tu es venu de la part de Dieu. » Cette façon de parler évoque les missions prophétiques de l'Ancien Testament (1 S **15** 1 ; **16** 1 ; 2 Ch **24** 19 ; **25** 15 ; Za **2** 15 ; Jr **25** 15 ; Ez **2** 4). D'une façon plus précise, Nicodème affirme que Dieu doit être avec Jésus, étant donné tous les « signes » qu'il accomplit. C'est une allusion assez claire à la mission de Moïse, le prophète par excellence. Dieu lui avait dit, en effet : « *Je serai avec toi* et voici le signe qui te montrera que c'est moi qui t'ai envoyé...* » (Ex **3** 12 ; cf. Jr **1** 8) ; un peu plus loin, Dieu donne à Moïse d'accomplir trois « signes » qui doivent l'accréditer auprès des Hébreux (Ex **4** 1-9). Jésus est donc en fait le nouveau Moïse, le prophète semblable à Moïse annoncé par Dt **18** 18. On reconnaît là un des thèmes centraux de la christologie du quatrième évangile qui, du Document C, est passé à tous les niveaux rédactionnels successifs (Introd., 5 b-n).

2. LA NOUVELLE NAISSANCE (**3** 3)

Fort de cette qualité de prophète que Nicodème lui reconnaît, Jésus expose la façon dont il conçoit les exigences du salut : « En vérité, en vérité, je te le dis : si quelqu'un ne naît pas de nouveau, il ne peut voir le royaume de Dieu » (**3** 3), c'est-à-dire il ne peut y participer (cf. Jn **3** 36 ; **8** 51-52).

a) Nous avons traduit par « de nouveau » l'adverbe grec *anôthen* que beaucoup de commentateurs préfèrent traduire par « d'en haut » ; les deux sens sont effectivement possibles. En faveur du second, on invoque les autres emplois de cet adverbe par Jn : **19** 11.23 et surtout **3** 31 ! On pourrait renvoyer aussi à Jc **1** 17-18 : « Tout don excellent, toute donation parfaite vient d'en haut (*anôthen*) et descend du Père des lumières... Il a voulu *nous enfanter* par une parole de vérité. » Malgré la force de cet argument, le premier sens (« de nouveau ») nous semble s'imposer pour les raisons suivantes.

aa) Jn **3** 3 est le seul texte johannique (repris en **3** 5) où se lit l'expression « royaume de Dieu », si fréquente chez les Synoptiques (Mt préfère « royaume des cieux ») ; selon toute vraisemblance, Jean II reprend ici une « parole » de Jésus appartenant à la tradition synoptique. On pourrait songer à Mc **10** 15 et par. : « En vérité, je vous le dis, qui n'accueillerait pas le royaume de Dieu comme un petit enfant n'y entrera pas. » Mais le meilleur parallèle est encore Mt **18** 3, malgré la transposition « royaume des cieux-royaume de Dieu » :

Jn **3** 3	Mt **18** 3
« En vérité, en vérité, je te le dis : si quelqu'un	« En vérité je vous le dis : si vous ne *changez* et ne *devenez*
ne naît pas *de nouveau* il ne peut voir le royaume de Dieu. »	comme les petits enfants vous n'entrerez pas dans le royaume des cieux. »

En Mt **18** 3, le verbe « changer », ou plus littéralement « se détourner », « se convertir », suppose un verbe araméen (*tôb*) qui, précédant un autre verbe (comme ici), peut indiquer simplement le renouvellement de l'action indiquée par le verbe qui le suit. Jésus ayant parlé en araméen, la « parole » de Mt **18** 3 pourrait aussi bien signifier : « ... si vous ne *re-devenez* comme les petits enfants, vous n'entrerez pas dans le royaume des cieux. » Le parallélisme avec Jn **3** 3 est alors évident : le verbe « changer » du texte de Mt correspond à l'adverbe « de nouveau » du texte de Jn.

ab) L'expression « naître de nouveau » a son équivalent dans deux textes influencés par la liturgie baptismale ancienne. Le premier est 1 P **1** 23 : « ... ré-engendrés (*ana-gegenèmenoi*) d'une semence non pas corruptible, mais incorruptible, par la parole du Dieu vivant et éternel. » Le second est Tt **3** 5, qui parle de « re-naissance » (*paliggenesia*). Le premier de ces deux textes se retrouve en 1 Jn **3** 9 : « Quiconque est né de Dieu ne pèche pas parce qu'une semence de Dieu demeure en lui. »

ac) On verra plus loin que, lorsqu'il reprend **3** 3 en **3** 4-5, Jean II interprète le texte au sens d'une nouvelle naissance.

b) Jn **3** 3, on vient de le voir, reprend une parole du Christ attestée par Mt **18** 3 et qui se lisait peut-être déjà dans le Document A : « Si vous ne redevenez comme les petits enfants, vous n'entrerez pas dans le royaume des cieux. » Dans la tradition rabbinique, on comparait souvent à un enfant nouveau-né le païen qui se convertissait au judaïsme ; sa conversion marquait comme un nouveau départ dans la vie ; ses actions antérieures ne comptaient plus, et spécialement ses péchés étaient oubliés ; il redevenait donc comme un petit enfant innocent de toute faute. Sans doute, sa conversion au judaïsme impliquait-elle un changement de vie puisqu'il adoptait la loi mosaïque comme règle de vie ; mais la comparaison avec l'enfant nouveau-né n'avait qu'une portée juridique. Dans le christianisme, cette comparaison va prendre un sens beaucoup plus profond. Jésus lui-même avait comparé l'annonce du royaume de Dieu à des semailles : le grain de blé, tombant dans la bonne terre, produit du fruit en abondance (Mc **4** 3-9 et par.). Dans l'explication de cette parabole, composée probablement par la communauté primitive, le thème devient plus clair : ce qui est semé (la « semence », précise Lc), c'est la parole, et ce sont ceux qui entendent la parole et la mettent en pratique qui portent du fruit (Mc **4** 14.20 et par.). La « parole » est donc un germe, une semence qui, tombant dans le cœur de l'homme, y devient source de vie nouvelle de par le dynamisme qu'elle porte en elle. C'est le thème de la « re-naissance » sous l'effet de la parole de Dieu (1 P **1** 22-25 ; Jc **1** 17-18 ; Jn **1** 1.12-13 ; 1 Jn **3** 9 ; et ici : Jn **3** 3). Celui qui garde la parole en lui est maintenant doué d'une vie nouvelle, il agit sous l'influx de cette parole, il vit en accord avec la volonté de Dieu qu'exprime cette parole. Il pourra donc entrer dans le royaume, ou comme préfère dire le Christ johannique, avoir la vie éternelle (Jn **8** 51-52 ; **12** 50).

c) Nicodème ne comprend pas ce langage mystérieux de Jésus et demande : « Comment cela peut-il arriver ? » (v. 9). Au lieu de s'engager dans de nouvelles explications, Jésus ironise sur l'ignorance de son interlocuteur d'une manière qui annonce le savoureux dialogue entre les Pharisiens et l'aveugle-né (**9** 26-33). Il lui donne à son tour le titre de « maître » que Nicodème lui avait attribué au début du dialogue (**3** 2), mais il précise : « maître d'Israël » ; les Pharisiens avaient en effet la prétention de transmettre à tout le peuple élu la véritable interprétation de la Loi divine. Nicodème se range parmi les « maîtres d'Israël » et il ignore la façon dont les hommes peuvent « voir le royaume de Dieu » (**3** 3 ; cf. Mt **23** 13 ; Lc **11** 52) !

Ce titre de « maître d'Israël », connu de la tradition rabbinique ancienne, est donné plusieurs fois à Moïse dans le targum du pseudo-Jonathan (Dt **32** 3 ; **34** 5). Si Jean II a connu cette tradition, l'ironie de son récit devient plus précise. Nicodème, type de tous les Pharisiens, se prend pour un nouveau Moïse chargé par Dieu d'enseigner Israël ; mais son ignorance prouve qu'il n'en est rien. Jésus seul est le nouveau Moïse (cf. *supra*), le véritable « maître d'Israël », celui qui peut faire connaître aux hommes comment voir le royaume de Dieu.

3. LE TÉMOIGNAGE DE JÉSUS (**3** 31b-32)

En **3** 31b-32, Jean II-A va développer l'opposition entre Jésus, révélateur des réalités spirituelles, et Nicodème, incapable de comprendre et donc, à plus forte raison, d'enseigner ces réalités. A partir d'ici, le discours de Jésus est à la troisième personne du singulier parce que Jn se place maintenant à un point de vue beaucoup plus général ; c'est en fait deux modes d'enseignement qu'il oppose : celui de Jésus, nouveau Moïse envoyé du ciel, et celui des « Maîtres d'Israël », des rabbins qui croyaient posséder seuls la véritable interprétation de la Loi, et donc de la volonté de Dieu.

a) Après avoir relevé l'ignorance de Nicodème concernant les réalités spirituelles (**3** 10), Jésus poursuit : « ( ) Celui qui est de la terre est de la terre et parle de la terre » (**3** 31b). La phrase est difficile, avec son apparente tautologie. Mais pour éviter cette tautologie, il n'est pas nécessaire de recourir à un original araméen mal traduit ; il suffit de donner aux deux expressions successives « être de la terre » un sens différent, ce qui est parfaitement légitime comme on va le voir. L'expression « Celui qui est de la terre » s'oppose à l'expression « Celui qui vient du ciel » du v. 31 ; elle marque *l'origine* de l'homme en général, qui fut créé à partir du limon de la terre d'après Gn **2** 7. La seconde expression « est de la terre » indique *la nature* de l'homme en général : parce qu'il a été tiré de la terre, il appartient au monde de la terre, il est « terrestre » et, en conséquence, ne peut parler que de la terre, que des réalités terrestres. Le sens de la séquence « est de la terre

et parle de la terre » est bien mis en évidence dans la séquence équivalente de 1 Jn **4** 5 : « Eux sont du monde ; pour cette raison ils parlent du monde. » Jn **3** 31b veut donc dire : tout homme, parce qu'il est issu de la terre (cf. Gn **2** 7), appartient de soi au monde terrestre ; il ne peut donc parler que des réalités terrestres, les seules qu'il puisse connaître de par sa nature.

L'interprétation que nous venons de donner de la phrase « Celui qui est de la terre est de la terre » est confirmée par le parallèle de 1 Co **15** 47 ; Paul y exprime la même idée que Jn à partir du texte de Gn **2** 7 qu'il cite explicitement au v. 45, mais il évite la tautologie apparente du texte johannique :

Jn **3** 31	1 Co **15** 47
Celui qui est de la terre est de la terre et parle de la terre ;	Le premier homme (issu) de la terre, (est) terreux (*choïkos*) ;
celui qui vient du ciel...	le deuxième homme (est) du ciel...

Les perspectives de Jn et de Paul sont différentes ; Paul traite de « résurrection » à la fin des temps, Jn de « révélation » apportée par le Christ. Mais tous deux opposent au Christ, soit Adam et ses descendants (Paul), soit l'homme en général (Jn), en tant que « terreux » parce que « issu de la terre ». Il ne semble pas que la rédaction si maladroite du texte johannique puisse dépendre de 1 Co **15** 47 ; Jn et Paul dépendent d'un thème commun qu'ils utilisent chacun dans sa perspective propre.

b) Nicodème et tous les Pharisiens qui se disaient « Maîtres d'Israël » ne sont que des hommes tirés du limon de la terre ; ils appartiennent par nature au monde terrestre et ne peuvent donc parler que des réalités terrestres ; même quand ils traitent de la Loi mosaïque, ils ne peuvent donner que des interprétations *humaines* de cette Loi (Mc **7** 8). Il n'en va pas de même de « Celui qui vient du ciel » ; puisque son origine est céleste, il appartient au monde céleste, il peut donc témoigner « de ce qu'il a vu et entendu » (vv. 31c-32). On notera en passant que Paul, après avoir vu le Christ ressuscité sur la route de Damas, recevra ce message : « Le Dieu de nos Pères t'a prédestiné à connaître sa volonté, à voir le Juste et à entendre la voix sortie de sa bouche ; car pour lui tu dois *être témoin* devant tous les hommes *de ce que tu as vu et entendu* » (Ac **22** 14-15). La mission des apôtres se situe dans le prolongement de la mission du Christ : tous sont témoins des réalités célestes. Il est possible que Jean II dépende ici de ce texte des Actes (Introd., 4 w).

c) Au niveau de Jean II-A, en quel sens Jésus est-il venu du ciel ? Dans toute cette scène, Jésus est présenté avant tout comme le nouveau Moïse qui apporte aux hommes la véritable révélation. Ce thème du nouveau Moïse était évoqué dès le v. 2 : « Nous savons que tu es venu de la part de Dieu, comme Maître ; car personne ne peut faire ces signes que tu fais si Dieu n'est pas avec lui » (cf. Ex **3** 12 ; **4** 1-9 ; Jr **1** 8 ;

supra III A 1). Serait-ce alors en tant que nouveau Moïse que Jésus serait venu du ciel ? Il est possible que ce soit bien là la pensée de Jean II, influencé par la pensée samaritaine. Selon J. MacDonald, « la doctrine du *logos* est déjà pleinement élaborée à l'époque des Samaritains orientaux du quatorzième siècle qui vinrent à Naplouse. Moïse, dans sa préexistence, était la Parole et par lui toutes choses vinrent à l'être. A la période romaine, cette pensée n'était pas encore élaborée, mais tous ses éléments étaient déjà préparés. » On lit par exemple, dans l'hymne V de Amran Darah : « Déjà *depuis la création* la prophétie avait été une couronne pour Moïse ; (une couronne) d'illumination pour Moïse, qu'il fut digne de porter. » Et MacDonald commente : « Les fonctions du Moïse préexistant et historique sont établies ici, mais c'est une particularité de la croyance samaritaine qu'il n'y a pas de séparation entre fonctions préexistantes (et postexistantes) et historiques. C'est hors du temps et du monde que Moïse apporte la révélation, la vie, la Loi. » Si cette théologie samaritaine était déjà élaborée à la fin du premier siècle de notre ère (ce qui n'est pas certain), on comprendrait que Jean II puisse parler de la préexistence du Christ (il est venu du ciel) en tant qu'il représente pour lui le nouveau Moïse. De ce point de vue, les thèmes du « nouveau Moïse » et du « Fils de l'homme » se recoupent (cf. Jn **1** 51 et la note). N'oublions pas également que pour Jean II, Jésus est la Sagesse de Dieu (Introd., 5 w) ; c'est aussi en tant que « Sagesse » qu'il est venu du ciel.

4. Recevoir le témoignage (**3** 33-34)

a) A l'affirmation pessimiste du v. 32b « et son témoignage personne ne le reçoit », Jean II-A apporte une restriction : « Qui reçoit son témoignage... » (v. 33). Le sens est facile à saisir. Celui qui reçoit les paroles de Jésus certifie que Dieu est vrai ; Jésus en effet, l'envoyé de Dieu, ne fait que nous transmettre les paroles de Dieu. Recevoir son témoignage, c'est donc reconnaître que Dieu, qui nous parle par sa bouche, ne peut que dire la vérité (cf. Jn **8** 26). C'est une nouvelle allusion au thème de Jésus nouveau Moïse, en référence à Dt **18** 18 : « Je mettrai mes paroles dans sa bouche et il leur dira tout ce que je lui ordonnerai. »

b) Dans cet entretien avec Nicodème, le thème de Jésus nouveau Moïse tient une place importante. Évoqué au début du récit (v. 2), il est repris ici sous forme d'inclusion (vv. 31b-34). En **3** 2, Nicodème admet que les signes accomplis par Jésus le désignent comme l'envoyé de Dieu (cf. Ex **4** 1-9) ; en l'honorant du titre de « Maître », il lui reconnaît aussi une fonction d'enseignement, qui est explicitée en **3** 31b-34. Pour Jean II-A, les signes (ou les œuvres) et les paroles de Jésus sont deux moyens indissociables donnés aux hommes pour les inciter à croire en sa mission. Cette relation des « œuvres » et des « paroles » sera reprise en **14** 10-11 et surtout en **15** 22-24, où le péché des Juifs sera précisément d'avoir refusé de reconnaître en Jésus le nouveau Moïse malgré les paroles que Dieu a mises dans sa bouche et les œuvres qu'il lui a donné pouvoir d'accomplir.

B) LE RÉCIT DE JEAN II-B

En reprenant le texte de Jean II-A (**3** 1-3.9-10), Jean II-B y a inséré une glose au v. 2 et les vv. 4-8. Il a remplacé les vv. 31b-34 par les vv. 11-13. Enfin il a transposé un fragment de Jean II-A : **3** 14. 16b.18a, qui faisait partie primitivement des épisodes centrés sur la fête des Tentes, et l'a amplifié des vv. 19-21.35-36. Voici son récit dont nous n'analyserons que les modifications apportées au récit de Jean II-A.

1   Or il y avait un homme d'entre les Pharisiens, dont le nom était Nicodème, notable des Juifs.

2   Celui-ci vint vers lui, de nuit, et lui dit : « Rabbi, nous savons que tu es venu de la part de Dieu, comme Maître ; car personne ne peut faire ces signes que tu fais si Dieu n'est avec lui. »

3   Jésus répondit et lui dit : « En vérité, en vérité, je te le dis : si quelqu'un ne naît pas de nouveau, il ne peut voir le royaume de Dieu. »

4   Nicodème lui dit : « Comment un homme peut-il naître, étant vieux ? Peut-il une seconde fois entrer dans le sein de sa mère et naître ? »

5   Jésus répondit : « En vérité, en vérité, je te le dis : si quelqu'un ne naît pas d'eau et d'Esprit il ne peut entrer dans le royaume de Dieu.

6   Ce qui est né de la chair est chair et ce qui est né de l'esprit est esprit.

7   Ne t'étonne pas que je t'aie dit : Il vous faut naître de nouveau.

8   Le vent souffle où il veut, et tu entends sa voix mais tu ne sais pas d'où il vient et où il va ; ainsi est quiconque est né de l'esprit. »

9   Nicodème répondit et lui dit : « Comment cela peut-il arriver ? »

10   Jésus répondit et lui dit : « Tu es le maître d'Israël et tu ignores cela ?

11   En vérité, en vérité, je te dis que nous parlons de ce que nous savons et nous témoignons de ce que nous avons vu et notre témoignage vous ne le recevez pas.

12   Si je vous ai dit les choses terrestres et que vous ne croyez pas, comment croirez-vous si je vous dis les choses célestes ?

13   Et personne ne monte au ciel sinon celui qui est descendu du ciel, le Fils de l'homme.

14   Et comme Moïse éleva le serpent dans le désert, ainsi faut-il que soit élevé le Fils de l'homme

16b   afin que quiconque croit en lui ne périsse pas mais ait la vie éternelle.

18a   Qui croit en lui n'est pas jugé ; qui ne croit pas est déjà jugé.

19   Or tel est le jugement : que la lumière est venue dans le monde et les hommes ont aimé les ténèbres plus que la lumière, car leurs œuvres étaient mauvaises.

20   Car quiconque accomplit des choses viles hait la lumière et ne vient pas à la lumière de peur que ne soient dénoncées ses œuvres.

21   Mais qui fait la vérité vient à la lumière, afin que soient manifestées ses œuvres parce qu'elles ont été faites en Dieu.

35   Le Père aime le Fils et il a tout donné dans sa main.

36   Qui croit au Fils a la vie éternelle ; mais qui est incrédule au Fils ne verra pas la vie mais la colère de Dieu demeure sur lui. »

1. Un procédé littéraire johannique (**3** 3-5)

En ajoutant au v. 3 les vv. 4-5, Jean II obtient un procédé littéraire typiquement johannique (A 10*) : Jésus prononce une parole qui peut se comprendre en deux sens différents (**3** 3) ; l'interlocuteur comprend dans le mauvais sens (**3** 4), ce qui donne à Jésus l'occasion de préciser sa véritable pensée (**3** 5 ss.). Dans le cas présent, le v. 5 reprend presque mot pour mot les données du v. 3, ce qui est inhabituel dans ce genre de textes et pourrait indiquer le caractère secondaire du procédé littéraire que nous analysons ici. Bien des commentateurs ont mal compris la façon dont il faut concevoir l'équivoque de la parole de Jésus rapportée au v. 3. On a fait remarquer plus haut que l'adverbe grec *anôthen* pouvait avoir deux sens différents : « de nouveau » et « d'en haut » ; Nicodème aurait compris au sens de « de nouveau », d'où sa perplexité (**3** 4), tandis que Jésus voulait dire « d'en haut », ce qu'il va préciser au v. 5. Mais dans les autres cas où ce procédé littéraire apparaît, il ne s'agit jamais d'une équivoque portant sur deux sens possibles d'un même mot grec ; l'équivoque porte toujours sur la façon d'interpréter une expression dont le sens littéral n'offre pas de difficulté : Jésus parle de réalités spirituelles, tandis que l'interlocuteur comprend au plan des réalités matérielles (cf. par exemple **4** 10-14 ; 32-34 ; **6** 33-35). Il doit en être de même ici. Jésus affirme qu'il faut naître *de nouveau* pour participer au royaume de Dieu (**3** 3) ; Nicodème comprend cette nouvelle naissance *au sens physique*, d'où sa perplexité exprimée au v. 4 ; mais Jésus va expliquer qu'il fallait comprendre cette nouvelle naissance *au sens spirituel* : au v. 5, il reprend presque mot pour mot la phrase du v. 3, mais en remplaçant « de nouveau » par « d'eau et d'Esprit ». Naître de nouveau, c'est naître d'eau et d'Esprit.

2. Naître d'eau et d'esprit (**3** 5-8)

a) « Si quelqu'un ne naît pas d'eau et d'Esprit, il ne peut entrer dans le royaume de Dieu. » Ce thème d'une nouvelle naissance à partir de l'eau et de l'Esprit n'existe pas comme tel dans l'AT. Mais la tradition prophétique annonçait le don de l'Esprit de Dieu comme le fait marquant de l'époque messianique. Is **32** 15 annonce que cet Esprit d'en haut se répandra sur les Israélites. Le prophète Joël parle d'une effusion universelle de cet Esprit qui atteindra toute chair (Jl **3** 1 ss.). Cette venue de l'Esprit sera à l'origine d'une conversion ; grâce à lui, les Israélites observeront les lois et les coutumes que Dieu leur a prescrites, comme le précise Ez **36** 25-27. Ce dernier texte est d'autant plus intéressant qu'il lie les deux thèmes de l'eau et de l'Esprit : « Je répandrai sur vous une eau pure et vous serez purifiés ; de toutes vos souillures et de toutes vos ordures je vous purifierai. Et je vous donnerai un cœur nouveau, je mettrai en vous un esprit nouveau, j'ôterai de votre chair le cœur de pierre et je vous donnerai un cœur de chair. Je mettrai mon esprit en vous et je ferai que vous marchiez selon mes lois et que vous observiez et pratiquiez mes coutumes. » L'eau est ici le symbole de l'Esprit qui purifie les hommes de toutes leurs mauvaises actions. Le même thème se retrouve dans les textes de Qumrân : « Il le purifiera de toutes les actions mauvaises par le moyen de l'esprit saint ; comme des eaux purifiantes, il répandra sur lui l'esprit de vérité » (1 QS **4** 21).

b) Ces textes de la tradition juive, dans lesquels l'eau est le symbole de l'Esprit purificateur, sont probablement dans la pensée de Jn lorsqu'il écrit ce passage. Il n'en reste pas moins que Jn **3** 5 marque une évolution significative par rapport à Jn **3** 3. Dans ce dernier texte, on l'a vu, la nouvelle naissance requise pour voir le royaume de Dieu est effectuée en nous par la Parole de Dieu accueillie dans la foi, comme en 1 P **1** 23 ; Jc **1** 17-18 ; Jn **1** 12-13 et probablement aussi 1 Jn **3** 9 (comparé à 1 Jn **5** 18 et **2** 14c) ; c'est la parole de Dieu, transmise par Jésus, le nouveau Moïse, qui nous réengendre en vue de l'entrée dans le royaume de Dieu. En Jn **3** 5, la nouvelle naissance est obtenue par l'eau et par l'Esprit. L'allusion au baptême est indéniable, et l'on rejoint le thème de l'épître à Tite : « (Dieu) nous a sauvés par *le bain de la nouvelle naissance* et de la rénovation *en l'Esprit Saint. Et cet Esprit*, il l'a répandu sur nous à profusion, par Jésus Christ notre sauveur, afin que, justifiés par la grâce du Christ, nous obtenions en espérance *l'héritage de la vie éternelle* » (Tt **3** 5-7). Ce texte paulinien, d'origine liturgique, montre avec ceux de Pierre, Jacques et Jean cités plus haut l'importance du thème de la nouvelle naissance dans l'Église primitive, en même temps que son évolution. Au thème de la nouvelle naissance par la Parole, certainement le plus archaïque, a succédé celui de la nouvelle naissance par l'Esprit communiqué lors du baptême ; Jn **3** 5 est, comme Tt **3** 5-7, un témoin de cette évolution. Bien entendu, il ne faut pas opposer ces deux conceptions de notre nouvelle naissance ; elles sont plutôt complémentaires ; Jean II-B, en effet, ne remplace pas l'une par l'autre, mais il les juxtapose.

c) Après avoir affirmé la nécessité de naître d'eau et d'Esprit pour pouvoir entrer dans le royaume de Dieu, Jésus poursuit : « Ce qui est né de la chair est chair et ce qui est né de l'Esprit est esprit » (v. 6). L'idée implicite est évidemment, en référence au v. 5, que la « chair », en tant que telle, ne peut obtenir l'entrée dans le royaume ; ce privilège est réservé à l'« esprit », d'où la nécessité d'une nouvelle naissance par l'Esprit. L'influence de la pensée paulinienne sur Jean II-B est ici plus que probable. On sait que l'opposition « chair/esprit », même si elle n'est pas inconnue de la tradition synoptique (Mt **26** 41 = Mc **14** 38) ou de la première épître de Pierre (**3** 18 ; **4** 6), fut utilisée de façon systématique par Paul, chez qui elle revient dans une dizaine de passages, souvent avec insistance. Trois passages sont spécialement proches de Jn **3** 5-6 parce que l'opposition « chair/esprit » y est liée, soit au thème de l'entrée dans le royaume de Dieu, soit à celui de la nouvelle naissance. En 1 Co **15** 45-50, Paul commence par affirmer que, lors de la Parousie, le Christ agira comme « esprit vivifiant » (cf. Jn **6** 63, de Jean II-B) ; puis, après avoir opposé le « spirituel » au « psychique », il conclut : « Je vous le dis, frères, que 'chair et sang' ne peut hériter du royaume de Dieu » (v. 50). En Ga **5** 16-21, il commence par développer l'antithèse « chair/esprit » (vv. 16-18), puis il énumère quelles sont les « œuvres de la chair » (vv. 19-20) et il termine en affirmant que « ceux qui agissent ainsi n'hériteront pas du royaume de Dieu » (v. 21). En Rm **8** 2 ss. l'antithèse « chair/ esprit » court tout au long des vv. 2 à 13 ; aux vv. 14-17, Paul précise que c'est l'Esprit qui nous rend « fils de Dieu », ou « enfants de Dieu », et donc « héritiers » des réalités eschatologiques : la résurrection (vv. 10-11) et la glorification (vv. 18-25). Le texte johannique peut donc se comprendre à la lumière des textes pauliniens. La « chair », qui traduit le mot hébreu *basar*, désigne l'homme en tant qu'il est radicalement voué à la corruption, l'homme qui, tiré de la terre, ne peut par lui-même que retourner définitivement à la terre. Cette corruption naturelle de l'homme se transmet de génération en génération : « ce qui est né de la chair est chair. » Mais l'Esprit de Dieu est en nous principe d'une naissance nouvelle, qui nous transforme en « esprit » : « ce qui est né de l'Esprit est esprit ». Radicalement transformé, l'homme peut alors « entrer dans le royaume de Dieu » (v. 5) où il trouve la plénitude de la vie, qui est participation à la vie même de Dieu, dans l'Esprit.

d) Un mystère entoure la nouvelle naissance ; c'est le mystère même de l'Esprit dont la présence et l'action sont insaisissables. Pour l'exprimer, Jean utilise une petite parabole signalée par le « ainsi » du v. 8 (cf. Mt **7** 17 ; **13** 40.49 ; Mc **4** 26 et *passim*). En grec comme en hébreu, le terme qui signifie « esprit » a d'abord le sens de « vent, souffle ». L'action mystérieuse et insaisissable du vent est l'image même de celle de l'Esprit : il souffle où il veut ; on entend sa voix, mais sans savoir d'où il vient ni où il va. La littérature sapientielle utilise aussi cette comparaison pour décrire les desseins incompréhensibles de Dieu : « De même que tu ne connais pas le chemin que suit le vent, dit Qohélet, ... de même tu ne connais pas l'œuvre de Dieu qui fait tout » (Qo **11** 5 ; cf. Jb **9** 11). Le mystère qui entoure l'Esprit est analogue à celui qui entoure la Sagesse : « Nul ne connaît sa voie, nul ne comprend son sentier » (Ba **3** 31). On remarquera que l'ignorance de l'homme charnel concernant le comportement de celui qui est né de l'Esprit est exprimé dans les mêmes termes que l'ignorance des Juifs touchant l'origine de Jésus : « Vous, vous ne savez pas d'où je viens ni où je vais » (**8** 14 ; de Jean II-A).

3. LE TÉMOIGNAGE DE JÉSUS (**3** 11-13)

Quelle fut l'intention de Jean II-B lorsqu'il remplaça les vv. 31b-34 par les vv. 11-13 ?

a) Il veut d'abord laisser entendre que les paroles adressées par Jésus à Nicodème dépassent la personne de ce dernier et atteignent un auditoire plus vaste. Cette intention est soulignée par deux changements significatifs. D'une part, dans la même phrase, on passe de la deuxième personne du singulier (Nicodème) à la deuxième personne du pluriel : « En vérité, en vérité, je *te* le dis ... et notre témoignage *vous* ne le recevez pas » ; le même changement s'était déjà produit au v. 7 : « ... je *t'*ai dit : Il *vous* faut ... » D'autre part, tandis que Jean II-A avait décrit le témoignage de Jésus à la troisième personne du singulier, Jean II-B utilise la première personne

du pluriel : « Nous parlons de ce que nous savons et nous témoignons de ce que nous avons vu. » Cette façon de parler rejoint celle de l'auteur de la première épître de Jean : « ... ce que nous avons entendu, ... nous en témoignons ... nous avons vu et entendu, nous vous l'annonçons » (1 Jn **1** 1-3). Le témoignage de Jésus se prolonge dans celui de la communauté johannique. On peut penser que Jean II-B se fait ici l'écho de polémiques entre les premiers chrétiens et les Juifs qui refusaient cette révélation d'une nouvelle naissance nécessaire pour entrer dans le royaume de Dieu.

b) D'après les vv. 31b-34, Nicodème a de la peine à recevoir le message de Jésus parce qu'il est de la terre et ne comprend que le langage de la terre. Tout autre est le langage de celui qui vient d'en haut, du ciel, et c'est pourquoi son témoignage n'est reçu de personne. Pour comprendre la réinterprétation que Jean II-B donne de ce passage difficile, il faut tenir compte de diverses influences qui se sont exercées sur lui.

ba) En **3** 12, Jésus reproche aux Juifs, à travers la personne de Nicodème, de ne pas croire lorsqu'il parle de réalités terrestres ; comment pourraient-ils croire lorsqu'il révèle les réalités célestes ? Jn s'inspire ici probablement de Sg **9** 16-18 : « Nous avons peine à conjecturer *ce qui est sur la terre*, et ce qui est à notre portée nous ne le trouvons qu'avec effort ; mais *ce qui est dans les cieux*, qui l'a découvert ? Et ta volonté, qui l'a connue sans que tu aies donné la Sagesse et envoyé d'en haut ton Esprit saint ? Ainsi ont été rendus droits les sentiers de ceux qui sont sur la terre, ainsi les hommes ont été instruits de ce qui te plaît et, par la Sagesse, ont été sauvés. » Sans le don de la Sagesse, qui est Esprit, les hommes seraient donc restés dans l'ignorance de la volonté de Dieu, eux qui ne peuvent sans effort atteindre ce qui est à leur portée. En présentant Jésus comme celui qui ouvre l'homme à l'intelligence des mystères du ciel, Jean II lui donne les mêmes prérogatives que la Sagesse divine. Cette théologie est typique de ses discours (cf. Introd., 5 x).

bb) Elle se complète par une théologie du Fils de l'homme : « Et personne ne monte au ciel sinon celui qui est descendu du ciel, le Fils de l'homme » (**3** 13). On comprend souvent ce texte comme une annonce de l'ascension du Christ au moment de sa mort ; puisqu'il est descendu du ciel, il y remontera. Une telle interprétation se heurte à deux difficultés. Pourquoi une telle allusion à l'ascension dans ce contexte ? Pourquoi cette ascension future serait-elle exprimée par un parfait grec (traduit ici par le présent « ne monte ») ? Il semble plutôt que le texte johannique réponde à une question posée par certains textes de l'Ancien Testament. On vient de voir que le contexte des vv. 11-12 était sapientiel. Or, l'auteur du livre de Baruch écrit, à propos de la Sagesse : « *Qui monta au ciel* pour la saisir et la faire descendre des nuées ? » (Ba **3** 29). Il reprend ici un thème déjà exprimé en Dt **30** 11-14 à propos de la Loi et de la Parole de Dieu : « Car cette Loi que je te prescris aujourd'hui n'est pas au-delà de tes moyens ni hors de ton atteinte. Elle n'est pas dans les cieux, qu'il te faille dire : '*Qui montera pour nous aux cieux* nous la chercher, que nous l'entendions pour la mettre en pratique ?' ... Car la Parole est tout près de toi, elle est dans ta bouche et dans ton cœur pour que tu la mettes en pratique. » Jean II-B semble bien dépendre de ces textes, mais probablement d'une façon plus précise qu'on ne pourrait le penser. La tradition juive, en effet, a interprété le texte de Dt **30** 11 en fonction de Moïse. On lit dans le targum Néofiti sur Dt **30** 11 : « La Loi n'est pas dans le ciel qu'il te faille dire : Puissions-nous avoir quelqu'un *comme Moïse le prophète qui monte au ciel* et nous l'apporte. » La même tradition se retrouve dans le midrash Rabba sur Dt **30** 11 : « Moïse dit à Israël : Ne dis pas : Un autre Moïse se lèvera et nous apportera du ciel une autre Loi. Je vous avertis donc : 'Elle n'est pas dans le ciel', c'est-à-dire : aucune de ses parties n'est restée au ciel » (Debarim Rabba, 8 6). Contrairement à ce que pensait la tradition juive, Dieu a suscité à son peuple un nouveau Moïse qui, descendu du ciel, peut à tout moment y remonter (cf. le parfait grec du v. 13, à sens de présent duratif) afin de nous communiquer la Sagesse et la Parole qui seules peuvent nous permettre de vivre en accord avec la volonté de Dieu et donc d'être sauvés. Grâce au nouveau Moïse et à la révélation qu'il nous apporte, grâce au Fils de l'homme, cette Parole est maintenant dans notre cœur (Dt **30** 14 ; cf. Lc **8** 11-12) et c'est elle qui produit cette nouvelle naissance qui seule permet aux hommes d'entrer dans le royaume de Dieu (**3** 5). Si Jean II-B attribue cette nouvelle naissance à l'Esprit (**3** 5), ne serait-ce pas parce que, comme l'auteur du livre de la Sagesse (Sg **9** 17), il identifie « Sagesse » et « Esprit » ? Dans la tradition biblique, l'Esprit de Dieu n'est-il pas d'ailleurs un « esprit de sagesse » (Is **11** 2] ; Sg **7** 7 ; cf. Gn **41** 37-39) ?

C'est la référence aux textes que nous venons de citer qui expliquerait, chez Jn, le brusque passage de la première à la troisième personne entre les vv. 11-12 ; cf. aussi Ep **4** 9.

4. Un discours contre un « notable des Juifs »

Non seulement Jean II-B a réinterprété et amplifié le récit de l'entretien de Jésus avec Nicodème de Jean II-A (**3** 1-13), mais il l'a fait suivre d'un discours sur le « jugement » (**3** 14 ss.). Avant de commenter cette seconde partie du discours, précisons les motifs qu'avait Jean II-B de mettre sur les lèvres de Jésus un tel discours.

Pour le comprendre, il nous faut anticiper sur certaines conclusions qui seront données à la note §§ 309-A.311. Jean II-B se trouvait devant deux récits en partie parallèles qui se lisaient en conclusion de la fête des Tentes : celui du Document C et la réinterprétation qu'en avait faite Jean II-A. Son intention première fut d'établir une « inclusion » entre les chapitres **3** et **12**. Au chapitre **3**, Jésus dialogue avec Nicodème, un Pharisien, et lui reproche de ne pas croire ; Nicodème était venu trouver Jésus « de nuit » afin de ne pas se compromettre. Jean II-B fait d'abord de ce Pharisien un « notable des Juifs » (**3** 1 ; cf. *supra*) ; puis, au chapitre **12**, il ajoutera une conclusion à la première partie de l'évangile en soulignant que, parmi les « notables », beaucoup crurent en Jésus mais ne voulaient pas le déclarer officiellement par peur des Pharisiens (**12** 42-43 ; cf. note § 310). L'attitude de Nicodème, le « notable », est analogue à celle des « notables » dont il sera parlé en **12** 42-43. Après avoir créé cette analogie

de situation, Jean II-B place dans la bouche du Christ, aux deux passages, un discours de condamnation contre ceux qui refusent de croire. Il transfère : d'une part en **3** 14.16b. 18a un fragment du discours de Jésus qu'il lisait au niveau de Jean II-A ; d'autre part en **12** 31.32.48a le discours de Jésus qu'il lisait dans le Document C. L'un et l'autre discours concernent le jugement de ceux qui refusent de croire. Par ailleurs pour renforcer son « inclusion », il accentue ce thème de « jugement » en ajoutant dans le discours adressé au « notable » Nicodème (**3** 19-21.35-36), et dans celui qui vise les notables des Juifs (**12** 42-43) un certain nombre d'additions qui seront précisées à la note §§ 309-A.311. Ainsi, dans la nouvelle organisation de son évangile, le premier discours important que Jésus adresse à un Juif (Nicodème) est un discours de « jugement » ; le dernier discours important que Jésus adresse aux Juifs (**12** 46-50) est aussi un discours de « jugement ».

On remarquera aussi que le lien nouveau établi entre **3** 13 et **3** 14 ss. est réalisé grâce au thème commun du Fils de l'homme montant au ciel (**3** 13) et « élevé » (**3** 14).

5. Le jugement (**3** 14.16b.18a.19-21.35-36)

Pour composer ce premier discours de « jugement » que Jésus adresse à Nicodème, un « notable des Juifs », Jean II-B a donc transféré ici (**3** 14.16b.18a) quelques éléments d'un récit de Jean II-A, mais qu'il amplifie en ajoutant **3** 19-21.35-36. Pour le commentaire de **3** 14.16b.18a, voir note §§ 309-A.311, III B 2-3. Les additions de Jean II-B prolongent ce texte de Jean II-A pour en développer les principaux thèmes, mais dans une optique nouvelle : le dualisme « lumière-ténèbres » repris de la pensée essénienne exprimée dans les textes de Qumrân. En **3** 19-21, Jésus donne une véritable définition du « jugement », déjà mentionnée en **3** 18a. Les vv. 35-36 sont comme un résumé de tout l'enseignement du discours : le v. 35 fait inclusion avec **3** 14 tandis que le v. 36 revient sur le thème de la foi, amorcé en **3** 16b.18a.

a) Pour mieux saisir l'influence de la théologie qumranienne sur tout ce discours attribué à Jésus, lisons d'abord l'enseignement sur les deux « Princes » ou « Anges » qui forme un bloc homogène dans la Règle de la Communauté de Qumrân :

19b D'une fontaine de *lumière* provient la *vérité*, et d'une source de *ténèbres* provient la *perversion*.
20 Dans la main du *Prince* des lumières est la domination sur tous les fils de justice : *ils marchent dans* des voies de *lumière* ; et dans la main de l'Ange
21 de ténèbres est la domination sur tous les fils de perversion : *ils marchent dans* des voies de *ténèbres*, et c'est à cause de l'Ange de ténèbres que s'égarent
22 tous les fils de justice ; et tout leur péché... toutes les révoltes de leurs œuvres sont l'effet de sa domination...
24 Et tous les esprits de son lot font trébucher *les fils de lumière*. Mais le Dieu d'Israël et son Ange de vérité viennent en aide à tous
25 *les fils de lumière*. (1 QS 3 19-25)

Les rapports entre le texte johannique et celui de Qumrân sont évidents et multiples, surtout si l'on tient compte d'un autre texte de Jean II-B : **12** 35-36a, ajouté au récit parallèle du Document C (**12** 31.32.48a) pour renforcer l'inclusion des chapitres **3** et **12** (cf. *supra ;* et note §§ 309-A.311). Les textes de Jn et celui de Qumrân sont dominés par le dualisme « lumière-ténèbres » (cf. **3** 19-21 ; **12** 35-36a). D'une façon plus précise, on notera l'expression « fils de lumière » pour désigner ceux qui appartiennent au monde de la lumière (1 QS **3** 24-25 ; Jn **12** 36a) et les formules semblables « marcher dans des voies de ténèbres » (1 QS **3** 21) ou « marcher dans les ténèbres » (Jn **12** 35). Dans le texte de Qumrân, à l'opposition « lumière-ténèbres » s'ajoute l'opposition « vérité-perversion » (1 QS **3** 19) ; cette seconde opposition se retrouve dans le texte de Jn sous la forme « celui qui fait la vérité » et « celui qui accomplit des choses viles » (Jn **3** 20-21). L'expression « faire la vérité », absente du présent passage de la Règle de Qumrân, se lit souvent ailleurs dans cette même Règle (1 QS **1** 5 ; **5** 3 ; **8** 2) ; dans le NT, elle ne se retrouve qu'en 1 Jn **1** 6. Notons enfin qu'en 1 QS **3** 20-21 sont opposés le « Prince des lumières » et l'« Ange de ténèbres » qui ont domination sur tous les fils de justice ou sur tous les fils de perversion. Nous rejoignons l'idée exprimée en Jn **12** 31.32 ; **3** 14 : le « Prince de ce monde » va être jeté bas, signe que sa domination sur le monde prend fin ; au contraire, Jésus (**12** 32) ou le Fils de l'homme (**3** 14) va être « élevé », signe qu'il va commencer sa domination sur le nouveau peuple de Dieu. Nous avons là une preuve supplémentaire que tout le développement de **3** 19-21 et **12** 35-36a doit être du même niveau rédactionnel, pour nous Jean II-B.

b) La définition que Jean II donne du « jugement », en **3** 19-21, fut influencée par un autre texte de Qumrân ou par des textes semblables. En Jn **3** 20-21, le texte johannique est construit de façon symétrique autour de l'opposition « de peur que soient dénoncées ses œuvres » et « afin que soient manifestées ses œuvres ». Ce double thème est bien attesté dans le Document de Damas :

Tel est aussi le cas de quiconque est entré dans la Congrégation... et s'est découragé de pratiquer les préceptes des justes ; c'est l'homme qui a fondu au milieu de la fournaise. Quand *seront manifestées* ses œuvres, il sera renvoyé de la Congrégation, tel celui dont le lot n'est pas tombé au milieu des disciples de Dieu. Conformément à son infidélité, les hommes de connaissance *le dénonceront* (au sens de « réprimander ») jusqu'au jour où il reviendra prendre place au poste des hommes de la perfection de la sainteté. Et quand *seront manifestées ses œuvres...* que personne ne fraye avec lui en ce qui concerne les biens et le travail, car tous les Saints du Très-Haut l'ont maudit.

(CD **20** 2-8)

Dans Jn comme dans le texte de Qumrân, il faut manifester ou dénoncer les œuvres des hommes pour montrer qu'elles sont faites en accord ou non avec la volonté de Dieu. A Qumrân, la « manifestation » des œuvres mauvaises entraîne une exclusion de la Communauté, ce qui provoque une « séparation » (*krisis*, « jugement ») entre les « bons » et les « mauvais » ; ce pourrait être aussi la pensée de Jean II-B, d'après

des textes comme 1 Jn **2** 19. De toute façon, la « séparation » ou « jugement » entre les hommes est réalisé dès maintenant ; d'après leur façon d'agir, ils appartiennent au monde de la lumière ou au monde des ténèbres. Si Jean II maintient le principe d'un jugement eschatologique (cf. 1 Jn **4** 17), ce jugement ne fera que « manifester » ce qui existe dès maintenant (cf. 1 Jn **3** 2.9-10). N'est-ce pas aussi la pensée que Paul exprime en Col **3** 1-4 ?

6. LE POUVOIR DU FILS (**3** 35-36)

La fin du discours de Jésus en est comme un résumé. « Le Père aime le Fils et il a tout donné dans sa main » (v. 35). Le Père aime le Fils parce que le Fils accomplit le commandement du Père en donnant sa vie pour les siens (**10** 17-18). En raison de cet amour, le Père a tout remis dans la main du Fils. Selon une façon de parler fréquente chez les sémites, la « main » est le symbole de la puissance. Le Père a donc tout remis au pouvoir du Fils. On voit comment ce v. 35 fait inclusion avec **3** 14 : au moment de l'élévation sur la croix du Fils de l'homme correspond la remise du pouvoir absolu au Fils (cf. **13** 1-3). L'élévation sur la croix du Fils de l'homme est aussi l'heure de son exaltation à la droite de Dieu, selon la prophétie de Ps **110** 1 : « Siège à ma droite, tant que j'aie fait de tes ennemis l'escabeau de tes pieds » (cf. Ac **2** 33-35). L'élévation du Fils de l'homme est donc l'équivalent de son intronisation royale, de sa domination sur le monde. Des temps nouveaux sont arrivés : le Prince de ce monde a perdu son pouvoir (cf. **12** 31) ; le Fils de Dieu est apparu « pour détruire les œuvres du Diable » (1 Jn **3** 8) et exercer sa domination sur le nouveau peuple de Dieu. Pour plus de détails, voir le commentaire de Jn **12** 31-32.

De même, le v. 36 reprend le thème de **3** 16b.18a : celui qui croit au Fils a la vie éternelle ; le « pouvoir » du Fils consiste précisément à donner la vie éternelle à ceux que le Père lui a donnés (**17** 2). Ceux qui refusent de croire ne verront pas la vie ; ils sont donc voués à la mort, et à une mort éternelle : « la colère de Dieu *demeure* sur eux » (cf. Ep **5** 6 ; Rm **2** 5-8).

C) L'ACTIVITÉ LITTÉRAIRE DE JEAN III

L'activité littéraire de Jean III fut ici assez importante. D'une part, il inséra quelques additions dans le long discours de jugement que Jésus prononce en **3** 14-21 ; d'autre part, il mit à sa place actuelle (**3** 31-36), en le complétant, le discours que Jésus tenait à Nicodème au niveau de Jean II-A.

1. UNE NOTE D'OPTIMISME

En **3** 14 ss., Jean III ajouta les vv. 15.16a. 17 et 18b. Mais comme on l'a expliqué plus haut, le v. 15 n'est qu'une anticipation du v. 16b. Jean III a donc en fait voulu ajouter les vv. 16a.17.18b. On le verra à la note §§ 309-A.311, ces additions ont pour but premier d'accentuer le parallélisme, créé par Jean II-B, entre les discours des chapitres **3** et **12**. Nous allons voir toutefois que Jean III était motivé par une intention plus profonde. L'addition des vv. 16a. 17 et 18b s'inspire certainement de 1 Jn 4 9 : « En ceci s'est manifesté l'amour de Dieu pour nous que son Fils Unique, Dieu l'a envoyé dans le monde afin que nous vivions par lui » (voir les textes mis en parallèle au § II B 1). Mais en reprenant le texte de l'épître, Jean III lui a fait subir des modifications importantes. Dans 1 Jn, l'amour de Dieu s'est manifesté « pour nous », les chrétiens ; dans Jn 3 16a, il est dit que « Dieu a aimé le monde » au point de lui donner son Fils Unique. Le terme de « monde » n'a évidemment pas le sens péjoratif qu'il a souvent au niveau de Jean II-A ou B ; il désigne ici l'ensemble du genre humain. L'horizon est beaucoup plus universaliste que dans 1 Jn 4 9. Par ailleurs, le v. 17, sans dénier au Fils tout pouvoir de juger les hommes, affirme que le but de l'envoi du Fils ne fut pas le « jugement » des hommes, mais leur salut par la foi. Le Fils Unique est venu *avant tout* pour sauver les hommes, non pour les condamner ; c'est là le fruit de l'amour de Dieu pour le monde. D'ailleurs, celui qui ne croit pas se condamne lui-même ; puisqu'il ne croit pas au nom du Fils Unique de Dieu (3 18b), il méconnaît l'amour même de Dieu, qui a donné son Fils Unique. Croire au Fils, c'est la condition pour reconnaître l'amour de Dieu envers le monde. C'est une note d'optimisme que Jean III a voulu introduire dans le discours de Jésus écrit par Jean II ; il introduira une note semblable dans le dernier discours, le jugement prononcé par Jésus en 12 44-50, accentuant ainsi le parallélisme entre les deux discours.

2. JEAN-BAPTISTE ET JÉSUS

Dans sa nouvelle rédaction du récit de l'entretien de Jésus avec Nicodème, Jean II-B avait *remplacé* le discours de Jean II-A (3 31b-34) par les vv. 11-13. Jean III inséra de nouveau ce discours dans l'évangile et lui donna sa place actuelle (3 31-34), tout en le complétant. Non seulement, il ajouta le v. 31a pour assurer la liaison avec le contexte antérieur (vv. 27-30), mais aussi il plaça en finale les vv. 35-36 qui, au niveau de Jean II-B,

faisaient suite à 3 14-21. Toute cette activité littéraire répond à des intentions précises.

a) Ce n'est plus Jésus, mais le Baptiste, qui affirme maintenant : « (Celui qui vient d'en haut est au-dessus de tous) ; celui qui est de la terre est de la terre et parle de la terre ; celui qui vient du ciel témoigne de ce qu'il a vu et entendu... » Ces paroles suivent maintenant la remarque du v. 30 : « Il faut que celui-là grandisse et que moi je décroisse. » L'opposition entre « celui qui est au-dessus de tous » et « celui qui est de la terre », entre celui qui témoigne de ce qu'il a vu et entendu du ciel et celui qui parle de la terre, s'applique maintenant, non plus à la relation « Jésus/Pharisiens (Nicodème) », mais à la relation « Jésus/le Baptiste ». Dans la nouvelle rédaction, Jean-Baptiste lui-même reconnaît la supériorité absolue de Jésus sur tous ceux qui n'ont qu'une origine terrestre, et donc sur lui-même ; il reconnaît la supériorité absolue de l'enseignement donné par Jésus sur tout autre enseignement, même sur le sien. Ce remaniement effectué par Jean III correspond aux polémiques qui opposaient jadis disciples du Baptiste et disciples de Jésus, les premiers soutenant que leur maître était le Messie envoyé par Dieu pour établir le royaume nouveau.

b) Au niveau de Jean II-B, avons-nous rappelé plus haut, les vv. 35-36 faisaient suite aux vv. 14-21. Pourquoi Jean III a-t-il coupé en deux le texte de Jean II-B ? Évidemment pour étoffer davantage le discours qu'il prête maintenant au Baptiste. Mais le texte qu'il reprend de Jean II-B l'encourageait à cette « opération ». On verra en effet à la note § 79 que Jn 3 23 est parallèle à Mt 3 1-6 ; que Jn 3 30 exprime un thème analogue à celui de Mt 3 11, textes qui concernent le Baptiste et son témoignage sur Jésus. Or, dans la tradition synoptique, si l'on met à part Lc 21 23, un seul texte parle de la *colère* de Dieu qui va frapper les impies, et il est prononcé par Jean-Baptiste en Mt 3 7 et Lc 3 7. On peut donc penser que Jean III a voulu compléter ce parallélisme avec la tradition synoptique en mettant lui aussi sur les lèvres du Baptiste le seul passage (3 36) où, dans son évangile, il est question de la « colère de Dieu ».

Note § **79.** *ULTIME TÉMOIGNAGE DE JEAN-BAPTISTE* (Jn **3** 22-30)

I. ANALYSES LITTÉRAIRES

Ce récit comprend deux niveaux rédactionnels différents. Le plus ancien remonte au Document C et avait été repris sans modification par Jean II-A ; il se composait des vv. 23 et 25, moins quelques gloses. Tout le reste fut ajouté par Jean II-B. Voici la distinction des niveaux rédactionnels telle que nous la proposons.

C | II-B

22 | Après cela, vint Jésus et ses disciples dans la terre de Judée et il y demeurait avec eux et il baptisait.

23 Or était
| aussi
Jean baptisant à Aenon près de Salim
| car il y avait là beaucoup d'eau,
et ils arrivaient et ils étaient baptisés.
24 | Jean, en effet, n'avait pas encore été jeté en prison.
25 Il y eut donc une discussion entre les disciples de Jean et des Juifs à propos de purification.
26 | Et ils vinrent vers Jean et lui dirent : « Rabbi, celui qui était avec toi au delà du Jourdain, à qui tu as rendu témoignage, voici qu'il baptise et tous vont vers lui. »
27 | Jean répondit et dit : « Un homme ne peut rien recevoir si cela ne lui a pas été donné du ciel.

28	Vous-mêmes me rendez témoignage que j'ai dit : 'Je ne suis pas le Christ' mais 'J'ai été envoyé devant celui-là'.
29	Qui a l'épouse est l'époux. Mais l'ami de l'époux, qui se tient là et qui l'entend, se réjouit de joie à cause de la voix de l'époux. Donc cette joie, la mienne, est pleine.
30	Il faut que celui-là grandisse et que moi je décroisse. »

A) LE RÉCIT DU DOCUMENT C

Les vv. 23.25, moins les gloses, constituaient un début d'évangile parallèle à celui de Mc **1** 4-5 et, au niveau du Document C dont le texte a été repris par Jean II-A, ils étaient situés immédiatement avant Jn **1** 19 ss. (cf. Introd., 1 z).

B) LES ADDITIONS DE JEAN II-B

1. Lorsqu'il transféra à sa place actuelle le petit récit du Document C (**3** 23.25), Jean II-B ajouta le v. 22 afin de préparer l'addition des vv. 26-30. Il avait aussi d'autres intentions que nous préciserons dans la seconde partie de cette note. Bien entendu, il faut attribuer à Jean II-B le « aussi » du début du v. 23, qui établit un lien entre les vv. 22 et 23. On notera, au début du v. 22, le très johannique « Après cela » (B 29*). Quant au verbe « demeurer », il est rendu ici, non par *menein*, mais par *diatribein*, de saveur nettement lucanienne (0/0/0/1/8/0).

2. Dans le texte en provenance du Document C, Jean II-B pratiqua deux insertions. Il ajouta d'abord la précision « car il y avait là beaucoup d'eau » ; elle est destinée à des lecteurs qui ignorent le pays et ne savent pas que le nom propre « Aenon » signifie « Les Sources ». On notera la façon de dire « beaucoup d'eau », littéralement « des eaux nombreuses » (*hydata polla*) ; c'est un sémitisme qui ne se lit ailleurs que dans l'Apocalypse (**1** 15 ; **14** 2 ; **17** 1 ; **19** 6).

Il faut attribuer aussi à Jean II-B l'addition du v. 24, qui précise que Jean-Baptiste n'avait pas encore été jeté en prison. Selon les Synoptiques, le Baptiste aurait été arrêté par Hérode avant que Jésus ne commence son ministère (Mc **1** 14 ; Mt **4** 12 ; cf. Lc **3** 20) ; mais une telle donnée est incompatible avec l'actuel récit johannique qui suppose une activité parallèle de Jean et de Jésus. C'est donc afin de rectifier cette donnée des Synoptiques que fut introduit le v. 24. Cette rectification s'accorde d'ailleurs avec le récit de Mc **6** 17-29 et Mt **14** 3-12 : l'arrestation du Baptiste par Hérode est racontée bien après le début du ministère de Jésus ; même Lc **3** 20 ne dit pas que Jean fut arrêté avant que Jésus ne commence son ministère. Au début du v. 24, on notera la formule *oupô gar* (B 99*).

3. C'est enfin Jean II-B qui rédigea l'épisode constitué par les vv. 26-30, qui forment un bloc homogène ; on a déjà expliqué que ces vv. 26-30 ne pouvaient pas être, primitivement, la suite du v. 25 (Introd., 2 b). Leur vocabulaire et leur style sont bien dans la manière de Jean II, et plus spécialement de Jean II-B. Au v. 26, la phrase « et ils vinrent vers

Jean et lui dirent : Rabbi » a même structure que celle de Jn **3** 2, que nous avons attribuée à Jean II-A : « Celui-ci vint vers lui de nuit et lui dit : Rabbi ». On relève en outre comme caractéristiques stylistiques ; au v. 26 : « qui était avec toi » (C 51), « au delà du Jourdain » (B 71), « voici » (C 77), « Rabbi » (C 35*), « témoigner » (C 58*). Au v. 27 : « il répondit et il dit » (B 6), « un homme ne peut ... si ... ne ... pas » (B 89*). Au v. 28 : « rendre témoignage que » (C 83**), « je suis » (C 50), « celui-là » (B 31*). Au v. 29 : « cette joie, la mienne, est pleine » (A 1* et A 52**) ; la formule « qui se tient (là) et qui l'entend » a son équivalent en Jn **12** 29, de Jean II-B. Au v. 30 : « celui-là » (B 31*).

II. LE SENS DES RÉCITS

Le sens du récit repris du Document C (**3** 23.25) a été analysé à la note §§ 19-25 (III A 1-2) ; nous n'y reviendrons pas ici et nous nous contenterons d'analyser le sens des additions effectuées par Jean II-B.

1. JÉSUS BAPTISE EN TERRE DE JUDÉE

Contrairement à la tradition représentée par Mc **1** 14 et Mt **4** 12, la juxtaposition des vv. 22 et 23, dans le récit de Jean II-B, comme aussi la scène qui commence au v. 26, impliquent que Jean-Baptiste et Jésus exercèrent leur ministère parallèlement l'un à l'autre durant un certain laps de temps.

a) D'après le v. 22, Jésus aurait exercé son ministère « dans la terre de Judée ». Jean II-B ne précise pas l'endroit exact, mais une telle précision ne l'intéressait pas ; il lui suffisait de mentionner la « terre de Judée ». Dans la structure de son évangile, en effet, Jésus exerce son activité : d'abord à Jérusalem (**2** 13 ss.), puis en Judée (**3** 22 ss.), puis en Samarie (**4** 4 ss.), enfin auprès des païens (**4** 46 ss. ; voir la note § 84). C'est le programme que Jésus lui-même assigne à ses disciples d'après Ac **1** 8 : « Vous serez mes témoins à Jérusalem, et dans toute la Judée et la Samarie, et jusqu'aux extrémités de la terre », c'est-à-dire jusque chez les païens. L'activité missionnaire des disciples et leur destin furent conformes à ceux de Jésus (Introd., 6 s).

b) Pour décrire le ministère de Jésus, aux vv. 22 et 26, Jean II-B reprend les expressions traditionnelles utilisées pour décrire le ministère du Baptiste. Le parallèle le plus proche est celui que l'on trouve dans l'évangile des Ébionites (cf. Synopse, tome I, p. 13) :

Jn **3**	Ébion.
22 Vint Jésus...	Vint un (homme) nommé Jean baptisant...
dans la terre de Judée... et il baptisait.	dans le fleuve Jourdain...
26 « ... voici qu'il baptise et tous vont vers lui. »	et tous partaient vers lui.

Non seulement le ministère de Jésus est parallèle à celui de Jean-Baptiste, mais il va le supplanter ; dans la formulation littéraire des récits, Jésus prend la place de Jean, et c'est le symbole de ce qui va se passer dans la réalité (cf. **3** 30).

2. LES DESSEINS DE DIEU S'ACCOMPLISSENT

Les disciples du Baptiste se montrent jaloux du succès croissant de Jésus, dont l'activité baptismale fait concurrence à celle de Jean (**3** 26). Il est probable que l'introduction de ce thème par Jean II-B a pour but de répondre à des polémiques qui se seraient élevées, au début du christianisme, entre disciples du Baptiste et disciples de Jésus ; les premiers revendiquaient pour leur maître un rôle messianique réservé à Jésus. Selon Jean II-B, le Baptiste aurait répondu lui-même, par avance, à ses disciples en justifiant l'activité de Jésus. Il faut remarquer aussi que les disciples du Baptiste étaient venus à Éphèse (Ac **19** 1-4), ville où, probablement, Jean II-B composa son évangile (cf. aussi **7** 39 et le commentaire).

La première partie de la réponse du Baptiste (**3** 27) vise directement la plainte de ses disciples : si beaucoup de gens viennent à Jésus, cela ne peut provenir que de Dieu ; il faut donc respecter sa volonté. La phrase du v. 27 peut toutefois se comprendre en deux sens légèrement différents. Selon le premier sens, le mot « homme » et le pronom « lui » désignent celui qui vient à Jésus : si un homme vient à Jésus, c'est en vertu d'un don que Dieu lui fait. Selon le second sens, le mot « homme » et le pronom « lui » se réfèrent à Jésus : le succès du ministère de Jésus vient d'un don que Dieu lui accorde (cf. **6** 37 ; **3** 35 ; **10** 29 ; **17** 2.9.24). Ce second sens semble préférable. Pour Jean II, en effet, les disciples sont caractérisés par l'expression que prononce Jésus : « ce que le Père m'a donné » (cf. les références précédentes) ; c'est d'ailleurs ce que signifie le nom de « Nathanaël », symbole du parfait disciple : « Dieu a donné ». Dans la tradition johannique, le « disciple » est celui qui a été donné par Dieu à Jésus.

3. JEAN N'EST PAS LE CHRIST

Au v. 28, le Baptiste explique que ce qu'il dit maintenant a toujours été sa véritable pensée. Pour cela, il renvoie à deux paroles qu'il aurait prononcées auparavant. La première, « Je ne suis pas le Christ », se lit effectivement en Jn **1** 20 de Jean II-A. La seconde, « J'ai été envoyé devant celui-là », pourrait renvoyer à Jn **1** 6 : « Il y eut un homme envoyé par Dieu ... » ; mais ce n'est pas une parole prononcée par le Baptiste ! Jean II-B pense probablement à la fois à Jn **1** 6 et à **1** 23, où le Baptiste s'applique lui-même l'oracle de Is **40** 3 : « Voix de celui qui crie dans le désert : Aplanissez le chemin du Seigneur » (cf. Ml **3** 1). Le Baptiste précise donc lui-même la nature de sa mission : « J'ai été envoyé devant celui-là » ; son rôle était de préparer l'avènement du Royaume en changeant le cœur des hommes pour qu'ils puissent accueillir Jésus. Il est possible que Jean II-B pense aussi au texte de Gn **24** 7 : « Yahvé enverra son ange devant toi ... » Il resterait ainsi dans la tradition primitive du récit de l'entretien de Jésus avec la Samaritaine, auquel le présent épisode servait de préface. Sur ce problème, voir note § 81 (III A 1 *a*).

4. L'AMI DE L'ÉPOUX

Au v. 29, Jean II-B définit le rôle du Baptiste par rapport à Jésus en introduisant un thème nouveau : celui des noces entre Jésus et son Église. Le Baptiste est « l'ami de l'époux », c'est-à-dire le « garçon d'honneur » qui était chargé de veiller au bon déroulement des cérémonies, et spécialement de s'assurer que la fiancée avait bien effectué les purifications rituelles prescrites par la Loi. C'est en ce sens que Jean II-B interprète l'invitation au baptême de pénitence faite par Jean-Baptiste selon la tradition synoptique (Mc **1** 4 et par.) ; en faisant pénitence, en se convertissant, les hommes se purifient et peuvent faire partie de l'Église, constituer l'épouse de Jésus. En introduisant ce thème du mariage, Jean II-B prépare ses lecteurs à comprendre le sens profond du récit de l'entretien de Jésus avec la Samaritaine (note § 81). Dans ce dernier récit, toutefois, en accord avec la tradition biblique, le thème du mariage concerne les relations entre Dieu et son peuple ; ici, il s'agit des relations entre Jésus et son Église, comme dans la tradition synoptique (Mc **2** 18-19 et par. ; Mt **22** 2 ; **25** 1) et dans l'Apocalypse (Ap **19** 7.9 ; **21** 9). Jean II-B suggère que Jésus peut revendiquer les mêmes prérogatives que Dieu.

5. LE BAPTISTE DOIT S'EFFACER

Le Baptiste tire lui-même la conclusion des faits qu'il constate : « Il faut que celui-là grandisse et que moi je décroisse » (**3** 30). Jean reconnaît lui-même qu'il doit s'effacer devant Jésus. C'est le sens qu'a la parole du Baptiste rapportée en Mc **1** 7 et par. : « Vient le plus fort que moi ... » Mais Jn **3** 30 contient peut-être un jeu de mot perceptible seulement en araméen (ou en hébreu). Le Baptiste était un « rabbi » entouré de disciples (**3** 26). Or, en hébreu, « rabbi » signifie « mon grand ». Le logion primitif aurait pu être formulé comme il l'est dans les versions syriaques (langue proche de l'araméen et de l'hébreu) : « Il faut que celui-là devienne grand et que moi je devienne petit. » La parole du Baptiste pourrait alors se comprendre en ce sens : Jésus prend ma place de « rabbi », de « grand » ; c'est à lui maintenant de recruter des disciples (cf. **3** 26) ; pour moi, mon rôle de « rabbi » est terminé.

Rappelons que Jean III a prolongé ces paroles du Baptiste en mettant dans sa bouche un autre texte de Jean II : les vv. 31-36 (voir note §§ 78.80, III C 2).

Note § **81.** *LA SAMARITAINE* (Jn **4** 1-42)

I. CRITIQUE TEXTUELLE

1. Au début du v. 1, la tradition manuscrite hésite entre les leçons « Jésus » et « le Seigneur » après le verbe « connaître ». Nous avons opté pour la leçon « Jésus », avec S D, le texte Césaréen (*Thêta*, groupe Lake, Arm), l'ancienne tradition syro-latine (y compris Tertullien), deux des versions coptes (Boh et Fay), enfin Tatien et Chrysostome. La leçon « le Seigneur » fut introduite afin d'éviter les deux mentions du nom de Jésus dans le seul v. 1 (sans parler de celle du v. 2 !).

2. Au v. 9, la parenthèse explicative « (Les) Juifs, en effet, n'ont pas de relations avec (les) Samaritains » est omise par S D , l'ancienne version latine (*a b e j*) et une des versions coptes (Fay). Les adjectifs substantivés « Juifs » et « Samaritains » ne portent pas l'article, bien qu'ils soient définis, ce qui serait un cas unique dans Jn (qui emploie plus de soixante fois l'expression « les Juifs » !). Pour cette raison, la parenthèse en question doit être une glose de scribe. Si l'on voulait la maintenir dans le texte johannique, il faudrait l'attribuer à Jean III puisqu'elle est contraire au style de Jean II et ne peut remonter au Document C (cf. *infra*).

3. Au v. 28, au lieu de « s'en alla » (*apèlthen*) il faut lire « courut » (*edramen*), avec SyrSin, Tatien, Chrysostome, Nonnos et Augustin, soutenus par un témoin du texte Césaréen (*Thêta*) qui a la leçon double « s'en alla en courant ». Le changement de « courut » en « s'en alla » fut effectué par un scribe ; en Orient, en effet, il est malséant pour une femme de courir en présence d'hommes. Le choix que nous faisons ici sera confirmé par le parallélisme entre le présent récit et l'histoire du mariage de Rébecca raconté en Gn **24** (cf. *infra*).

II. CRITIQUE LITTÉRAIRE

Sous sa forme actuelle, l'entretien de Jésus avec la Samaritaine est un récit complexe. On y distingue souvent un récit pré-johannique, repris et amplifié par l'évangéliste. Ceux qui admettent l'activité d'un ultime Rédacteur lui attribuent ici aussi quelques gloses. Nos analyses et nos conclusions vont rejoindre en grande partie celles de Bultmann et surtout de Fortna, du moins en ce qui concerne la reconstitution du récit primitif, que nous attribuerons au Document C. Ce récit fut ensuite amplifié aux niveaux de Jean II-A, Jean II-B et Jean III.

C	II-A	II-B	III
1		Quand donc	
		Jésus sut que	
		les Pharisiens (eurent) entendu (dire) que Jésus faisait plus de disciples	
		et en baptisait plus que Jean,	
2			– bien qu'à vrai dire Jésus lui-même ne baptisait pas, mais ses disciples –
3		il laissa la Judée et s'en alla de nouveau en Galilée.	
4		Or il lui fallait passer par la Samarie.	
5	Il arrive à une ville		
		de Samarie	
	dite Sychar, près du terrain que Jacob avait donné à Joseph, son fils.		
6	Il y avait là la source de Jacob. Jésus		
		fatigué de la route parcourue	
	était assis ainsi près de la source.		
		C'était environ la sixième heure.	
7	Vient une femme		
		de Samarie	
	pour puiser de l'eau. Jésus lui dit : « Donne-moi à boire. »		
8		Ses disciples, en effet, s'en étaient allés à la ville afin qu'ils achètent des vivres. Donc,	
9	La femme		
		samaritaine	
	lui dit : « Comment toi,		
		qui es Juif,	
	me demandes-tu à boire à moi, une femme (?»)		
		qui suis Samaritaine ? »	
10		Jésus répondit et lui dit : « Si tu connaissais	
			le don de Dieu et
	qui est celui qui te dit : « Donne-moi à boire, c'est toi qui lui aurais demandé		
	et il t'aurait donné de l'eau vive. »		
11	(La femme lui dit : « Seigneur, tu n'as pas de seau et le puits est profond ;		
	d'où l'aurais-tu l'eau vive ?		
12	Es-tu plus grand que notre Père Jacob qui nous a donné le puits		
	et lui-même en a bu, et ses fils et ses troupeaux ? »)		

C |II-A |II-B |III

(15)   La femme lui dit : « Seigneur, donne-moi de cette eau
        que je n'aie plus soif et que je ne vienne plus ici puiser. »
13 |Jésus répondit et lui dit : « (Quiconque boit de cette eau aura encore soif ;
14 |mais) qui boira de l'eau que moi je lui donnerai (,)
        n'aura plus jamais soif, mais l'eau que je lui donnerai
        (il y aura) deviendra en lui une source d'eau jaillissant pour la vie éternelle. »
16   Il lui dit : « Va, appelle ton mari, et reviens ici. »
17   La femme répondit et dit : « Je n'ai pas de mari. »
        Jésus lui dit : « Tu as bien dit : Je n'ai pas de mari,
18   car tu as eu cinq maris et celui que tu as maintenant n'est pas ton mari.
        En cela tu as dit vrai. »
19   La femme lui dit : « Seigneur, je vois que tu es un prophète.
20   Nos Pères ont adoré sur cette montagne, et vous, vous dites
        qu'à Jérusalem est le lieu où il faut adorer. »
21   Jésus lui dit : « Crois-moi, femme, l'heure vient où vous n'adorerez
        le Père ni sur cette montagne ni à Jérusalem.
22   Vous adorez ce que vous ne connaissez pas ;
            nous adorons ce que nous connaissons, parce que le salut vient des Juifs.
23   Mais l'heure vient, et maintenant elle est là, où
        (Car) les véritables adorateurs adoreront le Père en esprit et en vérité. (»)
            Car tels le Père aussi recherche ceux qui l'adorent.
24   Dieu est esprit, et ceux qui adorent doivent adorer en esprit et en vérité. »
25   La femme lui dit : « Je sais que le Messie vient, qui est dit Christ ;
        lorsqu'il viendra, lui, il nous annoncera tout. »
26   Jésus lui dit : « C'est moi qui te parle. »
27 |Là-dessus, ses disciples arrivèrent (.)
        et ils s'étonnaient qu'il parlât avec une femme.
        |Nul toutefois ne dit : « Que cherches-tu ? » ou « Pourquoi parles-tu avec elle ? »
28   La femme, donc, laissa là sa cruche et courut à la ville et elle dit aux gens :
29   « Venez, voyez un homme qui m'a dit tout ce que j'ai fait.
        Est-ce que celui-ci ne serait pas (le Prophète ?)
            |le Christ ? »
30   Ils sortirent de la ville et
        ils venaient vers lui.
31   Entre temps, les disciples le priaient en disant : « Rabbi, mange ! »
32   Mais lui leur dit : « J'ai une nourriture à manger que vous ne connaissez pas. »
33   Les disciples se disaient entre eux : « Quelqu'un lui aurait-il apporté à manger ? »
34   Jésus leur dit : « Ma nourriture est de faire la volonté de celui qui m'a envoyé
        et de parfaire son œuvre. (»)
35   Ne dites-vous pas : Encore quatre mois et la moisson vient ?
            Voici que je vous dis : Levez vos yeux et voyez que les campagnes
            sont blanches pour la moisson. Déjà
36   le moissonneur reçoit un salaire et amasse du grain pour la vie éternelle,
            afin que le semeur se réjouisse en même temps que le moissonneur. (»)
37   En cela est véridique la parole :
                Autre est le semeur et autre est le moissonneur.
38   Je vous ai envoyés moissonner là où vous n'avez pas peiné ;
                d'autres ont peiné et vous êtes entrés dans leur peine. »
39   De cette ville-là, beaucoup parmi les Samaritains crurent en lui
            à cause de la parole de la femme rendant témoignage :
            |Il m'a dit tout ce que j'ai fait.
40 |Lors donc que les Samaritains
        vinrent vers lui (et) ils le priaient de demeurer chez eux. Et il y demeura (.)
            |deux jours.
41   Et beaucoup plus crurent à cause de sa parole ;
42   et à la femme, ils disaient : « Ce n'est plus à cause de tes dires que nous croyons ;
            nous-mêmes, en effet, nous avons entendu et nous savons que celui-ci
            est vraiment le Sauveur du monde. »

Les additions effectuées aux divers niveaux rédactionnels johanniques sont souvent imbriquées les unes dans les autres ; nous allons donc essayer de les séparer en procédant par sections successives.

1. L'introduction du récit (4 1-4)

Dans l'état actuel du texte johannique, l'entretien de Jésus avec la Samaritaine est inséré dans un voyage de Jésus qui le mène de Judée en Galilée par la Samarie (cf. 4 1-4 et 4 43-46a). Presque tous les commentateurs qui tiennent le récit de l'entretien de Jésus avec la Samaritaine pour pré-johannique ne font commencer ce récit qu'au v. 5 ; les vv. 1-4 auraient été rédigés, au moins en grande partie, par l'évangéliste. C'est ce que nous pensons nous aussi, moyennant les précisions suivantes.

a) Aux niveaux du Document C et encore de Jean II-A, le récit de l'entretien de Jésus avec la Samaritaine, étroitement lié au petit récit de Jn 3 23.25 concernant Jean-Baptiste (cf. *infra*), se lisait au début de l'évangile, tandis que Jésus se trouvait, non pas en Judée, mais déjà en Samarie, dans la région de Sichem qui était le centre de l'activité baptismale de Jean-Baptiste. Sur ce problème, voir Introd., 2 d. C'est Jean II-B qui transposa l'épisode concernant Jean-Baptiste en 3 23.25, et le récit de l'entretien de Jésus avec la Samaritaine à sa place actuelle ; il dut l'insérer dans un voyage de Jésus de Judée en Galilée par la Samarie puisqu'il avait fait venir Jésus en Judée en 3 22. Il faut donc attribuer à Jean II-B la rédaction de 4 1-4 (moins les gloses de Jean III qui seront signalées plus loin). Il est clair d'ailleurs que le v. 1 suppose connu Jn 3 22-23.26, versets auxquels il renvoie ; or nous avons vu à la note § 79 que 3 22.26 avait été composé par Jean II-B.

b) Dans ces vv. 1-4, deux gloses doivent être attribuées à Jean III.

ba) Le v. 1 semble surchargé, avec la répétition du nom de « Jésus », assez maladroite et que l'on a voulu éviter en remplaçant le premier « Jésus » par l'expression « le Seigneur », attestée par de nombreux manuscrits (cf. *supra*). Il est possible que les mots « Jésus sut que » aient été ajoutés par Jean III, mais pour une raison difficile à préciser. Cette addition permet de mieux comprendre que Jésus est le sujet du verbe « laissa », au v. 3 ; est-ce pour cela que Jean III ajouta la glose ? C'est possible. Peut-être aussi a-t-il voulu insinuer que si Jésus quitte la Judée, c'est sous la pression des Pharisiens, mais en toute connaissance de cause ; c'est lui qui a l'initiative de son départ, non les Pharisiens.

bb) La plupart des commentateurs reconnaissent que le v. 2 est une glose destinée à corriger la donnée de 4 1 et de 3 22.26 : Jésus ne baptisait pas lui-même ! Puisque 4 1 et 3 22.26 sont de Jean II-B, cette glose du v. 2 ne peut-être attribuée qu'à Jean III. On notera d'ailleurs, dans le seul v. 2, l'expression « bien qu'à vrai dire » (*kaitoige*) hapax du NT (particule *ge* : 4/0/9/1/4/14) et la séquence « Jésus lui-même », jamais ailleurs chez Jn (opposer 2 24 et 4 44, de Jean II-B).

c) Le vocabulaire et le style des vv. 1.3-4 appellent les remarques suivantes. Au v. 1, la formule initiale « Quand donc » est typique du style de Jean II (B 30*). On comparera spécialement la phrase « Quand donc ( ) eurent entendu (dire) les Pharisiens que... » avec celle de Jn 11 6a, de Jean II-B :

« Quand donc il eut entendu (dire) que... ». Au v. 4, l'expression « il lui fallait » a une portée théologique, comme on le verra dans la troisième partie de cette note ; ce sens théologique du verbe « il faut » est, chez Jn, typique des textes de Jean II (cf. 3 7.14.30 ; 4 20 ; 9 4 ; 12 34 ; 20 9). Quant au verbe « traverser », il est de tonalité lucanienne (*dierchesthai* : 1/2/10/2/21/6) mais se retrouvera en 4 15, dans un texte que nous attribuerons à Jean II-B ; cette tonalité « lucanienne » du vocabulaire convient bien au style de Jean II-B (Introd., 8 c).

2. Rencontre de Jésus et de la Samaritaine (4 5-9)

C'est au v. 5 que commençait le récit du Document C, dont la première partie va se poursuivre jusqu'au v. 9 inclusivement. Presque tous les commentateurs modernes reconnaissent que cette partie du récit pré-johannique fut glosée par l'évangéliste ; nous pensons que les gloses sont plus nombreuses qu'on ne le dit d'ordinaire.

a) A la suite de Wellhausen, Spitta, Bultmann, Wilkens, Fortna et d'autres encore, nous verrons plus loin que l'intervention des disciples, aux vv. 31-38, fut ajoutée au récit primitif par Jean II-A. C'est donc lui qui a ajouté ici le v. 8, destiné à préparer leur « entrée en scène » aux vv. 27 et 31-38. On notera une caractéristique johannique dans ce v. 8 : un verbe de mouvement (« s'en aller ») est construit avec *hina* et le subjonctif, au lieu du simple infinitif (B 76).

L'insertion du v. 8 par Jean II-A a provoqué l'addition de la conjonction « donc » (*oun*) au début du v. 9 ; l'expression « il dit donc » est typiquement johannique (A 26*).

b) Les autres gloses, que nous attribuerons à Jean II-B, ne furent qu'en partie reconnues par nos devanciers.

ba) Puisque, aux niveaux du Document C et de Jean II-A, Jésus se trouvait en Samarie dès le début du récit, c'est Jean II-B qui a ajouté la précision « de Samarie » après le mot « ville », au v. 5. Cette précision est liée à l'addition du v. 4 par Jean II-B. L'expression « une ville de Samarie », où le mot « ville » au singulier est suivi d'un déterminatif de région, ne se lit nulle part ailleurs chez Jn mais est de saveur lucanienne (0/0/3/1/3/0), ce qui convient bien au style de Jean II-B (Introd., 8 c).

bb) Au v. 6, les mots « fatigué de la route parcourue » font allusion au long voyage que Jésus aurait accompli en venant de Judée ; ils ont donc été ajoutés par Jean II-B, en référence aux vv. 3 et 4. Quant à la précision temporelle « C'était la sixième heure » (A 132**), nous verrons dans le commentaire du texte qu'elle est liée au thème de la « fatigue » de Jésus.

bc) Plus difficile est le problème du v. 9. La femme ironise parce que Jésus, qui est Juif, lui adresse la parole à elle, qui est Samaritaine. Le texte ferait donc allusion à la haine que beaucoup de Juifs vouaient aux Samaritains (cf. *infra*), comme l'explique la glose de copiste à la fin du v. 9 : « Les Juifs, en effet, n'ont pas de relations avec les Samaritains. » Mais était-ce là le texte du récit primitif ? En 4 27, les disciples, à leur arrivée, «s'étonnaient que (Jésus) parlât avec une femme»; il n'est pas question de l'opposition qui existait entre Juifs et Samaritains, mais du fait qu'en Orient un homme ne doit pas adresser la parole à une femme seule, surtout s'il s'agit d'une femme mariée. Nous pensons que Jean II-B a transféré en 4 27 le thème qu'il lisait primitivement en 4 9 : la femme se scandalise (ou feint de se scandaliser) parce que Jésus, un homme, lui adresse la parole alors qu'elle se trouve seule à la source ; c'était la compromettre ! Le texte avait simplement : « Comment toi ( ) me demandes-tu à boire à moi, une femme ( ) ? » Le lien avec la suite du récit du Document C (4 16-18) se fait alors beaucoup mieux ; Jésus rétorque à la femme : « Va, appelle ton mari et reviens ici » (4 16) ; puisque la femme s'indigne de ce que Jésus lui adresse la parole en l'absence de son mari, Jésus l'invite à aller chercher ce mari et à revenir avec lui !

Un indice stylistique vient confirmer l'hypothèse que nous proposons. Les expressions « qui es Juif » et « qui suis Samaritaine » auraient pu être traduites plus littéralement : « étant Juif » et « étant Samaritaine » ; en grec en effet, c'est le participe du verbe « être » qui est employé aux deux endroits. Or une telle construction ne se lit ailleurs chez Jn que dans des textes de Jean II-B : 3 4 ; 9 25 ; 10 33 ; 11 49.51 ; 18 26 ; 19 38 (en 10 12, de Jean III, elle est affectée d'une négation) ; il est difficile de l'attribuer ici, où elle revient à deux reprises, au récit pré-johannique.

bd) Comme conséquence des remarques précédentes, on pourra attribuer aussi à Jean II-B : au début du même v. 9, l'adjectif « samaritaine » après le mot « femme » ; au v. 7, l'expression « de Samarie » après le mot « femme ». L'insistance sur le thème de la « Samarie » correspond aux développements que fera Jean II-B en 4 35-36 (cf. *infra*).

3. L'EAU VIVE (4 10-15)

Avec raison, Bultmann et Fortna estiment que la partie du dialogue entre Jésus et la Samaritaine qui concerne l'eau vive (4 10-15) fut ajoutée au récit primitif. Ce thème de l'eau, qui ne jouera plus aucun rôle dans la suite du récit, ne se rattache que très indirectement au thème de la conversion de la Samarie qui, des vv. 5-9, devait se poursuivre aux vv. 16-18. Ce point apparaîtra plus clairement dans la troisième partie de cette note. Par ailleurs, les vv. 10-14 mettent en jeu un procédé littéraire typiquement johannique, celui de « l'incompréhension » des interlocuteurs de Jésus (cf. *infra*), qui n'est utilisé ailleurs qu'aux niveaux de Jean II, A et B. Mais la formation de ces vv. 10 à 15 apparaît complexe, ce que n'ont vu ni Bultmann ni Fortna.

a) Jn 4 10-14 contient un procédé littéraire typiquement johannique (A 10*) : Jésus promet à la Samaritaine de lui donner de l'eau vive (v. 10) ; la femme comprend cette expression au sens matériel (vv. 11-12), ce qui donne à Jésus l'occasion de préciser sa pensée grâce à une citation implicite de l'AT (vv. 13-14, cf. *infra*). Après cette explication, on est étonné que la femme se méprenne à nouveau sur la vraie nature de l'eau que promet Jésus (v. 15) ! Ceci est contraire au procédé

littéraire johannique employé ici, et le v. 15 doit être une addition. On serait tenté d'attribuer cette addition à Jean III, car il serait invraisemblable que Jean II-B ait défiguré un procédé littéraire qu'il utilise autant que Jean II-A. Nous proposons toutefois une solution plus subtile qui trouvera sa justification un peu plus loin. Le texte de Jean II-A ne comportait que les vv. 10-14. En le reprenant, Jean II-B a *remplacé* les vv. 11-12, dans lesquels la femme exprime son incompréhension des paroles de Jésus, par le v. 15, où l'incompréhension de la femme est exprimée en d'autres termes. Il a aussi supprimé le v. 13b, qui le gênait. Au niveau de Jean II-B, on avait donc à la suite les vv. 10, 15, 13a et 14. C'est Jean III qui, ayant comme texte de base celui de Jean II-A, a placé le v. 15 (de Jean II-B) là où il est maintenant, « afin que rien ne se perde ».

b) Le v. 14 apparaît lui-même surchargé, avec la « reprise » des termes « que je lui donnerai » (Introd., 1 *f*) ; les mots « n'aura plus jamais soif, mais l'eau que je lui donnerai » sont un ajout et la phrase de Jean II-A avait seulement : « ... mais qui boira de l'eau que moi je lui donnerai ( ), (il) deviendra (= il y aura) en lui une source d'eau jaillissant pour la vie éternelle. » Le sujet du verbe « deviendra » est l'expression « une source d'eau », qui le suit ; on obtient alors une structure en *casus pendens* : la proposition relative « mais qui boira » est construite sur le pronom « en lui » de la phrase principale (B 35*).

Les deux remaniements que nous venons de signaler sont liés l'un à l'autre. Ils ont été effectués par Jean II-B afin d'obtenir un texte parallèle à celui de 6 33-35, qui est aussi une construction de Jean II-B (cf. note § 163). Mettons en regard ces textes des chapitres 4 et 6 (chapitres qui se suivaient au niveau de Jean II-B), en plaçant en retrait les remaniements que Jean II-B a fait subir au texte de Jean II-A dans le chapitre 4 :

Jn 4	Jn 6
10 « ... c'est toi qui lui aurais demandé et il t'aurait donné de *l'eau vive*. »	33 « Car *le pain* de Dieu est celui qui descend du ciel et donne *la vie* au monde. »

15   La femme lui dit :
   (*legei pros auton*)
   « *Seigneur, donne-moi*
   de cette eau
   que je n'aie plus soif
   et que je ne vienne plus
   ici puiser. »
	34 Ils lui dirent donc :
	   (*eipon oun pros auton*)
	   « *Seigneur, donne-nous* tou-jours *de ce pain*. »

13 Jésus répondit et lui dit : ( ) 14 « Celui qui boira de *l'eau* que moi je lui donnerai,	35 Jésus leur dit : « Je suis *le pain* de la vie ; celui qui vient à moi n'aura pas faim, et celui qui croit en moi *n'aura jamais soif*. »
n'aura plus jamais soif mais l'eau que je lui donnerai (il) deviendra en lui une source d'eau jaillissant pour la vie éternelle. »	

L'intention de Jean II-B est évidente. En remplaçant les vv. 11-12 du texte de Jean II-A par le v. 15 et en ajoutant la glose du v. 14, il a voulu accentuer le parallélisme entre le thème de *l'eau* du chapitre 4 et celui du *pain* du chapitre 6. On notera que, en **4** 15 comme en **6** 34, le verbe « dire » qui commence le verset est construit avec *pros* et l'accusatif, ce qui est typique du style de Jean II-B (Introd., 8 c). Remarquons encore que, en **4** 14 comme en **6** 35, dans la phrase « n'aura... jamais soif », la double négation *ou mè* est suivie de l'indicatif (comme en **10** 5), tandis qu'ailleurs (14 fois) elle est suivie du subjonctif.

c) Au v. 10, les mots « le don de Dieu et » sont une glose de Jean II-B. Dans l'état actuel du texte johannique, le verbe « connaître » est suivi d'un complément direct, puis d'une proposition interrogative indirecte introduite par le pronom relatif « qui ». Or, dans le NT, on trouve 24 fois le verbe *oida* suivi d'une proposition interrogative indirecte, mais nulle part ailleurs cette proposition n'est séparée du verbe principal par un complément direct, comme ici ; ce complément direct, « le don de Dieu », doit donc être un ajout (opposer Jn **5** 13 ; **6** 64). D'ailleurs, si on enlève les mots « le don de Dieu et », on obtient une phrase beaucoup mieux construite dans laquelle les expressions de l'apodose reprennent, en antithèse, celles de la proposition conditionnelle :

> « Si tu connaissais ( )
> qui est celui qui te dit :
> 'Donne-moi à boire',
> toi, tu lui aurais demandé
> et il t'aurait donné de l'eau vive. »

L'addition des mots « le don de Dieu » peut être attribuée à Jean II-B étant donné leur coloration lucanienne (Introd., 8 c). Le mot « don » ne se lit nulle part ailleurs chez Jn tandis qu'il est relativement fréquent dans les Actes (*dôrea* : 0/0/0/1/4/6) ; dans tout le NT, l'expression « le don de Dieu » ne se lit qu'en Jn **4** 10 et Ac **8** 20 (cf. Ac **11** 17). On verra plus loin qu'il y a probablement aussi une influence théologique de Lc sur Jn.

d) Voici les caractéristiques stylistiques de ce passage.

da) On relève dans le texte de Jean II-A. Au v. 10 : le thème de l'incompréhension (A 10*), « répondit et dit » (B 6), « celui qui te dit » (A 119*), « si tu connaissais... c'est toi qui lui aurais demandé » (F 25 et F 27). – Au v. 11 : « la femme lui dit : Seigneur » (A 20* : cf. C 12), « d'où » (C 76). Le *oute* non redoublé est rare dans le NT mais se lit encore en 3 Jn 10. – Au v. 12 : négation *mè* à sens interrogatif (F 3*). – Au v. 13 : « répondit et dit » (B 6). – Au v. 14 : pronom « lui » supportant un *casus pendens* (B 35*), « vie éternelle » (C 59*). – Au v. 12, la phrase « Es-tu plus grand que notre Père Jacob qui... » a son équivalent exact en **8** 53, un texte que nous attribuerons à Jean II-B : « Es-tu plus grand que notre père Abraham qui... » ; on a toutefois ici le relatif *hos*, et *hostis* en **8** 53.

db) Le texte de Jean II-B a comme caractéristiques. Dans la glose du v. 14 : « ne plus... jamais » (B 27*), « ne plus... mais » (A 122**). Au v. 15 : « donne-moi... que » (F 17).

Le verbe « venir », rendu en grec par *dierchesthai*, ne se lit ailleurs chez Jn qu'en **4** 4, que nous avons attribué à Jean II-B. Quant au verbe « puiser » (A 75), ailleurs seulement au niveau du Document C, il est repris du v. 7.

4. L'ADORATION DE DIEU (4 19-26)

Le thème de l'adoration de Dieu (**4** 19-26) appartenait-il au récit primitif ? Bultmann le croit, tout en reconnaissant que le passage fut fortement remanié par l'évangéliste ; Fortna le nie, tout en gardant les vv. 19 et 25-26 (en partie). Nous pensons que *l'ensemble* des vv. 19-26 est une addition au récit du Document C. Remarquons d'abord, contre Fortna, qu'il est difficile de dissocier les vv. 19 et 25-26 du reste du passage. Le v. 19 sert de transition entre les vv. 16-18 (récit primitif) et 20-26 (addition) ; du point de vue rédactionnel, il est donc impossible de dissocier ce verset des vv. 20-26. De même, le v. 25 sert de conclusion aux vv. 20-24 : lorsque le Christ viendra, il expliquera toutes les difficultés présentes, spécialement celle de savoir s'il faut adorer sur le mont Garizim ou à Jérusalem. Les vv. 19-26 forment donc un bloc relativement homogène (cf. *infra*).

Mais ce bloc ne faisait pas partie du récit primitif. En effet, la réflexion de la femme au v. 29 : « ... il m'a dit tout ce que j'ai fait », se réfère explicitement aux vv. 16-18 (récit primitif), mais ne contient aucune allusion au dialogue des vv. 19-26 qui ne trouve plus aucun écho dans la suite du récit. Par ailleurs, après l'affirmation si claire faite par Jésus de sa messianité (vv. 25-26), l'interrogation contenue dans le v. 29 paraît bien faible : « Est-ce que celui-ci ne serait pas le Christ ? » Les vv. 19-26 rompent le fil d'un récit plus archaïque (Document C) dans lequel les vv. 16-18 étaient immédiatement suivis des vv. 28 ss. : dès que Jésus a prouvé sa connaissance surnaturelle en parlant à la femme de ses cinq maris, celle-ci court à la ville et dit aux gens ce qui vient de se passer ; pour aller plus vite, elle laisse sur place sa cruche ! Tout l'effet psychologique de cette séquence primitive est rompu par la querelle de « sacristie » des vv. 20-24, qui se situe à un tout autre niveau ! – Les vv. 19-26 n'appartenaient donc pas au récit johannique primitif ; mais ils posent quelques problèmes qu'il nous faut étudier maintenant.

a) Les vv. 20-24 contiennent deux niveaux rédactionnels différents. Avant de justifier cette distinction, redonnons les deux textes en mettant en retrait le plus récent :

20 Nos Pères ont adoré sur cette montagne, et vous, vous dites qu'à Jérusalem est le lieu où il faut adorer.

21 Jésus lui dit : « Crois-moi, femme, l'heure vient où vous n'adorerez le Père ni sur cette montagne, ni à Jérusalem.

22   Vous adorez ce que vous ne connaissez pas ;
        nous adorons ce que nous connaissons,
        parce que le salut vient des Juifs.

23 Mais l'heure vient, et maintenant elle est là, où
    (Car) les véritables adorateurs adoreront le Père
    en esprit et en vérité.
        Car tels le Père aussi recherche ceux qui l'adorent.

24   Dieu est esprit, et ceux qui adorent doivent adorer
        en esprit et en vérité. »

aa) Les vv. 22 et 23a.c-24 furent insérés plus tard et doivent être attribués à Jean III. Au v. 22, on est étonné qu'après avoir renvoyé les Juifs et les Samaritains dos à dos, en excluant la prétention des uns et des autres à posséder le vrai lieu de culte (v. 21), Jésus revient en arrière et concède une supériorité des Juifs sur les Samaritains. Par ailleurs, la phrase « parce que le salut vient des Juifs », qui donne la raison de cette supériorité, n'est pas johannique (Bultmann) ; le mot « salut » ne se lit nulle part ailleurs chez Jn ; mais surtout, cette phrase ne peut pas être attribuée à Jean II, pour qui « les Juifs » représentent les chefs religieux de Jérusalem, et qui manifeste ailleurs un anti-judaïsme agressif (Introd., 6 x et 7 a). – L'insertion du v. 22 a entraîné la répétition, au v. 23a, des mots du v. 21 : « l'heure vient où », avec insertion de l'expression « et maintenant elle est (là) » ; Jean III agira sensiblement de même en Jn 5 25.28 (note § 149). – Le v. 23c et le v. 24b (qui reprend le thème du v. 23b concernant l'adoration en esprit et en vérité) ont pour but de permettre l'insertion de la phrase centrale : « Dieu est esprit », qui donne l'explication du culte « en esprit ». On notera qu'au v. 23c, le verbe « adorer » (*proskynein*) est construit avec l'accusatif, ce qui est la forme normale en grec, tandis qu'il était construit avec le datif aux vv. 21 et 23b, construction fréquente dans la Septante ; le v. 23c n'est donc pas du même niveau rédactionnel que les vv. 21 et 23b. Au v. 24, le brusque changement de « Père » (vv. 21 et 23) en « Dieu » est étrange et donne une tonalité philosophique à un texte qui ne la comportait pas. On verra enfin dans la troisième partie de cette note que l'expression « en esprit et en vérité » revêt un sens différent aux vv. 23b et 24 (III D 2).

Pour toutes ces raisons, nous pensons que les vv. 22 et 23a.c-24 ne sont pas du même niveau rédactionnel que les vv. 20-21.23b ; ils ont été ajoutés par Jean III. On notera cependant dans cette insertion quelques caractéristiques johanniques : au v. 22, « connaître » (F 25), « vient de » (= « être de », C 18) ; au v. 23a.c, les expressions « l'heure vient où » (B 7**) et « le Père » (B 73) reprises du v. 21 ; au v. 24, le terme « vérité », repris du v. 23b (E 3*).

ab) Quant aux vv. 19-21.23b.25-26, ils sont, croyons-nous, une addition faite au niveau de Jean II-B. Les préoccupations cultuelles qu'ils reflètent sont bien dans la manière de Jean II-B (Introd., 6 t-v). Ils offrent les particularités suivantes de vocabulaire et de style. Au v. 19 : la formule « la femme lui dit : Seigneur » (A 20*). Au v. 20 : « vous dites que » (B 48), « le lieu où » (B 23**). Au v. 21 : « croire » suivi du datif de la personne (F 29*), le vocatif « femme » (C 70*), l'expression « l'heure vient où » (B 7**), le mot « Père » utilisé absolument (B 73), sans parler de la phrase initiale : « Jésus lui dit » (C 12). Au v. 23b : « véritable » (E 1) et « vérité » (E 3*) ; de nouveau le mot « Père » employé absolument (B 73). Au v. 25, la phrase d'introduction « La femme lui dit » (C 12), le verbe « savoir » (F 25), le terme de « Messie » (A 145*), le démonstratif « lui » (*ekeinos*) pour désigner le Christ (B 31*), l'expression « lorsqu'il viendra » (F 28*). On notera que l'expression « je sais que » ne se lit ailleurs chez Jn que dans des textes de Jean II (5 32 ; 8 37 ; 11 24 ; 12 50 ; cf. encore 11 22 de Jean III, influencé probablement

par 11 24). On rapprochera aussi la formule « le Messie ... qui est dit Christ » de formules semblables que nous attribuerons à Jean II-B : « Thomas, qui est dit Didyme » (11 16 ; 20 24 ; 21 2) ; « l'homme qui est dit Jésus » (9 11). A la fin du v. 25, la forme *hapas* pour dire « tout » ne se lit qu'ici chez Jn, mais est de saveur lucanienne (3/3/17/1/13/5), ce qui pourrait correspondre au style de Jean II-B (Introd., 8 c). Au v. 26 enfin, on retrouve la formule « La femme lui dit » (C 12) ; puis les expressions « c'est moi » (= « Je suis », C 50) et « qui te parle » (A 119*).

b) Les vv. 19 et 29 offrent un problème spécial. On verra plus loin que le récit du Document C dépend de traditions samaritaines. Mais les Samaritains attendaient la venue du Prophète semblable à Moïse annoncé par Dt 18 18 (cf. note §§ 19-25, III A 2 *c*), non du Christ. Il est donc peu vraisemblable que l'auteur du Document C ait fait dire à la Samaritaine, au v. 29 : « Est-ce que celui-ci ne serait pas *le Christ ?* » Puisqu'elle s'adresse à des Samaritains, on aurait attendu : « Est-ce que celui-ci ne serait pas *le Prophète ?* » (cf. Jn 1 21 ; 6 14 ; 7 52). Pour expliquer cette anomalie, nous proposons l'hypothèse suivante. Au v. 29, Jean II-B aurait remplacé l'expression « le Prophète » du texte du Document C par « le Christ », dans la ligne de son v. 25 ; mais il aurait gardé l'idée primitive de « prophète » en la transposant au v. 19 où la femme dit : « Seigneur, je vois que tu es prophète... »

5. L'INTERVENTION DES DISCIPLES (4 27.31-38)

Il est un fait assez couramment admis par ceux qui ont entrepris l'analyse littéraire de cet épisode : tout ce qui a trait aux disciples de Jésus n'appartenait pas au récit primitif ; ce dernier ne mettait en scène que Jésus, la Samaritaine et les gens du village de Sychar (Wellhausen, Spitta, Bultmann, Wilkens, Fortna).

a) En faveur de cette hypothèse, on peut faire valoir les arguments suivants. Les disciples ne sont pas mentionnés dans l'introduction du récit ; de Jésus seul il est dit : qu'il laisse la Judée pour aller en Galilée (v. 3), qu'il passe par la Samarie (v. 4), arrive à Sychar (v. 5) et se tenait assis près de la source (v. 6). Il n'est pas question d'eux non plus dans la conclusion ; de Jésus seul il est dit : qu'il reste deux jours chez les Samaritains (4 40), puis qu'il s'en va en Galilée (v. 43). Le récit commence et se termine comme si les disciples n'y jouaient aucun rôle. Ils sont mentionnés pour la première fois en 4 8, dans une incise qui rompt le fil du récit et n'a d'autre but que de préparer leur entrée en scène au v. 27 et surtout le dialogue des vv. 31-38.

Mais ce dialogue des vv. 31-38, entre Jésus et ses disciples, est un ajout qui coupe le fil de la narration entre les vv. 30 et 40. Le v. 40 reprend assez gauchement le thème du v. 30 : les Samaritains viennent à Jésus ; de même, le v. 39 reprend le thème du v. 29 concernant le témoignage de la Samaritaine, et il vient trop tard après le v. 30 où il est dit que les gens de Sychar viennent trouver Jésus ; cette démarche, en effet, laisse supposer qu'ils ont cru au témoignage de la Samaritaine ! Ce dédoublement des thèmes est un procédé littéraire classique qui dénote la main d'un interpolateur : après l'insertion des vv. 31-38, le thème des vv. 29-30 est repris aux vv. 39-40a afin de renouer le fil du récit (Introd., 1 f). Dans le récit primitif, les vv. 30 et 40b ne formaient qu'un seul texte qui devait avoir cette teneur : « Ils sortirent de la ville et ils vinrent vers lui et ils le priaient... » Le même procédé rédactionnel se retrouvera dans le récit de la résurrection de Lazare (**11** 29.32) et dans celui de la venue de Pierre et de l'autre disciple au tombeau (**20** 3.4). Comparons simplement Jn **4** 30.40 et **11** 29.32 :

Jn **4**	Jn **11**
30 Ils sortirent de la ville et *venaient* vers lui.	29 (Marie) se leva vite et *venait* vers lui.
(insertion des vv. 31-39)	(insertion des vv. 30-31)
40 Lors donc que *vinrent* vers lui les Samaritains...	32 Marie donc, lorsqu'elle *vint* où était Jésus...

Dans les deux cas (cf. aussi **20** 3.4), le passé simple (aoriste) du verbe « venir », qui appartenait au récit primitif, fut remplacé par un imparfait puisque l'insertion de la glose rendait l'action inachevée (**4** 30 et **11** 29) ; il fut rejeté après l'insertion de la glose (**4** 40 et **11** 32). On notera que la formule « lors donc que » (B 30*) marque d'ordinaire la reprise du texte primitif après une insertion.

b) Le vocabulaire et le style dénotent la main de Jean II. Notons d'abord que les vv. 32-34 (qui ne peuvent être séparés du v. 31) contiennent un procédé littéraire classique aux niveaux de Jean II (A ou B), que nous avons d'ailleurs déjà analysé en **4** 10-14 (cf. **4** 15) : Jésus prononce une parole (**4** 32) que les disciples comprennent matériellement (**4** 33), ce qui donne à Jésus l'occasion de préciser sa pensée (**4** 34). Déjà le v. 27, qui décrit l'arrivée des disciples, est de tonalité johannique : « parler avec » (B 63* ; deux fois dans ce verset !), « nul toutefois » (C 46*), « Que cherches-tu ? » (A 59*). Au v. 31, si la formule « Entre temps » (*en tôi metaxu*) ne se lit pas ailleurs chez Jn, en revanche la phrase (traduite littéralement) « priaient lui les disciples en disant : Rabbi... » a son équivalent en Jn **9** 2, texte de Jean II-A : « Et interrogeaient lui ses disciples en disant : Rabbi... » (dans le grec, le même verbe *erôtan* signifie « prier » et « interroger »). Dans cette phrase, on notera la caractéristique stylistique « Rabbi » (C 35*). Au v. 32 : le mot « nourriture » (D 1*) et l'expression « que vous ne connaissez pas » (A 42 et 121). Au v. 33 : la formule « Disaient donc (les disciples) » (B 25*), le *mè* interrogatif (F 3*). Le v. 34 abonde en expressions johanniques : « Jésus leur dit » (C 12), *hina* épexégétique (B 60), « faire la volonté » (F 34*), « la volonté de celui qui m'a envoyé » (A 78 et A 3*), « parfaire son œuvre » (A 159* ; cf. F 19*). On comparera spécialement le vocabulaire de ce v. 34 avec celui de **6** 38 et **17** 4, textes que nous attribuerons à Jean II.

Nous analyserons le vocabulaire des vv. 35-38 un peu plus loin, car ces versets posent des problèmes spéciaux.

Nous attribuerons donc à Jean II-A, d'une part les vv. 31-34, d'autre part les vv. 8 et 27a qui préparent cette entrée en scène des disciples ; pour le v. 27b, cf. *infra*.

c) Mais tout ce qui concerne l'entretien de Jésus avec ses disciples fut-il ajouté au même niveau rédactionnel, celui de Jean II-A ? Nous ne le pensons pas.

ca) Aux vv. 31-34, Jésus définit la mission qu'il a reçue du Père. Aux vv. 35-36, le thème n'est plus le même ; il s'agit plus spécialement de l'évangélisation de la Samarie. Or, on l'a vu plus haut (II 2), c'est Jean II-B qui a accentué, dans le récit primitif, l'intérêt pour la Samarie. Ne serait-ce pas lui alors qui aurait ajouté les vv. 35-36 ? Cette hypothèse se trouve confirmée par le fait que le sens de ces vv. 35-36 est étroitement lié à Jn **3** 29, comme on le verra dans la troisième partie de cette note.

Dans l'ensemble, le vocabulaire reste johannique. Au v. 35, la formule « vous dites que » (B 48), la séquence « encore... et » (A 113*), la prolepse à la fin du verset (F 37*) ; la phrase « levez les yeux et voyez que » se retrouvera sous forme participiale en Jn **6** 5 : « Jésus donc, ayant levé les yeux et ayant vu que... » Au v. 36, la formule « pour la vie éternelle » (C 59*) et l'adverbe « ensemble » (B 97) ; l'expression « recevoir son salaire » (cf. Mt **10** 41-42 ; 1 Co **3** 8.14) se lit aussi en 2 Jn 8, mais avec le verbe composé *apolambanein*. On notera toutefois que la formule « Voici que je vous dis », au v. 35, est étrangère au vocabulaire de Jn ; si, pour dire « voici », Jean II préfère *ide* à *idou* (que l'on a ici), c'est dans la ligne de la tradition du Document C ; mais Jean II-B utilise ailleurs *idou* (**16** 32 ; **19** 5, où il change en *idou* un *ide* qu'il reprend de Jean II-A ; voir le commentaire).

cb) Le problème des vv. 37-38 est très difficile. Disons tout d'abord que, à ce qu'il semble, le v. 37 doit se rattacher au v. 38 et non aux vv. 35-36. C'est au v. 38 en effet qu'est donnée explicitement la différence entre « le semeur » et « le moissonneur ». Mais ces vv. 37-38 sont-ils de Jean II-B, comme les vv. 35-36, ou de Jean III ? Au point de vue du style, le v. 38 n'apporte aucune lumière ; il n'offre en tout cas aucune caractéristique johannique. Au v. 37, la séquence « en cela... que » est johannique (C 17), mais ici le « que » n'explique pas le démonstratif « cela » ; il équivaut simplement aux « deux points » français. L'adjectif « véridique » est johannique ; ici cependant le sens est plutôt celui de « vrai » et l'on aurait attendu *alèthès* au lieu de *alèthinos* (E 1), comme en **19** 35, texte de Jean III. Enfin, le mot « parole » a le sens de « proverbe » ; on rapprochera ce sens de celui qu'a le mot en **21** 23, texte de Jean III. On pourrait donc attribuer les vv. 37-38 à Jean III, mais une rédaction par Jean II-B, dans la ligne des vv. 35-36 reste possible.

d) Rappelons que le v. 27b, au niveau de Jean II-A, mentionnait l'arrivée des disciples sous cette forme très simple : « là-dessus, ses disciples arrivèrent. » Le reste fut ajouté par Jean II-B qui transposa ici le motif primitif du v. 9 : il est malséant pour un homme d'adresser la parole à une femme en public ; il risque de la compromettre (cf. *supra*, II 2 *b bc*).

6. La foi des Samaritains (4 39.41-42)

Nous avons vu au paragraphe précédent que le v. 39, qui reprend de façon assez maladroite les données du v. 29, était une addition au récit primitif ; les commentateurs le reconnaissent sans peine. Mais il faut alors en dire autant des vv. 41-42 (Wellhausen, Spitta, Bultmann, Wilkens, Fortna en partie). Ces versets, en effet, renvoient explicitement au v. 39 et sont incompréhensibles sans lui ; ils sont donc, ou de même niveau que lui, ou d'un niveau postérieur. Nous verrons, dans la troisième partie de cette note, que la théologie de ces versets les rapproche de textes tels que **4** 48 et **20** 24-29, que nous attribuerons à Jean II-B ; nous pensons donc qu'il faut attribuer aussi à Jean II-B les vv. 41-42.

Mais ceci nous oblige à revenir sur le problème du v. 39. Au paragraphe précédent, nous avons admis que ce verset avait été ajouté afin de « reprendre » le fil du récit après l'insertion des vv. 31-38. Mais pour « reprendre » le fil du récit, il suffisait de dédoubler le thème de la venue des Samaritains vers Jésus, aux vv. 30 et 40 (cf. *supra*) ; il n'était pas nécessaire de « reprendre » la donnée du v. 29 au v. 39. Nous pensons donc que l'addition du v. 39 eut pour but de préparer celle des vv. 41-42, comme cela apparaîtra clairement dans le commentaire du texte. Nous proposons donc d'attribuer à Jean II-B l'ensemble constitué par les vv. 39 et 41-42.

Le style de Jean II apparaît tout au long de ces versets. Au v. 39 : « beaucoup crurent en lui » (C 32* et B 51), « crurent à cause de » (B 100*), « témoigner que » (C 83**), « dire » avec l'accusatif de la chose (C 64). Au v. 41 : « croire à cause de » (B 100*) ; on notera que le mot « plus » (*pleiôn*) ne se lit ailleurs chez Jn que dans des textes de Jean II (**4** 1 ; **7** 31 ; **21** 15 ; cf. aussi **15** 2). Au v. 42 : « ce n'est plus » (*ouketi* sans deuxième négation ; F 5), « croire à cause de » (B 100*), « parole » (*lalia*, C 30*), « nous savons que » (E 4*), « vraiment » (C 69), « sauveur du monde » (A 154** ; cf. C 68). On notera de plus que le début du verset : « Et à la femme ils disaient » (datif placé avant le verbe « dire ») a son équivalent en Jn **2** 16, que nous avons attribué à Jean II-B : « Et aux vendeurs de colombes il dit ». De même, la profession de foi : « ... celui-ci est vraiment le Sauveur du monde » a même forme que celles de Jn **6** 14 : « Celui-ci est vraiment le Prophète qui vient dans le monde », ou de **7** 40 : « Celui-ci est vraiment le Prophète », textes de Jean II.

7. Les deux jours (4 40)

Au v. 40, il est dit que Jésus demeura « deux jours » chez les Samaritains. Cette précision prépare l'allusion à la résurrection qui sera faite au v. 43 : « Et après deux jours... » (voir note § 82), et qui est de Jean II-B. Nous pensons que le texte du Document C avait seulement au v. 40 : « Et il y demeura », comme en **2** 12, où les mots « peu de jours » furent aussi ajoutés par Jean II-B (cf. note § 29).

8. Le récit du Document C

On trouvera au début du paragraphe suivant une reconstitution du récit du Document C. Essayons d'en analyser les caractéristiques stylistiques.

a) Il contient les formules de dialogue courantes au niveau du Document C ; aux vv. 7 et 17 « dit à elle Jésus » (C 12) et au v. 9 « dit à lui la femme » (C 12) ; au v. 17 « répondit et dit » (B 6). La séquence « donc... et... et », au v. 28, se retrouve également plusieurs fois ailleurs dans le Document C (A 13). Au v. 7, « puiser » (A 75) se lit une fois ailleurs dans le Document C (**2** 8), et deux fois chez Jean II-B mais dans des textes où il reprend ceux du Document C (**2** 9 et **4** 15). Au v. 28, le mot « cruche » est propre au Document C (A 130). Au v. 18, on a le seul cas chez Jn de l'adjectif « vrai » (C 36) utilisé au neutre. Enfin au v. 29, le verbe « dire » construit avec l'accusatif de la chose (C 64) se retrouvera en **12** 27 au niveau du Document C. Dans leur ensemble, les caractéristiques stylistiques, relativement peu nombreuses, conviennent bien au Document C.

b) Les remarques stylistiques suivantes confirment l'appartenance du récit primitif au Document C, et non à Jean II. Au v. 5, l'expression « près du terrain » est composée de deux mots qui ne se lisent pas ailleurs chez Jn ; le second n'a pas grande signification, mais pour dire « près de » on aurait attendu sous la plume de Jean II, non *plèsion* comme ici, mais *eggys* (C 22). – Au v. 6, pour dire « la source de Jacob », on a la formule *pègè tou Iakôb*, avec l'article devant le déterminatif et non devant le mot déterminé ; une telle construction, anormale en grec, se lisait déjà en **1** 45 sous la forme « le fils de Joseph » (*hyios tou Iôseph*), un texte du Document C. – Au v. 7, le verbe de mouvement « venir » est suivi de l'infinitif, et non du subjonctif précédé de *hina* comme on l'aurait attendu sous la plume de Jean II (B 76) ; chez Jn, les exceptions à cette règle ne se lisent qu'au niveau du Document C (**14** 2 et **21** 3). – Au v. 16, l'impératif « va » (*hypage*) est suivi d'un second impératif qui n'est pas coordonné au premier ; la même construction grammaticale se lit encore, dans ce récit, au v. 29 que nous avons attribué au Document C : « Venez, voyez » ; contraire au style de Jean II, cette construction se retrouvera en Jn **9** 7, un texte du Document C. – Au v. 29, pour dire « venez », au lieu de *erchesthe* on a *deute* qui ne se lit ailleurs chez Jn qu'en **21** 12a et, au singulier (*deuro*) en **11** 43, deux textes du Document C. – Au v. 40b, le verbe « prier » est suivi de l'infinitif alors qu'on aurait attendu *hina* et le subjonctif sous la plume de Jean II. – On notera enfin, au v. 5, la formule « à une ville ( ) dite Sychar », qui a son équivalent en **11** 54 et **19** 17, deux textes du Document C (mais cf. **19** 13, de Jean II-A).

Dans son ensemble, le texte du récit primitif que nous avons reconstitué s'accorde parfaitement avec le style du Document C tandis qu'il offre de nombreuses notes incompatibles avec celui de Jean II.

III. LE SENS DES RÉCITS

A) LE RÉCIT DU DOCUMENT C

5 Il arrive ( ) à une ville ( ) dite Sychar, près du terrain que Jacob avait donné à Joseph, son fils.

6 Il y avait là la source de Jacob. Jésus ( ) était assis ainsi près de la source ( ).

7 Vient une femme ( ) pour puiser de l'eau. Jésus lui dit : « Donne-moi à boire. »

9 La femme ( ) lui dit : « Comment toi ( ) me demandes-tu à boire à moi, une femme ( ) ? »

16 Il lui dit : « Va, appelle ton mari et reviens ici. »

17 La femme répondit et dit : « Je n'ai pas de mari. » Jésus lui dit : « Tu as bien dit : Je n'ai pas de mari,

18 car tu as eu cinq maris et celui que tu as maintenant n'est pas ton mari. En cela tu as dit vrai. »

28 La femme ( ) laissa là sa cruche et courut à la ville et elle dit aux gens :

29 « Venez, voyez un homme qui m'a dit tout ce que j'ai fait. Est-ce que celui-ci ne serait pas le (Prophète) ? »

30 Ils sortirent de la ville et ( )

40 ( ) ils vinrent à lui (et) ils le priaient de demeurer chez eux. Et il y demeura ( ).

1. Thèmes de l'Ancien Testament

a) *Le mariage de Rébecca.*

L'entretien de Jésus et de la Samaritaine se déroule près de la source de Jacob (**4** 6). Dans l'Ancien Testament, c'est souvent près d'une source ou d'un puits que se nouent les premiers liens d'un mariage ; ainsi en est-il des mariages d'Isaac et de Rébecca (Gn **24**), de Jacob et de Rachel (Gn **29**), de Moïse et d'une des filles de Réuel (Ex **2** 15 ss.). C'est à ce genre de récits que se rattache l'entretien de Jésus avec la Samaritaine. D'une façon plus précise, le texte johannique s'est littérairement inspiré, dans une grande mesure, du précédent de Gn **24** : Abraham envoie un de ses serviteurs en Mésopotamie afin d'y chercher une femme pour son fils Isaac ; ce serviteur rencontre Rébecca près d'une source et comprend qu'elle est la femme que Dieu destine à Isaac. Dans le récit de Jn **4**, Jésus joue le rôle du serviteur d'Abraham, la Samaritaine celui de Rébecca tandis que les gens de Sychar tiennent la place des parents de Rébecca.

Mettons d'abord en parallèle les textes de Jn **4** 6b-7 et Gn **24** 43, qui reprend sous une forme un peu différente le récit fait en Gn **24** 13-14 :

Jn **4** 6b-7	Gn **24** 43	Gn **24** 13-14
Jésus ( ) était assis ainsi près de la source. Une femme ( )	« Voici que je me tiens près de la source et la jeune fille	« Voici que je me tiens près de la source et les filles des gens de la ville
vient pour puiser de l'eau.	qui sortira pour puiser	sortent pour puiser de l'eau ; la jeune fille
Jésus lui dit :	et à qui je dirai :	à qui je dirai : Incline ta cruche
« Donne-moi à boire. »	Fais-moi boire un peu d'eau de ta cruche... »	que je boive... »

Jn **4** 6b-7 reproduit tous les détails de Gn **24** 43 (cf. **24** 13-14) et dans le même ordre. Un tel jeu de scène ne se retrouve nulle part ailleurs dans la Bible, pas même dans les autres récits de « rencontre » près d'une source.

Le parallélisme entre les deux récits se poursuit en Jn **4** 28-30.40, qui correspond à Gn **24** 28-32. Mettons encore en parallèle les deux textes :

Jn **4**	Gn **24**
28 La femme... courut à la ville et elle dit aux gens :	28 Et la jeune fille courut et annonça dans la maison de sa mère ce qui était arrivé
	30 ... dès que (Laban) eut entendu les paroles de Rébecca disant : « Ainsi m'a parlé cet homme »,
29 « Venez, voyez un homme qui m'a dit tout ce que j'ai fait... »	

30 Ils sortirent de la ville et ( )	
40 ils vinrent à lui (et) ils le priaient de demeurer chez eux. Et il y demeura ( ).	il vint à l'homme... 31 et il dit : « Viens, béni de Yahvé... » 32 L'homme vint à la maison...

Ici encore, tous les détails du récit johannique ont leur équivalent dans celui de Gn **24**, et dans le même ordre.

Tous ces contacts littéraires précis (Jn **4** 6b-7 et Gn **24** 43), tous ces jeux de scène semblables (Jn **4** 28-30.40 et Gn **24** 28-32), ne peuvent pas être l'effet du hasard ; le récit du Document C a emprunté son vêtement littéraire à celui de la Genèse.

Pour compléter ces rapprochements, on notera qu'en Gn **24** 7 Abraham affirme à son serviteur : « Yahvé enverra son ange devant toi... » De même en Jn **3** 23, Jean-Baptiste, celui qui fut « envoyé devant » Jésus (**3** 28 ; cf. Ml **3** 1), baptisait en Samarie afin de préparer les cœurs à recevoir Jésus. Or Jn **3** 23 appartenait aussi au Document C (note §§ 19-25) ; le Baptiste y joue le rôle de l'ange envoyé par Yahvé devant le serviteur d'Abraham.

b) *La conversion d'Israël.*

ba) En Jn 4 16-18, Jésus reproche à la Samaritaine d'avoir eu *cinq* maris. Or le mot « mari » revient *cinq* fois dans ces trois versets ! Ce n'est pas l'effet du hasard. Dans le récit de la multiplication des pains, par exemple, il est question de cinq pains et de deux poissons (6 9) ; or le mot « pain » revient cinq fois (6 5.7.9.11.13) et le mot « poisson » deux fois (6 9.11). Jn veut faire savoir que le mot « mari » a un sens mystérieux et que ce sens est lié au chiffre « cinq ». Ce fait invite à donner raison aux commentateurs qui attribuent une valeur symbolique aux cinq maris de la Samaritaine. Pour comprendre ce symbolisme, il faut se reporter au récit de l'origine des Samaritains qui se lit en 2 R 17 24 ss. Après la conquête du royaume d'Israël et la prise de Samarie, sa capitale, le roi d'Assyrie déporta une partie de ses habitants ; pour repeupler le pays, « il fit venir des gens de Babylone, de Kuta, de Avva, de Hamat et de Sepharvayim et les établit dans les villes de la Samarie à la place des Israélites » (2 R 17 24). Les nouveaux venus viennent donc de *cinq* villes différentes et ils apportent avec eux leurs faux dieux (au nombre de sept, il est vrai) qu'ils continuent d'adorer tout en adoptant le culte de Yahvé (17 30-31). C'est ce syncrétisme qui avait rendu les Samaritains odieux aux Juifs. Dans le récit johannique, les cinq maris de la Samaritaine symboliseraient les faux dieux importés des cinq villes païennes. Ce symbolisme est d'autant plus vraisemblable que le thème du mariage de Rébecca, sous-jacent au récit du Document C, oriente déjà la pensée vers une interprétation symbolique du thème du mariage.

bb) Ce symbolisme serait même évident si l'on admettait, avec un certain nombre de commentateurs, que Jn 4 16-18 contient un jeu de mot perceptible seulement en hébreu ou en araméen (voire en samaritain). Le mot *ba'al* signifie « mari », mais c'est aussi le nom du dieu des Cananéens, nom qui était couramment utilisé au pluriel pour désigner d'une façon générale tous les faux dieux. L'expression « cinq *be'alim* » pouvait donc signifier « cinq maris » ou « cinq faux dieux ». Les cinq maris de la Samaritaine pouvaient alors évoquer les faux dieux importés des cinq villes d'Assyrie par les colons venus repeupler la terre d'Israël (la Samarie) après la catastrophe de 721.

bc) Ce jeu de mot, le récit johannique le reprend au texte d'Os 2 18-19 qui décrit en ces termes la conversion du royaume d'Israël :

18 « En ce jour-là, oracle de Yahvé, elle m'appellera 'Mon Mari', elle ne m'appellera plus 'Mon Baal'.
19 J'ôterai de sa bouche les noms des Baals, on n'en prononcera plus les noms.

A la fin du v. 18, le mot « Baal » signifie « mari », étant donné le possessif et le parallélisme avec la première partie du verset ; mais il évoque aussi les faux dieux puisqu'il a ce sens au v. 19.

Du point de vue littéraire, on le voit, le récit du Document C était entièrement conditionné par des textes de l'Ancien Testament. Sur un canevas qui suivait le schéma de Gn 24

se détachait la « pointe » du récit (4 16-18) qui reprenait les thèmes de 2 R 17 24 ss. et d'Os 2 18-19 :

Jn 4 5-7.9	Gn 24 13-14
4 16-18	2 R 17 24 ss.
	Os 2 18-19
4 28-30.40	Gn 24 28-32

c) *Symbolisme du récit johannique.*

Cet arrière-plan vétéro-testamentaire du récit primitif en indique la signification symbolique. L'entretien de Jésus avec la Samaritaine préfigure la conversion de la Samarie tout entière, dans une perspective essentiellement biblique. Dans l'Ancien Testament, il était courant de se représenter l'Alliance entre Dieu et son peuple sous l'image d'un mariage. En conséquence, le culte des faux dieux était qualifié de « prostitution » ou d'« adultère » (Ex 34 15-16 ; Jr 2 2.20 ; Ez 16 et 23). L'abandon du culte des idoles était en revanche conçu comme un nouveau mariage entre Dieu et son peuple (Is 54 4-8 ; 61 10 ; 62 4-5). Tous ces thèmes sont évoqués dans les admirables chapitres 1 à 3 du prophète Osée, où les diverses femmes dont parle le prophète pourraient être des personnages à la fois réels et symboliques. Ainsi en est-il du récit de Jn 4. La Samaritaine, personnage réel, est *aussi* le symbole du peuple samaritain tout entier. Ses divers maris symbolisent les faux dieux importés jadis d'Assyrie et cause de ce syncrétisme religieux qui rendait les Samaritains odieux aux Juifs. Jésus rencontre une femme samaritaine, il est bien accueilli par les gens d'un village de Samarie, et ce double événement est au principe de la conversion de toute la Samarie. En accueillant Jésus et son message, les Samaritains retrouvent le culte du vrai Dieu.

Cette conversion est conçue comme un nouveau mariage, d'où le vêtement littéraire du récit, emprunté à Gn 24 qui raconte le mariage d'Isaac et de Rébecca. Implicitement, Isaac évoque Dieu lui-même. Rébecca préfigure la Samaritaine, et donc toute la Samarie dont la conversion va constituer une nouvelle Alliance avec Dieu. Le serviteur envoyé par Abraham et qui rencontre Rébecca près d'une source, c'est Jésus dont la prédication va ramener le cœur des Samaritains vers Dieu. Mais la mission de Jésus fut facilitée parce que le terrain avait été préparé par Jean-Baptiste (Jn 3 23), envoyé devant lui comme l'ange avait été envoyé devant le serviteur d'Abraham (Gn 24 7).

La valeur permanente et religieuse de ce récit, c'est de nous rappeler que la nouvelle Alliance doit être conçue comme un mariage avec Dieu, et que l'amour de Dieu pour son épouse est plus fort que toutes les infidélités que nous pourrions commettre (Is 54 4-8 ; Os 1-3).

2. DÉTAILS DU RÉCIT DU DOCUMENT C

De ce que le récit du Document C était conditionné par des textes de l'AT, il ne faudrait pas en conclure qu'il était purement symbolique, sans aucun fondement historique. Dans les traditions johanniques, les personnages réels ont souvent une signification symbolique (Introd., 7 j). On peut penser qu'il en va de même ici et que la Samaritaine a réellement existé. A l'origine du récit, il doit donc y avoir un fait concret de la vie de Jésus : sa rencontre avec une femme samaritaine qui vivait en état de concubinage. Malgré sa vie dissolue, cette femme fut la première, en Samarie, à pressentir que Jésus était celui qu'attendait le peuple d'Israël. Grâce à son témoignage, Jésus put semer les germes de sa doctrine dans le cœur d'un petit groupe de Samaritains. Il est difficile de cerner tous les détails de cet événement puisque nous ne le connaissons qu'à travers un récit déjà fortement théologisé. Voyons comment il nous est présenté dans le Document C.

a) Au niveau du Document C, l'épisode de la Samaritaine suivait la description de l'activité du Baptiste (**3** 23.25) et le récit de la vocation de Philippe et de Nathanaël (**1** 43.45-49 ; voir Introd., 2 a-d). Puisque Jean baptisait à Aenon près de Salim (**3** 23), donc dans la région de Sichem, en pleine Samarie, Jésus est supposé se trouver déjà en Samarie lorsque commence le récit de son entretien avec la femme venue puiser l'eau à la source. Il vient donc à une ville appelée Sychar (**4** 5). Il ne s'agit pas de l'ancienne Sichem, détruite par Jean Hyrcan en 132 avant notre ère, mais d'une bourgade située un peu plus au nord et qui correspondrait au village actuel de Askar. Jésus n'entre pas dans le village, mais il s'installe dans « le terrain que Jacob avait donné à Joseph, son fils » et qui possédait un puits profond au fond duquel jaillissait une source. L'achat de ce terrain par Jacob est mentionné en Gn **33** 18-20, et Jos **24** 32 précise que les ossements de Joseph y furent ensevelis après le retour d'Égypte ; ce terrain était devenu la propriété des « fils de Joseph ». Jn **4** 5 ne se contente pas de mentionner le terrain acquis par Jacob ; il précise que ce terrain avait été donné à Joseph par son père, ce qui n'était pas nécessaire à l'intelligence du récit. Un tel détail souligne l'origine samaritaine du récit composé par l'auteur du Document C. Jacob en effet était l'ancêtre commun des deux royaumes de Juda (sud) et d'Israël (nord), tandis que Joseph était l'ancêtre du seul royaume d'Israël, devenu plus tard la Samarie, par ses fils Éphraïm et Manassé. Un récit d'origine samaritaine avait donc intérêt à préciser que le terrain en question avait été donné à *Joseph*. Le personnage de Joseph avait d'ailleurs une très grande importance dans les traditions samaritaines et il était vénéré à l'égal de Moïse (cf. note §§ 19-25, III A 4 *d*). On pourra comparer à Jn **4** 5 ce texte samaritain : « Vois, deux furent liés ensemble : l'un établit un lieu et l'autre établit un lieu. *Joseph établit le lieu* (= le terrain) *de son père* (Jacob) ; il reçut le bien (de son père) et en hérita et (ce bien) devint sa part. Le grand prophète Moïse établit la demeure de son Seigneur, qu'Il avait choisie. Et Dieu choisit celui-ci et celui-là, et il récompensa l'un et l'autre » (Memar Marqah 4 9). La caractéristique de Joseph, l'ancêtre des Samaritains, fut d'avoir reçu de son père Jacob un terrain qui devint « sa part ».

b) Une femme du village voisin vient pour puiser de l'eau, et Jésus lui demande à boire ; le puits en effet était profond et Jésus n'avait rien pour puiser (**4** 7). La femme lui répond : « Comment toi ( ) me demandes-tu à boire à moi,

une femme ( ) ? » (**4** 9). En Orient, un homme ne doit pas adresser en public la parole à une femme ; c'est la compromettre ! (cf. **4** 27). La situation est piquante : la femme s'indigne, ou feint de s'indigner, parce que Jésus la compromet en lui adressant la parole tandis qu'elle est seule à la source ; et elle en est à son cinquième ou sixième mari, et toute la ville le sait, toute la ville est édifiée sur son compte (**4** 29) ! Mais Jésus va la battre sur le terrain dangereux où elle s'est elle-même placée. Puisqu'elle se scandalise de ce qu'il lui adresse la parole tandis qu'elle est seule, il l'invite à aller chercher son mari (**4** 16). Finalement, il lui fait comprendre qu'il connaît parfaitement la situation illégitime dans laquelle elle se trouve : « Tu as bien dit : Je n'ai pas de mari, car tu as eu cinq maris et celui que tu as maintenant n'est pas ton mari » (**4** 17b-18).

c) En dévoilant à la Samaritaine qu'il est parfaitement au courant de sa vie antérieure, Jésus manifeste une connaissance surnaturelle qui le classe d'emblée dans la catégorie des prophètes ; un Pharisien ne lui reprochera-t-il pas un jour : « Si cet homme était prophète, il saurait qui est cette femme qui le touche, et ce qu'elle est : une pécheresse ! » (Lc **7** 39). Jésus vient donc de se manifester comme « prophète ». Mais les Samaritains croyaient que Moïse avait été le dernier des prophètes et qu'il n'y en aurait plus jusqu'à l'arrivée du Prophète semblable à Moïse annoncé par Dt **18** 18. La femme en conclut, non pas qu'il est « un prophète » quelconque (cf. **4** 19, de Jean II-B), mais qu'il est « le Prophète » par excellence, celui précisément que les Samaritains attendaient. Bouleversée, elle laisse là sa cruche et court à la ville annoncer ce que Jésus vient de faire, et la signification inouïe de ce qu'elle vient de vivre : « Celui-ci ne serait-il pas (le Prophète) ? » (**4** 28-29).

d) Les gens de Sychar viennent alors à Jésus et lui demandent de rester chez eux ; Jésus y consent (**4** 30a.40b). Ce détail a son importance. Les Juifs, en effet, méprisaient les Samaritains à cause de leur syncrétisme religieux ; on en a de nombreuses attestations. Le Siracide (vers 190 avant notre ère) écrit : « Il y a deux nations que mon âme déteste, la troisième n'est pas une nation : les habitants de la montagne de Séïr, les Philistins, et le peuple stupide qui habite Sichem (= les Samaritains) » (Si **50** 25-26). On lit de même dans le Testament de Lévi : « Depuis ce jour, Sichem sera appelée la ville des fous » (**7** 2). Quant à l'auteur de l'épisode de « Suzanne et les deux vieillards », placé en appendice du livre de Daniel, il ne tenait pas en grande estime les « filles d'Israël » (Dn **13** 56-57) ! Beaucoup de Juifs même en étaient venus à tenir les Samaritains pour gens impurs, qu'il fallait éviter au même titre que les païens sous peine d'encourir une impureté légale. Jésus refuse une telle notion du pur et de l'impur qui ne tient pas compte des dispositions du cœur ; aux yeux de Dieu, est « pur » quiconque agit avec droiture, selon les exigences de sa conscience (Mc **7** 17-23 ; cf. Ac **10** 35). Jésus accepte donc de demeurer quelque temps chez les Samaritains (Jn **4** 40), comme Pierre acceptera plus tard de demeurer chez le centurion Corneille, en milieu païen (Ac **10** 48). Sur ce problème traité en fonction des païens, voir Mc **6** 30-**8** 10 et Ac **10**-**11** (Synopse, tome II, pp. 220-221).

B) LES ADDITIONS DE JEAN II-A

Les additions de Jean II-A sont au nombre de deux. La première a pour thème « l'eau vive », la seconde la « nourriture » qui est celle de Jésus. L'une et l'autre mettent en œuvre un procédé littéraire typiquement johannique : celui de l'incompréhension des interlocuteurs de Jésus. Les deux additions sont homogènes et proviennent de la même main.

1. L'EAU VIVE

Jean II-A ajouta d'abord au récit du Document C le thème de l'eau vive, aux vv. 10-14. Donnons le texte de cette addition en enlevant les deux gloses insérées par Jean II-B.

10 Jésus répondit et lui dit : « Si tu connaissais ( ) qui est celui qui te dit : Donne-moi à boire, c'est toi qui lui aurais demandé et il t'aurait donné de l'eau vive. »

11 La femme lui dit : « Seigneur, tu n'as pas de seau et le puits est profond ; d'où l'aurais-tu, l'eau vive ?

12 Es-tu plus grand que notre père Jacob qui nous a donné le puits et lui-même en a bu, et ses fils, et ses troupeaux ? »

13 Jésus répondit et lui dit : « Quiconque boit de cette eau aura encore soif ;

14 mais qui boira de l'eau que moi je lui donnerai ( ), il y aura en lui une source d'eau jaillissant pour la vie éternelle. »

Ce petit passage est structuré selon un procédé littéraire typiquement johannique : Jésus prononce une parole qui peut se comprendre à deux plans différents (v. 10) ; la Samaritaine se méprend sur le vrai sens de la parole de Jésus (vv. 11-12), ce qui donne à ce dernier l'occasion de préciser sa pensée (vv. 13-14).

a) Au v. 10 Jésus prononce une phrase littérairement très bien construite : les expressions de l'apodose reprennent, sous forme antithétique, celles de la proposition principale :

« Si tu connaissais ( )
　qui est celui qui te dit :
　　Donne-moi à boire,
　toi, tu lui aurais demandé
　et il t'aurait donné de l'eau vive. »

Les rôles sont renversés ! Jésus demande à la femme « Donne-moi à boire » alors que c'est la femme qui aurait dû faire cette demande, étant donné la véritable personnalité de Jésus ; Jésus lui aurait donné de l'eau vive. Mais quelle est cette « eau vive » qu'il promet ? C'est sur ce point que va porter l'équivoque.

b) L'expression « eau vive » ne comporte pas, de soi, un sens spirituel. On désignait par cette expression de l'eau courante, de l'eau de source, par opposition à l'eau stagnante. La femme comprend donc la promesse de Jésus au sens matériel, d'où son étonnement qui s'exprime en deux temps, par deux interrogations (cf. **3** 4 ; **7** 35s). Puisque Jésus n'a pas de seau et que le puits est profond, comment pourrait-il atteindre l'eau de source qui jaillit au fond du puits (**4** 11) ? La femme se fait alors ironique : Jésus serait-il plus grand

que « notre père Jacob » (cf. **8** 53) et pourrait-il à son exemple faire jaillir une nouvelle source qui serait plus accessible que la première (**4** 12) ? Pour souligner l'importance de la source donnée par Jacob, la Samaritaine insiste : « ... qui nous a donné le puits, et *lui-même* en a bu, *et ses fils, et ses troupeaux ?* » On lit de même, dans l'épisode du rocher frappé par Moïse et qui laisse couler des fleuves d'eau (Ex **17** 1-7 ; Nb **20** 1-13), que les Hébreux assoiffés dans le désert murmurent ainsi contre Moïse : « Pourquoi nous as-tu fait monter d'Égypte ? Est-ce pour me faire mourir de soif, *moi, mes fils et mes bêtes ?* » (Ex **17** 3). Le rapprochement est probablement intentionnel car, au temps de Jésus, la tradition juive identifiait souvent l'eau du puits de Jacob avec celle des différents « puits » ou des différentes « sources » dont il est parlé dans l'Exode, spécialement celle que Moïse avait fait jaillir du rocher. Pour Jn, il ne s'agit plus seulement de l'eau donnée par Jacob, mais de toutes ces eaux données par Dieu à son peuple, figures de l'eau véritable que devait apporter le Christ.

c) C'est ce que Jésus va expliquer aux vv. 13-14. La mention de la « vie éternelle », à la fin de sa réponse, donne le ton général : Jésus se place au plan des réalités éternelles, et donc spirituelles. Cette référence à la vie éternelle est d'ailleurs incorporée dans une citation de Pr **18** 4 qui permet de bien voir la perspective sapientielle qui est celle de l'évangéliste. On lit dans le texte hébreu : « Des eaux profondes, voilà les paroles de l'homme : un torrent débordant, une source de sagesse. » Jn reprend ce texte tel qu'il se lisait dans la Septante :

Jn **4** 14	Pr **18** 4
« ... mais qui boira de l'eau que moi je lui donnerai ( ), il y aura en lui une source d'eau jaillissant (*allomenou*) pour la vie éternelle. »	Une eau profonde (est) la parole dans le cœur de l'homme, un fleuve qui jaillit (*anapèduei*), une source de vie.

Dans la tradition juive, l'eau était couramment donnée comme le symbole de la Loi mosaïque, de la Parole de Dieu, de la Sagesse divine qui permettent à l'homme de vivre en accord avec la volonté de Dieu et de parvenir ainsi à la vraie vie, à la vie éternelle (Si **24** 30 ss. ; Pr **13** 14 ; **18** 4 ; Si **24** 21 ss. ; Is **55** 1-3 ; **58** 11b). De même que, sans eau, toute vie est impossible sur terre (on s'en rend compte en Orient !), ainsi sans la Parole de Dieu exprimée dans la Loi et dans l'enseignement des Sages d'Israël les hommes sont voués à la mort éternelle. Puisqu'il s'agit ici de l'entretien de Jésus avec la Samaritaine, illustrons ce thème grâce à quelques textes tirés de la tradition samaritaine. De la Loi donnée par Moïse, Marqah écrivait : « C'est un puits d'eau vive creusé par un prophète tel qu'il ne s'en est pas levé depuis Adam ; l'eau qui s'y trouve est de la bouche de la Divinité. Rassasions-nous du fruit qui est dans le jardin (cf. Gn **2** 17 ; **3** 22) et buvons des eaux qui sont dans le puits » (Memar Marqah 6 3). Un peu plus loin, le même auteur écrit de Moïse : « Sa bouche est comme l'Euphrate, coulant des eaux vives qui étanchent la soif de quiconque en boit » (*ibid.*). Citons enfin ce texte : « Dans les eaux profondes d'une source agréable est la vie éternelle ; tenons-nous dans la connaissance pour boire de ses eaux. Nous avons soif des eaux de la vie ; ils sont devant nous, les grands fleuves » (Memar Marqah 2 1).

L'eau vive que promet Jésus, c'est donc la Sagesse venue de Dieu, cette Sagesse qui est connaissance de la volonté de Dieu et qui permet aux hommes de parvenir à la vie éternelle (Sg **9** 17-18).

2. La nourriture de Jésus

Le second thème introduit par Jean II-A dans le récit du Document C est celui de la véritable nourriture de Jésus. C'est pour le développer qu'il mit en scène les disciples, absents du récit du Document C. Ce nouveau thème est préparé par l'insertion du v. 8, où il est dit que les disciples étaient partis en ville acheter de quoi manger. Ils entrent en scène au v. 27 qui, au niveau de Jean II-A, se lisait sous cette forme très courte : « Là-dessus, ses disciples arrivèrent ( ). » Finalement, ils vont dialoguer avec Jésus aux vv. 31-34.

a) Ce dialogue entre Jésus et ses disciples est construit selon le procédé littéraire déjà utilisé aux vv. 10-14, à propos de l'eau vive. Aux disciples qui lui offrent à manger (v. 31), Jésus répond : « J'ai à manger une nourriture que vous ne connaissez pas » (v. 32). Quelle est cette nourriture ? Les disciples pensent à une nourriture matérielle, d'où leur réflexion : « Quelqu'un lui aurait-il apporté à manger ? » (v. 33). Mais Jésus parlait d'une nourriture d'un autre ordre dont il précise la nature au moyen de deux phrases complémentaires : « Ma nourriture est de *faire la volonté* de celui qui m'a envoyé et de *parfaire son œuvre* » (v. 34). Ce texte doit être rapproché de deux autres paroles de Jésus contenues dans la rédaction de Jean II-A : « Je suis descendu du ciel, non pour *faire* ma volonté, mais *la volonté* de celui qui m'a envoyé. Or, telle est la volonté de celui qui m'a envoyé, que tout ce qu'il m'a donné, je n'en perde rien » (**6** 38-39). Dieu a donc envoyé Jésus afin qu'il sauve tous ceux que le Père lui a donnés. Comment les hommes vont-ils être sauvés par le Christ ? Ce thème est développé en Jn **17**, où l'on va retrouver les mêmes expressions qu'en **4** 34 et **6** 38-39 : « ... selon que tu lui as donné pouvoir sur toute chair, afin que tout ce que tu lui as donné, il leur donne la vie éternelle. Or, telle est la vie éternelle : qu'ils te connaissent, toi, le seul véritable Dieu, et celui que tu as envoyé, Jésus-Christ. Je t'ai glorifié sur la terre, *ayant parfait l'œuvre* que tu m'avais donné à faire » (**17** 2-4). La « nourriture » de Jésus, c'est donc de glorifier le Père, de manifester son Nom aux hommes (**17** 6). C'est une œuvre de *révélation*, grâce à laquelle les hommes pourront obtenir la vie éternelle. On rejoint le thème développé sous une autre forme en **4** 10-14, avec l'image de l'eau vive. Par ailleurs, on voit facilement comment cette « nourriture » de Jésus continue l'œuvre confiée jadis à Moïse, en la transcendant : Moïse avait donné la Loi, expression de la volonté de Dieu ; Jésus apporte la révélation nouvelle de la nouvelle Alliance.

b) Il est possible qu'en ajoutant le thème de la « nourriture » de Jésus, Jean II-A ait voulu compléter le parallélisme entre ce récit et celui du mariage de Rébecca raconté en Gn **24** (*supra*, III A 1 *a*). Selon le récit de la Genèse, le serviteur d'Abraham accepte l'invitation de Laban, le frère de Rébecca, et vient s'installer dans la maison familiale. On lit alors, en Gn **24** 33 : « Et on lui présenta à manger et il dit : Je ne mangerai pas avant d'avoir dit ce que j'ai à dire. » Le serviteur d'Abraham refuse toute nourriture avant d'avoir délivré le message dont il est chargé. De même de Jésus : il néglige toute nourriture matérielle, parce que sa véritable nourriture est de livrer aux hommes la révélation de la volonté divine. Si l'on accepte ce rapprochement, on notera toutefois que le thème est déplacé par rapport au récit de la Genèse ; pour être à une place analogue, il aurait dû suivre Jn **4** 40, où il est dit que Jésus vient demeurer chez les gens de Sychar (cf. Gn **24** 31-32). Ce déplacement confirme les analyses faites plus haut : le thème de la « nourriture » fut ajouté au récit primitif.

C) LES REMANIEMENTS DE JEAN II-B

1. Le voyage par la Samarie

C'est Jean II-B qui a inséré l'épisode de la Samaritaine dans un voyage effectué par Jésus de Judée en Galilée (Introd., 4 c). Il fit donc précéder des vv. 1 et 3-4 le récit de Jean II-A.

a) D'après le v. 1, il semble que Jésus quitte la Judée par crainte des Pharisiens, mécontents de ses succès qui dépassent ceux qu'avait obtenus le Baptiste. Cette allusion aux Pharisiens rejoint celle de Jn **1** 24, ajouté aussi par Jean II-B : ce sont des Pharisiens qui envoient prêtres et lévites enquêter au sujet du baptême que Jean administre. On reconnaît là les préoccupations anti-pharisaïques de Jean II-B (cf. Introd., 6 z).

b) Au v. 4, Jean II-B note : « Il lui fallait passer par la Samarie. » C'était effectivement la route habituelle, au témoignage de l'historien Josèphe : « Lors des fêtes, pour aller à la cité sainte, les Galiléens avaient coutume de faire route par la région des Samaritains » (Ant 20 **118**). Mais le texte johannique parle d'une « nécessité » : « Il lui fallait... » En fait, une autre route était possible : remonter la vallée du Jourdain jusqu'à la vallée de Ysréel et atteindre ainsi la Galilée en évitant la Samarie. Or, dans la tradition évangélique comme dans les Actes, le verbe « il faut » a souvent un sens fort : il indique une nécessité absolue découlant du plan divin sur le monde (Mt **16** 21 ; Mc **8** 31 ; **9** 11 ; **13** 7 ; Lc **2** 49 ; etc.), souvent exprimée dans les Écritures (Mt **26** 54 ; Ac **1** 16) ; ne serait-ce pas le cas ici (cf. Jn **3** 7 ; **3** 14 ; **9** 4 ; **10** 16 ; **12** 34 ; **20** 9) ? Il « fallait » que Jésus passât par la Samarie parce que la rencontre entre lui et la Samaritaine était voulue de Dieu, prévue de toute éternité dans le plan divin du salut du monde, et devait se réaliser à ce moment précis de la vie de Jésus.

2. La sixième heure

Au v. 6, Jean II-B ajoute deux détails au récit primitif. Jésus se trouve assis près de la source parce qu'il était « fatigué de la route parcourue » ; et « c'était la sixième heure ». Ces deux détails se complètent l'un l'autre. Pour Jn, en effet, le chiffre « six » a une valeur symbolique : il signifie l'imperfection, le « manque » (Introd., 7 n). C'est donc à la sixième heure que Jésus ressent la faiblesse inhérente à sa condition humaine : « fatigué de la route parcourue », il éprouve le besoin de s'asseoir près de la source. C'est également à la sixième heure que, bafoué comme un roi de mascarade, il sera livré par Pilate au bon vouloir des Juifs ; son arrêt de mort est prononcé (**19** 14) ! La « sixième heure » est celle où Jésus ressent tout le poids de la faiblesse humaine.

Le comput des heures commençait au lever du jour, soit à six heures du matin (cf. Jn **11** 9) ; la « sixième heure » tombait donc à midi, selon notre comput actuel.

3. JUIFS ET SAMARITAINS

Au v. 9, au niveau de Jean II-A, la femme demandait à Jésus : « Comment toi ( ), tu me demandes à boire à moi, une femme ( ) ? » Jean II-B transféra ce thème au v. 27 et compléta ici la question de la femme de façon à obtenir ce texte : « Comment toi, *qui es Juif*, tu me demandes à boire à moi, une femme *qui suis Samaritaine* ? » La femme ne s'indigne plus de ce qu'un homme ose lui adresser la parole tandis qu'elle est seule, elle s'étonne qu'un Juif adresse la parole à une Samaritaine. On a dit plus haut que les Juifs avaient un profond mépris pour les Samaritains et que, pour beaucoup de Juifs, les Samaritains pouvaient être assimilés aux païens qu'il ne fallait pas fréquenter sous peine d'encourir une impureté légale (*supra*, III A 2 *d*). Dans la rédaction de Jean II-B, la femme ironise et semble dire : Vous autres Juifs, vous nous méprisez au point de ne jamais nous adresser la parole... sauf quand nous pouvons vous être utiles ! On sent poindre ici l'anti-judaïsme de Jean II-B, qui profite de l'occasion pour souligner les aspects inhumains de certains courants du judaïsme de son époque.

A propos du transfert de thème du v. 9 au v. 27 et de son remplacement au v. 9 par un autre thème, notons tout de suite que Jean II-B procédera de même un peu plus loin. Au v. 29, il remplacera le thème « le Prophète » par le thème « le Christ », et transférera le thème prophétique en **4** 19 (cf. *infra*).

4. L'EAU ET LE PAIN

En reprenant le texte de Jean II-A concernant l'eau vive (**4** 10-14), Jean II-B en modifia la présentation afin d'obtenir la rédaction suivante, dans laquelle nous soulignons les mots ajoutés par lui :

10 Jésus répondit et lui dit : « Si tu connaissais *le don de Dieu* et qui est celui qui te dit : Donne-moi à boire, c'est toi qui lui aurais demandé et il t'aurait donné de l'eau vive. »

15 *La femme* lui dit : « *Seigneur, donne-moi de cette eau, que je n'aie plus soif et que je ne vienne plus ici puiser.* »

13 Jésus répondit et lui dit : ( )
14 ( ) « Celui qui boira de l'eau que moi je lui donnerai *n'aura plus jamais soif, mais l'eau que je lui donnerai* deviendra en lui une source d'eau jaillissant pour la vie éternelle. »

a) Jean II-B a remplacé les vv. 11-12 de Jean II-A par le v. 15, supprimé le v. 13 (sauf le début) et ajouté au v. 14 les mots que nous avons soulignés. Son but est d'obtenir un parallélisme entre le thème de l'eau du récit actuel et le thème du pain de Jn **6** 33-35 ; rappelons qu'au niveau de Jean II-B, le chapitre **6** suivait encore immédiatement le chapitre **4**. La demande que fait maintenant la Samaritaine au v. 15 : « Seigneur, donne-moi de cette eau... », correspond à celle que font les Juifs à Jésus en **6** 34 : « Seigneur, donne-nous toujours de ce pain » ; et l'affirmation faite par Jésus dans le passage ajouté au v. 14 : « ... n'aura plus jamais soif », correspond à l'affirmation de Jésus faite en **6** 35 : « ... et celui qui croit en moi n'aura jamais soif. » Sur ce parallélisme entre les textes de Jean II-B, voir § II 3 *a*, où l'on trouvera les deux passages mis en regard. Pourquoi Jean II-B a-t-il voulu souligner ce parallélisme entre l'eau de **4** 10-14 et le pain de **6** 34-35 ? On verra à la note § 163 qu'il ajouta au chapitre **6**, d'une part le v. 34, d'autre part le discours eucharistique des vv. 51b-58. Pour lui, le « pain » que Jésus donne d'après **6** 34 n'est autre que l'Eucharistie. S'il établit un parallélisme entre le pain du chapitre **6** et l'eau du chapitre **4**, ne serait-ce pas parce que, pour lui, l'eau dont parle Jésus à la Samaritaine symboliserait le baptême ? Rappelons que Jean II-B a ajouté le v. 1 de ce chapitre **4**, qui évoque explicitement le baptême que conférait Jésus.

b) Cette hypothèse pourrait être confirmée par le fait que Jean II-B ajouta aussi au v. 10 l'expression « le don de Dieu ». Une telle expression ne se lit ailleurs dans tout le NT qu'en Ac **8** 20, en référence à l'Esprit Saint, et précisément dans un texte où il est question de l'évangélisation de la Samarie ! Ce ne peut être une coïncidence fortuite. D'ailleurs, le mot « don », absent des Synoptiques et ici seulement chez Jn, se lit encore en Ac **2** 38 ; **10** 45 ; **11** 17, *toujours en référence à l'Esprit Saint*. En ajoutant donc l'expression « le don de Dieu », Jean II-B ne veut-il pas insinuer que, pour lui, l'eau symbolise maintenant l'Esprit ? Le même symbolisme se retrouvera en Jn **7** 39, de Jean II-B, en référence à Ac **19** 2-3. Mais pour un chrétien, la juxtaposition des thèmes de l'eau et de l'Esprit évoquait certainement le baptême, puisque c'était par le baptême d'eau que l'Esprit était donné (cf. Jn **3** 5, composé par Jean II-B, et le commentaire ; voir aussi 1 Co **6** 11 et surtout Tt **3** 5).

Les remaniements effectués par Jean II-B, à propos du thème de l'eau vive, ont donc pour but d'évoquer le baptême chrétien et de le mettre en parallèle avec l'Eucharistie dont il sera parlé en **6** 34.51b-58. Sur cet intérêt de Jean II-B pour les sacrements de l'Église, voir Introd., 6 t-v.

5. L'ADORATION DE DIEU

Les vv. 19-26 furent ajoutés par Jean II-B, à l'exception des vv. 22-23a.c-24 qui sont de Jean III. L'addition faite par Jean II-B se présentait donc sous cette forme :

19 La femme lui dit : « Seigneur, je vois que tu es un prophète.
20 Nos Pères ont adoré sur cette montagne, et vous, vous dites qu'à Jérusalem est le lieu où il faut adorer. »

21 Jésus lui dit : « Crois-moi, femme, l'heure vient où vous n'adorerez le Père ni sur cette montagne ni à Jérusalem ;
23b (Car) les véritables adorateurs adoreront le Père en esprit et en vérité. »
25 La femme dit : « Je sais que le Messie vient ( ) ; lorsqu'il viendra, lui, il nous annoncera tout. »
26 Jésus lui dit : « C'est moi, qui te parle. »

a) Le v. 19 fait transition entre la section précédente et celle-ci. Puisque Jésus a prouvé qu'il était prophète en manifestant sa connaissance surnaturelle (**4** 16-18), il va pouvoir dirimer un des problèmes majeurs qui opposait les Samaritains aux Juifs. Ce problème est exposé au v. 20. Le lieu du culte des Samaritains était le mont Garizim, qui domine l'actuelle ville de Naplouse, en plein cœur de la Samarie. Un tel culte se fondait sur le texte de Dt **27** 4-8, que les Samaritains lisaient en remplaçant « Ébal » par « Garizim ». Pour les Samaritains, l'adoration de Dieu sur le mont Garizim formait le quatrième article de leur credo : « Ma foi est en Toi, Yahvé, et en Moïse le fils d'Amram, ton serviteur, et dans la sainte Torah, et dans le mont Garizim, la maison de Dieu, le lieu choisi et sanctifié » (prière que récitait le prêtre en se purifiant avant d'exercer son office sacré). Les Samaritains avaient d'ailleurs placé au mont Garizim un certain nombre d'épisodes marquants de l'Ancien Testament. Selon eux, le Garizim n'était autre que le mont Moriyya sur lequel Abraham avait mené son fils Isaac pour l'immoler à Dieu (Gn **22** 2) ; les Judéens, au contraire, identifiaient ce mont Moriyya à la colline sur laquelle était bâti le temple de Jérusalem (2 Chr **3** 1). Toujours selon les Samaritains, le mont Garizim était le lieu où le patriarche Jacob avait eu la vision d'une échelle reliant la terre au ciel, et qu'il avait appelé « Béthel » (= « Maison de Dieu » ; Gn **28** 10-22). Le mont Garizim était vraiment le « haut-lieu » par excellence des Samaritains. La Samaritaine demande alors à Jésus : Qui a raison ? Nous, qui adorons Dieu sur le mont Garizim, ou vous, qui l'adorez à Jérusalem ?

b) Au v. 21, Jésus résout ce problème d'une façon radicale : l'heure vient où le culte rendu à Dieu ne sera plus lié à un lieu déterminé, Jérusalem ou le mont Garizim ; l'opposition entre Juifs et Samaritains deviendra, sur ce point, sans objet. Déjà, en Jn **2** 19-21, Jésus avait dépossédé le temple de Jérusalem de ses privilèges (cf. aussi Ac **7** 48-49). La raison de cet ordre nouveau est donnée au v. 23b : « Les véritables adorateurs adoreront le Père en esprit et en vérité. » Le sens des derniers mots est difficile. Étant donné l'absence d'article, il faut probablement comprendre les deux substantifs sous forme d'hendiadys, comme s'il y avait « en esprit de vérité ». Le mot « esprit » ne désigne pas la troisième personne de la Trinité, mais simplement une disposition psychique de l'homme, comme en 1 Jn **4** 6. Quant à la « vérité », elle est l'expression de la volonté de Dieu à l'égard des hommes, d'où souvent aussi la façon pour l'homme de vivre selon la volonté de Dieu. Dans l'économie nouvelle instaurée par Jésus, la véritable façon d'adorer Dieu est de vivre « en esprit de vérité », en accord avec la volonté de Dieu. Cette idée se trouvait déjà exprimée dans la Règle de la Communauté de Qumrân : « Quand ces choses arriveront en Israël, selon

tous les moments déterminés, pour l'établissement de *l'esprit* de sainteté, selon la *vérité* éternelle, ils expieront... sans la chair des holocaustes ni la graisse des sacrifices ; mais l'offrande des lèvres, dans le respect du droit, sera une agréable odeur de justice, et la perfection de voie sera comme le don volontaire d'une offrande agréable » (1 QS **9** 3-5). C'est le « culte spirituel » dont il est parlé en Jc **1** 26-27, Rm **12** 1-2 et 1 P **2** 1-5.

c) Dans la perspective johannique, les vv. 25-26 servent de conclusion à l'entretien de Jésus avec la Samaritaine. Les Samaritains attendaient la venue d'un Prophète semblable à Moïse (Dt **18** 18). La Samaritaine exprime cette espérance en disant : « Je sais que le Messie vient... lorsqu'il viendra, lui, il nous annoncera tout. » Marqah, le théologien samaritain, dira de même : « Lorsque le Taheb viendra, il manifestera la vérité » (Memar Marqah **2** 9) ; ou encore : « Le Taheb viendra en paix pour manifester la vérité » (id., **4** 12). Dans le texte johannique, le verbe « annoncer » signifie probablement « redire » : le Christ transmettra aux hommes l'enseignement qu'il aura lui-même reçu de Dieu (Joüon ; cf. Jn **3** 32 ; **7** 16 ; **14** 24), ce qui est la tâche assignée au Prophète semblable à Moïse en Dt **18** 18 : « Je mettrai mes paroles dans sa bouche et il leur dira tout ce que je lui commanderai. » Le Christ donnera donc aux hommes la possibilité de vivre en accord avec la volonté de Dieu, d'adorer Dieu « en esprit et en vérité ». On rejoint le thème de **4** 10-14 : Jésus donne aux hommes l'eau vive, symbole de la Sagesse, de la révélation divine, de la Vérité. Les développements effectués par Jean II restent parfaitement homogènes : la première parole de Jésus à la Samaritaine est : « Si tu connaissais... *qui est* celui qui te dit... » (**4** 10) ; la dernière parole répond à cette interrogation implicite : « *C'est moi*, qui te parle » (**4** 26). Jésus est le Messie, le Révélateur des mystères de la volonté de Dieu.

d) Jn **4** 25-26 contient le même jeu de scène que Jn **9** 36-37 ; à l'aveugle guéri qui demande qui est le Fils de l'homme, Jésus répond : « Tu le vois, et celui qui parle avec toi, c'est lui. » En Jn **4** 26, toutefois, la formule est inversée : « C'est moi, qui te parle », ou en traduisant littéralement : « C'est moi, le parlant à toi. » Le thème qui reste dans l'esprit du lecteur est celui de Jésus qui « parle ». Une telle façon de s'exprimer est peut-être intentionnelle ; l'évangéliste ne voudrait-il pas évoquer un des titres que les Samaritains donnaient à Moïse : « le Parlant » ? On lit par exemple en Memar Marqah **2** 8 : « Gloires soient à ce Roi (= Dieu) dont la gloire magnifie le Parlant (= Moïse). »

6. LE SEMEUR ET LE MOISSONNEUR

a) Rappelons d'abord que, au v. 27, Jean II-B a complété le texte de Jean II-A en ajoutant les mots « ... et ils s'étonnaient qu'il parlât avec une femme. Nul toutefois ne dit : Que cherches-tu ? ou : Pourquoi parles-tu avec elle ? » Comme nous l'avons dit plus haut, il a transféré ici le thème qu'il abandonnait au v. 9 : en Orient, un homme ne devait pas adresser la parole à une femme seule, en public ; c'était risquer de la compromettre.

b) Au thème de l'envoi de Jésus par son Père, introduit par Jean II-A (4 31-34), Jean II-B ajoute celui de la moisson (4 35-36). Le lien entre les deux thèmes se lisait déjà dans le Document Q de la tradition synoptique ; Jésus y commence son « discours de mission » par ces mots : « La moisson est abondante, mais les ouvriers peu nombreux. Priez donc le maître de la moisson pour qu'il envoie des ouvriers à sa moisson » (Lc 10 2 ; cf. Mt 9 37-38). Dans Jn comme dans le Document Q, la « moisson » doit être comprise dans une perspective d'eschatologie réalisée : elle n'est autre que l'entrée dans le royaume de Dieu, dès cette vie, en recevant la parole de Dieu transmise par Jésus, puis par ses disciples.

Le sens général des vv. 35-36 n'est pas trop difficile à préciser. Au v. 35a, Jésus constate un fait : « Ne dites-vous pas : Encore quatre mois et la moisson vient ? » On doit être vers le mois de février ; normalement, la moisson ne devrait commencer que dans quatre mois. Et cependant, ajoute Jésus : « Levez les yeux et voyez que les campagnes sont blanches pour la moisson » (v. 35b). Jésus passe évidemment du sens propre (v. 35a) au sens figuré (v. 35b) ; ce qui est prêt à être moissonné, ce sont les Samaritains qui accourent vers lui (4 30 ; cf. 6 5, où l'on retrouvera les mêmes expressions qu'ici). Mais il existe comme un « télescopage » des temps : celui de la moisson coïncide avec celui qui suit immédiatement les semailles. Cette idée est explicitée au v. 36 : « *Déjà* le moissonneur reçoit un salaire... *afin que* le semeur se réjouisse *en même temps* que le moissonneur. » Mais que veut dire exactement Jean II-B quand il met ces paroles sur les lèvres de Jésus ? A quelle situation historique fait-il allusion ? Pour le comprendre, il faut se reporter à Jn 3 23-30 qui, on l'a vu, forme l'introduction du récit de la Samaritaine (note § 79). Jean-Baptiste exerce son activité à Aenon près de Salim (3 23) qu'il faut situer à une dizaine de km au nord-est du puits de Jacob, en plein cœur de la Samarie. C'est lui qui a préparé le terrain et fait les semailles (cf. *supra*, III A 1 *a*, fin du paragraphe). Mais Jésus traverse la Samarie en même temps que le Baptiste y exerce son ministère (Jn 3 24 ; 4 1) ; il va donc « moissonner » (cf. le thème de la « foi », en 4 39) dans le temps même où le Baptiste « sème ». Quant au thème de la « joie », en 4 36b, il fait écho à Jn 3 29-30 : « Mais l'ami de l'époux, qui se tient là et l'entend, se *réjouit de joie* à cause de la voix de l'époux. Donc, cette joie, la mienne, est pleine. Il faut que lui grandisse et que moi je décroisse. » Le Baptiste s'efface devant Jésus, le semeur devant le moissonneur, mais leur joie se mêle.

En parlant ainsi du Baptiste et de Jésus, Jean-II veut répondre aux jalousies qui, dans les débuts de l'Église, opposèrent les disciples du Baptiste aux disciples de Jésus, jalousies dont se fait l'écho Jn 3 26. Jésus lui-même reconnaît la valeur du travail fait par le Baptiste, et donne donc par avance une certaine satisfaction aux disciples de Jean ; mais il affirme qu'il revenait à lui, Jésus, de mener à sa perfection l'œuvre de Dieu en « moissonnant », c'est-à-dire en ouvrant aux hommes l'accès du royaume de Dieu.

c) On a vu plus haut (II 5 *c cb*) qu'il était difficile de préciser s'il fallait attribuer les vv. 37-38 à Jean II-B ou à Jean III. Jésus cite d'abord un proverbe : « Autre est le semeur et

autre est le moissonneur », et il en voit l'application dans le fait suivant : « Je vous ai envoyés moissonner là où vous n'avez pas peiné ; d'autres ont peiné et vous êtes entrés dans leur peine. » Si l'on garde ces vv. 37-38 au niveau de Jean II-B, ils se situent dans la même perspective que les vv. 35-36 et visent la même situation, toujours en référence à Jn 3 23-30. Il faut donc les interpréter comme le fait J. A. T. Robinson, qui admet la localisation de Aenon en Samarie : les « autres » dont parle Jésus en 4 38 seraient le Baptiste et ses disciples ; ils ont « semé », puis Jésus et ses disciples sont venus après eux pour « moissonner ». Le v. 38 se réfère évidemment à une période postérieure à la vie de Jésus, étant donné le temps du verbe « je vous ai envoyés » ; on aurait donc ici la conclusion de la « pointe » dirigée contre les disciples du Baptiste dès les vv. 35-36 : Jésus, à l'avance, aurait justifié le ministère en Samarie de ses propres disciples.

7. LA FOI ET LA PAROLE DE JÉSUS

C'est enfin Jean II-B qui ajouta le v. 39 et les vv. 41-42. Beaucoup de commentateurs reconnaissent que ces versets ont pour but de répondre à certaines difficultés des chrétiens touchant le problème de la foi ; par-delà les Samaritains, le texte johannique renverrait aux chrétiens de la fin du premier siècle. Mais en quel sens ? Un fait est certain : le v. 41 forme opposition avec le v. 39, dont le contenu est rappelé au v. 42 ; les Samaritains croient maintenant parce qu'ils ont entendu la parole de Jésus (v. 41), et non grâce au témoignage de la femme (vv. 39.42). Jean II-B voudrait-il dire qu'il est plus facile de croire en entendant directement la parole de Jésus qu'en se fiant au témoignage d'une tierce personne ? C'est un fait trop évident et il n'était pas nécessaire de le souligner. Et comment une telle idée pouvait-elle servir aux chrétiens de la fin du premier siècle, qui n'avaient précisément plus la possibilité d'entendre directement Jésus ? Le sens des vv. 41-42 doit donc être plus subtil.

D'après le v. 39, les Samaritains croient en se fondant sur le témoignage de la femme ; or, sur quoi a porté ce témoignage ? Sur le fait que Jésus lui a dit tout ce qu'elle avait fait. Par l'intermédiaire de la Samaritaine, les gens de Sychar ont cru en se fondant *sur un phénomène surnaturel :* Jésus connaît des faits qui lui étaient normalement cachés. Maintenant, au contraire, ils croient, et en plus grand nombre, en entendant la parole de Jésus. L'opposition porte donc *sur le motif de crédibilité :* un phénomène surnaturel d'une part, la parole de Jésus d'autre part. Aux chrétiens de la fin du premier siècle, qui n'avaient plus la possibilité d'être témoins des miracles de Jésus, Jean II-B veut dire que ces miracles ne sont pas nécessaires pour croire ; il suffit de se laisser convaincre par la parole de Jésus, parole qui leur était transmise dans la prédication apostolique et dans l'enseignement de l'Église. C'est la problématique que l'on retrouvera à propos de Jn 4 48 et de Jn 20 24-29, textes de Jean II-B.

Les gens de Sychar reconnaissent donc : « ... nous avons entendu et nous savons que celui-ci est vraiment le sauveur du monde » (v. 42). Ce titre donné à Jésus est étrange de la part de Jean II-B pour qui le monde représente ceux qui refusent le message de Jésus (Introd., 7 b). Mais il reprend ici un titre qui était souvent donné aux empereurs romains en Asie Mineure, à Auguste, Claude, Néron, Vespasien (cf. A. Deissmann). Le véritable sauveur du monde n'est pas l'empereur romain, cet homme que les païens divinisaient à tort, c'est Jésus qui seul est le « Fils Unique » de Dieu, lui-même « Dieu véritable » (1 Jn **5** 20).

D) LES ADDITIONS DE JEAN III

1. Jean III ajouta la glose du v. 2, qui nuance les données de **4** 1 et de **3** 22.26 : Jésus lui-même ne baptisait pas ; il laissait ce soin à ses disciples. Il est difficile de voir la raison profonde de cette mise au point. Jean III veut-il harmoniser Jn avec les Synoptiques, qui ne mentionnent nulle part que Jésus ait administré un baptême quelconque ? C'est possible, d'autant que des textes tels que Mc **1** 8 et par. (cf. Ac **1** 5 ; **11** 16) semblent opposer le baptême d'eau conféré par Jean au baptême dans l'Esprit que donnera le Christ : « Moi, je vous ai baptisés avec de l'eau, mais lui vous baptisera avec l'Esprit Saint. »

2. Jean III a complété le thème de l'adoration du Père en ajoutant les vv. 22-23a et 23c-24. L'addition du v. 22 a pour but de souligner l'élection du peuple juif en tant que peuple d'où doit venir le Christ-sauveur ; cette idée est en accord avec des textes tels que Ac **13** 23 et Rm **9** 5. Avec l'addition des vv. 23c-24, Jean III donne une portée un peu différente aux expressions qu'avait utilisées Jean II. Pour ce dernier,

on l'a vu plus haut, adorer le Père « en esprit et en vérité » c'est l'adorer « en esprit de vérité » ; l'accent est mis sur le thème de la « vérité », expression de la volonté de Dieu sur l'homme. Jean III ajoute la phrase « Dieu est esprit », puis reprend la formule « il faut adorer Dieu en esprit et en vérité » ; l'accent est mis maintenant sur le thème de l'esprit ; puisque Dieu est « esprit », i.e. de nature spirituelle, le culte qu'on lui rend ne peut être que « spirituel » (cf. Rm **12** 1-2 ; 1 P **2** 5 ; Jc **1** 26-27). C'est bien ce qu'avait dit Jean II, mais il avait exprimé cette idée sous une forme plus sémitique, plus biblique ; Jean III l'exprime sous une forme plus philosophique.

3. On a dit plus haut qu'il était difficile de préciser si les vv. 37-38 devaient être attribués à Jean II-B ou à Jean III. S'ils sont de Jean III, le sens pourrait être celui que nous avons exposé plus haut (III C 6 c). On pourrait penser aussi à la solution proposée par Lagrange, à la suite d'un certain nombre de Pères. Les « autres » désigneraient Moïse et les prophètes, c'est-à-dire toute la préparation de l'Ancien Testament. Le sens serait assez proche de celui de la glose ajoutée par Jean III en **4** 22b : « Le salut vient des Juifs. » Peut-être Jean III aurait-il voulu combattre une certaine tendance de chrétiens issus du paganisme pour qui la révélation ne commençait qu'à Jésus.

Comme Jean III ne s'intéresse pas spécialement à l'évangélisation de la Samarie, on ne peut guère retenir l'hypothèse de Cullmann selon laquelle les « autres » de **4** 38 seraient les « hellènes » dont il est question en Ac **8** 1.4-8, qui avaient évangélisé la Samarie avant les apôtres (**8** 14-17).

Note § **82.** *JÉSUS RETOURNE EN GALILÉE* (Jn **4** 43-45)

I. CRITIQUE LITTÉRAIRE

Jn **4** 43-45 est formé de deux niveaux différents. Le plus ancien remonte au Document C ; il fut considérablement amplifié par Jean II-B.

C	II-B
43	Or, après les deux jours,
	(Et) Jésus partit de là pour la Galilée.
44	Jésus lui-même, en effet, avait témoigné qu'un prophète n'a pas d'estime dans sa propre patrie.
45	Lors donc qu'il vint en Galilée,
	(Et) les Galiléens le reçurent (.)
	ayant vu tout ce qu'il avait fait à Jérusalem pendant la fête. Eux aussi, en effet, étaient venus à la fête.

A) LES ADDITIONS DE JEAN II-B

1. Au v. 43a, Jean II-B ajouta les mots « Or, après deux jours ». Ils doivent être rapprochés de la donnée chronologique du début des noces de Cana : « Et le troisième jour »,

que nous avons attribuée à Jean II-B ; les deux expressions évoquent en effet le thème de la résurrection (*infra*, II 1).

2. Le proverbe attribué à Jésus au v. 44, et qui a son parallèle dans les Synoptiques, est une insertion de Jean II-B marquée par la « reprise » de la mention de la Galilée à la fin du v. 43 et au début du v. 45 (Introd., 1 f). L'insertion est encore signalée par la cheville rédactionnelle « Lors donc que » (A 28), au début du v. 45 (Introd., 8 a). Au v. 44, on notera la formule « témoigner que » (C 83**).

3. L'addition du v. 45c (à partir de « ayant vu... ») est liée à celle du proverbe du v. 44 (cf. *infra*). Ce v. 45c renvoie d'ailleurs à **2** 23-25 qui, sous sa forme actuelle, est de Jean II-B ; il est donc lui aussi de Jean II-B. En voici les caractéristiques stylistiques : « voir » au parfait (B 82), « ce qu'il avait fait... pendant la fête » (C 33** et C 2), « venir à la fête » (A 111**).

B) LE TEXTE DU DOCUMENT C

Au niveau du Document C, l'entretien de Jésus avec la Samaritaine était suivi par la série des trois miracles accomplis par Jésus en Galilée (Introd., 2 e). Le récit devait donc comporter, après l'épisode de la Samaritaine, quelques mots indiquant que Jésus avait rejoint la Galilée : « Et il partit de là pour la Galilée et les Galiléens le reçurent. » – Ce petit passage ne contient aucune caractéristique stylistique. En revanche, au v. 45b, pour dire « recevoir » quelqu'un on a le verbe *dechomai* (10/6/16/1/8/15) au lieu de l'habituel *lambanô* (A 25*).

II. LE SENS DU RÉCIT

Le court récit attribué au Document C n'offre aucune difficulté ; il fait simplement la liaison entre l'entretien de Jésus avec la Samaritaine et l'activité de Jésus en Galilée. Nous n'analyserons donc que les additions effectuées par Jean II-B.

1. LE THÈME DE LA RÉSURRECTION

Jean II-B ajouta : au v. 40 la précision que Jésus resta « deux jours » chez les Samaritains ; au v. 43 les mots « Or après les deux jours » ; il le fit afin d'évoquer le thème de la résurrection. Selon Jean II-B, Jésus accomplit son premier miracle à Cana de Galilée « le troisième jour » (2 1) et son deuxième miracle, toujours à Cana (4 46b), « après deux jours » (4 43a). Ces deux formules évoquent le texte de Os 6 2 : « Après deux jours il nous fera revivre, le troisième jour il nous relèvera et nous vivrons en sa présence. » Le rapprochement entre Os 6 2a et Jn 4 43a est d'autant plus probable que Jésus dira à l'homme dont le fils est sur le point de mourir (4 47) : « Ton fils *vit* » (4 50a) ; or, d'après Os 6 2a, Dieu fera « revivre » son peuple « après deux jours » (voir encore note § 29, III C 1).

2. LE PROPHÈTE REJETÉ PAR LES SIENS

a) L'addition la plus importante est celle du v. 44 : « Jésus lui-même, en effet, avait témoigné qu'un prophète n'a pas d'estime dans sa propre patrie. » Ce proverbe prononcé par Jésus est repris de la tradition synoptique (Mc 6 4 et par.) où il est bien en situation puisqu'il s'insère dans un récit racontant comment Jésus fut rejeté de Nazareth, sa patrie. Il n'en va pas de même chez Jn puisque le texte semble dire que Jésus va en Galilée, où il est bien reçu, parce qu'il n'a pas été honoré dans sa propre patrie ; sa « patrie » ne serait donc pas la Galilée. Certains commentateurs en ont conclu que, pour Jean II-B, la patrie de Jésus était la Judée qu'il a dû quitter devant l'hostilité des Pharisiens (4 1-3) ; mais le « en effet » du v. 44 peut difficilement renvoyer à ce texte lointain. D'autres ont avancé la Samarie, ce qui se concilie difficilement avec 4 39.41-42 où l'on voit que Jésus est bien reçu par les Samaritains. D'ailleurs, ni dans le reste du NT, ni dans la tradition patristique, nous ne trouvons traces d'une tradition selon laquelle Jésus aurait été originaire de Samarie. Même Jn 8 48 ne peut être pris en ce sens : c'est seulement une injure que les Juifs donnent à Jésus.

b) Nous pensons que, pour Jean II-B comme pour la tradition synoptique, la « patrie » de Jésus est la Galilée. Comment alors interpréter son texte ?

ba) Dans la tradition synoptique, le proverbe concernant le prophète qui n'est pas honoré ou reçu dans sa patrie (Mc 6 4) est bien étroitement lié à la réflexion que font les Nazaréens à propos de Jésus : « Celui-là n'est-il pas le fils du charpentier ? » (Mt 13 55 ; cf. Mc 6 3), ou selon le texte de Lc : « N'est-il pas le fils de Joseph, celui-là ? » (Lc 4 22b). Or Jean II-B va reprendre cette réflexion pour souligner l'incrédulité des Juifs *en Galilée*, après l'épisode de la multiplication des pains : « Celui-là n'est-il pas Jésus, le fils de Joseph... ? (Jn 6 42). Le rapprochement entre Jn 4 44 et 6 42 est d'autant plus intéressant qu'au niveau de Jean II-B le chapitre 6 suivait immédiatement le chapitre 4 (Introd., 4 k). Ceci nous confirme que la solution de la difficulté du texte johannique doit être cherchée dans la ligne de la tradition synoptique : la patrie de Jésus est la Galilée.

bb) Pour comprendre le sens de Jn 4 44, il faut tenir compte de la conception du « signe » adoptée par Jean II-B (Introd., 5 l) : une foi qui se fonde sur les « signes » est une foi imparfaite ; la foi n'a pas besoin de s'appuyer sur des « signes », mais simplement sur la parole de Jésus transmise dans l'Église (cf. Jn 4 39.41-42 !). Jean II-B l'a expliqué en ajoutant au texte de 2 23 (Jean II-A) les vv. 24-25 : « Mais lui, Jésus, ne se fiait pas à eux pour la raison qu'il les connaissait tous et qu'il n'avait pas besoin que quelqu'un rendît témoignage sur l'homme ; lui-même, en effet, connaissait ce qui était dans l'homme. » Pour Jean II-B, la foi de ceux qui ont vu les « signes » accomplis par Jésus à Jérusalem n'est pas solide ! Cette constatation vaut aussi pour les Galiléens qui étaient venus à Jérusalem durant la fête ; c'est ce que veut rappeler Jean II-B en ajoutant, au chapitre 4, le v. 45c : « ... ayant vu tout ce qu'il avait fait à Jérusalem pendant la fête. Eux aussi, en effet, étaient venus à la fête. » Ce v. 45c renvoie à Jn 2 23. Or, dans ce chapitre 4, Jean II-B se trouve devant une affirmation d'un texte du Document C, reprise par Jean II-A : « et les Galiléens le reçurent » (4 45b), c'est-à-dire l'accueillirent comme un prophète. Mais comment expliquer alors qu'à la première parole difficile prononcée par Jésus, ils refuseront de croire en lui (Jn 6 41-42) ? C'est que leur foi n'était pas parfaite, loin de là. C'est donc pour diminuer la portée de l'affirmation « et les Galiléens le reçurent », pour préparer les événements qui seront racontés au chapitre 6, que Jean II-B insère ici le proverbe du v. 44 : « Un prophète n'a pas d'estime dans sa propre patrie. » Que l'on ne s'y trompe pas ! Même si les Galiléens reçoivent Jésus (v. 45), ils finiront par le rejeter puisque leur foi en lui n'est fondée que sur les « signes » accomplis par Jésus à Jérusalem pendant la fête (v. 45c). Jean II-B pense donc dès maintenant aux controverses qu'il va placer après la multiplication des pains : ses compatriotes vont « murmurer » contre lui (6 41.61 ; cf. 6 52), rejeter son enseignement qu'ils trouvent trop dur, et finalement l'abandonner à l'exception du petit groupe des Douze (6 66-69). Alors se réalisera la parole rapportée par Jésus en 4 44 : « Un prophète n'a pas d'estime dans sa propre patrie. »

Note § 84. *LE CENTURION DE CAPHARNAUM* (Jn 4 46-54)

I. CRITIQUE TEXTUELLE

Au v. 46b, au lieu de la leçon assez couramment reçue « et il y avait » (*kai èn*), on adoptera avec plusieurs commentateurs modernes la leçon « or il y avait » (*èn de*), attestée par S D, une partie du texte Alexandrin (L 083 33 892 Cyrille), VetLat et Chrysostome ; elle est en effet plus conforme au style johannique (cf. *infra*).

Au v. 51, après le verbe « vinrent à sa rencontre » (*hypèntèsan autô*), on adopte d'ordinaire la leçon « disant » (*legontes*) sur la foi du seul texte Alexandrin. Mais sur les 19 emplois du participe du verbe dire, ce serait le seul cas où il serait suivi du discours indirect. On adoptera donc la leçon « et (lui) annoncèrent » de tous les témoins non Alexandrins, y compris P⁶⁶, malgré les trois formes concurrentes (mais de même sens) : *èggeilan*, *apèggeilan* ou *anaggeilan*.

On notera que D VetLat SyrCur Sah Boh Arm Geo ont la parole des serviteurs au style direct : « *ton* enfant vit. »

II. ANALYSES LITTÉRAIRES

Jn 4 46-54 raconte la guérison, faite par Jésus, du fils d'un fonctionnaire royal demeurant à Capharnaüm. Ce récit johannique a fait l'objet, depuis quelques années, de nombreuses études. Malgré des divergences de détail, un certain accord semble s'être réalisé sur les points suivants. Le récit johannique n'est qu'une variante de l'épisode raconté par Mt 8 5-13 et Lc 7 1b-10 : la guérison du fils du centurion de Capharnaüm. Jn dépendrait ici, non des Synoptiques, mais d'une source particulière dans laquelle se lisaient à la suite : l'épisode des noces de Cana (Jn 2 1-11), la descente de Jésus à Capharnaüm (2 12a), le présent récit auquel Jn aurait ajouté, d'une part le v. 46a qui fait revenir Jésus à Cana, d'autre part les vv. 48-49 (47b-48 selon Fortna) dans lesquels Jésus reproche aux hommes d'avoir besoin de signes et de prodiges pour croire. Par-delà cet accord, il existe certaines divergences dans la façon de se représenter le récit primitif ; signalons la plus importante. Selon certains, le fonctionnaire royal vient trouver Jésus alors que celui-ci est déjà arrivé à Capharnaüm (cf. 4 47, moins les mots « de Judée en Galilée ») ; Jn aurait alors ajouté tout ce qui suppose la présence de Jésus à Cana (cf. 4 46a) : au v. 47, l'expression « qu'il descendît » ; au v. 51, les mots « alors que déjà il descendait » ; au v. 52, l'adverbe « hier ». Selon d'autres, l'homme serait venu à la rencontre de Jésus, assez loin sur la route qui descendait de Cana à Capharnaüm ; les corrections proposées à l'instant ne seraient donc plus nécessaires.

Au terme de nos analyses, nous rejoindrons en grande partie les positions signalées plus haut, moyennant les précisions suivantes. La source dont Jn dépend est le Document C, dont le texte aurait été repris sans modifications appréciables au niveau de Jean II-A. Jésus accomplissait

le miracle tandis qu'il était à Capharnaüm. Jean II-B ajouta le v. 46a, qui fait revenir Jésus à Cana, quelques précisions aux vv. 46b-47, les vv. 48-49. Tout ceci, nous l'avons dit plus haut, avait déjà été admis par beaucoup de commentateurs. Mais nous nous séparerons de nos devanciers sur un point important : les vv. 50b-53 n'appartenaient pas au récit primitif mais furent ajoutés par Jean II-B.

Voici comment nous répartissons les textes entre le Document C et Jean II-B.

C	II-B
46a	Il vint donc de nouveau à Cana de Galilée où il avait fait l'eau devenir du vin.
46b Or il y avait un certain fonctionnaire royal dont le fils était malade	à Capharnaüm.
47 Celui-ci, ayant entendu dire que Jésus était arrivé	de Judée en Galilée,
s'en vint vers lui et il lui demandait que	il descendît et
il guérît son fils,	
car il allait mourir.	
48	Jésus lui dit donc : « Si vous ne voyez signes et prodiges, vous ne croirez pas ! »
49	Le fonctionnaire royal lui dit : « Seigneur, descends avant que ne meure mon petit enfant. »
50a Jésus lui dit : « Pars, ton fils vit. »	
(Et, étant revenu dans sa maison, il trouva son fils vivant.)	
50b	L'homme crut à la parole que Jésus lui avait dite, et il partait.
51	Mais alors que déjà il descendait, ses serviteurs vinrent à sa rencontre et lui annoncèrent que son enfant vivait.
52	Il s'enquit donc auprès d'eux de l'heure à laquelle il avait été mieux. Ils lui dirent donc : « Hier, à la septième heure, la fièvre l'a quitté. »
53	Le père reconnut donc que c'était à cette heure-là que Jésus lui avait dit : « Ton fils vit », et il crut, lui et toute sa maison.
54 Jésus fit de nouveau ce deuxième signe (à Capharnaüm) étant venu de Judée en Galilée.	

A) LE RÉCIT DU DOCUMENT C

Nous avons déjà dit, dans l'introduction (2 f), pourquoi nous avions cru pouvoir adopter l'hypothèse de nombreux commentateurs modernes : Jn dépend d'une source dans laquelle se lisaient à la suite l'épisode des noces de Cana et celui de la guérison du fils du fonctionnaire royal, la petite notice de 2 12 constituant le lien entre les deux épisodes. Nous ne reviendrons pas ici sur ce point. Nous allons tout de suite essayer de préciser la teneur du récit du Document C puisque nous avons l'avantage ici de pouvoir comparer le texte johannique à ses parallèles de la tradition synoptique. Nous pourrons ensuite confirmer les conclusions de ces analyses en étudiant le style des passages attribués à Jean II-B.

Mais il faut d'abord rappeler quelques conclusions données à la note § 84 du tome II de la Synopse. Dans les Synoptiques, le récit de la guérison du fils du centurion (Mt **8** 5-13 ; Lc **7** 1b-10) offre des analogies évidentes avec celui de la guérison de la fille d'une femme cananéenne (Mt **15** 21-28 ; Mc **7** 24-30). Dans les deux cas, il s'agit d'une guérison effectuée à distance, en faveur d'un païen ou d'une païenne ; mais surtout, les deux récits offrent exactement la même structure (voir les textes mis en parallèle : tome II, Annexe III). Pour retrouver la teneur du récit du Document C chez Jn, on devra donc tenir compte, non seulement du parallèle de Mt **8** 5-13 et Lc **7** 1b-10, mais encore du récit de la guérison de la fille de la Cananéenne, avec lequel Jn offre d'ailleurs beaucoup plus d'affinités, comme l'a bien vu Dodd. Le problème se complique toutefois du fait que, dans l'un et l'autre épisode, les évangélistes ont plus ou moins remanié le texte de leurs sources. C'est évident pour Mt : son texte de **8** 5-13 offre, par rapport à celui de Lc, les mêmes variantes de structure

que son texte de **15** 21-28 par rapport à celui de Mc (ce phénomène est surtout sensible au début et à la fin des récits). En conséquence, c'est surtout Lc et Mc qui seront utilisés dans les analyses suivantes, Mt n'intervenant que comme témoin secondaire du schéma fondamental des divers récits. Mais Lc de son côté, tout en ayant gardé plus fidèlement que Mt le texte de leur source commune, a introduit d'importantes additions : les anciens des Juifs envoyés par le centurion au-devant de Jésus (**7** 3b-5), la seconde ambassade constituée par les amis du centurion (**7** 6). Malgré certaines additions et retouches, c'est encore Mc qui aurait gardé le plus fidèlement la structure commune aux deux récits parallèles. C'est donc lui qui nous sera le plus utile pour reconstituer le texte du Document C du récit johannique.

Mettons en regard les sections communes à Jn, à Lc et à Mc.

Lc 7	Jn 4	Mc 7
2 Or, d'un centurion, un serviteur mal en point allait décéder, qui lui était cher.	46b Or il y avait un fonctionnaire royal dont le fils était malade à Capharnaüm.	25a Mais aussitôt une femme 25c dont la petite fille avait un esprit impur,
3 Ayant entendu (parler) de Jésus, il envoya vers lui des anciens des Juifs lui demandant que (*hopôs*), étant venu, il sauvât son serviteur.	47 Celui-ci, ayant entendu (dire) que Jésus était arrivé de Judée en Galilée, s'en vint vers lui et il lui demandait que (*hina*) il descendît et guérit son fils car il allait mourir.	25b ayant entendu (parler) de lui, 25d étant arrivée, tomba à ses pieds... 26b et elle lui demandait que (*hina*) il chassât le démon hors de sa fille.
10 Et, étant retourné à la maison, les envoyés trouvèrent le serviteur en bonne santé.	50a Jésus lui dit : « Pars, ton fils vit. »	29 Et il lui dit : ... « Va, le démon est sorti de ta fille. » 30 Et, revenant à sa maison, elle trouva l'enfant étendue sur le lit et le démon sorti.

1. Au v. 46b, le texte johannique présente la même structure grammaticale que Mc **7** 25ac : le substantif désignant le personnage principal du récit est suivi d'une proposition relative où est mentionnée la maladie de l'enfant. Jn a certainement gardé la structure primitive de la phrase tandis que Lc a repris assez librement le texte de sa source.

A la fin du v. 46b, la précision « à Capharnaüm » est une addition de Jean II-B ; elle n'était pas nécessaire dans un texte (Document C) où **4** 46b suivait immédiatement **2** 12 qui mentionne explicitement la ville de Capharnaüm (cf. *supra*).

2. Au v. 47, il est facile de reconnaître la structure primitive, très proche encore du parallèle de Mc **7** : « Celui-ci, ayant entendu... s'en vint vers lui et il lui demandait que... il guérit son fils. » Dans Mc comme dans Lc, toutefois, le personnage principal du récit « entend (parler) de Jésus ». Étant donné l'accord entre Mc et Lc, on serait tenté de penser qu'il en était de même dans le récit du Document C ; Jean II-B aurait alors ajouté les mots « que (Jésus) était arrivé de Judée en Galilée ». Le problème est toutefois plus complexe. Dans le récit du Document C, en effet, comme dans le récit actuel, Jésus vient d'effectuer un déplacement à Capharnaüm (**2** 12) ; déjà au niveau du Document C, on pouvait donc avoir une phrase telle que : « Celui-ci, ayant

entendu (dire) que Jésus était arrivé » ; Jean II-B aurait simplement ajouté « de Judée en Galilée » (cf. **4** 1-3.43).

3. Notons en passant que les vv. 48-49 n'offrent aucun parallèle dans les Synoptiques ; ceci confirme leur insertion tardive dans le récit primitif.

4. Le v. 50a appartenait certainement au récit du Document C ; il a en effet son parallèle, non seulement en Mc **7** 29, mais encore en Mt **8** 13a ; c'est Lc qui a simplifié ici le récit.

5. Quelle était la finale du récit au niveau du Document C ? La plupart des commentateurs attribuent les vv. 51-53 au récit primitif. Ces versets n'offrent toutefois aucun parallèle dans le récit de Mc (cf. aussi Mt), ce qui ne plaide pas en faveur de leur présence dans le récit du Document C. Ils y seraient d'ailleurs fort peu en situation ! Capharnaüm était une petite bourgade que l'on devait pouvoir traverser en bien peu de temps. Jésus se trouvait à Capharnaüm, comme aussi la maison où habitait le fonctionnaire royal. D'après **4** 50, cet homme quitte Jésus dès qu'il entend la parole : « Ton fils vit. » Les distances étant si courtes, peut-on attribuer à l'auteur du Document C d'avoir imaginé un jeu de scène selon lequel l'homme demande aux serviteurs qu'il rencontre *à quelle heure* son fils s'est senti mieux (**4** 52a), et où les serviteurs répondent « à la septième heure » ? Toute cette enquête au sujet de *l'heure* de la guérison ne devient intelligible que si Jésus se trouve à une assez grande distance de Capharnaüm, donc à Cana, comme le suppose le récit de Jean II-B (cf. **4** 46a). Nous verrons d'ailleurs plus loin d'autres raisons pour attribuer à Jean II-B les vv. 50b-53.
Selon toute vraisemblance, Jean II-B a *remplacé* la finale primitive du récit par les vv. 50b-53. En tenant compte des parallèles de Mc **7** 30 et de Lc **7** 10 (cf. aussi Jn **4** 50a), nous proposons la restitution suivante : « Et, étant revenu dans sa maison (*oikia*), il trouva son fils vivant. »

6. Au v. 54, qui a son parallèle à la fin du récit des noces de Cana (**2** 11a, du Document C), c'est Jean II-B qui a ajouté la finale « étant venu de Judée en Galilée » (cf. **4** 46a). Il est probable que, au niveau du Document C, on avait la précision « à Capharnaüm », répondant à la précision « à Cana de Galilée » de Jn **2** 11a.

7. L'étude du vocabulaire et du style du récit que nous venons de reconstituer confirme qu'il peut être attribué au Document C. Toutes les caractéristiques stylistiques qu'on y relève se trouvent attestées ailleurs au niveau de ce Document. Au v. 46b : « être malade » (F 32). Au v. 47 : « or il y avait » (C 49), « s'en aller vers » (C 65). Au v. 50 : « Jésus lui dit » (C 12). Au v. 54 : « faire des signes » (B 81). Mais on notera surtout la séquence « or il y avait un certain fonctionnaire royal... celui-ci... s'en vint... » (**4** 46b-47) ; elle se lit dans un autre passage que nous attribuerons au Document C : « or il y avait certains Grecs... ceux-ci s'approchèrent... » (**12** 20-21). Jean II-A s'inspirera de cette façon de parler, mais en la réinterprétant en fonction de textes de l'AT (cf. note §§ 19-25, II A 1 *c ca*).

B) LES ADDITIONS DE JEAN II-B

1. Au début du récit qu'il reprend du Document C (cf. Jean II-A), Jean II-B fait revenir Jésus à Cana (**4** 46a ; cf. *infra*). La référence au miracle effectué par Jésus dans cette ville est explicite (cf. **2** 9, rappelé à la fin du v. 46a). On notera la particularité grammaticale suivante : en Jn **2** 1.11 (Document C) dans la formule « Cana de Galilée », il n'y avait pas d'article devant « Cana » (*en kana tès Galilaias*) ; lorsqu'il reprend cette formule ici, Jean II-B ajoute l'article : *eis tèn kana tès Galilaias*. Outre le nom propre de « Cana » (A 85), on trouve dans ce demi-verset les deux caractéristiques stylistiques suivantes : l'expression « donc de nouveau » (A 17*), et l'adverbe « où » (F 33).

2. Aux vv. 46b et 47, l'addition des expressions « à Capharnaüm », « de Judée en Galilée », « il descendît et », est motivée par la nouvelle situation du récit johannique selon laquelle Jésus se trouve, non plus à Capharnaüm, mais à Cana.
A la fin du v. 47, la précision « car il allait mourir » a son équivalent en Lc **7** 2 sous la forme « (il) allait décéder », mais elle est absente des parallèles de Mc et de Mt. Il faut voir dans cette addition une volonté de Jean II-B d'harmoniser son récit avec celui des Synoptiques, surtout celui de Lc. Cette tendance harmonisante sera plus marquée encore aux vv. 50b-53 (cf. *infra*). On notera la formule « il allait mourir », typique de Jean II-B (A 87**).

3. Les vv. 48-49 sont d'ordinaire considérés comme une addition, et nous l'attribuons à Jean II-B. Au v. 48, Jésus reproche au père de l'enfant : « Si vous ne voyez signes et prodiges, vous ne croirez pas ? » Mais un tel reproche ne va pas dans le contexte ; l'homme, en effet, manifeste sa foi dans le pouvoir surhumain de Jésus en raison même de la démarche qu'il effectue auprès de lui, avant donc d'avoir « vu » le miracle que Jésus va effectuer. Les commentateurs font remarquer aussi qu'en ce v. 48 Jésus emploie anormalement la deuxième personne du pluriel ; ce n'est pas le fonctionnaire royal qui est visé, mais un auditoire plus vaste : les chrétiens du temps de Jean II-B, comme on le verra plus loin.
Du point de vue stylistique, la glose du v. 48 doit être rapprochée de Jn **20** 25 puisqu'on y lit une phrase semblable touchant le problème de la foi : « Si vous ne voyez... vous ne croirez pas » « Si je ne vois... je ne croirai pas » ; or, le récit de l'apparition de Jésus à Thomas (**20** 24-29) fut entièrement rédigé par Jean II-B (note § 368). Par ailleurs, aux vv. 48-49, les verbes « dire » sont construits avec *pros* et l'accusatif, au lieu du simple datif ; une telle construction, inconnue de Mt/Mc mais fréquente en Lc/Ac, ne se lit ailleurs chez Jn que dans des textes de Jean II-B (Introd., 8 c). On notera enfin les caractéristiques stylistiques suivantes ; au v. 48 : « Jésus lui dit donc » (A 45**), « si... ne... pas... ne... pas » (C 62) et la séquence « voir... croire » (B 68*) ; au v. 49, « mourir » (F 22).

4. Les vv. 50b-53 n'appartenaient pas au récit primitif mais furent rédigés par Jean II-B. Voici les raisons stylis-

tiques qui appuient cette conclusion que nous avions déjà tirée en comparant le récit johannique à ses parallèles synoptiques.

a) La rédaction des vv. 50b-53 fut fortement influencée par les récits parallèles de Lc et de Mt *sous leur forme actuelle,* ainsi que par certains passages des Actes. Jn 4 50b-51a et Lc 7 6 offrent deux structures littéraires semblables : « ... et il partait ; mais alors que déjà il descendait » (*kai eporeueto. èdè de autou katabainontos*) ; « Jésus partait avec eux ; mais alors qu'il n'était plus loin » (*eporeueto syn autois. èdè de autou... apechontos*). On notera que la liaison par *de,* si fréquente chez Lc, ne se lit qu'ici dans tout ce récit johannique. Le contact littéraire est difficile à nier ! On peut se demander alors si, en Jn 4 51, le thème des gens qui viennent à la rencontre du fonctionnaire royal ne s'inspirerait pas de Lc 7 6 : le centurion envoie des amis à la rencontre de Jésus.

Au v. 53, la finale « il crut lui et toute sa maison » est très caractéristique. Deux expressions ne sont pas johanniques : le verbe « croire » au sens de « devenir chrétien » (mais cf. F 20), et le mot « maison » pris au sens métaphorique. Mais on retrouve ici le style des Actes : « Crispus crut au Seigneur, avec toute sa maison » (Ac 18 8 ; cf. 10 2 ; 11 14 ; 16 15.31) ; c'est une sorte de refrain qui scande la diffusion de la foi dans l'Église primitive, et l'on verra plus loin pourquoi Jean II-B le reprend, sans tenir compte toutefois de la distinction que fait Lc entre *oikos* (« maison » au sens métaphorique) et *oikia* (« maison » au sens propre) ; si Jean II-B ne tient pas compte de cette distinction assez subtile, c'est peut-être parce qu'il lisait déjà le mot *oikia* dans la finale du récit du Document C (cf. *supra*).

Les contacts littéraires avec le récit parallèle de Mt sont moins nets, mais encore très réels. On rapprochera Jn 4 53 : « Le père reconnut que c'était *à cette heure-là* que Jésus lui avait dit : *Ton fils vit* », et Mt 8 13b : « ... et l'enfant fut guéri à cette heure-là. » Par ailleurs, dans le récit que nous avons attribué au Document C, le mot « fils » est toujours rendu en grec par *hyios* (4 46b.47.50) tandis que l'on a *pais* à la fin du v. 51 ; ne serait-ce pas sous l'influence de Mt qui a partout *pais* ? On pourra enfin rapprocher Jn 4 52 de Mt 8 15, où se lit la même phrase : « la fièvre (le) quitta » ; dans Mt, le récit de la guérison de la belle-mère de Pierre, d'où provient cette phrase, suit immédiatement le récit de la guérison du fils du centurion de Capharnaüm ; les mots « à cette heure-là » et « la fièvre la quitta » se trouvent là à deux versets d'intervalle seulement !

Ces contacts littéraires avec les deux récits de Lc et de Mt *sous leur forme actuelle,* comme avec certaines formules des Actes, sont impossibles à justifier au niveau du Document C ; ils sont en revanche parfaitement en harmonie avec la technique littéraire de Jean II-B (Introd., 4 x-y).

b) Il faut encore tenir compte des remarques stylistiques suivantes. Au v. 50b, l'expression « la parole qu'il avait dite » est typique du style de Jean II-B (A 36**) comme aussi la formule « croire à la parole » (C 42**). On rapprochera spécialement ce v. 50b : « L'homme crut à la parole que Jésus lui avait dite », de Jn 2 22 : « et ils crurent... à la parole que

Jésus avait dite » ; or nul ne songe à attribuer 2 22 à une source pré-johannique ; pour nous, ce verset est de Jean II-B. – Au v. 51, il faut probablement lire : « ... vinrent à sa rencontre et lui annoncèrent que son enfant vivait » (cf. *supra,* I) ; on notera alors comme caractéristique johannique le verbe « annoncer » (A 72). – Le v. 52b commence par la formule « Dirent donc », typique du style de Jean II (B 1). – On rapprochera enfin 4 53 et 12 9, qui ont une structure de phrase analogue : « Connut donc le père que... et il crut... » « Connut donc la foule... que... et ils vinrent... » Ce sont les deux seules phrases du NT qui commencent par la formule « connut donc » (*egnô oun*). Or, 12 9 sera attribué à Jean II-B.

c) Au v. 52, le thème de la « septième heure » a une portée symbolique en accord avec la christologie de Jean II-B ; nous le verrons en donnant le sens du récit.

5. Rappelons que, au v. 54, les mots « étant venu de Judée en Galilée » furent ajoutés par Jean II-B (cf. 4 46a).

III. LE SENS DES RÉCITS

A) LE RÉCIT DU DOCUMENT C

2 12	Après cela, il descendit à Capharnaüm, lui et sa mère et ses frères, et ils restèrent là ( ).
4 46b	Or il y avait un fonctionnaire royal dont le fils était malade ( ).
47	Celui-ci, ayant entendu dire que Jésus était arrivé ( ), s'en vint vers lui et il lui demandait que ( ) il guérît son fils ( ).
50a	Jésus lui dit : « Pars, ton fils vit. » (Et, étant revenu dans sa maison, il trouva son fils vivant).
54	Jésus fit ce deuxième signe (à Capharnaüm).

Ce récit très simple provient du Document C qui donnait l'un à la suite de l'autre, en les numérotant, trois « signes » ou miracles accomplis par Jésus au début de son ministère en Galilée : l'eau changée en vin à Cana (2 1 ss.), la guérison du fils du fonctionnaire royal à Capharnaüm (4 46 ss.), la pêche miraculeuse sur la mer de Tibériade (21 1 ss.) (Introd., 2 f-h).

1. LE RÉCIT DANS LE DOCUMENT C ET CHEZ LES SYNOPTIQUES

Les commentateurs admettent aujourd'hui sans difficulté que le présent récit n'est qu'une « variante » du récit raconté par Mt 8 5-13 et Lc 7 1b-10 : la guérison du fils du centurion de Capharnaüm. Mt et Lc dépendent d'une source commune dans laquelle le récit primitif avait déjà reçu des amplifications, spécialement la « parole » par laquelle le centurion manifeste sa foi et qui lui vaut l'admiration du Christ (Mt 8 8-10 ; Lc 7 6b-9) ; le Document C, à ce point de vue, donne une forme du récit plus archaïque que celle qui se lisait dans la source commune à Mt/Lc.

Les divergences entre les deux traditions, celles de Mt/Lc

(à son stade le plus archaïque) et celle du Document C, sont minimes. La plus importante concerne l'identité du père de l'enfant malade. Dans Mt/Lc, il s'agit d'un centurion romain, et donc d'un païen ; ce détail est même souligné en Mt **8** 10 et Lc **7** 9 : Jésus s'étonne de trouver plus de foi chez un païen qu'en Israël. Dans le récit du Document C, il s'agit d'un *basilikos*, c'est-à-dire d'un personnage attaché au service d'Hérode, le tétrarque de Galilée que la tradition synoptique décore indûment du titre de « roi » (*basileus* : Mc **6** 14.22 ; Mt **14** 9). Était-il juif ou païen ? Il est difficile de le dire avec certitude. En principe, un fonctionnaire d'Hérode devait être juif. En fait, le terme de *basilikos* pouvait désigner des mercenaires au service d'un roi, et l'historien Josèphe appelle ainsi des soldats d'Hérode. Le « fonctionnaire royal » dont parle le Document C était probablement un Juif ; l'hypothèse qu'il ait pu être un païen ne doit cependant pas être exclue. Cette imprécision du récit du Document C est un indice de son antériorité par rapport au récit de Mt/Lc ; d'un personnage qui *pouvait* être un Juif ou un païen, on a fait un personnage qui était *sûrement* un païen (Mt/Lc). On constate la même tendance dans le récit « jumeau » de la guérison de la fille de la Cananéenne ; la femme qui vient demander à Jésus la guérison de sa fille était probablement une femme anonyme, originaire de Galilée, dont on a fait ensuite une « syro-phénicienne » ou une « cananéenne » (Synopse, Tome II, note § 156). Dans la tradition synoptique, les Juifs cèdent ainsi la place aux païens ; on voulait montrer comment ceux-ci avaient accueilli le message de Jésus plus facilement que ceux-là.

2. Le sens du miracle

Le récit du Document C se caractérise par son extrême sobriété ; il devait en être de même du récit primitif de la tradition synoptique. Son intention est de faire éclater la toute-puissance de Jésus, capable d'effectuer une guérison à distance, et donc par le simple pouvoir de sa parole. Il suffit que Jésus affirme : « Ton fils est vivant », pour que la guérison se produise. On pense spontanément à la « puissance » de Dieu manifestée dans l'œuvre créatrice : « Dieu dit : Que la lumière soit, et la lumière fut » (Gn **1** 3, et la suite du récit, scandé par le même refrain). Ou, comme dit le psalmiste : « Il parle et cela est, il commande et cela existe » (Ps **33** 9 ; cf. **148** 5). On pourrait dire de même de Jésus : il commande, et l'enfant est guéri. Quelle différence avec le récit de la guérison d'un aveugle, en Mc **8** 22-26 !

La Bible raconte, à la suite, deux miracles accomplis par le prophète Élie. Au cours d'une famine, il déclare à une veuve de Sarepta : « Jarre de farine ne s'épuisera, cruche d'huile ne se videra, jusqu'au jour où Yahvé enverra la pluie sur la face de la terre » (1 R **17** 7-16) ; et il en advint ainsi. Peu de temps après, il ressuscite le fils de cette veuve (1 R **17** 17-24). L'analogie avec les deux premiers miracles effectués par Jésus est évidente : à Cana, il remédie au manque de vin ; à Capharnaüm, il guérit un enfant sur le point de mourir. On notera alors comment Jésus dit au fonctionnaire royal : « Ton fils est vivant », parole que dit aussi Élie lorsqu'il rend l'enfant ressuscité à sa mère (1 R **17** 23).

B) LES ADDITIONS DE JEAN II-B

1. Jésus revient a Cana

Dans le Document C, la guérison du fils du fonctionnaire royal de Capharnaüm suivait immédiatement le miracle des noces de Cana ; par ailleurs, Jésus effectuait la guérison tandis qu'il se trouvait lui-même à Capharnaüm ; cette présentation des faits avait été conservée au niveau de Jean II-A. C'est Jean II-B qui a inséré entre les deux miracles toute la section qui va de **2** 13 à **4** 45 ; d'autre part, il fait venir Jésus une seconde fois à Cana (et non à Capharnaüm) en ajoutant le v. 46a et, au v. 47, les mots « de Judée en Galilée » et le verbe « descendre ». Il obtient ainsi deux sections parallèles qui se terminent chacune par un miracle effectué par Jésus tandis qu'il se trouvait à Cana (**1** 19-**2** 11 et **2** 12-**4** 54) : ce sont comme les deux premières « semaines » de la vie publique de Jésus (Introd., 4 b-e). Cette nouvelle disposition des événements a des conséquences théologiques qui seront exposées plus loin. Disons ici seulement que Jean II-B accentue le caractère extraordinaire de la guérison en ce sens que, tout en restant à Cana, Jésus guérit un enfant qui se trouve à Capharnaüm.

2. Le miracle et la foi

En ajoutant les vv. 48-49, puis 50b-53, c'est tout le problème des rapports entre le miracle et la foi que Jean II-B a voulu traiter, et il l'a fait de façon assez subtile. Dans la tradition synoptique, les miracles ne sont presque jamais donnés comme des « preuves » de la mission de Jésus ; ils ont rarement une portée apologétique. Le plus souvent, ils sont accordés par Jésus à celui qui croit déjà, ils sont comme une récompense de la foi. Pour obtenir un miracle, il faut d'abord croire ; la foi précède le miracle. C'est spécialement vrai dans la version synoptique de la guérison du fils du centurion : « Va, qu'il t'advienne comme tu as cru », dit Jésus au centurion ; et l'évangéliste ajoute : « Et l'enfant fut guéri à cette heure-là » (Mt **8** 13). Pour Jean II-A au contraire, le miracle est d'ordinaire ordonné à la foi ; Jésus accomplit des miracles afin de conduire les hommes à la foi en sa mission ; le miracle précède la foi (Introd., 5 i), il a essentiellement une valeur apologétique. Jean II-B, lui, se sépare sur ce point de ses sources pour se rapprocher de la façon de voir des Synoptiques ; la foi qui se fonde essentiellement sur la vue de prodiges est une foi imparfaite, chancelante, qui cédera à la première difficulté (Jn **2** 23-25 ; **4** 44-45 rapproché de **6** 42). Une foi parfaite n'a pas besoin de « signes » ; elle se fonde seulement sur la parole de Jésus (**4** 41-42 ; **20** 24-29). C'est ce que Jean II-B veut enseigner en ajoutant les vv. 48-49 et 50b-53. Aux vv. 48-49, il expose la partie négative de sa thèse : Jésus reproche aux hommes d'avoir besoin de signes et de prodiges pour croire. Aux vv. 50b-53, il développe le thème de la vraie foi telle qu'il la conçoit, mais en incluant dans sa perspective l'Église de son temps. La foi du fonctionnaire royal, en effet, se développe comme en deux étapes successives, mais étroitement liées comme on peut s'en rendre compte en mettant les deux textes en parallèle :

Jn **4** 50	Jn **4** 53
« Pars, ton fils vit. » L'homme crut à la parole que Jésus lui avait dite...	... que Jésus lui avait dit : « Ton fils vit », et il crut, lui et toute sa maison.

On le notera par ailleurs, les serviteurs qui viennent à la rencontre du fonctionnaire royal lui redisent les paroles de Jésus : « ... annoncèrent que son enfant vivait » (v. 51). Voici donc quelle pourrait être l'intention de Jean II-B. Pour lui, on le sait, les personnages qu'il met en scène sont à la fois des personnages réels et des symboles (Introd., 7 j). Le fonctionnaire royal symbolise l'Église aux deux étapes de sa croissance. La première étape est celle de l'âge apostolique : les apôtres croient à la parole de Jésus qu'ils entendent directement (4 50). Cette parole est transmise ensuite par les apôtres et leurs successeurs, qui pourraient être symbolisés par les « serviteurs » qui viennent au-devant du fonctionnaire royal (cf. Ac **4** 29 ; **16** 17 ; Rm **1** 1 ; 1 Co **7** 22 ; Ga **1** 10 ; Ep **6** 6 ; Col **4** 12 ; Ja **1** 1 ; etc.) ; ces « serviteurs » (*douloi*) auraient même valeur symbolique que ceux (*diakonoi*) des noces de Cana (cf. note § 29, III C 5). On arrive alors à la seconde étape de la foi de l'Église, qui est celle de l'âge post-apostolique. L'homme ne constate pas lui-même le miracle ; il croit grâce au témoignage des « serviteurs » (les apôtres et leurs successeurs), porteurs de la parole de Jésus et témoins du miracle (i.e. de la résurrection du Christ). Cette perspective, qui est celle des Actes, serait évoquée dans la formule : « il crut, lui et toute sa maison » ; on a vu plus haut qu'elle reprenait une formule qui scande la diffusion de l'Église dans les récits des Actes. La foi parfaite, qui est celle de l'Église, ne se fonde pas sur la « vue » de miracles ; elle se fonde sur la parole de Jésus et le témoignage de ceux qui ont vu, i.e. des apôtres.

3. LA FOI D'UN PAÏEN

Dans le récit du Document C, l'homme qui vient trouver Jésus est un *basilikos*, il est au service du « roi » (*basileus*) Hérode. Ce terme est trop vague, on l'a noté plus haut, pour nous permettre de préciser si, dans ce Document C, il s'agissait d'un Juif (solution la plus probable) ou d'un païen. En ajoutant les vv. 51-53 (et une partie du v. 50, cf. *supra*), Jean II-B considère le *basilikos* comme un païen. On peut le déduire des indices suivants. Tout d'abord, Jean II-B complète le récit de sa source en utilisant de nombreux détails repris du récit parallèle de Mt/Lc (*supra*, II B 4 *a*) ; il ne voit donc aucune objection à ce que le *basilikos* de sa source soit identifié au centurion romain du récit de Mt/Lc, bien au contraire. On notera aussi la formule par laquelle Jean II-B exprime la foi du fonctionnaire royal : « Il crut, lui et toute sa maison » (**4** 53). Cette phrase, on l'a vu, s'inspire du livre des Actes et évoque la diffusion du christianisme aux premiers temps de l'Église (*supra*, II B 4 *a*). Mais ce n'est probablement pas un

hasard si de telles formules apparaissent pour la première fois en Ac **10-11**, où Lc raconte la conversion et le baptême d'un *centurion romain* du nom de Corneille. En **10** 2, les Actes le décrivent comme « craignant Dieu, avec toute sa maison » ; en **11** 14 surtout, Pierre lui dit : « ... tu seras sauvé, toi et toute ta maison. » C'est à de telles formules que fait écho Jn **4** 53. En référence au livre des Actes, l'intention de Jean II-B apparaît assez claire. Il veut montrer comment Jésus, le premier, a réalisé le programme qu'il donne à ses disciples après sa résurrection : « Vous serez mes témoins à Jérusalem et dans toute la Judée et la Samarie, et jusqu'aux extrémités de la terre » (Ac **1** 8). Jésus exerça son ministère d'abord à Jérusalem (Jn **2** 13.23 ; **3** 1 ss.), puis en Judée (Jn **3** 22), puis en Samarie (Jn **4** 1 ss.), enfin auprès des païens représentés par le « fonctionnaire royal » de Capharnaüm que Jean II-B identifie au centurion romain de Lc **7** 1 ss. et par. (cf. le centurion Corneille de Ac **10-11**). Jean II-B rejoint d'ailleurs la tradition du récit de Mt/Lc sur un autre point. Tandis que le « fonctionnaire royal » croit en Jésus (**4** 53), comme avaient cru les Samaritains (**4** 40.42b), les Juifs se montrent beaucoup plus réticents (Jn **2** 23-25 ; **3** 1 ss.) ; de lui, Jésus aurait pu dire : « Je vous le dis, pas même en Israël je n'ai trouvé pareille foi » (Lc **7** 9).

4. UN « SIGNE » DE RÉSURRECTION

A l'homme qui vient demander la guérison de son fils, Jésus dit : « Pars, ton fils vit » (**4** 50a). Dans l'AT, le verbe « vivre » a souvent le sens de « guérir » (2 R **20** 7 ; Is **38** 9.21) ; son emploi ici est donc normal et pourrait être un nouvel indice de l'antiquité du récit du Document C. Mais Jean II-B n'aurait-il pas profité de l'ambiguïté du verbe pour donner une portée plus théologique au récit ? En **4** 47, en effet, il ajoute au récit primitif la précision que l'enfant « allait mourir » (cf. Lc **7** 2). Ce rapprochement entre les idées de « mort » et de « vie » n'aurait-il pas pour but d'évoquer le thème de la résurrection ? Cette évocation était d'autant plus facile que le verbe « vivre » peut avoir le sens de « revenir à la vie » (1 R **17** 22 ; Mt **9** 18 ; Jn **11** 25-26 ; Ac **9** 41 ; **20** 12). Un indice permet de répondre affirmativement à la question que l'on vient de poser. Il est clair, en effet, que Jean II-B veut lier étroitement le présent miracle à celui des noces de Cana. Dans sa source, Jésus accomplissait la guérison tandis qu'il se trouvait à Capharnaüm même, et Jean II-B pouvait facilement reprendre cette donnée. Au lieu de cela, il fait venir Jésus à Cana de Galilée, et c'est de ce village que Jésus effectue la guérison demandée (Jn **4** 46a, où le miracle de Cana est explicitement rappelé). Or le miracle des noces de Cana se produisit « le troisième jour » (**2** 1), précision que Jean II-B ajoute à ses sources (note § 29) ; quant au présent miracle, il a lieu « après les deux jours » que Jésus a passés à Sychar (**4** 43), précision encore ajoutée par Jean II-B (note § 82). Ces deux ajouts font penser au texte de Os **6** 2 : « *Après deux jours* il nous fera *revivre, le troisième jour* il nous relèvera (= ressuscitera) et nous vivrons en sa présence. » Les deux miracles que Jésus effectue à Cana de Galilée évoquent, à l'avance, la gloire de la résurrection de Jésus, de son retour dans la gloire qu'il possédait avant même la création du monde (**17** 5). L'évangéliste nous fait toucher du doigt le double aspect de la personnalité mystérieuse du Christ. Dans l'épisode de l'entretien de Jésus avec la Samaritaine, nous voyons Jésus fatigué ; le poids de son humanité pèse sur lui ; c'est la *sixième* heure, note Jean II-B (**4** 6), l'heure qui symbolise la faiblesse,

l'heure à laquelle Jésus sera livré à ses ennemis qui le mettront à mort (**19** 14). Ici au contraire, c'est à la *septième* heure que Jésus guérit, par la seule puissance de sa parole, l'enfant du fonctionnaire royal (**4** 52) ; « sept », c'est le chiffre qui symbolise la totalité, la plénitude, la perfection. Jésus sera, en définitive, le vainqueur de la mort.

Note § **148.** *GUÉRISON D'UN INFIRME A LA PISCINE DE BÉTHESDA* (Jn **5** 1-18)

Le récit de la guérison d'un infirme à la piscine de Béthesda semble s'arrêter à **5** 18 ; mais toute la seconde partie du récit fut transférée par Jean III au chapitre **7** et sectionnée en différents tronçons. Les analyses et le commentaire de cette note vont porter sur le récit complet, y compris les éléments actuellement transférés au chapitre **7**.

I. CRITIQUE TEXTUELLE

1. En **5** 2, la plupart des éditions critiques modernes et des traductions adoptent la leçon « près de la Probatique » (*epi tèi probatikèi*) qui est celle du texte Alexandrin (y compris P^{66} et P^{75}). C'est en effet une leçon difficile qui oblige à sous-entendre le mot « porte » devant « Probatique » et à traduire : « Il y avait... près de la (porte) Probatique, une piscine... » Une telle façon de s'exprimer n'était pas impossible en grec. Nous attirons toutefois l'attention sur le texte de l'ancienne tradition syro-latine (SyrCur Peshitta *l a b ff²*), attestée dès la fin du second siècle par Tatien (néerlandais, toscan) et Irénée (cf. Cyrille) : il omet les mots « près de la Probatique » et a seulement : « Il y a à Jérusalem ( ) une piscine... » Cette leçon courte a-t-elle pour but d'éviter la difficulté du *epi tèi probatikèi* ? Une autre hypothèse est tout aussi vraisemblable. Le texte court de la tradition syro-latine serait le texte primitif de Jn. Les mots « près de la Probatique » seraient une glose de scribe désireux de mieux préciser la localisation de la piscine, glose correspondant d'ailleurs à la réalité. Le fait que nous serions devant une glose expliquerait la concision de la formule, avec le mot « porte » sous-entendu. C'est cette hypothèse que nous retiendrons.

2. Au même v. 2, les témoins du texte johannique ne sont pas d'accord sur le nom de la piscine : *Bethsaïda* (texte Alexandrin, Tertullien), *Bèzatha* (L *e* ; cf. *Bethzatha, Bethzetha, Belzetha* : S D VetLat Eusèbe), enfin *Bethesda* (texte Antiochien suivi par la Koinè, versions syriaques, arménienne, géorgienne). Des rouleaux de cuivre, découverts avec les manuscrits de Qumrân, ont fait connaître avec une très grande probabilité le nom araméen de cette piscine : *Beth Eshdataïn* (« Maison des deux bassins »), ce qui confirmerait la leçon du texte Antiochien : *Bethesda*. Le nom de *Bezatha* est celui du quartier où se trouvait la piscine. Quant à celui de *Bethsaïda*, il a pu être influencé par des textes tels que Jn **1** 44 et **12** 21.

3. Le problème des vv. 3b-4 est beaucoup plus délicat à traiter. Nous ne pouvons donner ici qu'une partie des éléments qui permettent de le résoudre, car il faudrait faire intervenir des développements qui ne seront donnés que dans le commentaire du récit. La solution que nous proposerons ici ne sera donc que provisoire.

a) Bien que maintenus dans les éditions critiques manuelles de Merk, Vogels et Bover, les vv. 3b-4 sont quasi unanimement rejetés par les commentateurs de l'évangile de Jn ; ils auraient été ajoutés, dit-on, par un scribe afin de rendre plus intelligible le v. 7. Pour quelles raisons rejeter ces versets ? D'une part, ils sont omis par les meilleurs témoins grecs du texte johannique, y compris P^{66} et P^{75} qui nous font remonter au début du troisième siècle ; d'autre part, le vocabulaire n'est pas johannique : quatre mots ne se lisent nulle part ailleurs dans le NT (« mouvement », « agitation », « quelle que », « maladie ») et trois expressions ne se lisent pas ailleurs chez Jn (« attendre », « de temps en temps », « être affecté »). La cause semble donc entendue : nous serions devant une addition de scribe. Mais ces arguments sont-ils décisifs ?

aa) Il faut noter d'abord que les témoins qui omettent les vv. 3b-4 sont surtout d'origine alexandrine ; même D, qui représente d'ordinaire la tradition « occidentale », semble connaître la leçon longue puisqu'il n'omet que le v. 4 (avec une partie de la tradition antiochienne). En revanche, les vv. 3b-4 sont attestés par l'ensemble de la tradition latine ancienne, y compris Tertullien qui nous fait remonter au début du troisième siècle. Ils sont attestés sans aucun doute par Tatien, cet auteur syriaque qui composa son Diatessaron (harmonie des évangiles) vers 170. On en trouve même une citation dans les Actes de Paul, apocryphe écrit au plus tard vers 160-170 (éd. Vouaux, p. 233). Cet accord des anciens témoins syro-africains est de poids, du moins aux yeux de ceux qui ne jugent pas la valeur d'une variante d'après les seuls témoins grecs. Il faut bien reconnaître d'ailleurs qu'il existait de sérieux motifs, pour un réviseur du texte johannique, de supprimer ces vv. 3b-4. Avec les plus anciens témoins du texte Antiochien (A K *Pi*), soutenus par deux témoins du texte Alexandrin (*Psi* 579) et la Syriaque Harcléenne, il faut lire au v. 4 : « Car un ange... *se baignait* (*eloueto*) dans la piscine... » ; ce verbe, plus difficile que « descendait », s'accorde mieux, grammaticalement, avec l'expression « dans la piscine » (*en* suivi du datif). Mais ce détail d'un ange qui « se baigne » pouvait prêter à dérision !

Afin d'éviter ce danger, on aura supprimé tout ce qui touchait au mouvement de l'eau. D'une façon plus profonde, ces vv. 3b-4, comme on le verra plus loin, rappelaient un peu trop les croyances païennes en la vertu curative de certaines eaux consacrées aux dieux guérisseurs Asklepios et Sérapis, surtout en Égypte où le culte de Sérapis était florissant. La tentation était grande, pour un réviseur « alexandrin », de supprimer de l'évangile de Jn un texte qui rappelait trop le souvenir des « dieux guérisseurs » du paganisme.

ab) Le vocabulaire insolite de ces vv. 3b-4 fait difficulté. On aurait pu éliminer cette difficulté en attribuant ces versets, soit à une source pré-johannique, soit au contraire à Jean III dont le vocabulaire diffère de celui de Jean II. Mais nous verrons que l'ensemble des vv. 2-4 doit être attribué à Jean II-B. En fait, le problème posé par ce vocabulaire insolite commence dès les vv. 2-3a, dont nul ne conteste l'authenticité johannique. Nous verrons plus loin qu'en ajoutant les vv. 2-4, Jean II-B pense aux sanctuaires païens où se rassemblaient les malades attendant leur guérison. Son vocabulaire n'aurait-il pas été influencé ici par une certaine façon de parler en usage à propos de ces sanctuaires païens, surtout en Asie Mineure ?

b) Deux arguments positifs semblent décisifs en faveur de l'authenticité des vv. 3b-4.

ba) Nul ne conteste l'authenticité du v. 7 ; or ce v. 7 est *absolument incompréhensible* sans les vv. 3b-4. Le Père Lagrange l'avait en partie compris. En s'appuyant sur le témoignage de deux manuscrits grecs (D W), qui gardent le v. 3b tout en supprimant le v. 4, il tenait pour authentique ce v. 3b afin de justifier la parole de l'infirme au v. 7 : « ... lorsque l'eau est agitée. » Solution boiteuse, car là n'est pas la plus grande difficulté ! Que peut signifier la remarque pleine d'amertume : « ... tandis que j'y vais, un autre descend avant moi », si l'on ignore que *seul* était guéri celui qui descendait *le premier* dans la piscine, ce qu'explique précisément le v. 4 ? Le v. 7 est donc incompréhensible sans les explications données aux vv. 3b-4.

bb) Nous ne pouvons donner ici que les grandes lignes du second argument, qui sera développé dans la dernière partie de cette note. Il existe des analogies certaines entre le présent récit et celui de la guérison de l'aveugle-né, de Jn 9 1 ss. (cf. note § 262, III C 7). Or, dans le récit de Jn 9, l'expression « ouvrir les yeux » revient sept fois (9 10.14.17.21.26.30.32), et la dernière fois, elle est mise en relation avec la réflexion des Juifs : « Toi, tu es né *tout entier* (*holos*) dans le péché... » (9 34). Si l'on se rappelle que dans l'antiquité le chiffre « sept » symbolisait la *totalité*, on peut penser que les sept mentions de l'expression « ouvrir les yeux » sont intentionnelles et veulent symboliser que l'homme fut guéri *totalement* par Jésus, corps et âme. Sur cet intérêt de Jean II-B pour la symbolique des chiffres, voir Introd., 7 1-o. Mais on trouve le même procédé littéraire en Jn 5 1-6 (complété par 7 19-23, cf. *infra*), à condition de considérer comme authentiques les vv. 3b-4 : l'adjectif « sain » (*hygiès*) est mentionné sept fois (Jn 5 4.6.9.11.14.15 ; 7 23), et la dernière fois en relation avec le thème de l'homme guéri *tout entier* (*holos*). Dans ce récit comme dans celui de l'aveugle-né, Jn aurait voulu indiquer grâce à la symbolique des chiffres que l'homme fut guéri totalement par Jésus, dans son corps et dans son âme (cf. 5 14 !). On se trouve alors devant le dilemme suivant : ou le v. 4 n'est pas authentique, et alors le parallélisme entre Jn 5 et Jn 9 est un effet du hasard, ce qui est difficilement admissible ; ou le v. 4 est authentique, et dans ce cas le parallélisme entre Jn 5 et Jn 9 fut voulu par Jean II-B. C'est cette deuxième hypothèse que l'on adoptera puisque, on l'a vu, le v. 7 est incompréhensible sans les vv. 3b-4.

En conclusion, nous croyons nécessaire de maintenir l'authenticité johannique des vv. 3b-4, qui appartiennent à la même couche rédactionnelle que les vv. 2-3a (A. Duprez).

4. Au v. 13, la plupart des témoins du texte johannique ont l'expression « Mais celui qui avait été guéri » (*ho de iatheis*), avec le verbe *iaomai* assez peu johannique (4/1/11/3/4/3 ; en 12 40, Jn dépend de la Septante). Avec D *b l*, il vaut mieux lire « Mais le malade » (*ho de asthenôn*), leçon plus difficile puisque le terme de « malade » ne convient plus à celui qui vient d'être guéri par Jésus. Ce verbe « être malade » (*asthenein*, au participe) est parfaitement johannique (F 32).

5. En 7 46, il faut adopter la leçon longue « jamais un homme n'a parlé comme cet homme a parlé », avec P⁶⁶ S SyrSin SyrCur et Tatien. Le texte Alexandrin a omis la deuxième partie du texte par saut du même au même. Pour alléger cette deuxième partie du texte, jugée trop redondante, D et *c* ont omis le mot « homme », et la Koinè le verbe « a parlé ».

6. En 7 52, texte qui formait la conclusion du présent récit (cf. *infra*), il faut lire « *le* Prophète » et non pas « *un* prophète », avec P⁶⁶ (première main) et P⁷⁵, soutenus par la Sahidique. La problématique du passage est en effet la même qu'en 7 40-42 ou 1 45-46 : « le Prophète » ne peut venir de Galilée.

II. RECONSTITUTION DU RÉCIT JOHANNIQUE

Dans l'état actuel du texte johannique, le récit de la guérison de l'infirme s'arrête au v. 18. Mais ce récit comportait dans un état plus ancien du texte une seconde partie qui se lit maintenant, à l'état de *membra disjecta*, au chapitre 7.

1. En 7 21-24, Jésus se justifie d'avoir accompli une guérison un jour de sabbat ; cette guérison ne peut être que celle qui est racontée en 5 1 ss. Mais dans l'état actuel du texte johannique, il se serait passé au moins neuf ou dix mois, voire plus d'un an, entre la guérison effectuée par Jésus un jour de sabbat et la justification qu'il donne de sa façon d'agir, compte tenu des fêtes qui sont mentionnées en 5 1, 6 4 et 7 2 ; c'est impossible, d'autant que les présents « vous êtes étonnés » (7 21) et « vous êtes en colère » (7 23) impliquent la proximité des événements qui motivent ces sentiments. Une seule hypothèse est plausible : dans un état antérieur du texte

johannique, 7 21-24 devait se situer, non dans le contexte de la fête des Tentes (cf. 7 2), mais après la guérison racontée en 5 1 ss. De fait, quelques commentateurs, entre autres Bultmann et Schnackenburg, replacent 7 15-24 après 5 47. Nous croyons toutefois que 7 15-18 doit être dissocié de 7 19-24 et que seuls les vv. 19-24 se rattachaient au miracle du chapitre 5. Par ailleurs, 7 19-24 ne doit pas être replacé après les longs discours de 5 19-47, mais immédiatement après le récit du miracle proprement dit (après 5 16, cf. *infra*). Cette hypothèse est confirmée par le fait que l'adjectif *hygiès* (« sain ») ne se lit chez Jn qu'en 5 4-15 (six fois) et en 7 23 ; il faut donc rapprocher étroitement les deux passages.

Ajoutons une précision : seul le v. 24b formait la suite des vv. 19-23. Le lien entre 7 24a et 7 24b est factice car le verbe « juger » y est pris en deux sens différents, comme en 8 15 (note §§ 257-260, II B 2 *a ab*) ; au v. 24a, il signifie « se faire une opinion sur », tandis qu'au v. 24b, il a le sens de « condamner ». Avec ce sens, le v. 24b forme une bonne conclusion à 7 22-23 ; devant ceux qui lui reprochent d'avoir guéri un jour de sabbat, Jésus se justifie (vv. 22-23), puis il conclut : « Jugez le juste jugement » (v. 24b), c'est-à-dire : ne me condamnez pas injustement. Mais le v. 24a fait l'effet d'un corps étranger ; en quoi est-ce « juger selon l'apparence » que de s'en prendre à Jésus parce qu'il a effectué une guérison le jour du sabbat ? Ce v. 24a se lisait primitivement dans un autre contexte (note §§ 257-260, II A 1) ; il fut artificiellement lié au v. 24b, à cause du commun verbe « juger », au moment du transfert des vv. 19-23.24b dans leur contexte actuel.

2. Une fois admis le principe que 7 19-23.24b se rattachait au récit de 5 1 ss., on peut se demander si d'autres sections du chapitre 7 n'auraient pas été déplacées en même temps que 7 19-23.24b. Or, nous croyons que c'est le cas, d'une part pour 7 11-13, d'autre part pour le bloc constitué par 7 31-32 et 44-52. Commençons notre enquête par ce deuxième texte.

a) Voyons d'abord le lien étroit qui unit, au chapitre 7, les vv. 31-32 et 44-52. Au v. 31, la foule se demande si Jésus ne serait pas le Christ. Au v. 32, les Pharisiens entendent les murmures de la foule et, d'accord avec les grands prêtres, envoient des gardes pour arrêter Jésus. Au v. 44, on nous dit qu'on voulut en vain arrêter Jésus. Aux vv. 45 ss., nous assistons au retour des gardes qui viennent rendre compte de l'échec de leur mission et s'attirent les reproches des Pharisiens. L'ensemble forme un tout très cohérent. Mais dans l'état actuel du texte johannique, les gardes, envoyés le troisième ou le quatrième jour de la fête (cf. 7 14), ne reviennent rendre compte de l'échec de leur mission que le huitième jour (cf. 7 37) ! C'est évidemment invraisemblable. Pour cette raison, beaucoup de commentateurs estiment que 7 37-39, qui introduit un changement de chronologie (7 37), fut inséré plus tardivement. Mais il faut tenir aussi 7 33-36 pour une insertion. Jésus y discute avec « les Juifs » (7 35), qui ne peuvent être les gardes envoyés pour l'arrêter (7 32). On verra d'ailleurs, à la note §§ 257-260, que 7 33-36 appartient à un autre ensemble bien déterminé qui a son parallèle (doublet) en 8 21-22.

On peut donc raisonnablement conjecturer que, primitive-

ment, 7 31-32 et 7 44-52 formaient un bloc homogène qui fut ensuite disjoint par l'insertion des vv. 33-43.

b) Voici maintenant quelles sont les raisons qui nous font penser que 7 31-32.44-52 appartenait primitivement, comme 7 19-23.24b qu'il suivait immédiatement, au récit de 5 1 ss.

ba) Comme l'a bien vu Dodd, les chapitres 7 et 8 font actuellement l'effet d'un « fourre-tout » où se trouvent rassemblés un certain nombre d'épisodes, théologiquement liés, mais primitivement indépendants ; nous reviendrons sur ce point au début de la note §§ 257-260. D'une façon plus précise, dans l'état actuel du texte johannique, les chapitres 7 et 8 mentionnent quatre tentatives d'arrêter Jésus : en 7 30, 32, 44 et 8 20 ; c'est beaucoup trop ! Notons d'abord qu'en replaçant 7 44-52 immédiatement après 7 31-32, on en obtient déjà une de moins puisque celle qui est mentionnée en 7 44 se confond avec celle dont il est parlé en 7 32. Mais il en reste encore trop dans ces chapitres 7 et 8. En transposant les vv. 31-32.44-52 dans le contexte de 5 1 ss., on obtient une bien meilleure répartition de ces tentatives d'arrêter Jésus : une lors de la fête anonyme mentionnée en 5 1 (7 32.44) ; deux lors de la fête des Tentes (7 30 et 8 20 ; il s'agit en fait d'un doublet, comme on le verra à la note §§ 257-260) ; enfin une lors de la fête de la Dédicace (10 39 ; cf. 10 22). Autrement dit, on tente d'arrêter Jésus à chacune des fêtes qui se succèdent du chapitre 5 au chapitre 10 et ce n'est qu'à la fête suivante, celle de la Pâque (cf. 11 55 ; 12 1 ; 13 1), que Jésus sera effectivement arrêté.

bb) Depuis longtemps, les commentateurs ont noté le parallélisme qui existe entre le récit de la guérison de l'infirme à la piscine de Béthesda et le récit de la guérison de l'aveugle-né à la piscine de Siloé (Jn 9 1 ss.) ; nous le soulignerons après avoir fait le commentaire de ce dernier récit (note § 262). Mais le parallélisme entre les deux récits est beaucoup plus complet si l'on replace 7 19-23.24b et surtout 7 31-32.44-52 à la suite de la guérison de l'infirme racontée en 5 1 ss. Les deux miracles sont suivis d'une intervention des Pharisiens qui s'efforcent de réduire au silence ceux qui se montrent favorables à Jésus en raison du miracle qu'il vient d'accomplir.

bc) La remarque des Pharisiens concernant la foule, en 7 49, ne prend tout son sens que si l'on replace 7 31-32.44-52 à la suite de 7 19-23.24b, et donc dans le contexte du miracle du chapitre 5 (cf. *supra*). En 7 22-23 Jésus se justifie d'avoir effectué une guérison durant le sabbat (celle qui est racontée au chapitre 5) en utilisant un argument de type rabbinique classique (voir le commentaire). Toutefois, la façon dont Jésus interprète cet argument est fallacieuse aux yeux des Pharisiens. La foule se laisse convaincre et devient favorable à Jésus (7 31). Mais les Pharisiens n'ont que mépris pour cette foule « qui ne connaît pas la Loi » (7 49) et qui est donc incapable de discerner le vrai ou le faux (à leurs yeux) dans l'argumentation de Jésus. Tout ceci apparaîtra plus clairement lorsque nous aurons fait le commentaire des textes.

bd) La remarque des gardes, au v. 46 : « Jamais un homme n'a parlé comme cet homme a parlé », ne se comprend bien, ni après le discours de 7 33-36, dans lequel Jésus s'en est pris aux Juifs, ni après celui de **7 28-29**, dirigé également contre les Juifs. Elle se comprend beaucoup mieux en fonction de **7 22-23**, où Jésus donne un *enseignement* sur la façon de comprendre la loi du repos sabbatique. Même si les gardes n'ont pas entendu eux-mêmes ces paroles de Jésus, l'évangéliste suppose qu'ils ont été mis au courant par la foule.

be) D'après le v. 31, la foule croit en Jésus et se demande s'il ne serait pas le Christ en raison des nombreux miracles qu'il accomplit. Ce texte est étrange dans le contexte des chapitres 7 et 8, où aucun miracle n'est raconté ! Il s'expliquerait beaucoup mieux replacé après le miracle du chapitre 5.

Pour toutes ces raisons, qui apparaîtront plus clairement lorsque nous aurons fait le commentaire des textes, nous proposons de replacer **7 31-32.44-52**, à la suite de **7 19-23.24b**, dans le contexte du miracle raconté en **5** 1 ss.

3. Nous pensons enfin que **7 11-13** appartenait primitivement aussi au récit du chapitre 5. Voici les raisons que l'on peut invoquer en faveur de cette hypothèse.

a) Ce petit passage s'explique difficilement dans le contexte de la fête des Tentes où il est situé. Jésus est monté à la fête, mais « en secret » (**7 10**), ce qui veut dire que nul ne sait qu'il est à Jérusalem. Dans ce cas, pourquoi les Juifs le cherchent-ils et demandent-ils « Où est celui-là ? » (**7 11**) ? Pourquoi ces discussions dans la foule pour savoir s'il est « bon » ou s'il « égare la foule » (**7 12**) ? Nous proposons donc de replacer **7 11-13** après **5 16**. Après avoir rencontré Jésus dans le Temple (**5 14**), l'ancien malade vient trouver les Juifs et leur annonce que c'est Jésus qui l'a guéri le jour du sabbat (**5 15**) ; en conséquence, « les Juifs le cherchaient ( ) et disaient : Où est celui-là ? » (**7 11**). On notera spécialement combien cette question vient bien après la remarque que Jésus « avait disparu » en raison de la foule qui se trouvait là (**5 13**). D'autre part, les discussions dans la foule au sujet de Jésus (**7 12**) s'expliquent très bien aussitôt après le miracle que Jésus vient d'accomplir le jour du sabbat. Mais nul n'ose parler de lui trop ouvertement (**7 13**) car on sait que les Juifs veulent s'en prendre à Jésus pour avoir enfreint la loi du repos sabbatique (**5 16**).

b) Le vocabulaire de **7 11-13**, spécialement du v. 12, invite à rapprocher ce passage de **7 31-32.44-52**. Au v. 12, il est dit : « Et il y avait murmure dans la foule » ; or en **7 32** l'évangéliste note que « les Pharisiens entendirent la foule qui murmurait à son sujet » ; le verbe « murmurer » ne se lit ailleurs chez Jn qu'en **6 41.43.61**, et le mot « murmure » seulement en **7 12**. Ce fait invite donc à rapprocher **7 12** de **7 32**. De même, en **7 12**, une partie de la foule déclare : « il égare la foule » ; ce verbe ne se lit ailleurs chez Jn qu'en **7 47**, où les Pharisiens disent aux gardes qui n'ont pas arrêté Jésus : « Est-ce que *vous aussi* vous auriez été égarés ? » Le « vous aussi » se justifie seulement s'il a été dit dans le contexte antérieur que des gens se sont laissés « égarer » par Jésus. Ceci invite donc à placer **7 12** et **7 47** dans le même contexte rédactionnel.

c) On a signalé plus haut le parallélisme qui existe entre les deux miracles racontés aux chapitres 5 et 9 : guérison de l'infirme à la piscine de Béthesda et guérison de l'aveugle-né à la piscine de Siloé. Si l'on replace **7 11-13** dans le contexte du chapitre 5, le parallélisme entre les deux récits n'en devient que plus grand. En **7 11** et **9 12**, la même demande est faite à propos de Jésus : « Où est celui-là ? », soit par les Juifs (**7 11**), soit par les voisins de l'aveugle (**9 12**). Une telle demande ne se lit pas ailleurs dans l'évangile de Jn. D'autre part, les divergences d'opinion dans la foule, en **7 12** et en **9 9**, sont exprimées avec des formules très voisines dont plusieurs ne se lisent pas ailleurs chez Jn :

7 12	9 9
Les uns disaient que il est bon ; mais d'autres disaient : « Non (*ou*), mais il égare la foule. »	D'autres disaient que c'est celui-ci ; d'autres disaient : « Non (*ouchi*), mais il lui est semblable. »

Pour toutes ces raisons, nous pouvons, avec une certaine probabilité, replacer Jn **7 11-13** dans le contexte de la guérison racontée au chapitre 5.

Du chapitre 7 appartenaient donc au récit du chapitre 5, non seulement les vv. **19-23.24b**, comme on le reconnaît assez couramment aujourd'hui, mais encore les vv. **11-13**, **31-32** et **44-52**. C'est de tout cet ensemble qu'il nous faut assurer maintenant le commentaire.

II-A | II-B | III

5 1 Après cela, il y avait une fête
| des Juifs
et Jésus monta à Jérusalem.

2 | Or il y a, à Jérusalem, une piscine qui est dite en hébreu Béthesda,
ayant cinq portiques.

3 | En ceux-ci gisaient une multitude de malades, d'aveugles, de boiteux,
de paralytiques, attendant le mouvement de l'eau.

4 | Car un ange, de temps en temps, se baignait, dans la piscine et agitait l'eau.
Le premier donc qui entrait après l'agitation de l'eau devenait sain
quelle que fût la maladie dont il était affecté.

II-A |II-B |III

5   Or il y avait là un certain homme en proie depuis (longtemps)
        | trente-huit ans
    à sa maladie.
6   Jésus, le voyant gisant,
        | et sachant qu'il a cette maladie depuis longtemps déjà,
        | lui dit : « Veux-tu devenir sain ? »
7 | Le malade lui répondit : « Seigneur, je n'ai personne pour me jeter dans la piscine lorsque l'eau est agitée ;
        | tandis que j'y vais, un autre descend avant moi. »
8 | Jésus
    lui dit : « Lève-toi, prends ton grabat et marche. »
9   Et aussitôt l'homme (se leva)
        | devint sain
    et il prit son grabat et il marchait.
        Or, c'était sabbat en ce jour-là.
10 | Les Juifs disaient donc à celui qui avait été guéri :
        | « C'est sabbat, et il ne t'est pas permis de porter ton grabat. »
11 | Mais lui leur répondit : « Celui qui m'a rendu sain, celui-là m'a dit :
        | 'Prends ton grabat et marche.' »
12 | Ils l'interrogèrent : « Quel est l'homme qui t'a dit : 'Prends et marche' ? »
13 | Mais le malade ne savait pas qui c'était, car Jésus avait disparu
        comme il y avait foule en ce lieu.
14 | Après cela, Jésus le rencontre dans le Temple et lui dit :
        | « Voilà que tu es devenu sain. Ne pèche plus, de peur qu'il ne t'arrive
        | quelque chose de pire. »
15 | L'homme s'en alla et dit aux Juifs que c'est Jésus qui l'a rendu sain.
16 | Et c'est pourquoi les Juifs (cherchaient à tuer)
            | poursuivaient
    | Jésus, parce qu'il faisait cela le sabbat.
17 | Mais lui leur répondit : « Mon Père travaille jusqu'à maintenant,
            | moi aussi je travaille. »
18 | C'est pourquoi donc les Juifs cherchaient plus encore à le tuer,
            | parce que, non seulement il violait le sabbat,
            | mais même il disait Dieu son Père, se faisant égal à Dieu.
7 11-13
  19-23.24b
  31-32
  44-52 | cf. IV B

A) L'ACTIVITÉ RÉDACTIONNELLE DE JEAN III

1. Rappelons d'abord ce que nous avons dit plus haut : c'est Jean III qui a transféré au chapitre 7, en les dispersant, les éléments qui se lisaient primitivement dans le récit du chapitre 5. Pour quelle raison a-t-il agi ainsi ? Il a voulu rassembler dans le chapitre 7 certains thèmes analogues : division de la foule au sujet de Jésus (7 11-13 ; cf. 7 40-43), problème de savoir si Jésus est le Christ (7 31 ; cf. 7 40-43), objections que l'on peut élever contre le fait que Jésus serait le Christ (7 45-52 ; cf. 7 27 ; 7 41b-42), tentatives pour arrêter Jésus (7 32.44 ; cf. 7 30 ; 8 20). Mais ce transfert était surtout commandé par une intention plus profonde : composer une nouvelle conclusion du miracle proprement dit (vv. 17-18 ; et le commentaire du texte), conclusion qui avait l'avantage de mieux préparer le discours dans lequel Jésus affirme que le Fils agit comme il le voit faire au Père (5 19-30).

De sérieux arguments d'ordre stylistique permettent effectivement d'attribuer à Jean III les vv. 17-18 et la formule d'introduction du v. 19. Le v. 17 ne contient qu'une caractéristique d'importance mineure : « jusqu'à maintenant » (C 79).

Au v. 18, on a : « pour cette raison... que » (C 6), repris du v. 16 (texte de Jean II-B) ; « chercher à tuer » (B 79), mais qui se lisait probablement au v. 16 déjà au niveau de Jean II-B (cf. infra), « les Juifs » (C 7), « se faire égal à Dieu » (A 71) dont la formulation diffère légèrement de celle de Jean II-B (« se faire Dieu » en 10 33 ; « se faire Fils de Dieu » en 19 7). – Surtout, les deux formules qui commencent les vv. 17 et 19 sont contraires au style de Jean II : « mais lui leur répondit » « Jésus répondit et leur disait ». Dans ces deux formules, le verbe « répondre » est à la forme moyenne (apekrinato), plus régulière en grec ; ce sont les deux seuls cas chez Jn qui emploie partout ailleurs la forme passive (apekrithè, environ 72 fois !). De plus, dans le premier cas, le verbe « répondre » est précédé du sujet « mais lui » (ho de), seule fois chez Jn ; dans le second cas, il est suivi du verbe « dire » à l'imparfait, au lieu de l'habituel aoriste (B 6). Enfin, au v. 18, la formule « non seulement... mais même... » (ou monon... alla kai...) se retrouvera en 17 20, dans un texte de Jean III.

2. Le v. 18, de Jean III, ne fait que reprendre le thème du v. 16, de Jean II-B (cf. infra). On notera le climax : les

Juifs « poursuivaient » Jésus (v. 16), puis « ils cherchaient à le tuer » (v. 18). L'affirmation que les Juifs cherchaient à tuer Jésus se lisait déjà dans le récit de Jean II-B puisqu'on la trouve en 7 19-20. Nous pensons donc que Jean III a modifié le texte de Jean II-B en 5 16, de façon à obtenir un climax entre les vv. 16 et 18. Au niveau de Jean II-B, le v. 16 aurait eu : « Et c'est pourquoi les Juifs (cherchaient à tuer) Jésus parce qu'il faisait cela le sabbat. »

3. En 7 22, on attribuera à Jean III la glose « non qu'elle soit de Moïse, mais des Pères ». Ce souci historicisant est bien dans sa manière (Introd., 4 n). Cette glose contient la caractéristique « être de » (C 18), mais qui se lit ailleurs chez Jean III.

B) LES ADDITIONS DE JEAN II-B

L'activité de Jean II-B est ici considérable. Le récit de Jean II-A, repris de la tradition synoptique, ne comprenait que les vv. 1, 5a, 6a, 8 et 9a. La plus grande partie du récit que nous avons reconstitué plus haut (§ II), compte tenu des quelques modifications apportées par Jean III, fut donc composée par Jean II-B.

1. Il faut attribuer à Jean II-B les vv. 2-4, qui sont une addition au récit primitif. Ils surchargent en effet le récit johannique. La formule de 5 5 : « Or il y avait là un homme... » constitue normalement un *début* de récit ; avant le v. 5, on aurait attendu, non la longue description de la piscine et de ses guérisons (vv. 2-4), mais la simple mention d'un déplacement de Jésus : celle de 5 1. La séquence : « ... et Jésus monta à Jérusalem ( ). Or il y avait là un homme... » (vv. 1 et 5) trouve de bons parallèles en Jn 4 46, Mc 3 1, Ac 9 32-33. La répétition du nom de « Jérusalem », aux vv. 1 et 2, est d'ailleurs anormale et confirme que le texte de Jn est surchargé. La différence entre les deux niveaux rédactionnels est encore confirmée par le changement de temps entre les vv. 1 et 2 d'une part, 2 et 5 d'autre part ; en traduisant littéralement, on aurait : « Après cela *était* une fête des Juifs... Or *est* à Jérusalem... Or *était* un homme... »

Le problème le plus difficile de ces vv. 2-4 est celui de leur vocabulaire. Ils offrent certes un certain nombre de termes qui conviennent au style de Jean II-B ; au v. 2 : « Jérusalem » (A 79**), « piscine » (A 86), « en hébreu » (A 56**) ; au v. 3 : « être malade » (F 32) ; au v. 4 : « piscine » (A 86), « sain » (C 61**). En revanche, de nombreux mots sont étrangers au vocabulaire de Jean II. Nous n'insisterons pas sur « multitude », au v. 3, de tonalité lucanienne (*plèthos* : 0/2/8/2/17/3) et qui pourrait donc convenir au style de Jean II-B (Introd., 8 c). Plus étrange est, au v. 2, l'expression « qui est dite » (*epilegomenè*), participe d'un verbe qui ne se lit ailleurs dans le NT, avec un sens différent, qu'en Ac 15 40. Au v. 3a, les mots « boiteux » (*chôlos* : 5/1/3/1/3/1) et « paralytique » (*xèros* : 2/1/3/1/0/1) ne se lisent qu'ici chez Jn. Surtout les vv. 3b-4 contiennent les sept expressions, inconnues par ailleurs de Jn, que nous avons signalées plus haut (3 a). Jean II-B pourrait avoir été influencé ici par une certaine façon de parler en usage à propos des sanctuaires païens d'Asie Mineure.

Ajoutons une dernière précision. Au v. 1, c'est Jean II-B qui a dû introduire la glose « des Juifs » après le mot « fête ». Cette façon d'utiliser ces termes « des Juifs » pour caractériser une fête ou quelque autre substantif est bien dans la manière de Jean II-B (cf. Introd., 8 c). On notera qu'il obtenait ainsi une expression qui lui est propre : « une fête des Juifs » (A 110**).

2. Le dialogue entre Jésus et le malade, aux vv. 6c-7, est étroitement lié aux vv. 3b-4, dont il reprend en partie les thèmes et les expressions ; il est certainement du même niveau rédactionnel, celui de Jean II-B. Dans l'ensemble, le style est très johannique. Sans insister sur l'adjectif « sain » du v. 6c, qui n'apparaît que dans ce récit (C 61**), on relève au v. 7 : « le malade » (F 32), « lui répondit » (B 74), « je n'ai personne pour » (A 48**), « pour, lorsque..., me jeter » (F 23*), « piscine » (A 86). On notera toutefois l'expression « tandis que » (*en hôi*), ici seulement utilisée comme conjonction dans tout le NT.

3. Au v. 5, le chiffre de « trente-huit » ans doit être de Jean II-B ; il aime ajouter de tels chiffres dans les récits, surtout lorsqu'il leur donne une valeur symbolique comme ici (cf. *infra* et Introd., 7 m-o). Mais le récit primitif serait trop court avec seulement le début du v. 5 : « Or il y avait là un homme. » Pour en retrouver la teneur primitive, il faut faire appel au v. 6b, qui contient une formule semblable à celle du v. 5b ; traduisons-les très littéralement : « ... trente-huit ans ayant dans sa maladie » « et sachant que un long temps déjà il a » (cf. C 26*). Voici donc la solution que nous proposons. Au v. 5, on lisait dans le récit primitif : « Or il y avait là un homme (un long temps déjà) ayant dans sa maladie. » Jean II-B remplaça la formule « un long temps déjà » par « trente-huit ans », mais la réutilisa au v. 6b en ajoutant les mots « et sachant que (un long temps déjà) il a », afin de souligner la connaissance surnaturelle de Jésus.

Enfin, l'insertion des vv. 6b-7 obligea Jean II-B à expliciter le nom de Jésus au début du v. 8 ; il obtenait d'ailleurs ainsi une construction plus johannique : « Dit à lui Jésus » (C 12).

4. Nous pensons que le récit primitif s'arrêtait au v. 9a. Tout le reste, à partir de la mention du sabbat (v. 9b) et y compris les éléments transférés par Jean III dans le chapitre 7 (cf. *supra*), fut ajouté par Jean II-B, comme vont le montrer les remarques suivantes.

a) Jean II-B a voulu composer deux récits parallèles : la guérison de l'infirme à la piscine de Béthesda (5 1 ss.) et la guérison de l'aveugle-né à la piscine de Siloé (9 1 ss.), ces deux récits comprennent les discussions dans la foule divisée et de violentes réactions de la part des Juifs qui s'en prennent toutefois, non pas directement à Jésus, mais à celui que Jésus a guéri. Sur ce parallélisme entre les deux récits, voir la note §. 262, III C 7.

b) Comme on le verra dans la dernière partie de cette note, l'addition des vv. 9b-16 et de 7 22-23.24b confère au récit un symbolisme baptismal bien dans la ligne des préoccupations théologiques de Jean II-B (Introd., 6 t).

c) Ces additions sont de style johannique ; plusieurs caractéristiques dénotent même le style particulier de Jean II-B. Relevons-les en suivant l'ordre des différentes sections.

ca) Commençons par le dialogue entre l'infirme guéri et les Juifs (5 9b-16). Au v. 9b : « Or c'était sabbat » (C 4). – Au v. 10 : « Disaient donc les Juifs » (B 25* et C 7) ; l'expression « il n'est pas permis de » ne se lit ailleurs chez Jn qu'en 18 31, dans un passage que nous attribuerons à Jean II-B. – Au v. 11 : « répondit » (B 74), « sain » (C 61**), « celui-là », dit du Christ (B 31*) et supportant un *casus pendens* (B 33) ; dans ce même v. 11, on rapprochera la phrase « celui qui m'a rendu sain, celui-là m'a dit... » de celle de 1 33 : « Mais celui qui m'a envoyé baptiser, celui-là m'a dit... », texte de Jean II. – Au v. 12 : « interroger » (C 52), l'expression « qui t'a dit » (A 119*). – Au v. 13 : « le malade » (F 32), « savoir » (F 25), « il y avait... en ce lieu » (A 98**). – Au v. 14 : « Après cela » (B 29*), « sain » (C 61**), « voilà » (C 77). – Au v. 15 : « les Juifs » (C 7) et de nouveau l'adjectif « sain » (C 61**). – Au v. 16 enfin : « c'est pourquoi... parce que » (C 6), « les Juifs » (C 7), l'expression « chercher à tuer » (B 79*) que Jean III a déplacée au v. 18 afin d'obtenir un climax avec le v. 16 (cf. *supra*) et enfin la formule « faisait cela le sabbat » (C 33**).

cb) En 7 11-13, dans la discussion de la foule sur Jésus, on notera au v. 11 : « le (= Jésus) cherchaient » (C 21), « fête » (C 2), « où » (F 13), « celui-là », dit du Christ (B 31*). La séquence « le cherchaient... et disaient » se lit encore en Jn 11 56 : « Ils cherchaient Jésus et disaient... », un passage que nous attribuerons à Jean II-B. – Le v. 12 ne contient qu'une caractéristique stylistique : « d'autres disaient » (B 64*), tandis que le v. 13 est de style plus johannique : « Nul cependant » (C 46*), « ouvertement », au sens de « en public » (B 21), « par crainte des Juifs » (A 131** et C 7).

cc) La troisième section est formée par la controverse qui oppose Jésus aux Juifs (7 19-23.24b). Donnons d'abord les caractéristiques johanniques. Au v. 19 : « donner la loi » (A 160**), « nul d'entre vous » (A 90**), « chercher à tuer » (B 79*). – Au v. 20 : « répondit » (B 74), « avoir un démon » (C 10**) et de nouveau « chercher à tuer » (B 79*). – Au v. 21 : « répondit et leur dit » (B 6), « j'ai fait une seule œuvre » (B 101 et B 4 ; mais avec le mot « œuvre » au singulier **). – Au v. 23 : « j'ai rendu à la santé (= j'ai fait sain)... durant le sabbat » (C 33** et C 61**).

Ajoutons les remarques suivantes. Au v. 19, dans l'expression « faire la loi » au sens de la mettre en pratique, on retrouve un thème paulinien (Rm 2 13-14 ; Ga 5 3 ; cf. encore Rm 2 25 et Lc 2 27), ce qui convient bien à Jean II-B. Au v. 21, la formule « et vous êtes tous étonnés » est de saveur lucanienne (Lc 1 63 ; 2 18 ; 4 22 ; 9 43 ; cf. Mc 5 20), ce qui dénote l'activité rédactionnelle de Jean II-B (cf. Introd., 8 c). Au v. 23 enfin, le thème de « ne pas violer la loi » ne se lit ailleurs dans le NT qu'en Jn 10 35, mais à propos de l'Écriture : « L'Écriture ne peut être abolie » ; or nous verrons que Jn 10 35 fait partie d'un ensemble qui ne peut être que de la main de Jean II-B.

cd) Au niveau de Jean II-B, le récit de la guérison de l'infirme à la piscine de Béthesda se terminait par une première tentative d'arrêter Jésus organisée par les grands prêtres et les Pharisiens (7 31-32.44-52). Voici les caractéristiques stylistiques de cette dernière section. Au v. 31 : « de la foule beaucoup » (B 22**), « beaucoup crurent en lui » (C 32* et B 51), « lorsqu'il viendra » (F 28*), *mè* interrogatif (F 3*), « faire des signes » (B 81). – Au v. 32 : « murmurer à son sujet » (A 103*), « les grands prêtres et les Pharisiens » (C 9**), « gardes » (F 36), « prendre » (C 5 ; avec Jésus comme objet *). – Au v. 44 : de nouveau « prendre » (C 5 ; avec Jésus comme objet *). – Au v. 45 : « les gardes » (F 36), « les grands prêtres et les Pharisiens » (C 9**), « ceux-là » (C 37). – Au v. 46 : « répondirent » (B 74), « les gardes » (F 36), « cet homme », dit de Jésus (C 78). – Au v. 47 : « répondirent » (B 74), « Est-ce que vous aussi » (A 37*). – Au v. 48 : *mè* interrogatif (F 3*), « a cru en lui » (B 51). – Au v. 50 : le verbe « dire » construit avec la préposition *pros* ne se rencontre qu'au niveau de Jean II-B (2 3 ; 3 4 ; 4 15.49 ; 6 5 ; 8 31) ; par ailleurs ce court verset est de style très johannique. Sans insister sur le nom de « Nicodème » (A 64*), on retiendra surtout l'expression « lui qui était venu » (A 47*), « auparavant » (D 3**), « l'un d'eux » (C 75*). – Au v. 51 : *mè* interrogatif (F 3*), « notre loi » (B 43*), « écouté de lui » (C 38*). – Au v. 52 : « répondirent et lui dirent » (B 6), « Est-ce que, toi aussi » (A 37*), « être de » (C 18), « scruter » (D 4**).

Cette dernière section demande quelques remarques complémentaires qui confirmeront son attribution à Jean II-B. Au v. 31, l'expression « le Christ lorsqu'il viendra » se lit encore en 7 27, un texte de Jean II-B (cf. aussi Jn 4 25). Par ailleurs, la phrase « fera-t-il plus de signes » doit être rapprochée de celle de 4 1 : « Jésus faisait plus de disciples », addition que nous avons attribuée à Jean II-B. Enfin la structure de la phrase « *fera-t-il* plus de (signes) *que* n'*en a fait* celui-ci » est typique des textes de Jean II (cf. 3 2 ; 14 12 ; 15 24). Au v. 32, la proposition traduite littéralement « Entendirent les Pharisiens la foule murmurant à son sujet cela » a même forme que celle de 1 37 : « Entendirent les deux disciples lui parlant », de Jean II-A. Au v. 44, les expressions « mais personne ne mit sur lui les mains » ont leur parallèle en 7 30 : « et personne ne mit sur lui la main » dans un verset que nous attribuerons à Jean II-B. Au v. 50, la construction traduite en respectant l'ordre des mots grecs « l'un étant d'entre eux » se retrouve en 6 71 : « l'un étant d'entre les Douze », que nous attribuerons à Jean II-B ; cette construction apparaît encore dans deux autres textes de Jean II-B : 11 49 et 18 26. Au v. 52 enfin, on notera que le verbe « scruter » ne se lit ailleurs chez Jn qu'en 5 39, dans un développement de Jean II-B. Mais surtout, au lieu de dire « le Prophète ne vient pas de Galilée (*ouk erchetai* ; cf 7 41) », Jean II-B écrit : « ... le Prophète n'est pas suscité de Galilée (*ouk egeiretai*) ». Utilisé pour évoquer la venue d'un prophète, ce verbe n'apparaît ailleurs dans le NT qu'en Lc 7 16 : « Un grand prophète s'est levé parmi nous » (*ègerthè*). On remarquera qu'en 9 8.19, Lc emploie le verbe synonyme *anistèmi*, probablement sous l'influence de Dt 18 18 qu'il cite explicitement en Ac 3 22 et 7 37. Cette parenté avec le style de Lc dénote bien l'activité rédactionnelle de Jean II-B

C) LE RÉCIT DE JEAN II-A

Le récit de Jean II-A se lisait sous une forme très simple. Après l'introduction, constituée du v. 1 (moins une glose insérée par Jean II-B), il se poursuivait aux vv. 5-6a (compte tenu des remarques faites plus haut), 8 et 9a. Du point de vue littéraire, le problème principal qui se pose est celui des rapports de ce récit avec celui de la tradition synoptique (Mc 2 3 ss. et par.) et le récit analogue raconté en Ac 9 33 ss. Mettons les textes en parallèle :

Mc 2	Jn 5	Ac 9
3 Et on vient portant vers lui un paralytique...	5 Or il y avait là un certain homme	33 Or il trouva là un certain homme, du nom d'Énée, depuis huit ans
	en proie depuis (longtemps) à sa maladie.	
4 ... le grabat où gisait le paralytique.	6 Jésus, le voyant gisant, ( )	gisant sur un grabat, qui était paralysé.
5 Et Jésus, voyant... dit au paralytique ;	8 ( ) lui dit :	34 Et Pierre lui dit : « Énée, Jésus Christ te guérit ; lève-toi,
9 « Lève-toi et prends ton grabat et marche. » (cf. v. 11)	« Lève-toi, prends ton grabat et marche. »	fais toi-même (ton lit). »
12 Et il se leva et aussitôt, prenant son grabat, il sortit devant tous.	9 Et aussitôt l'homme (se leva) et il prit son grabat et il marchait.	Et aussitôt il se leva.
		35 Et le virent tous les habitants de Lydda.

L'influence littéraire du récit de la tradition synoptique sur celui de Jn semble certaine. Jn 5 8-9a est absolument parallèle à Mc 2 9.12. On notera spécialement la présence, en Jn et Mc, du mot « grabat », terme de grec vulgaire que Mt/Lc évitent en le remplaçant par le mot « couche » (mais il est gardé en Ac 9 33). De même, Jn 5 6a contient le participe « gisant » ; ce verbe (*katakeimai*) ne se lit ailleurs chez Jn qu'en 5 3, mais il a son parallèle en Mc 2 4, Lc 5 25 et Ac 9 33.

Mais Jn ne dépend pas des Synoptiques sous leur forme actuelle. Le récit de Jean II-A, comme celui de Ac 9 33-35, ignore le thème de la rémission des péchés, attesté par les trois Synoptiques. De même, Jn 5 5-6a est beaucoup plus proche de Ac 9 33 que de Mc 2 3-4 (qui introduit des détails pittoresques) ou même de Mt 9 2a (plus proche du récit primitif). Au v. 9, Jn a l'adverbe « aussitôt » (sous la forme *eutheôs*, rare chez lui) à la même place que Ac 9 34 (cf. Lc 5 25, avec *parachrèma*). Nous pensons que Jean II-A dépend ici directement du Document A (Introd., 4 v ; modifier en ce sens ce que nous avons dit dans le tome II de la Synopse, p. 108).

Le style de Jean II-A apparaît malgré tout dans ce récit. Au v. 1 : « après cela » (B 29*), « fête » (C 2) ; au v. 5 : « or il y avait un certain homme » (C 49 ; cf. Mc 3 2 sous une forme un peu différente), et la formule traduite littéralement « un long temps déjà ayant dans sa maladie » (C 26*).

IV. LE SENS DES RÉCITS

A) LE RÉCIT DE JEAN II-A

1 Après cela, il y avait une fête ( ) et Jésus monta à Jérusalem.
5 Or il y avait là un certain homme en proie depuis (longtemps) à sa maladie.
6a Jésus, le voyant gisant, ( )
8 ( ) lui dit : « Lève-toi, prends ton grabat et marche. »
9a Et aussitôt l'homme (se leva) et il prit son grabat et il marchait.

1. Aux vv. 5 à 9, Jean II-A reprend un récit très simple qu'il lisait dans le Document A (Introd., 4 v). Ce récit mettait en évidence la puissance de la parole de Jésus : un simple commandement suffit pour que l'homme se trouve guéri. Quelques détails anecdotiques soulignent l'importance du miracle. L'homme était malade « depuis longtemps » ; il ne s'agissait pas d'un malaise passager, mais d'une maladie tenace. Par ailleurs, après la parole de Jésus, non seulement l'homme peut se lever, mais il a la force d'emporter chez lui son grabat : la guérison est complète, il est redevenu aussi alerte qu'avant sa maladie.

2. Sur la place de ce récit dans l'évangile de Jean II-A et la raison pour laquelle la fête de 5 1 n'est pas nommée, voir Introd., 3 f-g.

B) LE RÉCIT DE JEAN II-B

5 1   Après cela, il y avait une fête des Juifs, et Jésus monta à Jérusalem.

2   Or il y a, à Jérusalem, une piscine qui est dite en hébreu Béthesda, ayant cinq portiques.

3   En ceux-ci gisaient une multitude de malades, d'aveugles, de boiteux, de paralytiques, attendant le mouvement de l'eau.

4   Car un ange, de temps en temps, se baignait dans la piscine et agitait l'eau. Le premier donc qui entrait, après l'agitation de l'eau, devenait sain, quelle que fût la maladie dont il était affecté.

5   Or il y avait là un certain homme en proie depuis trente-huit ans à sa maladie.

6   Jésus, le voyant gisant et sachant qu'il a cette maladie depuis longtemps déjà, lui dit : « Veux-tu devenir sain ? »

7   Le malade lui répondit : « Seigneur, je n'ai personne pour me jeter dans la piscine lorsque l'eau est agitée ; tandis que j'y vais, un autre descend avant moi. »

8   Jésus lui dit : « Lève-toi, prends ton grabat et marche. »

9   Et aussitôt l'homme devint sain et il prit son grabat et il marchait. Or c'était le sabbat en ce jour-là.

10   Les Juifs disaient donc à celui qui avait été guéri : « C'est sabbat, et il ne t'est pas permis de porter ton grabat. »

11   Mais lui leur répondit : « Celui qui m'a rendu sain, celui-là m'a dit : 'Prends ton grabat et marche.' »

12   Ils l'interrogèrent : « Quel est l'homme qui t'a dit : 'Prends et marche' ? »

13   Mais le malade ne savait pas qui c'était, car Jésus avait disparu, comme il y avait foule en ce lieu.

14   Après cela, Jésus le rencontre dans le Temple et lui dit : « Voilà que tu es devenu sain. Ne pèche plus, de peur qu'il ne t'arrive quelque chose de pire. »

15   L'homme s'en alla et dit aux Juifs que c'est Jésus qui l'a rendu sain.

16   Et c'est pourquoi les Juifs (cherchaient à tuer) Jésus, parce qu'il faisait cela le sabbat.

7 11   (Ils) le cherchaient donc ( ) et disaient : « Où est celui-là »

12   Et il y avait murmure dans la foule à son sujet. Les uns disaient : « Il est bon. » D'autres disaient : « Non, mais il égare la foule. »

13   Nul cependant ne parlait ouvertement à son sujet par crainte des Juifs.

19   (Jésus leur dit :) « Moïse ne vous a-t-il pas donné la Loi ? Et nul d'entre vous n'accomplit la Loi ! Pourquoi cherchez-vous à me tuer ? »

20   La foule répondit : « Tu as un démon ! Qui cherche à te tuer ? »

21   Jésus répondit et leur dit : « J'ai fait une seule œuvre et vous êtes tous étonnés

22   pour cela ! Moïse vous a donné la circoncision ( ) et vous circoncisez un homme durant le sabbat.

23   Si un homme reçoit la circoncision durant le sabbat, afin que la Loi de Moïse ne soit pas violée, vous êtes en colère contre moi parce que j'ai rendu sain un homme tout entier durant le sabbat ?

24b   Jugez le juste jugement. »

31   De la foule, beaucoup crurent en lui et ils disaient : « Le Christ, lorsqu'il viendra, fera-t-il plus de signes que n'en a fait celui-ci ? »

32   Les Pharisiens entendirent la foule qui murmurait cela à son sujet, et les grands prêtres et les Pharisiens envoyèrent des gardes afin de le prendre.

44   Certains d'entre eux voulaient le prendre, mais personne ne mit sur lui les mains.

45   Les gardes revinrent auprès des grands prêtres et des Pharisiens, et ceux-ci leur dirent : « Pourquoi ne l'avez-vous pas amené ? »

46   Les gardes répondirent : « Jamais un homme n'a parlé comme cet homme a parlé. »

47   Les Pharisiens leur répondirent : « Est-ce que vous aussi vous auriez été égarés ?

48   Est-ce que l'un des notables a cru en lui, ou des Pharisiens ?

49   Mais cette foule-là qui ne connaît pas la Loi, ils sont maudits. »

50   Nicodème leur dit, lui qui était venu vers lui auparavant, l'un d'entre eux :

51   « Est-ce que notre Loi juge l'homme sans avoir écouté d'abord de lui, et sans avoir su de lui ce qu'il fait ? »

52   Ils répondirent et lui dirent : « Est-ce que, toi aussi, tu es de la Galilée ? Scrute et vois que le Prophète n'est pas suscité de la Galilée. »

Au niveau de Jean II-B, cet épisode était situé après les récits du chapitre **6** et formait donc bloc avec les chapitres **7** à **11**. Dans cet ensemble, on sent croître une tension de plus en plus vive entre les Juifs, spécialement les Pharisiens, et Jésus. Tandis que la foule reste divisée, les uns prenant parti pour Jésus, d'autres contre lui, les Pharisiens sont choqués par les deux miracles qu'il accomplit à Jérusalem : la guérison de l'infirme à la piscine de Béthesda et la guérison de l'aveugle-né ; il effectue en effet ces guérisons le jour du sabbat, et se met ainsi en opposition avec la Loi mosaïque telle qu'ils la comprenaient. Dès le premier miracle, les Juifs « cherchent à tuer » Jésus (**5** 18 ; **5** 16 au niveau de Jean II-B), et cette expression revient sept fois, comme un refrain, au cours des chapitres 5, 7 et 8 (**5** 18 ; **7** 1.19.20.25 ; **8** 37.40). Finalement, les Juifs se réuniront et prendront la décision officielle de le mettre à mort (**11** 53).

1. LA FÊTE DE LA PENTECÔTE ?

Jean II-A, nous l'avons vu plus haut, n'avait pas précisé de quelle fête il était question au début du récit (**5** 1) ; une fête n'était mentionnée que pour justifier la montée de Jésus à Jérusalem. Mais il semble que Jean II-B pense à la fête de la Pentecôte, même s'il ne le dit pas explicitement en **5** 1. Pour le comprendre, disons quelques mots de la signification de cette fête. Son nom hébreu était « fête des Semaines » (Ex **34** 22 ; Dt **16** 10) parce qu'on devait la célébrer sept semaines après la fête des Azymes (la Pâque), soit cinquante jours (Lv **23** 15-16), d'où son nom grec de « Pentecôte » (*pentekostès* = cinquante). Quelle était la nature de cette fête ? « De même que la Pâque, mais beaucoup plus tardivement, la fête des Semaines fut rattachée à l'histoire du salut. Utilisant l'indication de Ex **19** 1, d'après laquelle les Israélites arrivèrent au Sinaï le troisième mois après leur sortie d'Égypte, qui avait eu lieu au milieu du premier mois, on fit de la fête des Semaines la commémoraison de l'Alliance... La liaison devient explicite dans le livre des Jubilés qui met au jour de la fête des Semaines toutes les alliances qu'il relève dans l'Ancien Testament, depuis celle de Noé jusqu'à celle du Sinaï. C'était à la fête des Semaines que la secte de Qumrân, qui s'appelait elle-même la communauté de la Nouvelle Alliance, célébrait le renouvellement de l'Alliance, la plus importante de ses fêtes » (de Vaux). Or, au niveau de Jean II-B, le récit proprement dit du miracle de la guérison de l'infirme, à la piscine de Béthesda, se terminait par une double évocation de l'Alliance. Jésus parle à trois reprises de la circoncision (7 22-23, nulle part ailleurs chez Jn) que Gn **17** 10-11 présente comme « le signe de l'Alliance » ; il rappelle aux Juifs que Moïse leur a donné la Loi (7 19), et ce don de la Loi était partie intégrante de l'Alliance conclue au Sinaï (Ex **19-20**) ; les textes rabbiniques rappellent d'ailleurs explicitement ce don de la Loi à propos de la fête des Semaines dès le second siècle de notre ère. Dans la finale du récit, il sera encore question de la Loi mosaïque (7 48-52). Les deux thèmes de la « circoncision » et de la « Loi » donnée par Moïse devaient donc évoquer les diverses « Alliances » conclues par Dieu avec son peuple, et en conséquence la fête des Semaines ou « Pentecôte ».

Un autre argument permet de penser que, pour Jean II-B, la fête mentionnée en **5** 1 devait être la Pentecôte. A son niveau, rappelons-le, le chapitre **5** se lisait après le chapitre **6**. Son évangile comportait donc une séquence parfaite des principales fêtes juives : une première Pâque (**2** 13), une deuxième Pâque (**6** 4), la Pentecôte (**5** 1), la fête des Tentes (**7** 2), celle de la Dédicace (**10** 22), et enfin la troisième et dernière Pâque (**11** 55 ; **12** 1 ; **13** 1).

2. LA PISCINE DE BÉTHESDA

C'est Jean II-B qui a ajouté, dans le récit primitif, tout ce qui a trait à la piscine de Béthesda, soit les vv. 2-4 et 6b-7. Pourquoi a-t-il voulu placer là la guérison de l'infirme ?

a) Pour le comprendre, il faut donner des explications sur la nature de cette piscine, mieux connues depuis les fouilles récentes qui y ont été faites (cf. J. Rousée, A. Duprez).

aa) Rappelons d'abord ce que nous avons dit plus haut. Des rouleaux de cuivre, découverts dans une des grottes de Qumrân, ont fait connaître avec une certaine probabilité le nom araméen de cette piscine : *Beth Eshdataïn*, ce qui pourrait se traduire « Maison des deux bassins » ; en grec, ce nom est devenu « Béthesda ». Elle était située au bas du quartier du Bézatha et au nord de la porte Probatique, située elle-même au nord de l'esplanade du Temple (Ne **3** 1.32 ; **12** 39). La glose introduite par un scribe dans le texte de Jn **5** 2, « près de la (porte) Probatique », est donc exacte. Cette piscine était constituée de deux énormes réservoirs en partie creusés dans le roc, de forme trapézoïdale, séparés par une digue de 6,50 m. de large. Le bassin sud avait une dimension moyenne de 55 × 48 m. et une profondeur de 14 m. ; le bassin nord, de même profondeur, était légèrement plus petit. Aucune trace de bases de colonnes ne fut retrouvée sur le pourtour de ces bassins, et les quelques fragments de colonnes mis au jour par les fouilles sont tous d'époque byzantine. Au temps du Christ, selon toute vraisemblance, ces deux bassins étaient désaffectés et l'eau de pluie qui ruisselait de la colline du Bézatha était dirigée vers l'immense réservoir appelé *birket Israïl*, un peu plus au sud et donc plus près du Temple. Immédiatement à l'est de ces bassins, on a retrouvé une série de petits bains, creusés dans le roc et le plus souvent souterrains, alimentés par une citerne d'une profondeur de 8,50 m. environ et d'un diamètre de 6 m. Ces petits bains faisaient partie d'une installation cultuelle dédiée à Sérapis, le dieu guérisseur, et située à cette époque en dehors des murs de la ville. Détruite lors de la guerre de 70 (prise de Jérusalem par les Romains), cette installation cultuelle fut rebâtie vers 130 lors de la restauration de Jérusalem qui prit alors le nom d'Aelia Capitolina.

ab) Comment comprendre le texte johannique en fonction de ces découvertes archéologiques ? Les cinq portiques dont parle Jn **5** 2 auraient eu la disposition suivante : quatre portiques entourant l'immense trapèze formé par les deux bassins plus un portique sur la digue qui séparait le bassin nord du bassin sud. La foule des malades attendant les vertus curatives de l'eau (5 3.7) se concevrait bien dans un sanctuaire dédié à Sérapis (= Asklepios). Il n'en reste pas moins que nous sommes gênés par un certain nombre de détails. Jn parle de « portiques », ce qui suppose des colonnades dont on n'a trouvé aucune trace ; n'aurait-il pas « imaginé » autour des bassins et en leur milieu des colonnades telles qu'on en voyait, par exemple, autour du magnifique *asklepieion* de Pergame ? Il suppose que les malades obtenaient leur guérison en se plongeant dans la piscine, alors que les guérisons s'effectuaient certainement dans le sanctuaire adjacent, formé, on l'a dit plus haut, de petits bains. Et comment concevoir un malade plongé dans un bassin de 14 m. de profondeur ? Quant au mouvement périodique de l'eau (5 3b-4.7), les fouilles ne permettent pas de l'expliquer ; n'y aurait-il pas eu confusion avec la piscine de Siloé, alimentée par une source au débit intermittent ? On a l'impression que le récit johannique répond à deux intentions. D'une part, Jean II-B, qui écrit probablement à Éphèse (Introd., 8 p et r), veut évoquer d'une façon plus précise les sanctuaires païens que ses lecteurs avaient l'occasion de voir en Asie Mineure ; d'où la mention des cinq « portiques » où étaient groupés les malades attendant leur guérison. Mais d'autre part, il veut « démythifier » le culte des dieux guérisseurs, d'où sa description qui place les guérisons, non plus dans les petits bains du sanctuaire païen, mais dans la piscine ; si les malades sont guéris, c'est grâce à Dieu dont un ange vient de temps en temps agiter l'eau des bassins.

3. MALADE DEPUIS TRENTE-HUIT ANS

Jean II-B a ajouté au récit de Jean II-A la précision que l'homme était malade depuis trente-huit ans (5 5b). Il est étrange que le récit johannique indique depuis combien de temps l'homme était malade tandis qu'il néglige de nous dire quelle était sa maladie ! Il y a là un déséquilibre dans l'exposé des faits qui doit avoir une raison. Selon toute vraisemblance, sous la plume de Jean II-B le chiffre de « trente-huit » doit avoir une valeur symbolique (Introd., 7 m-o). D'après Dt **2** 14, c'est le temps que durèrent les pérégrinations des Hébreux dans le désert depuis le séjour à Cadès jusqu'au passage du torrent de Zared ; Jean II n'aurait-il pas repris ce chiffre pour insinuer que l'homme infirme symbolise le peuple de Dieu auquel le Christ est venu apporter le salut ? Il est vrai que le séjour des Hébreux dans le désert est habituellement évalué à quarante ans (Nb **14** 27-35 et *passim*) ; mais ce chiffre, qui représentait une génération humaine, était trop fréquent dans la Bible pour revêtir une signification précise, et l'on comprendrait que Jean II lui ait préféré celui de « trente-huit » ans.

Mais Jean II-B ne s'est pas contenté de préciser le temps depuis lequel l'homme était malade. Il a indiqué aussi que Jésus *savait* que l'homme était malade depuis longtemps (**5** 6b). C'est une affirmation, parmi beaucoup d'autres, de la connaissance surnaturelle de Jésus (Introd., 5 k).

4. UNE CONTROVERSE SUR LE SABBAT

Jean II-B a changé le récit primitif en controverse sur l'observance du sabbat (**5** 9b ss.). Il réalise ainsi comme une synthèse du bloc des cinq controverses qui opposent Jésus aux scribes et aux Pharisiens en Mc **2** 1-**3** 6. On a vu plus haut (III C) les affinités qui existent entre le récit johannique et celui de la guérison du paralytique (Mc **2** 1-12), première des cinq controverses rapportées par Mc et Lc. Mais Jean II-B complète le récit en y ajoutant le thème de la rupture du repos sabbatique par Jésus (**5** 9b) et la justification que Jésus donne de sa façon d'agir (**7** 22-23.24b). On rejoint le thème de la cinquième controverse en Mc **3** 1-5 : Jésus guérit, le jour du sabbat, un homme dont la main était paralysée et, devant l'attitude hostile des scribes et des Pharisiens, il se justifie d'agir ainsi. Par ailleurs, dans la tradition synoptique, la série des cinq controverses se termine par la décision de perdre Jésus, prise par les Pharisiens (Mc **3** 6 et par.) ; de même en Jn **5** 16, il est dit que les Juifs « poursuivaient » Jésus, et probablement, au niveau de Jean II-B, on lisait que les Juifs « cherchaient à tuer » Jésus (cf. **5** 18). Les analogies entre Mc **2** 1-12 et **3** 1-6 d'une part, Jn **5** 5 ss. d'autre part, sont évidentes. Jean II-B veut donc donner une synthèse des cinq controverses de la tradition synoptique ; dans Jn comme dans les Synoptiques, c'est le premier conflit sérieux qui oppose Jésus aux autorités du judaïsme. Chez Jn, ce conflit va s'accentuer tout au long des chapitres **7** à **10** et trouver son point culminant en **11** 47-53 : le Sanhédrin se réunit officiellement et décide la mort de Jésus.

5. JÉSUS ET L'HOMME GUÉRI

Dans le récit johannique, la controverse sur l'observance du sabbat s'exprime d'abord dans un dialogue entre les Juifs et l'homme qui vient d'être guéri (**5** 10-13.15) ; ils lui reprochent de porter son grabat, ce qui était interdit le jour du sabbat. L'homme se retranche derrière l'ordre qu'il a reçu de Jésus. Aux yeux de l'évangéliste, puisque Jésus a reçu le pouvoir de guérir, il peut aussi interpréter la loi du repos sabbatique. Dans la controverse, l'homme guéri se substitue à Jésus, et le même procédé rédactionnel se retrouvera dans le récit

de la guérison de l'aveugle-né. Pourquoi ce « détour » du récit ? Peut-être pour donner à Jean II-B l'occasion de placer ici trois des sept mentions de l'adjectif « sain » (vv. 11.14.15) que comporte le récit ; on verra un peu plus loin l'importance donnée par Jean II-B à ce chiffre « sept ».

Ce « détour » permet aussi à Jean II-B de décrire la rencontre dans le Temple de Jésus et de l'homme guéri. C'est là, pourrait-on dire, la « pointe » des vv. 10-15. Jésus dit à l'homme : « Voilà que tu es devenu sain. Ne pèche plus, de peur qu'il ne t'arrive quelque chose de pire » (v. 14). Selon une opinion assez couramment reçue dans le judaïsme, le mal physique était une conséquence des péchés commis, comme si la maladie était un châtiment infligé par Dieu pour punir l'homme de ses péchés (cf. Jn **9** 2-3 ; Ex **20** 5 ; **34** 7 ; Jr **31** 29). La guérison de l'homme est donc le signe que ses péchés lui sont pardonnés, comme dans le récit de Mc **2** 1-12 et par. Et puisque, pour Jean II-B, l'homme est probablement le symbole du peuple de Dieu (cf. *supra*), on pourrait voir ici une allusion au texte d'Is **33** 24, qui parle de Jérusalem en ces termes : « Aucun habitant ne dira plus : Je suis malade ; le peuple qui y demeure verra sa faute remise. »

Jean II-B fait rencontrer Jésus et l'ancien malade *dans le Temple*. Peut-être, comme Mt **21** 14, veut-il faire allusion à 2 S **5** 7-8, et spécialement à la glose du v. 8b : « C'est pourquoi on dit : Aveugles et boiteux n'entreront pas au Temple. » Leur infirmité était le signe de leur impureté morale, et c'est pourquoi ils ne pouvaient entrer dans le Temple (cf. Lv **21** 17-23). Grâce à Jésus, le peuple de Dieu, purifié de toute souillure, a de nouveau accès au Temple pour y rencontrer son Dieu.

6. JÉSUS GUÉRIT L'HOMME « TOUT ENTIER »

La signification véritable de la guérison effectuée par Jésus, insinuée grâce au v. 14, apparaît mieux encore si l'on tient compte d'un procédé littéraire cher à Jean II-B : la symbolique des chiffres.

a) Dans le récit johannique, l'adjectif « sain » revient sept fois (**5** 4.6.9.11.14.15 ; **7** 23) et, la septième fois, il est lié à l'adjectif « tout entier » (*holos*) : « ... parce que j'ai rendu sain un homme tout entier durant le sabbat. » Ce fait n'est pas dû au hasard ; on le retrouvera dans le récit de la guérison de l'aveugle-né (Jn **9**) et dans le récit du lavement des pieds (Jn **13** 1-14). On constate d'ailleurs, chez Jean II-B, une intention précise d'obtenir ce chiffre de sept mentions, car en **5** 9, il remplace le verbe « se leva », attesté par la tradition synoptique et qui devait se lire dans le récit de Jean II-A (cf. **5** 8), par l'expression « devenir sain ». Puisque, dans l'antiquité, le chiffre « sept » symbolisait la *totalité*, le fait d'utiliser *sept* fois l'adjectif « sain » ne fait que renforcer l'idée que Jésus a rendu « sain » l'homme « tout entier ». Mais en quel sens comprendre cette « totalité » ? Probablement en liaison avec le thème de la rémission des péchés évoqué par l'addition du v. 14 : « Ne pèche plus, de peur qu'il ne t'arrive quelque chose de pire. » Jésus a guéri, non seulement le corps de l'infirme, mais encore son âme.

b) Jean II-B montre un intérêt spécial pour la vie sacramentelle de l'Église (Introd., 6 t-v). Ici comme souvent ailleurs, il veut évoquer le baptême chrétien lorsqu'il place la guérison de l'homme « tout entier » (7 23), c'est-à-dire de son âme aussi bien que de son corps, dans un contexte de « piscine » (5 2.7) et d'eaux guérisseuses. Ce terme de « piscine » était courant pour désigner la cuve dans laquelle se plongeait le catéchumène pour recevoir le baptême. On verra que, dans le récit de la guérison de l'aveugle-né, la « piscine » de Siloé pourrait évoquer aussi les eaux baptismales (note § 262, III C 5).

7. LA FOULE DIVISÉE

Jésus vient d'accomplir une guérison durant le sabbat. Les Juifs, on l'a vu plus haut, réagissent violemment et cherchent à tuer Jésus (5 16 ; cf. 5 18). Et comme celui-ci a disparu dans la foule (5 13), Jean II note : « Ils le cherchaient donc ( ) et disaient : Où est celui-là ? » (7 11). Quant à la foule, elle se trouve divisée (7 12) ; les uns reconnaissent la justice de la cause de Jésus, mais d'autres le prennent pour un imposteur : « Il égare la foule. » Le verbe « égarer » est peut-être repris de Mc 13 5-6 et par., où il caractérise les faux messies. Pour une grande partie du peuple juif, Jésus sera toujours un « imposteur » qui « égare » les foules ; c'est du moins l'idée que leur prêtent les chrétiens des premier et second siècles (cf. Mt 27 63 ; Test. Lév. 16 3 ; Justin, Dial. 108 2 ; voir les textes dans le tome I de la Synopse, pp. 331 et 335). Pour Jean II-B, la foule divisée au sujet de Jésus reflète l'attitude du judaïsme à l'égard du christianisme aux confins des premier et second siècles.

Plus immédiatement, nous avons ici l'apparition d'un thème cher à Jean II, qui va scander la suite de l'évangile jusqu'aux récits de la passion : celui de la « division » des hommes en regard de la personne de Jésus (Introd., 7 i). Ce thème évoque le « jugement », cette « séparation » entre les hommes que provoque la présence du Christ-lumière : les uns l'acceptent tandis que d'autres le refusent (3 19-21). Dès maintenant, le « jugement » est réalisé. Mais même ceux qui sont favorables à Jésus n'osent pas le dire ouvertement « par peur des Juifs » (7 13), les autorités religieuses de Jérusalem ; Jean II-B les rend responsables du fait que Jésus sera finalement abandonné même par ceux qui croient en sa mission (cf. 9 22 ; 12 42 ; 19 38 ; 20 19).

8. JÉSUS SE JUSTIFIE

Au courant de la réaction violente des Juifs et du scandale d'une partie de la foule, Jésus va se justifier en développant l'argument suivant. Il part d'un fait précis : « Moïse vous a donné la circoncision et vous circoncisez un homme durant le sabbat. » La circoncision aurait été adoptée dès le temps d'Abraham, d'après Gn 17 10 et 21 4 (d'où la glose signalée au v. 22), mais elle est mentionnée comme une prescription à observer en Lv 12 3, ce qui rendait légitime son attribution à Moïse. D'après ce dernier texte, il fallait circoncire un enfant exactement huit jours après sa naissance. Mais que faire lorsque ce huitième jour tombait un sabbat ? L'opération de la circoncision était évidemment un « travail » ; circoncire un enfant le jour du sabbat revenait donc à transgresser la loi du repos sabbatique. Malgré cela, l'opinion commune des rabbins était que l'obligation de circoncire au huitième jour l'emportait sur le repos sabbatique ; plusieurs textes législatifs de la Mishna le disent explicitement : « Le jour du sabbat, on doit accomplir tout ce qui est nécessaire à la circoncision » (*Shabbat*, 19 2) ; ou encore : « Grande est la circoncision qui supplante même la rigueur du sabbat » (*Nedarim*, 3 11).

Fort de ce principe, Jésus va utiliser un type d'argument très prisé des rabbins et que l'on appelait « du léger au lourd » ; nous dirions aujourd'hui *a minori ad maius*, ou « a fortiori ». Il se retrouve presque dans les mêmes termes attribué à deux rabbins qui vécurent trois quarts de siècle après Jésus : « Rabbi Éliézer a dit : La circoncision passe avant le sabbat ; pourquoi ? Parce que, si on la repoussait au-delà du terme fixé, on se rendrait coupable de l'abolir. Et ceci ne justifie-t-il pas un argument du léger au lourd ? Si elle passe avant le sabbat pour le bénéfice d'un seul membre, ne doit-on pas passer avant le sabbat pour le bénéfice du corps tout entier ? » (Tosephta *Shabbat*, 15 16). Ou encore : « Rabbi Éléazar a dit : Si la circoncision, qui concerne un des 248 membres, passe avant le sabbat, combien plus le corps tout entier doit-il passer avant le sabbat » (*Yoma*, 85b). La circoncision était considérée comme la « guérison » d'un membre particulier du corps humain. S'il était permis de « guérir » un membre le jour du sabbat, il devait être permis, à plus forte raison, de « guérir » l'homme tout entier, car le tout est évidemment plus digne de considération qu'une de ses parties.

Malgré la similitude des raisonnements, la position de Jésus à l'égard du repos sabbatique est plus libérale que celle des rabbins de son temps. Pour rabbi Éliézer et rabbi Éléazar, guérir un jour de sabbat n'était légitime que si le malade se trouvait en danger de mort, comme l'indique le contexte dans lequel se situent les deux passages cités plus haut. Mais il est évident que le paralytique guéri par Jésus, malade depuis trente-huit ans (5 5), ne se trouvait pas en danger de mort ! Le Christ admet donc que *toute guérison* est légitime le jour du sabbat, et c'est le même raisonnement que l'on trouve dans certains épisodes de la tradition synoptique, comme la guérison de l'homme à la main sèche (Mc 3 1-6 et par.) ou celle d'un hydropique (Lc 14 1-6). Même s'il utilise leur raisonnement, Jésus conteste la façon trop rigoureuse dont les rabbins interprétaient la Loi mosaïque ; l'obligation du repos sabbatique ne doit pas empêcher les hommes de « faire du bien » le jour du sabbat (Mc 3 4).

9. LES GARDES ENVOYÉS POUR ARRÊTER JÉSUS

En entendant ces paroles de Jésus, « de la foule, beaucoup crurent en lui », note Jean II-B (7 31) ; ils se sont laissés convaincre par son argumentation. Le scandale causé par la guérison effectuée durant le sabbat disparaît, et beaucoup ne voient plus que le côté positif du miracle que Jésus vient d'accomplir ; ils sont prêts à reconnaître en lui le Messie attendu. En apprenant ce mouvement d'opinion en faveur de Jésus, les Pharisiens décident de passer à l'action ; ils s'entendent avec les grands prêtres pour envoyer des gardes afin d'arrêter Jésus (7 32) ; ces gardes étaient au service du Temple, afin de maintenir l'ordre lors des grandes fêtes. Mais ils se trouvent eux-mêmes divisés au sujet de Jésus (7 44) ! Certains d'entre eux voulaient le prendre, mais d'autres, mis au courant de ce que Jésus vient de dire pour sa défense (cf. 7 46), se refusent à l'arrêter. Les gardes reviennent finalement trouver les grands prêtres et les Pharisiens pour leur rendre compte de l'échec de leur mission (7 45). Ils avouent avoir été frappés par l'enseignement donné par Jésus (7 46).

Les Pharisiens s'étonnent qu'ils se soient laissés prendre aux paroles de Jésus, alors que notables et Pharisiens savent à quoi s'en tenir (7 47-48). La foule peut avoir été convaincue par l'argumentation que Jésus a donnée pour justifier sa façon d'agir (7 22-23), mais comment pourrait-elle juger si Jésus a bien ou mal parlé ? Elle ne connaît pas la Loi, c'est-à-dire les subtilités de la casuistique rabbinique. Ne connaissant pas la Loi, elle ne peut l'observer dans sa totalité ; tous ces gens sont donc maudits, comme il est écrit : « Maudit soit celui qui ne maintient pas en vigueur les paroles de cette Loi pour les mettre en pratique » (Dt 27 26 ; cf. Ga 3 10). Pour comprendre cette réflexion des Pharisiens, il faut se reporter au commentaire que nous avons donné de Jn 7 22-23 (cf. *supra*, 8.). Jésus utilise pour se défendre un argument admis par les rabbins eux-mêmes, mais il lui donne une amplitude que n'acceptaient pas ces derniers. Aux yeux des Pharisiens, son argumentation est vicieuse, et il est donc coupable d'avoir enfreint la loi du repos sabbatique. Eux peuvent le comprendre, mais pas la foule « qui ne connaît pas la Loi » (7 49).

10. Intervention de Nicodème

Après la division de la foule au sujet de Jésus (7 12), après celle des gardes envoyés pour l'arrêter (7 44), c'est maintenant la division parmi les Pharisiens (7 50-52). Jean II-B rappelle en effet ce qui avait été dit en 3 1 : Nicodème était « l'un d'entre eux ». Seul, il va tenter une timide démarche en faveur de Jésus qu'il admire secrètement (3 2). Il voudrait qu'avant d'être condamné, Jésus soit entendu par les membres du Sanhédrin afin d'avoir au moins la possibilité d'expliquer les motifs qui l'ont fait agir (7 51). C'était bien dans l'esprit de la Loi mosaïque (cf. Dt 17 4). Mais les Pharisiens refusent toute concession. Persuadés, comme on le croyait, que Jésus est originaire de Nazareth, et donc de Galilée (cf. Jn 1 45-46 ; 7 41b), ils rétorquent à Nicodème : « Scrute et vois que le Prophète n'est pas suscité de la Galilée » (7 52). Jésus s'est posé en réformateur religieux ; il a donné une interprétation de l'obligation du repos sabbatique qui n'est pas conforme à l'enseignement traditionnel des rabbins (7 22-23) ; pour justifier cette prétention, il devrait pouvoir prouver qu'il est un prophète envoyé par Dieu, ou mieux, qu'il est « le Prophète » par excellence, le nouveau Moïse annoncé par Dt 18 18. Seul, un nouveau Moïse pourrait changer la Loi. Mais étant originaire de Galilée, Jésus ne peut pas être ce Prophète attendu.

Pour étayer cette conclusion, les Pharisiens font appel à l'Écriture : « Scrute », disent-ils à Nicodème, c'est-à-dire « Scrute les Écritures » (cf. 5 39). A vrai dire, aucun texte des Écritures ne fait allusion à l'origine des prophètes, encore moins du Prophète semblable à Moïse dont parle Dt 18 18. Il semble que Jean II-B s'est contenté de transposer ici le thème concernant l'origine du Christ développé en 7 41b-42 ; d'après l'interprétation courante de Mi 5 1, le Messie, descendant de David, devait être de Bethléem. En 1 45-46, la réponse de Nathanaël était plus nuancée ! A Philippe, lui annonçant que l'on a trouvé « celui dont Moïse a écrit dans la Loi », c'est-à-dire le Prophète annoncé par Dt 18 18, et que ce Prophète n'est autre que Jésus de Nazareth, Nathanaël répond : « De Nazareth, peut-il y avoir quelque chose de bon ? » Nazareth était une bourgade trop infime pour avoir l'honneur de voir sortir de son sein « le Prophète » ; Nathanaël n'invoque pas l'autorité des Écritures.

Le récit de la guérison de l'infirme à la piscine de Béthesda se termine sur une condamnation sans appel de Jésus. La crise qui vient de se produire entre Jésus et « les Juifs » aura son dénouement dans la réunion du Sanhédrin qui le condamnera à mort (**11** 53).

C) LES REMANIEMENTS DE JEAN III

Jean III a coupé en deux le récit de Jean II-B ; il en a transféré toute la seconde partie au chapitre 7, regroupant ainsi de façon assez artificielle un certain nombre de thèmes analogues (cf. *supra*, III A 1), et a composé une nouvelle conclusion du miracle proprement dit (5 17-18) destinée à servir d'introduction au discours de 5 19-30, placé ici par Jean III.

1. Jésus se justifie d'avoir guéri un homme durant le sabbat en invoquant l'autorité de son Père : « Mon Père travaille jusqu'à maintenant, moi aussi je travaille » (5 17). Cette réponse ne peut se comprendre que dans le contexte de la pensée juive contemporaine. On lit en Gn 2 2-3 : « Dieu conclut au septième jour l'ouvrage qu'il avait fait, et au septième jour, il chôma, après tout l'ouvrage qu'il avait fait. Dieu bénit le septième jour et le sanctifia, car il avait chômé après tout son ouvrage de création » (cf. Ex 20 11). Comment comprendre ce « repos » de Dieu ? Pour la pensée juive, il n'était pas question de refuser à Dieu toute activité depuis la création du monde. Philon d'Alexandrie, par exemple, ne craint pas d'affirmer « Dieu ne cesse jamais de créer, mais, comme c'est le propre du feu de brûler et le propre de la neige de glacer, ainsi c'est le propre de Dieu de créer » (Leg. Alleg. 1 5-6). La littérature rabbinique cite le cas de quatre rabbins venus à Rome au début du deuxième siècle ; on leur demanda si Dieu observait sa propre loi, spécialement la loi du sabbat ; ils s'en tirèrent en montrant comment Dieu, tout en travaillant, n'excédait pas les limites permises (Exode Rabba 30 9). Plus tard, les rabbins distingueront entre l'œuvre créatrice et l'œuvre de « gouvernement » du monde : « Bien qu'il soit dit que Dieu

se reposa ce jour-là de tout travail, ceci ne concerne que la création du monde ; mais pas l'action envers ceux-là » (Genèse Rabba 11). C'est dans la ligne de ces textes que doit se comprendre la réponse de Jésus en Jn **5** 17, sans qu'il soit possible de préciser quel genre de « travail » est attribué à Dieu depuis que « le septième jour » du monde a commencé. Ce point est d'ailleurs secondaire. L'important, c'est que Jésus revendique ici une certaine égalité avec Dieu (cf. Ph **2** 6), thème qui sera développé en **5** 19 ss. Jean III en conclut que les Juifs cherchent à tuer Jésus beaucoup plus parce qu'il se prétend l'égal de Dieu que parce qu'il enfreint la loi du repos sabbatique (**5** 18).

2. Cette conclusion du miracle composée par Jean III (vv. 17-18) semble s'inspirer du récit de Lc **13** 10-17. Ce récit de la guérison d'une femme voûtée, le jour du sabbat, présente en effet des analogies certaines avec le récit de Jn **5** 1-18. La femme est malade depuis « dix-huit ans » (Lc **13** 11), le paralytique depuis « trente-huit ans » (Jn **5** 5). Dans les deux cas, Jésus effectue la guérison un jour de sabbat (Lc **13** 10 ; Jn **5** 9), ce qui provoque une réaction hostile du chef de la synagogue

(Lc), des Juifs (Jn). Enfin, l'un et l'autre récit contient une réflexion qui a même portée ; le chef de la synagogue déclare à la foule : « ... il y a six jours où il faut travailler ; venant donc ces jours-là, soyez guéris, mais pas le jour du sabbat » (Lc **13** 14) ; Jésus déclare aux Juifs : « Mon Père travaille jusqu'à maintenant, moi aussi je travaille » (Jn **5** 17). Plus théologique (cf. *supra*), la formule de Jn pourrait être une réinterprétation de celle de Lc ; ce n'est d'ailleurs pas le seul cas où Jean III harmonise son évangile sur la tradition synoptique (Introd., 5 a).

Le contexte de ce récit lucanien expliquerait aussi l'inversion par Jean III des chapitres **5** et **6**. Lc **13** 10-17 est précédé de la parabole du figuier, dont les « trois » ans accordés au vigneron évoqueraient le temps du ministère de Jésus (Lc **13** 6-9). En inversant les chapitres **5** et **6**, Jean III obtient un laps de temps semblable (Introd., 4 k). Sous l'influence de Lc, Jean III aurait donc composé sa nouvelle conclusion de la guérison du paralytique et inversé les chapitres **5** et **6** de manière à obtenir un temps du ministère de Jésus courant sur « trois » ans.

Note § **149**. *LE FILS REÇOIT POUVOIR DE JUGER* (Jn **5** 19-30)

La section de Jn **5** 19-30 est bien délimitée par l'inclusion que constituent les vv. 19 et 30 : « Le Fils ne peut rien faire de lui-même » « Je ne peux rien faire de moi-même ». Elle contient un discours de Jésus dans lequel celui-ci affirme avoir reçu pouvoir de donner la vie et de juger. Son étude est importante, car elle met en jeu tout le problème de l'eschatologie johannique.

« ... et ( ), ayant entendu, ils vivront. » Le texte couramment admis est une leçon facilitante ; parmi les morts, on a voulu établir une distinction entre ceux qui vivront et ceux qui ne vivront pas ; ne vivront que ceux qui auront entendu la voix du Fils de Dieu.

I. CRITIQUE TEXTUELLE

Au v. 25, la plupart des éditions critiques de Jn donnent le texte sous cette forme : « ... et ceux qui auront entendu vivront » (*kai hoi akousantes zèsousin*) ; le texte grec a un participe précédé de l'article, et il faudrait traduire très littéralement : « ... et les ayant entendu vivront ». Mais il faut supprimer l'article devant le participe, avec P⁶⁶ S *l* Tertullien, et traduire :

II. ANALYSES LITTÉRAIRES

Nous croyons pouvoir distinguer ici trois niveaux rédactionnels. Le noyau le plus ancien était formé des seuls vv. 24a et 30 et remonte à Jean II-A. Ce petit discours fut repris par Jean II-B qui en amplifia les thèmes par addition des vv. 19.21-23.24b.25-26. Jean III enfin ajouta les vv. 20 et 27-29 ; c'est lui qui donna sa place actuelle au discours. Voici comment se présentent ces divers niveaux rédactionnels.

II-A	II-B	III	
			Jésus répondit et leur disait :
		« En vérité, en vérité, je vous dis : Le Fils ne peut rien faire de lui-même qu'il ne verrait faire au Père ;	
19			car ce que Celui-là fait, le Fils aussi le fait pareillement.
20			Car le Père aime le Fils et lui montre tout ce qu'il fait,
			et il lui montrera des œuvres plus grandes encore, afin que vous vous étonniez.
21			Car comme le Père réveille les morts et les vivifie, ainsi le Fils aussi vivifie ceux qu'il veut.
22			Car le Père ne juge personne, mais il a donné au Fils tout le jugement,
23			afin que tous honorent le Fils comme ils honorent le Père ;
			qui n'honore pas le Fils n'honore pas le Père qui l'a envoyé.
24			En vérité, en vérité, je vous dis que celui qui écoute ma parole et croit
			à celui qui m'a envoyé a la vie éternelle (.)
			et il ne vient pas en jugement, mais il est passé de la mort à la vie.

II-A	II-B	III
25		En vérité, en vérité, je vous dis que l'heure vient et elle est maintenant lorsque les morts entendront la voix du Fils de Dieu et, ayant entendu, ils vivront.
26		Car comme le Père a la vie en lui, ainsi au Fils aussi il a donné d'avoir la vie en lui,
27		et il lui a donné pouvoir de faire jugement, parce qu'il est Fils de l'homme.
28		Ne vous en étonnez pas, parce que l'heure vient où tous ceux qui sont dans les tombeaux entendront sa voix,
29		et ils sortiront : ceux qui auront fait les bonnes choses, pour une résurrection de vie, ceux qui auront accompli les choses viles, pour une résurrection de jugement.
30		Je ne peux rien faire de moi-même : comme j'entends, je juge, et mon jugement est juste parce que je ne cherche pas ma volonté, mais la volonté de celui qui m'a envoyé. »

A) LE DISCOURS DE JEAN II-A

1. Les vv. 19-23 et 25-29 contiennent un discours dans lequel Jésus parle du Fils de Dieu ou du Fils de l'homme, en utilisant pour cela la troisième personne du singulier ; c'est un discours «impersonnel». Au v. 24, au contraire, Jésus parle de lui-même à la première personne du singulier : «... celui qui écoute ma parole et croit à celui qui m'a envoyé a la vie éternelle. » On se trouve devant un fragment qui n'appartient pas au même niveau rédactionnel que les vv. 19-23 et 25-29. Selon R.E. Brown, qui a bien vu la difficulté, ce v. 24 aurait constitué un logion isolé, plus au moins parallèle à celui du v. 25. Ce ne serait pas impossible, mais nous croyons pouvoir proposer une solution un peu différente. Il est remarquable en effet que le v. 30 soit formulé lui aussi à la première personne du singulier et commence exactement comme le v. 19, compte tenu du changement de personne : « Je ne peux rien faire de moi-même... » « Le Fils ne peut rien faire de lui-même... » Nous sommes en présence d'un doublet. En fait, les vv. 24 et 30a se complètent pour exprimer à la première personne du singulier les thèmes qui sont exprimés à la troisième personne aux vv. 19a et 25. Nous pensons donc que les vv. 24 et 30 formaient un même discours dont la suite se lisait aux vv. 31-32a, eux-mêmes formulés à la première personne.

Mais ajoutons tout de suite une précision. Le v. 24b s'accorde mal avec le v. 30a. D'une part, le mot «jugement» est pris en deux sens différents : au v. 24b, il s'agit de la condamnation qu'évite celui qui écoute la parole de Jésus ; au v. 30, il désigne l'action même de juger. D'autre part, selon 5 24, c'est le fait d'écouter la parole qui permet d'échapper à la condamnation ; le jugement est donc envisagé du seul côté de l'homme sans aucune intervention de Jésus. Selon 5 30, l'exercice du jugement est au contraire présenté comme une des fonctions de Jésus. Le v. 24b ne peut être de la même main que le v. 30 ; nous verrons plus loin les raisons de l'attribuer à Jean II-B.

2. Ce petit discours (vv. 24a.30) ne peut être du Document C' étant donné l'abondance de ses caractéristiques stylistiques. Au v. 24 : « En vérité, en vérité » (A 2*), « ma parole » (A 21), « celui qui croit » (E 10), « qui croit à celui qui m'a envoyé » (F 29* et A 3*), «avoir la vie éternelle » (B 2* et C 59* ; cf. F 6). – Au v. 30 : « je ne peux rien faire de moi-même » (A 76* et A 33*), « je juge » (E 14), « mon jugement » et « ma volonté »

(A 1*), « la volonté de celui qui m'a envoyé » (A 78 et A 3*). La proposition causale «parce que je ne cherche pas ma volonté, mais la volonté de celui qui m'a envoyé » est analogue à celle de **6** 38, que nous attribuerons à Jean II-A : « parce que je suis descendu du ciel, non pour faire ma volonté, mais la volonté de celui qui m'a envoyé. »

Le texte ne peut être que de Jean II-A, puisqu'il sera réinterprété au niveau de Jean II-B (cf. *infra*).

B) LE DISCOURS DE JEAN II-B

1. Selon Dodd, les vv. 19-20a exprimeraient une parabole pré-johannique reprise par Jn. Mais le v. 19 contient tant de caractéristiques stylistiques qu'il est impossible de l'attribuer à un autre que Jean II. En fait, Jean II-B a repris le discours composé par Jean II-A et l'a complété en ajoutant les vv. 19 (sauf la formule d'introduction), 21-23 et 24b-26, de façon à obtenir une structure en chiasme qui sera donnée plus loin. Les thèmes des vv. 30 et 24a (Jean II-A) se retrouvent en effet presque tous aux vv. 19, 22 et 25 :

Jn 5	Jn 5
30 « Je ne peux rien faire de moi-même :	19 « Le Fils ne peut rien faire de lui-même...
comme j'entends, je juge...	22 Car le Père... a donné au Fils tout le jugement...
24 En vérité, en vérité, je vous dis que	25 En vérité, en vérité, je vous dis que l'heure vient...
celui qui entend ma parole...	lorsque les morts entendront la voix du Fils de Dieu et,
a la vie éternelle. »	ayant entendu, ils vivront.»

Le discours de Jean II-A est réinterprété, d'une part en fonction des titres « le Père » et « le Fils » (vv. 19-23.26), d'autre part en référence implicite à 1 Co **15** 22 (vv. 21 et 26). Ces points seront précisés dans la dernière partie de cette note.

2. Voici les caractéristiques stylistiques des versets que nous attribuons à Jean II-B. Au v. 19 : « en vérité, en vérité »

(A 2*), « ne peut rien faire de lui-même » (A 76* et A 43**), « le Fils » (B 77**), « le Père » (B 73), « ne... pas... si... ne... pas » (C 62), particules *an ti* (C 44*), « celui-là » (B 17*). – Au v. 21 : « le Père » et « le Fils » (cf. *supra*), « réveiller des morts » (cf. F 38**). – Au v. 22 : « le Père » et « le Fils » (cf. *supra*), « juger » (E 14). – Au v. 23 : « le Père » et « le Fils » (cf. *supra*), « donner (v. 22)... afin que » (F 17), « qui t'a envoyé » (A 3*). – Au v. 24b : « passer » (A 117**), « vie » (F 6). – Au v. 25 : « en vérité, en vérité » (A 2*), « l'heure vient où » (B 7**), « écouter la voix » (F 8*). – Au v. 26 : « le Père » et « le Fils » (cf. *supra*), « avoir la vie en soi » (C 27, B 2* et F 6).

Au v. 21, les mots « comme... vivifie... ainsi aussi... vivifie... » sont repris de 1 Co **15** 22 (cf. *infra*) et cette influence paulinienne se situe au niveau de Jean II-B (Introd., 4 z). – Au v. 23, la structure de la phrase offre beaucoup d'analogies avec celle de 1 Jn **2** 23. – Au v. 24b, la phrase « il est passé de la mort à la vie » a son équivalent en 1 Jn **3** 14 : « nous savons que nous sommes passés de la mort à la vie » ; cette parenté avec le style de 1 Jn convient à Jean II-B (Introd., 8 q). Toujours au v. 24b, la phrase « ne vient pas en jugement » (« venir » + *eis* + substantif) doit être rapprochée de celle de Jn **1** 7, attribuée à Jean II-A : « celui-ci vint pour (*eis*) un témoignage. »

C) LES ADDITIONS DE JEAN III

1. C'est Jean III qui, ayant transféré au chapitre **7** la deuxième partie du récit de la guérison du paralytique (**5** 1 ss.), a obtenu la séquence actuelle du chapitre **5** et donc le lien entre le miracle et le discours qui commence en **5** 19.

a) La formule qui introduit le discours au v. 19, « Jésus donc répondit et leur disait », ne peut être attribuée à Jean II mais est de Jean III (cf. note § 148, III A 1).

b) Jean III a composé le v. 20 afin de faire le lien entre le discours des vv. 19-30, qui traite de la résurrection des morts, et le miracle raconté en **5** 1 ss. Les « œuvres plus grandes encore » que la guérison de l'infirme, ce sera la résurrection des morts dont il est question dans le discours, à partir du v. 21. Deux indices confirment l'attribution de ce v. 20 à Jean III. Il commence il est vrai par une phrase dont on trouve l'équivalent en **3** 35, texte de Jean II-B ; une traduction très littérale donnerait : « Car le Père aime le Fils et tout (il lui montre) » « Le Père aime le Fils et tout (il a donné) ». Il existe toutefois une différence importante entre les deux textes. Pour dire « aimer », on a le verbe *agapan* en **3** 35 et *philein* en **5** 20 (C 47) ; une telle utilisation du verbe *agapan*, surtout avec Dieu comme sujet (ou le Père), est typique du style de Jean II (B 26) ; on concevrait mal alors qu'il ait changé *agapan* en *philein* pour composer le v. 20. C'est Jean III qui effectue ce changement en imitant la phrase de **3** 35. Il agira de même lorsqu'il reprendra la formule « (le disciple) que Jésus aimait » dans une glose qu'il ajoute en **20** 2 ; au lieu de l'habituel *agapan*, de Jean II-B (**13** 23 ; **19** 26 ; **21** 7.20), il utilise *philein*. De même encore, en **16** 27, Jean III reprend le thème de **14** 21b, mais en changeant *agapan* en *philein*. Jean III n'aime pas le verbe *agapan* ! Par ailleurs, le thème

de « s'étonner » des « œuvres » (B 4) accomplies par Jésus (v. 20b) se lisait déjà au niveau de Jean II-B dans la finale du récit précédent : « J'ai fait une seule œuvre et vous êtes tous étonnés » (**7** 21) ; en transférant cette finale au chapitre **7**, Jean III en a gardé un écho dans le v. 20b.

2. Jean III a complété le discours de Jean II-B, en ajoutant les vv. 27-29.

a) Il est facile de constater que les vv. 26-29 répondent aux vv. 21-22.25 (Synopse, tome I, p. 131). Le v. 26 correspond au v. 21, avec en commun le thème de la vie et les formules « Comme... ainsi aussi ». Le v. 27 contient le même thème que le v. 22 : le Fils a reçu pouvoir de juger. Enfin le parallélisme entre les vv. 28-29 et 25 est évident. On serait donc tenté de considérer le discours des vv. 26-29 comme un doublet de celui qui est donné aux vv. 21-22.25. Nous allons proposer toutefois une solution un peu différente. Il faut, semble-t-il, dissocier le v. 26 des vv. 27-29. Entre les vv. 26 et 27, en effet, on passe brusquement du thème « le Fils », mis en parallèle avec « le Père », au thème « Fils de l'homme » (et il n'est plus question du « Père »). Ce brusque passage, comme l'ont bien vu, entre autres, Bultmann et Brown, reflète deux façons différentes de concevoir l'eschatologie ; d'une part, l'eschatologie déjà réalisée (v. 25), typique de Jean II-B ; d'autre part l'eschatologie traditionnelle héritée de Daniel (vv. 27-29), que Jean III a voulu réintroduire dans ce discours du Christ (cf. Introd., 7 h). Quant au v. 26, s'il est parallèle au v. 21, c'est parce qu'il forme inclusion avec lui dans le discours de Jean II-B, dans une structure en forme de chiasme (cf. *infra*). C'est ce parallélisme déjà existant entre les vv. 21 et 26 qui a donné à Jean III l'idée de composer les vv. 27-29 sur le modèle des vv. 22 et 25.

b) L'analyse stylistique des vv. 26-29 confirme les conclusions précédentes. On a vu au paragraphe précédent que le style du v. 26 s'harmonisait bien avec celui de Jean II-B. Il n'en va pas de même des vv. 27-29. Le v. 27 ne contient aucune caractéristique stylistique. Au v. 28, on a bien les expressions « l'heure vient » (B 7) et « entendre la voix » (F 8*), mais elles sont reprises du v. 25. Un indice confirme d'ailleurs que les vv. 25 et 28 ne furent pas écrits par le même auteur ; au v. 28, la formule « l'heure vient » est suivie des mots « dans laquelle » (*en hèi*) tandis que partout ailleurs on a, soit « lorsque » (*hote* ; cf. spécialement au v. 25), soit « que » (*hina*) ; Jean III reprend donc la formule du v. 25, mais avec une variante non johannique. Au même v. 28, le verbe « s'étonner », qui se lit 6 fois chez Jn, est suivi ici seulement de l'accusatif (0/0/2/1/1/1). Au v. 29, pour dire « sortir », au lieu du très johannique *exerchesthai* (29 fois), on a *ekporeuesthai* (5/11/3/2/3/9) qui ne se lit ailleurs chez Jn qu'en **15** 26, dans un passage que nous attribuerons, il est vrai, à Jean II-B (on notera de même que, pour dire « entrer », Jn a toujours *eiserchesthai*, 15 fois, et jamais *eisporeuesthai* : 1/8/5/0/4/0). Au même v. 29, le terme « vie » (F 6) est une caractéristique johannique mineure et l'expression « ceux qui auront accompli les choses viles » a son parallèle en **3** 20, un texte de Jean II-B (cf. D 6) ; mais Jean III n'aurait-il pas « imité » **3** 20 de même que, on l'a vu plus haut, il « imitait »

3 35 en 5 20 ? Ceci est d'autant plus vraisemblable que, au niveau de Jean II-B, 3 35-36 suivait immédiatement 3 19-21 (cf. note §§ 78.80, II C 1). En d'autres termes, pour composer ses vv. 20 et 27-29 du présent discours, Jean III reprend les textes, non seulement de 5 22.25, mais encore de 3 20.35.

Précisons un dernier point. L'insertion des vv. 27-29 obligeait Jean III à ajouter au v. 25 la glose « et elle est maintenant ». Cette glose permettait en effet de distinguer plus clairement les deux temps de l'eschatologie développée dans ce discours : l'eschatologie déjà réalisée (v. 25), typique de Jean II, et l'eschatologie héritée de Daniel, introduite par Jean III (vv. 27-29). En ajoutant cette glose, Jean III obtenait la formule « l'heure vient et elle est maintenant » qui se lisait déjà en 4 23, dans une addition que nous lui avons attribuée.

III. LE SENS DES DISCOURS

A) LE DISCOURS DE JEAN II-A

24a « En vérité, en vérité, je vous dis que celui qui écoute ma parole et croit à celui qui m'a envoyé a la vie éternelle.
30 Je ne peux rien faire de moi-même : comme j'entends, je juge, et mon jugement est juste parce que je ne cherche pas ma volonté mais la volonté de celui qui m'a envoyé. »

Ce discours comprend deux parties étroitement liées : la première concerne le don de la vie par le Christ (v. 24a), la seconde le jugement qu'il exerce (v. 30). La christologie de Jean II-A est influencée par le thème de Jésus nouveau Moïse (Introd., 5 f-i). Bien que moins sensible dans son expression, nous croyons que ce thème est présent ici aussi et qu'il permet de mieux comprendre le sens du discours.

1. Précisons d'abord un point de vocabulaire. Comme dans l'AT, le verbe « juger » et le substantif « jugement » ont souvent le sens chez Jn de « condamner » et « condamnation ». Une fois cette précision apportée, la signification du v. 24 lié au v. 30 est claire. Celui qui entend la parole de Jésus et croit à celui qui l'a envoyé a la vie éternelle ; il échappe à la condamnation à mort, comme l'explicitera Jean II-B en ajoutant le v. 24b : « il ne vient pas en jugement mais il est passé de la mort à la vie. » En revanche, on peut le conclure implicitement, celui qui refuse d'entendre la parole de Jésus demeure dans la mort, il est déjà condamné et le jugement du Christ (v. 30) ne fait que manifester ce qui est déjà accompli. La perspective est celle d'une eschatologie déjà réalisée.

2. Cette opposition entre la mort et la vie, implicite dans le discours de Jean II-A mais explicitée par Jean II-B (cf. v. 24b), ne se lit nulle part ailleurs dans les évangiles et dans les Actes ; elle constitue au contraire le fondement même du discours que Moïse prononce devant les Hébreux peu de temps avant sa mort : « Vois, je te propose aujourd'hui *vie* et bonheur, *mort* et malheur. *Si tu écoutes* les commandements de Yahvé ton Dieu que je te prescris aujourd'hui, *tu vivras* et tu multi-

plieras... Je te propose *la vie ou la mort*, la bénédiction ou la malédiction. Choisis donc *la vie*, pour que toi et ta postérité vous viviez, aimant Yahvé ton Dieu, *écoutant sa voix*, t'attachant à lui ; car là est *ta vie*... » (Dt 30 15-20). Pour éviter la mort et obtenir la vie, il faut écouter les commandements de Dieu, écouter la voix de Dieu, c'est-à-dire la Loi qui est aussi la Parole (Dt 30 11.14 ; cf. 32 46-47). Jadis, ce fut Moïse qui transmit aux Hébreux cette parole de Dieu qui permet de passer de la mort à la vie ; maintenant, c'est la mission de Jésus. Mais dans un cas comme dans l'autre, que ce soit Moïse qui parle ou que ce soit Jésus, c'est la parole de Dieu qui se fait entendre. Il n'y a pas de différence entre la parole de Jésus et celle de Dieu : « Je serai avec ta bouche, dit Dieu à Moïse, et je t'enseignerai ce que tu devras dire » (Ex 4 12 ; 7 2 ; cf. Jn 12 50b ; 8 28).

3. Le même thème est exprimé dans le texte fondamental qui annonce la venue du prophète semblable à Moïse : « Je leur susciterai du milieu de leurs frères un prophète semblable à toi (Moïse) ; je mettrai mes paroles dans sa bouche et il leur dira tout ce que je lui ordonnerai » (Dt 18 18). Les paroles du Prophète sont identiques aux paroles de Dieu. Ici cependant, il n'est pas question du don de la vie pour celui qui écoute la parole, comme dans Dt 30 15-20 ; l'insistance au contraire est sur le jugement qui va atteindre celui qui n'écoutera pas : « Si un homme n'écoute pas mes paroles que ce prophète aura prononcées en mon nom, alors, c'est moi-même qui en demanderai compte à cet homme » (Dt 18 19). De même en Jn 5 30, la deuxième partie du discours de Jésus est centrée sur le thème du jugement : « Je ne peux rien faire de moi-même : comme j'entends, je juge... » Jésus est chargé par Dieu de juger ceux qui refusent d'écouter sa parole, et donc qui refusent d'écouter la parole de Dieu qu'il transmet.

4. Ce n'est donc plus Dieu qui juge, c'est le Christ. N'oublions pas que le « jugement » était aussi une des fonctions attribuées par Dieu à Moïse, d'après Dt 1 9-18. Or, dans les conseils que Moïse donne à ceux qui sont chargés de l'aider à « juger » les Hébreux, on notera spécialement cette phrase : « Vous n'aurez pas peur des hommes, car le jugement est de Dieu » (Dt 1 17). Si Moïse et ceux qui l'aident exercent le jugement, ils ne doivent pas oublier que Dieu seul est le souverain juge et que tout jugement doit être l'exacte réplique de celui que Dieu aurait lui-même porté. C'est le thème fondamental de Jn 5 30 : « Comme j'entends, je juge, et mon jugement est juste parce que je ne cherche pas ma volonté, mais la volonté de celui qui m'a envoyé. » Jésus ne fait rien « de lui-même », de par sa propre volonté ; tout ce qu'il fait, en particulier le jugement de condamnation porté contre ceux qui refusent d'écouter la parole, n'est que l'expression de la volonté même de Dieu.

5. En définitive, toute l'activité de Jésus est conditionnée par le fait qu'il fut *envoyé* par Dieu ; tout ce qu'il fait, c'est en vue de réaliser sa mission. Sa volonté propre s'efface devant la volonté de celui qui l'a envoyé (5 30) et, en conséquence, tout homme doit croire en celui qui l'a envoyé pour

avoir la vie (**5** 24). On retrouve le thème qui domine tout le récit de la vocation de Moïse en Ex **3** 10-15 : « Maintenant, va, *je t'envoie* auprès de Pharaon, fais sortir d'Égypte mon peuple, les Israélites... Je serai avec toi et voici le signe qui te montrera que *c'est moi qui t'ai envoyé*... Voici ce que tu diras aux Israélites : 'Je suis' *m'a envoyé* vers vous... » Puis Dieu donne à Moïse le pouvoir d'accomplir trois « signes » qui forceront les Israélites à croire qu'il a bien été envoyé par Dieu (Ex **4** 1-9).

B) LE DISCOURS DE JEAN II-B

En complétant le discours de Jean II-A par addition des vv. 19.21-23 et 24b-26, Jean II-B obtenait un nouveau discours en forme de chiasme.

19 A) ( ) « En vérité, en vérité, je vous dis :
Le Fils ne peut rien faire de lui-même qu'il ne verrait faire au Père ; car ce que Celui-là fait, le Fils aussi le fait *pareillement*.

21 B) *Car comme le Père* réveille *les morts* et les *vivifie*, *ainsi le Fils aussi vivifie* ceux qu'il veut.

22 C) Car le Père ne juge personne, mais il a donné au Fils tout le *jugement*,

23 D) afin que tous honorent le Fils comme ils honorent le Père ; qui n'honore pas le Fils n'honore pas le Père qui l'a envoyé.

24 C') En vérité, en vérité, je vous dis que celui qui écoute ma parole et croit à celui qui m'a envoyé a la vie éternelle et il ne vient pas en *jugement*, mais il est passé de la mort à la vie.

25 B') En vérité, en vérité, je vous dis que l'heure vient, ( ) lorsque *les morts* entendront la voix du Fils de Dieu et, ayant entendu, *ils vivront*.

26 *Car comme le Père* a la vie en lui, *ainsi au Fils aussi* il a donné d'avoir la vie en lui.

30 A') *Je ne peux rien faire de moi-même :* *comme* j'entends, je juge, et mon jugement est juste parce que je ne cherche pas ma volonté, mais la volonté de celui qui m'a envoyé. »

Pour obtenir un discours en forme de chiasme, Jean II-B a ajouté en particulier le v. 24b. Avec la mention explicite du « jugement », il créait une correspondance entre les sections C et C'. On notera que ce v. 24b offre lui-même une structure en chiasme (Vanhoye) :

a la vie éternelle
et en jugement
il ne vient pas
mais il est passé
de la mort
à la vie.

Le parallélisme des phrases montre qu'il y a équivalence entre « jugement » et « mort ». Ce v. 24b ne fait qu'expliciter

l'opposition implicite entre la « mort » et la « vie » du v. 24a et qui constitue, comme nous l'avons vu, le fondement même du discours prononcé par Moïse en Dt **30** 15-20. L'insertion de ce v. 24b permettait donc à Jean II-B d'accentuer le thème de Jésus nouveau Moïse du discours de Jean II-A. Les autres amplifications introduites par Jean II-B ne transforment pas le sens des éléments qui constituent le discours de Jean II-A ; nous nous limiterons donc ici au commentaire de ces additions de Jean II-B.

1. LE FILS ET LE PÈRE

Dans le discours de Jean II-A, Jésus parlait à la première personne : « Je ne peux rien faire de moi-même... » ; il s'identifiait au nouveau Moïse envoyé par Dieu et donnant la vie à ceux qui entendent sa parole. Ici, Jésus parle de lui à la troisième personne en s'identifiant au Fils : « Le Fils ne peut rien faire de lui-même... » En face du Fils, et en étroite relation avec lui, il y a le Père. On notera cette insistance extraordinaire, au v. 19 d'abord, puis aux vv. 21-23 et encore 26, sur la juxtaposition des deux titres employés de façon absolue, sans déterminatif : « le Fils » et « le Père » (cf. encore en **3** 35 ; 1 Jn **2** 22-24 ; **4** 14 ; 2 Jn 9). Même si le Fils apparaît soumis au Père, puisqu'il ne fait rien que ce qu'il voit faire au Père, sa personnalité transcende les catégories humaines. D'aucun autre homme on ne pourrait dire « le Fils » en comparant son action à celle du Père. La relation entre « le Fils » et « le Père » se situe sur le plan de la divinité, puisque Jésus est « l'Unique Engendré » (**1** 14.18 ; 1 Jn **4** 9), puisque, comme le Père, il peut revendiquer le titre de « Dieu » (1 Jn **5** 20) et qu'il porte en lui le Nom ineffable (**8** 24.28.58 ; **13** 19 ; **18** 5).

2. LE DON DE LA VIE AUX HOMMES

Le v. 21 n'a pas de parallèle strict dans le discours de Jean II-A, mais il précise l'idée de « vie », exprimée en **5** 24a, en reprenant les termes de 1 Co **15** 22 :

Jn 5 21	1 Co 15 22
« Car comme (*hôsper gar*) le Père ressuscite	Car comme (*hôsper gar*)
	en Adam
les morts et les vivifie,	tous meurent,
ainsi aussi (*houtôs kai*) le Fils	ainsi aussi (*houtôs kai*) dans le Christ tous
vivifie (*zôopoiei*) ceux qu'il veut. »	seront vivifiés (*zôopoièthèsontai*)

a) La structure grammaticale « Comme... ainsi aussi » ne se lit ailleurs chez Jn qu'en **5** 26, qui forme inclusion avec ce verset ; elle se lit en revanche 8 fois chez Paul et 1 fois chez Jacques. De même, le verbe « vivifier » se retrouvera en Jn **6** 63, par influence paulinienne ; dans le NT, il ne se lit ailleurs que chez Paul (7 fois) et chez Pierre (1 fois). Notons enfin la séquence « ressusciter... vivifier », qui ne se lit ailleurs dans le NT qu'en Rm **8** 11 et surtout 1 Co **15** 43-45 qui appartient au même développement que **15** 22. L'emprunt de Jean à Paul est ici difficile à nier (Introd., 4 z). En reprenant la comparaison de Paul, Jean II-B en transpose la première partie de façon à l'adapter au v. 19 : il n'y a plus un parallélisme antithétique entre Adam et le Christ, mais un parallélisme d'action entre le Fils et le Père. Par ailleurs, lorsque Paul dit que « *tous* seront vivifiés » dans le Christ, il ne veut pas dire que tous les hommes, justes et injustes, obtiendront la vie ; il veut dire que tous ceux qui seront vivifiés, à savoir les justes, le seront « dans le Christ » ; Paul n'envisageait pas de résurrection des impies. Jn est plus clair lorsqu'il dit que le Fils vivifie « ceux qu'il veut », c'est-à-dire ceux qu'il a choisis pour être ses disciples (Jn **15** 16.19). Peut-être avons-nous ici aussi un écho d'une formule paulinienne ; en Rm **9** 18, Paul dit de Dieu : « Ainsi donc, il fait miséricorde à qui il veut et il endurcit qui il veut. » Même sur ce point, le Fils agit comme le Père.

b) Le pouvoir de vivifier les morts appartient essentiellement à Dieu, comme l'enseignait déjà l'AT (Dt **32** 39 ; 1 S **2** 6 ; 2 R **5** 7 ; Sg **16** 13). Si le Fils a même pouvoir, ce ne peut être que par « imitation » du Père (v. 19) ; en d'autres termes, c'est du Père qu'il tient ce pouvoir de vivifier les morts. Ce thème est d'ailleurs précisé au v. 26 : « Car comme le Père a la vie en lui-même, ainsi au Fils aussi il a donné pouvoir d'avoir la vie en lui. » On notera le jeu subtil des expressions. Le Père « donne » au Fils ; si donc le Fils vivifie, c'est parce qu'il a reçu ce pouvoir du Père. Mais ce don une fois fait, le Fils devient l'égal du Père : comme le Père, il a la vie en lui, il possède la vie et peut donc vivifier « qui il veut » (**5** 21). Puisque, comme le Père, le Fils a la vie en lui, le privilège de vivifier les hommes n'est plus l'apanage du Père ; le Fils le partage.

c) Le v. 25 reprend le thème du v. 24, compte tenu du v. 21 où il est question des « morts ». On retrouve le thème développé en Dt **30** 19-20 : « Choisis donc la vie... aimant Yahvé ton Dieu, entendant sa voix, t'attachant à lui ; car là est ta vie... » Jésus peut reprendre ce texte en se l'appliquant à lui-même, puisqu'il est « le Fils de Dieu ». Dans l'AT, Dieu vivifiait ceux qui entendaient sa voix (au sens de « écouter » « obéir à ») ; son Fils peut maintenant vivifier aussi ceux qui entendent sa voix. Mais il n'y aura pas à attendre la « fin des temps » pour retrouver la vie ! Tous ceux qui gardent la parole de Jésus ont déjà, en eux, la vie éternelle. Ce point sera précisé par Jean II-B dans l'entretien de Jésus avec Marthe, avant la résurrection de Lazare : le « dernier jour », celui de la résurrection, est déjà arrivé puisque Jésus *est* la résurrection (Jn **11** 23-27, voir le commentaire). Sur le sens dans lequel Jean II-B comprend l'eschatologie déjà réalisée, voir Introd., 7 g.

3. LE PÈRE A REMIS LE JUGEMENT AU FILS

De même que le Père a transmis au Fils son pouvoir de vivifier les morts, il lui a transmis aussi son pouvoir de « juger » (**5** 22-23). Le verbe « juger » doit se comprendre ici, comme presque partout ailleurs chez Jn, au sens de « condamner ». Ce n'est plus le Père qui condamne les impies, c'est maintenant le Fils. Il ne faut donc pas imaginer ici un « jugement général » exercé par le Fils au sens où le comprend Mt **25** 31-46, par exemple ; le Fils « condamne » les impies en ce sens qu'il leur refuse la vie dont eux-mêmes ne veulent pas puisqu'ils refusent d'écouter sa parole. En ce sens, le Fils vivifie « ceux qu'il veut » (**5** 21), ce qui implique aussi qu'il ne donne pas la vie à ceux à qui il ne veut pas la donner. Le Fils donne la vie ou la refuse à qui il veut ; mais il n'agit pas pour cela de façon arbitraire ! En fait, le Fils donne la vie à ceux qui gardent sa parole, et il refuse la vie à ceux qui ne gardent pas sa parole. L'homme reste responsable de son destin.

Si le Père a remis au Fils tout le jugement, c'est « afin que tous honorent le Fils comme ils honorent le Père » (v. 23). Il faut donner au verbe « honorer » son sens biblique fort. Lorsque Dieu prescrit à l'homme : « Tu honoreras ton père et ta mère » (Ex **20** 12), il lui demande de le respecter, ce qui implique obéissance. La pensée sémitique ignore les concepts abstraits. Honorer Dieu, c'est le reconnaître pour Dieu, et donc lui obéir comme au Maître absolu. Isaïe s'en prend à ceux qui honorent Dieu des lèvres seulement, en paroles, mais non par leurs actes, n'obéissant pas aux commandements de Dieu (Is **29** 13). Puisque le Père a remis au Fils tout le jugement, les hommes doivent « honorer » le Fils en gardant sa parole (cf. les vv. 24 et 25), de même qu'ils honorent le Père en gardant sa parole. Et puisque le Christ ne fait que nous transmettre la parole du Père, celui qui n'honore pas le Fils n'honore pas le Père qui l'a envoyé ; en ne gardant pas la parole du Fils, c'est la parole du Père qu'il ne garde pas (cf. Jn **14** 23 ; **7** 16).

C) LE DISCOURS DE JEAN III

C'est Jean III qui a placé le discours de Jean II-B immédiatement après le récit de la guérison de l'infirme à la piscine de Béthesda.

1. Pour faire le lien entre le discours et le récit, Jean III ajouta le début du v. 19, au style si particulier : « Jésus répondit et leur disait » (cf. *supra*), et surtout le v. 20, qui est un verset de liaison. Parce que le Père aime le Fils (cf. **3** 35), il lui montre tout ce qu'il fait, c'est-à-dire il lui apprend à faire tout ce qu'il fait. Cette phrase se rapporte au miracle qui précède : si Jésus a pu guérir l'infirme, c'est parce que le Père lui a « montré » comment guérir. Jean III ajoute : « et il lui montrera des œuvres plus grandes encore, afin que vous vous étonniez » ; ces « œuvres plus grandes », c'est la résurrection des morts dont il est parlé aux vv. 21 et 24 ss. Si les hommes montrent un étonnement admiratif devant une simple guérison (cf. **7** 21), que sera-ce lorsqu'ils verront le Fils redonner la vie aux morts ?

2. Mais la contribution la plus importante de Jean III au nouveau discours fut l'addition des vv. 27-29.

a) Les commentateurs ont reconnu depuis longtemps que les vv. 27-29 s'inspirent des prophéties de Daniel. En Dn 7 13-14, un *Fils d'homme* arrive jusqu'à l'Ancien des Jours (= Dieu) et on *lui donne pouvoir* et puissance. Mais d'après la suite des visions, ce Fils d'homme n'est autre que le peuple des Saints du Très-Haut à qui Dieu *donne le jugement* (Dn 7 22). C'est le thème que l'on trouve, appliqué au Christ, en Jn 5 27 : « Et *il lui a donné pouvoir de faire jugement* parce qu'il est *Fils d'homme.* » L'influence de Daniel est confirmée par un détail littéraire. Dans l'expression « Fils d'homme », le mot « homme » n'a pas l'article, comme en Dn 7 13 ; or cette particularité grammaticale ne se retrouve ailleurs dans le NT qu'en Ap 1 13 ; 14 14, deux textes qui dépendent de Dn 7 13 (cf. He 2 6, qui cite Ps 8 5). – Quant au v. 29, il reprend certainement Dn 12 2 : « Et beaucoup de ceux qui dorment dans la poussière de la terre ressusciteront, les uns pour une vie éternelle, les autres pour... une opprobre éternelle. »

b) Si cette partie du discours était isolée, son sens ne ferait pas de doute. Contrairement aux discours de Jean II, la perspective est celle d'une eschatologie non encore réalisée, telle que la concevait Daniel. Jean III ne dit plus « les morts », comme en 5 25, expression qui pouvait s'entendre au sens purement spirituel (cf. Col 2 13), mais il dit de façon plus précise : « ceux qui sont dans les tombeaux », ce qui ne peut se comprendre que des cadavres déposés dans la terre, comme en Dn 12 2. Depuis longtemps d'ailleurs, on a rapproché Jn 5 28-29 du récit de la résurrection de Lazare, dont ce passage s'inspire probablement :

Jn 5 28-29	Jn 11
... ceux qui sont dans les tombeaux entendront sa voix	38 Il vient au tombeau... 43 Il cria d'une voix forte : « Lazare, viens dehors ! »
et ils sortiront...	44 Le mort sortit...

Mais en Dn 12 2, il ne peut s'agir d'une résurrection des seuls corps, opposés à l'âme. La pensée sémitique ne distinguait pas l'âme du corps ; elle concevait l'homme dans une unité psychophysique et, pour elle, toutes les manifestations de la vie consciente de l'homme : intelligence, volonté, sentiments, n'étaient que des émanations de son être physique. En conséquence, lorsque l'homme meurt, il meurt tout entier. Plus exactement, il ne reste plus de lui qu'une ombre inconsistante perdue dans les ténèbres du Shéol, dépourvue de toute vie, de toute conscience, ombre qui n'a rien à voir avec l'âme telle que la concevait Platon, ou telle que nous la concevons maintenant. Dans cette perspective, la résurrection ne peut être une résurrection des seuls corps, mais elle est un retour à la vie de l'homme *tout entier.*

Une question se pose alors : quelle fut l'intention exacte de Jean III lorsqu'il ajouta les vv. 27-29 aux discours de ses prédécesseurs ? Deux hypothèses peuvent être envisagées. Selon la première, Jean III aurait simplement voulu réintroduire dans l'évangile de Jn le thème de l'eschatologie non encore réalisée *telle que la concevait Daniel* parce qu'elle était encore largement répandue dans le christianisme primitif (cf. Bultmann). Il ne cherche pas à faire une synthèse entre deux eschatologies de type différent, il les juxtapose. C'est pour répondre à la même préoccupation qu'il aurait ajouté dans le discours sur le pain de vie de Jn 6 le thème du Fils de l'homme et les expressions « je le ressusciterai au dernier jour » (voir note § 163). – Selon la seconde hypothèse, Jean III aurait cherché à faire une synthèse entre l'eschatologie déjà réalisée telle que la concevaient ses prédécesseurs et celle de Daniel ; aux discours de Jean II parlant d'une vivification des âmes, déjà réalisée en cette vie terrestre, il aurait ajouté les vv. 27-29, dont la phraséologie s'inspire de Daniel mais qu'il aurait compris dans le sens d'une résurrection *des seuls corps*, à la fin des temps.

Il est toujours délicat de retrouver l'intention réelle d'un auteur. On peut toutefois se demander pourquoi, si Jean III avait voulu parler d'une résurrection des seuls corps aux vv. 27-29, il n'a pas jugé utile d'introduire le mot « corps » dans son développement. Il faut reconnaître, au contraire, que la description de la résurrection eschatologique (vv. 28-29) évoque le retour à la vie de l'homme tout entier beaucoup plus qu'une résurrection des seuls corps. Dès lors, la première hypothèse envisagée plus haut semble la plus vraisemblable. Les points de vue de Jean II-B et de Jean III ne sont d'ailleurs pas contradictoires et une partie de la tradition chrétienne les a conciliés dans le sens de la deuxième hypothèse signalée plus haut.

Note § **150.** *LES TÉMOIGNAGES DE LA MISSION DU CHRIST* (Jn 5 31-47)

I. CRITIQUE TEXTUELLE

Jn 5 39 pose un problème de critique textuelle qui a une certaine importance pour la critique littéraire du texte johannique. Tous les manuscrits grecs lisent : « Vous scrutez les Écritures *parce que* vous pensez *en elles* avoir la vie *éternelle...* » Mais la tradition textuelle de l'évangile de Jn connaît un texte différent : « Vous scrutez les Écritures *dans lesquelles* vous pensez ( ) avoir la vie ( )... » Il est attesté par toutes les versions anciennes : latine (y compris Tertullien), syriaque, copte, arménienne, géorgienne, éthiopienne. Beaucoup hésiteraient à préférer le témoignage des versions à celui des manuscrits grecs ; mais ici, un témoin grec capital vient appuyer les versions : le papyrus Egerton 2, que l'on date maintenant des environs de l'an 125, soit au maximum 20 ou 30 ans après la publication de l'évangile de Jn. Son témoignage nous semble décisif pour préférer le texte donné par les versions.

Un détail stylistique vient d'ailleurs confirmer sur un point l'authenticité de ce texte. Une traduction très littérale donne : « la vie ( ) avoir », au lieu de « la vie *éternelle* avoir ». Mais partout ailleurs chez Jn, quand l'adjectif « éternelle » accompagne le mot « vie », on a l'ordre « avoir la vie éternelle », (7 fois sur 7 ; cf. B 2) ; en revanche, quand manque l'adjectif « éternelle », l'ordre le plus fréquent est « la vie ( ) avoir » (4 fois sur 6). Le texte attesté par le papyrus Egerton 2 et les versions est donc, sur ce point, conforme à l'usage johannique ; le texte attesté par l'ensemble des manuscrits grecs lui est contraire. On retiendra donc pour authentique le texte des versions, appuyées par le plus ancien témoin de l'évangile de Jn.

II. CRITIQUE LITTÉRAIRE

Si certains commentateurs ne mettent pas en doute l'unité du discours formé par Jn 5 31-47 (Spitta, Lagrange, Brown), d'autres ont pensé que l'évangéliste avait repris et considérablement amplifié un discours plus ancien (Wellhausen, Bultmann). La position que nous allons adopter se rapproche en partie de celle de Bultmann. Nous pensons que l'ensemble du discours peut être attribué à Jean II-B, sauf les vv. 31-32a. 37b qu'il a repris à Jean II-A.

A) UN DISCOURS COMPOSÉ PAR JEAN II-A

Selon Bultmann, l'évangéliste (pour nous Jean II-B) aurait repris à sa source (pour nous Jean II-A) les vv. 31-32.37b. 39-40. Laissons de côté pour l'instant le problème des vv. 39-40 et analysons la séquence constituée par les vv. 31-32.37b.

1. Le principal argument pour relier directement le v. 37 aux vv. 31-32 est la « reprise » du thème du v. 32a au v. 37a (Introd., 1 f). Au v. 32a, cet « autre » qui rend témoignage à Jésus ne peut être que Dieu, bien qu'il ne soit pas explicitement nommé ; personne ne le conteste. Aux vv. 33-35, il ne s'agit plus du témoignage de Dieu, mais de celui de Jean-Baptiste. De même, le v. 36 invoque le témoignage des œuvres. Mais au v. 37, il est de nouveau question du témoignage du Père. Le v. 37a : « Et le Père qui m'a envoyé, celui-là m'a rendu témoignage » ressemble à une cheville rédactionnelle destinée à « reprendre » le fil du discours (vv. 31-32) interrompu par l'insertion des vv. 33-36. On aurait donc eu un texte plus ancien que celui du discours actuel, constitué au plus par les vv. 31-32.37b-38.

2. Cette hypothèse se trouve confirmée par la comparaison de Jn 5 31-32.37b avec 8 54-55a (texte duquel nous enlevons une courte glose de Jean III ; voir note § 261, II C 2) et 8 14a.16b-19 (8 14b-16a est un corps étranger inséré plus tard ; cf. note §§ 257-260, II B 2 *a aa*). Mettons ces trois textes en parallèle.

Jn **5**	Jn **8**	Jn **8**
31 « Si je me rends témoignage mon témoignage n'est pas vrai ;	54 « Si je me glorifie, ma gloire n'est rien ;	14a « Même si je me rends témoignage vrai est mon témoignage 16b parce que je ne suis pas seul, mais moi et celui qui m'a envoyé. 17 Et dans votre Loi il est écrit que le témoignage de deux hommes est vrai.
32 autre est celui qui me rend témoignage et je sais que vrai est le témoignage qu'il me rend ;	c'est mon Père qui me glorifie ( ).	18 Je suis celui qui me rend témoignage et me rend témoignage le Père qui m'a envoyé. »
37 ( ) ni vous n'avez jamais entendu sa voix, ni vous n'avez vu son apparence.»	55 et vous ne l'avez pas connu... »	19 Ils lui disaient donc : « Où est ton Père ? » Jésus répondit : « Vous ne connaissez ni moi ni mon Père... »

Même si 8 14a.16b-19 est une amplification de 5 31-32.37b, faite en fonction d'un texte du Deutéronome, il est évident que ces trois textes ont une séquence analogue ; ils se terminent tous les trois par la même affirmation : les Juifs ne connaissent pas Dieu, Jn 5 37b ayant sensiblement le même sens que 8 55 et 8 19, mais en rapport avec un événement plus

précis, comme nous le verrons dans la troisième partie de cette note.

La comparaison de ces trois textes suggère l'hypothèse suivante. Au niveau primitif, on devait lire en 5 32 : « (Mon Père) est celui qui me rend témoignage », comme on a en 8 54 : « Mon Père est celui qui me glorifie. » Cette reconstitution est confirmée par le doublet de Jn **8** 18b où on retrouve le terme « Père » dans les expressions : « et me rend témoignage le Père qui m'a envoyé. » Quand le texte de Jn **5** 31-32.37b fut complété par l'insertion des témoignages de Jean et des œuvres, on aurait substitué au sujet primitif « mon Père », qui se retrouve d'ailleurs dans la « reprise » du thème au v. 37a, le pronom « Autre » pour obtenir un climax dans la succession des témoignages et créer un « suspense » : cet « Autre » qui rend témoignage à Jésus (v. 32), le lecteur va penser que c'est Jean (v. 33), mais ce n'est pas Jean (vv. 34-35), ni les œuvres (v. 36), c'est le Père qui l'a envoyé (v. 37). L'effet obtenu est bien meilleur.

3. Bultmann n'attribue pas à la source, mais à l'évangéliste, le v. 38 qui semble pourtant former la suite du v. 37. Nous croyons effectivement qu'il est, non de Jean II-A, mais de Jean II-B. D'une part, il introduit un thème différent (cf. *infra*) ; d'autre part, il a un style proche de celui de 1 Jn, ce qui indiquerait une rédaction faite plutôt par Jean II-B (Introd., 8 q). La phrase « et vous n'avez pas sa parole demeurant en vous » a même structure et en partie même vocabulaire que celle de 1 Jn **3** 15 : « ... tout tueur d'homme n'a pas la vie éternelle demeurant en lui. » La seconde partie du v. 38 devrait se traduire très littéralement : « puisque celui que Celui-là a envoyé, à lui vous ne croyez pas » ; la proposition relative est construite en *casus pendens* sur le démonstratif *houtos* (« à lui »), ce qui dénote plutôt le style de Jean II-B. Ce v. 38b ressemble d'ailleurs à Jn **6** 29b, texte que nous attribuerons à Jean II-B : « ... que vous croyiez en celui que Celui-là a envoyé. » On notera enfin que le v. 38a : « vous n'avez pas sa parole demeurant en vous », doit être rapproché du v. 42, que nous attribuerons aussi à Jean II-B : « mais je sais que vous n'avez pas l'amour de Dieu demeurant en vous. » On rapprochera ces deux phrases de 1 Jn **1** 10 et **2** 5 : « ... et sa parole n'est pas en nous » « en celui-ci l'amour de Dieu est parfait. »

4. Bultmann, avec hésitation il est vrai, garde au texte de sa source le v. 32b : « ... et je sais que vrai est le témoignage qu'il me rend. » Nous pensons au contraire que le v. 32b doit être dissocié des vv. 31-32a. Il n'a pas de parallèle dans le texte de Jn **8** 54-55 auquel nous avons comparé plus haut **5** 31-32.37b ; il n'a pas de parallèle non plus en **8** 14a.16-19, texte qui reprend celui de **5** 31-32a.37b ; il est évident d'ailleurs que, sans ce v. 32b, le passage est beaucoup plus facile entre le v. 32a et le v. 37b. Nous pensons donc que le v. 32b est une addition de Jean II-B, que l'on rapprochera de textes tels que Jn **21** 24 et 3 Jn 12. On notera aussi la finale de ce v. 32b, qui devrait se traduire très littéralement « ... le témoignage qu'il a témoigné à mon sujet » ; or l'expression « témoigner un témoignage » est une caractéristique stylistique propre à Jean II-B (A 144**). Si Jean II-B utilise ici cette expression complexe, c'est probablement pour obtenir une structure en chiasme, dont il est friand (Introd., 7 y) :

Si je témoigne de moi-même,
    mon témoignage
        n'est pas vrai ;

    autre est celui qui témoigne de moi
      et je sais que vrai
        est le témoignage
qu'il témoigne de moi.

5. Le style de Jean II se retrouve tout au long de Jn **5** 31-32a.37b. Aux vv. 31 et 32a : « rendre témoignage à » (A 4*). Au v. 31 : « me » (= moi-même ; F 2), « témoignage » (C 1), « vrai » (C 36), et ces deux mots liés ensemble (B 20*). Au v. 37b : « entendre la voix » (F 8*), « ne... jamais » (B 44*), « voir » au parfait (B 82).

B) LES ADDITIONS DE JEAN II-B

Nous venons de reconnaître l'existence d'un discours plus ancien que nous avons attribué à Jean II-A ; les développements ultérieurs ne peuvent être que de Jean II-B ou de Jean III. Mais, nous le verrons dans la dernière partie de cette note, la théologie de ces importantes additions convient, non à Jean III, mais à Jean II-B qui aurait donc composé tout le reste du discours. Nous ne reviendrons pas ici sur les vv. 32b.37a et 38 que nous lui avons attribués en reconstituant le texte de Jean II-A.

1. Le développement sur le témoignage du Baptiste (**5** 33-35) est certainement de Jean II-B. Ce passage fait allusion aux événements racontés en Jn **1** 19 ss. ; or, c'est un procédé littéraire de Jean II-B de renvoyer ainsi à des événements antérieurs ou à des paroles déjà prononcées. On a vu d'ailleurs à la note §§ 19-25 que le thème du « témoignage » de Jean-Baptiste avait été systématisé dans le récit du chapitre **1** au niveau de Jean II-B. Le style de **5** 33-35 s'apparente à celui des épîtres johanniques. Les vv. 34a et 36a ont leur parallèle en 1 Jn **5** 9 :

Jn 5	1 Jn 5 9
34a « Mais moi, je ne reçois pas le témoignage d'un homme...	Si nous recevons le témoignage des hommes,
36a Mais moi, j'ai un témoignage plus grand que celui de Jean... »	le témoignage de Dieu est plus grand.

Au v. 34, la formule « recevoir de » (*lambanein para*) se lit ailleurs chez Jn en **5** 41.44 et **10** 18, textes de Jean II-B, et en 2 Jn 4 ; dans le NT, elle se retrouve en Lc **6** 34 ; Ac **2** 33 ; **3** 5 ; **17** 9 ; **20** 24 ; Jc **1** 7 ; 1 P **1** 17 ; Ap **2** 28. Enfin, au v. 35, la construction grecque traduite par « qui brûle et qui luit » (*ho kaiomenos kai phainôn*) a son équivalent en **3** 29 et **12** 29, textes de Jean II-B.

2. Le v. 36 parle du témoignage des œuvres. Comme les vv. 33-35, il est inséré dans la structure du texte de Jean II-A constitué par les vv. 31-32a.37b et doit donc être d'un niveau postérieur. Nous le croyons également de Jean II-B. C'est

évident pour le v. 36a, qui ne peut être dissocié des vv. 33-35 ; on vient de voir d'ailleurs que ce v. 36a complète le v. 34a pour former un parallèle à 1 Jn 5 9. Quant au v. 36b, il offre de nombreux parallèles avec d'autres textes de Jean II-B. Le texte le plus proche est 10 25 : « Les œuvres que je fais au nom de mon Père me rendent témoignage. » Mais on pourra rapprocher aussi 5 36 de 17 4 : « ... ayant achevé l'œuvre que tu m'as donné à faire » ; malgré le changement de place du verbe « achever » la parenté des phrases est indéniable. On comparera encore la formule « les œuvres que m'a donné le Père à achever » avec celle de 18 11 : « La coupe que m'a donnée le Père », texte de Jean II-B. Notons enfin que le verbe « témoigner » est suivi d'un double complément : le pronom « me »(*peri mou*) et la proposition complétive introduite par « que » (*hoti*) ; le seul autre cas se lit en Jn 7 7, un texte de Jean II-B.

3. Le v. 39 apporte un dernier témoignage en faveur de Jésus : celui des Écritures. Le v. 40 lui est étroitement lié : Jésus reproche aux Juifs de ne pas venir à lui pour avoir la vie (v. 40), qu'ils cherchent vainement dans les Écritures (v. 39). Bultmann attribue ces deux versets à la source de Jn. Le style est cependant incontestablement johannique et dénote plutôt celui de Jean II-B. Au v. 39, le verbe « scruter », rare dans le NT (*eraunaô* : 0/0/0/2/0/4), se lit encore en Jn 7 52, dans un contexte analogue ; or, nous l'avons vu, ce texte est de Jean II-B. Le verbe « penser » (*dokein*), suivi de l'infinitif, est utilisé volontiers par Lc (1/1/5/2/3/17) ; il ne se lit ailleurs chez Jn, ainsi construit, qu'en 16 2, que nous attribuerons à Jean II-B. Au v. 40, la phrase « et vous ne voulez pas venir à moi afin d'avoir la vie » a une structure très proche de celle de 10 10 : « Je suis venu afin qu'elles aient la vie », texte que nous attribuerons aussi à Jean II-B ; ce sont les seuls passages du NT où l'on trouve la séquence : « venir... afin d'avoir la vie. »

4. Toute la seconde partie du discours (vv. 41-47) porte la marque du style de Jean II-B. Aux vv. 41 et 44, on retrouve la formule « recevoir de » (*lambanein para*), comme en 5 34, de Jean II-B ; le thème de ces deux versets se retrouvera en 12 43, un texte de Jean II-B. – Au v. 42, la phrase « vous n'avez pas l'amour de Dieu en vous-mêmes » peut être rapprochée de celle de 1 Jn 2 15 : « l'amour du Père n'est pas en lui ». – Au v. 43, la formule « au nom de mon Père » ne se lit ailleurs dans tout le NT qu'en Jn 10 25, que nous attribuerons à Jean II-B. – Au v. 44, l'expression « chercher la gloire de » se lit encore en Jn 7 18 et 8 50, deux textes de Jean II-B (le thème est analogue à celui de 7 18). – Le thème général des vv. 45-47 est celui d'un procès engagé entre Jésus et les Juifs, ce qui correspond à la structure de l'évangile composé par Jean II-B (cf. *infra*). Au v. 45, on notera que le verbe « espérer » (*elpizô*) ne se lit ailleurs dans les écrits johanniques qu'en 2 Jn 12 et 3 Jn 14. – Au v. 47, le terme *gramma*, pour désigner les Écritures, ne se lit ailleurs chez Jn qu'en 7 15, de Jean II-B. La phrase « Si à ses écrits *vous ne croyez pas*, *comment* à mes paroles *croirez-vous ?* » a même structure et en partie même vocabulaire que celle de Jn 3 12, que nous avons attribuée à Jean II-B : « *Si* les choses terrestres je vous ai dit et *vous ne croyez pas*, *comment* si je vous dis les célestes *croirez-vous ?* »

5. Voici les caractéristiques stylistiques de ces additions de Jean II-B. Au v. 32b : « savoir » (F 25), « vrai est le témoignage » (B 20* ; cf. C 1 et 36), l'expression traduite littéralement « le témoignage qu'il témoigne » (A 144**), « témoigner de » (A 4*). – Au v. 33 : « rendre témoignage à la vérité » (A 115** et E 3*). – Au v. 34 : « recevoir le témoignage » (A 62* ; cf. C 1). – Au v. 35 : « celui-là » (C 37), « lumière » (F 24*). – Au v. 36 : « témoignage » (C 1), « œuvres » (B 4), à deux reprises « le Père » (B 73), « donner à » (= donner afin que ; F 17), « achever » (F 19*), « les œuvres... que je fais » (B 101 ; cf. B 4), « me rendent témoignage que » (A 4* et C 83** ; cf. C 58*), « envoyer » (B 34). – Au v. 37a : « le Père qui m'a envoyé » (B 73 et A 3*), « celui-là » (B 17* et B 33), « m'a rendu témoignage » (A 4* ; cf. C 58*). – Au v. 38 : « demeurer en (vous) » (B 15**), « croire en celui » (F 29*), « Lui » (= celui-là ; B 17*), « envoyer » (B 34). – Au v. 39 : « scruter » (D 4**), « avoir la vie » (B 2* ; cf. F 6), « elles » (= celles-là ; C 37), « me rendent témoignage » (A 4* ; cf. C 58*). – Au v. 40 : « venir à moi » (F 14*), « venir... afin de » (B 76), « avoir la vie » (B 2* ; cf. F 6). – Au v. 42 : le verbe « connaître » employé au parfait (B 75*), « avoir en soi » (C 27), « l'amour de Dieu » (C 74** ; cf. E 11**), la construction grammaticale appelée prolepse (F 37*). – Au v. 43 : à deux reprises « au nom de » (F 21**), « vous ne me recevez pas » (A 25*), « propre » (C 53*), « celui-là », rendu ici par le simple pronom « le » (C 37). – Au v. 44 : « Comment pouvez-vous croire » (C 73* et F 20), « chercher gloire » (C 28**), « de Dieu » (B 84). – Au v. 45 : « le Père » (B 73). – Au v. 46 : la conjonction « si » suivie de *an* dans l'apodose (F 27), « croire à Moïse (ou en moi) » (F 29*), « celui-là » (C 37). – Au v. 47 : « celui-là » rendu par le possessif « ses » (C 37), « croire à ses écrits (ou à mes paroles) » (C 42**). Le style de ces versets est incontestablement johannique, et les nombreuses caractéristiques stylistiques propres à Jean II-B confirment leur attribution à cet évangéliste.

III. LE SENS DES DISCOURS

A) LE DISCOURS DE JEAN II-A

31 « Si je me rends témoignage, mon témoignage n'est pas vrai.
32 (Mon Père) est celui qui me rend témoignage ( ),
37 ( ) ni vous n'avez jamais entendu sa voix, ni vous n'avez vu son apparence. »

Jésus vient de revendiquer le droit de juger les hommes (5 30) et il affirme que son jugement est juste parce qu'il ne recherche que la volonté de celui qui l'a envoyé. Les Juifs ne seraient-ils pas en droit de lui reprocher de se rendre témoignage à lui-même ? Jésus va au-devant de ce reproche en affirmant qu'il se réfère, non à son propre témoignage, mais à celui de son Père.

La difficulté de ce petit passage se trouve au v. 37b. Certains ont voulu interpréter ce texte en référence à la manifestation de Dieu sur le Sinaï racontée en Ex 19 9.19 et à laquelle Dt 4 12 fait allusion en ces termes : « Yahvé vous parla alors du milieu du feu ; vous entendiez le son des paroles mais vous n'aperceviez aucune forme, rien qu'une voix. » Dans ce texte, il est certes question de la « voix » de Dieu et de sa « forme » ou « apparence » ; mais contrairement à ce que suppose Jn 5 37b, il est dit explicitement que les Hébreux entendirent cette voix de Dieu. Il n'est donc pas possible d'interpréter Jn 5 37b en fonction de Dt 4 12.

Un autre épisode se présente à l'esprit : celui du baptême de Jésus raconté en Mc 1 9-11 et par. Selon Mt 3 17, une voix se fait entendre du ciel : « Celui-ci est mon Fils bien-aimé en qui je me suis complu » ; c'est évidemment la voix du Père. Par ailleurs, l'Esprit de Dieu descend sur Jésus comme une colombe, ou, précise Lc 3 22, « sous forme corporelle », c'est-à-dire avec une « apparence » corporelle. Ne serait-ce pas là le double témoignage donné par le Père à Jésus, que les Juifs n'ont su ni entendre ni voir ?

Mais on notera la précision donnée à propos de la seule « voix » de Dieu : « ... ni vous n'avez *jamais* entendu sa voix. » L'incompréhension des Juifs devant le témoignage donné au baptême de Jésus vient au terme d'une longue suite de refus. Une des clauses de l'Alliance ancienne, c'était que le peuple « écoute » la voix de Dieu, c'est-à-dire obéisse à ses commandements (Ex 19 5 ; 15 26). Mais les Hébreux n'ont jamais voulu « écouter la voix » de leur Dieu et, pour les punir, Dieu a frappés ; ce thème revient sans cesse sur les lèvres du prophète Jérémie (3 25 ; 7 28 ; 9 12 ; 32 23 ; 40 3 ; 42 21 ; 44 23 ; cf. Ba 1 18 - 2 10 ; Dt 28 1.15.62 ss.). Si les Juifs refusent d'entendre la voix qui a proclamé « Celui-ci est mon fils bien-aimé en qui je me suis complu », nul ne doit s'en étonner ; ils agissent comme avaient agi leurs pères avant eux.

B) LE DISCOURS DE JEAN II-B

Sauf les vv. 31-32a et le thème du v. 37b, repris de Jean II-A, l'ensemble du discours contenu en 5 31-47 est de Jean II-B. Il se compose de deux parties : Jésus énumère d'abord les divers témoignages qu'il peut invoquer en sa faveur (5 31-40) ; il reproche ensuite aux Juifs leur incrédulité qui les fera condamner devant le tribunal de Dieu, après avoir donné la raison de cette incrédulité (5 41-47).

1. LES TÉMOIGNAGES (5 31-40)

a) Le discours commence de façon négative : si Jésus se rendait témoignage, son témoignage ne serait pas vrai (5 31) ; mais heureusement, c'est un autre qui lui rend témoignage (5 32a). Quel est cet autre ? On ne le saura explicitement qu'au v. 37, quand viendra le thème du témoignage du Père. Jean II-B va élargir la perspective du discours de Jean II-A en ajoutant, pour garantir l'authenticité de la mission de Jésus, le témoignage du Baptiste (5 33-35), celui des œuvres (5 36) et celui des Écritures (5 39-40). Quant au témoignage

du Père (5 37-38), il le concevra de façon différente de ce qu'il était au niveau primitif.

Après avoir fait allusion au témoignage de cet « autre » qui ne peut être que Dieu, Jésus ajoute : « ... et je sais que vrai est le témoignage qu'il me rend » (5 32b). A cette affirmation fera écho, à la fin de l'évangile, celle de 21 24 : « C'est le disciple qui témoigne de ces choses, et nous savons que son témoignage est vrai. » La foi des chrétiens est confirmée par deux ordres de témoignage. D'une part, Dieu a rendu témoignage à Jésus, ce qui signifie qu'il l'a reconnu pour son envoyé, pour celui qui parle et agit en son nom ; d'autre part, le disciple bien-aimé a rendu témoignage de ce qu'il a vu et entendu, des paroles et des actions de Jésus : ce sont elles qui sont consignées dans cet évangile. Le chrétien de tous les temps est donc sûr, en se référant à cet évangile, de connaître ce que Dieu a voulu dire aux hommes par l'intermédiaire de son envoyé : Jésus.

b) Avant de développer en quel sens il comprend le témoignage que Dieu a rendu à Jésus, Jean II-B mentionne le témoignage que le Baptiste a rendu à Jésus (5 33-35).

ba) Jésus commence par dire aux Juifs : « Vous avez envoyé vers Jean et il a rendu témoignage à la vérité » (5 33). Cette phrase renvoie aux événements racontés en Jn 1 19-34. Les Juifs de Jérusalem ont pris l'initiative de mener une enquête officielle sur l'activité de Jean-Baptiste, et donc sur sa véritable personnalité (1 19-22). En fait, cette enquête va donner à Jean l'occasion de remplir la mission dont Dieu l'a chargé : manifester le Messie à Israël (1 31). Il le fait en rendant *un témoignage :* il atteste solennellement qu'il a vu l'Esprit descendre et demeurer sur Jésus (1 32-34) et qu'il en a tiré la conclusion qui s'imposait : Jésus est « l'agneau de Dieu » (1 29), il est « l'Élu de Dieu » (1 34). Tel est le témoignage que le Baptiste a rendu à Jésus.

Jésus est donc celui que Dieu a envoyé pour mener à bien l'œuvre de salut concernant le monde (4 34 ; 17 4). En rendant témoignage à Jésus, Jean-Baptiste a donc rendu témoignage à la vérité (5 33b), qu'il faut comprendre ici comme la fidélité de Dieu à ses promesses de salut (Ps 132 11 ; 91 4 ; 31 6 ; Ex 34 6-7 ; Dt 7 9). La manifestation de Jésus comme Messie est le premier acte de cette « vérité » de Dieu qui entreprend le salut de l'humanité. Avant de mourir, Jésus pourra dire de même que, par toute sa vie, il a « rendu témoignage à la vérité » (Jn 18 37), à la volonté de Dieu de sauver les hommes.

Jn 5 33 offre un nouvel exemple de l'ironie johannique à l'égard des dirigeants juifs, qui court tout au long de l'évangile. Avant de condamner leur incrédulité (5 41-47), il leur fait remarquer qu'ils ferment les yeux devant ce témoignage que le Baptiste a rendu à Jésus et qu'ils ont eux-mêmes provoqué de façon officielle ! En refusant de croire à Jésus, les Juifs s'enferment dans leurs propres contradictions. Ils s'excluent eux-mêmes de ce véritable « Israël » pour lequel le Baptiste a manifesté Jésus de la part de Dieu (1 31.47).

bb) Jésus ajoute : « Mais moi, je ne reçois pas le témoignage d'un homme, mais je dis cela pour que vous soyez sauvés » (5 34). S'il a mentionné ce témoignage de Jean-Baptiste, qui n'était qu'un homme, c'était pour être complet, pour rentrer dans le jeu des Juifs qui avaient eux-mêmes provoqué ce témoignage. Bénéficiant du témoignage de Dieu, Jésus n'a pas à invoquer le témoignage d'un homme. Mais qui sait ! Les Juifs se laisseront peut-être convaincre par ce témoignage d'un homme qu'ils tenaient en si grande estime.

bc) Le v. 35 a pour but de rappeler en quelle estime les Juifs tenaient le Baptiste : « Celui-là était la lampe qui brûle et luit (*ho lychnos ho kaiomenos kai phainôn*), tandis que vous, vous avez voulu pour un temps vous réjouir à sa lumière. » Les termes utilisés ici par Jean II-B font allusion à plusieurs textes de l'AT. En Si **48** 1, il est dit d'Élie : « Alors le prophète Élie se leva comme un feu, sa parole brûlait comme une lampe (*hôs lampas ekaieto*). » Jean-Baptiste ne serait-il pas cet Élie chargé de préparer l'avènement du Royaume (Ml **3** 23-24) ? Mais on notera qu'en Jn **5** 35, pour dire « lampe », au lieu de *lampas* on a *lychnos*. Dans la Bible grecque, ce terme avait une résonance messianique, lié qu'il était aux promesses faites à David et à sa descendance (1 R **11** 36 ; 2 R **8** 19 ; 2 Ch **21** 7 ; 2 S **21** 17). Mais c'est à Ps **132** 17 que Jean II semble se référer ici plus spécialement : « Là, je susciterai une lignée à David, j'apprêterai une lampe (*lychnos*) pour mon Messie. » En reconnaissant en Jean-Baptiste cette lampe que Dieu a apprêtée pour son Messie, les Juifs auraient été mis sur la voie du salut et leur joie n'aurait pas été que passagère.

c) Le Baptiste a rendu témoignage à Jésus, mais celui-ci peut revendiquer un témoignage plus grand encore (**5** 36a), parce qu'il vient directement de Dieu : c'est le témoignage des œuvres. Comme dans le cas de Moïse, les « œuvres » accomplies par Jésus ne sont autres que les « signes » effectués avec la puissance même de Dieu (Dt **11** 3.7). Car, pas plus que Moïse, Jésus ne peut accomplir ces « œuvres » sans le secours de Dieu : « A ceci vous connaîtrez que Yahvé m'a envoyé accomplir toutes ces œuvres, et que (je ne les fais) pas de moi-même » (Nb **16** 28 ; cf. Jn **5** 19). Si Jésus peut faire des œuvres que nul autre n'a faites (Jn **15** 24), c'est parce que Dieu demeure en lui et agit en lui (**14** 10). Ces œuvres témoignent donc bien que le Père a envoyé Jésus (**10** 25), car aucun homme ne pourrait les accomplir si Dieu n'est pas avec lui (**3** 2 ; **9** 33).

d) Aux vv. 37-38, Jean II en vient plus directement au témoignage que le Père a rendu à Jésus (**5** 37a). En reprenant le thème du discours primitif, en référence au baptême de Jésus (cf. *supra*), il le complète en ajoutant le v. 38 : « ... et vous n'avez pas sa parole demeurant en vous, puisque vous ne croyez pas en celui qu'il a envoyé. » C'est le thème de Jésus nouveau Moïse qui affleure à nouveau ici ; le signe que les Juifs n'ont pas la parole de Dieu demeurant en eux, c'est qu'ils ne croient pas en celui que Dieu a envoyé ; de même, jadis, les Hébreux ne se décidaient pas à croire (Ex **4** 1.8-9) en la mission de Moïse (Ex **3** 10.12-13). En Jn **6** 29, Jésus dira encore aux Juifs : « Telle est l'œuvre de Dieu, que vous croyiez en celui qu'il a envoyé », et tout le contexte suivant renvoie à un thème de l'Exode : Moïse donna la manne au peuple de Dieu dans le désert (**6** 31 ss.). Mais en quel sens les Juifs n'ont-ils pas la parole de Dieu demeurant en eux ?

En quel sens rejettent-ils la parole de Dieu ? Cette phrase prépare le thème du v. 39 : les Écritures, expression de la parole de Dieu, ont parlé de Jésus et ont annoncé sa venue. En refusant de croire en lui, les Juifs montrent qu'ils rejettent la parole de Dieu contenue dans les Écritures, ils refusent de la comprendre. Jérémie reprochait déjà aux prêtres de son temps, chargés d'interpréter la Loi : « Comment pouvez-vous dire : Nous sommes sages et la Loi de Yahvé est avec nous ! Vraiment, c'est en mensonge que l'a changée le calame mensonger des scribes ! Les sages seront honteux, consternés, pris au piège. Voilà qu'ils ont rejeté la parole de Yahvé ! Qu'est donc la sagesse pour eux ? » (Jr **8** 8-9).

e) Le dernier témoignage que Jésus invoque en sa faveur est celui des Écritures (**5** 39-40). On rejoint ici un thème courant dans le christianisme primitif. Les discours des Actes sont à cet égard éloquents ; Pierre et Paul y démontrent que la venue du Christ et plus encore sa passion et sa résurrection étaient annoncées par les Écritures (Ac **3** 18.24 ; **8** 32-35 ; **10** 43 ; **13** 27 ; **17** 2-3.11 ; **18** 28 ; **26** 22-23 ; cf. Lc **24** 25-27.44-46 ; 1 Co **15** 4). Mais Jean II-B manie l'argument avec ironie ! Les Juifs, entendons les « savants » de l'époque, scribes et Docteurs de la Loi, se font un devoir de « scruter » les Écritures, qui devraient être pour eux source de vie (Dt **30** 15-20 ; **32** 45-47 ; Ne **9** 29) ; ils vont jusqu'à déclarer « maudits » de Dieu, et donc voués à la mort, tout le menu peuple qui n'a pas le loisir d'étudier le maquis de la casuistique rabbinique (Jn **7** 49). Mais à quoi mène tout ce labeur ? Ces « maîtres d'Israël » (**3** 10) se laissent arrêter à la première difficulté sans chercher à voir au-delà des apparences et ils refusent de comprendre le vrai sens des Écritures qui devraient les mener à Jésus, l'envoyé de Dieu (cf. Ga **3** 24-25) ! Et cependant, maintenant que la nouvelle Alliance est arrivée (Jr **31** 31), Jésus est le seul habilité à transmettre aux hommes l'expression authentique de la volonté de Dieu. Si les Juifs refusent de venir à lui, comment pourront-ils avoir la vie ?

2. LES JUIFS REFUSENT DE CROIRE (**5** 41-47)

Après avoir énuméré les divers témoignages qui plaident en sa faveur, Jésus reproche aux Juifs d'une façon plus directe leur incrédulité.

a) Il précise tout d'abord qu'il ne reçoit pas gloire des hommes (**5** 41). Par « gloire », il faut comprendre ici l'honneur, le respect qui s'attache à ceux que l'on estime. Jésus ne cherche pas à s'imposer aux yeux des hommes, en entrant dans leurs calculs humains. Il ne flatte pas l'amour propre de ses semblables pour se faire agréer d'eux. Si les Juifs avaient en eux l'amour de Dieu, ils comprendraient l'attitude de Jésus (**5** 42), ils seraient en communion avec Jésus qui ne cherche que la gloire du Père. Mais ils n'ont pas cet amour de Dieu en eux, ils ne sont sensibles qu'à l'amour du monde (cf. 1 Jn **2** 15). De nouveau, Jean II-B manie l'ironie. Jésus est venu, mandaté par son Père comme le prouvent les témoignages qu'il vient d'énumérer ; mais les Juifs ne le reçoivent pas ! Qu'un autre vienne en son propre nom, sans être accrédité par le Père, et ils le recevront. Combien illogique est leur attitude. Dans ce reproche ironique d'accueillir avec empressement n'importe quel faux messie (cf. Mt **24** 24 ; Mc **13** 22), sans voir le seul unique Messie accrédité par Dieu, Jean II fait sans doute allusion à ces nombreux soulèvements messianiques qui se produisirent aux alentours de l'ère chrétienne et dont le livre des actes se fait aussi l'écho (Ac **5** 36-37).

b) Jésus donne maintenant la véritable cause de l'incrédulité des Juifs : ils reçoivent gloire les uns des autres et ne cherchent pas la gloire qui vient de l'unique Dieu (**5** 44). Sûrs de leur science, ils se complaisent dans ces hommages faciles que savants et gens de lettres aiment à se décerner entre eux. Ils oublient que « le succès d'un homme est dans la main du Seigneur ; c'est lui qui donne au scribe sa gloire » (Si **10** 5). Leur quête orgueilleuse de cette gloire toute humaine explique leur refus de venir à Jésus pour recevoir de lui la vie, en acceptant son enseignement (cf. **5** 40). Jean II-B adressera le même reproche aux « notables » qui, par pusillanimité, par crainte des Pharisiens, refusent de confesser publiquement leur foi en Jésus (Jn **12** 42-43).

c) Jean II-B a conçu son discours en forme de procès où Jésus fait figure d'accusé et où les Juifs sont les accusateurs. Mais quelle ironie ! Au tribunal de Dieu, ce sont les Juifs qui vont devenir les accusés. Leur accusateur toutefois ne sera pas Jésus, mais bien Moïse lui-même, en qui ils mettent leur espérance. Moïse est invoqué ici en tant que médiateur grâce auquel la Loi fut donnée aux hommes. Les Juifs espèrent avoir la vie en scrutant les Écritures (**5** 39), et donc en se référant à l'enseignement de Moïse. Mais ce sont les Écritures elles-mêmes, et donc Moïse, qui vont les confondre en les accusant ! Moïse en effet a lui-même rendu témoignage à Jésus en annonçant la venue d'un Prophète semblable à lui (Dt **18** 15.18) ; puisque les Juifs refusent de croire en Jésus, ils refusent par le fait même de croire à Moïse, ils récusent son témoignage (**5** 46). Tout en se proclamant « disciples de Moïse » (cf. **9** 28), ils ne croient pas à Moïse ! Ils s'enferment eux-mêmes dans leurs contradictions. Et s'ils ne croient pas à Moïse, comment pourraient-ils croire aux paroles de Jésus (**5** 47) ? On en revient toujours au même problème. La prétendue science des Docteurs de la Loi est entachée de gloire humaine (cf. Mt **23** 5-7) ; si ces « savants » avaient le moindre souci de la véritable gloire, celle qui vient de Dieu et qui suppose humilité et docilité, ils pourraient comprendre le vrai sens des Écritures, ils pourraient croire aux écrits de Moïse, et donc accepter la mission de Jésus qui avait été annoncée déjà par Moïse. Devant le tribunal de Dieu, ils seront condamnés à la seule lecture des écrits de Moïse, en qui pourtant ils espèrent pour obtenir la vie (**5** 39.45).

On comparera ce v. 47 à Jn **2** 22, où il est dit que les disciples « crurent à l'Écriture et à la parole que Jésus avait dite » ; ici, les Juifs refusent de croire aux écrits de Moïse, et donc à l'Écriture ; comment pourraient-ils croire aux paroles de Jésus ? Pour Jean II-B, les Juifs sont comme le type de ceux qui refusent de croire, ils sont les « anti-disciples » (cf. Introd., 7 *a*).

3. LE TÉMOIGNAGE ET LA FOI

Pour clore cette note, revenons sur le problème du témoignage et de la foi, qui forme l'ossature de tout ce discours.

a) Dans la théologie johannique, aux niveaux du Document C et de Jean II-A, c'est normalement le « signe » qui conduit à la foi ; la foi des disciples peut et doit s'appuyer sur les « signes » accomplis par Jésus (Introd., 5 d et i). Mais au niveau de Jean II-B, le « témoignage » prend la place du « signe » comme motif de crédibilité, parce que Jean II-B écrit pour les chrétiens de la seconde génération, ceux qui n'ont pu voir les « signes » effectués par Jésus (Introd., 5 m). Le discours de Jn **5** 31-47 présente comme une synthèse de cette théologie, mais exprimée au négatif : malgré les témoignages rendus à Jésus, les Juifs refusent de croire ; ils sont donc le contraire du « disciple ». A son habitude, Jean II-B a voulu le souligner grâce à la symbolique des chiffres. Le verbe « rendre témoignage » revient à *sept* reprises dans ce discours (**5** 31.32.32.33.36.37.39), et *sept* est le chiffre qui symbolise la totalité, la perfection, la plénitude. En revanche, le verbe « croire », le plus souvent utilisé à la forme négative ou comme une éventualité qui ne se réalisera pas, revient à *six* reprises (**5** 38.44.46.46.47.47), et *six* est le chiffre qui symbolise l'imperfection, le manque. A la perfection du témoignage rendu par Dieu à Jésus, Jean II-B oppose le manque de foi des notables juifs. Nous avons bien là le thème fondamental du discours.

A propos du témoignage, on notera le détail suivant. Dans ce discours, le verbe « rendre témoignage » est toujours construit avec *peri* et le génitif, sauf en **5** 33 où l'on a le datif : « rendre témoignage à la vérité » ; or ce cas unique vient à propos du témoignage du Baptiste. Dans tous les autres cas, il s'agit plus ou moins directement du témoignage que le Père rend à Jésus : par les œuvres qu'il lui a donné de faire, par la théophanie du baptême, par les Écritures qu'il a inspirées. Mais le témoignage rendu par Jean-Baptiste à Jésus est d'un autre ordre, il n'a pas même valeur et il n'est mentionné que pour être complet : « Mais moi, je ne reçois pas le témoignage d'un homme... J'ai un témoignage plus grand que celui de Jean » (**5** 34a.36a).

b) Il ne sera pas inutile de comparer enfin ce discours de Jn à un passage de la première épître qui traite, lui aussi, du témoignage et de la foi ; il s'agit de 1 Jn **5** 9-10 :

Jn 5	1 Jn 5
34a «...je ne reçois pas le témoignage d'un homme.	9 Si nous recevons le témoignage des hommes, le témoignage de Dieu est plus grand, car tel est le témoignage de Dieu qu'il a témoigné à son Fils.
36a ...j'ai un témoignage plus grand...	
32b Et je sais que vrai est le témoignage qu'il me témoigne.	10 Celui qui croit au Fils de Dieu a ce témoignage en lui ; celui qui ne croit pas en Dieu fait de lui un menteur,

37a Et le Père qui m'a envoyé, Lui m'a témoigné. »	puisqu'il ne croit pas au témoignage que Dieu a témoigné à son Fils

Pour compléter ce parallélisme, il faut noter que le texte de 1 Jn 5 9 ss. se termine par le thème de la vie que les fidèles reçoivent de Dieu par le Fils : « Celui qui a le Fils a la vie » (1 Jn 5 12). Or ce thème de la vie est évoqué aussi en conclusion de la section de Jn 5 concernant le témoignage (5 39-40).

Ceci confirme nos analyses qui ont attribué au même auteur, Jean II-B, non seulement les vv. 32b, 34a, 36a, 37a, mais aussi 39-40 ; tous ces thèmes ont leur parallèle en 1 Jn 5 9-12.

Ajoutons une dernière remarque. En 1 Jn 5 7-8, le développement sur le témoignage commence par cette phrase : « Car il y en a trois qui témoignent : l'Esprit, l'eau et le sang, et ces trois sont pour le même (but). » Or, en Jn 15 26, Jean II-B parlera du témoignage de l'Esprit ; en 19 34b-35, du témoignage du sang et de l'eau jouant par l'intermédiaire de celui qui a vu (cf. 19 25-27). Tous ces textes sont du même auteur : Jean II-B.

Note § 151. *LA ( ) MULTIPLICATION DES PAINS* (Jn 6 1-15)

I. CRITIQUE TEXTUELLE

Au v. 1, il est dit que Jésus s'en alla « de l'autre côté de la mer de Galilée de Tibériade ». Le double déterminatif « de Galilée » et « de Tibériade » est étrange ; ne serions-nous pas devant un texte retouché de façon un peu maladroite ? Certains témoins du texte johannique (D *Thêta* 892 *b r e j* Chrysostome) ont « de l'autre côté de la mer de Galilée, *vers la région* de Tibériade ». On rejette d'ordinaire cette leçon qui, dit-on, aurait été introduite pour éviter la difficulté du double déterminatif. Mais ne serait-ce pas l'inverse qui se serait produit ? Les mots « vers la région de » n'auraient-ils pas été supprimés du texte johannique afin d'éviter une difficulté d'ordre topographique, ce qui aurait donné la juxtaposition anormale des deux déterminatifs ? On notera en effet qu'en 6 23 certains témoins du texte johannique (S *b r*) ont : « ... vinrent de Tibériade *qui était* près (du lieu) où ils avaient mangé le pain » (les autres témoins omettent « qui était », *ousès*). Les deux variantes sont liées entre elles, d'autant que, dans toute cette section de l'évangile, les manuscrits D (première variante) et S (seconde variante) sont très apparentés et suivent une tradition textuelle semblable. Si l'on tient compte des deux variantes, on obtient un texte qui plaçait la multiplication des pains *dans la région de Tibériade*, et non à Bethsaïde comme le dit explicitement Lc 9 10b. C'est afin d'éviter cette contradiction entre les récits de Lc et de Jn qu'un réviseur du texte johannique aura supprimé, au v. 1 les mots « vers la région », au v. 23 l'expression « qui était », ce qui permettait de localiser la multiplication des pains du récit de Jn en n'importe quel point des bords du lac de Tibériade, donc éventuellement à Bethsaïde en accord avec Lc 9 10b.

2. Au v. 15, la plupart des éditions critiques ont : « Jésus... *se retira (anechôrèsen)* de nouveau dans la montagne, lui seul. » Au lieu de « se retira », on lit « s'enfuit » (*pheugei*, au présent) dans les témoins suivants : S *a c ff² l* Vg SyrCur Tatien Tertullien Augustin Chrysostome, leçon qui donne très probablement le texte johannique authentique. Le verbe « fuir », en effet, pouvait revêtir une nuance péjorative qu'un réviseur du texte de Jn a jugée indigne de Jésus ; il a donc remplacé le pittoresque « s'enfuit » par le verbe anodin « se retira », qui ne se lit pas ailleurs chez Jn.

II. ANALYSES LITTÉRAIRES

Mc et Mt donnent deux récits de multiplication des pains (§§ 151 et 159) tandis que Lc et Jn n'en ont qu'un. Or, de façon curieuse, le récit de Jn offre des contacts littéraires avec l'un et l'autre récits rapportés par Mc et Mt, et ces contacts littéraires le rapprochent tantôt de Mt, tantôt de Mc, voire de Lc. Jn aurait-il composé une mosaïque en reprenant tel ou tel détail aux récits de ses devanciers ? A la suite de Dodd, on se refuse de l'admettre aujourd'hui. Jn suivrait une source propre qui offrait des affinités avec l'un et l'autre récits des Synoptiques et il lui aurait ajouté un certain nombre de détails de son cru (Brown, Fortna, Schnackenburg). Une telle solution ne fait que reculer les données du problème. Ne serait-il pas plus logique de chercher une solution qui tiendrait compte des divers niveaux rédactionnels johanniques, dont l'existence est aujourd'hui reconnue par beaucoup de commentateurs ? C'est dans ce sens-là que nous allons orienter nos recherches. Le récit de Jn aurait connu deux états successifs : l'un remonterait à Jean II-A et serait apparenté au premier récit de la tradition synoptique ; l'autre, de Jean II-B, aurait repris celui de Jean II-A en le complétant sous l'influence du second récit attesté par Mt/Mc. Voici comment nous croyons distinguer les niveaux rédactionnels de Jean II-A et de Jean II-B.

II-A	II-B
1	Après cela, Jésus s'en alla de l'autre côté de la mer de Galilée, vers la région de Tibériade.
2	Or une foule nombreuse le suivait parce qu'ils voyaient les signes qu'il faisait sur les malades.
3	Jésus gravit la montagne et il s'y assit avec ses disciples.
4	Or était proche la Pâque, la fête des Juifs.
5	Jésus donc, ayant levé les yeux et ayant vu qu'une

6 « D'où achèterons-nous des pains pour qu'ils mangent ? »
Il disait cela pour le tenter, car lui-même savait ce qu'il allait faire.

7 Philippe lui répondit : « Deux cents deniers de pain ne leur suffiraient pas pour que chacun en reçoive un petit morceau. »

8 Lui dit un de ses disciples,
André, le frère de Simon-Pierre :

9 « Il y a ici un enfant qui a cinq pains d'orge
et deux poissons,
mais qu'est-ce que cela pour tant de gens ? »

10 Jésus dit : « Faites s'allonger les gens. »
Il y avait beaucoup d'herbe en ce lieu.
Ils s'allongèrent donc au nombre d'environ cinq mille hommes.

11 Jésus prit donc les pains et
ayant rendu grâces
il les (leur) distribua
aux convives
et de même des poissons autant qu'ils voulaient.

12 Quand ils furent repus, il dit à ses disciples :
« Rassemblez les morceaux qui restent afin que rien ne soit perdu. »

13 Ils rassemblèrent donc
et ils remplirent douze couffins avec les morceaux
des cinq pains d'orge
qui étaient restés à ceux qui avaient mangé.

14 Les hommes donc, en voyant le signe qu'il avait fait, disaient :
« C'est lui vraiment le Prophète (. »)
qui vient dans le monde. »

15 Jésus donc, sachant qu'ils allaient venir et s'emparer de lui afin de le faire roi, s'enfuit de nouveau dans la montagne, lui seul.

A) L'INTRODUCTION DU RÉCIT

Analysons d'abord l'introduction du récit, constituée par les vv. 1 à 5a. On y remarque deux mouvements de foule différents. Selon le v. 2, la foule « suit » Jésus, comme dans le *premier* récit de multiplication des pains de Mt (**14** 13b ; cf. Lc **9** 11a). Selon le v. 5a, la foule « vient à » Jésus, comme dans le *second* récit de multiplication des pains de Mt (**15** 30a). N'aurions-nous pas là un indice que, chez Jn, l'introduction du récit appartient à deux niveaux rédactionnels différents ? Étudions les textes de plus près.

1. Nous pensons que les vv. 1 et 2 doivent être attribués à Jean II-A, pour les raisons suivantes.

a) Dans le tome II de la Synopse, en étudiant le premier récit de multiplication des pains, nous avons reconstitué, à partir de Mt **14** 13-14 et de Lc **9** 10b-11, le texte dont dépendent Mt et Lc et qui doit remonter au Document A (note § 151, I A). Or les vv. 1 et 2 de Jn offrent des analogies indéniables avec ce texte, comme le montre le parallélisme entre le texte de Jn et celui que nous avions reconstitué, dans le tome II, à partir de Mt et de Lc.

Jn **6**	Mt/Lc
1 Après cela, Jésus s'en alla de l'autre côté de la mer de Galilée, vers la région de Tibériade.	Et il se retira vers un lieu désert, à l'écart,
2 Or une foule nombreuse	et les foules, ayant entendu,
le suivait	le suivirent
parce qu'ils voyaient les signes qu'il faisait sur les malades.	et il guérit leurs infirmes.

b) Malgré l'emprunt au Document A, le style est johannique. Au v. 1 : « après cela » (B 29*), « de l'autre côté de » (B 71), « Tibériade » (A 129). Au v. 2 : « faire des signes » (B 81), « être malade » (F 32). La phrase du v. 1 « ... Jésus s'en alla de l'autre côté de ... vers » a son équivalent en **10** 40 : « Il s'en alla de nouveau de l'autre côté de... vers... », de Jean II-B. Au v. 2, la proposition causale « parce qu'ils voyaient les signes qu'il faisait » est analogue à la proposition participiale (sens causal) de **2** 23 : « ... voyant ses signes qu'il faisait », de Jean II-A.

c) Deux motifs permettent d'attribuer ces versets à Jean II-A plutôt qu'à Jean II-B.

ca) Aux niveaux de Jean II-A et de Jean II-B, le récit de la multiplication des pains était précédé immédiatement par celui de la guérison du fils du fonctionnaire royal de Capharnaüm (**4** 46-54 ; Introd., 3 d et p). Mais Jésus aurait accompli ce miracle : tandis qu'il se trouvait à Cana selon Jean II-B (**4** 46a), alors qu'il était descendu à Capharnaüm selon Jean II-A (**2** 12 suivi de **4** 46b ; cf. note § 84). La phrase de **6** 1 « Après cela Jésus s'en alla de l'autre côté de la mer de Galilée... » ne se comprend que si Jésus est à Capharnaüm, et non à Cana situé assez loin de la mer ; elle doit donc être de Jean II-A.

cb) Au v. 2, le thème de la guérison des malades par Jésus est repris du Document A moyennant un changement significatif. Dans ce Document, les foules suivent Jésus et celui-ci les guérit ; chez Jn, Jésus guérit les malades et c'est la raison pour laquelle la foule le suit. Une telle conception du « signe » qui provoque la foi des gens est contraire à la pensée de Jean II-B (Introd., 5 l), mais en accord avec celle de Jean II-A (Introd., 5 i). C'est donc à ce dernier qu'il faut attribuer le v. 2.

2. En revanche, les vv. 3-5a sont de Jean II-B.

a) Le v. 4 est ainsi libellé : « Or était proche la Pâque, la fête des Juifs. » Cette donnée chronologique ne se lit dans aucun des deux récits de la tradition synoptique. Elle a même formulation littéraire que **2** 13 et **11** 55, qui annoncent la première et la troisième Pâque et sont de Jean II-B. C'est d'ailleurs Jean II-B qui a privilégié la fête de Pâque au détriment de celle des Tentes (Introd., 3 v). Enfin, cette annonce de la Pâque prépare l'insertion du discours eucharistique (**6** 51b-58), que nous attribuerons à Jean II-B (note § 163).

Il faut donc lui attribuer la composition du v. 4. En voici les caractéristiques stylistiques : « Or était proche » (C 4 et B 16), « la Pâque » (C 84**), « la fête des Juifs » (A 110** ; cf. C 2).

b) Le v. 3 doit être aussi attribué à Jean II-B. A vrai dire, il ne contient aucune caractéristique stylistique, et le verbe « gravir » (*anerchesthai*) ne se lit qu'ici chez Jn. Mais la phrase « et là il était assis avec ses disciples » a son équivalent littéraire en Jn **11** 54c (cf. **3** 22). Bien mieux, la séquence formée par les vv. 3b-4 a son parallèle en **11** 54c-55a, que nous attribuerons à Jean II-B :

Jn **6** 3b-4	Jn **11** 54c-55a
... et là il était assis avec ses disciples. Or était proche la Pâque, la fête des Juifs.	... et là il demeurait avec ses disciples. Or était proche la Pâque des Juifs.

c) Le v. 5a, lié pour le sens au v. 3, doit être aussi de Jean II-B. Il est vrai que lui non plus ne contient aucune caractéristique stylistique ; mais le rythme de la phrase est bien dans la manière de Jean II ; en la traduisant littéralement, elle donne : « Ayant donc levé les yeux, Jésus, et ayant vu (*theasamenos*) ... dit... », comme en Jn **1** 38 : « Or s'étant retourné, Jésus, et ayant vu (*theasamenos*)... dit... » On pourra comparer aussi **6** 5a avec **4** 35, que nous avons attribué à Jean II-B : ce sont les deux seuls passages du NT où l'expression « lever les yeux » est suivie du verbe *theasthai* (« voir »).

d) Pour composer les vv. 3 et 5a, Jean II-B s'est inspiré à la fois de Mt **15** 29b-30a et de Mt **14** 14a (ou Mc **6** 34, identique à Mt **14** 14a) :

Jn **6**	Mt **15**	Mt **14**
3 Jésus gravit la montagne et il s'y assit...	29b et montant dans la montagne il s'y assit.	
5 Jésus donc, ayant levé les yeux		
et ayant vu qu'une nombreuse foule venait vers lui...	30 Et des foules nombreuses vinrent à lui...	14 Et, en sortant, il vit une nombreuse foule...

On notera, en Jn **6** 5, l'expression « une nombreuse foule », comme en Mt **14** 14 et Mc **6** 34 ; c'est le seul cas dans Jn, qui dit plus volontiers « une foule nombreuse » (**6** 2 ; **12** 9.12).

En résumé, voici les conclusions auxquelles nous arrivons après l'analyse littéraire des vv. 1-5a. L'ensemble de ce passage est de style johannique. On peut y distinguer deux niveaux rédactionnels différents. Les vv. 1 et 2 ont été rédigés par Jean II-A qui reprend, en le colorant de son propre style, le début du premier récit de multiplication des pains tel qu'il le lisait dans le Document A (cf. Mt **14** 13-14 et Lc **9** 10b-11). En revanche, les vv. 3 à 5a furent ajoutés par Jean II-B en référence au *second* récit de multiplication des pains tel qu'il

le lisait en Mt **15** 29b-30 ; Jean II-B utilisa aussi Mt **14** 14 ou Mc **6** 34.

B) LE CORPS DU RÉCIT

1. Les vv. 5b-7 sont de Jean II-B. Le v. 5b forme la suite normale du v. 5a, que nous avons attribué à Jean II-B ; il a d'ailleurs son parallèle en Mt **15** 33 comme le v. 5a avait son parallèle en Mt **15** 30a. C'est donc tout le v. 5 que l'on peut attribuer à Jean II-B qui s'est inspiré, pour le rédiger, du *second* récit de multiplication des pains tel qu'il le lisait en Mt **15** 30a.33.

Quant au v. 7, il est inséparable du v. 5b ; tous deux en effet se complètent pour reprendre le thème de Nb **11** 13.22 concernant le don des cailles fait par Dieu durant l'Exode, comme nous le verrons dans le commentaire du récit. On notera par ailleurs que, dans le récit des Nombres, Dieu envoie des cailles à son peuple qui réclame de la « chair » (= « viande ») à manger ; cette allusion au récit des Nombres est donc destinée à préparer le thème eucharistique de la « chair » que le Christ donne à manger à ses disciples (Jn **6** 51b), thème eucharistique qui fut ajouté par Jean II-B (note § 163). Nous avons là une confirmation que les vv. 5b et 7 sont de Jean II-B, bien qu'ils ne contiennent que peu de caractéristiques stylistiques : au v. 5b « d'où » (C 76) et au v. 7 « répondit » (B 74). On a noté plus haut, à propos du v. 5a, que Jean II-B s'inspirait des *deux* récits de multiplication des pains de la tradition synoptique ; il en va de même ici : le v. 5b reprend le thème de Mt **15** 33, mais au v. 7 la mention des « deux cents deniers de pain » est reprise de Mc **6** 37 (*premier* récit de multiplication des pains).

Il n'existe aucune raison d'assigner le v. 6 à un autre niveau rédactionnel que les vv. 5 et 7. Il contient deux caractéristiques stylistiques : « Or il disait cela » (A 50**), « savoir » (F 25). L'expression « car lui-même » (*autos gar*) correspond au style de Jean II-B (**2** 25 ; **4** 44 et au pluriel : **4** 42.45).

2. L'analyse du v. 8 confirme la présence, dans le récit, de deux niveaux rédactionnels : Jean II-A et Jean II-B. Le style de ce verset convient à Jean II : formule (traduite littéralement) « Dit à lui + sujet » (C 12), « un de ses disciples » (C 75*), « Simon-Pierre » (B 32). Mais c'est un texte qui a été remanié. Il offre en effet deux anomalies dont la première avait déjà été notée par Wellhausen. Il est étrange que la précision « un de ses disciples » soit donnée à propos d'André alors qu'elle n'avait pas été donnée pour Philippe, au v. 5 ; lui aussi était pourtant disciple de Jésus. Cette anomalie pourrait s'expliquer de la façon suivante : un texte primitif (Jean II-A) avait seulement « un de ses disciples », et Jean II-B aurait ajouté la précision « André, le frère de Simon-Pierre ». Cette hypothèse se trouve confirmée par la remarque suivante. La construction de phrase « un de ses disciples, André... » n'est pas johannique ; sur les 8 cas où l'expression « un de » (C 75*) est précisée par un nom propre, 6 fois le nom propre est mentionné en premier, puis vient la référence au groupe ; on a par exemple, en **1** 40 (proche de **6** 8) : « était André, le frère de Simon-Pierre, un des deux qui... » (cf. **6** 71 ; **7** 50).

12 2.4 ; **20** 24). Ici la construction anormale viendrait de ce que Jean II-B complète un texte déjà existant.

Il faut donc distinguer deux niveaux rédactionnels en **6** 8. Le texte de Jean II-A avait simplement, en traduisant littéralement : « Dit à lui un de ses disciples. » Jean II-B reprit ce texte en ajoutant à la suite « André, le frère de Simon-Pierre ». Il veut mettre côte à côte Philippe et André, comme en **1** 40-41.43-45 et **12** 21-22. On notera toutefois la différence suivante. Dans les deux passages que nous venons de citer, le nom de Philippe se lisait déjà dans le Document C, et Jean II-A complète le texte pour ajouter celui d'André ; ici, Jean II-B ajoute au texte de Jean II-A les *deux* noms de Philippe (v. 7) et d'André (v. 8).

3. Les vv. 9 et 10 forment la suite normale du v. 8a et doivent donc remonter à Jean II-A. Toutefois, la remarque « Il y avait beaucoup d'herbe en ce lieu », pourrait être une insertion de Jean II-B car elle sépare l'ordre donné par Jésus : « Faites s'allonger les gens », et son exécution (cf. B 24) ; ce détail aurait été repris de Mt **14** 19 = Mc **6** 39.

A la fin du v. 10, la précision « au nombre d'environ cinq mille hommes » remonte au récit du Document A, et donc à celui de Jean II-A, puisqu'elle se lit dans les trois Synoptiques. Sa place primitive devait être toutefois en fin de récit, comme dans Mt/Mc, ce qui donne un texte plus difficile que Lc et Jn se sont efforcés d'améliorer. Cette amélioration fut-elle effectuée par Jean II-A ou par Jean II-B ? Il est difficile de répondre. On notera le mot « nombre » (*arithmos* : 0/0/1/1/5/11), ici seulement chez Jn et qui évoque le style des Actes : « devint le nombre des hommes environ cinq mille » (Ac **4** 4), « s'ajouta un nombre d'hommes d'environ quatre cents » (**5** 36) ; cette parenté avec le style des Actes pourrait indiquer une activité rédactionnelle de Jean II-B (Introd., 8 c). Ce problème est de peu d'importance et nous n'en tiendrons pas compte dans la suite de cette note.

Les vv. 9-10 contiennent les caractéristiques stylistiques suivantes : « poissons » (A 69), « tant » (F 35*), ordre suivi de son exécution (B 24) ; et dans la glose de Jean II-B : « or était l'herbe » (C 49), « or était... dans le lieu » (A 98**).

4. L'analyse du v. 11 est celle qui éclaire le mieux l'origine du récit johannique. Ce texte johannique est parallèle aux deux récits de la tradition synoptique, mais se présente sous une forme beaucoup plus simple puisqu'il ne mentionne ni la fraction du pain par Jésus, ni l'intervention des disciples dans la distribution des pains. N'aurions-nous pas chez Jn une forme plus archaïque du récit que dans les Synoptiques sous leur forme actuelle ?

Pour répondre à cette question, il faut d'abord analyser le texte de Mc **6** 41 (cf. Tome II, note § 151, I B 1 *c*, qui reprend une suggestion faite par van Iersel). La répétition des mots « et les deux poissons » fait penser que toute la section médiane de ce v. 41 fut ajoutée à un texte primitif plus court qui devait avoir cette forme : « Et, ayant pris les cinq pains et les deux poissons ( ) il (les) partagea pour tous. » Ce texte fut complété, d'une part pour retrouver ici la formule de l'institution eucharistique « Ayant pris du pain, ayant prononcé la bénédiction, il (le) rompit et (le)

leur donna » (Mc **14** 22), d'autre part pour donner au récit une dimension ecclésiale en faisant des disciples les intermédiaires entre le Christ et la foule.

Comparons maintenant Jn **6** 11 à ce texte court que l'on peut reconstituer derrière celui de Mc **6** 41 :

Mc **6** 41	Jn **6** 11
Et ayant pris les cinq pains et les deux poissons ( ) il (les) partagea pour tous.	Jésus prit donc les pains et, ayant rendu grâces, il (les) distribua aux convives, et de même des poissons autant qu'ils voulaient.

La parenté entre le texte de Jn et le texte court de Mc est indéniable ; aucun des deux ne comporte la formule de l'institution eucharistique ; aucun des deux ne suppose une intervention des disciples. On comparera aussi le verbe « il partagea » de Mc avec celui de Jn « il distribua » (les autres textes ont le verbe « donner ») ; ils ont un sens voisin et, dans la Septante, ils traduisent souvent le même verbe hébreu *halaq*. En substance, le v. 11 de Jn ne dépendrait donc pas des récits actuels des Synoptiques, mais d'une forme plus archaïque, celle du Document A, comme aux vv. 1-2 (cf. *supra*).

On attribuera alors à Jean II-B l'addition du participe « ayant rendu grâces », probablement sous l'influence de Mt **15** 36 (cf. Mc **8** 6), dans le but de donner une coloration liturgique à la scène et pour préparer l'addition du discours eucharistique de **6** 51b-58 (note § 163). On pourra également attribuer à Jean II-B le remplacement d'un simple pronom par le mot « convives », sans parallèle dans les récits synoptiques mais utilisé par Mc et Mt dans le contexte du repas eucharistique (Mc **14** 18 ; cf. Mt **26** 20 et Jn **13** 23.28, où le même mot grec est traduit par l'expression « être à table » ; § 317).

Reste le problème de la mention des poissons, à une place différente dans les textes de Mc et de Jn. Au moins en Jn **6** 11, cette mention ressemble à une addition ; il ne sera d'ailleurs plus question de poissons lorsqu'il s'agira de ramasser les restes, en Jn **6** 13. Que l'on se reporte aussi au deuxième récit de multiplication des pains de la tradition synoptique ; selon toute vraisemblance, il n'y était question primitivement que de pains, et pas de poissons. Pour s'en convaincre, il suffit de comparer Mt **15** 34 et Mc **8** 5, Mt **15** 36 et Mc **8** 6b-7 : les poissons ne sont jamais mentionnés au même endroit ! Mc **8** 5 suppose un récit où il n'était question que de pains, et le v. 7 est une addition au récit primitif. La tradition ancienne de la multiplication des pains ne parlait donc pas de poissons, et Jn **6** 11 refléterait cet état primitif de la tradition puisque la mention des poissons y aurait été ajoutée au niveau de Jean II-B. Dans ce cas, c'est lui qui aurait inséré les mots « et deux poissons » (A 69) au v. 9. En Jn **21** 9.13, il ajoutera au contraire la mention du pain à un texte qui ne parlait que de poissons (note § 371, I B BB 4 *c*).

Au v. 11, le texte de Jean II-A devait avoir cette forme : « Jésus prit donc les pains et ( ) il les (leur) distribua ( ). »

5. On attribuera à Jean II-B le v. 12 et le début du v. 13 (« Ils rassemblèrent donc »). La tradition synoptique ignore tout d'un ordre donné par Jésus à ses disciples ; il s'agit donc probablement d'une addition johannique. Cette addition pourrait peut-être avoir été influencée par la prière eucharistique très archaïque qui se lit dans la Didachè, souvent utilisée par Jean II-B (Introd., 6 u) : « De même que *ce morceau*, dispersé sur les montagnes et *rassemblé*, est devenu 'un', ainsi *que soit rassemblée* ton Église des extrémités de la terre dans ton royaume... » (9 4). On approfondira dans la dernière partie de cette note le lien entre cette prière de la Didachè et Jn 6 12 ; 11 52 ; 17 11b-12, ce qui rendra compte de la finale du v. 12 « afin que rien ne se perde ». Mais notons dès maintenant que le début du v. 12 de Jn « Quand ils furent repus », propre au récit johannique, pourrait aussi avoir une résonance eucharistique ; juste après la prière mentionnée ci-dessus, le texte de la Didachè porte cette rubrique : « Après vous être repus, vous rendrez grâces ainsi... » (10 1).

Au v. 12 et au début du v. 13, que nous venons d'attribuer à Jean II-B, on trouve les deux caractéristiques stylistiques suivantes : un ordre donné par Jésus suivi de son exécution indiquée par le même verbe suivi de « donc » (B 24) et la formule « donc et » (B 98). Par ailleurs, la formule grecque *hina mè ti*, de 6 12, se retrouve en 5 14 dans un texte de Jean II-B (les traductions françaises peuvent difficilement rendre la similitude des formules grecques).

Le v. 13 semble lui aussi surchargé, surtout si on le compare aux parallèles des Synoptiques. On verra, dans la dernière partie de cette note, que Jean II-B a voulu obtenir dans son récit cinq fois le mot « pain » ; dans ce but, il aurait ajouté ici les mots « des cinq pains d'orge », qui introduisent une incorrection grammaticale car la proposition relative « qui étaient restés » se rapporte au mot « fragments », non au mot « pains » comme c'est le cas dans le texte actuel.

Au niveau de Jean II-A, les vv. 12-13 avaient seulement cette phrase : « Et ils remplirent douze couffins avec les morceaux ( ) qui étaient restés à ceux qui avaient mangé. »

C) LA FINALE DU RÉCIT

La finale du récit est propre à Jn et doit avoir été ajoutée à l'un ou l'autre des niveaux rédactionnels johanniques. Nous croyons toutefois pouvoir distinguer ici aussi deux niveaux différents. Le v. 14, moins les derniers mots « qui vient dans le monde », serait de Jean II-A. En revanche, les derniers mots du v. 14 et le v. 15 seraient de Jean II-B. En voici la raison.

1. Au v. 14, on retrouve un thème que Jean II-A a hérité du Document C, mais qui sera rejeté par Jean II-B : la vue du miracle effectué par Jésus entraîne une confession de foi de la part de la foule ; elle reconnaît qu'il est vraiment « le Prophète » (Introd., 5 i). On notera d'ailleurs que la proposition participiale « voyant le signe qu'il avait fait » a, malgré le changement de verbe, son équivalent en 6 2b, que nous avons attribué à Jean II-A ; à ce niveau rédactionnel

les vv. 2 et 14 formaient inclusion (cf. aussi 2 23, de Jean II-A). Quant au thème de Jésus identifié au Prophète par excellence, il est normal de le trouver sous la plume de Jean II-A qui l'a hérité du Document C. Ce v. 14, moins la finale, contient deux caractéristiques stylistiques : « faire des signes » (B 81) et « vraiment » (C 69).

Nous allons dire dans un instant pourquoi nous pensons que les derniers mots du v. 14 « qui vient dans le monde » ont été ajoutés par Jean II-B en même temps que le v. 15. Mais faisons remarquer dès maintenant que la confession de foi sous sa forme courte « C'est lui vraiment le Prophète ( ) » se retrouvera en termes identiques en Jn 7 40, texte que nous attribuerons à Jean II-A. En revanche, en ajoutant les mots « qui vient dans le monde », on obtient une confession de foi qui est analogue à celle que prononcera Marthe en Jn 11 27 : « ... tu es le Christ, le Fils de Dieu, qui vient dans le monde », texte que nous attribuerons à Jean II-B. Sur la tonalité johannique de l'expression « venir dans le monde », voir B 13* et C 68.

2. Le v. 15 aurait été ajouté par Jean II-B ; voici les raisons qui nous le font penser.

a) Si l'on arrête le récit de Jean II-A au v. 14, on obtient un miracle qui se termine sur le thème de la foi, comme souvent ailleurs au niveau de Jean II-A (1 49 ; 2 11 ; 9 35-37 ; 11 45 ; 20 8). Le v. 15 vient au contraire montrer le caractère précaire de la foi de la foule : elle ne voit en Jésus qu'un roi-messie terrestre, et Jésus refuse une telle foi. En ajoutant le v. 15, Jean II-B agit comme il l'a fait au chapitre 2 : au sommaire de 2 23, repris de Jean II-A, il a ajouté les vv. 24-25 afin de montrer la précarité d'une foi qui s'appuie sur la vue de miracles (note § 77-B, II B).

b) Certains détails de ce v. 15 ne s'expliquent que par des emprunts faits au début du récit de la marche sur les eaux rapporté par Mt/Mc : Jésus se retire dans la montagne, comme en Mt 14 23 et Mc 6 46 ; il reste « lui seul », comme en Mc 6 47b. Or, nous le verrons à la note suivante, c'est seulement Jean II-B qui a utilisé le récit de Mt/Lc concernant la marche sur les eaux.

c) Du point de vue stylistique, la construction grammaticale « venir » suivi de *hina* (B 76) et le titre de « roi » donné à Jésus (C 19) appartiennent aux deux niveaux de Jean II. En revanche, la structure « Jésus donc, sachant..., s'enfuit » est propre à Jean II-B (A 80**). De même, le participe « sachant » (*gnous*) ne se lit ailleurs chez Jn qu'en 5 6, un texte de Jean II-B.

3. Si Jean II-B a ajouté le thème de la royauté de Jésus exprimé au v. 15, on peut se demander s'il n'aurait pas complété le v. 14 en ajoutant la finale « qui vient dans le monde ». Elle a en effet une résonance « royale », d'après Jn 12 13.15 (cf. Lc 19 38 et par.) ; on se référera également au targum sur Gn 49 10, d'après le Néofiti : « Les *rois* ne manqueront pas d'entre ceux de la maison de Juda, ni les scribes docteurs de la Loi parmi les fils de ses fils, *jusqu'à ce que vienne le roi-messie*, à qui appartient la royauté et à qui se soumettront

tous les royaumes. » Sur cette addition, voir aussi les remarques faites plus haut.

III. LE SENS DES RÉCITS

A) LE RÉCIT DE JEAN II-A

1 Après cela, Jésus s'en alla de l'autre côté de la mer de Galilée, vers la région de Tibériade.
2 Or une foule nombreuse le suivait parce qu'ils voyaient les signes qu'il faisait sur les malades.
. . . .
8 Un de ses disciples ( ) lui dit :
9 « Il y a ici un enfant qui a cinq pains d'orge ( ). Mais qu'est-ce que cela pour tant de gens ? »
10 Jésus dit : « Faites s'allonger les gens. » ( ) Ils s'allongèrent donc au nombre d'environ cinq mille hommes.
11 Jésus prit donc les pains et ( ) il les (leur) distribua ( )
13 ( ) et ils remplirent douze couffins avec les morceaux ( ) qui étaient restés à ceux qui avaient mangé.
14 Les hommes donc, en voyant le signe qu'il avait fait, disaient : « C'est lui vraiment le Prophète ( ). »

1. L'INTRODUCTION DU RÉCIT

Au niveau de Jean II-A, cet épisode était précédé par le récit de la guérison du fils du fonctionnaire royal (4 46b-54)

qui avait lieu à Capharnaüm (cf. Introd., 3 d) ; c'est de là que Jésus traverse le lac pour se rendre dans la région de Tibériade (6 1). Selon Jn, c'est donc non loin de cette ville qu'aurait eu lieu la multiplication des pains, probablement sur les collines assez élevées qui surplombent le lac, au sud de la ville. Une telle localisation ne peut évidemment se concilier avec celle que donne Lc **9** 10 : Bethsaïde, au nord-est du lac ; mais c'est la topographie de Lc qui fait difficulté puisque, selon Mc **6** 45, Jésus aurait renvoyé ses disciples en bateau *vers Bethsaïde* après la multiplication des pains ! D'après le récit de Mc, l'épisode aurait donc eu lieu quelque part sur la rive ouest du lac, et rien ne s'oppose à ce que ce soit près de Tibériade, comme le dit Jn.

La foule « suit » Jésus parce qu'elle voyait les signes qu'il faisait sur les malades (**6** 2). Au niveau de Jean II-A, qui suit le Document C, les miracles sont des « signes » prouvant que Jésus a bien été envoyé par Dieu ; ils accréditent la mission de Jésus, comme jadis celle de Moïse (Ex **4** 1-9). Jean II-B élaborera une autre théologie du « signe » (Introd., 5 h et l-m).

2. LE CORPS DU RÉCIT

Dans Jn comme chez les Synoptiques, le récit de la multiplication des pains est littérairement très influencé par le précédent biblique d'Élisée qui, selon 2 R **4** 42-44, avait nourri cent personnes grâce à une vingtaine de pains. Pour mieux

Jn **6**	Mt **14** (Mc **6**)	2 R **4**
		42 Et un homme... apporta à l'homme de Dieu... *vingt pains d'orge* et du grain frais... Et (Élisée) dit : « Donne au peuple et qu'il mange... »
	16 Mais Jésus leur dit : « ... Donnez-leur vous-mêmes à manger. »	
8 Un de ses disciples ( ) lui dit :	17 Mais ils lui disent : « Nous n'avons ici que cinq pains et deux poissons. »	43 Et son serviteur dit :
9 « Il y a un enfant ici qui a *cinq pains d'orge* ( ).		
Mais qu'est-ce que cela pour tant de gens ? »	18 Il dit : « Apportez-les moi ici. »	« Comment servirai-je cela à cent personnes ? » Et il dit : « Donne au peuple et qu'il mange »
10 Jésus dit : « Faites s'allonger les gens. » ( ) Ils s'allongèrent donc au nombre d'environ cinq mille hommes.	[39 Et il leur ordonna qu'ils s'étendent tous... 40 Et ils s'allongèrent...	
11 Jésus prit donc les pains	41 Et prenant les cinq pains et les deux poissons ( ) il les partagea à tous.]	44 Et il leur servit et ils mangèrent
et ( ) il les (leur) distribua ( ).	20 Et tous mangèrent et furent rassasiés et ils ramassèrent	
13 ( ) Et ils remplirent douze couffins des morceaux ( ) qui étaient restés	le reste des morceaux, douze pleins couffins,	et ils en eurent de reste...
à ceux qui avaient mangé.	21 Or ceux qui avaient mangé étaient environ cinq mille hommes, sans femmes et enfants.	

le comprendre, voir le tableau synoptique (p. 183) des textes de 2 R **4** 42-44, Jean II-A et Mt **14** 13-21, dans lequel on a remplacé le v. 19 par son parallèle de Mc **6** 39-41 en tenant compte des remarques faites plus haut, en II B 4, touchant la structure primitive du récit des Synoptiques.

Le récit de Jn et celui des Synoptiques se complètent pour établir un parallélisme avec celui du livre des Rois. D'après Mt **14** 16 et par., Jésus dit aux disciples : « Donnez-leur vous-mêmes à manger », de même qu'Élisée dit à son serviteur : « Donne au peuple et qu'il mange. » Ce détail est absent du récit johannique, mais il est évident que le récit de Jean II-A que nous avons restitué n'est pas complet : il manque un certain nombre d'éléments entre les vv. 2 et 8, éléments qui furent remplacés au niveau de Jean II-B par le jeu de scène des vv. 5b-7, inspiré de Nb **11** 13.22 (cf. *infra*). Il est vraisemblable que le récit de Jean II-A comportait un dialogue entre Jésus et ses disciples analogue à celui de Mt **14** 15-16 et par. et qu'il avait donc l'équivalent de 2 R **4** 42b. – Jn **6** 9 précise que les pains sont faits d'orge ; ce détail est absent des Synoptiques mais correspond à 2 R **4** 42a. Par ailleurs, la réflexion du disciple de Jésus : « Mais qu'est-ce que cela pour tant de gens ? » est analogue à celle du serviteur d'Élisée : « Comment servirai-je cela à cent personnes ? » – Jean II-A n'a pas gardé la remarque faite en Mt **14** 20a et par. : « Et tous mangèrent », qui provient de 2 R **4** 44. Mais peut-être fut-elle supprimée par Jean II-B, qui a fortement remanié ce passage. – Notons enfin que Jean II-A et les Synoptiques sont d'accord pour signaler qu'il y eut de nombreux morceaux de reste, comme en 2 R **4** 44.

Dans le Document A, source commune à Jean II-A et aux Synoptiques, le récit de la multiplication des pains était donc littérairement très dépendant du précédent d'Élisée raconté en 2 R **4** 42-44. L'intention de ce procédé littéraire est claire : on veut montrer que Jésus est un prophète supérieur à Élisée ; celui-ci avait nourri cent personnes avec vingt pains, Jésus en nourrit cinq mille avec seulement cinq pains !

3. LA CONCLUSION DU RÉCIT

La conclusion du récit fait inclusion avec le v. 2 : « Les hommes donc, en voyant le signe qu'il avait fait, disaient : C'est lui vraiment le Prophète ( ) » (**6** 14). Pour Jean II-A, Jésus n'est pas seulement un prophète supérieur aux autres ; il est le Prophète par excellence, le nouveau Moïse qu'avait

annoncé Dt **18** 18, où Dieu dit à Moïse : « Je leur susciterai du milieu de leurs frères un prophète semblable à toi. » (Introd., 5 f). La comparaison entre Jésus et Moïse était ici d'autant plus facile que, durant l'Exode, Moïse avait obtenu de Dieu un prodige analogue en nourrissant les Hébreux avec la manne (Ex **16**).

B) LE RÉCIT DE JEAN II-B

1. L'INTRODUCTION DU RÉCIT

Jean II-B ajouta au texte de Jean II-A les vv. 3-5a afin d'utiliser les données de Mt **15** 29b-30a (cf. aussi Mt **14** 14a : Jésus « vit une nombreuse foule »). On reconnaît dans ce fait la tendance harmonisante de Jean II-B (Introd., 4 x) ; ici, il veut utiliser, non seulement les données de tous les Synoptiques, mais encore les données des *deux* récits de multiplication des pains. On notera que Jn **6** 5a rappelle d'assez près Jn **4** 35, de Jean II-B, où Jésus dit à ses disciples : « *Levez vos yeux et voyez* que les campagnes sont blanches pour la moisson » ; le blé prêt à être moissonné, ce sont les Samaritains du village de Sychar qui « viennent à Jésus », d'après **4** 30. Comme les Samaritains de Sychar, la foule qui a suivi Jésus (**6** 2) est prête à reconnaître qu'il est le Prophète par excellence (**6** 14).

Jean II-B a aussi ajouté le v. 4, avec la mention de la Pâque. Cet ajout prépare l'addition, dans le discours sur le pain de vie, de la section eucharistique (**6** 51b-58), et spécialement la transposition johannique de la parole d'institution de l'Eucharistie (**6** 51b), que la tradition synoptique met en relation avec la fête de Pâque (cf. Mc **14** 12-16 ; 22-25 et par.).

2. LE CORPS DU RÉCIT

a) Jean II-B a remplacé le début du corps du récit de Jean II-A par le jeu de scène des vv. 5b-7 ; le v. 5b a son parallèle en Mt **15** 33 et, au v. 7, la mention des « deux cents deniers de pain » provient de Mc **6** 37b. Mais Jean II-B complète le texte de Mt **15** 33 pour accentuer le parallélisme avec le récit de Nb **11** concernant l'épisode des cailles que Dieu donna aux Hébreux durant l'Exode. Pour s'en rendre compte, comparons les différents récits :

Jn **6**	Mt **15**	Nb **11** (LXX)
5 « D'où achèterons-nous	33 « D'où à nous	13 « D'où à moi
	dans un désert	
des pains	assez de pain	de la viande
pour que mangent	pour rassasier	à donner
ces (gens) ? »	une telle foule ? »	à tout ce peuple ?
		Car ils pleurent après moi
		en disant : Donne-nous
		de la viande
		pour que nous mangions. »

7 « Deux cents deniers	22 « Si brebis et bœufs
de pain	étaient égorgés pour eux,
	cela leur suffirait-il ? »
ne leur suffiraient	
pas pour que chacun en ait	
un petit morceau. »	

Le récit de Jean II-B se rapproche de celui des Nombres par deux détails. Au lieu de « pour rassasier », Jn a « pour que mangent », comme à la fin de Nb **11** 13 : « ... pour que nous mangions. » Par ailleurs, il ajoute la réflexion de Philippe au v. 7, qui a même sens que la réflexion désabusée de Moïse en Nb **11** 22 ; on notera que le verbe « suffire » est assez rare dans le NT (1/0/1/2/0/4).

Pourquoi Jean II-B a-t-il remplacé le début du corps du récit de Jean II-A par cette allusion à l'épisode des cailles ? Pour préparer le discours eucharistique qu'il composera aux vv. 51b-58. Dans le livre des Nombres, en effet, l'épisode des cailles est la réponse de Dieu au murmure des Hébreux : « Qui nous donnera de la viande à manger ? » (Nb **11** 4). Mais dans les langues sémitiques, le même mot signifie « viande » et « chair ». Pour Jean II-B, la multiplication des pains est donc le signe de cette nourriture d'un autre ordre que Jésus donnera au nouveau peuple de Dieu, sa « chair », pour la vie du monde (**6** 51b). En ce sens, selon lui, Jésus pourra dire aux Juifs : « Procurez-vous non la nourriture qui périt (i.e. le pain), mais la nourriture qui demeure pour la vie éternelle (i.e. la « chair » du Christ) » (**6** 27a).

b) Au v. 5, Jean II-B a introduit dans le récit le personnage de Philippe, et celui d'André au v. 8b. Le choix de ces deux noms est intentionnel. Dans les Synoptiques, les deux récits actuels de la multiplication des pains contiennent une intention apostolique : les disciples jouent le rôle d'intermédiaires entre Jésus et les foules, en ce sens que Jésus donne les pains aux disciples pour que ceux-ci les distribuent aux foules (Mt **14** 19 ; **15** 36 et par. ; cf. Synopse, Tome II, note § 151, II 3). Cette intention était absente du récit de Jean II-A. Sous l'influence des Synoptiques, Jean II-B reprend le thème, mais à sa manière. Pour lui, Philippe et André sont le type même de l' « apôtre » qui mène les hommes au Christ : soit les Juifs (Jn **1** 40-46), soit les païens (**12** 20-22). Ici, leur rôle apostolique est moins net ; ce sont eux que Jésus choisit pour trouver le pain nécessaire à la nourriture des hommes. On notera comment André vient au secours de son ami Philippe, qui ne sait comment se tirer d'une situation embarrassante ! Il agira de même en **12** 20-22.

c) Au v. 10, Jean II-B ajoute la précision : « Il y avait beaucoup d'herbe en ce lieu », afin de l'harmoniser avec la tradition synoptique (cf. Mt **14** 19a ; Mc **6** 39). Ce détail complète la mention de la Pâque de **6** 4 : en Palestine, il n'y a de l'herbe qu'en hiver et au printemps, avant que cesse la saison des pluies.

d) Au v. 11, Jean II-B inséra le participe « ayant rendu grâces », repris probablement de Mt **15** 36 (cf. les nombreux emprunts à Mt **15** signalés plus haut). Il veut donner à son récit une résonance liturgique qui prépare le discours eucharistique de **6** 51b-58. C'est dans le même but qu'il introduit

le mot « convives », à la fin du même verset (cf. Mt **26** 20 ; Mc **14** 18).

e) En composant le v. 12 et le début du v. 13, Jean II-B veut peut-être évoquer la prière eucharistique très archaïque que nous a conservée la Didachè : « De même que ce morceau, dispersé sur les montagnes et rassemblé, est devenu 'un', ainsi que soit rassemblée ton Église des extrémités de la terre dans ton royaume... » (**9** 4). Dans ce texte, les grains de blé, d'abord dispersés (= semés) puis rassemblés pour former un seul pain (cf. 1 Co **10** 17), symbolisent les membres du peuple de Dieu qui, dispersés en raison de leurs infidélités à la Loi divine, vont se trouver à nouveau rassemblés dans l'unité du royaume de Dieu (cf. Is **43** 5-6 ; Jr **31** 7-10). Dans Jn **6** 12, ce sont les morceaux de pain qui symbolisent les hommes que les disciples (les apôtres) devront aller chercher afin de les rassembler dans l'unité du royaume. Ainsi, aucun d'eux ne sera perdu (fin du v. 12). Le même thème sera développé plus explicitement en Jn **11** 50-52 et en Jn **17** 11b-12.

f) Au v. 13, Jean II-B ajouta les mots « des cinq pains d'orge », absents des textes synoptiques parallèles ; pourquoi une telle addition qui semble superflue ? Jean II-B manifeste un intérêt spécial pour les chiffres. Dans ce récit, il est question de cinq pains et le mot « pain » revient cinq fois (**6** 5.7.9.11.13) ; il est question de deux poissons et le mot « poisson » revient deux fois (**6** 9.11). Ce n'est certainement pas un hasard car le même phénomène se retrouve ailleurs dans l'évangile de Jn (Introd., 7 l). Par ce moyen, Jean II-B veut mettre en relief les deux éléments les plus importants du récit : les pains et les poissons. Rappelons que c'est lui qui a ajouté dans le récit la mention des poissons, afin d'harmoniser son récit avec celui des Synoptiques.

g) Jean II-B a enfin complété le récit de Jean II-A en ajoutant les derniers mots du v. 14 « qui vient dans le monde » et le v. 15. On a dit plus haut (II C 3) que la finale du v. 14 avait une résonance « royale » et devait être liée au v. 15. Selon Jean II-B, donc, la foule reconnaît en Jésus « le Prophète » par excellence (v. 14) et veut s'emparer de lui pour le faire roi ; mais Jésus refuse cette royauté et s'enfuit seul dans la montagne (v. 15). L'addition par Jean II-B du v. 15 a pour but d'affaiblir la confession de foi de la foule faite au v. 14 et d'introduire la conception du « signe » propre à Jean II-B. Il est vrai que la foule, grâce au miracle accompli par Jésus, a reconnu en lui le Prophète. Mais cette foi en Jésus reste imparfaite. Elle est liée aux rêves d'un messianisme terrestre, d'une restauration sur la terre, d'une royauté en faveur d'Israël (cf. Ac **1** 6). La foi de la foule reste alourdie de préoccupations terrestres, tandis que la royauté de Jésus « n'est pas de ce monde » (Jn **18** 36) ; elle ne tiendra donc pas et Jésus se trouvera finalement abandonné de tous, sauf du petit groupe des Douze (Jn **6** 66-68).

Note § **152.** *JÉSUS MARCHE SUR LES EAUX* (Jn **6** 16-21)

I. ANALYSES LITTÉRAIRES

L'épisode de la marche sur les eaux se lit aussi en Mt **14** 22-33 et Mc **6** 45-52, mais est absent de Lc (cf. toutefois Lc **24** 36-43 et *infra*). Pour Lohmeyer, Mc aurait fusionné deux récits plus anciens concernant, l'un un miracle de tempête apaisée, l'autre une apparition de Jésus à ses disciples ; Jn **6** 16-21 dépendrait directement du second récit. Leipoldt, approuvé par Bultmann, estime que le récit de la marche sur les eaux était primitivement un récit d'apparition du Christ ressuscité ; malheureusement, aucun des deux ne cherche à justifier cette hypothèse. En revanche, Dodd, dans une étude sur les récits d'apparition du Christ ressuscité, note que le présent épisode, surtout sous sa forme johannique, offre presque toutes les caractéristiques d'un récit d'apparition post-pascale. Dans cette ligne de recherche, nous proposons l'hypothèse suivante. Au niveau du Document C et de Jean II-A, le noyau central (vv. 19b-20, moins une glose) appartenait à un récit d'apparition du Christ ressuscité dont un autre élément se lit en Jn **20** 20a et la finale en Jn **21** 9.12-13. Jean II-B aurait disloqué ce récit ; il en aurait réutilisé une partie ici (vv. 19b-20) pour composer le récit de la marche sur la mer, sous l'influence de Mc et de Mt.

C	II-B	
16		Or, lorsque le soir fut venu, ses disciples descendirent à la mer
17		et, montant dans une barque, ils allaient de l'autre côté de la mer vers Capharnaüm. Et l'obscurité était déjà venue et Jésus n'était pas encore venu à eux.
18		Et la mer se soulevait, un vent violent soufflant.
19		Ayant ramé environ vingt ou trente stades,
	ils voient Jésus marchant (au bord de) sur la mer	
		et arrivant près du bateau
	et ils eurent peur.	
20	Mais lui leur dit : « C'est moi, n'ayez pas peur. »	
21		Ils voulaient le prendre dans la barque, et aussitôt la barque arriva à la terre où ils se rendaient.

A) LES ÉLÉMENTS DU RÉCIT PRIMITIF

1. LE TEXTE DU DOCUMENT C

a) Avant de comparer le récit de Jn à celui de Mt/Mc, rappelons les conclusions données dans le Tome II de la Synopse concernant la genèse des différents récits (note § 152). Rejoignant en grande partie les conclusions de Lohmeyer, nous avons dit que le texte de Mc résultait de la fusion de deux récits plus archaïques, et que celui de Jn dépendait directement de l'un des textes fusionnés par Mc. Puisque chacun des deux récits fondamentaux parlait d'une marche de Jésus sur la mer, nous avons lié l'un des récits au *premier* récit de multiplication des pains, en provenance du Document A (Mc **6** 30-44 et par.), l'autre au *second* récit de multiplication des pains, en provenance du Document B (Mc **8** 1-10 et par.). En d'autres termes, dans le Document B comme dans le Document A, le récit de la multiplication des pains était suivi d'un récit de marche sur les eaux ; mais le Mc-intermédiaire aurait fusionné ces deux récits de marche sur les eaux pour obtenir le récit complexe qui suit actuellement le premier récit de multiplication des pains. Quant à Jn, nous pensions qu'il avait repris le récit du Document B.

Une analyse plus précise du récit de Jn et les analyses qui seront faites à propos de Jn **21** 1-14 (note § 371) nous ont amenés à comprendre de façon un peu différente le problème de la source utilisée par Jn. Il dépendrait directement, non du Document B, mais du Document C dans lequel le récit de la marche sur la mer était en fait un récit d'apparition du Christ ressuscité. En comparant le récit de Jn à celui de Mt/Mc, nous allons donc faire abstraction des catégories « Document A » et « Document B », tout en gardant le principe de la distinction des textes fondamentaux, telle, ou à peu près, que nous l'avions établie dans le Tome II de la Synopse.

b) Comme l'avait vu Lohmeyer, Mc **6** 48b-50 résulte de la fusion de deux textes dont l'un des deux se retrouve chez Jn **6** 19b-20. Mettons en parallèle les deux récits fusionnés par Mc et celui de Jn :

Texte I		Texte II
Jn **6**	Mc **6**	Mc **6**
		48b Il vient vers eux
19b ... ils voient Jésus marchant sur la mer [et arrivant près du bateau]	49 Mais eux, le voyant marchant sur la mer,	marchant sur la mer 50a (et) tous le virent
et ils eurent peur.	pensèrent que c'est un fantôme et ils crièrent.	et furent troublés
20 Mais lui leur dit : « C'est moi, n'ayez pas peur. »	50b Mais lui ( ) leur dit : « ( ) C'est moi, n'ayez pas peur. »	50b (et) aussitôt il parla avec eux ( ) : « Rassurez-vous ( ) »

Mc **6** 50b (texte I) contient tous les éléments de Jn **6** 20, mais fusionnés avec les doublets en provenance du texte II. Mc **6** 49a correspond à Jn **6** 19b. Il faut conclure que Jn **6** 19b-20 dépend, non du Mc actuel, mais d'une de ses sources. Il peut s'agir du Document A, dont le récit était plus ample (Synopse, tome II, note § 152, II 1), ni du Document B, pour la même raison ; ce serait d'ailleurs le seul cas où Jean II-A utiliserait ce Document B. Il ne peut donc s'agir que du Document C, dont Mc aurait fusionné quelques éléments avec celui de la marche sur la mer repris du Document A, « afin que rien ne se perde ».

Voici les caractéristiques stylistiques du texte que Jean II-B reprend au Document C. Au v. 19 : « ils voient Jésus marchant » (C 41 ; cf. Jn 20 14, du Document C). Au v. 20 : « c'est moi » (C 50), expression qui se lit aussi dans le parallèle de Mc 6 50b.

Nous verrons dans la dernière partie de cette note le lien entre Jn 6 19b-20 et Jn 21 9.12-13.

2. Une glose de Jean II-B

La précision « et arrivant près du bateau », qui n'a pas d'équivalent dans le texte de Mc, est de Jean II-B ; il a voulu souligner que, dans le récit tel qu'il le réinterprète, Jésus ne marche pas « près de la mer » mais « sur la mer » (cf. *infra*). On notera la caractéristique stylistique « près de » (C 22). Par ailleurs, le verbe *ginesthai* a le sens de « arriver », fréquent en Lc/Ac et qui ne se lit ailleurs chez Jn que dans des textes de Jean II-B (6 21.25 ; 10 35 ; 2 Jn 12).

B) LES ADDITIONS DE JEAN II-B

Sous l'influence de la tradition synoptique, Jean II-B transforma le récit d'apparition du Christ ressuscité en un récit de marche sur la mer. En fait, à l'exception du noyau constitué par les vv. 19b-20, l'ensemble du récit fut composé par Jean II-B.

Au v. 16, la proposition temporelle « Or, lorsque le soir fut venu » reprend la donnée de Mc 6 47, mais dans un style de saveur lucanienne (Ac 10 25 ; 14 5 ; 21 1 ; 27 27) ; ce dernier passage des Actes est spécialement proche de Jn : « Or, lorsque la quatorzième nuit fut venue. » Par ailleurs, Jean II-B fait « descendre » les disciples vers la mer puisque, en 6 3, il les a fait « monter » avec Jésus sur la montagne (note § 151).

Le v. 17 contient trois caractéristiques stylistiques : « de l'autre côté » (B 71), « obscurité » (B 8*), « n'était pas encore venu » (A 67* ; cf. F 12). Au v. 17a, la phrase « ils allaient de l'autre côté de la mer vers Capharnaüm » reprend celle de 6 1 (verbe de mouvement + de l'autre côté + vers). Au v. 17b, la phrase « et Jésus n'était pas encore venu à eux » a son équivalent en 11 30 : « Or Jésus n'était pas encore venu au village », de Jean II-B.

Le v. 18 évoque une tempête, mais ce détail ne jouera aucun rôle dans la suite du récit ; rien n'indique en effet que les disciples aient rencontré une difficulté pour traverser le lac. Jean II-B a voulu harmoniser son récit avec celui de Mc/Mt (cf. Mc 6 48a.51b et Mt 14 24b.32), et aussi évoquer le Ps 107 (cf. *infra*). On notera la particule *te*, traduite par « et » ; non redoublée, comme ici, elle est typique du style des Actes (1/0/1/3/72/10) ; les deux autres cas chez Jn sont 2 15 et 4 42, attribués à Jean II-B.

Le v. 19a se lit sous cette forme : « Ayant ramé environ vingt-cinq à trente stades... » Le verbe « ramer » se lit en Mc 6 48 et le mot « stades » en Mt 14 24 ; cet emprunt à Mc et à Mt dénote l'activité littéraire de Jean II-B (Introd., 4 x). C'est d'ailleurs lui qui aime ajouter des chiffres en les faisant précéder de « environ » ; ici encore, son style se rapproche de celui des Actes (0/2/2/8/8/2).

Le v. 21 de Jn n'a en commun avec les parallèles de Mt/Mc que l'expression « dans la barque ». Il complète le v. 18 pour faire allusion au Ps 107 (cf. *infra*) et doit donc être de Jean II-B comme ce v. 18. Il contient le verbe *ginesthai* au sens de « arriver », comme dans la glose du v. 19b que nous avons attribuée à Jean II-B (cf. *supra*).

II. LE SENS DES RÉCITS

A) LE RÉCIT DU DOCUMENT C

19b Ils voient Jésus marchant au bord de la mer ( ) et ils eurent peur.
20 Mais lui leur dit : « C'est moi, n'ayez pas peur. »

Nous avons dit, dans l'introduction de cette note que, selon certains commentateurs, le récit de la marche sur les eaux aurait été primitivement un récit d'apparition du Christ aux disciples (Lohmeyer), et plus spécialement un récit d'apparition du Christ ressuscité (Leipoldt, Bultmann ; cf. Dodd). C'est dans cette direction que nous allons orienter nos recherches.

1. Jn 6 19b-20 contient les traits essentiels qui caractérisent les récits d'apparition du Christ ressuscité (Dodd). Dans de tels récits, Jésus apparaît brusquement, soit aux disciples rassemblés à Jérusalem (Lc 24 36 ; Jn 20 19.26) ou en Galilée (Mt 28 17), soit à Marie de Magdala (Jn 20 14). Il en va de même en Jn 6 19b. La phrase « ils voient (*theôrousin*) Jésus marchant... » a d'ailleurs même structure que celle qui introduit Jésus dans l'apparition à Marie : « elle voit (*theôrei*) Jésus étant-debout ». – Dans les récits d'apparition du Ressuscité, les disciples ne le reconnaissent pas (cf. Mt 28 17b) et il doit faire un geste ou prononcer une parole afin de prouver que c'est bien lui (Lc 24 16.30-31 ; 24 37-42 ; Jn 20 16a ; 20 20.27). De même dans le présent récit, les disciples ne reconnaissent pas Jésus puisqu'ils sont effrayés ; mais celui-ci dévoile son identité en leur disant : « C'est moi... » (6 20). Les analogies entre le présent récit et les récits d'apparition du Ressuscité sont indéniables.

2. Mais Jn 6 19b-20 ne constitue pas un récit complet et ne peut être qu'une partie d'un récit plus développé. Les autres parties du récit du Document C ont été réutilisées par Jean II-B, d'une part dans l'apparition de Jésus aux disciples rassemblés à Jérusalem (20 20a), d'autre part dans l'épisode de la pêche miraculeuse (21 9.12-13) ; ces divers éléments se trouvent d'ailleurs groupés dans le récit lucanien de l'apparition de

Jésus aux disciples rassemblés à Jérusalem (Lc **24** 36-43). Ces points seront développés aux notes §§ 365 et 371 auxquelles nous renvoyons le lecteur.

3. Nous pouvons toutefois préciser dès maintenant un point important. Dans l'état actuel du texte johannique, le v. 19b doit se traduire : « Ils voient Jésus marchant *sur* la mer » ; c'est le sens qu'il a dans le récit de Jean II-B comme dans celui des Synoptiques. Mais la préposition grecque *epi* peut avoir le sens de « sur » ou de « près de », d'où « au bord de » lorsqu'il s'agit de la mer, comme en Jn **21** 1 : « Jésus se manifesta... au bord de (*epi*) la mer de Tibériade. » Au niveau du Document C, le sens était « au bord de », et il fallait traduire : « Ils voient Jésus marchant *au bord de* la mer » (cf. note § 371). C'est pour éviter toute équivoque et afin de souligner le changement de sens donné à la préposition *epi* que Jean II-B a ajouté au v. 19b la glose, absente du parallèle de Mc : « ... et arrivant près du bateau » ; si Jésus arrive près du bateau, c'est qu'il marche *sur* la mer, et non *au bord de* la mer.

B) LE RÉCIT DE JEAN II-B

Jean II-B a composé le récit de la marche sur la mer, sous l'influence des Synoptiques. Il a seulement repris du récit d'apparition qui se lisait dans le Document C les vv. 19b-20, en ajoutant la glose « et arrivant près du bateau », comme nous l'avons dit plus haut. Mais Jean II-B s'inspire assez librement du récit des Synoptiques (Mt/Mc) parce qu'il veut donner à certains détails une dimension nouvelle.

1. Dans l'introduction (**6** 16-17a), Jean II-B fait « descendre » les disciples à la mer puisqu'il les avait fait « monter » sur la montagne en compagnie de Jésus au début du récit de la multiplication des pains (Jn **6** 3). Par ailleurs, s'il les fait traverser vers Capharnaüm, c'est parce qu'il prépare déjà la localisation du discours sur le pain de vie qu'il veut placer à Capharnaüm (**6** 24.59).

2. Dans le corps du récit, Jean II-B n'a-t-il d'autre but que de rapporter une prouesse de Jésus : il marche sur la mer sans enfoncer dans les eaux ? On en peut douter, étant donné la tonalité générale de l'évangile.

a) Dans un passage du livre de Job qui décrit la toute-puissance de Dieu sur l'univers, on lit ces mots dans la traduction de la Septante : « Lui qui seul étendit le ciel et *qui marche sur la mer* comme sur le sol » (Jb **9** 8). Jésus peut agir comme Dieu et se jouer des éléments puisqu'il porte en lui le Nom divin (Jn **8** 24.28.58 et les notes) et qu'il est lui-même « Dieu » (Jn **20** 28 ; 1 Jn **5** 20).

b) C'est dans cette ligne de pensée que Jean II-B a composé les vv. 18 et 21. Au v. 18, il introduit le motif de la tempête en ces termes : « Et la mer se soulevait, un vent violent soufflant ». Au v. 21, il note que, au moment où les disciples voulaient prendre Jésus dans la barque, « aussitôt la barque arriva à la terre où ils se rendaient ». Jean II-B s'inspire de Ps **107** 25-30 : « Il dit et fit lever *un vent de bourrasque qui souleva les flots...* Et ils criaient vers Yahvé dans leur détresse, de leur angoisse il les a délivrés... Il les mena *jusqu'au port de leur désir* (= où ils désiraient aller). » Comme Dieu, Jésus est le maître des éléments et il peut arracher les hommes aux dangers qui les menacent.

c) Mais quel est le danger suprême pour l'homme ? N'est-ce pas la mort qui pourrait l'engloutir pour toujours ? Jésus, qui vaincra la mort par sa résurrection, est lui-même capable d'arracher les hommes à la mort. N'est-ce pas ce que Jean II-B veut insinuer dans ce récit, grâce à certains détails qui sont riches de tout un symbolisme cher à cet auteur ? Très tôt, dans la tradition évangélique, la multiplication des pains (Jn **6** 1-14) fut mise en relation avec la dernière Cène de Jésus avec ses disciples (Synopse, Tome II, note § 151, II 2). Faisant suite à la multiplication des pains, la fuite de Jésus dans la montagne (**6** 15) pouvait évoquer sa mort et son exaltation auprès de Dieu, ce qui expliquerait peut-être la réutilisation par Jean II-B des mots « lui seul », qu'il lisait en Mc **6** 47 ; Jésus se trouve seul auprès du Père, en attendant qu'il vienne prendre ses disciples avec lui (cf. **14** 2-3). Jésus parti, ses disciples se retrouvent sans protection, livrés à la nuit (**6** 16a) qui, dans la tradition johannique, symbolise les puissances du mal (**13** 27.30). La brusque apparition de Jésus serait alors comme une anticipation de sa présence renouvelée au milieu des siens, après sa résurrection (Jn **20** 19-20). Bien mieux, il « marche sur la mer » cette mer qui symbolisait la mort toujours prête à engloutir l'homme (Jon **2** 6-7 ; Ps **42** 8 ; **18** 5 ; **69** 2-3) ; n'est-ce pas le signe qu'il a vaincu la mort ? Ce symbolisme expliquerait peut-être aussi la composition par Jean II-B du v. 17b : « Et l'obscurité était déjà venue, et Jésus n'était pas encore venu à eux. » L'obscurité, c'est le temps de l'épreuve ; la remarque que Jésus n'était pas encore venu pourrait évoquer le thème du retard de la Parousie, du retour du Christ à la fin des temps, tandis que son Église se trouve plongée dans l'obscurité, en butte aux Puissances du mal. Ainsi, par les détails à valeur symbolique qu'il ajoute, Jean II-B aurait réussi à retrouver l'intention première du récit tel qu'il le lisait au niveau du Document C : Jésus ressuscité apparaît à ses disciples.

Note § **163.** *LE DISCOURS SUR LE PAIN DE VIE* (Jn 6 22-59)

I. CRITIQUE TEXTUELLE

1. Les vv. 22-24 offrent un problème difficile à résoudre. Le texte Alexandrin, que reproduisent toutes les éditions critiques et que suivent toutes les traductions, est de rédaction tellement gauche, avec le thème principal du v. 22 repris au v. 24 après la parenthèse constituée par le v. 23, que certains commentateurs proposent d'y voir, soit la fusion de deux récits différents (Schwartz), soit un récit primitif, au v. 22, que l'évangéliste aurait complété en ajoutant les vv. 23-24 (Bultmann). Mais ces versets contiennent un nombre considérable de variantes données par les différents témoins du texte johannique, même par des Onciaux aussi importants que S et D, sans parler des versions anciennes ; la difficulté du texte doit être résolue, non par la critique littéraire, mais par la critique textuelle. Nous ne perdrons pas notre temps à dresser la liste des variantes données par les éditions critiques. Nous allons simplement tenter de résoudre le problème en mettant en parallèle, d'une part le texte Alexandrin attesté par P⁷⁵ et B, d'autre part le texte court que l'on peut reconstituer, à quelques variantes près, en utilisant les citations faites par Chrysostome et les divers témoins du Diatessaron de Tatien (appuyés pour telle ou telle variante par la Syriaque Sinaïtique, et même par la *Vetus Latina*).

P⁷⁵ B	Tatien-Chr.
22 Le lendemain, la foule qui se tenait de l'autre côté de la mer virent qu'il n'y avait là pas d'autre barque qu'une seule et que Jésus n'était pas entré avec ses disciples dans le bateau, mais que seuls ses disciples étaient partis.	Or, les foules qui étaient là, ayant vu qu'il n'y avait pas d'autre barque que celle dans laquelle étaient montés les disciples et que Jésus n'était pas avec eux,
23 D'autres barques vinrent de Tibériade près du lieu où ils avaient mangé le pain, le Seigneur ayant rendu grâces.	montèrent elles aussi dans d'autres bateaux venus de Tibériade
24 Quand donc la foule vit que Jésus n'était pas là, ni ses disciples, ils montèrent eux-mêmes dans les barques et vinrent à Capharnaüm, cherchant Jésus.	et vinrent, cherchant Jésus, à Capharnaüm.

a) Occupons-nous d'abord du texte relativement simple attesté par Tatien et Chrysostome. Pour le comprendre, il faut se représenter la scène telle qu'elle ressort du commentaire de Chrysostome. A la fin du récit de la marche sur les eaux, au v. 21, Chrysostome omet les mots « vers laquelle ils allaient », appuyé par un manuscrit grec, 472, et Nonnos de Pannopolis ; il lisait donc le v. 21 sous cette forme : « Ils voulaient le prendre dans la barque, et aussitôt la barque arriva à la terre (). » Il n'est pas dit que le bateau aborde à Capharnaüm. D'autre part, Chrysostome commente en supposant que Jésus n'est pas réellement monté dans la barque avec ses disciples, mais a disparu au moment où ils voulaient le prendre avec eux ; cette exégèse est possible, étant donné l'imparfait « ils voulaient » qui peut marquer une volonté non réalisée (imparfait *de conatu*). La scène se déroule donc ainsi. Les apôtres font route en barque vers Capharnaüm ; surpris par la tempête, ils sont rejoints par Jésus qui marche sur la mer. Au moment où ils s'apprêtent à le prendre dans la barque, Jésus disparaît et la barque atteint le rivage, probablement à un endroit autre que Capharnaüm, leur destination première. Il est facile maintenant de comprendre le texte donné par Tatien-Chrysostome en 6 22-24. Les foules qui étaient là, à l'endroit où viennent d'aborder les disciples, voient qu'il n'y a qu'une seule barque, celle des disciples, et que Jésus n'est pas là. Elles s'embarquent donc elles aussi dans d'autres barques venues de Tibériade et vont chercher Jésus à Capharnaüm. Ainsi donc, les foules qui, avec les disciples, s'en vont chercher Jésus à Capharnaüm ne sont pas celles qui ont bénéficié, la veille, de la multiplication des pains ; ce sont celles qui se trouvaient là où les disciples ont abordé durant la nuit.

b) Revenons maintenant au texte de la tradition textuelle alexandrine. Il a très probablement fusionné deux textes différents : celui attesté par Tatien-Chrysostome, et un autre que nous allons essayer de préciser ; on expliquerait ainsi le doublet formé par les vv. 22 et 24. Rappelons d'abord que, à la fin de l'épisode précédent, selon le texte Alexandrin, les disciples abordent « à la terre où ils allaient » (v. 21), donc à Capharnaüm (v. 17). Au début du v. 22, la foule « qui se tenait de l'autre côté de la mer » est certainement celle qui a bénéficié de la multiplication des pains, étant donné les vv. 25-26 ; elle est restée durant la nuit là où a eu lieu la multiplication des pains. Mais la suite du v. 22 devient alors très difficile à expliquer ! En particulier, comment justifier l'aoriste grec *eidon*, « ils virent » qu'il n'y avait là qu'une barque et que Jésus n'était pas monté avec ses disciples, mais que seuls ses disciples étaient partis ? Puisqu'on est au lendemain, c'est la veille que la foule aurait pu voir les disciples partir seuls. Faut-il alors comprendre l'aoriste grec *eidon* comme un plus-que-parfait : « avaient vu » (cf. Lagrange, Bultmann) ? Cette solution nous semble impossible. D'une part, en effet, si l'on peut apporter des exemples où l'aoriste grec a le sens d'un plus-que-parfait, ce n'est jamais dans une proposition principale, comme ici. D'autre part, ce plus-que-parfait serait incompatible avec l'adverbe « le lendemain » qui commence la phrase. Une seule solution reste possible : dans la tradition textuelle alexandrine, le v. 22 fusionne deux traditions textuelles différentes ; à partir des mots « virent qu'il n'y avait là pas d'autre barque... », c'est la tradition attestée par Tatien-Chrysostome qui est adoptée. Dans le texte primitif la suite du v. 22 doit être cherchée dans le doublet qui se lit au v. 24, et l'on aurait eu la séquence : « Le lendemain, la foule qui se tenait de l'autre côté de la mer ( ) vit que Jésus n'était pas là, ni ses disciples... » Il n'y a plus aucune difficulté d'interprétation.

Au v. 23, le *alla* initial du texte grec peut avoir deux significations : « mais » ou « d'autres ». En fait, c'est le second sens que l'on trouve, d'une part dans la tradition textuelle de Tatien-Chrysostome (*hetera*), d'autre part dans presque tous les témoins qui offrent une tournure de phrase différente de celle de P[75] et de B ; nous adopterons nous aussi ce second sens et traduirons : « D'autres barques vinrent... »

Au même v. 23, deux autres points de critique textuelle restent à préciser.

ba) On a déjà vu à la note § 151, I 1 qu'il fallait ajouter le participe *ousès* après *ek Tiberiados*, avec S *b r*. On traduira donc : « ... vinrent de Tibériade *qui était* près du lieu où... »

bb) La finale du v. 23 : « le Seigneur ayant rendu grâces », est omise par D 086 VetLat (*a e*) SyrSin SyrCur Arm Geo et le texte de Tatien-Chrysostome. Bien qu'elle ne soit pas inconnue de Jean II-B (cf. **11** 2), la formule « le Seigneur » pour désigner Jésus durant sa vie terrestre est très rare dans l'évangile de Jn. Par ailleurs, on ne voit pas quelle raison aurait poussé un réviseur de l'évangile à omettre les mots en question s'ils étaient primitifs ; une addition s'explique plus facilement. Nous pensons donc que la proposition participiale « le Seigneur ayant rendu grâces » fut ajoutée au texte de l'évangile par un réviseur du texte johannique.

Le texte que la tradition alexandrine a combiné avec celui de Tatien-Chrysostome avait donc cette forme :

22a Le lendemain, la foule qui se tenait de l'autre côté de la mer
24a ( ) vit ( ) que Jésus n'était pas là, ni ses disciples.
23 D'autres barques vinrent de Tibériade, qui était près du lieu où ils avaient mangé le pain ( ).
24b Ils montèrent (donc) eux-mêmes dans les barques et vinrent à Capharnaüm, cherchant Jésus.

c) Nous voici donc en présence de deux textes, l'un pré-alexandrin, l'autre attesté par Tatien-Chrysostome. De ces deux textes, c'est le premier qui nous semble représenter la tradition johannique authentique. Le second, en effet, offre des expressions qui sont peu en harmonie avec le style de Jn : le mot « foule » au pluriel, l'adjectif « autre » exprimé par *heteros*. Par ailleurs, seul le texte pré-alexandrin s'accorde avec le contexte postérieur immédiat : c'est la foule qui a bénéficié de la multiplication des pains qui vient retrouver Jésus à Capharnaüm (vv. 25-26).

2. Au v. 27, au lieu du futur « vous donnera », on adoptera le présent « vous donne », avec S D VetLat (*e ff² j*) SyrCur Chrysostome. Le futur est une leçon facilitante : c'est plus tard seulement que Jésus, le Fils de l'homme, donnera le pain eucharistique.

3. Au v. 36, au lieu de « vous m'avez vu » nous avons retenu la leçon « vous ( ) avez vu », avec S A et l'ancienne tradition syro-latine. L'addition du pronom personnel complément s'explique par harmonisation avec le v. 40 : « ...que quiconque *voit le Fils* et croit en lui... »

4. Au v. 51, la plupart des éditions critiques lisent *kai ho artos de* : « Or et le pain ». La séquence *kai... de* est une caractéristique johannique (B 40) ; dans tous les autres cas, toutefois, le *kai* doit être traduit par « même » ou « aussi », tandis qu'ici il devrait être traduit par « et ». Une liaison de phrase faite par la double particule *kai... de* est possible en grec, mais ce serait le seul cas dans le NT. Nous pensons donc qu'il vaut mieux lire simplement « Et le pain », avec D W, quelques minuscules, les anciennes versions syriaques, la version géorgienne, Tertullien et Clément d'Alexandrie. La leçon courante pourrait être une leçon double, car le mot « et » est omis par *e q* Sah Cyprien et Athanase. Les deux particules sont omises par S *a b r*.

5. Au v. 55, au lieu de l'adjectif « vrai » (*alèthès*, bis), on adoptera l'adverbe « vraiment » (*alèthôs*), avec P[66] S D, l'ancienne tradition syro-latine et Tatien. L'adverbe « vraiment », ici, semble mieux en accord avec le style de Jn.

II. CRITIQUE LITTÉRAIRE

Le discours sur le pain de vie est l'un des textes les plus étudiés du quatrième évangile. Certains commentateurs défendent encore son unité (Ruckstuhl, Borgen, Schnackenburg), mais d'autres y voient la juxtaposition de deux discours : le second (**6** 51-58), de portée eucharistique, serait une réinterprétation du premier (**6** 30-50), de tonalité sapientielle (Wellhausen, Spitta, Bultmann, Jeremias, Brown). Le v. 51a est rattaché tantôt au premier discours, tantôt au second. Le premier discours offre lui-même un certain nombre de difficultés que Bultmann a cru pouvoir résoudre en reconstituant un discours plus simple, ce qui l'oblige à bouleverser l'ordre des versets ; il ne semble pas avoir été suivi par ceux qui ont écrit après lui. Aurons-nous plus de succès ? La solution que nous allons proposer est en effet plus complexe que celle de Bultmann.

Avant de donner la répartition des matériaux entre les divers niveaux rédactionnels : Jean II-A, Jean II-B et Jean III, nous proposons les remarques suivantes. Hormis quelques gloses, le texte de Jean II-A comprenait, dans l'ordre, les versets : 31-32, 49-51a, 41, 43, 35, 37-39 ; il faisait suite à l'épisode des vendeurs chassés du Temple (**2** 14-16) et de la demande de signe (**2** 18) et se trouvait placé dans le contexte de la fête des Tentes ; il se terminait par **7** 37b-38, resté à sa place primitive. L'ordre actuel des versets est de Jean II-B, qui a repris et amplifié le texte de Jean II-A ; c'est lui qui a transféré l'épisode à sa place actuelle, en dédoublant le thème de la demande de signe (**6** 30 ; cf. **2** 18). Il avait remplacé le v. 39 de Jean II-A par le v. 40, et c'est Jean III qui a réinséré le v. 39 dans le fil du discours de Jésus.

II-A | II-B | III

22a Le lendemain, la foule qui se tenait de l'autre côté de la mer
24a ( ) vit ( ) que Jésus n'était pas là, ni ses disciples.
23 D'autres barques vinrent de Tibériade, qui était près du lieu où ils avaient mangé le pain.
24b Ils montèrent (donc) eux-mêmes dans les barques et vinrent à Capharnaüm, cherchant Jésus.
25 Et l'ayant trouvé de l'autre côté de la mer, ils lui dirent : « Rabbi, quand es-tu venu ici ? »
26 Jésus leur répondit et dit : « En vérité, en vérité, je vous le dis : vous me cherchez, non parce que vous avez vu des signes mais parce que vous avez mangé des pains et que vous avez été rassasiés.
27a Procurez-vous, non la nourriture qui périt, mais la nourriture qui demeure pour la vie éternelle (. »)
27b que le Fils de l'homme vous donne car celui-là, le Père, Dieu, l'a marqué d'un sceau. »
28 Ils lui dirent donc : « Que ferons-nous, afin d'œuvrer les œuvres de Dieu ? »
29 Jésus répondit et leur dit : « Telle est l'œuvre de Dieu, que vous croyiez en celui qu'il a envoyé. »
30 Ils lui dirent donc : « Quel signe fais-tu donc que nous voyions et croyions en toi ? Quelle œuvre fais-tu ?
31 («) Nos Pères ont mangé la manne dans le désert, comme il est écrit : *Un pain du ciel il leur a donné à manger.* »
32 Jésus leur dit donc : « En vérité, en vérité, je vous le dis : Non pas Moïse vous a donné le pain du ciel, mais mon Père vous donne le pain du ciel, le véritable.
33 Car le pain de Dieu est celui qui descend du ciel et donne la vie au monde. »
34 Ils lui dirent donc : « Seigneur, donne-nous toujours ce pain. »
35 Jésus leur dit :
« Je suis le pain de la vie ; celui qui vient à moi n'aura pas faim et celui qui croit en moi n'aura pas soif, jamais.
36 Mais je vous ai dit que vous avez vu et ne croyez pas.
37 Tout ce que me donne le Père viendra à moi, et celui qui vient à moi je ne le jetterai pas dehors,
38 car je suis descendu du ciel, non pour faire ma volonté, mais la volonté de celui qui m'a envoyé.
39 (Or telle est la volonté de celui qui m'a envoyé, que tout ce qu'il m'a donné, je n'en perde rien) mais je le ressusciterai au dernier jour.
40 Car telle est la volonté de mon Père, que quiconque voit le Fils et croit en lui ait la vie éternelle (.) et je le ressusciterai au dernier jour. »
41 Les Juifs murmuraient à son sujet parce qu'il avait dit : « Je suis le pain qui est descendu du ciel »,
42 et ils disaient : « Celui-là n'est-il pas Jésus, le fils de Joseph dont nous connaissons le père et la mère ? Comment dit-il maintenant : Je suis descendu du ciel ? »
43 Jésus répondit et leur dit : « Ne murmurez pas entre vous.
44 Nul ne peut venir à moi à moins que le Père qui m'a envoyé ne l'attire et je le ressusciterai au dernier jour.
45 Il est écrit dans les prophètes : *Ils seront tous enseignés par Dieu.* Quiconque entend du Père et apprend vient à moi.
46 Non que quelqu'un ait vu le Père, sinon celui qui est d'auprès de Dieu, celui-là a vu le Père.
47 En vérité, en vérité, je vous le dis : celui qui croit a la vie éternelle.
48 Je suis le pain de la vie.
49 Vos Pères ont mangé dans le désert la manne et ils sont morts.
50 Tel est le pain qui descend du ciel : que quelqu'un en mange et ne meure pas.
51a Je suis le pain
vivant
qui est descendu du ciel ; si quelqu'un mange de ce pain, il vivra pour toujours (. »)
51b et le pain que je donnerai est ma chair, pour la vie du monde. »
52 Les Juifs disputaient entre eux, disant : « Comment celui-ci peut-il nous donner sa chair à manger ? »
53 Jésus leur dit donc :
« En vérité, en vérité, je vous le dis : si vous ne mangez la chair du Fils de l'homme et ne buvez son sang, vous n'aurez pas la vie en vous.
54 Celui qui mange ma chair et boit mon sang a la vie éternelle, et je le ressusciterai au dernier jour.
55 Car ma chair est vraiment une nourriture et mon sang est vraiment un breuvage.
56 Celui qui mange ma chair et boit mon sang demeure en moi et moi en lui.
57 Comme le Père, vivant, m'a envoyé et que je vis par le Père, et celui qui me mange celui-là vivra aussi par moi.
58 Tel est le pain qui est descendu du ciel : non comme ont mangé les Pères et ils sont morts qui mange ce pain vivra pour toujours. »
59 Il dit cela enseignant dans une synagogue, à Capharnaüm.

A) LES ADDITIONS DE JEAN III

1. On attribuera à Jean III les divers textes de cette section qui se trouvent en relation explicite ou implicite avec le thème du Fils de l'homme.

a) Jean III ajouta le v. 53, qui forme plus ou moins doublet avec le v. 54a. Mettons-les en parallèle :

6 53	6 54
« En vérité, en vérité, je vous le dis : Si vous ne mangez (*phagète*) la chair du Fils de l'homme et ne buvez son sang vous n'aurez pas la vie en vous. »	« Celui qui mange (*ho trôgôn*) ma chair et boit mon sang a la vie éternelle ( ). »

Le v. 53 dit au négatif ce que le v. 54 dit au positif. Les deux versets se distinguent aussi par les détails littéraires suivants. Au v. 53, Jésus s'adresse directement à ses auditeurs en utilisant la deuxième personne du pluriel ; au v. 54, il utilise la troisième personne du singulier. Au v. 53, il ne parle pas directement de lui, mais du Fils de l'homme ; au v. 54, il dit « *ma* chair... *mon* sang... ». Or il est facile de voir que le v. 54 est en parfaite harmonie stylistique avec le reste du discours eucharistique (6 51b.55-56), tandis que le v. 53, où il est question du Fils de l'homme, fait l'effet d'un corps étranger. On notera encore, pour dire « manger », le verbe *phagein*, tandis qu'après l'intervention des Juifs, au v. 52, c'est le verbe *trôgein* qui devient régulier (vv. 54, 56, 57, 58). Puisque le discours eucharistique est de Jean II-B, l'addition du v. 53 ne peut être que de Jean III. On gardera toutefois, au niveau de Jean II-B, l'introduction constituée par les premiers mots : « Jésus leur dit... ».

Le style johannique de ce v. 53 s'explique en partie par des emprunts faits au v. 54, de Jean II-B : « en vérité, en vérité » (A 2), « si... ne... pas... ne... pas » (C 62), « la chair » (F 7), « avoir la vie en soi » (B 2 et C 27 ; cf. F 6).

b) On attribuera de même à Jean III le v. 27b : « ... que le Fils de l'homme vous donne car celui-ci, le Père, Dieu, l'a marqué d'un sceau. » Avec le v. 53, ce sont les deux seuls passages de cette section où il est question du « Fils de l'homme » ; le v. 27b doit donc être de Jean III, comme le v. 53. On notera le verbe « marquer d'un sceau » (*sphragizein*, F 11) et le terme « le Père » (B 73), commun à Jean II et à Jean III.

c) Les vv. 39, 40, 44 et 54 sont scandés par l'affirmation : « (et moi) je le ressusciterai au dernier jour. » Selon Bultmann, il s'agirait d'additions effectuées par le Rédacteur ecclésiastique ; nous croyons pouvoir les attribuer à Jean III. La raison principale est que ce refrain suppose une eschatologie proche de celle de Daniel, rejetée par Jean II-B en 11 23-26 (où il s'agit aussi de résurrection « au dernier jour » ; cf. A 34), mais reprise au contraire par Jean III dans l'addition de 5 27-29 (voir note § 149). Nous reviendrons sur ce point dans le commentaire des textes. L'addition par Jean III est confirmée par les remarques suivantes. Pour dire « ressusciter »,

nous avons ici, aux quatre versets mentionnés plus haut, le verbe *anistèmi*, au sens transitif ; ce sont les seuls emplois chez Jn, tandis que Jean II a régulièrement le verbe *egeirein* (F 38**). D'autre part, le caractère adventice du refrain en question est nettement perceptible aux vv. 39, 40 et 44. On verra plus loin que, au niveau de Jean II-A, le v. 39 vient en parallèle avec le v. 37 dans une structure en forme de chiasme ; les deux versets devaient donc avoir une finale semblable : « ... je ne le jetterai pas dehors » « ... je n'en perde rien (). » Au v. 40, le brusque passage de la troisième personne « le Fils » à la première personne « je le ressusciterai » est étrange. Au v. 44, le refrain en question rompt le rythme binaire du verset, rythme caractéristique de l'ensemble du discours de Jésus sur le pain de vie (6 32.35b.37.40).

Nous verrons, en faisant le commentaire des textes, que l'addition du refrain « je le ressusciterai au dernier jour » est liée à l'addition par Jean III du thème du « Fils de l'homme », repris de Dn 7 13.

2. Le v. 57 serait aussi de Jean III. Il introduit un thème étranger à celui du discours eucharistique ; on ne tient plus la vie de la manducation eucharistique, mais de Jésus lui-même, comme Jésus la tient du Père. Jésus ne dit plus « Celui qui mange ma chair », mais « celui qui me mange ». De même, l'introduction du thème de la « mission » fait figure de digression dans l'ensemble du discours. Un détail stylistique invite d'ailleurs à attribuer ce verset à Jean III. Il contient une construction typique du style de Jn : « comme... et... » (A 35), mais avec toutefois une différence. Ailleurs, le verbe de la proposition subordonnée est repris dans la proposition principale, assurant un balancement parfait entre les deux propositions ; par exemple, on lit en 13 15 : « ... afin que, *comme* je vous *ai fait, et vous* vous *fassiez.* » Ici, au contraire, le verbe « envoyer » qui suit immédiatement la conjonction « comme » n'est pas repris dans la proposition principale, ce qui entraîne une dissymétrie dans la phrase. Cette anomalie de construction pourrait être l'indice que le v. 57 n'est pas de Jean II mais de Jean III. On notera comme caractéristiques stylistiques : « m'a envoyé » (B 34), à deux reprises « le Père » (B 73), « manger » (B 47), « celui-là » (B 33 et C 37).

3. Au v. 51a, Jean III ajouta le participe « vivant » après le mot « pain ». Il l'a fait sous l'influence de la formule parallèle de Jn 4 10-11 : « eau vivante » (= eau vive). Mais en 4 10-11, l'expression « eau vivante » s'explique très bien : il s'agit de l'eau courante par opposition à l'eau stagnante. Ici, l'expression « pain vivant » est beaucoup plus difficile à justifier. Nous pensons donc qu'il s'agit d'une harmonisation faite par Jean III.

B) LES DEUX NIVEAUX DIFFÉRENTS

Même en faisant abstraction des additions effectuées par Jean III, 6 22-59 contient deux niveaux différents, l'un de Jean II-A et l'autre de Jean II-B. C'est ce que nous voudrions montrer maintenant, sans chercher encore à préciser la teneur exacte du texte de Jean II-A.

1. Il existe un parallélisme certain entre les vv. 35-51a et 51b-58. Jésus prononce une parole (vv. 35a.38 et 51b) qui provoque une réaction hostile de la part des auditeurs (vv. 41-42 et 52). Il donne la condition indispensable pour avoir la vie (vv. 47 et 54). Il rappelle le destin des Pères, qui ont mangé la manne et sont morts (vv. 49-50a et 58a), tandis que celui qui « mange de ce pain » vivra pour toujours (vv. 51a, qu'il faut rattacher au premier discours, cf. *infra*, et 58b). On se trouve en présence de deux séquences en partie parallèles.

2. Par ailleurs, il est possible de distinguer, à partir du v. 32, deux perspectives nettement différenciées. Selon l'une, c'est le Père qui donne le pain (v. 32) et ce pain n'est autre que Jésus, la Sagesse du Père (vv. 35 et 48 ; cf. *infra*). Selon l'autre, Jésus lui-même donne le pain (vv. 34 et 51b) et ce pain est sa « chair », pour la vie du monde (vv. 51b ss.). Ces deux perspectives différentes recoupent la distinction des deux textes parallèles dont nous venons de parler.

3. Le dialogue concernant l'eucharistie (vv. 51b ss.) est le niveau le plus récent, comme on le reconnaît d'ordinaire. Il se situe dans la perspective de la multiplication des pains, dont le texte fut retouché par Jean II-B afin de le préparer (note § 151, II B 1). En revanche, la partie la plus ancienne des dialogues sur le pain de vie ne peut pas avoir appartenu au contexte de la multiplication des pains ; elle se rattachait au contexte de la fête des Tentes et suivait les récits de l'expulsion des vendeurs du Temple (2 14-16) et de la demande de signe (2 18), qui eux aussi étaient situés lors de la fête des Tentes (Introd., 3 l).

Nous sommes donc en présence d'une couche ancienne, rédigée par Jean II-A (cf. *infra*), reprise et amplifiée par Jean II-B. Essayons de préciser ce qui revient à chacun de ces deux auteurs.

C) LE TEXTE DE JEAN II-A

1. Reconstitution du texte

a) Au niveau de Jean II-A, le dialogue sur le pain de vie se rattachait au récit de l'expulsion des vendeurs du Temple par le biais de la « demande de signe » (Introd., 3 l), celle qui se lit encore en 2 18. En transférant les récits du contexte de la fête des Tentes dans celui de la première Pâque (2 13) et de la deuxième (6 4), Jean II-B a dédoublé ce thème de la demande de signe en composant le v. 30 qui se rattache bien au v. 29 grâce au thème de la foi. Les caractéristiques stylistiques de ce v. 30 sont les suivantes : « ils dirent donc » (B 1), « quel signe fais-tu ? » (B 81), « que nous voyions et croyions en toi » (B 68* et F 29).

b) Les vv. 33-34 et le début du v. 35 (« Jésus leur dit ») furent ajoutés par Jean II-B.

ba) Le v. 33 fait l'effet d'une glose avec la conjonction « en effet » qui l'introduit. Par ailleurs, l'expression « le pain de Dieu », c'est-à-dire « donné par *Dieu* », étonne après les expressions « ... mais *mon Père* vous donne le pain » (v. 32) et se trouve mieux en harmonie avec le style des vv. 28-29, ajoutés par Jean II-B : « les œuvres *de Dieu* » « l'œuvre *de Dieu* ». Enfin, ce v. 33 est parallèle au v. 51b :

6 33	6 51b
« Car le pain de Dieu est celui qui descend du ciel et donne la vie au monde. »	« Et le pain que je donnerai est ma chair, pour la vie du monde. »

N'oublions pas que l'expression « le pain de Dieu » signifie « le pain que Dieu donne ». L'un de ces deux textes a été écrit en dépendance de l'autre. Mais nous verrons plus loin que 6 51b est une transposition johannique de la parole eucharistique attestée en 1 Co 11 24 ; c'est cette parole eucharistique qui rend compte de la formulation littéraire de Jn 6 51b. Il faut en conclure que 6 51b est, logiquement, antérieur à 6 33. En d'autres termes, puisque 6 51b est de Jean II-B (discours eucharistique), c'est aussi Jean II-B qui a composé le v. 33 sur le modèle du v. 51b, et ceci dans le but d'accentuer le parallélisme entre les deux discours qu'il plaçait l'un à la suite de l'autre : le discours sapientiel hérité de Jean II-A et le discours eucharistique qu'il plaçait à sa suite.

Outre l'expression « descendre du ciel » (B 94), qui court tout au long de ce dialogue, et le mot « monde » (C 68 ; cf. 6 51b), ce v. 33 contient comme caractéristique stylistique la formule « donner la vie » (B 39* ; cf. F 6).

bb) Le v. 34 fut ajouté par Jean II-B, ainsi que le début du v. 35 rendu nécessaire après l'interruption du discours de Jésus. Dans ce v. 34, en effet, c'est Jésus qui donne le pain, et non le Père ; le verset est donc dans la tonalité du discours eucharistique, de Jean II-B, et non du dialogue sur le pain de vie donné par Dieu, de Jean II-A. L'insertion de ce verset avait un double but : préparer l'addition du discours eucharistique ; établir un parallélisme entre le thème du pain, ici, et le thème de l'eau en Jn 4 10.15.13a.14 (cf. note § 81, II 3 *b* et *infra*).

Ce v. 34 commence d'ailleurs par une caractéristique stylistique typique du style de Jean II-B : « Ils lui dirent donc » (A 45**). On notera aussi l'adverbe « toujours », de coloration johannique (F 4*).

c) Presque tous les commentateurs reconnaissent que le v. 36 fait l'effet d'un corps étranger : « le v. 36 est un peu en dehors du thème. C'est une réflexion douloureuse en matière de parenthèse ; elle semble hors de sa place primitive, qui pourrait bien être après le v. 40 » (Lagrange). Ne serait-il pas mieux de la considérer comme une glose insérée par Jean II-B ? On notera qu'elle correspond à l'addition par Jean II-B du v. 30. En plaçant ici le dialogue sur le pain de vie, Jean II-B a introduit dans le texte une certaine inconséquence : les gens qui ont vu la veille le « signe » de la multiplication des pains demandent maintenant à Jésus : « Quel signe fais-tu donc, que nous voyions et croyions en toi ? » ; ce n'est guère vraisemblable ! Conscient de cette difficulté, Jean II-B ajouta le v. 36 : « Mais je vous ai dit que vous avez vu et ne croyez pas. » Jésus lui-même aurait déjà reproché aux Juifs de ne pas croire malgré la vue du miracle ; ainsi s'expliquerait leur question du v. 30.

Le double thème « voir » et « croire » est typique de Jean II-B (B 68*), comme l'emploi du verbe « voir » au parfait (B 82).

d) Même en faisant abstraction des finales « (mais) je le ressusciterai au dernier jour », ajoutées par Jean III (cf. *supra*), les vv. 39 et 40 peuvent être considérés comme un doublet :

6 39	6 40
« Or telle est la volonté de celui qui m'a envoyé que tout ce que (*hina pan ho*) il m'a donné, je n'en perde rien, mais je le ressusciterai au dernier jour. »	« Car telle est la volonté de mon Père que quiconque (*hina pas ho*) voit le Fils et croit en lui ait la vie éternelle, et je le ressusciterai au dernier jour. »

Le v. 40 exprime au positif ce que le v. 39 dit au négatif. Mais le v. 40 est de Jean II-B, avec le titre « le Fils », pris absolument (B 77**) et le thème « voir » et « croire » (cf. B 68*) qui fait écho aux vv. 30 et 36. On notera comme autres caractéristiques stylistiques : « telle est... que » (A 6 et B 60), repris du v. 39, « croire en » (B 51), « quiconque... croit » (E 10) et « avoir la vie éternelle » (B 2* et C 59* ; cf. F 6).

Nous pensons donc que, en reprenant le dialogue sur le pain de vie, de Jean II-A, Jean II-B *remplaça* le v. 39 par le v. 40, pour une raison qui sera donnée lorsque nous commenterons les textes. C'est Jean III qui, ayant le texte de Jean II-A sous les yeux, a réintégré le v. 39 dans le discours de Jésus.

e) Il faut encore considérer comme une addition de Jean II-B le v. 42, qui reprend en l'amplifiant le thème du v. 41. On notera la suture rédactionnelle au début du v. 42 « Et ils disaient... » Cet emprunt à la tradition synoptique (cf. Lc 4 22 et par.) complète l'addition de 4 44 faite par Jean II-B et prépare le thème de 6 60 ss., introduit aussi par Jean II-B ; nous le préciserons en commentant les textes. Outre l'expression « descendre du ciel » (B 94), qui court tout au long de ce dialogue, on notera comme caractéristiques stylistiques : « connaître » (F 25), « comment dit-il » (A 96*).

f) Jean II-B ne s'est pas contenté d'ajouter un verset ici ou là, voire de remplacer un verset par une nouvelle rédaction plus ou moins parallèle ; il a bouleversé profondément la structure du dialogue primitif. Le texte du dialogue, sous sa forme actuelle, offre en effet une anomalie flagrante : au v. 41, les Juifs reprochent à Jésus d'avoir dit : « Je suis le pain qui est descendu du ciel. » Mais une telle affirmation ne se lit qu'au v. 51a : « Je suis le pain (vivant) qui est descendu du ciel » ! Le reproche des Juifs (v. 41) vient trop tôt, ou l'affirmation de Jésus (v. 51a) trop tard. Il a donc dû exister un état du texte johannique dans lequel le v. 51a *précédait* le v. 41. Voici la solution que nous proposons et que nous justifierons plus amplement en commentant les textes reconstitués.

fa) Le bloc constitué par les vv. 49-51a suivait immédiatement les vv. 30-32. Les vv. 30-32 et 49-51a formaient un

ensemble très homogène, composé par Jean II-A, et constituaient un *midrash*, ou commentaire, du texte scripturaire cité au v. 31. Ce *midrash* se terminait à l'analogie des *pesharim* bien connus de la littérature juive (cf. spécialement les textes de Qumrân) : Jésus s'identifiait au pain descendu du ciel dont parlait le texte scripturaire cité au v. 31 (cf. le v. 51a).

fb) Ce *midrash* constitué par les vv. 30-32 et 49-51a était suivi de la réflexion scandalisée des Juifs faite au v. 41. Dès que Jésus a affirmé « Je suis le pain () descendu du ciel... » (v. 51a), les Juifs murmurent à son sujet parce qu'il a dit : « Je suis le pain descendu du ciel » (v. 41). La séquence normale des vv. 51a et 41 est ainsi rétablie.

fc) Comme dans la plupart des textes de ce genre, Jésus devait répondre aux murmures des Juifs ; il faut donc garder le v. 43 après le v. 41 : « Ne murmurez pas entre vous. » Mais de quels éléments était constituée la réponse de Jésus ? Elle ne comportait que les seuls vv. 35.37-39 (du dialogue sous sa forme actuelle, cf. *infra*). C'est Jean II-B qui les a transférés *avant* le v. 41 (en substituant au v. 39 le v. 40, cf. *supra*) et les a remplacés par les vv. 44-48 qui en reprennent les thèmes essentiels '(« venir à Jésus », « croire ») sous une forme différente, ou même identique (« Je suis le pain de la vie », aux vv. 35b et 48). Jean II-B a voulu obtenir ainsi une structure en forme de chiasme assez large, comme on le verra plus loin.

Voici les caractéristiques stylistiques des vv. 44-48, ajoutés par Jean II-B. Au v. 44 : « nul ne peut... à moins que... ne... » (B 89* ; cf. C 62), « venir à » Jésus (F 14*), « le Père » (B 73), « qui m'a envoyé » (A 3*), « attirer » (B 37). — Au v. 45 : « il est écrit » (B 11*), « entendre du Père » (C 38*, B 55 et B 73), « venir à » Jésus (F 14*). — Au v. 46 : à deux reprises « voir » au parfait (B 82), « le Père » (B 73), « voir » dit de Dieu ou du Père (B 54*), « d'auprès de Dieu » (A 51* et B 84). — Au v. 47 : « en vérité, en vérité » (A 2*), « celui qui croit » (E 10), « a la vie éternelle » (B 2* et C 59* ; cf. F 6). — Au v. 48, qui reprend le v. 35b : « je suis le pain » (A 9* ; cf. C 50), « vie » (F 6).

g) Au niveau de Jean II-A, le dialogue sur le pain de vie se terminait par la parole de Jésus rapportée en Jn 7 37b-38. Jean II-B l'a laissée là, comme un organe-témoin de la place primitive du dialogue, et a ajouté l'introduction du v. 37a et la glose du v. 39. Voici, très brièvement exposées, les raisons qui nous ont poussés à adopter cette hypothèse ; elles seront développées lorsque nous ferons le commentaire des textes. Nous croyons donc que 7 37b-38, texte isolé au chapitre 7, se situe parfaitement dans la ligne de 6 35.37-39.

ga) Jn 7 37b-38 complète 6 35.37-39 pour former un chiasme parfait dont la structure sera mise en relief au début du commentaire des textes.

gb) Jn 7 37b-38 répond au thème de la « soif » et de la « foi » exprimé à la fin de 6 35. D'une façon plus précise, 6 35c annonce le développement de deux thèmes distincts : venir à Jésus pour ne plus avoir faim, croire en lui pour ne plus avoir soif. Le premier thème est développé en 6 37-39 ; le second en 7 37b-38. Sans la parole de Jésus rapportée en 7 37b-38, le bloc constitué par 6 35.37-39 serait incomplet.

gc) Jn **7** 37b-38 fait allusion à l'épisode du rocher frappé par Moïse et d'où jaillit une source d'eau, épisode raconté en Ex **17** (cf. le commentaire du texte). Si l'on replace **7** 37b-38 à la fin du dialogue qui commence en **6** 31, on obtient successivement et dans le même ensemble : une allusion à l'épisode de la manne racontée en Ex **16** (Jn **6** 31 ss.) et une allusion à l'épisode du rocher d'où sort une source d'eau. Or ces deux épisodes sont rapprochés, non seulement en Ex **16-17**, mais encore dans la tradition targumique et en 1 Co **10** 3-4. Le texte de Jean II-A que nous reconstituerons se serait référé, lui aussi, aux mêmes traditions.

En résumé, le dialogue primitif entre Jésus et les Juifs était constitué, dans l'ordre, par les vv. 31-32, 49-51a, 41, 43, 35, 37-39a, suivis de **7** 37b-38.

2. UNE COMPOSITION DE JEAN II-A

Voici les caractéristiques stylistiques de ces versets. Au v. 31 : « comme il est écrit » (A 141, propre à Jean II-A ; cf. B 11*) ; le reste du verset est constitué par une citation de l'AT. – Au v. 32 : « dit donc » (B 1), « en vérité, en vérité » (A 2*), « véritable » (E 1). – Au v. 49 : « mourir » (F 22). – Au v. 50 : « tel est... que » (A 6 et B 60), « descendre du ciel » (B 94), « mourir » (F 22). – Au v. 51a : « je suis le pain » (A 9* ; cf. C 50), « descendre du ciel » (B 94), « si quelqu'un » (C 48*), « pour toujours » (E 13*). – Au v. 41 : « murmurer au sujet de » (A 103*), « je suis le pain » (A 9* ; cf. C 50), « descendre du ciel » (B 94). – Au v. 43 : « répondit et dit » (B 6), « entre vous » (B 66*). – Au v. 35 : « je suis le pain » (A 9* ; cf. C 50), « vie » (F 6), « venir à » (F 14*), « celui qui croit en moi » (B 51 et E 10), « jamais » (B 44*). – Au v. 37 : « tout ce que » (A 100*), « me donne le Père » (A 14* et B 73), « venir » à Jésus (F 14*). – Au v. 38 : « descendre du ciel » (B 94), verbe de mouvement avec *hina* (B 76), « faire ma volonté » (F 34* et A 1*), « la volonté de celui qui m'a envoyé » (A 3* et A 78). – Au v. 39a : « telle est... que » (A 6 et B 60), « la volonté de celui qui m'a envoyé » (A 3* et A 78), « tout ce que » (A 100*), « il m'a donné » (A 14*), *casus pendens* construit sur le pronom personnel (B 35*).

Ajoutons les caractéristiques stylistiques de **7** 37b-38. Au v. 37b : « si quelqu'un » (C 48*), « venir à » Jésus (F 14*). – Au v. 38 : « qui croit » (E 10), « croire en » (B 51), « Écriture » (F 1*).

Les caractéristiques johanniques de ces versets sont tellement abondantes que l'on se trouve certainement devant un texte rédigé par Jean II. Et puisqu'il fut réutilisé et réinterprété par Jean II-B, il ne peut être que de Jean II-A.

D) LE TEXTE DE JEAN II-B

1. L'INTRODUCTION DU RÉCIT

Il résulte des analyses précédentes que, à l'exception du v. 27b, de Jean III, l'introduction du récit constituée par les vv. 22-29 doit être attribuée à Jean II-B. En voici d'ailleurs les caractéristiques stylistiques. Au v. 22 : « de l'autre côté

de » (B 71). – Au v. 23 : « barque » (C 56**), « Tibériade » (A 129), « près de » (C 22), « le lieu où » (B 23** ; cf. F 33). – Au v. 24b (cf. critique textuelle) : « barque » (C 56**), « chercher », avec Jésus comme objet (C 21). – Au v. 25 : « de l'autre côté de » (B 71), « Rabbi » (C 35*). – Au v. 26 : « répondit et dit » (B 6), « en vérité, en vérité » (A 2*), « chercher », avec Jésus comme objet (C 21), « non parce que... mais parce que » (B 70**). – Au v. 27a : « nourriture » (D 1*), « vie éternelle » (C 59* ; cf. F 6). – Au v. 28 : « Ils lui dirent donc » (A 45** ; cf. B 1), « œuvrer les œuvres » (A 112**). – Au v. 29 : « répondit et dit » (B 6), « telle est... que » (A 6 et B 60), « croire en » (B 51), Dieu « envoie » le Christ (B 34), « celui-là » dit de Dieu (B 17*). Ce vocabulaire et ce style sont bien de Jean II, et plus précisément de Jean II-B.

2. LE CORPS DU RÉCIT

Dans le corps du récit (vv. 30-51a), Jean II-B reprend le texte de Jean II-A en lui faisant subir de profondes modifications, comme nous l'avons vu à la section précédente. Pourquoi ces modifications ? Nous en préciserons le sens dans le commentaire des textes. Disons cependant tout de suite que le but premier de Jean II-B fut de disposer les matériaux repris de Jean II-A, et ceux qu'il ajoutait, en forme de chiasme assez large, chiasme qui inclut d'ailleurs le début du dialogue sur l'eucharistie. C'est pour former ce chiasme qu'il a coupé en deux le *midrash* sur la manne, en sorte que les vv. 49-51 répondissent aux vv. 31-33. C'est pour former ce chiasme qu'il a dédoublé la formule « Je suis le pain de vie » (vv. 35b et 48). C'est pour former ce chiasme enfin qu'il a composé les vv. 44-47, lesquels répondent aux vv. 35c-38.40. Le centre du chiasme était formé par les murmures des Juifs, aux vv. 41-43. Dans cette nouvelle disposition des textes, la structure en chiasme est précédée par un développement sur la foi (vv. 28-30) et suivie par le thème eucharistique (vv. 51b-53a.54-56.58) : la foi et les sacrements se répondent, comme moyen de salut donné aux hommes par Dieu. Tous ces points seront repris dans le commentaire du texte, que nous donnerons d'abord en faisant ressortir sa structure en forme de chiasme.

3. LE DIALOGUE EUCHARISTIQUE

C'est Jean II-B qui ajouta le dialogue sur l'eucharistie qui, à son niveau, comportait les vv. 51b-53a, 54-56, enfin 58 (moins une glose). Donnons-en les principales caractéristiques stylistiques, dont plusieurs sont reprises du dialogue sur le pain de vie composé par Jean II-A. Au v. 51b : « chair » (F 7*), « pour » (F 26), « vie » (F 6), « monde » (C 68). – Au v. 52 : « Comment... peut-il... donner » (C 73*), « chair » (F 7*). – Au v. 53a : « dit donc » (B 1). – Au v. 54 : « manger » (*trôgô*, B 47*), « chair » (F 7*), « a la vie éternelle » (B 2* et C 59* ; cf. F 6). – Au v. 55 : « chair » (F 7*), « vraiment » (C 69), « nourriture » (D 1*). – Au v. 56 : « manger » (B 47*), « chair » (F 7*), « demeure en moi et moi en lui » (A 7* et A 11). – Au v. 58 : « descendre du ciel » (B 94), « non comme »

(B 93*), « mourir » (F 22), « manger » (B 47*), « pour toujours » (E 13*).

Le v. 59, qui localise le dialogue entre Jésus et les Juifs
à Capharnaüm, répond aux vv. 24-25 et est donc de Jean II-B.
On notera, au début, la formule « Il dit cela » (A 68*).

III. LE SENS DES RÉCITS

A) LE RÉCIT DE JEAN II-A

Au niveau de Jean II-A, le dialogue sur le pain de vie
était situé dans le contexte de la fête des Tentes, aussitôt
après l'expulsion des vendeurs du Temple (Introd., 3 l).
Il commençait donc dès **2** 18, dont nous donnons le texte
ici. Les mots soulignés dans la première partie sont ceux
qui reprennent la citation biblique faite en **6** 31.

2 18 Les Juifs donc répondirent et lui dirent : « Quel signe
      nous montres-tu, que tu fasses cela ?
6 31 Nos Pères *ont mangé* la manne dans le désert, comme il est
      écrit : *Un pain du ciel il leur a donné à manger.* »
  32 Jésus leur dit : « En vérité, en vérité, je vous le dis :
      Non pas Moïse *vous a donné le pain du ciel*,
      mais mon Père *vous donne le pain du ciel*, le véritable.
  49 Vos Pères *ont mangé* dans le désert la manne, et ils sont
      morts.
  50 Tel est *le pain qui descend du ciel*, que quelqu'un *en mange*
      et ne meure pas.
  51a Je suis *le pain* ( ) *qui est descendu du ciel* ; si quelqu'un *mange
      de ce pain*, il vivra pour toujours. »
  41 Les Juifs murmuraient à son sujet parce qu'il avait dit :
      « Je suis le pain qui est descendu du ciel. »
  43 Jésus répondit et leur dit : « Ne murmurez pas entre vous.

  35 A Je suis le pain de la vie.
      B   Celui qui vient à moi n'aura pas faim
              et celui qui croit en moi n'aura pas soif, jamais.
  37 C   Tout ce que me donne le Père viendra à moi, et celui
              qui vient à moi je ne le jetterai pas dehors.
  38 D   Car je suis descendu du ciel,
                  non pour faire ma volonté,
                  mais la volonté de celui qui m'a envoyé.
  39 C'   Or telle est la volonté de celui qui m'a envoyé,
              que tout ce qu'il m'a donné, je n'en perde rien ( ).
7 37b B' Si quelqu'un a soif, qu'il vienne à moi,
              et qu'il boive celui qui croit en moi.
  38 A' Comme dit l'Écriture :
              Des fleuves d'eau vive couleront de son sein. »

Ce texte se compose de deux parties principales, étroitement
liées. La première partie (**2** 18 et **6** 31-32, 49-51a) est un
midrash, ou commentaire, d'un texte biblique cité au v. 31 ;
les expressions de ce texte biblique sont reprises tout au
long du *midrash*. Au v. 51a, à l'analogie des *pesharim* de la
littérature juive, Jésus s'identifie au « pain du ciel » dont
parle le texte biblique. L'ensemble forme une composition
qui, du point de vue stylistique, est typiquement juive.
La seconde partie forme un chiasme parfait puisque, en

7 38, c'est du sein du Christ que coulent les fleuves d'eau
vive, comme on le verra plus loin. Cette seconde partie
a pour but d'expliquer en quel sens Jésus peut se dire « le
pain ( ) qui est descendu du ciel » (v. 51a) ; mais le thème
s'amplifie : il n'est plus question seulement de pain, mais
aussi d'eau vive, en référence à Ex **16** – **17** (cf. *infra*). Les vv. 41.
43, concernant les « murmures » des Juifs, forment charnière
entre la première et la seconde partie du texte ; ils motivent
l'explication que Jésus va donner de son affirmation : « Je
suis le pain ( ) qui est descendu du ciel. »

1. L'INTRODUCTION DU TEXTE (**2** 18)

Rappelons que, au niveau de Jean II-A, ce dialogue était
situé dans le contexte de la fête des Tentes, aussitôt après
l'épisode de l'expulsion des vendeurs du Temple. Dans les
évangiles synoptiques, après l'expulsion des vendeurs du
Temple, les grands prêtres, les scribes et les anciens demandent
à Jésus : « Par quelle autorité fais-tu cela ? Ou qui t'a donné
cette autorité ? » (Mc **11** 27-28 et par.). De même dans l'évangile composé par Jean II-A : Jésus vient d'expulser les vendeurs
du Temple et les Juifs, c'est-à-dire les autorités religieuses
juives, lui demandent un « signe » qui puisse justifier son
action. Jésus s'est posé en réformateur religieux en purifiant
le Temple ; il doit pouvoir prouver qu'il a été réellement
envoyé par Dieu, ce qui lui donnerait le droit d'agir ainsi.

Dans sa réponse, Jésus va faire allusion à divers épisodes
de l'Exode ce qui convient bien au contexte de la fête des
Tentes puisque ces tentes, ou huttes, sous lesquelles vivaient
les Juifs durant la fête, devaient leur rappeler l'événement
essentiel de leur histoire : l'Exode (cf. Lv **23** 43).

2. LE MIDRASH

a) Après avoir exigé de Jésus un « signe » (**2** 18), les Juifs
précisent leur pensée : « Nos Pères ont mangé la manne
dans le désert, comme il est écrit : Un pain du ciel il leur
a donné à manger. » L'allusion au récit de Ex **16** est évidente.
Les Juifs demandent donc implicitement à Jésus qu'il renouvelle le miracle de la manne, qu'il se manifeste ainsi comme
un nouveau Moïse, ce qui lui donnerait le droit de se poser
en réformateur religieux.

Les commentateurs se sont demandé quel était exactement
le texte biblique cité au v. 31. En fait, comme ailleurs chez Jn,
deux textes complémentaires sont ici fusionnés. Le premier
est Ex **16** 15b ; aux Hébreux qui s'étonnent en voyant la
manne, Moïse dit : « Ceci est le *pain* que Yahvé *vous a donné
à manger.* » Le second texte est Ex **16** 4 : « Je vais faire pleuvoir
pour vous un pain (venu) *du ciel.* » Jean II se réfère presque
certainement, non pas au texte hébreu, mais au targum araméen. Texte hébreu et targum sont identiques en **16** 15b ;
mais en **16** 4 on lit dans le targum : « Voici que je fais *descendre*
pour vous un pain (venu) du ciel. » L'idée que Dieu fit « descendre » la manne du ciel se retrouve dans la littérature
rabbinique (Mekhilta sur Ex **16** 4 ; Exode Rabba 25 2) ;
elle explique les vv. 50 et 51a de Jn : « le pain qui *descend*

du ciel. » Nous avons donc en Jn **6** 31 une citation qui fusionne Ex **16** 4 et **16** 15b, en référence au targum araméen plutôt qu'au texte hébreu (cf. aussi Ps **78** 24).

b) Le *midrash* lui-même, ou commentaire du texte biblique, se compose de trois groupes de deux phrases strictement parallèles. Le premier groupe est constitué par les vv. 31a et 49 ; leur parallélisme n'est rompu que par l'addition, en finale du v. 49, de l'expression « et ils sont morts », qui est ainsi mise en relief d'une façon saisissante ; le lecteur comprend aussitôt qu'il s'agit d'un problème de vie et de mort. – Le deuxième groupe de phrases parallèles se lit au v. 32. Ici encore, les deux phrases sont constituées en grande partie des mêmes mots, mais elles diffèrent par l'opposition initiale : « Non pas Moïse... mais mon Père... ». Le parallélisme strict est rompu par l'addition, à la fin de la seconde phrase, de l'adjectif « le véritable » ; le lecteur comprend encore facilement : Moïse a bien donné un pain du ciel, mais pas « le véritable » ; celui-là, seul le Père le donne. – Le troisième groupe de phrases parallèles se lit aux vv. 50 et 51a ; le v. 51a applique à Jésus ce qui est dit de façon plus générale au v. 50 : « Tel est le pain... Je suis le pain... » ; la finale du v. 51a exprime au positif « il vivra pour toujours » ce que le v. 50 disait au négatif : « et ne meure pas. » Il s'agit bien, comme on le disait plus haut, d'un problème de vie et de mort.

Le sens général du *midrash* est maintenant facile à comprendre. Les Juifs demandent implicitement à Jésus de se manifester comme un nouveau Moïse en leur donnant à manger « un pain du ciel » (Ex **16** 4.15b). La réponse de Jésus va situer le problème sur un tout autre plan.

ba) Il conteste d'abord l'interprétation que donnent les Juifs du texte scripturaire cité au v. 31 ; il va leur prouver que, si Moïse a bien donné aux Hébreux *un* pain du ciel, il ne leur a pas donné *le véritable* pain du ciel. Son raisonnement est un authentique syllogisme, mais dont les termes sont inversés par rapport à notre logique occidentale. La majeure du raisonnement vient en dernier, au v. 50 : « Tel est le pain qui descend du ciel : que quelqu'un en mange et ne meure pas » ; il est de la nature même du « pain qui descend du ciel » d'éviter la mort à ceux qui en mangent. La mineure du raisonnement se lit au v. 49 ; elle présente un fait historique incontestable : « Vos Pères ont mangé dans le désert la manne et ils sont morts. » La conclusion s'impose : « Moïse ne vous a pas donné *le* pain du ciel » (v. 32a). Un « logicien » aurait conclu, de façon plus rigoureuse : « la manne n'était pas *le* pain du ciel », mais Jean II préfère mettre tout de suite en évidence le personnage de Moïse, ce qui va lui permettre de continuer plus facilement son argumentation.

bb) Si ce ne fut pas Moïse, quel est alors celui qui donne le pain du ciel, *le véritable* ? Et si ce n'était pas la manne, quel est le véritable pain du ciel ? Jésus répond à ces deux questions grâce au dédoublement des phrases dont nous avons parlé plus haut. Au v. 32, il répond à la première question : « *Non pas Moïse* vous a donné le pain du ciel, *mais mon Père* vous donne le pain du ciel, *le véritable*. » On notera le passage du

passé simple au présent : c'est maintenant, et non jadis, que le Père donne le « pain du ciel ». Quel est ce pain ? Jésus répond au v. 51a, en reprenant les termes de la majeure de son raisonnement (v. 50) : « Je suis le pain ( ) qui est descendu du ciel » ; et puisque le véritable pain qui descend du ciel évite la mort à ceux qui en mangent, Jésus peut ajouter « Si quelqu'un mange de ce pain, il vivra pour toujours. » Ainsi, tout en développant les articulations de son syllogisme à portée négative, Jésus donne la réponse aux questions que suscitent ses négations ; il lui suffit de dédoubler les termes du syllogisme.

On notera en passant que ce texte est essentiel pour déterminer l'origine, si débattue, de la formule johannique « je suis », suivie d'un prédicat (A 9) ; ici : « Je suis le pain ( ) qui est descendu du ciel. » Elle se rattache au genre *pesher* de la littérature juive : une figure dont il est parlé dans tel livre de la Bible est identifiée en référence à un personnage vivant au temps de celui qui écrit le *pesher* ; on en trouve de nombreux exemples, entre autres, dans le commentaire du livre d'Habaquq trouvé parmi les textes de Qumrân.

3. L'EXPLICATION DU MIDRASH

Jésus a terminé son commentaire du texte biblique cité par les Juifs en affirmant : « Je suis le pain ( ) qui est descendu du ciel ; si quelqu'un mange de ce pain, il vivra pour toujours.» Restait encore à expliquer en quel sens Jésus est le pain qui est descendu du ciel et qui donne la vie. C'est ce que Jean II va entreprendre dans la seconde partie du dialogue.

a) Les vv. 41 et 43 forment la charnière entre les deux parties du dialogue. Les Juifs s'étonnent de ce que Jésus ait pu dire : « Je suis le pain qui est descendu du ciel » (v. 41). Mais, par delà les Juifs, Jean II pense à tous les chrétiens qui liront son évangile et qui, tous, pourront se poser les mêmes questions : comment Jésus est-il « le pain » ? Comment est-il « descendu du ciel » ? Comment ceux qui le mangent vivront-ils « pour toujours » ? La réponse à ces diverses questions va être donnée aux vv. 35, 37-39 et **7** 37b-38. Mais avant d'analyser ces textes disposés en forme de chiasme, il faut noter le verbe « murmurer » utilisé par Jean II aux vv. 41 et 43. En « murmurant », les Juifs montrent qu'ils sont bien de la race de leurs Pères qui, eux aussi, ont « murmuré » contre Moïse durant l'Exode ; dans l'épisode de la manne d'abord (Ex **16** 7), puis en diverses autres occasions (Ex **17** 3 ; Nb **14** 27.29 ; **17** 6.20). On verra plus loin que Jean II pense ici spécialement à Nb **21** 5-6, mais lu dans le targum araméen tel que nous l'a transmis le Néofiti.

b) Au v. 35, Jésus explique en quel sens il est le pain qui est descendu du ciel. Il affirme d'abord à nouveau : « Je suis le pain de la vie » (v. 35a), c'est-à-dire : le pain qui donne la vie (cf. v. 51a). Puis il commente : « Celui qui vient à moi n'aura pas faim et celui qui croit en moi n'aura pas soif, jamais. » Ce thème de la faim et de la soif, avec la précision « celui qui vient à moi », évoque plusieurs textes de l'AT où il est question de la Sagesse de Dieu. Le plus typique est Si **24** 19-21, où la Sagesse dit aux hommes : « *Venez* *à moi* vous qui me désirez et rassasiez-vous de mes produits... Ceux qui me mangent auront encore *faim*, ceux qui me boivent auront encore *soif*. » La forme affirmative du texte du Siracide se comprend en ce sens que les disciples de la Sagesse ne connaîtront jamais le dégoût de la nourriture qu'elle leur propose. De même, en Pr 9 5, la Sagesse proclame : « *Venez*, mangez de mon *pain*, buvez du *vin* que j'ai préparé. » C'est encore vraisemblablement la Sagesse qui parle en Is 55 1-3 : « Vous tous qui êtes altérés, *venez* vers l'eau ; même si vous n'avez pas d'argent, venez. Achetez du blé et consommez, sans argent et sans payer, du vin et du lait. Pourquoi dépenser votre argent pour autre chose que du pain ?... Prêtez l'oreille et *venez à moi*, écoutez et votre âme *vivra*. » L'influence de ces textes sapientiaux sur Jn 6 35 est d'autant plus probable qu'elle explique le thème de la soif ajouté à celui de la faim dans un contexte qui ne parle que de pain. Jésus est donc le pain descendu du ciel en tant qu'il est la Sagesse de Dieu envoyée par Dieu sur la terre (Sg 9 10 ; Si 24 8). Se nourrir de lui, c'est écouter son enseignement et garder sa parole.

C'est parce que Jésus est la Sagesse qu'il est *le pain de la vie*, le pain qui donne la vie. Déjà, dans le Deutéronome, Dieu proposait aux hommes sa Loi et sa Parole (30 11.14) comme seuls moyens d'obtenir la vie : « Vois, je te propose aujourd'hui vie et bonheur, mort et malheur. Si tu écoutes les commandements de Yahvé ton Dieu que je te prescris aujourd'hui et que tu aimes Yahvé ton Dieu... tu vivras et tu multiplieras... Je prends aujourd'hui à témoin contre vous le ciel et la terre : je te propose la vie ou la mort, la bénédiction ou la malédiction ; choisis donc la vie pour que toi et ta postérité vous viviez » (Dt 30 15-19). C'est le même choix que nous propose la Sagesse : « Car qui me trouve trouve la vie, il obtiendra la faveur de Yahvé ; mais qui m'offense blesse son âme, quiconque me hait chérit la mort » (Pr 8 35-36). Mais quelle est cette vie que procure la Sagesse ? Dans le livre des Proverbes, la perspective ne dépassait pas celle d'une vie longue et prospère sur la terre (Pr 9 11). Dans le livre de la Sagesse, qui clôt la révélation de l'AT, nous apprenons que Dieu a créé l'homme incorruptible et que c'est par l'envie du Diable que la mort est entrée dans le monde (Sg 2 23-24) ; l'espérance de l'homme est pleine d'immortalité (Sg 3 4). C'est cette incorruptibilité que la Sagesse promet à ceux qui l'aiment : « Car le commencement le plus sûr (de la Sagesse) c'est le désir de s'en instruire ; vouloir s'en instruire, c'est l'aimer ; l'aimer, c'est garder ses lois ; obéir à ses lois, c'est s'assurer l'incorruptibilité, et l'incorruptibilité donne place auprès de Dieu » (Sg 6 17-19).

Dans la tradition juive, la manne mangée par les Hébreux dans le désert était le *symbole* de la Loi mosaïque (Mekhilta sur Ex 13 7), de la Sagesse (Exode Rabba 25 7), de la Parole de Dieu qui est aussi Loi et Sagesse (Philon d'Alexandrie) ; pour Jean II, Jésus *est* la Sagesse elle-même descendue du ciel pour apprendre aux hommes le chemin de la vie.

c) Le v. 37 est lié au v. 35 par le thème de « venir » à Jésus. Il commence par l'expression « tout ce que me donne le Père ». Malgré la formulation au neutre, ce sont les disciples de Jésus qui sont désignés par cette expression, ceux qui se mettent à son école et reçoivent son enseignement. Un

des premiers disciples appelés par Jésus avait pour nom « Nathanaël », ce qui signifie « Dieu a donné » (Jn 1 45 ss.).

Mais il faut surtout porter notre attention sur la finale du v. 37 : « je ne le jetterai pas dehors. » Liée à la formule « le pain de la vie » (v. 35), et surtout au v. 51a : « si quelqu'un mange de ce pain, il vivra pour toujours », elle fait allusion aux récits de Gn 2 et 3 concernant la faute du premier couple humain et son expulsion du paradis terrestre. Analysons en détail les données du problème. Dans le paradis terrestre, Dieu avait planté deux arbres : celui de la vie et celui de la connaissance du bien et du mal (Gn 2 9). Pour avoir goûté de l'arbre de la connaissance, malgré la défense formelle de Dieu (Gn 2 17 ; 3 1-7), l'homme fut chassé du paradis afin qu'il ne puisse plus se nourrir de l'arbre de vie (3 22-24), ce qui le vouait à la mort (Gn 3 19). La tradition juive, toutefois, a exprimé souvent l'idée que cette malédiction pesant sur l'humanité n'était pas sans remède et que Dieu avait donné aux hommes un moyen de retrouver, sinon l'arbre de vie, au moins son équivalent. On lit par exemple dans le targum Néofiti sur Gn 3 24 : « Car la Loi est arbre de vie pour tout homme qui l'étudie, et celui qui observe ses préceptes vit et subsiste comme l'arbre de vie dans le monde à venir. La Loi, pour ceux qui la pratiquent en ce monde, est bonne comme le fruit de l'arbre de vie. » Ainsi, l'observation de la Loi procure à l'homme la vie dans le monde à venir au même titre que l'arbre de vie du paradis terrestre. Le même thème se retrouve dans la tradition sapientielle, mais la Loi y est remplacée par la Sagesse qui, d'une part procure aux hommes la connaissance perdue par Adam et Ève (Sg 10 8-9), d'autre part a même pouvoir salvifique que l'arbre de vie (Pr 3 18 ; cf. 11 30 ; 13 12 ; 15 4). La Sagesse, comme la Loi dans le texte du targum cité plus haut, apporte donc à l'humanité comme un antidote à la faute d'Adam, elle la sauve de la mort (Sg 10). Ce thème est repris par Jean II dans le texte que nous analysons maintenant, et c'est Jésus-Sagesse qui tient lieu d'arbre de vie. Remarquons d'abord la phrase qui termine la première partie de notre texte, en 6 51a : « Si quelqu'un mange de ce pain, il vivra pour toujours » ; elle reprend, dans les mêmes termes que ceux de la Septante, le texte de Gn 3 22 : « ... de peur que... il ne prenne de l'arbre de vie et (en) mange et il vivra pour toujours. » L'emprunt de Jean II à ce texte est d'autant plus probable que l'expression « il vivra pour toujours » ne se lit pas ailleurs dans le NT (hormis dans le parallèle de Jn 6 58). Par ailleurs, l'expression « le pain de vie » de Jn 6 35, qui n'a pas d'équivalent dans le reste du NT ni dans la littérature sapientielle, pourrait correspondre à l'expression « l'arbre de vie » de Gn 2 9 et 3 22-24. On peut alors donner tout son sens à l'affirmation de Jésus, en 6 37 : « ... je ne le jetterai pas dehors. » Parce que l'homme avait mangé du fruit de l'arbre de la connaissance, Dieu l'avait jeté hors du paradis (Gn 3 23-24) ; mais celui qui viendra à Jésus-Sagesse, qui se nourrira de son enseignement et recevra de lui la connaissance du bien et du mal, ne sera pas jeté dehors ; il pourra donc obtenir la vie éternelle. Grâce à Jésus, la malédiction qui pesait sur l'humanité depuis la faute originelle est levée (cf. Rm 5 12-21).

d) Le v. 38 forme le centre du chiasme. Les mots « je suis descendu du ciel... pour faire... la volonté de celui qui m'a envoyé » sont une citation libre de Ps **40** 8-9 d'après la Septante : « Alors j'ai dit : Voici, *je suis venu* – il est écrit au début du livre – *pour faire ta volonté*, mon Dieu. » Comme Jn, He **10** 9 cite ce même psaume en faisant abstraction de la parenthèse : « Voici, je suis venu ( ) pour faire ta volonté. » Par ailleurs, la forme plus complexe du texte johannique, mettant en relief l'aspect négatif et positif de la mission de Jésus, s'explique par influence de la parole prononcée par Jésus à Gethsémani, telle qu'elle se lisait dans le Document A et que Lc **22** 42 a mieux conservée : « Toutefois, pas ma volonté, mais que la tienne se fasse » (Introd., 4 v). Pour Jean II-A, Jésus fut envoyé par le Père dans un but précis : transmettre aux hommes la Vérité de Dieu, qui seule peut les sauver de la mort. Même si cette vérité doit les heurter, il restera fidèle à sa mission, et il en mourra.

e) Au v. 37, Jésus avait dit : « Tout ce que me donne le Père... je ne le jetterai pas dehors. » Cette idée est reprise au v. 39, mais dans une optique différente : « Telle est *la volonté* de celui qui m'a envoyé, que tout ce qu'il m'a donné, *je n'en perde rien*. » Jésus dira de même, à propos de ses brebis : « ... et je leur donne la vie éternelle, et elles ne se perdront jamais, et personne ne les ravira de ma main. Le Père, qui me (les) a données, est plus grand que tous, et nul ne peut ravir de la main du Père » (**10** 28-29). On comparera au texte de Jn celui de Mt **18** 14 : « ... *il n'y a pas de volonté*, chez votre Père qui est dans les cieux, que *se perde* un de ces petits. » Il est possible que l'ultime Rédacteur matthéen dépende de Jean II-A (Introd., 8 m).

f) Jn **7** 37b-38 contient plusieurs difficultés, d'ailleurs liées entre elles, qui ont donné lieu depuis une quinzaine d'années à une littérature abondante. Nous allons successivement : justifier la coupure que nous avons placée entre les vv. 37b et 38, préciser l'arrière-plan vétéro-testamentaire du passage, enfin montrer comment il se situe parfaitement dans le prolongement du discours sur le pain de vie.

fa) Il existe deux façons de lire les vv. 37b-38, selon que l'on rattache l'expression « celui qui croit en moi » à ce qui précède ou à ce qui suit :

A « Si quelqu'un a soif qu'il vienne à moi, et qu'il boive celui qui croit en moi. – Comme dit l'Écriture : 'Des fleuves d'eau vive couleront de son sein'. »

B « Si quelqu'un a soif qu'il vienne à moi et qu'il boive. – Celui qui croit en moi, comme dit l'Écriture, 'Des fleuves d'eau vive couleront de son sein'. »

Dans le premier cas, on peut comprendre que les fleuves d'eau vive coulent, soit du sein du Christ, soit du sein du croyant ; dans le second cas, les fleuves d'eau vive ne peuvent couler que du sein du croyant. Plusieurs raisons nous font opter pour la coupure A, qui est d'ailleurs de plus en plus couramment admise aujourd'hui.

Cette coupure donne un texte qui offre un parallélisme remarquable avec celui de **6** 35 :

7 37b	**6** 35
« Si quelqu'un a soif qu'il vienne à moi, et qu'il boive celui qui croit en moi. »	« Celui qui vient à moi n'aura pas faim, et celui qui croit en moi n'aura pas soif, jamais. »

On notera que les expressions « venir à » Jésus et « croire en » Jésus sont équivalentes (cf. encore : **6** 44-47 ; **6** 64-65 ; **5** 38-40). Cet argument en faveur de la coupure A vaut, que l'on admette ou non le rattachement immédiat de **7** 37b-38 au discours sur le pain de vie.

Par ailleurs, la glose explicative de **7** 39, due à Jean II-B, indique clairement qu'il faut adopter la coupure A :

7 37c-38	**7** 39
« ... et qu'il boive celui qui croit en moi. Comme dit l'Écriture : 'Des fleuves d'eau vive couleront de son sein'. »	Il dit cela de l'Esprit que devaient recevoir ceux qui avaient cru en lui ; il n'y avait pas encore d'Esprit parce que Jésus n'avait pas encore été glorifié

La glose de Jean II-B veut indiquer que l'eau dont il est parlé aux vv. 37c et 38 symbolise l'Esprit ; il y a donc identité entre l'eau et l'Esprit. Il devient clair alors que le thème de « croire » doit se rattacher au verbe « boire » au v. 37c comme il se rattache au verbe « recevoir » au v. 39 : c'est en croyant que l'on peut « boire », c'est-à-dire « recevoir » l'Esprit ; d'autre part ce doit être le Christ qui donne l'eau au v. 38 comme c'est lui qui donne l'Esprit au v. 39b ; les fleuves d'eau coulent du sein du Christ, et non du sein du croyant.

On lit en Ap **22** 17 : « Celui qui a soif, qu'il vienne ; celui qui (le) veut, qu'il reçoive l'eau de la vie, gratuitement. » La parenté entre ce texte et Jn **7** 37b-38 est évidente. Or, d'après Ap **22** 1, il faut boire au « *fleuve d'eau de la vie...* qui sort du trône de Dieu et de l'Agneau. » La similitude des textes indique que, en Jn **7** 38, les « fleuves d'eau vive » coulent du sein du Christ, et non du sein du croyant, ce qui exclut par le fait même la coupure B (cf. *supra*).

Pour ces diverses raisons, nous adopterons la coupure A. Jn **7** 37b-38 complète alors parfaitement la structure en chiasme de **6** 35.37-39 : le v. 37b répond au v. 35c (cf. B et B'), et le v. 38 répond au v. 35b (cf. A et A') : Jésus est à la fois le pain de la vie et la source d'où coulent les fleuves d'eau vive.

fb) Voyons maintenant quel texte scripturaire peut être cité au v. 38. Selon Jn, Jésus aurait prononcé cette parole lors de la fête des Tentes. Or, c'est précisément le rituel de la fête juive qui pourrait donner le fil directeur permettant d'identifier les textes scripturaires auxquels fait allusion le v. 38 (P. Grelot).

Lors de la fête des Tentes, on effectuait une libation d'eau à la porte des Eaux (Introd., 2 n). Or, la Tosephta de *Sukkah* (3 3-18) nous apprend quels étaient les textes scripturaires que la tradition rabbinique associait au rite de la libation des eaux. Il y avait d'abord deux textes prophétiques se rapportant aux temps eschatologiques. Selon Ez **47** 1-12, de l'eau doit sortir du Temple de Jérusalem et devenir un fleuve capable de transformer le pays en un nouveau paradis terrestre. Selon Za **14** 8 : « En ce temps-là, des eaux vives sortiront de Jérusalem. » Ces « eaux vives » sont celles qui doivent sortir du Temple d'après Ez **47** 1. On faisait ensuite allusion aux diverses « eaux » que Dieu avait données à son peuple assoiffé durant l'Exode, spécialement à l'eau que Moïse avait fait sortir du rocher en le frappant avec son bâton (Ex **17** 1-7 ; Nb **20** 1-13). Ne serait-ce pas à partir de ces textes ou de ces thèmes que pourrait s'expliquer la citation de Jn **7** 38 ?

Reprenons cette citation en la traduisant très littéralement : « Des fleuves de son sein couleront, d'eau vive. » Deux thèmes interfèrent, étant donné la place de l'expression « d'eau vive » : celui des fleuves qui coulent et celui de l'eau vive. Le thème de l'eau vive provient très probablement de Za **14** 8 (cf. *supra*). Quant au thème des « fleuves d'eau » qui « coulent », il ferait allusion à la scène du rocher frappé par Moïse, telle qu'elle est rappelée en Ps **78** 16.20 : « Il fit sortir des ruisseaux du rocher, il fit descendre *l'eau comme des fleuves*... Voici qu'il frappe le rocher et *les eaux coulent*, et *des fleuves* s'échappent. » Jn **7** 38 ne serait pas la citation d'un passage déterminé, mais la combinaison de plusieurs textes différents ; on a vu plus haut qu'il en allait de même de la citation faite en **6** 31.

Voici dès lors quel serait le sens de **7** 37b-38. C'est du Christ que sortent les fleuves d'eau vive. L'expression « de son sein » pourrait être une traduction trop littérale de la formule araméenne *min gawwa*, et pourrait signifier simplement « de lui ». Ce thème doit se comprendre selon deux perspectives complémentaires. D'une part, le Christ est comparé au rocher du désert qui, frappé par Moïse, laisse couler des fleuves d'eau qui pourront désaltérer le peuple de Dieu assoiffé. D'autre part, le Christ est comparé au Temple de Jérusalem d'où doit couler l'« eau vive » des temps nouveaux, d'après Za **14** 8 et Ez **47** 1.

fc) L'allusion au rocher frappé par Moïse, et qui laisse couler des fleuves d'eau (**7** 38), est parfaitement en place après l'allusion à l'épisode de la manne faite en **6** 31 ss.

Déjà dans le livre de l'Exode, les deux épisodes se suivent sans interruption : **16** 1-36 et **17** 1-7.

En 1 Co **10** 3-4, Paul joint étroitement les deux épisodes, en se référant à des traditions juives anciennes : « ... tous ont mangé le même aliment spirituel et tous ont bu le même breuvage spirituel : ils buvaient en effet à un rocher spirituel qui les accompagnait, et ce rocher était le Christ. » L'allusion à la manne et à l'épisode du rocher frappé par Moïse est certaine ; selon des traditions juives, ce rocher aurait accompagné les Hébreux durant tout l'Exode. On notera que, dans la suite de son texte, Paul fait allusion aux « Pères » qui moururent dans le désert (**10** 5.8-10) et à leurs « murmures » (**10** 10), comme Jn en **6** 49 et en **6** 41.43.

Mais le texte le plus intéressant, pour éclairer le récit johannique tel que nous l'avons reconstitué, est le targum sur Nb **21** 5-6 tel qu'il se lit dans le Néofiti. Il s'agit de l'épisode du serpent

d'airain confectionné par Moïse durant l'Exode. Le texte des Nombres que va gloser le targum est celui-ci : « (Le peuple) parla contre Dieu et contre Moïse : Pourquoi nous avez-vous fait monter d'Égypte pour mourir en ce désert ? Car il n'y a ni pain ni eau ; nous sommes excédés de cette nourriture de famine (= la manne). Dieu envoya alors contre le peuple les serpents brûlants, dont la morsure fit périr beaucoup de monde en Israël. » Et le targum commente : « Et le peuple parla contre la Parole de Yahvé et *murmura* contre Moïse : Pourquoi donc nous avez-vous fait monter d'Égypte pour nous tuer dans le désert ? Car *nous n'avons pas de pain à manger et pas d'eau à boire*, et notre âme est dégoûtée de ce pain qui est une nourriture légère. La Bath Qol sortit du sein de la terre et sa voix se fit entendre sur la hauteur : Venez, voyez, toutes les créatures, et venez, prêtez l'oreille, tous les fils de la chair ! J'ai maudit *le serpent* depuis le commencement et lui ai dit : la poussière sera ta nourriture. J'ai fait monter mon peuple du pays d'Égypte, *j'ai fait descendre pour eux la manne du ciel, j'ai fait monter pour eux un puits de l'abîme*, j'ai fait passer des cailles de la mer. Et mon peuple *continua de murmurer* contre moi *à cause de la manne* qui est une nourriture légère. Que vienne *le serpent* qui n'a pas murmuré contre sa nourriture, et qu'il ait pouvoir sur mon peuple *qui a murmuré* contre sa nourriture. C'est pourquoi Yahvé créa parmi le peuple des serpents brûlants ; ils mordirent le peuple et *un peuple nombreux mourut*. » A propos de l'épisode du serpent d'airain, le targum rassemble ici : le thème de la manne avec l'expression « descendre... du ciel » (cf. Jn **6** 31. 50), le thème du rocher frappé par Moïse, que la tradition juive conçut comme un « puits » qui suivait les Hébreux dans leurs pérégrinations, le thème des « murmures » du peuple, le thème des Hébreux qui moururent dans le désert, enfin le thème du « serpent » dont parle Gn **2-3**. Tous ces thèmes, on vient de le voir, sont également rassemblés dans le texte johannique que nous avons reconstitué. L'utilisation du targum par Jean II est plus que vraisemblable ; nous la retrouverons d'ailleurs à propos de l'épisode du serpent d'airain auquel fait allusion Jn **3** 14 (note §§ 309-A.311, III B 2 *b*).

Nous pouvons maintenant reprendre de façon synthétique le texte de Jean II, pour en dégager le sens profond. L'épisode se situe lors de la fête des Tentes. Jésus vient de chasser les vendeurs du Temple. Les Juifs, furieux de cette initiative, lui demandent d'accomplir un « signe » qui permettrait de le tenir pour un nouveau Moïse, et ils font allusion au don de la manne lors de l'Exode. Cette allusion était motivée par le rituel même de la fête (tentes, libation d'eau) qui rappelait les souvenirs de l'Exode. Jésus refuse de donner un signe ; mais à la place, il affirme sa supériorité incommensurable sur Moïse. Oui, Moïse a nourri les Hébreux avec *un* pain descendu du ciel ; oui, il les a abreuvés grâce à l'eau jaillie du rocher. Or, malgré cette eau et ce pain miraculeux, il ne les a pas empêchés de mourir ! Jésus ne donne pas de pain, Jésus ne frappe pas de rocher, mais c'est beaucoup mieux : Jésus *est* le pain véritable qui apaise la faim et donne la vie éternelle ; Jésus *est* le rocher d'où sortent les fleuves d'eau qui apaisent la soif et donnent la vie éternelle. Dans la tradition juive, la manne et l'eau symbolisaient la Loi donnée par Moïse de la part de Dieu ; Jésus dépasse Moïse, et sans mesure : il *est* la Sagesse même de Dieu, celle qui fut enfantée avant toute la création (Pr 8 24-31 ; Si 24 3), celle que Dieu a envoyée sur la terre pour apprendre aux hommes à vivre en conformité avec sa volonté (Si 24 8 ss. ; Sg 9 10 ; Pr 8 31), celle qui invite les hommes à venir à elle pour recevoir son enseignement (Pr 9 5 ; Is 55 1-3), celle enfin qui seule peut communiquer la vie éternelle (Pr 8 35), la vie incorruptible auprès de Dieu (Sg 6 17-19). Ainsi, grâce à Jésus-Sagesse, l'ancienne malédiction qui pesait sur l'homme (Gn 3 19.22) est abolie ; en un certain sens, l'homme ne meurt plus puisqu'il possède en lui un germe de vie qui s'épanouira en Dieu lors de la dissolution de son corps.

Existe-t-il, dans le NT, un texte aussi bien structuré et aussi lourd de sens que ce dialogue entre Jésus et les Juifs composé par Jean II ?

B) LE RÉCIT DE JEAN II-B

Pour obtenir le texte du récit de Jean II-B, il faut omettre du texte actuel de l'évangile le v. 39, de Jean II-A, et les additions faites par Jean III : les vv. 27b, 53 (sauf la formule d'introduction : « Jésus leur dit »), et 57 ; aux vv. 40, 44 et 54 le refrain « (et) je le ressusciterai au dernier jour » ; au v. 51a le participe « vivant ». Pour les vv. 22-24, voir la critique textuelle (I 1 *b bb*).

1. LE NOUVEAU CONTEXTE DU RÉCIT

a) Jean II-B a transféré le dialogue sur le pain de vie du contexte de la fête des Tentes dans celui de la deuxième Pâque (cf. 6 4) ; sur ce problème, voir Introd., 3 v.

b) Grâce à son nouveau contexte, le dialogue sur le pain de vie permet à Jean II-B de développer un thème qui lui est cher : la vue des « signes » effectués par Jésus ne suffit pas à affirmer la foi en la mission de Jésus (Introd., 5 l). Ce dialogue, en effet, suit de peu maintenant l'épisode de la multiplication des pains (6 1-15). Or, d'après 6 22-26, les gens qui vont demander à Jésus d'accomplir un « signe » pour accréditer sa mission (v. 30) sont ceux-là même qui, la veille, l'acclamaient comme le Prophète par excellence et voulaient le faire roi parce qu'il venait d'accomplir le « signe » de la multiplication des pains (6 14-15). Jean II-B n'hésite pas à créer cette situation peu vraisemblable afin de prouver que la vue des « signes », à elle seule, engendre une foi qui n'est pas solide.

ba) A Jésus qui exige d'eux la foi en sa mission (v. 29), les Juifs demandent un signe afin de pouvoir « voir » et « croire » (v. 30). Jésus pourra leur faire remarquer : « Mais je vous ai dit que vous avez vu et ne croyez pas » (v. 36). Quand a-t-il dit cette parole ? Peu importe. Jean II-B veut simplement souligner le fait que les Juifs ont vu le « signe » de la multiplication des pains et que, malgré ce signe, ils ne croient pas encore en la mission de Jésus. La preuve est faite : les signes ne suffisent pas à affirmer la foi de ceux qui les voient.

bb) Jean II-B va accentuer ce thème en ajoutant au texte de Jean II-A le v. 42. Il s'inspire ici du récit de la tradition synoptique selon lequel Jésus fut rejeté par ses compatriotes, récit raconté en Mt 13 54-58 et par., et dont Jean II-B répartit les principaux éléments en 4 44, 6 42 et 6 61.64 :

Mt **13**	Jn	Lc **4**
54 ... de sorte qu'ils étaient frappés et disaient... :	6 42 Et ils disaient : « Celui-là n'est-il pas Jésus, le fils de Joseph, dont nous connaissons le père et la mère ?... »	
55 « Celui-là n'est-il pas le fils du charpentier ?		22 « N'est-il pas le fils de Joseph, celui-là ? »
Sa mère ne s'appelle-t-elle pas Marie... ? »		
57 Et ils étaient scandalisés à son sujet.	6 61 Mais Jésus... leur dit : « Cela vous scandalise ?... »	
Mais Jésus leur dit : « Un prophète n'est mésestimé que dans sa patrie... »	4 44 « Un prophète n'a pas d'estime dans sa propre patrie. »	24 « Aucun prophète n'est reçu dans sa patrie. »
58 Et il ne fit pas là beaucoup de miracles, à cause de leur manque de foi.	6 64 « Mais il en est de vous qui ne croient pas. »	

Il s'agit cette fois de ceux qui sont les plus proches de Jésus, qui le connaissent personnellement. Jean II-B annonce le thème de leur incrédulité dès 4 44, tout en rappelant qu'ils ont vu les miracles accomplis par Jésus à Jérusalem lors de la Pâque précédente (4 45 ; cf. note § 82, II 2 *b bb*). Il rappelle ce thème en 6 42 : les gens savent bien que Jésus est « le fils de Joseph » ; ils le connaissent donc personnellement, ils sont de la même « patrie » que lui. Jean II-B donnera la conclusion du thème en **6** 61.64 : même les disciples qu'il a recrutés dans son entourage vont cesser de croire en lui (note § 164). La vue des miracles accomplis par Jésus à Jérusalem, la vue de la multiplication des pains, ne suffit pas pour créer une foi profonde, capable de résister à la première difficulté. On voit comment Jean II-B a profité, pour développer ce thème, du fait qu'il déplaçait le dialogue sur le pain de vie et le transférait au chapitre 6 (rappelons que, au niveau de Jean II-B, le chapitre 6 suivait immédiatement le chapitre 4).

2. L'INTRODUCTION DU RÉCIT

C'est Jean II-B qui composa les vv. 22-29 destinés à faire le lien entre le dialogue sur le pain de vie et son nouveau contexte antérieur : multiplication des pains et marche sur les eaux.

a) Au matin qui suit l'épisode de la multiplication des pains, les gens s'aperçoivent que Jésus et ses disciples leur ont faussé compagnie durant la nuit (vv. 22a.24a). Montant alors dans des barques venues de Tibériade, la ville voisine, ils traversent le lac et viennent chercher Jésus à Capharnaüm (vv. 23.24b). L'ayant trouvé là, ils lui demandent : « Rabbi, quand es-tu venu ici ? » (v. 25). Ils sont perplexes puisque, à leur connaissance, Jésus avait laissé ses disciples s'embarquer sans lui (**6** 15-16). Au lieu de répondre à leur question, ce qui l'aurait obligé à révéler son voyage mystérieux sur les eaux (**6** 19-21), Jésus leur reproche de venir à lui, non parce qu'ils le reconnaissent pour un prophète en raison du miracle qu'il a effectué la veille, mais parce qu'ils ont mangé des pains et qu'ils ont été rassasiés (**6** 26, qui reprend les termes de Mc **6** 42 et par.). En d'autres termes, les gens suivent Jésus parce qu'ils espèrent être nourris par lui à bon compte ! Mais on lisait déjà en Dt **8** 3 : « L'homme ne vit pas seulement de pain, mais l'homme vit de tout ce qui sort de la bouche de Yahvé » ; ou comme le précise le texte grec de la Septante : « ... *de toute parole* qui sort de la bouche de Dieu » (cf. Mt **4** 4). Le pain nourrit le corps de l'homme, destiné à périr ; les gens qui viennent à lui feraient mieux de rechercher « la nourriture qui demeure pour la vie éternelle » (v. 27a), c'est-à-dire la parole de Dieu que Jésus est venu donner aux hommes, cette parole qui nourrit l'âme et lui permet de vivre éternellement (cf. **6** 68). Ainsi est préparé le dialogue sur le pain de vie : comme jadis la manne mangée dans le désert (**6** 31), le pain que Jésus a distribué la veille est le symbole d'un autre pain, le seul pain véritable, celui qui nourrit l'âme et lui permet de vivre éternellement : Jésus-Sagesse.

b) Les Juifs demandent alors à Jésus : « Que ferons-nous afin d'œuvrer les œuvres de Dieu ? » (v. 28). Par « œuvres de Dieu », il faut comprendre les actions des hommes qui sont conformes à la volonté de Dieu. Ce sens se recommande de textes tels que Jr **48** 10 (LXX : **31** 10) : « Maudit soit celui qui accomplit avec négligence les œuvres de Dieu », ou encore Ba **2** 9 : « Alors Dieu a veillé sur ces malheurs et les a amenés sur nous ; car Dieu est juste en toutes les œuvres qu'il nous a commandées. » Aux Juifs donc qui lui demandent quelles sont les « œuvres » qu'ils doivent accomplir pour plaire à Dieu, Jésus répond : « L'œuvre de Dieu, c'est que vous croyiez en celui qu'il a envoyé » (v. 29). En d'autres termes, « l'œuvre » par excellence que Dieu exige des hommes, c'est la foi. On pense aussitôt à la doctrine paulinienne de la justification par la foi, et non par les œuvres de la Loi : « ... sachant qu'un homme n'est pas justifié par les œuvres de la Loi, mais par la foi au Christ Jésus ; et nous, nous avons cru dans le Christ, afin que nous soyions justifiés par la foi au Christ et non par les œuvres de la Loi ; car aucun être ne sera justifié par les œuvres de la Loi » (Ga **2** 16). Ne faudrait-il pas voir ici une influence de la pensée paulinienne sur celle de Jean II-B (cf. Introd., 4 z) ?

3. LE CORPS DU DIALOGUE

En reprenant le dialogue sur le pain de vie du texte de Jean II-A, Jean II-B l'a amplifié et lui a donné une structure nouvelle, en forme de chiasme assez large. En voici le texte. Nous ne mettons en italique que le début et la fin des diverses sections, pour souligner leurs correspondances qui structurent le chiasme.

30 A) Ils lui dirent : ...
31   « *Nos Pères ont mangé la manne dans le désert*, comme il est écrit : Un pain du ciel il leur a donné à manger. »
32   Jésus leur dit : « En vérité, en vérité, je vous le dis : Non pas Moïse vous a donné le pain du ciel, mais mon Père vous donne le pain du ciel, le véritable.
33   Car le pain de Dieu est celui qui descend du ciel *et donne la vie au monde.* »

34 B) Ils lui dirent : « Seigneur, donne-nous toujours ce pain. »
35   Jésus leur dit : *« Je suis le pain de la vie. »*

    C) *Celui qui vient à moi* n'aura pas faim, et celui qui croit en moi n'aura pas soif, jamais.
36   Mais je vous ai dit que vous avez vu et ne croyez pas.
37   Tout ce que me donne le Père viendra à moi, et celui qui vient à moi je ne le jetterai pas dehors ;
38   car je suis descendu du ciel, non pour faire ma volonté, mais la volonté de celui qui m'a envoyé.
40   Car telle est la volonté de mon Père, que quiconque voit le Fils *et croit en lui ait la vie éternelle.* ( )

41 D) Les Juifs murmuraient à son sujet parce qu'il avait dit :
        « Je suis le pain qui est descendu du ciel. »
42   Et ils disaient : « Celui-là n'est-il pas Jésus, le fils de Joseph, dont nous connaissons le père et la mère ? Comment dit-il maintenant : « Je suis descendu du ciel ? »
43   Jésus répondit et leur dit :
        « Ne murmurez pas entre vous.

44 C') *Nul ne peut venir à moi* à moins que le Père qui m'a envoyé ne l'attire ( ).
45   Il est écrit dans les prophètes : Ils seront tous enseignés par Dieu. Quiconque entend du Père et apprend vient à moi.

46   Non que quelqu'un ait vu le Père, sinon celui
      qui est d'auprès de Dieu, celui-là a vu le Père.
47   En vérité, en vérité, je vous le dis :
      celui qui croit a la vie éternelle.

48   B') *Je suis le pain de la vie.*

49   A') *Vos Pères ont mangé dans le désert la manne* et ils sont morts.
50   Tel est le pain qui descend du ciel : que quelqu'un en
      mange et ne meure pas.
51   Je suis le pain ( ) qui est descendu du ciel ; si quelqu'un
      mange de ce pain, il vivra pour toujours. Et le pain que je
      donnerai est ma chair, *pour la vie du monde.* »

a) Jean II-B a coupé en deux le *midrash* qui formait la première moitié du texte de Jean II-A, et les éléments de ce *midrash* forment maintenant les sections A et A' de la nouvelle structure en chiasme. Aux éléments repris du *midrash*, Jean II-B a ajouté, d'une part le v. 33, d'autre part le v. 51b qui forme le début du discours sur le pain eucharistique ; ces deux versets se correspondent, puisque le v. 33 est formé sur le v. 51b, lui-même reprenant le texte eucharistique attesté par 1 Co **11** 24 (cf. *infra*). L'addition par Jean II-B des vv. 33 et 51b revêt une importance qu'il est facile de souligner. Au v. 33, le pain de Dieu, c'est-à-dire le pain que Dieu donne, c'est Jésus-Sagesse (cf. *supra*). Au v. 51b, le pain que Jésus donne, c'est sa chair. Le parallélisme littéraire entre les vv. 33 et 51b suggère un parallélisme théologique : le pain qui donne la vie est présenté aux hommes sous deux formes complémentaires ; il est Jésus-Sagesse qui dispense son enseignement, il est aussi la chair eucharistique du Christ. La « parole » et le « sacrement » sont deux moyens complémentaires offerts aux hommes pour obtenir la vie. En ce sens, il est possible d'élargir la structure en chiasme du texte de Jean II-B. Aux vv. 28-30 répondent les vv. 54-56 : l'homme est sauvé par la foi, mais aussi par la manducation de la chair du Christ.

b) Les vv. 33 et 51b se terminent par le thème de la vie donnée au monde. Le terme de « monde » ne revient que dans ces deux versets, et en finale, ce qui lui donne un relief particulier ; c'est avec une intention précise que Jean II-B l'a introduit dans le dialogue. Il ne faut pas donner à ce mot le sens péjoratif qu'il a souvent ailleurs dans l'évangile de Jn ; ici, il désigne l'ensemble de l'humanité, comme en **4** 42, par exemple. La vie est donc offerte par Dieu à *tous* les hommes.

Dans cette perspective universaliste, regardons de plus près la structure en chiasme du dialogue. Son centre (D) est constitué par les murmures des Juifs contre Jésus. Par ailleurs, ce centre reprend les thèmes qui forment l'ossature des sections A et A', mais au négatif : les Juifs refusent d'accepter les affirmations de Jésus touchant son origine céleste. On obtient donc une opposition entre « le monde », à qui la vie est offerte (vv. 33 et 51b), et « les Juifs », qui refusent de croire. On retrouve ici l'antijudaïsme de Jean II-B, d'autant plus net que l'expression « les Juifs » ne désigne plus les autorités religieuses de Jérusalem (on est en Galilée). Jean II-B vise probablement les Juifs de son temps qui refusaient d'admettre l'origine céleste de Jésus, et donc sa divinité (Introd., 7 a).

c) En ajoutant le v. 34, Jean II-B eut deux intentions très précises.

ca) Il voulut d'abord établir un parallèle entre le thème du pain, traité ici, et celui de l'eau, traité en **4** 10 ss. (entretien de Jésus avec la Samaritaine). Nous avons vu en effet que, au chapitre **4** (note § 81, II 3 *b*), Jean II-B avait remplacé les vv. 11-12 du texte de Jean II-A par le v. 15 qui suivait donc immédiatement le v. 10. Or, **4** 15 et **6** 34, ces deux versets ajoutés par Jean II-B, ont une formulation très voisine : « la femme lui dit : Seigneur, donne-moi de cette eau... » « Ils lui dirent : Seigneur, donne-nous toujours (de) ce pain... » Par ailleurs, on a dans les deux textes la même séquence qui met en œuvre un procédé littéraire typiquement johannique (A 10*) : Jésus parle, ici du pain qui va être donné (**6** 32-33), là de l'eau qu'il va donner (**4** 10) ; les interlocuteurs comprennent le thème dans un sens matériel (**6** 34 ; **4** 15), ce qui donne à Jésus l'occasion de préciser sa pensée dans une perspective sapientielle (**6** 35 ; **4** 13a.14b).

cb) La demande des gens : « Seigneur, donne-nous toujours ce pain », doit être rapprochée de la demande contenue dans le *Pater* : « Notre pain quotidien, donne-le nous aujourd'hui » (Mt **6** 11 ; cf. *supra*, III A 3 *d*). Sous sa forme grecque, cette demande du *Pater* semble se référer au pain matériel qui nourrit le corps ; mais était-ce le sens du texte sous sa forme primitive ? J. Jeremias a proposé l'hypothèse suivante (cf. Synopse, Tome II, note § 193, II 3). Au témoignage de saint Jérôme, l'évangile des Hébreux, écrit en araméen et qui pourrait donc refléter le texte primitif du *Pater*, avait le mot *mahar* (« demain ») là où le texte grec a *epiousios* (« quotidien ») ; il s'agirait donc du « pain de demain », ce qui voudrait dire, précise Jérôme, « notre pain futur ». Ce « pain futur » serait, non le pain matériel qui nourrit les corps, mais le « pain de vie » qui doit nourrir l'homme dans le monde eschatologique et dont le pain eucharistique serait la préfiguration. Si une telle interprétation est juste, on peut se demander dans quelle mesure le récit de Jean II-B n'aurait pas une portée polémique. A ceux qui interprétaient la demande du *Pater* dans un sens purement matériel, peut-être sous l'influence du texte grec matthéen : « Notre pain quotidien, donne-le nous aujourd'hui », Jean II-B aurait répondu en donnant le véritable sens de cette demande : elle ne concerne pas le pain matériel, mais le pain eucharistique qui seul donne la vie éternelle. On notera que, dans ce v. 34, ce n'est plus Dieu qui donne le pain (cf. v. 33), mais Jésus lui-même, ce qui prépare le discours eucharistique (**6** 51b). En **6** 27a, Jean II-B avait déjà rédigé un texte dans lequel Jésus invite les hommes à ne pas rechercher le pain qui nourrit les corps, mais celui qui nourrit l'esprit et donne la vie éternelle.

d) Jean II-B a remplacé le v. 39 du texte de Jean II-A, dont il transfère le thème en **18** 9 sous forme de citation, par le v. 40. Son intention est double.

da) Le v. 40 termine maintenant la première partie du discours de Jésus puisque les Juifs prennent la parole au v. 41. Si Jean II-B avait gardé le v. 39, cette première partie se serait terminée sur un thème négatif : « ... que tout ce qu'il m'a donné, je n'en perde rien. » Il était plus satisfaisant de terminer sur un thème positif : « ... que quiconque... croit en lui ait la vie éternelle » (v. 40).

db) La section C du chiasme se termine maintenant sur le thème de la foi qui permet d'obtenir la vie éternelle (v. 40). De même, la section C', entièrement rédigée par Jean II-B, se terminera par ces mots : « Celui qui croit a la vie éternelle. » Jean II-B veut donc mettre en évidence ce thème de la foi, nécessaire pour obtenir la vie. C'est ce qu'il avait déjà fait en composant le v. 29 (*supra*, III B 2 *b*).

e) Pour construire sa nouvelle structure en chiasme, Jean II-B composa les vv. 44-48. Le v. 48 ne fait que reprendre le début du v. 35, comme le v. 47 reprend le thème du v. 40b. Il reste à expliquer les vv. 44-46. Ils reprennent le thème des vv. 35c-38, mais en mettant mieux en évidence l'initiative du Père dans la démarche du chrétien qui « vient à » Jésus. Jean II-B écrit : « Nul ne peut venir à moi à moins que le Père qui m'a envoyé *ne l'attire* () » (comparer avec Jn **12** 32, du Document C). Le Père est au principe de la relation qui existe entre Jésus et celui qui vient à lui, c'est-à-dire qui croit en lui. Pour saisir le sens de ce verbe « attirer », il faut l'opposer au verbe « descendre » qui scande le récit de Jean II ; au mouvement de descente du pain céleste correspond le mouvement d'attraction des hommes vers le Fils. Le Père est au principe de ce double mouvement, exprimé par le verbe « donner » ; le Père « donne » aux hommes le vrai pain du ciel en même temps qu'il attire les hommes pour les « donner » à Jésus (**6** 32.37 ; cf. **10** 29 ; **17** 2.6.9).

Pour Jean II-B, cette action du Père sur les hommes est avant tout didactique (v. 45) ; il s'agit d'un enseignement dont parlaient déjà les prophètes. Jn cite ici Is **54** 13 : « Tous tes fils seront instruits par Yahvé. » En Jn, l'omission du terme « tes fils » donne à la citation une portée universelle : Dieu n'enseigne plus seulement les fils d'Israël, mais tous les hommes (cf. *supra* : *b*). Le prophète Jérémie avait exprimé une idée semblable : dans la nouvelle alliance qu'il contractera avec son peuple, Dieu gravera lui-même sa Loi dans le cœur de l'homme en sorte que chacun aura une connaissance personnelle et intime de Dieu (Jr **31** 31 ss.). Amos préfère dire que Dieu enverra dans tout le pays une faim d'entendre la parole de Dieu (Am **8** 11). Cette Parole de Dieu est venue habiter parmi nous (Jn **1** 1.14) ; il suffit aux hommes de s'en nourrir pour avoir la vie éternelle.

Le v. 46 a pour but d'écarter une conclusion que certains pourraient tirer du v. 45. Ce v. 45 insiste en effet sur le fait que les hommes seront enseignés par Dieu dans l'alliance nouvelle, et que cet enseignement *précède* la venue du Christ. On serait tenté d'en conclure que Jésus ne joue aucun rôle essentiel dans la connaissance que nous avons de Dieu. Mais, précise le v. 46, personne n'a jamais vu le Père, sinon celui qui est d'auprès de Dieu, Jésus (cf. **1** 18 ; 1 Jn **4** 12) ; c'est donc Jésus seul qui peut nous révéler ce qu'est le Père (cf. Jn **8** 19 ; **14** 7).

4. LE DIALOGUE SUR L'EUCHARISTIE

Voici la forme qu'il avait au niveau de Jean II-B :

51b « Et le pain que je donnerai est ma chair, pour la vie du monde
52 Les Juifs disputaient entre eux, disant : « Comment celui-ci peut-il nous donner sa chair à manger ? »
53a Jésus leur dit donc : ( )
54 « Celui qui mange ma chair et boit mon sang a la vie éternelle ( )
55 Car ma chair est vraiment une nourriture et mon sang est vraiment un breuvage.
56 Celui qui mange ma chair et boit mon sang demeure en moi et moi en lui.
58 Tel est le pain qui est descendu du ciel : non comme ont mangé les Pères et ils sont morts ; qui mange ce pain vivra pour toujours. »
59 Il dit cela enseignant dans une synagogue, à Capharnaüm.

a) On reconnaît sans peine que le v. 51b est l'équivalent johannique de la parole eucharistique prononcée par Jésus sur le pain lors de la dernière Cène. Le rapprochement est surtout valable avec la tradition liturgique représentée par le texte de 1 Co **11** 24 (Lc **22** 19b est probablement une addition de scribe) :

Jn **6** 51b	1 Co **11** 24
« Et le pain que je donnerai est ma chair,	« Ceci est mon corps qui est
pour la vie du monde. »	pour vous. »

Dans la parole eucharistique de 1 Co **11** 24, le démonstratif « ceci » désigne le pain ; les deux formules sont donc parallèles. Jean II-B complète le texte en ajoutant l'expression « que je donnerai », afin de l'adapter à son contexte : un discours de Jésus qui *annonce* le rite eucharistique. En finale, il ajoute aussi le thème de la « vie » qui lui est spécialement familier. Sur l'universalisme que suppose le terme de « monde », cf. *supra*, 3 *b*.

Mais il faut insister sur une variante plus importante du texte johannique. Au lieu de « mon corps », expression attestée par Paul et la tradition synoptique, Jean II-B fait dire à Jésus « ma chair ». On a voulu voir là, chez Jn, un écho plus direct de la parole eucharistique prononcée par Jésus, car le mot « chair » rendrait plus littéralement que le mot « corps » le terme araméen *bisra* que Jésus aurait prononcé. Cette hypothèse n'est pas impossible, étant donné la coloration aramaïsante du langage de Jean II-B. Mais le changement de vocabulaire effectué par Jean II-B pourrait s'expliquer d'une autre façon. Dans le récit de la multiplication des pains, Jean II-B a modifié le récit de Jean II-A pour y introduire des allusions à l'épisode des cailles raconté en Nb **11** (cf. note § 151, III B 2 *a*) ; il voulait ainsi préparer l'insertion du discours eucharistique de **6** 51b ss. Dans le livre des Nombres, en effet, l'épisode des cailles est la réponse de Dieu au murmure des Hébreux : « Qui nous donnera de la viande à manger ? » (Nb **11** 4). Mais dans les langues sémitiques, le même mot, *basar*, signifie « viande » et « chair ». Pour Jean II-B, la multiplication des pains est donc le signe de cette nourriture d'un autre ordre que Jésus donnera au nouveau peuple de Dieu, sa « chair » pour la vie du monde

(6 51b). L'emploi du mot « chair » au lieu de « corps », en 6 51b, aurait donc pour but de faire écho au récit de la multiplication des pains.

b) Au v. 52, comme aux vv. 41-42, les Juifs sont perplexes devant ces paroles de Jésus, et ils se demandent : « Comment celui-ci peut-il nous donner sa chair à manger ? » Ils ne pouvaient évidemment à l'avance connaître le mystère du pain eucharistié ! Jésus ne répond pas au « comment ? » de la question que se posent les Juifs. Il se contente de développer son affirmation première : « Celui qui mange ma chair et boit mon sang a la vie éternelle () » (v. 54). Cette phrase reprend, dans la perspective eucharistique, celle du v. 47 : « ... celui qui croit a la vie éternelle. » On retrouve le parallélisme entre la foi et la manducation de la « chair » du Christ, entre la parole et le sacrement ; la parole de Dieu, transmise par Jésus-Sagesse, et le sacrement sont les deux moyens donnés par Dieu aux hommes pour avoir la vie éternelle. On notera le réalisme de la manducation de la « chair » du Christ ; pour dire « manger », Jean II-B utilise ici le verbe *trôgein* (vv. 54, 56, 58) qui signifie littéralement « mâcher ». Une interprétation purement symbolique du discours devient difficile à soutenir, et Jésus insiste d'ailleurs : « Car ma chair est vraiment une nourriture et mon sang est vraiment un breuvage » (v. 55).

c) Le v. 56 reprend en partie les termes du v. 54, mais la finale de la phrase est changée. Du parallélisme des deux phrases on peut conclure que « a la vie éternelle » celui qui demeure dans le Christ et en qui le Christ demeure. Cette idée d'une présence réciproque du chrétien dans le Christ et du Christ dans le chrétien se retrouvera, dans les mêmes termes, à propos de la parabole de la vigne : « Je suis le cep, vous les sarments ; qui demeure en moi et moi en lui, celui-là porte beaucoup de fruit... » (15 5). Le pain et la vigne (qui évoque le vin), la « chair » et le « sang » du Christ, ce sont les deux composantes du rite eucharistique ; c'est donc en participant au rite eucharistique que le chrétien demeure dans le Christ et qu'il a le Christ demeurant en lui. Précisons ce qui sera dit plus clairement en 15 1-17 : le rite eucharistique est le signe efficace de notre communion entre disciples de Jésus, de notre amour les uns pour les autres. Notre immanence réciproque avec Jésus s'épanouit en amour fraternel, dans et par le rite eucharistique.

Il est intéressant de noter que le thème de l'immanence réciproque ne se lit ailleurs dans le NT qu'en 1 Jn 3 24 ; 4 13.16 ; mais dans ces textes, c'est Dieu qui demeure en nous et nous en Dieu. La condition pour obtenir cette immanence réciproque, ce n'est pas de participer au rite eucharistique, mais de garder les commandements de Dieu, et donc spécialement le commandement de l'amour fraternel. Les perspectives de 1 Jn sont centrées sur Dieu, celles de Jean II-B sur le Christ.

d) Le discours eucharistique de Jésus se termine au v. 58, qui reprend les termes des vv. 49-51a, finale du discours sapientiel. Encore une fois, Jean II-B insiste sur le parallélisme entre la parole et les sacrements comme moyens de salut.

L'ensemble se clôt sur l'idée de vie éternelle, sous-jacente aux deux discours : « ... qui mange ce pain vivra pour toujours. »

e) Le rappel de la petite ville de Capharnaüm, au v. 59, fait écho au v. 24, par mode d'inclusion. Sur une influence possible de Mc 1 21, voir la note suivante.

5. LE SYMBOLISME DE L'EAU

Nous avons vu plus haut que, au niveau de Jean II-A, la parole de Jésus rapportée en 7 37b-38 formait la conclusion du dialogue entre les Juifs et Jésus concernant le pain de la vie. Lorsqu'il a transféré ce dialogue à sa place actuelle, dans le prolongement du récit de la multiplication des pains, Jean II-B a laissé cette conclusion dans son contexte primitif, celui de la fête des Tentes, en ajoutant la formule d'introduction du v. 37a. Il a agi ainsi parce que le thème de l'eau, traité en 7 37b-38, s'intégrait plus étroitement que le reste du dialogue dans le contexte de la fête des Tentes (cf. Introd., 2 n), et surtout parce que c'était le thème du « pain » qu'il voulait rapprocher de l'épisode de la multiplication des pains. Nous n'avons pas l'intention, à la note §§ 257-260, de revenir sur ce texte de 7 37-38 ; nous allons donc parler tout de suite de l'addition du v. 39, faite par Jean II-B.

On a vu que, en 7 37b-38, l'eau qui coule du sein de Jésus symbolise l'enseignement pénétré de sagesse divine que dispense le Christ. L'addition du v. 39 par Jean II-B a pour but de modifier le symbolisme de l'eau : « Il dit cela de l'Esprit que devaient recevoir ceux qui avaient cru en lui ; car il n'y avait pas encore d'Esprit parce que Jésus n'avait pas encore été glorifié. » L'eau symbolise donc l'Esprit dans la pensée de Jean II-B. Nous avons constaté un glissement de sens semblable à propos de l'eau que Jésus promet à la Samaritaine, par l'influence d'un thème repris des Actes des Apôtres (note § 81, III C 4 b). Ici aussi, l'influence des Actes est difficile à nier.

On rapprochera d'abord le v. 39b de Ac 2 33 ; pour Jn, le don de l'Esprit est conditionné par la glorification du Christ ; dans les Actes, c'est le Christ exalté par la droite de Dieu qui répand l'Esprit. Notons tout de suite que Jean II-B fera de nouveau appel à ce texte des Actes en 15 26 (voir la note § 330).

Mais surtout, le v. 39 de Jn semble calqué sur Ac 19 2 :

Jn 7 39	Ac 19 2
Or il dit cela de l'Esprit que devaient recevoir les ayant cru (en lui) ;	« Si l'Esprit Saint vous avez reçu, ayant cru. » Mais eux lui dirent :
car	« Mais nous n'avons même pas entendu dire
il n'y avait pas encore d'Esprit parce que Jésus n'avait pas encore été glorifié.	s'il y a un Esprit Saint. »

La première partie des deux versets est de structure identique, avec un vocabulaire en partie semblable. Le rapprochement serait encore plus grand si l'on omettait, chez Jn, les mots « en lui », avec l'ancienne version africaine, un manuscrit de la version éthiopienne, le Diatessaron persan, Chrysostome, Nonnos de Pannopolis ; pourquoi ces mots auraient-ils été omis s'ils étaient primitifs ? L'addition s'explique beaucoup plus facilement. Quant à la seconde partie du verset, elle semble nier l'existence de l'Esprit Saint avant la glorification du Christ (Jn) ; elle semble faire dire aux chrétiens d'Éphèse qu'il n'y avait pas d'Esprit Saint (Ac). Bien entendu, dans les deux cas, il faut comprendre que l'Esprit Saint n'avait pas été *donné aux hommes*, comme l'ont bien vu les scribes qui ont ajouté le participe « donné » dans le texte johannique et, dans les Actes, remplacé l'expression « il y a » par « certains reçoivent ». L'influence du texte des Actes sur Jn est d'autant plus probable que le participe aoriste « ayant cru », commun aux deux textes, ne se lit ailleurs qu'en **20** 29 tandis qu'il est fréquent en Lc/Ac (Lc **8** 12, ajouté au parallèle de Mc/Mt ; Ac **2** 44 ; **4** 32 ; **11** 17.21 ; **19** 2).

Pourquoi cet emprunt à Ac **19** 2 ? Dans ce passage des Actes, il est question de gens d'Éphèse qui se disent chrétiens mais qui n'ont, en fait, reçu que le baptême de Jean (**19** 3) ; ce sont donc des disciples du Baptiste plus ou moins rattachés au christianisme. Jean II-B, qui écrivait probablement son évangile lorsqu'il se trouvait à Éphèse, veut rappeler discrètement aux disciples du Baptiste que ce dernier ne fut qu'un « précurseur » de Jésus (cf. Ac **19** 4), au témoignage même de Paul.

C) LES ADDITIONS DE JEAN III

1. Jean III ajouta au récit de Jean II-B le thème du Fils de l'homme, exprimé aux vv. 27b et 53, et le refrain « je le ressusciterai au dernier jour », aux vv. 39, 40, 44 et 54. Le thème du « Fils de l'homme » fait écho à Dn **7** 13-14. La résurrection est repoussée « au dernier jour », ce qui correspond encore à Dn **12** 1-3. Jean III a donc voulu réintroduire dans l'évangile de Jn l'eschatologie classique héritée de Daniel. Au niveau de Jean II, la résurrection est, en un certain sens, déjà réalisée dans le Christ, comme cela est expliqué en Jn **11** 23-26 (voir le commentaire de ce texte) ; le « dernier jour » est déjà là. Sur ce problème, voir Introd., 7 g.

2. C'est également Jean III qui a ajouté le v. 57 : « Comme le Père, vivant, m'a envoyé et que je vis par le Père, et celui qui me mange celui-là aussi vivra par moi. » La vie a son origine en Dieu. De même que Jésus vit par le Père qui l'a envoyé, ainsi celui qui « mange » Jésus vivra par le Christ. Du Père, la vie se transmet aux hommes par l'intermédiaire du Christ. Il est probable que Jean III s'inspire ici de 1 Jn **4** 9, qu'il a déjà utilisé dans la glose de Jn **3** 16a.17 : « En cela s'est manifesté l'amour de Dieu pour nous, que Dieu *a envoyé* son Fils Unique dans le monde pour que *nous vivions par lui.* » Ce sont les deux seuls passages du NT où se lit l'expression « vivre par » (à noter : en 1 Jn, la préposition est suivie du génitif tandis qu'ici elle est suivie de l'accusatif ; ce petit fait littéraire pourrait confirmer que ce n'est pas la même main qui a écrit 1 Jn **4** 9 et Jn **6** 57).

3. Sur l'addition par Jean III du participe « vivant » après le mot « pain », voir *supra*, II A 3.

Note § **164**. *CONCLUSION DU DISCOURS. PIERRE ET JUDAS* (Jn **6** 60-71)

I. CRITIQUE TEXTUELLE

1. Au v. 64b, nous avons omis les mots « quels sont ceux qui ne croient pas et », avec P⁶⁶, l'ancienne tradition syro-africaine et certains témoins de la version éthiopienne. Ils furent probablement ajoutés par un copiste afin d'établir un lien plus étroit avec le contexte antérieur.

2. Au v. 71, nous adopterons la leçon « étant (l'un des Douze) » (*heis ôn ek tôn dôdeka*), avec P⁶⁶ S W *Thèta* 0141, la Koinè, VetLat Sah Boh Arm Geo ; elle est en effet conforme au style johannique ; cf. spécialement **7** 50 *heis ôn ex autôn*, mais aussi **11** 49.51 ; **18** 26.

II. ANALYSES LITTÉRAIRES

L'ensemble de cette section fut composé par Jean II-B. Voici les raisons qui nous le font penser.

1. Les vv. 61 et 64a, qui parlent du « murmure » des disciples et de leur manque de foi, se situent dans la ligne de **4** 44 et **6** 42, en référence à l'épisode de Jésus rejeté de Nazareth rapporté par la tradition synoptique (Mt **13** 54-58 et par.). Nous avons déjà traité ce problème à la note précédente, où l'on trouvera les textes johanniques et celui de Mt mis en parallèle (III B 1 *b bb*). Mais nous avons attribué **4** 44 et **6** 42 à Jean II-B ; c'est donc au même auteur que nous attribuerons aussi les vv. 61 et 64.

2. Le v. 63 contient une influence paulinienne qui convient bien au niveau de Jean II-B (cf. Introd., 4 z). Ce point sera précisé dans le commentaire du récit.

3. Le v. 69 est considéré par beaucoup de commentateurs comme l'équivalent de la confession de foi que fit Pierre à Césarée de Philippe, d'après la tradition synoptique (cf. *infra*). Jn **6** contient donc une séquence analogue à celle de la tradition synoptique, au moins telle qu'elle est représentée par Mt et Mc :

	Mt	Mc	Jn
Multiplication des pains	**14** 13-21	**15** 32-39	**6** 1-15
marche sur les eaux	**14** 22-33		**6** 16-21
demande de signe		**16** 1-4	**6** 30 ss.
confession de Pierre		**16** 13-20	**6** 69

Mais, on l'a vu dans les notes précédentes, c'est Jean II-B qui a : remanié le récit de la multiplication des pains de Jean II-A pour y introduire des détails tirés du *second* récit de multiplication des pains de Mt/Mc, composé le récit de la marche sur les eaux, transféré ici le dialogue sur le pain de vie qui commence par une « demande de signe ». C'est donc lui qui a voulu obtenir dans son évangile une séquence d'événements analogues à celle que l'on trouve dans Mt/Mc. On peut alors lui attribuer la composition des vv. 66-69 qui culminent dans la « confession » de foi de Pierre, au v. 69.

4. Le v. 69 de Jn, rapproché du v. 59, a son parallèle en Mc **1** 21.24, texte qui rapporte la première prédication de Jésus à Capharnaüm :

Jn **6**	Mc **1**
	21 Et ils pénètrent
	à Capharnaüm
	et ... étant entré
59 Il dit cela	
dans une synagogue	dans la synagogue
enseignant	il enseignait.
à Capharnaüm.	
69 « ... et nous reconnaissons	24 « Je sais
que tu es	qui tu es :
le Saint de Dieu. »	le Saint de Dieu. »

Ce sont les deux seuls passages des évangiles où il est dit explicitement que Jésus enseigne dans (la) synagogue de Capharnaüm ; ce sont également les seuls passages des évangiles (avec le parallèle de Lc) où le titre : « Le Saint de Dieu », est donné à Jésus. On notera de plus que, dans Mc, l'esprit impur reconnaît que Jésus est le Saint de Dieu au moment où celui-ci vient d'enseigner de façon telle que ses auditeurs s'exclament : « Qu'est-ce que cela ? Un enseignement nouveau donné d'autorité ! » (Mc **1** 22.27) ; de même dans Jn, Pierre reconnaît que Jésus est le Saint de Dieu au fait qu'il a les paroles de la vie éternelle, donc en raison de son enseignement (**6** 68).
Mais Jn **6** 59 est certainement de Jean II-B puisque, au niveau de Jean II-A, le dialogue sur le pain de vie avait lieu à Jérusalem, et non à Capharnaüm. C'est donc à Jean II-B qu'il faut attribuer aussi les vv. 68 et 69. D'ailleurs, l'emprunt à Mc que nous venons de signaler ne peut se situer qu'au niveau de Jean II-B (cf. Introd., 4 x).

5. Les vv. 70-71 font allusion à l'annonce de la trahison de Judas qui, selon la tradition synoptique, fut faite par Jésus soit avant (Mt/Mc) soit après (Lc) l'institution de l'eucharistie (§ 318). La présence ici d'un texte dans lequel Jésus annonce la trahison de Judas doit donc être liée à l'annonce de l'institution de l'eucharistie qui se lit en Jn **6** 51b (voir note précédente). Mais **6** 51b est de Jean II-B ; **6** 70-71 est donc aussi de Jean II-B (mais, cf. note § 317, II B 1).

6. L'analyse du vocabulaire et du style invite à attribuer à Jean II et plus précisément à Jean II-B l'ensemble des vv. 60-71. Au v. 60 : « Beaucoup de ses disciples » (B 22**). – Au v. 61 : « sachant que » (F 18 ; cf. F 25), « murmurent à ce sujet » (A 103*). – Au v. 62 : « voir le Fils de l'homme montant » (C 41 et A 41*), « où il était » (C 13* ; cf. F 33), « auparavant » (D 3**). – Au v. 63 : « chair » (F 7*), « ne sert de rien » (A 158**), « que je vous ai dites » (A 16*), « vie » (F 6). – Au v. 64 : « croire » (F 20), « connaître » (F 25), « dès le début » (A 137**). – Au v. 65 : « pour cette raison je vous ai dit que » (B 69**), « venir à » Jésus (F 14*), « nul ne peut... si... ne... pas » (B 89* ; cf. C 62), « le Père » (B 73). – Au v. 66 : « dès ce (moment) » (A 150**), « beaucoup de ses disciples » (B 22**), « se retirèrent » (A 162**), « ne... plus » (F 5). – Au v. 67 : « dit donc » (B 1), « vous aussi » précédé d'un *mè* interrogatif (A 37* ; cf. F 3*). – Au v. 68 : « Simon-Pierre » (B 32), « répondit » (B 74), « à qui irions-nous » (C 65), « vie éternelle » (C 59* ; cf. F 6). – Au v. 69 : « nous croyons... que » (C 43), « nous savons » (B 75*), la formule « nous croyons et nous savons », qui se retrouve en 1 Jn **4** 16, mais inversée. – Au v. 70 : « répondit » (B 74), « l'un de vous » (C 75*). – Au v. 71 : « Simon Iscariote » (A 81**), « l'un des Douze » (C 75*).

III. LE SENS DU RÉCIT

1. On lit au v. 60 : « Ayant entendu, beaucoup de ses disciples dirent : Dure est cette parole, qui peut l'entendre ? » De quelle « parole » prononcée par Jésus s'agit-il ? Jean II-B veut renvoyer, non pas à la parole sur la « chair » que le Christ va donner à « manger » (**6** 51b), mais à la parole où il déclare qu'il est descendu du ciel (**6** 38), parole que l'on retrouve en écho au v. 58, à la fin du discours eucharistique. Il ne faut donc pas s'étonner que les disciples y fassent allusion au v. 60. Plusieurs indices le prouvent. Jésus répondra au scandale des disciples en faisant allusion à la « montée » du Fils de l'homme (v. 62), et cette réponse ne vaut que pour un scandale portant sur une affirmation de Jésus telle que : « Je suis descendu du ciel. » Par ailleurs, on a vu plus haut que le thème des vv. 60-65 avait été préparé depuis longtemps par l'addition, au niveau de Jean II-B, de **4** 44 et de **6** 42, en référence à l'épisode de Jésus rejeté de Nazareth rapporté par la tradition synoptique. Le scandale des disciples se situe donc dans la ligne du scandale des Juifs rapporté en **6** 41-42, le lien étant fait précisément par le v. 42. On notera enfin que les disciples « murmurent » contre Jésus (v. 61) comme les Juifs en **6** 41. L'affirmation de Jésus selon laquelle il est descendu du ciel provoque donc le scandale, d'abord des Juifs (**6** 41-42), ensuite d'un grand nombre de disciples (**6** 60). Pourquoi Jean II-B revient-il sur ce problème après l'insertion de la section eucharistique ? Parce qu'il vise certains milieux judéo-chrétiens de son temps qui, avec les Juifs, rejetaient l'origine céleste de Jésus, et donc sa divinité. En refusant ainsi la divinité de Jésus, ils s'excluent de la communauté chrétienne *dont l'eucharistie symbolisait l'unité*, ils cessent d'être disciples de Jésus (cf. **6** 66). C'est à cette situation historique que le même auteur fait allusion dans la première épître de Jn : « Ils sont sortis de chez nous mais

ils n'étaient pas des nôtres. S'ils avaient été des nôtres, ils seraient restés avec nous. Mais il fallait que fût montré que tous n'étaient pas des nôtres... Qui est le menteur, sinon celui qui nie que Jésus soit le Christ ? Le voilà l'Antichrist ! Il nie le Père et le Fils. Quiconque nie le Fils ne possède pas non plus le Père. Qui confesse le Fils possède aussi le Père » (1 Jn 2 19-23). Ceux qui se sont exclus de la communauté chrétienne, non seulement refusent de reconnaître Jésus pour le Christ, mais encore nient qu'il soit « le Fils », au sens transcendant du terme.

2. Jésus répond aux disciples : « Cela vous scandalise ? Si donc vous voyiez le Fils de l'homme montant là où il était auparavant ! » (vv. 61-62). La seconde phrase est difficile à comprendre. En fait, la proposition n'est pas conditionnelle mais temporelle, car chez Jn, la conjonction « si » (*ean*) a parfois le sens de « lorsque » (*hotan*) et il semble que ce soit le cas ici (W. Bauer). De toute façon, la phrase est elliptique puisqu'il manque la proposition principale. Le sens est probablement que, lorsque Jésus remontera là où il était auparavant, les disciples qui vont faire défection (6 60.66) comprendront qu'il était réellement descendu du ciel. Jésus n'est pas seulement la Sagesse de Dieu, il est aussi le Fils de l'homme dont il est parlé en Dn 7 13 ; et c'est en tant que Fils de l'homme que, descendu du ciel, il y remontera lors de son « élévation » sur la croix (cf. note §§ 19-25, III C 6 c).

3. Jésus ajoute : « C'est l'Esprit qui vivifie ; la chair ne sert de rien. Les paroles que je vous ai dites sont esprit et vie » (v. 63). La finale du texte doit probablement se comprendre comme une hendiadys : « ... sont esprit vivifiant » (Dodd). L'ensemble du verset est de tonalité paulinienne (cf. Introd., 4 z). Nous retrouvons ici l'opposition entre l'« esprit » et la « chair » que Jean II-B avait déjà utilisée en 3 6 sous l'influence de Paul. Quant à la formule « c'est l'Esprit qui vivifie », elle a son équivalent en 1 Co 15 45 et surtout en 2 Co 3 6, texte dans lequel Paul oppose la lettre qui tue et l'Esprit qui vivifie. Pour Paul, la « lettre », c'est la Loi de l'ancienne Alliance, entendue trop « littéralement » ; l'Esprit, c'est la Loi nouvelle, la parole de Dieu transmise par le Christ (2 Co 3 3 ; 3 1-2), qui a pris ainsi la place de Moïse (2 Co 3 7-16). Jean II-B reprend le texte paulinien dans cette perspective puisque, pour lui, Jésus est tout ensemble la Sagesse de Dieu, le Fils de l'homme et le prophète semblable à Moïse annoncé par Dt 18 18. Du thème « Fils de l'homme » (v. 62), il peut donc facilement passer au thème « nouveau Moïse » qui transmet aux hommes l'Esprit vivifiant, les paroles qui donnent la vie.

4. Les explications de Jésus ne réussissent pas à atténuer le « scandale » des disciples : beaucoup refusent de croire (v. 64a) et cessent de l'accompagner dans ses déplacements (v. 66) ; il ne reste plus auprès de Jésus que le petit groupe des Douze (v. 67 ; cf. Mc 9 30-31). Nous retrouvons là un thème cher à Jean II-B : celui de la « division » que provoquent les paroles de Jésus (Introd., 7 i). Mais ici, cette division ne se produit plus parmi les Juifs, elle atteint les disciples

eux-mêmes ! Jésus constate alors : « Pour cela je vous ai dit que nul ne peut venir à moi si cela ne lui a pas été donné du Père » (v. 65). En fait, nous avons ici la fusion de deux textes distincts, l'un prononcé par Jésus en 6 44 : « *Nul ne peut venir à moi si (ean mè)* mon *Père* ne l'attire », l'autre prononcé par le Baptiste en 3 27 : « Un homme ne peut rien recevoir *si (ean mè)* cela ne lui a pas été donné du ciel. » Venir au Christ, c'est-à-dire croire en lui (6 35.46-47), est un don de Dieu ; l'un des premiers disciples de Jésus s'appelle Nathanaël, c'est-à-dire « Dieu a donné » (1 45-49).

5. Jésus ayant demandé aux Douze s'ils veulent l'abandonner, eux aussi, Pierre prend la parole en leur nom et répond : « Seigneur, à qui irions-nous ? Tu as les paroles de la vie éternelle » (v. 68). Cette réponse fait écho à ce que disait Jésus au v. 63 : « Les paroles que je vous ai dites sont esprit et vie. » Pierre reconnaît en Jésus le nouveau Moïse qui transmet aux hommes les paroles de Dieu, source de vie éternelle (cf. Dt 8 3 ; 30 11-20).

Il proclame ensuite : « Et nous, nous croyons et nous savons que tu es le Saint de Dieu » (v. 69). Cette confession de foi de Pierre est, pour Jean II-B, l'équivalent de la confession de foi rapportée par les Synoptiques et que Pierre fit à Césarée de Philippe (cf. *supra*, II 3). Mais au lieu de dire : « Tu es le Christ » (Mc 8 29), Pierre affirme : « Tu es le Saint de Dieu. » On a vu plus haut que ce titre était repris de Mc 1 24, où il est placé dans la bouche d'un esprit impur, d'un démon. Pourquoi Jean II-B a-t-il choisi ce titre de préférence à celui de « Christ » ? Parce que c'est un titre « prophétique » qui s'harmonise bien avec la déclaration faite par Pierre au v. 68 : Jésus seul a les paroles de la vie éternelle. Jésus est le « Saint de Dieu » parce qu'il est le Prophète par excellence, le nouveau Moïse qui transmet aux hommes les paroles qui lui viennent de Dieu. On rejoint le thème de la vocation prophétique de Jérémie, un des prophètes « types » de l'Ancien Testament : « Avant même de te former au ventre maternel, je t'ai connu ; avant même que tu sois sorti du sein, *je t'ai sanctifié* ; comme prophète des nations, je t'ai établi... Vers tous ceux à qui *je t'enverrai*, tu iras, et tout ce que je t'ordonnerai, tu le diras » (Jr 1 5-7). Ce texte sera repris par Jean II-B en 10 36, où se fusionneront les perspectives du prophète semblable à Jérémie et du prophète semblable à Moïse : « ... à celui que le Père *a sanctifié* et *envoyé* dans le monde vous dites : Tu blasphèmes, parce que j'ai dit : Je suis le Fils de Dieu. » Dieu a « sanctifié » Jésus, il l'a consacré, mis à part, choisi entre tous (Jn 1 34), afin d'en faire le Prophète par excellence, celui qui transmet ses paroles aux hommes. En ce sens, Jésus est bien le « Saint de Dieu ».

6. Les vv. 70-71 contiennent une annonce de la trahison de Judas qui anticipe celle que la tradition synoptique place lors de la dernière Cène (Mc 14 17-21 et par.). Deux questions se posent immédiatement : pourquoi Jn remplace-t-il la formule « L'un de vous me livrera » (Mc 14 18) par « l'un de vous est un diable ? » Pourquoi a-t-il transféré ici cet épisode ? Bultmann a déjà répondu à ces deux questions ; nous ne ferons que compléter ses remarques. Pour Jean II-B, la confession de foi de Pierre faite au v. 29 est l'équivalent

de la confession de foi de Pierre à Césarée rapportée par la tradition synoptique (cf. *supra*). Mais dans Mc et Mt, cette confession de foi est suivie de la première annonce de la passion (Mc **8** 31-32) qui provoque l'indignation de Pierre (**8** 32b) ; Jésus lui dit alors cette dure parole : « Passe derrière moi, Satan... » (**8** 33). Pierre est traité de « Satan » par Jésus ! Dans Jn au contraire, après la confession de foi de Pierre (v. 69), Jésus affirme « l'un de vous est un diable » (v. 70), mais il s'agit de Judas, le traître (v. 71). Jean II-B aurait voulu transférer sur Judas l'appellation de « Satan » ou de « Diable » donnée à Pierre par Jésus selon Mc et Mt. C'était en quelque sorte effacer la honte qui pouvait rejaillir sur Pierre de la

scène racontée par Mc et Mt. On remarquera que Lc réagit de même puisqu'il omet la scène en question.

En Jn **6** 69-70, on a donc un double chassé-croisé. En **6** 69, Pierre reprend à son compte la profession de foi « Tu es le Saint de Dieu » qui, selon Mc **1** 23-24, aurait été prononcée par un esprit impur, par un démon ; en **6** 70, Pierre est déchargé du titre de « Satan » ou de « Diable » que Jésus lui avait donné d'après Mc **8** 33, et ce titre fait retour à Judas.

En Jn **6** 64b, Jean II-B a rappelé que, *dès le début*, Jésus connaissait celui qui le livrerait ; cela explique qu'il ait pu annoncer la trahison de Judas dès le milieu de son ministère.

Note § **256.** *JÉSUS MONTE A JÉRUSALEM POUR LA FÊTE DES TENTES* (**7** 1-23)

I. CRITIQUE TEXTUELLE

1. La plupart des éditions critiques donnent le début du v. 1 sous cette forme : « Et après cela... » L'expression « après cela » est typiquement johannique (B 29), mais ce serait le seul cas dans Jn où elle serait précédée de la conjonction « et ». Ce fait serait-il l'indice que Jn utilise ici une source ? C'est possible (cf. *infra*). Nous pensons toutefois qu'il vaut mieux omettre ici la conjonction « et », avec P^{66} S D C, l'ancienne tradition syro-latine, la Sahidique et Chrysostome.

2. Toujours au v. 1, au lieu de « il ne voulait pas », on adoptera la leçon plus difficile « il n'avait pas pouvoir » (*ouk eichen exousian*), avec W VetLat SyrCur et Chrysostome. En lisant le commentaire de Chrysostome, on voit combien la leçon « il n'avait pas pouvoir » faisait difficulté : le « pouvoir » du Christ était-il donc limité ? Comment cela était-il possible ? Pour éviter cette difficulté, un scribe changea l'expression primitive en « il ne voulait pas » ; la souveraine volonté du Christ était ainsi sauvegardée.

3. Bien qu'elle ne soit que très peu attestée au niveau des manuscrits grecs, nous avons cru pouvoir retenir aussi au v. 3 la leçon courte « passe d'ici ( ) en Judée », qui est celle de 053, SyrSin, les anciens Sommaires évangéliques africains, Tatien et Chrysostome. Ce texte concis, un peu rude, a été rendu plus coulant par l'addition des mots « et va » devant « en Judée », leçon retenue par tous les autres témoins du texte johannique.

4. Au v. 8, au lieu de « je ne monte pas encore » (*oupô*) il faut lire « je ne monte pas » (*ouk*), avec S A D K, quelques minuscules, l'ancienne tradition syro-latine, les versions copte (Boh), arménienne et géorgienne, Tatien, Chrysostome, Épiphane et d'autres. Puisque Jésus va finalement monter à la fête (v. 10), la leçon « je ne monte pas » faisait difficulté ; Jésus aurait pu être soupçonné de mensonge ! En écrivant « je ne monte pas encore », toute difficulté disparaissait du texte.

5. Au v. 10, au lieu de « mais comme en secret », on lira « mais ( ) en secret », avec S D, l'ancienne tradition syro-latine, les versions copte (Sah) et géorgienne, Tatien, Chrysostome. Monter « en secret », ou « en cachette », pouvait sembler peu glorieux pour le Christ ; un scribe atténua la force de l'expression en ajoutant un « comme » devant elle.

6. Au v. 17, la masse des manuscrits a comme texte : « Si quelqu'un *veut faire* sa volonté... » Mais nous sommes probablement en présence d'une leçon double qui combine le texte attesté par P^{75} « Si quelqu'un *veut* sa volonté... », et celui de W Boh Eth (mss) Cyrille Chrysostome « Si quelqu'un *fait* sa volonté... » Cette dernière forme de texte se retrouvera en Jn **9** 31 et doit donc être préférée à la première.

II. CRITIQUE LITTÉRAIRE

Nous avons expliqué à la note § 148 pourquoi nous pensons que les vv. 11-13 et 19-23 du chapitre **7** devaient être replacés après le récit de la guérison de l'infirme à la piscine de Béthesda ; nous ne reviendrons pas sur ce problème. Mais il faut reprendre en détail la critique littéraire des vv. 1 à 10 et 14 à 18, ébauchée seulement dans l'Introduction, afin de séparer les matériaux en provenance du Document C, repris sans modification par Jean II-A, des additions et changements effectués par Jean II-B. Voici comment nous proposons de voir la distribution des textes entre le Document C (Jean II-A) et Jean II-B. Nous déplacerons le v. 2 pour le rapprocher des vv. 10 et 14 ; au niveau du Document C, en effet, cet ensemble était situé dans un autre contexte (cf. Introd., 2 i-k).

C	II-B
1	Après cela,
	Jésus circulait en Galilée.
	En effet, il n'avait pas pouvoir de circuler en Judée parce que les Juifs cherchaient à le tuer.
3 Ses frères (lui) dirent : « Passe d'ici en Judée, afin que	
	tes disciples aussi
(ils) voient tes œuvres que tu fais.	

4 Nul en effet n'agit en secret et cherche à être en évidence.
   Si tu fais cela, manifeste-toi au monde. »
5 | Même ses frères, en effet, ne croyaient pas en lui.
6 Jésus leur dit (:)
      | donc : « Mon
   (Le) temps n'est pas encore là (. »)
      | mais votre temps est toujours prêt.
7ˉ | Le monde ne peut vous haïr, mais moi, il me hait parce
        que je lui rends témoignage que ses œuvres sont mauvaises.
8 | Vous, montez à la fête ; moi, je ne monte pas à cette
        fête parce que mon temps n'est pas encore accompli. »
9 | Leur ayant dit cela,
   (Et) il demeura en Galilée.
10 | Toutefois, quand ses frères furent montés à la fête,
        alors il monta lui aussi, non pas manifestement,
      | mais en secret.

. . . .

2 Or était proche la Skènopègie
      | la fête des Juifs.
10 (et Jésus) monta ⤳ à la fête.
14 | Or, comme on était déjà au milieu de la fête,
   Jésus monta au Temple
      | et il enseignait.
15 | Les Juifs s'étonnaient en disant : « Comment celui-ci
        connait-il les Lettres sans avoir étudié ? »
16 | Jésus donc leur répondit et dit : « Mon enseignement
        n'est pas mien, mais de celui qui m'a envoyé.
17 | Si quelqu'un fait sa volonté, il saura, de l'enseignement,
        s'il est de Dieu ou si je parle de moi-même.
18 | Qui parle de lui-même cherche sa propre gloire ;
        mais qui cherche la gloire de celui qui l'a envoyé,
        celui-là est vrai et il n'y a pas d'injustice en lui. »

A) JÉSUS RESTE EN GALILÉE

Essayons d'abord de reconstituer le texte du Document C dans la section qui concerne le refus de Jésus d'écouter ses frères lui suggérant d'aller s'établir en Judée. Notre enquête va porter sur les vv. 1 et 3 à 9.

1. Au v. 1, la phrase « Jésus circulait en (*en*) Galilée » doit remonter au Document C. Elle forme une excellente introduction aux vv. 3-4 et est littérairement proche de **11** 54 : « Jésus ne circulait plus parmi (*en*) les Juifs » (cf. E 5), que nous attribuerons aussi au Document C.

Jean II (A ou B) ajouta la cheville rédactionnelle « après cela » (B 29*). De même, la seconde partie du v. 1 : « En effet, il n'avait pas pouvoir... cherchaient à le tuer » doit être de Jean II-B puisqu'elle suppose connu l'épisode de **5** 1 ss. : à Jérusalem, Jésus guérit un infirme le jour du sabbat, ce qui provoque la colère des Juifs qui cherchent à tuer Jésus (**5** 16, tel que ce verset se lisait au niveau de Jean II-B, note § 148). L'expression « circuler en Judée » (E 5) n'est qu'une imitation de celle que nous venons d'attribuer au Document C : « circulait en Galilée » ; les deux autres caractéristiques stylistiques sont plus typiques de Jean II : « les Juifs » (C 7) et « chercher à tuer » (B 79*).

2. Les vv. 3 et 4 proviennent presque intégralement du Document C. On notera les particularités littéraires suivantes.

Au v. 3, la mention des « frères » de Jésus ne se lit ailleurs que dans deux textes du Document C : **2** 2 (cf. critique textuelle) et **2** 12. Le verbe « passer » (*metabainein*) ne se lit au sens propre qu'ici chez Jn, alors qu'il est fréquent chez Mt (6/0/1/1/1/0). L'adverbe « d'ici » est fréquent chez Jn surtout au niveau du Document C (C 24). La formule « tes œuvres que tu fais » est de tonalité johannique (B 4 et B 101) ; c'est toutefois le seul cas chez Jn où le mot « œuvres », désignant les miracles de Jésus, est prononcé par un autre que le Christ ; on verra plus loin que cette formule provient de l'AT et se rattache au thème de Jésus nouveau Moïse, bien attesté dès le niveau du Document C. – Au v. 4, l'expression « en secret » (A 114), qui sera reprise en **7** 10b par Jean II-B (cf. *infra*), se lit encore en **18** 20 dans un passage que nous attribuerons au Document C. La formule « en évidence » contient la proposition *en*, ce qui est contraire au style de Jean II (B 21). Le verbe « manifester » est certes de tonalité johannique (E 2) comme le terme « monde » (C 68), mais avec un pronom réfléchi (A 155) il ne se lit ailleurs dans tout le NT qu'en Jn **21** 1, un texte du Document C. Ces remarques littéraires confirment la dépendance de Jean II à l'égard d'une source : le Document C.

En reprenant le récit du Document C (cf. Jean II-A), Jean II-B lui a apporté deux modifications. Il a d'abord introduit au début du v. 3 une formule de liaison conforme à son propre style : « Lui dirent donc » (A 45** ; cf. B 1). Il a surtout ajouté les mots « tes disciples aussi », sous l'influence de textes tels que **2** 23 et **4** 45 ; au niveau du Document C, Jésus n'était pas encore allé en Judée et n'y avait donc pas de disciples. Le texte primitif avait probablement un pluriel impersonnel : « ... afin que ( ) ils voient », comme en **2** 3 (cf. critique textuelle) ou **3** 23, deux textes du Document C. Jean II-B aime ajouter la mention des disciples de Jésus dans les récits qu'il reprend à une source ; on notera qu'avec cette addition, il obtient ici la formule « afin que aussi », de tonalité johannique (E 7).

3. Le v. 5 est une glose de Jean II-B. La théologie du miracle y est la même qu'en **2** 23-25 ; **4** 45.48 ; **20** 24-29, textes de Jean II-B : les miracles ne suffisent pas pour conduire les hommes à la foi en Jésus. La construction « croire en » est typiquement johannique (B 51). Nous verrons plus loin que l'addition de ce v. 5 correspond aux tendances anti-judaïsantes de Jean II-B. Après cette glose, il ajouta un « donc » au début du v. 6 (A 26*), selon son habitude (cf. Introd., 8 a).

4. Le problème posé par les vv. 6-8 est assez complexe. Nous proposons de ne retenir, au niveau du Document C, que le v. 6a sous cette forme : « Jésus leur dit : *Le* temps n'est pas encore là. » En voici les raisons. Le thème du v. 6a est repris à la fin du v. 8 sous la forme « parce que mon temps n'est pas encore accompli ». Nous sommes en présence d'un procédé rédactionnel classique : après une insertion, le glossateur est obligé de reprendre le thème du texte primitif qui précède sa glose, de façon à renouer le fil du récit. Il faudrait donc tenir les vv. 6b-8 pour une addition, ce qui est confirmé par la présence, au début du v. 9, de la formule « Ayant dit cela », qui marque ailleurs dans Jn l'insertion d'une glose antérieure (**9** 6 ; **11** 43 ; **13** 21 ; **18** 1 ; **20** 14).

Des arguments stylistiques confirment que Jean II-B reprend et glose un texte plus ancien. Le v. 6a n'est pas de formulation johannique. Le mot « temps » ne se lit ailleurs chez Jn qu'en 5 4, mais avec un tout autre sens. Ici, il implique à la fois la mort (cf. 7 1) et la manifestation de Jésus comme Messie (cf. 7 4) ; pour exprimer ce thème, Jean II emploie partout ailleurs le mot « heure » (B 50 ; cf. B 49). De même, le verbe « être là » ne se lit ailleurs chez Jn qu'en 11 28, où il n'a pas un sens christologique comme ici ; pour indiquer l'arrivée prochaine de l'heure de Jésus, Jean II emploie d'ordinaire le verbe « venir » à l'aoriste ou au plus-que-parfait (B 7). Enfin, dans une formule de ce genre, Jean II aurait placé le verbe avant le substantif, et non après comme ici. On aurait donc attendu sous sa plume une phrase telle que : « N'est pas encore venue mon heure » (cf. spécialement 7 30 et 8 20), et non « Mon temps n'est pas encore là ». Quant à la formule qui introduit ce dialogue : « Jésus ( ) leur dit », on la trouve souvent au niveau du Document C (C 12). – En revanche, les vv. 6b-8 reflètent parfaitement le style de Jean II, malgré l'adjectif « prêt » qui se lit à la fin du v. 6 (4/1/3/1/2/6). Au v. 6b : « toujours » (F 4*). Au v. 7 : « haïr » (C 67*) avec le substantif « monde » (C 68) comme sujet (A 38**) ; on notera que le mot « monde » est pris ici au sens péjoratif, ce qui fait contraste avec l'utilisation qui en est faite au v. 4 ; l'opposition « moi/vous », à l'accusatif (B 12) ; la formule « rendre témoignage à » (A 4*), suivie de la conjonction « que » (C 83**), « œuvres... mauvaises » (B 58**). Au v. 8, l'opposition « vous/ moi », au nominatif (B 3), « fête » (C 2), « pas encore » (F 12). L'expression « mon temps n'est pas encore accompli » pourrait s'inspirer de Mc 1 15. Au début du v. 9 : « Ayant dit cela » (B 80* et C 64). – Du point de vue stylistique, il existe donc une opposition entre le v. 6a, de facture non johannique, et les vv. 6b-8, de style johannique. Ceci confirme que Jean II dépend d'un texte plus ancien (Document C) au v. 6a, texte qu'il « reprend » comme en écho à la fin du v. 8 afin de renouer le fil du récit. L'addition des vv. 6b-8 doit être attribuée à Jean II-B plutôt qu'à Jean II-A, car le thème de « monter à la fête », au v. 8, se réfère à 7 2 et suppose donc effectuée la fusion des deux textes du Document C (cf. *supra*).

Il faut toutefois ajouter une précision importante. Le v. 6a contient malgré tout une caractéristique johannique de première grandeur, étrangère au style du Document C : dans l'expression « mon temps », le possessif est placé après le substantif, avec redoublement de l'article (A 1*). Mais puisque,

en ajoutant les vv. 6b-8, Jean II-B a voulu jouer sur l'opposition « moi/vous » (B 3 et B 12), on peut penser qu'il a ajouté le possessif au mot « temps » de façon à obtenir l'opposition « mon temps/votre temps ». Le texte du Document C avait seulement : « Le temps n'est pas encore là » (pour cet emploi absolu du mot « temps », cf. Mc 1 15 ; Mt 8 29) ; il contient la caractéristique stylistique mineure « ne ... pas encore » (F 12).

5. Le récit du Document C se terminait par la remarque faite au v. 9 : « Il demeura en Galilée », qui fait écho au v. 1. Le début de ce verset : « Leur ayant dit cela », est une cheville rédactionnelle de Jean II-B (cf. Introd., 3 v).

B) LA FÊTE DES TENTES

Il nous faut maintenant retrouver le texte du Document C qui parlait de la fête des Tentes.

1. Le début en était constitué par Jn 7 2. On attribuera toutefois à Jean II-B la précision « la fête des Juifs » (A 110**), inutile pour les lecteurs judéo-chrétiens du Document C. La suite du texte devait mentionner la venue de Jésus à Jérusalem pour la fête. On trouve en effet une telle mention en Jn 7 10, mais dans un texte fortement remanié par Jean II-B de façon à l'harmoniser avec les données de 7 3-4 ; au niveau du Document C, on devait avoir un texte beaucoup plus simple, tel que « et Jésus monta à la fête » ; le verbe « monta » et l'expression « à la fête » se lisent d'ailleurs encore dans le texte actuel du v. 10, mais en ordre inverse.

La reconstitution du texte du Document C peut être obtenue par un autre biais. Jean II-B a transféré lors d'une première Pâque et lors d'une dernière Pâque deux épisodes que le Document C (et encore Jean II-A) plaçait dans le contexte de la fête des Tentes : l'expulsion des vendeurs du Temple et l'entrée de Jésus à Jérusalem (Introd., 3 v). Or les formules qui, au niveau de Jean II-B, introduisent la première (2 13) et la dernière (11 55) Pâque sont très proches l'une de l'autre. Ce parallélisme provient de ce que les deux formules furent obtenues par simple imitation de celle qui introduisait la fête des Tentes dans le Document C. Pour reconstituer la teneur du Document C en 7 10, il suffit donc de reprendre le schéma de 2 13 et de 11 55 :

2 13	7 2.10	11 55
Or était proche la Pâque des Juifs	Or était proche ( ) la Skènopègie	Or était proche la Pâque des Juifs
et monta	et monta (Jésus)	et montèrent beaucoup
à Jérusalem Jésus...	à la fête...	à Jérusalem...

En **7** 2, pour éviter une équivoque littéraire, nous avons simplement transcrit en français le mot grec qui signifie « fête des Tentes », à savoir *skènopègia*. On voit comment **2** 13 et **11** 55 à la fois reprennent le texte du Document C et s'en séparent. La formule « Or était proche » est de style johannique qui remonte au Document C (B 16 et C 4), comme le mot « fête » (C 2).

Dans les remaniements effectués par Jean II-B, on notera surtout la formule « quand... alors » (A 157** ; cf. F 10**), qui ne se lit ailleurs dans le NT qu'en Jn **11** 6, dans un texte retravaillé par Jean II-B. Quant à l'expression « en secret » (A 114), Jn la reprend de **7** 4 (Document C).

2. Au niveau du Document C et de Jean II-A, la mention de la fête des Tentes (**7** 2) et de la montée de Jésus à la fête (**7** 10) était immédiatement suivie du récit de l'entrée solennelle de Jésus à Jérusalem (**12** 12-13 ; note § 273). On avait ensuite, comme dans les Synoptiques, le récit de l'expulsion des vendeurs du Temple (**2** 14 ss. ; note § 77), préparé par une notice que Jean II-B a gardée en **7** 14 : « Jésus monta au Temple. »

En revanche, la précision temporelle « Or, comme on était déjà milieu de la fête » est liée au « retard » de Jésus (**7** 8.10) et doit donc être de Jean II-B. Elle contribue d'ailleurs à répartir sur une période de huit jours les événements qui se déroulent lors de la fête des Tentes (cf. **7** 14.37), ce qui convient bien à l'activité littéraire de Jean II-B (Introd., 3 q). Ce génitif absolu a même forme que celui introduit aussi par Jean II-B en **4** 51 : « Or, comme déjà il descendait... » Le terme « fête » est toutefois une caractéristique stylistique assez neutre (C 2). Quant au thème de l'enseignement de Jésus, à la fin du v. 14, il introduit les vv. 15-18 qui sont de Jean II-B.

3. Les vv. 15-18 sont de tonalité johannique, au sens strict (Jean II). Au v. 15 : « les Juifs » (C 7), « connaître » (F 25). Au v. 16 : « répondit donc et dit » (A 19 et B 6), « celui qui m'a envoyé » (A 3*) ; l'apparente contradiction de la formule « *mon* enseignement *n'est pas mien* » a son équivalent exact en Jn **14** 24b (critique textuelle), un texte de Jean II-A. Au v. 17 : « Si quelqu'un » (C 48*), « fait sa volonté » (F 34*), « est de Dieu » (B 10* ; cf. C 18), « je parle de moi-même » (A 33* et B 61*) ; la proposition « si quelqu'un fait sa volonté » se retrouvera en **9** 31, un texte de Jean II-B. Au v. 18 : « parle de lui-même » (A 43** et B 61*), « cherche sa propre gloire » (C 28** et C 53*), « de celui qui l'a envoyé » (A 3*), « vrai » (C 36), « il n'y a pas d'injustice en lui » (A 15**).

L'attribution à Jean II-B plutôt qu'à Jean II-A est confirmée par la remarque suivante. Au v. 15, la formule « s'étonnaient en disant » n'apparaît qu'ici chez Jn. Mais Jn combine les thèmes de deux passages des Actes : « Ils étaient stupéfaits et *s'étonnaient en disant* : Ces hommes qui parlent, ne sont-ils pas tous Galiléens ? *Comment* les entendons-nous ?... » (Ac **2** 7-8) – « ...et se rendant compte que c'étaient des gens *sans lettre* et sans culture, *ils s'étonnaient...* » (Ac **4** 13). Cette influence des Actes doit se situer au niveau de Jean II-B (Introd., 4 y).

III. LE SENS DES RÉCITS

A) LES RÉCITS DU DOCUMENT C

1 ( ) Jésus circulait en Galilée ( ).
3 Ses frères (lui) dirent : « Passe d'ici en Judée, afin que ( ) ils voient tes œuvres que tu fais.
4 Nul en effet n'agit en secret et cherche à être en évidence. Si tu fais cela, manifeste-toi au monde. »
6 Jésus leur dit : « (Le) temps n'est pas encore là ( ). »
9 ( ) et il demeura en Galilée.

· ·

2 Or était proche la Skènopègie ( )
10 et (Jésus) monta ~ à la fête.
      (Entrée solennelle de Jésus à Jérusalem : **12** 12-13)
14 (Et) Jésus monta au Temple.
      (Vendeurs chassés du Temple : **2** 14 ss.)

Dans le Document C, la première partie de ce texte était intercalée entre le deuxième et le troisième miracles que Jésus avait accomplis en Galilée : la guérison du fils du fonctionnaire royal à Capharnaüm (Jn **4** 46b-54) et la pêche miraculeuse (**21** 1-14). La seconde partie de ce texte suivait le récit de la pêche miraculeuse ; nous n'en parlerons pas ici, mais seulement à la note § 273 puisqu'elle servait d'introduction au récit de l'entrée solennelle de Jésus à Jérusalem.

1. Après avoir accompli son premier et son deuxième miracles, Jésus continuait à « circuler » en Galilée (**7** 1). Ses frères lui disent alors « Passe d'ici en Judée... » (**7** 3) ; comme l'ont noté beaucoup de commentateurs, les frères de Jésus lui demandent de quitter définitivement la Galilée pour aller s'installer en Judée et en faire le centre de son activité. La Galilée, en effet, faisait trop « province » pour qu'un réformateur religieux puisse s'y cantonner (cf. Jn **1** 46) ; agir en Galilée, c'était agir comme « en secret », ou en cachette (**7** 4). En revanche, la Judée, avec Jérusalem, était le centre religieux du pays tout entier ; si Jésus veut se mettre en évidence, et les miracles qu'il accomplit prouvent que tel est bien son dessein, c'est en Judée qu'il doit effectuer les « œuvres » qui authentifient sa mission ; alors seulement il se manifestera au monde, c'est-à-dire aux hommes. On notera que, pour formuler leur demande, les frères de Jésus reprennent à leur compte en l'adaptant la parole en forme de proverbe que Jésus avait prononcée : « Car rien n'est arrivé en cachette, mais pour qu'il vienne à être manifesté » (Mc **4** 22 ; cf. Lc **8** 17).

Si Jésus doit aller s'établir en Judée, c'est « afin que () ils voient tes œuvres que tu fais » (v. 3). Le pluriel impersonnel (cf. **2** 3 ; **3** 23) désigne les habitants de la Judée. Quant à l'expression « tes œuvres que tu fais », elle a une résonance biblique. Nous avons vu à la note § 29 (III A 2) que, déjà au niveau du Document C, les trois premiers miracles ou « signes » accomplis par Jésus en Galilée : changement de l'eau en vin à Cana, guérison du fils du fonctionnaire royal à Capharnaüm, pêche miraculeuse dans la mer de Tibériade, évoquaient les trois « signes » que Dieu prescrivit à Moïse d'accomplir afin d'authentifier sa mission auprès des Hébreux, d'après Ex **4** 1-9. Jésus est le nouveau Moïse et, comme lui, il doit effectuer trois « signes » qui le font reconnaître pour l'envoyé de Dieu, le Messie. Mais le texte dont nous nous occupons était inséré entre le deuxième et le troisième de ces « signes », donc dans ce contexte évoquant Jésus, le nouveau Moïse. Il est alors vraisemblable que la proposition « ... afin qu'ils voient tes œuvres que tu fais », du v. 3, rappelle la parole de Moïse aux Hébreux : « A ceci vous connaîtrez que c'est Yahvé qui m'a envoyé *faire toutes ces œuvres*, et que (je ne les fais) pas de moi-même » (Nb **16** 28). Jésus est le nouveau Moïse et les « œuvres » qu'il « fait », c'est-à-dire les miracles, sont la preuve qu'il fut bien envoyé par Dieu ; elles le « manifestent » au monde (v. 4).

2. Jésus répond à ses frères : « Le temps n'est pas encore là », et il reste en Galilée (**7** 6a.9). Dans la tradition juive, surtout apocalyptique, c'est une idée courante que les événements de l'histoire se déroulent suivant des « temps » fixés par Dieu de façon immuable. Pour illustrer ce thème, citons seulement ce texte de Qumrân : « Voici les préceptes pour l'homme intelligent, afin qu'il marche en eux en compagnie de tout vivant selon la norme propre *à chaque temps*... Il fera la volonté de Dieu selon tout ce qui fut révélé *temps par temps* ; et il enseignera toute intelligence qui a été trouvée suivant *le temps* et *le décret du temps*... » (1 QS 9 **12-14**). Dans la tradition synoptique, l'expression « le temps », prise absolument, peut ainsi désigner le temps de la manifestation du Messie (Lc **21** 8 ; cf. Mc **1** 15), celui du retour du Christ (Mc **13** 33) ou du jugement des démons (Mt **8** 29). De quel « temps » veut parler Jésus en Jn **7** 6a ? Il semble se référer à Dn **7** 22 : « ... jusqu'à la venue de l'Ancien qui rendit jugement en faveur des saints du Très Haut, et *le temps arriva* et les saints possédèrent le royaume. » Le temps dont parle Jésus est celui de l'avènement du royaume ; Jésus ne veut pas monter en Judée parce que ce temps, fixé de toute éternité par Dieu, n'est pas encore là.

Dans la perspective du Document C, le « temps » de l'avènement du Royaume est aussi le « temps » de la mort de Jésus ; le royaume de Dieu est établi par le mystère de la mort et de la résurrection de Jésus. Celui-ci refuse de monter en Judée parce qu'il sait qu'il doit mourir là-bas, à Jérusalem ; cette idée sera d'ailleurs développée par Jean II-B (cf. *infra*). On rapprochera alors Jn **7** 3-4.6a de Lc **13** 31-33 (Dodd). Les Pharisiens conseillent à Jésus : « Va-t-en et pars d'ici » ; Jésus répond qu'il retarde son départ, mais il ajoute « *il faut* qu'aujourd'hui et demain et le jour suivant je parte, parce qu'il ne convient pas qu'un prophète périsse hors de Jérusalem ». Comme souvent dans les évangiles, le « il faut » implique une nécessité qui découle du plan de Dieu sur le monde, manifestée dans les Écritures. Jésus ne partira qu'au moment décidé par Dieu, afin d'aller mourir à Jérusalem. Lc ne dépendrait-il pas ici du Document C repris en Jn **7** 3-4.6a ? On rapprochera l'expression de Lc **13** 31 « pars d'ici » et celle de Jn **7** 3 « passe d'ici en Judée », avec le même adverbe *enteuthen*, fréquent dans le Document C (cf. *supra*), mais rare dans le reste du NT (0/0/2/6/0/2).

3. Puisque « le temps » de sa manifestation au monde « n'est pas encore là » (v. 6), Jésus demeure en Galilée (v. 9b)

et il va y accomplir son troisième « signe » : la pêche miraculeuse (**21** 1-14). Il va ainsi « se manifester » (**7** 4 ; **21** 1), non pas au monde, mais à Simon-Pierre et à ses compagnons, les fils de Zébédée.

B) LE RÉCIT DE JEAN II-B

Le récit du Document C avait été repris sans modifications notables par Jean II-A. Jean II-B l'a profondément modifié en l'amplifiant et en y insérant les vv. 2 et 10 qui, au niveau du Document C, se lisaient après l'épisode de la pêche miraculeuse (Introd., 3 y).

1. En **7** 1b, Jean II-B donne la raison pour laquelle Jésus circulait en Galilée : « ... il n'avait pas pouvoir de circuler en Judée parce que les Juifs cherchaient à le tuer. » Le « pouvoir » de Jésus est soumis à celui de son Père. Jésus n'a pas « pouvoir » d'aller en Judée parce que ce serait hâter le « temps » de sa mort et de sa manifestation définitive au monde, ce temps qui fut fixé par Dieu de toute éternité : « Ce n'est pas à vous de connaître les moments et les temps (*kairous* ; cf. Jn **7** 6) que le Père a fixés de son propre pouvoir (*exousia* ; cf. Jn **7** 1) » (Ac **1** 7). La raison donnée : « ... parce que les Juifs cherchaient à le tuer » renvoie à Jn **5** 16 qui, au niveau de Jean II-B, se lisait sous cette forme : « Pour cela les Juifs (cherchaient à tuer) Jésus, parce qu'il faisait cela le sabbat » (note § 148). Rappelons qu'au niveau de Jean II-B, les chapitres **5** et **7** se suivaient.

En transposant ici le v. 2, Jean II-B ajouta à l'usage de ses lecteurs non juifs la précision « la fête des Juifs » après le nom propre *skènopègia* (= fête des Tentes).

2. Au v. 3, Jean II-B a ajouté la mention des disciples de Jésus qui se seraient trouvés en Judée. Selon **2** 23 et **4** 45, en effet, sans parler de **5** 1 ss., Jésus a déjà accompli de nombreux miracles à Jérusalem ; il doit donc y avoir des disciples.

Plus importante est l'addition du v. 5, concernant le manque de foi des frères de Jésus. On retrouve ici sa conception du miracle : par lui seul, il n'est pas suffisant pour faire naître une foi à toute épreuve dans le cœur de l'homme (cf. Introd., 5 l). Par ailleurs, ce v. 5 prépare l'addition des vv. 6b-8 où Jean II-B va manifester ses tendances anti-judaïsantes (cf. *infra*), ou plus précisément ses tendances polémiques contre les judéo-chrétiens, dont Jacques, le « frère » du Seigneur, avait été le chef de file. Son texte doit être rapproché de Mc **3** 20-21. 31-35 où se retrouvent les mêmes tendances (cf. Ga **2** 11 ss.).

3. Au v. 6, Jean II-B lisait dans ses sources : « Jésus leur dit : *Le* temps n'est pas encore là. » Il ajoute le possessif « mon » au mot « temps », ce qui lui permet de développer une opposition entre Jésus et ses frères scandée par les pronoms « moi/vous » (vv. 6b-8).

a) On est étonné de la dureté des paroles que Jean II-B prête ici à Jésus. Tandis que le monde hait Jésus, *il ne peut pas* haïr les frères de Jésus. Le mot « monde » doit être pris ici au sens péjoratif et il désigne l'ensemble de ceux qui ne croient pas en Jésus et qui le haïssent jusqu'à vouloir sa mort (au v. 4, du Document C, le sens est différent). La haine que le monde voue à Jésus et à ses disciples sera mentionnée encore en Jn **15** 18 et **17** 14 (cf. 1 Jn **3** 12-13). Il n'y a pas de milieu entre l'amour et la haine (cf. **12** 25). Or le monde ne peut pas haïr les frères de Jésus, donc il les aime ; et s'il les aime, c'est qu'ils sont « du monde », ils lui appartiennent. On sent poindre la polémique contre certains judéo-chrétiens, qui culminera en Jn **8** 31.37 ss. Leur chef de file avait été Jacques, « le frère du Seigneur », celui qui avait présidé aux destinées de l'église de Jérusalem et qui s'était heurté à Paul (Mc **6** 3 ; Ac **15** 13 ; Ga **1** 19 ; **2** 12 ; cf. Introd., 7 c).

b) Beaucoup plus clairement qu'au niveau du Document C, le lecteur peut maintenant comprendre que « le temps » du Christ (**7** 6a) implique à la fois l'avènement du royaume et le mystère de la mort et de la glorification du Christ. Lorsque ce « temps » sera venu, la haine du monde contre Jésus pourra se déchaîner (**7** 7) et les Juifs le mettront à mort (**7** 1b). Mais cette mort sera en même temps une glorification (Jn **17** 1.5 ; **13** 31-32) ; Jésus va « passer de ce monde vers le Père » (**13** 1) afin d'y recevoir l'intronisation royale (**12** 31-32). C'est en ce sens que Jésus sera « manifesté au monde » (**7** 4), ce que ne peuvent comprendre ses frères : « Quand vous aurez élevé le Fils de l'homme, alors vous connaîtrez que je suis » (**8** 28). Jésus ne veut pas monter à Jérusalem pour la fête des Tentes (texte actuel), parce que le temps de sa manifestation comme roi du peuple nouveau n'est pas encore arrivé ; c'est seulement lors de la Pâque suivante (Jn **11** 55 ; **12** 1.12) qu'il doit être livré aux mains des Juifs de Jérusalem qui le haïssent ; alors, « élevé » par eux sur la croix, il sera manifesté à tous (**12** 31-32 ; cf. Ac **2** 33-36).

c) Jn aime employer des mots qui recouvrent deux significations complémentaires. C'est le cas par exemple du verbe « élever », qui évoque à la fois l'élévation du Christ sur la croix et son élévation à la droite de Dieu (Ps **110** 1), comme si l'élévation sur la croix n'était que le commencement d'une « montée » qui doit mener Jésus jusqu'auprès de Dieu. Il est possible que le v. 8 contienne un jeu de mot analogue : « moi, je ne monte pas (à cette fête)... » Dans l'évangile de Jn, lorsqu'il s'agit de Jésus, le verbe « monter » signifie presque toujours, soit la montée vers Jérusalem (**2** 13 ; **5** 1 ; **7** 8.10), soit la montée vers Dieu (**3** 13 ; **6** 62 . **20** 17). En disant qu'il ne « monte » pas (à cette fête), Jésus ne voudrait-il pas insinuer en même temps qu'il ne « monte » pas encore vers son Père, comme le suggère la proposition causale « parce que mon temps n'est pas encore accompli » ? Une telle interprétation du texte johannique était déjà proposée par quelques Pères du quatrième siècle, comme Épiphane qui écrit : « Ses frères n'ont pas compris ce qu'il leur disait ; il leur disait qu'il n'allait pas monter au ciel en cette fête, ni sur la croix, afin d'y accomplir l'économie du salut » (Pan. LI 25 6). On lit de même, dans le commentaire du Diatessaron écrit par Éphrem le Syrien : « Je ne monte pas, dit-il, à cette fête, c'est-à-dire en vue de la croix. » Cette interprétation s'impo-

serait si l'on omettait les mots « à cette fête » avec plusieurs témoins du texte de Jn (69 1574, des manuscrits des anciennes versions latine et éthiopienne, Tatien, Chrysostome).

On notera la formule qui termine le v. 8 : « Mon temps n'est pas encore accompli », qui reprend peut-être celle de Mc **1** 15 : « Le temps est accompli. »

4. Au niveau du Document C et de Jean II-A, Jésus restait ensuite en Galilée (**7** 9). Jean II-B a inséré dans le texte de ses sources, d'une part la mention de la fête des Tentes (**7** 2), d'autre part une montée de Jésus à Jérusalem (**7** 10) ; ces deux versets sont repris du Document C, où ils se suivaient, mais étaient situés dans un autre contexte (cf. *supra*). En reprenant le thème de la montée de Jésus à la fête (v. 10), Jean II-B est obligé de le modifier en fonction de son nouveau contexte. Jésus vient de dire en effet qu'il ne montait pas à la fête (v. 8) parce que le temps de sa manifestation au monde n'est pas encore là (vv. 4 et 6). Pour éviter une contradiction trop flagrante avec ces paroles de Jésus, Jean II-B dit que Jésus monta « non pas manifestement, mais en secret » (v. 10). Cette précision renvoie au v. 4, où les frères de Jésus lui disent : « Nul en effet n'agit *en secret* et cherche à être *en évidence* ; si tu fais cela, *manifeste-toi* au monde. » Même s'il monte finalement à la fête, Jésus ne se rend pas aux raisons de ses frères puisqu'il monte « en secret ». Le récit de Jean II-B reste malgré tout assez difficile, puisque Jésus va parler en public une fois arrivé dans la ville (**7** 14).

Rappelons que les vv. 11-13 ont été placés ici par Jean III ; ils se lisaient primitivement dans le contexte de la guérison de l'infirme à la piscine de Béthesda ; voir le commentaire à la note § 148, IV B 7.

5. Ayant transporté ailleurs le récit de l'entrée solennelle de Jésus à Jérusalem et celui de l'expulsion des vendeurs du Temple, Jean II-B introduit en revanche dans le contexte de la fête des Tentes le thème de l'enseignement de Jésus (**7** 14 ; cf. Mc **11** 17), qui va prendre un développement considérable (cf. **7** 28 ; **8** 20). C'est lui qui a composé la scène des vv. 15-18. Au v. 15, il s'inspire de Ac **2** 7 et **4** 13 (cf. *supra*, fin de II B 3) ; la situation est analogue. Les apôtres parlent des langues étrangères et répondent aux autorités juives de Jérusalem parce qu'ils sont « remplis de l'Esprit Saint » (Ac **2** 4 ; **4** 8) ; c'est l'Esprit Saint qui leur « enseigne ce qu'il faut dire » (Lc **12** 12). De même de Jésus : il « connaît les Lettres », c'est-à-dire les Écritures, sans avoir été à l'école des rabbins (cf. Lc **2** 46-47) ; la raison de cette science est donnée aux vv. 16-18 : Jésus ne fait que transmettre aux hommes l'enseignement qu'il a reçu de Celui qui l'a envoyé ; son enseignement n'est pas de lui, mais de Dieu. On rejoint ici le thème de Jésus semblable à Moïse (Introd., 5 k), évoqué plus spécialement par les expressions du v. 17 : « ... il saura, de l'enseignement, s'il est de Dieu ou si *je parle de moi-même* ». Citons ce texte de la tradition rabbinique, à propos de Moïse : « Ce n'est pas de moi-même que je vous parle, mais je vous parle de la bouche de Dieu » (Sifré Dt **5**).

Note § **259.** *LA FEMME ADULTÈRE* (Jn **7** 53 – **8** 11)

Les commentateurs s'accordent à reconnaître que le récit de la femme adultère n'est pas johannique. Dans son ensemble, en effet, le style est étranger à celui de Jn. Citons seulement ici deux exemples. Chez Jn, les scribes ne sont jamais mentionnés (v. 3) et les interlocuteurs de Jésus ne lui donnent jamais le titre de « Maître », au moins sous sa forme grecque *didaskale* (v. 4). Comme par ailleurs ce récit est omis par les plus anciens témoins du texte Alexandrin, appuyés par quelques manuscrits de l'ancienne version latine et les anciennes versions syriaques, on admet communément qu'il n'a jamais appartenu à l'évangile de Jn mais qu'il y fut ajouté tardivement par quelque copiste. Quelle est alors son origine ? Selon Eusèbe de Césarée (Hist. Eccl. III 39 **17**), Papias de Hiérapolis (vers 135) aurait lu dans l'évangile selon les Hébreux l'histoire d'une femme amenée à Jésus parce qu'elle avait commis beaucoup de péchés. S'agit-il du même épisode ? Le renseignement donné par Eusèbe est trop vague pour que l'on puisse répondre affirmativement, et l'origine de notre récit reste donc mystérieuse. Mais reprenons les données du problème ; sans apporter de solution définitive, nous croyons pouvoir préciser un certain nombre de points importants.

I. ANALYSES STYLISTIQUES

7 53 Et ils partirent chacun dans sa maison.
8 1 Or Jésus partit au mont des Oliviers.
   2 Or à l'aurore, de nouveau, il arrivait au Temple et tout le peuple venait vers lui et, assis, il les enseignait.
   3 Or les scribes et les Pharisiens lui amènent une femme surprise en adultère et, l'ayant placée au milieu,
   4 ils lui disent : « Maître, cette femme a été surprise en flagrant délit d'adultère.
   5 Or, dans la Loi, Moïse nous a commandé de lapider de telles femmes ; toi donc, que dis-tu ? »
   6 Or ils disaient cela pour le mettre à l'épreuve, afin d'avoir (motif) de l'accuser. Or Jésus, se penchant, du doigt écrivait sur la terre.
   7 Or, comme ils continuaient à l'interroger, il se redressa et leur dit : « Que celui de vous (qui est) sans péché, le premier, jette sur elle une pierre. »
   8 Et, se penchant à nouveau, il écrivait sur la terre.
   9 Or eux, ayant entendu, sortirent l'un après l'autre, à commencer par les plus vieux ; et on le laissa seul, et la femme étant au milieu.
  10 Or, s'étant redressé, Jésus lui dit : « Femme, où sont-ils ? Personne ne t'a condamnée ? »
  11 Or elle dit : « Personne, Seigneur. » Or Jésus dit : « Moi non plus, je ne te condamne pas. Pars ; désormais, ne pèche plus. »

Les analyses stylistiques de cette péricope sont rendues très difficiles du fait que les manuscrits grecs et les versions qui la contiennent offrent un nombre assez considérable de variantes ; le codex Bezae, en particulier, ignore un grand nombre des particularités stylistiques que nous allons analyser. Nous prendrons le texte qui est reproduit dans la plupart des éditions critiques, sans oublier toutefois qu'il est loin d'être assuré.

1. UN RÉCIT LUCANIEN ?

a) Analysons d'abord le sommaire constitué par Jn **8** 1-2. Il est très proche de celui qui se lit en Lc **21** 37-38 (Synopse, tome I, p. 219). Jésus part ou séjourne au mont des Oliviers (Jn **8** 1 ; Lc **21** 37b) ; « à l'aurore » il se retrouve « dans le Temple » (**8** 2a ; **21** 38) ; « tout le peuple » vient (**8** 2b ; **21** 38) ; Jésus enseigne (**8** 2 ; **21** 37a). Malgré l'inversion du thème de l'enseignement de Jésus, les détails donnés par les deux sommaires sont très voisins. Mais pour apprécier les rapports littéraires entre les deux textes, il faut tenir compte également de Ac **5** 20-21 et de Mc **2** 13.

Jn **8** 1-2	Lc **21** 37-38	Ac **5** 20-21	Mc **2** 13
	37 Or, les jours il enseignait dans le Temple, mais les nuits, sortant, il séjournait au mont dit des Oliviers		
1 Or Jésus partit au mont des Oliviers.			
2 Or à l'aurore, de nouveau, il arrivait au Temple			
et tout le peuple	38 et tout le peuple	20 ... parlez dans le Temple au peuple...	Et toute la foule
	(venait-) à l'aurore	21 Or ayant entendu, ils entrèrent à l'aurore	
venait vers lui et, assis, il les enseignait.	vers lui	et ils enseignaient.	venait vers lui et il les enseignait.
	pour l'écouter.		

Le sommaire de Lc est de rédaction assez maladroite puisque le thème de l'enseignement de Jésus (vv. 37a et 38) est coupé en deux par la mention du séjour de Jésus au mont des Oliviers (v. 37b). Le texte de FA (= épisode de la femme adultère) est beaucoup plus satisfaisant. FA aurait-il amélioré le texte de Lc **21** ? Mais son v. 2 correspond assez bien à la succession des thèmes qui se lit en Ac **5** 20-21. FA pourrait donc être l'écho d'un texte plus primitif que Lc **21**, lequel aurait été harmonisé sur Lc **19** 47-48 (Synopse, tome I, § 308).

Analysons maintenant les détails stylistiques du texte de FA. Au début du v. 1, la formule « Or Jésus » (*Ièsous de*, sans article) ne se lit ailleurs qu'en Lc **4** 1 ; **22** 48 ; Jn **8** 59 ; **12** 44. – Au v. 2a, on notera le substantif employé adverbialement « à l'aurore » (*orthrou*), qui se lit sous la même forme en Lc **24** 1 et sous la forme *hypo ton orthron* en Ac **5** 21 ; ce sont les seuls cas dans le NT. Lc **21** 38 a le verbe de même racine *orthrizein* (« venir à l'aurore » ; cf. encore l'adjectif *orthrinos* en Lc **24** 22), hapax du NT ; l'expression employée par FA est donc plus conforme au vocabulaire de Lc. On notera aussi en Jn **8** 2a le verbe « arriver », absent des parallèles de Lc/Ac/Mc, de saveur assez lucanienne (*paraginesthai* : 3/1/8/1/20/3 ; dans les computs que nous allons donner, nous ne tenons pas compte de Jn **8** 1-2). – Le v. 2b de FA est très proche de Mc **2** 13, mais il offre par rapport à lui deux variantes significatives. Au lieu de « toute la foule », il a « tout le peuple » (*pas ho laos*), comme en Lc **21** 38, et cette expression est de saveur lucanienne (1/0/12/0/6/2). Il précise que Jésus enseignait « étant assis » (*kai kathisas edidasken*), détail qui ne se lit ailleurs dans le NT qu'en Lc **5** 3 (*kathisas... edidasken*).

En résumé, le sommaire de FA apparaît, non seulement plus primitif que celui de Lc **21** (cf. van Kasteren), mais encore plus lucanien ! Si l'on admet l'existence d'un proto-Lc, ce phénomène *pourrait* s'expliquer ainsi : FA et Lc **21** dépendraient du proto-Lc ; mais lors de l'ultime rédaction lucanienne, le texte du proto-Lc aurait été modifié afin de l'harmoniser avec celui de Lc **19** 47-48 (cf. Mt **21** 17).

b) Venons-en maintenant à l'épisode proprement dit de la femme adultère (vv. 3-11), dont nous allons analyser les caractéristiques stylistiques à mesure qu'elles se présentent. Le texte de FA offre des contacts assez remarquables avec celui de Lc **6** 6-11, où est raconté l'épisode de la guérison de l'homme à la main sèche (Synopse, tome I, § 45) ; nous les noterons en passant, mais nous allons signaler tout de suite le fait général suivant. Le texte de FA se caractérise par la fréquence de la particule *de* (« or », revêtant souvent le sens de « mais ») ; dans le sommaire et l'épisode proprement dit (vv. 1 à 11), on n'en compte pas moins de 11, soit une moyenne de 1 par verset. Or, dans les Synoptiques, Lc seul offre des sections avec une telle accumulation de *de* ; on en trouve par exemple 7 dans les 6 versets de Lc **6** 6-11 (guérison de l'homme à la main sèche), tandis que le parallèle de Mt n'en a que 2 et celui de Mc 1.

On lit en FA au début du v. 3 : « Or amènent les scribes et les Pharisiens une femme... » On comparera avec Lc **6** 7 : « Or l'épiaient les scribes et les Pharisiens » ; le parallèle de Mc **3** 2 a simplement « Et ils l'épiaient », et celui de Mt **12** 10b « Et ils l'interrogeaient en disant ». On lit de

même en Lc **5** 21 : « Et commencèrent à raisonner les scribes et les Pharisiens », tandis que le sujet de la phrase, dans les parallèles de Mc/Mt, est simplement « certains des scribes ». Reportons-nous enfin à Lc **11** 53, texte propre à Lc : « ...commencèrent les scribes et les Pharisiens à... » Dans les *récits* évangéliques, l'expression « les scribes et les Pharisiens » ne se retrouve qu'en Mt **12** 38, sous la forme « certains des scribes et des Pharisiens » (Mc **7** 5 a « les Pharisiens et les scribes » ; Mc **7** 1 « les Pharisiens et certains des scribes » ; Mt **15** 1 « Pharisiens et scribes »). En FA, le début du v. 3 est donc de formulation typiquement lucanienne ; il correspond au style de Lc retravaillant ses sources. – La fin du v. 3 a même structure que Ac **4** 7 : « et, l'ayant placée au milieu (*en mesôi*), ils lui disent » « et, les ayant placés au milieu (*en tôi mesôi*), ils les interrogeaient ». On notera qu'en Lc **6** 8 (homme à la main sèche) Lc a « lève-toi et place-toi au milieu » tandis que le parallèle de Mc a simplement « lève-toi au milieu ».

Au v. 5, FA a l'expression « toi donc » (*su oun*), qui ne se lit ailleurs dans le NT qu'en Lc **4** 7 (qui l'ajoute au parallèle de Mt), Lc **22** 70 ; Ac **23** 21 et 2 Tm **2** 1. – Au v. 6, on notera la formule « afin d'avoir (motif) de l'accuser » (*hina echôsin katègorein autou*), que l'on rapprochera de celle de Ac **28** 19 : « sans avoir motif d'accuser ma nation » (*ouch hôs tou ethnous mou echôn ti katègorein*) ; ce sont les deux seuls textes du NT où se retrouve l'expression « avoir (motif) d'accuser ». Il est intéressant aussi de se reporter à Lc **6** 7 (homme à la main sèche), qui a comme texte « afin de trouver (motif) de l'accuser » (*hina heurôsin katègorein autou*) tandis que le parallèle de Mc/Mt a simplement « afin de l'accuser » (*hina katègorèsôsin autou*).

Le v. 7a est lui aussi assez typique. La formule « or comme » (*hôs de*) ne se lit dans le NT que chez Lc, Jn et surtout Ac (0/0/2/5/28/0). Le verbe « continuer » est surtout fréquent dans les Actes (0/0/0/0/6/9) ; construit avec un participe, comme ici, il ne se lit ailleurs qu'en Ac **12** 16 ; on aurait littéralement dans les deux textes : « Or comme ils continuaient interrogeant lui » « Or Pierre continuait frappant ». Enfin le verbe « se redresser » (*anakyptein*) ne se lit ailleurs dans le NT qu'au v. 10 et en Lc **13** 11 ; **21** 28.

Venons-en enfin au v. 11b. Il commence par la formule « Or dit Jésus » (*eipen de ho Ièsous*). Dans le NT, le verbe « dire » suivi de *de* ne se lit qu'en Lc/Ac, et dans une proportion considérable : 0/0/60/0/16 (pour Jn **12** 6, cf. critique textuelle). D'une façon plus précise, la formule « Or dit Un tel », sans aucun complément, est fréquente en Lc/Ac (0/0/12/0/6). – L'impératif « pars » est très employé par Lc (*poreuou/poreuesthe* : 6/0/6/2/8/0), qui le préfère à son synonyme *hypage* (17/12/2/4/0/3 ; cf. Lc **5** 24 comparé aux parallèles de Mt et de Mc). – Enfin l'expression « désormais » est spécialement appréciée de Lc (*apo tou nyn* : 0/0/5/0/1/1).

Si l'on s'en tient au texte adopté par la plupart des éditions critiques, il est difficile d'échapper à cette conclusion : l'ensemble constitué par Jn **7** 53 - **8** 11 fut rédigé par Lc. Présent dans le proto-Lc, l'épisode aurait été supprimé par l'ultime Rédacteur lucanien, probablement parce qu'il estimait que la mansuétude de Jésus pouvait servir d'excuse aux femmes tentées de se livrer à l'adultère.

2. Un récit repris par Jn ?

Si le récit de la femme adultère fut rédigé par Lc, le problème se pose aussitôt de savoir comment il s'est conservé dans la tradition évangélique. Deux hypothèses peuvent être faites. Étant donné les nombreux emprunts de Jn, spécialement de Jean II-B, aux écrits lucaniens (Introd., 4 y), l'épisode se lisait dans l'évangile de Jn au niveau de Jean II-B, et on l'aurait ensuite supprimé dans une partie de la tradition manuscrite. La seconde hypothèse est celle-ci ; l'épisode se serait conservé dans la tradition évangélique indépendamment de l'évangile de Lc ; il aurait ensuite été « retrouvé » par quelque scribe qui l'aurait alors incorporé à l'évangile de Jn. Pour choisir entre ces deux hypothèses, il faut analyser à nouveau le texte de la péricope afin de voir s'il ne contiendrait pas quelques notes johanniques caractéristiques.

On relève d'abord dans le récit de FA deux présents historiques, contraires au style de Lc qui les évite le plus possible. Au v. 3, le verbe « amènent » (*agousin*), qui ne se lit ailleurs dans tout le NT qu'en Jn 9 13 et 18 28. Au v. 4, le verbe « disent » (*legousin*), qui revient environ 118 fois chez Jn (mais aussi environ 71 fois chez Mc). Ces deux présents historiques, non lucaniens, s'accordent parfaitement avec le style de Jn.

Les caractéristiques « johanniques » sont très rares et presque toutes sans valeur probante. Au v. 5, le verbe « lapider » (C 82**) se lit aussi en Ac 5 26 et 14 19. Au v. 10, le vocatif « femme » (C 70*) n'est pas inconnu de Lc (13 12 ; 22 57) ; quant à l'adverbe « où », il est encore moins significatif (F 13). – En revanche, au v. 6, la formule « or ils disaient cela » est typiquement johannique (A 50**), surtout suivie d'un participe marquant la finalité ; on a son équivalent exact en Jn 6 6 : « or il disait cela pour le mettre à l'épreuve » (*touto de elegen peirazôn auton*), et aussi en Jn 12 33, avec un participe différent : « Or il disait cela pour signifier... » – Au v. 7, la phrase « ... jette sur elle une pierre » a son équivalent implicite en Jn 8 59 : « Ils prirent donc des pierres pour jeter sur lui », mais ne trouve aucun écho dans le reste du NT. – Enfin au v. 11, l'impératif « ne pèche plus » (*mèketi hamartane*) se lit sous une forme identique en Jn 5 14. Bien que peu nombreuses, ces notes johanniques sont indéniables.

Que conclure de ces faits ? Du point de vue littéraire, l'hypothèse d'une insertion du récit au niveau de Jean II-B serait la plus vraisemblable ; il aurait repris ce récit au proto-Lc (cf. *supra*). L'omission de l'épisode s'expliquerait par un souci de ne pas se montrer trop indulgent à l'égard de l'adultère. – Au point de vue de la critique textuelle, au contraire, on serait fortement tenté de retenir l'hypothèse d'une insertion tardive dans l'évangile de Jn, pas avant le troisième ou quatrième siècle. Le récit est omis en effet, non seulement par le texte Alexandrin, mais encore par la tradition africaine ancienne (Tertullien, Cyprien) et les anciennes versions syriaques. Comment justifier une omission si largement répandue, à une époque si ancienne ? Mais dans le cas d'une insertion tardive due à un scribe, comment expliquer les notes « johanniques » du texte ? Le scribe en question aura-t-il volontairement « johannisé » le style du récit ? Ce serait assez peu vraisemblable. Si l'attribution du récit à la tradition lucanienne est difficile à contester, sa présence dans une partie importante des témoins du texte johannique reste difficile à expliquer.

II. LE SENS DU RÉCIT

1. Le sens général de ce récit ne fait pas difficulté. Il s'agit d'une controverse entre scribes et Pharisiens d'une part, Jésus d'autre part, au sujet d'une application plus ou moins rigoureuse de la Loi mosaïque. Les scribes et les Pharisiens veulent prendre Jésus en défaut (8 6 ; cf. Mc 3 2 ; 12 13 et par.). Une femme vient d'être prise en flagrant délit d'adultère (v. 3). D'après la Loi mosaïque, elle doit être mise à mort (Lv 20 10 ; cf. Dt 22 23-24) ; qu'en pense Jésus (v. 5) ? Cette scène suppose que l'on connaissait la largeur d'esprit de Jésus ; pour lui, la miséricorde est souvent préférable à une application rigoureuse de la Loi. Dans le cas présent, si Jésus prône la miséricorde, on pourra l'accuser de se mettre en contradiction formelle avec la Loi mosaïque. Mais Jésus se tire d'affaire en refusant de répondre directement à la question qui lui est posée ; c'est la tactique qu'il adopte d'ordinaire dans ses discussions avec les chefs religieux du peuple juif (cf. Mc 11 27-33 ; 12 13-17 ; 12 35-37a et par.). Il se contente donc de dire aux accusateurs de la femme : « Que celui de vous qui est sans péché, le premier, jette sur elle une pierre » (v. 7). Bien osé celui qui pourrait prétendre ne pas avoir besoin de la miséricorde de Dieu ! Alors, pourquoi refuser de faire miséricorde à cette femme ? Tout le monde le comprit et se retira, à commencer par les plus âgés ; ayant vécu plus longtemps, avaient-ils besoin de miséricorde plus que les autres ? Jésus reste seul avec la femme et lui dit simplement : « Moi non plus, je ne te condamne pas. Pars ; désormais, ne pèche plus » (v. 11). Jésus, lui, aurait pu condamner ; il se réserve de pardonner (Lagrange).

2. Un détail a intrigué les commentateurs. Que signifie le geste de Jésus écrivant sur la terre (vv. 6 et 8) ? L'évangéliste veut-il seulement décrire Jésus se donnant une contenance devant ceux qui cherchent à le perdre ? Peut-être pense-t-il plus spécialement à ce texte de Jr 17 13 : « Tous ceux qui t'ont abandonné seront confondus ; s'étant détournés (de toi), qu'ils soient inscrits sur la terre, car ils ont abandonné la source de vie, le Seigneur » (LXX). Ce serait une allusion, non pas tant aux péchés particuliers commis par ceux qui sont là, qu'au fait si souvent stigmatisé par les prophètes : en abandonnant la Loi de Dieu, le peuple d'Israël a commis un adultère spirituel ; de quel droit alors les chefs religieux du peuple de Dieu voudraient-ils condamner l'adultère commis par la femme ?

Note §§ **257-260.** *DISCUSSIONS SUR L'ORIGINE DU CHRIST* (Jn **7** 24 – **8** 30)

Les problèmes littéraires des textes johanniques répartis entre les §§ 257, 258 et 260 de la Synopse sont tellement imbriqués les uns dans les autres qu'il nous faut les traiter en une seule note. Que le lecteur fasse appel ici à toute sa patience ! Les difficultés qui nous attendent sont peut-être les plus complexes de tout l'évangile de Jn.

I. CRITIQUE TEXTUELLE

1. En **7** 28, de préférence à la leçon « véritable » (*alèthinos*), nous avons adopté la leçon « vrai » (*alèthès*), avec P⁶⁶ S *a b* et Chrysostome. Le sens est le même que dans le parallèle de **8** 26, vraisemblablement du même auteur (Jean II).

2. En **7** 37, le texte couramment reçu : « le dernier jour de la fête, le grand », semble être une leçon double. On lit seulement : « le dernier jour de la fête », en W, quelques minuscules, Tatien, Augustin et Nonnos de Pannopolis. En revanche, les anciennes versions syriaques ont seulement : « le grand jour » (*en tè hèmera tè megalè*), leçon qui était primitivement celle de D *e* Cyprien, qui ont l'adjectif « dernier » à une place différente (D : *en tè hèmera tè megalè tè eschatè*). Dans le déroulement de la fête des Tentes, le dernier jour était effectivement le plus solennel. Le texte johannique primitif avait probablement « le grand jour de la fête » ; un scribe a voulu préciser que ce « grand » jour était le « dernier ».

3. En **7** 41, au lieu de la leçon « ceux-là (disaient) » (*hoi de*), soutenue par le Texte Alexandrin, le Texte Césaréen et une partie de l'ancienne version latine, nous avons adopté la leçon « d'autres (disaient) » (*alloi*), avec P⁶⁶ (première main) S D *r* SyrCur (cf. *e* SyrSin, Tatien, Chrysostome, Origène, qui ajoutent toutefois une particule de liaison). La leçon que nous adoptons ici est soutenue par le parallèle de Jn 9 8-9.

4. En **7** 42, il faut omettre les mots « où était David », avec 28 2193, certains témoins de la version éthiopienne, Chrysostome, Cyrille, Agathange (ancienne version arménienne). La leçon courte est indirectement soutenue aussi par D, qui place les mots en question *après* l'expression « vient le Christ », ce qui est manifestement une correction.

La formule « de Bethléem le village » est un sémitisme difficilement justifiable en grec ; pour l'éviter, on a ajouté les mots « où était David », en s'inspirant du contexte antérieur.

5. En **8** 24a, nous proposons timidement de lire « je vous ai donc dit que vous mourrez dans *votre péché* », au singulier, avec 1093 *r* Vg(R) Nonnos. Il était tentant pour un scribe d'harmoniser avec la seconde partie du verset, qui a « vous mourrez dans *vos péchés* ». On verra dans le commentaire que ce v. 24a est probablement du même niveau rédactionnel que **8** 21, où l'on a le singulier.

II. CRITIQUE LITTÉRAIRE

Sous sa forme actuelle, cette longue section de l'évangile ne contient rien que l'on puisse faire remonter au Document C. Avant de mettre en parallèle les textes de Jean II-A et de Jean II-B, rappelons quelques points essentiels que nous avons établis dans les notes précédentes.

Nous ne nous occuperons pas des vv. 31-32 et 44-52 du chapitre **7**. Transférés ici par Jean III, ils appartenaient primitivement au contexte de la guérison de l'infirme à la piscine de Béthesda ; on en trouvera le commentaire à la note § 148.

En revanche, un certain nombre d'épisodes qui se lisaient dans le contexte de la fête des Tentes au niveau du Document C et de Jean II-A ont été transférés ailleurs par Jean II-B (Introd., 3 v) : l'entrée solennelle de Jésus à Jérusalem, repoussée à la dernière Pâque (**12** 12 ss.) ; l'expulsion des vendeurs du Temple, avancée à la première Pâque (**2** 14 ss.) ; le discours sur le pain de vie (composé par Jean II-A), placé dans le contexte de la Pâque intermédiaire (**6** 31 ss. ; cf. **6** 4) ; l'épisode des Grecs, qui a suivi le sort du récit de l'entrée solennelle à Jérusalem (**12** 20 ss.). Dans la reconstitution du texte de Jean II-A qui va suivre, nous mentionnerons ces divers épisodes à la place qu'ils occupaient au niveau de Jean II-A.

Pour plus de clarté, nous reproduirons au début des textes de Jean II-A et de Jean II-B la mention de la fête des Tentes (**7** 2) et de la montée de Jésus à la fête (**7** 10) qui, au niveau du Document C et de Jean II-A, formait l'introduction du récit de l'entrée solennelle de Jésus à Jérusalem (note § 256).

II-A	III
7 2	Or était proche la Skènopègie
10	(et Jésus) monta ~ à la fête.
	[Entrée à Jérusalem : **12** 12-15]
40	De la foule
	| donc, écoutant ces paroles, ils disaient :

II-B	III
7 2	Or était proche la fête des Juifs, la Skènopègie.
	vv. 3-9
10	Toutefois, quand ses frères furent montés à la fête, alors il monta lui aussi, non pas manifestement mais en secret.
	vv. 14-18
	| vv. 19-23.24b
25	Certains des Hiérosolymitains
	disaient donc : « N'est-ce pas celui qu'ils cherchent à tuer ?

II-A |III

« Celui-ci est vraiment le Prophète. »
41 D'autres disaient : « Celui-ci est le Christ. »
     D'autres disaient : « Est-ce que de la Galilée
     le Christ vient ?
42 L'Écriture ne dit-elle pas que de la postérité de David,
     et de Bethléem, le village, vient le Christ ? »
43 Il y eut donc division dans la foule à cause de lui.
8 14c (Jésus leur dit)
     « Vous, vous ne savez pas d'où je viens ni où je vais.
15a Vous, vous jugez selon la chair.
        |vv. 15b-19

54 ( ) Si je me glorifie, ma gloire n'est rien ;
     C'est mon Père qui me glorifie ( )
55 et vous ne l'avez pas connu ;
     mais moi je le connais
       |et si je disais que je ne le connais pas,
       |je serais semblable à vous, un menteur ;
       |mais je le connais
     et je garde sa parole,
42b car je ne suis pas venu de moi-même,
     mais celui-là m'a envoyé. »
20a |Il dit ces paroles au Trésor,
       |enseignant dans le Temple.

20b Et personne ne le prit
     parce que son heure n'était pas encore venue.

21 Il leur dit donc de nouveau :

     « Je m'en vais
     et vous me chercherez
     et vous mourrez dans votre péché.
     Où je m'en vais, vous ne pouvez pas venir. »
22 Les Juifs disaient donc :

     « Est-ce qu'il se tuera lui-même,

     qu'il dise :

     Où je m'en vais, vous ne pouvez pas venir ? »
23a Et il leur disait : ( )
  c « Vous êtes de ce monde,
     je ne suis pas de ce monde.
24a Je vous ai donc dit que

     vous mourrez dans votre péché. »

[Expulsion des vendeurs du Temple : **7** 14b ; **2** 14-16]
[Demande de signe : **2** 18]

---

26 Et voici qu'il parle ouvertement et ils ne lui disent rien !
     Les chefs auraient-ils vraiment reconnu

     que celui-ci est le Christ ?
27 Mais celui-ci, nous savons d'où il est
     tandis que le Christ, lorsqu'il viendra,
     nul ne sait d'où il est. »

28a Jésus s'écria, enseignant dans le Temple et disant :
     « Et vous me connaissez, et vous connaissez d'où je suis ?
24a Ne jugez pas selon l'apparence (.)

28b ( ) Je ne suis pas venu de moi-même
     mais celui qui m'a envoyé est vrai,

     que vous ne connaissez pas ;
29 moi, je le connais

     parce que je suis d'auprès de lui
     et celui-là m'a envoyé. »

30 Ils cherchaient donc à le prendre
     et personne ne mit sur lui la main
     parce que son heure n'était pas encore venue.
       |vv. 31-32
33 Jésus dit donc :
     « Encore un peu de temps, je suis avec vous,
     et je m'en vais vers celui qui m'a envoyé.
34 Vous me chercherez
     et vous ne me trouverez pas ;
     et où je suis, vous ne pouvez pas venir. »
35 Les Juifs se dirent entre eux :
     « Où celui-ci doit-il partir, que nous ne le trouverons pas ?
     Va-t-il partir vers la Dispersion des Grecs
     et enseigner les Grecs ?
36 Quelle est cette parole qu'il a dite :
     Vous me chercherez et vous ne me trouverez pas,
     et où je suis vous ne pouvez pas venir ? »
8 23a Et il leur disait :
  b « Vous êtes d'en bas,
     je suis d'en haut ( ).

24b Si
       |en effet
     vous ne croyez pas que je suis,
     vous mourrez dans vos péchés.
28 |Jésus dit donc :
     Quand vous aurez élevé le Fils de l'homme,
     alors vous connaîtrez que je suis,
     et que de moi-même je ne fais rien mais,
     comme m'a enseigné le Père, de cela je parle.
29 Et celui qui m'a envoyé est avec moi ;
     il ne m'a pas laissé seul
     parce que je fais toujours ce qui lui plaît. »

II-A   III

[Discours sur le pain de vie : 6 31 ss.
                     7 37b-38

8 25   Ils lui disaient donc : « Qui es-tu ? »
      Jésus leur dit : « D'abord, ce que je vous dis.
26   J'ai beaucoup à dire et à juger à votre sujet.
      Mais celui qui m'a envoyé est vrai
      et ce que j'ai entendu de lui,
      je le dis au monde. »
27 | Ils ne comprirent pas qu'il leur parlait du Père.

II-B   III

7 37   Or, le grand jour de la fête,
      Jésus se tenait debout et s'écria, disant :
      « Si quelqu'un a soif, qu'il vienne,
      et qu'il boive celui qui croit en moi.
38   Comme dit l'Écriture :
      'Des fleuves d'eau vive couleront de son sein.' »
39   Or il dit cela de l'Esprit que devaient recevoir
      ceux qui avaient cru en lui.
      Car il n'y avait pas encore d'Esprit
      parce que Jésus n'avait pas encore été glorifié.
8 30   Alors qu'il disait cela, beaucoup crurent en lui.

A) LE TEXTE DE JEAN II-B

Nous allons d'abord justifier la reconstitution du texte de Jean II-B puisque c'est celui qui a subi le moins de modifications de la part de Jean III.

1. En 7 24-36, la séquence établie par Jean II-B n'a subi que deux modifications. Nous n'insisterons pas sur la première, l'insertion par Jean III des vv. 31-32 en provenance du récit de 5 1 ss. (cf. note § 148). Occupons-nous seulement de la seconde : le déplacement du v. 24a. Nous avons vu à la note § 148 que le v. 24 n'était pas homogène et que seul le v. 24b « () jugez le juste jugement » se rattachait au contexte antérieur (vv. 19-23), lui-même provenant du récit de 5 1 ss. et inséré ici par Jean III. Que faire alors du v. 24a : « Ne jugez pas sur l'apparence » ? Nous proposons de le replacer après le v. 28a, étant donné le parallèle de 8 14c-15a :

Jn 7	Jn 8 14c-15a
28a « Et vous me connaissez, et vous connaissez d'où je suis ?	« Vous, vous ne savez pas d'où je viens ni où je vais.
24a Ne jugez pas selon l'apparence. »	Vous, vous jugez selon la chair. »

Aux deux passages, Jésus reproche à ses interlocuteurs de ne pas savoir *qui il est* (cf. *infra*) parce qu'ils jugent selon l'apparence humaine. Jean III a transféré à sa place actuelle le v. 24a en même temps qu'il déplaçait de leur contexte primitif les vv. 19-23.24b ; il a voulu placer côte à côte les deux phrases où se lit le verbe « juger », ajoutant entre les deux la conjonction « mais » pour les lier. Il agira de même en 8 15 (cf. *infra*).

2. Venons-en maintenant à la deuxième partie du texte de Jean II-B. Pourquoi faire de 8 23ab.24b.28-30 la suite de 7 33-36 ?

a) D'après les textes mis plus haut en parallèle, on voit que 7 33-36 correspond à 8 21-22 ; Jésus prononce une parole qui peut être comprise en deux sens différents : « Je m'en vais... Vous me chercherez... Là où (je vais) vous ne pouvez pas venir » (7 33-34 ; 8 21) ; les Juifs comprennent dans le mauvais sens, d'où leur étonnement (7 35-36 ; 8 22). Nous avons là les deux premiers éléments d'un procédé littéraire johannique bien connu (Introd., 8 b). Mais, d'après ce procédé littéraire, Jésus doit poursuivre le dialogue afin de donner le véritable sens de la parole qu'il a prononcée. C'est ce qu'il fait effectivement en 8 23, verset qui complète donc le jeu de scène commencé en 8 21-22 ; mais le jeu de scène parallèle commencé en 7 33-36 manque d'une conclusion ! Jésus n'explique pas le sens mystérieux de la parole qu'il a prononcée puisque 7 37 commence un nouvel épisode qui se déroule quelques jours plus tard. Comment résoudre cette anomalie ? Reportons-nous à 8 23. Ce verset contient la même idée exprimée sous *deux* formes différentes : « Vous êtes d'en-bas, je suis d'en-haut » et « vous êtes de ce monde, je ne suis pas de ce monde. » Une hypothèse se présente aussitôt : Jean III aurait fusionné en 8 23 les *deux* explications que donnait Jésus après la méprise des Juifs, celle du texte de Jean II-A et celle du texte de Jean II-B. Nous attribuerons donc au texte de Jean II-B la première de ces deux explications : « Vous êtes d'en-bas, je suis d'en-haut », plus théologique et mieux en accord avec le contexte de 7 25 ss. (cf. *infra*).

b) Cette conclusion nous invite à analyser les vv. 24-29, suite de 8 23 ; Jean III n'y aurait-il pas fusionné, comme au v. 23, des éléments en provenance de Jean II-A et de Jean II-B ? Cette question se pose d'autant plus que, comme l'a bien vu Bultmann, les vv. 25-27 font l'effet d'un corps étranger entre les vv. 24b et 28.

ba) Deux indices permettent d'attribuer le v. 24b à Jean II-B : « Si () vous ne croyez pas que je suis, vous mourrez dans vos péchés. » D'une part, l'expression « je suis », qui évoque l'origine mystérieuse de Jésus (cf. *infra*), est bien dans la ligne du récit de Jean II-B (**7** 27.28.29.34.36) ; d'autre part, la phrase « vous mourrez dans vos péchés » a son équivalent en **8** 21, mais avec le mot « péché » au singulier ce qui permet de penser que nous sommes en présence de deux niveaux rédactionnels différents ; **8** 21 étant de Jean II-A (cf. *supra*), **8** 24b serait de Jean II-B.

bb) Si le v. 24b peut être attribué à Jean II-B, il n'en va pas de même des vv. 25-26, liés ensemble. Au v. 26, en effet, la phrase « mais celui qui m'a envoyé est vrai » forme doublet avec **7** 28b, de Jean II-B, et doit donc être attribuée à Jean II-A. D'ailleurs, comme l'a bien vu Bultmann, c'est le v. 28a qui devait faire suite au v. 24b, et que nous attribuerons donc à Jean II-B (sauf la formule de liaison : « Jésus leur dit donc » (B 1), ajoutée par Jean III avec le v. 27, cf. *infra*). Dans le commentaire des textes, nous verrons plus à fond le lien entre ces vv. 24b et 28a.

Après sa menace du v. 28a : « Quand vous aurez élevé le Fils de l'homme, alors vous connaîtrez que je suis », Jésus précise à ses interlocuteurs qu'il ne fait rien de lui-même, mais qu'il transmet l'enseignement du Père (v. 28b). Ces deux thèmes : « élévation » (du Fils de l'homme) et enseignement du Père transmis par Jésus se retrouveront liés dans un autre discours de Jean II-B, plus développé il est vrai, que nous reconstituerons à la note §§ 309-A.311. Contentons-nous ici de mettre en parallèle les éléments communs de ces deux discours.

Jn **8** 28	Jn **12**
« Quand vous aurez élevé le Fils de l'homme, alors vous connaîtrez que je suis, et que je ne fais rien de moi-même, mais comme m'a enseigné le Père, cela je parle. »	32 « Et moi quand j'aurai été élevé de terre, j'attirerai tout à moi. 49 parce que je n'ai pas parlé de moi-même, mais... 50 ... comme me l'a dit le Père, ainsi je parle. »

Puisque le v. 29 ne peut être disjoint du v. 28b, c'est donc l'ensemble des vv. 28-29 que nous attribuerons à Jean II-B.

3. Nous avons vu à la note § 163 que, au niveau de Jean II-A, le discours sur le pain de vie (**6** 31 ss.) se lisait dans le contexte de la fête des Tentes et se terminait par la parole de Jésus rapportée en **7** 37b-38. En transposant dans le contexte de la multiplication des pains ce discours sur le pain de vie, Jean II-B a laissé en place la finale constituée par **7** 37b-38, dont le thème était plus étroitement lié à la liturgie de la fête des Tentes. Il a ajouté l'introduction du v. 37a, afin de répartir les événements de la fête des Tentes sur huit jours, et la glose du v. 39. Les vv. 37-39 se sont trouvés suivre les vv. 33-36 après que Jean III eut regroupé en **8** 23 ss. les thèmes parallèles des textes de Jean II-A et de Jean II-B.

4. Jn **8** 30 est aussi de Jean II-B. Il ne peut être disjoint, en effet, du v. 31, et nous verrons à la note suivante que **8** 31-39 fut composé par Jean II-B.

5. Terminons ce paragraphe en donnant les caractéristiques stylistiques du texte de Jean II-B. Au v. 24a : « apparence » (A 151**). – Au v. 25 : « disaient donc » (B 25*), « chercher à tuer » (B 79*). – Au v. 26 : « voici » (C 77), « ouvertement » (B 21), « vraiment » (C 69). – Au v. 27 : « nous savons d'où » (B 52 ; cf. F 25), « d'où il est » (C 40* ; cf. C 76), « lorsqu'il viendra » (F 28*), structure grammaticale avec prolepse (F 37*). – Au v. 28 : « vous me connaissez » (F 25), « vous connaissez d'où je suis » (B 52 et C 40* ; cf. F 25 et C 76), « de moi-même » (A 33*), « celui qui m'a envoyé » (A 3*), « vrai » (C 36 ou E 1, selon l'option en critique textuelle), « que vous ne connaissez pas » (A 121 ; cf. F 25). – Au v. 29 : « je le connais » (F 25), « je suis d'auprès de lui » (A 51, avec le verbe « être »* ; cf. B 84), « celui-là » (B 17*), « m'a envoyé » (B 34). – Au v. 30 : « prendre » (C 5, avec Jésus comme objet *), « son heure » (B 49* et B 50), « n'était pas encore venue » (A 67* et B 7 ; cf. F 12). – Aux vv. 33-36 : thème de l'incompréhension des interlocuteurs (A 10*). – Au v. 33 : « dit donc » (B 1), « encore... et » (A 113*), « je suis avec vous » (C 51), « je vais » (B 5), « celui qui m'a envoyé » (A 3*). – Au v. 34 : « vous me chercherez » (C 21), « où je suis » (A 65** ; cf. F 33), opposition « moi/vous » (B 3). – Au v. 35 : « les Juifs » (C 7), « dirent donc » (B 1), « où » (F 13), particule *mè* introduisant une interrogation (F 3*). – Au v. 36 : « cette parole qu'il a dite (A 36** ; cf. C 64), « vous me chercherez » (C 21), « où je suis » (A 65** ; cf. F 33), opposition « moi/vous » (B 3). – Au v. 37a : « fête » (C 2), « se tenait » (F 31). – Au v. 39 : « or il dit cela » (A 50** ; cf. C 64), « dit de l'Esprit » (C 81), « avaient cru en lui » (B 51), « car il n'y avait pas encore » (B 99*), « n'avait pas encore » (C 55**), « glorifier » (B 9*, au sens eschatologique **). – Au v. 23ab du chapitre **8** : opposition « vous/moi » (B 3), « vous êtes d'en bas » (C 18 et A 109**), « je suis d'en haut » (C 50, C 18, A 109** et D 2). – Au v. 24b : « vous ne croyez pas que » (C 43), « je suis » (A 77**), « vous mourrez » (F 22). – Au v. 28 : « Quand... alors » (F 10**), « élever le Fils de l'homme » (A 41*), « je suis » (A 77**), « de moi-même » (A 33*), « le Père » (B 73), « de cela je parle » (B 85*). – Au v. 29 : « celui qui m'a envoyé » (A 3*), « toujours » (F 4*), « ce qui lui plaît » (A 136**). – Au v. 30 : « alors qu'il disait cela » (B 85*), « beaucoup crurent en lui » (C 32* et B 51).

L'attribution de ces versets à Jean II-B est confirmée par les remarques suivantes. Au v. 25, la proposition « Disaient donc certains des Hiérosolymitains » a, en grec, une structure presque identique à celle de **9** 16 : « Disaient donc certains des Pharisiens », texte que nous attribuerons à Jean II-B. La formule « N'est-ce pas celui » se lit encore en **6** 42 et **9** 8, deux textes de Jean II-B. – Au v. 26, les mots « auraient-ils vraiment reconnu » (*alèthôs egnôsan*) se retrouveront en **17** 8, un texte de Jean II-B (*egnôsan alèthôs*), mais nulle part ailleurs dans le NT. – Au v. 27, la phrase « mais celui-ci, nous savons d'où il est » se retrouvera, mais au négatif, en **9** 29 : « mais celui-ci, nous ne savons pas d'où il est », dans un passage de Jean II-A. – Au v. 30, les expressions « et personne ne mit sur lui la main » reprennent presque mot à mot **7** 44 : « mais personne ne mit sur lui les mains », texte qui, nous l'avons vu, est de Jean II-B. – Au v. 33, la formule « Encore un peu *de temps*, je suis avec vous » offre avec **13** 33 : « Encore un peu je suis avec vous » (du Document C ; cf. note § 320) une petite divergence : l'insertion du mot « temps », insertion qui rapproche **7** 33 de **12** 35 : « Encore un peu *de temps* la lumière est parmi vous », texte que nous attribuerons aussi à Jean II-B. – Au v. 34, le couple « chercher/trouver » (cf. encore v. 36), dont le verbe « trouver » est une addition par rapport à la formule parallèle de **13** 33 (du Document C) ou une réinterprétation de celle de **8** 21 (de Jean II-A ; cf. *infra*), ne se rencontre que dans un seul autre passage de Jn, en **6** 24-25, de Jean II-B. – Au v. 35, malgré un ordre des mots grecs différent, la proposition « les Juifs donc se dirent entre eux » se retrouve en **12** 19 sous la forme : « Les Pharisiens donc se dirent entre eux », dans une addition de Jean II-B. – Au v. 28 du chapitre **8**, la phrase « mais, comme m'a enseigné le Père, (de) cela je parle » a même structure que celle de **12** 50 : « comme m'a dit le Père, ainsi je parle », un passage qui, nous le verrons, est un développement de Jean II-B. – Le v. 29a « Et celui qui m'a envoyé est avec moi ; il ne m'a pas laissé seul... » a en partie même facture et même vocabulaire que **16** 32b : « ...et vous me laisserez seul. Et je ne suis pas seul, parce que le Père est avec moi », texte que nous attribuerons aussi à Jean II-B ; l'expression « laisser seul » ne se lit nulle part ailleurs dans le NT. Quant à l'affirmation de Jésus « parce que je fais toujours ce qui lui plaît », elle a son équivalent en 1 Jn **3** 22 : « ...et que nous faisons ce qui plaît devant lui » ; ce sont aussi les deux seuls passages du NT où l'on a l'expression « faire ce qui plaît ».

L'unité du texte de Jean II-B est soulignée par la répétition de l'expression « (je) suis », avec ou sans sujet explicitement exprimé : « d'où (je) suis » (**7** 28), « d'auprès de lui (je) suis » (**7** 29), « avec vous (je) suis » (**7** 33), « là où je suis » (**7** 34), « là où je suis » (**7** 36), « d'en haut je suis » (**8** 23b), « si vous ne croyez pas que je suis » (**8** 24), « alors vous connaîtrez que je suis » (**8** 28). Sauf en **7** 33, l'expression a un sens transcendant en référence à la divinité de Jésus ; est-ce un hasard si ce sens transcendant revient 7 fois (Introd., 7 m) ?

B) LE TEXTE DE JEAN II-A

Le texte de Jean II-A a été bouleversé par Jean III nettement plus que celui de Jean II-B ; sa reconstitution va donc poser des problèmes plus délicats à résoudre, d'autant qu'il faut aussi tenir compte des divers épisodes transférés par Jean II-B dans le contexte des trois Pâques mentionnées en **2** 13, **6** 4 et **11** 55.

1. Jésus est-il le Christ ?

a) Récemment, plusieurs commentateurs ont reconnu le parallélisme qui existe entre **7** 25-27 et **7** 40-43 ; malgré la différence des perspectives, nous serions en présence d'un doublet. Dans les deux textes, on lit la même affirmation au sujet de Jésus : « Celui-ci est le Christ » (vv. 26 et 41a) ; puis vient une objection tirée de l'origine de Jésus : « Nous savons d'où il est » (v. 27), ce qui contredit la croyance commune touchant l'origine mystérieuse du Messie ; il vient

de la Galilée, ce qui contredit les données de l'Écriture selon laquelle le Christ viendrait de Bethléem (vv. 41b-42). C'est donc le même problème fondamental qui se pose, d'une part à « certains des Hiérosolymitains » (v. 25), d'autre part à « la foule » habitant Jérusalem. Il semble alors légitime de compléter le parallélisme qui existe entre **7** 24-30.33-36 et **8** 14c-15a.20-22 (cf. *supra*) en recourant aux deux passages que nous venons brièvement d'analyser.

b) Nous avons rappelé plus haut que, au niveau de Jean II-A, l'entrée solennelle de Jésus à Jérusalem, repoussée par Jean II-B en **12** 12 ss., se lisait dans le contexte de la fête des Tentes et suivait immédiatement les données de **7** 2.10. Nous verrons d'autre part à la note § 273 que, dans le récit de l'entrée solennelle à Jérusalem, les vv. 14-15 furent ajoutés par Jean II-A au texte du Document C qui ne comportait que les vv. 12-13. Or Jn **12** 15 et Jn **7** 40-42 se complètent pour former un parallélisme remarquable avec Mt **21** 4-5 et 9-11, textes propres à Mt dans le récit de l'entrée solennelle de Jésus à Jérusalem, et que Mt reprend à Jean II-A (note § 273, I B 2 *d*).

Jn	Mt **21**
12 14 ... selon qu'il est écrit :	4 ... ce qui fut dit par le prophète, disant :
15 « Sois sans crainte, fille de Sion : Voici que ton roi vient, assis sur l'ânon d'une ânesse. »	5 Dites à la fille de Sion : Voici que ton roi vient à toi... monté sur une ânesse, et sur un ânon...
7 40 De la foule... ils disaient : « Celui-ci est vraiment le Prophète. »	10 Et comme il entrait à Jérusalem, toute la ville fut agitée, disant : « Qui est-ce ? »
41 D'autres disaient : « Celui-ci est le Christ. » D'autres disaient : « Est-ce que de la Galilée le Christ vient ? »	11 Et les foules disaient : « Celui-ci est le prophète Jésus, qui (est) de Nazareth en Galilée. »
42 L'Écriture ne dit-elle pas que de la postérité de David... vient le Christ ? »	9 « Hosanna au fils de David ! »

De ce parallélisme entre les textes johanniques et celui de Mt, on peut tirer les conclusions suivantes.

ba) Au niveau de Jean II-A, **7** 40-43 devait suivre immédiatement **12** 12-15 qui, ne l'oublions pas, se lisait dans le contexte de la fête des Tentes (cf. **7** 2.10). En d'autres termes, lorsqu'il a repris du Document C le récit de l'entrée solennelle de Jésus à Jérusalem (**12** 12-13), Jean II-A l'a complété en y ajoutant, d'une part les vv. 14-15 (cf. note § 273), d'autre part **7** 40-43. Au début du v. 40, les mots « donc écoutant ces paroles » furent ajoutés par Jean III afin d'adapter les vv. 40-43 à leur nouveau contexte : la parole prononcée par Jésus en **7** 37-38.

bb) Le rattachement de **7** 40-43 au récit de l'entrée de Jésus à Jérusalem confirme indirectement le parallélisme entre cette section et **7** 25-27. Jean II-B, en effet, lisait à la suite au niveau de Jean II-A : le récit de l'entrée de Jésus à Jérusalem (**12** 12-15) et les réactions diverses de la foule touchant l'identité de Jésus (**7** 40-43), le tout placé dans le contexte de la fête des Tentes (**7** 2.10). Tout en gardant ce contexte de la fête des Tentes (**7** 1-10), Jean II-B a repoussé à la dernière Pâque le récit de l'entrée à Jérusalem (**12** 12 ss.), mais il a gardé, en le transformant, l'épisode des réactions de la foule touchant l'origine de Jésus (**7** 40-43, changé en **7** 25-27). Pour assurer le lien entre la montée de Jésus à Jérusalem (**7** 10) et les discussions touchant son origine (**7** 25-27), Jean II-B a ajouté le petit épisode de Jésus enseignant dans le Temple (**7** 14-18).

Rappelons que les vv. 11-13 et 19-23 furent placés là par Jean III.

bc) Il résulte des analyses précédentes que, du doublet formé par **7** 25-27 et **7** 40-43, c'est ce dernier texte qui doit être attribué à Jean II-A et l'autre à Jean II-B.

c) Voici les caractéristiques johanniques de ce passage. On notera d'abord la séquence : « De la foule () ils disaient... D'autres disaient... D'autres disaient... » (**7** 40-41), que l'on rapprochera de Jn **9** 8-9 ; « Les voisins... disaient... D'autres disaient... D'autres disaient... », texte que nous attribuerons toutefois à Jean II-B. Au v. 40, l'affirmation « Celui-ci est vraiment le Prophète » se lisait dans les mêmes termes en **6** 14, que nous avons attribué à Jean II-A (« vraiment », C 69). Au v. 41 : « D'autres disaient » (B 64*), particule négative *mè* à sens interrogatif (F 3*). Au v. 42 : « l'Écriture » (F 1*). Au v. 43 : « division » (C 85*). Une remarque d'ordre plus général confirme l'attribution de ce passage à Jean II-A : il met en parallèle les titres de « Prophète » et de « Christ » comme en **1** 20-21 à propos du Baptiste ; ce parallélisme se retrouve sous une forme moins stricte en **1** 41.45 à propos de Jésus.

2. JÉSUS RÉPOND A CEUX QUI DOUTENT

Dans la section suivante du récit de Jean II-A, nous avons placé les vv. 14c-15a, 54-55 (en partie) et 42b du chapitre **8** ; pourquoi ce regroupement de versets dispersés ?

a) Occupons-nous d'abord des vv. 14c-15a, actuellement insérés dans le bloc constitué par **8** 12-19.

aa) En **8** 12-19, les vv. 14b-16 apparaissent comme un corps étranger ; si on les enlève, on retrouve la séquence normale : « Même si je me rends témoignage, vrai est mon témoignage () parce que je ne suis pas seul, mais moi et celui qui m'a envoyé. Et dans votre Loi il est écrit que le témoignage de deux hommes est vrai... » Dans l'état actuel du texte johannique, c'est la validité du *jugement* de Jésus (v. 16a) qui est justifiée par référence aux deux témoins dont parle la Loi ! Le lien primitif entre 14a et 16b-19 est d'ailleurs confirmé par les parallèles de **5** 31-32a.37b et **8** 54-55a où l'on retrouve une séquence analogue se terminant par l'affirmation que les Juifs ne connaissent pas Dieu (cf. note § 150,

II A 2, où l'on trouvera les textes mis en parallèle). – En **8** 12-19, nous avons donc au moins deux niveaux rédactionnels différents : les vv. 12-14a.16b-19 d'une part, les vv. 14b-16a d'autre part. Pour reconstituer le texte de Jean II-A parallèle à celui de Jean II-B qui se lit en **7** 25-29 (notre tâche actuelle), les vv. 12-14a.16b-19 ne nous intéressent pas puisqu'ils n'ont pas d'équivalence dans le texte de Jean II-B mais sont parallèles au texte de Jean II-A qui se lit en **5** 31 ss. (cf. *supra*) et doivent donc être de Jean II-B. Nous reprendrons leur analyse plus loin.

ab) Revenons alors aux vv. 14b-16a. Eux-mêmes ne sont pas homogènes. D'une part en effet le lien entre les vv. 15a et 15b est fictif car le verbe « juger » y revêt deux sens différents ; au v. 15a, il signifie « se faire une opinion sur » tandis qu'au v. 15b il a le sens de « condamner ». D'autre part, il est difficile d'attribuer au même niveau rédactionnel les vv. 14b et 14c, étant donné la formulation différente des thèmes : « d'où je suis venu » « d'où je viens ». Il faut donc distinguer aux vv. 14b-16a deux éléments groupés artificiellement par Jean III : les vv. 14c-15a et les vv. 14b.15b-16a. De ces deux éléments, nous garderons les vv. 14c-15a pour reconstituer le texte de Jean II-A puisqu'ils ont leur parallèle en **7** 28a.24a. Quant aux vv. 14b.15b-16a, ils appartiennent au texte formé par les vv. 12-14a.16b-19, mais à une place différente ; nous reprendrons ce problème plus loin.

ac) Un indice confirme le lien qui devait exister primitivement entre les sections formées par **7** 40-43 et **8** 14c-15a. Jn **7** 42 et **8** 15a sont liés par une commune référence à Rm **1** 3, ou au texte kérygmatique repris en Rm **1** 3-4. On lit en Rm **1** 3 à propos de Jésus : « de la postérité de David selon la chair (*ek spermatos Dauid kata sarka*) ». L'expression « de la postérité de David » ne se lit dans tout le NT qu'en Rm **1** 3, Jn **7** 42 et 2 Tm **2** 8 (cf. Ac **13** 23) ; elle est donc très rare. Par ailleurs, la formule « selon la chair », qui se lit en Jn **8** 15a comme en Rm **1** 3, ne se retrouve dans tout le NT que dans des textes pauliniens (20 fois en tout). En replaçant **8** 14c-15a après **7** 40-43 on rapproche donc deux expressions : « de la postérité de David » et « selon la chair », étrangères au vocabulaire de Jn mais qui se trouvent accolées en Rm **1** 3. Des précisions sur l'utilisation par Jean II-A de ce texte attesté par Rm **1** 3 seront données dans le commentaire du passage johannique.

b) A la suite des vv. 14c-15a, nous proposons de replacer la petite section constituée par **8** 54-55 (moins le début du v. 54 et une glose du v. 55 ; cf. *infra*). En voici les raisons.

ba) Bultmann l'avait déjà remarqué, la section constituée par **8** 54-55 est certainement hors de contexte. Elle rompt en effet le développement des idées entre **8** 53 et **8** 56 en introduisant une pensée totalement étrangère au contexte constitué par **8** 51-53 et 56-59. L'insertion de cette section est d'ailleurs confirmée par la glose contenue dans le v. 55 :

« ... et vous ne l'avez pas connu ;
mais moi *je le connais*,
et si je disais que je ne le
connais pas, je serais

semblable à vous, un menteur.
Mais je le connais
et je garde sa parole. »

Les mots que nous avons mis en retrait sont une glose délimitée par la « reprise » de la phrase « mais... je le connais » (Introd., 1 f). Cette glose, qui renvoie à **8** 44, est destinée à faire le lien entre **8** 54-55 et son nouveau contexte.

bb) Quel était alors le contexte primitif de **8** 54-55ac ? Vraisemblablement le texte de Jean II-A que nous essayons de reconstituer dans cette note. Le début du v. 55 offre en effet un parallélisme très étroit avec **7** 28c-29a, attribué au texte de Jean II-B :

Jn **8** 55a	Jn **7** 28c-29a
« et vous ne l'avez pas connu ; mais moi je le connais... »	« ... que vous ne connaissez pas ; moi je le connais... »

Même si le verbe « connaître » est rendu en grec par deux verbes synonymes dans la première partie des textes, ces deux passages se situent parfaitement dans la ligne du parallélisme général qui existe entre les dialogues de Jean II-A et de Jean II-B.

La recherche du contexte primitif de **8** 54-55ac était centrée sur le contenu du seul v. 55 ; mais il est difficile de séparer le v. 54 du v. 55 et ce sont donc ces deux versets que nous proposons de replacer après **8** 14c-15a. Ajoutons cependant une dernière précision. La remarque du v. 54b « que vous dites qu'il est votre Dieu » ne se comprend que dans le cadre de la controverse qui oppose Jésus aux Juifs en **8** 31 ss., où ceux-ci affirment : « ... nous avons un seul Père : Dieu » (**8** 41). Comme la glose de **8** 55b, cette réflexion de **8** 54b est destinée à adapter **8** 54a.55ac à son nouveau contexte ; nous l'attribuerons donc aussi à Jean III. Débarrassé de ces deux gloses, **8** 54a.55ac offre une double structure ternaire :

54a « Si je me glorifie
    ma gloire n'est rien,
    c'est mon Père qui me glorifie ( ).
55ac et vous ne l'avez pas connu
    mais moi je le connais ( )
    ( ) et je garde sa parole. »

Il constitue aussi un bien meilleur parallèle à **5** 31.32a.37b (cf. tableau p. 172). On laissera toutefois après **8** 53 le début du v. 54 : « Jésus répondit », nécessaire pour introduire le v. 56 mais inutile après **8** 15a.

c) Reste enfin le problème de **8** 42b. Les raisons de le replacer après **8** 14c-15a.54-55ac sont analogues à celles que nous venons de développer à propos de **8** 54-55. D'une part, ce v. 42b vient en surcharge après le v. 42a, avec le redoublement anormal de la conjonction « car » ; d'autre part il a son parallèle exact en **7** 28b-29. Ces deux phénomènes littéraires sont mis en évidence dans le schéma suivant :

	Jn **8**	Jn **7**
42a	« ... car je suis sorti de Dieu et je suis venu ;	
42b	car je ne suis pas venu de moi-même, mais	28b « ( ) Je ne suis pas venu de moi-même, mais celui qui m'a envoyé...
	Celui-là m'a envoyé. »	29b ... et Celui-là m'a envoyé.»

Reconnaissons que l'activité littéraire de Jean III, qui a effectué tous ces changements de textes, apparaît déconcertante ! Mais quand on a constaté qu'il a inséré **8** 14b-16a entre **8** 14a et **8** 16b-18, détruisant ainsi l'argumentation établie par Jean II-B à propos du témoignage de Jésus et de son Père, tout paraît possible.

d) Relevons les caractéristiques stylistiques des versets que nous venons d'attribuer à Jean II-A. Au v. 14c : « vous ne savez pas » (A 42 ; cf. F 25), « savoir d'où » (B 52 ; cf. C 76 et F 25), « venir... aller » (B 18), « où je vais » (A 29* et B 5 ; cf. F 13). Au v. 15a : « chair » (F 7*). Au v. 54 : « glorifier » dit du Christ (B 9*), « moi-même » (F 2). Au v. 55 : « vous ne l'avez pas connu » (B 75*), « je le connais » (F 25), « je garde sa parole » (A 23 ; cf. F 30). Au v. 42b : « de moi-même » (A 33*), « Celui-là m'a envoyé » (B 17* et B 34).

3. ON CHERCHE A ARRÊTER JÉSUS

Le v. 20 se compose de deux parties. En 20a, il est dit que Jésus « dit ces paroles au Trésor, enseignant dans le Temple ». Cette notice ne peut avoir appartenu au texte de Jean II-A puisque Jésus n'est pas encore entré dans le Temple. C'est un demi-verset de liaison inséré par Jean III et qui répond à l'addition du v. 12a (cf. *supra*).

L'attribution du v. 20b au texte de Jean II-A ne fait aucune difficulté, puisqu'il a son parallèle en **7** 30.

On notera qu'il n'y a aucune caractéristique johannique au v. 20a, tandis qu'elles abondent au v. 20b : « prendre » (C 5, avec Jésus comme objet *), « son heure » (B 49* et B 50), « n'était pas encore venue » (A 67* et B 7).

4. « VOUS MOURREZ DANS VOTRE PÉCHÉ »

L'attribution des vv. 21-23ac.24a au texte de Jean II-A va de soi puisqu'ils ont leur parallèle dans le texte de Jean II-B. On a vu plus haut pourquoi il fallait attribuer à Jean II-B les vv. 23b et 24b.

Les caractéristiques johanniques abondent dans ces versets. Aux vv. 21-23, le thème de l'incompréhension d'une parole prononcée par Jésus (A 10*). Au v. 21 : « Il dit donc » (B 5), « donc de nouveau » (A 17*), « je m'en vais » (B 5), « vous me chercherez » (C 21), « vous mourrez » (F 22), « votre péché » (A 74 et E 6), « où je vais » (A 66 ; cf. F 33), opposition « je/vous » (B 3), « aller... venir » (B 18). Au v. 22 : « les Juifs » (C 7), « disaient donc » (B 25*), et A 66, B 3, B 5, B 18, F 33, comme au verset précédent. Au v. 23ac : « être du monde » (A 12 ; cf. C 18), « de ce monde » (B 95 ; cf. C 68), « je ne suis pas » (C 50), opposition « vous/je » (B 3) ; on notera que l'expression « ne pas être de ce monde » ne se lit ailleurs qu'en Jn 18 36, un texte de Jean II-A. Au v. 24a : « j'ai donc dit » (B 1), « mourir » (F 22), « dans votre péché » (A 74 et E 6), si l'on admet la rectification de critique textuelle.

5. « QUI ES-TU ? »

En étudiant le texte de Jean II-B, on a vu pourquoi les vv. 25-26 devaient être disjoints des vv. 24b et 28. Le doublet constitué par la phrase « celui qui m'a envoyé est vrai » (8 26 et 7 28b) confirme l'attribution du v. 26 à Jean II-A, puisque 7 28b est certainement de Jean II-B. Il semble préférable de replacer ces vv. 25-26, non pas immédiatement après les vv. 21-23ac. 24a, mais à la suite de l'épisode de la demande de signe et du discours sur le pain de vie. La question « Qui es-tu ? » viendrait bien après les affirmations de Jésus touchant son origine céleste (6 38-39 ; cf. 6 41). Par ailleurs, 8 25-26 forme l'introduction normale du discours de Jésus qui, au niveau de Jean II-A, se poursuit en 8 40 ss. (note § 261).

On notera, comme caractéristiques stylistiques, au v. 25 : « Ils disaient donc » (B 25*), « qui es-tu ? » (A 128). Au v. 26 : « celui qui m'a envoyé » (A 3*), « vrai » (C 36), « ce que j'ai entendu de lui » (B 84 et C 38*), « je dis cela » (B 85*), « au monde » (C 68).

Le v. 27 fut ajouté par Jean III pour faire le lien entre les deux sections qu'il juxtaposait dans sa rédaction : celle de Jean II-A (vv. 25-26) et celle de Jean II-B (vv. 28-29). Il ne contient qu'une seule caractéristique johannique, l'emploi absolu du mot « Père » (B 73), repris peut-être du v. 28.

C) UN TEXTE DÉPLACÉ DE JEAN II-B

Il nous faut maintenant revenir sur un texte de Jean II-B (8 12-14b.15b-19) que nous avons éliminé plus haut du texte de Jean II-A (cf. II B 2).

1. Nous pensons que l'ordre primitif des versets dans ce texte était le suivant : 12.15b-16a.14b.13-14a.16b-19. Nous avons vu plus haut (II B 2) que les vv. 16b-19 devaient suivre immédiatement les vv. 13-14a puisqu'ils sont liés par le thème du « témoignage » tandis que celui du « jugement » (vv. 15b-16a) rompt l'argumentation de Jésus. Quant aux vv. 15b-16a et 14b, nous proposons de les replacer après le v. 12. Cette reconstitution du texte de Jean II-B se justifie par comparaison, d'une part avec 5 30-32a, d'autre part avec 12 46-47a. 48b-49 (voir note §§ 309-A.311), comme le montre le tableau suivant :

Jn 5	Jn 8	Jn 12
	12 « Je suis la lumière du monde. Qui me suit ne marchera pas dans les ténèbres, mais il aura la lumière de la vie.	46 « Moi, lumière, je suis venu dans le monde afin que quiconque croit en moi ne demeure pas dans les ténèbres.
30 « Je ne peux rien faire de moi-même : comme j'entends, je juge, et mon jugement est juste parce que je ne cherche pas ma volonté mais la volonté de celui qui m'a envoyé.	15b ( ) Moi, je ne juge personne, 16a mais même si je juge mon jugement est véritable 14b ( ) parce que je sais d'où je suis venu et où je vais. »	47a Et si quelqu'un écoute mes paroles et ne les garde pas, moi je ne le juge pas ( ) ; 48b ( ) la parole que j'ai dite, celle-là le juge ( ). 49 Parce que je n'ai pas parlé de moi-même, mais le Père qui m'a envoyé... »
31 Si je me rends témoignage mon témoignage n'est pas vrai	13 Les Pharisiens lui dirent : « Tu te rends témoignage, ton témoignage n'est pas vrai. » 14a Jésus répondit et leur dit : « Même si je me rends témoignage vrai est mon témoignage 16b parce que je ne suis pas seul, mais moi et celui qui m'a envoyé. 17 Et dans votre Loi il est écrit que le témoignage de deux hommes est vrai. 18 Je suis celui qui me rend témoignage et me rend témoignage le Père qui m'a envoyé. »	
32 (Le Père) est celui qui me rend témoignage... »	19 Ils lui disaient donc : « où est ton père ? » Jésus répondit : « vous ne connaissez ni moi ni mon Père, si vous me connaissiez, vous connaîtriez aussi mon Père.»	

2. Le texte de Jn **8** 12 ss. que nous venons de reconstituer devait se rattacher primitivement au récit de la guérison de l'aveugle-né (Jn **9**). D'après **8** 13, en effet, ce sont les Pharisiens qui sont les interlocuteurs immédiats de Jésus ; mais dans tout l'évangile de Jn, un seul autre texte fait des Pharisiens les interlocuteurs de Jésus, c'est **9** 40 ; il apparaît alors opportun de rapprocher ces deux passages. Ce rapprochement est d'autant plus justifié que l'affirmation de Jésus en **8** 12 : « Je suis la lumière du monde », se trouve alors reportée aussitôt après le récit de la guérison de l'aveugle-né (**9** 1-38), où elle se trouve justifiée en raison même du miracle que Jésus vient d'accomplir. C'est donc à la note § 262 que l'on trouvera le commentaire de ce passage.

3. En voici les caractéristiques stylistiques. Au v. 12 : « De nouveau donc » (A 91), « je suis (la lumière) » (A 9*), « lumière » dit du Christ (A 5**), « lumière du monde » (B 103** ; cf. C 68 et F 24 *), « ne... pas... mais » (A 122**), « marcher dans » (E 5 ; au sens métaphorique**), « ténèbres » (B 8*), « vie » (F 6). Au v. 13 : « dirent donc » (B 1), « rendre témoignage à » (A 4*), « témoignage... vrai » (B 20* ; cf. C 1 et C 36). Au v. 14ab : « répondit et dit » (B 6), « rendre témoignage à » (A 4*), « témoignage... vrai » (B 20* ; cf. C 1 et C 36), « je sais d'où » (B 52 ; cf. C 76 et F 25), « où je vais » (A 29* et B 5 ; cf. F 13), « je viens... je vais » (B 18). Au v. 15b : « juger » (E 14). Au v. 16 : *kai... de* (B 40**), « juger » (E 14), « mon jugement » (A 1*), « véritable » (E 1), « mais moi » (B 28**), « qui m'a envoyé » (A 3*). Au v. 17 : « votre Loi » (A 1* et B 43*), « or... même » (B 40**), « témoignage... vrai » (B 20* ; cf. C 1 et C 36). Au v. 18 : « je suis » (C 50), « rendre témoignage à » (A 4*), « moi-même » (F 2), « le Père » (B 73), « qui m'a envoyé » (A 3*). Au v. 19 : « ils disaient donc » (B 25)*, « où » (F 13), « répondit » (B 74), « connaître » (F 25), « si... particule *an* » avec répétition du même verbe (A 32* ; cf. F 27).

III. LE SENS DES RÉCITS

A) LE RÉCIT DE JEAN II-A

7 40   De la foule ( ) ils disaient : « Celui-ci est vraiment le Prophète.»

41   D'autres disaient : « Celui-ci est le Christ. » D'autres disaient : « Est-ce que de la Galilée le Christ vient ?

42   L'Écriture ne dit-elle pas que de la postérité de David, et de Bethléem le village, vient le Christ ? »

43   Il y eut donc division dans la foule à cause de lui.

8 14c   (Jésus leur dit :) « Vous, vous ne savez pas d'où je viens ni où je vais ;

15a   vous, vous jugez selon la chair.

54   ( ) Si je me glorifie, ma gloire n'est rien ; c'est mon Père qui me glorifie ( )

55   et vous ne l'avez pas connu ; mais moi je le connais ( ) et je garde sa parole,

42b   car je ne suis pas venu de moi-même, mais Celui-là m'a envoyé. »

20b   Et personne ne le prit parce que son heure n'était pas encore venue.

21   Il leur dit donc de nouveau : « Je m'en vais et vous me chercherez et vous mourrez dans votre péché. Où je m'en vais, vous ne pouvez pas venir. »

22   Les Juifs disaient donc: «Est-ce qu'il se tuera lui-même, qu'il dise : Où je m'en vais, vous ne pouvez pas venir ? »

23a   Et il leur disait : « Vous êtes de ce monde, je ne suis pas de ce monde ( ).

24a   Je vous ai donc dit que vous mourrez dans votre péché. »

25-26 Cf. note § 261.

Cet épisode suivait celui de l'entrée solennelle de Jésus à Jérusalem (**12** 12-15).

1. DISCUSSIONS SUR LA PERSONNE DE JÉSUS

a) Au moment où Jésus fait son entrée dans la ville, la foule est divisée à son sujet. Les uns reconnaissent : « Celui-ci est vraiment le Prophète », c'est-à-dire le nouveau Moïse annoncé par Dt **18** 18 (Introd., 5 f). Cette profession de foi des gens de Jérusalem fait écho à celle qu'avait faite la foule galiléenne après la multiplication des pains (**6** 14). D'autres affirment : « Celui-ci est le Christ. » En Jésus se réalisent l'attente messianique des Samaritains et celle des Juifs (Introd., 5 o).

On sait toutefois que Jésus, selon l'opinion commune, est originaire de Nazareth en Galilée. Parmi la foule, des gens font alors l'objection suivante : « Est-ce que le Christ vient de Galilée ? L'Écriture ne dit-elle pas que de la postérité de David, et de Bethléem le village, vient le Christ ? » Le Christ devait être effectivement de la descendance de David, d'après l'oracle de Nathan rapporté en 2 S **7** 12-16. Et puisque David était originaire de Bethléem, d'après le livre de Ruth, le Christ ne devait-il pas être lui aussi de Bethléem ? C'est dans ce sens que l'on pouvait interpréter l'oracle de Mi **5** 1 : « Et toi, Ephrata (= Bethléem), le moindre des clans de Juda, c'est de toi que me naîtra celui qui doit régner sur Israël. » Ainsi, puisque Jésus est de Nazareth, du moins le croyait-on, il ne peut appartenir à la postérité de David, il ne peut être le Christ. Dans un sens plus vague, c'est déjà l'objection qu'avait faite Nathanaël à Philippe en Jn **1** 46 (Document C).

Notons en passant l'expression de **7** 42 « de la postérité de David », qui ne se lit ailleurs dans tout le NT qu'en Rm **1** 3 et 2 Tm **2** 8 ; nous y reviendrons plus loin.

b) A ceux qui refusent de le reconnaître pour le Christ, étant donné ses origines galiléennes, Jésus répond : « Vous, vous ne savez pas d'où je viens ni où je vais. Vous, vous jugez selon la chair » (**8** 14c-15a). Dans la Bible, la double question « D'où viens-tu et où vas-tu » est une manière sémitique de s'enquérir de l'identité de quelqu'un et signifie en fait : « Qui es-tu ? » (Gn **16** 8 ; Jg **19** 17 ; Jdt **10** 12 ; cf. Jon **1** 8). Jésus reproche donc à ses opposants d'ignorer sa véritable identité bien qu'ils s'imaginent connaître ses origines. Ils jugent « selon la chair ». Cette expression ne se lit ailleurs que chez Paul, et vingt fois ! Le texte le plus intéressant est Rm **1** 3-4, où il est dit de Jésus : « ... *de la postérité de David selon la chair*, établi Fils de Dieu avec puissance selon l'Esprit de sainteté, par sa résurrection des morts. »

Nous avons noté en passant l'expression « postérité de David » qui se lisait en Jn 7 42. Le rapprochement des deux expressions, en Jn 7 42 ; 8 15a, et en Rm 1 3, n'est probablement pas fortuit, et Jean II doit dépendre, ou de Paul, ou plutôt du texte kérygmatique que Paul cite ici. Encore faut-il bien comprendre en quel sens Jn reprend ce texte attesté par Paul. Chez Jn comme chez Paul, le mot « chair » désigne l'humanité de Jésus en ce qu'elle a de faible, de périssable (cf. Jn 1 14). Pour Paul, Jésus est bien « de la postérité de David » selon son humanité, mais il est aussi « Fils de Dieu » en vertu de l'Esprit qui l'a ressuscité des morts, l'expression « Fils de Dieu » ayant ici un sens surtout messianique, et non trinitaire. En reprenant ce texte, Jean II lui donne une portée un peu différente et plus profonde. Lorsqu'ils parlent de l'origine de Jésus, les Juifs ne considèrent que les apparences humaines, ils ne jugent que « selon la chair ». Mais en fait, ils ignorent qui est réellement Jésus (8 14c), ils ne savent pas qu'il a une origine mystérieuse, qu'il est la Sagesse de Dieu venue dans le monde (Introd., 5 w). Et s'il est vraiment la Sagesse envoyée par Dieu dans le monde, qu'importe qu'il soit ou non « de la postérité de David ? » Qu'importe qu'il soit ou non « de Bethléem » ?

c) Ayant fait allusion à sa véritable personnalité, cachée sous les apparences humaines, Jésus renvoie maintenant ses contradicteurs à celui qui l'a envoyé dans le monde, à son Père. Jean II va jouer ici sur le double sens du verbe « glorifier » (8 54) : un sens proprement grec, équivalent de « honorer » ; un sens biblique vulgarisé par la Septante, équivalent de « participer à la gloire » de Dieu. Si Jésus était seul à s'honorer en revendiquant une origine supra-humaine, cet honneur ne vaudrait rien et ses contradicteurs auraient raison de ne pas le croire « sur parole ». Mais en réalité, c'est son Père qui l'honore, et d'une façon qui transcende tout honneur humain : il le « glorifie », c'est-à-dire il le fait participer à sa gloire divine, cette gloire qui s'est manifestée déjà lors des noces de Cana (Jn 2 11) et donc à chaque miracle accompli par Jésus. Ces miracles sont la preuve que Jésus n'est pas venu de lui-même, qu'il ne s'est pas arrogé une mission imaginaire, mais qu'il a bien été envoyé par Dieu (8 42b ; cf. 3 1-2).

Au passage, Jésus décoche une flèche contre ses opposants : « ... et vous ne l'avez pas connu ; mais moi je le connais ( ) et je garde sa parole » (8 54b-55). Dans la langue de la Bible, « connaître » n'a pas une signification purement intellectuelle ; la « connaissance » implique une « expérience » (Is 53 3 ; 59 8 ; Jg 3 1). Ainsi, « connaître Dieu », ce n'est pas tant « savoir » qui il est que vivre en union profonde avec lui. En conséquence, la « connaissance » de Dieu implique toujours une vie conforme à ses commandements (Jr 31 33-34) ; Jésus peut dire qu'il « connaît » Dieu puisqu'il « garde sa parole ». Les Juifs, eux, et depuis longtemps, ne « connaissent » pas Dieu puisqu'ils n'écoutent pas sa parole (Os 8 1-3 ; cf. 6 4-6 ; 4 1), et c'est la raison pour laquelle ils refusent de reconnaître celui qu'il a envoyé.

d) Après cette condamnation de l'attitude religieuse des Juifs, ceux-ci auraient pu arrêter Jésus ; mais « personne ne le prit parce que son heure n'était pas encore venue »

(8 20b). L'« heure » de Jésus est celle de sa glorification définitive, par sa mort et son exaltation auprès du Père (17 1) ; Dieu seul en est le maître et, dans les desseins de Dieu, elle n'est pas encore arrivée, ce qui explique l'échec de ceux qui voulaient s'emparer de lui.

2. Vous mourrez dans votre péché

La section constituée par 8 21-23ac.24a met en œuvre un procédé littéraire typiquement johannique (A 10). Jésus commence par dire aux Juifs : « Je m'en vais et vous me chercherez et vous mourrez dans votre péché. Où je vais, vous ne pouvez pas venir » (v. 21). Il fait allusion à sa mort prochaine (cf. 13 33), comme les Juifs vont le comprendre, en déformant d'ailleurs sa pensée (v. 22). Mais la parole qui fait difficulté est « Où je vais vous ne pouvez pas venir ». Jésus parlerait-il seulement de sa mort et donc, selon la croyance juive courante, de sa descente au shéol où les ombres des morts devaient attendre la résurrection ? En ce sens, les Juifs, qui n'envisagent pas de mourir bientôt, ne pourraient pas le suivre. C'est ce qu'ils disent aussitôt : « Est-ce qu'il se tuera lui-même qu'il dise : Où je m'en vais, vous ne pouvez pas venir ? » On notera en passant l'ironie johannique : les Juifs s'imaginent que Jésus va se tuer, et c'est eux qui vont le tuer !

Jésus dévoile alors le véritable sens de la parole qu'il vient de prononcer : « Vous êtes de ce monde, je ne suis pas de ce monde » (v. 23c). Au temps du Christ, les Juifs attendaient une ère nouvelle dans laquelle le peuple juif, délivré de la domination étrangère, retrouverait sa véritable identité faite à la fois de fidélité à Dieu et, comme conséquence, de bonheur sans mélange sur la terre devenue merveilleusement féconde. Ils distinguaient ainsi « ce monde-ci », dominé par les puissances du mal, et « le monde à venir », où régneraient la paix, la justice, la prospérité sous l'égide d'un roi-messie héritier des promesses faites jadis à David (2 S 7 12-16 ; cf. Ac 1 6). Jésus, lui, parle encore de « ce monde-ci » (8 23c), mais il ne mentionne plus le « monde à venir » de la tradition juive. Pour Jean II-A, en effet, ce monde-ci est le monde « d'en-bas » auquel s'oppose le monde « d'en-haut », comme le précisera Jean II-B en 8 23b. Selon cette façon de parler, les deux mondes que concevait le judaïsme ne doivent plus se succéder temporellement ; ils existent en même temps. Pour les distinguer, on peut les désigner par des termes à résonance spatiale : le bas et le haut, la terre et le ciel (3 31) ; on peut aussi et plus justement les caractériser de façon qualitative : le monde soumis aux puissances du mal (Jn 12 31 ; 14 30 ; 16 11 ; 1 Jn 5 19) et le monde qui est « de Dieu » (8 47 ; 1 Jn 4 6 ; 5 19), qui est en Dieu (13 1 ; 17 5.24). Aux spéculations de l'apocalyptique juive a succédé une façon de concevoir le destin final de l'homme plus ou moins influencée par les idées platoniciennes connues dans le monde juif dès les troisième et deuxième siècles avant l'ère chrétienne : dès qu'il quitte « ce monde », l'homme n'a plus à descendre au shéol, comme une ombre privée de toute vie consciente, mais il va aussitôt habiter auprès du Père (Jn 14 2 ; cf. Sg 4 10, qui reprend Gn 5 24 ; 2 Co 5 6-10).

Pourquoi les Juifs ne pourront-ils pas suivre Jésus là où

il s'en va ? Précisément parce qu'ils sont « de ce monde » tandis que Jésus n'est pas de ce monde (**8** 23c). Dans la théologie johannique, l'expression « être de » désigne, non seulement l'origine, mais encore l'appartenance à un milieu déterminé. Puisqu'il n'appartient pas à ce monde, Jésus peut le quitter de façon définitive et retourner auprès du Père qui l'a envoyé. Parce qu'ils appartiennent à « ce monde », au contraire, les Juifs en sont prisonniers, ils ne peuvent le quitter, ils sont donc voués à la mort qui est le lot de « ce monde ». C'est pourquoi Jésus leur a dit : « Vous mourrez dans votre péché », ou comme il serait plus juste de traduire « . par votre péché. » Pour Jean II, le péché par excellence, c'est de refuser le Christ (**15** 22-24 ; cf. **9** 40-41 ; **16** 9). En refusant le Christ, les Juifs renoncent à être délivrés de « ce monde » voué à la mort, ils ne pourront donc jamais parvenir dans le monde de Dieu, dans la « maison du Père » (**14** 2).

B) LE RÉCIT DE JEAN II-B

7 25   Certains des Hiérosolymitains disaient : « N'est-ce pas celui qu'ils cherchent à tuer ?

26   Et voici qu'il parle ouvertement et ils ne lui disent rien ! Les chefs auraient-ils vraiment reconnu que celui-ci est le Christ ?

27   Mais celui-ci, nous savons d'où il est ; tandis que le Christ, lorsqu'il viendra, nul ne sait d'où il est. »

28a   Jésus s'écria, enseignant dans le Temple et disant : « Et vous me connaissez et vous savez d'où je suis ?

24a   Ne jugez pas selon l'apparence.

28b   ( ) Je ne suis pas venu de moi-même, mais celui qui m'a envoyé est vrai, que vous ne connaissez pas ;

29   moi je le connais parce que je suis d'auprès de lui et Celui-là m'a envoyé. »

30   Ils cherchaient donc à le prendre, mais personne ne mit sur lui la main parce que son heure n'était pas encore venue.

33   Jésus dit donc : « Encore un peu de temps, je suis avec vous, et je m'en vais vers celui qui m'a envoyé.

34   Vous me chercherez et vous ne me trouverez pas ; et où je suis vous ne pouvez pas venir.

35   Les Juifs donc se dirent entre eux : « Où celui-ci doit-il partir, que nous ne le trouverons pas ? Va-t-il partir vers la Dispersion des Grecs et enseigner les Grecs ?

36   Quelle est cette parole qu'il a dite : Vous me chercherez et vous ne me trouverez pas, et où je suis vous ne pouvez pas venir ? »

8 23a   Et il leur disait :

23b   « Vous êtes d'en bas, je suis d'en haut ;

24b   si vous ne croyez pas que je suis, vous mourrez dans vos péchés.

28   ( ) Quand vous aurez élevé le Fils de l'homme, alors vous connaîtrez que je suis, et que de moi-même je ne fais rien mais, comme m'a enseigné le Père, de cela je parle.

29   Et celui qui m'a envoyé est avec moi ; il ne m'a pas laissé seul parce que je fais toujours ce qui lui plaît. »

    . . . .

30   Alors qu'il disait cela, beaucoup crurent en lui.

Ce récit de Jean II-B est une réinterprétation de celui de Jean II-A.

1. JÉSUS NE PEUT ÊTRE LE CHRIST (**7** 25-27)

a) Jean II-B a dit que Jésus n'avait pas pouvoir de circuler en Judée parce que les Juifs cherchaient à le tuer (**7** 1b). Voilà pourtant qu'il monte à Jérusalem, mais en secret (**7** 10) ; le lecteur pense que, s'il continue à rester caché, les Juifs ne l'inquiéteront pas. Mais il se met à parler publiquement dans le Temple, vers le milieu de la fête (**7** 14-18). Qu'est devenue la volonté des Juifs de le tuer ? Jean II-B est conscient de la difficulté qu'offre son texte puisqu'il fait dire à certains des habitants de Jérusalem : « N'est-ce pas celui qu'ils cherchent à tuer ? Et voici qu'il parle ouvertement et ils ne lui disent rien ! Les chefs auraient-ils vraiment reconnu que celui-ci est le Christ ? » (**7** 25b-26).

Une objection toutefois se présente à eux, qu'ils croient décisive : « Mais celui-ci, nous savons d'où il est ; tandis que le Christ, quand il viendra, nul ne sait d'où il est » (**7** 27). Avant de préciser ce que signifie cette objection, il faut déterminer le sens de la formule « d'où il est ». Dans la Bible, demander à quelqu'un d'où il est revient à lui demander son identité. Après l'apparition d'un ange, la mère de Samson dit à son mari : « Je ne lui ai pas demandé d'où il est et il ne m'a pas dit son nom » (Jg **13** 6). En 1 S **25** 10-11, à la question « Qui est David ? » correspond la réflexion « Je ne sais pas d'où ils sont » (cf. 2 S **1** 13). Jésus lui-même va répondre aux Juifs en employant deux phrases de même sens : « Vous me connaissez et vous savez d'où je suis ? » (**7** 28a). Ainsi, dire « Nous savons *d'où* il est » revient à affirmer « Nous savons *qui* il est ».

b) Quel est alors le sens de l'objection que font les Hiérosolymitains ? Pourquoi ne veulent-ils pas reconnaître en Jésus le Messie puisqu'ils savent qui il est ?

Ce refus s'explique en fonction de croyances populaires assez répandues à l'époque du Christ, qui s'exprimaient d'ailleurs selon des modalités diverses. Par exemple, l'homme qui devait être le Messie resterait caché et ne se distinguerait en rien des autres hommes jusqu'au jour où il serait « manifesté » à Israël. C'est ce que dit clairement Tryphon, le Juif avec qui Justin dialogue : « Mais le Christ, à supposer qu'il soit né et qu'il existe quelque part, c'est un inconnu, il ne se connaît pas lui-même ; il n'a aucune puissance tant qu'Élie ne sera pas venu l'oindre et le manifester à tous » (Dial. 8 4) ; ou encore : « S'il en est qui disent que (le Messie) est venu, on ne sait qui il est ; c'est seulement lorsqu'il se manifestera dans la gloire qu'alors on saura qui il est » (110 1). Le Baptiste se réfère à cette croyance populaire lorsqu'il donne son témoignage sur Jésus, en **1** 26.31 (cf. note §§ 19-25, III A 2 *d*).

Mais le thème du Messie caché et manifesté s'était développé sous une forme différente dans les milieux apocalyptiques, en référence au texte de Dn **7** 13-14. Le Messie devait avoir une origine mystérieuse et apparaître brusquement sur la terre, au « jour » de sa manifestation. Déjà, en Dn **7** 13, ce Messie, appelé « Fils d'homme », apparaît brusquement au moment où il va jusqu'au trône de l'Ancien des Jours pour y recevoir l'investiture royale ; on ne saurait dire d'où il vient. Précisons toutefois que, contrairement à ce que l'on a parfois affirmé, le texte de Daniel ne suppose pas une origine divine, ni même céleste, au Fils d'homme (cf. note §§ 19-25, III C 6 *c*). Pour l'auteur du quatrième livre d'Esdras (premier siècle de notre ère), qui dépend certainement de Dn **7**, le Messie surgit de la mer (13 **2-3** ; cf. Dn **7** 3), puis il sera manifesté à tous et se tiendra au sommet du mont Sion (13 **32.35**) ; le fait qu'il surgisse de la mer signifie qu'il doit demeurer invisible aux yeux de tous jusqu'au jour de sa manifestation (13 **52**). Dans le livre des Paraboles d'Hénoch (premier ou deuxième siècle), le Fils de l'homme demeure caché en Dieu, avant la création du monde (48 **6**) jusqu'au jour où il sera manifesté (62 **7**) et viendra exercer le jugement sur la terre (69 **27-29**). Selon certains auteurs, toutefois, cette partie du livre d'Hénoch pourrait être d'origine chrétienne, et non juive. Quoi qu'il en soit, c'est dans cette perspective que doit se comprendre, en Jn **7** 27, le thème du Christ caché et manifesté. Puisque, du moins on le croit, les antécédents humains de Jésus sont parfaitement connus, il ne peut être le Messie.

2. L'origine mystérieuse de Jésus (7 28a.24a.28b-29)

a) Le début de la réponse de Jésus (v. 28a) doit se comprendre comme une interrogation ironique : « Et vous me connaissez et vous savez d'où je suis ? » Les gens de Jérusalem *s'imaginent* connaître les origines de Jésus, mais ils se trompent ! Celui-ci précise sa pensée au v. 24a, qu'il faut replacer ici d'après le parallèle de **8** 14c-15a (cf. *supra*) : « Ne jugez pas selon l'apparence. » Les interlocuteurs de Jésus se trompent parce qu'ils sont incapables de voir au-delà des apparences *humaines* (cf. 1 S **16** 7). Pour eux, Jésus n'est-il pas originaire de Nazareth (**1** 46 ; **7** 41b.52) ? Ne connaît-on pas son père et sa mère (**6** 42) ? Telle n'est pourtant pas la réalité la plus profonde, une réalité mystérieuse que Jésus va dévoiler tout au long de ce dialogue, par allusions de plus en plus précises qui ne prendront leur pleine signification qu'en **8** 28-29.

b) La première allusion est donnée dès le v. 28b : « Je ne suis pas venu de moi-même, mais celui qui m'a envoyé est vrai... » L'expression « pas... de moi-même », liée au thème de la « mission », évoque la parole de Moïse rapportée en Nb **16** 28 : « A ceci vous saurez que c'est Yahvé qui *m'a envoyé* pour accomplir toutes ces œuvres (et) que (je n'agis) *pas de moi-même* » (cf. **8** 28-29, *infra*). Jésus insinue déjà qu'il est le Prophète semblable à Moïse annoncé par Dt **18** 18. Et puisque celui qui l'a envoyé est « vrai », il faut croire en la mission de Jésus. Mais les interlocuteurs de Jésus ne croient pas parce qu'ils ne « connaissent » pas Dieu. Sur le sens de ce verbe, voir les explications données plus haut à propos de Jn **8** 55, du texte de Jean II-A.

c) Jésus, lui, connaît celui qui l'a envoyé, et il en donne la raison : « parce que je suis d'auprès de lui » (v. 29). L'expression pourrait être prise en un sens faible, comme en **9** 16.33, et ne signifier que le fait, pour Jésus, d'avoir été envoyé par Dieu (cf. **1** 7) ; on aurait alors deux propositions successives de même sens « je suis d'auprès de lui et lui m'a envoyé »,

comme en **7** 28a. Mais elle a *aussi* un sens plus profond, comme en **6** 46 : Jésus est venu d'auprès de Dieu, c'est en Dieu que se trouve sa véritable origine. Jésus ferait ici une allusion, encore voilée, à sa préexistence auprès de Dieu, antérieure à sa venue dans le monde. En quel sens comprendre cette préexistence ? Jésus ne le dit pas ici ; il le précisera plus loin.

Sur la tentative d'arrêter Jésus qui suit ces déclarations, voir les explications données à propos de **8** 20b, dans le texte de Jean II-A.

3. « Vous mourrez dans vos péchés » (7 33-36 ; 8 23ab.24b)

Cette section est proche de celle que nous avons étudiée en **8** 21-23c, à propos du texte de Jean II-A, mais les thèmes y sont plus développés ; nous verrons plus loin la raison fondamentale de ce fait. Comme dans le texte de Jean II-A, nous trouvons ici le procédé littéraire de l'incompréhension des interlocuteurs de Jésus (A 10) : celui-ci prononce une parole qui peut se comprendre en deux sens différents (**7** 33-34) ; les Juifs comprennent dans le mauvais sens (**7** 35-36), ce qui donne à Jésus l'occasion de préciser sa pensée (**8** 23ab. 24b).

a) Après avoir annoncé son départ prochain (v. 33 ; cf. **12** 35 ; **13** 33), Jésus donne un double avertissement plein de menace à ceux qui refusent de croire en sa mission (v. 34). La première phrase : « Vous me chercherez et vous ne me trouverez pas », a une résonance biblique. Après avoir annoncé des jours de ténèbres et de deuil pour le peuple de Dieu infidèle, le prophète Amos ajoute : « Voici venir des jours, oracle de Yahvé, où j'enverrai la faim dans le pays ; non pas une faim de pain ni une soif d'eau, mais d'entendre la parole de Yahvé. D'une mer à l'autre on ira titubant, on errera du nord au levant pour *chercher* la parole de Yahvé *et on ne la trouvera pas* » (Am **8** 11-12 ; cf. Jn **1** 1.14). Faute de pouvoir se nourrir de la parole de Dieu, le peuple élu tombera pour ne plus se relever (Am **8** 14). De même, après avoir annoncé le châtiment d'Israël infidèle à son Dieu, Osée s'écrie : « Avec leurs brebis et leurs bœufs, ils s'en vont *chercher Yahvé mais ils ne le trouvent pas*, il s'est retiré d'eux ! Ils ont trahi Yahvé... eh bien ! le destructeur va les dévorer eux et leurs champs » (Os **5** 6-7). Le même thème se retrouve à propos de la Sagesse ; elle invite les hommes à recevoir son enseignement (Pr **1** 20-23), mais ceux-ci restent sourds à son appel (**1** 24-26) et, en châtiment, la Sagesse va se retirer : « Ils m'invoqueront, mais je ne répondrai pas ; *ils me chercheront, mais ne me trouveront pas* » (**1** 28). N'ayant pas trouvé la Sagesse, ils seront voués à la mort (**1** 32). Il y a un temps pour chercher Dieu ; après, ce sera trop tard : « Cherchez Yahvé pendant qu'il se laisse trouver, invoquez-le pendant qu'il est proche » (Is **55** 6 ; cf. Jn **12** 35-36).

Jésus profère une seconde menace contre ceux qui le rejettent : « Où je suis, vous ne pouvez pas venir. » On notera le caractère insolite de la formule « Où je suis » ; en un certain sens, Jésus se trouve déjà là où il s'en va. Par-delà les apparences humaines, il possède une personnalité mystérieuse qui échappe à la perception de ses interlocuteurs (cf. **7** 28a.24a) ; il est déjà en Dieu, avec Dieu, et c'est là que ceux qui le rejettent ne pourront pas venir.

b) Les Juifs ne comprennent pas ce que Jésus veut dire (**7** 35-36). Quelle est cette région où il demeurera inaccessible et introuvable ? Ils songent à la « Dispersion des Grecs », c'est-à-dire aux régions où les Juifs se trouvaient dispersés en milieu grec. Par « Grecs », les Juifs entendaient en fait tous les non-Juifs, qui avaient adopté la civilisation grecque. On sait que, à l'époque du Nouveau Testament, de nombreux Juifs avaient émigré en Égypte, spécialement à Alexandrie, et jusqu'à Rome. Mais, selon Jean II-B, les Juifs craignent que Jésus ne s'en aille pour aller évangéliser, non les Juifs de la Dispersion, mais les Grecs, les païens. C'est une première ébauche du thème qui sera développé en **12** 20-22 : les Juifs infidèles seront rejetés au profit des païens (cf. Ac **13** 44-46).

c) La réponse de Jésus éclaire les deux problèmes étroitement liés, et de sa véritable origine, et de l'impossibilité pour les Juifs de le suivre là où il est (**8** 23ab.24b).

ca) Jésus avait dit aux Juifs incrédules : « ... là où je suis, vous ne pouvez pas venir. » Il précise maintenant : « Vous êtes d'en bas, je suis d'en haut » (**8** 23b). Le texte grec est difficile à traduire en français. Si l'on se rappelle que, pour Jn, l'expression « être de » signifie « appartenir à », on pourrait gloser : « Vous appartenez aux réalités d'en bas, j'appartiens aux réalités d'en haut » (*ek tôn katô... ek tôn anô*). Les « réalités d'en bas », c'est « ce monde-ci » (cf. **8** 23c), qui gît tout entier au pouvoir du Mauvais (1 Jn **5** 19) et est donc voué à la mort. Les « réalités d'en haut », c'est le monde de Dieu, qui seul a reçu les promesses de la vie éternelle. L'expression « réalités d'en haut » (*ta anô*) ne se lit ailleurs dans le NT qu'en Col **3** 1-2, et ce texte explique la pensée de Jn : « Du moment donc que vous êtes ressuscités avec le Christ, recherchez *les réalités d'en haut, là où est le Christ*, assis à la droite de Dieu. Songez aux réalités d'en haut, non aux réalités de la terre. Car vous êtes morts et votre vie est désormais cachée avec le Christ en Dieu : quand le Christ sera manifesté... alors vous aussi vous serez manifestés avec lui pleins de gloire » (Col **3** 1-4). Il y a impossibilité de passer du monde d'en bas au monde d'en haut, sinon dans et par le Christ Jésus ; ceux qui refusent le Christ resteront donc « en bas » ; ils ne pourront aller « en haut », là où est Jésus.

cb) Jésus ajoute une note d'espérance : « Si vous ne croyez pas que je suis, vous mourrez dans vos péchés » (**8** 24b). La conditionnelle indique qu'il y a un moyen d'échapper à la mort inhérente au monde d'en bas : la foi. Mais que signifie cette phrase assez mystérieuse : « Si vous ne croyez pas *que je suis...* » ? Cet emploi absolu de la formule « je suis » (*egô eimi*) se lira encore en **8** 28, **13** 19 et aussi **8** 58. Elle se lisait déjà dans la Septante et c'est à la Septante que Jean II-B la reprend. Dieu lui-même proclame en Dt **32** 39 : « Voyez, voyez *que je suis* (*hoti egô eimi*), et il n'y a pas d'autre Dieu que moi. » Mais c'est probablement au texte d'Is **43** 10 que Jn renvoie. En **8** 24b, Jn écrit : « si vous ne croyez pas que je suis » ; il écrira en **8** 28 (qui suivait **8** 24b au niveau de Jean II-B) :

« alors vous connaîtrez que je suis. » L'emploi successif des verbes « croire » et « connaître » devant la formule « que je suis » renvoie à Is **43** 10, lu d'après la Septante : « ... afin que *vous connaissiez* et que *vous croyiez* et que vous compreniez *que je suis*. » Ce texte est à rapprocher de Is **52** 6 : « C'est pourquoi mon peuple *connaîtra mon Nom* en ce jour-là, que *je suis* celui qui dit : Me voici. » La traduction grecque de la Septante, puis la tradition rabbinique, ont vu dans ces « je suis » des textes d'Isaïe un équivalent du Nom divin révélé à Moïse lors de l'Exode : « Je suis celui qui suis... Voici en quels termes tu t'adresseras aux enfants d'Israël : JE SUIS m'a envoyé vers vous » (Ex **3** 14). Lorsque Dieu révèle son Nom, il dit « JE SUIS » ; mais lorsque les Hébreux parlent de lui, ils disent « IL EST », en hébreu : Yahvé. En Jn **8** 24b.28, Jésus voudrait donc insinuer, en utilisant les textes d'Isaïe, qu'il peut se prévaloir du Nom divin par excellence : « Je suis ». Par-delà les apparences humaines, la personne de Jésus transcende toutes les catégories terrestres. Non seulement il appartient au monde d'en haut (**8** 23b), d'où il est descendu sur la terre, mais Dieu lui a donné « le Nom qui est au-dessus de tout nom » (Ph **2** 9). C'est ce que doivent croire les Juifs s'ils veulent suivre Jésus jusqu'au monde d'en haut, et donc échapper à la mort.

cc) S'ils ne veulent pas croire, ils mourront dans leurs péchés. Jean II-A avait dit : « Vous mourrez dans votre péché » (**8** 21.24a) ; Jean II-B emploie ici le pluriel, probablement sous l'influence des textes d'Isaïe dont nous venons de parler. Is **43** 10, d'où provient la formule « je suis », est suivi de textes qui parlent du salut que Dieu accorde à son peuple : « Je (suis) Dieu, et hormis moi il n'y a pas de sauveur ; j'ai annoncé et j'ai sauvé... » (**43** 11-12). Mais c'est surtout Is **43** 25 que semble reprendre Jean II-B : « Je suis, je suis (celui) *qui efface tes péchés* et je ne m'en souviendrai plus. » Si les Juifs refusent de croire, leurs péchés ne seront pas effacés et ils mourront en eux, ou mieux, à cause d'eux.

4. LA VÉRITABLE IDENTITÉ DE JÉSUS (**8** 28-29)

a) On a vu plus haut que la parole de Jésus « Vous me chercherez et vous ne me trouverez pas » (**7** 34), reprise de l'AT, impliquait une menace de destruction ; menace plus précise encore en **8** 24b : « Si vous ne croyez pas que je suis, vous mourrez dans vos péchés. » C'est en ce sens qu'il faut interpréter **8** 28a : « Quand vous aurez élevé le Fils de l'homme, *alors vous connaîtrez* que je suis. » A trois reprises Jésus dit que lui-même (**12** 32) ou le Fils de l'homme sera « élevé » (**3** 14 ; **8** 28) ; mais ici seulement il précise que les Juifs seront responsables de cette « élévation » sur la croix, ce qui correspond au récit johannique de la passion selon lequel les Juifs eux-mêmes emmenèrent Jésus de chez Pilate pour le crucifier (cf. note § 351). Cette insistance, ici, sur la responsabilité des chefs religieux d'Israël dans la mort de Jésus est intentionnelle. La formule « alors vous connaîtrez que je suis » rappelle en effet, non seulement Is **43** 10 (cf. *supra*), mais encore les nombreux textes d'Ézéchiel dans lesquels Dieu annonce la destruction d'Israël en raison de ses nombreux péchés (**6** 11) et scande ses menaces de cette phrase : « ... et vous connaîtrez que je suis Yahvé » (Ez **6** 7.13 ; **7** 4.9 ; cf. **6** 10.14 ; **7** 27). De même, c'est lors de la destruction de Jérusalem par les Romains que les Juifs reconnaîtront, à ce châtiment, qui était Jésus. « Après qu'ils auront élevé le Christ sur la Croix, ce qui sera pour lui une élévation glorieuse et le signal de son retour en haut (**3** 14), (les Juifs) comprendront qu'il est celui qui est... Il faudra bien qu'ils le comprennent lorsqu'ils se verront anéantis comme peuple, dispersés parmi les gentils empressés à croire en Jésus » (Lagrange, citant Cyrille d'Alexandrie).

b) Mais en définitive, qui est Jésus ? La question s'est posée tout au long du récit, jusqu'à la révélation fulgurante faite au v. 24b. En finale, Jean II-B donne une synthèse de sa christologie, d'une densité extraordinaire.

Jésus est le Fils de l'homme (v. 28a) qui, descendu du ciel, va y remonter lors de son « élévation » sur la croix (cf. le commentaire de **1** 51 à la note §§ 19-25). Il est celui qui peut s'approprier le Nom divin par excellence : « Je suis » (**8** 28a). Il est enfin le nouveau Moïse annoncé par Dt **18** 18. Ce thème est exprimé de façon plus subtile aux vv. 28b-29, tissés de réminiscences bibliques qui se réfèrent à la vocation de Moïse et à sa mission par Dieu ; nous les citerons d'après la Septante. Au v. 28b, la phrase « alors vous connaîtrez que... de moi-même je ne fais rien » reprend Nb **16** 28 : « A ceci *vous connaîtrez* que le Seigneur *m'a envoyé faire* toutes ces œuvres, (et) que (je ne les fais) *pas de moi-même* » (noter que le thème de la mission de Jésus par Dieu se lira au début du v. 29). La suite du texte johannique « comme m'a enseigné le Père, (de) cela je parle » dépend de Ex **4** 12 : « Et maintenant va, je t'ouvrirai la bouche et *je t'enseignerai ce que tu parleras* » (cf. Dt **18** 18). Le début du v. 29 « Et celui qui m'a envoyé est avec moi » reprend Ex **3** 12 : « *Je serai avec toi*, et cela sera pour toi le signe que *je t'ai envoyé...* » Les derniers mots du v. 29 « parce que je fais toujours ce qui lui plaît » ont aussi une résonance biblique, mieux marquée dans le parallèle de 1 Jn **3** 22 : « ... parce que nous gardons ses commandements et faisons ce qui plaît devant lui » (*ta aresta* au pluriel, jamais ailleurs dans le NT) ; il ne s'agit plus directement de Moïse, mais du peuple de Dieu auquel Moïse dit : « Si tu écoutes la voix du Seigneur ton Dieu et fais ce qui plaît devant lui, et gardes ses commandements... » (Ex **15** 26 ; cf. Dt **6** 17-18 ; **13** 19 ; Is **38** 3). Faire ce qui plaît à Dieu, c'est garder ses commandements ; telle était la condition pour que Dieu protégeât son peuple et qu'il vécût. Jésus est donc le Prophète semblable à Moïse qu'annonçait Dt **18** 18. Jésus avait commencé son « apologie » en faisant une allusion discrète à ce thème (**7** 28b) ; il la termine en prononçant des paroles qui ne laissent aucun doute sur la façon dont il comprend sa mission et sa venue dans le monde.

De ces trois titres de Jésus : Fils de l'homme, « Je suis », le Prophète semblable à Moïse, c'est celui du milieu qui est le plus fondamental. Dans le récit de Jean II-B, il a été préparé par une série d'expressions qui toutes se terminent par le verbe « (je) suis », avec ou sans le pronom : « d'où (je) suis » (**7** 28), « d'auprès de lui (je) suis » (**7** 29), « là où je suis » (**7** 34), « là où je suis » (**7** 36), « d'en haut je suis » (**8** 23b),

« si vous ne croyez pas que je suis » (**8** 24), « alors vous connaîtrez que je suis » (**8** 28). Avec ce sens transcendant, elles sont au nombre de sept, le chiffre qui symbolise la totalité, la perfection (Introd., 7 m). La personnalité de Jésus se définit parfaitement en référence à ce Nom divin évoqué par l'expression « je suis ». Le péché des Juifs, c'est de refuser à Jésus tout droit à ce Nom. S'ils admettaient la divinité de Jésus, ils n'auraient plus aucune difficulté à le reconnaître pour le nouveau Moïse ; s'ils ont cru à Moïse qui parlait au nom de Dieu, combien plus devraient-ils croire à la Parole de Dieu venue elle-même enseigner aux hommes comment ils doivent agir pour plaire à Dieu et être sauvés !

5. LES JUIFS INCRÉDULES, TYPES DES ANTI-DISCIPLES

a) Le récit de Jean II-B, surtout si on le prend dans sa totalité, à partir de Jn **7** 1, offre des affinités évidentes avec celui du témoignage du Baptiste sur Jésus qui s'épanouit dans le récit de la vocation des premiers disciples (Jn **1** 19-51). Les frères de Jésus, qui ne croient pas en lui (**7** 5), lui suggèrent de monter en Judée afin de s'y *manifester* au monde (**7** 3-4) ; Jésus refuse parce que le temps de cette « manifestation » n'est pas pour maintenant (**7** 6.9) mais pour le jour où il « montera » à la fête, et donc où il « montera » vers son Père (**7** 8 ; voir le commentaire). Les modalités de cette « manifestation » sont données en **8** 28a : « Quand vous aurez élevé le Fils de l'homme, *alors vous connaîtrez* que je suis. » Le début et la fin du récit de Jean II-B sont donc dominés par ce thème de la « manifestation » de Jésus. De même, Jean-Baptiste affirme que s'il est venu baptiser, c'est pour que Jésus *fût manifesté* à Israël (**1** 31) ; cette « manifestation » de Jésus est évoquée en **1** 51, donc en finale du récit, par le thème des anges qui montent au-dessus du Fils de l'homme, manifestant ainsi sa divinité (cf. **8** 28a). Ce thème de la « manifestation » du Christ était exprimé en **1** 26.31 par allusion à la croyance juive que le Messie devait rester un inconnu jusqu'au jour de sa manifestation ; cette même croyance est reprise en **7** 27, dans une perspective légèrement différente.

Jean-Baptiste fait allusion à la préexistence transcendante de Jésus lorsqu'il affirme : « ... avant moi, il était » (**1** 30) ; Jésus fait allusion à sa divinité lorsqu'il dit : « ... alors vous connaîtrez que je suis. » André affirme à son frère : « Nous avons trouvé le Messie », c'est-à-dire le Christ (**1** 41) ; les gens de Jérusalem, à l'inverse, doutent que Jésus puisse être le Christ (**7** 27). Philippe fait allusion à Jésus nouveau Moïse lorsqu'il dit à Nathanaël : « Celui dont Moïse a écrit dans la Loi (), nous l'avons trouvé... » (**1** 45) ; Jésus se présente implicitement comme le nouveau Moïse en **7** 28b et surtout **8** 28b-29.

b) Pourquoi ce rapprochement avec Jn **1** 19-51 ? Pour enchasser un rapprochement encore plus frappant grâce auquel les Juifs qui ne veulent pas croire sont opposés aux disciples de Jésus. On a vu à la note §§ 19-25 que le schématisme du récit de la vocation des premiers disciples mettait en lumière la condition et le destin du vrai disciple de Jésus : il *cherche* Jésus (**1** 38a) et *trouve* le Christ (**1** 41), le Prophète dont Moïse a écrit dans la Loi (**1** 45) ; il *suit* Jésus (**1** 37) et peut donc arriver *là où il est*, pour *demeurer* avec lui (**1** 38b-39). Pour les Juifs qui refusent de croire en Jésus, ce sera l'inverse ! « Vous me chercherez et vous ne me trouverez pas ; et où je suis vous ne pouvez pas venir » (**7** 34). Seuls, les disciples de Jésus auront accès dans la maison du Père lorsque Jésus, le nouveau Moïse, reviendra les chercher afin de les y conduire (**14** 2-3). En refusant de croire en Jésus, et donc de devenir ses disciples, les Juifs deviennent les types des anti-disciples.

C) LE RÉCIT DE JEAN III

« Pour que rien ne se perde », Jean III a fusionné les textes de Jean II-A et de Jean II-B sans leur apporter de modifications substantielles. Dans le récit de Jean II-B, son texte de base, il a inséré les passages parallèles du récit de Jean II-A ; il n'avait toutefois pas à tenir compte des épisodes de l'entrée de Jésus à Jérusalem et de l'expulsion des vendeurs du Temple que Jean II-B avait transférés dans d'autres contextes. Pour compléter ce regroupement des textes de Jean II-A et de Jean II-B, il ajouta un certain nombre d'éléments repris du récit de la guérison du paralytique à la piscine de Béthesda ; sur les raisons de ce transfert, voir note § 148, III A 1.

Note § **261**. *LES JUIFS ET LA RACE D'ABRAHAM* (Jn **8** 31-59)

I. CRITIQUE TEXTUELLE

1. Au v. 34, il faut omettre l'expression « du péché », avec D, l'ancienne tradition syro-africaine (SyrSin et Cyprien), *b*, plusieurs manuscrits de la version copte Bohaïrique, plusieurs manuscrits de la version éthiopienne, Clément d'Alexandrie et divers Pères latins. Le texte primitif avait donc : « Quiconque fait le péché est un esclave (). » Un réviseur du texte johannique a trouvé ce texte trop elliptique et a ajouté « du péché », sous l'influence de Rm **6** 16 (cf. Rm **6** 12-14). Pour Jn, on le verra dans le commentaire, celui qui commet le péché est esclave du Diable (cf. 1 Jn **3** 8 et Jn **8** 44).

2. Au v. 38, la plupart des témoins, hormis ceux de la tradition Alexandrine, ont explicité le sens du texte grec en ajoutant deux fois un possessif : « auprès de *mon* Père » « auprès de *votre* père ». Ce possessif pouvait être sous-entendu en grec ; mais en français, son omission rend le texte incompréhensible, surtout dans le second cas. Nous expliciterons nous aussi le texte grec en ajoutant le possessif aux deux endroits.

3. Au v. 44, la plupart des témoins lisent « *lorsqu*'il dit le mensonge » (*hotan*), ce qui rend le texte incompréhensible. Nous adopterons la leçon « *celui qui* dit le mensonge » (*hos an*), avec l'ancienne version latine (*e c Aur* Lucifer Augustin). Ce choix sera plus amplement justifié dans le commentaire du texte.

II. CRITIQUE LITTÉRAIRE

L'unité littéraire de Jn **8** 31-59 est maintenue par les commentateurs les plus récents (Brown, Schnackenburg) ; avec raison cependant, elle avait été contestée par les « anciens » (Wendt, Wellhausen, Spitta, Bultmann). Bultmann en particulier a bien vu que les vv. 38-39 et 41-42 forment doublet (cf. déjà Wellhausen) et que les vv. 49-50 et 54-55 ont été insérés dans un texte qui retrouve son homogénéité une fois

qu'on les a enlevés. Mais il est possible de pousser plus avant les analyses de Bultmann, qu'il faut d'ailleurs corriger sur certains points. C'est ce que nous allons tenter de réaliser. La première partie du récit forme un texte homogène que nous attribuerons à Jean II-B (**8** 31-36.) La deuxième partie (**8** 37-47) contient deux textes fusionnés et glosés par Jean III : l'un de Jean II-A et l'autre de Jean II-B, celui de Jean II-B n'ayant fait que reprendre, dans une perspective un peu différente, celui de Jean II-A ; nous mettrons les textes en parallèle lorsque le moment sera venu de les étudier. Quant à la troisième partie du récit (**8** 48-59), elle fut composée par Jean II-B, mais Jean III y inséra plusieurs gloses. Analysons ces diverses parties les unes après les autres.

A) PREMIÈRE PARTIE DU RÉCIT

La première partie du récit est constituée par les vv. 31-36. Bultmann y distingue deux niveaux rédactionnels : les vv. 31-32.34-35, qui proviendraient de la source qu'il appelle *Offenbarungsreden*, et le reste, qui serait de l'évangéliste (lequel aurait légèrement retouché les vv. 34-35). Nous pensons au contraire que les vv. 31-36 forment un tout entièrement rédigé par Jean II-B. Voici quels sont nos arguments.

1. L'introduction du récit est constituée par le v. 31a : « Jésus donc disait aux Juifs qui avaient cru en lui » ; elle ne peut être que de Jean II-B. Elle fait du dialogue qui suit une polémique contre certains judéo-chrétiens (cf. *infra*), ce qui correspond aux tendances de Jean II-B (Introd., 7 c). Le style est à la fois johannique et de coloration lucanienne, ce qui convient bien à Jean II-B (Introd., 8 c) : « Disait donc Jésus » (B 25*), verbe « dire » construit avec *pros* et l'accusatif, construction fréquente en Lc/Ac (cf. LXX) et qui ne se retrouve, chez Jn, que dans des textes de Jean II-B (Introd., 8 c) ; « les Juifs » (C 7) ; verbe « croire » au participe parfait, caractéristique du langage des Actes (0/0/0/1/6/1 ; Ac **15** 5 ; **16** 34 ; **18** 27 ; **19** 18 ; **21** 20.25 ; cf. Tt **3** 8) ; il est construit avec le datif de la personne (F 29*).

2. Le dialogue proprement dit constitue une unité construite en forme de chiasme et dont tous les éléments sont fortement marqués du style de Jean II-B.

a) La structure en chiasme apparaît dans la disposition suivante :

31b A « *Si* vous demeurez dans ma parole,
　　　　vraiment vous êtes mes disciples
32 　　　et vous connaîtrez la vérité
　　　　et la vérité *vous délivrera.*
33 B 　　　Ils lui répondirent :
　　　　« Nous sommes *postérité* d'Abraham
　　C 　　　　et jamais nous n'avons été *esclaves* de personne.
　　D 　　　　　　Comment dis-tu : Vous deviendrez libres ? »
34 C' 　　　Jésus leur répondit :
　　　　« En vérité, en vérité, je vous le dis :
　　　　quiconque fait le péché est un *esclave.*
35 B' 　　Mais l'esclave ne demeure pas dans la maison pour toujours.
　　　　Le fils y demeure pour toujours.
36 A' 　*Si* donc le Fils *vous délivre,*
　　　　réellement vous serez libres. »

b) Le style et le vocabulaire de cet ensemble sont ceux de Jean II-B. Les vv. 31b-32 ont un rythme caractéristique que l'on retrouve en Jn **14** 15-16a et, légèrement amplifié, en **14** 23, textes que Bultmann attribue à l'évangéliste (et nous à Jean II-B), non aux *Offenbarungsreden :*

« Si vous m'aimez,
vous garderez mes commandements
et moi je prierai le Père
et il vous donnera un autre Paraclet... »

« Si quelqu'un m'aime,
il gardera ma parole
et mon Père l'aimera
et nous viendrons à lui
et nous ferons chez lui notre demeure. »

On notera par ailleurs les caractéristiques stylistiques suivantes. Au v. 31b : « demeurer dans la parole » (B 15** ; cf. 2 Jn 9), « ma parole » (A 1* et A 21), « vraiment » (C 69), « vous êtes mes disciples » (C 39*) ; ajoutons que lorsqu'il s'agit de discours adressés aux disciples, Jésus n'emploie l'expression « mes disciples » que dans deux autres textes, de Jean II-B : **13** 35 et **15** 8. Au v. 32 : « vérité », à deux reprises (E 3*) ; « connaître la vérité » (A 138** ; cf. Jn **14** 17). Au v. 33 : « Ils lui répondirent » (B 74) ; le verbe « répondre » est ici construit avec *pros* et l'accusatif, construction qui ne se trouve ailleurs qu'en Lc/Ac (0/0/3/1/3/0) ; « ne... jamais » (B 44*), « comment dis-tu » (A 96*). Au v. 34 : « répondit » (B 74), « en vérité, en vérité » (A 2*), « quiconque fait » (B 46**), « le péché » (E 6) ; la formule complète « quiconque fait le péché » se lit aussi en 1 Jn **3** 4, jamais ailleurs dans le NT. Quant à la structure de phrase « Quiconque fait le péché est un esclave », elle a son équivalent en 1 Jn **3** 15 : « Quiconque hait son frère est un tueur d'homme. » Au v. 35 : « demeurer pour toujours », à deux reprises (B 65* ; cf. E 13*). Au v. 36 : « le fils » (B 77**).

Ce passage, il est vrai, contient de nombreuses expressions qui ne sont pas johanniques ; ce vocabulaire insolite provient, on le verra dans le commentaire du texte, d'une influence sur Jn de l'épître aux Galates ; une telle influence de la pensée paulinienne se situe parfaitement au niveau de Jean II-B (Introd., 4 z).

B) DEUXIÈME PARTIE DU RÉCIT

La deuxième partie du récit (8 37-47) est presque entièrement constituée de doublets ; elle résulte de la fusion, effectuée par Jean III, de deux textes que nous attribuerons, l'un à Jean II-A et l'autre à Jean II-B. Nous allons d'abord disposer ces deux textes en parallèle, plaçant en retrait les gloses de Jean III ; nous donnerons ensuite la justification de cette disposition.

Jn 8
II-A ｜III

43 « Pourquoi ne reconnaissez-vous pas mon parler ?
Parce que vous ne pouvez pas écouter ma parole.

40 Mais en réalité vous cherchez à me tuer,

un homme, (moi), qui vous ai dit la vérité,
que j'ai entendue d'auprès de Dieu.
｜Ceci, Abraham ne l'a pas fait.
41 Vous faites, vous,
les œuvres de votre père. »
Ils lui dirent :
« Nous ne sommes pas nés de prostitution,
nous avons un seul père : Dieu. »
42 Jésus leur dit :
« Si Dieu était votre père,
vous m'aimeriez,
car je suis sorti de Dieu et je suis venu,

Jn 8
II-B ｜III

37 « Je sais que vous êtes postérité d'Abraham
mais vous cherchez à me tuer
parce que ma parole n'a pas place en vous.
38 Je dis
ce que j'ai vu auprès de mon Père

et vous donc, vous faites
ce que vous avez entendu auprès de votre père ».
39 Ils répondirent et lui dirent :

« Notre père est Abraham. »
Jésus leur dit :
« Si vous étiez enfants d'Abraham,
vous feriez les œuvres d'Abraham.

|car je ne suis pas venu de moi-même, | mais celui-là m'a envoyé.	

44   Vous êtes du père, le Diable,
      et vous voulez faire les désirs de votre père.
      Celui-là était tueur d'homme dès le commencement
 	
      et il ne s'est pas tenu dans la vérité.
	44 Vous êtes du père, le Diable,
	      et vous voulez faire les désirs de votre père.
	      Celui-là était tueur d'homme dès le commencement
	          | parce que
	      (et) la vérité n'est pas en lui.
	      Celui qui dit le mensonge parle de son propre fonds,
	      parce que même son père est menteur.

46b   Si je dis la vérité,
       pourquoi ne me croyez-vous pas ?
47 | Celui qui est de Dieu écoute les paroles de Dieu ;
        | pour cette raison vous n'écoutez pas,
      parce que vous n'êtes pas de Dieu. »
	45 Mais moi, parce que je dis la vérité,
	      vous ne me croyez pas.

	46a Qui de vous me convaincra de péché ? »

---

1. Wellhausen, suivi par Bultmann, a raison de tenir pour des doublets les vv. 38-39 d'une part, 41-42 d'autre part. Aux vv. 38-39, Jésus conteste la prétention des Juifs d'avoir Abraham pour père ; aux vv. 41-42, il conteste leur prétention d'avoir Dieu pour père. Ces deux groupes de versets ont d'ailleurs une structure analogue. Mais que faire du v. 40 ? Wellhausen et Bultmann le rattachent aux vv. 38-39, ce qui semble à première vue logique puisque la fin du verset parle encore d'Abraham, comme les vv. 38-39. Mais n'est-il pas clair que ce v. 40 est un doublet des vv. 37-38a ? Au v. 40 comme au v. 37 Jésus reproche aux Juifs, dans les mêmes termes : « Vous cherchez à me tuer ». Par ailleurs, la deuxième partie du v. 40 « (moi) qui vous ai dit la vérité, que j'ai entendue d'auprès de Dieu », ressemble à la première partie du v. 38 « Je dis ce que j'ai vu auprès de mon Père ». On notera la différence entre « d'auprès *de Dieu* » (v. 40) et « auprès de *mon Père* » (v. 38) ; le changement d'expression indique que le v. 40 n'appartient pas au même niveau rédactionnel que le v. 38. Il semble donc préférable de considérer le v. 40 comme un doublet des vv. 37-38a et de le placer avant les vv. 41-42 (cf. Synopse, tome I, pp. 222-223) au lieu d'en faire la suite des vv. 38-39 (Wellhausen, Bultmann). Dans ce cas, les mots « ceci Abraham ne l'a pas fait », du v. 40, doivent être un ajout de Jean III destiné à établir un lien entre les deux sections parallèles qu'il juxtaposait.

Par ailleurs, les vv. 37-39 se situent dans la même ligne que les vv. 31-36, où les Juifs affirment qu'ils sont « postérité d'Abraham » ; nous devons donc les attribuer, comme ceux-ci, à Jean II-B. Les vv. 40-42 doivent être alors de Jean II-A. Jean II-B (vv. 37-39) a repris ce texte de Jean II-A (vv. 40-42), mais il a remplacé le thème de la paternité de Dieu par celui de la paternité d'Abraham, en accord avec les développements qu'il a donnés aux vv. 31-36 ; ce changement fut effectué sous l'influence de Paul (cf. *infra*).

2. La seconde partie du v. 42 est surchargée, avec la redondance : « car je suis sorti de Dieu et je suis venu/car je ne suis pas venu de moi-même mais celui-là m'a envoyé. » De fait, les mots « car je ne suis pas... m'a envoyé » ont dû appartenir à une parole de Jésus en provenance d'un autre contexte et dont on trouve la suite en 8 54-55 (cf. note §§ 257-260, II B 2 *c*).

3. Le v. 43 interrompt la suite normale des vv. 42-44 : les Juifs affirment qu'ils ont Dieu pour père (v. 41) ; Jésus rejette cette prétention (v. 42) et dénonce la véritable ascendance des Juifs : ils ont pour père le Diable (v. 44). Ce verset se lisait primitivement avant le v. 40, et faisait donc partie du discours de Jean II-A.

a) Nous avons dit à la note précédente que 8 25-26 formait l'introduction du discours de Jésus qui se poursuit en 8 40 ss. (cf. note §§ 257-260, II B 5 et *infra*). Mais le lien entre 8 26 et 8 40 est bien meilleur si l'on rétablit entre ces deux versets 8 43 : Jésus se désigne comme le porte-parole de Dieu (8 26) ; si les Juifs ne reconnaissent pas son parler, c'est qu'ils sont incapables d'écouter sa parole (8 43) et qu'en réalité ils n'ont à son égard que des desseins meurtriers (8 40).

b) Le texte parallèle de Jean II-B vient confirmer en partie cette séquence du texte de Jean II-A. Compte tenu d'une inversion, on y retrouve les deux thèmes des Juifs qui cherchent à tuer Jésus et qui refusent d'accueillir sa parole :

Jn 8	Jn 8 37
43 « Pourquoi ne reconnaissez-vous pas mon parler ? Parce que vous ne pouvez pas écouter ma *parole*. 40 Mais en réalité vous cherchez à me tuer, »	« ...mais vous cherchez à me tuer parce que *ma parole* n'a pas place en vous. »

c) Inséré entre les vv. 26 et 40, le v. 43 complète le chiasme du discours de Jean II-A et répond à 8 46b.47b (cf. *infra*). On remarquera alors que 8 43 et 8 46b.47b ont la même structure, formée à partir des conjonctions « Pourquoi... ? Parce que... », structure qui ne se retrouve pas ailleurs chez Jn.

Jean III a déplacé ce v. 43 au moment de la fusion des discours de Jean II-A et de Jean II-B. Il l'a inséré après le v. 42c en provenance lui aussi d'un autre contexte (cf. *supra*).

4. Du point de vue de la critique littéraire, au moins la première moitié du v. 44 est nécessaire à l'intelligence des deux textes parallèles que nous avons décelés dans les versets précédents ; lui seul, en effet, donne la clef qui permet de comprendre le sens des paroles que Jésus adresse aux Juifs aux vv. 38b (Jean II-B) et 41a (Jean II-A) : « Et vous donc vous faites ce que vous avez entendu auprès de *votre père*... Vous faites, vous, les œuvres de *votre père*. » Quel est le père des Juifs ? On l'ignorerait sans la présence du v. 44a. Il existe d'ailleurs un indice que ce v. 44a se lisait dans l'un et l'autre texte : le doublet formé par les deux phrases : « il ne s'est pas tenu dans la vérité » « la vérité n'est pas en lui ». En combinant les deux textes, Jean III a dû légèrement modifier le second de façon à mieux le lier au premier ; il a changé un « et » primitif en « parce que ».

Le v. 44c, à partir de « Celui qui dit le mensonge... », est lié au v. 45, étant donné l'antithèse que suppose le début du v. 45 : « *Mais moi*... » Au début du v. 44c, Bultmann a bien vu que la leçon attestée par tous les manuscrits grecs : « Lorsque (*hotan*) il dit le mensonge... », était erronée ; dans tout ce passage, en effet, court une double opposition : entre Dieu (Abraham) et le Diable d'une part, entre Jésus et les Juifs d'autre part. Mais au v. 44c, la leçon « Lorsque » opposerait le Diable (v. 44) à Jésus (v. 45) ! Bultmann propose donc de lire au début du v. 44c « Celui qui dit (*ho lalôn*) le mensonge » ; malheureusement, une telle leçon ne trouve aucun appui dans la tradition textuelle. En revanche, on lit dans quelques témoins latins anciens la leçon « Celui qui dit » sous la forme *hos an lalè*, qui donne un sens excellent. La confusion était facile, dans des manuscrits où les mots n'étaient pas séparés les uns des autres, entre « lorsque » (*hotan*) et « celui qui » (*hos an*). C'est donc cette leçon que nous avons adoptée déjà dans le tome I de la Synopse. – Le v. 44c, avons-nous dit tout à l'heure, est lié au v. 45 ; c'est en étudiant ce v. 45 que nous établirons son attribution à Jean II-B, et non à Jean II-A.

5. Malgré le passage du style affirmatif au style interrogatif, les vv. 45 et 46b sont semblables. Il est impossible de les attribuer au même niveau rédactionnel, comme le fait Bultmann, car ils ne s'accordent pas l'un avec l'autre. Mieux inspiré, le P. Lagrange écrit : « Il y a une double difficulté sur laquelle passent les commentateurs. *a*) dans le v. 45, Jésus dit nettement aux Juifs que s'ils ne croient pas en lui, c'est précisément (*hoti*) parce qu'il dit la vérité, lui (*egô de*), ce qui ne leur va pas, habitués qu'ils sont à s'attacher au mensonge comme le diable. Mais dans 46b, il suppose que les Juifs sont d'accord avec lui qu'on doit suivre la vérité. *b*) De plus, le v. 46a transporte la question du terrain de la vérité dans celui de la perfection morale. » Pour justifier la séquence des deux versets, le P. Lagrange suppose «une protestation sous-entendue des Juifs, qui s'est manifestée au moins par des gestes ». Reconnaissons plutôt que les vv. 45 et 46b forment doublet, dans la ligne des doublets formés par les vv. 37-39 et 40-42. Par ailleurs, le v. 45 manifeste un anti-judaïsme nettement plus accentué que le v. 46b, comme nous le verrons dans la troisième partie de cette note ; cette tendance correspond à celle de Jean II-B.

Nous avons cru préférable de lier le v. 46a : « Qui de vous me convaincra de péché ? », au v. 45 et donc de l'attribuer à Jean II-B. Le thème de Jésus «sans péché» se lit encore en 1 Jn 3 5 et ce contact avec 1 Jn doit se situer plutôt au niveau de Jean II-B (Introd., 8 q).

6. Le v. 47 appartenait au texte de Jean II-A. D'une part, il répond à la question posée au v. 46 (de Jean II-A) : « Pourquoi ne me croyez-vous pas ? » D'autre part, le thème « être de Dieu » se situe dans le prolongement du v. 42, de Jean II-A, et non dans celui des vv. 37-39 (de Jean II-B), où il est question d'Abraham.

Mais ce v. 47 a été surchargé par Jean III ; il a ajouté les deux premiers tiers du verset : « Celui qui est de Dieu écoute les paroles de Dieu ; pour cette raison vous n'écoutez pas. » La fin du v. 47 : « parce que vous n'êtes pas de Dieu », se rattachait directement à la question posée au v. 46 : « ... pourquoi ne me croyez-vous pas ? » Pour s'en convaincre, il suffit de comparer le texte ainsi reconstitué à des passages tels que 8 43 (de Jean II-A ; cf. *supra*) et 10 26-27 :

Jn 8	Jn 8 43	Jn 10 26-27
46 « Si je dis la vérité pourquoi ne me croyez-vous pas ?	« Pourquoi ne reconnaissez-vous pas mon parler ? Parce que	« Vous ne croyez pas parce que vous n'êtes pas de mes brebis
47 ( ) Parce que vous n'êtes pas de Dieu. »	vous ne pouvez pas écouter ma parole. »	Mes brebis écoutent ma voix... »

7. Voici les caractéristiques stylistiques des différents niveaux rédactionnels.

a) Dans le texte de Jean II-A, on trouve au v. 40 : « mais en réalité » (E 12*), « chercher à tuer » (B 79*), « qui vous ai dit la vérité » (A 16* et E 8* ; cf. E 3*), « que j'ai entendue d'auprès de Dieu » (C 38* et B 84). – Au v. 41 : « faire les œuvres » (B 101) ; même si dans la phrase « nous ne sommes pas nés de prostitution », l'expression « naître de » n'a pas le sens métaphorique, caractéristique johannique absolue (cf.

A 8**), elle est de style très johannique. Employée 15 fois dans l'évangile et les épîtres de Jn, elle n'apparaît que 4 fois dans le reste du NT. – Au v. 42 (moins la finale) : la construction grammaticale *ei... an* (F 27), « aimer » (C 63*), « sortir » au sens transcendant (A 46). – Au v. 43 : « mon parler » (A 1* et C 30*), « ma parole » (A 1* et A 21). – Au v. 44 (moins les parties attribuées à Jean II-B) : « vous êtes de » (C 18), « celui-là » (C 37), « tueur d'homme » (A 135*), « dès le commencement » (C 20*), « vérité » (E 3*). – Au v. 46b : « dire la vérité » (E 8* ; cf. E 3*), « croire » suivi du datif de la personne (F 29*). – Au v. 47b : « être de Dieu » (B 10* ; cf. C 18).

b) Les caractéristiques stylistiques du texte de Jean II-B sont les suivantes. Au v. 37 : « je sais » (F 25), « chercher à tuer » (B 79*), « ma parole » (A 1* et A 21). – Au v. 38 : « je... et vous » (A 44** ; cf. B 3), « j'ai vu » (B 82), « le Père » (B 73 ; mais cf. critique textuelle), « entendre auprès de » (C 38*). – Au v. 39 : « ils répondirent... et dirent » (B 6), « Jésus leur dit » (C 12), « faire les œuvres » (B 101). – Au v. 44, dans les ajouts de Jean II-B : « la vérité n'est pas en lui » (A 15** et E 3* ; cf. 1 Jn **1** 8 et **2** 4), « parler de » (B 62*), « son propre fonds » (C 29 ; au pluriel comme ici **), « menteur » (C 14). – Au v. 45 : « dire la vérité » (E 8* ; cf. E 3*) « croire » suivi du datif de la personne (F 29*). – Au v. 46a : « péché » (E 6).

c) A l'activité littéraire de Jean III, on attribuera : aux vv. 39-40, la formule « si... mais en réalité » (C 71). – Au v. 47a : « être de Dieu » (B 10 et C 18), repris du v. 47b, de Jean II-A ; « paroles de Dieu » (A 153), « pour cette raison... parce que » (C 6).

C) TROISIÈME PARTIE DU RÉCIT

La troisième partie du récit est, dans l'ensemble, une composition de Jean II-B ; il a toutefois réutilisé la finale du récit de Jean II-A, que l'on retrouve aux vv. 48 et 59. Ce dernier verset est lui-même une amplification d'un verset de transition du Document C. Les vv. 54-55, sauf les deux premiers mots « Jésus répondit », contiennent un texte de Jean II-A, en provenance d'un autre contexte, que Jean III a transféré ici en le glosant afin de l'adapter à son nouveau contexte.

C	II-A	II-B	III
48		Les Juifs répondirent et lui dirent :	
		| « Ne disons-nous pas avec raison que	
	(« Tu es un samaritain »)		
		| et que	
		tu as un démon ? »	
49		Jésus répondit : « Je n'ai pas de démon, mais j'honore mon Père, et vous, vous me déshonorez !	
50		Mais moi, je ne cherche pas ma gloire ; il est quelqu'un qui la cherche et qui juge.	
51		En vérité, en vérité, je vous le dis : si quelqu'un garde ma parole, il ne verra jamais la mort. »	
52		Les Juifs lui dirent : « Maintenant, nous savons que tu as un démon : Abraham est mort,	
		| et les prophètes,	

53	et tu dis : 'Si quelqu'un garde ma parole, il ne goûtera jamais la mort.' Es-tu plus grand que notre père Abraham, qui est mort, | et les prophètes aussi sont morts. Qui te fais-tu ? »
54	Jésus répondit :
55	| « Si je me glorifie, ma gloire n'est rien, c'est mon Père qui me glorifie, que vous dites qu'il est votre Dieu, et vous ne l'avez pas connu ; mais moi je le connais. Et si je disais je ne le connais pas, je serais semblable à vous, un menteur. Mais, je le connais, et je garde sa parole.
56	(«) Abraham, votre père, a exulté à la pensée de voir mon jour ; il le vit et il se réjouit. » Les Juifs donc lui dirent : « Tu n'as pas encore cinquante ans et tu as vu Abraham ? »
58	Jésus leur dit : « En vérité, en vérité, je vous le dis : avant qu'Abraham fût, je suis. »
59	Ils prirent donc des pierres afin de les jeter sur lui, mais Jésus se cacha et il sortit du Temple.

1. Au niveau de Jean II-A, le dialogue entre Jésus et les Juifs devait avoir une conclusion. La première partie de cette conclusion se lit encore au v. 48, mais amplifiée par Jean II-B. Ce v. 48 contient en effet deux injures adressées à Jésus : « Tu es un samaritain » et « Tu as un démon ». La première se comprend difficilement au niveau de Jean II-B, écrit en Asie Mineure ; ses lecteurs ne devaient plus en saisir le sens ; elle doit donc remonter à Jean II-A. Jean II-B l'a remplacée par la seconde injure : « Tu as un démon », plus compréhensible pour ses lecteurs. Il l'avait déjà employée en **7** 20, dans le contexte de la guérison de l'infirme à la piscine de Béthesda (voir note § 148). Jean III a ensuite fusionné les textes de Jean II-A et de Jean II-B. Au niveau de Jean II-A, le v. 59 doit être divisé en deux. Le v. 59ab faisait transition entre la présente controverse et l'épisode des Grecs qui la suivait immédiatement (rejeté par Jean II-B en **12** 20 ss.). Quant au v. 59c, il suivait l'épisode des Grecs et introduisait la guérison de l'aveugle-né, comme au niveau du Document C (Introd., 2 v-w).

Le texte de Jean II-A ne contient que deux caractéristiques stylistiques : au v. 48, « répondirent et... dirent » (B 6), « les Juifs » (C 7).

2. Au v. 52, les mots « et les prophètes » font l'effet d'une addition, étant donné leur place après le verbe au singulier ; elle est de Jean III puisqu'elle se trouve dans un texte de Jean II-B. Il avait ajouté les mêmes mots en **1** 45 (cf. note §§ 19-25). Si l'on admet ce premier point, d'importance d'ailleurs secondaire, on attribuera également à Jean III l'addition, au v. 53, de la phrase « et les prophètes aussi sont morts ».

Plus importante est l'addition des vv. 54-55. Bultmann déjà avait bien vu qu'ils rompent la suite du dialogue. Nous pensons qu'au niveau de Jean II-A, ce petit fragment, moins deux gloses de Jean III, se lisait à la suite de **8** 14c-15a ; nous ne eviendrons pas ici sur ce problème qui fut traité à la note précédente (II B 2 *b*). Mais contre Bultmann, nous garderons au texte de Jean II-B les vv. 49-50 dont le style correspond d'ailleurs à celui de Jean II-B (cf. *infra*). C'est la présence du thème de la « gloire » du Christ, au v. 50, qui a donné à Jean III l'idée de transposer ici les vv. 54-55, où il est question de « glorifier » le Christ. Nous maintiendrons toutefois au niveau de Jean II-B le début du v. 54 « Jésus répondit », nécessaire pour faire le lien entre les vv. 53 et 56.

Notons pour terminer les caractéristiques stylistiques des différentes gloses de Jean III. Au v. 53 : « sont morts » (F 22). – Au v. 54c : « que vous dites que » (A 120 ; cf. B 48). – Au v. 55 : « Je connais », à deux reprises (F 25), « menteur » (C 14) inspiré par **8** 44, de Jean II-B.

3. Voici maintenant les remarques que l'on peut faire sur le texte de Jean II-B.

a) Les caractéristiques stylistiques des vv. (48).49-54a et 56-58 sont les suivantes. Au v. 48b : « tu as un démon » (C 10**). – Au v. 49 : « répondit » (B 74), « avoir un démon » (C 10**). – Au v. 50 : « chercher la gloire » (C 28**). – Au v. 51 : « en vérité, en vérité » (A 2*), « si quelqu'un » (C 48*), « garde ma parole » (A 21 et A 23 ; cf. F 30), « ne... jamais » (B 27* ; cf. E 13*). – Au v. 52 : « les Juifs » (C 7), « maintenant » (C 16), « nous savons » (B 75*), « avoir un démon » (C 10**), « mourir » (F 22), puis les mêmes caractéristiques qu'au verset précédent, sauf la première. La construction « maintenant nous savons que » doit être rapprochée de celle de **17** 7 : « maintenant ils ont connu que », que nous attribuerons aussi à Jean II-B (cf. aussi **16** 30). – Au v. 53 : particule *mè* introduisant une interrogation (F 3*), « mourir » (F 22), « qui te fais-tu ? » (A 71 ; mais avec un attribut substantif ou son équivalent **) ; la première moitié du v. 53 contient une phrase presque identique à celle qui se lit en Jn **4** 12a, un texte que nous avons attribué à Jean II-A. – Au v. 54a : « répondit » (B 74). – Aux vv. 56-58, thème de l'incompréhension des interlocuteurs (A 10*). Au v. 56 : « mon jour » (A 1*) ; on notera que le verbe « exulter » (*agalliaô*) ne se lit ailleurs chez Jn qu'en **5** 35, dans un passage de Jean II-B ; quant au verbe « se réjouir » (*chairein*), il n'est employé que par Jean II, et presque toujours par Jean II-B (cf. **3** 29 ; **4** 36 ; **11** 15 ; **16** 20.22 ; **20** 20 ; cf. encore 2 Jn 4 et 3 Jn 3). – Au v. 57 : « les Juifs » (C 7), « lui dirent donc » (A 45** ; cf. B 1), « avoir cinquante ans » (C 26*), « pas encore » (F 12), « tu as vu » (B 82). – Au v. 58 : « en vérité, en vérité » (A 2*), « je suis » (A 77**).

b) Certaines remarques plus générales confirment l'attribution à Jean II-B des vv. 48-54a.56-59. Le nom de « Abraham » revient aussi fréquemment dans ce texte que dans les vv. 31-39, et il ne se lit nulle part ailleurs chez Jn. Puisqu'il ne peut s'agir d'un doublet, nous sommes en présence de deux textes complémentaires, ce qui apparaîtra mieux lorsque nous ferons le commentaire des textes. Puisque les vv. 31-39 sont de Jean II-B, il doit en être de même des vv. 48-54a.56-59. On voit maintenant facilement comment Jean II-B a composé son dialogue entre Jésus et les Juifs. Aux vv. 37-39.44-46a, il reprend le dialogue que nous avons attribué à Jean II-A

(vv. 43.40-42.44a.46b.47b), mais en effectuant une transposition : Jésus reproche aux Juifs de prétendre avoir pour père, non plus Dieu, mais Abraham. Cette transposition est motivée par les deux additions que Jean II-B fait au texte de Jean II-A : l'une avant ce texte (vv. 31-39) et l'autre après (vv. 48-54a. 56-59), où le thème « Abraham » est prépondérant. On verra dans le commentaire que ce thème « Abraham » est repris par Jean II-B de l'épître aux Galates, dans la perspective de la polémique qu'il veut engager contre certains judéo-chrétiens. On remarquera la symétrie du texte de Jean II-B. De chaque côté du noyau central, constitué par les vv. 44-45, les vv. 31-39 d'une part, 48-54a.56-59 d'autre part, contiennent cinq fois le nom d'Abraham (**8** 33.37.39.39.39 ; **8** 52.53.56. 57.58) et deux fois l'expression « ma parole » (**8** 31.37 ; **8** 51.52).

III. LE SENS DES RÉCITS

A) LE RÉCIT DE JEAN II-A

Au niveau de Jean II-A, le passage que nous étudions ici faisait suite à Jn **8** 25-26, analysé à la note précédente ; Jean III a coupé en deux le texte de Jean II-A afin de fusionner les sections parallèles des textes de Jean II-A et de Jean II-B.

25	A	Ils lui disaient donc : « *Qui es-tu ?* » Jésus leur dit : « D'abord ce que je vous dis.
26	B	J'ai beaucoup à dire et à juger à votre sujet. Mais celui qui m'a envoyé est *vrai*, et ce que j'ai entendu de lui, *je le dis* au monde.
43		*Pourquoi* ne reconnaissez-vous pas mon parler ? *Parce que* vous ne pouvez pas écouter ma parole.
40	C	Mais en réalité, vous cherchez à me *tuer*, un homme (moi) qui vous *ai dit la vérité*, que j'ai entendue d'auprès de Dieu ( ).
41	D	*Vous faites*, vous, *les œuvres de votre père.* »
	E	Ils lui dirent : « Nous ne sommes pas nés de prostitution, nous avons *un seul père : Dieu.* »
42	F	Jésus leur dit : « Si Dieu était votre père, vous m'aimeriez, car je suis sorti de Dieu et je suis venu ( ).
44a	E'	Vous êtes *du père*, le Diable,
	D'	et *vous voulez faire les désirs de votre père.*
	C'	Celui-là était *tueur d'homme* dès le commencement et il ne s'est pas tenu dans *la vérité* ( ).
46b	B'	Si *je dis la vérité, pourquoi* ne me croyez-vous pas ?
47b		*Parce que* vous n'êtes pas de Dieu. »
48a	A'	Les Juifs répondirent et lui dirent : ( ) « *Tu es* un samaritain. »
59ab		Ils prirent donc des pierres afin de les jeter sur lui, mais Jésus se cacha.

A propos de cette structure en chiasme, on notera les points suivants. En A', les Juifs répondent eux-mêmes à la question qu'ils ont posée à Jésus en A : « Qui es-tu ? » Le parallélisme des sections B et B' est renforcé par la présence d'une construction identique aux vv. 43 et 46b.47b : « Pourquoi... ? Parce que ... » Enfin au v. 40, le mot « homme » est grammaticalement surajouté, entre deux termes à la première personne du singulier : « me » et « qui vous ai dit » ; il fut placé dans la phrase afin de mieux établir un parallélisme entre les sections C et C' : « tuer un homme » (*apokteinai anthrôpon*) et « tueur d'homme » (*anthrôpoktonos*).

1. L'INTRODUCTION DU DIALOGUE

Au niveau de Jean II-A, ce nouveau dialogue entre Jésus et les Juifs suivait le discours sur le pain de vie (6 31-51a ; 7 37b-38), qui faisait partie des controverses de la fête des Tentes (cf. Introd., 3 l-m). Après l'expulsion des vendeurs du Temple, les Juifs irrités demandent à Jésus d'accomplir un signe comparable au don de la manne, et qui le désignerait comme le nouveau Moïse. Jésus refuse ce signe ; mais il affirme sa supériorité sur Moïse : il est le vrai pain descendu du ciel qui apaise la faim et donne la vie éternelle (6 35-39) ; il est le rocher d'où sortent les fleuves d'eau vive qui étanchent la soif et donnent la vie éternelle (7 37b-38). Jésus est bien plus que Moïse. Les Juifs l'ont compris, qui lui demandent alors : « Qui es-tu ? » (8 25a). La réponse de Jésus (8 25b) est très difficile à comprendre. Certains commentateurs sous-entendent le verbe « je suis », ce qui donnerait comme traduction : « D'abord, (je suis) ce que je vous dis » ; ou encore : « (je suis) dès le commencement ce que je vous dis », c'est-à-dire l'envoyé du Père, la Sagesse de Dieu. D'autres voient dans la phrase de Jésus comme un refus de répondre : « Faut-il même seulement que je vous parle ? » On a proposé diverses autres explications, mais aucune ne s'impose parce que toutes se heurtent à quelque difficulté. On peut se demander dès lors si le texte grec que nous possédons n'est pas irrémédiablement corrompu.

2. LE REFUS DES JUIFS

La suite de la réponse de Jésus peut, semble-t-il, se comprendre ainsi. Jésus a beaucoup à dire et à juger au sujet des Juifs ; il faut prendre le verbe « juger » au sens de « condamner » : ce que Jésus a à condamner, c'est l'incrédulité des Juifs qui refusent de voir en lui l'envoyé de Dieu et de recevoir son message. Pourtant, ajoute Jésus, « celui qui m'a envoyé est vrai et ce que j'ai entendu de lui, je le dis au monde » (v. 26b). Le thème du nouveau Moïse réapparaît ici en filigrane : envoyé par Dieu, Jésus ne fait que transmettre au monde la « vérité » qu'il a reçue de Dieu. Cette vérité, c'est la volonté salvifique de Dieu, exprimée d'abord dans la Loi, puis par les prophètes, et maintenant par l'intermédiaire de Jésus, le nouveau Moïse et la Sagesse descendue du ciel. Mais cette révélation concernant la véritable interprétation de la Loi divine bouleverse les habitudes reçues, les « traditions » accumulées au cours des siècles (cf. Mt **15** 3-6 ; Mc **7** 9-13) ; cette vérité apportée par Jésus choque les chefs du peuple juif qui se figent dans une attitude de refus.

A ses interlocuteurs malveillants Jésus révèle alors qu'il connaît la cause profonde de ce refus : « Pourquoi ne reconnaissez-vous pas mon parler ? Parce que vous ne pouvez écouter ma parole » (v. 43). Pour comprendre le sens de cette remarque, il faut comparer la seconde partie du verset à Jr 6 60 : « Ayant entendu, beaucoup de ses disciples dirent Dure est cette parole, qui peut l'écouter ? » Dans les deux passages, Jean II utilise la même construction : « vous ne pouvez écouter... »/« Qui peut l'écouter ». En 6 60, le sens est clair ; le verbe « pouvoir », employé à la forme négative ne désigne pas l'incapacité d'écouter, mais le refus d'écouter. Comme les disciples qui vont abandonner Jésus, les Juifs ici se sont mis dans des dispositions telles qu'ils ne veulent pas être réceptifs à la parole de Jésus qui est pourtant la parole de Dieu. Si donc ils ne comprennent pas le langage de Jésus leur culpabilité est entière.

3. LES DESSEINS MEURTRIERS DES JUIFS

Le refus des Juifs d'écouter la parole de Jésus se double de desseins meurtriers : « Mais en réalité, vous cherchez à me tuer... » (v. 40). L'inconséquence de cette volonté homicide est exprimée dans la seconde partie du v. 40 : « (moi qui vous ai dit la vérité, que j'ai entendue d'auprès de Dieu). Cette phrase reprend sous forme de parallélisme le v. 26b « Mais celui qui m'a envoyé est vrai, et ce que j'ai entendu de lui, je le dis au monde. » Les raisons que Jésus a de condamner les Juifs sont fondées ; en refusant d'écouter sa parole et en cherchant à le tuer, les Juifs le rejettent comme le Prophète semblable à Moïse annoncé en Dt **18** 18. Désormais ce n'est plus Dieu qui les condamne (cf. Dt **18** 19), mais Jésus lui-même, parole de Dieu.

Au niveau de Jean II-A, cette volonté, de la part des Juifs de tuer Jésus n'a pas encore été explicitement affirmée. Jean I a simplement noté, après le récit de l'expulsion des vendeurs du Temple, que l'on n'arrêta pas Jésus parce que son heure n'était pas encore venue (8 20b ; sur le lien avec le récit de l'expulsion des vendeurs, voir la note précédente). Mais il se réfère implicitement aux données de la tradition synoptique : c'est après l'expulsion des vendeurs du Temple que les autorités juives de Jérusalem décident de tuer Jésus (cf Mc **11** 18 ; Lc **19** 47 ; et aussi Mt **21** 46 ; Mc **12** 12 ; Lc **20** 19, textes repris par Jn en 8 20b).

4. NÉS DE PROSTITUTION

En voulant tuer Jésus, les Juifs font les « œuvres » de leur père (v. 41a, section D). Quel est ce père ? La réponse ne sera donnée qu'au v. 44a, mais on comprend dès maintenant que ce père, quel qu'il soit, s'oppose au Père de Jésus son œuvre est une œuvre de mort, non de vie.

Les Juifs le comprennent bien, qui protestent : « Nous ne sommes pas nés de prostitution, nous avons un seul père Dieu » (v. 41b, section E). Cette réponse, avec son allusion à une naissance illégitime, se comprend mieux si l'on se réfère au targum palestinien (J. Ramon Diaz ; R. Le Déaut). On li en Gn 5 3 : « Quand Adam eut cent trente ans, il engendra un fils à sa ressemblance, comme son image, et il lui donna le nom de Seth. » Engendré à la ressemblance d'Adam, Seth est par le fait même à la ressemblance de Dieu (Gn 1 26 ; cf. Lc 3 38). Or le targum du pseudo-Jonathan ajoute cette explication : « Car auparavant, Ève avait enfanté Caïn, qui n'était pas de lui (= Adam) et ne lui ressemblait pas ; il avait en effet tué Abel de ses mains. Et Caïn fut expulsé et sa descendance ne fut pas comptée dans le livre de la descendance d'Adam. Mais ensuite, elle enfanta celui qui était à sa ressemblance (= celle d'Adam) et elle l'appela du nom de Seth. » Caïn n'était pas à la ressemblance d'Adam, et donc pas à celle de Dieu, parce qu'il n'était pas né d'Adam. Quelle était alors son origine ? Un autre passage du même targum nous l'indique. On lit en Gn 4 1 : « Adam connut Ève, sa femme ; elle conçut et enfanta Caïn. » Le targum du pseudo-Jonathan glose ce texte sous cette forme : « Adam connut Ève, sa femme, qui était (déjà) enceinte de l'ange Sammaël. » Caïn n'est donc pas fils d'Adam, mais fils de Sammaël que la tradition juive identifiera avec Satan ; il est né de prostitution.

Ces traditions juives existaient-elles déjà au temps où Jn écrivait ? Certainement, puisqu'on en trouve un écho en 1 Jn 3 10-12, passage qui offre tant d'affinités avec Jn 8 40 ss. (cf. *supra*) : « A cela sont manifestés les enfants de Dieu et les *enfants du Diable* : quiconque n'accomplit pas la justice n'est pas de Dieu, ni celui qui n'aime pas son frère. Et telle est l'annonce que vous avez entendue dès l'origine : que nous nous aimions les uns les autres. *Non pas comme Caïn : il était du Mauvais* et il a égorgé son frère. » Caïn était du Mauvais, c'est-à-dire enfant du Diable, et pour cette raison il a tué son frère, Abel. Selon ces traditions juives, reprises par Jn, l'humanité se divise spirituellement en deux groupes : ceux qui descendent de Seth, et donc d'Adam, et donc en définitive de Dieu (cf. Lc 3 38) ; ceux qui descendent de Caïn et qui sont donc fils, non d'Adam, mais de Sammaël, c'est-à-dire Satan ou le Diable. Ces derniers sont « nés de prostitution » et ils ont, comme Caïn, des instincts homicides. Les Juifs protestent qu'ils sont de la descendance de Dieu, et non enfants de prostitution. Mais Jésus va leur prouver le contraire.

5. LES JUIFS NE SONT PAS DE DIEU

Dans la section centrale du dialogue (F, v. 42), Jésus prouve aux Juifs que leur prétention à la filiation divine est contredite par leur attitude à l'égard de lui-même : « Si Dieu était votre père, vous m'aimeriez, car je suis sorti de Dieu et je suis venu. » En quel sens Jésus est-il « sorti de Dieu et venu » dans le monde ? Au niveau de Jean II-A, si influencé par les thèmes sapientiaux (Introd., 5 w), on peut rapprocher cette affirmation du Christ de textes tels que Si 24 3 : « Je suis sortie de la bouche du Très-Haut », où c'est la Sagesse qui parle ; ou encore Is 55 11 : « Ainsi en est-il de la parole qui sort de ma bouche, elle ne revient pas à moi sans effet » (cf. Dt 8 3 en liaison avec Jn 6 31 ss., texte de Jean II). C'est en tant que Sagesse que Jésus est « sorti de Dieu » et venu dans le monde

afin de « dire la vérité » aux hommes (8 40). Puisque Jésus est « sorti de Dieu », les Juifs l'aimeraient s'ils avaient Dieu pour Père. Ils l'aimeraient, et donc ils croiraient en lui : « Le Père vous aime, dira Jésus à ses disciples, parce que vous m'avez aimé et avez cru que je suis sorti d'auprès de Dieu » (Jn 16 27 ; cf. 17 8). Les Juifs au contraire refusent de croire en la mission de Jésus, ils ne l'aiment pas, ils veulent le tuer ; ils montrent par le fait même qu'ils ne sont pas de la lignée des hommes qui remontent à Dieu puisqu'ils s'opposent à Jésus qui, lui, est sorti de Dieu.

6. LES FILS DU DIABLE

A partir du v. 44, les thèmes précédents vont se retrouver en ordre inverse, mais beaucoup plus explicites. Aux Juifs qui affirment : « Nous ne sommes pas nés de prostitution, nous avons un seul père : Dieu » (v. 41b), Jésus rétorque : « Vous êtes du Diable », c'est-à-dire vous êtes nés du Diable (cf. 1 Jn 3 10.12), vous avez pour père le Diable, et non pas Dieu. Ils doivent être rangés dans la lignée des hommes qui descendent de Caïn (cf. 1 Jn 3 12) et qui sont nés de prostitution (cf. *supra*). Avant de compléter sa pensée, Jésus reprend le thème du v. 41a : « ... et vous voulez faire les désirs de votre père. » Quels sont ces « désirs » (v. 44) ou ces « œuvres » (v. 41a) ? Jésus va le préciser aussitôt.

7. LE DIABLE EST TUEUR D'HOMMES

Dans la section C' du dialogue, Jésus achève d'exposer sa pensée en reprenant les thèmes des sections C et F. Au début du dialogue, il a constaté un fait : « Vous cherchez à me tuer, un homme... » Ici, il affirme que le Diable était « tueur d'homme dès le commencement ». Les Juifs accomplissent donc bien les « œuvres » ou les « désirs » de leur père, le Diable, et ces œuvres sont des œuvres de mort. Jean II se réfère aux récits de Gn 2-3 : le Serpent, c'est-à-dire le Diable, a voué l'Homme et la Femme à la mort en les incitant à désobéir à Dieu (Gn 2 17 ; 3 19.22-24), il a introduit la mort dans le monde (Sg 1 13-15 ; 2 23-24 ; cf. Rm 5 12). Mais la première mort dont parle le livre de la Genèse, c'est précisément le meurtre d'Abel par son frère Caïn, meurtre que la tradition juive expliquait, on l'a vu plus haut, en affirmant que Caïn était fils, non pas d'Adam, mais de Sammaël, le Diable. En disant que le Diable était « tueur d'homme dès le commencement », Jean II a certainement en vue, non seulement la chute de nos premiers parents, mais aussi le meurtre commis par Caïn (cf. 1 Jn 3 12). En voulant tuer Jésus, leur frère, les Juifs prouvent donc qu'ils sont bien de la lignée de Caïn, qu'ils sont du Diable et non de Dieu.

Jean II continue le rapprochement entre les Juifs et le Diable en revenant au thème de la « vérité », déjà amorcé en 8 40. Non seulement le Diable est « tueur d'homme », mais « il ne s'est pas tenu dans la vérité ». Ici encore, il y a une référence implicite aux récits de Gn 2-3, plus précisément à Gn 3 4-5 où le Serpent affirme à Ève : « Pas du tout ! Vous ne mourrez pas. Mais Dieu sait que le jour où vous mangerez (de l'arbre) vos yeux s'ouvriront et vous serez comme des dieux, connaissant le bien et le mal. » Pour inciter la Femme à désobéir à Dieu, le Serpent affirme le contraire de ce que Dieu avait dit. Il est opposé à la vérité, il la refuse. Les Juifs se montrent donc fils du Diable en ce que eux aussi refusent la vérité que Jésus leur transmet de la part de Dieu. Ils ne croient pas à ce que dit Jésus précisément parce qu'ils ne sont pas de Dieu, mais du Diable (8 47).

8. FUREUR DES JUIFS

Devant de telles accusations, les Juifs n'ont plus qu'une ressource, dire à Jésus : « Tu es un samaritain » (v. 48a). Quel est le sens de cette expression qui, dans la bouche d'un Juif, ne peut être qu'une injure ? Selon certains auteurs, elle équivaudrait à « Tu es fou ». C'est possible. On lit par exemple en Si 50 26 : « Le peuple stupide qui demeure à Sichem. » On lit aussi dans le Testament de Lévi : « Car à partir de ce jour, Sichem sera appelée 'ville d'imbéciles' ; car comme quelqu'un se moque d'un fou, ainsi nous sommes-nous moqués d'eux » (7 2-3). Aucun texte rabbinique, toutefois, ne met une équivalence entre « samaritain » et « fou ». Mais Jean II-B ne prendra-t-il pas en ce sens l'expression puisqu'il mettra une équivalence entre « tu es un samaritain » et « tu as un démon » ? Or on pensait que les fous étaient possédés d'un démon. De toute façon, une autre question se pose. En accusant les Juifs d'être « fils du Diable », Jean II-A aurait-il repris une accusation fréquemment utilisée par les Samaritains dans leurs polémiques contre les Juifs (J. Bowman) ? C'est encore possible, mais il est difficile d'appuyer une telle hypothèse sur des textes anciens.

Ainsi se termine ce dialogue orageux entre Jésus et les Juifs. Les Juifs avaient demandé à Jésus : « Qui es-tu ? » (v. 25) ; ils répondent eux-mêmes à cette question en lui disant : « Tu es un samaritain », c'est-à-dire probablement : « Tu es fou. » Jésus n'a-t-il pas prétendu être descendu du ciel, tandis que l'on connaît parfaitement son père et sa mère (6 38.42) ? Les accusations qu'il porte maintenant contre les Juifs, les soupçonnant d'être de la descendance de Caïn, et donc du Diable, montrent à l'évidence qu'il ne peut être que fou. Ses prétentions à une origine céleste sont définitivement écartées.

Mais puisqu'elles sont fausses, du moins à ce que pensent les Juifs, Jésus doit être accusé de blasphème (cf. 10 33), et c'est pourquoi ils cherchent à le lapider (v. 59a). Jésus alors se cache (v. 59b).

9. LE THÈME DU DIALOGUE DANS 1 JN

Le thème principal du dialogue entre Jésus et les Juifs, tel qu'il se trouvait au niveau de Jean II-A, fut repris par l'auteur de la première épître, qui pour nous n'est autre que Jean II (Introd., 8 q). Mais la référence aux idées juives exprimées dans les targumim est plus claire puisque le nom de Caïn est explicitement mentionné (1 Jn 3 12). La perspec-

tive toutefois n'est plus christocentrique, mais éthique. Il ne s'agit plus de prouver que les Juifs sont « du Diable » puisqu'ils veulent tuer Jésus, il s'agit de montrer que ceux qui n'aiment pas leurs frères sont « du Diable » puisque leur manque d'amour revient à les tuer.

a) Le passage qui nous intéresse est 1 Jn 3 5-15. On y retrouve plusieurs des expressions ou des thèmes caractéristiques du texte de Jean II-A analysé plus haut. En 1 Jn 3 8, on lit : « Celui qui fait le péché est du Diable parce que le Diable pèche dès le commencement » ; les expressions « être du Diable » et « dès le commencement » se lisent aussi en Jn 8 44. En 1 Jn 3 10, il y a opposition entre « les enfants de Dieu » et « les enfants du Diable » ; en Jn 8 41-42.44 Jésus accuse les Juifs d'avoir le Diable pour père tandis que ceux-ci prétendent avoir Dieu pour père. En 1 Jn 3 12, il est écrit que « Caïn était du Mauvais » ; on rejoint l'expression « être du Diable » de Jn 8 44. Enfin, en 1 Jn 3 15 comme en Jn 8 44 se lit l'adjectif « tueur d'homme » ou « homicide » (*anthrôpoktonos*), nulle part ailleurs dans le NT. Les contacts entre les deux textes sont évidents. – Il semble d'autre part que ce soit la première épître qui reprenne les thèmes de l'évangile, étant donné les verbes « nous savons » ou « vous savez » qui reviennent en 1 Jn 3 5.14.15 ; l'auteur de la première épître renvoie à des thèmes connus de ses lecteurs ; ne serait-ce pas parce qu'ils les lisaient déjà dans l'évangile, ici l'évangile tel que l'avait écrit Jean II-A ?

b) Analysons de plus près les thèmes de 1 Jn 3 qui sont repris de Jn 8. L'idée essentielle est exprimée en 1 Jn 3 10 : « A ceci sont manifestés les enfants de Dieu et les enfants du Diable : quiconque ne pratique pas la justice n'est pas de Dieu, ni celui qui n'aime pas son frère. » Il existe une équivalence entre les expressions « être de Dieu » et « enfants de Dieu » (v. 10) et donc entre les expressions « enfants du Diable » (v. 10) et « être du Diable » (v. 8). Par ailleurs, toujours d'après le v. 10, il est facile de comprendre que « pratiquer la justice » c'est « aimer son frère », même si le thème est exprimé ici au négatif. L'amour des frères est donc le critère qui permet de distinguer les enfants de Dieu des enfants du Diable.

Mais comment se fonde cette distinction ? Celui qui n'aime pas son frère néglige de lui venir en aide lorsqu'il est dans le besoin (cf. 1 Jn 3 17) ; il le laisse donc mourir, il devient « tueur d'homme » ou « homicide » (v. 15) et montre par là qu'il hait son frère. Il agit alors comme Caïn qui, lui aussi, a tué son frère (v. 12), comme Caïn qui était « du Diable », enfant du Diable. On a vu plus haut que, d'après les traditions juives, Caïn était né, non d'Adam, mais de Sammaël, c'est-à-dire du Diable. Tous ceux qui n'aiment pas leurs frères, qui les haïssent puisqu'ils les laissent mourir de faim, sont de la lignée de Caïn : ils ont donc le Diable pour père. En revanche, celui qui aime son frère prouve par là qu'il est engendré de Dieu, qu'il a en lui une « semence » divine (1 Jn 3 9) laquelle n'est autre que la Parole de Dieu que nous a transmise Jésus (cf. 1 Jn 2 14c ; 5 18). En acceptant la Parole de Dieu transmise par le Christ, les hommes acquièrent donc comme une nouvelle naissance ; d'enfants du Diable, ils deviennent enfants de Dieu. En ce sens, le Fils de Dieu est apparu dans le monde pour détruire les « œuvres du Diable » (1 Jn **3** 8 ; cf. Jn **8** 41a). C'est cette œuvre de libération que Jean II-B va développer lorsqu'il reprendra, dans l'évangile, le texte de Jean II-A. Comme celui de la première épître, le texte de Jean II-B aura une portée éthique beaucoup plus que christologique.

B) LE DIALOGUE DE JEAN II-B

31 Jésus disait donc aux Juifs qui avaient cru en lui : « Si vous demeurez dans ma parole, vraiment vous êtes mes disciples,
32 et vous connaîtrez la vérité et la vérité vous délivrera. »
33 Ils lui répondirent : « Nous sommes postérité d'Abraham et jamais nous n'avons été esclaves de personne. Comment dis-tu : Vous deviendrez libres ? »
34 Jésus leur répondit : « En vérité, en vérité, je vous le dis : Quiconque fait le péché est un esclave.
35 Mais l'esclave ne demeure pas dans la maison pour toujours ; le fils y demeure pour toujours.
36 Si donc le Fils vous délivre, réellement vous serez libres.
37 Je sais que vous êtes postérité d'Abraham, mais vous cherchez à me tuer parce que ma parole n'a pas de place en vous.
38 Je dis ce que j'ai vu auprès de mon Père et vous, donc, vous faites ce que vous avez entendu auprès de votre père. »
39 Ils répondirent et lui dirent : « Notre père est Abraham. » Jésus leur dit : « Si vous étiez enfants d'Abraham, vous feriez les œuvres d'Abraham.
44 Vous êtes du père le Diable et vous voulez faire les désirs de votre père. Celui-là était tueur d'homme dès le commencement, ( ) (et) la vérité n'est pas en lui. Celui qui dit le mensonge parle de son propre fonds, parce que même son père est menteur. Mais moi, parce que je dis la vérité, vous ne me croyez pas.
46a Qui de vous me convaincra de péché ? »
48 Les Juifs répondirent et lui dirent : « Ne disons-nous pas avec raison que ( ) tu as un démon ? »
49 Jésus répondit : « Je n'ai pas de démon, mais j'honore mon Père, et vous, vous me déshonorez.
50 Mais moi, je ne cherche pas ma gloire ; il est quelqu'un qui la cherche et qui juge.
51 En vérité, en vérité, je vous le dis : si quelqu'un garde ma parole il ne verra jamais la mort. »
52 Les Juifs lui dirent : « Maintenant, nous savons que tu as un démon ! Abraham est mort ( ) et tu dis : Si quelqu'un garde ma parole il ne goûtera jamais la mort.
53 Es-tu plus grand que notre père Abraham, qui est mort ( ). Qui te fais-tu ? »
54 Jésus répondit : ( )
56 « Abraham votre père a exulté à la pensée de voir mon jour ; et il le vit et il se réjouit. »
57 Les Juifs donc lui dirent : « Tu n'as pas encore cinquante ans et tu as vu Abraham ? »
58 Jésus leur dit : « En vérité, en vérité, je vous le dis : avant qu'Abraham fût, je suis. »
59 Ils prirent donc des pierres afin de les jeter sur lui, mais Jésus se cacha et sortit du Temple.

Ce dialogue est très bien équilibré. Une section centrale (**8** 44-46a) est flanquée de deux sections (**8** 31-39 et 48-54a.56-59) qui contiennent chacune : cinq fois le nom d'Abraham (**8** 33.37.39.39.39 et **8** 52.53.56.57.58) et deux fois l'expression

« ma parole » (**8** 31.37 et **8** 51.52). Elles offrent aussi le même procédé littéraire johannique : Jésus prononce une parole qui peut être comprise en deux sens différents ; les interlocuteurs comprennent dans le mauvais sens, ce qui donne à Jésus l'occasion de préciser sa pensée (cf. *infra*).

1. LE FILS NOUS DÉLIVRE (**8** 31-37)

La première section du dialogue composé par Jean II-B (**8** 31-36), à laquelle on ajoutera le v. 37 qui sert de liaison entre la première et la deuxième section, offre un vocabulaire et un style incontestablement johanniques (cf. *supra*, II A 2 *b*). Il s'y rencontre cependant une accumulation de termes qui ne se lisent nulle part ailleurs chez Jn mais qui ont une saveur paulinienne indéniable, fréquents surtout dans les épîtres aux Galates et aux Romains. Dressons-en l'inventaire matériel. Le verbe « délivrer » (**8** 32.36) ne se lit ailleurs dans le NT qu'en Ga **5** 1 et Rm **6** 18.22 ; **8** 2.21). – L'expression « postérité d'Abraham » (**8** 33.37) ne se lit textuellement ailleurs qu'en Ga **3** 29 ; Rm **9** 7 ; **11** 1 ; 2 Co **11** 22 ; He **2** 16. Il est vrai que le thème se lit encore en Mt **3** 7-10 et par. ; Ac **3** 25 ; **7** 5-6 ; Rm **4** 13-18 ; Ga **3** 16-19, mais c'est seulement en Ga **3** 16-19.29 que ce thème se développe en liaison avec les idées de liberté et de vraie filiation, comme en Jn. – L'adjectif « libre » (Jn **8** 33.36), utilisé 1 fois par Mt (**17** 26) et 1 P **2** 16 (3 fois dans Ap), se lit 16 fois chez Paul, spécialement en Ga **3** 28, juste avant l'expression « postérité d'Abraham » (Ga **3** 29). – Le verbe « être esclave » (*douleuein* ; Jn **8** 33), rare dans Mt/Lc/Ac, se lit 17 fois chez Paul, spécialement en Ga **4** 8.9.25 ; **5** 13. – L'opposition « esclave/ fils » (**8** 35) ne se retrouve ailleurs dans le NT qu'en Ga **4** 7.

En fait, *tous* les termes non johanniques de Jn **8** 31-37 se lisent, souvent à plusieurs reprises, dans les chapitres **3** et **4** de l'épître aux Galates. On pourra même ajouter le « réellement » de Jn **8** 36 que l'on trouve en Ga **3** 21, après une proposition conditionnelle comme chez Jn. Ce n'est certainement pas l'effet du hasard. Jean II-B aurait systématiquement utilisé Ga **3-4** pour composer **8** 31-37. Nous allons donc dégager le sens fondamental des passages de l'épître aux Galates qui nous intéressent ; nous verrons ensuite dans quelle mesure ils ont pu influencer la rédaction johannique.

a) Dans l'épître aux Galates, Paul s'en prend aux judéo-chrétiens qui voudraient contraindre les chrétiens à reprendre les observances de la Loi mosaïque (**3** 1-5). A ses yeux, ce serait retomber dans une servitude dont le Christ nous a délivrés, comme il l'explique en **4** 1-7 : « Or je dis : aussi longtemps qu'il est un enfant, l'héritier... ne diffère en rien d'un *esclave*. Il est sous le régime des tuteurs et des intendants jusqu'à la date fixée par son père. Nous aussi, durant notre enfance, nous étions esclaves des éléments du monde. Mais quand vint la plénitude du temps, Dieu envoya son *Fils*, né d'une femme, né sujet de la Loi, afin de racheter les sujets de la Loi, afin de nous conférer l'adoption filiale. Et la preuve que vous êtes fils, c'est que Dieu a envoyé dans vos cœurs l'Esprit de son Fils qui crie : Abba, Père ! Aussi *n'es-tu plus esclave, mais fils* ; fils, et donc héritier de par Dieu. » Ce thème de l'héritage, Paul l'avait développé dans un passage antérieur, en référence aux promesses faites jadis par Dieu à Abraham : « Or, c'est à Abraham que les promesses furent adressées *et à sa postérité.* L'Écriture ne dit pas : 'et aux postérités', comme s'il s'agissait de plusieurs ; elle n'en désigne qu'un : *et à ta postérité,* c'est-à-dire le Christ... Car si on hérite en vertu de la Loi, ce n'est plus en vertu d'une promesse ; or c'est par une promesse que Dieu accorda sa faveur à Abraham » (**3** 16-18). C'est donc le Christ qui est le véritable héritier, en tant que postérité d'Abraham. Mais en fait, tous les chrétiens peuvent revendiquer le même privilège, puisqu'ils ne font qu'un dans le Christ, puisqu'ils ont revêtu le Christ : « Mais si vous appartenez au Christ, vous êtes donc *la postérité d'Abraham,* héritiers selon la promesse » (**3** 29).

Les Juifs ne seraient-ils pas eux aussi « postérité d'Abraham » et donc « héritiers » selon la promesse ? Paul leur refuse ce privilège en recourant à certains épisodes particuliers de l'histoire d'Abraham racontés dans le livre de la Genèse. « Dites-moi, vous qui voulez vous soumettre à la Loi, n'entendez-vous pas la Loi ? Il est écrit en effet qu'Abraham eut deux fils, l'un de la *servante,* l'autre de la femme *libre;* mais celui de la *servante* est né selon la chair, celui de la femme *libre* en vertu de la promesse » (Ga **4** 21-23). Paul fait allusion aux événements racontés en Gn 16-17.21 : sa femme Sara étant stérile, Abraham eut un premier fils, Ismaël, de sa servante Agar (Gn **16**) ; mais en vertu d'une « promesse » divine (Gn **17**), il eut finalement un fils aussi de sa femme Sara (Gn **21** 1-7), fils qu'il nomma Isaac. Ismaël est donc le fils de la servante, né « selon la chair », c'est-à-dire selon les lois naturelles ; Isaac est le fils de la femme libre, né selon la promesse. Ces deux femmes, Agar et Sara, sont pour Paul les figures de l'ancienne et de la nouvelle Alliance, de la Jérusalem terrestre (le judaïsme) et de la Jérusalem céleste (le christianisme) ; la première enfante « pour l'esclavage », elle est « *esclave* avec ses enfants », tandis que la seconde est *libre* (Ga **4** 24-27). Paul revient finalement au thème de l'héritage, apanage de ceux qui sont de la *postérité d'Abraham* (**3** 29), en se référant à Gn **21** 10 qu'il cite explicitement : « Or vous, mes frères, à la manière d'Isaac, vous êtes enfants de la promesse. Mais comme alors l'enfant de la chair (= Ismaël) persécutait l'enfant de l'esprit (= Isaac), il en est encore ainsi maintenant. Eh bien, que dit l'Écriture : 'Chasse la servante et son fils, car il ne faut pas que le fils de la *servante* hérite avec le fils de la femme *libre*'. Aussi, mes frères, ne sommes-nous pas enfants d'une *servante* mais de la femme *libre.* C'est pour nous que restions libres que le Christ nous a délivrés » (**4** 28 - **5** 1). D'après Gn **21** 10 ss., Agar et son fils Ismaël furent chassés et allèrent s'établir au loin afin que seul Isaac, le fils de la promesse, reçoive l'héritage d'Abraham. Pour Paul, les Juifs sont bien de la postérité d'Abraham, mais ils le sont « selon la chair », à l'image d'Ismaël, et ils n'ont aucun droit à l'héritage ; seuls les chrétiens ont droit à l'héritage car ils sont enfants d'Abraham « selon la promesse », ou « selon l'esprit », à l'image d'Isaac.

Un point important du texte de Paul reste à éclaircir, le v. 29 : « Mais comme alors l'enfant de la chair persécutait l'enfant de l'esprit, il en est encore ainsi maintenant. » A quel

événement l'apôtre fait-il allusion ? Ce texte de Paul précède immédiatement la citation de Gn **21** 10 ; beaucoup de commentateurs admettent donc que Paul ferait allusion à Gn **21** 9 : « Or Sara aperçut le fils né à Abraham de l'Égyptienne Agar *qui jouait* avec son fils Isaac. » Mais comment Paul peut-il dire qu'Ismaël, le fils d'Agar, *persécutait* Isaac, tandis que le texte de la Genèse dit seulement qu'il *jouait* avec lui ? Paul semble connaître une interprétation rabbinique du texte de Gn **21** 9 que l'on retrouvera exprimée par Rabbi Ismaël, mort vers 135, et qui confond les deux verbes voisins *tsahaq* (jouer) et *sahaq* (combattre). Un passage du traité *Sota,* de la Tosephta, attribue cette parole à Rabbi Ismaël : « *metsahēq* (le verbe utilisé en Gn **21** 9) ne signifie rien d'autre que 'verser le sang'», et il renvoie à 2 S **2** 14 ss. Il précise ensuite le sens du texte de la Genèse : « Sara vit comment Ismaël prit une flèche et tira au but, afin de tuer Isaac », et il renvoie à Pr **26** 18 (*Sota* **6** 6). Cette interprétation est probablement influencée par le texte de Gn **21** 20 où il est dit qu'Ismaël « devint un tireur d'arc » ; on la retrouve, mais avec des attestations plus tardives dans le midrash Genèse Rabba (53 11). De la même façon, Paul peut dire qu'Ismaël « persécutait » Isaac, c'est-à-dire cherchait à le tuer, selon le sens que ce verbe a souvent dans le NT. Il ajoute : « Il en est encore ainsi maintenant », faisant allusion aux persécutions des Juifs contre les chrétiens lors de la première expansion missionnaire.

En citant Paul, nous avons souligné les expressions qui se retrouvent dans le texte de Jn **8** 31-37 bien qu'elles soient étrangères au vocabulaire de Jn. Ceci va nous permettre de mieux saisir les influences de Paul sur Jn.

b) Voyons quels motifs pouvait avoir Jean II-B de reprendre les principaux thèmes de Ga **3-4**, et de quelle façon il les a repris.

ba) Il commence son dialogue entre Jésus et les Juifs par ces mots : « Jésus disait aux Juifs qui avaient cru en lui. » C'est le seul passage, dans les évangiles, où il est dit explicitement que Jésus s'adresse à des Juifs qui ont cru en lui. Sans grand danger de se tromper, on peut affirmer que, par le biais de ce dialogue, Jean II-B vise les judéo-chrétiens qui troublaient l'harmonie de la communauté dans laquelle il vivait, quelque part en Asie Mineure, probablement à Éphèse. Or, dans l'épître aux Galates, Paul s'adresse aussi à des chrétiens qui voudraient reprendre les observances du judaïsme, donc à des judéo-chrétiens, et il vitupère contre eux avec une virulence que l'on ne trouve nulle part ailleurs dans ses autres épîtres (cf. Ga **1** 6-9 ; **3** 1-5 ; **4** 8-11 ; **5** 1-2 ; 11-12 ; **6** 12-13). Jean II-B ne pouvait que lire avec sympathie ces pages vigoureuses de l'épître aux Galates.

bb) Mais si Jean II-B peut si facilement reprendre quelques-uns des principaux thèmes de Ga **3-4**, c'est parce qu'ils offraient déjà des analogies indéniables avec le texte de Jean II-A qu'il avait sous les yeux (Jn **8** 40 ss. ; cf. *supra*). Selon Jean II-A, les Juifs agissent sous l'influence néfaste de leur père, le Diable (Jn **8** 41.44a). Selon Paul, les Juifs sont esclaves de la Loi et, par le biais de la Loi, des *esprits célestes* qui prétendaient maintenir le monde sous leur tutelle (Ga **4** 2-3 ; 9-10 ; cf. Col **2** 15-18). Il était aisé à Jean II-B de combiner les deux thèmes en affirmant que les Juifs sont esclaves du Diable (8 34.44 ; cf. *infra*).

bc) Dans la ligne de ce thème, Jean II-B reprend à Paul deux idées plus spéciales. Pour lui comme pour Paul, c'est le Christ seul qui peut nous libérer de cet esclavage (Jn 8 36 ; Ga 5 1) ; il suffit aux hommes d'accueillir la parole de Jésus (Jn 8 31b), c'est-à-dire de croire (Ga 3 2-9 ; 23-29). – D'autre part, comme Paul, il affirme que l'esclave devra quitter la « maison » (Jn 8 35 ; cf. Ga 4 30).

bd) Dans le texte de Jean II-A, Jésus s'en prenait aux Juifs qui s'imaginent avoir Dieu pour père tandis qu'ils ont pour père le Diable (8 41b.42.44a). Dans l'épître aux Galates, Paul joue sur deux façons différentes d'avoir Abraham pour père ; les Juifs s'imaginent constituer la véritable « postérité d'Abraham » tandis qu'ils ne sont enfants d'Abraham qu'à la manière d'Ismaël, le fils de l'esclave ; ce sont les chrétiens qui sont les véritables enfants d'Abraham, à la manière d'Isaac, le fils de la femme libre (Ga 4 21-31 ; 3 9.29). Ici encore, il était facile à Jean II-B de combiner les thèmes de Jean II-A et de Paul ; il remplace l'opposition « Dieu est notre père/le Diable est votre père » par l'opposition « Abraham est notre père/le Diable est votre père », en exprimant d'ailleurs le premier membre de l'opposition avec des termes plus proches de ceux de Paul : « enfants d'Abraham » (8 39b), d'où « postérité d'Abraham » (8 33.37).

be) Enfin, dans le dialogue de Jean II-A, Jésus reprochait aux Juifs : « Vous cherchez à me tuer » (8 40). Dans l'épître aux Galates, Paul se réfère à Gn 21 9 qu'il interprète en ce sens qu'Ismaël *poursuivait* Isaac, situation qui se prolongeait de son temps par les persécutions des Juifs contre les chrétiens. Les conditions historiques sont donc analogues : Ismaël persécutait Isaac, les Juifs persécutent Jésus, les Juifs persécutent les chrétiens.

Il est difficile d'en douter : Jean II-B réinterprète le texte de Jean II-A en se référant à Ga 3-4, d'où le vocabulaire insolite qui abonde en Jn 8 31-37. Reprenons maintenant une analyse plus détaillée de Jn 8 31-37.

c) Le texte de Jn 8 31b-37 contient un procédé littéraire typiquement johannique : Jésus prononce une parole qui peut se comprendre à deux plans différents (8 31b-32) ; ses interlocuteurs comprennent dans le mauvais sens (8 33) et Jésus précise alors le sens de sa parole (8 34 ss.).

ca) « Si vous demeurez dans ma parole, vraiment vous êtes mes disciples et vous connaîtrez la vérité et la vérité vous délivrera » (8 31b-32). Mis à part le dernier mot, qui est paulinien et sur lequel va porter l'équivoque, l'ensemble de ces phrases offre une tonalité incontestablement johannique

(cf. *supra*). Demeurer dans la parole du Christ, c'est vivre sans cesse en accord avec son enseignement (cf. 2 Jn 9), et c'est cette fidélité à l'enseignement de Jésus qui fait de nous ses disciples (Jn 13 34-35 ; 15 8-12). Alors, nous connaîtrons la vérité. Par « vérité », il faut entendre l'ensemble des commandements divins qui règlent notre vie morale et nous permettent de parvenir au salut (Ps 43 3 ; 86 11 ; 119 86.142) ; elle est manifestée par la parole de Dieu que Jésus nous transmet (Jn 14 24 ; 17 16b-17). Cette vérité, nous devons la « connaître » au sens biblique du terme : la faire nôtre au point qu'elle nous pénètre jusqu'au plus intime de nous-mêmes et qu'elle devienne principe de toute notre vie. Sous une forme différente, le même enseignement se retrouve en Jn 15 8 ss. : être disciple de Jésus, c'est demeurer dans son amour en gardant ses commandements (15 8-10a), qui ne sont autres que les commandements de Dieu (15 10b) et qui se résument tous dans le commandement de l'amour fraternel (15 12 ; cf. 1 Jn 3 10-11 ; 18-24).

cb) Jésus termine son petit discours en disant : « ... la vérité vous délivrera. » C'est cette idée de délivrance que ne comprennent pas les interlocuteurs de Jésus lorsqu'ils répondent, en un langage typiquement paulinien : « Nous sommes postérité d'Abraham et jamais nous n'avons été esclaves de personne. Comment dis-tu : Vous deviendrez libres ? » (8 33). Il n'est pas facile de saisir la portée exacte de cette réponse. Depuis les occupations assyrienne (721) et babylonienne (vers 586) jusqu'à la conquête romaine par Pompée (63), le peuple juif avait connu bien des sujétions politiques dont la dernière durait encore (cf. Ne 9 36 ; Jn 19 15). Il n'est pas possible d'interpréter la réponse des Juifs dans un sens politique ; Jn ne pouvait pas leur faire dire une contre-vérité aussi flagrante ! Disons plutôt, avec le P. Lagrange : « Le sens est qu'ils n'ont jamais été esclaves de personne : *au point de perdre leur liberté spirituelle.* » Nulle puissance au monde n'a pu, jusqu'ici, les contraindre à abandonner leurs pratiques religieuses héritées des Pères.

Mais ne l'oublions pas, ce sont en fait des judéo-chrétiens de son temps que Jean II-B met en scène. Comme ceux qui troublaient jadis les églises fondées par Paul, ils sont plus proches du judaïsme que du christianisme tel qu'il se vivait dans les cercles johanniques. Ils s'attachent surtout au fait qu'ils sont « postérité d'Abraham » (cf. Mt 3 9) et peut-être méprisaient-ils les autres chrétiens issus du paganisme. Ils contestaient, de toute façon, ce christianisme johannique qui tenait la Loi pour dépassée par la Vérité que Jésus était venu donner aux hommes (Jn 1 17 ; cf. Introd., 7 c) ; mais en voulant rester prisonniers des anciennes traditions juives, ils ne sont pas « vraiment » disciples de Jésus (8 31b).

cc) La réponse de Jésus est, elle aussi, difficile à comprendre. Le sens du texte de Jn apparaît assez clairement quand on rapproche 8 34.36-37 de 8 44 et de 1 Jn 3 8 :

8 34.36.37	1 Jn 3 8	8 44
« Quiconque fait le péché est un esclave.	Celui qui fait le péché est du Diable parce que le Diable pèche *dès le commencement.* Pour cela est apparu le Fils de Dieu, pour détruire les œuvres du Diable.	« Vous, vous êtes du père le Diable...
Si donc le Fils vous délivre,		et vous voulez faire les désirs de votre père
réellement vous serez libres. ... vous cherchez à me tuer... »		Celui-là était tueur d'homme *dès le commencement...* »

Jn **8** 34.36-37 ne se comprend bien que si l'on a déjà dans l'esprit le v. 44, que Jean II-B reprend de Jean II-A (cf. *supra*) et le contexte de 1 Jn **3** 8 ss. « Faire le péché », c'est ne pas aimer son frère (1 Jn **3** 10), c'est le haïr jusqu'à le tuer comme avait fait Caïn agissant sous l'emprise du Mauvais, du Diable (1 Jn **3** 12.15). Les Juifs font donc le péché puisqu'ils veulent tuer Jésus (Jn **8** 37). Cette volonté de meurtre manifeste qu'ils sont des esclaves ; bien qu'ils soient « postérité d'A-braham » (**8** 33), ce que Jésus ne conteste pas (**8** 37a), ils agissent sous l'emprise du Diable, leur père (**8** 44 ; cf. 1 Jn **3** 8a), parce que c'est le Diable qui est à l'origine de tout meurtre (Gn **2**-4). Seul, le Fils pourrait les délivrer de l'emprise du Diable (**8** 36 ; 1 Jn **3** 8b) parce que sa parole annonce la vérité de Dieu (**8** 31b-32) qui est un message d'amour (cf. *supra*). Mais les Juifs ne veulent pas recevoir la parole du Christ (**8** 37c), cette parole qui les rendrait assez forts pour vaincre le Mauvais (1 Jn **2** 14c).

La plupart des commentateurs ont été gênés pour expliquer le v. 35 : « Mais l'esclave ne demeure pas dans la maison pour toujours. Le fils y demeure pour toujours. » Certains ont voulu voir là une sorte de proverbe repris par Jn (Dodd) ; beaucoup seraient tentés de considérer ce verset comme une insertion rédactionnelle. Ce verset n'offre cependant aucune difficulté d'interprétation si l'on se rappelle que Jn **8** 31b-37 fut fortement influencé par Ga **4** 21-5 1 (cf. *supra*). Outre le vocabulaire paulinien commun aux deux textes, on trouve dans Jn comme dans Ga le thème du Christ qui apporte la délivrance (Jn **8** 36 ; Ga **5** 1) et celui des Juifs qui s'en prennent aux chrétiens (Ga **4** 29) ou au Christ (Jn **8** 37). Il faut donc interpréter Jn **8** 35 en fonction de Ga **4** 30 qui cite Gn **21** 10 : « Chasse la servante et son fils, car le fils de la servante n'héritera pas avec le fils de la femme libre. » Les Juifs sont certes « postérité d'Abraham », comme l'était Ismaël, le fils de la servante, l'esclave ; mais ils seront chassés de la maison (cf. Jn **14** 2) car ils ne doivent pas hériter avec ceux qui, comme Isaac, sont réellement « fils ». Comme Paul en Rm **9** 7, Jn fait une distinction entre ceux qui sont simplement « pos-térité d'Abraham », comme Ismaël et les Juifs (**8** 33.37), auxquels les judéo-chrétiens voudraient être assimilés (**8** 31a), et ceux qui sont « enfants d'Abraham » (**8** 39b) ; les premiers sont restés « esclaves » et seront chassés de la « maison » ; les seconds seuls resteront dans la « maison » pour toujours (**14** 2-3).

2. Les Juifs sont « du Diable » (8 38-46a)

Le développement de **8** 37-39.44.46a reprend celui de Jean II-A moyennant certaines transpositions rendues néces-saires par l'insertion du thème de **8** 31b-36. Les thèmes de « paternité » et de « filiation » ne sont plus envisagés par rapport à Dieu (**8** 41b-42 ; cf. 1 Jn **3** 8-10), mais par rapport à Abraham (**8** 37.39). — Jean II-B remplace le terme de « Dieu » par celui de « Père » (**8** 38, comparé à **8** 40) ; le parallélisme entre « le Fils » (**8** 36) et « le Père » (**8** 38) est typique des textes de Jean II-B (Introd., 5 z) et souligne mieux le carac-tère transcendant de la « filiation » divine de Jésus. Dans cette ligne de pensée, Jean II-B remplace la formule « que *j'ai entendue* d'auprès de Dieu » (**8** 40) par « ce que *j'ai vu* auprès du Père » (**8** 38) ; seul, le Fils a pu « voir » ce qui se trouve auprès du Père. — Au v. 39, au lieu de « vous m'aime-riez » (cf. v. 42), Jean II-B dit « vous feriez les œuvres d'Abra-ham » ; par « œuvres d'Abraham » il faut probablement com-prendre la foi en la mission de Jésus, dans la ligne de pensée de Ga **3** 6 et Rm **4** 3 ss ; la foi était déjà explicitement mention-née dans le texte de Jean II-A (v. 46b) et le sera aussi dans celui de Jean II-B (v. 45). — Au v. 44, Jean II-B remplace la formule « il ne s'est pas tenu dans la vérité » par « la vérité n'est pas en lui », dans la ligne de pensée du v. 32 ; comme souvent dans 1 Jn, il y a ici une équivalence entre « connaître » et « avoir en soi » ; le Diable ne participe d'aucune manière à la vérité, il est tout entier dans le mensonge.

En ajoutant le v. 44c : « Celui qui dit le mensonge parle de son propre fonds, parce que même son père est menteur », et en transformant le v. 46b pour lui donner la forme « mais moi, *parce que* je dis la vérité, vous ne me croyez pas » (v. 45), Jean II-B établit une opposition nouvelle entre les Juifs et Jésus. Ceux-là « disent le mensonge », c'est-à-dire refusent de croire en Jésus (cf. 1 Jn **2** 22-23) et prennent une attitude hostile parce qu'ils agissent « de leur propre fonds », ce « fonds » étant mauvais puisqu'ils ont le Diable pour père, lequel ne participe d'aucune manière à la vérité. Comme leur père, les Juifs participent tellement au « mensonge » qu'ils ne peuvent pas croire en Jésus lorsque celui-ci dit la vérité ; c'est *parce qu*'il dit la vérité que les Juifs ne peuvent pas le croire. Et pourtant qui pourrait le convaincre de péché (v. 46a) ? Qui pourrait prouver qu'il ne dit pas la vérité venue de Dieu ?

3. Le Christ préexistant (8 48-54a.56-59)

La troisième partie du dialogue composé par Jean II-B reprend plusieurs des thèmes de la première partie et leur donne une réponse ; elle aboutit à la manifestation de la véritable personnalité de Jésus.

a) Au niveau de Jean II-A, les Juifs terminaient le dialogue en disant à Jésus : « Tu es un samaritain » (v. 48). Jean II-B explicite le sens de cette injure : « Ne disons-nous pas avec raison que ( ) tu as un démon ? » Il y a un renvoi implicite à 7 20, où la foule avait déjà dit à Jésus : « Tu as un démon. » C'est accuser Jésus d'être fou (cf. Mc 3 21b-22a). Jésus leur répond qu'en parlant comme il le fait, il agit en conformité avec la volonté de son Père, il honore son Père (v. 49). Il ne recherche pas sa propre gloire, c'est-à-dire son propre honneur (v. 50), et peu lui importe d'être traité de fou. Mais que les Juifs ne s'y trompent pas ! Finalement, Dieu le réhabilitera aux yeux de tous (cf. 16 8-11) et « jugera » ceux qui l'accusent de folie au lieu de croire en lui (v. 50b).

b) Les vv. 51-53 contiennent une équivoque qui est bien dans la manière de Jn. Jésus affirme solennellement : « En vérité, en vérité, je vous le dis : si quelqu'un garde ma parole, il ne verra jamais la mort. » Garder la parole de Jésus, c'est garder la parole même de Dieu (14 23), qui est vie éternelle (6 68 ; 12 50). Celui qui garde la parole de Jésus ne verra donc jamais la mort (Ps 89 49). L'arrière-fond de cette promesse est peut-être Gn 3 22 lu dans le targum palestinien tel qu'il est attesté dans le Néofiti ; il y est dit du premier homme : « S'il avait gardé le commandement de la Loi et observé ses préceptes, il aurait vécu et subsisté comme l'arbre de vie, pour les siècles. » Jésus renouvelle et actualise une promesse faite aux hommes par Dieu au début de la création ; il s'oppose ainsi au Diable qui fut meurtrier et menteur dès l'origine de l'homme. On notera en passant que cette parole de Jésus rejoint celle qu'il avait dite en 8 31.35 : il faut demeurer dans la parole de Jésus pour obtenir la liberté qui fait de nous des fils et nous permet de demeurer pour toujours « dans la maison » de Dieu.

Les Juifs s'étonnent d'une telle prétention de Jésus et le prennent pour un fou (8 52-53). La figure d'Abraham reparaît ici pour étayer l'argumentation des Juifs. Abraham est mort ; si donc la plus grande personnalité du peuple de Dieu est morte, comment Jésus peut-il promettre à ses disciples de ne pas mourir ? Jésus serait-il plus grand qu'Abraham ? A leurs yeux, poser la question, c'est du même coup y répondre ! Les Juifs comprennent la mort au sens sémitique du terme : l'homme descend au shéol comme une ombre privée de toute vie, de toute conscience. Jésus nie la possibilité d'une telle mort pour ceux qui gardent sa parole ; à la fin de leur vie terrestre, ils iront en Dieu par la partie immatérielle de leur être ; en un certain sens, donc, ils ne mourront pas (5 24 ; 6 48-50 ; 11 25-26). On s'attendrait à ce que Jésus lève l'équivoque, mais le dialogue va tourner dans une autre direction. Les Juifs ne demandent pas d'explication sur la façon dont Jésus conçoit notre victoire sur la mort ; ils veulent que Jésus dévoile sa véritable identité : « Es-tu plus grand que notre père Abraham, qui est mort ? » Le fait de promettre

à ses disciples la victoire sur la mort implique que Jésus lui-même ne meurt pas, supérieur en cela à Abraham. Qui est-il donc ? Ou plutôt : « Qui te fais-tu ? », qui prétends-tu être ? (cf. 5 18 ; 10 33 ; 19 7).

c) La réponse de Jésus, qui va être l'occasion d'une nouvelle équivoque, est difficile à comprendre : « Abraham, votre père, a exulté à la pensée de voir mon jour ; et il le vit et il se réjouit » (8 56). L'idée que les grandes figures de l'ancienne Alliance ont eu révélation des réalités de la nouvelle Alliance et ont désiré en voir la réalisation est fréquemment exprimée dans le NT (Mt 13 17 ; Lc 10 24 ; He 11 13 ; 1 P 1 10-12). Mais le texte de Jean II-B dépasse en précision tous les parallèles cités ; non seulement Abraham a exulté à la pensée de voir le jour du Christ, mais il l'a vu réellement et fut comblé de joie. A quel événement précis de la vie d'Abraham Jean II-B veut-il faire allusion ? Selon une tradition juive, très répandue dans les écrits rabbiniques et déjà attestée dans les diverses formes du targum sur Gn 15 12-17, Abraham aurait eu en songe la révélation du jugement eschatologique des mauvais, jetés dans la Géhenne, et des bons. Ce jugement eschatologique ne serait-il pas le « jour » du Fils de l'homme, de Jésus ? Il ne semble pas, toutefois, que ce soit dans cette direction que le sens du texte johannique doive être cherché. Jn 8 56, en effet, fait transition entre la question des Juifs à Jésus : « Qui te fais-tu ? » (v. 53), et l'affirmation par Jésus de sa préexistence divine (8 58). L'événement de la vie d'Abraham auquel le v. 56 fait allusion doit donc pouvoir être mis en relation avec la préexistence divine de Jésus. Un excellent parallèle est fourni par Jn 12 41 ; après avoir cité Is 6 9-10, Jn commente : « Isaïe dit cela lorsqu'il vit sa gloire » (= la gloire du Christ) ; il fait allusion à la scène racontée en Is 6 1-5 : le prophète vit la gloire de Dieu dans le Temple. La tradition johannique ne distingue donc pas entre la gloire de Dieu et celle du Christ ; lorsque Isaïe vit la gloire de Dieu, c'est aussi celle du Christ qu'il vit (cf. Jn 17 5). On peut dès lors penser qu'en 8 56 Jean II-B ferait allusion à la scène racontée en Gn 18 1-15 : Dieu apparaît à Abraham sous la forme de trois hommes qui lui annoncent la conception et la naissance d'Isaac ; pour Jn, l'un de ces trois hommes ne serait-il pas le Fils de Dieu préexistant qui apparaît à Abraham ? La précision « et il se réjouit » ferait allusion à Gn 17 17, confondu avec Gn 18 12 : à l'annonce de la naissance d'Isaac, Abraham se met à rire ; ce thème est largement développé dans le targum ou par des auteurs comme Philon d'Alexandrie. Le « jour » du Christ serait donc son incarnation (Jn 1 1.14), symbolisée par la naissance d'Isaac. Mais Abraham aurait « vu » cette incarnation déjà réalisée, d'une certaine façon, dans la présence visible du Fils de Dieu sous les traits de l'un des trois hommes qui apparaissent (Gn 18 2) ; Jésus n'est autre que « le Dieu véritable » (1 Jn 5 20). Cette théologie johannique sera couramment reprise chez les Pères de l'Église : c'est la Parole de Dieu, préexistante, qui agissait dans tous les grands événements de l'histoire du peuple de Dieu.

Les Juifs ne peuvent pas comprendre cette christologie ! Ils se moquent donc de Jésus : « Tu n'as pas encore cinquante ans et tu as vu Abraham ? » (8 57). On aurait attendu « et Abraham t'a vu », d'après le v. 56 (une partie de la tradition manuscrite a corrigé dans ce sens) ; cette façon de parler montre bien que, au v. 56, Jn ne pense pas à un rêve qu'aurait eu Abraham, ou à une « vision » spirituelle, mais à une « rencontre » entre Jésus, Parole de Dieu préexistante, et Abraham. Jésus déclare alors clairement : « En vérité, en vérité, je vous le dis : avant qu'Abraham fût, je suis » (**8** 58). Le présent « je suis » indique, non seulement une antériorité par rapport à Abraham (cf. **1** 30), mais une existence atemporelle (cf. **8** 24b. 28). Peut-être y a-t-il une allusion à Ps **90** 2, lu dans la Septante : « Avant que les montagnes ne soient... tu es. » Jésus se fait l'égal de Dieu ; c'est la réponse qu'il donne à la question qui lui avait été posée : « Qui te fais-tu ? » Pour cette raison, les Juifs cherchent à le lapider car une telle prétention était un blasphème. Mais Jésus se cache et sort du Temple (**8** 59)

Note § **262.** *GUÉRISON D'UN AVEUGLE-NÉ* (Jn **9** 1-41)

La guérison d'un aveugle-né est le deuxième des miracles accomplis par Jésus à Jérusalem ; le premier était la guérison d'un infirme à la piscine de Béthesda (**5** 1 ss.), et l'on verra que les deux épisodes, sous leur forme actuelle, offrent des analogies évidentes. L'absence de donnée chronologique au début du récit (**9** 1) permet de rattacher cette guérison au contexte de la fête des Tentes (cf. **7** 37).

lit qu'ici chez Jn (3/2/2/1/3), comme aussi le verbe « croire » (si fréquent chez Jn) utilisé sans complément (cf. Mc **9** 24 ; Ac **27** 25 ; 1 Co **11** 18). C'est également le seul passage dans Jn où quelqu'un « se prosterne » devant Jésus (12/2/2/1/0). Enfin, la comparaison entre Jn **9** 36-37 et Jn **4** 25-26, qui contiennent le même jeu de scène, fait supposer que l'entretien entre Jésus et l'ancien aveugle devait se terminer au v. 37. Nous tiendrons donc le v. 38 et le début du v. 39 pour une addition de scribe.

I. CRITIQUE TEXTUELLE

1. Au v. 4, deux textes sont en présence. Selon le premier, il faudrait lire : « Il *nous* faut œuvrer aux œuvres de celui qui *nous* a envoyés » ; il est attesté par P⁶⁶ P⁷⁵ S L W Boh. Selon le second : « Il *me* faut œuvrer aux œuvres de celui qui *m'*a envoyé » ; il est attesté par l'ensemble des autres témoins (mais cf. *infra*), et on peut le considérer comme une correction du premier ; puisque c'est le Christ qui parle, il était tentant de changer la première personne du pluriel en première personne du singulier. Quelques témoins, spécialement B et D (ce dernier inverse la place du premier pronom « nous »), ont « Il *nous* faut œuvrer aux œuvres de celui qui *m'*a envoyé » ; ce texte est adopté par la majorité des éditions critiques, comme étant le plus difficile ; mais n'est-il pas simplement un compromis entre les deux premiers textes que nous avons signalés ?

2. Au v. 6, au lieu de « *il mit* la boue » (*epethèken*), verbe attesté presque exclusivement par le Vaticanus (B), il faut lire « *il oignit* la boue » (*epechrisen*), avec la masse des témoins du texte johannique, y compris P⁶⁶ et P⁷⁵. La leçon de B est une correction stylistique. Nous reviendrons sur ce problème dans l'analyse littéraire du récit.

3. Les éditions critiques maintiennent le v. 38 et le début du v. 39 : « Celui-ci déclara : Je crois, Seigneur ; et il se prosterna devant lui. Et Jésus dit ». Ces mots manquent toutefois dans un groupe impressionnant de témoins : P⁷⁵ S W *b l* et la version copte achmimique. Le style n'est pas johannique. La formule « celui-ci déclara » (*ho de ephè*) ne se

II. CRITIQUE LITTÉRAIRE

Bien des commentateurs admettent que ce récit n'est pas d'une seule venue, mais les divergences sont nombreuses sur la façon de concevoir l'évolution du texte. Pour Bultmann, l'évangéliste aurait réutilisé un récit plus ancien en y insérant les vv. 4-5, 22-23, 29-30, 39-41 ; il aurait aussi retouché les vv. 16 et 35-38. Mais Wilkens, Schnackenburg et Fortna restreignent le récit primitif aux vv. 1-3a et 6-7 (Fortna ajoute le v. 8, mais retouché par Jn). Avec Wellhausen et Spitta, Wilkens considère les vv. 17-23 comme un ajout ; il distingue donc en fait trois niveaux différents dans le récit. Brown est le plus timide ; il suggère seulement d'attribuer à l'éditeur de l'évangile la glose des vv. 22-23. Nos propres analyses vont nous amener à proposer des conclusions qui ne rejoignent qu'en partie celles de nos prédécesseurs. En négligeant certains détails, qui seront précisés plus loin, nous distinguons les niveaux suivants. Le récit primitif ne comportait que les vv. 1 et 6-7 ; il pourrait remonter au Document C, étant donné son insertion parfaite dans le contexte de la fête des Tentes. En reprenant ce récit, Jean II-A l'a considérablement augmenté afin de montrer comment les autorités juives, obstinées dans leur aveuglement, refusent de reconnaître qu'il y eut un miracle, ce qui les obligerait à croire en la mission de Jésus. Jean II-B transforma l'épisode en controverse concernant la rupture du repos sabbatique, établissant ainsi un parallélisme de situation entre ce récit et celui du chapitre **5**. Au niveau de Jean II-B, le texte se poursuivait par Jn **8** 12b ss., mis à sa place actuelle par Jean III. Ce dernier ajouta le v. 5 et une glose au v. 31.

C | II-A | II-B | III

1 Et, en passant, il vit un homme aveugle
  | de naissance.
2 | Et ses disciples l'interrogèrent en disant : « Rabbi, qui a péché, lui ou ses parents, qu'il soit né aveugle ? »
3 | Jésus répondit : « Ni lui n'a péché, ni ses parents, mais afin que soient manifestées les œuvres de Dieu en lui (. »)
4 | Il nous faut œuvrer aux œuvres de celui qui nous a envoyés, tant que c'est le jour. La nuit vient où nul ne peut œuvrer.
5 | Tant que je suis dans le monde, je suis la lumière du monde. »
6 | Ayant dit cela
  (et) il cracha à terre et fit de la boue avec sa salive et oignit la boue sur ses yeux
7 et il lui dit : « Va, lave-toi à la piscine de Siloé. »
  | ce qui se traduit : Envoyé.
  Il s'en alla donc et se lava et revint en voyant.
8 | Les voisins donc, et ceux qui voyaient, auparavant, qu'il était un mendiant, disaient : « N'est-ce pas celui qui était assis
  et mendiait ? »
9 | D'autres disaient : « C'est lui. » D'autres disaient : « Non, mais il lui ressemble. »
  Celui-là disait : « Je (le) suis. »
10 | Ils lui disaient donc : « Comment se sont ouverts tes yeux ? »
11 | Celui-là répondit : « L'homme qui est dit Jésus a fait de la boue et a oint mes yeux et m'a dit : Va à Siloé et lave-toi.
  Y étant donc parti et m'étant lavé, j'ai vu à nouveau. »
12 | Et ils lui dirent : « Où est celui-là ? » Il dit : « Je ne sais. »
13 | Ils le mènent aux Pharisiens, l'ancien aveugle.
14 | Or c'était sabbat le jour où Jésus fit la boue et lui ouvrit les yeux.
15 | De nouveau donc, les Pharisiens
  | (Les Juifs) lui demandaient comment il voyait à nouveau. Il leur dit :
  | « Il a mis de la boue sur mes yeux et je me suis lavé et je vois. »
16 | Certains des Pharisiens disaient donc : « Cet homme n'est pas de Dieu puisqu'il n'observe pas le sabbat. »
  | D'autres disaient : « Comment un homme pécheur peut-il faire de tels signes ? », et il y avait division parmi eux.
17 | Ils disent donc
  | de nouveau
  | à l'aveugle : « Toi, que dis-tu de lui, qu'il t'a ouvert les yeux ? » Il dit : « C'est un prophète. »
18 | Les Juifs donc ne crurent pas à son sujet qu'il avait été aveugle et qu'il voyait à nouveau jusqu'à ce qu'ils aient appelé ses parents,
  de celui qui avait recouvré la vue,
19 | et ils les interrogèrent en disant : « Celui-ci est-il votre fils, que vous dites qu'il est né aveugle ?
  | Comment donc y voit-il maintenant ? »
20 | Ses parents donc répondirent et dirent : « Nous savons que celui-ci est notre fils et qu'il est né aveugle ;
21 | mais comment y voit-il maintenant, nous ne savons pas,
  | ou qui lui a ouvert les yeux, nous ne savons pas,
  | interrogez-le, il a l'âge ; lui-même parlera de lui. »
22 | Ses parents dirent cela parce qu'ils craignaient les Juifs.
  | Les Juifs en effet avaient déjà convenu que si quelqu'un le reconnaissait pour Christ, il serait exclu de la Synagogue.
23 | C'est pourquoi ses parents dirent : « Il a l'âge, interrogez-le. »
24 | Ils appelèrent donc pour la seconde fois l'homme qui avait été aveugle et lui dirent :
  | « Rends gloire à Dieu. Nous savons que cet homme est un pécheur. »
25 | Celui-là répondit donc : « S'il est un pécheur, je ne sais ; je sais une chose : étant aveugle, j'y vois maintenant. »
26 | Ils lui dirent donc :
  | « Que t'a-t-il fait ? (»)
  | Comment t'a-t-il ouvert les yeux ? »
27 | Il leur répondit : « Je vous l'ai déjà dit et vous n'avez pas écouté !
  | Pourquoi voulez-vous l'entendre à nouveau ? Est-ce que vous voudriez, vous aussi, devenir ses disciples ? »
28 | Et ils l'injurièrent et dirent : « Toi, tu es disciple de celui-là ; mais nous, nous sommes disciples de Moïse.
29 | Nous savons que Dieu a parlé à Moïse, mais celui-ci, nous ne savons pas d'où il est. »
30 | L'homme répondit et leur dit : « Là est l'étonnant, que vous ne sachiez pas d'où il est, et il m'a ouvert les yeux !
31 | Nous savons que Dieu n'écoute pas les pécheurs ; mais si quelqu'un
  | est religieux et
  | fait sa volonté, celui-ci il l'écoute.
32 | On n'a jamais entendu dire que quelqu'un ait ouvert les yeux d'un aveugle-né.
33 | Si celui-ci n'était pas de Dieu, il ne pourrait rien faire. »
34 | Ils répondirent et lui dirent : « Toi, tu es né tout entier dans le péché et tu nous fais la leçon ? » Et ils le jetèrent dehors.
35 | Jésus entendit dire qu'ils l'avaient jeté dehors et, l'ayant rencontré, il dit : « Crois-tu au Fils de l'homme ? »
36 | Celui-là répondit et dit : « Et qui est-il, Seigneur, que je croie en lui ? »
37 | Jésus lui dit : « Et tu l'as vu, et celui qui parle avec toi, c'est lui.
39b | Pour un jugement je suis venu en ce monde, afin que ceux qui ne voient pas voient,
  | et que ceux qui voient deviennent aveugles. »

C	II-A	II-B	III	

40   Des Pharisiens qui étaient avec lui, certains entendirent cela et lui dirent : « Est-ce que, nous aussi, nous serions aveugles ? »

41   Jésus leur dit : « Si vous étiez aveugles, vous n'auriez pas de péché ; mais en fait vous dites :
Nous voyons ; votre péché demeure. »
8 12b.15b-16a.14b.13.14a.16b-19.

A) LE RÉCIT DU DOCUMENT C

1. Selon Wilkens, Schnackenburg et Fortna, le récit primitif aurait comporté les vv. 1-3a et 6-7 (les positions sont d'ailleurs nuancées en ce qui concerne le v. 3). Nous verrons plus loin pourquoi, à notre avis, il est absolument impossible de faire remonter les vv. 2-3 à la source réutilisée par Jn ; nous ne garderons donc au récit primitif que les vv. 1 et 6-7, moins les trois gloses suivantes. Au v. 1, l'expression « de naissance » est étroitement liée, d'une part aux vv. 2-3, d'autre part aux vv. 33-34 ; elle fut donc ajoutée par l'auteur de ces versets : Jean II-A (cf. *infra*). Au v. 6, la cheville rédactionnelle « ayant dit cela » est solidaire des vv. 2-5, ou au moins 2-3 (cf. *infra*) ; elle n'appartenait donc pas au récit primitif qui avait probablement un simple « et ». Enfin au v. 7, il faut supprimer du récit primitif la glose « ce qui se traduit (B 90**) : Envoyé », qui doit être de Jean II-B (Introd., 8 p). La reconstitution du récit primitif que nous proposons apparaîtra des plus plausibles si on la compare à deux autres récits de guérison d'aveugle : l'un qui se lit en Mc 8 22-25 (que nous donnerons sous une forme simplifiée) et l'autre qui se trouve dans une inscription grecque trouvée à Rome, postérieure à 138, en compagnie de trois autres récits de guérisons attribuées à Esculape/Asklepios (Inscript. Graec. XIV 966).

Jn 9

1 Et, en passant, il vit un homme aveugle ( ).
6 ( ) (et) il cracha à terre et fit de la boue avec sa salive
   et oignit la boue sur ses yeux
7 et il lui dit : « Va, lave-toi à la piscine de Siloé ( ). »
   Il s'en alla donc et se lava et revint en voyant.

Mc 8

22 Et ils lui portent un aveugle et ils le supplient qu'il le touche.
23 ... et, ayant craché sur ses yeux...
25 Ensuite, de nouveau, il imposa les mains sur ses yeux et il vit clair et fut rétabli et revoyait distinctement tout.

Inscription grecque

Le dieu révéla à Valérius Aper, un soldat aveugle, d'aller prendre du sang de coq blanc avec du miel et d'en faire un collyre et de l'oindre sur ses yeux durant trois jours. Et il vit à nouveau et il revint et rendit grâce au dieu en public.

Le parallélisme le plus intéressant est entre le texte johannique et celui de l'inscription grecque, malgré la différence touchant la nature du produit qui est mis sur les yeux. Spécialement remarquable est la formule, inhabituelle en grec, commune à Jn 9 6 et au texte de l'inscription : « oindre (quelque chose) sur les yeux » ; on aurait attendu, en grec comme en français, « oindre les yeux avec (quelque chose) » ; nous reviendrons plus loin sur ce point. Dans Jn comme dans le texte de l'inscription, l'aveugle reçoit l'ordre de s'en aller accomplir une certaine action, puis revient de son plein gré, ayant recouvré la vue. Les trois récits se terminent par trois courtes phrases liées par la conjonction « et ».

2. Le style du récit constitué par Jn 9 1.6-7 appelle les remarques suivantes. Le v. 1, d'ailleurs assez court, ne contient aucune caractéristique stylistique ; il offre en revanche un texte très proche de celui qui se lit en Mt 9 9 (cf. Mc 2 14) ; on a, en traduisant très littéralement : « Et, passant, il vit un homme aveugle ( ) » « Et, passant, (Jésus de là) vit un homme assis à la douane » (les mots mis entre parenthèses sont absents du parallèle de Mc, lequel est malgré tout moins proche du texte johannique). Le v. 6, tel qu'il se lisait dans le récit primitif, ne contient comme terme « johannique » que l'expression « à terre » (A 156), peu caractéristique et qui ne se lit ailleurs dans le NT qu'en Jn 18 6. Le v. 7 en revanche contient les expressions johanniques suivantes : le verbe « se laver » (B 57), caractéristique stylistique trompeuse car les emplois du verbe sont concentrés exclusivement dans deux passages de Jn : 9 7-15 et 13 5-14 ; le mot « piscine » (A 86), ailleurs seulement en Jn 5 2.4.7, à propos de la piscine de Béthesda ; surtout la séquence « il s'en alla donc... et... et... » (A 13 et B 98), le « donc » marquant l'exécution d'un ordre (B 24). La conjonction « donc », à elle seule, constitue le fondement de ces trois caractéristiques stylistiques ; aurait-elle été ajoutée par Jean II-A ou Jean II-B ? Ce serait bien dans leur manière (Introd., 8 a). Au v. 7a, la succession des deux impératifs « Va, lave-toi » est peu johannique ; mais elle se lit en Jn 4 16. 29 ; 21 12 textes du Document C.

3. Nous croyons pouvoir attribuer ce petit récit au Document C. Il contient en effet la mention de la piscine de Siloé, dont l'eau va provoquer la guérison de l'aveugle. Mais l'eau de la piscine de Siloé tenait une importance considérable dans la liturgie de la fête des Tentes (cf. Introd., 2 n). Puisque toute la section centrale du Document C est dominée par la fête des Tentes (Introd., 2 l), le récit de la guérison de l'aveugle y était parfaitement à sa place. Dans ce cas, il devait suivre l'épisode des Grecs, dernière controverse de la fête des Tentes, rejeté en 12 20 ss. par Jean II-B (Introd., 2 v-w). Ce point sera précisé plus loin, au cours de l'analyse du récit de Jean II-A.

B) LES ADDITIONS DE JEAN II (A ET B)

Sauf le v. 5 et une courte glose de Jean III, tout le reste du récit est constitué par des additions dues à Jean II-A et à Jean II-B. Avant d'en faire la séparation, nous allons signaler un fait stylistique qui pourrait être l'indice que le récit du Document C reçut des additions à deux niveaux rédactionnels différents. Les vv. 11 et 15b reprennent, d'une façon de plus en plus concise, la description du mode de guérison de l'aveugle par Jésus qui se lisait dans le Document C aux vv. 6-7. Mais le v. 6 contient une difficulté stylistique que la traduction française fait bien sentir ; on y lit : « il oignit la boue sur ses yeux », tandis que l'on aurait attendu « il oignit ses yeux avec la boue ». Les scribes qui recopièrent le texte johannique ont vu la difficulté et l'ont évitée de deux façons différentes ; or on va retrouver ces deux façons de corriger le texte grammaticalement défectueux, d'une part au v. 11, d'autre part au v. 15b, et dans ces deux cas, il ne s'agit pas d'une correction de scribe, mais du texte johannique authentique. Au v. 6, le codex Vaticanus (B) a remplacé le verbe « oindre » par le verbe « mettre » et a donc comme texte : « Il a mis (*epethèken*) la boue sur ses yeux » ; on trouve la même correction dans le texte johannique authentique du v. 15b, où tous les manuscrits ont : « et il mit (*epethèken*) de la boue sur mes yeux. » Par ailleurs, au v. 6, les manuscrits du groupe Lake, appuyés par l'ancienne version latine, ont tourné la difficulté du texte en supprimant les mots « la boue sur », ce qui donne : « il oignit ses yeux » ; c'est précisément le texte qui se lit au v. 11 : « L'homme nommé Jésus fit de la boue *et oignit mes yeux...* »

Ces remarques stylistiques appellent les conclusions suivantes : d'une part, les vv. 11 et 15b n'ont pas été écrits par la même main que le v. 6 ; d'autre part, les vv. 11 et 15b eux-mêmes ne sont pas du même niveau rédactionnel puisque le texte du v. 6 y fut corrigé de deux façons différentes.

Ceci dit, essayons de séparer les additions faites au niveau de Jean II-A et de Jean II-B.

1. L'INTERVENTION DES DISCIPLES (9 2-4).

Selon Bultmann, les vv. 4-5 auraient été ajoutés par l'évangéliste au texte de sa source. Schnackenburg reprend cette hypothèse, mais il compte aussi le v. 3b comme addition de Jn, étant donné le style incontestablement johannique de ce demi-verset ; solution boiteuse, car il est difficile de séparer le v. 3b du v. 3a. Fortna se voit donc obligé d'admettre que, au v. 3a, Jn aurait remplacé la réponse primitive de Jésus par une nouvelle réponse qui se continuerait aux vv. 3b-5. Mais n'est-ce pas tomber de Charybde en Scylla ? La seule solution possible est d'admettre que tout le bloc des vv. 2-5 fut ajouté au récit primitif. On rejoint alors un procédé rédactionnel typique de Jean II (Introd., 7 z), que l'on a déjà vu dans le récit de la Samaritaine (Jn 4) et que nous retrouverons dans celui de la résurrection de Lazare (Jn 11) : les disciples, qui ensuite ne joueront plus aucun rôle, n'interviennent que pour permettre à Jésus de prononcer une « parole » qui éclaire le sens profond du récit. On notera,

au début du v. 6, la cheville rédactionnelle « ayant dit cela », habituelle chez Jean II après l'insertion d'une parole de Jésus (B 80*).

Mais nous pensons que l'insertion des vv. 2-5 s'est effectuée en trois temps : les vv. 2-3 au niveau de Jean II-A, le v. 4 au niveau de Jean II-B et enfin le v. 5 au niveau de Jean III. L'intuition de Bultmann était donc assez juste, qui voulait attribuer les vv. 2-3 d'une part, 4-5 d'autre part, à deux couches littéraires différentes. Si les vv. 3 et 4 contiennent le thème commun des « œuvres » de Dieu accomplies par Jésus, ce thème est traité en fait selon deux perspectives nettement différentes. Mais examinons ce problème de plus près, en réservant toutefois à plus tard l'analyse du v. 5.

a) Le style des vv. 2 et 3 est johannique. Le v. 2, il est vrai, ne contient que deux caractéristiques stylistiques mineures « interroger » (C 52) et « Rabbi » (C 35*) ; mais la phrase « Et l'interrogèrent ses disciples disant : Rabbi... » a son équivalent en Jn 4 31 « ... l'interrogeaient les disciples disant : Rabbi... », texte que tous les commentateurs cités plus haut attribuent à l'évangéliste et qui, pour nous, est de Jean II-A. On voit donc combien il est arbitraire de vouloir maintenir ce v. 2 au récit pré-johannique. Quant au v. 3, il contient les caractéristiques stylistiques suivantes : « répondit » (B 74), « mais afin que », avec ellipse (B 78*), « manifester » (E 2), « œuvres » (B 4) ; ce dernier mot se trouve utilisé d'une façon typiquement johannique puisque les expressions « manifester les œuvres » et « les œuvres de Dieu » ne se lisent ailleurs dans tout le NT que dans deux textes de Jean II-B : **3** 21 d'une part, **6** 28 d'autre part.

Pourquoi attribuer ces vv. 2-3 à Jean II-A plutôt qu'à Jean II-B ? Parce qu'ils supposent une conception du miracle abandonnée par Jean II-B, mais courante au niveau de Jean II-A : le miracle a valeur apologétique, il « manifeste » l'action de Dieu qui s'exerce grâce à Jésus (Introd., 5 h). Ces vv. 2-3 se situent dans la ligne de pensée des vv. 33-34 qui, nous le verrons plus loin, sont de Jean II-A.

b) En revanche, c'est à Jean II-B qu'il faut attribuer le v. 4, pour deux raisons. On y trouve d'abord une opposition entre le « jour » et la « nuit », jointe au thème des « œuvres », qui provient d'une influence de Rm **13** 11-12 ; la même influence se fera sentir en Jn **11** 9-10, que nous attribuerons également à Jean II-B ; nous développerons ce point plus longuement dans le commentaire du texte. Mais c'est au niveau de Jean II-B que de telles influences pauliniennes se sont exercées (Introd., 4 z). Par ailleurs, au v. 4, Jésus parle à la première personne du pluriel ; par sa bouche, on le verra, c'est en fait la communauté johannique qui s'exprime. Nous avons ici encore une caractéristique des textes de Jean II-B (cf. **3** 11 et Introd., 8 e).

Le vocabulaire et le style confirment l'attribution de ce verset à Jean II-B. On trouve au v. 4 : « œuvres » (B 4), « œuvrer les œuvres » (A 112**) ; la phrase « Vient la nuit où... » (*erchetai nyx hote*) est proche de la formulation johannique « Vient l'heure où » (*erchetai hôra hote*, B 7**).

2. L'ex-aveugle et ses voisins (9 8-12)

Aux vv. 8-12, les voisins de l'ancien aveugle sont divisés : les uns affirment que c'est lui, les autres le nient. L'homme ayant confirmé son identité, on lui fait raconter comment il a recouvré la vue. Ces versets forment un bloc homogène dont nous attribuerons la rédaction à Jean II-B.

a) A vrai dire, les arguments d'ordre stylistique ne permettraient pas, à eux seuls, de trancher en faveur de Jean II-A ou de Jean II-B.

aa) Voici d'abord quelles sont les caractéristiques stylistiques du texte. Au v. 8 : « auparavant » (D 3**), construction grammaticale appelée « prolepse » (F 37*). Au v. 9 : « d'autres disaient » (bis ; B 64*), « celui-là » (C 37), « je (le) suis » (C 50) ; on notera toutefois le « non mais » (*ouchi alla*), de saveur plutôt lucanienne (0/0/5/1/0/2). Au v. 10 : « ils disaient donc » (B 25*), « ouvrir les yeux » (B 86*). Au v. 11 : « celui-là » (C 37), « répondit » (B 74), ordre suivi de son exécution (B 24), « donc et » (B 98), « laver » (B 57) ; notons qu'une partie de ces caractéristiques sont reprises des vv. 6-7. Au v. 12 : « où » (F 13), « celui-là » dit du Christ (B 31*), « je ne sais » (F 25).

ab) Il existe un parallélisme évident entre 9 8-9 et 7 40-41' que nous avons toutefois attribué à Jean II-A :

Jn 9	Jn 7
8 Les voisins... disaient : « Celui-ci n'est-il pas... ? »	40 De la foule ( ) ils disaient : « Celui-ci est vraiment... »
9 D'autres disaient : « Celui-ci est. » D'autres disaient : « Non, mais... »	41 D'autres disaient : « Celui-ci est le Christ. » D'autres disaient : « N'est-ce pas de Galilée... ? »

Ce parallélisme favoriserait donc une attribution de 9 8-9 à Jean II-A.

ac) Certains détails stylistiques en revanche seraient plutôt de Jean II-B, comme l'adverbe « auparavant » (*to proteron*, avec l'article), ailleurs chez Jn seulement en 6 62, un texte de Jean II-B, ou la formule « qui est dit Jésus », du v. 11, que l'on comparera aux formules semblables qui se lisent en 4 25 ; 11 16 ; 20 24 ; 21 2, textes de Jean II-B.

b) Mais voici les arguments qui nous ont fait opter pour une attribution à Jean II-B.

ba) Au v. 8, les mots « un mendiant... celui qui était assis et mendiait » sont repris des récits parallèles de Mc 10 46b et Lc 18 35b ; cette harmonisation du récit primitif sur ceux des Synoptiques, spécialement de Mc, est ailleurs le fait de Jean II-B (Introd., 4 x).

bb) On a vu plus haut que, au v. 11, la phrase « il a oint mes yeux » était une correction stylistique de celle qui se lit au v. 6 : « il oignit la boue sur ses yeux » ; la même phrase sera corrigée au v. 15b, mais de façon différente. Il semble donc

normal d'attribuer les vv. 11 et 15b à deux niveaux rédactionnels différents. Mais le v. 15b sera attribué à Jean II-A, le v. 11 doit donc être de Jean II-B.

bc) Au v. 7, le récit primitif se termine par ces mots : « Il s'en alla donc et se lava et revint en voyant. » Au v. 11, ces mots sont repris sous cette forme : « Y étant donc allé et m'étant lavé, j'ai vu de nouveau. » Le v. 7 est conforme au style du Document C : lorsque le verbe « s'en aller » (*aperchesthai*) est suivi d'un autre verbe, tous les deux sont à l'indicatif et reliés par une conjonction de coordination (4 47 ; 11 54 ; voir encore 4 28, mais critique textuelle). Au v. 11, en revanche, le verbe « s'en aller » est au participe : « y étant donc allé... j'ai vu... » ; cette construction, fréquente dans les Synoptiques (12/6/6/2/1/0) ne se lit ailleurs chez Jn qu'en 12 36b, un texte qui reprend 8 59 (Jean II-A) et que nous attribuerons à Jean II-B.

bd) On peut se demander si l'addition des vv. 8-12, dans lesquels l'ancien aveugle raconte comment il fut guéri, n'a pas pour but, entre autres, d'introduire dans le récit la formule « ouvrir les yeux » (v. 10) ; or, on le verra plus loin, cette formule revient sept fois, ce qui correspond à une intention précise de Jean II-B.

En résumé, les vv. 8-12 sont certainement de Jean II ; pour les raisons que nous venons d'énumérer, nous croyons préférable de les attribuer à Jean II-B plutôt qu'à Jean II-A.

3. La rupture du repos sabbatique

Nous arrivons au point le plus délicat de l'analyse littéraire du récit. Il comporte une anomalie qui a été relevée depuis longtemps. Aux vv. 13 à 17, ce sont les Pharisiens qui discutent avec l'ex-aveugle ; mais aux vv. 18 à 23, les Pharisiens sont devenus « les Juifs ». A partir du v. 24 et jusqu'au v. 37, ils ne sont plus explicitement nommés. C'est en raison de ce changement de personnes que Wellhausen, Spitta et Wilkens ont tenu les vv. 18-23 pour une insertion dans un récit où « les Juifs » n'apparaissaient pas. Il existe d'ailleurs un déplacement très net du centre d'intérêt d'une section à l'autre. Aux vv. 13 à 17, il est surtout question du fait que Jésus a effectué la guérison un jour de sabbat (vv. 14 et 16) ; aux vv. 18 à 23, ce problème disparaît et les Juifs s'inquiètent seulement de savoir si Jésus a *réellement* accompli un miracle ; l'homme que l'on prétend guéri était-il réellement aveugle ? Plus que la distinction entre « Pharisiens » et « Juifs », c'est cette dualité des centres d'intérêt qui va nous permettre de distinguer deux niveaux rédactionnels aux vv. 13 à 34. Au niveau de Jean II-A, il était question des Juifs qui refusent de reconnaître que Jésus a accompli un miracle ; c'est Jean II-B qui a introduit les Pharisiens dans le récit, en même temps que la controverse au sujet du sabbat.

a) Nous reviendrons plus loin sur le problème des vv. 15 et 17 ; occupons-nous pour l'instant des vv. 13-14 et 16. Ils sont évidemment liés : les vv. 13 et 14, qui mentionnent les Pharisiens (v. 13), et le jour du sabbat (v. 14), préparent la discussion entre Pharisiens décrite au v. 16, où la rupture du repos sabbatique par Jésus est au centre du débat. Or plusieurs indices permettent d'attribuer à Jean II-B la composition des vv. 13-14.16.

Au v. 14, la mention du sabbat est introduite comme en Jn 5 9b : « Or c'était sabbat en ce jour-là » (5 9b), « Or c'était sabbat en (ce) jour où Jésus... » (9 14). Dans les deux cas également, cette mention du sabbat est placée, non pas en début de récit, comme on aurait pu s'y attendre (cf. les récits synoptiques), mais après la description du miracle accompli par Jésus ; le récit prend ainsi comme un nouveau départ. Selon toute vraisemblance, c'est la même main qui a changé les deux récits en controverse sur le sabbat, celle de Jean II-B (voir note § 148).

Par ailleurs, tandis qu'au niveau de Jean II-A les « Juifs » sont les adversaires habituels de Jésus (Introd., 6 x), c'est au niveau de Jean II-B que les Pharisiens prennent une importance de plus en plus grande et surtout interviennent seuls (Introd., 6 z). Il faut donc attribuer à Jean II-B les vv. 13-14 et 16, où les Pharisiens s'en prennent à Jésus. On peut d'ailleurs constater, dans le présent récit, que la mise en scène des « Pharisiens » et des « Juifs » correspond à deux problématiques différentes. Au v. 16, *les Pharisiens* hostiles à Jésus, *sans mettre en doute la réalité du miracle accompli par lui*, refusent de le considérer comme un envoyé de Dieu pour la raison qu'il a rompu la loi du repos sabbatique ; au v. 18 au contraire, *les Juifs doutent de la réalité même du miracle.*

b) Puisque Jésus n'observe pas le sabbat, il est un « pécheur » (*hamartôlos*, v. 16). Ce qualificatif va revenir aux vv. 24b-25 et 31, mais ne se lit nulle part ailleurs chez Jn (5/6/18/4/0/14). Les vv. 24b-25 (ainsi que l'introduction du v. 26) et 31-32 (qui sont liés) doivent donc appartenir au même niveau rédactionnel que le v. 16, à Jean II-B ; ils se situent eux aussi dans la perspective de la rupture du repos sabbatique par Jésus puisque c'est ce fait qui le rend un « pécheur » aux yeux des Pharisiens. L'insertion des vv. 24b-25 a amené, au début du v. 26, la « reprise » de la formule « ils lui dirent ».

Plus encore que les vv. 24b-25, les vv. 31-32 font l'effet d'un ajout. Si on les enlève, l'argumentation de l'ancien aveugle devient beaucoup plus serrée : « Là est l'étonnant que vous ne sachiez pas d'où il est et (= tandis que) il m'a ouvert les yeux ! () Si celui-ci n'était pas de Dieu, il ne pourrait rien faire. » Entre ces vv. 30 et 33, qui se complètent par leur parallélisme, les vv. 31-32 introduisent un thème moralisant qui émousse la force de l'argumentation. Ils doivent être de Jean II-B, comme le v. 16.

c) Revenons maintenant aux vv. 15 et 17. Les vv. 13-14 et 16, on l'a vu, furent ajoutés par Jean II-B ; faut-il considérer aussi comme des additions de Jean II-B le v. 15, qui met explicitement en scène *les Pharisiens*, et le v. 17 qui, dans la ligne du v. 16, les met implicitement en scène ? Il ne semble pas ; Jean II-B se serait contenté de les modifier très légèrement afin d'obtenir plus de cohérence dans son récit.

ca) Malgré la mention explicite des Pharisiens, le v. 15 appartenait déjà au récit de Jean II-A. Sans lui, en effet, tout le jeu de scène des vv. 26 ss. (que nous maintenons à

Jean II-A) serait incompréhensible ; ces vv. 26 ss. supposent nécessairement que l'ancien aveugle a déjà été interrogé une première fois par les Juifs sur la façon dont il fut guéri par Jésus ; or, seul le v. 15 contient un tel interrogatoire effectué par des autorités juives. On admettra donc simplement que, en reprenant le v. 15 au récit de Jean II-A, Jean II-B l'a quelque peu modifié. Au niveau de Jean II-A, on devait avoir : « *Les Juifs* lui demandaient... » Jean II-B a remplacé « les Juifs » par « les Pharisiens aussi » pour préparer son v. 16 ; il a également ajouté le « De nouveau » initial en raison des vv. 10-11 qu'il avait composés.

cb) Il n'existe aucune raison de refuser le v. 17 au récit antérieur à Jean II-B. Il n'y est pas question de la rupture du repos sabbatique par Jésus, mais seulement de savoir qui est Jésus. Ce v. 17 suit d'ailleurs le v. 15 beaucoup mieux que le v. 16. Jean II-B, en le reprenant, s'est contenté d'y ajouter l'adverbe « de nouveau ».

d) Notons les particularités stylistiques des sections que nous venons d'attribuer à Jean II-B. Le v. 13, très court, n'en contient aucune. Au v. 14 : « Or c'était sabbat » (C 4), « le jour où... fit » (C 33**), « ouvrir les yeux » (B 86*). Au v. 16 : « Disaient donc » (B 25*), « cet homme » (C 78), « n'est pas de Dieu » (A 51 et B 84), « garder » (F 30), « d'autres disaient » (B 64*), « comment peut-il... faire » (C 73*), « faire des signes » (B 81), « division » (C 85*). Au v. 24b : « cet homme » (C 78), « nous savons que » (E 4* ; cf. F 25) ; on notera que la formule d'adjuration « rends gloire à Dieu », relativement fréquente dans l'AT, ne se lit nulle part ailleurs dans le NT. Au v. 25 : « répondit » (B 74), « celui-là » (C 37), « je ne sais pas/je sais » (F 25), « maintenant » (F 15). Au début du v. 26 : « ils lui dirent donc » (B 1). Au v. 31 : « Nous savons que » (E 4* ; cf. F 25), « si quelqu'un » (C 48*), « faire la volonté » (F 34*) ; on comparera la conditionnelle « si quelqu'un () fait sa volonté » à celle, identique, qui se lit en 7 17, que nous avons attribuée à Jean II-B. Au v. 32 : « ouvrir les yeux » (B 86*) ; en revanche, l'expression « ne... jamais » (*ek tou aiônos*) ne se lit nulle part ailleurs dans tout le NT.

4. L'EXCLUSION DE LA SYNAGOGUE (9 22-23)

Bultmann tient les vv. 22-23 pour une glose de l'évangéliste ; Brown pour une glose de l'éditeur de l'évangile. Effectivement, le fait que nous soyons devant une glose est souligné par la « reprise », à la fin du v. 23, des éléments qui terminent le v. 21 : « Interrogez-le, il a l'âge » « Il a l'âge, interrogez-le » (Introd., 1 f). A qui attribuer cette glose ? Le thème de la « crainte » des Juifs se lit encore en 7 13 ; 19 38 ; 20 19, textes que nous attribuons tous à Jean II-B. La menace d'exclusion de la Synagogue se retrouvera en 12 42 et 16 2, également de Jean II-B. Au v. 23, pour dire « interroger », au lieu du très johannique *erôtan* (C 52 ; cf. le v. 21 !), on a le verbe composé *eperôtan* (8/25/17/2/2/2) qui ne se lit ailleurs chez Jn qu'en 18 7, de Jean II-B. On notera enfin la similitude de structure entre ces phrases de 9 22 et de 11 57 : « Les Juifs avaient convenu... que, si quelqu'un le reconnaissait pour Christ, il serait exclu... » « Les grands prêtres... avaient donné des ordres afin que, si quelqu'un savait où il était, il l'indiquât... » ; or nous attribuerons **11** 57 à Jean II-B. Une addition au niveau de Jean III est donc exclue.

Signalons les autres caractéristiques stylistiques de ces deux versets : « dirent cela » (A 68*), « les Juifs », à deux reprises (C 7), « que, si quelqu'un » (C 48* et F 23*), « exclu de la Synagogue » (A 101**). Au v. 23 : « c'est pourquoi... dirent que » (B 69**), « il a l'âge » (C 26*, mais l'expression est reprise du v. 21).

5. LA FORMULE « OUVRIR LES YEUX »

Pour exprimer la guérison de l'aveugle, le récit johannique utilise *sept fois* l'expression « ouvrir les yeux » (**9** 10.14.17.21. 26.30.32). A la dernière fois, il est rappelé qu'il s'agissait d'un aveugle de *naissance;* une telle précision fait le lien avec le v. 34 : « Toi, *tu es né tout entier* dans le péché... » Les sept expressions « ouvrir les yeux » sont donc mises en relation avec l'adjectif « tout entier », ce qui n'est probablement pas un hasard puisque le chiffre « sept » symbolisait la totalité. Nous avons déjà rencontré un procédé littéraire semblable dans le récit de la guérison du paralytique (Jn **5**) ; nous le retrouverons dans le récit du lavement des pieds (Jn **13**) ; il doit être attribué à Jean II-B qui a systématisé l'emploi des chiffres à valeur symbolique, spécialement du chiffre « sept » (Introd., 7 m). C'est donc Jean II-B qui a voulu obtenir *sept* mentions de l'expression « ouvrir les yeux » dans le présent récit ; mais il ne les a pas forcément toutes introduites. Il est responsable de celles qui se lisent aux vv. 10, 14 et 32, puisque c'est lui qui a composé ces versets (*supra*). Mais il faut encore lui en attribuer deux autres.

a) Au v. 21, Jean II-B ajouta les mots « ou qui lui a ouvert les yeux, nous ne savons pas ». Deux indices le confirment. Mettons en parallèle la question des Juifs au v. 19 et la réponse des parents aux vv. 20b-21 :

9 19	**9** 20b-21
« Celui-ci est-il votre fils, que vous dites qu'il est né aveugle ? Comment donc y voit-il maintenant ? »	« Nous savons que celui-ci est notre fils et qu'il est né aveugle. Mais comment y voit-il maintenant, *nous ne savons pas ;* ou qui lui a ouvert les yeux, *nous ne savons pas.* »

Les parents de l'aveugle, qui craignent les Juifs, ne veulent pas se compromettre. Dans leur prudente réponse, ils reprennent mot pour mot les deux questions des Juifs, ajoutant simplement les mots « nous savons que » « nous ne savons pas ». La phrase « ou qui lui a ouvert les yeux, nous ne savons pas » vient en trop. L'addition est d'ailleurs soulignée par la « reprise » de l'expression « nous ne savons pas » (Introd., 1 f).

b) Au v. 26, la question « comment t'a-t-il ouvert les yeux ? » fait double emploi avec la question « Que t'a-t-il fait ? »

Elle pourrait être une addition de Jean II-B désireux d'obtenir ses sept « ouvrir les yeux ». En revanche, il faut maintenir au niveau de Jean II-A la même expression aux vv. 17 et 30, où elle est nécessaire.

6. LA FOI DE L'ANCIEN AVEUGLE (**9** 35-37)

Les vv. 35-37 racontent l'entrevue de Jésus avec l'ancien aveugle après son expulsion par les Juifs. Bultmann maintient cette section dans le récit primitif en admettant toutefois d'éventuels remaniements. Avec Wellhausen et Spitta, nous la considérerons comme une addition ; pour nous, elle est de Jean II-A.

a) Dans ce récit johannique, le lien « cécité-péché » n'apparaît qu'au niveau d'additions attribuées à Jean II-A : dans le dialogue des disciples avec Jésus (vv. 2-3) et dans l'ultime réflexion des Juifs : « Toi, tu es né tout entier dans le péché » (v. 34). En **9** 35-37, sur l'invitation de Jésus, l'ancien aveugle le reconnaît pour le Fils de l'homme. Or, dans la tradition synoptique, le Fils de l'homme est souvent associé au thème de la rémission des péchés (Mc **2** 10 et par.) et à l'idée plus générale de salut (cf. Lc **19** 10 ; Mc **10** 45 et par. ; voir encore Mt **11** 19 et par.). Puisque Jean II-A a introduit dans le récit de sa source cette problématique « cécité-péché », il est raisonnable de penser qu'il est aussi responsable de l'insertion du thème du Fils de l'homme. Nous lui attribuerons donc les vv. 35-37.

b) Les vv. 35-37, centrés sur la foi de l'ancien aveugle, introduisent dans le récit une théologie du signe typique de Jean II-A. Ce point sera davantage développé dans la troisième partie de la note.

c) La scène racontée en **9** 35-37 est une application concrète de la parole de Jésus prononcée en **6** 37 : « Tout ce que le Père me donne viendra à moi, et celui qui vient à moi, je ne le jetterai pas dehors » (cf. *infra*). Or nous avons attribué **6** 37 à Jean II-A ; il doit en être de même de **9** 35-37. On notera alors que **6** 37 et **9** 34-35 sont les trois seuls textes johanniques où l'on trouve l'expression « jeter dehors » (pour le cas de **12** 31 ; cf. critique textuelle).

d) Nous avons dit plus haut que ce récit de la guérison de l'aveugle-né avait sa place dans le cadre de la fête des Tentes. Or l'analyse littéraire de Jn **12** 20 ss., autre épisode de la fête des Tentes, montrera que le récit de Jean II-A se terminait par la question de la foule « Qui est ce Fils de l'homme ? » (**12** 34b), à laquelle Jésus ne donnait pas de réponse. Cette réponse serait fournie par ce récit de la guérison de l'aveugle-né et plus précisément par sa profession de foi au Fils de l'homme racontée en **9** 35-37 (cf. *infra*).

7. UNE MISSION DE JUGEMENT (**9** 39b-41)

Il faut attribuer à Jean II-B les vv. 39b-41, où Jésus dialogue avec les Pharisiens. Il existe en effet un lien thématique entre ces vv. 39b-41 et le v. 4, ajouté par Jean II-B : le fait de la guérison de l'aveugle-né est l'occasion d'un développement théologique où les thèmes du « jour » et de la « nuit » d'une part (9 4), de la « cécité » et de la « vue » d'autre part (9 39b-41), sont pris dans un sens métaphorique. En d'autres termes, les vv. 4 et 39b-41 forment une « inclusion » qui développe la portée symbolique de la guérison de l'aveugle-né ; ces versets sont de la même main, celle de Jean II-B.

Voici les caractéristiques stylistiques de ces versets. Au v. 39 : « venir dans le monde » (B 13* ; cf. C 68), « ce monde » (B 95). – Au v. 40 : « est-ce que nous aussi » (A 37* ; cf. F 3*). – Au v. 41 : « si... mais en fait » (C 71 ; cf. E 12*), « si... particule *an* » (F 27), « avoir un péché » (A 53* et E 6), « votre péché » (A 74). La phraséologie est proche de celle de 15 22.24, que nous attribuerons à Jean II-A ; mais l'expression « qui étaient avec lui » (v. 40) a son équivalent en Jn 11 31 et 12 17, deux textes de Jean II-B.

8. Jésus se rend témoignage (8 12 ss.)

Pour la reconstitution du texte de 8 12b.15b-16a.14b.13. 14a.16b-19 et sa place à la fin du récit actuel, voir note §§ 257-260, II C.

9. Le style de Jean II-A

Aux vv. 8 à 37, tout ce que nous n'avons pas attribué à Jean II-B provient de Jean II-A, soit les vv. 15, 17-21 (moins une glose au v. 21), 24a, 26b-30, 33-37. Voici les caractéristiques stylistiques de ces versets. Au v. 15 : « demander » (C 52), « laver » (B 57) ; au début du verset, l'expression « de nouveau donc » (A 91) est de Jean II-B. Au v. 17 : « ils disent donc » (A 26*), « que dis-tu de » (A 166* ; cf. C 81), « ouvrir les yeux » (B 86*) ; au début du verset, le « de nouveau » fut ajouté par Jean II-B (cf. A 17*). Au v. 18 : « les Juifs » (C 7), « croire que » (C 43). Au v. 19 : « interroger » (C 52), « que vous dites que » (A 120 ; cf. B 48), « maintenant » (F 15), repris au v. 21 sous la forme *nun* (A 118*). Au v. 20 : « répondirent donc et dirent » (A 19 et B 6), « nous savons que » (E 4* ; cf. F 25). Au v. 21 : « nous ne savons pas » (A 42 ; cf. F 25), « interroger » (C 52), « il a l'âge » (C 26*). Au v. 24a : « ils appelèrent donc... et lui dirent » (A 19). Au v. 27 : « répondit » (B 74), « Est-ce que vous aussi » (A 37* ; cf. spécialement Jn 6 67), « devenir disciple » (C 39*). Au v. 28 : « celui-là » (B 31*), « être disciple » (C 39*). Au v. 29 : « nous savons que » (E 4*), « nous ne savons pas d'où » (B 52 ; cf. F 25), « d'où il est » (C 40* ; cf. C 76), construction en prolepse (F 37*). Au v. 30 : « répondit et dit » (B 6), « en cela... que » (B 45* ; cf. C 17), « vous ne savez pas » (A 42 ; cf. F 25), « savoir d'où » (B 52), « d'où il est » (C 40* ; cf. C 76), « ouvrir les yeux » (B 86*). Au v. 33 : « d'auprès de Dieu » (A 51 et B 84), « il ne pourrait rien faire » (A 76*). Au v. 34 : « répondirent et dirent » (B 6). Au v. 35 : « Crois-tu en » (B 51). Au v. 36 : « celui-là » (C 37), « répondit et dit » (B 6), « croire en » (B 51). Au v. 37 : « tu le vois » (B 82), « parlant avec » (B 63*), « celui-là » (B 31*) et supportant un *casus pendens* (B 33).

10. La finale du récit

Au niveau de Jean II-A, le récit se terminait par Jn 12 37. 39b-40. Ce point sera établi à la note § 310.

C) LES GLOSES DE JEAN III

1. Le v. 5 est artificiellement lié au v. 4 par les deux thèmes voisins de la « lumière » (v. 5) et du « jour » (v. 4). La perspective est toutefois assez différente et les commentateurs l'ont souvent noté. Au v. 4, le terme de « jour » se réfère à la présence du Christ dans le monde ; au v. 5, l'idée est beaucoup plus précise : c'est le Christ qui est la « lumière du monde ». Nous pensons donc que le v. 5 fut ajouté par Jean III en même temps qu'il déplaçait la section formée par Jn 8 12b ss., qui commence par l'affirmation de Jésus : « Je suis la lumière du monde. » Jean III a voulu garder le thème de Jésus-lumière dans ce récit où Jésus redonne la lumière à l'aveugle-né, d'où l'addition du v. 5.

Les caractéristiques stylistiques de ce verset sont centrées sur l'expression « lumière du monde », dite du Christ (A 5 et B 103 ; cf. F 24 et C 68), mais, comme on vient de le dire, Jean III reprend cette expression de Jean II-B. On notera aussi la formule « être dans le monde » (B 36).

2. Au v. 31, la proposition conditionnelle « mais si quelqu'un est religieux et fait sa volonté... » juxtapose deux expressions de même valeur, mais dont la première est de tonalité grecque et la seconde sémitique. La première de ces expressions (« religieux », *theosebès*) fut ajoutée par Jean III dans un texte de Jean II-B ; si on la supprime, on obtient une phrase identique à celle de 7 17, de Jean II-B : « Si quelqu'un () fait sa volonté... » (cf. la critique textuelle de 7 17). Un détail stylistique confirme l'addition des mots « est religieux et » : c'est l'unique cas dans Jn où une proposition conditionnelle commençant par « si quelqu'un » (*ean tis*, cf. C 48) est construite avec deux verbes ; en supprimant la première expression, on retrouve le style de Jean II.

III. LE SENS DES RÉCITS

A) LE RÉCIT DU DOCUMENT C

1 Et, en passant, il vit un homme aveugle ().
6 () (Et) il cracha à terre et fit de la boue avec sa salive
   et oignit la boue sur ses yeux
7 et il lui dit : « Va, lave-toi à la piscine de Siloé (). »
   Il s'en alla donc et se lava et revint en voyant.

Au niveau du Document C, ce récit suivait l'épisode des Grecs (12 20 ss.) situé lui aussi dans le contexte de la fête des Tentes (Introd., 2 w).

1. Sous cette forme très simple, ce récit est assez semblable à celui qui se lit en Mc 8 22-26 ; dans Jn comme dans Mc, Jésus utilise sa salive pour guérir un aveugle (Mc 8 23 ; cf. aussi Mc 7 33). Dans l'antiquité, on reconnaissait un pouvoir médicinal à la salive et les commentateurs de Jn citent l'exemple bien connu de l'empereur Vespasien qui, se rendant au temple de Sérapis à Alexandrie, guérit un aveugle en humectant ses joues et le tour de ses yeux avec sa salive ; c'est l'aveugle lui-même qui avait réclamé ce traitement sur l'ordre de Sérapis (Tacite, Histoires 81). Les textes rabbiniques attestent également l'usage de la salive pour guérir des blessures ; ce mode de guérison est d'ailleurs mis en parallèle avec des pratiques plus ou moins magiques, et prohibé pour cette raison (Tosephta, Sanh. 12 10).

2. Le récit du Document C se distingue de ses parallèles païens, comme aussi du récit de Mc 8 22-26, par des détails importants qui en soulignent l'intention générale. Jésus ne dépose pas directement sa salive sur les yeux de l'aveugle ; il crache à terre, fait de la boue, et c'est avec cette boue qu'il oint les yeux de l'aveugle ; puis il lui commande d'aller se laver à la piscine de Siloé, et c'est là que l'aveugle recouvre la vue. Pourquoi cet intermédiaire de la boue confectionnée par Jésus avec sa salive ? Est-ce pour préparer la controverse sur la rupture du sabbat par Jésus (cf. 9 14-16) ? Jean II-B, certes, utilisa ce détail afin de « corser » la controverse sur la rupture du repos sabbatique (cf. infra); mais ce n'était pas sa signification première. Jésus se sert de sa salive pour faire de la boue, et cette boue a pour but d'obliger l'aveugle à aller se laver à la piscine de Siloé. En d'autres termes, ce n'est pas tant la salive de Jésus qui a la puissance de guérir, que l'eau de la piscine.

Or, cette eau tenait une place prépondérante dans la liturgie juive de la fête des Tentes. Le rite de la libation d'eau en était la partie la plus importante (Introd., 2 n). Cette intention du rite de la fête est rappelée en Za 14 17 : « Celle des familles de la terre qui ne montera pas se prosterner à Jérusalem, devant le roi Yahvé Sabaot, il n'y aura pas de pluie pour elle » (cf. Za 14 8). Dans le récit du Document C, Jésus, lors de la fête des Tentes, envoie l'aveugle se laver à la piscine de Siloé. L'eau de la piscine acquiert une vertu nouvelle : celle d'ouvrir les yeux des aveugles. On voit poindre un symbolisme qui sera développé par Jean II-A d'abord, Jean II-B ensuite. Dans la tradition juive, l'eau était couramment donnée comme le symbole de la Loi mosaïque, de l'enseignement ou de la Sagesse reçus de Dieu. Mais l'intention première du Document C est de présenter Jésus comme le nouveau Moïse, celui qui vient apporter la révélation définitive, celui qui donne la Loi nouvelle de la nouvelle Alliance. Grâce à lui, le symbolisme de l'eau prend une dimension nouvelle : l'eau représente la Loi apportée par le nouveau Moïse, l'enseignement donné par Jésus lui-même. C'est cette parole de Dieu transmise maintenant par Jésus qui féconde les cœurs, comme la pluie féconde la terre, et leur permet de porter du fruit (Is 55 10-11). Ou, pour garder le sens profond du miracle accompli par Jésus, ceux qui étaient spirituellement aveuglés recouvrent la vue grâce à l'enseignement qu'apporte le nouveau Moïse, annoncé en Dt 18 18.

B) LE RÉCIT DE JEAN II-A

1 Et, en passant, il vit un homme aveugle de naissance.

2 Et ses disciples l'interrogèrent en disant : « Rabbi, qui a péché, lui ou ses parents, qu'il soit né aveugle ? »

3 Jésus répondit : « Ni lui n'a péché, ni ses parents, mais afin que soient manifestées les œuvres de Dieu en lui. »

6 Ayant dit cela, il cracha à terre et fit de la boue avec sa salive et oignit la boue sur ses yeux

7 et il lui dit : « Va, lave-toi à la piscine de Siloé ( ). » Il s'en alla donc et se lava et revint en voyant.

15 ( ) (Les Juifs) lui demandaient comment il voyait à nouveau. Il leur dit : « Il a mis de la boue sur mes yeux et je me suis lavé et je vois. »

17 Ils disent donc à l'aveugle ( ) : « Toi, que dis-tu de lui qu'il t'a ouvert les yeux ? » Il dit : « C'est un prophète. »

18 Les Juifs donc ne crurent pas à son sujet qu'il avait été aveugle et qu'il voyait à nouveau jusqu'à ce qu'ils aient appelé ses parents, de celui qui avait recouvré la vue,

19 et ils les interrogèrent en disant : « Celui-ci est-il votre fils, que vous dites qu'il est né aveugle ? Comment donc y voit-il maintenant ? »

20 Ses parents donc répondirent et dirent : « Nous savons que celui-ci est notre fils et qu'il est né aveugle ;

21 mais comment y voit-il maintenant, nous ne savons pas ( ). Interrogez-le, il a l'âge ; lui-même parlera de lui. »

24a Ils appelèrent donc pour la seconde fois l'homme qui avait été aveugle et lui dirent : ( )

26 ( ) « Que t'a-t-il fait ? » ( )

27 Il leur répondit : « Je vous l'ai déjà dit et vous n'avez pas écouté ! Pourquoi voulez-vous l'entendre à nouveau ? Est-ce que vous voudriez, vous aussi, devenir ses disciples ? »

28 Et ils l'injurièrent et dirent : « Toi, tu es disciple de celui-là ; mais nous, nous sommes disciples de Moïse.

29 Nous savons que Dieu a parlé à Moïse, mais celui-ci, nous ne savons pas d'où il est. »

30 L'homme répondit et leur dit : Là est l'étonnant, que vous ne sachiez pas d'où il est, et il m'a ouvert les yeux !

33 Si celui-ci n'était pas de Dieu, il ne pourrait rien faire. »

34 Ils répondirent et lui dirent : « Toi, tu es né tout entier dans le péché et tu nous fais la leçon ? » Et ils le jetèrent dehors.

35 Jésus entendit dire qu'ils l'avaient jeté dehors et, l'ayant rencontré, il dit : « Crois-tu au Fils de l'homme ? »

36 Celui-là répondit et dit : « Et qui est-il, Seigneur, que je croie en lui ? »

37 Jésus lui dit : « Et tu l'as vu, et celui qui parle avec toi, c'est lui. »

Jean II-A reprend intégralement le court récit de sa source, mais il lui ajoute cinq dialogues qui vont faire avancer progressivement le problème de la véritable identité de Jésus. Ces cinq dialogues sont disposés en forme de chiasme. Le premier dialogue se passe entre Jésus et ses disciples (9 2-3) ; il sert d'introduction à l'intelligence de l'épisode : l'infirmité de l'aveugle a pour but de « manifester les œuvres de Dieu » ; le miracle servira à dévoiler la véritable identité de celui que Dieu a envoyé accomplir ces œuvres. – Au cinquième dialogue (9 35-37). Jésus rentre en scène et se manifeste à l'ancien aveugle comme le Fils de l'homme. – Le deuxième dialogue se passe entre les Juifs et l'ancien aveugle (9 15.17) ; ce dernier reconnaît en Jésus un prophète. – Au quatrième (9 24a.26a.

27-30.33-34), qui se passe également entre *les Juifs et l'ancien aveugle*, ce dernier reconnaît implicitement en Jésus *le Prophète* semblable à Moïse. – Le troisième dialogue met en scène les Juifs et les parents de l'ancien aveugle (9 18-21) ; il a pour but d'assurer la réalité du miracle accompli par Jésus, et donc de confirmer ses titres de Prophète et de Fils de l'homme.

De l'ensemble du récit se dégage une ironie de plus en plus mordante, mêlée à une christologie centrée sur la question fondamentale : « Qui est Jésus ? », parfaitement en situation au terme des controverses de la fête des Tentes qui portent précisément sur le problème de la véritable identité de Jésus.

1. Le premier dialogue (9 2-3)

Dans le premier dialogue, Jésus expose à ses disciples la signification du miracle qu'il va accomplir.

a) Les disciples, en voyant l'aveugle, demandent à Jésus : « Rabbi, qui a péché, lui ou ses parents, qu'il soit né aveugle ? » Pour Jean II-A, en effet, l'homme est aveugle *de naissance*, comme il l'a précisé en ajoutant cette expression au v. 1. Cette question des disciples reflète une croyance assez répandue dans le judaïsme et attestée ailleurs dans les évangiles : la maladie et la mort seraient une conséquence du péché (cf. Jb 8 4-7 ; 11 6 ; Lc 13 2-4 ; Jn 5 14) ; selon Jean II, les Juifs montreront qu'ils partagent la même croyance lorsqu'ils diront à l'ancien aveugle : « Toi, tu es né tout entier dans le péché... » (9 34). Dans le cas d'un adulte, la doctrine de la rétribution personnelle admettait que la faute et ses conséquences n'étaient imputables qu'à la personne elle-même (Ez 18 2 ss. ; cf. Jr 31 29 ss. ; Dt 24 16). Mais ici, le cas est plus complexe puisque l'homme est né aveugle. Le texte de Ex 20 5 offrait un principe de solution : la faute des parents pouvait retomber sur les enfants jusqu'à la troisième et la quatrième génération (cf. Ex 34 7 ; Nb 14 18 ; Dt 5 9 ; Tb 3 3-5). Certains rabbins pensaient même que l'enfant avait la possibilité de pécher dès le sein de sa mère ! D'où l'alternative que suppose la question des disciples.

b) Dans sa réponse, Jésus situe le problème à un tout autre plan. « Ni lui n'a péché, ni ses parents... » Le mal physique n'est pas lié au péché. Mais alors, comment expliquer cette infirmité congénitale ? Quelle en est la raison d'être ? Dans ce cas précis, continue Jésus « (c'est) afin que soient manifestées les œuvres de Dieu en lui » (9 3b). La phrase rappelle la finale du récit des noces de Cana, en partie rédigée par Jean II-A : « Ce premier signe fit Jésus à Cana de Galilée, et *il manifesta sa gloire* et ses disciples crurent en lui » (2 11) ; ou encore la parole de Jésus rapportée en Jn 11 4, et qui se lisait au niveau de Jean II-B sous cette forme : « Cette maladie n'est pas pour la mort, mais ( ) afin que soit glorifié le Fils de Dieu par elle. » Le manque de vin de Cana, la cécité congénitale de l'aveugle, la maladie de Lazare, sont certes des maux, mais qui vont permettre à Jésus de manifester les œuvres de Dieu, c'est-à-dire la puissance surnaturelle, la gloire, que Dieu met en œuvre dans la personne de Jésus

pour le salut des hommes. Et puisque ces œuvres sont accomplies par Jésus, c'est la preuve qu'il a bien été envoyé par Dieu, comme le rappellera aux Juifs l'ancien aveugle lors de son second dialogue avec eux (9 33 ; cf. 3 2).

2. Le deuxième dialogue (9 15.17)

Aussitôt après la guérison de l'aveugle, les Juifs interviennent brusquement sans que leur présence ait été mentionnée dans les lignes précédentes ; ce procédé littéraire est relativement fréquent dans l'évangile de Jn (2 18 ; 5 10 ; 6 41 ; 10 24). Au niveau de Jean II-A, ces « Juifs » sont les autorités religieuses du peuple juif, spécialement celles de Jérusalem. Un miracle vient d'être accompli, on le dit du moins, et les Juifs se croient obligés d'intervenir car un tel événement a une signification religieuse précise, comme va le montrer la suite du récit. Ils s'adressent directement à l'aveugle et lui demandent comment s'est effectué le prodige ; c'est un constat (9 15a). L'homme se contente de rappeler, en les simplifiant, les circonstances du miracle (9 15b ; cf. 9 6-7). Si vraiment il y eut guérison, comme l'affirme l'ancien aveugle, le problème se pose aussitôt de la personnalité de celui qui vient d'effectuer cette guérison extraordinaire. Mais les Juifs ne veulent pas s'engager eux-mêmes dans cette voie épineuse ; ils se contentent de demander à l'ancien aveugle : « Toi, que dis-tu de lui, qu'il t'a ouvert les yeux ? » Et l'homme de répondre : « C'est un prophète. » La réponse qui vient spontanément sur les lèvres de l'homme n'est pas « C'est le Christ », mais « C'est un prophète ». Au temps de Jésus, on ne s'attendait pas à ce que le Messie accomplît des prodiges. Mais la Bible était remplie des récits de miracles effectués par les prophètes de jadis, spécialement les plus illustres d'entre eux : Élie (1 R 17 7-24) et Élisée (2 R 4 1-6 7). Depuis la catastrophe qui s'est abattue sur le peuple de Dieu lors de la grande invasion babylonienne, il n'y a plus de prophète en Israël (Ps 74 9 ; 77 9 ; Lm 2 9 ; Ez 7 26 ; 1 M 9 27 ; 14 41) ; Dieu semble avoir abandonné son peuple. La guérison extraordinaire de l'aveugle serait-elle le signe qu'un nouveau prophète s'est levé en Israël, que Dieu se souvient à nouveau de son peuple ? L'homme qui vient d'être guéri l'affirme sans hésiter ; les Juifs lui laissent la responsabilité de cette conclusion grosse de conséquence religieuse. En fait, ils ont déjà adopté une attitude négative qui va se durcir à mesure que se déroulera l'épisode.

3. Le troisième dialogue

Leur première réaction, la plus simple, est de mettre en doute la réalité même du miracle (9 18). Ils décident donc d'appeler les parents de l'ancien aveugle et de les interroger. Ceux-ci, intimidés, seront peut-être moins affirmatifs, et sur l'infirmité de leur fils, et sur les modalités de sa guérison qui, après tout, pourrait être parfaitement naturelle. Ou n'y aurait-il pas eu confusion de personnes ? Mais les parents se montrent affirmatifs sur deux points essentiels : l'homme dont on parle est bien leur fils, ce qui exclut toute confusion de personnes ; par ailleurs, il est certain qu'il est né aveugle et son infirmité congénitale ne saurait être mise en doute. Il n'existe aucune échappatoire de ce côté-là. Puisqu'il y voit maintenant, ce que tout le monde peut constater, le miracle semble évident. Mais les parents, prudents, se bornent à affirmer ce qu'ils savent. Ils n'étaient pas là lors de la guérison de leur fils, ils sont donc incapables d'expliquer comment il se fait qu'il ait recouvré la vue. Un peu goguenards, ils renvoient les Juifs à l'ancien aveugle : « Mais comment y voit-il maintenant, nous ne savons pas ( ). Interrogez-le, il a l'âge ; lui-même parlera de lui » (**9** 21).

4. Le quatrième dialogue

Dès maintenant, les Juifs se trouvent pris au piège. Ils ne peuvent plus nier le miracle et ils ne veulent pas reconnaître la mission surnaturelle de Jésus. Ils tournent en rond et reposent à l'ancien aveugle la question qui les obsède : « Que t'a-t-il fait ? » (**9** 24a.26). Dans ce nouveau dialogue, l'homme que Jésus vient de guérir va prendre un malin plaisir à se moquer de ceux qui refusent l'évidence. Pourquoi cette nouvelle question des Juifs à laquelle l'ancien aveugle a déjà répondu ? N'auraient-ils pas écouté sa réponse (**9** 27a) ? Ou plutôt, cette insistance ne serait-elle pas l'indice que les Juifs, intéressés par la guérison, seraient prêts à devenir disciples de Jésus (**9** 27b) ? Les Juifs prennent cette insinuation pour une insulte et ils commencent par injurier l'homme qui leur tient tête (**9** 28a). Leur réponse s'accroche sur les dernières paroles de leur interlocuteur : « Toi, tu es disciple de cet homme-là... » Puis ils affirment leur fidélité intégrale au judaïsme : ils sont disciples de Moïse, à qui Dieu a parlé (Ex **33** 11 ; Nb **12** 2-8 ; Dt **34** 10) ; Moïse est une valeur sûre, dont la figure domine toute l'histoire religieuse d'Israël ; mais Jésus ? « Nous ne savons pas d'où il est », disent-ils de lui avec mépris (**9** 29b). Parole imprudente, que l'ancien aveugle s'empresse de ramasser pour enferrer les Juifs dans leurs contradictions. Eux, les chefs religieux d'Israël, ne savent pas d'où est Jésus alors qu'il vient d'ouvrir les yeux d'un aveugle de naissance ! Lui, dans sa candeur, leur donne la réponse qui s'impose : il est « de Dieu », autrement, il ne pourrait rien faire (**9** 33). Les Juifs comprennent qu'il vaut mieux arrêter là une discussion qui tourne à leur confusion. L'infirmité congénitale de l'aveugle prouve qu'il n'est qu'un pécheur (cf. Jn **9** 2) ; comment un tel homme ose-t-il leur faire la leçon ? Et ils le jettent dehors, faute de pouvoir sortir du cercle vicieux où ils se sont enfermés.

Il ne faudrait pas que l'ironie du récit en masquât la profondeur christologique. En **9** 17, l'ancien aveugle avait déclaré de Jésus : « C'est un prophète. » En lisant les vv. 27-30.33, le lecteur peut comprendre que Jésus est bien un prophète, mais qu'il est aussi *le* Prophète par excellence, le nouveau Moïse qui avait été annoncé par Dt **18** 18. En **9** 17, le miracle conduit l'ancien aveugle à affirmer de Jésus : « C'est un prophète. » Ce thème est explicité en **9** 33 : « Si celui-ci n'était pas de Dieu, il ne pourrait rien faire. » Être « de Dieu » signifie : avoir été envoyé par Dieu, être venu de la part de Dieu (**7** 28-29), et c'est la caractéristique du prophète (Jr **1** 5-7 ; **7** 25 ; Is **6** 8-9 ; Ez **2** 3-5 ; et déjà de Moïse : Ex **3**

10.14). Or, à quel signe reconnaître qu'un homme a bien été envoyé par Dieu, sinon aux prodiges qu'il effectue ? Nicodème, un des chefs religieux d'Israël, l'avait reconnu lui-même devant Jésus : « Rabbi, nous savons que tu es venu de la part de Dieu, comme Maître ; car personne ne peut faire ces signes que tu fais si Dieu n'est avec lui » (Jn **3** 2 ; cf. Ex **4** 1-9). Jésus avait reconnu lui aussi : « Je ne peux rien faire de moi-même » (**5** 30), faisant écho aux paroles de Moïse en Nb **16** 28 : « A ceci vous reconnaîtrez que c'est Yahvé qui m'a envoyé pour accomplir toutes ces œuvres, (et) que (je ne les fais) pas de moi-même... » Jésus vient d'ouvrir les yeux d'un aveugle de naissance ; c'est le « signe » que Dieu est avec lui et lui prête sa force transcendante ; c'est la preuve qu'il a bien été envoyé par Dieu, qu'il est un prophète. – Mais Jésus n'est pas un prophète comme les autres. L'intention fondamentale de Jean II-A se laisse comprendre aux vv. 28-29, dans l'opposition « disciple de Jésus/disciples de Moïse ». Pour les Juifs, Dieu a parlé à Moïse et la révélation est maintenant close ; pour accomplir la volonté de Dieu, il suffit d'observer la Loi mosaïque, de se montrer fidèle « disciple de Moïse ». Mais Jésus s'est posé en réformateur religieux ; il est venu dire aux hommes comment ils doivent agir pour accomplir la volonté de Dieu. En ce sens, il est venu parfaire l'œuvre de Moïse. La Loi donnée par l'intermédiaire de Moïse était suffisante, jadis ; maintenant, Jésus apporte une révélation nouvelle qui transcende l'enseignement donné par Moïse, et c'est ce que les Juifs se refusent à admettre. Le texte de Dt **18** 18 avait pourtant annoncé l'envoi d'un nouveau Moïse, donc d'un nouveau Révélateur de la volonté de Dieu sur les hommes. Pour Jean II, fidèle aux traditions reçues du Document C, il ne fait aucun doute que Jésus est ce nouveau Moïse (Introd., 5 f-g). Il peut en effet connaître et révéler la volonté de Dieu mieux qu'aucun autre homme puisqu'il est la Sagesse de Dieu envoyée dans le monde pour sauver les hommes (Introd., 5 w). Les Juifs se trouvent donc confrontés à ce dilemme : ou s'accrocher aux traditions anciennes en restant « disciples de Moïse » ; ou reconnaître en Jésus le nouveau Moïse annoncé par Dt **18** 18, accepter son enseignement et devenir « disciples de Jésus ». Moïse ou Jésus, il faut choisir ! Éclairés par les « œuvres » qu'accomplit Jésus en vertu de la puissance de Dieu, les Juifs devraient comprendre qu'il est bien l'Envoyé de Dieu, comme il l'affirme. Mais ils sont aveuglés par leur propre suffisance et refusent de choisir Jésus.

5. Le cinquième dialogue

a) L'ancien aveugle vient d'être « jeté dehors » par les Juifs (**9** 34) ; il est rejeté du judaïsme pour avoir choisi entre Moïse et Jésus (cf. *supra*). Jésus l'apprend et s'arrange pour se trouver sur son chemin. Il lui demande alors : « Crois-tu au Fils de l'homme ? » (**9** 35). L'ancien aveugle veut faire préciser par Jésus ce qu'il pressent probablement déjà : « Et qui est-il, Seigneur, que je croie en lui ? » (**9** 36). Jésus se révèle alors de la même façon qu'il se révélera à la Samaritaine au niveau de Jean II-B : « Et tu l'as vu, et celui qui parle avec toi, c'est lui » (**9** 37 ; cf. **4** 25-26). On notera que le début de la réponse de Jésus « Tu l'as vu » (*heôrakas*) est un parfait, temps qui indique une action déjà accomplie et dont le résultat dure encore. En termes johanniques, « voir » Jésus, c'est « croire » en lui (**6** 40 ; **12** 44-45). Jésus veut dire à l'ancien aveugle qu'il croit *déjà* au Fils de l'homme puisqu'il a reconnu devant les Juifs que celui qui l'a guéri avait été envoyé par Dieu. En lui ouvrant les yeux du corps, Jésus lui a *aussi* ouvert les yeux de l'esprit : l'ancien aveugle a vu le Fils de l'homme, il croit au Fils de l'homme. Jn **9** 36 et **3** 14-16 sont les seuls passages du NT où l'objet de la foi est Jésus en tant que « Fils de l'homme ». Ce fait n'est certainement pas fortuit. En introduisant dans le récit de sa source à la fois le thème du péché qui, dans l'esprit des disciples et des Juifs, serait la cause de la cécité congénitale de l'aveugle (**9** 2-3 et 34) et celui du « Fils de l'homme » (**9** 35-37), Jean II-A veut faire allusion à cette affirmation de Jésus dans la tradition synoptique : « ... le Fils de l'homme a pouvoir sur terre de remettre les péchés » (Mc **2** 10 et par. ; cf. encore Lc **19** 10 ; Mc **10** 45 et par.). La guérison physique de l'aveugle est signe d'une conversion spirituelle.

b) Avec l'addition des vv. 35-37, centrés sur la foi de l'ancien aveugle, on retrouve la conception théologique du « signe » de Jean II-A. Pour Jean II-A, comme déjà pour l'auteur du Document C, le miracle est un « signe » capable de conduire à la foi les bénéficiaires ou les témoins (cf. Introd., 5 i). Il semble bien qu'ici Jean II-A ait voulu opposer les Juifs qui refusent de croire en contestant la réalité même de la guérison (**9** 18) à l'ancien aveugle qui, par-delà sa guérison, accède à cette vision supérieure qu'est la foi. Les premiers refusent de voir dans le miracle le « signe » que Jésus est bien l'envoyé de Dieu, le second y puise au contraire une lumière qui dépasse, et de beaucoup, la lumière naturelle que lui a apportée la guérison.

Dans ce récit remarquablement construit, Jean II-A fait participer son lecteur à cette illumination progressive de l'homme guéri. Au cours de son premier interrogatoire, il confesse que Jésus est « un prophète » (**9** 17). L'entêtement des Juifs à ne vouloir être que disciples de Moïse (**9** 28-29) lui donne l'occasion de comprendre et de déclarer que si Jésus « n'était pas de Dieu, il ne pourrait rien faire » (**9** 33), ce qui est affirmer implicitement qu'il est le nouveau Moïse annoncé par Dt **18** 18 (cf. *supra*). Expulsé par les Juifs, il peut enfin dans une rencontre personnelle avec Jésus le confesser comme le Fils de l'homme (**9** 35-37).

c) Dans le discours sur le pain de vie, prononcé, ne l'oublions pas, dans le contexte de la fête des Tentes au niveau de Jean II-A, Jésus déclarait aux Juifs : « Tout ce que me donne le Père, viendra à moi, et celui qui vient à moi je ne le jetterai pas dehors » (**6** 37). Étant donné l'équivalence chez Jn des expressions « venir à Jésus » et « croire en lui » (cf. **6** 35b), la scène composée par Jean II-A en **9** 34-37 offre deux accords avec cette déclaration de Jésus. Jésus accueille celui que les Juifs viennent de « jeter dehors » (**9** 34-35a), terme qui ne se lit pas ailleurs chez Jn, et il l'invite à « croire » au Fils de l'homme (**9** 35b). En développant le récit primitif de l'aveugle-né dans ce contexte de la fête des Tentes, Jean

II-A veut présenter la conclusion de l'épisode comme une application concrète de la déclaration que Jésus a faite aux Juifs au cours de la même fête.

d) L'épisode des Grecs qui veulent « voir » Jésus, rejeté par Jean II-B en **12** 20 ss., constituait aux niveaux plus anciens un des récits de la fête des Tentes et précédait immédiatement le récit de la guérison de l'aveugle-né (note §§ 309-A.311, II B BB 5). Dans le texte de Jean II-A, l'épisode des Grecs se terminait par la question de la foule : « Qui est ce Fils de l'homme ? », à laquelle Jésus ne donnait pas de réponse (**12** 34). En fait, cette réponse n'était que différée et c'est à l'ancien aveugle que Jésus la donne. A la foule qui ne manifeste qu'une curiosité intellectuelle pour cette figure du Fils de l'homme, Jésus ne peut répondre. La réponse à la question « Qui est ce Fils de l'homme ? » ne peut être donnée qu'à celui qui ajoute « pour que je croie en lui » (**12** 34b et **9** 36). Dans l'interrogatoire des Juifs, l'ex-aveugle a montré sa foi grandissante en Jésus ; il peut maintenant parvenir à ce degré supérieur de la foi qui lui fait reconnaître en Jésus ce Fils de l'homme dont l'élévation sur la croix sauve l'humanité. Dans cette scène ultime, l'aveugle guéri devient le symbole du « petit reste » d'Israël qui croit en Jésus et adhère au mystère de sa personne. Avec les Grecs (cf. le commentaire de la note §§ 309-A.311), il constitue le nouveau peuple de Dieu, tandis que les chefs du peuple juif s'enfoncent dans leur aveuglement (cf. *infra*) et que la foule demeure sans réponse (**12** 34).

C) LE RÉCIT DE JEAN II-B

Jean II-B reprit intégralement le texte de Jean II-A, mais il y ajouta un certain nombre de passages dont il nous faut préciser le sens.

1. Oeuvrer tant que c'est le jour (**9** 4)

a) Jean II-B complète la parole prononcée par Jésus au v. 3 en ajoutant le v. 4. On a voulu expliquer ce verset en référence à certaines paroles qui se lisent dans la tradition rabbinique. Ainsi, Rabbi Tarphon, qui enseignait lui aussi vers l'an 100, aurait dit : « Le jour est court et il y a beaucoup de travail à faire. Les travailleurs sont paresseux et la récompense est grande et le maître de maison est pressé » (Pirqé Aboth **2** 15-16). Un siècle plus tard, Rabbi Simeon ben Eleazar aurait dit : « Travaillez tant que vous le pouvez et tant que cela vous est possible et tant que c'est encore en votre pouvoir » (Shabb. 151b). Selon Dodd, nous aurions là l'expression de locutions proverbiales que Jn aurait réinterprétées dans son propre langage. Il est possible en effet que Jean II-B reprenne une locution proverbiale analogue au début du texte de Rabbi Tarphon cité à l'instant ; mais il la réinterprète en fonction de Rm **13** 12 (sur les influences de Paul sur Jean II-B, cf. Introd., 4 z). Ce fait apparaît quand on met en parallèle le texte de Paul et les deux textes de Jn **9** 4 et de **11** 9-10 :

Jn **9** 4	Rm **13** 12-13	Jn **11** 9-10
« Il nous faut œuvrer *aux œuvres* de celui qui nous a envoyés tant que c'est *le jour* ; *la nuit vient* où nul ne peut œuvrer. »	*La nuit est avancée* *le jour* est proche laissons là *les œuvres* de ténèbres, revêtons les armes de *lumière*. Comme il sied *durant le jour, marchons* avec dignité...	« Si quelqu'un *marche durant le jour* il ne trébuche pas parce qu'il voit *la lumière de ce monde.* Mais si quelqu'un *marche* *durant la nuit*, il trébuche parce que la lumière n'est pas en lui.

L'opposition « jour/nuit », toujours au sens métaphorique, ne se lit que dans ces trois textes et en 1 Th **5** 5-8, qui annonce déjà Rm **13** 12-13. Dans Paul, cette opposition est liée, d'une part au thème des « œuvres », d'autre part à l'idée de « marcher » (au sens de « se comporter ») ; or le thème des « œuvres » se retrouve en Jn **9** 4 et celui de « marcher » en Jn **11** 9-10. Ces deux textes sont de Jean II-B ; il est difficile de ne pas voir une influence de Paul sur lui, surtout quand on compare Jn **11** 9-10 au texte parallèle de 1 Jn **2** 8-11, où il s'agit aussi de « marcher », mais qui oppose la « lumière » aux « ténèbres » et non le « jour » à la « nuit ».

b) En **11** 9-10, Jean II-B reste fidèle à la perspective moralisante qui est celle de Paul ; ici il la gauchit quelque peu. Pour Paul, les « œuvres » désignent la conduite morale du chrétien ; en Jn **9** 4, le Christ affirme « Il nous faut œuvrer aux œuvres de celui qui nous a envoyés... », en référence à cette parole de Moïse : « A ceci vous connaîtrez que le Seigneur m'a envoyé faire toutes ces œuvres, (et) que (je ne les fais) pas de moi-même » (Nb **16** 28, LXX). Comme un nouveau Moïse, Jésus doit accomplir les œuvres de Dieu, c'est-à-dire les guérisons qui manifestent que l'heure est venue de sauver le monde. Dans le même sens que Lc **13** 32, le texte johannique limite ici la mission de Jésus à une journée ; la nuit au cours de laquelle nul ne peut œuvrer serait donc la nuit de la mort du Christ. Jésus se sait menacé ; les Juifs viennent d'essayer de le lapider (**8** 59) et ils ont tenté de l'arrêter (**7** 30). Mais ses disciples doivent savoir que les Juifs, pas plus qu'Hérode (Lc **13** 32), ne pourront l'empêcher d'accomplir les œuvres de son Père tant qu'il fait jour, c'est-à-dire tant qu'il est en vie.

c) Au lieu de parler à la première personne du singulier, Jésus parle à la première personne du pluriel. Pour Jean II-B, à travers les paroles de Jésus, c'est la communauté johannique qui se fait entendre (Introd., 8 e). Elle a conscience de continuer l'œuvre de Jésus, de prolonger sa « mission » reçue de Dieu. Par-delà ce « jour » que représente la vie de Jésus, elle considère ce « jour » qui est le temps qui reste au monde jusqu'à la Parousie, jusqu'au jugement du monde, et qui est donné aux hommes pour se mettre à l'école de Jésus.

2. LES VOISINS DE L'AVEUGLE (**9** 8-12)

En insérant les vv. 8 à 12, c'est-à-dire tout le jeu de scène entre l'ancien aveugle et ses voisins, Jean II-B a réalisé plusieurs objectifs.

a) L'addition du v. 8 ajoute au récit johannique un certain nombre de détails qui le rapprochent du récit de la guérison de l'aveugle de Jéricho, raconté en Mc **10** 46-52 et par. :

Mc **10** 46b	Jn **9** 8	Lc **18** 35b
un mendiant (*prosaitès*) aveugle était assis au bord du chemin	un mendiant (*prosaitès*)... celui qui était assis et mendiait (*prosaitôn*)	... qu'un aveugle était assis au bord du chemin mendiant (*epaitôn*)

Jean II-B semble faire un compromis entre les textes de Mc et de Lc. Mais y eut-il vraiment emprunt de Jn à la tradition synoptique ? On serait tenté d'en douter en faisant remarquer qu'en Orient nombreux sont les aveugles réduits à l'état de mendiants ! Beaucoup d'autres infirmes étaient aussi des mendiants ; or, de tous les malades guéris par

Jésus, l'aveugle de Jéricho et l'aveugle-né de Jn 9 sont les seuls dont on nous dise qu'ils étaient des mendiants. On notera que cet adjectif (*prosaitès*) ne se lit qu'en Mc 10 46b et Jn 9 8 dans tout le NT (opposer Ac 3 2). Quant au détail du mendiant qui « était assis », il ne s'imposait pas ; que d'aveugles mendient aux portes des villes en restant de longues heures « debout », appuyés à un mur ! L'emprunt de Jn à la tradition synoptique est donc très probable. Un détail des récits contribue encore à les rapprocher. Selon les Synoptiques, dès qu'il a recouvré la vue, l'aveugle de Jéricho se met à « suivre » Jésus (Mc 10 52b et par.). Mais « suivre » Jésus, c'est le propre du « disciple » de Jésus (Mc 1 18 ; 2 14 ; 8 34 ; Jn 1 43 et *passim*) ; or c'est précisément ce que reprochent les Juifs à l'ancien aveugle du récit johannique : « Toi, tu es disciple de cet homme-là » (Jn 9 28).

b) Au v. 9, nous apprenons que les familiers de l'aveugle se trouvent divisés devant le miracle : les uns l'acceptent, les autres le nient en prétextant qu'il ne s'agit pas du même personnage. Nous retrouvons là le thème de la « division » cher à Jean II-B (Introd., 7 i). En ajoutant ce v. 9, il est possible qu'il ait eu encore une intention plus subtile. Pour répondre au doute de ses familiers, l'ancien aveugle leur déclare : « Je (le) suis. » Ailleurs dans l'évangile, cette expression, qui a une portée théologique, est toujours mise sur les lèvres de Jésus (Jn 8 24.28.58, toujours traduit par « Je suis » ; cf. Jn 18 5-8). Jean II-B ne veut-il pas rapprocher la personne de l'aveugle guéri et celle de Jésus ? Ne veut-il pas insinuer que, par-delà l'opposition entre les Juifs (pour lui, les Pharisiens) et l'ancien aveugle, il s'agit de l'opposition entre Jésus et les Pharisiens ? Et si, finalement, les Juifs jettent dehors l'ancien aveugle, ne serait-ce pas le signe qu'ils rejettent Jésus ?

c) Aux vv. 10-11, sur la demande des voisins, l'aveugle raconte les modalités de sa guérison, qui nous sont ainsi données à *trois* reprises (9 6-7.11.15) ; ce chiffre est-il intentionnel (cf. Introd., 7 o) ? De toute façon, le jeu de scène des vv. 10-11 permettait à Jean II-B d'introduire une mention de l'expression « ouvrir les yeux » afin d'en obtenir sept (cf. *infra*).

3. Jésus et le repos sabbatique

Jean II-B a donné une orientation nouvelle au récit en plaçant un jour de sabbat la guérison effectuée par Jésus (9 14). Et puisque, selon les Synoptiques, c'est aux Pharisiens que Jésus se heurte lorsqu'il veut accomplir la loi du repos sabbatique (cf. Mc 2 23-24 ; 3 6 ; Lc 14 3 et *passim*), Jean II-B les introduit dans le récit dès le v. 13. Ils restent explicitement en scène au v. 15, où Jean II-B leur fait prendre la place des « Juifs » que mentionnait le récit de Jean II-A, et au v. 16, ajouté par Jean II-B. En fait, maintenant, ce sont eux qui sont en scène d'un bout à l'autre du récit, qu'ils soient appelés « Pharisiens » ou « Juifs ». Le thème de la violation du sabbat par Jésus se retrouvera implicitement aux vv. 24b-25, puis 31-32, ajoutés par Jean II-B.

a) Les voisins de l'ancien aveugle le mènent aux Phari-

siens (v. 13), mais Jean II-B n'en donne pas explicitement la raison. On peut conjecturer que, la guérison ayant été effectuée un jour de sabbat (v. 14), l'action de Jésus devient un « cas » qu'il faut soumettre à ceux qui se donnaient comme les gardiens scrupuleux de la Loi mosaïque. A leur point de vue, Jésus a enfreint la loi du repos sabbatique à un double chef. D'une façon générale, il était interdit d'effectuer quelque guérison durant le sabbat, sauf si le malade se trouvait en danger de mort, ce qui n'était pas le cas de l'aveugle (note § 148, III B 8). Mais, circonstance aggravante, Jésus a fait de la boue avec sa salive pour guérir l'aveugle, détail qui est soigneusement rappelé au v. 14. Or « pétrir » était une des 39 interdictions qu'il fallait respecter durant le sabbat (Shabb. 7 2).

b) Au v. 16, Jean II-B introduit le thème de la « division » des hommes devant une action ou une parole de Jésus (Introd., 7 i). On notera en passant que ce thème ne reviendra pas dans la suite du récit, où tous les « Juifs » se retrouveront d'accord pour s'opposer à l'ancien aveugle. Cette anomalie du récit s'explique par le fait que, au niveau de Jean II-A, le thème de la « division » n'avait pas encore été introduit. On notera de même que ce qui divise les Pharisiens, c'est le fait qu'un homme envoyé par Dieu ait pu effectuer un miracle le jour du sabbat ; aucun d'eux ne songe à nier la réalité du miracle, comme en 9 18. Malgré toute son habileté, Jean II-B n'a pas réussi à nous composer un récit parfaitement cohérent.

L'affirmation du premier groupe des Pharisiens et la question du second groupe se complètent l'une l'autre :

« Cet homme n'est pas de Dieu
    puisqu'il n'observe pas le sabbat. »
    « Comment un homme pécheur
peut-il faire de tels signes ? »

Le dilemme auquel se heurtent les Pharisiens est donc celui-ci : ou bien Jésus est un pécheur puisqu'il ne respecte pas la loi du repos sabbatique ; ou bien c'est un envoyé de Dieu puisqu'il peut accomplir de tels prodiges. La problématique est reprise de 9 30.33 (Jean II-A), mais réinterprétée en fonction du thème de la violation du sabbat.

c) Le même dilemme revient aux vv. 24b-25. Pour la seconde fois, les Pharisiens accusent Jésus d'être un « pécheur », c'est-à-dire un transgresseur de la Loi. Ils le disent, et ils voudraient que l'ancien aveugle le reconnaisse avec eux. Pour le contraindre, ils l'adjurent solennellement : « Rends gloire à Dieu », ce qui l'invitait à dire toute la vérité (Jos 7 19 ; Ap 16 9). Mais l'homme se retranche derrière les faits : « Je sais une chose : étant aveugle, j'y vois maintenant. » C'est dire implicitement : « Comment un pécheur peut-il faire de tels signes ? » (9 16b). La « division » n'est plus à l'intérieur du groupe des Pharisiens, mais entre les Pharisiens et l'ancien aveugle.

d) L'ancien aveugle précise sa pensée aux vv. 31-32, qu'il faut lire sous cette forme : « Nous savons que Dieu n'écoute pas les pécheurs ; mais si quelqu'un ( ) fait sa volonté, celui-ci il l'écoute. On n'a jamais entendu dire que quelqu'un ait ouvert les yeux d'un aveugle-né. » Au début du v. 31, le « Nous savons » prononcé par l'homme s'oppose au « Nous savons » des Pharisiens (v. 29) ; il exprime une vérité religieuse première dont on a l'équivalent en Pr **15** 29 (LXX) : « Dieu se tient loin des impies, mais il écoute les prières des justes. » Le « juste », c'est celui qui fait la volonté de Dieu. Cette dernière expression est relativement fréquente dans le NT (Mc **3** 35 ; Mt **7** 21 ; **21** 31 ; Ep **6** 6 ; He **10** 36 ; **13** 21 ; 1 Jn **2** 17) ; mais Jean II-B pense probablement au texte où Jésus déclare qu'il est descendu du ciel pour faire, non sa volonté, mais celle de celui qui l'a envoyé (Jn **6** 38 ; cf. **4** 34 ; **8** 29). Puisque Dieu a écouté la prière de Jésus en lui donnant d'ouvrir les yeux d'un aveugle, c'est que ce Jésus accomplit toujours la volonté de Dieu ; il n'est donc pas un pécheur ; il n'a pas transgressé la Loi mosaïque en guérissant un jour de sabbat.

4. Ils craignaient les Juifs (**9** 22-23)

Interrogés par les Juifs au sujet de leur fils et de sa guérison, les parents de l'ancien aveugle répondent à la première question, mais renvoient les Juifs à leur fils pour obtenir des précisions sur la seconde (**9** 18-21). Jean II-B a introduit le v. 22 pour donner la raison de ce refus des parents de se compromettre davantage. Dans l'évangile de Jn, admettre que Jésus a fait un miracle, c'est presque le reconnaître pour le Messie. En **7** 31, la foule déclarait : « Le Christ, lorsqu'il viendra, fera-t-il plus de signes que n'en a fait celui-ci ? » Or, les Juifs ont menacé d'exclure de la Synagogue quiconque reconnaîtrait Jésus comme Messie ; les sympathisants de la nouvelle prédication ne se manifestent donc pas ouvertement, comme le souligne Jean II-B à diverses reprises (**7** 13 ; **12** 42 ; **19** 38 ; **20** 19). Dans un tel contexte, la crainte des parents s'explique fort bien. Mais l'intention apologétique de cette addition est assez claire. Jean II-B fait ici allusion aux difficultés que rencontrèrent très tôt les premiers chrétiens face au judaïsme et qui se terminèrent par leur expulsion définitive de la Synagogue vers la fin du premier siècle. Les communautés johanniques devaient comporter un certain nombre de chrétiens qui avaient connu ce sort. On peut se demander si, derrière les parents, Jean II-B ne viserait pas aussi les judéo-chrétiens timorés qui, pour éviter de rompre totalement avec le judaïsme, préféraient se taire et échappaient ainsi à ces menaces d'expulsion qui frappèrent d'abord les missionnaires de la Parole (Ac **13** 50 ; Lc **6** 22).

5. Signification baptismale du miracle

Grâce à un procédé rédactionnel qui lui est propre, Jean II-B va donner à la guérison de l'aveugle-né une signification baptismale qui était absente des récits précédents.

a) La formule « ouvrir les yeux » revient sept fois dans le récit johannique actuel (**9** 10.14.17.21.26.30.32). Il faut voir là une intention de Jean II-B qui a systématisé l'emploi d'une formule qu'il lisait déjà chez Jean II-A (vv. 17 et 30).

Ce chiffre « sept » a une valeur symbolique bien connue dans l'antiquité ; il signifie la *totalité*. Lorsqu'il retrouve son frère Ésaü, Jacob se prosterne sept fois devant lui afin de lui manifester son entière soumission (Gn **33** 3 ; cf. 1 R **18** 43-44). Le prophète Élisée doit s'étendre sept fois sur le corps du fils de la Shunamite pour le ramener à la vie (2 R **4** 34-35). Il ordonne à Naamân le syrien de se plonger sept fois dans les eaux du Jourdain pour être purifié de sa lèpre (2 R **5** 10.14) ; la purification extérieure de Naamân est d'ailleurs le signe de sa purification intérieure : après sa guérison, ce païen se convertit à Yahvé (2 R **5** 17). La lèpre était la manifestation extérieure de son péché, comme la cécité pour l'aveugle. Ce récit de la guérison de Naamân, qui est un excellent précédent du miracle de l'aveugle-né, reprend une des prescriptions du Lévitique. Selon Lv **14** 7, un homme atteint de la lèpre devait pratiquer sept aspersions le jour de sa purification (Lv **14** 16.27.51). L'origine de ce rite pourrait être la prescription plus générale concernant le prêtre consacré par l'onction et qui, pour être purifié de son péché, doit tremper son doigt dans le sang d'un taureau immolé et en asperger sept fois le voile du Sanctuaire (Lv **4** 6.17 ; **16** 14.19). Pour être totale, la purification du péché exige à sept reprises le renouvellement du même geste.

En reprenant sept fois la formule « ouvrir les yeux », Jean II-B veut donc exprimer que l'aveugle est *totalement* guéri. On notera d'ailleurs la formule johannique employée pour la septième fois : « On n'a jamais entendu dire que quelqu'un ait ouvert les yeux d'un aveugle-né (*gegennèmenou*) » (**9** 32) ; cette dernière expression fait le lien avec le v. 34 : « Toi, tu es né (*egennèthès*) tout entier dans le péché… » Le fait d'être né aveugle implique, aux yeux des Pharisiens, que l'homme était né tout entier dans le péché ; les trois thèmes de « aveuglement », « totalité » et « péché » sont étroitement unis. En employant à sept reprises l'expression « ouvrir les yeux », chiffre qui symbolise la totalité, Jean II-B veut dire que la guérison de l'aveugle est totale ; puisqu'il a recouvré la vue, c'est qu'il est purifié *aussi* de son péché : il est prêt à recevoir l'illumination de la foi en Jésus, Fils de l'homme (**9** 35-37). La même problématique s'était déjà rencontrée à propos du récit de la guérison de l'infirme à la piscine de Béthesda (Jn **5** ; note § 148, III B 6).

b) Dans la perspective de cette réinterprétation baptismale, on peut se demander si Jean II-B n'a pas voulu évoquer les différentes étapes de la foi de tout néophyte. Il ajoute le v. 11, où le premier titre donné par l'ancien aveugle à son bienfaiteur est purement humain : « l'homme qui est dit Jésus ». L'ancien aveugle avoue inconsciemment une totale ignorance du mystère qui entoure celui qui l'appelle en le sauvant. La réflexion suscitée par les hésitations des Pharisiens (**9** 16) l'introduit dans une lumière plus claire et il reconnaît que Jésus est un prophète (**9** 17). Un peu plus tard, sa conviction se précise encore : Jésus est « de Dieu » (**9** 33), expression ambiguë qui pourrait signifier, soit simplement que Jésus fut envoyé par Dieu, comme tout prophète, soit plus profondément qu'il a une origine céleste. Enfin, au terme de sa formation symbolisée par la controverse, le néophyte est prêt, dans une ultime rencontre avec celui qu'il cherche, à le reconnaître comme le « Fils de l'homme », comme celui qui vient du ciel (Jn **3** 13).

6. La condamnation des Pharisiens (**9** 39b-41)

Nous donnons le texte de Jean II-B avec sa suite, constituée par **8** 12b ss. (note §§ 257-260, II C).

9 39b « Pour un jugement je suis venu dans le monde, afin que ceux qui ne voient pas voient et que ceux qui voient deviennent aveugles. »
40 Des Pharisiens qui étaient avec lui, (certains) entendirent cela et lui dirent : « Est-ce que, nous aussi, nous serions aveugles ? »
41 Jésus leur dit : « Si vous étiez aveugles, vous n'auriez pas de péché ; mais en fait vous dites : Nous voyons ; votre péché demeure. »
8 12b « Je suis la lumière du monde. Qui me suit ne marchera pas dans les ténèbres mais il aura la lumière de la vie.
15b Moi, je ne juge personne,
16a mais même si je juge, mon jugement est véritable
14b parce que je sais d'où je suis venu et où je vais. »
13 Les Pharisiens lui dirent : « Tu te rends témoignage, ton témoignage n'est pas vrai. »
14a Jésus répondit et leur dit : « Même si je me rends témoignage, vrai est mon témoignage ( )
16b parce que je ne suis pas seul, mais moi et celui qui m'a envoyé. »
17 Et dans votre Loi il est écrit que le témoignage de deux hommes est vrai.
18 Je suis celui qui me rend témoignage, et me rend témoignage le Père qui m'a envoyé. »
19 Ils lui disaient donc : « Où est ton Père ? » Jésus répondit : « Vous ne connaissez ni moi ni mon Père ; si vous me connaissiez, vous connaîtriez aussi mon Père. »

Au niveau de Jean II-A, le récit se terminait par la section située maintenant en **12** 37.39b-40, et comportant la citation de Is **6** 9-10. Jean II-A voyait une opposition entre l'aveugle qui a recouvré la vue grâce à Jésus et les chefs du peuple juif que Dieu rend aveugles. Jean II-B repousse ce thème à sa place actuelle mais le remplace ici par les développements de **9** 39b-41, où l'on trouve le même renversement de situation, mais réinterprété dans une perspective de jugement.

a) Jésus est venu dans le monde « afin que ceux qui ne voient pas voient, et que ceux qui voient deviennent aveugles » (**9** 39). Ceux qui ne voient pas, ce sont les humbles qui reconnaissent leur ignorance et sont prêts à recevoir la lumière du Christ ; l'aveugle-né en était le symbole. Ceux qui voient, ce sont les Pharisiens qui prétendent voir et qui, pour cette raison, refusent de recevoir l'enseignement de Jésus. La venue de Jésus va effectuer un retournement de situation : ceux qui reçoivent son enseignement vont « voir », tandis que les autres vont devenir aveugles. Nous avons probablement ici un écho de divers passages de Is **29**. Le prophète y annonce d'abord l'aveuglement des « sages », de ceux qui ont charge de conduire le peuple : « Car Dieu vous a abreuvés d'un esprit de stupeur, et il fermera leurs yeux et ceux de leurs prophètes et ceux de leurs chefs, ceux qui voient les

choses cachées... Et je perdrai la sagesse des sages, et l'intelligence des intelligents, je la cacherai » (vv. 10.14b). Mais le prophète affirme aussi : « Et en ce jour-là, les sourds entendront les paroles du livre, et les yeux des aveugles, dans les ténèbres et le brouillard, verront » (v. 18, LXX).

b) Ce que Jésus reproche aux Pharisiens, ce n'est pas d'être aveugles, c'est de ne pas vouloir le reconnaître (**9** 40-41). Ils se vantent de connaître la Loi (**7** 48-49) et d'avoir seuls le droit de conduire les autres en leur précisant quelle est la volonté de Dieu (cf. Mt **15** 14 ; **23** 16 ; Rm **2** 19) ; en réalité, ils ont étouffé la Loi sous le poids d'observances secondaires, ils en ont même faussé le sens fondamental grâce à leur casuistique (Mt **15** 1-9 ; Lc **11** 52). C'est parce qu'ils s'imaginent « voir » qu'ils refusent la lumière qu'apporte le Christ ; leur péché, c'est précisément de refuser cette lumière (cf. **15** 22-24), et ce péché les rend passibles de la colère divine (**3** 36), et donc du « jugement » de condamnation (**9** 39). On notera que, pour dire « jugement », Jn emploie ici *krima* au lieu de son habituel *krisis* ; aurait-il dans la tête les développements de Rm **2** 2.17-20, où Paul utilise aussi ce terme de *krima* (v. 2) ? C'est possible, bien que la perspective de Paul ne soit pas exactement la même.

c) Après avoir condamné l'aveuglement des Pharisiens, Jésus proclame : « Je suis la lumière du monde. » Cette affirmation se situe parfaitement dans la ligne du récit précédent : Jésus a prouvé qu'il était la lumière du monde en rendant la vue à l'aveugle-né. La parole qu'il prononce en **8** 12 est structurée comme presque toutes ces déclarations commençant par « Je suis » : Jésus affirme ce qu'il est ; il pose ensuite une condition exigée de celui qui veut être son disciple ; il expose enfin la récompense promise à celui qui remplit la condition exigée. Jésus est la lumière du monde ; il faut le suivre afin d'obtenir la lumière qui donne la vie. Pour comprendre en quel sens Jésus peut se dire la lumière du monde, on peut se reporter à des textes tels que Pr **6** 23 : « Car le précepte est une lampe, l'enseignement une lumière ; les exhortations et la discipline sont le chemin de la vie » ; ou Ps **119** 105 : « Une lampe sur mes pas ta parole, une lumière sur ma route. » Jésus est la lumière en tant que Sagesse et Parole de Dieu ; c'est en suivant son enseignement que les hommes marchent dans la lumière et parviennent à la vie éternelle. Il remplace ainsi la Loi mosaïque, et c'est ce que les Pharisiens ne veulent pas admettre.

Jésus vient de porter une condamnation implicite contre les Pharisiens : « ... votre péché demeure » (**9** 41). Il revient donc sur le thème du jugement pour s'en expliquer : « Moi, je ne juge personne ; mais même si je juge, mon jugement est véritable... » (**8** 15b-16a). Jésus est habilité à porter un jugement de condamnation contre les Pharisiens parce que, ajoute-t-il, « je sais d'où je suis venu et où je vais » (**8** 14b). La formule signifie : « ... je sais qui je suis » (cf. note §§ 257-260, III A 1 *b*). Jésus sait qu'il est l'Unique Engendré de Dieu, qu'il est lui-même Dieu (Introd., 6 *b*) ; tout jugement qu'il porte est donc un véritable jugement.

d) A ces affirmations de Jésus, les Pharisiens lui rétorquent : « Tu te rends témoignage, ton témoignage n'est pas vrai »

(8 13). Au thème du « jugement » (8 15b-16a ; cf. 9 39b) succède celui du « témoignage », comme en 5 30-32. La réponse de Jésus (8 14a.16b-18) est difficile à comprendre. En 5 31-32, Jésus reconnaissait que, s'il se rendait témoignage, son témoignage ne serait pas vrai ; il fait appel au témoignage d'un Autre : celui qui l'a envoyé, Dieu. Ici au contraire, Jésus proteste contre l'affirmation des Pharisiens : « Même si je me rends témoignage, vrai est mon témoignage » (8 14a) ; il justifie cette affirmation en se référant à des textes tels que : « Un seul témoin ne peut suffire pour convaincre un homme de quelque faute ou délit que ce soit ; quel que soit le délit, c'est au dire de deux ou trois témoins que la cause sera établie » (Dt 19 15 ; cf. 17 6). Il suffit du témoignage de deux personnes pour qu'une cause soit établie ; le témoignage de deux personnes est donc valide. Mais on voit tout de suite la difficulté du texte johannique. Dans la législation juive, un accusé ne pouvait pas invoquer son propre témoignage pour se défendre ; or Jésus dit au contraire : « Je suis celui qui me rend témoignage, et me rend témoignage le Père qui m'a envoyé » (8 18). Faut-il alors donner un sens fort à l'expression « je suis » qui commence le v. 18 ? Voudrait-elle évoquer, comme ailleurs au niveau de Jean II-B, la divinité de Jésus (8 24.28 et le commentaire) ? Jésus-homme invoquerait en sa faveur le témoignage des deux personnes divines : le Père et le Fils (J. Charlier). Mais une telle solution est un peu trop subtile. En fait, quel que soit le sens de cette référence à la Loi juive, la véritable réponse de Jésus se trouve déjà aux vv. 14a.16b : le témoignage de Jésus est vrai parce que Jésus n'est pas seul ; il y a lui, et celui qui l'a envoyé. L'expression « je ne suis pas seul » fait allusion à la présence de Dieu, qui agit en Jésus et lui donne la puissance de réaliser les miracles qu'il accomplit (Jn 3 2) ; la guérison de l'aveugle-né est la preuve que Dieu est avec Jésus, et confirme donc le témoignage que Jésus se donne. En ce sens, le P. Lagrange écrit : « Un chicaneur pourrait objecter que l'intéressé ne peut être témoin dans sa propre cause. Aussi l'argument ne vise-t-il pas une preuve juridique rigoureuse selon le cours normal. En fait, aucun homme ne peut par lui-même expliquer qui est Jésus. Il est le seul qui puisse parler de lui-même ; il faut donc l'en croire *et ses œuvres l'autorisent* (c'est nous qui soulignons) ; mais si l'on exige absolument un second témoignage, il ne fait pas défaut, et à lui seul aussi il serait suffisant ; c'est celui du Père. »

Les Pharisiens demandent alors à Jésus : « Où est ton père ? », faisant allusion à celui que l'on croyait être son père (cf. 6 42). A cette question Jésus ne répond pas, mais il affirme : « Vous ne connaissez ni moi ni mon Père ; si vous me connaissiez, vous connaîtriez aussi mon Père » (8 19 ; cf. 14 7). Leur refus de reconnaître en lui l'envoyé de Dieu, le nouveau Prophète (9 16.33) et d'admettre la validité de son témoignage (8 13) est la preuve qu'ils ne connaissent pas et ne peuvent pas connaître le Père qui l'a envoyé. Le jugement énoncé en

9 39b « afin que...ceux qui voient deviennent aveugles » est confirmé ; leur aveuglement est désormais radical.

7. DEUX MIRACLES PARALLÈLES

Au niveau de Jean II-B, le récit de la guérison de l'aveugle-né offrait des analogies indéniables avec celui de la guérison de l'infirme à la piscine de Béthesda (Jn 5). Avant de le souligner, rappelons ce que nous avons dit à la note § 148. Au niveau de Jean II-B, l'ordre des chapitres 5 et 6 était inversé ; en conséquence, le ministère de Jésus à Jérusalem se poursuivait sans interruption du chapitre 5 aux chapitres 7-9. Par ailleurs, le récit de 5 1-16 se continuait immédiatement aux vv. 11-13, 19-23.24b, 31-32 et 44-52 du chapitre 7 ; après quoi venait le discours de Jésus en 5 19 ss. Ceci dit, voyons les analogies entre les deux miracles.

Ce sont les deux seuls « signes » accomplis par Jésus à Jérusalem (la résurrection de Lazare se situe à Béthanie). Tous deux sont en relation avec une « piscine » (5 2.4.7 ; 9 7), mot qui n'apparaît nulle part ailleurs dans le NT. Ces deux miracles furent transformés par Jean II-B en controverse concernant l'observance du sabbat (5 9b ; 9 14) ; dans les deux cas, la mention du sabbat vient après le récit de la guérison proprement dite, et non en tête, comme dans les Synoptiques. Cette guérison se heurte à l'hostilité des Juifs ou des Pharisiens, qui refusent de voir en Jésus le Prophète semblable à Moïse (7 52 ; 9 28-33). Il est remarquable d'ailleurs que l'essentiel des discussions sur Jésus se passe, non pas entre les Juifs (ou les Pharisiens) et Jésus, mais entre les Juifs et d'autres interlocuteurs : d'une part le paralytique guéri (5 10-12), les gardes envoyés pour arrêter Jésus (7 45-49), Nicodème (7 50-52) ; d'autre part l'ancien aveugle (9 13-17), ses parents (9 18-21), de nouveau l'ancien aveugle (9 24-34). En revanche, dans les deux récits, Jésus « rencontre » l'homme qu'il a guéri, quelque temps après la guérison (5 14 ; 9 35-37). Dans les deux récits également, la guérison physique a une valeur symbolique : Jésus a guéri, non seulement le corps du malade, mais aussi son âme, en le purifiant du péché ; cette portée symbolique du miracle est soulignée par le même procédé rédactionnel : l'utilisation à sept reprises, d'une part de l'adjectif « sain », d'autre part de l'expression « ouvrir les yeux ». Chacun des deux récits enfin se poursuit par un discours de Jésus où il est question du « jugement » (5 24a.30 ; 9 39b-41 et 8 15b-16a) et du « témoignage » (5 31 ss. ; 8 13 ss.).

Malgré les « signes » effectués par Jésus, les chefs religieux d'Israël refusent de croire en lui. A leur incrédulité s'oppose l'attitude positive de l'ancien paralytique, et plus encore de l'ancien aveugle ; ce sont eux qui constituent le « petit reste » d'Israël qui va croire en Jésus.

Note § **263**. *LE BON PASTEUR* (Jn **10** 1-21)

Jn **10** 1-21 contient une série de « paroles » de Jésus, sous forme de paraboles, centrées sur le thème du pasteur et de ses brebis (**10** 1-18), puis une conclusion concernant la division des Juifs devant ces paroles (**10** 19-21). Dans l'état actuel du texte johannique, Jésus s'adresserait aux Pharisiens qui sont intervenus en **9** 40 ; mais il n'existe aucun lien réel entre **10** 1-21 et le contexte antérieur, comme le reconnaissent la plupart des commentateurs, et il est impossible de préciser l'auditoire auquel Jésus s'adresse.

I. CRITIQUE TEXTUELLE

1. Au v. 7, au lieu de « la porte » (*hè thyra*) il faut lire « le pasteur » (*ho poimèn*), avec P[75] et la tradition copte la plus ancienne. La leçon couramment reçue fut introduite sous l'influence du v. 9 mais ne donne aucun sens satisfaisant (cf. *infra*).

2. Au v. 8, beaucoup de témoins ajoutent l'expression « avant moi » (*pro emou*) avant ou après le verbe « sont venus » ; il faut l'omettre avec P[45] P[75] S, un certain nombre de minuscules, bien soutenus par l'ancienne tradition syro-latine, Tatien et Chrysostome. L'addition de l'expression « avant moi » est destinée à compléter un texte jugé trop concis ; en revanche, son omission, si elle était primitive, serait difficilement explicable.

II. ANALYSES LITTÉRAIRES

Pour plus de clarté, nous allons analyser les différentes sections de **10** 1-21 les unes après les autres, dans l'ordre où elles se présentent.

A) PARABOLE DU PASTEUR ET DU VOLEUR
(Jn **10** 1-6)

La parabole donnée en **10** 1-6 contient une double opposition : entre le voleur et le pasteur d'une part (vv. 1-2), entre le pasteur et l'étranger d'autre part, dont rien ne nous dit qu'il soit un voleur (vv. 4b-5). Certains auteurs en ont conclu que Jn avait repris et fusionné deux paraboles différentes (J.A.T. Robinson, suivi par R.E. Brown ; cf. O'Rourke). La première parabole aurait compris les vv. 1-2 et les premiers mots du v. 3 ; la seconde, amputée de son début par Jn, correspondait à la suite du v. 3 et aux vv. 4-5. Cette suggestion est intéressante et nous la reprendrons en partie ; mais la solution du problème est plus complexe. Nous préférons parler d'une parabole rédigée par Jean II-A, reprise avec de

légères modifications et surtout complétée par Jean II-B ; Jean III fusionna deux phrases parallèles de Jean II-A et de Jean II-B, et ajouta une glose. Voici comment nous concevons la répartition des textes aux divers niveaux rédactionnels ; les phrases de Jean II-A mises entre parenthèses avaient été remplacées, au niveau de Jean II-B, par les phrases qui les suivent immédiatement.

II-A | II-B | III

1 « En vérité, en vérité, je vous le dis : celui qui n'entre pas par la porte dans l'enclos des brebis,
    | mais monte par une autre voie,
 celui-là est un voleur et un brigand.
2 Mais celui qui entre par la porte est le pasteur des brebis.
3a | A lui le portier ouvre
 b (et les brebis entendent sa voix)
 c | et ses brebis à lui, il les appelle par leur nom
 d (et il les mène dehors)
4a | lorsqu'il a poussé dehors
   | (et) toutes les siennes, (il les pousse dehors)
 b (et) il va devant elles
 c et les brebis de suivent (. »)
 d | parce qu'elles connaissent sa voix.
5 | Mais un étranger, elles ne le suivront pas, mais elles fuiront loin de lui, parce qu'elles ne connaissent pas la voix de l'étranger. »
6 | Jésus leur dit cette parabole, mais ceux-là ne comprirent pas ce dont il leur parlait.

AA) *UNE GLOSE DE JEAN III*

Au v. 1, le texte actuel de Jn semble surchargé. Il est probable que la précision « mais monte par une autre voie » fut ajoutée par Jean III ; c'est le genre de glose qu'il affectionne : insister un peu lourdement sur tel point particulier pour être sûr que les lecteurs ont bien compris le sens du texte (Introd., 4 n).

On verra plus loin que Jean III, en fusionnant les phrases parallèles de Jean II-A et de Jean II-B, a quelque peu modifié la structure littéraire du v. 4a.

AB) *LES TEXTES DE JEAN II-A ET DE JEAN II-B*

Avec Robinson, nous admettrons que les vv. 4d-5, où Jn oppose le pasteur et l'étranger, ne sont pas de même niveau rédactionnel que les vv. 1-2, où le voleur et le brigand sont opposés au pasteur. Mais il faut compléter cette intuition par les remarques suivantes.

1. Les vv. 3-4, eux non plus, ne sont pas homogènes et appartiennent à deux niveaux rédactionnels différents au même titre que les vv. 1-2 et 4d-5. Disposons-les en les séparant, et nous justifierons ensuite l'hypothèse que nous proposons ici.

II-A	II-B
3b « et les brebis entendent sa voix	3c « et ses brebis à lui il les appelle par leur nom.
	4a Lorsque toutes les siennes il les a poussées dehors…
3d et il les mène dehors 4b (et) il va devant elles 4c et les brebis le suivent. »	4d … parce qu'elles connaissent sa voix. »

a) Le texte que nous avons attribué à Jean II-A est homogène. Le pasteur entre dans l'enclos des brebis (v. 2) ; les brebis entendent sa voix, c'est-à-dire obéissent à sa voix, selon le sens que ce verbe revêt souvent dans l'AT et aussi chez Jn (**10** 8.27 ; **5** 25.28 ; **18** 37). Le pasteur les fait alors sortir de l'enclos, puis il va devant elles et les brebis le suivent. Sous cette forme, le texte suppose que toutes les brebis de l'enclos appartiennent au même pasteur ; en d'autres termes, l'enclos ne contient qu'un seul troupeau qui va obéir au pasteur dès que celui-ci fait entendre sa voix. On notera la structure en chiasme :

A « et les brebis entendent sa voix
B   et il les mène dehors
B'   (et) il va devant elles
A' et les brebis le suivent. »

b) Les versets que nous avons attribués à Jean II-B supposent, au contraire, que l'enclos contient plusieurs troupeaux appartenant à divers pasteurs ; ce fait est souligné par les possessifs : « et ses brebis *à lui* » (v. 3c), « toutes *les siennes* » (v. 4a). La perspective est déjà celle des vv. 4d-5, où l'« étranger » représente un pasteur autre que celui auquel obéissent les brebis (cf. *infra*). En d'autres termes, l'enclos contient des troupeaux différents ; lorsque le pasteur entre (v. 2), il appelle les brebis qui lui appartiennent et seules les siennes vont lui obéir et le suivre. Elles ne suivraient pas un pasteur étranger, le pasteur d'un des autres troupeaux de l'enclos, parce qu'elles ne connaissent pas sa voix (v. 5).

La dualité des textes est soulignée par le fait que le v. 4a reprend le thème du v. 3d, mais avec la précision que le pasteur pousse dehors « toutes *les siennes* ». On est étonné aussi de la séquence anormale formée par les vv. 3b et 3c ; on se serait attendu à ce que les brebis « entendent la voix » du pasteur (3b) *après* que celui-ci les eut appelées par leur nom (3c). Enfin, le v. 4d pourrait presque être considéré comme un doublet du v. 3b.

Contrairement à l'hypothèse proposée par Robinson, nous ne pensons pas que le texte de Jean II-B ait eu une existence indépendante du texte de Jean II-A ; trop d'éléments du texte de Jean II-A sont nécessaires au texte de Jean II-B pour que celui-ci forme un tout cohérent. Nous proposons donc l'hypothèse suivante. Jean II-B reprend le texte de Jean II-A, mais il veut introduire aux vv. 3-4 le thème de la distinction des troupeaux à l'intérieur de l'enclos de façon à préparer l'addition des vv. 4d-5. Il va donc *remplacer* les vv. 3b et 3d par les vv. 3c et 4a, tout en gardant les vv. 4b et 4c. Le v. 4a se lisait

probablement sous cette forme : « (et) toutes les siennes, (il les pousse dehors) » (*kai ta idia panta ekballei*) ; c'est Jean III qui aura changé cette phrase en proposition temporelle lorsqu'il a fusionné les deux textes, afin d'éviter un doublet trop flagrant : « Lorsque toutes les siennes, il les a poussées dehors » (*hotan ta idia panta ekballèi*). Le texte de Jean II-B offrait lui aussi une structure en chiasme aux vv. 3-4 :

A « et ses brebis à lui,
     il les appelle par leur nom,
B   et toutes les siennes,
        il les pousse dehors ;
B'   et il va devant elles
A' et les brebis le suivent
     parce qu'elles connaissent sa voix. »

c) Le v. 3a parle d'un « portier » qui ouvre au pasteur ; la présence d'un tel portier chargé de garder l'enclos des brebis suppose une pluralité de troupeaux appartenant à des pasteurs différents ; nous avons donc rattaché ce v. 3a au texte de Jean II-B.

2. Il est très difficile de déterminer si le v. 6, qui mentionne l'incompréhension des interlocuteurs de Jésus, se rattache au niveau de Jean II-A ou à celui de Jean II-B. Nous verrons plus loin que l'interprétation de la parabole, aux vv. 7-10, se lisait déjà au niveau de Jean II-A ; on serait donc tenté d'attribuer à Jean II-A ce v. 6 qui fait le lien entre la parabole et son interprétation. L'argument n'est toutefois pas probant car, dans la parabole du bon pasteur et du mercenaire (**10** 11 ss), l'interprétation de la parabole suit immédiatement la parabole elle-même, sans aucun verset de liaison ; ce fait est également fréquent dans la tradition synoptique. En fait, nous pensons que ce v. 6 doit être plutôt de Jean II-B, comme on le verra dans la troisième partie de cette note.

3. Voici les caractéristiques stylistiques des deux textes que nous venons de séparer.

a) Dans le texte que nous avons attribué à Jean II-A, outre le mot « brebis » (C 60, aux vv. 1, 2, 3b, 4c), déjà attesté au niveau du Document C, on relève au v. 1 : « en vérité, en vérité » (A 2*), « celui-là » utilisé comme pronom et supportant un *casus pendens* (B 33 et C 37) ; au v. 3 : « entendent sa voix » (F 8*).

b) Dans le texte que nous avons attribué à Jean II-B, les caractéristiques stylistiques sont plus nettes. Au v. 3 : « portier » (B 91*), « brebis » (C 60), « par leur nom » (A 149**). Au v. 4 : « les siennes » (C 29**), « connaître » (F 25). Au v. 5 : « ne…pas, mais » (A 122**), « ne connaissent pas » (F 25). Au v. 6 : « parabole » (A 92**), « ceux-là » (C 37), « ce dont il…parlait » (C 64).

On notera encore que, au v. 3a, la construction « à lui le portier ouvre » ne se lit ailleurs dans le NT qu'en Ac **10** 43 ; **15** 15 ; **21** 9 ; cette parenté avec le style des Actes convient bien à Jean II-B (cf. Introd., 8 c). Au v. 6, on rapprochera la formule « ne connurent pas quoi était » (*ouk egnôsan tina èn*) de celle de **2** 25 : « il connaissait quoi était » (*eginôsken ti èn*), un texte de Jean II-B ; une telle construction ne se lit nulle part ailleurs dans le NT.

B) EXPLICATION DE LA PARABOLE
(Jn **10** 7-10.27)

L'explication de la parabole précédente, donnée aux vv. 7 à 10, offre une séquence impossible, surtout si l'on garde au v. 7b le texte reçu dans toutes les éditions critiques et la plupart des traductions. Au v. 7b, Jésus serait identifié à la « porte des brebis ». Au v. 8, on passe du thème de la « porte » à celui du « pasteur » (= Jésus), auquel s'opposent les voleurs et les brigands. Qu'il s'agisse ici du thème du « pasteur », on en a pour preuve, non seulement les vv. 1-2, que reprend ce v. 8, mais encore la finale du v. 8 lui-même : « ... mais les brebis *ne les ont pas entendus* » (cf. v. 3b) ; voleurs et brigands s'opposent, non pas à Jésus-porte, mais à Jésus-pasteur. Au v. 9, on revient au thème de la « porte », qui représente Jésus. Mais au v. 10, l'opposition entre le « voleur » et Jésus nous ramène au thème du « pasteur », comme au v. 8. C'est un véritable imbroglio ! Pour en sortir, voici la solution que nous proposons, solution qui, hormis le problème du v. 27, avait déjà été proposée par Wellhausen et fut reprise par Loisy, Heitmüller, Schweizer, J. Jeremias. Le texte primitif, de Jean II-A, était constitué par le v. 7b, qu'il faut lire sous cette forme : « Je suis *le pasteur* des brebis » (cf. *supra*, I 1), le v. 8 et enfin le v. 27. C'est Jean II-B qui transféra le v. 27 (et le v. 28, cf. *infra*) à sa place actuelle et le remplaça par le v. 10 ; il ajouta aussi l'introduction qui se lit au v. 7a. Enfin Jean III ajouta le v. 9, repris à un autre contexte.

II-A	II-B	III
7		Jésus donc de nouveau dit : « En vérité, en vérité, je vous le dis : Je suis le pasteur des brebis.
8	Tous ceux qui sont venus sont des voleurs et des brigands, mais les brebis ne les ont pas entendus.	
9		Je suis la porte : si quelqu'un entre par moi, il sera sauvé et il entrera et il sortira et il trouvera du pâturage.
10		Le voleur ne vient que pour voler et tuer et faire périr ; je suis venu pour qu'elles aient la vie et qu'elles l'aient en abondance.
27	Mes brebis entendent ma voix et je les connais et elles me suivent.	

1. L'INTRODUCTION DU V. 7a

De même que le v. 6 dont il est solidaire, nous attribuons le v. 7a à Jean II-B. Au niveau de Jean II-A, l'interprétation de la parabole précédente devait suivre immédiatement cette parabole, sans verset de liaison (6-7a) ; ce sera le cas pour la parabole suivante (cf. *infra*). Ce problème est d'ailleurs d'importance secondaire.

2. LE PROBLÈME DU V. 7b

Il faut lire le v. 7b sous la forme : « Je suis *le pasteur* des brebis », avec l'un des deux plus anciens témoins du

texte johannique (cf. I 1). On obtient alors une explication de la parabole qui correspond parfaitement à la parabole elle-même, malgré l'inversion des deux premiers thèmes :

Jn **10**	Jn **10**
1 « En vérité, en vérité, je vous le dis : celui qui n'entre pas par la porte dans l'enclos des brebis ( ), celui-là *est un voleur et un brigand.*	7b « *Je suis le pasteur des brebis.*
2 Mais celui qui entre par la porte *est le pasteur des brebis*	8 Tous ceux qui sont venus sont des voleurs et des brigands
3 ( ) et les brebis entendent sa voix... »	mais les brebis ne les ont pas entendus. »

Le changement de « pasteur » en « porte », au v. 7b, fut effectué afin de préparer le v. 9, où Jésus est identifié à la « porte » par où il faut entrer pour être sauvé.

3. LE PROBLÈME DU V. 9

a) Le v. 9 rompt la suite des idées entre les vv. 8 et 10 ; il introduit le thème de Jésus, porte par où il faut entrer pour être sauvé, entre deux versets qui opposent les voleurs à Jésus-pasteur. Nous avons déjà souligné ce point plus haut. On notera aussi que ce v. 9 s'accorde mal avec la parabole de **10** 1-5 dont il veut donner une application à Jésus. Dans cette parabole, en effet, Jésus est le pasteur qui est opposé, d'une part aux voleurs et aux brigands (vv. 1-2), d'autre part à l'étranger (vv. 4d-5) ; c'est donc Jésus qui entre par la porte dans l'enclos des brebis (v. 2) ; comment pourrait-il être alors lui-même la « porte », comme l'affirme le v. 9 ? Enfin, si l'on fait abstraction de ce v. 9, on obtient, aux vv. 7b-8 et 10, une structure en chiasme typique des textes de Jean II (cf. Introd., 7 y) :

7b A « Je suis le pasteur des brebis.
8 B   Tous ceux qui sont venus
        sont des voleurs et des brigands,
  C   mais les brebis ne les ont pas entendus.
10 B'   Le voleur ne vient
        que pour voler et tuer et faire périr ;
  A'   je suis venu pour qu'ils aient la vie et qu'elles l'aient
      en abondance. »

b) Quel était le contexte primitif de ce v. 9 ? Il est difficile de le dire. Peut-être formait-il, avec **14** 6, deux logia jumeaux, et Jean III l'aurait complété en ajoutant la finale afin de l'adapter à son nouveau contexte. La similitude entre **10** 9 et **14** 6 est en effet indéniable :

« Je suis la porte : si quelqu'un entre par moi, il sera sauvé ( ). »
« Je suis la route ( ) : nul ne vient au Père que par moi. »

Ces deux thèmes de la « porte » et de la « route » sont unis en Mt **7** 13-14. Dans les traditions johanniques, **10** 9 et **14** 6 appartenaient peut-être, liés ensemble, à un recueil de logia (cf. Introd., 4 x et 5 a).

4. Le problème des vv. 10 et 27

Pour reconstituer le texte primitif (Jean II-A) de l'interprétation de la parabole du pasteur et des voleurs, il faut faire appel au v. 27 qui, comme le v. 28, est actuellement hors de son contexte primitif (cf. note § 264). Pour le comprendre, mettons en parallèle, d'une part la parabole de **10** 1 ss. telle qu'elle se lisait au niveau de Jean II-A, d'autre part les vv. 7b-8, 10 et 27.

Jn **10**	Jn **10**
1 « En vérité, en vérité, je vous le dis : celui qui n'entre pas par la porte dans l'enclos des brebis ( ), celui-là *est un voleur et un brigand.*	
	7b « *Je suis le pasteur des brebis.*
2 Mais celui qui entre par la porte *est le pasteur des brebis*	8 Tous ceux qui sont venus *sont des voleurs et des brigands mais les brebis ne les ont pas entendus.*
	10 Le voleur ne vient que pour voler et tuer et faire périr ; je suis venu pour qu'elles aient la vie et qu'elles l'aient en abondance.
3 ( ) *et les brebis entendent sa voix*	27 *Mes brebis entendent ma voix et je les connais*
et il les mène dehors	
4 ( ) (et) il part devant elles *et les brebis le suivent.* »	*et elles me suivent.* »

Le v. 27 correspond aux vv. 3-4 exactement comme les vv. 7b-8 correspondent aux vv. 1-2 moyennant une inversion ; Jésus s'applique à lui-même (première personne) ce qui est dit du pasteur dans la parabole (troisième personne). Mais le v. 10 apparaît comme un ajout ; il n'a pas de répondant exact dans la parabole elle-même, et il rompt l'opposition thématique qui existe entre la fin du v. 8 et le v. 27. Nous pensons qu'il a été ajouté pour remplacer le v. 27. Il aurait donc été composé par celui qui a transféré à sa place actuelle ce v. 27, donc par Jean II-B comme on le verra à la note suivante ; la structure en chiasme constituée par les vv. 7b-8.10 peut très bien avoir été composée par Jean II-B. L'hypothèse que nous proposons ici apparaîtra plus vraisemblable quand nous aurons vu, un peu plus loin, que le v. 28 avait, lui aussi, sa place primitive dans l'explication de la parabole suivante : le bon pasteur et le mercenaire.

5. Caractéristiques stylistiques

a) Dans le texte attribué à Jean II-A, aucune caractéristique stylistique n'est typique d'un niveau rédactionnel particulier. Outre le mot « brebis » (C 60, aux vv. 7, 8 et 27), attesté déjà au niveau du Document C, on a au v. 7 la formule « je suis (le pasteur) » (A 9*) et au v. 27 « mes brebis » (A 1*), « entendent ma voix » (F 8*).

b) Dans les additions de Jean II-B, on relève les caractéristiques stylistiques suivantes. Au v. 7a : « dit donc » (B 1), « donc de nouveau » (A 17*), « en vérité, en vérité » (A 2*). Au v. 10 : « venir afin de » (B 76), « avoir la vie » (B 2* ; cf. F 6). On comparera la phrase « je suis venu afin qu'elles aient la vie » à celle de **5** 40, de Jean II-B : « vous ne voulez pas venir à moi afin que vous ayez la vie. »

c) Le logion du v. 9, repris par Jean III, contient comme caractéristiques : « je suis (la porte) » (A 9* ; cf. C 50), « si quelqu'un » (C 48*).

C) LE BON PASTEUR
(Jn **10** 11-18)

Nous traiterons dans le même paragraphe les problèmes concernant la parabole du bon Pasteur et son explication, en **10** 11-18.

	II-A	II-B	III
11			« Je suis le bon Pasteur. Le bon Pasteur donne sa vie pour les brebis.
12			Le mercenaire qui n'est pas pasteur, dont les brebis ne sont pas siennes, voit le loup venir et abandonne les brebis et fuit et le loup les ravit et les disperse (.)
13			parce qu'il est mercenaire et n'a pas souci des brebis.
14a			Je suis le bon Pasteur
b			et je connais les miennes et les miennes me connaissent,
15a			comme le Père me connaît et que je connais le Père,
b			et je donne ma vie pour les brebis.
16			Et j'ai d'autres brebis qui ne sont pas de cet enclos ; celles-là aussi je dois les mener et elles entendront ma voix et il y aura un seul troupeau, un seul pasteur.
17			Pour cela m'aime le Père, que je donne ma vie afin de la prendre de nouveau.
18			Nul ne me l'enlève, mais je la donne de moi-même. J'ai pouvoir de la donner et pouvoir de la reprendre. Ce commandement, je l'ai reçu de mon Père.
28			(et je leur donne la vie éternelle et elles ne périront jamais et nul ne les ravira de ma main). »

CA) *LES GLOSES DE JEAN III*

1. Au début du v. 11, la phrase « Je suis le bon Pasteur » vient trop tôt et elle fait doublet avec la phrase identique qui commence le v. 14. Jean III avait sous les yeux ces deux

phrases qu'il lisait dans le texte de Jean II-A et dans celui de Jean II-B ; il a transféré au début du v. 11 celle qu'il lisait dans le texte de Jean II-B, pour une raison difficile à préciser. Peut-être a-t-il voulu assurer un lien meilleur entre les deux paraboles suivies de leur application à Jésus ; la phrase « Je suis le bon Pasteur » fait écho au v. 7 : « Je suis le pasteur des brebis. »

2. Au v. 12, les mots « qui n'est pas pasteur, dont les brebis ne sont pas siennes » rompent le parallélisme anti-thétique entre les deux phrases : « Le bon Pasteur donne sa vie pour les brebis » et « Le mercenaire ( ) voit le loup venir et abandonne les brebis... » Il s'agit d'une glose explicative de Jean III ; il a le souci d'appuyer un peu lourdement sur les textes pour être sûr que le lecteur « moyen » puisse comprendre (cf. Introd., 4 n).

3. Le v. 13 ne s'accorde pas avec la fin du v. 12, et c'est pour remédier à cet inconvénient que la tradition textuelle tardive a ajouté au début du v. 13 : « Or le mercenaire fuit. » Comment expliquer cette anomalie du texte ? Deux hypo-thèses peuvent être faites. On peut considérer comme une glose, soit les mots « et le loup les ravit et les disperse », ce qui permet alors de rattacher le v. 13 au v. 12c « et abandonne les brebis et fuit », soit au contraire le v. 13 lui-même. C'est cette seconde hypothèse que nous adopterons, avec nombre de commentateurs, et nous attribuerons le v. 13 à Jean III ; ici encore, il a voulu rendre le texte primitif plus explicite, mais la façon d'insérer cette glose est assez maladroite.

4. Beaucoup de commentateurs tiennent le v. 16 pour une glose de l'évangéliste, car elle interrompt le développement du thème concernant Jésus qui donne sa vie (vv. 15b et 17). Nous croyons que cette glose est de Jean III puisque nous attribuerons les vv. 17-18 à Jean II-B (cf. *infra*). Nous verrons d'ailleurs dans le commentaire du texte que la perspective théologique de ce verset rejoint celle de Jn **4** 22, un texte de Jean III.

Ces diverses gloses de Jean III contiennent peu de caracté-ristiques stylistiques et la plupart sont dues au contexte. Outre le mot « brebis » (C 60, aux vv. 12,13 et 16), on notera au v. 16 : « ne sont pas de » (C 18), « celles-là » (C 37), « enten-dront ma voix » (F 8), repris de **10** 3.

CB) *LES REMANIEMENTS DE JEAN II-B*

1. Les vv. 14b-15a coupent en deux la phrase « Je suis le bon Pasteur ( ) et je donne ma vie pour les brebis » (cf. le v. 11b). Ils ont été ajoutés par Jean II-B ; on verra en effet dans la troisième partie de cette note que la pensée exprimée dans cette glose correspond à la théologie de Jean II-B.

2. Jean II-B a modifié l'interprétation de la parabole du bon Pasteur de la même manière qu'il a modifié l'inter-prétation de la parabole précédente. Nous verrons à la note suivante que les vv. 27-28 du chapitre **10** sont hors de leur contexte primitif. Nous avons vu plus haut (II B 4) que le v. 27 formait, au niveau de Jean II-A, la finale du texte de l'interprétation de la parabole du pasteur et des voleurs ;

c'est Jean II-B qui l'a transféré à sa place actuelle et l'a rem-placé par le v. 10, de sa composition. De même, le v. 28 formait, au niveau de Jean II-A, la finale du texte de l'inter-prétation de la parabole du bon Pasteur : la phrase « et nul ne les ravira de ma main » s'oppose à celle du v. 12 « et le loup les ravit » ; c'est Jean II-B qui a transféré ce v. 28 à sa place actuelle et l'a remplacé par les vv. 17-18, qui reflètent son style (cf. *infra*) et sa théologie (cf. le commentaire des textes).

3. Voici les caractéristiques stylistiques de ces passages.

a) Dans le texte que nous avons attribué à Jean II-A, outre le mot « brebis » (C 60, aux vv. 11, 12, 15), on relève. Au v. 11 : « donne sa vie » (A 18*), « pour (les brebis) » (F 26). Au v. 12 : « voit le loup venant » (C 41). Au v. 14a : « je suis (le bon Pasteur) » (A 9* ; cf. C 50). Au v. 15b : « je donne ma vie » (A 18*), « pour (les brebis) » (F 26). Au v. 28 : « je leur donne la vie éternelle » (B 39* et C 59* ; cf. F 6), « ne...jamais » (B 27* ; cf. E 13*).

b) Dans le texte que nous avons attribué à Jean II-B. Au v. 14b : « les miennes » (C 45**). Au v. 15a : « comme... et que je » (A 35**), « je connais le Père » (A 55* et B 73), « je donne ma vie » (A 18*). Au v. 18 : « mais je » (B 28**), « je la donne » (A 18*), « de moi-même » (A 33*), « ce com-mandement, je l'ai reçu » (C 25**), « de mon Père » (B 55).

D) LES JUIFS DIVISÉS
(Jn **10** 19-21)

1. L'enseignement de Jésus en paraboles se termine par le thème de la division des Juifs, aux vv. 19-21. Ce passage fut rédigé par Jean II-B pour les raisons suivantes. Bien qu'il ne soit pas inconnu de Jean II-A, le thème de la « divi-sion » fut systématisé surtout par Jean II-B (Introd., 7 i). Le v. 21 renvoie à la guérison de l'aveugle-né, racontée au cha-pitre précédent ; nous trouverons un renvoi analogue en Jn **11** 37, dans un contexte de « division » comme ici, et ce texte sera attribué sans hésitation à Jean II-B. Enfin, le v. 20 a probablement été influencé par Mc **3** 21-22, comme on le verra dans le commentaire ; une telle influence de Mc sur Jn permet d'attribuer le texte à Jean II-B.

2. Voici les caractéristiques stylistiques de ce passage. Au v. 19 : « division parmi » (C 85*). Au v. 20 : « beaucoup d'entre eux » (B 22**), « il a un démon » (C 10**). Au v. 21 : « d'autres disaient » (B 64**), « est-ce que » (F 3*), « ouvrir les yeux » (B 86*).

III. LE SENS DES TEXTES

A) LE PASTEUR ET LES VOLEURS

AA) *LE TEXTE DE JEAN II-A*

1 « En vérité, en vérité, je vous le dis : celui qui n'entre pas par la porte dans l'enclos des brebis ( ), celui-là est un voleur et un brigand.

2 Mais celui qui entre par la porte est le pasteur des brebis
3 ( ) et les brebis entendent sa voix ( ) et il les mène dehors
4 ( ) (et) il va devant elles et les brebis le suivent.

7 ( ) Je suis le pasteur des brebis.
8 Tous céux qui sont venus sont des voleurs et des brigands, mais les brebis ne les ont pas entendus.
27 Mes brebis entendent ma voix et je les connais et elles me suivent. »

Au niveau de Jean II-A, cette parabole suivait probablement le récit de la multiplication des pains (cf. Introd., 3 e).

1. Le pasteur et les voleurs

La parabole proprement dite (vv. 1-4) se compose de deux parties, comme on le reconnaît souvent. La première partie oppose le voleur ou le brigand au pasteur (vv. 1-2) ; la seconde décrit les rapports qui unissent le pasteur et les brebis (vv. 3-4). Occupons-nous d'abord de la première partie.

A première vue, elle semble simple. Elle contient toutefois une difficulté que beaucoup de commentateurs ne signalent même pas. Non seulement le texte de Jn oppose le pasteur au voleur, mais il donne le *signe* qui permet de les distinguer : le pasteur, c'est celui qui *entre par la porte*. Le thème de la « porte » revêt donc une importance primordiale. Mais si le pasteur représente le Christ, ce qui est indéniable au niveau de Jean II-A, que peut signifier la « porte » ? Rien, dans le texte, ne le suggère. Pourquoi alors affirmer que le fait d'entrer ou de ne pas entrer par la porte est ce qui permet de distinguer le pasteur du voleur ? La première partie de la parabole semble inintelligible. On peut dès lors se demander si Jean II-A n'aurait pas repris et amplifié (aux vv. 3-4) une parabole plus ancienne dans laquelle la signification des termes était différente. La « porte » y aurait symbolisé le Christ (cf. **10** 9, mais dans une autre perspective) ; le pasteur opposé aux voleurs serait, non le Christ, mais les chefs des communautés chrétiennes (Jn **21** 15-18 ; Ac **20** 28 ; 1 P **5** 1-4). Les chrétiens pourraient reconnaître leurs vrais pasteurs en ce que ceux-ci « entrent par la porte » qui est le Christ, c'est-à-dire se conforment à l'enseignement reçu de Jésus (cf. 2 Jn 9-10). En reprenant la parabole primitive, Jean II-A en aurait modifié la perspective fondamentale ; l'image de la « porte » aurait perdu pour lui son importance primordiale et ne serait plus qu'un détail anecdotique. Ceci nous serait confirmé par le fait que, dans l'explication de la parabole, ce n'est plus le fait d'entrer ou de ne pas entrer par la porte qui distingue pasteur et voleurs, mais une question de chronologie : « Tous ceux qui sont venus (avant moi) sont des voleurs et des brigands » (v. 8). Nous verrons, en commentant le v. 8, quels sont ceux qui, en tant que voleurs et brigands, s'opposent à Jésus.

2. Le pasteur et les brebis

a) La seconde partie de la parabole (vv. 3b et 4 bc) décrit les rapports entre le pasteur et les brebis. Ce thème est extrêmement fréquent dans l'AT. Les brebis représentent toujours le peuple de Dieu. Le pasteur peut être Dieu lui-même (Ps **23** 1 ;

80 2 ; Is **40** 11) ; mais le plus souvent, ce sont les chefs du peuple établis par Dieu afin de le conduire vers son destin. Le thème est souvent développé dans une perspective polémique contre les pasteurs actuels du peuple de Dieu, qui sont de mauvais pasteurs ; et Dieu annonce la venue d'un temps nouveau où le pasteur idéal, tel un nouveau David (2 S **7** 8 ; Ps **78** 70-72), s'occupera parfaitement de son troupeau (Mi **2** 12-13 ; Jr **23** 1-4 ; **31** 10 ; Ez **34** ; Za **11** 4-17). Dans ces textes, le pasteur est le roi messianique des temps eschatologiques.

Il semble toutefois que Jn **10** 3-4 veuille évoquer, non seulement le roi messianique (Bultmann), mais le nouveau Prophète semblable à Moïse qui tient une si grande place dans les traditions johanniques (cf. Introd., 5 b-k). Les expressions des vv. 3b et 4bc rappellent d'assez près, en effet, celles de Nb **27** 15 ss. Moïse demande à Dieu de lui choisir un remplaçant : « Que Yahvé, Dieu des esprits qui animent toute chair, établisse sur cette communauté un homme qui *sorte devant eux* et qui entre *devant eux*, qui *les fasse sortir* et qui les fasse entrer, et la communauté de Yahvé ne sera pas comme un troupeau sans pasteur » (cf. Mc **6** 34 ; Mt **9** 36). Dieu désigne alors Josué (dont le nom hébreu est identique à celui de Jésus), « un homme en qui demeure l'Esprit » (cf. Jn **1** 32-33), et il ajoute : « Ils sortiront sur (une parole de) sa bouche et ils entreront sur (une parole de) sa bouche, lui et tous les fils d'Israël et toute la communauté » (Nb **27** 21 ; cf. Is **63** 11). Les brebis obéissent donc aux ordres du pasteur, comme en Jn **10** 3 : « et les brebis entendent sa voix. » Ce dernier texte fait peut-être plus immédiatement écho à Ex **4** 1.9, où Moïse se demande si les Hébreux vont « entendre sa voix ». Ainsi, la parabole de Jn **10** 1 ss. fusionnerait les thèmes du roi messianique et du Prophète des temps nouveaux (cf. Jn **1** 45.49 ; **6** 14 et les commentaires de ces textes).

b) Le pasteur est le nouveau Moïse ; quel doit être le comportement des brebis ? Elles doivent d'abord « entendre sa voix ». Cette expression se lit encore en Jn **5** 25.28 et **18** 37, où elle a un sens fort ; il s'agit non seulement d'entendre matériellement le son de la voix, mais d'une façon très précise *d'obéir* à cette voix ; en araméen, la langue maternelle de Jean II-A, le même verbe signifie « entendre » et « obéir ». Le pasteur, nouveau Moïse, donne un enseignement nouveau que les brebis doivent accueillir pour y conformer leur vie. Les brebis doivent aussi « suivre » le pasteur qui marche devant elles, c'est-à-dire vivre comme lui, à son imitation (cf. Jn **8** 12). Le pasteur ne se contente pas de « dire » ce que Dieu veut des hommes ; il a vécu, lui le premier, en conformité avec cette volonté de Dieu. Pour cette raison, les brebis doivent, non seulement l'écouter, mais encore le suivre (cf. 1 Jn **2** 6 ; **3** 16). A cette condition seulement elles pourront parvenir un jour là où il va ; ce thème, qui caractérise l'état du « disciple », ébauché déjà en Jn **1** 37-39 au niveau de Jean II-A, sera systématisé au niveau de Jean II-B (**12** 26 ; **14** 3c ; **17** 24).

3. Interprétation de la parabole

Dans l'explication de la parabole, Jésus s'identifie explicitement au pasteur (v. 7). Nous retrouvons ici le genre *pe her* de la tradition juive utilisé pour la première fois par Jean II-A en **6** 35.51a à propos du véritable pain descendu du ciel. Jésus est le « pasteur » des temps eschatologiques annoncés par les prophètes (cf. *supra*), le « Pasteur » par excellence qui a été envoyé par Dieu pour prendre la place de Moïse et conduire le nouveau peuple de Dieu vers sa destinée (Nb **27** 21). Mais qui sont les voleurs et les brigands désignés par l'expression mystérieuse : « Tous ceux qui sont venus » ? On a pensé à Moïse et aux prophètes, aux nombreux faux-messies qui se sont levés au premier siècle de notre ère, aux Pharisiens et aux Sadducéens... Il est probable qu'il ne faut pas trop presser la comparaison. Comme les prophètes que nous avons cités plus haut, Jésus viserait d'une façon générale les chefs du peuple juif contre lesquels il se heurtait constamment : Pharisiens, mais encore et surtout les membres de la caste sacerdotale qui ne songeaient qu'à s'enrichir aux dépens des autres.

AB) *LE TEXTE DE JEAN II-B*

1 « En vérité, en vérité, je vous le dis : celui qui n'entre pas par la porte dans l'enclos des brebis, ( ) celui-là est un voleur et un brigand.
2 Mais celui qui entre par la porte est le pasteur des brebis.
3 A lui le portier ouvre ( ) et ses brebis à lui, il les appelle par leur nom
4 et toutes les siennes, (il les pousse dehors) et il va devant elles et les brebis le suivent parce qu'elles connaissent sa voix.
5 Mais un étranger, elles ne le suivront pas, mais elles fuiront loin de lui, parce qu'elles ne connaissent pas la voix de l'étranger. »
6 Jésus leur dit cette parabole, mais ceux-là ne comprirent pas ce dont il leur parlait.

1. UNE PARABOLE CONTRE LES PHARISIENS

a) Jean II-B a transféré à leur place actuelle les paraboles de **10** 1-18 ; elles se trouvent donc maintenant immédiatement après **9** 39-41, un texte composé par Jean II-B contre les Pharisiens. Le rapprochement est certainement intentionnel. En **9** 39-41, Jésus reproche aux Pharisiens d'être aveugles tandis qu'ils s'imaginent voir. En **10** 1 ss., il s'agit du pasteur qui conduit le troupeau (mais cf. *infra*), opposé au voleur et au brigand. La succession de ces deux thèmes évoque plusieurs textes de la tradition synoptique. En Mt **15** 14, Jésus dit des Pharisiens : « Laissez-les : ils sont des aveugles, guides d'aveugles. Or si un aveugle guide un aveugle, tous les deux tomberont dans un trou. » En Mt **23** 16, scribes et Pharisiens sont traités de « guides aveugles ». En Lc **15** 1-7, la parabole de la brebis perdue et retrouvée par le propriétaire du troupeau est dirigée contre les Pharisiens et les scribes. Bien que moins topique, on peut encore citer Mc **4** 12 ; si Jésus enseigne en paraboles, c'est « afin que, regardant, ils regardent et ne voient pas. » Selon la tradition synoptique les Pharisiens sont des guides aveugles, des pasteurs qui négligent leurs brebis en péril ; après avoir affirmé que les Pharisiens étaient des aveugles (Jn **9** 39-41), Jean II-B restait dans la ligne de la tradition synoptique en leur appliquant la parabole du pasteur et des voleurs.

b) Mais Jean II-B donne à la parabole une pointe nouvelle, mieux en situation avec le problème des Pharisiens qu'il se refuse malgré tout à considérer comme des voleurs de brebis. Dans sa nouvelle perspective, l'enclos contient des troupeaux différents, appartenant à différents pasteurs. Ceci est souligné par le fait qu'il y a maintenant un « portier » qui ouvre au pasteur (v. 3a). Lorsque le pasteur est entré, il appelle *ses* brebis, à l'exclusion des autres, il les appelle par leur nom, et les brebis le suivent parce qu'elles connaissent sa voix. Chaque pasteur a une façon à lui d'appeler ses brebis, et les brebis savent faire la différence entre la voix de leur pasteur et la voix des autres pasteurs. C'est dans cette perspective qu'il faut comprendre le v. 5 ; par « étranger », Jean II-B veut désigner un pasteur autre que celui du troupeau (et non quelqu'un qui serait étranger à la bergerie) puisque lui aussi fait entendre sa voix pour appeler les brebis. Ainsi, la distinction est claire : le pasteur n'appelle que ses brebis, qui entendent sa voix et le suivent ; les brebis refusent de suivre le pasteur étranger parce qu'elles ne connaissent pas sa voix. Pour Jean II-B, les Pharisiens sont réellement des pasteurs, mais ils ne sont pas pasteurs du seul véritable troupeau, celui que Dieu a confié au Christ. Ici encore, Jean II-B n'aurait-il pas en vue les judéo-chrétiens de son temps, qui, faute de pouvoir se décider à rompre complètement avec le judaïsme, étaient tentés de quitter le Christ pour se remettre à l'école des Pharisiens ? Sur ce problème, voir Introd., 7 c.

Bien entendu, les Pharisiens ne peuvent pas comprendre qu'ils sont visés directement par la deuxième partie de la parabole ; c'est ce que Jean II-B explique en ajoutant le v. 6.

2. UN TRANSFERT DE TEXTE

Dans l'explication de la parabole, Jean II-B ajouta l'introduction du v. 7a, nécessaire après l'addition du v. 6. Mais surtout, il transféra à sa place actuelle le v. 27 ; on en verra la raison à la note suivante. Pour donner une conclusion à son texte, il remplaça ce v. 27 par le v. 10, où il oppose au voleur, qui tue et fait périr, Jésus qui donne la vie en abondance.

AC) *L'ADDITION FAITE PAR JEAN III*

Jean III ajouta le v. 9, qui rompt la suite des idées entre les vv. 8 et 10. Il reprit un logion déjà existant (v. 9a), auquel il ajouta le v. 9b : « et il entrera et il sortira et il trouvera du pâturage. » Cette addition était nécessaire pour adapter le logion à son contexte : puisqu'il s'agit de brebis, il faut qu'elles soient sauvées en trouvant du pâturage ; par ailleurs puisque le pâturage ne se trouve pas dans l'enclos et que la porte donne accès à l'enclos (cf. v. 2), Jean III est obligé d'ajouter les verbes « et il entrera et il sortira ».

Le logion primitif avait donc simplement : « Je suis la porte : si quelqu'un entre par moi, il sera sauvé. » On le rapprochera de Lc **13** 23-24 : « Or quelqu'un lui dit : 'Seigneur, (sont-ils) peu nombreux *ceux qui* (*seront*) *sauvés* ?' Il leur dit :

'Efforcez-vous *d'entrer par la porte* étroite...' » Dans Lc comme dans Jn, il faut entrer par la porte pour être sauvé. Mais le logion johannique est beaucoup plus précis puisqu'il identifie la « porte » à Jésus lui-même. Le Christ est la porte qui mène au salut en tant qu'il donne aux hommes accès au Père grâce à l'enseignement qu'il leur transmet de la part du Père. Jésus est donc la porte qui mène au salut parce qu'il est la Sagesse de Dieu : « Et ta volonté, qui l'a connue, sans que tu aies donné la Sagesse et envoyé d'en haut ton esprit saint ? Ainsi ont été rendus droits les sentiers de ceux qui sont sur la terre, ainsi les hommes ont été instruits de ce qui te plaît *et, par la Sagesse, ont été sauvés* » (Sg **9** 17-18).

Pour exprimer cette idée, l'image de la « porte » est probablement commandée par le thème de Dieu habitant dans le ciel comme dans un Temple dont le Temple de Jérusalem était le symbole (cf. Ap **7** 15 ; **11** 19 ; **15** 5-8 ; He **9** 11-12 ; **10** 19-21 ; **6** 19-20). Jésus serait alors identifié à la « porte » dont parlent Ps **118** 20 et Ps **24** 7-10.

Sur le lien entre ce logion et celui de Jn **14** 6, cf. Mt **7** 13-14 et le commentaire sur Jn **14** 6.

B) LE PASTEUR ET LE MERCENAIRE

BA) *LE TEXTE DE JEAN II-A*

11 « ( ) Le bon pasteur donne sa vie pour ses brebis.
12 Le mercenaire ( ) voit le loup venir et abandonne les brebis et fuit et le loup les ravit et les disperse.
14 Je suis le bon Pasteur ( )
15 ( ) et je donne ma vie pour les brebis
28 et je leur donne la vie éternelle et elles ne périront jamais et nul ne les ravira de ma main. »

1. La parabole des vv. 11-12 oppose le bon pasteur au mercenaire. Comme le précisera Jean III dans les gloses qu'il ajoute aux vv. 12 et 13, le mercenaire loue ses services pour de l'argent ; les brebis ne sont pas à lui, il ne les aime pas et ne s'en soucie pas. Lorsque vient le loup, il ne pense qu'à fuir pour sauver sa propre vie et le loup ravit et disperse les brebis. Ils sont comme ces mauvais pasteurs fustigés par les prophètes : « Malheur aux pasteurs qui perdent et dispersent les brebis de mon pâturage » (Jr **23** 1) ; « Malheur au pasteur inexistant qui délaisse les brebis » (Za **11** 17).

Le bon pasteur, au contraire, va au-devant du danger afin de sauver ses brebis, même s'il doit y laisser sa propre vie. En ce sens, David fut un bon pasteur ; lui-même raconte à Saül : « Quand ton serviteur faisait paître les brebis de son père et que venait un lion ou un ours qui enlevait une brebis du troupeau, je le poursuivais, je le frappais et j'arrachais celle-ci de sa gueule. Et s'il se dressait contre moi, je le saisissais par les poils du menton et je le frappais à mort » (1 S **17** 34-35). Fort de cette expérience, David veut affronter le géant Goliath afin de délivrer le peuple de Dieu du danger qui le menace (**17** 32).

C'est dans cette perspective qu'il faut interpréter le thème de Jésus qui « donne sa vie pour ses brebis ». S'il donne sa vie, ce n'est pas pour expier les péchés des hommes, au moins dans la pensée de Jean II-A qui ignore ce thème. Il « donne sa vie » en ce sens que, au lieu de fuir comme le ferait un mercenaire, il affronte le loup et se laisse dévorer par lui afin que les brebis, elles, ne soient pas dévorées. Pour Jean II-A qui reprend les traditions héritées du Document C, le « loup » de la parabole doit représenter l'ennemi par excellence du genre humain, le Prince de ce monde dont parle le Document C en **12** 31 et **14** 30. Lorsque viendra le Prince de ce monde (**14** 30), en la personne de Judas (**6** 70, de Jean II-A ; cf. **13** 2.27), pour arrêter Jésus (**18** 3), celui-ci se portera à la rencontre de l'ennemi, acceptera d'être arrêté et de mourir, mais dira en parlant de ses disciples : « Si c'est moi que vous cherchez, laissez ceux-là partir » (**18** 4.8). Jésus meurt, mais sa mort est en fait une « exaltation » qui provoque la chute du Prince de ce monde (**12** 31-32) et délivre les hommes de la mort. Comme David, il aurait pu dire : « Yahvé qui m'a sauvé de la griffe du lion et de l'ours, me sauvera des mains de ce Philistin » (1 S **17** 37).

2. L'application de la parabole est ici relativement simple. Jésus reprend, aux vv. 14a.15b, les termes du v. 11b, en se les appliquant : « Je suis le bon Pasteur ( ) et je donne ma vie pour les brebis. » Puis il ajoute : « et je leur donne la vie éternelle et elles ne périront jamais et nul ne les ravira de ma main » (v. 28). La première partie de ce v. 28 forme contraste avec le v. 15b, qui le précède immédiatement, contraste moins marqué dans le texte grec qui a deux mots différents pour signifier la « vie » ; la nuance serait mieux rendue si l'on traduisait en français : « ... je donne mon sang pour les brebis ( ) et je leur donne la vie éternelle. » Jésus donne sa vie physique afin que ses brebis obtiennent la vie éternelle, participation à la vie même de Dieu et qui est d'un autre ordre que la vie physique (cf. Jn **6** 39.50-51a et le commentaire, à la note § 163).

La finale du v. 28 : « ... nul ne les ravira de ma main », s'oppose au thème développé dans la parabole : « ... et le loup les ravit et les disperse » (v. 12). Pour les sémites, la « main » symbolisait la puissance. Celui qui se trouve remis par Dieu en la puissance du bon Pasteur n'a rien à craindre ; nul ne peut arracher une brebis de la main de ce Pasteur afin de la faire périr, pas même le « Prince de ce monde » (cf. **12** 31 ; **14** 30 ; **16** 11). En ce sens, Jésus a reçu le pouvoir même de Dieu (cf. Sg **3** 1 ; Is **43** 13).

BB) *LES ADDITIONS DE JEAN II-B*

En reprenant le texte de Jean II-A, Jean II-B va y apporter deux modifications.

1. Aux vv. 14b-15a, il ajoute ces mots : « ... et je connais les miennes et les miennes me connaissent, comme le Père me connaît et que je connais le Père. » La seconde partie de cette addition pourrait s'inspirer de Mt **11** 27 (cf. Lc **10** 22) : « Tout m'a été remis par mon Père, et personne ne connaît le Fils si ce n'est le Père, ni nul ne connaît le Père si ce n'est

le Fils et celui à qui le Fils veut bien le révéler. » Mais Jn complète ce thème en le faisant précéder de celui de la connaissance réciproque du Pasteur et des brebis. Le texte ainsi obtenu offre un thème classique au niveau de Jean II-B : les rapports entre Jésus et les disciples sont à l'analogie des rapports entre Jésus et le Père (cf. Jn **15** 9-10 et Introd., 6 l).

2. Ayant transféré le v. 28 à sa place actuelle, Jean II-B l'a remplacé par les vv. 17-18. La structure en chiasme de ce texte en fait ressortir les idées maîtresses :

17 A « Pour cela m'aime le Père,
   B   que je donne ma vie
          afin de la reprendre de nouveau.
18 C   Nul ne me l'enlève,
          mais je la donne de moi-même.
   B'   J'ai pouvoir de la donner
         et pouvoir de la reprendre.
   A' Ce commandement, je l'ai reçu de mon Père. »

Le Père aime Jésus (A), parce que Jésus obéit au commandement de son Père (A') en donnant sa vie afin de la reprendre (B et B') ; c'est le thème qui sera développé en **15** 9-10.13, lorsque Jean II-B donnera une description du parfait disciple. Notons en passant que c'est seulement au niveau de Jean II-B qu'est affirmé l'amour (*agapan*) du Père pour Jésus (**3** 35 ; **15** 9 ; **17** 23.24.26).

Dans la section B', l'affirmation de Jésus « j'ai pouvoir de la donner et pouvoir de la reprendre » est une discrète allusion à sa mort et à sa résurrection, comme en **2** 19 (note § 77-A, III B 4 *a*). Dans le NT, c'est toujours Dieu qui ressuscite Jésus (Ac **2** 24.32 ; **3** 26 ; **13** 33 ; Rm **4** 24 ; **6** 4 ; **8** 11 ; 1 Co **6** 14 ; **15** 15 ; 2 Co **4** 14 et passim).

La section centrale de cette addition (C) affirme avec force la souveraine liberté du Christ jusque dans la mort. S'il meurt, c'est parce qu'il le veut. Malgré les apparences, nul ne lui arrache sa vie, mais il la donne de lui-même ; il a pouvoir de la donner et de la reprendre. Jésus est le maître absolu de sa vie parce qu'il porte en lui le Nom divin : « Je suis » (Introd., 6 b) ; c'est ce que Jean II-B expliquera en complétant le texte de Jean II-A concernant l'arrestation de Jésus (note § 338).

BC) *LES GLOSES DE JEAN III*

Nous ne reviendrons pas sur les gloses explicatives ajoutées par Jean III aux vv. 12 et 13 ; nous en avons parlé en commentant le texte de Jean II-A. Arrêtons-nous seulement sur la glose constituée par le v. 16 et dans laquelle Jésus déclare : « Et j'ai d'autres brebis qui ne sont pas de cet enclos ; celles-là aussi je dois les mener et elles entendront ma voix et il y aura un seul troupeau, un seul pasteur. » Quelles sont ces « autres brebis » ? On interprète d'ordinaire le texte en fonction de la mission auprès des païens ; les « autres brebis » seraient les chrétiens issus du paganisme et que Jésus doit « mener », c'est-à-dire « conduire » en même temps que les chrétiens issus du judaïsme. Nous ne pensons pas que ce soit là le véritable sens du texte. Ce sens est donné par la

finale : « et il y aura un seul troupeau, un seul pasteur. » C'est une allusion à Ez **37** 15-28, texte dans lequel Ézéchiel annonce la réunification des royaumes de Juda et d'Israël qui, aux temps eschatologiques, ne formeront plus qu'un seul peuple. Le texte affirme d'abord la réunification des deux royaumes en un seul : « J'en ferai un seul morceau de bois et ils ne seront qu'un dans la main » (**37** 19) ; « J'en ferai une seule nation dans le pays, dans les montagnes d'Israël, et un seul roi à eux tous ; ils ne formeront plus deux nations, ils ne seront plus divisés en deux royaumes » (**37** 22). Puis le texte affirme : « Mon serviteur David régnera sur eux ; il n'y aura qu'un seul pasteur pour eux tous » (**37** 24). Une seule nation, un seul pasteur, c'est le thème de Jn **10** 16 : « ... et il y aura un seul troupeau, un seul pasteur. »

Dans le texte d'Ézéchiel, la réunification des deux royaumes se fait au profit du royaume de Juda. Ceci apparaît déjà du fait que l'unique pasteur sera descendant de David, qui était de la tribu de Juda. Mais on peut le déduire aussi de la façon dont est décrite la réunification des deux royaumes : « Voici que je vais prendre le bois de Joseph... et les tribus d'Israël qui sont avec lui, *je vais les mettre contre le bois de Juda*, j'en ferai un seul morceau de bois et ils ne seront qu'un dans ma main » (Ez **37** 19) ; le texte de la Septante est encore plus clair puisqu'il termine ainsi ce verset : « ... et ils seront un seul morceau de bois dans la main de Juda. » Or ceci correspond aux préoccupations de Jean III. En **4** 22, dans un ensemble qui annonce la conversion de la Samarie, l'ancien royaume d'Israël, Jean III insère cette phrase qui détonne quelque peu sur le contexte : « Car le salut vient des Juifs. » L'addition, ici, du v. 16 ne répondrait-elle pas à la même préoccupation ; rappeler la réunification des deux royaumes rivaux en un seul troupeau, sous la direction d'un seul pasteur, mais étant entendu, selon le texte d'Ézéchiel cité plus haut, que la réunification se fera au profit des « Juifs », c'est-à-dire des « Judéens » (Introd., 7 d) ?

C) LA DIVISION ENTRE LES JUIFS

Jean II-B termine les paraboles sur le « pasteur » en mentionnant une « division » parmi les Juifs au sujet de Jésus (vv. 19-21). C'est un thème fréquent au niveau de Jean II-B : les paroles prononcées par Jésus provoquent la division parmi les hommes (Introd., 7 i). Ici, les « Juifs » ne sont pas les chefs religieux de Jérusalem, hostiles à Jésus (cf. C 7), mais simplement les habitants de Jérusalem, comme en **11** 45-46, texte de Jean II-B qui introduit aussi le thème de la « division ». Certains d'entre les Juifs disent : « Il a un démon et il délire » ; ce thème est probablement repris de Mc **3** 21-22, où les proches de Jésus disent d'abord de lui « il est hors de sens », puis où les scribes venus de Jérusalem l'accusent d'être possédé de Béelzéboul, le Prince des démons. Dans Mc, cet épisode précède de peu l'enseignement en paraboles (Mc **4**), dans Jn, il le suit immédiatement. D'autres parmi les Juifs reconnaissent que les paroles de Jésus ne sont pas d'un fou ; d'ailleurs, le miracle de la guérison de l'aveugle-né, tout proche (Jn **9**), ne plaide-t-il pas en faveur de Jésus ?

Note § **264**. *JÉSUS SE DÉCLARE LE FILS DE DIEU* (Jn **10** 22-39)

I. CRITIQUE TEXTUELLE

1. Le v. 29 offre un difficile problème de critique textuelle. Deux expressions sont données de façon différente par les divers témoins du texte johannique. Au début du verset, après « Mon Père » (ou « le Père »), on peut lire : soit un masculin « qui a donné » (*hos dedôken*, ou *hos edôken*), avec P[66] P[75], le texte Antiochien suivi par la Koinè, SyrSin Geo Arm Chrysostome Nonnos, et probablement aussi Tertullien (d'après le ms F ; les mss P et M ont harmonisé sur la Vulgate) ; soit un neutre « ce qu'il a donné » (*ho dedôken/edôken*), avec une partie du texte Alexandrin (S B L W), bien soutenu par VetLat (cf. D). – De même, le comparatif « plus grand » pourrait être soit un masculin (*meizôn*), attesté par P[66] S L W, le texte Antiochien suivi par la Koinè, SyrSin Geo Arm Tertullien (cf. *supra*) Chrysostome Nonnos ; soit au neutre (*meizon*), attesté seulement par B et VetLat (P[75] est ici lacuneux). Les témoins qui ont tantôt le neutre, tantôt le masculin, ont probablement voulu faire une cote mal taillée entre les deux leçons concurrentes. Le texte avec les deux expressions au neutre est certes le plus difficile ; si difficile qu'il est impossible de justifier grammaticalement l'expression « Mon Père », au début du verset, qui ne se rattache à rien dans la suite du verset. Le texte avec les deux expressions au masculin est de loin le mieux attesté, aussi bien par la tradition Alexandrine la plus ancienne que par l'ancienne tradition syro-africaine ; c'est elle que nous adopterons, comme l'avaient fait Vogels, Bover et Merx dans leurs éditions critiques manuelles.

2. Au v. 39, si l'on veut maintenir l'adverbe « de nouveau » (*palin*, omis par P[45] S D VetLat), il faut le placer avant le pronom personnel (*palin auton*), avec P[66] P[75] B *Théta* et quelques autres témoins.

3. Dans tout ce passage, il est difficile de savoir si le mot « Père » est accompagné du possessif ou non. Les éditions critiques modernes suppriment le possessif aux vv. 29b et 32, où l'omission est effectivement très bien attestée. Au v. 29a, l'omission est soutenue par S 13 VetLat SyrSin Tatien Tertullien Chrysostome Cyrille, et elle est probablement primitive. Notons qu'aux vv. 25 et 37, certains témoins, il est vrai peu nombreux, omettent aussi le possessif.

II. ANALYSES LITTÉRAIRES

1. Un récit de Jean II-B

a) Ce récit fut composé par Jean II-B, qui reprit toutefois deux textes de Jean II-A aux vv. 27 et 28 (cf. *infra*). Les indices qui le prouvent seront développés dans la dernière partie de cette note. Dans son ensemble, ce récit est une transposition du récit de la condamnation à mort de Jésus par le Sanhédrin, rapportée par la tradition synoptique (Mc **14** 55-64 et par.) ; mais Jn s'inspire surtout du récit de Lc, en le complétant toutefois grâce aux récits de Mc/Mt ; et ce procédé littéraire convient bien à Jean II-B, non à Jean II-A (cf. Introd., 4 x). Par ailleurs, bien des détails, disséminés tout au long du récit, dénotent la main de Jean II-B. Au v. 22, la mention de la fête de la Dédicace complète la séquence des fêtes juives introduites dans l'évangile par Jean II-B (cf. Introd., 3 q et v). Au v. 25, les « œuvres », c'est-à-dire les miracles accomplis par Jésus ne suffisent pas à provoquer la foi des Juifs ; c'est la théologie du miracle telle qu'elle apparaît au niveau de Jean II-B (cf. Introd., 5 l). Au v. 30, l'unité du Père et de Jésus reflète fidèlement la christologie de Jean II-B (cf. Introd., 6 a). Au v. 31, la phrase « les Juifs apportèrent (*ebastasan*) des pierres afin de le lapider » diffère beaucoup de la phrase parallèle de **8** 59, que nous avons attribuée à Jean II-A : « Ils prirent (*èran*) donc des pierres afin de les jeter sur lui » ; la formule du v. 31 a le verbe technique « lapider », que l'on retrouve aux vv. 32 et 33, mais surtout en **11** 8, un texte de Jean II-B. Aux vv. 37-38, Jésus invite les Juifs à croire aux œuvres qu'il accomplit ; mais c'est une concession : ils auraient dû croire d'abord à la parole de Jésus. Au v. 39, la phrase « Ils cherchaient donc de nouveau à le prendre » a son équivalent en **7** 30, qui est une réinterprétation faite par Jean II-B du texte de Jean II-A qui se lit en **8** 20b (note §§ 257-260).

b) Nous croyons toutefois que Jean II-B a transposé ici, aux vv. 27 et 28, deux textes de Jean II-A qui complétaient, le premier l'explication de la parabole du pasteur et des voleurs (**10** 7-8), le second l'explication de la parabole du bon Pasteur (**10** 14 ss.). La réutilisation par Jean II-B de textes antérieurs est soulignée par le v. 29, qui dédouble et transpose le thème du v. 28 de façon à préparer l'affirmation christologique du v. 30. Le développement sur les brebis de Jésus, aux vv. 27 et 28, est beaucoup mieux en situation en **10** 7-8 et 14 ss.

2. Analyses stylistiques

a) Dans leur ensemble, le vocabulaire et le style reflètent fidèlement ceux de Jn ; certaines expressions sont même propres à Jean II-B. On trouve au v. 22 : « Jérusalem » avec l'article (A 79**). Au v. 23 : «circuler dans » (E 5). Au v. 24 : « l'entourèrent donc... et lui disaient » (A 19), « les Juifs » (C 7), « ouvertement » (B 21). Au v. 25 : « répondit » (B 74), « croire » (F 20), « les œuvres que je fais » (B 4 et B 101), « au nom de » (F 21**), « me rendent témoignage » (A 4* ; cf. C 58). Au v. 26 : « mais vous » (B 28**), « croire » (F 20), « être de » (C 18), « mes brebis » (A 1* et C 60). Pour les vv. 27-28, de Jean II-A, voir à la note précédente. Au v. 29 : « Le père qui m'a donné » (A 14* et B 73). Au v. 30 : « le Père » (B 73), « nous sommes un » (C 72**).

Au v. 31 : « les Juifs » (C 7), « lapider » (C 82** ; opposer **8** 59, de Jean II-A). Au v. 32 : « répondit » (B 74), « œuvres » (B 4), « du Père » (B 73), « lapider » (C 82**). Au v. 33 : « les Juifs » (C 7), « répondirent » (B 74), « œuvre » (B 4), « pas pour...mais pour » (A 93**), « lapider » (C 82**), « tu te fais Dieu » (A 71**). Au v. 34 : « répondit » (B 74), « n'est-il pas écrit » (B 11*), « votre Loi » (B 43*). Au v. 35 : « ceux-là » (C 37), « l'Écriture » (F 1*). Au v. 36 : « le Père » (B 73), « a envoyé dans le monde » (A 54** et B 34 ; cf. C 68), « celui que... vous dites que » (A 120 ; cf. B 48). Au v. 37 : « faire les œuvres » (B 4 et B 101), « ne me croyez pas » (F 29*). Au v. 38 : « si vous ne me croyez pas » (F 29*), « croyez aux œuvres » (C 42** et B 4), « le Père » (B 73), immanence réciproque (A 11). Au v. 39 : « donc de nouveau » (A 17*), « le prendre » (C 5*, dit du Christ).

b) Au v. 22, la donnée chronologique « c'était l'hiver » est dans le style de Jean II-B (cf. **13** 30 ; **18** 28 ; **19** 14). Au v. 24, on rapprochera la phrase « dis-le nous ouvertement » de celle de **11** 14, attribuée à Jean II-B : « Jésus leur dit ouvertement » ; une telle phrase ne se lit nulle part ailleurs dans le NT. Au v. 25, la phrase « je vous l'ai dit et vous ne croyez pas » a son équivalent en **3** 12, de Jean II-B : « si je vous ai dit... et vous ne croyez pas. » Au même verset, la formule « au nom de mon Père » ne se lit ailleurs qu'en Jn **5** 43, un texte de Jean II-B. Au v. 29, l'expression « nul ne peut » suivie d'un infinitif ne se lit chez Jn qu'au niveau de Jean II-B (cf. **6** 44.65 ; **9** 4). Au v. 32, l'adjectif *poios* (traduit par « laquelle ») ne se lit chez Jn qu'au niveau de Jean II-B (**12** 33 ; **18** 32 ; **21** 19). Au v. 33, la formule « les Juifs lui répondirent » ne se lit ailleurs qu'en Jn **19** 7, que nous attribuerons à Jean II-B. Au v. 35, le thème de l'Écriture qui ne peut être « abolie » a son équivalent en **7** 23, de Jean II-B (cf. Mt **5** 19).

On trouve encore les parallélismes suivants avec des textes de Jean II-A. Au v. 25 : « les œuvres que je fais », comme en **14** 12. Au v. 26 : « Mais vous ne croyez pas parce que vous n'êtes pas de mes brebis » doit être comparé à **8** 46-47 : « pourquoi ne me croyez-vous pas ? ( ) Parce que vous n'êtes pas de Dieu. » La formule d'immanence réciproque, au v. 38, a son équivalent en **14** 11, mais avec inversion des termes.

III. LE SENS DU RÉCIT

A) TRANSPOSITION D'UN RÉCIT SYNOPTIQUE

1. Les trois évangiles synoptiques racontent comment Jésus, après son arrestation, fut conduit devant le Sanhédrin, jugé et condamné à mort (Mc **14** 55-64 et par. ; § 342). L'évangile de Jn n'a pas cet épisode, mais Jean II-B en a repris les principaux éléments en **10** 24-39.

a) C'est avec le récit de Lc que celui de Jn offre le plus de contacts littéraires. Le plus net est entre Jn **10** 24b-25a et Lc **22** 67 :

Jn **10** 24b-25a	Lc **22** 67
« Si tu es le Christ, dis-le nous ouvertement. » Jésus leur répondit : « Je vous l'ai dit et vous ne croyez pas... »	« Si tu es le Christ, dis-le nous. » Il leur dit : « Si je vous le dis vous ne croirez pas... »

Dans Jn, la question est posée à Jésus par « les Juifs », c'est-à-dire par les autorités juives de Jérusalem ; dans Lc, par l'ensemble des membres du Sanhédrin ; en revanche, dans Mt et Mc la question est posée par le seul Grand Prêtre.

Tandis que dans Mt et Mc le Grand Prêtre pose à Jésus une double question : « Je t'adjure par le Dieu vivant de nous dire si tu es le Christ, le Fils de Dieu » (Mt **26** 63 ; cf. Mc **14** 61), dans Lc les deux questions sont nettement séparées : « Si tu es le Christ, dis-le nous » (**22** 67), « Tu es donc le Fils de Dieu ? » (**22** 70a) ; de même dans Jn, les Juifs demandent d'abord à Jésus de leur dire clairement s'il est le Christ (**10** 24), puis ils lui reprochent d'avoir affirmé qu'il était le Fils de Dieu (**10** 33.36).

b) Jean II-B dépend donc étroitement du récit de Lc (et non de celui du proto-Lc comme nous l'avons dit dans le tome II de la Synopse, note § 342) ; mais il le complète en se servant du récit de Mt/Mc. Jésus est accusé par les Juifs d'avoir proféré un blasphème parce qu'il s'est fait égal à Dieu (Jn **10** 33.36) ; c'est le thème qui se lit en Mt **26** 65b et Mc **14** 64. On peut penser aussi que le thème des œuvres qui témoignent en faveur de Jésus (Jn **10** 25) forme contraste avec celui des faux témoins qui se lit en Mt **26** 59-61 et Mc **14** 55-59 (cf. Mt **26** 65 et par.).

2. Beaucoup d'historiens ont mis en doute la réalité d'un procès de Jésus devant le Sanhédrin, suivi d'une condamnation à mort, au moins tel que le racontent les Synoptiques ; sur ce point, la tradition johannique ancienne semble plus proche des faits, qui parle d'une simple comparution de Jésus devant Anne (Jn **18** 13a.19 ss.). Le récit des Synoptiques pourrait être alors une « historicisation » de ce qui fut effectivement la cause de la mort de Jésus : l'hostilité de plus en plus grande des dirigeants juifs de Jérusalem, surtout des grands prêtres, contre Jésus (cf. Synopse, tome II, note § 342, II). C'est ce que Jean II-B veut montrer en transposant ici les données principales du « procès de Jésus devant le Sanhédrin » de la tradition synoptique. La scène qu'il raconte en **10** 22-39, complétée par la décision du Sanhédrin de faire mourir Jésus (**11** 53), est le point culminant de toute une série de controverses qui opposent Jésus aux « Juifs » chaque fois qu'il monte à Jérusalem. En Jn **5** 1 ss., Jésus vient à Jérusalem pour une fête qui, au niveau de Jean II-B, pourrait être celle de la Pentecôte ; il y guérit un infirme à la piscine de Béthesda. Jean II-B transforme cet épisode en controverse concernant l'observance du sabbat, et dès ce moment les « Juifs » cherchent à faire mourir Jésus (**5** 16 ; cf. **5** 18 et le commentaire). En Jn **7**-9, Jésus se trouve de nouveau à Jérusalem pour la fête des Tentes. On discute sur sa véritable identité (**7** 26-29), mais en fait, les Juifs se méfient des réactions de la foule et cherchent à arrêter Jésus (**7** 30). C'est alors que celui-ci prononce contre eux un véritable réquisitoire (**8** 31 ss.) qu'il termine par l'affirmation plus ou moins claire de sa divinité (**8** 58) ; on cherche alors à le lapider, mais sans succès (**8** 59). Finalement, lors de la fête de la Dédicace (**10** 22), les Juifs s'en prennent de nouveau à Jésus parce que, non seulement il se dit être le Christ, mais encore et surtout parce qu'il se fait Dieu (**10** 33), d'où une nouvelle tentative de le lapider

(**10** 31). Le Sanhédrin prend alors officiellement la décision de faire mourir Jésus (**11** 47-53). Quel que soit le prétexte invoqué durant cette séance (**11** 48), pour Jean II-B le motif de cette décision est clair : Jésus s'est dit Fils de Dieu, au sens transcendant du terme. On rejoint ici une des préoccupations majeures de Jean II-B : reprocher aux Juifs de son temps, et à certains groupes judéo-chrétiens, de ne pas vouloir reconnaître la divinité de Jésus (cf. Introd., 7 a et c).

B) LES DÉTAILS DU RÉCIT

1. LES CIRCONSTANCES

a) Jean II-B place le présent épisode lors de la fête de la Dédicace (**10** 22). Ce nom grec (*egkainia*), qui signifie « inauguration » ou « renouvellement », correspond au nom hébreu (*ḥanukkah*) donné à cette fête dans la tradition juive. « L'institution de la fête est racontée en 1 M **4** 36-59. Le Temple de Jérusalem et son autel avaient été profanés par Antiochus Épiphane. Celui-ci avait établi, sur l'autel des holocaustes, un autel païen, l'Abomination de la Désolation, 1 M **1** 54 ; Dn **9** 27 ; **11** 31, et y avait offert le 25 Kisleu (décembre) 167 le premier sacrifice à Zeus Olympios. Trois ans plus tard, après ses premières victoires, Judas Maccabée purifia le sanctuaire, construisit un nouvel autel, qui fut inauguré le 25 Kisleu 164, à l'anniversaire exact de la profanation, 2 M **10** 5. On décida que la fête serait célébrée chaque année, 1 M **4** 59 » (de Vaux). La fête avait donc lieu en décembre, d'où la remarque de Jn à la fin du v. 22 : « C'était l'hiver. »

b) Le Temple de Jérusalem était entouré d'un vaste portique de forme trapézoïdale ; la partie est, en bordure du Cédron, était appelée « portique de Salomon », probablement parce qu'il était plus ancien que les autres et qu'on en attribuait la construction à Salomon lui-même. Dans les Actes, Lc y placera deux épisodes (Ac **3** 11 ; **5** 12), et ce nom n'apparaît nulle part ailleurs dans le NT. C'est là que se tenait Jésus (v. 23).

2. JÉSUS EST-IL LE CHRIST ?

a) Les Juifs, c'est-à-dire ici les chefs religieux de Jérusalem, entourent Jésus et lui demandent : « Jusqu'à quand nous enlèveras-tu la vie ? Si tu es le Christ, dis-le nous ouvertement » (v. 24). Cette demande est, on l'a vu plus haut, celle que les membres du Sanhédrin posent à Jésus selon Lc **22** 67. Jn ajoute toutefois la précision « ouvertement » ; les Juifs reconnaissent que Jésus aurait déjà révélé de façon plus ou moins claire sa véritable identité. Le verbe « entourer » est rarement employé dans le NT (Lc **21** 20 ; Ac **14** 20 ; He **11** 30) ; Jean II-B ne voudrait-il pas ici évoquer le Ps **22** 17, ce psaume qui, surtout dans la version des Septante, offrait tant de rapprochements avec la passion de Jésus : « Parce que des chiens nombreux *m'ont entouré*, une assemblée de malfaiteurs m'a cerné ; ils ont percé mes mains et mes pieds... Ils se sont partagé mes vêtements... » (vv. 17 et 19) ?

b) Jésus répond aux Juifs : « Je vous l'ai dit, et vous ne croyez pas » (v. 25a). Cette affirmation est étrange car, dans les chapitres antérieurs, Jésus n'a affirmé être le Christ, ou le Fils de l'homme, que devant des particuliers : la Samaritaine (**4** 25-26) ou l'aveugle-né (**9** 36-37). Jean II-B estime probablement que les nombreuses fois où Jésus a affirmé avoir été envoyé par Dieu (B 34 ; cf. A 3) auraient dû suffire pour éclairer les Juifs sur ce qu'il est réellement. Ou peut-être pense-t-il aux Juifs de son temps qui n'ont pas voulu croire à la déclaration faite par Jésus devant le Sanhédrin, lors de son procès raconté dans les Synoptiques.

Quoi qu'il en soit, Jésus rappelle aux Juifs les œuvres, principalement les miracles, qu'il a accomplis au nom de son Père et qui lui rendent témoignage (v. 25b ; cf. **5** 36). Malgré ces œuvres, les Juifs ne croient pas en sa mission ; et Jésus en donne la raison : « ... parce que vous n'êtes pas de mes brebis » (v. 26). On retrouve ici la théologie du miracle chère à Jean II-B : le miracle ne suffit pas, par lui-même, à provoquer la foi des hommes. Bien mieux, pour comprendre le sens des œuvres accomplies par Jésus, il faut déjà être de ses brebis, c'est-à-dire être de ses disciples (cf. **18** 37, à la fin). Le miracle n'est pas vraiment un « signe » apologétique ; sa signification ne peut être saisie que par celui qui croit déjà en Jésus (cf. Introd., 5 l).

c) Jean II-B insère ici deux versets qui, au niveau de Jean II-A, se lisaient dans l'application des paraboles précédentes (note § 263) et qui expliquent quels sont les rapports entre Jésus et ses brebis (vv. 27-28, commentés à la note précédente). Ce qui l'intéresse dans ce passage, c'est surtout la finale : « ... et personne ne les ravira de ma main. » Ce texte pouvait évoquer deux passages de l'AT : « Les âmes des justes sont dans la main de Dieu » (Sg **3** 1) ; « Il n'est personne qui arrache de mes mains » (Is **43** 13, LXX). Au v. 28, ces expressions sont référées à Jésus tandis qu'elles sont dites de Dieu dans l'AT. Jean II-B en profite pour souligner qu'il y a identité entre Jésus et Dieu. Au v. 29, il reprend les expressions du v. 28 en les appliquant au Père : « Le Père qui me les a données est plus grand que tous, et nul ne peut ravir de la main du Père » ; puis il fait dire à Jésus, en conclusion de ces rapprochements de textes : « Moi et le Père sommes un » (v. 30). Sous la plume de Jean II-B, cette affirmation doit être prise au sens fort : Jésus est Dieu à l'égal du Père (cf. 1 Jn **5** 20 et Introd., 6 a). Devant une affirmation aussi blasphématoire, les Juifs apportent des pierres pour le lapider (v. 31). Ainsi est introduite la seconde partie du dialogue entre Jésus et les Juifs, touchant sa divinité.

3. JÉSUS, FILS DE DIEU

A cette tentative de lapidation contre lui, Jésus répond avec ironie : « Je vous ai montré beaucoup d'œuvres bonnes venant du Père ; pour laquelle de ces œuvres me lapidez-vous ? » (v. 32). Les Juifs répondent qu'ils veulent le lapider pour un blasphème, « et parce que, toi qui es un homme, tu te fais Dieu » (v. 33) ; ils font allusion à la parole de Jésus au v. 30 : « Moi et le Père sommes un. » La réponse de Jésus, aux vv. 34-36, est difficile à comprendre. Notons d'abord qu'au v. 36 Jésus admet avoir affirmé « je suis le Fils de Dieu » ; Jean II-B met cette parole sur les lèvres de Jésus parce qu'il pense, non au dialogue qui précède, mais au récit synoptique du procès de Jésus devant le Sanhédrin (cf. Lc **22** 70 et par. ; *supra*). Ceci dit, comment comprendre l'argumentation de Jésus ?

a) Elle part d'un fait tiré de l'Écriture : « N'est-il pas écrit dans votre Loi : *J'ai dit, vous êtes des dieux ?* » (v. 34). C'est une citation de Ps **82** 6, faite d'après la Septante, où il s'agit des magistrats chargés de rendre la justice en Israël. Que pouvait évoquer ce psaume pour les contemporains de Jésus et ceux de l'évangéliste ? La tradition juive a mis ce psaume en relation avec le récit de Dt **1** 16-17 : Moïse, ne pouvant à lui seul porter les charges et les procès du peuple de Dieu (**1** 12), fait choisir des hommes habiles de toutes les tribus et les établit comme « chefs » (**1** 13-15) ; ce sont eux qui auront désormais la charge de rendre la justice (**1** 16-17), au moins dans les cas relativement faciles ; les cas les plus difficiles seront réservés à la juridiction de Moïse (**1** 17c). La tradition juive voyait, dans ce texte, la première institution des « juges » en Israël ; ils sont les successeurs du « juge » par excellence que fut Moïse. On notera par ailleurs que Dt **1** 17 affirme : « Le jugement est (le fait) de Dieu » ; les hommes qui exercent le jugement en Israël, à la suite de Moïse, reçoivent donc une charge divine ; ils participent au pouvoir judiciaire de Dieu, et c'est probablement ce qui permet au psalmiste de faire dire à Dieu : « J'ai dit : vous êtes des dieux, des fils du Très-Haut, vous tous » (Ps **82** 6).

b) Analysons maintenant les expressions employées par Jésus aux vv. 35-36 ; elles s'inspirent du texte dans lequel le prophète Jérémie décrit sa vocation (Jr **1** 4-7), comme il est facile de le voir en mettant les textes en parallèle, traduits très littéralement :

Jn **10**	Jr **1**
35 « S'il nomme 'dieux' ceux à qui advint la parole de Dieu...	4 Et advint à moi la parole du Seigneur...
	5 ... et avant que tu ne sortes du sein maternel
36 à celui que le Père a sanctifié	je t'ai sanctifié, je t'ai établi prophète des Nations...
et envoyé dans le monde...»	7 Vers tous ceux à qui je t'enverrai, tu iras...

Nous trouvons dans les deux textes la même séquence : formule stéréotypée décrivant la vocation prophétique en référence au don de la parole de Dieu, thèmes de la « sanctification », puis de la « mission » (cf. un groupement analogue en Jn **17** 17-19). En **10** 35-36, Jn veut donc présenter Jésus comme un prophète puisqu'il lui applique les termes par lesquels Jérémie décrit sa propre vocation.

Il faut aller plus loin et dire que, pour Jean II-B, Jésus est « le Prophète » par excellence, il est « celui » que le Père a sanctifié et envoyé, comme s'il n'y en avait pas d'autres. On pense alors au thème fondamental de la christologie johannique hérité du Document C : Jésus est le Prophète, le nouveau Moïse annoncé par Dt **18** 18 (Introd., 5 j). Ce rapprochement avec la figure de Moïse est d'autant plus valable que Jérémie décrit sa vocation (Jr **1** 4-10) en référence à la vocation de Moïse (Ex **3** 10-14 ; **4** 10 ; **7** 2). Jérémie, le premier, s'est comparé à un nouveau Moïse. Ce thème de Jésus nouveau Moïse est d'ailleurs évoqué aussi par celui du témoignage des « œuvres » accomplies par Jésus au nom de son Père (**10** 25 et 37-38 ; Introd., 5 k). C'est donc en définitive par référence à la personne de Moïse, *juge* et *prophète* (cf. encore Ex **18** 13-26 ; Nb **11** 16-17.24-30, comparés à Dt **1** 9-18) qu'il faut interpréter l'argumentation de Jésus en Jn **10** 34-36.

Ce que nous appellerions aujourd'hui la « majeure » de son argumentation est donné au v. 34 : « N'est-il pas écrit dans votre Loi : *J'ai dit : vous êtes des dieux ?* » Jésus fait appel à Ps **82** 6, où il s'agit des « juges » qui exercent un pouvoir quasi divin. Mais les fonctions de « juge » et de « prophète » se recoupent, surtout si l'on se réfère au précédent de Moïse. Or Jésus est « le Prophète » par excellence, d'après les termes utilisés en Jn **10** 35-36 ; il est le Prophète semblable à Moïse annoncé par Dt **18** 18. Si donc, au témoignage de l'Écriture, les « juges » sont appelés « dieux » et « fils du Très-Haut » (Ps **82** 6), ces titres conviennent à fortiori à Moïse, le premier des « juges » et des « prophètes » (cf. d'ailleurs Ex **4** 16 ; **7** 1), et beaucoup mieux encore à Jésus, le nouveau Moïse infiniment supérieur au premier. Pourquoi alors accuser Jésus de blasphème parce qu'il s'est dit « fils de Dieu » ?

c) Cette argumentation n'est valable que si l'on reconnaît en Jésus l'envoyé de Dieu par excellence. Jésus affirme qu'il l'est, et sa parole devrait suffire (v. 38a). Même s'ils ne veulent pas le croire sur parole, les Juifs devraient croire au moins au témoignage des œuvres accomplies par Jésus, et qui prouvent l'immanence réciproque du Père et de Jésus (vv. 37-38).

Les Juifs ne se laissent pas convaincre. Comme lors de la fête des Tentes, ils veulent s'emparer de Jésus, mais sans succès (v. 39), probablement parce que l'« heure » de Jésus n'est pas encore venue (cf. **7** 30).

Note § **265.** *JÉSUS SE RETIRE AU-DELÀ DU JOURDAIN* (Jn **10** 40-42)

I. ORIGINE DU SOMMAIRE

Le sommaire en Jn **10** 40-42 fut rédigé par Jean II-B. Le v. 40 renvoie à Jn **1** 28, dont il reprend presque tous les termes : « ... au-delà du Jourdain... où Jean baptisait » ; il est donc, ou contemporain de ce texte, ou postérieur à lui. Nous avons attribué **1** 28 à Jean II-B ; **10** 40-42 serait donc ou de Jean II-B ou de Jean III. Mais, on va le voir dans un instant, le style des vv. 40-42 est trop typiquement johannique pour pouvoir être attribué à Jean III ; ces versets sont donc de Jean II-B. On verra d'ailleurs dans la seconde partie de cette note que les vv. 41-42 supposent une théologie du « signe » qui est celle de Jean II-B.

Voici les caractéristiques stylistiques de ce sommaire. Au v. 40 : « au-delà de » (B 71), « au lieu où » (B 23** ; cf. F 33), « où était » (C 13*), « en premier » (A 126** ; à réinsérer dans le texte du tome I de la Synopse, après le verbe « baptisait »). Au v. 41 : « n'a fait aucun signe » (B 81), « ce que... a dit » (C 64), « a dit de lui » (C 81), « vrai » (C 36). Au v. 42 : « beaucoup crurent en lui » (C 32* et B 51).

Au v. 40, la phrase « et il s'en alla de nouveau... au lieu où » a son équivalent en **4** 3, un texte de Jean II-B : « et il s'en alla de nouveau en Galilée » (cf. le rapprochement moins net avec **6** 1, de Jean II-A). Si l'on tient compte de l'équivalence que Jn met entre « venir à » Jésus et « croire en » Jésus, on pourra rapprocher aussi le v. 41 : « et beaucoup vinrent à lui et ils disaient », de **7** 31, attribué à Jean II-B : « or de la foule beaucoup crurent en lui et ils disaient » ; dans les deux textes, la phrase en question est suivie de l'expression « faire des signes ». Notons enfin que, toujours au v. 41, l'expression au neutre « tout ce que » (*panta hosa*) ne se lit ailleurs que dans des textes de Jean II-B : **4** 45 ; **16** 15 et **17** 7.

II. LE SENS DU SOMMAIRE

1. Le sommaire de **10** 40-42 a pour but de remplacer celui de **11** 54, composé au niveau du Document C et que Jean II-B a transféré après le récit de la résurrection de Lazare (Introd., 4 g). Ce récit de la résurrection de Lazare, en effet, suppose nécessairement que Jésus n'est plus à Jérusalem (cf. **11** 3.6.17). Au niveau du Document C, et encore de Jean II-A, Jésus s'était effectivement retiré à Éphraïm (**11** 54) après la réunion du Sanhédrin qui avait décidé sa mort (**11** 53). Ayant transposé **11** 47-54 après **11** 1-46, Jean II-B devait composer un petit sommaire indiquant que Jésus se retirait loin de Jérusalem. On notera d'ailleurs la parenté entre **10** 40 et **11** 54 : « Et il s'en alla... et il demeurait là » « il s'en alla... et là il demeura ( ). » Si l'on maintient le verbe « demeurer » à l'imparfait, avec B VetLat Arm Geo (Ad), on aura peut-être un indice qu'une main différente a écrit **10** 40 et **11** 54 (cf. **2** 12, également du Document C) : le verbe « demeurer » est à l'imparfait, et non à l'aoriste ; l'adverbe « là » est placé avant, et non après le verbe.

2. Jean II-B profite des vv. 41-42 pour exposer à nouveau sa conception de la valeur toute relative des « signes » (Introd., 5 l). Les gens reconnaissent en effet que le Baptiste n'a accompli aucun signe qui accréditerait son témoignage. Et pourtant, ils constatent que tout ce qu'il a dit au sujet de Jésus était vrai, et ils croient en Jésus. Leur foi s'appuie, non sur des « signes », mais sur la parole du Baptiste. Combien plus alors les chrétiens du temps de Jean II-B peuvent étayer leur foi, non sur les miracles, mais sur la parole de Jésus transmise par ses disciples (Introd., 5 m-n).

Note § **266.** *LA RÉSURRECTION DE LAZARE* (Jn **11** 1-46)

La résurrection de Lazare constitue le dernier des miracles, ou « signes », accomplis par Jésus. Rappelons que, au niveau du Document C et de Jean II-A, cet épisode était situé entre la décision prise par le Sanhédrin de mettre Jésus à mort (suivie de la retraite de Jésus à Éphraïm ; **11** 47-54) et l'onction à Béthanie (**12** 1 ss.). C'est Jean II-B qui a inversé l'ordre des récits en plaçant la réunion du Sanhédrin *après* la résurrection de Lazare (note § 265 II 1 et Introd., 3 p et 4 g).

I. CRITIQUE TEXTUELLE

1. En **11** 3, presque tous les témoins du texte johannique ont cette phrase : « Envoyèrent donc les sœurs vers lui, disant... » On lisait toutefois dans P⁶⁶, avant que ce manuscrit ne fût corrigé par un réviseur, le texte suivant : « Envoya

donc Marie vers lui, disant... » Il n'y était pas question des deux sœurs, mais seulement de Marie. Cette variante n'est pas due à une fantaisie du scribe qui copia le manuscrit, car elle est indirectement appuyée par d'autres témoins, mais au v. 1. On lit en effet à la fin de ce verset, dans A et 157, le texte suivant : « ... du village de Marie ( ), sa sœur. » Le nom de « Marthe » est omis, et le possessif affectant le mot « sœur » suppose un antécédent masculin (*autou*) qui ne peut être que Lazare, nommé vers le milieu du verset. Ici, P⁶⁶ (première main) a un texte composite : le possessif se rapporte à Lazare, comme dans A et 157, mais le nom de Marthe se lit après celui de Marie ; ces deux variantes étant inconciliables en grec, on peut supposer que P⁶⁶ a corrigé le texte qu'il suivait (cf. A, 157) en ajoutant le nom de Marthe, en accord avec la tradition textuelle la plus courante. Ainsi P⁶⁶, en partie appuyé par A et 157, suppose un texte qui avait à la fin du v. 1 : « ... du village de Marie ( ), sa sœur » (= la sœur de Lazare), et au début du v. 3 : « Envoya donc Marie vers lui, disant... » Nous avons là le texte de l'évangile de Jn tel qu'il fut édité par Jean III. On voit difficilement, en effet, pourquoi un scribe, ou un réviseur du texte évangélique, aurait délibérément supprimé le personnage de Marthe aux vv. 1 et 3, alors que Marthe tient une si grande place dans la suite du récit (vv. 5, 19-30, 39) ; en revanche, si le début du récit de Jn ne mentionnait que Marie (on en verra la raison plus loin), on comprendrait qu'un réviseur ait ajouté le personnage de Marthe afin d'harmoniser le début du récit avec la suite. A l'appui de cette conclusion, on fera remarquer que la finale du récit (**11** 45) ne mentionne encore que Marie. Ici, une correction du texte s'avérait moins urgente puisqu'il ne s'agissait pas de la présentation des personnages qui vont jouer un rôle dans le récit. En accord avec le témoignage de P⁶⁶, Marthe n'était donc pas nommée dans les trois premiers versets du texte johannique, comme elle n'était pas nommée non plus dans la finale du récit.

2. Au v. 25, nous omettrons les mots « et la vie », avec P⁴⁵ et l'ancienne tradition syro-africaine (SyrSin, Titus de Bosra, Cyprien, *l*). Cette leçon courte est mieux en accord avec les autres formules en « Je suis » (A 9), qui n'ont d'ordinaire qu'un seul prédicat. Les mots « et la vie » furent ajoutés afin de tenir compte de la fin du v. 25 : « ... même s'il meurt, vivra. »

3. Au v. 29, deux formes de texte sont en présence ; il faut choisir entre « se leva... et allait », avec P⁷⁵, le texte Alexandrin appuyé par l'ancienne tradition syro-latine, et « se lève... et va », avec P⁶⁶ P⁴⁵ et le texte de la Koinè. Il est difficile de se prononcer. Les témoins du texte johannique seraient plutôt en faveur de la première forme de texte. Mais en revanche, on s'expliquerait mieux que les deux présents historiques (deuxième forme de texte) aient été changés en aoriste et en imparfait. Avec les éditions critiques les plus modernes, on optera finalement pour la première forme de texte.

4. Au v. 39, on omettra les mots « la sœur du mort », avec *Thêta*, l'ancienne tradition syro-latine, le plus ancien manuscrit de la version géorgienne et quelques manuscrits de la version éthiopienne. Ces mots sont placés après le nom de Marthe dans D, ce qui pourrait être l'indice d'un texte court corrigé. Si les mots « la sœur du mort » étaient primitifs, on ne voit pas pourquoi ils auraient été supprimés dans une partie importante de la tradition textuelle ; une addition explicative est plus vraisemblable.

II. CRITIQUE LITTÉRAIRE

De tous les récits de l'évangile de Jn, celui de la résurrection de Lazare est un de ceux dont l'évolution littéraire est la plus complexe. Beaucoup d'auteurs reconnaissent aujourd'hui que l'évangéliste aurait réutilisé un récit plus ancien dont ils s'efforcent de reconstituer la teneur. La plupart sont d'accord pour attribuer à l'évangéliste un certain nombre d'additions relativement faciles à cerner : les vv. 4-5, 7-10, 35-37, 39b-40, 41b-42. La partie centrale du récit est beaucoup plus difficile à analyser, et certains, comme Bultmann et Dodd, estiment qu'il est impossible d'y reconstituer le texte du récit primitif. Nos propres analyses vont rejoindre en partie celles de nos devanciers, compte tenu de la distinction que nous faisons d'ordinaire entre Jean II-A et Jean II-B.

Pour étudier certaines parties du récit johannique, nous nous référerons à un texte publié récemment par Morton Smith. Selon cet auteur, Clément d'Alexandrie nous aurait conservé un fragment « inédit » de l'évangile de Mc où il était question de la résurrection faite par Jésus d'un jeune homme, frère d'une femme qui habitait Béthanie. Les analogies avec le récit de la résurrection de Lazare sont certaines. Nous restons sceptiques quant à l'attribution à Mc du fragment en question. Il est toutefois possible que l'auteur de ce fragment, quel qu'il soit, ait puisé à un récit de forme archaïque parallèle à celui de Jn. Nous n'utiliserons ce texte qu'avec beaucoup de circonspection, étant donné les nombreux problèmes qu'il pose.

Voici comment nous proposons de répartir les divers niveaux rédactionnels du présent récit.

C	II-A	II-B	III

1 Or il y avait un(e) certain(e) (Marie),
     | malade, Lazare,
de Béthanie,
     | du village de Marie sa sœur.
2 | Or Marie était celle qui avait oint le Seigneur de parfum
     | et avait essuyé ses pieds avec ses cheveux,
dont le frère Lazare était malade.
3 (Elle)
     | Marie donc
envoya lui dire : « Seigneur, voici que celui que tu aimes est malade. »
4 Or, ayant entendu, Jésus
     | dit : « Cette maladie n'est pas pour la mort, mais
         | pour la gloire de Dieu,
     | afin que soit glorifié le Fils de Dieu par elle. »
5 | Or Jésus aimait Marthe et sa sœur et Lazare.

C | II-A | II-B | III

6 | Quand donc il eut entendu qu'il était malade, alors il
resta deux jours à l'endroit où il était.

7 Puis, après cela, il dit (:)
             | aux disciples : « Allons de nouveau en Judée. »

8 | Les disciples lui disent : « Rabbi, à l'instant les Juifs cherchaient à te lapider, et de nouveau tu vas là-bas ! »

9 | Jésus répondit : « N'y a-t-il pas douze heures de jour ? Si quelqu'un marche durant le jour,
il ne trébuche pas parce qu'il voit la lumière de ce monde.

10 | Mais si quelqu'un marche durant la nuit, il trébuche, parce que la lumière n'est pas en lui. »

11 | Il dit cela, et après cela, il leur dit :
 « Lazare
            | notre ami
est endormi ; mais je pars (vers lui) (. »)
                 | afin de le réveiller. »

12 | Les disciples donc lui dirent : « Seigneur, s'il est endormi, il sera sauvé. »

13 | Mais Jésus avait parlé de sa mort, tandis que ceux-là pensèrent qu'il parlait de la dormition du sommeil.

14 | Alors donc Jésus leur dit ouvertement : « Lazare est mort,

15 | et je me réjouis pour vous
                 | afin que vous croyiez
       | de ce que je n'étais pas là. Mais allons vers lui. »

16 | Thomas donc, qui est appelé Didyme, dit aux autres disciples : « Allons nous aussi, afin de mourir avec lui ! »

17 Étant venu
            | donc Jésus
    (il) le trouva
            | depuis quatre jours
  déjà au tombeau.

18 | Or Béthanie était proche de Jérusalem d'environ quinze stades.

19 | Or beaucoup d'entre les Juifs étaient venus auprès de Marthe et de Marie afin de les consoler au sujet de leur frère

20 | Marthe donc, quand elle entendit que Jésus venait, partit à sa rencontre. Marie restait assise à la maison.

21 | Marthe donc dit à Jésus : « Seigneur, si tu avais été là, mon frère ne serait pas mort (. »)

22 | Et maintenant je sais que tout ce que tu demanderas à Dieu, Dieu te le donnera. »

23 | Jésus lui dit : « Ton frère ressuscitera. »

24 | Marthe lui dit : « Je sais qu'il ressuscitera à la résurrection au dernier jour. »

25 | Jésus lui dit : « Je suis la résurrection ; celui qui croit en moi
            | même s'il meurt, vivra ;

26 | et quiconque vit et croit en moi
       | ne mourra jamais. Le crois-tu ? »

27 | Elle lui dit : « Oui, Seigneur, je crois que tu es le Christ, le Fils de Dieu, qui vient dans le monde. »

28 | Et, ayant dit cela, elle s'en alla et appela Marie, sa sœur, en lui disant secrètement : « Le Maître est là et il t'appelle. »

29 | Or celle-là,
  (Marie), quand elle eut entendu (que Jésus venait),
  se leva vite et (vint)
        | venait
  vers lui (et)

30 | Or Jésus n'était pas encore arrivé au village, mais il était encore à l'endroit où Marthe était venue à sa rencontre.

31 | Les Juifs donc
    (Ceux) qui étaient avec elle dans la maison et qui la consolaient,
            | voyant que Marie se levait vite et sortait,
  la suivirent, pensant qu'elle allait au tombeau afin d'y pleurer.

32 | Marie donc, quand elle vint où était Jésus,
           | le voyant, tomba à ses pieds, en lui disant
  (lui dit) : « Seigneur, si tu avais été là, mon frère ne serait pas mort. »

33 Jésus
        | donc, quand il la vit pleurer
           | et pleurer les Juifs qui étaient venus avec elle,
  (la rudoya) (*enebrimèsato*)
        | frémit (*enebrimèsato*) en esprit et se troubla

34 et dit : « Où l'avez-vous mis ? » Ils lui disent : « Seigneur, viens et vois. »

35 | Jésus pleura.

36 | Les Juifs donc disaient : « Voyez comme il l'aimait ! »

37 | Mais certains d'entre eux dirent : « Celui-ci qui a ouvert les yeux de l'aveugle ne pouvait-il faire que celui-ci aussi ne
       | mourût pas ? »

38 | Jésus donc, frémissant de nouveau en lui-même,
  (Il) vient (donc) au tombeau. Or c'était une grotte et une pierre était placée dessus.

C | II-A | II-B | III

39 Jésus dit : « Enlevez la pierre. »

| Marthe lui dit : « Seigneur, il sent déjà, car c'est le quatrième jour. »

40 | Jésus lui dit : « Ne t'ai-je pas dit que, si tu croyais, tu verrais la gloire de Dieu ? »

41 Ils enlevèrent donc la pierre. Jésus

| leva les yeux en haut et dit : « Père, je te rends grâces de m'avoir écouté.

42 | Pour moi, je savais que tu m'écoutes toujours ; mais j'ai parlé à cause de la foule qui se tient à l'entour, afin qu'ils croient que tu m'as envoyé. »

43 | Et ayant dit cela, il cria d'une voix forte : « Lazare, viens dehors ! »

44 (Et) le mort sortit (.)

| les pieds et les mains liés de bandelettes, et son visage était enveloppé d'un suaire.

| Jésus leur dit : « Déliez-le et laissez-le aller. »

45 | Beaucoup d'entre les Juifs

| (Ceux) qui étaient venus à Marie, ayant vu ce qu'il avait fait, crurent en lui.

46 | Mais certains d'entre eux s'en allèrent aux Pharisiens et leur dirent ce qu'avait fait Jésus.

A) L'INTRODUCTION DU RÉCIT

Dans cette section, nous allons nous occuper des problèmes posés par les vv. 1 à 3. Rappelons que les vv. 1 et 3 offrent un important problème de critique textuelle que nous avons traité dans la première partie de cette note.

1. Sauf Fortna, la plupart des commentateurs voient dans le v. 2 une glose de l'évangéliste : Marie, la sœur de Lazare, est identifiée à celle qui oignit les pieds de Jésus dans l'épisode qui sera raconté en Jn 12 1 ss. Le problème est cependant plus complexe. Il est remarquable, en effet, que la fin du v. 2, jointe au début du v. 1 (cf. aussi le début du v. 2), donne un texte dont on trouve un excellent parallèle en Jn 4 46b et dans le récit publié par Morton Smith. Mettons-les en parallèle en les traduisant très littéralement :

Jn **11**	Jn **4** 46b	M.S.
1a Or était un certain malade, Lazare...	Or était un certain fonctionnaire royal	Et était là une certaine femme
2a Or était Marie...		
2c dont le frère, Lazare, était malade.	dont le fils était malade...	dont le frère était mort.

Une comparaison entre le début des trois récits permet de reconstituer, derrière le texte actuel de Jn, un texte plus archaïque qui aurait eu cette forme : « Or était une certaine Marie... dont le frère, Lazare, était malade. » Ce texte archaïque aurait été modifié, à un niveau rédactionnel ultérieur, afin d'établir une identité entre la sœur de Lazare et la femme qui oignit Jésus de parfum lors d'un repas à Béthanie.

Dans le récit primitif, on gardera la mention de Béthanie, que l'on placera après la phrase « Or était une certaine Marie » ; le texte publié par Morton Smith, lui aussi, dit explicitement que la scène se passait dans ce village.

Voici donc comment on pourrait se représenter l'évolution des textes, en tenant compte également du problème de critique textuelle. Au niveau le plus ancien, le récit avait approximativement cette forme :

1a Or il y avait un(e) certain(e) (Marie), de Béthanie ( ),
2c ( ) dont le frère, Lazare, était malade.
3 (Elle) envoya vers (Jésus), disant : « Seigneur, voici que celui que tu aimes est malade. »

Ce texte fut ensuite transformé afin d'établir une identité entre Marie, la sœur de Lazare, et Marie, la femme qui oignit Jésus de parfum d'après Jn 12 3, d'où la nouvelle rédaction :

1 Or il y avait un certain malade, Lazare, de Béthanie, du village de Marie, sa sœur.
2 Or Marie était celle qui avait oint le Seigneur de parfum et qui avait essuyé ses pieds avec ses cheveux, dont le frère Lazare était malade.
3 Marie envoya donc vers lui, disant : « Seigneur, voici que celui que tu aimes est malade. »

Aux vv. 1 et 3, la mention de Marthe ne fut ajoutée que par un scribe ou un réviseur du texte johannique, dans le courant du deuxième siècle ; il ne faut donc pas la faire intervenir dans le problème de critique littéraire qui nous occupe.

2. Nous ne chercherons à préciser l'origine du récit primitif que lorsque nous aurons reconstitué tout son texte. Quant aux remaniements qu'il a subis, ils sont ici de Jean II-B. C'est lui en effet qui glose les textes afin d'établir un lien entre les épisodes des chapitres **10**, **11** et **12** (cf. *infra* et notes § 272 et § 273). L'analyse stylistique du v. 2 est particulièrement instructive, car on y trouve le même procédé littéraire qu'en **18** 14, un texte que nous attribuerons aussi à Jean II-B. Les deux versets commencent de façon semblable : « Or était Marie (B 14 et B 53) celle qui avait oint... » « Or était Caïphe celui qui avait conseillé... » ; puis, tandis que **11** 2

anticipe en utilisant presque littéralement les expressions qui se liront en **12** 3 (cf. Lc **7** 38.46), **18** 14 réutilise presque littéralement les expressions qui se lisaient en **11** 50. Le procédé littéraire est donc le même, et il est impossible d'attribuer le v. 2ab au récit pré-johannique, comme le fait Fortna. Au v. 2, on notera l'expression « le Seigneur » pour désigner Jésus ; chez Jn, elle ne se lit qu'ici dans les récits antérieurs à la résurrection (en **4** 1 et **6** 23, elle n'est probablement pas authentique) ; dans les Synoptiques, elle ne se lit que chez Lc, 14 fois, et spécialement en Lc **10** 39 où il est question de Marthe et de Marie ; ce style de saveur lucanienne convient bien à Jean II-B (Introd., 8 c). Au v. 1, en complétant le récit primitif, Jean II-B obtient la séquence « de (*apo*) Béthanie, du (*ek*) village de Marie sa sœur » ; on avait une séquence équivalente en **1** 44 : « ... de (*apo*) Bethsaïde, de (*ek*) la ville d'André et de Pierre », texte que nous avons attribué à Jean II-B ; ceci confirme que la finale du v. 1 doit être de Jean II-B, et non du récit primitif.

B) MARTHE ET MARIE

Le récit johannique met en scène deux sœurs, Marthe et Marie. Il est toutefois relativement facile de prouver qu'aux niveaux anciens, Document C et Jean II-A, Marie seule intervenait ; sa sœur Marthe ne fut introduite dans le récit qu'au niveau de Jean II-B.

1. Bien qu'elles soient de longueur très inégale, les deux sections qui racontent l'entrevue de Marthe et de Jésus d'une part, de Marie et de Jésus d'autre part, contiennent un noyau commun, malgré l'inversion de deux de leurs éléments :

Jn **11**	Jn **11**
19 Or beaucoup d'entre les Juifs étaient venus auprès de Marthe et de Marie afin de les consoler au sujet de leur frère.	31 Les Juifs donc, qui étaient avec elle dans la maison et qui la consolaient...
20 Marthe donc, quand elle entendit que Jésus venait,	29 Or celle-là, quand elle entendit,
partit à sa rencontre...	se leva vite et venait vers lui.
21 Marthe donc dit à Jésus : « Seigneur, si tu avais été là, mon frère ne serait pas mort. »	32 Marie donc... en lui disant : « Seigneur, si tu avais été là, mon frère ne serait pas mort. »

La similitude des deux séquences a son point culminant aux vv. 21 et 32, où les deux sœurs tiennent à Jésus le même langage. Nous sommes en présence d'un doublet comme il s'en trouve tant dans l'évangile de Jn. Or ailleurs, en règle générale, le doublet tient au fait que Jean II-B a dédoublé le texte de sa source afin de pouvoir introduire un thème nouveau dans le récit (Introd., 1 i). C'est ce qu'il a fait également ici, comme les remarques suivantes vont le montrer.

2. Le récit de Jn, sous sa forme actuelle, contient une anomalie flagrante. Aux vv. 1-3 et 45, Marie seule est nommée (cf. aussi le v. 31 opposé au v. 19). Ce fait est d'autant plus étrange que, dans la suite du récit, Marthe aura la prééminence sur sa sœur et va jouer un rôle beaucoup plus important (vv. 19-27 et 39). Le v. 5 est, à ce point de vue, très instructif ; il y est dit que « Jésus aimait Marthe et sa sœur et Lazare » ; non seulement Marthe est nommée la première, mais Marie n'est même pas appelée par son nom ! Ce fait ne peut s'expliquer que dans l'hypothèse de niveaux rédactionnels différents. Aux niveaux anciens, Marie seule était en scène ; le personnage de Marthe fut introduit plus tard, et de façon à lui donner la prééminence sur Marie.

L'argument que nous venons de développer vaudrait même si l'on refusait nos conclusions concernant la critique textuelle des vv. 1 et 3 (*supra*). Au v. 1, dans le texte couramment reçu, Marie est nommée la première, et Marthe en référence à elle : « ... du village de Marie et de Marthe, sa sœur » ; on admettra difficilement que le même auteur ait pu écrire le v. 5 : « Jésus aimait Marthe et sa sœur et Lazare. »

3. On verra plus loin (II C), *et par d'autres arguments*, que le v. 5, où Marthe est, des deux sœurs, la seule qui soit nommée par son nom, et le v. 39b, où Marthe seule intervient, ont été ajoutés par Jean II-B, ce qui confirmera l'hypothèse que nous venons de proposer.

4. Pour que cette hypothèse soit plausible, il faut enfin montrer quelle fut l'intention de Jean II-B lorsqu'il introduisit le personnage de Marthe et lui donna la prééminence sur Marie. Nous le ferons dans la troisième partie de cette note en comparant le récit johannique à celui de Lc **10** 38-42 où il est également question de deux sœurs : Marthe et Marie ; Jean II-B aurait voulu réagir contre une utilisation abusive du récit lucanien qui permettait à certains chrétiens de négliger le service de leurs frères.

5. Réservant à plus tard l'étude des vv. 5, 19 et 39b-40, où Marthe a la prééminence sur sa sœur, analysons maintenant, d'une part les vv. 20-27, d'autre part les vv. 28-32.

a) Aux vv. 20-27, nous allons d'abord éliminer deux gloses introduites par Jean III dans le récit de Jean II-B ; nous verrons ensuite les caractéristiques stylistiques du texte de Jean II-B.

aa) Le v. 22 doit être considéré comme une glose introduite par Jean III. Au v. 24, en effet, Marthe ne compte pas sur une action immédiate de Jésus ; elle croit seulement que son frère ressuscitera « au dernier jour », c'est-à-dire à la fin des temps (cf. *infra*). Sa réflexion du v. 22, au contraire, laisse entendre qu'elle s'attend à une action immédiate de Jésus pour faire revenir son frère à la vie. Ce verset est donc un ajout et ne peut être que de Jean III. Il ne contient qu'une caractéristique mineure, le verbe « savoir » (F 25).

ab) Jean III introduisit également une glose aux vv. 25-26 ; elle apparaît quand on compare ces versets à des textes tels que Jn **8** 12 :

Jn **11**	Jn 8 12
25 « Je suis la résurrection ; celui qui *croit en moi* même s'il meurt vivra ; 26 et quiconque vit et *croit en moi* ne mourra jamais. »	« Je suis la lumière du monde ; celui qui me suit ne marchera pas dans les ténèbres... »

Jn 8 12 donne une structure johannique classique (A 9) qui se retrouve en **11** 25-26, mais à condition de supprimer les mots placés en retrait. L'addition de ces mots est d'ailleurs soulignée par la « reprise » de l'expression « croit en moi » (Introd., 1 f). Cette addition ne contient que des caractéristiques stylistiques reprises du texte de Jean II-B : « mourir » (F 22), « croit en moi » (B 51 et E 10).

ac) Voici les caractéristiques stylistiques du texte de Jean II-B. Au v. 20 : « Marthe » (C 31**) et « Marie » (B 53) ; la construction « Marthe donc, quand... » (*hè oun Martha hôs*) se retrouvera au v. 32 dans une addition de Jean II-A : « Marie donc, quand... » (*hè oun Maria hôs*). Au v. 21 : « dit donc... à » (*eipen oun... pros* ; A 45** et Introd., 8 c), « Marthe » (C 31**), « si... particule *an* » (F 27), « mourir » (F 22). Aux vv. 23-26, le procédé littéraire de l'incompréhension (A 10*). Au v. 23 : « Jésus lui dit » (C 12). Au v. 24 : « Marthe lui dit » (C 31** et C 12), « je sais » (F 25), « au dernier jour » (A 34). Aux vv. 25a et 26b : « je suis (la résurrection) » (A 9*), « celui qui croit en moi » (E 10 et B 51), « ne mourra jamais » (B 27* et F 22), « le crois-tu » (F 20). Au v. 27 : « oui, Seigneur » (C 54**), « je crois que » (C 43), « venir dans le monde » (B 13* ; cf. C 68). On comparera cette confession de foi à celle de 6 69, de Jean II-B (cf. 6 14c ; **20** 31 ; 1 Jn **5** 1.5).

b) Le problème des vv. 28-32 est plus complexe. Pour le résoudre, il faut se rappeler l'hypothèse fondamentale que nous avons faite : le récit primitif ne parlait que de Marie ; c'est Jean II-B qui introduisit le personnage de Marthe, en dédoublant et amplifiant le texte primitif.

ba) Effectuons un premier tri. Le v. 28, qui fait la liaison entre les deux séquences en mettant en scène Marthe et Marie, est de Jean II-B, comme aussi le v. 30 qui rappelle la rencontre entre *Marthe* et Jésus. En revanche, les vv. 29 et 32, qui décrivent la rencontre entre *Marie* et Jésus, doivent remonter au récit primitif bien qu'ils aient été modifiés afin de pouvoir s'adapter à la situation nouvelle créée par l'introduction du personnage de Marthe (cf. *infra*). Quant au v. 31, qui parle de ceux qui sont venus consoler Marie, il fut ajouté au récit primitif, non par Jean II-B comme les vv. 28 et 30, mais par Jean II-A, afin de préparer l'addition des vv. 41b-42 et 45. Pour le comprendre, analysons de plus près les vv. 29, 31 et 32.

bb) Lorsqu'il écrivait les vv. 19 à 21, Jean II-B avait sous les yeux le texte constitué par les vv. 29, 31-32, texte qu'il dédouble comme il est facile de le voir en mettant en parallèle les deux séries de versets :

Jn **11**	Jn **11**
19 Or beaucoup d'entre les Juifs étaient venus auprès de Marthe et de Marie afin de les consoler au sujet de leur frère. 20 Marthe donc, quand elle entendit que Jésus venait, partit à sa rencontre...	31 Les Juifs donc, qui étaient avec elle dans la maison et qui la consolaient... 29 Or celle-là, quand elle entendit, se leva vite et venait vers lui.
21 Marthe donc dit à Jésus : « Seigneur, si tu avais été là, mon frère ne serait pas mort. »	32 Marie donc, quand elle vint où était Jésus, le voyant, tomba à ses pieds en lui disant : « Seigneur, si tu avais été là, mon frère ne serait pas mort. »

Malgré l'inversion des vv. 19-20 par rapport aux vv. 29 et 31, les mêmes thèmes se retrouvent dans les deux séries de textes. Nous pensons donc que, au niveau de Jean II-A, la source immédiate de Jean II-B, on lisait, non seulement les vv. 29 et 32, mais encore le v. 31. On notera d'ailleurs que le v. 31 ne parle que de Marie tandis que le v. 19 qui lui est parallèle parle de Marthe et de Marie (avec Marthe nommée avant Marie) ; le v. 31 suppose que le personnage de Marthe n'a pas encore été introduit dans le récit.

La mention des « Juifs », au début du v. 31, pose un problème spécial que nous étudierons plus loin.

bc) Mais le v. 31 ne fut introduit dans le récit qu'au niveau de Jean II-A ; il ne se lisait pas dans le récit primitif. En observant le contenu des vv. 29 et 32, en effet, nous retrouvons le procédé rédactionnel classique de la « reprise » : après l'insertion du v. 31 (le v. 30 fut ajouté plus tard), Jean II-A reprit au v. 32, sous la forme « Marie donc, quand elle vint (*hôs èlthen*) où était Jésus », les expressions du v. 29 « ... et elle venait vers lui (*èrcheto pros auton*) » qui se lisaient dans le récit primitif. Il procède ici comme il l'a fait en 4 30.40, où l'on a décelé l'insertion d'un dialogue entre Jésus et ses disciples, et comme il le fera en **20** 3-4 après l'insertion de ce qui concerne « l'autre disciple » (notes §§ 81 et 360). Comparons ici simplement **11** 29.32 et 4 30.40 :

Jn 4	Jn **11**
30 Ils sortirent de la ville et venaient vers lui. (insertion des vv. 31-34 ; vv. 35-39 insérés plus tard)	29 ... elle se leva vite et venait vers lui. (insertion du v. 31 ; v. 30 inséré plus tard)
40 Quand donc vinrent vers lui les Samaritains...	32 Marie donc, quand elle vint où était Jésus...

Dans les deux cas (cf. aussi **20** 3-4), le passé simple (aoriste) du verbe « venir » fut remplacé par un imparfait puisque l'insertion de la glose rendait l'action inachevée (**4** 30 et **11** 29) ; mais ce passé simple se retrouve après l'insertion de la glose (**4** 40 et **11** 32). Le texte primitif avait donc au v. 29 : « ... elle se leva vite et (vint) vers lui... ».

bd) Il nous reste à éliminer quelques gloses introduites par Jean II-B aux vv. 29, 31 et 32.

Actuellement, le v. 29 commence ainsi : « Celle-là, quand elle eut entendu, se leva... » Dans le récit primitif, Marie devait être explicitement nommée ; son nom fut remplacé par le démonstratif « celle-là » après l'addition du v. 28 par Jean II-B, qui contient déjà le nom de Marie. Par ailleurs, dans le récit actuel, ce que Marie « entend », c'est la parole de Marthe lui annonçant que Jésus est là et l'appelle (v. 28) ; dans le récit primitif, le v. 29 commençait à l'analogie du v. 20, que Jean II-B écrivit en dédoublant le v. 29 primitif (cf. *supra*) : « (Marie), quand elle eut entendu (que Jésus venait), se leva... »

Au v. 31, Jean II-B ajouta les mots « voyant que Marie se levait vite et sortait », repris du v. 29 mais dans un style différent : *tacheôs anestè* au lieu de *ègerthè tachy*. L'addition fut jugée nécessaire après l'insertion du v. 30 qui séparait le v. 31 du v. 29.

Au v. 32, les mots « le voyant, tomba à ses pieds » sont une addition de Jean II-B. Le même jeu de scène se lit en effet dans le récit de la résurrection de la fille de Jaïre, en Mc **5** 22 : « l'ayant vu, il tombe à ses pieds. » Mais on verra plus loin que Jean II-B a harmonisé son récit avec celui de Mc **5** 22 ss. ; c'est donc lui qui a ajouté ce jeu de scène au récit primitif. Le thème de Marie « aux pieds de Jésus » complète d'ailleurs, de façon il est vrai assez matérielle, le parallélisme entre le personnage de Marie en Jn **11** 1 ss. et celui de Marie en Lc **10** 38-42 (*supra*, II B 4).

En résumé, aux vv. 29-32, le texte du Document C aurait été le suivant :

29 (Marie), quand elle eut entendu (que Jésus venait), se leva vite et (vint) vers lui (et)
32 ( ) (lui dit) : « Seigneur, si tu avais été là, etc. »

Jean II-A inséra le v. 31, moyennant les modifications que nous avons signalées aux vv. 29 et 32. Jean II-B reprit le texte de Jean II-A en ajoutant le v. 30, une glose au v. 31, une seconde glose au v. 32 ; il modifia le v. 29 en fonction du v. 28, ajouté par lui.

be) Aux vv. 28-32, voici les caractéristiques stylistiques des parties que nous avons attribuées à Jean II-A et à Jean II-B.

Au niveau de Jean II-A, au v. 31 : « Marie » (B 53), construction en prolepse (F 37*), verbe de mouvement suivi de *hina* (B 76). Au début du v. 32 : « Marie » (B 53), « où était » (C 13* ; cf. F 33) ; on notera la construction « Marie donc, quand », reprise par Jean II-B au v. 20 « Marthe donc, quand ».

Au niveau de Jean II-B, au v. 28 : « et ayant dit cela » (A 61** ; cf. C 64), « Marie » (B 53), « le Maître » (B 87**). Au début du v. 29 : « celle-là » (C 37). Au v. 30 : « n'était pas encore arrivé » (A 67* ; cf. F 12), « être à l'endroit où » (A 98** et B 23** ; cf. F 33), « Marthe » (C 31**).

C) GLOSES THÉOLOGIQUES

Nous allons maintenant relever trois gloses ayant une signification théologique, dont les deux premières mettent Marthe en scène. Elles ont été signalées par de nombreux commentateurs, indépendamment du problème de Marthe et Marie que nous venons de traiter. Leur élimination confirmera que, dans le récit primitif, Marie était seule en scène.

1. Il faut considérer comme une addition au récit primitif, non seulement le v. 4 (Bultmann), mais encore le v. 5 (Wilkens, Fortna, Schnackenburg).

a) Le v. 5 fait contraste avec le v. 1 (et le v. 45) en ce que, des deux sœurs, Marthe est la seule explicitement nommée : « Or Jésus aimait *Marthe et sa sœur* et Lazare. » Ce n'est plus Marie mais Marthe qui est considérée comme le personnage principal. Ce v. 5 ne peut avoir été rédigé que par celui qui a introduit dans le récit le personnage de Marthe, à savoir Jean II-B. En fait, ce sont les vv. 4 et 5 qui furent ajoutés par Jean II-B. Cette addition est indiquée par le procédé rédactionnel classique : après une insertion, le glossateur est obligé de *reprendre* des expressions du récit primitif afin de renouer le fil de la narration (Introd., 1 f). Ici, les mots du récit primitif « est malade » (fin du v. 3) et « Ayant entendu » (début du v. 4) ont été repris au début du v. 6 sous la forme « Quand il eut entendu qu'il était malade, alors ». On devra donc considérer comme une insertion de Jean II-B : le v. 4 (moins le participe initial « Ayant entendu »), le v. 5 et le v. 6a. Le texte primitif était : « Or, ayant entendu, Jésus ( ) resta deux jours à l'endroit où il était. »

b) Au v. 4, le texte de Jean II-B lui-même a été glosé par Jean III. La parole de Jésus, en effet, apparaît surchargée, avec le double thème de la gloire de Dieu et de la glorification du Fils de Dieu. L'expression « pour la gloire de Dieu » rompt d'ailleurs une structure caractéristique du style de Jean II : la formule elliptique « mais afin que » (B 78*) ; le texte de Jean II-B devait être : « Cette maladie n'est pas pour la mort, mais ( ) afin que soit glorifié le Fils de Dieu par elle. » On notera que, dans cette glose de Jean III, la préposition « pour » (*hyper*) n'a pas le sens sotériologique qu'elle a habituellement au niveau de Jean II (F 26). Quant à l'expression « la gloire de Dieu », elle n'a pas le même sens que dans les deux autres passages où elle se rencontre chez Jn : **11** 40 et **12** 43.

c) Le texte ajouté par Jean II-B a les caractéristiques stylistiques suivantes. Au v. 4 : « pour la mort » (A 60**), « afin que... par elle » (A 84*), « glorifier » dit de Jésus (B 9*) ; on ajoutera, si l'on admet que Jean III a glosé le texte, la formule elliptique « mais afin que » (B 78*). Au v. 5 : « aimer » (*agapan*) avec Jésus comme sujet (C 8*), « Marthe » (C 31**), « Lazare » (C 3). Au début du v. 6 : « Quand donc » (B 30*), « Quand... alors » (A 157** ; cf. F 10**), « être malade » (F 32).

2. Les vv. 39b-40, où Marthe dialogue avec Jésus, sont aussi une addition de Jean II-B (cf. Bultmann, Wilkens, Fortna, Schnackenburg). Dans le récit primitif, l'ordre d'en-

lever la pierre (v. 39a) devait être immédiatement suivi de son exécution (v. 41a ; cf. **2** 7 ; **9** 6-7 ; **21** 6, textes du Document C). On remarquera d'ailleurs que la conception du miracle que supposent ces vv. 39b-40 est celle de Jean II-B, non de Jean II-A ou du Document C ; comme dans les Synoptiques, la foi est donnée comme une condition du miracle : « Ne t'ai-je pas dit que, *si tu croyais*, tu verrais la gloire de Dieu ? » Sur ce problème, voir Introd., 5 l.

On notera les caractéristiques stylistiques suivantes. Au v. 39b : « Marthe lui dit : Seigneur » (C 31** et A 20* ; cf. C 12). Au v. 40 : « Jésus lui dit » (C 12), « si tu croyais, tu verrais » (B 68*).

En liaison avec cette addition de Jean II-B, on attribuera au même auteur l'insertion des mots « depuis quatre jours » au v. 17, car ils préparent la réflexion de Marthe faite au v. 39b. Sur la formule traduite littéralement « ayant déjà quatre jours », cf. C 26*.

3. La prière de Jésus, aux vv. 41b-42, est encore une glose qui rompt la suite du récit (Bultmann, Wilkens, Fortna, Schnackenburg). Cette glose est d'ailleurs signalée par l'expression « Et ayant dit cela », au début du v. 43, qui est une suture rédactionnelle typique de Jean II (B 80*). Cette glose ne peut pas être de Jean II-B, car elle suppose une conception du miracle qui rejoint celle du Document C et de Jean II-A : le miracle conduit à la foi en la mission de Jésus (opposer sur ce point la glose constituée par les vv. 39b-40, *supra*). On l'attribuera donc à Jean II-A ; préparée par l'addition du v. 31, elle sera complétée par l'addition du v. 45 (*infra*).

En voici les caractéristiques stylistiques. Au v. 41b : « en haut » (D 2). Au v. 42 : « je sais » (F 25), « toujours » (F 4*), « croire que » (C 43), « tu m'as envoyé » (B 34). Au début du v. 43 : « ayant dit cela » (B 80* ; cf. C 64).

D) LES DISCIPLES DE JÉSUS

Comme dans les longs récits de la Samaritaine (Jn **4**) et de l'aveugle-né (Jn **9**), les disciples de Jésus ne jouent ici qu'un rôle épisodique : ils apparaissent brusquement au v. 7 et disparaissent au v. 16 sans qu'il soit plus jamais question d'eux dans la suite du récit. Schnackenburg a donc raison d'attribuer à l'évangéliste tous les versets qui supposent nécessairement leur présence. Nous pensons qu'ils furent ajoutés par Jean II-B, puis glosés par Jean III.

1. Les vv. 7b-11a n'appartenaient pas au récit primitif (Bultmann, Wilkens, Fortna, Schnackenburg) ; ils ont été ajoutés par Jean II-B.

a) L'insertion des vv. 7b-11a est marquée par la « reprise », au début du v. 11, des expressions du v. 7a : « Puis, après cela, il dit (aux disciples) » « ... après cela, il (leur) dit » ; sur ce procédé rédactionnel, voir Introd., 1 f. La formulation du début du v. 11 est d'ailleurs très gauche : « Il dit cela, et après cela il dit... » ; elle s'explique dans le cas de l'insertion des vv. 7b-10 : l'expression « il dit cela » renvoie aux paroles prononcées aux vv. 9-10, tandis que l'expression « et après

cela il dit » reprend les termes du début du v. 7 afin de renouer le fil de la narration interrompu par l'insertion des vv. 7b-10.

Par ailleurs, dans ces vv. 7b-10, il n'est pas question de Lazare. Au v. 7, Jésus ne dit pas « Allons à Béthanie », mais « Allons de nouveau en Judée » ; ce n'est pas la résurrection de Lazare qui intéresse ces versets, surtout les vv. 7-8 qui renvoient à des événements racontés au chapitre **10**. S'étant retiré « au-delà du Jourdain », d'après **10** 40, Jésus peut dire maintenant « Allons de nouveau en Judée » (**11** 7b) ; cette décision de Jésus provoque la frayeur des disciples (**11** 8) car, quelques semaines auparavant, les Juifs cherchaient à lapider Jésus (**10** 31). Mais c'est Jean II-B qui a composé et placé avant le chapitre **11** les événements racontés en **10** 22-42 (notes §§ 264 et 265) ; c'est donc lui qui a inséré aussi les vv. 7b-11a du chapitre **11**. En **11** 37, il renverra de façon analogue au récit de la guérison de l'aveugle-né (cf. *infra*). Notons enfin que le thème traité aux vv. 9-10 est très proche de celui qui fut développé en **9** 4, verset que nous avons attribué à Jean II-B ; **11** 9-10 et **9** 4 ont été influencés par Rm **13** 12-13, et cette influence de Paul se situe au niveau de Jean II-B.

b) Les caractéristiques stylistiques de ces vv. 7b-11a sont les suivantes. Au v. 8 : « les disciples lui disent » (C 12), « Rabbi » (C 35*), « maintenant » (C 16), « les Juifs » (C 7), « lapider » (C 82**). Au v. 9 : « répondit » (B 74) « si quelqu'un » (C 48*), « marche durant » (E 5**), « la lumière de ce monde » (B 95 et B 103** ; cf. C 68 et F 24*). Au v. 10 : « si quelqu'un marche durant » (cf. v. 9), « la lumière n'est pas en lui » (A 15** ; cf. F 24*). Au v. 11a : « il dit cela » (A 68* ; cf. C 64), « après cela » (A 88 ; mais cf. **11** 7a).

2. Le v. 16 rapporte la réflexion de Thomas aux autres disciples : « Allons nous aussi, afin de mourir avec lui ! » Pour Bultmann, Wilkens, Fortna, Schnackenburg, c'est une glose de l'évangéliste. Il est clair en effet que ce v. 16 reprend le thème des vv. 7-8 et ne peut être, pour nous, que de Jean II-B. A ce niveau rédactionnel, il y a une inclusion entre la brusque apparition des disciples, au v. 7, et leur disparition de la scène, au v. 16.

On notera le style de ce v. 16 : « dit donc » (B 1), « Thomas » (B 19*), « Didyme » (A 105**), « allons... afin de » (B 76), « mourir » (F 22). L'expression « qui est appelé Didyme » se retrouvera en **20** 24 et **21** 2, textes que nous attribuerons à Jean II-B (cf. **9** 11, de Jean II-B aussi).

3. Qu'en est-il maintenant des vv. 11b-15 ? Bultmann et Wilkens les laissent à la source pré-johannique, ce qui est impossible car ils contiennent un procédé littéraire typiquement johannique (A 10* ; cf. *infra*). Schnackenburg les attribue intégralement à l'évangéliste, ce qui est trop radical : il manque un élément du récit primitif entre les vv. 6 et 17. Fortna est le plus judicieux en attribuant au récit primitif le v. 11b et la fin du v. 15 : « Lazare, notre ami est endormi ( ) Mais allons vers lui. » Sa reconstitution du récit primitif offre toutefois une difficulté : puisque, dans le récit primitif, il n'était pas question des disciples de Jésus, pourquoi celui-ci emploie-t-il ici le pluriel : « Allons... » ? Ce pluriel n'implique-

t-il pas que les disciples vont monter en Judée avec Jésus, comme en **11** 7 et **11** 16 ? Ne serait-il pas plus normal de garder au récit primitif le verbe « je pars », du v. 11c ? Le problème est complexe ; essayons de le résoudre en tenant compte de toutes les données de ce texte très tourmenté.

a) Commençons nos analyses en partant de données incontestables. Les vv. 11-14 contiennent un procédé littéraire typiquement johannique (A 10*) : Jésus prononce une parole qui peut se comprendre en deux sens différents : « Lazare est endormi » (v. 11) ; les disciples comprennent dans le mauvais sens (v. 12), et Jésus donne ensuite le véritable sens de sa parole (v. 14). Cette séquence ne peut remonter au récit primitif puisqu'elle est pour nous typique de Jean II. L'insertion de ce thème est d'ailleurs soulignée par le procédé rédactionnel de la « reprise » (Introd., 1 *f*) : le thème du départ de Jésus (fin du v. 11) se retrouve à la fin du v. 15 sous la forme « Mais allons vers lui », le changement du singulier (« je pars ») en pluriel s'expliquant par la présence des disciples, introduits dans le récit par Jean II.

b) Nous avons dit plus haut que le récit primitif devait avoir un élément entre les vv. 7a et 17 annonçant d'une façon ou d'une autre le départ de Jésus. Cet élément ne peut se trouver qu'au v. 11, mais quelle en était la teneur ? La parole de Jésus était introduite, rappelons-le, par le v. 7a : « Puis, après cela, il dit ( ) », qui se retrouve presque intégralement au début du v. 11 sous forme de « reprise » : « ... et après cela, il ( ) dit ». Par ailleurs, il n'existe aucune difficulté pour laisser au récit primitif les mots « Lazare... est endormi » ; le verbe « dormir » (*koimasthai*) avait couramment, même dans le grec profane, le sens de « mourir » (cf. *infra*). En revanche, l'épithète « notre ami » suppose dans le récit la présence des disciples et a dû être ajoutée par Jean II-B en même temps que le v. 5. – La suite du v. 11 : « mais je pars », convient très bien au récit primitif, où Jésus est seul en scène (opposer la « reprise » de l'expression au v. 15 : « mais allons vers lui », qui suppose que Jésus est avec ses disciples). En revanche, la proposition finale « afin de le réveiller » contient le verbe *exypnizein* qui, on le verra dans la dernière partie de cette note (III D 1), est repris de Jb **14** 12 en liaison avec l'addition des vv. 25b-26a faite par Jean III. Au niveau du récit primitif, on devait avoir simplement « mais je pars (vers lui) », formule qui est reprise au v. 15 sous la forme « mais allons vers lui ».

Le texte du récit primitif aurait donc eu cette forme : « Puis, après cela, il dit ( ) : Lazare ( ) est endormi ; mais je pars (vers lui) » (vv. 7a et 11b).

c) Sous leur forme actuelle, les vv. 11 à 15 ont été glosés et modifiés légèrement par Jean III.

ca) La glose la plus évidente est l'insertion du v. 13. Nous avons décrit plus haut le procédé littéraire typique de Jean II mis en œuvre aux vv. 11-14. Dans ce procédé, c'est normalement Jésus lui-même qui donne le véritable sens de la parole ambiguë qu'il a prononcée au début du dialogue, ici : « Lazare... est endormi ». Il va le faire effectivement au v. 14 : « Lazare est mort. » Mais on voit aussitôt que le v. 13 est

en trop ! C'est une glose assez lourde introduite par Jean III : il a peur que le lecteur « moyen » ne comprenne pas la méprise des disciples. Cette glose contient deux caractéristiques stylistiques : « ceux-là » (C 37) et « parler de » (C 81). En revanche, le mot « dormition » (*koimèsis*) est un hapax du NT et le mot « sommeil » (*hypnos*) un hapax johannique.

cb) Au v. 15, la proposition « afin que vous croyiez » (F 20) est placée dans la phrase de façon anormale et fait l'effet d'un corps étranger (cf. Bultmann) ; c'est une glose de Jean III, qui ne fait qu'expliciter le sens fondamental du texte.

cc) Rappelons que, au v. 11, Jean III a remplacé l'expression « vers lui » par la proposition « afin de le réveiller » (B 76).

d) Un dernier point reste à préciser. L'addition des vv. 12.14-15 (cf. les retouches du v. 11) est-elle de Jean II-A ou de Jean II-B ? Nous pensons qu'elle est de Jean II-B pour les raisons suivantes. Le procédé littéraire de l'incompréhension (A 10*) pourrait être aussi bien de Jean II-A que de Jean II-B ; ici toutefois, il est probablement influencé par Mc **5** 39 (cf. *infra*), et cette influence de Mc s'est produite au niveau de Jean II-B (Introd., 4 *x*). Le vocabulaire et le style seraient d'ailleurs plutôt de Jean II-B. Au v. 11b, le terme de « ami » ne se lit chez Jn qu'au niveau de Jean II-B (**3** 29 ; **15** 13-14 ; **19** 12 ; si **15** 15 doit être attribué à Jean III, le terme de « ami » ne fait que reprendre celui du v. 14). On ne peut rien tirer du court v. 12 : « dirent donc » (B 1). En revanche, au v. 14, on rapprochera la phrase « Jésus leur dit ouvertement » de celle de Jean II-B en **10** 24 : « Dis-le nous ouvertement » ; ce sont les deux seuls textes du NT où l'adverbe « ouvertement » (B 21) suit le verbe « dire ». Les autres caractéristiques du v. 14 sont : « Alors donc » (A 99*), « Lazare » (C 3), « est mort » (F 22). Au v. 15, la formule « se réjouir pour » (*chairein dia*) ne se lit ailleurs dans tout le NT qu'en Jn **3** 29 (de Jean II-B) et en 1 Th **3** 9.

En résumé, voici comment nous voyons l'évolution assez complexe des textes aux vv. 7-16. Le récit primitif avait simplement :

7a Puis, après cela, il dit :
11 ( ) « Lazare ( ) est endormi ; mais je pars (vers lui). »

Jean II-B inséra dans ce texte deux passages mettant en scène les disciples de Jésus. Le premier passage est constitué par les vv. 7b-11a ; cette insertion est confirmée par la « reprise », au v. 11a, des expressions « après cela il dit » qui se lisent au v. 7a (texte primitif). Le deuxième passage est constitué par les vv. 12.14-16 ; cette insertion est confirmée par la « reprise », au v. 15, de l'expression « je pars vers lui » (sous la forme « Allons vers lui ») qui se lisait à la fin du v. 11 dans le récit primitif. Le v. 16, ajouté aussi par Jean II-B, fait « inclusion » avec les vv. 7b-8. Au v. 11, Jean II-B ajouta l'épithète « notre ami ».

Quant à Jean III, il changea l'expression « vers lui » en « afin de le réveiller » sous l'influence de Jb **14** 12 ; il ajouta le v. 13 et, au v. 15, la proposition « afin que vous croyiez ».

E) LES JUIFS DE JÉRUSALEM

Les « Juifs » apparaissent souvent dans ce récit (**11** 8.19.31. 33.36.45). Sauf en **11** 8, qui reprend le thème de **10** 31, ils ne désignent pas les chefs du peuple juif, hostiles à Jésus, mais simplement les habitants de Jérusalem ou des environs, comme en **12** 9.11 ; de ceux qui ont vu le miracle, beaucoup vont croire en Jésus (**11** 45). Pris en ce sens, le terme ne peut être ni du récit primitif ni de Jean II-A ; il ne peut être que de Jean II-B, comme en **12** 9.11 (Introd., 7 a).

1. En Jn **11** 45-46, les Juifs qui ont vu le miracle sont divisés ; les uns croient en Jésus, mais d'autres vont trouver les Pharisiens pour leur dire ce qu'a fait Jésus. Ce thème de la « division » est beaucoup plus fréquent chez Jean II-B que chez Jean II-A (Introd., 7 i). Par ailleurs, ces vv. 45-46, et surtout le v. 46, font le lien entre la résurrection de Lazare et la décision du Sanhédrin de mettre Jésus à mort (**11** 47-54) ; mais ce lien fut établi par Jean II-B, car au niveau de Jean II-A (et du récit primitif) la réunion du Sanhédrin de **11** 47 ss. *précédait* le récit de la résurrection de Lazare (Introd., 2 x). Il faut donc attribuer à Jean II-B au moins le v. 46 (cf. Fortna et Schnackenburg, qui dissocient le v. 46 du v. 45). Ce v. 46 contient les deux caractéristiques stylistiques suivantes : « s'en aller à » (C 65) et « dire ce que » (C 64).

Le cas du v. 45 est plus délicat. Fortna et Schnackenburg l'attribuent au récit pré-johannique, ce qui est impossible étant donné ses caractéristiques stylistiques (cf. *infra*). Le fait que Marie seule y est nommée permet de l'attribuer à Jean II-A ; Jean II-B aurait parlé de Marthe seule, ou de Marthe et Marie. Un détail grammatical toutefois, relevé par Bultmann, permet d'apporter une précision. L'expression traduite par « qui étaient venus » est un participe grec au nominatif pluriel (*hoi elthontes*) ; il se rapporte actuellement à l'expression « d'entre les Juifs », qui est au génitif ; nous sommes donc devant un texte remanié. Voici alors l'hypothèse que nous suggérons. Au début du v. 45, les mots « Beaucoup d'entre les Juifs » furent ajoutés par Jean II-B afin de préparer le thème de la division qui va s'expliciter au v. 46. Au niveau de Jean II-A, on avait simplement : « ( ) Ceux qui étaient venus à Marie et avaient vu ce qu'il avait fait crurent en lui. »

Le texte de Jean II-A avait comme caractéristiques stylistiques : « ceux qui étaient venus » (A 47*), « Marie » (B 53), « crurent en lui » (B 51). Jean II-B ajouta les caractéristiques suivantes : « beaucoup d'entre (les Juifs) » (B 22**), « beaucoup... crurent en lui » (C 32*). On voit que l'ensemble de ce verset ne peut pas être attribué au récit pré-johannique.

2. Les « Juifs » sont mentionnés dans le bloc homogène formé par les vv. 35-37, que Bultmann, Wilkens, Fortna, Schnackenburg considèrent comme une addition au récit primitif. Si on enlève ces versets, on obtient en effet une séquence excellente : après l'invitation « *viens* et vois », du v. 34, le récit se poursuivait par le v. 38 : « Jésus... *vient* au tombeau » (cf. **1** 39.46-47 et B 24). Plusieurs détails permettent d'ailleurs de les attribuer à Jean II-B. Comme aux vv. 45-46, les Juifs sont divisés : les uns se montrent favorables à Jésus,

les autres hostiles. Les vv. 37 et 46 commencent par la même formule : « Or certains d'entre eux » (*tines de ex autôn*), qui ne se lit ailleurs qu'en **7** 44, un texte de Jean II-B. La référence au miracle de l'aveugle-né, faite au v. 37, ne peut être que de Jean II-B (cf. **10** 21, de Jean II-B). Ajoutons que c'est probablement lui qui a « repris », au début du v. 38, le thème du trouble de Jésus déjà exprimé au v. 33 ; le v. 38 devait commencer par ces mots : « Il vient au tombeau... »

Les caractéristiques des vv. 35-38a sont les suivantes. Au v. 36 : « disaient donc » (B 25*), « voyez » (C 77), « aimer » (C 47). Au v. 37 : « ouvrir les yeux » (B 86*), « que... aussi » (E 7), « mourir » (F 22). Au v. 38a : « donc de nouveau » (A 17*), « Jésus donc, frémissant... (vient) » (A 80**).

3. Le problème posé par le v. 33 est plus complexe.

a) Le redoublement du verbe « pleurer » permet de considérer comme une addition les mots « et pleurer *les Juifs* qui étaient venus avec elle ». Cette proposition infinitive porte d'ailleurs le style de Jean II-B. La formule « les Juifs qui étaient venus avec elle » (*tous synelthontas autèi Ioudaious*) a son équivalent en **8** 31, un texte de Jean II-B : « aux Juifs qui avaient cru en lui » (*tous pepisteukotas autôi Ioudaious*). Par ailleurs, le verbe « venir avec » est de saveur lucanienne (*synerchesthai* : 1/2/2/2/17/7) ; dans le NT, en effet, il a plutôt le sens de « se rassembler » comme en Jn **18** 20, tandis qu'ici il signifie « venir avec » et les seuls autres cas dans le NT sont : Lc **23** 55 ; Ac **1** 21 ; **9** 39 ; **10** 23.45 ; **11** 12 ; **15** 38. Ce style apparenté à celui de Lc convient parfaitement à Jean II-B (Introd., 8 c). Il est intéressant de rappeler que Jn **8** 31, que nous venons de mentionner, avait aussi un style très apparenté à celui de Lc/Ac.

b) Même si l'on fait abstraction de la glose de Jean II-B, le v. 33, sous sa forme actuelle, peut difficilement remonter au récit primitif.

ba) La formule « Jésus donc, quand... » a son équivalent aux vv. 20 et 32a, dans deux textes de Jean II qui, toutefois, ont l'article devant le nom propre (cet article est absent au v. 33). D'autre part, la proposition « quand il vit elle pleurant » a son équivalent en Jn **19** 33, un texte certainement de Jean II et que nous attribuerons à Jean II-A : « quand ils virent déjà lui mort. » Ce serait donc Jean II-A qui aurait introduit dans le récit primitif le thème des « pleurs » de Marie.

bb) On peut alors se demander s'il n'aurait pas modifié aussi la seconde partie du v. 33. On lit dans le texte actuel : « ... frémit en son esprit et se troubla » ; pourquoi ce redoublement ? Ailleurs dans le NT, le verbe *embrimaomai* a le sens de « rudoyer » (Mc **1** 43 ; **14** 5 ; Mt **9** 30). Voici dès lors l'hypothèse que nous proposons. Dans le récit primitif, on lisait : « Jésus ( ) (la) rudoya » (*enebrimèsato autèi*) ; cette remarque viendrait très bien après le reproche que Marie fait à Jésus au v. 32. Mais Jean II-A adoucit la rudesse du texte en introduisant le thème des « pleurs » de Marie et en donnant au verbe *embrimaomai* le sens, possible, de « frémir ». Pour que

personne ne s'y trompe, il ajouta les précisions « en esprit »
et « se troubla ». Dans ces remaniements de Jean II-A, on
notera la caractéristique stylistique « donc... et... et... » (A 13).

4. Étant donné les remarques précédentes, on peut penser
que, au début du v. 31, l'expression « les Juifs donc » fut
ajoutée par Jean II-B, comme l'expression « beaucoup donc
d'entre les Juifs » au début du v. 45. Le texte de Jean II-A
(cf. *supra*) avait seulement : « ( ) ceux qui étaient avec elle... »

5. C'est au v. 19 que sont mentionnés pour la première fois
« les Juifs » en tant qu'habitants de Jérusalem ou des environs.
Cette mention des Juifs n'aurait aucun sens sans celles qui
suivent, aux vv. 31, 33, 36 et 45, et que nous avons attribuées
à Jean II-B ; elle est du même niveau rédactionnel (Wilkens,
Schnackenburg). On a d'ailleurs vu plus haut que ce v. 19,
dédoublement du v. 31 mais avec introduction du personnage
de Marthe, devait être de Jean II-B. Ajoutons enfin que le
début du v. 19 « Or beaucoup d'entre les Juifs » ressemble
au début du v. 45 « Beaucoup donc d'entre les Juifs », que
nous avons attribué à Jean II-B.

Avec raison, Wilkens met le v. 18 au même niveau rédactionnel que le v. 19. Si l'on nous dit que Béthanie était proche
de Jérusalem, c'est pour faire comprendre à des lecteurs
ignorant la topographie du pays comment des gens de Jérusalem (les « Juifs ») pouvaient se trouver à Béthanie.
On relève comme caractéristiques stylistiques ; au v. 18 :
« Or Béthanie était » (B 14), « était proche » (B 16), « proche
de Jérusalem » (C 22), « Jérusalem » (A 79**) ; l'ensemble
de la phrase a son équivalent en Jn **21** 8, que nous attribuerons
à Jean II-B. Au v. 19 : « beaucoup d'entre » (B 22**), « venir...
afin de » (B 76), « Marthe » (C 31**), « Marie » (B 53).

F) LES LIENS DE LA MORT

Comme on le verra dans la troisième partie de cette note,
le v. 44 donne une portée symbolique au récit de la résurrection de Lazare, intention symbolique qu'il est difficile
d'attribuer au récit primitif. Par ailleurs, ce v. 44 a pour but
secondaire d'établir un parallélisme entre la résurrection de
Lazare et celle de Jésus, spécialement avec le récit de Pierre
et l'autre disciple au tombeau (Jn **20** 3-10, § 360). Mais ce
parallélisme fut établi par Jean II-B. En effet, **11** 44 comme
20 7 parlent d'un « suaire » (qui couvrait le visage du mort,
d'après **11** 44) ; la mention de ce « suaire », ignorée du récit
parallèle de Lc, fut introduite par Jean II-B dans le récit
de la visite au tombeau (voir note § 360). Par ailleurs, si **11** 44
et **20** 5.7 parlent de « bandelettes » ou de « linges », on a pour
les désigner deux termes synonymes en **11** 44 (*keiriai*) et
en **20** 5.7 (*othonia* ; cf. Jn **19** 40 ; Lc **24** 12) ; la différence
de vocabulaire indiquerait que **11** 44 n'est pas de même niveau
rédactionnel que **20** 5 et **19** 40 (Document C). Le récit primitif
aurait eu simplement les deux premiers mots du v. 44 : « Le
mort sortit. » Tout le reste du v. 44 fut ajouté par Jean II-B,
avec comme caractéristiques stylistiques : « visage » (A 151**),
« Jésus leur dit » (C 12), « laissez... aller » (A 163*).

G) UN RÉCIT DU DOCUMENT C

La plupart des commentateurs admettent aujourd'hui
que Jn a repris le récit de la résurrection de Lazare à une
source plus ancienne. Il nous faut maintenant vérifier le
bien-fondé de cette assertion en analysant le vocabulaire et
le style du récit dégagé de ses ajouts. Nous signalerons au
passage les raisons qui permettent d'attribuer ce récit primitif
au Document C.

On a vu au début de ces analyses littéraires que, aux vv. 1
et 2, le récit primitif commençait à l'analogie de celui qui se
lit en Jn **4** 46b, et que nous avons attribué au Document C :
« Or était un certain fonctionnaire royal dont le fils était
malade... » « Or était une certaine (Marie) ( ) dont le frère
était malade » ; la parenté entre les deux textes invite à attribuer au Document C le récit primitif de la résurrection de
Lazare. Les noms de « Marie » et de « Lazare » ne sont caractéristiques johanniques qu'en raison du présent récit, où ils
reviennent souvent. Quant au verbe « être malade » (F 32),
c'est une **caractéristique** mineure qui se lisait déjà au niveau
du Document C (cf. **4** 46b).

Au v. 3, la formule « envoya... disant » ne se lit pas ailleurs
chez Jn (opposer **1** 19) ; c'est un sémitisme, caractéristique
surtout lorsque, comme ici, le complément direct du verbe
« envoyer » est sous-entendu (Gn **38** 25 ; 1 R **20** 5 ; 2 R **5** 8 ;
Mt **27** 19 ; Ac **13** 15 ; cf. Mc **3** 31). Ce v. 3 contient deux
caractéristiques communes au Document C et à Jean II :
« voici » (C 77), « être malade » (F 32) ; il faut ajouter aussi
le verbe « aimer » (*philein*, C 47).

Au v. 4a, le participe « Ayant entendu » (*akousas*), en début
de phrase et sans complément, fréquent chez Mt, ne se lit
nulle part ailleurs chez Jn (11/5/3/1/8). Au v. 6b, qui suivait
4a, l'expression « à l'endroit où il était » (*en hôi èn topôi*) est
contraire au style de Jean II qui aurait écrit *en tôi topôi hopou
èn* (cf. **11** 30 ; **19** 41 et B 23). Au v. 7a, la formule « Puis après
cela », utilisée en grec classique, est également contraire au
style de Jean II ; l'adverbe « puis » ne se lit qu'ici chez Jn
(*epeita* : 0/0/1/1/0/16) ; quant à la formule « après cela »,
elle a le démonstratif au singulier, ce qui est typique des
textes du Document C (A 88), tandis que Jean II aurait mis
le démonstratif au pluriel (B 29).

Au v. 11b, le verbe « être endormi » (*koimaomai*) ne se lit
qu'ici chez Jn (2/0/1/2/3/10), et au v. 12.

Au v. 17, le participe « étant venu », en début de phrase
et sans complément (cf. le « ayant entendu » du v. 4a), ne se
lit ailleurs chez Jn qu'en **16** 8 alors qu'il est fréquent chez
Mt/Mc (17/8/5/2/2).

Au v. 29, l'adverbe « vite » (*tachy*) ne se lit qu'ici chez Jn.
Le v. 32b ne contient que deux caractéristiques stylistiques
mineures : « si... particule *an* » (F 27) et « mourir » (F 22).
Au v. 33, le verbe « frémir » ou « rudoyer » (*embrimaomai*)
ne se lit qu'ici chez Jn.

Au v. 34, la formule « viens et vois » (*erchou kai ide*) se lit
ailleurs chez Jn en **1** 46, dans un texte du Document C ;
l'adverbe « où » (F 13) sera repris dans l'expression parallèle
de **20** 2 que nous attribuerons aussi au Document C. Au v. 38,
le verbe « être placé » (*epikeisthai*) ne se lit ailleurs chez Jn

qu'en **21** 9, un texte du Document C ; la construction « Or c'était une grotte » (C 49) est une caractéristique stylistique commune à l'ensemble de la tradition johannique.

Aux vv. 39 et 41, la structure littéraire « Enlevez la pierre... Ils enlevèrent donc la pierre » est une caractéristique stylistique du Document C (B 24), reprise par la tradition johannique postérieure.

Au v. 43, le verbe « crier » est typique du Document C (B 96) ; l'expression « d'une voix forte » ne se lit qu'ici chez Jn (2/4/6/1/6/21), mais l'impératif « viens » (*deuro*) a son équivalent dans le pluriel « venez » (*deute*) qui ne se lit chez Jn qu'en **4** 29 et **21** 12, deux textes du Document C.

Le récit primitif de la résurrection de Lazare remonte donc au Document C. Ce Document C a-t-il lui-même repris un récit plus ancien, dans lequel Marie n'était pas explicitement nommée et dont le fil du récit passait directement du v. 17 au v. 38c ? C'est possible, mais il est difficile de le prouver.

III. LE SENS DES RÉCITS

A) LE RÉCIT DU DOCUMENT C

1 Or il y avait un(e) certain(e) (Marie), de Béthanie ( ),
2 ( ) dont le frère Lazare était malade.
3 (Elle) envoya lui dire : « Seigneur, voici que celui que tu aimes est malade. »
4 Or, ayant entendu, Jésus ( )
6 ( ) resta deux jours à l'endroit où il était.
7 Puis, après cela, il dit ( ) : ( )
11 ( ) « Lazare ( ) est endormi ; mais je pars (vers lui). »
17 Étant venu, ( ) (il) le trouva ( ) déjà au tombeau.
29 (Marie), quand elle eut entendu (que Jésus venait), se leva vite et (vint) vers lui
32 (et lui dit) : « Seigneur, si tu avais été là, mon frère ne serait pas mort. »
33 Jésus ( ) (la) rudoya ( )
34 et dit : « Où l'avez-vous mis ? » Ils lui disent : « Seigneur, viens et vois. »
38 ( ) (Il) vient (donc) au tombeau. Or c'était une grotte et une pierre était placée dessus.
39 Jésus dit : « Enlevez la pierre. » ( )
41 Ils enlevèrent donc la pierre. Jésus ( )
43 ( ) cria d'une voix forte : « Lazare, viens dehors ! »
44 (Et) le mort sortit.

Au niveau du Document C (et encore de Jean II-A), cet épisode suivait la décision du Sanhédrin de mettre Jésus à mort (**11** 47 ss.) et la retraite de celui-ci à Éphraïm, village situé à environ trente kilomètres au nord-est de Jérusalem (**11** 54). C'est donc durant le séjour de Jésus à Éphraïm que Lazare tombe malade, et c'est là qu'il en apprend la nouvelle.

1. UN RÉCIT CLASSIQUE DE RÉSURRECTION

a) Les récits de résurrection sont relativement nombreux dans l'Ancien et le Nouveau Testament. Élie ressuscite le fils d'une veuve qui l'hébergeait (1 R **17** 17-24), et son disciple Élisée en fait autant pour le fils de la Shunamite (2 R **4** 18-37). Dans les Synoptiques, Jésus ressuscite la fille de Jaïre (Mc **5** 22-24 ; 35-43 et par.) et le fils de la veuve de Naïn (Lc **7** 11-17). D'après Ac **9** 36-43, c'est Pierre qui rend la vie à une femme du nom de Tabitha, ou Dorcas. Le récit johannique offre des contacts avec tous ces récits. Comme en 1 R **17** 18 ou 2 R **4** 28, Marie reproche à Jésus d'avoir laissé mourir son frère (Jn **11** 32). Comme en Ac **9** 38, Marie envoie dire à Jésus que Lazare est malade (Jn **11** 3). Comme en Mc **5** 23.35, il s'agit d'un malade dont on apprend ensuite qu'il vient de mourir (Jn **11** 3.11). Comme en Mc **5** 41 et Ac **9** 40, Jésus effectue la résurrection en donnant un ordre au mort, qui obéit (Jn **11** 43-44). Nous sommes donc devant un récit de forme classique. Nous verrons plus loin que, au niveau de Jean II-B, il reçut un certain nombre d'additions destinées à l'harmoniser avec celui de la résurrection de la fille de Jaïre.

b) Pour parler de tous ces récits, nous avons gardé le mot de « résurrection » auquel tout le monde est habitué. Il ne faudrait cependant pas s'y tromper : il ne s'agit pas de « résurrection » au sens strict du terme, mais de réanimation de cadavres. En d'autres termes, les « résurrections » que l'on vient d'évoquer ne sont pas de même nature que la « résurrection » du Christ. Comme le dit Paul : « ... le Christ une fois ressuscité des morts ne meurt plus, la mort n'exerce plus de pouvoir sur lui » (Rm **6** 9) ; en revanche, tous ceux dont l'Ancien ou le Nouveau Testament nous disent qu'ils furent « ressuscités » sont morts à nouveau ; la mort avait encore pouvoir sur eux. Pourquoi cette différence ? Parce que la résurrection, au sens strict du terme, implique appartenance à un monde nouveau, une transformation radicale des éléments physiques qui sont en quelque sorte « spiritualisés » (cf. 1 Co **15** 44.51-53). Rien de tel dans le cas de la résurrection de Lazare. Ce retour à la vie impliquait évidemment une restauration des cellules détruites, spécialement celles du cerveau, les plus fragiles ; mais il ne s'agissait que de la réanimation d'un cadavre, non de l'entrée de tout l'être dans un monde nouveau, spiritualisé et incorruptible.

2. LES DÉTAILS DU RÉCIT

a) Le récit du Document C se distingue de ses parallèles de l'Ancien et du Nouveau Testament par un certain nombre de détails qui en font ressortir l'intention générale : Jésus a délibérément voulu effectuer, non une simple guérison, mais une « résurrection » ; il en résulte une sorte de « tension » entre les deux principaux personnages mis en scène : Marie et Jésus. Du point de vue de la psychologie du récit, Marie, en effet, tient une place prépondérante, plus grande même que celle de Lazare. C'est elle qui est présentée la première (v. 1), et Lazare n'est mentionné qu'en référence à elle : il est le frère de Marie (v. 2). Cette femme donc fait prévenir Jésus : « Voici que celui que tu aimes est malade » (v. 3). Il y a dans ces simples mots une prière implicite ; Marie reste étonnamment discrète, mais si elle rappelle l'amitié qui liait Jésus à son frère Lazare, n'est ce-pas pour lui faire comprendre ce qu'elle attend, ce qui s'impose à elle comme une évidence : puisque Jésus a déjà guéri tant de malades qui ne lui étaient rien, combien plus va-t-il se hâter d'accourir pour guérir son ami !

Au lieu de cela, Jésus reste deux jours à l'endroit où il se trouvait, à Éphraïm (v. 6). Il le fait en connaissance de cause ; il sait que ce retard sera fatal à son ami qui va mourir entre temps. Lorsqu'il se décide à partir, Jésus annonce en effet : « Lazare est endormi », ce qui signifie qu'il est mort (cf. Mt **27** 52 ; Ac **7** 60 ; 1 Th **4** 13-15 ; 1 Co **15** 6.18.20.51). Quand il arrive à Béthanie, son ami est déjà au tombeau. En Orient, surtout durant les grosses chaleurs de la fin de l'été, c'est la coutume d'ensevelir les défunts le jour même de leur mort, au plus tard le lendemain.

Apprenant l'arrivée de Jésus, Marie accourt aussitôt vers lui et lui dit : « Seigneur, si tu avais été là, mon frère ne serait pas mort » (vv. 29.32). Le message qu'elle avait fait transmettre à Jésus (v. 3) était une prière implicite ; la parole qu'elle lui adresse en le voyant est un reproche implicite : si tu n'avais pas tardé à venir, tu aurais pu guérir mon frère, ton ami, avant qu'il ne soit trop tard et qu'il ne meure. Marie prend pour une négligence fatale ce qui était au contraire une intention précise de Jésus, et c'est pourquoi Jésus la rudoie (v. 33). Marie n'a plus confiance en lui. Et cependant, n'est-il pas un prophète plus grand que tous les autres prophètes ? N'est-il pas le Prophète par excellence ? Si Élie et Élisée ont eu la puissance de faire revenir les morts à la vie, combien plus Jésus, le Prophète ! Jésus a voulu que son dernier miracle surpassât en éclat tous les autres ; c'est ce que Marie aurait dû comprendre, au lieu de douter de l'amitié de Jésus pour Lazare.

Effectivement, après avoir fait enlever la pierre qui couvrait le tombeau, Jésus donne un ordre au mort, et le mort obéit sur-le-champ. « Lazare, viens dehors », et le mort sortit (vv. 43-44).

b) Un autre détail du récit du Document C a son importance : la description du tombeau, importance d'autant plus grande qu'elle vaut à la fois dans le cas de Lazare et dans celui de Jésus (note §§ 356-357). Laissons ici parler le P. Lagrange : « La chambre mortuaire était une caverne, c'est-à-dire creusée dans le roc. Ce trait est commun à tous les tombeaux notables de Jérusalem, mais leur disposition affecte deux formes principales. Les uns sont des chambres, auxquelles on accède par une étroite ouverture fermée par une pierre en forme de meule (type du tombeau dit des Rois), et sont précédés d'un vestibule : on comprendrait mieux ainsi que Jésus ait dit à Lazare de sortir, de venir dehors. Les autres sont des caveaux en contre-bas, auxquels on accède par un puits muni quelquefois d'un escalier, le puits étant obturé par une pierre placée dessus : *epekeito ep'autôi* pourrait à la rigueur s'entendre : 'placée contre', mais 'placée sur' est plus naturel, comme aussi il n'est pas ordonné de rouler la pierre mais de l'enlever. » C'est donc selon toute vraisemblance ce second type de tombeau qui avait été utilisé pour Lazare ; pour l'auteur du Document C, le tombeau dans lequel fut mis Jésus était de même type (cf. Jn **20** 1).

B) LE RÉCIT DE JEAN II-A

1 Or il y avait un(e) certain(e) (Marie), de Béthanie,
2 ( ) dont le frère Lazare était malade.
3 (Elle) envoya lui dire : « Seigneur, voici que celui que tu aimes est malade. »
4 Or, ayant entendu, Jésus ( )
6 ( ) resta deux jours à l'endroit où il était.
7 Puis, après cela, il dit ( ) : ( )
11 ( ) « Lazare ( ) est endormi ; mais je pars (vers lui). »
17 Étant venu, ( ) (il) le trouva ( ) déjà au tombeau.
29 (Marie), quand elle eut entendu (que Jésus venait), se leva vite et venait vers lui.
31 ( ) (Ceux) qui étaient avec elle dans la maison et qui la consolaient ( ) la suivirent, pensant qu'elle allait au tombeau afin d'y pleurer.
32 Marie donc, quand elle vint où était Jésus ( ) (lui dit) : « Seigneur, si tu avais été là, mon frère ne serait pas mort. »
33 Jésus donc, quand il la vit pleurer ( ), frémit en esprit et se troubla
34 et dit : « Où l'avez-vous mis ? » Ils lui disent : « Seigneur, viens et vois. »
38 ( ) (Il) vient (donc) au tombeau. Or c'était une grotte et une pierre était placée dessus.
39 Jésus dit : « Enlevez la pierre. » ( )
41 Ils enlevèrent donc la pierre. Jésus leva les yeux en haut et dit : « Père, je te rends grâces de m'avoir écouté.
42 Pour moi, je savais que tu m'écoutes toujours ; mais j'ai parlé à cause de la foule qui se tient à l'entour, afin qu'ils croient que tu m'as envoyé. »
43 Et ayant dit cela, il cria d'une voix forte : « Lazare, viens dehors ! »
44 (Et) le mort sortit.
45 ( ) (Ceux) qui étaient venus à Marie, ayant vu ce qu'il avait fait, crurent en lui.

Jean II-A reprit intégralement le récit du Document C, mais il lui ajouta un certain nombre de passages dont il nous faut préciser le sens.

1. LE TROUBLE DE JÉSUS

Dans le récit du Document C, il était dit que Jésus « rudoya » Marie (v. 33), et nous avons vu la raison de cette apparente dureté. Jean II-A trouva ce détail trop rude, et il en changea la signification. Il le fit en utilisant le fait que le verbe grec *embrimasthai* pouvait avoir deux significations : « rudoyer », comme dans le texte du Document C, mais aussi « frémir ». Il supprima donc le complément direct du verbe (un pronom personnel se référant à Marie) et le remplaça par l'expression « en esprit ». Et pour que l'on ne puisse se tromper sur le sens du verbe, il ajouta un second verbe de sens analogue : « il se troubla. » Enfin pour motiver ce « trouble » de Jésus, Jean II-A fit précéder les deux verbes de la proposition temporelle : « quand il la vit pleurer. » Au lieu d'une parole dure dite par Jésus à Marie, nous avons maintenant un jeu de scène tout différent : Jésus voit Marie pleurer, et lui-même, étreint par l'émotion, frémit en son esprit et se trouble.

2. LE MIRACLE ET LA FOI

a) Dans le récit du Document C, la résurrection de Lazare était en quelque sorte un miracle « privé » ; en dehors de Marie (vv. 29.32) et de quelques familiers (cf. 34 et 39) qui avaient aidé Marie à ensevelir son frère, aucun étranger à la famille n'avait assisté au retour de Lazare à la vie. Jean II-A veut donner plus de relief au prodige, et c'est pourquoi il ajoute au récit primitif les vv. 31, 41b-42 et 45, qui sont étroitement liés. Au v. 31, nous apprenons qu'un certain nombre de personnes étaient venues auprès de Marie afin de lui témoigner leur sympathie à l'occasion de la mort de son frère ; de sa maison, ils la suivent jusqu'au tombeau et sont donc là lorsque Jésus ressuscite Lazare. Aux vv. 41b-42, Jésus lui-même donne la signification du miracle qu'il va accomplir : Dieu seul en est l'auteur, mais il agit à la prière de Jésus ; et si Dieu exauce cette prière, c'est qu'il reconnaît Jésus pour son envoyé. On retrouve la théologie de Jean II-A, déjà exprimée en 3 2 et 9 30.33. Ainsi, la finalité du miracle est clairement exprimée : « ... afin qu'ils croient que tu m'as envoyé » (v. 42). On notera en passant que les gens venus consoler Marie sont devenus une « foule » qui entoure Jésus. Le v. 45 indique que le miracle a obtenu son effet : « ( ) (Ceux) qui étaient venus à Marie, ayant vu ce qu'il avait fait, crurent en lui. »

b) Revenons sur quelques détails de la prière que Jésus adresse à Dieu aux vv. 41b-42.

ba) Jésus s'adresse à Dieu en lui disant : « Père ». Il fera de même dans la prière sacerdotale (Jn **17** 1.11.24.25) et dans le récit qui est l'équivalent johannique de l'agonie à Gethsémani (**12** 27 ; cf. Mc **14** 36). Mais le parallèle le plus proche est la prière faite par Jésus en Mt **11** 25 et Lc **10** 21 : « Je te bénis, Père, d'avoir caché cela aux sages et aux intelligents et de l'avoir révélé aux tout-petits. »

bb) En fait, Jésus cite une parole du psalmiste : « C'est toi mon Dieu, je te rends grâce, mon Dieu, je t'exalte ; *je te rends grâce car tu m'as exaucé*, tu fus pour moi le salut » (Ps **118** 28). Le contexte est celui d'une délivrance de la mort : « Non, je ne mourrai pas, je vivrai et publierai les œuvres de Yahvé ; il m'a châtié et châtié, Yahvé, à la mort il ne m'a pas livré » (vv. 17-18). On pourra comparer aussi la prière de Jésus à celle que fait Élie sur la montagne du Carmel : « Réponds-moi, Yahvé, réponds-moi, pour que ce peuple sache que c'est toi, Yahvé, qui es Dieu et qui convertis les cœurs » (1 R **18** 37).

C) LE RÉCIT DE JEAN II-B

Le récit de Jean II-B avait la teneur du récit actuel, moins quelques gloses de Jean III que nous rappellerons en commentant le texte de Jean II-B. Nous n'allons donc pas le retranscrire ici.

1. JÉSUS EST LA RÉSURRECTION

Le remaniement le plus important apporté par Jean II-B au récit de Jean II-A (et du Document C) est l'introduction du personnage de Marthe. Analysons d'abord le dialogue entre Marthe et Jésus, ajouté par Jean II-B aux vv. 21.23-25a.26b-27, et qui précise le sens de notre résurrection. Voici ce dialogue, débarrassé des gloses de Jean III :

21 Marthe donc dit à Jésus : « Seigneur, si tu avais été là, mon frère ne serait pas mort. »
23 Jésus lui dit : « Ton frère ressuscitera. »
24 Marthe lui dit : « Je sais qu'il ressuscitera à la résurrection, au dernier jour. »
25 Jésus lui dit : « Je suis la résurrection ; celui qui croit en moi ( )
26 ( ) ne mourra jamais. Le crois-tu ? »
27 Elle lui dit : « Oui, Seigneur, je crois que tu es le Christ, le Fils de Dieu, qui vient dans le monde. »

a) Ce dialogue est structuré par un procédé littéraire souvent employé par Jean II (A 10) : Jésus prononce une parole qui peut se comprendre en deux sens différents (v. 23) ; Marthe comprend dans le mauvais sens (v. 24), ce qui permet à Jésus de préciser le véritable sens de sa pensée (vv. 25-26). Jésus donc commence par affirmer à Marthe : « Ton frère ressuscitera » (v. 23) ; en quel sens comprendre cette résurrection ? Marthe répond : « Je sais qu'il ressuscitera à la résurrection, au dernier jour » (v. 24) ; elle interprète l'idée de « résurrection » comme le faisaient les Pharisiens contemporains de Jésus, héritiers de la pensée du prophète Daniel (**12** 2). L'homme est conçu dans son unité psycho-physique, sans distinguer l'âme du corps ; même si certains textes parlent d'une « âme », il ne s'agit pas d'une âme immortelle, telle que l'avait conçue Platon, mais d'un principe de vie qui disparaît avec la mort. En conséquence, la mort marque pour l'homme la fin de toute vie consciente et personnelle ; il n'est plus qu'une ombre inconsistante, enfermée dans les ténèbres du shéol, à qui est refusée toute forme de vie. C'est seulement « au temps de la fin » (Dn **12** 9), « à la fin des jours » (Dn **12** 13), « au dernier jour » (Jn **11** 24) que les morts devaient revenir à la vie afin de prendre part au royaume eschatologique. A la résurrection, l'homme devait retrouver son être physique intégral, et donc aussi sa vie psychique, sa conscience, sa personnalité. Selon cette conception de la résurrection, il y avait une rupture complète dans la vie consciente et personnelle de l'homme, rupture qui s'étendait du moment de sa mort à celui de sa résurrection « à la fin des temps ».

Dans sa réponse à Marthe, Jésus explique ce qu'il entend, lui, par ce terme de « résurrection ». Cette réponse est structurée selon un schéma classique chez Jn : Jésus donne une définition de lui-même commençant par « Je suis » ; puis il indique une condition donnée aux hommes (« celui qui » « si quelqu'un ») afin que ceux-ci puissent bénéficier de ce qu'apporte Jésus (A 9). Jésus est la résurrection ; celui qui croit en lui ne mourra jamais. Aux Juifs de Galilée, Jésus avait dit de même : « Je suis le pain qui est descendu du ciel ; si quelqu'un mange de ce pain, il vivra pour toujours » (Jn **6** 51a), il ne mourra pas (**6** 50).

De même, aux Juifs de Jérusalem, Jésus avait dit : « Si quelqu'un garde ma parole, il ne verra jamais la mort » (**8** 51). Tous ces textes, de Jean II, se caractérisent par une commune négation de la mort. Jésus refuse la mort au sens où l'entendaient la plupart des Juifs de son temps : ce quasi-anéantissement de l'homme dans les ténèbres du shéol, en attendant de retrouver sa vie psychique et personnelle lors de la résurrection, « au dernier jour » (cf. **11** 24). Pour lui, et il se rapproche *sur ce point* du platonisme, le chrétien « entre dans la vie » (Mc **9** 43.45) au moment même où il quitte ce monde terrestre. Le disciple de Jésus, celui qui croit en lui et garde sa parole, ne meurt pas puisqu'il continue à vivre par la partie spirituelle de son être ; il est *déjà* passé de la mort à la vie dès l'instant où il a reçu la Parole (**5** 24 ; 1 Jn **3** 14). Jésus *est* la résurrection puisqu'il communique dès maintenant à ceux qui croient en lui une vie qui ne s'éteindra jamais, une participation à la vie même de Dieu. En ce sens, on peut dire que « le dernier jour » est déjà là : « L'heure vient, *et elle est maintenant*, lorsque les morts entendront la voix du Fils de Dieu et, ayant entendu, ils vivront » (Jn **5** 25, de Jean II-B). Sur l'enseignement de Jésus touchant la résurrection, voir encore Synopse, tome II, note § 284.

b) Jésus termine son enseignement en demandant à Marthe : « Crois-tu cela ? » (fin du v. 26). Avant de ressusciter son frère, il exige d'elle un acte de foi. C'est bien là la notion du miracle au niveau de Jean II-B : il n'a pas pour but de conduire les hommes à la foi, il présuppose au contraire la foi. Ce point sera plus amplement développé dans le commentaire des vv. 39b-40, ajoutés par Jean II-B.

c) Marthe termine son dialogue avec Jésus en affirmant : « Oui, Seigneur, je crois que tu es le Christ, le Fils de Dieu, qui vient dans le monde » (v. 27). Cette profession de foi de Marthe fait écho à celle que fit Pierre en Jn **6** 69, mais son objet est analogue à celui de la « confession » de Pierre à Césarée de Philippe, selon sa version matthéenne (Mt **16** 16) ; on retrouvera un texte semblable vers la fin de l'évangile de Jn, en **20** 31. Jésus est, non seulement le Christ, mais encore le Fils de Dieu. C'est en tant que tel qu'il possède en lui la « gloire » qui provient du Père (Jn **1** 14) et qui est principe de résurrection (Rm **6** 4). En tant que « Fils », il peut faire tout ce que fait le Père, il peut donc vivifier les morts (Jn **5** 19.21.25). Dieu seul est le maître de la vie (1 S **2** 6 ; Dt **32** 39) ; mais il a transmis au Fils le pouvoir de donner la vie à qui il veut.

2. MARTHE ET MARIE

Non seulement Jean II-B a introduit dans le récit le personnage de Marthe, mais il a voulu lui donner un rôle prépondérant, au détriment de Marie. Dans quel but ?

a) Au v. 5, Jean II-B nous dit que « Jésus aimait Marthe et sa sœur et Lazare » ; Marie n'est même pas nommée par son nom et Marthe passe avant Lazare lui-même ! En **11** 19, Marthe est encore nommée avant Marie. C'est Marthe qui part la première au-devant de Jésus (v. 20) et tient avec lui

le long dialogue sur la résurrection (vv. 21 ss.) ; Marie n'a plus qu'un rôle très effacé et se contente maintenant de répéter les paroles que Marthe vient de prononcer (vv. 21 et 32). Au v. 39, c'est encore Marthe qui intervient, et seule. Cet intérêt de Jean II-B pour Marthe est souligné par un procédé rédactionnel qui lui est familier : le nom de Marthe revient sept fois dans le récit (**11** 5.19.20.21.24.30.39 ; rappelons que, au v. 1, il s'agit d'une addition de scribe). Or ce chiffre est le symbole de la totalité, de la perfection. C'est que Marthe apparaît dans tout ce récit comme le répondant féminin du « disciple que Jésus aimait » (note § 317, III B 3), comme « *la* disciple » par excellence. La première fois qu'elle est nommée, Jean II-B dit d'elle : « Or Jésus aimait Marthe et sa sœur et Lazare » (v. 5) ; parmi ceux que Jésus aime, Marthe est nommée la première, et c'est le propre du disciple d'être aimé par Jésus (Jn **15** 9-10 et Introd., 6 m). Au milieu du récit, Marthe reconnaît que Jésus est le Christ, le Fils de Dieu (v. 27), et cette confession de foi montre qu'en elle se réalise le but de l'évangile (**20** 31). La dernière fois qu'elle est nommée dans ce récit, Jésus lui dit : « Ne t'ai-je pas dit que si tu croyais, tu verrais la gloire de Dieu ? » (v. 40) ; par-delà le miracle de la résurrection de Lazare, c'est la vision eschatologique de la gloire de Dieu qui est promise au parfait disciple, à celui qui croit. Marthe est donc bien *la disciple* par excellence.

b) Mais si l'on tient compte du présent récit et de celui de l'onction à Béthanie (Jn **12** 1 ss.), où l'on retrouve les mêmes personnages, il est clair que Jean II-B a voulu identifier Marthe et Marie aux deux personnages de même nom qui apparaissent dans le récit de Lc **10** 38-42. Elles ont les mêmes caractéristiques psychologiques. Ce sont deux sœurs. Selon Lc **10** 38, Marthe est l'aînée puisque c'est elle qui reçoit Jésus « dans sa maison » ; de même dans Jn : elle tient le rôle principal (vv. 19-27), prend les initiatives (v. 39) et sa sœur n'est nommée qu'en référence à elle (v. 5). En Lc **10** 40, « Marthe s'affairait à un multiple service » ; en Jn **12** 2, « Marthe servait ». Quant à Marie, selon Lc **10** 39b, « s'étant assise aux pieds du Seigneur, elle écoutait sa parole » ; selon Jn **11** 20, « elle restait assise à la maison », et en Jn **11** 32, elle tombe « aux pieds de Jésus ». L'influence du récit de Lc sur la rédaction johannique des chapitres **11** et **12** est indéniable. Il existe pourtant une différence essentielle entre les récits de Lc et de Jn. Dans le récit de Lc, Jésus dit : « Marie a choisi la bonne part, qui ne lui sera pas enlevée » (Lc **10** 42) ; Marie, qui écoute la parole de Jésus, est préférée à Marthe, qui s'active afin que Jésus soit reçu de la façon la plus amicale. Dans le récit de Jn, c'est la revanche de Marthe sur Marie ! Marthe est présentée comme la disciple par excellence. Pourquoi ce renversement de situation ? On ne peut faire ici que des hypothèses. La plus vraisemblable est celle-ci. Certains chrétiens auraient pris occasion du récit de Lc pour négliger le « service » de leurs frères ; Jean II-B aurait voulu réagir contre cette tendance contraire à l'esprit chrétien.

3. LE MIRACLE ET LA FOI

a) Au niveau du Document C, et aussi de Jean II-A, le miracle doit conduire les hommes à la foi en la mission de

Jésus (Introd., 5 *d* et *h*) ; les « signes » accomplis par Jésus sont la preuve qu'il a bien été envoyé par Dieu, comme cela avait été le cas jadis pour Moïse (Ex **4** 1-9). Au niveau de Jean II-B au contraire, qui se rapproche sur ce point de la tradition synoptique, le miracle perd sa valeur apologétique au profit du « témoignage » (Introd., 5 *m*) ; en conséquence, la foi précède le miracle, le miracle est accordé par Jésus à ceux qui croient en sa mission par Dieu. Déjà en **11** 26, après avoir affirmé qu'il est la « résurrection » et que celui qui croit en lui ne mourra jamais, Jésus demande à Marthe : « Crois-tu cela ? » Et Marthe répond affirmativement. Avant de ressusciter Lazare, Jésus demande à Marthe un acte de foi explicite. Ce thème revient dans l'addition des vv. 39b-40. A Marthe, qui redoute les effets de l'enlèvement de la pierre fermant le tombeau, Jésus demande : « Ne t'ai-je pas dit que, *si tu croyais*, tu verrais la gloire de Dieu ? » La résurrection de Lazare est conditionnée par la foi de Marthe.

b) Cette parole de Jésus à Marthe demande une explication. Jésus interroge Marthe : « Ne t'ai-je pas dit que... ? » Mais nous cherchons vainement, dans le contexte antérieur, un passage où Jésus ait dit à Marthe : « Si tu crois, tu verras la gloire de Dieu. » L'expression « gloire de Dieu » se lisait bien au v. 4, mais dans une parole que Jésus prononce avant d'arriver à Béthanie, donc en l'absence de Marthe ; nous pensons d'ailleurs que cette expression fut ajoutée par Jean III (cf. *supra*). En fait, la parole que Jésus prononce au v. 40 semble être une explicitation de celle qu'il a dite à Marthe aux vv. 25-26. Après avoir affirmé qu'il est la résurrection, et que celui qui croit en lui ne mourra jamais, Jésus demande à Marthe : « Crois-tu cela ? », c'est-à-dire : crois-tu que j'ai la puissance de ressusciter ton frère ?

Quant à l'expression « voir la gloire de Dieu », elle est reprise des traditions bibliques concernant Moïse. Durant l'Exode, lorsqu'il annonce aux Hébreux le don de la manne, Moïse leur dit : « ... et au matin, vous verrez la gloire de Dieu » (Ex **16** 7). D'une façon plus générale, Dieu dit à Moïse : « ... tous ceux qui ont vu ma gloire et les signes que j'ai faits en Égypte et dans ce désert... ne verront pas la terre que j'ai promise à leurs pères » (Nb **14** 22-23). Les « signes » que Dieu accomplit par la main de Jésus, comme jadis par celle de Moïse, sont la manifestation de sa gloire, de sa toute-puissance. Ceci vaut a fortiori pour ce « signe » merveilleux qu'est la résurrection d'un mort, et Jean II-B rejoint ici la pensée de Paul : « ... afin que, comme le Christ est ressuscité des morts par la gloire du Père, nous vivions nous aussi dans une vie nouvelle » (Rm **6** 4) ; « Et Dieu, qui a ressuscité le Seigneur, nous ressuscitera, nous aussi, par sa puissance » (1 Co **6** 14).

c) Dans cette perspective, si Jésus tarde à venir au chevet de Lazare (v. 6), ce n'est pas pour provoquer sa mort comme si celle-ci était une fin en soi ! Jean II-B explique que la maladie de Lazare n'est pas « pour la mort » ; même s'il meurt, tel n'est pas le but de sa maladie. Cette maladie, que Jésus laisse s'achever en mort, est survenue « afin que soit glorifié le Fils de Dieu par elle » (v. 4). Tous reconnaîtront que le Fils de Dieu (cf. v. 27) partage la gloire de Dieu (**1** 14),

cette gloire qu'il a reçue avant même la création du monde (**17** 5).

d) Mais pour que se manifeste la gloire de Dieu, que partage son Fils, il faut que la résurrection de Lazare soit un fait incontestable. Et pour que sa résurrection ne puisse être mise en doute, il faut que sa mort ait été dûment constatée. C'est la raison pour laquelle Jean II-B a ajouté, au v. 17, l'expression « depuis quatre jours », à propos de la mise au tombeau de Lazare ; c'est la raison pour laquelle il fait dire à Marthe, au v. 39b : « Seigneur, il sent déjà, car c'est le quatrième jour. » Pour les Juifs de ce temps, la mort réelle ne se consommait que quatre jours après le décès apparent, lorsque le corps commençait à se décomposer.

4. L'INTERVENTION DES DISCIPLES

Jean II-B a mis en scène les disciples de Jésus, du v. 7b au v. 16 inclusivement. Ce procédé littéraire va lui permettre de développer plusieurs thèmes qui vont donner une dimension nouvelle au récit.

a) Analysons d'abord le dialogue des vv. 7b-10.

aa) Au niveau de Jean II-B, Jésus est retourné au-delà du Jourdain (**10** 40-42) parce que les Juifs voulaient le lapider (**10** 31 ; cf. **10** 39). Jésus peut donc dire : « Allons de nouveau en Judée » (v. 7b), ce qui provoque l'effroi des disciples : « Rabbi, à l'instant les Juifs cherchaient à te lapider, et de nouveau tu vas là-bas ! » (v. 8). Ce petit dialogue, qui rappelle la volonté des Juifs de mettre Jésus à mort, prépare le thème introduit par Jean II-B : c'est la résurrection de Lazare qui, en affermissant la foi en Jésus (v. 45, déjà introduit par Jean II-A), va provoquer la décision de mettre Jésus à mort. C'est Jean II-B, en effet, qui a placé la réunion du Sanhédrin décrite en **11** 47-53 après la résurrection de Lazare (Introd., 4 *g*), et qui a composé le jeu de scène des vv. 45-46 (cf. *infra*). C'est lui aussi qui rappellera ce lien entre résurrection de Lazare et mort de Jésus en ajoutant, au chapitre **12**, les vv. 9-11 et 17-19 (voir notes §§ 272 et 273).

ab) Jésus répond aux disciples par la parole rapportée aux vv. 9-10, qu'il faut rapprocher de celle qu'il avait dite en **9** 4 ; ce sont les deux seuls textes johanniques où se lit une opposition entre le « jour » et la « nuit ». Jean II-B reprend ici le thème d'une parabole populaire dont on a un bon équivalent dans la littérature rabbinique : « Quelqu'un était dans les ténèbres avec une lampe à la main ; il trouve une pierre et ne bute pas ; il voit un trou et ne tombe pas. Pourquoi ? Parce qu'il avait une lampe à la main. Quelqu'un était dans les ténèbres ; il trouve une pierre et il bute ; il trouve un trou et y tombe et se cogne le nez par terre. (Pourquoi ?) Parce qu'il n'avait pas de lampe à la main » (Exode Rabba 36 ; cf. 1 Jn **2** 7-11). On notera toutefois qu'au lieu du thème des « ténèbres », qui lui est pourtant familier (B 8), Jean II-B préfère celui de la « nuit » opposée au « jour » ; une telle opposition ne se trouve d'ailleurs pas dans la parabole rabbinique, qui parle seulement des « ténèbres ». En fait, cette opposition, jointe au thème de la « marche » comprise **au** sens moral, provient d'une influence de Rm **13** 12-13, texte utilisé déjà par Jean II-B en **9** 4 (cf. note § 262, III C 1 *a*).

De toute façon, le sens est clair. Comme le jour est limité par la nuit, le temps de Jésus est limité. Il lui faut donc mettre à profit le temps qui lui reste à passer sur la terre, continuer à agir pour le bien des hommes, même si son action doit entraîner sa mort. La douzième heure, son Heure, n'a pas encore sonné. Il lui faut donc travailler aux œuvres de celui qui l'a envoyé tandis qu'il fait jour, avant que ne surgisse la nuit (**9** 4). Quand son Heure viendra, il fera nuit (**13** 30).

b) Au niveau de Jean II-B, les vv. 11-15 se présentaient sous cette forme :

11 Il dit cela, et après cela il leur dit : « Lazare, notre ami, est endormi ; mais je pars (vers lui). »
12 Les disciples donc lui dirent : « Seigneur, s'il est endormi, il sera sauvé. »
14 Alors donc Jésus leur dit ouvertement : « Lazare est mort,
15 et je me réjouis pour vous ( ) de ce que je n'étais pas là. Mais allons vers lui. »

ba) Dans le récit primitif, on avait seulement cette parole de Jésus : « Lazare ( ) est endormi ; mais je pars (vers lui). » Le verbe « être endormi » pouvait avoir un double sens. Il désigne normalement le sommeil naturel ; mais il était couramment employé dans la Septante et dans le NT (et même en grec profane) pour signifier la mort (Mt **27** 52 ; Ac **7** 60 ; **13** 36 ; 1 Th **4** 13-15 ; 1 Co **15** 6.18.20.51 ; 2 P **3** 4). Jean II-B profite de ce double sens du verbe pour introduire ici un procédé littéraire qui lui est familier (A 10). Jésus prononce une parole à double sens : « Lazare... est endormi ». Les disciples comprennent la phrase de Jésus dans le mauvais sens (v. 12), comme s'il avait parlé d'un sommeil naturel. En cas de maladie grave, le retour du sommeil était signe de guérison, d'où leur réflexion : « Seigneur, s'il est endormi, il sera sauvé. » Finalement, Jésus précise sa pensée en disant au v. 14 : « Lazare est mort », phrase qui lève toute équivoque.

bb) Après avoir dit clairement que Lazare était mort, Jésus ajoute, selon Jean II-B : « et je me réjouis pour vous ( ) de ce que je n'étais pas là. Mais allons vers lui. » La finale du verset ne fait que reprendre, au pluriel puisque les disciples sont maintenant avec Jésus, le texte du récit primitif : « mais je pars (vers lui) » ; cette « reprise » a pour but de renouer le fil du récit après l'insertion des vv. 12.14-15a. La première partie du v. 15 annonce déjà la phrase que Marthe, puis Marie, diront à Jésus en le rencontrant : « Seigneur, si tu avais été là, mon frère ne serait pas mort » (vv. 21 et 32). Si Jésus, par son retard à se rendre au chevet de son ami, a permis que Lazare mourût, c'est à cause des disciples, afin qu'ils puissent « voir » eux aussi « la gloire de Dieu » (v. 40). La résurrection de Lazare est le signe et le gage de leur propre victoire sur la mort ; la puissance de Dieu est capable de vaincre la mort.

bc) En introduisant le dialogue des vv. 11-12.14, Jean II-B a voulu harmoniser son récit à celui de la résurrection de la fille de Jaïre tel qu'il le lisait dans Mc. Ce souci d'harmonisation apparaît d'ailleurs à plusieurs retouches apportées par Jean II-B, que nous allons énumérer ici. Bien qu'avec des verbes différents, l'équivoque portant sur la mort comparée à un sommeil se lisait déjà en Mc **5** 39-40 : « L'enfant n'est pas morte, mais elle dort. Et ils se moquaient de lui. » Mais l'emprunt le plus net au récit de Mc se trouve au v. 32, où Jean II-B ajoute les mots « le voyant, elle tomba à ses pieds » ; de même, on lit en Mc **5** 22 que lorsque Jaïre arrive près de Jésus, « le voyant, il tombe à ses pieds » ; ce parallèle est d'autant plus frappant que, dans Mc comme dans Jn, c'est le seul cas où l'on voit quelqu'un « tomber aux pieds » de Jésus. En Jn **11** 33, ce n'est plus seulement Marie qui pleure, mais aussi les Juifs qui sont venus avec elle ; il y a donc maintenant dans le récit johannique un groupe de « pleureurs » analogue à celui que l'on trouve en Mc **5** 38b. En Jn **11** 28, Marthe annonce à Marie l'arrivée de Jésus en lui disant : « *Le Maître* est là... » ; de même en Mc **5** 35, les gens qui viennent avertir Jaïre que sa fille est morte ajoutent : « Pourquoi déranges-tu encore *le Maître* ? » Une telle façon de parler de Jésus ne se lit ailleurs dans les Synoptiques qu'en Mc **14** 14 et par. ; dans Jn, qu'en **13** 14 ; elle est donc très rare et le contact ici entre les récits de Jn et de Mc ne doit pas être fortuit.

Sur ce souci de Jean II-B d'harmoniser ses récits avec ceux de la tradition synoptique, voir Introd., 4 x.

c) Les additions de Jean II-B concernant l'intervention des disciples se terminent avec le v. 16, où Thomas dit à ses compagnons : « Allons nous aussi, afin de mourir avec lui ! » Ce verset fait inclusion avec les vv. 7-8 ; on en verra plus loin la signification.

5. Les Juifs de Jérusalem

C'est Jean II-B qui a inséré dans le récit les « Juifs » de Jérusalem partout où ils sont mentionnés. Son intention première, en le faisant, fut d'établir un lien de cause à effet entre la résurrection de Lazare et la décision prise par les autorités juives de Jérusalem de mettre Jésus à mort.

a) Les « Juifs » apparaissent dans le récit dès les vv. 18-19. Au v. 19, Jean II-B indique le motif de leur présence auprès de Marthe et de Marie : ils sont venus pour les consoler au sujet de leur frère. Le v. 18 est destiné aux lecteurs qui ne connaissent pas le pays. Jean II-B y précise que Béthanie était relativement proche de Jérusalem : environ quinze stades, soit un peu moins de 3 km. La mention de Jérusalem indique bien que, pour Jean II-B, ces Juifs sont simplement des habitants de Jérusalem. Or ils vont être les témoins du miracle accompli par Jésus. Ce point est essentiel aux yeux de Jean II-B, et c'est pourquoi il ajoute la mention des Juifs au début du v. 31 : « *Les Juifs donc,* (ceux) qui étaient venus... » ; ils suivent Marie jusqu'au tombeau. Jean II-B rappelle d'ailleurs leur présence au tombeau de Lazare en précisant que Jésus voit pleurer, non seulement Marie, mais encore « les Juifs qui étaient venus avec elle » (v. 33).

b) Au niveau de Jean II-A, les « Juifs » représentent les chefs religieux du peuple, résolument hostiles à Jésus (Introd., 6 x). Ici, simples habitants de Jérusalem, ils peuvent être ou hostiles ou sympathiques. On le voit dans le jeu de scène des vv. 35-37, introduit par Jean II-B. En voyant pleurer Marie et ceux qui sont avec elle, Jésus pleura à son tour (v. 35). La réaction des Juifs montre leur division. Les uns, sympathiques à Jésus, voient dans ces larmes la preuve de son amitié pour Lazare : « Voyez comme il l'aimait ! » (v. 36). Mais d'autres, prévenus contre lui, font une réflexion désobligeante : « Celui-ci, qui a ouvert les yeux de l'aveugle, ne pouvait-il faire que celui-ci aussi ne mourût pas ? » (v. 37). Les Juifs sont déjà divisés au sujet de Jésus avant même qu'il n'effectue le miracle.

c) La division va s'accentuer après le miracle de la résurrection de Lazare. Le récit de Jean II-A se terminait par le v. 45 qui était rédigé sous cette forme : « (Ceux) qui étaient venus à Marie... crurent en lui » (v. 45). Jean II-B ajoute : au début du v. 45 les mots « Beaucoup donc d'entre les Juifs », et le v. 46. Le thème de la division des Juifs va avoir ici des conséquences dramatiques pour Jésus. Même si beaucoup de Juifs croient en lui, il s'en trouve un certain nombre qui vont le dénoncer auprès des Pharisiens (v. 46). Le processus qui va aboutir à la mort de Jésus est dès lors commencé. Grands prêtres et Pharisiens rassemblent le Sanhédrin et, craignant un mouvement de foule en faveur de Jésus, ils décident sa mort (**11** 47-53, récit que Jean II-B a transféré *après* celui de la résurrection de Lazare ; Introd., 4 g). Cette folie meurtrière des membres du Sanhédrin, conséquence de la résurrection de Lazare, sera rappelée par Jean II-B en conclusion du récit de l'onction à Béthanie (**12** 9-11 ; note § 272) et du récit de l'entrée solennelle à Jérusalem, où les Juifs qui ont assisté à la résurrection de Lazare sont explicitement mentionnés (**12** 17-19 ; note § 273).

d) Mais Jean II-B voit plus loin que le cas de Jésus. C'est lui, nous l'avons dit plus haut, qui a introduit les disciples dans le présent récit. Mais, et ce n'est certainement pas un hasard, l'intervention des disciples est dominée par le thème de la mort. Leur première parole est pour rappeler à Jésus : « Rabbi, à l'instant les Juifs cherchaient à te lapider... » (v. 8) ; leur dernière parole est, sur les lèvres de Thomas : « Allons nous aussi, afin de mourir avec lui ! » (v. 16). Les disciples vont partager le sort de Jésus. Jean II-B sait que, dans les premières décades du christianisme et encore de son temps, les disciples de Jésus seront mis à mort en haine du christianisme ; ils partageront le sort de leur Maître. On notera toutefois que Thomas est le seul à être nommé explicitement dans le récit (v. 16). Or on retrouvera Thomas dans le récit de Jn **20** 24-29, qui raconte l'apparition du Christ ressuscité, et il sera encore seul nommé. Il est difficile de ne pas voir dans ce fait une intention précise de Jean II-B. Son intention peut d'ailleurs être cernée par un autre biais. Le nom de Thomas revient sept fois dans l'évangile, chiffre qui a pour Jean II-B une importance spéciale (Introd., 7 m). La première fois, c'est en **11** 16 ; la dernière, en **21** 2, au début du récit de l'apparition du Christ ressuscité sur les bords du lac de Tibériade ; les autres fois, il s'agit de suivre la même route

que le Christ (**14** 5), puis de l'apparition de Jésus aux Onze (**20** 24.26.27.28). Tous ces textes sont étroitement liés. Ayant accepté de mourir avec Jésus, les disciples le suivront jusqu'auprès du Père, dans la gloire de la résurrection.

6. LES LIENS DE LA MORT

a) En **11** 44, verset qui fut ajouté par Jean II-B à l'exception des trois premiers mots, la description du mort est étrange ; il avait « les pieds et les mains liés de bandelettes ». Une telle manière d'ensevelir les morts était inconnue du monde juif ; on est donc en droit d'en conclure que le thème des pieds et des mains liés pourrait avoir une valeur symbolique, ce qui serait bien dans la manière de Jean II-B. Lazare est lié comme un captif (cf. Mt **22** 13 ; Ac **21** 11) ; il est prisonnier de la mort. On lit en Ps **116** 3.15-16 : « *Les lacets de la mort* m'enserraient, les filets du shéol... Elle coûte aux yeux de Yahvé *la mort de ses amis*. De grâce, Yahvé, je suis ton serviteur... *tu as défait mes liens.* » Intéressantes aussi sont les expressions du Ps **18** : « *Les filets* du shéol me cernaient, les pièges de la mort m'attendaient... Il m'a dégagé, mis au large ; il m'a sauvé, *car il m'aime* » (vv. 6 et 20). Le récit de Jean II-B se situe dans la même perspective : « Seigneur, voici que *celui que tu aimes* est malade... Le mort sortit, les pieds et les mains *liés* de bandelettes... *Déliez-le* et laissez-le aller » (**11** 3.44). C'est maintenant Jésus qui, l'égal de Dieu, peut délier des liens de la mort ceux qu'il aime.

Le « suaire » dont était enveloppé le visage de Lazare aurait-il aussi une valeur symbolique ? Ce n'est pas impossible. Jean II-B a accentué le thème du v. 33 en ajoutant aux larmes de Marie celles des assistants ; au v. 44, il précise à propos de Lazare que « son visage était enveloppé d'un suaire ». N'y aurait-il pas une allusion à Is **25** 7-8 : « Il détruira sur cette montagne le voile placé sur tous les peuples, *le suaire* qui ensevelissait toutes les nations. *Il détruira la mort* à jamais, le Seigneur *essuiera les larmes* de tous les visages » ? Mais ce texte est d'interprétation difficile et le sens qu'on lui donnait au temps du NT reste douteux.

b) En ajoutant les détails du v. 44, Jean II-B veut établir un parallélisme entre la résurrection de Lazare et celle de Jésus. Il est vrai que, déjà au niveau de Jean II-A, certains traits rapprochaient les deux récits : Marie pleure la mort de Lazare (**11** 31) ou de Jésus (**20** 11.15) ; la question de Marie : « ... dis-moi où tu l'as mis » (**20** 15) ressemble à celle de Jésus dans la résurrection de Lazare : « Où l'avez-vous mis ? » (**11** 34). Mais ces détails communs n'étaient pas très typiques. Au niveau de Jean II-B, Jésus et Lazare sont liés de bandelettes (**11** 44 ; **20** 5-7, mais avec un mot différent), tous deux ont un « suaire » sur le visage ou sur la tête (**11** 44 ; **20** 7). La résurrection de Lazare est l'annonce et la préfiguration de celle de Jésus.

D) LES ADDITIONS DE JEAN III

1. L'addition la plus importante de Jean III est la glose des vv. 25b-26a ; elle est liée à l'insertion, au v. 11, du verbe

exypnizein, comme nous allons le voir dans un instant. Pour mieux comprendre le sens de la glose ajoutée par Jean III, replaçons-la dans son contexte :

25 « Je suis la résurrection ;
    celui qui *croit en moi*
          même s'il meurt, vivra ;
26   et quiconque vit
    et *croit en moi*
    ne mourra jamais... »

Dans l'addition de Jean III, les mots « et quiconque vit et croit en moi » sont une « reprise » du v. 25a destinée à renouer le fil du discours primitif ; c'est donc l'expression « même s'il meurt vivra » qui est essentielle dans cette addition.

a) Notons d'abord que l'addition du v. 25b, jointe à celle du verbe « réveiller » du v. 11, s'inspire de Jb **14** 12.14, comme il est facile de le voir :

Jb **14** (LXX)	Jn **11**
12 « Mais l'homme, une fois endormi (*koimètheis*) ne se relèvera plus...	11 « Lazare, notre ami, est endormi ; (*kekoimètai*)
ils ne se réveilleront plus (*ouk exypnisthèsontai*) de leur sommeil...	mais je pars afin de le réveiller. » (*hina exypnisō auton*)
14 Car si l'homme meurt, vivra-t-il ? » (*ean gar apothanèi... zèsetai*)	25 « ... même s'il meurt, il vivra... » (*kan apothanèi zèsetai*)

La signification de cet emprunt au livre de Job est claire. On sait que, dans l'A.T., la révélation d'une vie après la mort n'est apparue que tardivement, dans le premier quart du second siècle avant notre ère (Dn **12** 2 ; 2 M **7**). L'auteur du livre de Job n'en avait pas encore l'idée et c'est le scandale de la mort qui constitue la tension dramatique de l'ouvrage. En Jb **14** 12-14, toute idée de résurrection *est précisément niée*. En reprenant ces textes, Jean III veut montrer que cette espérance, jugée jadis impossible, trouve sa réalisation en Jésus, qui est « la résurrection » (v. 25a).

b) Mais l'addition des vv. 25b-26a avait un autre but. Dans le texte de Jean II-B, Jésus affirmait : « Je suis la résurrection ; celui qui croit en moi ( ) ne mourra jamais. » On a dit plus haut qu'une telle négation de la mort devait se comprendre en tenant compte de la différence qui existait entre l'anthropologie sémitique et l'anthropologie de type platonicien (III C 1 *a*). Jésus veut seulement nier toute mort au sens sémitique du terme : ce quasi-anéantissement de l'homme tout entier dans les ombres du shéol, privé de toute vie consciente. Mais pour un lecteur ignorant de cette conception sémitique de la mort, la parole de Jésus devenait incompréhensible. Tous savaient que, disciple ou non de Jésus, chaque homme était voué à la mort, au sens grec du terme. Jean III veut donc remédier à cette difficulté en réintroduisant dans l'évangile de Jn la notion juive traditionnelle de la résurrection, telle que la comprenait Daniel : celui qui croit en Jésus « même s'il meurt, vivra ». Même si la mort intervient, celui qui croit en Jésus ne doit pas désespérer : il connaîtra un jour la résurrection, il revivra. Jean III avait réagi de la même façon en ajoutant, au chapitre **5**, les vv. 27-29, inspirés de Dn **12** 2 (voir la note § 149).

c) C'est pour préparer ce thème que Jean III a ajouté la réflexion de Marthe au v. 22. Lazare est mort, et cependant Marthe sait que Jésus peut obtenir de Dieu sa résurrection immédiate, sans attendre le « dernier jour » ; ainsi, la résurrection de Lazare sera le gage de notre résurrection à tous, qui se produira au « dernier jour ».

2. En ajoutant le v. 13, Jean III a simplement voulu expliquer aux lecteurs, de façon un peu lourde, le sens de l'équivoque impliquée dans l'expression « Lazare, notre ami, est endormi ».

3. Au v. 15, Jean III ajoute la glose « afin que vous croyiez ». Retrouvant la théologie du « signe » héritée du Document C et de Jean II-A, il conçoit la résurrection de Lazare comme un argument apologétique qui va mener les disciples à la foi en sa mission.

Note § **267**. *LES CHEFS JUIFS DÉCIDENT LA MORT DE JÉSUS* (Jn **11** 47-54)

I. CRITIQUE TEXTUELLE

Ce petit récit pose un certain nombre de problèmes de critique textuelle ; nous ne nous arrêterons qu'aux plus importants.

1. Au v. 54, il est dit que Jésus s'en alla « dans la région proche du désert, dans une ville dite Éphraïm ». Le redoublement de la préposition « dans » fait penser à une leçon double, d'autant que les deux mots « région » et « ville » pourraient correspondre à un même mot araméen : *medintha*. On notera par ailleurs l'ordre insolite des mots grecs dans la seconde partie de la phrase : *eis Ephraïm legomenèn polin*. En fait, la tradition textuelle est ici assez confuse.

Un premier groupe de témoins omettent le mot « ville » et donnent le texte johannique sous cette forme : « dans la région proche du désert ( ) dite Éphraïm ( ) » (*eis tèn chôran eggys tès erèmou ( ) Ephraïm legomenèn ( )*). Cette leçon est soutenue par P[66] SyrSin, une harmonie évangélique en persan, quelques manuscrits de la version éthiopienne.

Un autre groupe de témoins omettent le mot « région » et donnent le texte johannique sous cette forme : « dans une ville dite Éphraïm, proche du désert » (Tatien, selon l'harmonie de Pepys ; plusieurs manuscrits de la version éthiopienne ; Chrysostome et Épiphane, qui ne citent pas littéralement, semblent omettre aussi le mot « région »).

Le codex Bezae (D) a un texte curieux : il ajoute le mot *samphourin* (latin : *sapfurim*) après le mot « région ». C'est probablement la retranscription en grec de la formule syriaque « du nom d'Éphraïm », et il aurait alors une leçon double : « dans la région dite Éphraïm, dans la ville dite Éphraïm. »

Le texte adopté par toutes les éditions critiques et les traductions est une leçon double. La leçon primitive la plus probable nous semble être : « dans une ville dite Éphraïm, proche du désert » (en restituant l'ordre des mots normal en grec : *eis polin legomenèn Ephraïm, eggys tès erèmou*).

2. Au v. 51, nous avons omis l'expression « de cette année-là », avec P[45] et la tradition syro-africaine ancienne. L'addition des mots en question s'est faite sous l'influence du v. 49.

3. Au v. 54, au lieu du verbe *dietriben* adopté récemment par quelques éditions critiques, il faut garder le verbe *emeinen* (« il demeura »), avec l'ensemble du texte Alexandrin (y compris P[75] et P[66] *prima manu*) bien soutenu par Tatien et Chrysostome (qui connaît les deux leçons).

II. ANALYSES LITTÉRAIRES

Malgré sa simplicité apparente, ce texte n'est pas d'une seule venue. Un récit primitif, remontant au Document C et dont l'un des éléments se lit maintenant au v. 19b du chapitre **12**, fut repris sans modification par Jean II-A. A ces niveaux anciens, l'épisode précédait immédiatement le récit de la résurrection de Lazare (Introd., 2 x). C'est Jean II-B qui a inversé l'ordre des deux récits en même temps qu'il donnait au texte sa forme actuelle en y effectuant d'importantes additions.

C | II-B

11 47a	Les grands prêtres
	| donc et les Pharisiens
	rassemblèrent le Sanhédrin, et ils disaient :
12 19b	(« Voilà le monde parti derrière lui ! »)
11 47b	| « Que faisons-nous, puisque cet homme fait beaucoup de signes ?
48	Si nous le laissons ainsi, tous croiront en lui, et les Romains viendront et ils détruiront et notre Lieu et notre nation.
49	L'un d'eux, Caïphe, étant Grand Prêtre de cette année-là, leur dit : « Vous n'y connaissez rien
50	et vous ne calculez pas qu'il vaut mieux pour vous qu'un seul homme meure pour le peuple et que la nation tout entière ne périsse pas. »
51	Or il ne dit pas cela de lui-même, mais, étant Grand Prêtre, il prophétisa que Jésus allait mourir pour la nation,
52	et non pas pour la nation seulement, mais encore afin qu'il rassemblât dans l'unité les enfants de Dieu qui avaient été dispersés.
53	| A partir de ce jour,
	(Et) ils décidèrent qu'ils le tueraient.
54	Jésus donc ne circulait plus en public parmi les Juifs, mais il partit de là pour une ville dite Éphraïm, proche du désert, et il y demeura (.)
	| avec les disciples.

A) LE RÉCIT DU DOCUMENT C

1. LE SANHÉDRIN DÉCIDE LA MORT DE JÉSUS

a) Les vv. 47a et 53 du récit johannique actuel offrent des affinités avec Mt 26 3-4. Mais ce récit matthéen est composé d'éléments différents : les uns parallèles aux vv. 47a et 53 de Jn, les autres repris de Mc **14** 1-2. Pour mieux le comprendre, mettons en regard les différents textes ; dans celui de Mt, nous placerons en retrait les sections qui proviennent du récit de Mc.

Jn **11**	Mt **26**	Mc **14**
	2 | « Vous savez que dans deux jours | la Pâque arrive...	1 Or c'était la Pâque... dans deux jours et les grands prêtres et les scribes
47 Les grands prêtres et les Pharisiens rassemblèrent le Sanhédrin...	3 Alors les grands prêtres et les anciens du peuple se rassemblèrent	
	dans le palais du Grand Prêtre qui était dit Caïphe	
53 A partir de ce jour ils décidèrent que (*hina*)	4 et ils décidèrent ensemble que (*hina*)	cherchaient comment (*pôs*) s'étant emparés de lui par ruse
ils le tueraient.	| ils s'empareraient | de Jésus par ruse et (le) tueraient.	ils (le) tueraient.
	5 | Mais ils disaient : | « Pas pendant la fête, | afin que... »	2 Car ils disaient : « De peur que pendant la fête... »

On voit nettement se dessiner une tradition commune à Mt/Jn : les grands prêtres rassemblent le Sanhédrin (ou : se rassemblent) afin de décider la mort de Jésus. On notera que les verbes « décider » (*bouleuesthai*) et « décider ensemble » (*symbouleuesthai*) ne sont ni johannique ni matthéen, ce qui donne plus de force au contact stylistique entre Mt et Jn.

Comment expliquer ces contacts Mt/Jn ? Puisque ailleurs Mt dépend de Jean II-A, son récit résulterait ici encore de la fusion du texte de Jean II-A avec celui de Mc **14** 1-2 (Introd., 8 m).

Ajoutons une dernière précision. Entre les vv. 47a et 53 le récit primitif contenait le motif pour lequel le Sanhédrin décida la mort de Jésus. Ce motif « Voilà le monde parti derrière lui » fut transféré par Jean II-B en **12** 19b. Cette reconstitution du texte ne pourra toutefois être justifiée qu'à la note § 273 (cf. I A 4).

b) Nous préciserons plus loin l'origine du texte archaïque reconstitué à partir des récits de Mt et de Jn. Disons tout de suite que Jean II-B y a apporté de légères retouches. Au v. 47, il a ajouté la mention des Pharisiens, afin d'harmoniser son récit avec le contexte antérieur où les Pharisiens tiennent la première place (v. 46, composé par Jean II-B). Au v. 53, il a introduit la suture rédactionnelle « à partir de ce jour », de même forme que l'expression « à partir de cette heure » en **19** 27, un passage que nous lui attribuerons ; le texte primitif devait avoir un simple « et ».

2. Jésus se retire a Éphraïm

Après la décision prise par le Sanhédrin de tuer Jésus, celui-ci se retire à Éphraïm (**11** 54). Il n'existe aucune raison de ne pas attribuer ce verset au récit primitif. Beaucoup de commentateurs le tiennent d'ailleurs pour un doublet de **10** 40, texte que nous avons attribué à Jean II-B, et il est facile de voir comment cet auteur a procédé. Au niveau du Document C (et de Jean II-A), la séance du Sanhédrin (**11** 47 ss.) avait lieu immédiatement avant la résurrection de Lazare (**11** 1 ss.), et le v. 54 précédait donc **11** 1. Lorsqu'il inversa les deux récits, Jean II-B voulut conserver avant **11** 1 le thème de la « retraite » de Jésus qu'il lisait dans ses sources ; il composa donc les vv. 40-42 du chapitre **10**, en partie parallèles à **11** 54.

A la fin du v. 54, on attribuera toutefois à Jean II-B l'addition des mots « avec les disciples ». Dans le Document C, en effet, les disciples ne sont jamais mentionnés avant les récits de la passion ; c'est Jean II-B qui a dû les introduire ici comme il les a introduits dans le récit de la résurrection de Lazare (note § 266).

3. Un récit du Document C

a) Aux vv. 47a et 53, les textes attribués au récit primitif ne contiennent aucune caractéristique stylistique. On notera que le mot « Sanhédrin » ne se lit qu'ici chez Jn ; quant au verbe « décider » (*bouleuesthai* : 0/0/1/2/2/1), on le retrouvera

en **12** 10, mais dans un texte de Jean II-B qui reprend manifestement **11** 53. Dans la phrase de **12** 19b, on relève deux caractéristiques stylistiques mineures, qui se lisent ailleurs dans le Document C : « Voilà » (C 77), « monde » (C 68). Celles de **11** 54 sont elles aussi peu significatives : « ne... plus » (F 5), « circuler... parmi » (E 5), « en public » (B 21), « proche de » (C 22). La plupart de ces expressions se retrouvent dans d'autres sommaires que nous avons attribués au Document C : « circuler parmi (ou : en) » (**7** 1a) ; « il partit de là pour une ville » (**4** 43) ; « une ville dite (Éphraïm) » ; (**4** 5 ; cf. **19** 17) ; « il y demeura » (**2** 12 ; **4** 40b).

b) Signalons tout de suite, au v. 47a, deux caractéristiques stylistiques introduites par Jean II-B dans le texte du Document C : « les grands prêtres... et les Pharisiens » (C 9**) ; « *donc* rassemblèrent... et ils disaient » (A 19).

B) UNE ADDITION DE JEAN II-B

Dans le récit de la réunion du Sanhédrin, c'est Jean II-B qui a complété le texte du Document C en ajoutant les vv. 47b-52 ; mais il a transféré en **12** 19b la réflexion des grands prêtres : « Voilà le monde parti derrière lui ! » Voici les raisons qui nous le font penser.

1. Ici comme souvent ailleurs (Introd., 4 y), Jean II-B a complété un récit plus ancien en reprenant le thème de deux passages des Actes où il s'agit de réunions du Sanhédrin motivées par la guérison du boiteux effectuée par Pierre et Jean. La première de ces réunions (cf. Ac **4** 15) est présidée par le Grand Prêtre Anne et la présence de Caïphe y est explicitement mentionnée (Ac **4** 6 ; cf. Jn **11** 49). Au cours de la seconde (Ac **5** 21 ss.), Gamaliel se lève et prend la parole. Or la réflexion des membres du Sanhédrin en Jn **11** 47b-48a offre des analogies, d'une part avec la réflexion par laquelle les membres du Sanhédrin expriment leur désarroi en Ac **4** 16, d'autre part avec la proposition que fait Gamaliel en Ac **5** 38 :

Jn **11** 47b-48	Ac **4** 16 ; **5** 38
Et ils disaient : « Que faisons-nous puisque cet homme fait beaucoup de signes ?	disant : « Que ferons-nous à ces hommes ? Qu'un signe notoire ait été accompli par eux... »
	« Ne vous occupez pas de ces hommes-là et laissez-les... »
Si nous le laissons ainsi... »	

Ces emprunts littéraires aux deux réunions du Sanhédrin racontées dans les Actes répondent à une intention précise, comme on le verra dans la troisième partie de cette note.

On pourra peut-être attribuer aussi à l'influence des Actes la présence de deux mots à la fin du v. 48 : le mot « nation » (*ethnos*) pour désigner la nation juive (0/0/2/2/6/0), qui se retrouvera encore en Jn **18** 35, au niveau de Jean II-B et dans un récit fortement influencé par la phraséologie des Actes ; le mot « Lieu » (*topos*), employé absolument, pour désigner le temple de Jérusalem (ailleurs dans le NT seulement en Ac **6** 14 ; **7** 7 ; **21** 28).

2. Les caractéristiques stylistiques des vv. 47b-52 sont les suivantes. Au v. 47b : « cet homme » (C 78), « faire des signes » (B 81). Au v. 48 : « croire en » (B 51) ; l'adverbe « ainsi », rejeté en fin de phrase, est de tonalité lucanienne (cf. encore en **21** 1, dans une addition de Jean II-B) ; le pronom *hèmôn* (« notre ») est placé devant le nom qu'il qualifie et cette construction, rare dans le NT (0/1/1/1/1/6), ne se lit ailleurs dans les écrits johanniques qu'en 1 Jn **3** 20. Au v. 49 : « l'un d'eux » (C 75*), « vous ne connaissez (pas) » (A 42 ; cf. F 25) ; la proposition participiale « Grand Prêtre étant de cette année-là » a même structure que celle de **18** 26, de Jean II-B : « parent étant de celui à qui... » Au v. 50 : « mourir » (F 22), « pour » (F 26) ; on comparera la formule « il vaut mieux pour vous que (*hina*) » à celle de **16** 7 « il vaut mieux pour vous que (*hina*) », texte de Jean II-B. Au v. 51 : « Or il ne dit pas cela » (A 50** ; cf. C 64), « de lui-même » (A 43**), « allait mourir » (A 87**), « pour » (F 26). Au v. 52 : « pour » (F 26), « mais encore afin que » (B 78* et E 7), « dans l'unité » (A 107**), « les enfants de Dieu » (C 57**) ; on comparera la structure grammaticale « et non pas... seulement, mais afin que aussi », à celle, identique, qui se lit en Jn **12** 9b, un texte que nous attribuerons à Jean II-B.

III. LE SENS DES RÉCITS

A) LE RÉCIT DU DOCUMENT C

11 47a Les grands prêtres ( ) rassemblèrent le Sanhédrin, et ils disaient :
12 19b « Voilà le monde parti derrière lui ! »
11 53 (Et) ils décidèrent qu'ils le tueraient.
　　54 Jésus donc ne circulait plus en public parmi les Juifs, mais il partit de là pour une ville dite Éphraïm, proche du désert, et il y demeura ( ).

1. La décision de tuer Jésus

On a vu plus haut que la réunion du Sanhédrin qui décide la mort de Jésus (**11** 47a.**12** 19b.**11** 53) avait son parallèle en Mt **26** 3-4 et que, dans ce passage, Mt avait fusionné le récit de Mc **14** 1-2 avec certains éléments de celui de Jean II-A qui avait repris sans modification le récit johannique primitif. Mais le texte de Jn rapporte un événement qui est différent de celui dont parle Mc **14** 1-2. Dans Jn, il s'agit d'une réunion formelle du Sanhédrin dans laquelle il est décidé de tuer Jésus à cause des succès qu'il remporte ; dans Mc (cf. Lc), il n'y a pas de réunion du Sanhédrin et le problème n'est pas de savoir si l'on va tuer Jésus, mais de trouver une « ruse » qui permettra de le mettre à mort sans provoquer une émeute parmi le peuple.

En fait, la tradition synoptique ne rapporte qu'une seule réunion officielle du Sanhédrin dans laquelle est décidée la mort de Jésus : celle qui suivit son arrestation (Mc **14** 55-64 et par.). Elle est préparée par la notice de Mc **14** 53b : « ... et tous *les grands prêtres* et les anciens et les scribes *se réunissent* » (cf. Mt **26** 57b). Nous apprenons ensuite qu'il s'agit bien d'une réunion de tout *le Sanhédrin* (Mc **14** 55a ; Mt **26** 59a), et que cette réunion se termine par une décision de mettre Jésus à mort (Mc **14** 64b ; Mt **26** 66b). Nous avons dans ce récit tous les éléments essentiels de Jn **11** 47a.53. Selon toute vraisemblance, le récit de Jn **11** 47a.53 est l'équivalent, dans le Document C, de la réunion du Sanhédrin que les Synoptiques placent après l'arrestation de Jésus. Sur les difficultés historiques que pose le récit de la tradition synoptique, voir tome II, note § 342, II.

2. Jésus se retire a Éphraïm

Ayant appris que le Sanhédrin a décidé sa mort, Jésus ne circule plus en public parmi les Juifs mais va se cacher dans une petite ville située à la limite du désert de Judée : Éphraïm. Il est déjà parlé de ce bourg en 2 S **13** 23, à propos du meurtre d'Amnon par Absalom. Sous le nom de Ophra, il est compté parmi les villes de la tribu de Benjamin, en Jos **18** 23. Situé à environ 30 km au nord-est de Jérusalem, ce bourg porte aujourd'hui le nom de Taiyibé, abrégé de Taiyibé el-Ism (« bonne de nom ») ; le changement fut effectué au temps de Saladin, car le nom de 'Afra évoquait la racine '*afr*, « poussière », qui était de mauvaise augure. Le récit du Document C est le seul à noter cette retraite de Jésus à Éphraïm.

B) LE RÉCIT DE JEAN II-B

1. Sa place actuelle

C'est Jean II-B qui a placé après la résurrection de Lazare le récit de la réunion du Sanhédrin qu'il lisait, dans le Document C et au niveau de Jean II-A, *avant* le récit de résurrection. Il a voulu ainsi établir un lien de cause à effet entre le dernier miracle accompli par Jésus et la décision des grands prêtres et des Pharisiens de mettre Jésus à mort. Ce lien est explicitement établi au v. 46, rédigé par Jean II-B. Non seulement les chefs du peuple juif refusent de croire en la mission de Jésus malgré ce miracle éclatant, mais ils craignent un mouvement populaire et en profitent pour décider sa mort. Ce thème reviendra en **12** 9-11 et **12** 17-19, textes de Jean II-B.

On notera que, en plaçant après la résurrection de Lazare la réunion du Sanhédrin de **11** 47-53, Jean II-B obtient une séquence analogue à celle qui se lit en Mt : réunion du Sanhédrin (Jn **11** 47a.53 ; Mt **26** 3-4), puis onction de Jésus à Béthanie (Jn **12** 1-11 ; Mt **26** 6-13). C'est probablement sous l'influence de ce texte de Mt **26** 3-4 que Jean II-B mentionne explicitement Caïphe en lui donnant le titre de Grand Prêtre (Jn **11** 49). Selon le Document C, c'était Anne qui était Grand

Prêtre au moment de la mort de Jésus (cf. Jn **18** 13a et la note § 339).

2. LE PARALLÈLE DES ACTES

On a vu plus haut (II B 1) que Jn **11** 47b-48a reprenait les thèmes de Ac **4** 16 et **5** 38. Ce procédé littéraire de Jean II-B, qui se retrouve ailleurs dans l'évangile, a pour but de montrer que les apôtres, spécialement Pierre et Paul, se heurteront aux mêmes difficultés que Jésus lorsqu'ils voudront prêcher la Bonne Nouvelle (cf. Jn **15** 20 et Introd., 6 s).

Au v. 48b, peut-être faut-il lire avec la tradition syro-latine ancienne : «... et les Romains *viennent* et ils *détruisent* et notre Lieu et notre nation. » Les deux verbes au présent donnent une vigueur beaucoup plus grande à la phrase. On notera par ailleurs l'ironie johannique. Les chefs religieux du peuple juif décident de tuer Jésus de peur qu'un mouvement populaire ne donne aux Romains l'occasion de détruire le Lieu, c'est-à-dire le Temple de Jérusalem. Mais, d'après la tradition synoptique, que Jean II-B connaît, c'est le rejet de Jésus et sa mise à mort qui, selon les desseins divins, provoquera la destruction du Temple par les Romains (cf. Lc **13** 34-35 et Mt **23** 37-39 ; Lc **19** 41-44 ; Mc **13** 1-2 et par.).

3. JÉSUS ET DAVID

En Jn **11** 50, Caïphe reprend à son compte l'argument proposé à Absalom, en révolte contre son père David, par le traître Ahitophel, d'après 2 S **17** 3. Le plan de ce dernier était simple : mettre en fuite le peuple qui soutenait encore David afin de pouvoir isoler celui-ci et le frapper à mort ; David mourra ainsi sans que le peuple en pâtisse. Caïphe part du même principe : il vaut mieux qu'un seul homme meure en sorte que le peuple soit sauvé. L'influence du précédent d'Ahitophel sur la rédaction de Jean II-B est plus que probable ; mettons en regard les deux textes :

Jn **11** 50	2 S **17** 3b
«... et vous ne calculez pas qu'il vaut mieux pour vous qu'un seul homme meure pour le peuple (*laos*) et que la nation tout entière ne périsse pas. »	« Tu n'en veux qu'à la vie d'un seul homme et tout le peuple (*laos*) sera sauf. »

Il faut comparer aussi Jn **11** 51 à 2 S **16** 23 qui précède immédiatement le passage que nous venons de citer. En prononçant sa parole, Caïphe a « prophétisé » ; or, d'après 2 S **16** 23, tout conseil donné par Ahitophel, que ce soit à David ou à Absalom, était considéré comme « parole de Dieu » ; il avait donc valeur prophétique.

En utilisant ce texte de 2 S, Jean II-B veut établir un parallèle entre Jésus et le roi David en fuite devant ses ennemis. David fut ainsi la préfiguration de Jésus dans les desseins de Dieu. Sur ce problème, voir Introd., 5 r.

On notera, aux vv. 50 et 51, l'expression « mourir pour » (*apothnèskein hyper*), qui sera reprise en **18** 14. Elle se lit 11 fois ailleurs dans le NT, dont 10 fois dans les écrits pauliniens. Il est possible que Jean II-B l'ait reprise à Paul (Introd., 4 z), spécialement à 2 Co **5** 14-15 : « Car l'amour du Christ nous presse à la pensée que, si *un seul est mort pour tous*, alors tous sont morts. Et *il est mort pour tous* afin que les vivants ne vivent plus pour eux-mêmes, mais pour celui qui est mort et est ressuscité pour eux. » Jean II-B aurait donc combiné les thèmes de 2 S **17** 3 et 2 Co **5** 14-15. Sur ce thème, voir déjà Jn **10** 11.15.

4. LE RASSEMBLEMENT DES DISPERSÉS

Le v. 52 pourrait paraître une glose, mais nous avons vu plus haut que son style était de Jean II-B. Il donne à la « prophétie » de Caïphe une portée plus universelle. La mort de Jésus doit, non seulement sauver la nation juive, mais encore rassembler dans l'unité les enfants de Dieu dispersés. Ce thème du rassemblement des enfants de Dieu dispersés n'est jamais exprimé en de tels termes dans le reste du NT. C'est un thème prophétique classique (cf. Jr **23** 3 ; Is **11** 12), mais Jean II-B pourrait dépendre ici d'une tradition liturgique attestée par Didachè **9** 4 : « De même que ce fragment (de pain), *dispersé* sur les montagnes et *rassemblé*, est devenu *un*, de même que soit rassemblée ton Église des extrémités de la terre dans ton royaume. » La condition pour que les hommes ne se perdent pas, c'est qu'ils soient rassemblés en un seul peuple par la mort du Christ. Les contacts littéraires entre Jn **11** 52 et la Didachè sont indéniables (Introd., 6 u).

Note § **271**. *L'APPROCHE DE LA PAQUE* (Jn **11** 55-57)

1. UN TEXTE DE JEAN II-B

Le petit récit constitué par Jn **11** 55-57 est tout entier de Jean II-B, comme le montre l'analyse du vocabulaire et du style. Au v. 55, on trouve comme notes stylistiques : « or était... (note temporelle) » (C 4), « était proche » (B 16), « la Pâque » (C 84**), « montèrent afin de » (B 76), « avant la Pâque » (A 125**), « se purifier » (A 133**). L'expression

« la Pâque des Juifs » est de saveur lucanienne (Introd., 8 c), ce qui convient bien au style de Jean II-B. La phrase « or était proche la Pâque des Juifs » se lisait déjà en **2** 13 (cf. critique textuelle) ; Jean II-B a voulu annoncer en termes identiques la première et la dernière Pâque du ministère de Jésus. On pourra comparer aussi la séquence constituée par la fin du v. 54 et le v. 55 avec Jn **6** 3b-4, où est annoncée la deuxième Pâque :

Jn **6**	Jn **11**
3b ... et là, il était assis avec ses disciples.	54c ... et là il demeura avec ses disciples.
4 Or était proche la Pâque, la fête des Juifs.	55 Or était proche la Pâque des Juifs.

Les deux textes, malgré leurs légères différences, sont de Jean II-B (sauf les premiers mots du v. 54c).

Le v. 56 a les caractéristiques stylistiques suivantes : « ils cherchaient donc... et disaient » (A 19), « ils cherchaient... Jésus » (C 21), « entre eux » (B 66*), « venir à la fête » (A 111** ; cf. C 2).

Le v. 57 est spécialement riche en caractéristiques stylistiques : « les grands prêtres et les Pharisiens » (C 9**), « avaient donné des ordres » (A 58**), « donner... afin que » (F 17), « afin que si » (F 23*), « si quelqu'un » (C 48*), « où » (F 13), « prendre » (C 5*). On notera la structure de la phrase : « Or avaient donné des ordres les grands prêtres et les Pharisiens afin que (hina), si quelqu'un savait... il l'indiquât... » ; elle a son équivalent en Jn 9 22, un texte de Jean II-B : « Déjà en effet avaient convenu les Juifs que (hina), si quelqu'un le reconnaissait... il serait exclu... » ; ce sont les deux seuls textes johanniques où la formule « si quelqu'un » (C 48*) se trouve dans un récit, et non dans un discours.

2. LE SENS DU RÉCIT

a) Ce petit récit n'offre, en soi, aucune difficulté. A l'approche de la Pâque (cf. **12** 1 ; **13** 1), beaucoup de gens montent à Jérusalem afin d'avoir le temps de se purifier, condition indispensable pour pouvoir manger la Pâque (Nb **9** 13 ; Jn **18** 28). Il y a discussion parmi ces gens au sujet de Jésus. Chacun sait que le Sanhédrin a décidé sa mort (Jn **11** 53). Mais il y avait obligation stricte pour tous les Juifs de monter à Jérusalem afin de célébrer la Pâque. On se pose donc la question : Jésus va-t-il venir lui aussi, au risque de se faire arrêter par les autorités juives ? Il resterait il est vrai une solution pour lui : monter à Jérusalem à l'insu de tous et se cacher quelque part, chez des amis où il serait relativement en sûreté. Pour parer à une telle éventualité, les autorités juives donnent les ordres mentionnés au v. 57.

b) Malgré sa simplicité, ce petit récit pose un problème difficile. Comment concilier la donnée du v. 57 avec la suite de l'évangile ? Jésus fait un bon repas à Béthanie et tout le monde sait qu'il est là (**12** 9-11). Il fait ensuite une entrée solennelle à Jérusalem (**12** 12 ss.) en présence d'une foule nombreuse. La situation rapportée par Jean II-B en **11** 57 semble totalement oubliée ! Il est possible que Jean II-B ait repris ici une donnée traditionnelle selon laquelle Jésus, durant les derniers jours de sa vie, serait resté caché aux environs de Jérusalem. Sa retraite n'était connue que de ses intimes. La « trahison » de Judas aurait consisté précisément à révéler le lieu de cette retraite aux autorités juives, ce qui aurait rendu possible l'arrestation de Jésus (cf. Jn **18** 2 et le commentaire de ce texte, note § 338).

Note §§ **272-357**. *LA SEPTIÈME SEMAINE* (Jn **12** 1 – **19** 42)

La section qui va de **12** 1 à **19** 42 forme la septième « semaine » de la vie de Jésus ; elle se déroule durant la troisième Pâque, mentionnée en **12** 1 par la formule « Six jours avant la Pâque » (Introd., 3 r). Cette septième semaine est construite en forme de chiasme : les événements de la première partie du chiasme sont les annonces ou les préfigurations de ceux qui se passent, en ordre inverse, dans la seconde partie.

A	Onction à Béthanie	**12** 1-11
B	La royauté de Jésus :	**12** 12 ss.
	a) Entrée de Jésus à Jérusalem	**12** 12-19
	b) Annonce de l'élévation de Jésus	**12** 20 ss.
C	Humilité du Didascale : le lavement des pieds	**13** 1-17
D	Annonce de la défection des disciples :	**13** 18 ss.
	a) Annonce de la trahison de Judas	**13** 18-30
	b) Annonce du reniement de Pierre	**13** 31-38
E	Le discours après la Cène	**14** - **17**
D'	La défection des disciples :	
	a) La trahison de Judas	**18** 1-12
	b) Le reniement de Pierre	**18** 13-18
C'	Humiliation du Didascale devant Anne	**18** 19-23

B'	La royauté de Jésus :	
	a) Procès devant Pilate	**18** 28 ss.
	b) Élévation sur la croix	**19** 17-30
A'	Ensevelissement de Jésus	**19** 31-42

Les sections A et A' se répondent puisque l'onction à Béthanie est explicitement mise en relation avec l'ensevelissement de Jésus grâce à l'addition, par Jean II-B, de **12** 7b : « qu'elle le garde pour le jour de mon ensevelissement » ; le mot « ensevelissement » (*entaphiasmos*, ici et Mc **14** 8) correspond au verbe « ensevelir » de **19** 40 (*entaphiazein* ; cf. Mt **26** 12). Par ailleurs, la « livre » de parfum apportée par Marie (**12** 3) préfigure les cent « livres » de myrrhe et d'aloès apportées par Nicodème pour l'ensevelissement de Jésus (**19** 39) ; le mot « livre » ne se lit nulle part ailleurs dans le NT.

Les sections B et B', centrées sur le thème de la royauté de Jésus, sont dédoublées. Lors de son entrée à Jérusalem, Jésus est acclamé comme « le roi d'Israël » (**12** 13), selon la prophétie de Za **9** 9 : « Voici que ton roi vient. » Lors de sa comparution devant Pilate, Jésus est accusé de se faire roi et c'est en vertu de cette accusation que le Gouverneur romain le livre aux Juifs ; dans ce récit, le mot « roi » revient 9 fois, et le mot « royauté » 3 fois. On notera spécialement le parallélisme antithétique entre **12** 13-14 et **19** 13-15. Ici, Pilate fait asseoir (*ekathisen*) Jésus sur le tribunal et dit aux Juifs : « Voici votre roi » ; mais ceux-ci refusent cette royauté en criant (*kraugazein*) : « A mort, à mort ! Crucifie-le ! » Là, Jésus est assis (*ekathisen*) sur un petit âne et la foule crie (*kraugazein*) : « Hosanna ! Béni soit celui qui vient au nom du Seigneur, le roi d'Israël ! » Le verbe *kathizein* ne se lit nulle part ailleurs chez Jn, et le verbe *kraugazein* seulement en **11** 43 en dehors de ces deux récits. – En **12** 20 ss., Jésus annonce sa glorification par la mort (vv. 23.27) et son élévation sur la croix (v. 32) ; ce sera l'heure de son intronisation oyale puisqu'il détrônera Satan, le Prince de ce monde (v. 31).

A cette annonce prophétique correspond le récit de la crucifixion (**19** 17-30), où Jésus en croix est présenté comme « le roi des Juifs » (**19** 19-22).

Le lien entre les sections C et C' est plus subtil. En lavant les pieds de ses disciples, Jésus s'humilie devant eux bien qu'il soit leur « maître » (didascale) et leur « seigneur ». Lors de son interrogatoire par Anne, interrogatoire qui porte sur son enseignement et sur ses disciples (il est le didascale), Jésus est humilié et giflé par un des serviteurs. Les deux scènes forment un parallélisme antithétique.

Les sections D et D' sont dédoublées, comme les sections B et B'. La correspondance entre les deux « annonces » faites par Jésus et leur réalisation est évidente.

En E, le discours après la Cène est lui-même en partie conçu en forme de chiasme ; voir note §§ 325-334.

Note § **272**. *L'ONCTION DE BÉTHANIE* (Jn **12** 1-11)

I. CRITIQUE TEXTUELLE

1. Au v. 2, l'expression « avec lui » (*syn autôi*) est une addition de scribe destinée à rendre le texte johannique plus explicite. Elle est omise par : 047 579 *a e*, Tatien (Liège), Chrysostome, Nonnos et Augustin. Pour dire « avec », en effet, au lieu de l'habituel *meta* (environ 50 fois), nous avons ici la préposition *syn* qui ne se lit ailleurs chez Jn qu'en **18** 1 et **21** 3, deux textes que nous attribuerons au Document C. Mais ici, nous le verrons plus loin, le passage est de Jean II-B et, à ce niveau, la préposition *syn* serait inexplicable.

2. Le début du v. 4 est très difficile. On lit dans le texte Alexandrin (y compris P66 et P75), soutenu en partie par SyrSin : « Or dit Judas Iscariote un de ses disciples » (*legei de Ioudas Iskariôtès heis tôn mathètôn autou*). Ce texte offre trois expressions contraires au style de Jn. D'abord la formule « or dit » ; Jn utilise 118 fois le verbe « dire » au présent, mais c'est ici le seul cas où ce présent est accompagné de la particule *de*. Ensuite le nom de « Judas Iscariote », de saveur plutôt matthéenne (Mt **10** 4 ; **26** 14 ; cf. Lc **22** 3) ne se lit nulle part ailleurs chez Jn qui a d'ordinaire « Judas (fils) de Simon Iscariote » (A 81). Enfin dans l'expression « un de ses disciples » on aurait attendu la préposition *ek* devant le génitif : *heis ek tôn mathètôn autou* (C 75).

On lit au contraire dans le texte Antiochien suivi par la *Koinè, en partie* soutenu par D et la plupart des versions : « Dit donc un de ses disciples, Judas (fils) de Simon, Iscariote » (*legei oun heis ek tôn mathètôn autou Ioudas Simônos Iskariôtès*). Ce texte n'offre plus de difficulté, à condition de le corriger sur un point. Reprenons-en les divers éléments. La formule « Dit donc » (*legei oun* au lieu de *legei de*) est une excellente caractéristique johannique (A 26). Dans l'expression « un de ses disciples », le génitif est précédé de la préposition *ek* (attestée aussi par S), ce qui est normal chez Jn

(C 75). Enfin l'expression « Judas (fils) de Simon, Iscariote » est habituelle dans le texte Antiochien, mais ailleurs elle corrige la formule difficile du texte Alexandrin « Judas, (fils) de Simon Iscariote » (*Ioudas Simônos Iskariôtou*) ; or ici, on lit précisément dans un témoin du texte Alexandrin, *psi* : *Ioudas Simônos Iskariôtou*, ce qui correspond à la formule habituelle chez Jn (A 81).

Si l'ensemble du texte Alexandrin représentait le texte primitif de Jn, il nous semble invraisemblable qu'une révision, représentée par le texte Antiochien, ait retrouvé les formules habituelles du style johannique à trois reprises successives. L'addition de la préposition *ek*, devant *tôn mathètôn*, serait d'autant plus invraisemblable que la formule ainsi obtenue n'est pas grecque, mais sémitisante, tandis que le texte Antiochien aurait plutôt tendance à améliorer le grec de Jn.

Nous adopterons donc, comme primitif, le texte suivant : « Dit donc un de ses disciples, Judas, (fils) de Simon Iscariote » (*legei oun heis ek tôn mathètôn autou Ioudas Simônos Iskariôtou*).

3. Au v. 6, on lit dans la plupart des mss grecs : « Or il dit cela » (*eipen de touto*). Nous trouvons ici une difficulté analogue à celle que nous avons notée au début du v. 4 : chez Jn, lorsque *eipen* est en début de phrase, il n'est jamais ailleurs accompagné de la particule *de*. On lit en revanche dans D VetLat Geo, témoins qui soutenaient en partie le texte Antiochien au v. 4, la leçon « or cela il dit » (*touto de eipen*) qui, elle, est typiquement johannique (A 50). C'est cette leçon que nous adopterons.

4. Au v. 9, nous supprimerons l'article devant le mot « foule », avec P66, P75, le texte Antiochien, et aussi D et VetLat (qui ont cependant une forme de texte assez différente).

II. ANALYSES LITTÉRAIRES

Les commentateurs ne sont pas d'accord sur l'origine du récit johannique et sur la part rédactionnelle qu'il comporte. Certains y voient une version originale de l'événement raconté par Mt **26** 6-13 et Mc **14** 3-9 (Dodd, Fortna) ; d'autres, plus nombreux, soulignent la dépendance de Jn par rapport à la tradition Mt/Mc et aussi par rapport au récit de la pécheresse raconté en Lc **7** 36 ss. On reconnaît d'ordinaire le caractère secondaire de la mention de Judas au v. 4, et des détails sur Judas donnés au v. 6. Bultmann voit dans les vv. 9-11 une addition de l'évangéliste. D'autres vont plus loin et admettent aussi que tout ce qui concerne les personnages de Marthe et de Lazare, voire le nom de Marie, aurait été ajouté au récit primitif (Wellhausen, Spitta, Schnackenburg). Nous pensons que le noyau primitif du récit johannique remonte au Document C et que Mc **14** 3-9 s'en serait servi pour composer son propre récit. Le texte du Document C, repris sans modification notable par Jean II-A, aurait reçu d'importantes additions au niveau de Jean II-B. Voici comment nous voyons la répartition des textes entre les divers niveaux rédactionnels. Le texte du Document C est en partie reconstitué à partir du parallèle de Mc.

C	II-B
1	Jésus donc, six jours avant la Pâque, vint à Béthanie où était Lazare que Jésus avait réveillé des morts.
2 Ils lui firent	donc là
un repas ;	
	et Marthe servait tandis que Lazare était l'un de ceux qui étaient à table.
3 Marie donc, ayant pris (un vase d'albâtre)	
	une livre
de parfum	
	de nard pur
de grand prix, (le versa sur sa tête).	
	oignit les pieds de Jésus et essuyait ses pieds avec ses cheveux. Et la maison s'emplit de la senteur du parfum.
4 (Ils disaient :)	
	Dit donc un de ses disciples, Judas fils de Simon Iscariote, qui allait le livrer :
5 « Pourquoi ce parfum ne fut-il pas vendu	
	trois cents deniers
et donné aux pauvres ? »	
6	Or il dit cela, non qu'il se souciât des pauvres, mais parce qu'il était voleur et que, ayant la bourse, il dérobait ce qu'on y mettait.
7 Jésus donc dit : « Laisse(z)-la,	
	qu'elle le garde pour le jour de mon ensevelissement.
8 Car les pauvres, toujours vous les aurez avec vous ; mais moi, vous ne m'aurez pas toujours. »	
9	Une foule nombreuse de Juifs connut donc qu'il était là et ils vinrent, non seulement à cause de Jésus, mais afin de voir aussi Lazare qu'il avait réveillé des morts.
10	Or les grands prêtres décidèrent de tuer aussi Lazare
11	parce que, à cause de lui, beaucoup de Juifs s'en allaient et croyaient en Jésus.

A) LES ADDITIONS DE JEAN II-B

1. Dans le récit johannique actuel, l'onction à Béthanie se situe « six jours avant la Pâque », soit durant le sabbat qui précéda la mort de Jésus. Les derniers épisodes de la vie de Jésus sont ainsi répartis sur une période de sept jours (le dernier jour étant celui de la Pâque), comme ceux qui commencent son ministère (note §§ 19-25). Ce procédé littéraire est de Jean II-B (Introd., 3 q) ; c'est donc lui qui a introduit la donnée chronologique « six jours avant la Pâque ». Lui seul d'ailleurs cite la fête de la Pâque dans l'évangile (C 84**) et l'expression « avant la Pâque » est typique de son style (A 125**).

2. Au niveau du Document C, et encore de Jean II-A, le récit de l'onction à Béthanie suivait immédiatement celui de la résurrection de Lazare (Introd., 1 y et 2 y), qui eut lieu elle-même à Béthanie (**11** 1) ; il n'était donc pas nécessaire de noter que « Jésus vint à Béthanie » (**12** 1). Cette remarque doit être de Jean II-B (auquel on attribuera donc tout le v. 1) puisque c'est lui qui a placé *après* la résurrection de Lazare la réunion du Sanhédrin qui décide la mort de Jésus et la retraite de Jésus à Éphraïm (**11** 47-54) ; retiré à Éphraïm, Jésus devait « venir à Béthanie » afin que la scène de l'onction pût avoir lieu. Au v. 1b, en plus du nom de « Lazare » (C 3), on notera les expressions « où était » (C 13*) et « réveiller des morts » (F 38**).

Cette nouvelle mention de Béthanie, comme lieu de l'onction, a entraîné, au v. 2, l'addition de l'adverbe « là » (*ekei*), inutile dans le récit primitif.

3. Il faut attribuer encore à Jean II-B la rédaction des vv. 9-11. Ces versets en effet mettent un lien de cause à effet entre la résurrection de Lazare et la volonté homicide des autorités religieuses juives ; ils doivent donc être de Jean II-B, qui a placé la décision de mettre à mort Jésus (**11** 47-53) après la résurrection de Lazare. On notera que, aux vv. 9 et 11, le mot « Juifs » désigne simplement les habitants de Jérusalem, et non les autorités juives hostiles à Jésus, comme dans les sections du récit de la résurrection de Lazare que nous avons attribuées à Jean II-B (note § 266, II E). On remarquera par ailleurs le parallélisme qui existe entre **11** 52-53 et **12** 9-10 :

Jn **11**	Jn **12**
52 ... et non pas pour la nation seulement (*ou... monon*), mais encore afin que... (*all'hina kai*)	9 Et ils vinrent, non pas à cause de Lazare seulement (*ou... monon*), mais encore afin que... (*all'hina kai*)
53 ... ils décidèrent que (*ebouleusanto hina*) ils le tueraient (*apokteinôsin*)	10 Or les grands prêtres décidèrent que (*ebouleusanto hina*) ils tueraient (*apokteinôsin*) aussi Lazare.

Puisque Jn **11** 52-53, sous sa forme actuelle, est de Jean II-B, on peut attribuer aussi à Jean II-B les vv. 9-10 du chapitre **12**.

On relèvera encore les caractéristiques stylistiques suivantes. Au v. 9 : « venir... afin que » (B 76), « afin que aussi » (E 7), « Lazare » (C 3), « réveiller des morts » (F 38**), la phrase (traduite littéralement) : « Connut donc une foule nombreuse... que... et ils vinrent... », a même structure que celle de Jn **4** 53 : « Connut donc le père que... et il crut », qui est de Jean II-B ; ce sont les deux seuls textes du NT où se lit la formule « connut donc » (*egnô oun*). – Au v. 10 : « que aussi » (E 7), « Lazare » (C 3). – Au v. 11 : « beaucoup... croyaient » (C 32*), « croire en » (B 51) ; le sémitisme « s'en allaient et croyaient » a son équivalent en Jn **15** 16, texte que nous attribuerons à Jean II-B.

4. Il est évident que, au v. 2, la mention de Lazare qui prend part au repas est destinée à préparer les explications des vv. 9-11, puisque ce personnage ne jouera aucun rôle dans la scène de l'onction proprement dite ; cette mention doit donc être de Jean II-B, comme les vv. 9-11. Quant à Marthe, qui ne jouera elle non plus aucun rôle dans la suite du récit, elle fut introduite dans ce récit par Jean II-B comme elle l'avait été dans le récit de la résurrection de Lazare (voir les développements de la note § 266, II B). Le texte du récit primitif devait avoir simplement : « Ils lui firent ( ) un repas ( ). » Dans les additions de Jean II-B, outre les noms de « Marthe » (C 31**) et de « Lazare » (C 3), on notera la formule « un de ceux » (C 75*).

5. Selon son habitude, Jean II-B a harmonisé son récit sur celui (ou ceux) de la tradition synoptique (Introd., 4 x).

a) Il a harmonisé son récit sur celui de Mc en ajoutant deux détails : la précision que le parfum était « de nard pur » (Jn **12** 3 ; cf. Mc **14** 3), la somme de « trois cents deniers » (Jn **12** 5 ; cf. Mc **14** 5).

b) Mais surtout, Jean II-B a introduit dans le récit primitif des détails importants en provenance du récit de Lc **7** 36 ss. (la pécheresse pardonnée). Dans le récit de Mc/Mt, une femme verse du parfum *sur la tête* de Jésus ; d'après Jn **12** 3b, Marie oint *les pieds* de Jésus et les essuie de ses cheveux. Malgré une inversion, le parallélisme avec Lc **7** 44c.46b est évident.

Jn **12** 3b	Lc **7**
Marie donc... de parfum... oignit les pieds de Jésus	46b « ... mais de parfum elle oignit mes pieds... 44c ... mais de ses larmes elle a arrosé mes pieds et avec ses cheveux elle les essuyait. »
et essuyait ses pieds avec ses cheveux.	

Nous verrons, dans la troisième partie de cette note, que le texte johannique ne va pas sans maladresse ; elle résulte de la fusion du récit primitif avec celui de Lc.

6. Jésus dit, en Jn **12** 7b : « Qu'elle le garde pour le jour de mon ensevelissement » ; il s'agit du parfum apporté par Marie. Cette parole a son équivalent en Mc **14** 8 et Mt **26** 12, mais Jn la place avant la réflexion concernant les pauvres, et non après comme Mc/Mt ; cette inversion est l'indice du caractère secondaire du v. 7b. Par ailleurs, la phrase en question a pour but d'établir un lien entre l'onction à Béthanie et l'ensevelissement de Jésus. Mais ce lien était nécessaire seulement au niveau de Jean II-B, puisque c'est lui qui dispose en forme de chiasme les derniers épisodes de la vie de Jésus (note §§ 272-357). C'est donc Jean II-B qui a ajouté la phrase du v. 7b ; elle ne contient toutefois qu'une caractéristique stylistique : « garder » (F 30). – C'est également afin d'établir un parallélisme avec le récit de l'ensevelissement qu'il a introduit le mot « livre » au v. 3, à propos du parfum versé sur les pieds de Jésus. Ce mot, en effet, ne revient ailleurs dans tout le NT qu'en Jn **19** 39 (A 143**), à propos des aromates apportés par Nicodème lors de l'ensevelissement de Jésus ; mais ce dernier texte est de Jean II-B. Au lieu du mot « livre », le récit primitif avait probablement « vase d'albâtre », comme dans les récits parallèles de Mc/Mt et de Lc.

7. On attribuera à Jean II-B la finale du v. 3 : « La maison s'emplit de la senteur du parfum. » On verra dans la dernière partie de cette note que, si Jn rapporte ce détail, c'est qu'il lui attribue une valeur symbolique ; cette caractéristique littéraire est propre à Jean II-B (Introd., 7 k).

8. Après que la femme eut versé le parfum sur Jésus, « certains s'indignaient entre eux », lit-on dans Mc (**14** 4) ; pour Mt, plus précis, il s'agit des disciples en général (**26** 8). D'après Jn **12** 4, les récriminations proviendraient du seul Judas, et le v. 6, lié au v. 4, donne des détails peu édifiants sur ce personnage. Ces amplifications par rapport à la tradition primitive sont de Jean II-B. C'est lui qui, ailleurs dans l'évangile, manifeste un intérêt spécial pour Judas (Introd., 6 o). Un autre indice permet de le penser. Nous verrons à la note § 316 que Jean II-B a dédoublé le dernier repas pris par Jésus avec ses disciples, qu'il lisait dans le Document C et dans Jean II-A (cf. **12** 2 et **13** 2). Mais, lorsqu'il déplace ou dédouble des textes, il a coutume de laisser à la place primitive un écho du texte qu'il a transféré ailleurs (Introd., 8 f). On aurait cet écho précisément au v. 6, où nous trouvons certaines données de **13** 29, texte de Jean II-A qui appartenait primitivement au contexte du repas pris par Jésus à Béthanie (cf. **12** 2).

Au v. 4, on a les caractéristiques stylistiques suivantes : « Dit donc » (A 26*), « un de (ses disciples) » (C 75*), « Judas (fils) de Simon Iscariote » (A 81**). Au v. 6 : « Or il dit cela » (A 50** et C 64), « non que... mais parce que » (B 70**), « bourse » (A 139*, repris de **13** 29).

Comment se présentait alors le v. 4 au niveau du Document C ? D'après le parallèle de Mc, il s'agissait de gens indéterminés ; on pourrait supposer un texte tel que « Mais certains disaient », ou mieux, étant donné la fréquence des pluriels impersonnels au niveau du Document C, un simple « Ils disaient » (*elegon*). – Il faut admettre aussi que, au v. 7,

Jean II-B a changé un « laissez-la » primitif en « Laisse-la », au singulier puisque Judas est maintenant le seul interlocuteur de Jésus (cf. Mc **14** 6).

B) UN RÉCIT DU DOCUMENT C

Dans le tome II de la Synopse (note § 313), nous avons cru pouvoir montrer que le récit actuel de Mc (Onction à Béthanie) résulte de la fusion de deux textes parallèles ; l'analyse que nous venons de faire du texte johannique le confirme. Dans l'un des textes, Jésus justifiait le geste de la femme en disant : « Pourquoi la tracassez-vous ? Elle a accompli une bonne œuvre pour moi : d'avance, elle a parfumé mon corps en vue de l'ensevelissement » (Mc **14** 6b.8). Dans l'autre, Jésus disait : « Laissez-la, car les pauvres vous les aurez toujours parmi vous, mais moi, vous ne m'aurez pas toujours » (Jn **12** 8 ; cf. Mc **14** 7). Nous avions alors attribué le premier texte au Document A et le second au Document B. Nous pensons maintenant que le texte le plus ancien est celui qui concerne les pauvres, et il remonterait, non au Document B, mais au Document C, la source principale de Jn que Mc utilise à l'occasion. La parole de Jésus a d'ailleurs une facture plus sémitique en Jn **12** 8 qu'en Mt **26** 11 (sans parler de Mc **14** 7), avec son opposition parfaite entre « les pauvres » et « mais moi », placés en début de phrase. C'est au niveau du Document A que le récit aurait été réinterprété dans un but apologétique : aux yeux des Juifs, c'était une « ignominie » d'avoir été enseveli sans les onctions rituelles (cf. les explications données dans le tome II).

Dans le Document C, ce petit récit vient très bien après le récit de la résurrection de Lazare ; c'est en quelque sorte le « dialogue » entre Jésus et Marie qui continue (voir note § 266).

A part le nom de « Marie » (B 53), les éléments du récit que nous avons attribués au Document C ne contiennent, comme caractéristique stylistique, que la formule « dit donc » (B 1), au v. 7 ; ce pourrait d'ailleurs être une correction stylistique de Jean II-B. On notera, au v. 3, l'expression « ayant pris (un vase d'albâtre) » qui, chez Jn, ne se rencontre ailleurs qu'au niveau du Document C (**13** 4 ; **18** 3).

III. LE SENS DES RÉCITS

A) LE RÉCIT DU DOCUMENT C

2 Ils lui firent ( ) un repas ( ).
3 Marie donc, ayant pris (un vase d'albâtre) ( ) de parfum ( ) de grand prix, (le versa sur sa tête).
4 (Ils disaient :)
5 « Pourquoi ce parfum ne fut-il pas vendu ( ) et donné aux pauvres ? »
7 Jésus donc dit : « Laisse(z)-la,
8 car les pauvres, toujours vous les aurez avec vous ; mais moi, vous ne m'aurez pas toujours. »

Le sens du récit est facile à comprendre. Jésus vient de ressusciter Lazare, le frère de Marie (note § 266). Aussitôt après, « ils lui firent un repas ». D'après le contexte antérieur dans le texte du Document C, il s'agit certainement de Lazare et de Marie. Au cours de ce repas, Marie prend un vase de parfum dont elle verse le contenu sur la tête de Jésus. C'est une marque d'honneur bien attestée dans l'AT et qui correspond aux coutumes de l'Orient ancien (Ps **23** 5 ; **92** 11 ; **133** 2 ; Qo **9** 8 ; Am **6** 6). Certains se scandalisent de ce geste et estiment qu'il eut mieux valu vendre ce parfum coûteux et en donner le prix aux pauvres. Mais Jésus justifie le geste de Marie en faisant remarquer que les pauvres seront toujours là (cf. Dt **15** 11), tandis que lui, Jésus, n'est plus parmi eux que pour un peu de temps. Cette réponse est une allusion discrète à sa mort prochaine, comme le montre la suite du texte du Document C (note § 316).

Faut-il voir une intention apologétique sous-jacente à ce petit récit ? Les Juifs reprochaient-ils aux chrétiens d'honorer le Christ, à leurs yeux un simple mortel, au détriment des pauvres ? C'est possible ; mais dans ce cas, l'argument serait forcé. Ce que Jésus justifie, c'est un dernier geste d'honneur, et aussi d'amour, accompli tandis qu'il est encore physiquement présent au milieu des siens.

B) LES ADDITIONS DE JEAN II-B

Jean II-A avait repris le récit du Document C sans modification appréciable. Jean II-B, au contraire, lui apporta un certain nombre d'additions et de remaniements.

1. Rappelons d'abord un certain nombre d'additions effectuées par Jean II-B, sur lesquelles nous passerons rapidement afin de ne pas répéter ce que nous avons dit dans la deuxième partie de cette note. Au v. 1, Jean II-B introduit la notation chronologique « six jours avant la Pâque » ; il veut répartir les derniers événements de la vie de Jésus sur une période de sept jours, comme ceux de la première « semaine » de sa vie publique (note §§ 19-25). Au même verset, il fait venir Jésus à Béthanie puisqu'il l'avait fait se retirer à Éphraïm après la résurrection de Lazare (**11** 54). – Au v. 2, il introduit le personnage de Marthe, comme il l'a fait dans le récit de la résurrection de Lazare, afin de compléter la description des deux sœurs, Marthe et Marie, parallèle à la description qu'en fait Lc **10** 38-42 (voir note § 266, III C 2). – Aux vv. 3 et 5, il harmonise son récit avec celui de Mc en ajoutant deux précisions : le parfum était « de nard pur » et il aurait pu être vendu « trois cents deniers », chiffre considérable puisque le denier constituait le salaire d'une journée de travail d'un ouvrier agricole (cf. Mt **20** 2).

2. Au v. 3b, Jean II-B a remplacé la description de l'onction faite par Marie sur la tête de Jésus par des détails repris de Lc **7** 46b.44c : « ... oignit les pieds de Jésus et essuyait ses pieds avec ses cheveux. » Le résultat n'est pas très cohérent ! Il faut reconnaître que ces détails repris de Lc, parfaitement en situation dans le récit de ce dernier, ne vont pas sans

maladresse dans celui de Jn. En Lc **7** 44-46 (cf. **7** 38), le geste d'humilité et d'amour de cette femme se justifie très bien ; il s'agit d'une pécheresse qui espère la miséricorde de celui qu'elle reconnaît comme son sauveur. Chez Jn, le geste de Marie, qui n'a rien d'une pécheresse, est beaucoup plus inattendu. Comme dans Mc/Mt, elle semble vouloir honorer celui qui est l'hôte du repas ; or, dans l'antiquité, un tel honneur se faisait grâce à une onction sur la tête, non sur les pieds (cf. *supra*). D'autre part, dans le récit lucanien, la femme repentante essuie avec ses cheveux les pieds de Jésus qu'elle a mouillés de ses larmes. Dans le récit johannique, au contraire, ce sont les pieds oints de parfum que Marie essuie avec ses cheveux, geste beaucoup moins naturel. Il est difficile de ne pas voir, dans le récit de Jn, le résultat un peu maladroit d'un compromis entre le récit qui a servi de source à Mc et le récit de Lc.

En incorporant dans le récit du Document C des traits repris du récit de Lc **7** 36 ss., Jean II-B voulut identifier Marie, dont parlait le Document C, à la pécheresse du récit de Lc **7** 36 ss. En le faisant, n'aurait-il pas été influencé par la tradition lucanienne elle-même ? Car si Lc omet l'épisode de l'onction à Béthanie, n'est-ce pas parce qu'il estimait avoir raconté l'histoire en **7** 36-50 ? Quoi qu'il en soit de cette influence lucanienne, l'identification de la pécheresse dont parle Lc avec cette « Marie » qui intervient pour oindre Jésus a une portée morale considérable. Puisque cette « Marie » n'est autre que la sœur de Lazare (cf. Jn **11** 2), c'est d'elle qu'il est dit : « Or Jésus aimait Marthe et sa sœur (Marie) et Lazare » (**11** 5). Ainsi, non seulement Jésus permet qu'une pécheresse le touche (Lc **7** 39), ce qui scandalisait fort un Pharisien, mais il est devenu l'ami de cette pécheresse dont l'amour a effacé les péchés passés ; quel scandale pour la morale des « bien-pensants » !

3. Jean II-B a voulu unir très étroitement le récit de l'onction à Béthanie et celui de la résurrection de Lazare ; il l'a fait en insérant le nom de Lazare, d'une part aux vv. 1 et 2, d'autre part aux vv. 9 et 10 ; on notera spécialement l'inclusion que forment les vv. 1 et 9, avec le rappel que Lazare était « celui que Jésus avait réveillé des morts ». Jean II-B agira de même en ajoutant les vv. 17-19 au récit de l'entrée de Jésus à Jérusalem (note § 273). Il veut ainsi prolonger, comme en écho, la situation qu'il a créée en plaçant après la résurrection de Lazare la réunion du Sanhédrin qui décide la mort de Jésus (note § 267). Selon Jean II-B, c'est parce que Jésus a ressuscité Lazare que les autorités juives de Jérusalem décident de le mettre à mort (cf. **11** 46.48). Des grands prêtres et des Pharisiens nommés en **11** 47, les premiers interviennent en **12** 10, les seconds en **12** 19. Par ailleurs, la phrase de **12** 10 « les grands prêtres décidèrent de tuer aussi Lazare » reprend les données de **11** 53 : « A partir de ce jour ils décidèrent qu'ils le tueraient » ; de même, **12** 11 fait écho à **11** 48 : la foi de la foule en Jésus, excitée par la résurrection de Lazare, met en danger l'existence même du peuple juif. Les grands prêtres sont donc décidés à tout mettre en œuvre pour éliminer, non seulement Jésus (**11** 53), mais encore tous ceux qui sont une occasion de croire en lui. La résurrection de Lazare, le dernier et le plus éclatant des « signes », a soulevé

un tel enthousiasme que beaucoup de Juifs « s'en allaient et croyaient en Jésus », expression sémitique signifiant « croyaient de plus en plus en Jésus ». Pour endiguer ce flot d'adhésions, les grands prêtres n'ont d'autre issue que de tuer aussi Lazare, ce témoin gênant dont le retour à la vie manifeste la toute-puissance de Jésus.

4. Jean II-B a voulu établir un lien étroit entre l'onction à Béthanie et l'ensevelissement de Jésus. Il l'a fait, d'une part en ajoutant le v. 7b dans lequel Jésus dit : « Qu'elle le garde pour le jour de mon ensevelissement » (cf. Mc **14** 8 ; Mt **26** 12), d'autre part en remplaçant, au v. 3, l'expression « un vase d'albâtre » du récit primitif par « une livre » : à la « livre de parfum » que Marie verse sur les pieds de Jésus correspondront les « cent livres » de myrrhe et d'aloès apportées par Nicodème pour l'ensevelissement de Jésus (Jn **19** 39). L'intention de ces additions est claire. Jean II-B veut disposer en forme de chiasme les événements qui se succèdent aux chapitres **12** à **19** (cf. note §§ 272-357). Dans cette structure, l'onction à Béthanie répond à l'ensevelissement de Jésus ; le parfum que Marie verse sur les pieds de Jésus est la préfiguration du mélange de myrrhe et d'aloès avec lequel le corps de Jésus sera comme « embaumé ».

Il est beaucoup plus difficile de comprendre le sens du v. 7b. La traduction la plus normale du texte grec serait : « Laisse-la, afin qu'elle le garde etc. » ; ou à la rigueur : « Laisse-la, qu'elle le garde etc. » Mais il semble bien que, comme dans Mt/Mc, Marie a versé tout le parfum qu'elle avait ; comment Jésus peut-il dire qu'elle doit le garder en vue de son ensevelissement ? Un certain nombre de commentateurs supposent un texte elliptique tel qu'il s'en trouve parfois dans Jn (cf. B 78*) : « (cela est arrivé) afin qu'elle gardât ce parfum en vue du jour de mon ensevelissement. » L'idée serait la même que dans Mc/Mt : l'onction à Béthanie est conçue comme une onction mortuaire faite à l'avance. Mais Jn ajoute au texte de Mc/Mt les mots « pour le jour de » ; une telle précision ne veut-elle pas dire que le v. 7b doit se comprendre du jour de l'ensevelissement *réel* de Jésus ? Un grand nombre de témoins du texte johannique ont tourné la difficulté en adoptant comme texte : « Laisse-la ; c'est pour le jour de mon ensevelissement qu'elle l'a gardé. » Plus radical encore, Chrysostome donne comme texte : « Laisse-la ; c'est pour le jour de mon ensevelissement qu'elle a fait cela ». Le texte johannique reste mystérieux.

5. C'est Jean II-B qui a ajouté, à la fin du v. 3 : « Et la maison s'emplit de la senteur du parfum. » S'il rapporte ce fait, c'est parce qu'il y voit une portée symbolique ; mais laquelle ? Selon toute vraisemblance, la « maison » représente l'Église. Mais que signifie le « parfum » et son odeur qui se répand ? L'interprétation la plus ancienne est celle d'Ignace d'Antioche, presque contemporain de Jean II-B : « C'est pourquoi le Seigneur reçut le parfum sur sa tête, afin d'insuffler l'incorruptibilité à l'Église » (Ep **17** 1). Le « parfum » est assimilé aux produits qui servaient à embaumer les corps afin de les préserver de la corruption ; si la « maison » dont parle Jn **12** 3c symbolise l'Église, c'est l'Église tout entière

qui recevra l'incorruptibilité. – En rapprochant ce texte johannique de Mc **14** 9 et Mt **26** 13, on pourrait penser aussi que l'odeur du parfum qui se répand dans la maison, et donc dans l'Église, symbolise le souvenir du geste de Marie qui se perpétuera dans le monde. – Pour d'autres commentateurs, l'odeur du parfum symboliserait la connaissance du Christ qui se répand dans l'Église (cf. 1 Co **12-14** ; Bultmann, Barrett). L'interprétation qui nous semble la plus probable est celle que nous avons donnée en premier ; elle correspond mieux aux intentions profondes de Jean II-B qui met explicitement l'onction de Béthanie en relation avec la sépulture de Jésus conçue comme un « embaumement » (**19** 39-40).

6. Dans le Document C et encore au niveau de Jean II-A,

Judas n'était pas nommé ; Jean II-B l'a mis en scène en composant les vv. 4 et 6 du récit actuel. Marie veut donner à Jésus un dernier témoignage d'honneur et d'amour ; Judas est le seul à trouver à redire à ce geste (opposer Mt **26** 8). Si encore il obéissait à des motifs généreux ! On aurait pu le penser à la réflexion qu'il fait : « Pourquoi ce parfum ne fut-il pas vendu trois cents deniers et donné aux pauvres ? » Mais Jean II-B ne s'y laisse pas prendre. Judas est pour lui un hypocrite et ses paroles masquent le véritable motif de sa réaction : « Il dit cela, non qu'il se souciât des pauvres, mais parce qu'il était voleur et que, ayant la bourse, il dérobait ce qu'on y mettait » (**12** 6). Judas n'est qu'un voleur ! Chargé de la bourse de la communauté (cf. **13** 29 ; Lc **8** 3), il est tenté par les « trois cents deniers » que représente la livre de parfum. Il trahira son Maître pour beaucoup moins (Mt **26** 15).

Note § **273**. *CORTÈGE MESSIANIQUE VERS JÉRUSALEM* (Jn **12** 12-19)

I. ANALYSES LITTÉRAIRES

Ce récit est commun à Jn et aux Synoptiques (Mc **11** 1-10 et par.) ; beaucoup plus bref, celui de Jn est assez différent, malgré certains points communs évidents. Selon quelques commentateurs, Jn n'aurait fait que reprendre, en le simplifiant, le récit matthéen (Wellhausen, cf. Freed). D'autres, plus nombreux, estiment qu'il tient l'épisode d'une source indépendante d'où proviendraient les vv. 12-15 (Fortna, Schnackenburg), ou 12-16 (Bultmann, Brown, Smith), voire 12-15.19 (Spitta). Selon nous, le récit primitif (Document C) n'aurait comporté que les vv. 12 (moins deux gloses) et 13. Jean II-A lui aurait ajouté les vv. 14-15 et Jean II-B les vv. 16-19 ainsi que les gloses du v. 12.

C	II-A	II-B	
12			Le lendemain, la
	(Une) foule nombreuse		
			qui était venue à la fête,
	ayant entendu que Jésus venait à Jérusalem,		
13	prirent des rameaux de palmiers et sortirent à sa rencontre et ils poussaient des cris : « *Hosanna ! Béni soit celui qui vient au nom du Seigneur*, et le roi d'Israël ! »		
14		Or Jésus, ayant trouvé un petit âne, s'assit sur lui, selon qu'il est écrit :	
15		*« Sois sans crainte, fille de Sion : Voici que ton roi vient, assis sur l'ânon d'une ânesse. »*	
16			Ses disciples ne comprirent pas cela tout d'abord ; mais quand Jésus eut été glorifié, ils se souvinrent que cela avait été écrit sur lui et qu'ils lui avaient fait cela.
17			La foule donc qui était avec lui quand il avait appelé Lazare du tombeau et l'avait réveillé des morts en rendait témoignage.
18			Et c'est pourquoi la foule vint à sa rencontre : parce qu'ils avaient entendu qu'il avait fait ce signe.
19			Les Pharisiens, donc, se dirent entre eux : « Vous voyez que vous n'arrivez à rien ; voilà le monde parti derrière lui ! »

A) LES ADDITIONS DE JEAN II-B

1. Au v. 12, Jean II-B a ajouté la précision temporelle « le lendemain » de façon à disposer les derniers événements de la vie de Jésus sur une période d'une semaine (cf. note § 272, II A 1) ; il avait agi de même en **1** 29.43 (note §§ 19-25).

Nous attribuerons aussi à Jean II-B la *détermination* de la « foule *nombreuse* », obtenue en ajoutant l'article défini devant le mot « foule » et la précision « qui était venue à la fête » (A 47* et A 111** ; cf. C 2). Cette précision renvoie en effet à la situation décrite en **11** 55, un texte de Jean II-B (cf. *infra*).

2. C'est Jean II-B qui ajouta le v. 16. Le thème est analogue à celui qui fut développé en **2** 17.22, versets qui sont de Jean II-B ; le verbe « se souvenir » (même forme : *emnèsthèsan*) ne se lit d'ailleurs chez Jn que dans ces trois versets (**2** 17.22 ; **12** 16), et avec « les disciples » comme sujet. On relève les caractéristiques stylistiques suivantes : « tout d'abord » (A 126**), « être glorifié » dit de Jésus (B 9**), « quand... alors » (F 10**), « il avait été écrit » (B 11*). La théologie de ce v. 16 correspond à celle de Jean II-B (cf. *infra*).

3. Le caractère secondaire des vv. 17-18 saute aux yeux. Le v. 18, qui reprend en partie les éléments des vv. 12-13, veut donner un nouveau motif au mouvement de la foule vers Jésus : le témoignage de ceux qui avaient assisté à la résurrection de Lazare, rappelé au v. 17. L'intention est la même qu'en **12** 9-11 : établir un lien entre la résurrection de Lazare et les derniers épisodes de la vie de Jésus. C'est donc le même auteur qui a ajouté **12** 9-11 et **12** 17-18 : Jean II-B.

On notera les caractéristiques stylistiques suivantes. Au v. 17 : « Lazare » (C 3), « réveiller des morts » (F 38**), « rendre témoignage » (C 58*). La formule « la foule donc qui était avec lui » a son équivalent en **11** 31, de Jean II-B sous sa forme actuelle : « les Juifs donc qui étaient avec elle » (cf. **9** 40). Au v. 18 : « c'est pourquoi... parce que » (C 6), « faire un signe » (B 81). Le verbe « entendre » est suivi de l'infinitif, cas unique chez Jn. Cet infinitif est au parfait, et le seul autre cas dans Jn se lit en **12** 29. Or **12** 29 offre le seul cas chez Jn où le verbe « dire » est suivi de l'infinitif. Il existe donc une grande similitude stylistique entre **12** 18 et **12** 29, que nous attribuerons à Jean II-B.

4. Le v. 19 n'est pas homogène. On peut y déceler un élément archaïque, le v. 19b, qui remonterait au Document C mais était situé dans un autre contexte ; c'est Jean II-B qui l'aurait transféré ici en ajoutant le v. 19a. Voici les arguments en faveur de cette hypothèse.

a) Le v. 19a fait écho à la décision du Sanhédrin prise en **11** 53 ; des grands prêtres et des Pharisiens nommés en **11** 47, les grands prêtres interviennent à nouveau en **12** 10, comme en écho, puis les Pharisiens en **12** 19. Au moins la première partie du v. 19 doit donc être du même niveau rédactionnel que **12** 9-10 : Jean II-B. C'est d'ailleurs lui qui a introduit les Pharisiens dans le récit de **11** 47 ss. (note § 267). On notera aussi l'expression « vous n'arrivez à rien » (A 158**).

b) Mais le v. 19b n'est pas de Jean II-B, malgré les caractéristiques stylistiques « voilà » (C 77) et « monde » (C 68). L'expression « partir derrière » Jésus est de saveur synoptique (Mc **1** 20 ; **8** 34 et par. ; Lc **14** 27 ; **21** 8) ; Jean II-B aurait écrit « suivre ». De même, le mot « monde » n'a pas le sens péjoratif qu'il revêt chez Jean II-B ; son sens est proche de celui qu'il a en **7** 4 ou **18** 20, deux textes du Document C. Spitta en tire argument pour attribuer tout le v. 19 à la source (pour nous le Document C). Mais si le v. 19a est de Jean II-B (*supra*), que faire du v. 19b ? Il ne semble plus avoir de lien avec le récit de l'entrée de Jésus à Jérusalem. Quel était alors son contexte primitif ? Nous proposons de le transférer entre les vv. 47a et 53 du chapitre **11** ; dans le Document C, la réflexion « voilà le monde parti derrière lui » donnait le motif pour lequel le Sanhédrin aurait décidé la mort de Jésus. Ainsi reconstitué, le texte du Document C offrirait une séquence analogue à celle de Mc **11** 18-19 : les grands prêtres cherchent à faire périr Jésus (Mc), ou décident de le tuer (Jn) ; le motif est semblable : la foule admire son enseignement (Mc) ; ou part derrière lui (Jn) ; Jésus quitte alors la ville (Mc), ou se retire à Éphraïm (Jn). – Reste à comprendre pourquoi Jean II-B a transféré **12** 19b à sa place actuelle. Il a agi ici comme en **12** 9-10, mais de façon plus radicale, afin de rappeler la décision de mettre Jésus à mort prise en **11** 47-53. Des grands prêtres et des Pharisiens mentionnés en **11** 47, les grands prêtres reparaissent en **12** 10 et les Pharisiens en **12** 19a. Par ailleurs, Jean II-B a composé **12** 9-10 en *décalquant* les phrases de **11** 52-53 (note § 272, II A 3) ; il aurait composé **12** 19b en y *transférant* une phrase du Document C reprise du même contexte. Ce transfert était d'autant plus facile que Jean II-B voulait remanier le récit primitif de la réunion du Sanhédrin en fonction de textes des Actes (cf. note § 267, II B 1) ; il a donc remplacé la phrase transférée en **12** 19b par celle qui se lit en **11** 47b (cf. aussi le v. 48), de sens analogue. Ainsi, la décision de mettre Jésus à mort (**11** 47 ss.) trouve un écho, non seulement en **12** 9-11, mais encore en **12** 19. – Notons que **12** 19b constitue une excellente transition pour

introduire l'épisode des Grecs que Jean II-B plaçait à la suite (**12** 20 ss.).

B) DOCUMENT C ET JEAN II-A

Les vv. 12-15 forment un récit très simple que la plupart des commentateurs attribuent à une source utilisée par Jn. Nous pensons toutefois qu'ils ne forment pas une unité littéraire : les vv. 12-13 proviennent, pour l'essentiel, du Document C, mais les vv. 14-15 auraient été ajoutés par Jean II-A.

1. L'attribution des vv. 12 (moins les gloses) et 13 au Document C ne pose aucun problème. L'entrée de Jésus à Jérusalem y est décrite en référence au rituel de la fête des Tentes, mieux que dans la tradition synoptique (cf. *infra*) ; ce lien avec cette fête ne se conçoit bien qu'au niveau du Document C (Introd., 2 t). Par ailleurs, le vocabulaire et le style sont ceux du Document C. Au v. 12, la phrase « (Une) foule nombreuse ( ), ayant entendu que Jésus venait... prirent... » a son équivalent en **4** 47, du Document C : « Celui-ci, ayant entendu que Jésus était arrivé ( ), s'en vint vers lui... » Au v. 13, le verbe « pousser des cris » (B 96) se lit encore en **11** 43 et **19** 6, deux textes du Document C. L'expression « le roi d'Israël » ne se lit ailleurs chez Jn (et sous cette forme grammaticale, dans tout le NT) qu'en **1** 49, du Document C (cf. C 19).

2. En revanche, les vv. 14-15 ont été ajoutés par Jean II-A.

a) Notons d'abord le fait suivant. Dans les Synoptiques, la façon dont Jésus trouva un ânon et s'assit dessus (Mc **11** 2-7) est décrite avant les acclamations de la foule (**11** 9-10) ; cet ordre est inversé chez Jn (vv. 14-15 et 13) de façon assez anormale. Cette inversion pourrait être l'indice d'un remaniement du texte dans la tradition johannique ; elle s'expliquerait mieux dans le cas où les vv. 14-15 auraient été ajoutés à un texte qui ne les comportait pas.

b) Le v. 15 contient une citation de Za **9** 9 qui, absente des textes de Mc et de Lc, n'appartenait pas à la tradition évangélique ancienne. Cette citation fusionne trois passages de l'AT (cf. *infra*), ce qui correspond à une caractéristique littéraire de Jean II (Introd., 7 q). Elle est introduite (fin du v. 14) par la formule « selon qu'il est écrit » (A 141 ; cf. B 11) qui ne se lit ailleurs qu'en **6** 31, un texte de Jean II-A. On notera que, hormis le refrain liturgique repris au v. 13b, le Document C ne cite jamais explicitement l'AT.

c) Le v. 14 est étroitement lié au v. 15 qu'il prépare. Or il peut s'expliquer par un emprunt à la tradition synoptique. La phrase « Or Jésus, ayant trouvé un petit âne, s'assit sur lui » reprend, moyennant un changement de sujet, les expressions attestées en Mc **11** 4.7 : « ... et ils trouvèrent un ânon... et il s'assit sur lui » (cf. **11** 2). Pour dire « s'asseoir », Jn, comme Mc, a le verbe *kathizein* (cf. **19** 13, qui reprend ce texte), au lieu de *kathèmai* (**2** 14 ; **6** 3 ; **9** 8 ; **12** 15) ou *kathezomai* (**4** 6 ; **11** 20 ; **20** 12). Par ailleurs, la construction *kathi-*

zein epi, outre Jn **19** 13 (*supra*), ne se lit dans les évangiles que dans ce contexte (Mc **11** 2.7 ; Lc **19** 30 ; Jn **12** 14) et est rare dans le reste du NT (3 fois). L'emprunt de Jn à la tradition synoptique est difficile à nier ; il aurait remplacé le terme « ânon » (*pôlos*) par le diminutif « petit âne » (*onarion*). Un tel emprunt est impossible à situer au niveau du Document C, indépendant de la tradition synoptique ; il ne peut être que de Jean II (A ou B).

d) Il nous faut maintenant étudier les rapports entre le récit de Jn et celui de Mt, ce qui va nous permettre de confirmer l'attribution des vv. 14-15 à Jean II-A plutôt qu'à Jean II-B. Nous avons vu à la note §§ 257-260 (II B 1) que **7** 40-43, encore situé dans le contexte de la fête des Tentes, devait suivre **12** 14-15, étant donné le parallélisme avec Mt **21** 4-5.9-11 (*infra*). Mais **7** 40-43 doit être de Jean II-A puisqu'il a son parallèle en **7** 25-27, un texte de Jean II-B qui le réinterprète. Il faudrait donc attribuer aussi **12** 14-15 à Jean II-A et non à Jean II-B.

Mais analysons de plus près les rapports entre Jn et Mt.

Jn **12** et **7**	Mt **21**
14 ... selon qu'il est écrit :	4 Ceci est arrivé afin que fût accompli ce qui fut dit par le prophète, disant :
15 « Sois sans crainte, fille de Sion : Voici que ton roi vient assis sur l'ânon d'une ânesse. »	5 « Dites à la fille de Sion : Voici que ton roi vient à toi... monté sur une ânesse, et sur un ânon... » 10 Et comme il entrait à Jérusalem, toute la ville fut agitée, disant : « Qui est-ce ? »
40 De la foule... ils disaient : « Celui-ci est vraiment le Prophète. » 41 D'autres disaient : « Celui-ci est le Christ. » D'autres disaient : « Est-ce que de la Galilée Le Christ vient ? »	11 Et les foules disaient : « Celui-ci est le prophète Jésus, qui (est) de Nazareth en Galilée. »

Le contact littéraire entre les deux textes est plus que probable ; or, s'il y a dépendance littéraire, elle s'explique mieux dans le cas d'une dépendance de Mt par rapport à Jn.

da) Notons d'abord que les vv. 4-5 et 10-11 de Mt n'ont pas d'équivalent dans les parallèles de Mc/Lc ; ils ont été ajoutés par l'ultime Rédacteur matthéen. Il serait étrange que Jn, dont **12** 14 ne doit rien à Mt (cf. *supra*), ait composé **12** 15 et **7** 40-43 en reprenant à Mt juste les éléments que Mt avait ajoutés à la tradition synoptique. Il est plus vraisemblable de penser que Mt ajoute ses vv. 4-5 et 10-11 en dépendance du texte johannique.

db) Comparons maintenant Mt **21** 11 et Jn **7** 40. Chez Mt, la formule « et les foules disaient » est insolite ; on a ailleurs : « S'étonnaient les foules en disant » (**9** 33), « Les foules criaient en disant » (**21** 9), « Étaient stupéfaites les foules et disaient » (**12** 23). Mais surtout, une telle confession de foi des foules, portant sur le titre de « prophète », est unique chez Mt ; le texte le plus proche est **12** 23 : « Est-ce que celui-ci est le Fils de David ? » La formule est interrogative et c'est le titre de « Fils de David » qui est donné à Jésus. On comparera au contraire Jn **7** 40 à des textes tels que : « Or les hommes... disaient : Celui-ci est vraiment le Prophète qui vient dans le monde » (**6** 14), « Celui-ci est vraiment le sauveur du monde » (**4** 42), « Celui-ci est l'Élu de Dieu » (**1** 34). Chez Jn, l'expression « le Prophète », dite de Jésus, est normale (**1** 21.45 ; **6** 14 ; **7** 52) ; chez Mt, bien que privée de son sens fort par l'addition du nom « Jésus », elle est unique et pourrait dépendre de celle de Jn.

dc) En Mt **21** 4, la citation de Za **9** 9 est introduite par la formule : « Ceci est arrivé *afin que fût accompli* ce qui avait été dit... » Si Jn dépendait de Mt, on comprendrait mal qu'il n'ait pas utilisé sa formule habituelle : « *afin que l'Écriture fût accomplie* » (A 82*) ; ou mieux, comme en **19** 36 : « Car cela est arrivé afin que l'Écriture fût accompli. » En revanche, il ne serait pas étonnant que Mt ait changé la formule johannique pour adopter celle qu'il emploie presque partout ailleurs pour introduire une citation de l'AT.

dd) Venons-en maintenant à la citation elle-même :

Mt **21** 5	Za **9** 9	Jn **12** 15
Dites		Sois sans crainte,
à la fille de Sion :	Exulte avec force fille de Sion ! Crie de joie, fille de Jérusalem !	fille de Sion !
Voici que ton roi vient à toi	Voici que ton roi vient à toi ; il est juste et victorieux,	Voici que ton roi vient,
doux et monté sur une ânesse et sur un ânon, petit d'une bête de somme.	doux et monté sur un âne, sur un ânon, le petit d'une ânesse.	assis sur l'ânon d'une ânesse.

Malgré leurs divergences, les deux citations offrent des analogies qui confirment la dépendance littéraire de l'une par rapport à l'autre. La ressemblance la plus frappante est l'omission du double thème de la joie par lequel commence le texte de Zacharie, bien que l'expression « fille de Sion » (et non « fille de Jérusalem » !) soit gardée. Jn et Mt sont également d'accord pour omettre la phrase « il est juste et victorieux ». Enfin, Jn et Mt sont d'accord pour commencer la citation par un texte emprunté à un autre prophète : Is **62** 11 pour Mt, et So **3** 16 pour Jn (cf. *infra*). Une telle façon de citer l'Écriture est bien dans la manière de Jn, qui abrège souvent ses citations et fusionne des textes différents (Introd., 7 q-r) ; Mt au contraire ne craint pas de citer *in extenso* des textes relativement longs (cf. Mt **3** 3 opposé à Jn **1** 23 ; Mt **4** 15-16 ; **12** 18-21 ; **13** 14-15 opposé à Jn **12** 40). Il est donc probable que, ici, Mt dépend du texte johannique qu'il corrige afin de le rendre plus conforme au texte hébreu et à celui de la Septante.

Pour toutes ces raisons, nous pensons que les additions matthéennes de **21** 4-5 et 10-11 ont été faites par influence du texte johannique, et il ne peut s'agir en ce cas que de Jean II-A, non de Jean II-B (Introd., 8 m).

e) Un dernier point reste à préciser. Nous avons vu plus haut que Jn **12** 14 dépendait du texte attesté par Mc **11** 4.7 (I B 2 *c*). Quelle est la source de Jean II-A ? Nous ne pouvons évidemment pas prouver que ce n'est pas Mc ! Étant donné toutefois que Jean II-A utilise ailleurs le Document A (Introd., 4 v), nous pensons qu'il en va de même ici puisque le Document A est à l'origine du texte de Mc. Une dépendance directe à l'égard de Mc conduirait à multiplier sans raison les sources de Jean II-A.

II. LE SENS DES RÉCITS

A) LE RÉCIT DU DOCUMENT C

Nous donnons le texte du Document C sous sa forme complète, donc précédé de **7** 2.10 (Introd., 2 i).

7 2 Or était proche la Skènopègie ( )
    10 (et Jésus) monta ∼ à la fête.
12 12 (Une) ( ) foule nombreuse ( ), ayant entendu que Jésus venait à Jérusalem,
    13 prirent des rameaux de palmiers et sortirent à sa rencontre et ils poussaient des cris : « *Hosanna ! Béni soit celui qui vient au nom du Seigneur*, et le roi d'Israël ! »

1. Un rituel de la fête des Tentes

Pour comprendre le sens de cette scène, il faut se rappeler le rituel de la fête des Tentes, ou Skènopègie selon le texte grec de Jn (Introd., 2 m et t). Chaque jour de la fête, une procession se déroulait dans le Temple. Les gens y portaient des palmes, avec des rameaux de myrte et de saule, et chantaient le Ps **118**, spécialement le v. 25 qui était repris comme un refrain : « Dieu donne le salut ! » L'entrée de Jésus à Jérusalem, surtout sous sa forme johannique, est décrite

en référence à ce rituel de la fête des Tentes. Les gens qui viennent au-devant de Jésus portent des palmes à la main et chantent le Ps **118** (ici, les vv. 25-26). Le cri poussé par la foule, « Hosanna ! », n'est que la transcription grecque de l'expression hébraïque qui signifie « Donne le salut ! », reprise de Ps **118** 25.

Dieu envoie le salut par l'intermédiaire de son nouvel envoyé, Jésus de Nazareth, « celui qui vient au nom du Seigneur » (Ps **118** 26). Ce thème court tout au long du Ps **118** : « Clameurs de joie et de salut sous les tentes des justes : 'La droite de Yahvé a fait prouesse, la droite de Yahvé a le dessus, la droite de Yahvé a fait prouesse !' Non, je ne mourrai pas, je vivrai et publierai les œuvres de Yahvé ; il m'a châtié et châtié, Yahvé, à la mort il ne m'a pas livré... Je te rends grâce, car tu m'as exaucé, tu fus pour moi le salut. Rendez grâce à Yahvé car il est bon, car éternel est son amour ! » (vv. 15-18.21.28b-29).

2. La royauté de Jésus

a) En Za **14** 16, la célébration de la fête des Tentes est liée à la royauté de Dieu : « Il arrivera que tous les survivants de toutes les nations qui auront marché contre Jérusalem monteront d'année en année *se prosterner devant le roi* Yahvé Sabaot et célébrer la fête des Tentes » (cf. Introd., 2 p). Ce thème tient une place essentielle dans le récit du Document C, mais c'est Jésus qui est acclamé comme roi. La foule le reconnaît explicitement : « Béni soit... le roi d'Israël ». Mais ce thème est aussi évoqué par le mouvement de la foule qui se porte « à la rencontre de Jésus », palmes en main, pour lui faire escorte jusqu'à son entrée dans la ville ; c'était le cérémonial d'accueil réservé aux monarques orientaux.

b) Au niveau du Document C, le Baptiste affirmait qu'il était venu baptiser afin que Jésus « fût manifesté à Israël » (**1** 31) ; un peu plus tard, Nathanaël le reconnaît effectivement pour « le roi d'Israël » (**1** 49). Quand ses frères lui demandent d'aller en Judée afin de s'y « manifester » par ses miracles (**7** 3-4), Jésus refuse, parce que « le temps n'est pas encore là » (**7** 6a). Mais lors de la fête des Tentes, sachant que « le temps » est arrivé, Jésus vient à Jérusalem où il est effectivement reconnu pour « le roi d'Israël » ; cette profession de foi fait écho à celle de Nathanaël, le véritable « Israélite » ou « fils d'Israël ».

B) LE RÉCIT DE JEAN II-A

Il ne diffère de celui du Document C que par l'addition des vv. 14-15 :

14 Or Jésus, ayant trouvé un petit âne, s'assit sur lui, selon qu'il est écrit :
15 « *Sois sans crainte, fi.". de Sion : Voici que ton roi vient, assis sur l'ânon d'une ânesse.* »

1. LA CITATION DE L'AT

Au v. 15, Jn cite Za **9** 9, mais avec des modifications qui accentuent le thème de la royauté du Christ.

Jn **12** 15	Za **9** 9
Sois sans crainte, fille de Sion :	Exulte avec force, fille de Sion ! Crie de joie, fille de Jérusalem !
Voici que ton roi vient	Voici que ton roi vient à toi ; il est juste et victorieux,
assis	doux et monté sur un âne,
sur l'ânon	sur un ânon,
d'une ânesse.	le petit d'une ânesse.

a) Jn simplifie la citation de Zacharie. Après l'apostrophe « fille de Sion », il ne retient que la phrase centrale, puis les éléments qui correspondent au geste que Jésus vient de faire : il s'assit sur un petit âne. L'élément central, moins noyé dans des détails annexes, est donc mieux mis en relief : « Voici que ton roi vient. » Jésus fait son entrée à Jérusalem comme un roi dans sa ville.

b) Jn a remplacé l'invitation à la joie du texte de Zacharie par l'exhortation : « Sois sans crainte », dont la résonance biblique est indéniable. Il semble qu'il fasse allusion à So **3** 16, d'après le texte hébreu : « Ce jour-là, on dira à Jérusalem : Sois sans crainte, Sion... » Cet emprunt à So **3** 16 est d'autant plus probable que So **3** 14 est très proche de Za **9** 9a : « Réjouis-toi, fille de Sion ! Crie de joie, Israël ! » (le texte de la Septante est même rigoureusement identique). Par ailleurs, le thème de la royauté de Dieu est exprimé en So **3** 15 comme en Za **9** 9b : « Yahvé est roi d'Israël au milieu de toi ; tu n'as plus de malheur à craindre. » « Roi d'Israël », c'est précisément l'expression par laquelle se terminait le récit du Document C (fin du v. 13).

Mais pourquoi Jn a-t-il ainsi modifié le texte de Zacharie ? En So **3** 15, le prophète annonce : « Yahvé a levé la sentence qui pesait sur toi ; *il a détourné ton ennemi.* » Mais l'ennemi du genre humain, c'est le Prince de ce monde dont la domination prendra fin au moment même où Jésus sera élevé sur la croix, signe de son exaltation à la droite de son Père (Jn **12** 31 ; **3** 14) ; l'ennemi, c'est le Diable qui pousse les hommes à tuer (**8** 44). Jean II-A aurait donc voulu évoquer, dès le début du séjour de Jésus à Jérusalem pour la fête des Tentes, cette victoire sur le Prince de ce monde que Jésus va promettre dans l'épisode des Grecs, un peu plus tard ; avec la chute de Satan, c'est la peur qui est abolie.

c) Au lieu de dire « monté... sur un ânon, petit d'une ânesse », Jn écrit : « assis sur l'ânon d'une ânesse. » La formule « ânon d'une ânesse » ne correspond pas au texte de Zacharie, mais à celui de Gn **49** 11 : « Il lie à la vigne son âne, et au cep l'ânon de son ânesse. » Il s'agit de la venue du roi messianique, issu de la tribu de Juda, thème repris en Nb **24** 7-9.17 et en Za **9** 9 (cf. Mc **11** 1 ss. ; Synopse, tome II, note § 273, II 1 *a ab*). Dans le Document C, l'expres-sion « roi d'Israël » évoquait l'ancien royaume du nord, devenu la Samarie ; Jean II-A complète le thème en faisant une discrète allusion à Gn **49** 11, et donc au roi issu de la tribu de Juda (Introd., 5 q).

2. LA ROYAUTÉ DE JÉSUS

En ajoutant au récit du Document C les vv. 14-15, Jean II-A a donc voulu accentuer le caractère « royal » de l'entrée de Jésus à Jérusalem. Mais que l'on ne s'y trompe pas ! A Pilate qui lui demande : « Tu es le roi des Juifs ? », Jésus répondra : « Ma royauté n'est pas de ce monde » (**18** 33.36). Il n'est pas venu instaurer un royaume sur la terre, mais en Dieu. Le paradoxe de cette royauté, qui sera inaugurée par la mort de Jésus sur la croix, apparaît déjà dans l'entrée « royale » à Jérusalem : Jésus n'est pas monté sur un fringant coursier, mais sur un « petit âne », sur l'ânon d'une ânesse. Il est un roi très humble ; il ne va pas régner en écrasant ses ennemis, mais en mourant sur une croix d'infamie. C'est son humiliation qui consacre sa victoire.

C) LES ADDITIONS DE JEAN II-B

1. C'est à Jean II-B que revient l'addition des vv. 17-19, qui ont pour but d'établir un lien entre l'entrée à Jérusalem et la résurrection de Lazare. Aux explications déjà données plus haut (I A 3), nous ajouterons les quelques remarques suivantes. Dans la nouvelle rédaction, ce ne sont plus seulement les pèlerins montés à Jérusalem pour la fête qui viennent à la rencontre de Jésus (**12** 12-13), mais aussi les témoins de la résurrection de Lazare (**12** 17-18). Cette addition émousse en partie le caractère messianique de l'événement. Jésus est roi, non plus seulement parce qu'il tient le rôle de Dieu selon l'oracle de Za **14** 1 ss. (cf. So **3** 14-16), ou parce qu'il accomplit les oracles messianiques de Gn **49** 11 et Za **9** 9, mais encore parce qu'il agit en thaumaturge. On pourrait presque dire : ce n'est plus le « roi d'Israël » que l'on acclame, mais le faiseur de miracles (cf. Lc **19** 37). Les Pharisiens y trouvent un argument supplémentaire à leur position : ils n'arriveront à rien avec Jésus (**12** 19) ; ils ont donc eu raison de décréter la mort d'un personnage qui met en effervescence les gens de Jérusalem et fait ainsi courir à la nation un péril mortel (Jn **11** 47-53). L'insertion du v. 19b accentue la note d'universalisme du récit. Ce ne sont plus seulement les Juifs qui viennent à Jésus et croient en lui (cf. **12** 11), mais c'est « le monde » qui part à sa suite.

2. Dans le récit de Jean II-A, comme dans celui de Mt/Mc (opposer Lc **19** 37), les disciples de Jésus n'étaient même pas nommés. Jean II-B les introduit au v. 16, comme il le fait souvent ailleurs. Il en profite pour revenir sur un thème théologique qui lui est cher. C'est seulement après la glori-fication du Christ, après sa résurrection, que les disciples ont compris le véritable sens des principaux épisodes de sa vie (**2** 22 ; **16** 12-13). Ils comprirent alors que l'entrée de

Jésus à Jérusalem, monté sur un ânon, était la réalisation de la prophétie de Za **9** 9.

Sur l'addition de l'expression « Le lendemain », au début du v. 12, voir *supra* I A.

Note § **309**-A. *LE CHRIST ANNONCE SA GLORIFICATION PAR SA MORT* (Jn **12** 20-23a.31-36)

Note § **311**. *JÉSUS, LE NOUVEAU PROPHÈTE* (Jn **12** 44-50)

Jn **12** 20-36 contient des éléments qui appartenaient à des contextes différents, rassemblés ici par Jean II-B : un fragment de l'équivalent johannique du récit de l'agonie à Gethsémani (**12** 23b.27-30), trois logia se rapportant à la mort de Jésus et au destin de ses disciples (**12** 24-26), l'épisode des Grecs qui demandent à voir Jésus (**12** 20-23a.31-36). Afin de faciliter l'exposé, nous avons divisé la note § **309** en deux parties : la note § **309**-A analysera le seul épisode des Grecs ; le reste (vv. 23b-30) sera traité à la note § **309**-B. – Mais le problème se complique du fait que la section située maintenant en **12** 44-50 (§ **311**) appartenait primitivement au contexte de l'épisode des Grecs qui veulent voir Jésus ; nous allons donc analyser ensemble les §§ **309**-A et **311**.

I. CRITIQUE TEXTUELLE

1. En **12** 31, les éditions critiques et les traductions adoptent la leçon « sera jeté dehors » (*ekblèthèsetai exô*), soutenue par la quasi-totalité des manuscrits grecs et qui peut se recommander de parallèles tels que Jn **6** 37 et **9** 34-35 (cf. **15** 6). Nous pensons qu'il faut retenir la leçon « sera jeté bas » (*blèthèsetai katô*), soutenue par l'ancienne tradition syro-latine appuyée par le meilleur témoin du texte Césaréen (*Thèta*), un autre manuscrit grec (1093), la version Sahidique, Épiphane et Chrysostome. Le thème du Prince de ce monde « jeté bas » se recommande des parallèles de Ap **12** 9 et de Lc **10** 18 et forme contraste avec celui de Jésus « élevé de terre ». Par ailleurs, il est facile d'expliquer la formation de la variante « sera jeté dehors » à partir du texte « sera jeté bas ». Dans le texte que nous croyons primitif, on avait la séquence « sera jeté bas et moi » (*blèthèsetai katô kagô*). La similitude entre les deux derniers mots (en grec, les lettres *t* et *g* se ressemblent) amena un scribe distrait à omettre le premier, *katô* ; c'est là une faute classique. On avait alors ce simple texte : « sera jeté », qui ne donnait pas de sens. Un autre scribe le compléta en ajoutant l'adverbe « dehors » (*exô*), peut-être sous l'influence de Jn **6** 37 et **15** 6 ; c'est la leçon *blèthèsetai exô*, attestée par P⁶⁶ et D. Finalement, on ajouta un préfixe devant le verbe, ce qui donna la leçon du reste des manuscrits grecs : *ekblèthèsetai exô*, à l'analogie de **6** 37 et de **9** 34-35.

2. En **12** 32, au lieu du masculin pluriel « tous » (*pantas*), il faut lire le neutre pluriel *panta*, très bien attesté par P⁶⁶ S D,

l'ancienne tradition syro-latine, les versions coptes, géorgienne, éthiopienne, et enfin Tatien. Il s'agit certes de tous les hommes que le Christ élevé va attirer à lui, mais d'autres passages de l'évangile attestent que Jn utilise parfois le neutre collectif pour désigner les disciples de Jésus (**6** 37.39 ; **17** 2.24) ; il est facile de comprendre pourquoi un scribe aura cru bon de remplacer ce neutre collectif par un masculin.

II. ANALYSES LITTÉRAIRES

L'analyse littéraire de cette section est fort complexe d'autant qu'il nous faudra tenir compte aussi de **3** 14-18 lorsque nous étudierons le texte au niveau de Jean II-A. Pour plus de clarté, nous allons diviser le texte en deux parties, les vv. 31-32 formant charnière.

A) PREMIÈRE PARTIE DU TEXTE

	C	II-A	II-B
20	Or il y avait certains Grecs, de ceux qui étaient montés afin d'adorer pendant la fête.		
21	Ceux-ci s'approchèrent de Philippe		
		de Bethsaïde de Galilée	
	et ils le priaient en disant : « Seigneur, nous voulons voir Jésus. »		
22	Philippe vient et le dit		
		à André. André et Philippe viennent et le disent	
	à Jésus.		
23a	(Jésus leur répond en disant :)		
31	« Maintenant, c'est le jugement de ce monde ; maintenant, le Prince de ce monde sera jeté bas.		
32	Et moi, quand j'aurai été élevé de terre, j'attirerai tout à moi. »		

1. Une glose de Jean II-B

Au v. 21, la précision « de Bethsaïde de Galilée » (*tôi apo Bethsaïda tès Galilaias*) est une glose de Jean II-B. La formule est identique à celle qui se lit en **21** 2 et qui est sûrement de Jean II-B : « (Nathanaël) de Cana de Galilée » (*ho apo Kana tès Galilaias*). Cette précision reprend celle qui fut donnée en **1** 44 et que nous avons attribuée à Jean II-B (note §§ **19**-25, II C CB 4). Nous verrons dans la troisième partie de cette note la raison pour laquelle Jean II-B a répété ici ce qu'il avait déjà dit en **1** 44.

2. Une addition de Jean II-A

C'est Jean II-A qui, au v. 22, a introduit le personnage d'André. Ce v. 22 apparaît surchargé, avec la « reprise » des verbes « vient et dit » « viennent et disent » (Introd., 1 f) ; le texte primitif devait avoir simplement : « Philippe vient et le dit ( ) à Jésus. » Le problème se pose alors dans les mêmes termes que pour le récit de la vocation des premiers disciples (note §§ 19-25) : au niveau du Document C, ce récit comportait seulement la vocation de *Philippe* et de Nathanaël (**1** 43.45-49) ; la vocation d'*André* et de Simon-Pierre fut ajoutée au niveau de Jean II-A (**1** 37-42). Ici aussi, ce serait donc Jean II-A qui aurait adjoint à Philippe le personnage d'André. Un détail stylistique confirme l'attribution du v. 22b à Jean II-A. Il faudrait le traduire littéralement : « Vient André et Philippe et disent... » Le premier verbe est au singulier, malgré le double sujet, mais le second verbe est au pluriel. Or on trouve la même structure grammaticale en **20** 3, dans un texte remanié par Jean II-A. Au niveau du Document C on avait : « Sortit donc Pierre... » ; Jean II-A ajouta dans le récit le personnage de « l'autre disciple », ce qui donna la phrase : « *Sortit* donc Pierre et l'autre disciple et *ils venaient* au tombeau » (note §§ 359-360, I A AB 3).

3. Le texte du Document C

a) Dans le récit primitif, les vv. 20-22 étaient suivis par les vv. 31-32. Beaucoup de commentateurs ont remarqué qu'il n'existe aucun lien réel entre l'épisode des Grecs qui demandent à voir Jésus (vv. 20-22) et la réponse que donne Jésus aux vv. 23 ss. Après avoir indiqué le contenu des vv. 23-36, le P. Lagrange, par exemple, constate : « Dans tout cela, il n'y a rien qui s'adresse spécialement aux Grecs... » De son côté, Bultmann tient les vv. 20-22 pour un fragment de récit repris par l'évangéliste, mais dont il manquerait la suite. La situation est-elle aussi désespérée ? Nous pensons que la suite des vv. 20-22 se trouve aux vv. 31-32 qui, de leur côté, n'offrent aucun lien précis avec leur contexte immédiatement antérieur (vv. 23-30). Pour comprendre le lien qui unit les vv. 31-32 aux vv. 20-22, il faut se reporter à Jn **19** 37. Après avoir raconté comment un soldat romain, donc un païen, perça le côté de Jésus mort sur la croix, Jn explique que ce geste fut l'accomplissement de cette parole de l'Écriture : « Ils verront celui qu'ils ont transpercé » (Za **12** 10). Les païens « verront » Jésus lors de son élévation sur la croix (cf. Jn **8** 28a, à propos des Juifs et dans un sens péjoratif). On peut alors penser que la réponse de Jésus aux Grecs (= aux païens) qui demandent à le voir (**12** 20-22) est donnée par l'annonce de son élévation sur la croix, aux vv. 31-32 (qui ne peuvent être séparés l'un de l'autre).

Cette hypothèse est confirmée par le fait que les vv. 23b et 27-28a, complétés par les vv. 28b-30, donnent l'équivalent johannique du récit synoptique de l'agonie à Gethsémani, et que ce récit avait sa place primitive dans le contexte du dernier repas de Jésus avec les siens, puisque sa finale se lit encore en **14** 30b.31b (note § 309-B). Il est donc possible de conclure que le bloc formé par les vv. 23b.27-30, ainsi que les logia insérés aux vv. 24-26, furent introduits entre les vv. 20-22 et 31-32 qu'ils séparent indûment.

b) La formule du v. 23a : « Jésus leur répond en disant » fut peut-être remaniée par Jean II-B lorsqu'il inséra le bloc des vv. 23b-30. Ce problème est de peu d'importance et sera traité à la note § 309-B (I A 3).

c) L'analyse stylistique du texte que nous venons de reconstituer confirme son attribution au Document C. Le début du récit (vv. 20-21) est analogue au début du récit de la guérison du fils du fonctionnaire royal de Capharnaüm, que nous avons attribué au Document C : « Or il y avait certains Grecs... Ceux-ci s'approchèrent de Philippe... » « Or il y avait un certain fonctionnaire royal... Celui-ci... s'en alla vers lui... » (**4** 46b-47a). – Le v. 20 contient trois caractéristiques stylistiques qui se retrouvent ailleurs dans le Document C : « Or il y avait certains Grecs » (C 49), « fête » (C 2), « qui étaient montés... afin de » (B 76). Les vv. 21-22 ne contiennent aucune caractéristique stylistique ; on notera en revanche, au v. 21, le verbe « s'approcher de », ici seulement chez Jn (*proserchesthai* : 53/6/11/1/10). Notons enfin, à propos de ces vv. 20-22, que Philippe (sans André, ajouté par Jean II-A), sert d'intermédiaire entre les Grecs et Jésus de même qu'en **1** 43.45-46 (du Document C) il sert d'intermédiaire entre Nathanaël et Jésus. Le v. 31 contient comme caractéristiques stylistiques : l'expression « le Prince de ce monde » (A 102 et B 95 ; cf. C 68), qui se lira encore en **14** 30 dans le Document C, et l'adverbe « maintenant » en début de phrase (C 16). Quant au v. 32, on y note le verbe « attirer » (B 37), utilisé ailleurs au niveau du Document C, et surtout l'expression « à moi » (C 23) qui, prononcée par Jésus, ne se lit ailleurs dans tout le NT qu'en Jn **14** 3, un texte du Document C ; en **12** 32 comme en **14** 3, la perspective est eschatologique.

B) DEUXIÈME PARTIE DU TEXTE

Pour étudier la deuxième partie du texte, nous allons mettre en parallèle les textes du Document C, de Jean II-A et de Jean II-B à partir du v. 31. Nous justifierons plus loin la présence, dans le texte de Jean II-A, du fragment formé par **3** 14.16b.18a (sur l'attribution de **3** 15-16a.17 et 18b à Jean III, voir note §§ 78.80, II B 1).

Document C (Jn **12**)	Jean II-A	Jean II-B (Jn **12**)
31 « Maintenant, c'est le jugement de ce monde ; maintenant, le Prince de ce monde sera jeté bas.	**12** 31 « Maintenant, c'est le jugement de ce monde ; maintenant, le Prince de ce monde sera jeté bas.	31 « Maintenant, c'est le jugement de ce monde ; maintenant, le Prince de ce monde sera jeté bas.
32 Et moi, quand j'aurai été élevé de terre, j'attirerai tout à moi.	**3** 14 Et comme Moïse éleva le serpent dans le désert, ainsi faut-il que soit élevé le Fils de l'homme	32 Et moi, quand j'aurai été élevé de terre, j'attirerai tout à moi. »
		33 Or, il disait cela pour signifier de quelle mort il allait mourir.
		44a Or Jésus s'écria et dit :
		46 « *Moi, lumière, je suis venu dans le monde* afin que quiconque croit en moi ne demeure pas dans les ténèbres.
	16b afin que quiconque croit en lui ne périsse pas mais ait la vie éternelle.	
	18a Qui croit en lui n'est pas jugé ;	
48 Qui me rejette et ne reçoit pas mes paroles	qui ne croit pas	47a Et si quelqu'un écoute mes paroles et ne les garde pas, moi je ne le juge pas ( ) ;
a son juge. »	est déjà jugé ( ). »	48b La parole que j'ai dite, celle-là le juge ( ).
	12 34 La foule lui répondit : « Nous avons appris de la Loi que le Christ demeure pour toujours ; et comment dis-tu qu'il faut que soit élevé le Fils de l'homme ? Qui est ce Fils de l'homme ? »	
		49 Parce que je n'ai pas parlé de moi-même, mais le Père qui m'a envoyé, lui, m'a donné commandement de ce que je dirai et de ce que je parlerai ;
		50 et je sais que son commandement est vie éternelle. Donc, ce que je dis, comme me l'a dit le Père ainsi je parle. »
	II-B **3** 19 Or tel est le jugement : que *la lumière est venue dans le monde...*	
	20-21.35-36 (Paul et Qumrân)	35-36 (Paul et Qumrân)

Avant de justifier la reconstitution de ces textes, donnons un aperçu de la façon dont nous concevons leur évolution. Dans le Document C, le v. 48a suivait immédiatement les vv. 31-32. – Jean II-A reprit le v. 31 sans le modifier. Il reprit les thèmes des vv. 32 (élévation de Jésus) et 48 (jugement), mais en les transposant et en les complétant : il s'agit maintenant de l'élévation du Fils de l'homme (**3** 14.16b) et du jugement de celui qui ne croit pas (**3** 18a). Il ajouta enfin **12** 34. – Jean II-B se trouve devant deux textes parallèles : celui du Document C et celui de Jean II-A. Il garde en place celui du Document C dont il reprend les vv. 31-32 qu'il se contente de gloser (v. 33) et de compléter en ajoutant le thème de la « lumière » (vv. 44a.46) en partie sous l'influence du parallèle de Jean II-A (cf. v. 46b et **3** 16b). Il reprend le thème du « jugement » (v. 48) mais le transpose et le complète sous l'influence de Dt **18** 18-19 (vv. 47a.48b-50). Il ajoute enfin les vv. 35-36 qui, développant le thème de la « lumière », forment inclusion avec le v. 46. Quant au texte de Jean II-A, il le transfère en **3** 14 ss. pour une raison que nous exposerons plus loin. Il le complète en ajoutant **3** 19-

21.35-36 ; on notera que les deux additions parallèles, celle de **3** 19 ss. et celle de **12** 35-36, sont influencées par Paul et les textes de Qumrân (cf. *infra*). Jean II-B ne reprend pas **12** 34, qui n'avait plus d'intérêt dans son récit. – C'est Jean III qui est responsable de l'ordonnance actuelle des textes. Il transposa en particulier à sa place actuelle le discours de **12** 44-50 en y ajoutant les logia des vv. 44b-45, le v. 47b, les derniers mots du v. 48b ; il y replaça aussi le v. 48a en provenance du Document C. Il reprit également **12** 34, que Jean II-B avait écarté de son texte. Les additions faites par Jean III n'ont pas été reportées sur le schéma précédent, afin de ne pas le compliquer outre mesure.

BA) *LE TEXTE DU DOCUMENT C*

Au niveau du Document C, le v. 48a faisait suite aux vv. 31-32. C'est le premier point qu'il nous faut démontrer.

1. Le v. 48a fait partie d'un ensemble, les vv. 44-50, actuellement hors de contexte. En **12** 36b, en effet, Jésus s'en va et se cache de la foule avec laquelle il discutait. Ce départ est suivi d'un texte qui sert de conclusion à la première partie de l'évangile (**12** 37 ss.) et qui explique pourquoi les Juifs ne crurent pas en Jésus malgré les « signes » qu'il a accomplis devant eux. Il est étonnant que Jésus reprenne brusquement la parole en **12** 44 pour prononcer un discours devant un auditoire fictif ! Pour cette raison, certains commentateurs ont proposé de transférer les vv. 44-50 à la suite du v. 36a ; nous croyons préférable de les replacer *avant* les vv. 35-36 (cf. *infra*), mais la conclusion est la même : aux niveaux antérieurs à Jean III (responsable du transfert de texte), le v. 48a se trouvait beaucoup plus proche des vv. 31-32 qu'il ne l'est actuellement ; il n'en était pas séparé par la profonde coupure constituée par les vv. 36b-43.

2. Le lien entre les vv. 32 et 48a est confirmé par le parallèle de **3** 14.16b.18a, et ceci *quelle que soit la place que l'on attribue à ce passage*. On obtient la même séquence : thème de l'élévation du Christ (**12** 32 ; **3** 14.16b) suivi par celui du jugement (**12** 48a ; **3** 18a).

3. Le v. 31a annonce le « jugement de ce monde ». Mais il est anormal que ce thème du « jugement » n'apparaisse plus dans le discours de Jésus ; on aurait attendu quelque précision sur lui. Cette difficulté disparaît si l'on replace le v. 48a après le v. 32. On obtient ainsi un texte en forme de chiasme :

31 A   « Maintenant, c'est le *jugement* de ce monde ;
    B   maintenant, le Prince de ce monde sera *jeté bas.*
32 B'   Et moi, quand j'aurai été *élevé de terre,* j'attirerai
             tout à moi.
48a A'   Qui me rejette et ne reçoit pas mes paroles *a son juge* ( ). »

4. La séquence **12** 31-32.48a est enfin confirmée par Lc **10** 14-18 où, malgré une inversion, on retrouve les mêmes thèmes :

Jn **12**	Lc **10**
31 « Maintenant, c'est le jugement de ce monde ; maintenant, le Prince de ce monde sera jeté bas.	14 « ... il y aura moins de rigueur lors du jugement que pour vous...
32 Et moi, quand j'aurai été élevé de terre...	18 Je voyais Satan tomber du ciel...
	15 Et toi, Capharnaüm, est-ce que tu seras élevée jusqu'au ciel ? Jusqu'à l'Hadès tu seras précipitée !
48 Qui me rejette...	16 Qui vous rejette me rejette, et qui me rejette rejette celui qui m'a envoyé. »
a son juge ( ). »	

Dans les deux textes, le thème du « jugement » est suivi par celui de la chute de Satan, le Prince de ce monde. Dans les deux textes, ceux qui sont jugés sont les hommes qui « rejettent » le Christ ; or ce verbe « rejeter », relativement rare dans le NT (*athetein* : 0/2/5/1/0/8), ne se lit qu'une fois ailleurs chez Lc (puisque 4 fois dans ce passage) et jamais ailleurs chez Jn. On notera enfin le v. 15 de Lc, qui contient l'opposition « être élevé » et « être précipité » dont on a l'équivalent en Jn **12** 31b-32, mais avec une application différente. Il est impossible d'attribuer au hasard la convergence de thèmes semblables dans les deux textes. On admet d'ordinaire que Lc **10** 14-15 dépend du Document Q puisque ces versets se lisent aussi en Mt **11** 22-23, sous une forme presque identique. Mais les vv. 16 et 18 de Lc n'ont pas d'équivalent chez Mt ; Lc n'aurait-il pas complété le texte repris du Document Q en s'inspirant du texte attesté par Jn **12** 31-32.48a ? En d'autres termes, Lc et Jn dépendraient, comme souvent ailleurs, de la même source : le Document C.

5. Ce v. 48a ne contient qu'une caractéristique stylistique mineure : le verbe « juger » (E 14). En revanche, il offre deux expressions qui ne se lisent nulle part ailleurs chez Jn : le verbe « rejeter » et la formule « recevoir les paroles » (*lambanein ta rhèmata*).

Nous verrons plus loin pourquoi nous avons cru devoir attribuer le v. 48b à Jean II-B.

BB) *LE TEXTE DE JEAN II-A*

Jean II-A remplaça les vv. 32.48a du texte du Document C par **3** 14.16b.18a et ajouta **12** 34. Nous avons vu plus haut que **3** 14.16b.18a offrait la même séquence que **12** 32.48a : thème de l'élévation du Christ suivi du thème du jugement. Voyons comment il est possible de justifier cette reconstitution du texte de Jean II-A.

Le problème essentiel est, d'une part dé démontrer que **3** 14.16b.18a devait se lire primitivement entre **12** 31 et **12** 34 (le v. 33 est une glose de Jean II-B), d'autre part de trouver le motif qui a poussé Jean II-B à transférer cette section à sa place actuelle, dans le contexte de l'entretien de Jésus avec Nicodème. Nous terminerons en donnant les raisons qui permettent d'attribuer le récit ainsi reconstitué à Jean II-A.

Nous ne reviendrons pas sur le problème des vv. 15-16a, 17 et 18b du chapitre **3** ; ce sont des gloses de Jean III comme nous l'avons montré à la note §§ 78.80 (II B 1).

1. Au chapitre **3**, le lien entre les vv. 13 et 14 ss. est factice ; ces deux mentions successives du Fils de l'homme sont insolites et font penser à deux textes rapprochés l'un de l'autre précisément parce qu'ils contenaient tous deux l'idée d'une « ascension » ou d'une « élévation » du Fils de l'homme. Un certain nombre de commentateurs modernes estiment d'ailleurs que l'entretien proprement dit de Jésus avec Nicodème se terminait en **3** 13 ; il faut alors considérer les vv. 14-18 comme un ajout à cet entretien, ce qui permet d'envisager l'hypothèse qu'ils pourraient provenir d'un autre contexte.

2. Le principal argument pour les replacer avant **12** 34 fut très bien exposé par J. Gourbillon. En **12** 34, la foule demande à Jésus : « ... comment dis-tu qu'*il faut que soit élevé le Fils de l'homme ?* » Et elle insiste : « Qui est *ce* Fils de l'homme ? » On notera, dans cette dernière question, la présence du démonstratif devant l'expression « Fils de l'homme », ce qui suppose nécessairement que Jésus vient d'en parler. Or, dans la parole que Jésus vient de prononcer en **12** 32 et à laquelle la foule semblerait se référer, il n'est question, ni du Fils de l'homme, ni d'une nécessité : « il faut que ». Jésus a simplement dit : « Et moi, quand j'aurai été élevé de terre, j'attirerai tout à moi. » La réflexion de la foule en **12** 34 est inexplicable. Le seul texte johannique qui peut rendre compte de la double question posée par la foule à Jésus est précisément **3** 14 : « ... ainsi *faut-il que soit élevé le Fils de l'homme*... » La foule ne fait que reprendre littéralement les paroles prononcées par Jésus en **3** 14 : « ... comment dis-tu qu'il faut que soit élevé le Fils de l'homme ? Qui est ce Fils de l'homme ? » On est donc obligé de replacer avant **12** 34 au moins une partie de la section qui commence à **3** 14 ; dans notre hypothèse : **3** 14.16b.18a ; sans cette transposition, le récit johannique est incompréhensible.

3. Dans l'état actuel du texte johannique, le thème de Moïse qui éleva le serpent dans le désert, exposé en **3** 14, intervient brusquement, sans avoir été préparé par le contexte antérieur. Cette difficulté disparaît si l'on replace **3** 14 après **12** 31, à la place de **12** 32 avec lequel il forme doublet (cf. *supra*). En **12** 31 en effet, il est question du Prince de ce monde qui sera jeté bas. En **3** 14, le thème de Moïse élevant le serpent dans le désert fait allusion au récit de Nb **21** 4-9. Mais, dans les traditions juives, ce thème était étroitement lié, en référence à Gn **3** 1, au personnage de Satan, le « Prince de ce monde » dont parle Jn **12** 31 ; d'où le lien entre **3** 14 et **12** 31. Nous ne pouvons ici que résumer cet argument qui sera développé dans la troisième partie de cette note (III B 2).

4. Les arguments prouvant que la place primitive de **3** 14.16b.18a était entre **12** 31 et **12** 34 ne pourront emporter la conviction que si l'on peut expliquer pourquoi ce passage

fut transféré dans le contexte de l'entretien de Jésus avec Nicodème (**3** 1 ss.). Ce transfert fut effectué par Jean II-B. A ce niveau, l'entretien avec Nicodème est le premier grand discours de Jésus, et il est adressé à un Pharisien, « notable des Juifs », qui vient trouver Jésus « de nuit » parce qu'il a peur de se compromettre aux yeux des autres Pharisiens (**3** 1-2). Par ailleurs, toujours au niveau de Jean II-B, le discours de **12** 46-50, qui était situé entre **12** 33 et **12** 35-36 (cf. *infra*), est le dernier discours adressé par Jésus aux Juifs ; il était suivi par la conclusion de **12** 37-43 qui se termine sur ces mots : « Toutefois, même des notables beaucoup crurent en lui, mais à cause des Pharisiens ils ne le reconnaissaient pas afin de ne pas être exclus de la Synagogue » (**12** 42). Le premier et le dernier discours de Jésus aux Juifs sont des discours de « jugement » (**3** 18 et **12** 47-48) dirigés plus ou moins explicitement contre les « notables » juifs qui ne veulent pas se compromettre à cause de Jésus (**3** 1-2 ; **12** 42-43). Ainsi, se trouvant devant le doublet formé par **12** 32.48a (Document C) et **3** 14.16b.18a (Jean II-A), Jean II-B a transféré le texte de Jean II-A dans le contexte de l'entretien avec Nicodème de façon à pouvoir composer, par mode d'inclusion, les deux discours de « jugement » contre les « notables » timorés qui refusent de se compromettre en confessant que Jésus est le Christ. Sur l'arrière-plan historique de ce problème qui se posait à Jean II-B, voir Introd., 6 z.

5. Il reste encore une précision à apporter concernant la reconstitution du texte de Jean II-A. Ne se termine-t-il pas trop brusquement puisque Jésus ne répond pas à la double question posée par la foule en **12** 34 ? Voici la solution que nous proposons à cette difficulté. Au niveau de Jean II-A, le présent épisode était suivi par le récit de la guérison de l'aveugle-né qui, en un sens, en constituait la conclusion. Les contacts littéraires entre l'épisode des Grecs (Jean II-A) et la finale de l'épisode de l'aveugle-né (**9** 35-37) sont indéniables. En **3** 14.16b, Jésus déclare : « ... ainsi faut-il que soit élevé le Fils de l'homme ( ) pour que quiconque croit en lui... » En **9** 35b, Jésus demande à l'ancien aveugle : « Crois-tu au Fils de l'homme ? » Ce sont les seuls passages du NT où il est question de « croire » au « Fils de l'homme ». – En **12** 34, la foule demande à Jésus : « Qui est ce Fils de l'homme ? » En **9** 36b, l'ancien aveugle demande à Jésus : « Et qui est-il (le Fils de l'homme), Seigneur, que je croie en lui ? » – En **12** 34, Jésus ne répond pas à la foule ; il répond au contraire à l'ancien aveugle : « Et tu l'as vu, et celui qui parle avec toi, c'est lui » (**9** 37). L'affirmation de Jésus : « Et tu l'as vu », pourrait être la réalisation du désir que les Grecs expriment à Philippe : « Seigneur, nous voulons *voir* Jésus » (**12** 21) ; dans les deux cas, le verbe « voir » a un sens spirituel : il s'agit de reconnaître la véritable identité de Jésus. – Ainsi, ce que Jésus refuse à la foule, puisqu'il ne répond pas à sa question de **12** 34, il l'accorde à l'ancien aveugle en affirmant qu'il est lui-même le Fils de l'homme. L'ancien aveugle bénéficie d'une révélation que la foule n'a pas été jugée digne de recevoir.

6. L'attribution de **3** 14.16b.18a ; **12** 34 à Jean II-A ne fait aucune difficulté. Voici les caractéristiques stylistiques

de ce passage. Au v. 14 : « comme... ainsi » (F 9*), « que soit élevé le Fils de l'homme » (A 41*). Au v. 16b : « quiconque croit en lui » (E 10 et B 51), « ait la vie éternelle » (B 2* et C 59* ; cf. F 6). Au v. 18a : « qui croit en lui » (E 10 et B 51), « juger » (E 14). En **12** 34 : procédé de l'incompréhension des interlocuteurs (A 10*), « répondit » (B 74), « demeure pour toujours » (B 65* ; cf. E 13*), « comment dis-tu » (A 96*), « que soit élevé le Fils de l'homme » (A 41*).

En faisant le commentaire du texte de Jean II-A (*infra*, III B), nous verrons que, en référence à l'Exode, Jésus est comparé, non pas à Moïse, mais à un objet lié au personnage de Moïse : le serpent d'airain (**3** 14). Le même procédé littéraire se retrouve en **6** 31 ss., texte que nous avons attribué à Jean II-A : Jésus est comparé à la manne donnée par Moïse dans le désert. Ces deux passages sont ainsi étroitement unis et doivent être du même auteur : Jean II-A. Par ailleurs, des trois textes de l'évangile de Jn qui parlent d'une élévation de Jésus, le premier (**12** 32) provient du Document C ; le deuxième (**3** 14) serait de Jean II-A qui réinterprète **12** 32 ; le troisième (**8** 28a) a été attribué à Jean II-B et, lui aussi, réinterprète **12** 32. Le cas est analogue à celui de **13** 33 (Document C), réinterprété par Jean II-A en **8** 21-22 et par Jean II-B en **7** 33-36.

BC) *LE TEXTE DE JEAN II-B*

Jean II-B a pour texte de base celui du Document C, dont il reprend sans changement les vv. 31-32 ; quant au v. 48a, il en transpose le thème pour former son v. 47a auquel il ajoute les vv. 48b-50 pour composer un texte qui fait écho à Dt **18** 18-19. Après les vv. 31-32, il ajoute la glose du v. 33, ce qui l'oblige à insérer la cheville rédactionnelle du v. 44a. Jean II-B ajoute encore le v. 46, en partie sous l'influence du parallèle de **3** 14.16b, puis en finale les vv. 35-36 qui, grâce au thème de la « lumière », font inclusion avec le v. 46. Reprenons ces différents points pour les justifier.

1. Le v. 33 est une glose de Jean II-B, étant donné son style : « Or il disait » (A 50**), « pour signifier de quelle mort » (A 127**), « il allait mourir » (A 87** ; cf. F 22). On comparera cette glose à **18** 32 et **21** 19, deux textes de Jean II-B. Cette glose prouve que, à l'inverse de Jean II-A, Jean II-B avait conservé le v. 32 en provenance du Document C.

2. Jean II-B a formé le v. 47a (cf. 48b) à l'analogie du v. 48a du Document C. On notera toutefois la différence. Au v. 48a, il s'agit de ceux qui, d'emblée, rejettent Jésus et son enseignement ; ce sont vraisemblablement ceux des Juifs contemporains de Jésus qui refusent de croire en lui. Au v. 47a, il s'agit de ceux qui, ayant accepté l'enseignement de Jésus, n'y sont pas restés fidèles ; on rejoint la polémique de Jean II-B contre les judéo-chrétiens qui ont fait défection (Introd., 7 c). – Pour dire « garder » les paroles de Jésus, au lieu de l'habituel *tèrein* (A 23) on a ici *phylassein* (1/1/6/3/8), probablement sous l'influence de Lc **11** 28 : « Bienheureux ceux qui écoutent la parole de Dieu et qui la gardent (*phylas-*

sein). » Cet écho lucanien chez Jn confirme que le v. 47a est de Jean II-B (Introd., 4 y).

3. Les vv. 48b-50 ne peuvent être dissociés du v. 47a qu'ils complètent, et sont donc aussi de Jean II-B.

a) Les vv. 47a, 48b-49 font écho à Dt **18** 18-19, moyennant une inversion :

Dt **18**	Jn **12**
18 « Je leur susciterai du milieu de leurs frères un prophète semblable à toi ; je mettrai mes paroles dans sa bouche	49 « Je n'ai pas parlé de moi-même mais le Père qui m'a envoyé
et il leur dira tout ce que je lui commanderai.	lui m'a donné commandement de ce que je dirai et de ce que je parlerai.
19 Si un homme n'écoute pas mes paroles...	47a Et si quelqu'un écoute mes paroles et ne les garde pas, moi, je ne le juge pas ( ) ;
moi j'en demanderai compte à cet homme. »	48b ( ) la parole que j'ai dite, celle-là le juge ( ). »

Le parallélisme des thèmes est évident. On notera que en Dt **18** 19, au lieu de « *moi* j'en demanderai compte à cet homme », le targum a « *ma parole* en demandera compte... » ; ce texte du targum pourrait expliquer Jn **12** 48b : « *la parole que j'ai dite, celle-là le juge ( ).* »

b) Le v. 50 ne peut être dissocié du v. 49 ; il le complète pour former une structure en chiasme typique des textes de Jean II (Introd., 7 y).

49 A « Parce que je n'ai pas parlé de moi-même
   B   mais le Père qui m'a envoyé, lui, m'a donné commandement
   C   de ce que je dirai et de ce que je parlerai
50 D   et je sais que son commandement est vie
   C'   donc, ce que je dis,   [éternelle ;
   B'   comme me l'a dit le Père,
   A' ainsi je parle. »

4. Nous avons dit plus haut (II B BA 1) que le discours que prononce Jésus en **12** 44-50 est actuellement hors de contexte. Un certain nombre d'auteurs, dont Bultmann, proposent de le replacer *après* les vv. 35-36a. Nous croyons préférable de le replacer *avant* les vv. 35-36a, pour les raisons suivantes. Si l'on replace le discours des vv. 44a.46 ss. immédiatement après les vv. 31-33, on obtient une séquence qui est analogue, d'une part à celle du Document C (**12** 31-32.48a), d'autre part à celle de Jean II-A (**12** 31 ; **3** 14.16b.18a) ; pour s'en convaincre, il suffit de se reporter aux textes mis

en parallèle plus haut (début de II B). Par ailleurs, si l'on fait de **12** 35-36a la suite de **12** 46 ss., la façon de composer de Jean II-B devient plus homogène ; les deux discours parallèles de **12** 46 ss. et de **3** 14 ss. (repris de Jean II-A) se terminent par deux additions de Jean II-B fortement marquées par la pensée de Paul et celle des textes de Qumrân : **12** 35-36a et **3** 19-21.35-36 (cf. *infra* pour **12** 35-36a, et note §§ 78.80, II C 1). On notera enfin comment il serait inopportun de trop séparer le v. 35b du v. 40, étant donné le parallélisme de 1 Jn **2** 11 :

Jn **12**	1 Jn **2** 11
35b « Et celui qui marche dans les ténèbres ne sait pas où il va. »	... et il marche dans les ténèbres, et il ne sait pas où il va parce que les ténèbres
40 « Il a aveuglé leurs yeux... »	ont aveuglé ses yeux.

Le rapprochement est d'autant plus significatif que l'expression « aveugler les yeux » ne se lit nulle part ailleurs dans le NT (A 167*).

5. Un dernier point reste à préciser. Le texte de Jean II-A était constitué par **12** 31, **3** 14.16b.18a et **12** 34. Jean II-B a transféré **3** 14 ss. à sa place actuelle ; mais avait-il laissé en place **12** 34 ? Nous pensons qu'il n'avait pas repris dans son texte ce verset de Jean II-A (qui fut réinséré par Jean III). La réponse à la question que pose la foule en **12** 34 : « Qui est ce Fils de l'homme ? », était donnée dans l'épisode suivant qui, au niveau de Jean II-A, était la guérison de l'aveugle-né (Jn **9** ; cf. *supra*, II B BB 5). Mais en transférant dans le contexte de la troisième Pâque l'épisode des Grecs, et donc **12** 31 ss., Jean II-B laissait sans réponse la question posée en **12** 34. Dans le texte actuel, en effet, **12** 35-36a ne remplace pas cette réponse car il n'existe aucun lien réel entre **12** 34 et **12** 35-36a. On pourrait faire la même remarque à propos de **12** 46 ss., qui aurait suivi **12** 34 au niveau de Jean II-B si celui-ci avait gardé ce verset. L'hypothèse la plus vraisemblable est donc celle-ci : Jean II-B n'avait pas repris **12** 34 ; c'est Jean III qui l'a réinséré dans l'évangile « afin que rien ne se perde ». On lui attribuera aussi la formule du v. 35a : « Jésus leur dit donc » (B 1), rendue nécessaire dans la nouvelle distribution du texte.

6. Le v. 36b, où il est dit que Jésus se cacha des Juifs, doit être attribué aussi à Jean II-B ; celui-ci a dédoublé le v. 59 du chapitre **8**, qu'il lisait au niveau de Jean II-A, au moment où il a transféré dans le contexte de la dernière Pâque une partie des épisodes que Jean II-A (et le Document C) situait dans le contexte de la fête des Tentes (Introd., 8 f).

7. Voici les caractéristiques stylistiques du texte que nous avons attribué à Jean II-B. Pour le v. 33, cf. *supra*. Au v. 46 : « lumière » dit du Christ (A 5** ; cf. F 24), « je suis venu dans le monde » (B 13* ; cf. C 68), « quiconque croit en moi » (E 10 et B 51), « ne demeure pas dans » (C 11**), « les

ténèbres » (B 8*). – Au v. 47a : « si quelqu'un » (C 48*), « si... ne... pas... ne... pas » (C 62), « juger » (E 14). – Au v. 48b : « celle-là » (C 37) supportant un *casus pendens* (B 33), « juger » (E 14). – Au v. 49 : « parler de » (B 62*), « moi-même » (F 2), « le Père qui m'a envoyé » (B 73 et A 3*), « lui » supportant un *casus pendens* (B 35*), « donner commandement » (A 58**), « ce que je dirai » (C 64). – Au v. 50 : « je sais » (F 25), « vie éternelle » (C 59*), « comme... ainsi » (F 9*), « le Père » (B 73). – Au v. 35 : « lumière » dit du Christ (A 5** ; cf. F 24), « ténèbres » (B 8*), « marcher dans » (E 5 ; au sens métaphorique**), « ne sait pas où » (B 52 ; cf. F 25), « où il va » (A 29* ; cf. F 13). – Au v. 36 : « lumière » dit du Christ (A 5** ; cf. F 24), « croire dans » (B 51), « ainsi parla » (B 85*).

Ajoutons quelques remarques. Au v. 44a, la construction « Or Jésus » (*Ièsous de*, sans article) ne se lit ailleurs dans le NT qu'en Lc **4** 1 et **22** 48 ; cette parenté avec le style de Lc confirme l'attribution du texte à Jean II-B (Introd., 8 c). Le verbe « s'écrier » (*krazein*) n'apparaît chez Jn qu'au niveau de Jean II-B (**1** 15 ; **7** 28.37) ; on l'opposera à celui du Document C « pousser des cris » (*kraugazein*, B 96). Au v. 48b, on rapprochera la formule « la parole que j'ai dite », littéralement « ... que j'ai parlée », de formules semblables relevées en A 36**. Au v. 50, on comparera la phrase « comme a dit à moi le Père, ainsi je parle », à celle de **14** 31, que nous attribuerons à Jean II-B : « comme a donné commandement à moi le Père, ainsi je fais. » La dernière phrase du v. 35 se lit en termes identiques en 1 Jn **2** 11 (cf. *supra*) ; cette parenté avec la phraséologie de 1 Jn dénote la main de Jean II-B (Introd., 8 q). Enfin le v. 36b a même structure littéraire que **17** 1a, que nous attribuerons à Jean II-B : « Ainsi parla Jésus et, étant parti, il se cacha » « Ainsi parla Jésus et, ayant levé... il dit ».

BD) *LES ADDITIONS DE JEAN III*

1. Il a inséré les logia des vv. 44b-45. Si on les enlève, le discours de Jésus commence par l'affirmation « Moi, lumière, je suis venu dans le monde », comme en **3** 19 (cf. **8** 12). Il existe d'ailleurs d'autres exemples d'insertion par Jean III de logia sans lien réel avec leur contexte (cf. **13** 16.20). Mais il les a repris d'un recueil de logia johannique (Introd., 5 a), comme le montrent leurs caractéristiques stylistiques : « celui qui croit » (E 10), « qui croit en moi » (B 51), « celui qui m'a envoyé » (A 3*), « voit celui qui m'a envoyé » (B 54* et A 3*) ; les thèmes sont d'ailleurs typiquement johanniques (cf. *infra*).

2. On lui attribuera aussi le v. 47b. Il est parallèle au v. 17 du chapitre **3** qui fut ajouté par Jean III (note §§ 78.80, II B 1). Ces deux additions ont pour but de donner au « monde » une note plus optimiste, ce qui correspond à la tendance de Jean III (Introd., 7 e). Ce v. 47b reste de tonalité johannique, mais sous l'influence du contexte : « venir afin de » (B 76), « juger » (E 14), « le monde » (C 68).

3. A la fin du v. 48, la précision « au dernier jour » (A 34)

fut ajoutée par Jean III, comme en **6** 39.40.44.54 (note § 163, II A 1 *c*). Elle a pour but de réintroduire dans l'évangile de Jn l'eschatologie traditionnelle héritée de Daniel (Introd., 7 h).

III. LE SENS DES RÉCITS

A) LE RÉCIT DU DOCUMENT C

20 Or il y avait certains Grecs, de ceux qui étaient montés afin d'adorer pendant la fête.
21 Ceux-ci s'approchèrent de Philippe ( ) et ils le priaient en disant : « Seigneur, nous voulons voir Jésus. »
22 Philippe vient et le dit ( ) à Jésus.
23 Jésus leur répond en disant : ( )
31 « Maintenant, c'est le jugement de ce monde ; maintenant, le Prince de ce monde sera jeté bas.
32 Et moi, quand j'aurai été élevé de terre, j'attirerai tout à moi.
48 Qui me rejette et ne reçoit pas mes paroles a son juge ( ). »

La structure de ce texte est facile à saisir. Le centre en est formé par les vv. 31b-32, qui opposent à la chute du Prince de ce monde (= Satan) l'élévation de Jésus. Ce double thème est encadré par la mention du jugement (vv. 31a et 48a). Les vv. 20-22 forment l'introduction de la scène et permettent de la situer dans le contexte de la fête des Tentes (cf. *infra*).

1. LA DEMANDE DES GRECS (**12** 20-22)

Dans le Document C, cet épisode avait lieu lors de la fête des Tentes et il faisait suite à la séquence formée par l'entrée de Jésus à Jérusalem et l'expulsion des vendeurs du Temple (Introd., 2 v).

Les Grecs, païens sympathiques au judaïsme, manifestent le désir de « voir Jésus ». Comme souvent dans l'évangile de Jn, nous avons ici une expression qui doit se comprendre à deux plans différents. « Voir Jésus », c'est d'abord faire sa connaissance parce qu'il est un personnage qui défraie la chronique et dont on parle ; l'expression ne dépasserait pas alors la simple curiosité humaine. Mais dans la tradition johannique, « voir Jésus », c'est aussi et surtout percevoir sa véritable personnalité avec les yeux de l'intelligence, c'est comprendre qui il est ; on rejoint donc, implicitement, le thème de la « foi » (cf. Jn **6** 40 ; **9** 37 ; **12** 44-45 ; **14** 9). Par delà la demande humaine des Grecs, on pressent la bonne volonté des païens qui s'empresseront de croire en Jésus. Mais, situation paradoxale, c'est seulement lorsque Jésus aura été « élevé » sur la croix, et donc aussi à la droite de Dieu, que sera manifestée pleinement sa véritable personnalité. Ce thème est explicitement développé au niveau de Jean II-B dans cette parole du Christ : « Lorsque vous aurez élevé le Fils de l'homme, alors vous connaîtrez que je suis... » (**8** 28a) ; c'est une menace adressée aux Juifs. Au niveau de Jean II-A, le thème sera implicitement développé en **19** 34-37, qu'il faut lire sous cette forme : « ... mais un des soldats, de sa lance, lui perça le côté ( ), afin que fût accompli l'Écriture :

( ) Ils verront celui qu'ils ont transpercé » (note § 356). Il s'agit d'un soldat romain, donc d'un païen ; ce païen transperce le côté du Christ mort sur la croix, et Jean II voit dans ce geste la réalisation de la prophétie de Za **12** 10, dans laquelle le verbe « voir » a évidemment le sens de « reconnaître », voir la véritable personnalité. De même dans le présent récit, à la demande des Grecs « Nous voulons voir Jésus » répond la parole du Christ : « Et moi, quand j'aurai été élevé de terre, j'attirerai tout à moi » (**12** 32) ; être attiré par le Christ, c'est venir à lui, c'est croire en lui et le reconnaître pour ce qu'il est (cf. **6** 35-45).

2. LE JUGEMENT DE CE MONDE (**12** 31)

Avant d'annoncer sa propre exaltation (v. 32), qui permettra aux païens de le « voir », Jésus prophétise le jugement de ce monde et la chute du Prince de ce monde (**12** 31).

a) L'expression « ce monde », avec le démonstratif, est bien connue de la tradition juive contemporaine du Christ. Elle désigne le monde de maintenant par opposition au monde eschatologique, au « monde à venir » (cf. Mc **10** 30). Le monde de maintenant, « ce monde », est dominé par les puissances du mal, qui ont comme chef Satan (cf. Lc **13** 16 ; Ac **10** 38), d'où son titre de « Prince de ce monde » (cf. Martyre d'Isaïe 2 4 ; Jn **14** 30 ; **16** 11). Les Juifs attendaient un Messie, un Sauveur, qui délivrerait les hommes de toutes les puissances du mal et rétablirait le royaume d'Israël sur la terre, dans la justice et dans la paix (cf. Ac **1** 6) ; ce serait alors l'établissement du « monde à venir ». Dans la tradition johannique, le monde eschatologique n'est pas sur la terre, mais en Dieu (**14** 1-3). Chez Jn donc, il n'y a pas opposition entre « ce monde » et « le monde à venir », mais entre « ce monde » d'en bas et le monde d'en haut, qui se construit auprès de Dieu (cf. Jn **8** 23 et le commentaire). C'est précisément lorsqu'il sera « élevé » que Jésus inaugurera ce royaume qui va se développer dans le monde d'en haut (v. 32).

b) Jésus annonce donc le jugement de « ce monde » et la chute de Satan, c'est-à-dire la fin de son pouvoir sur les hommes. Ce thème du Document C sera repris en Lc **10** 18 (cf. *supra*, II B BA 4). Dans Lc comme dans Jn, la chute de Satan symbolise la fin de sa domination sur le monde, sur ce monde-ci. La perspective n'est cependant pas exactement la même. Dans Lc, Satan est conçu comme le chef des démons, symbolisés par toutes les bêtes malfaisantes de la terre (Lc **10** 17.19) ; c'est lui qui est à l'origine des maux, même physiques, qui affligent l'humanité (Lc **13** 16 ; Ac **10** 38) ; en ce sens, les guérisons effectuées par Jésus et ses disciples sont le signe que la domination de Satan prend fin. Mais, déjà dans la tradition synoptique, Satan est aussi celui qui empêche les hommes de croire : « il enlève la parole qui a été semée en eux » (Mc **4** 15 et par.). Dans la tradition johannique, Jésus délivre les hommes du pouvoir du Diable et leur permet ainsi de garder les commandements de Dieu, spécialement le commandement de l'amour fraternel (cf. 1 Jn **3** 5-10 ; **2** 14c ; **5** 18). Selon toute vraisemblance, cette perspective est déjà celle de Jn **12** 31b, étant donné le contexte qui suit où il s'agit de garder les paroles du Christ (**12** 48). Délivrés du pouvoir de Satan, les hommes pourront maintenant garder en eux la parole de Dieu qui donne la vie.

3. L'élévation du Christ (**12** 32)

A la chute de Satan s'oppose l'élévation du Christ : « Et moi, quand j'aurai été élevé de terre, j'attirerai tout à moi. » Quand se fera cette « élévation » ? Lorsque Jésus sera élevé sur la croix, comme le précise la glose plus tardive du v. 33. Mais le verbe comporte une signification plus complète. L'élévation sur la croix sera comme le premier pas qui doit conduire Jésus auprès du Père, dans la gloire. En même temps qu'il sera élevé sur la croix, Jésus sera élevé à la droite de Dieu, en accord avec la prophétie de Ps **110** 1 : « Siège à ma droite, tant que j'aie fait de tes ennemis l'escabeau de tes pieds » (cf. Ac **2** 33-35). L'ennemi par excellence, c'est Satan, le Prince de ce monde ; sa chute coïncidera avec l'élévation du Christ à la droite de Dieu. Et de même que la chute de Satan est la fin de sa domination sur le monde, ainsi l'élévation du Christ sera l'équivalent de son intronisation royale. Ce double thème est exprimé en Ap **12** 9-10 : « On le jeta donc l'énorme Dragon, l'antique Serpent, le Diable ou le Satan, comme on l'appelle... Et j'entendis une voix clamer dans le ciel : Désormais, la victoire, la puissance et la royauté sont acquises à notre Dieu, et la domination à son Christ, puisqu'on a jeté bas l'accusateur de nos frères... »

Comment s'effectuera cette domination du Christ sur le monde ? Jésus le dit : « ...j'attirerai tout à moi. » Cette venue des hommes au Christ peut se comprendre en deux sens différents. Dans la tradition johannique, venir à Jésus, c'est croire en lui (**6** 35) ; le Christ exalté attirerait alors les hommes par la foi (cf. **6** 44-47, mais dans une perspective théocentrique). Il est possible que ce soit en ce sens que le texte sera compris par Jean II-B. Mais au niveau du Document C, le sens de **12** 32 doit être analogue à celui de **14** 2-3, qui est aussi du Document C : Jésus s'en va vers son Père, mais il reviendra bientôt pour chercher ses disciples et les prendre auprès de lui, dans la maison de son Père ; ce sont les deux seuls textes du NT où Jésus emploie l'expression « à moi » (*pros emauton*) en parlant d'attirer ou de prendre les hommes.

4. Jésus, nouveau Moïse (**12** 48a)

Après avoir annoncé le prochain « jugement » de ce monde (**12** 31), Jésus explique : « Celui qui me rejette et ne reçoit pas mes paroles a son juge ( ). » Au niveau du Document C, Jésus est le nouveau Moïse venu nous transmettre les paroles de Dieu (Introd., 5 b-e). Si quelqu'un ne reçoit pas les paroles de Jésus, il le « rejette », il refuse de le reconnaître pour le nouveau Moïse. Ce refus entraîne sa condamnation : il a son juge. Ce juge est Dieu lui-même, car **12** 48a se réfère implicitement au texte fondamental annonçant l'envoi d'un Prophète semblable à Moïse : « Si un homme n'écoute pas mes paroles que ce prophète aura prononcées en mon nom, c'est moi-même qui en demanderai compte à cet homme » (Dt **18** 19). Cette référence au texte du Deutéronome sera beaucoup plus complète dans les développements que Jean II-B apportera à ce texte du Document C (cf. *infra*, III C CB 2).

5. Analogies avec la vocation de Nathanaël

Le récit du Document C que nous venons de commenter offre des analogies avec le récit de la vocation de Nathanaël tel qu'il se lisait dans ce même Document (Jn **1** 43.45-49 ; note §§ 19-25). Dans les deux cas, Philippe sert d'intermédiaire entre, d'une part Nathanaël et Jésus, d'autre part les Grecs et Jésus. En **1** 47, Jésus dit de Nathanaël : « Voici vraiment un Israélite... » ; or « Israël » était interprété comme signifiant « homme voyant Dieu ». En **12** 21, les Grecs expriment le désir de « voir » Jésus. En **1** 45, Philippe désigne implicitement Jésus comme le prophète semblable à Moïse annoncé par Dt **18** 18-19 ; en **12** 48a Jésus se désigne comme ce Prophète annoncé par Dt **18** 18. Ces deux épisodes appartiennent au même niveau rédactionnel : le Document C.

B) LE RÉCIT DE JEAN II-A

12 20 Or il y avait certains Grecs, de ceux qui étaient montés afin d'adorer pendant la fête.
21 Ceux-ci s'approchèrent de Philippe ( ) et ils le priaient en disant : « Seigneur, nous voulons voir Jésus. »
22 Philippe vient et le dit à André. André et Philippe viennent et le disent à Jésus.
23a Jésus leur répond en disant : ( )
31 « Maintenant, c'est le jugement de ce monde ; maintenant, le Prince de ce monde sera jeté bas.
3 14 Et comme Moïse éleva le serpent dans le désert, ainsi faut-il que soit élevé le Fils de l'homme
16b ( ) afin que quiconque croit en lui ne périsse pas mais ait la vie éternelle.
18a Qui croit en lui n'est pas jugé ; qui ne croit pas est déjà jugé ( ). »
12 34 La foule lui répondit : « Nous avons appris de la Loi que le Christ demeure pour toujours ; et comment dis-tu qu'il faut que soit élevé le Fils de l'homme ? Qui est ce Fils de l'homme ? »

1. Philippe et André

Dans l'introduction du récit, Jean II-A ajouta le personnage d'André aux côtés de Philippe ; il le fit en insérant, au v. 22, les mots : « ...à André. André et Philippe viennent et le disent... » Ce remaniement du texte correspond aux amplifications effectuées par Jean II-A dans le récit de la vocation des premiers disciples ; il ajouta en effet toute la section concernant la vocation d'André et de Simon (**1** 37-42 ; cf. note §§ 19-25, II C CC). Ce n'est donc plus seulement Philippe, mais Philippe et André qui servent d'intermédiaire, d'une part entre les Juifs et Jésus (**1** 37-49), d'autre part entre les Grecs (= les païens) et Jésus (**12** 20-22). Ils sont l'un et l'autre le type de l'apôtre.

2. Le Fils de l'homme doit être élevé (**3** 14)

a) Dans le récit du Document C, Jésus disait : « Et moi, quand j'aurai été élevé de terre... » En reprenant ce texte, Jean II-A remplace la première personne par la troisième en introduisant la figure du Fils de l'homme : « ... ainsi faut-il que soit élevé le Fils de l'homme... » ; il garde néanmoins le sens fondamental du texte du Document C (*supra*, III A 3) puisque le thème du Fils de l'homme renvoie à Dn **7** 13-14 où l'on voit comme un Fils d'homme allant sur les nuées du ciel et s'avançant jusqu'auprès de Dieu afin de recevoir l'intronisation royale.

b) Jean II-A compare l'élévation du Fils de l'homme à celle du serpent d'airain faite par Moïse durant l'Exode. Il fait allusion à l'épisode raconté en Nb **21** 4-9. Les Hébreux se sont révoltés contre Dieu et contre Moïse (**21** 4-5). Pour les châtier, Dieu envoie des serpents qui sèment la mort parmi le peuple (**21** 6). Les Hébreux reconnaissent leur faute ; Dieu ordonne alors à Moïse de fabriquer un serpent d'airain et de le hisser sur un « signe » en sorte que seront sauvés tous ceux qui le regarderont après avoir été atteints par un serpent (**21** 7-9). De même, explique Jean II-B, tous ceux qui « regarderont » le Fils de l'homme élevé sur la croix seront sauvés. Mais que représentent les serpents qui « mordent » les Hébreux ? Lu dans son contexte actuel de l'entretien avec Nicodème (chap. **3**), l'application de l'épisode du serpent reste incomplète ; en revanche, tout devient plus clair en lisant **3** 14 après **12** 31, comme nous le proposons. Pour le comprendre, il faut se reporter aux traditions juives touchant l'épisode des serpents mortels dont parle le texte de Nb **21** 4-9, traditions certainement déjà formées au temps du Christ. On identifiait les serpents du récit des Nombres avec le Serpent de Gn **3**, qui avait séduit Ève et apporté la mort aux hommes. Le targum palestinien, sous toutes ses formes, atteste cette tradition. On lit par exemple dans le Néofiti, sur Nb **21** 6, qu'une voix se fit entendre : « Venez, voyez, toutes les créatures, et venez, écoutez, tous les fils de la chair ! Autrefois, j'ai maudit le Serpent et lui ai dit : La poussière sera ta nourriture... Et mon peuple s'est remis à murmurer devant moi au sujet de la manne qui serait un aliment trop maigre ! Que vienne donc le Serpent qui n'a pas murmuré à cause de sa nourriture... C'est pourquoi Yahvé lança contre le peuple les serpents brûlants ; ils mordirent le peuple, et d'Israël un grand nombre de gens moururent. » Le rapport est évident entre le Serpent de Gn **3** et les serpents de Nb **21** 4-9. La même tradition se retrouve dans le midrash Nombres Rabbah (**19** 22), qui oppose lui aussi le peuple qui murmure à propos de sa nourriture au Serpent qui ne murmura pas quand Dieu le condamna à manger la poussière de la terre. Citons encore Philon d'Alexandrie qui commente le récit de Nb **21** 4-9. Comment les Hébreux atteints par les serpents seront-ils guéris de leurs maux ? « Lorsqu'aura été fabriqué un autre serpent *contraire à celui d'Ève*, le principe de la maîtrise de soi... Dieu ordonne à Moïse de construire le serpent de la maîtrise de soi ; il dit : 'Fais-toi un serpent et mets-le sur un signal.' ... 'Quiconque sera mordu par un serpent, en le regardant, vivra.' C'est

très vrai : si l'intellect, mordu par le plaisir, le serpent d'Ève, a la force de voir d'une vision spirituelle la beauté de la maîtrise de soi, le serpent de Moïse, et par elle Dieu lui-même, il vivra : que seulement il regarde et comprenne » (Leg. Alleg. 2 **79-81**). Citons enfin ce texte de s. Justin qui interprète ainsi la scène racontée en Nb **21** 4-9 : « Par là, comme je l'ai dit plus haut, il proclamait un mystère : il proclamait qu'il détruirait la puissance du Serpent qui avait provoqué la transgression d'Adam ; il proclamait le salut pour ceux qui croient en celui qui par ce signe, c'est-à-dire par la croix, devait mourir des morsures du Serpent, à savoir les mauvaises actions, les idolâtries et autres injustices. Si vous ne l'entendez pas ainsi, expliquez-moi pourquoi Moïse a dressé le serpent d'airain sur un signe et a ordonné que ceux qui étaient mordus le regardent ? Pourquoi ceux qui avaient été mordus se trouvaient-ils guéris, et comment, en donnant ces ordres, il n'établissait aucun symbole ? » (Dial. 94 **3**).

Les serpents qui mordent les Hébreux sont donc assimilés au Serpent de Gn **3**, qui apporta la mort à l'humanité. Mais pour la tradition juive et chrétienne, ce Serpent n'est autre que Satan, comme le dit explicitement le texte de Ap **12** 9 cité plus haut : « On le jeta donc, l'énorme Dragon, l'antique Serpent, le Diable ou le Satan, comme on l'appelle... » C'est donc en définitive le « Prince de ce monde » dont parle Jn **12** 31. Ce prince de ce monde, Satan, l'antique Serpent, tenait le monde captif grâce à sa morsure qui faisait mourir les hommes. C'est encore lui qui agit dans le récit de Nb **21** 4-9, figuré par les serpents brûlants destinés à faire mourir les Hébreux coupables de rébellion contre Dieu et contre Moïse. Et de même que les Hébreux étaient guéris et échappaient à la mort en regardant le serpent d'airain élevé sur un « signe », ainsi maintenant les hommes échappent à la morsure du Serpent primordial, du Prince de ce monde, en regardant le Fils de l'homme élevé sur la croix (Jn **12** 31 ; **3** 14). Le targum sur Gn **3** 15 précisait d'ailleurs que le Serpent serait définitivement écrasé « à la fin, aux jours du Roi Messie ».

3. Le salut par la foi (**3** 16b.18a)

Dans le récit du Document C, le thème de la foi n'était pas formulé explicitement ; il était toutefois suggéré dans les formules : « J'attirerai tout à moi » (**12** 32 ; cf. **6** 35.37.44.47) et « Qui... ne reçoit pas mes paroles » (**12** 48). Jean II-A est beaucoup plus explicite puisque le verbe « croire » revient trois fois aux vv. 16b et 18a. Il reste d'ailleurs dans la ligne du récit des Nombres auquel **3** 14a fait allusion ; dans la tradition johannique, en effet, « voir » le Christ, c'est reconnaître sa véritable personnalité, c'est donc « croire » en lui (cf. **6** 40 ; **12** 44-45) ; de même donc qu'il suffisait aux Hébreux frappés par les serpents de « voir » le serpent élevé sur le « signe » pour « vivre » (Nb **21** 8), de même quiconque « croit » dans le Fils de l'homme « élevé » ne périra pas mais aura la vie éternelle (**3** 16b). Bien entendu, la pensée se meut à deux plans différents. Dans le récit des Nombres, il s'agissait seulement de conserver sa vie terrestre ; dans le discours du Christ, celui qui croit obtient la vie parfaite, celle qui nous fait exister en Dieu et qui demeure éternellement.

Au v. 18a, Jean II-A reprend le thème du « jugement » déjà exprimé par Jn **12** 48a, mais en le simplifiant et en l'exprimant par deux phrases antithétiques contenant chacune les verbes « croire » et « être jugé » ; on notera que ces deux phrases diffèrent essentiellement par le déplacement de la négation : « Qui croit en lui n'est pas jugé ; qui ne croit pas est déjà jugé. » Comme c'est souvent le cas dans l'évangile de Jn le verbe « juger » a le sens de « condamner ». Cette condamnation est *déjà* réalisée, par le simple fait de ne pas croire ; le texte de **12** 48a (Document C) était beaucoup moins précis : celui qui rejette le Christ a son juge, ce qui ne veut pas dire que sa condamnation est déjà effective.

4. Le Christ demeure pour toujours (**12** 34)

a) En **12** 34, la foule intervient pour exprimer son étonnement devant une affirmation faite par Jésus au début de son discours : « Nous avons appris de la Loi que le Christ demeure pour toujours, et comment dis-tu qu'il faut que soit élevé le Fils de l'homme ? » (cf. **3** 14b). La foule identifie le Fils de l'homme dont parle Jésus au Christ, descendant de David et héritier de sa royauté. Elle en appelle à Ps **89** 36-38 pour affirmer la pérennité de son royaume : « Je l'ai juré une fois pour toutes..., je ne mentirai pas à David ; sa descendance *demeurera pour toujours*, et son trône sera devant moi comme le soleil, et comme la lune établie *pour toujours* » (LXX ; cf. 2 S **7** 16). La foule pense à un royaume terrestre ; elle ne comprend donc pas que le Fils de l'homme puisse être « élevé », c'est-à-dire mis en croix et mourir. Et cependant, cette « élévation » sera en même temps une montée jusqu'à la droite de Dieu, où le Fils de l'homme recevra son investiture royale dans les cieux (cf. Dn **7** 13-14 ; Ps **110** 1-4 ; Jn **18** 36). Le Christ demeurera bien pour toujours, mais dans le royaume qui va se constituer en Dieu, et non sur la terre.

b) La foule a posé à Jésus une double question : « Comment dis-tu qu'il faut que soit élevé le Fils de l'homme ? Qui est ce Fils de l'homme ? » Jésus ne répond pas à la foule ; il refuse de lui révéler qu'il est lui-même ce Fils de l'homme. La foule, probablement, ne comprendrait pas cette révélation. Le récit de Jean II-A semble tourner court. En fait, il a sa conclusion dans l'épisode suivant qui, au niveau de Jean II-A, était le récit de la guérison de l'aveugle-né (Jn **9** ; cf. *supra*, II B BB 5). Cette révélation qui est refusée à la foule, Jésus va la faire à l'ancien aveugle. Il lui demande d'abord : « Crois-tu au Fils de l'homme ? » (**9** 35b ; cf. **3** 14.16b). L'ancien aveugle ayant demandé : « Et qui est-il, Seigneur, que je croie en lui ? » (**9** 36b ; cf. **12** 34), Jésus lui répond : « Et tu l'as vu, et celui qui parle avec toi, c'est lui » (**9** 37). Parmi la foule des Juifs de Jérusalem, l'ancien aveugle est le seul qui soit capable de recevoir la révélation du mystère de la véritable personnalité de Jésus, parce que Jésus lui a « ouvert » les yeux (cf. note § 262, III B 5). Il fait partie du « petit reste » qui, parmi les Juifs, accepte de croire que Jésus est le Fils de l'homme annoncé par Dn **7** 13.

C) LE RÉCIT DE JEAN II-B

CA) PREMIÈRE PARTIE DU RÉCIT

La première partie du récit de Jean II-B correspond à **12** 20-33 dans son état actuel. Il y reprend les textes du Document C et de Jean II-A (vv. 20-23a, 31-32), mais en y apportant les additions suivantes.

Au v. 21, il précise que Philippe était « de Bethsaïde de Galilée », comme en **1** 44 qu'il a inséré dans le récit du Document C. « Bethsaïde » signifie « maison de pêche ». Or le récit de la vocation des disciples (**1** 35 ss.) et celui de l'épisode des Grecs (**12** 20 ss.) constituent le premier et le dernier actes du ministère public de Jésus. Jean II-B veut donc rappeler par mode d'inclusion que Philippe et André, intermédiaires entre les Juifs ou les Grecs et Jésus, sont par excellence des « pêcheurs d'hommes » (cf. Lc **5** 10).

Jean II-B ajoute les vv. 23b-30, qui contiennent des matériaux de provenance diverse. Il veut étoffer le thème de l'annonce de la mort de Jésus puisque, dans sa grande structure en chiasme que forment les récits de la passion (cf. note §§ 272-357), **12** 23b-33 correspond aux récits de la crucifixion et de la mort de Jésus. Pour que l'allusion à la mort de Jésus soit plus claire il ajoute le v. 33 : « Or, il disait cela pour signifier de quelle mort il allait mourir. » Il introduira de nouveau cette formule en **18** 32.

CB) DEUXIÈME PARTIE DU RÉCIT

44a Or Jésus s'écria et dit :
46 « Moi, lumière, je suis venu dans le monde afin que quiconque croit en moi ne demeure pas dans les ténèbres.
47a Et si quelqu'un écoute mes paroles et ne les garde pas, moi je ne le juge pas ( ) ;
48b la parole que j'ai dite, celle-là le juge ( ).
49 Parce que je n'ai pas parlé de moi-même, mais le Père qui m'a envoyé, lui, m'a donné commandement de ce que je dirai et de ce que je parlerai ;
50 et je sais que son commandement est vie éternelle. Donc, ce que je dis, comme me l'a dit le Père ainsi je parle.
35 ( ) Encore un peu de temps la lumière est parmi vous. Marchez tant que vous avez la lumière, de peur que les ténèbres ne vous surprennent. Et celui qui marche dans les ténèbres ne sait pas où il va.
36 Tant que vous avez la lumière, croyez en la lumière afin de devenir des fils de lumière. »
Ainsi parla Jésus et, étant parti, il se cacha d'eux.

Le récit de Jean II-A se terminait brusquement au v. 34 par deux questions de la foule restées sans réponse. En transférant cet épisode des Grecs qui veulent voir Jésus dans le contexte de la troisième Pâque, Jean II-B remplaça cette finale du texte de Jean II-A par un long discours de Jésus qui fait « inclusion » avec celui que Jésus adressait à Nicodème en **3** 14 ss. (cf. *supra*, II B BB 4 et note §§ 78.80, III B 4).

1. LA LUMIÈRE ET LES TÉNÈBRES

Le début et la fin du discours (vv. 46 et 35-36a) sont fortement influencés par la phraséologie des textes de Qumrân, avec l'opposition « lumière-ténèbres », les expressions « marcher » dans la lumière ou dans les ténèbres, « fils de lumière ». Ce point a déjà été développé à propos de **3** 19-21.35-36, avec citation des textes de Qumrân (note §§ 78.80, III B 5) ; nous ne le reprendrons pas ici.

Jésus lui-même est la lumière en tant qu'il est venu apporter aux hommes la révélation de la volonté de Dieu. La vie est considérée comme une lente « marche » vers Dieu, et cette marche ne peut se faire qu'à la lumière de l'enseignement de Jésus ; autrement, on ne sait pas où l'on va : « Une lampe sur mes pas, ta parole, une lumière sur ma route » (Ps **119** 105). Tant que Jésus est là, il faut se mettre à son école, s'assimiler son enseignement, afin de marcher à sa suite, dans la lumière. C'est cette marche dans la lumière qui fait de nous des « fils de lumière », des hommes lumineux. Cet enseignement de Jésus est d'ailleurs simple (opposer Jn **7** 49 ; Mt **23** 13.23) ; il se résume dans le commandement de l'amour fraternel : « Celui qui prétend être dans la lumière tout en haïssant son frère est encore dans les ténèbres. Celui qui aime son frère demeure dans la lumière et il n'y a en lui aucune occasion de chute. Mais celui qui hait son frère est dans les ténèbres, il marche dans les ténèbres, il ne sait où il va, parce que les ténèbres ont aveuglé ses yeux » (1 Jn **2** 9-11).

Ce discours est le dernier appel que lance Jésus aux Juifs. Jusqu'à maintenant les hommes ont préféré les ténèbres à la lumière parce que leurs œuvres étaient mauvaises (**3** 19). Il est encore temps de choisir, mais le temps presse. Par sa prédication, Jésus s'est révélé comme la lumière qui vient dans le monde (**8** 12). Pour la dernière fois, il le proclame solennellement : « Moi, lumière, je suis venu dans le monde » (**12** 46 a). Les Juifs doivent accepter cette lumière, s'ils ne veulent pas se laisser surprendre par les ténèbres, ces ténèbres qui les aveugleront au point de ne plus savoir où ils iront (**12** 35). Mais s'ils reconnaissent que Jésus est la véritable lumière du monde, s'ils croient en lui, alors ils deviendront eux-mêmes des fils de lumière (**12** 36), ils auront en eux la lumière de la vie.

2. JÉSUS, NOUVEAU MOÏSE

Jésus, lumière, est donc venu dans le monde afin d'enseigner aux hommes comment « marcher » sur la route de la vie. En ce sens, il est le nouveau Moïse et la vérité qu'il apporte est la fin de la Loi reçue jadis par l'intermédiaire de Moïse (Jn **1** 17). Ce thème, déjà ébauché au niveau du Document C (**12** 48a), est repris et amplifié par Jean II-B aux vv. 47a, 48b et 49-50, qui reprennent Dt **18** 18-19, le texte essentiel dans lequel était promis l'envoi du Prophète semblable à Moïse (cf. *supra*, II B BC 3 *a*, où les textes sont mis en parallèle). Jn inverse les thèmes du texte du Deutéronome et commence par parler du jugement de condamnation contre ceux qui n'écoutent pas les paroles du Prophète. On lit en Dt **18** 19 :

« Si un homme n'écoute pas mes paroles que ce prophète aura prononcées en mon nom, moi j'en demanderai compte à cet homme. » En reprenant ce thème, l'auteur du Document C avait écrit : « Qui me rejette et ne reçoit pas mes paroles a son juge ( ) » (Jn **12** 48a). Jean II-B remplace le texte du Document C par cette phrase : « Si quelqu'un écoute mes paroles et ne les garde pas, moi je ne le juge pas ( ) ; la parole que j'ai dite, celle-là le juge ( ) » (**12** 47a.48b). Jean II-B s'en prend, non plus à ceux qui ne veulent pas accepter l'enseignement de Jésus (v. 48a), mais à ceux qui abandonnent cet enseignement après l'avoir accepté (v. 47a) ; ils cessent d'être véritables disciples de Jésus. Dans la perspective de Jean II-B, il s'agit probablement de certains cercles judéo-chrétiens (v. 47a) contre lesquels notre auteur a l'habitude d'engager la polémique (Introd., 7 c). Par ailleurs, Jn précise que celui qui ne garde pas les paroles est jugé par la parole même que Jésus a dite. La pensée de Jn semble être celle-ci : « ... c'est la parole même, proposée à chacun pour son salut, qui le jugera, car elle est règle de vie » (Lagrange).

La fonction du Prophète semblable à Moïse est décrite en Dt **18** 18 : « Je mettrai mes paroles dans sa bouche et il leur dira tout ce que je lui commanderai. » Jean II-B reprend ce thème aux vv. 49 et 50b : « Je n'ai pas parlé de moi-même mais le Père qui m'a envoyé, lui, m'a donné commandement de ce que je dirai et de ce que je parlerai... Donc, ce que je dis, comme me l'a dit le Père ainsi je parle. » Jésus ne fait que transmettre aux hommes les paroles mêmes de Dieu (Jn **7** 16 ; **14** 24b), il est en quelque sorte la « bouche » de Dieu (cf. Ex **4** 12-16). Il faut donc écouter Jésus puisque c'est Dieu lui-même qui parle par sa bouche.

A cette condition seulement, les hommes pourront obtenir la vie éternelle. Jésus dit en effet : « ... et je sais que son commandement est vie éternelle » (**12** 50a) ; cette affirmation reprend peut-être ce texte de Dt **32** 46-47, où il est dit de la Loi mosaïque : « ... elle sera votre vie et c'est par elle que vous vivrez de longs jours sur la terre dont vous allez prendre possession en passant le Jourdain » (cf. Dt **30** 15-20 ; Si **45** 5)

3. JÉSUS SE CACHE

Jean II-B termine le récit par ces mots : « Ainsi parla Jésus et, étant parti, il se cacha d'eux. » En **8** 59, Jésus se cache des Juifs pour échapper à leur fureur. Ici, ce motif n'existe plus et il faut probablement donner au verbe « se cacher » une portée symbolique. Jésus ne parlera plus aux Juifs ; le discours qu'il vient de leur adresser est le dernier. Bientôt va se réaliser la parole qu'il leur avait dite jadis : « Vous me chercherez et vous ne me trouverez pas » (Jn **7** 34). A leur place, ce sont les païens qui vont « trouver » et « voir » Jésus (cf. **12** 20-21).

D) LE RÉCIT DE JEAN III

C'est Jean III qui a transféré à sa place actuelle le bloc des vv. 44a.46-50, en ajoutant quelques additions.

1. Trois additions

a) Jean III a fait précéder le discours composé par Jean II-B des vv. 44b-45, qui contiennent deux logia de tonalité très johannique, repris probablement d'un recueil de logia. Le sens ne présente aucune difficulté. Puisque Jésus ne fait que transmettre aux hommes les paroles de Dieu (cf. **12** 49-50), croire en Jésus, accepter la vérité de son enseignement, c'est par le fait même croire en celui qui l'a envoyé, en Dieu. En conséquence, celui qui « voit » le Christ, qui le reconnaît pour l'envoyé de Dieu, « voit » celui qui l'a envoyé, reconnaît que Dieu est celui qui a envoyé Jésus pour parler aux hommes (cf. **14** 7-9).

b) Jean III ajouta au texte de Jean II-B le v. 47b : « car je ne suis pas venu afin de juger le monde, mais afin de sauver le monde. » Il avait de même ajouté le v. 17 du chapitre **3** : « Car Dieu n'a pas envoyé le Fils dans le monde afin de juger le monde, mais afin que soit sauvé le monde par lui. » Ces deux additions ont pour but de réhabiliter le « monde », qui, pour Jean III, n'est pas irrémédiablement mauvais ; il peut être « sauvé » à condition de croire en Jésus (Introd., 7 e). Jean III, on le voit, ne prend pas le mot « monde » dans le même sens que Jean II ; pour ce dernier, en effet, le « monde » ne peut avoir qu'un sens péjoratif puisqu'il désigne précisément ceux qui refusent de croire en Jésus.

c) Enfin Jean III ajouta à la fin du v. 48 l'expression « au dernier jour », ce qui oblige à comprendre le verbe grec

krinei, non pas comme un présent, mais comme un futur (les deux formes ne se distinguent que par l'accentuation, qui ne s'écrivait pas à l'époque néo testamentaire). Jean III veut remettre en honneur le jugement eschatologique tel qu'il était conçu dans la tradition juive (Introd., 7 i).

2. Le sens du transfert

Le transfert des vv. 44a.46-50 à leur place actuelle rompt la cohérence du récit puisque Jésus se met à parler devant un auditoire fictif (opposer les vv. 44a et 36b). Pourquoi Jean III a-t-il agi ainsi ? L'hypothèse d'un déplacement accidentel (Bernard) est peu vraisemblable. Le sens des additions précédentes nous éclaire sur l'intention possible de Jean III. Placé en conclusion de la première partie de l'évangile (**1-12**), ce discours paraît donner comme un résumé de l'enseignement de Jésus, adressé, non plus aux Juifs (**12** 29) ou aux notables (**12** 42), mais aux lecteurs du quatrième évangile. On retrouve là le souci de Jean III de tempérer l'anti-judaïsme de ses prédécesseurs (Introd., 7 d).

Tel que Jean II-B l'avait conçu, le dernier discours de Jésus se présentait dans la perspective assez sombre d'un jugement de ceux qui rejettent son enseignement après l'avoir accueilli (v. 47a). En insérant les logia des vv. 44b-45 et la note d'optimisme sur le monde du v. 47b, Jean III tente de donner plus de sérénité à cet ultime message de Jésus.

Note § **309-B**. *LE CHRIST ANNONCE SA GLORIFICATION PAR SA MORT*
(Jn **12** 23-30)

Dans cette note, nous ne traiterons que le problème de Jn **12** 23-30 puisque les vv. 20-22 et 31-36 ont été analysés dans la note précédente.

I. ANALYSES LITTÉRAIRES

La plupart des commentateurs modernes ont noté le caractère assez décousu de l'ensemble constitué par les vv. 23-30, malgré une certaine unité thématique. On reconnaît en particulier que les vv. 24-26 semblent insérés entre les vv. 23 et 27-28, qui devaient primitivement se suivre. Selon Bultmann, les vv. 23, 27-28, 31-32 proviendraient de la source qu'il appelle « Discours de Révélation » ; l'évangéliste aurait ajouté les vv. 24-26 en s'inspirant des Synoptiques, et composé les vv. 29-30. Nous allons adopter une solution assez voisine, au moins en ce qui concerne les vv. 23-30, mais en la corrigeant selon les suggestions faites par Dodd (cf. Brown) et en la complétant. Les vv. 23 et 27-28a remonteraient au Document C mais se trouvaient situés, à ce niveau, dans le contexte du discours après la Cène ; complétés par Jn **14**

30b.31b, ils formaient l'équivalent « johannique » du récit synoptique de l'agonie de Jésus à Gethsémani. C'est Jean II-B qui a transféré ce passage à sa place actuelle. Il l'a complété en ajoutant, d'une part les vv. 24-26, d'autre part les vv. 28b-30. Les vv. 24-26 n'ont pas été composés par Jean II-B lui-même ; avec Dodd, nous pensons qu'il a repris des logia élaborés dans les cercles johanniques et indépendants de la tradition synoptique, en y pratiquant d'ailleurs au moins une addition. Voici comment nous voyons la répartition des matériaux entre le Document C, le recueil de logia johanniques (L) et Jean II-B. En ce qui concerne le texte du Document C, nous verrons à la note § 328 qu'il a subi quelques modifications de la part de Jean II-B ; nous le donnons toutefois ici sous sa forme actuelle.

C	L	II-B
23 (Or Jésus leur répond en disant :) « L'heure est venue que soit glorifié le Fils de l'homme. »		
	24	En vérité, en vérité, je vous le dis : si le grain de blé, tombant en terre, ne meurt pas, il demeure seul ; mais s'il meurt, il porte beaucoup de fruit.
	25	Qui aime sa vie la perd, et qui hait sa vie en ce monde, pour la vie éternelle il la gardera.

26 | Si quelqu'un me sert, qu'il me suive et
   | où je suis, là aussi sera mon serviteur ; si quelqu'un
   | me sert
   | le Père l'honorera.

27 Maintenant, mon âme est troublée ; et que dirai-je ? Père, sauve-moi de cette heure ? Mais pour cela je suis venu à cette heure !

28a Père, glorifie ton Nom. »

28b | Vint alors une voix du ciel : « Et j'ai glorifié, et
    | de nouveau je glorifierai. »

29 | La foule, qui se tenait là et avait entendu, disait
   | qu'il y avait eu un coup de tonnerre. D'autres
   | disaient : « Un ange lui a parlé. »

30 | Jésus répondit et dit : « Ce n'est pas pour moi qu'il
   | y a eu cette voix, mais pour vous. »

A) LE TROUBLE DE JÉSUS DEVANT LA MORT

1. Le thème du trouble de Jésus devant la mort comporte les vv. 23 et 27-30. Nous nous réservons d'expliquer, à la note § 328, pour quelles raisons nous croyons pouvoir attribuer les vv. 23b et 27-28a au Document C et les lier à Jn **14** 30b.31b. La place primitive de ces versets se situait donc dans le contexte du discours après la Cène et c'est encore là qu'ils se lisaient au niveau de Jean II-A. Jean II-B les a transférés à leur place actuelle pour des raisons que nous essaierons de préciser dans la seconde partie de cette note.

2. Lorsqu'il a transféré l'épisode à sa place actuelle, Jean II-B l'a fait suivre des vv. 28b-30, qui forment un tout centré sur le thème de la « voix » venue du ciel. Il est clair en effet que le thème de la foule divisée quant à la signification de la voix qui se fait entendre ne pouvait se lire au niveau du Document C, puisque Jésus parlait dans une salle close, au cours du dernier repas pris avec ses plus proches amis.

Les caractéristiques stylistiques des vv. 28b-30 sont les suivantes. Au v. 28b, le verbe « glorifier » est utilisé successivement à l'aoriste et au futur, comme en Jn **13** 31-32, texte de Jean II-B. Le v. 29 ne comporte qu'une caractéristique stylistique : « D'autres disaient » (B 64*). Mais on notera la structure grammaticale « la foule qui se tenait (là) et avait entendu » (ho... ochlos ho hestôs kai akousas), que l'on rapprochera de deux textes attribués à Jean II-B : « la foule qui se tenait... » (ho ochlos ho hestèkôs ; 6 22a) ; « l'ami... qui se tient (là) et l'entend » (ho... philos... ho hestèkôs kai akouôn autou ; 3 29). Par ailleurs, la phrase grecque traduite par « disait qu'il y avait eu un (coup de) tonnerre » contient le verbe « dire » suivi d'un infinitif parfait (elegen brontèn gegonenai) ; c'est le seul cas dans Jn, mais on rapprochera cette construction de celle qui se lit en **12** 18, de Jean II-B, où le verbe « entendre » est également suivi d'un infinitif parfait (èkousan touto auton pepoièkenai to sèmeion) ; ce sont les deux seuls cas d'infinitif parfait chez Jn. – Au v. 30, on lit deux caractéristiques stylistiques : « répondit et dit » (B 6), « pour moi... pour vous » (B 12).

3. Il est difficile de dire si le v. 23a « Or Jésus leur répond en disant » est du Document C ou de Jean II-B. Au niveau du Document C, en effet, les vv. 20-22 (sous une forme plus simple) étaient suivis des vv. 31-32 et il fallait une formule pour introduire la parole de Jésus donnée au v. 31 ; cette formule pourrait être celle du v. 23a. Mais on peut penser aussi que ce v. 23a aurait été composé par Jean II-B lorsqu'il a inséré les vv. 23b-30 entre les vv. 20-22 et 31-32. Le présent du verbe « répondre » ne se lit ailleurs que dans des textes de Jean II-B (**13** 26.38), mais il n'est attesté ici que par le texte Alexandrin et reste donc douteux. Ce verbe « répondre » est suivi du participe « disant » ; le seul cas ailleurs se trouve en **1** 26, un texte du Document C. Notons enfin que c'est le seul cas chez Jn où le sujet (nom propre ou substantif) précède le verbe « répondre ». Dans ces conditions, il est impossible de préciser si le v. 23a est du Document C ou de Jean II-B. Ce problème est d'ailleurs de peu d'importance.

B) LES LOGIA JOHANNIQUES

Les vv. 24, 25 et 26 contiennent chacun un logion qui a valeur par lui-même ; isolé, chacun d'entre eux garderait sa signification propre. Comme ils rompent la séquence formée par les vv. 23 et 27-28a, nous pensons qu'ils furent ajoutés par Jean II-B lorsqu'il a transféré ici ces versets. Mais ces logia sont antérieurs à Jean II-B, comme l'a bien vu Dodd ; c'est ce qu'il nous faut préciser maintenant.

1. Le premier logion se lit au v. 24. Il faut le rapprocher d'une autre parole de Jésus qui se lit en Jn **15** 5 :

Jn **12** 24	Jn **15** 5
« ... si le grain de blé, tombant en terre, ne meurt pas,	« Je suis la vigne,
il demeure seul ;	vous les sarments ; celui qui demeure en moi et moi en lui, celui-ci
mais s'il meurt, il porte beaucoup de fruit. »	porte beaucoup de fruit. »

L'expression « porter du fruit », typiquement johannique (A 24*), ne se lit qu'en Jn **12** 24 et Jn **15** 2.4.5.8.16. D'une façon plus précise, la formule complète « porter beaucoup de fruit » ne se lit qu'en **12** 24, **15** 5 et **15** 8 qui reprend **15** 5. Par ailleurs, les deux textes contiennent le verbe « demeurer » qui, on le verra dans le commentaire, pourrait avoir un sens analogue en **12** 24 et en **15** 5. Enfin, les deux thèmes du « grain de blé » et de la « vigne » évoquent le pain et le vin, les deux éléments essentiels de l'Eucharistie. Nous sommes en présence de deux logia jumeaux, dont le contexte primitif devait être celui du repas eucharistique (le logion de **15** 5 a connu probablement une forme plus simple, comme on le verra à la note § 329). Mais le logion de **12** 24 est maintenant hors de tout contexte eucharistique, ce qui confirme son insertion à sa place actuelle par Jean II-B.

Outre l'expression « porter du fruit », le logion contient encore, comme caractéristiques stylistiques : « en vérité, en vérité » (A 2*), « mourir » (F 22).

2. Le logion du v. 25 a été spécialement étudié par Dodd, qui le compare à trois logia semblables rapportés par la tradition synoptique : Mc **8** 35 et par. ; Mt **10** 39 ; Lc **17** 33 (cf. Synopse, tome I, p. 92, où l'on trouvera tous les textes en parallèle). Contrairement à Bultmann, Dodd a bien vu que Jn ne pouvait pas dépendre des textes synoptiques. Il ignore la précision « à cause de l'évangile » (Mc **8** 35) ou « à cause de moi » (Mt **10** 39 ; cf. Mt **16** 25 et Lc **9** 24), sûrement secondaire, et sur ce point il se rapproche donc de Lc **17** 33. Mais la phraséologie de Lc **17** 33 est trop « lucanienne » pour être primitive, et Jn ne dépend certainement pas de Lc. On notera enfin l'opposition « aimer... haïr », qui forme l'ossature du logion johannique et dont on a probablement un écho en Lc **14** 26 comparé à son parallèle de Mt **10** 37 (Synopse, tome I, p. 196) ; cette opposition, dont on précisera le sens plus loin, est de saveur sémitique (Dt **21** 15 ; Ps **45** 8 ; Ml **1** 2 - 3, cité par Paul en Rm **9** 13 ; Mt **5** 43 ; **6** 24). Tous ces traits font penser que le logion, sous sa forme johannique, pourrait représenter une tradition plus ancienne que celle des parallèles synoptiques. Dodd estime que la précision « en ce monde, pour la vie éternelle » est probablement un ajout, mais que cet ajout se lisait déjà dans le logion repris par l'évangéliste (pour nous, Jean II-B) ; cette hypothèse est assez vraisemblable ; on notera que l'expression « ce monde » se lit déjà chez Jn aux niveaux antérieurs à Jean II-B.

Ajoutons un détail qui pourrait confirmer que le logion est antérieur à Jean II-B. Pour dire « garder », au lieu du verbe johannique *tèrein* (F 30 ; cf. spécialement Jn **17** 11.12.15), on a ici *phylassein* (1/2/6/3/8).

Les caractéristiques du logion sont les suivantes : « aimer » (C 47), « haïr » (C 67*), « en ce monde » (B 95 ; cf. C 68), « pour la vie éternelle » (C 59* ; cf. F 6).

3. Le troisième logion se lit au v. 26 et commence par cette phrase : « Si quelqu'un me sert, qu'il me suive... » On remarque aussitôt la présence du verbe « suivre », qui caractérise l'attitude du disciple de Jésus. Or ce thème est étroitement lié aux divers logia synoptiques auxquels nous avons comparé Jn **12** 25 ; il se trouve en effet dans les logia de Mc **8** 34b et par. ; Lc **14** 27 et Mt **10** 38 ; on pourra se reporter aussi à Mc **10** 28-30 et par. Le lien entre le thème du renoncement (Jn **12** 25) et celui de « suivre » Jésus est donc traditionnel dans la tradition évangélique, et l'on peut penser que, dans la tradition johannique aussi, le v. 26 a toujours été étroitement lié au v. 25.

Un détail littéraire confirme que le logion du v. 26 est antérieur à Jean II-B. Celui-ci y a pratiqué une insertion, signalée par la « reprise » de l'expression « si quelqu'un me sert », afin d'y exprimer le thème de Jésus, le nouveau David persécuté par ses ennemis, en référence à 2 S **15** 21 :

Jn **12** 26	2 S **15** 21
« *Si quelqu'un me sert,* qu'il me suive, et où je suis, là aussi sera mon serviteur ; *si quelqu'un me sert,* le Père l'honorera. »	« là où sera mon Seigneur... là sera ton serviteur. »

Le thème de Jésus, nouveau David persécuté, ne se lit ailleurs chez Jn qu'au niveau de Jean II-B (cf. *infra*), de même que la formule « où je suis » (A 65** ; cf. F 33). Cette addition de Jean II-B contient aussi la construction si johannique « mon (serviteur) » (A 1*).

Dans le texte antérieur à Jean II-B, on notera les deux caractéristiques stylistiques suivantes : « si quelqu'un » (C 48*), « le Père » (B 73).

II. LE SENS DES TEXTES

Nous allons d'abord essayer de préciser le sens des textes antérieurs à leur utilisation par Jean II-B ; nous verrons ensuite pourquoi Jean II-B les a regroupés ici, et donc quel sens il leur a donné.

A) LES TEXTES ANTÉRIEURS A JEAN II-B

1. LE TROUBLE DE JÉSUS DEVANT LA MORT

23b « L'heure est venue que soit glorifié le Fils de l'homme.
27   Maintenant, mon âme est troublée ; et que dirai-je ? Père, sauve-moi de cette heure ? Mais pour cela je suis venu à cette heure !
28a Père, glorifie ton Nom. »

Ce texte provient du Document C ; il s'y lisait dans le contexte du dernier entretien de Jésus avec ses amis intimes, lors de la dernière Cène, et était immédiatement suivi de **14** 30b.31b. Sous cette forme plus complète, il formait l'équivalent johannique du récit synoptique de l'agonie de Jésus à Gethsémani. En le reprenant, Jean II-B en a quelque peu modifié le v. 23b. Le commentaire de ce texte du Document C sera donné à la note § 328 (III A).

2. LE LOGION SUR LE GRAIN DE BLÉ

Nous le redonnons ici en parallèle avec le logion sur la vigne, tel qu'il sera reconstitué à la note § 329 (Jn **15** 5) :

24 « En vérité, en vérité, je vous le dis : si le grain de blé ne meurt pas, il demeure seul ; mais s'il meurt, il porte beaucoup de fruit. »	« Je suis la vigne ( ) ; celui qui demeure en moi ( ) porte beaucoup de fruit. »

a) On a fait remarquer plus haut que le thème de « porter *beaucoup* de fruit » ne se lisait qu'en Jn **12** 24 et **15** 5 (**15** 8 ne fait que reprendre **15** 5). Les deux logia sont donc étroitement liés. Ce n'est pas un hasard alors si l'un parle du « grain de blé » et l'autre de la « vigne ». Le blé et la vigne évoquent le pain et le vin, éléments essentiels de la liturgie eucharistique. Pour mieux comprendre les deux logia johanniques, il faut se reporter aux prières eucharistiques contenues dans la Didachè, de rédaction très ancienne. Celui qui préside l'assemblée prononce cette prière sur la coupe de vin : « Nous te rendons grâces, notre Père, pour *la sainte vigne* de David, ton serviteur, que tu nous as fait connaître par Jésus ton serviteur... » Puis, sur le fragment de pain : « Nous te rendons grâces, notre Père, pour la vie et la connaissance que tu nous as fait connaître par Jésus ton serviteur... » Et il ajoute : « De même que ce fragment (de pain), dispersé sur les montagnes et rassemblé, est devenu un, ainsi que soit rassemblée ton Église des extrémités de la terre dans ton royaume... » (Didachè 9 2-4). Bien que *le grain de blé* ne soit pas nommé explicitement, c'est lui qui a d'abord été « dispersé », c'est-à-dire « semé » (le mot est le même en araméen), puis rassemblé pour former un seul morceau de pain. Ces prières eucharistiques de la Didachè sont donc centrées sur le thème de la vigne et sur celui du grain de blé, comme les deux logia johanniques. On notera cependant que, dans la Didachè, la vigne et les grains de blé ne représentent pas le Christ, mais le royaume de Dieu ou, d'une façon plus précise à propos des grains de blé, les membres du royaume de Dieu. En Jn **15** 5, il y a un glissement de sens par rapport à la prière de Didachè 9 2 : c'est le Christ lui-même qui est la vigne ; on notera cependant que Jésus est dit « vigne » en tant qu'il porte tous les sarments, c'est-à-dire tous les disciples de Jésus, lesquels ne peuvent porter du fruit que par lui ; bien que venant en second, la perspective de l'Église, rassemblement de tous les disciples de Jésus, reste fondamentale en Jn **15** 5. Par induction, on peut s'attendre à trouver le même glissement de sens entre Jn **12** 24 et Didachè 9 4 ; dans la Didachè, les grains de blé représentent les disciples de Jésus rassemblés pour former le royaume de Dieu, l'Église ; en Jn **12** 24, le grain de blé devrait représenter le Christ (cf. la vigne en **15** 5), *mais en tant qu'il contient en lui virtuellement tous ses disciples*. Voyons si l'analyse du logion va confirmer cette induction.

b) Pour comprendre le logion de Jn **12** 24, voyons d'abord le sens de l'image qui nous est proposée. Jésus oppose le devenir de deux grains de blé. L'un n'est pas semé en terre ; il ne meurt pas (i.e. ne se dissoud pas dans la terre) mais « reste seul ». L'autre, semé en terre, va mourir, mais grâce à cette mort, il va produire « beaucoup de fruit » ; en d'autres termes, au lieu de rester seul, il va se trouver multiplié par trente, ou soixante, ou cent, dans l'épi qu'il aura produit (cf. Mc 4 20). D'un côté, nous avons l'absence de mort, mais qui demeure solitude ; de l'autre, nous avons la mort, mais qui engendre la multiplicité. L'application au Christ est facile. C'est seulement par sa mort qu'il va pouvoir engendrer une multitude de disciples, ceux-là mêmes qui, rassemblés, vont former le nouveau royaume de Dieu. Si Jésus ne mourait pas, il resterait seul membre du royaume de Dieu ; grâce à sa mort, les membres du royaume vont être multipliés à l'infini. Une simple interprétation stricte de la parabole nous permet donc de retrouver entre Jn **12** 24 et Didachè 9 4 le même glissement de sens qu'entre Jn **15** 5 et Didachè 9 2 :

le grain de blé ne représente plus directement l'Église ; il représente le Christ, mais en tant qu'il contient virtuellement l'Église, rassemblement de tous ses disciples.

c) En quel sens la mort de Jésus va-t-elle engendrer une multitude de disciples ? Il est difficile de répondre puisque le logion de **12** 24 n'est plus dans son contexte primitif, si même il en a eu un. Il semble que, dans les traditions johanniques, la mort de Jésus soit plus spécialement liée au rassemblement du peuple de Dieu dispersé ; c'est le thème de Didachè 9 4 que l'on retrouve réutilisé par Jean II-B en Jn **11** 51-52 (cf. note § 267, III B 4). On rejoint également le thème développé par Jean II-B du pasteur qui donne sa vie pour ses brebis (Jn **10** 11 ss.). Plutôt qu'à une valeur d'expiation pénale donnée à la mort de Jésus, il faudrait chercher dans le sens d'une attraction exercée par le Christ exalté sur tous les hommes de bonne volonté, ce qui provoquerait le rassemblement du peuple de Dieu : « Et moi, une fois élevé de terre, j'attirerai tout à moi » (Jn **12** 32, du Document C).

3. HAÏR SA VIE POUR LA GARDER

25 « Qui aime sa vie la perd, et qui hait sa vie en ce monde, pour la vie éternelle il la gardera.
26 Si quelqu'un me sert, qu'il me suive et ( ) le Père l'honorera. »

Dans Jn comme dans la tradition synoptique, les logia des vv. 25 et 26 sont étroitement liés, et nous les commenterons ensemble.

a) Le logion du v. 25 a son parallèle le plus étroit en Mc **8** 35 et par. (Synopse, tome I, p. 152) : « Qui veut en effet sauver sa vie la perdra mais qui perd sa vie à cause de l'évangile la sauvera. » Le logion johannique offre des traits plus archaïques. Le parallélisme antithétique des phrases est mieux conservé au début, avec le simple « qui aime » au lieu de « qui veut en effet sauver ». Dans les Synoptiques, les deux phrases sont construites autour de l'opposition « sauver/perdre » ; dans Jn, on a deux oppositions complémentaires : « aimer/perdre » et « haïr/sauver », mais il est possible que ce soit la tradition synoptique qui ait simplifié le logion, car le couple antithétique « aimer/haïr » est de facture très sémitique (Dt **21** 15 ; Ml **1** 2-3) ; il faut d'ailleurs prendre le verbe « haïr » au sens faible de « ne pas aimer », comme dans l'AT. Enfin Jn n'a pas la précision « à cause de l'Évangile » (Mc) ou « à cause de moi » (Mt/Lc), et c'est peut-être le point le plus important concernant le sens du logion. Dans la tradition synoptique, en effet, cette précision semble indiquer que le logion est interprété en fonction des persécutions qui se sont abattues sur les disciples du Christ : il faut être capable de mourir pour Jésus si l'on veut gagner la vie éternelle (Synopse, tome II, note § 168, I 2 *c*). Sous sa forme johannique, le logion a une portée plus générale et rejoint des textes tels que Lc **14** 26 et Mt **10** 37, ou encore Mc **10** 29-30 et par. Il formule le caractère paradoxal de la vie chrétienne : se renoncer en ce monde afin d'obtenir la vie éternelle. Une telle exigence se comprend si l'on se rappelle que la loi fondamentale qui règle la vie du disciple de Jésus est : « aimez-vous les uns les autres » (Jn **13** 34 ; **15** 12) ; l'amour des autres implique l'oubli de soi. Même si la précision « en ce monde... pour la vie éternelle » fut ajoutée dans la tradition johannique, elle ne fait qu'expliciter le sens fondamental du logion.

b) Le v. 26, qui correspond à Mc **8** 34 et par. (cf. Lc **14** 27), reprend le même thème, mais en référence à Jésus. C'est le propre du disciple que de « suivre » son maître, c'est-à-dire de vivre comme il a vécu. Or Jésus peut exiger de ses disciples un renoncement absolu puisque lui-même a su « haïr » sa vie jusqu'à la donner pour les siens : « Je vous donne un commandement nouveau : aimez-vous les uns les autres *comme je vous ai aimés* » (Jn **13** 34 ; cf. **15** 12) – « Nul n'a de plus grand amour que celui-ci : qu'il donne sa vie pour ses amis » (**15** 13). Celui qui saura « suivre » Jésus, le Père l'honorera, c'est-à-dire lui donnera la « gloire » de la vie éternelle ; il faut probablement mettre une équivalence entre les verbes « honorer » et « glorifier » (cf. **8** 49-50).

B) L'ACTIVITÉ LITTÉRAIRE DE JEAN II-B

L'activité littéraire de Jean II-B est ici assez complexe. Il reprit au texte de Jean II-A (cf. le Document C) l'épisode des Grecs qui veulent « voir » Jésus (**12** 20-22 ; 31 ss.), mais il y inséra, d'une part le début de l'équivalent johannique du récit de l'agonie à Gethsémani (**12** 23b.27-28a, complété par les vv. 28b-30), d'autre part les logia des vv. 24-26 (celui du v. 26 moyennant une addition). Est-il possible de déceler les motifs qui ont poussé Jean II-B à regrouper ainsi et à amplifier les textes de ses sources ?

1. Une harmonisation sur les Synoptiques

Nous avons vu plus haut que les logia de Jn **12** 25-26 avaient leur parallèle en Mt **16** 24-25 (cf. Mc/Lc). En fait, c'est toute la séquence constituée par Jn **12** 23b-32 qui a son parallèle en Mt **16** 21-28, moyennant une inversion. Jésus commence par annoncer la mort et la résurrection du Fils de l'homme (Mt **16** 21), et ce double thème est exprimé en Jn **12** 23b sous la forme : « L'heure est venue que soit glorifié le Fils de l'homme » ; pour Jn, la « glorification » de Jésus est inséparable de sa mort sur la croix. Le thème de la mort de Jésus est d'ailleurs explicité en **12** 24, puisque c'est Jésus lui-même qui est figuré par le grain de blé qui doit mourir pour porter du fruit. – A ce destin du Fils de l'homme, à la fois tragique et glorieux, chaque chrétien doit conformer son propre destin, en acceptant de perdre sa vie ici-bas afin de la sauver dans le monde eschatologique (Mt **16** 24-25) ; c'est ce que Jean II-B veut également montrer en insérant après **12** 23b-24 les logia des vv. 25 et 26, parallèles à ceux de Mt. – Entre l'annonce du destin du Fils de l'homme et la description du destin de ses disciples, Mt **16** 22-23 contient une courte scène dans laquelle Pierre voudrait éviter à Jésus

d'avoir à passer par la mort ; mais Jésus le rabroue durement en laissant comprendre qu'il accepte le dessein de Dieu, et donc sa mort. Sous une forme différente, ce thème se retrouve en Jn **12** 27-28a : Jésus, tenté de demander que l'heure de sa mort lui soit épargnée, s'en remet finalement à la volonté de Dieu. – Le passage matthéen se termine par une annonce du jugement dernier (**16** 27), immédiatement suivie d'une annonce de l'avènement du royaume du Fils de l'homme ; de même en Jn **12** 31-32, Jésus annonce le jugement de « ce monde », puis implicitement l'établissement de son royaume symbolisé par son « élévation » de terre qui s'oppose à la chute du Prince de ce monde. En regroupant en **12** 23b-32 des matériaux repris à des contextes différents, Jean II-B a donc voulu construire une séquence parallèle à celle qu'il lisait en Mt **16** 21-28 (cf. Introd., 4 x).

2. Motifs secondaires

Le regroupement de textes obtenu par Jean II-B offrait en outre quelques avantages secondaires que nous allons brièvement énumérer.

a) Dans la structure des récits de la passion, au niveau de Jean II-B, l'annonce de l'élévation du Christ (**12** 32-33) répond à la crucifixion elle-même (**19** 17b-30) (cf. note §§ 272-357). En amplifiant l'épisode des Grecs qui demandent à voir Jésus, grâce à l'addition de **12** 23b.27-28a, Jean II-B donnait plus d'amplitude au thème de l'annonce de la mort de Jésus, et sa construction en forme de chiasme allant de Jn **12** à Jn **19** s'en trouvait renforcée.

b) On notera en passant que, même quand il en transfère les divers matériaux, Jean II-B veut rester proche de ses sources. Dans le Document C, et encore au niveau de Jean II-A, les éléments actuellement en **12** 23b.27-28a se lisaient juste avant un texte où il était question du Prince de ce monde (**14** 30b) ; dans leur nouveau contexte, ces éléments précèdent encore un texte (du Document C) où il est question du Prince de ce monde (**12** 31).

c) On peut se demander enfin si, en écrivant le bloc constitué par **12** 20-30, Jean II-B n'aurait pas pensé au début du Ps **29**, lu dans la Septante : « Apportez au Seigneur gloire et honneur, apportez au Seigneur gloire à son Nom (cf. Jn **12** 28a). Adorez le Seigneur dans son saint parvis (cf. Jn **12** 20). Voix du Seigneur sur les eaux, le Seigneur de gloire a tonné (cf. Jn **12** 28b-29a). »

3. Les amplifications de Jean II-B

a) Au v. 26, Jean II-B a inséré dans le logion la phrase « où je suis, là aussi sera mon serviteur ». Cette phrase est une adaptation de celle qui se lit en 2 S **15** 21 ; à David en fuite devant Absalom, Ittaï le Gittite affirme sa volonté de le suivre partout où il ira : « Là où sera Monseigneur le Roi, pour la vie et pour la mort, là aussi sera ton serviteur. » Ittaï est le type même du « disciple » de Jésus : ayant suivi son Maître jusque dans la mort, il le suivra finalement aussi dans sa gloire, jusque dans la maison du Père (cf. Jn **14** 2-3 ; **17** 24 ; en opposition avec **7** 34). Sur ce thème de Jésus, nouveau David persécuté, voir Introd., 5 r.

b) C'est enfin Jean II-B qui a ajouté les vv. 28b-30. On a vu plus haut que le thème de la voix qui se fait entendre, complété par celui des auditeurs qui se demandent s'il n'y aurait pas eu un coup de tonnerre (vv. 28b-29a) pourrait évoquer le Ps **29** 3. De même, le thème de l'ange qui aurait parlé à Jésus rappelle la scène de l'agonie à Gethsémani telle qu'elle est racontée en Lc **22** 43 : un ange réconforte Jésus durant son

agonie. Mais le thème important est celui de la voix venue du ciel qui proclame : « Et j'ai glorifié et de nouveau je glorifierai » (v. 28b). Il s'agit de la glorification du Nom de Dieu (v. 28a) par l'intermédiaire de Jésus, qui a reçu la gloire du Père (**1** 14 ; **17** 5). Cette glorification s'est effectuée déjà grâce aux « signes » accomplis par Jésus (cf. **2** 11 ; **11** 40) ; elle trouvera son achèvement et sa plénitude dans l'élévation de Jésus à la droite de son Père (cf. **13** 31-32), élévation qui sera le « signe » par excellence (Jn **2** 18-19). Mais Jésus n'avait pas besoin de recevoir l'assurance de cette glorification prochaine ; la voix céleste s'est donc fait entendre pour le bénéfice de la foule qui assiste à cette scène (v. 30 ; cf. **11** 42).

Note § **310**. *INCRÉDULITÉ DES JUIFS* (Jn **12** 37-43)

I. ANALYSES LITTÉRAIRES

Beaucoup de commentateurs reconnaissent que Jn **12** 37-43 ne forme pas une unité littéraire, en raison surtout des deux citations d'Isaïe qui s'y trouvent ; cette suite de deux citations est d'autant plus étrange que la première reproduit intégralement le texte de la Septante tandis que la seconde pourrait être une traduction assez libre du texte hébreu (cf. cependant *infra*). Mais la façon de concevoir la genèse de ce passage dépend de l'idée générale que l'on a sur la formation de l'évangile de Jn. Pour Bultmann, par exemple, les vv. 37-38 seraient de la « Source des Signes » tandis que le reste aurait été composé par l'évangéliste. Nous pensons au contraire que Jn ne doit rien ici à sa source (pour nous le Document C) ; le noyau le plus ancien de ce passage remonte seulement à Jean II-A ; le reste est de Jean II-B (peut-être Jean III a-t-il modifié la fin de la citation d'Is **6** 9-10, au v. 40).

II-A	II-B	
37		Mais alors qu'il avait fait tant de signes devant eux, ils ne croyaient pas en lui
	38	afin que fût accompli la parole d'Isaïe le prophète qu'il avait dite : *Seigneur, qui a cru à notre parole ? Et le bras du Seigneur, à qui fut-il révélé ?*
39		C'est pourquoi ils ne pouvaient pas croire
parce que		
	de nouveau	
Isaïe a dit :		
40		*Il a aveuglé leurs yeux et endurci leurs cœurs afin qu'ils ne voient pas de leurs yeux et ne saisissent pas de leur cœur, et qu'ils ne se convertissent, et je les guérirai.*
41		Isaïe dit cela lorsqu'il vit sa gloire et parla à son sujet.
42		Toutefois, il est vrai, même des notables beaucoup crurent en lui, mais à cause des Pharisiens ils ne le reconnaissaient pas afin de ne pas être exclu de la Synagogue.
43		Car ils aimèrent la gloire des hommes plus que la gloire de Dieu.

A) LES ADDITIONS DE JEAN II-B

1. LA PREMIÈRE CITATION D'ISAÏE

a) Les deux citations d'Isaïe qui se suivent dans ce texte n'appartiennent pas au même niveau rédactionnel. Mais, contrairement à ce que l'on dit souvent, c'est la première, celle du v. 38, qui fut insérée dans un texte qui ne comportait primitivement que la seconde citation, celle du v. 40. L'insertion de la première citation est en effet signalée par la « reprise », au v. 39, du thème qui se lit à la fin du v. 37 : « ... ils ne croyaient pas en lui » « ils ne pouvaient pas croire » (Introd., 1 f). Primitivement, les vv. 39b-40 suivaient le v. 37. Au v. 39b, c'est l'auteur de l'insertion de la première citation qui a ajouté l'adverbe « de nouveau ».

b) L'addition de la première citation fut effectuée par Jean II-B, pour les raisons suivantes.

ba) Le style de la formule qui l'introduit est de Jean II-B (v. 38a). L'expression « Isaïe le prophète » ne se lit ailleurs chez Jn qu'en **1** 23, de Jean II-B. La phraséologie de ce v. 38a se retrouvera en **18** 9 et **18** 32, deux textes que nous attribuerons à Jean II-B. En voici les caractéristiques stylistiques : « afin que fût accompli la parole » (A 83**), « la parole... qu'il avait dite » (A 36** ; cf. C 64). Quant à la formule de « reprise », au v. 39a, son style est plus neutre : « C'est pourquoi... (parce que) » (C 6), « croire » (F 20).

bb) On verra dans la deuxième partie de cette note que le style « nous » de la citation d'Is **53** 1 convenait bien aux intentions de Jean II-B.

2. LA PUSILLANIMITÉ DES NOTABLES

Nous attribuerons aussi à Jean II-B la rédaction des vv. 42-43, qui ne peuvent être dissociés. Le principal argument est la parenté qui existe entre le v. 42b et Jn **9** 22, avec les deux expressions caractéristiques « reconnaître » (*homologein*) et « exclus de la Synagogue » (*aposynagôgoi*, A 101**). Or les commentateurs reconnaissent sans peine aujourd'hui que Jn **9** 22-23 est de rédaction tardive ; nous l'avons attribué à Jean II-B. On comparera aussi le thème développé au v. 43 avec celui qui se lit en Jn **5** 44, un texte de Jean II-B.

Le v. 42 abonde en caractéristiques stylistiques. Outre l'expression « exclus de la Synagogue » (A 101**), on relève : « toutefois » (C 46*), « des notables beaucoup » (B 22**), « beaucoup crurent en lui » (C 32* et B 51). On rapprochera la phrase « même des notables beaucoup crurent en lui » de celle qui se lit en **7** 31 et que nous avons attribuée à Jean II-B : « Or de la foule beaucoup crurent en lui. » – L'expression « les notables » est plutôt de saveur lucanienne (1/0/4/3/7/3) ; elle ne se lit ailleurs chez Jn que dans des textes de Jean II-B (au pluriel : **7** 26.48). Le verbe « reconnaître » (*homologein*), assez peu employé dans le NT (4/0/2/4/3/13), est relativement fréquent dans les épîtres johanniques (6 fois). – Beaucoup plus court, le v. 43 ne contient qu'une seule caractéristique stylistique : « aimer » (C 63*).

Au v. 42, on notera la particule « il est vrai » (*homôs*), très rare dans le NT (0/0/0/1/0/2). De même, au v. 43, la formule « plus que » (*mallon èper*) est un hapax du NT.

3. ISAÏE VIT SA GLOIRE

Il faut enfin attribuer à Jean II-B l'explication donnée au v. 41, en référence à la citation d'Is **6** 9-10 du texte de Jean II-A. La christologie de ce verset convient à Jean II-B beaucoup mieux qu'à Jean II-A (cf. *infra*). On notera comme caractéristiques stylistiques : « dit cela » (A 68* ; cf. C 64), « vit sa gloire » (B 88**). La proposition « lorsqu'il vit sa gloire » a son équivalent en Jn **1** 14, un texte de Jean II-B.

B) UN TEXTE DE JEAN II-A

Une fois éliminées les gloses de Jean II-B, il reste un texte homogène constitué des vv. 37 et 39b-40. Nous pensons devoir l'attribuer à Jean II-A et non au Document C. Il est vrai que, au v. 37, la formule « faire des signes » (B 81) pourrait remonter au Document C. En revanche, l'expression « croire en » (B 51) ne se lit jamais au niveau de ce Document, ni l'adverbe « tant » (F 35*). Ce serait également le seul cas, dans le Document C, où nous aurions une citation explicite de l'AT, hormis le texte liturgique cité en **12** 13 et qui est d'ailleurs dépourvu de formule d'introduction. Nous verrons enfin dans le commentaire des textes que la citation d'Is **6** 9-10, légèrement modifiée, est étroitement liée au récit de la guérison de l'aveugle-né tel qu'il se lisait au niveau de Jean II-A, et non au niveau du Document C.

C) UN REMANIEMENT DE JEAN III

La citation d'Is **6** 9-10, faite plutôt d'après l'hébreu, se termine par l'expression « et je les guérirai », reprise de la Septante (cf. *infra*). Nous verrons dans la deuxième partie de cette note que cet emprunt à la Septante pourrait s'expliquer comme un remaniement de Jean III.

II. LE SENS DU SOMMAIRE

A) LE TEXTE DE JEAN II-A

1. Pour Jean II-A, le « signe », c'est-à-dire le miracle, est un des moyens donnés par Dieu aux hommes pour les aider à croire en la mission de Jésus. Cette théologie du « signe », déjà présente dans le Document C, a son origine dans Ex **4** 1-9 : Dieu donne à Moïse le pouvoir d'accomplir trois « signes » afin que les Hébreux puissent croire en sa mission (Introd., 5 d et h). Jésus ayant accompli devant eux un grand nombre de « signes », les Juifs auraient dû croire en lui. Or il n'en fut rien (**12** 37). Comment rendre compte de ce phénomène ? Jean II-A l'explique en recourant au texte d'Is **6** 9-10, ce qu'avait déjà fait Paul selon Ac **28** 27. Si les Juifs ne croient pas, c'est parce que Dieu a aveuglé leurs yeux et endurci leur cœur. Jean II-A durcit d'ailleurs le texte d'Isaïe en mettant une finalité : « ... *afin que* ils ne voient pas », là où il lisait une simple crainte : « ... *de peur que* ils ne voient » (hébreu et Septante). Les Juifs ont donc été « aveuglés » par Dieu, et pour cette raison ils ne peuvent pas « voir » que les miracles accomplis par Jésus sont les « signes » de sa mission par Dieu. Cet aveuglement est-il une conséquence de fautes plus générales commises par eux (cf. Rm **1** 18-32) ? Jn ne se prononce pas sur ce point.

2. Étudions de plus près la citation d'Isaïe faite au v. 40.

a) Cette citation contient une anomalie soulignée par les commentateurs, mais dont on ne s'efforce pas assez de rendre compte. La fin de la citation « et je les guérirai » serait reprise de la Septante tandis que le reste serait traduit, de façon assez libre, sur l'hébreu. Pourquoi Jean II-A serait-il allé chercher dans la Septante cette formule pleine d'espérance qui s'allie si mal avec son anti-judaïsme ? Par ailleurs, bien qu'il connaisse et utilise la Septante, c'est le seul cas chez lui où une citation combine ainsi le texte hébreu et celui de la Septante. Voici l'hypothèse que nous proposons pour rendre compte de cette anomalie. Le texte de Jean II-A devait avoir « (de peur que) ... et que je les guérisse », conformément au texte hébreu. C'est Jean III qui aurait remplacé cette finale pessimiste par celle plus optimiste de la Septante, qui correspondait mieux à ses tendances sympathisantes à l'égard du judaïsme (Introd., 7 d).

b) Jean II-A a fait subir au texte d'Isaïe des changements significatifs. Le texte d'Isaïe est le suivant : « Appesantis le cœur de ce peuple, rends-le dur d'oreille, englue-lui les yeux, de peur que ses yeux ne voient, que ses oreilles n'entendent, que son cœur ne comprenne, qu'il ne se convertisse et ne soit guéri. » Jn effectue par rapport à ce texte trois changements importants. Il supprime d'abord tout ce qui concerne les oreilles. Cette simplification se comprend assez bien puisqu'il s'agit des « signes » qui s'adressent à la vue et non à l'ouïe (cf. Jn **6** 2.14). Il n'empêche que le thème des « yeux » prend chez Jn une importance plus grande qu'en Is **6** 9-10. Par ailleurs, Jn inverse l'ordre des deux premières phrases : le thème des « yeux » vient en premier, avant celui du « cœur ». Ce deuxième changement renforce donc la portée du premier, en mettant en évidence le thème des « yeux ». Enfin, au lieu de « englue-lui les yeux », Jn écrit « Il a aveuglé leurs yeux » (A 167*) ; l'expression est beaucoup plus précise, beaucoup plus forte, d'autant qu'elle se trouve placée en tête du texte d'Isaïe ; le lecteur est d'emblée saisi par cette phrase-clef : « Il a aveuglé leurs yeux... » Et puisque la citation d'Isaïe se termine sur l'idée de « guérison », comment ne pas penser au récit de la guérison de l'aveugle-né (Jn **9**) ? Il existe une opposition radicale entre Jn **9** et Jn **12** 40 ; d'un côté, Jésus guérit un aveugle de naissance ; de l'autre, Dieu rend aveugles les Juifs afin qu'ils ne soient pas guéris !

3. On peut dès lors émettre l'hypothèse suivante. Au niveau de Jean II-A, le petit texte de **12** 37.39b-40 formait la conclusion du récit de l'aveugle-né, qui se terminait en **9** 37 (cf. note § 262). C'est Jean II-B qui l'aurait transféré à sa place actuelle. Un indice vient confirmer le bien-fondé de cette hypothèse. En transférant la citation d'Is **6** 9-10, Jean II-B en a gardé un écho en **9** 39 : « Pour un jugement je suis venu dans ce monde, afin que ceux qui ne voient pas voient, et que ceux qui voient deviennent aveugles » ; c'est exactement l'opposition qui existe entre la guérison de l'aveugle par Jésus et l'aveuglement des Juifs par Dieu, opposition qui se lisait déjà au niveau de Jean II-A si la citation d'Is **6** 9-10 suivait immédiatement Jn **9** 37. Si cette hypothèse est exacte, il faut admettre que, pour Jean II-A, les « Juifs » que Dieu a aveuglés sont les chefs religieux du peuple juif (cf. **9** 18). On voit mieux alors comment **12** 37.39b-40 se situerait parfaitement bien en finale de ce récit où Jean II-A, dans la personne de l'ancien aveugle, démontre aux chefs du peuple juif l'absurdité de leur position : ils refusent de croire en la mission de Jésus malgré le « signe » éclatant qu'il vient d'accomplir. Pourquoi ce refus ? Parce que Dieu a aveuglé leurs yeux.

B) LES ADDITIONS DE JEAN II-B

1. Au niveau de Jean II-A, on vient de le voir, l'oracle d'Is **6** 9-10 était dirigé contre les chefs religieux du peuple juif. Il en va tout autrement au niveau de Jean II-B. Cet oracle d'Isaïe, en effet, se trouve maintenant situé (**12** 37.39b-40) après une section où seule la foule est en scène (**12** 29). C'est donc elle qui est visée dans la parole d'Is **6** 9 : « Il a aveuglé leurs yeux... » Cette conclusion est confirmée par le fait que Jean II-B a ajouté, au v. 38, une citation d'Is **53** 1 : « Seigneur, qui a cru à notre parole... ? » Ce texte d'Isaïe intéressait Jean II-B en raison du possessif à la première personne du pluriel qui affecte le mot « parole ». Le lecteur est transporté au temps de l'évangéliste. Dans les dernières années du premier siècle, la prédication chrétienne n'a pas trouvé une grande audience auprès des Juifs et le christianisme s'est développé surtout en milieu païen ; mais les chrétiens ne doivent pas s'étonner de cet échec, qui avait été prévu par Dieu comme en témoigne le texte d'Is **53** 1 ; « notre parole », c'est la parole des prédicateurs de l'évangile (Rm **10** 16), la parole surtout des membres des communautés johanniques (cf. 1 Jn **1** 1-3). Sur cette perspective propre à Jean II-B, voir déjà le commentaire que nous avons donné de Jn **3** 11 à la note §§ 78.80.

2. L'addition des vv. 42-43 par Jean II-B complète la perspective du v. 38. Parmi les notables juifs, beaucoup croient en Jésus. Toutefois, ils ne veulent pas le « reconnaître », c'est-à-dire s'engager par la profession de foi chrétienne, à cause des Pharisiens. Après la destruction du Temple de Jérusalem, en 70, ceux-ci avaient pris une importance de plus en plus grande, surtout à partir de l'an 83 (voir le commentaire de Jn **9** 22). Jean II-B s'en prend à ces Juifs qui, favorables au christianisme, ne veulent pas rompre avec le judaïsme. La décision des Pharisiens d'exclure de la Synagogue tous ceux qui feraient profession de foi en Jésus les met devant un choix qu'ils sont incapables de faire ; plus exactement, ils préfèrent ne pas rompre avec tout ce qui représente leur passé. Ils aiment mieux l'honneur qui vient des hommes que l'honneur qui vient de Dieu (**12** 43 ; cf. **5** 44).

3. Enfin, en ajoutant après la citation d'Is **6** 9-10 le commentaire du v. 41, Jean II-B développe le thème de la divinité de Jésus (Introd., 6 a). Avant qu'Isaïe ne prononce son oracle, qui lui est dicté par Dieu (**6** 9-10), il a proclamé : « Saint, saint, saint est Yahvé Sabaot, *sa gloire* emplit toute la terre » (**6** 3) ; il s'agit donc de la gloire de Dieu. Mais Jn **12** 41 commente : « Il dit cela lorsqu'il vit sa gloire et parla à son sujet », où il s'agit de la gloire du Christ. Pour Jean II-B, la gloire de Dieu qui se manifestait dans les événements de l'AT était déjà la gloire du Christ, le « Fils Unique » qui a reçu la gloire du Père (**1** 14) dès avant la fondation du monde (**17** 5).

Note § **316.** *LE LAVEMENT DES PIEDS* (Jn **13** 1-18a)

Dans le tome I de la Synopse, les vv. 1 à 20 du chapitre **13** ont été regroupés sous le titre « Le lavement des pieds » ; mais cette scène ne concerne en réalité que les vv. 1 à 18a ; la suite du texte, aux vv. 18b-20, rapporte une annonce de la trahison de Judas dont nous réservons l'étude à la note suivante.

I. CRITIQUE TEXTUELLE

1. Dans la deuxième partie du v. 2, deux leçons sont en présence : « Le Diable ayant déjà mis au cœur de Judas... qu'il le livrerait », ou : « Le Diable ayant déjà mis en (son) cœur que Judas... le livrerait. » La première leçon est celle de la masse des manuscrits grecs, la seconde celle de la tradition Alexandrine. En grec classique, l'expression « mettre dans le cœur » (ou des expressions équivalentes) peut s'employer dans les deux sens : « mettre au cœur de quelqu'un » ou « mettre en son propre cœur ». Dans la Bible, c'est le second sens qui est presque toujours utilisé (Dn **1** 8 ; Ml **2** 2 ; 2 S **13** 33 ; Is **47** 7 ; Jr **12** 11 ; etc.). Dans le NT, Lc emploie fréquemment l'expression, et toujours dans le second sens (Lc **21** 14 ; Ac **5** 4 ; **7** 23 ; cf. Lc **1** 66 ; **2** 19) ; mais c'est le premier sens que l'on trouve en Ap **17** 17. En Jn **13** 2, le choix est difficile à faire. Avec Wellhausen et Bultmann, nous adopterons la première leçon : « Le Diable ayant déjà mis au cœur de Judas, (fils) de Simon Iscariote, qu'il le livrerait. » En effet, si Jn avait utilisé le second sens, il aurait explicité le possessif après le mot « cœur », car sa tendance est à les multiplier : « Le Diable ayant déjà mis dans *son* cœur que Judas... » D'autre part, la leçon alexandrine (second sens) pourrait avoir été introduite par un scribe estimant que la leçon de la masse des manuscrits était en contradiction avec la donnée de Jn **13** 27 : « Satan entra en Judas... »

2. Au v. 10, la plupart des témoins du texte évangélique ont une leçon longue : « Celui qui s'est baigné n'a pas besoin de se laver, sinon les pieds, mais il est entièrement pur. » Les mots « sinon les pieds » sont omis par 2 mss grecs, dont le Sinaïticus (S 579), l'ensemble des Pères latins les plus anciens (Tertullien, Optat de Milève, Pacien de Barcelone, Ambroise, Jérôme, Augustin) auxquels il faut ajouter le témoignage très important de Tatien et d'Origène. Ces mots sont une glose de copiste. S'ils étaient de l'évangéliste, on ne voit pas pourquoi il aurait écrit : « Celui qui s'est baigné... est entièrement pur » ? Il ne serait pas entièrement pur puisqu'il aurait encore besoin de se laver les pieds ! Par ailleurs, si le texte long était primitif, on ne voit pas pourquoi les mots « sinon les pieds » auraient été écartés puisqu'ils correspondent à l'action accomplie par Jésus. Le texte court, au contraire, présentait une difficulté qu'Origène a bien sentie : « Mais on pourra se demander : si celui qui a pris un bain n'a pas besoin de se laver, mais est propre, et les disciples étaient propres

puisqu'ils s'étaient baignés, pourquoi Jésus verse-t-il de l'eau dans le bassin et se met-il à leur laver les pieds ? » Pour écarter cette difficulté, on a fait dire au Christ : « Celui qui s'est baigné n'a pas besoin de se laver, sinon les pieds... », ce qui justifiait l'action de Jésus. – Mais il faut pousser le problème plus avant. Des témoins du texte court, les plus anciens, Tatien et Tertullien (cf. le ms grec 579), omettent également le verbe « se laver » ; ils lisaient : « Celui qui s'est baigné n'(en) a pas besoin, mais il est entièrement pur », construction un peu dure mais qui se lit aussi en 1 Co **12** 23-24. Un principe de critique textuelle dit que la leçon la plus courte est souvent la meilleure. C'est le cas ici, où le texte ultra-court fut complété par des scribes afin de le rendre plus clair.

II. ANALYSES LITTÉRAIRES

Jean, qui ne raconte pas l'institution de l'eucharistie, donne en revanche un récit ignoré de la tradition synoptique : au cours de son dernier repas, Jésus se met à laver les pieds de ses disciples. La plupart des commentateurs modernes reconnaissent que ce récit ne forme pas une unité littéraire (Wellhausen, Spitta, Bultmann, Wilkens, Richter, Brown, Schnackenburg). Certains y voient la fusion de deux récits primitivement indépendants, donnant chacun une signification différente au geste du Christ ; d'autres préfèrent parler d'un récit primitif (constitué, pour les uns des vv. 4-10, pour les autres des vv. 4-5 et 12-17), complété par l'évangéliste. Tout en gardant le principe de la distinction des niveaux rédactionnels, nous allons adopter une solution un peu plus complexe que ne l'ont fait nos prédécesseurs. Le récit primitif était formé d'une brève introduction (v. 1b) et des vv. 4-5, 12 et 17 et appartenait au Document C. Jean II-A remplaça l'invitation primitive à imiter le geste du Christ (vv. 12 et 17) par une interprétation plus théologique (vv. 6-10) et transforma l'introduction primitive pour la rendre conforme à la nouvelle interprétation qu'il donnait du geste du Christ (v. 3a). Jean II-B fusionna les deux récits précédents ; pour obtenir un récit à portée sacramentelle, il inséra diverses additions. Faisant du lavement des pieds le premier des récits de la passion, il le fit précéder d'une introduction solennelle (vv. 1-3) qui reprenait en les amplifiant celles de ses sources. Jean III enfin ajouta une parole de Jésus rapportée au v. 16.

C	II-A	II-B	III
1		Or, avant la fête de la Pâque,	

Jésus, sachant que

| | | son | |

(l')heure est venue

		de passer de ce monde vers le Père, ayant aimé les siens qui sont dans le monde, les aima jusqu'à l'achèvement.	
2		Et, au cours d'un repas, le Diable ayant déjà mis au cœur de Judas, fils de Simon Iscariote, qu'il le livrerait,	
3	(Jésus), sachant que le Père lui a tout remis dans les mains		
	et qu'il est sorti de Dieu et qu'il va vers Dieu,		

4 Il se lève du repas et dépose ses vêtements et, prenant un linge, il s'en ceignit.

C | II-A | II-B | III

5 Puis il met de l'eau dans le bassin et commença à (leur) laver les pieds
    | des disciples
    et à les essuyer avec le linge dont il était ceint.
6 | Il vient donc vers Simon-Pierre. Il lui dit : « Seigneur, toi, me laver les pieds ! »
7 | Jésus répondit et lui dit : « Ce que je fais, tu ne le sais pas maintenant ; mais tu comprendras plus tard. »
8 | Pierre lui dit : « Tu ne me laveras pas les pieds, jamais ! » Jésus lui répondit : « Si je ne te lave pas, tu n'auras pas de part avec moi. »
9 | Simon-Pierre lui dit : « Seigneur, pas seulement les pieds, mais aussi les mains et la tête ! »
10 | Jésus lui dit : « Celui qui s'est baigné n'en a pas besoin, mais il est entièrement pur ; vous aussi vous êtes purs,
      | mais pas tous. »
11 | Car il connaissait celui qui le livrait. Pour cela, il dit : « Vous n'êtes pas tous purs. »
12 Lors donc qu'il leur eut lavé les pieds, et qu'il eut repris ses vêtements et qu'il se fut remis à table, il leur dit :
    « Reconnaissez ce que je vous ai fait.
13 | Vous m'appelez Maître et Seigneur, et vous dites bien, car je le suis.
14 | Si donc je vous ai lavé les pieds, moi le Seigneur et le Maître, vous aussi, vous devez vous laver les pieds les uns aux autres.
15 | Car je vous ai donné un exemple afin que, comme je vous ai fait, vous aussi vous le fassiez.
16 | En vérité, en vérité, je vous le dis : le serviteur n'est pas plus grand que son maître,
      | ni l'apôtre plus grand que celui qui l'a envoyé.
17 Puisque vous savez cela, vous êtes heureux si vous le faites.
18a | je ne le dis pas de vous tous...

A) LE CORPS DU RÉCIT (VV. 4-17)

1. Position du problème

Nous reprenons ici des remarques devenues classiques depuis Wellhausen. Le geste de Jésus lavant les pieds de ses disciples est raconté aux vv. 4-5. Mais ce geste est interprété de deux façons différentes, aux vv. 6-10 d'une part, aux vv. 12-17 d'autre part. Tout en gardant la même perspective fondamentale (cf. § III), ces deux interprétations doivent appartenir à deux niveaux rédactionnels différents, pour les raisons suivantes.

a) On peut supprimer du récit les vv. 6-11 sans que le sens des vv. 12-17, qui se rattacheraient alors directement aux vv. 4-5, en soit modifié. De même, les vv. 4-10 forment un tout qui se suffit à lui-même et qui pourrait se passer des vv. 12-17. Ces deux groupes de versets sont indépendants les uns des autres.

b) Les commentateurs sont divisés sur le sens qu'il faut donner à la signification du geste de Jésus exposée aux vv. 6-10. Selon les uns, ce geste serait un « signe » qui, en référence à sa mort prochaine, aurait une efficacité salvifique ; selon les autres, il aurait une portée sacramentelle, probablement baptismale. De toute façon, c'est le geste même du Christ qui a valeur salvifique pour ses disciples. Il n'en est pas de même aux vv. 12-17 : Jésus aurait simplement accompli un geste d'humilité que les disciples devront imiter ; c'est en se lavant les pieds les uns les autres qu'ils parviendront à la béatitude (v. 17) parce qu'ils auront su se mettre au service des autres.

c) Dans la première interprétation, Jésus dit à Pierre : « Ce que je fais, tu ne le sais pas maintenant ; mais tu comprendras plus tard » (v. 7). L'expression « plus tard » fait allusion au temps qui suivra la résurrection de Jésus ; éclairés par l'Esprit, les disciples comprendront alors le sens mysté-rieux des principaux épisodes de la vie du Christ (cf. Jn **2** 22 ; **12** 16 ; **16** 12-13). Mais dans la seconde interprétation, le sens du geste de Jésus est donné immédiatement, d'après le v. 12 qui s'oppose au v. 7.

d) Des deux significations données au geste de Jésus, que nous venons de dégager, celle qui est placée la deuxième (vv. 12-17) est la plus ancienne car elle est christologiquement la moins élaborée. Comme nous l'avons dit plus haut, elle devait primitivement suivre immédiatement les vv. 4-5. Nous allons donc maintenant étudier plus spécialement le texte constitué par **13** 4-5.12-17 ; nous allons voir qu'il contient un récit primitif remontant au Document C, mais que ce récit fut ensuite amplifié par Jean II-B, puis glosé par Jean III.

2. Un récit du Document C

La couche la plus ancienne du récit du lavement des pieds remonte au Document C. Pour le prouver, nous pouvons apporter un argument d'ordre très général. Ce récit, au moins sous cette forme, ne se lit pas dans la tradition synoptique. Mais dans l'évangile de Jn, nous ne trouvons pas d'exemple de *récit* forgé de toute pièce par Jean II, encore moins par Jean III. Les récits propres à Jn remontent, en général, au Document C. Il doit en être de même ici.

S'il est vrai que Lc ne raconte pas la scène du lavement des pieds, il existe de sérieuses raisons de penser qu'il la connaît et l'utilise à deux reprises dans son évangile. En Lc **22** 24-27, aux disciples qui disputent entre eux pour savoir qui est le plus grand, Jésus se donne lui-même en exemple d'humilité. Lc reprend ici le texte attesté par Mc **10** 42-45 et Mt **20** 25-28, mais il le modifie de deux façons. D'une part, il place l'épisode lors de la dernière Cène, ce qui correspond à la situation du récit du lavement des pieds chez Jn. D'autre part, il remplace le logion christologique de Mc **10** 45 et Mt **20** 28 par cette parole de Jésus : « Car qui est plus grand ?

celui qui est à table ou celui qui sert ? N'est-ce pas celui qui est à table ? Or moi, je suis au milieu de vous comme celui qui sert » (**22** 27). Jésus s'est mis au service de ses disciples au cours de son dernier repas avec eux. L'analogie de situation avec le récit de Jn **13** 4-5 a été relevée par tous les commentateurs. Puisque Lc utilise largement les récits du Document C (Introd., 8 g), on peut penser qu'il compose son récit de **22** 24-27 en utilisant, d'une part un récit du Document C dont on retrouve l'essentiel en Jn **13** 4-5.12-17, d'autre part la scène racontée en Mc **10** 42-45 et Mt **20** 25-28. Voir les développements donnés en ce sens dans le tome II de la Synopse, note § 321, 3.

L'autre passage où Lc pourrait dépendre du récit du Document C est **7** 38b, dans l'épisode de la pécheresse pardonnée (Lc **7** 36-50). Mettons en parallèle Jn **13** 5 et Lc **7** 38b :

Jn **13** 5	Lc **7** 36b
	... avec ses larmes
Et il commença	elle commença
à laver les pieds	à arroser ses pieds
de ses disciples	
et	et avec les cheveux de sa tête
à les essuyer	elle les essuyait.
avec le linge dont il était	
ceint.	

Du point de vue littéraire, la parenté entre les deux textes est évidente. Les deux phrases ont même structure, sauf l'inversion du complément qui accompagne le verbe « essuyer ». Ce verbe « essuyer » (*ekmassein*) ne se lit dans tout le NT qu'ici et en Lc **7** 44 (suite du même épisode) repris en Jn **11** 2 et **12** 3 (cf. *infra*). Quant au verbe « commencer », fréquent dans les Synoptiques, il ne se lit qu'ici chez Jn (*archomai* : 13/27/31/1/10/3). A ce rapprochement, on objectera qu'il s'agit de deux scènes apparemment très différentes ; la différence toutefois n'est pas si grande puisque, dans le récit lucanien, le fait que la pécheresse arrose de ses pleurs les pieds de Jésus est explicitement donné comme remplaçant le « lavement des pieds » que Simon le Pharisien n'a pas accompli : « Vois-tu cette femme ? Je suis entré dans ta maison, tu ne m'as pas versé d'eau sur les pieds, mais elle a arrosé mes pieds de ses larmes et les a essuyés avec ses cheveux » (Lc **7** 44). Ajoutons enfin que cette dépendance commune de Jn et de Lc à l'égard du Document C pourrait expliquer pourquoi Jean II-B complète le récit de l'onction à Béthanie en utilisant les détails du récit de Lc **7** 36-50 ; sur ce point, voir ce que nous avons dit à la note § 272.

Ainsi, le double témoignage de Lc nous le confirme ; l'épisode du lavement des pieds n'est pas une création littéraire de Jean II, mais il remonte au Document C comme les autres épisodes propres à la tradition johannique.

3. Un texte surchargé

Le texte du Document C a reçu des additions de la part, non seulement de Jean III, mais encore de Jean II.

a) L'addition la plus visible est celle du logion qui se lit au v. 16. C'est un corps étranger qui rompt la suite du développement entre les vv. 14-15 et 17 ; la séquence est bien meilleure si l'on fait abstraction de ce v. 16 qui ne fait que reprendre, sous une forme plus élaborée, une parole de Jésus beaucoup mieux en situation en **15** 20. L'addition de ce v. 16 doit être le fait de Jean III, comme celle de quelques autres logia pareillement hors de contexte (Introd., 5 a).

b) Il faut tenir aussi les vv. 13-15 pour une addition de Jean II-B. En effet, la réflexion que fait Jésus au v. 17 : « Puisque *vous savez* (*oidate*) cela, vous êtes heureux *si vous le faites* », répond sous forme de béatitude à l'invitation faite à la fin du v. 12, qu'il faut comprendre comme un ordre et non comme une interrogation : « *Reconnaissez* (*ginôskete*) ce que *je vous ai fait.* » L'exemple d'humilité donné par Jésus se comprenait de lui-même ; les développements des vv. 13-15 ne font que rendre explicite l'enseignement implicite de la scène. Les vv. 12 et 17 se suffisent à eux-mêmes ; ils forment avec les vv. 4-5 un récit complet dans lequel ceux qui participent au repas sont invités à reproduire l'exemple d'humilité du Christ pour parvenir à la béatitude. Nous verrons plus loin que le style des vv. 13-15 convient à Jean II. Nous attribuons l'addition à Jean II-B, puisque Jean II-A a remplacé cette partie du récit primitif par les vv. 6-10 (cf. *infra*).

c) Nous pensons enfin que la mention des disciples, au v. 5, fut ajoutée par Jean II-A. Dans les récits attribués jusqu'ici au Document C, il n'a jamais été question des disciples.

4. Un récit réinterprété par Jean II-A

Les vv. 6-10 ne sont pas du même niveau rédactionnel que les vv. 12.17, et doivent être plus récents (cf. *supra*). Nous croyons pouvoir les attribuer à Jean II-A. En effet, avec Bultmann, Richter et Brown, nous admettrons que les vv. 10c (« mais pas tous ») et 11 sont une addition aux vv. 6-10, et que cette addition fut faite par Jean II-B (cf. *infra*) ; les vv. 6-10ab ne peuvent être alors que de Jean II-A. A ce niveau, le corps du récit était donc constitué par les vv. 4-10ab, Jean II-A ayant repris au Document C les vv. 4-5.

C'est Jean II-B qui a effectué la fusion entre les récits du Document C et de Jean II-A, en ajoutant les gloses signalées plus haut. Le fait de fusionner les deux récits lui permettait plus facilement de donner une coloration sacramentelle à cet épisode, comme on le verra dans la troisième partie de cette note.

5. Les caractéristiques stylistiques

a) Le récit que nous avons attribué au Document C offre peu de caractéristiques stylistiques. Aux vv. 4 et 5, le verbe « se ceindre », utilisé 1 fois ailleurs par Jean II-B (A 104). Aux vv. 5 et 12, le verbe « laver » (B 57), déjà utilisé en **9** 7 au niveau du Document C ; ce verbe ne se lit d'ailleurs chez Jn que dans le récit de l'aveugle-né (**9**) et dans celui du lavement des pieds (**13**) ; s'il est une caractéristique stylistique, c'est parce qu'il fut repris dans ces deux récits aux niveaux de Jean II-A et de Jean II-B. Au v. 12, « lorsque donc » (A 28 ; cf. **19** 30 au niveau du Document C) ; la séquence « donc... et... et... » (A 13 ; cf. **9** 7 et **20** 2 au niveau du Document C). Au v. 17, le verbe « savoir » (F 25), caractéristique mineure qui se trouve à tous les niveaux johanniques. Tout ce vocabulaire convient donc au Document C. On notera aussi, au v. 4, l'expression « prenant un linge » ; le participe du verbe *lambanein*, « prendre », sans article et avec ce sens précis, ne se lit ailleurs chez Jn qu'en **12** 3 et **18** 3, deux textes du Document C.

Aux vv. 4 et 5, les mots « linge » et « bassin » sont des hapax du NT. Le verbe « commencer », attesté aussi en Lc **7** 38 (*supra*), ne se lit nulle part ailleurs chez Jn. Le verbe « essuyer » (*ekmassein*), attesté aussi en Lc **7** 38 (*supra*), ne se lit ailleurs dans le NT que dans des textes de Jn et de Lc qui dépendent de celui-ci. Au v. 17, l'adjectif « bienheureux », fréquent surtout chez Mt et chez Lc, ne se lit ailleurs chez Jn qu'en **20** 29, mais par influence lucanienne sur Jean II-B.

b) Les caractéristiques stylistiques du texte propre à Jean II-A (vv. 6-10ab) sont plus nombreuses. Au v. 6 : « Simon-Pierre » (B 32), « laver » (B 57, repris du Document C). Au v. 7 : « répondit... et dit » (B 6), « tu ne le sais pas maintenant » (F 15 et F 25). Au v. 8 : « Pierre lui dit » (C 12), « ne... pas... jamais » (B 27* ; cf. E 13*), « laver » (B 57), « répondit » (B 74), « si... ne... pas... ne... pas » (C 62*). Au v. 9 : « Simon-Pierre lui dit : Seigneur » (B 32 et A 20* ; cf. C 12). Au v. 10 : « Jésus lui dit » (C 12).

c) Les vv. 13-15, attribués à Jean II-B, offrent des caractéristiques stylistiques plus importantes. Signalons en passant le verbe « laver », au v. 14, repris du Document C (B 57). Au même verset, la phrase « Si... je vous ai lavé... vous aussi vous devez vous laver... » (A 32* et A 44**). Aux vv. 13 et 14, le titre de « Maître » (B 87**). Au v. 15, la phrase « afin que, comme je vous ai fait, vous aussi vous le fassiez » (A 35** et F 23* ; cf. A 44**).

d) Le logion du v. 16 ne contient comme caractéristique stylistique que la formule « en vérité, en vérité » (A 2*).

B) L'INTRODUCTION DU RÉCIT (VV. 1-3)

L'introduction du récit est composée, sous sa forme actuelle, d'une longue période où abondent les propositions participiales et les génitifs absolus ; c'est un exemple unique dans l'évangile de Jn. Récemment encore, certains auteurs ont tenté d'en défendre l'unité littéraire, mais c'est une entreprise désespérée. Reconnaissons-le cependant, les commentateurs qui admettent la complexité littéraire du morceau ne sont pas d'accord sur la façon d'en concevoir la genèse. Reprenons donc l'examen de ce problème.

Nous partirons d'un fait indéniable : la répétition de l'expression « sachant que », aux vv. 1 et 3. Puisque le corps du récit (vv. 4-17) résulte de la fusion par Jean II-B de deux textes parallèles, l'un du Document C et l'autre de Jean II-A,

l'hypothèse la plus vraisemblable est que, ici aussi, Jean II-B aurait fusionné deux textes, l'un du Document C et l'autre de Jean II-A.

1. LE TEXTE DE JEAN II-A

a) Un point semble assez ferme : le v. 3 se rattache au mieux à l'interprétation du lavement des pieds donnée aux vv. 6-10ab (Bultmann, Wilkens, Fortna, Richter, Brown). Les deux textes, en effet, se complètent pour exprimer le don de la vie par le Christ (cf. *infra*). Nous attribuerons donc ce v. 3 à Jean II-A puisque c'est lui qui a composé les vv. 6-10ab. Il ne faut pas oublier, par ailleurs, qu'il avait repris au récit du Document C les vv. 4-5 ; son propre récit allait donc du v. 3 au v. 10ab.

b) Nous apporterons toutefois une précision à la position prise par nos prédécesseurs : la double proposition « et qu'il est sorti de Dieu et qu'il va vers Dieu » doit être considérée comme un ajout de Jean II-B. Elle surcharge la phrase. Par ailleurs, elle offre des formules qui en rendent difficile l'attribution à Jean II-A. L'expression « il est sorti de Dieu » (*apo theou*) ne se lit encore sous cette forme qu'en Jn **16** 30, texte que nous attribuerons à Jean II-B. Quant à l'expression « il va vers Dieu », elle ne se lit nulle part ailleurs chez Jn, qui utilise pourtant 17 fois le verbe « aller » (*hypagein*) pour exprimer le retour de Jésus vers son Père (B 5) ; mais dans ce cas, Jn utilise ce verbe, soit de façon absolue, soit suivi des mots « vers le Père » ou « vers celui qui m'a envoyé ». On sait toutefois que Jean II-B a un style plus varié que celui de Jean II-A et qu'il a une tendance à remplacer « le Père » par « Dieu ». Nous verrons enfin, dans la dernière partie de cette note, que cette glose du v. 3b est étroitement liée aux sections du v. 1 que nous attribuerons à Jean II-B.

c) Voici les caractéristiques stylistiques de ce v. 3. Au niveau de Jean II-A : « sachant que » (repris du Document C, cf. *infra* ; F 18 ; cf. F 25), « le Père lui a donné » (A 14* et B 73). – Dans la glose de Jean II-B : « il est sorti » (A 46), « il va » (B 5 ; construit avec *pros***).

2. LE TEXTE DU DOCUMENT C

Sous sa forme actuelle, le v. 1 ne peut pas remonter au Document C ; il contient en effet une accumulation de caractéristiques johanniques inconcevable à ce niveau (cf. *infra*). Voyons donc quels sont les éléments de ce v. 1 que l'on peut considérer comme des additions de Jean II-B.

a) La donnée chronologique du début du verset « Or avant la fête de la Pâque » fut ajoutée par Jean II-B. Elle est en effet liée à celle de Jn **12** 1 « six jours avant la Pâque », destinée à disposer les événements qui terminent la vie de Jésus selon un laps de temps d'une semaine ; une telle intention ne peut être que de Jean II-B (cf. note § 272, II A 1). La formule « avant la fête de la Pâque » est d'ailleurs typique du style de Jean II-B (A 125** et C 84** ; cf. C 2). Notons que l'expression « la fête de la Pâque » ne se lit ailleurs dans tout le NT qu'en Lc **2** 41 ; de même, l'expression « Or avant » (*pro de*) n'est employée ailleurs qu'en Lc **21** 12 ; cette parenté avec le style de Lc dénote la main de Jean II-B (Introd., 8 c).

b) La finale « ayant aimé les siens qui sont dans le monde, les aima jusqu'à l'achèvement » doit être aussi de Jean II-B. Cette finale, en effet, forme inclusion avec **19** 28-30 où se lit le verbe « être achevé », à deux reprises (vv. 28 et 30) ; elle fait donc de **13** 1 une introduction, non pas tant à l'épisode du lavement des pieds qu'à tout l'ensemble des récits de la passion : l'amour de Jésus dont parle la finale du v. 1 va se manifester dans toute sa passion et jusqu'à sa mort pour nous. Les caractéristiques stylistiques de cette finale ne se retrouvent nulle part ailleurs au niveau du Document C : « ayant aimé... les aima » (C 8*), « qui sont dans le monde » (B 36 ; cf. C 68).

c) On peut encore attribuer à Jean II-B la proposition explicative « de passer de ce monde vers le Père ». On verra dans la troisième partie de cette note qu'elle suppose une conception du mot « Pâque » héritée de Philon d'Alexandrie, influence philonienne qui se conçoit beaucoup mieux au niveau de Jean II-B qu'à celui de Document C. Par ailleurs, sur les 83 cas où se rencontre l'expression « le Père », dans Jn, ce serait le seul qui appartiendrait au Document C (B 73). L'emploi de « passer » au sens métaphorique est propre à Jean II-B (A 117**) ; quant à l'expression « ce monde » (B 95 ; cf. C 68), elle se retrouve à tous les niveaux.

d) Il reste la phrase : « Jésus, sachant que son heure est venue. » Nous pensons que, à part le possessif « son » (B 49*), ajouté par Jean II-B afin d'introduire la proposition explicative « de passer de ce monde vers le Père », cette phrase convient au texte du Document C. L'expression « sachant que » (F 18 ; cf. F 25) est possible au niveau du Document C (cf. **21** 12). Surtout, le thème « l'heure est venue » (B 7 et B 50) se retrouvera au même niveau en **12** 23 (cf. **12** 27), le parallèle de Mc **14** 41 (cf. **14** 35) confirmant qu'il s'agit bien d'un texte du Document C (voir note § 328). Comme nous le verrons dans les notes suivantes, il existait déjà au niveau de ce Document une sorte de « discours après la Cène », et ce discours serait ainsi délimité par l'inclusion que forme le thème de « l'heure est venue », en **13** 1a et **12** 23 (à reporter dans le contexte de la finale du chapitre **14** ; note § 328).

3. Une addition de Jean II-B

Il reste le problème du v. 2. Contre Bultmann, nous pensons que la précision temporelle « au cours d'un repas » est tardive. On verra, dans la dernière partie de cette note, les raisons que nous avons de l'attribuer à Jean II-B. La suite du verset, qu'il faut lire sous la forme « le Diable ayant mis au cœur de Judas, (fils) de Simon Iscariote, qu'il le livrerait » (cf. *supra*, I 1), est aussi une addition, comme le pensent nombre de commentateurs, et nous l'attribuerons à Jean II-B, comme l'indique l'expression « Judas, (fils) de Simon Iscariote » (A 81**). Nous verrons plus loin la raison qui a poussé Jean II-B à ajouter cette glose.

C) LA CONCLUSION DES RÉCITS

Il existe un parallélisme évident entre les vv. 10b-11a d'une part : « vous aussi vous êtes purs, mais pas tous. Car il connaissait... », et les vv. 17b-18 d'autre part : « vous êtes heureux si vous le faites ; je ne le dis pas de vous tous ; je connais... » Une affirmation concernant les disciples est suivie d'une restriction motivée par la connaissance de Jésus. Étant donné la dualité des récits du lavement des pieds, il serait tentant de faire des vv. 10b-11 la conclusion du second récit (vv. 3a.4-10) et du v. 18 (et 19) la conclusion du premier récit (vv. 4-5.12.17). Mais G. Richter, suivi par Brown, a montré de façon convaincante que le v. 18 n'offrait aucun contact réel avec le v. 17 ; selon lui, ce v. 18 devait suivre primitivement le v. 10a. Les vv. 10b-11 seraient rédactionnels et formés à l'imitation des vv. 17b-18, comme l'avait déjà dit Bultmann. Nous allons reprendre cette hypothèse de Richter en y apportant quelques modifications. Nous reconnaissons tout d'abord le caractère tardif du v. 11 ; c'est une glose de Jean II-B. La phrase « *Car il connaissait* celui qui le livrait. *Pour cela, il dit...* » a une structure très proche de celle de Jn **6** 64b-65a : « *Car Jésus connaissait* dès le début quel est celui qui le livrerait. Et il disait : '*Pour cela, je vous ai dit...*' », un passage que nous avons attribué à Jean II-B. Notons en passant que cette glose contient comme caractéristiques stylistiques : le verbe « connaître » (F 25) et l'expression « Pour cela, il dit... » (B 69**). Si l'on attribue ce v. 11 à Jean II-B, il faut aussi lui attribuer la fin du v. 10 : « mais pas tous ». Ces expressions ont en commun avec le v. 11 l'emploi de la négation *ouchi* qui se lit encore dans deux autres textes de Jean II-B (**9** 9 et **11** 9 ; cf. aussi **14** 22, de Jean II-A).

Voici dès lors comment expliquer l'évolution des textes. Le v. 18a formait la conclusion du récit de Jean II-A (vv. 3a.4-10ab) ; avec la répétition du pronom « vous », le lien entre **13** 10b : « *vous* aussi, vous êtes purs » et **13** 18a : « je ne le dis pas de *vous* tous » est bien meilleur qu'entre **13** 10b et **13** 10c. En fusionnant le récit du Document C et celui de Jean II-A, Jean II-B a rejeté en fin de récit la conclusion primitive du texte de Jean II-A, l'annonce de la trahison de Judas (vv. 18 ss. ; cf. note suivante), et, selon son habitude, il a gardé un écho de cette conclusion en ajoutant une allusion à cette trahison de Judas en **13** 10c-11 (cf. Introd., 8 f).

III. LE SENS DES RÉCITS

A) LE RÉCIT DU DOCUMENT C

1 ( ) Jésus, sachant que ( ) (l') heure est venue ( ),

4 se lève du repas et dépose ses vêtements et, prenant un linge, il s'en ceignit.

5 Puis il met de l'eau dans le bassin et commença à (leur) laver les pieds ( ) et à les essuyer avec le linge dont il était ceint.

12 Lors donc qu'il leur eut lavé les pieds et qu'il eut repris ses vêtements et qu'il se fut remis à table, il leur dit : « Reconnaissez ce que je vous ai fait.

17 Puisque vous savez cela, vous êtes heureux si vous le faites. »

1. La place de l'épisode

Le premier problème qui se pose est de déterminer la place que cet épisode occupait dans le Document C. Nous avons en effet attribué à Jean II-B le v. 2 du récit, et donc la précision temporelle « Au cours d'un repas » ; de quel repas alors s'agissait-il au niveau du Document C ? De celui dont il est parlé en Jn **12** 2 : « Ils lui firent là un repas... » Autrement dit, l'épisode du lavement des pieds faisait suite à celui de l'onction à Béthanie. Deux indices le confirment. Nous avons vu plus haut que Lc, en composant le récit de la pécheresse pardonnée (7 36-50), avait utilisé en 7 38b le texte du Document C attesté en Jn **13** 5. Un tel emprunt au récit du lavement des pieds se comprend beaucoup mieux si, dans le Document C, l'onction à Béthanie et le lavement des pieds avaient lieu au cours du même repas et se suivaient ; le récit de la pécheresse pardonnée est en effet, on le reconnaît d'ordinaire, l'équivalent lucanien du récit de l'onction à Béthanie, équivalence admise par Jean II-B qui a quelque peu fusionné les deux récits (note § 272). Par ailleurs, Jean II-B, qui a séparé les deux épisodes johanniques (onction à Béthanie et lavement des pieds) pour leur donner leur place actuelle, et qui a donc dédoublé le repas unique du Document C (cf. **13** 2), a voulu garder des vestiges de leur unité primitive ; il y donne les mêmes détails à propos de Judas qui tenait la bourse de la communauté (**12** 6 et **13** 29). On verra à la note § 317 que les détails donnés en **13** 29 remontent à Jean II-A ; selon son habitude, Jean II-B a conservé de tels détails en **12** 6 (composé par lui). Sur ce procédé rédactionnel de Jean II-B, voir Introd., 8 f.

2. Le sens de l'épisode

a) Le sens premier de l'épisode n'offre pas de difficulté. En Orient, on circulait les pieds nus dans de simples sandales ; il était donc nécessaire de se laver les pieds quand on rentrait chez soi. Pour cette raison également, un des rites de l'hospitalité consistait à permettre aux hôtes de se laver les pieds lorsqu'ils arrivaient (cf. Gn **18** 4 ; Lc **7** 44). Mais laver les pieds d'un autre, quel qu'il fût, était un travail de serviteur, d'esclave (1 S **25** 41). Le Midrash Mekhilta sur Ex **21** 2 cite ce texte du Lv **25** 39 : « Si ton frère tombe dans la gêne... et s'il se vend à toi, tu ne lui imposeras pas un travail d'esclave » ; puis il énumère quels sont ces travaux d'esclave qu'un serviteur juif ne doit pas accomplir, et le premier travail est : « il ne doit pas lui laver les pieds (à son maître). » Or voici que Jésus, reconnu par ses disciples pour leur Maître (didascale) et leur Seigneur, comme le précisera Jean II-B en ajoutant le v. 13, se met à leur laver les pieds ! Jésus abolit les règles sociales établies ; quand il s'agit de rendre service aux autres, tous doivent se rendre les services les plus humbles, même s'ils se trouvent au sommet de la hiérarchie sociale. Jésus montre l'exemple en lavant les pieds de ceux qui partagent le même repas que lui ; ces derniers seront « heureux » s'ils agissent de même.

b) Jésus donne aux siens cet exemple d'humilité « sachant que ( ) (l') heure est arrivée » (v. 1b), l'heure de sa mort (**12** 23.27). Il sait que ce repas est un repas d'adieu. S'il s'humilie jusqu'à laver les pieds de ses intimes, n'est-ce pas comme un dernier message qu'il veut leur transmettre de la part de Dieu, lui le nouveau Moïse ? C'est le testament qu'il leur laisse : que le plus élevé parmi vous se fasse le serviteur de tous. Puissent-ils ne jamais oublier cette dernière volonté de leur Maître !

c) Cet épisode johannique trouve un bon parallèle dans la tradition lucanienne. Jésus dit, dans la parabole des serviteurs vigilants : « Heureux ces serviteurs que le maître, en revenant, trouvera veillant ; en vérité, je vous dis qu'il se ceindra et les fera mettre à table et, passant (devant eux), les servira » (Lc **12** 37). Le « maître » de cette parabole évoque la figure du Christ qui doit revenir à la fin des temps. Lors de ce « retour », dans le monde eschatologique, on assistera donc à un renversement de situation analogue à celui que nous offre l'épisode johannique. Le Christ est le maître ; les disciples sont ses serviteurs ; et pourtant, c'est le Christ qui se mettra à « servir » ses disciples ! La parabole lucanienne, toutefois, ne veut pas proposer un exemple d'humilité, comme ce sera le cas en Lc **22** 27 ; elle veut simplement mettre en évidence la dignité future de ceux qui seront restés fidèles à l'enseignement du Christ (cf. Jn **12** 26b).

B) LE RÉCIT DE JEAN II-A

3a (Jésus), sachant que le Père lui a tout remis dans les mains ( ),
4 se lève du repas et dépose ses vêtements et, prenant un linge, il s'en ceignit.
5 Puis il met de l'eau dans le bassin et commença à laver les pieds des disciples et à les essuyer avec le linge dont il était ceint.
6 Il vient donc vers Simon-Pierre. Il lui dit : « Seigneur, toi, me laver les pieds ! »
7 Jésus répondit et lui dit : « Ce que je fais, tu ne le sais pas maintenant ; mais tu comprendras plus tard. »
8 Pierre lui dit : « Tu ne me laveras pas les pieds, jamais ! » Jésus lui répondit : « Si je ne te lave pas, tu n'auras pas de part avec moi. »
9 Simon-Pierre lui dit : « Seigneur, pas seulement les pieds, mais aussi les mains et la tête ! »
10 Jésus lui dit : « Celui qui s'est baigné n'en a pas besoin, mais il est entièrement pur ; vous aussi vous êtes purs, ( )
18a je ne le dis pas de vous tous...

Jean II-A a repris au récit du Document C les vv. 4 et 5 qui décrivent l'action de Jésus ; mais il a transformé l'introduction (v. 3a) et surtout il a donné une interprétation nouvelle à l'épisode, exprimée par le jeu de scène des vv. 6-10ab.18a, qui ont remplacé les vv. 12 et 17 du récit primitif ; au v. 5 enfin, il a précisé que Jésus lave les pieds « des disciples » pour préparer le dialogue entre Jésus et Pierre. Les commentateurs sont très divisés sur le sens de Jn **13** 6-10. Selon les uns, le geste d'humilité du Christ évoquerait sa mort prochaine, et donc toute l'œuvre de salut à laquelle le disciple de Jésus va prendre part. Selon les autres, le texte aurait, en plus, une portée sacramentelle. Mais les partisans de cette deuxième position sont eux-mêmes divisés. Pour les uns, les plus nombreux, l'épisode évoquerait le baptême. Pour d'autres, le geste du Christ symboliserait : soit l'Eucharistie (!), soit la pénitence, soit l'ordination sacerdotale et la consécration à l'apostolat. R. Brown adopte une position plus nuancée ; le sens premier de la scène serait la participation du disciple de Jésus à son œuvre de salut ; mais une interprétation baptismale ne serait peut-être pas exclue, comme sens secondaire. C'est cette position que nous allons adopter ici, en la modifiant légèrement : l'interprétation sacramentelle de l'épisode, en référence au baptême, n'aurait été introduite qu'au niveau de Jean II-B.

1. LE DON DE LA VIE

L'interprétation du lavement des pieds que donne Jean II-A est dominée par le thème de la vie que le Christ transmet aux hommes.

a) Ce thème apparaît en filigrane dès l'introduction : « (Jésus), sachant que le Père lui a tout remis dans les mains... » (v. 3a). Or, le Père remet les hommes dans la main du Christ afin que celui-ci leur donne la vie (Jn **3** 35-36 ; **10** 28). Dans la Bible, d'ailleurs, la « main » est le symbole du pouvoir, de la puissance, et spécialement de la puissance protectrice de Dieu (cf. Sg **3** 1) ; si le Père a donné au Fils pouvoir sur toute chair, c'est afin qu'il leur donne la vie éternelle (**17** 1-2). Dans tous ces textes, il ne s'agit évidemment pas de la « vie » au sens biologique, mais de cette vie parfaite qui s'épanouira en Dieu lorsque l'heure sera venue de quitter ce monde. En Jn **13** 3a, le participe « sachant » a valeur causale (cf. Jn **6** 61 ; **18** 4 ; **19** 28) ; Jésus sait qu'il a reçu du Père pouvoir de donner la vie, et c'est en vertu de cette connaissance qu'il se lève de table et se met à laver les pieds de ses disciples. Le lavement des pieds est donc lié, d'une certaine façon, au don de la vie éternelle.

b) Cette idée revient, de façon plus claire, au v. 8b : « Si je ne te lave pas, tu n'auras pas de part avec moi. » L'expression « avoir part avec » est un sémitisme qui revient souvent dans la Bible, mais presque toujours à propos d'un cas précis. Lors du partage de la terre promise, chaque tribu d'Israël reçoit en « héritage » une portion de territoire, à l'exception toutefois de la tribu de Lévi : « Aussi, n'y eut-il pas pour Lévi *de part* ni d'héritage *avec* ses frères : c'est Yahvé qui est son héritage comme Yahvé ton Dieu le lui a dit » (Dt **10** 9 ; cf. Dt **12** 12 ; **14** 27.29 ; **18** 1-2). Les membres de la tribu de Lévi doivent se détacher de toute possession terrestre puisque c'est Dieu qui est sa « part » ou son « héritage » (Nb **18** 20). Cette mystique est reprise dans un certain nombre de psaumes, liée au destin final de l'homme : « Yahvé, ma part d'héritage et ma coupe, c'est toi qui garantis mon lot... Car tu ne peux abandonner mon âme au shéol, tu ne peux laisser ton ami voir la fosse. Tu m'apprendras le chemin de vie, devant ta face, plénitude de joie, en ta droite, délices éternelles » (Ps. **16** 5.10-11 ; cf. Ps. **73** 23-26 ; **142** 6). Dans

l'AT, l'idée de « part » évoque donc presque toujours une communion intime avec Dieu, et l'on comprend de plus en plus que cette communion ne pourra se réaliser pleinement que dans un autre monde : « Si je reçois rétribution de mes œuvres dans ce monde-ci, je n'aurai pas de part dans le monde à venir » (Targum sur Gn **15** 1). – C'est bien dans cette perspective qu'il faut comprendre la réponse de Jésus à Pierre : « ... tu n'auras pas de part avec moi. » Chez Jn, en effet, l'idée d'être « avec » le Christ a toujours une résonance eschatologique ; c'est auprès du Père, dans la gloire, que le disciple sera *avec* Jésus (Jn **12** 26 ; **14** 1-3 ; **17** 24). Si Jésus ne lave pas les pieds de Pierre, celui-ci ne pourra donc pas obtenir la vie éternelle, ni parvenir là où va le Christ, auprès du Père qui est la « part » de ceux qui le servent. Il existe un lien nécessaire entre le lavement des pieds et le don de la vie éternelle par le Christ.

2. VIE ÉTERNELLE ET PURIFICATION

a) La vie éternelle, c'est d'avoir « part avec » le Christ, auprès du Père. Mais c'est un thème courant dans l'AT que nul ne peut s'approcher de Dieu s'il ne s'est au préalable purifié de ses fautes : « Qui montera sur la montagne de Yahvé ? et qui se tiendra dans son lieu saint ? L'homme aux mains nettes, au cœur pur... » (Ps **24** 3-4). Ceci explique tous les rites de purification que devaient effectuer les prêtres avant d'entrer dans le Temple pour y accomplir leur service. De même, si l'homme veut « avoir part » avec le Christ, auprès de Dieu, il doit se purifier de ses fautes. Ce thème est exprimé très clairement en 1 Jn **3** 2-3 : « Bien-aimés, dès maintenant, nous sommes enfants de Dieu, et ce que nous serons n'a pas encore été manifesté. Nous savons que lors de cette manifestation nous lui serons semblables parce que nous le verrons tel qu'il est. Quiconque a cette espérance en lui se rend pur comme celui-là est pur. » Or l'eau, qui purifie le corps, a toujours été un symbole de purification morale : « Je répandrai sur vous une eau pure et vous serez purifiés ; de toutes vos souillures et de toutes vos ordures je vous purifierai » (Ez **36** 25 et *passim*). C'est sur ce symbolisme que joue tout le dialogue entre Jésus et Pierre, en Jn **13** 7-10.

b) Pour comprendre ce dialogue, il faut se rappeler un procédé littéraire fréquent dans Jn (A 10*). Jésus prononce une parole qui peut se comprendre à deux plans différents : celui des réalités matérielles et celui des réalités spirituelles, celui du signe et celui de la réalité mystérieuse signifiée. L'interlocuteur comprend au seul plan de la réalité matérielle, puis Jésus explicite sa propre pensée. Ici, Pierre refuse le geste d'humilité de Jésus qui s'abaisse jusqu'à lui laver les pieds (**13** 6 ; cf. Mt **3** 14-15) ; Jésus dit alors, de façon voilée, que son geste a une signification mystérieuse qui n'apparaîtra que plus tard (v. 7). Pierre refuse de plus belle (v. 8a) et Jésus lui répond : « Si je ne te lave pas, tu n'auras pas de part avec moi » (v. 8b). Ici, Jésus ne parle plus de lavement des pieds ; il dit simplement « Si je ne te lave pas ». Sans doute, il veut parler concrètement du lavement des pieds, mais en tant que cette action est le signe d'une purification spirituelle (cf. 1 Jn **3** 3), et non plus physique. Pour avoir « part avec » le Christ dans le monde eschatologique, auprès de Dieu, il est nécessaire de recevoir cette purification dont le lavement des pieds est le signe. Pierre, toutefois, ne perçoit pas ce sens spirituel (incompréhension de l'interlocuteur) ; il s'en tient au sens physique, d'où sa demande : « Seigneur, pas seulement les pieds, mais encore les mains et la tête ! » (v. 9). Il s'imagine qu'en multipliant les ablutions physiques, il obtiendra plus sûrement sa « part » avec le Christ.

Jésus va mettre les choses au point. Au v. 10, il dit à Pierre : « Celui qui s'est baigné n'en a pas besoin, mais il est entièrement pur. » Pierre voulait que Jésus lui lavât non seulement les pieds mais encore les mains et la tête ; Jésus répond que ce n'est pas nécessaire, le lavement des pieds suffit. Mais on notera le passage du verbe « laver » (v. 8b) au verbe « se baigner » (v. 10), suivi de l'idée d'une purification totale. Le lavement des pieds est comparable à un bain qui rend l'homme entièrement pur. Le Christ « lave » une partie du corps, mais ce geste est le signe, le symbole, d'une purification totale, qui ne peut être que spirituelle. C'est ce que Pierre aurait dû comprendre.

c) Mais que signifie exactement ce symbole ? Le baptême, que plusieurs textes du NT présentent comme un « bain » (Ac **22** 16 ; 1 Co **6** 11 ; Ep **5** 26 ; Tt **3** 5) ? Ou simplement la purification que nous a value la mort du Christ sur la croix ? Les commentateurs sont divisés sur ce point, on l'a noté plus haut. Nous pensons qu'au niveau de Jean II-A, le texte faisait allusion seulement à la mort du Christ ; ce n'est qu'au niveau de Jean II-B qu'il prendra une valeur sacramentelle. C'est Jean II-B en effet, qui montre un intérêt certain pour les sacrements, spécialement pour le baptême (cf. Introd., 6 t-v) ; un tel intérêt n'apparaîtrait qu'ici au niveau de Jean II-A. Par ailleurs, si l'on s'en tient aux textes de la tradition johannique, la purification du disciple de Jésus est obtenue par le sang du Christ : « Si nous marchons dans la lumière... le sang de Jésus, son Fils, nous purifie de tout péché » (1 Jn **1** 7) ; « Mais c'est Lui qui nous a aimés et a envoyé son Fils en victime de propitiation pour nos péchés » (1 Jn **4** 10) ; « ... et par Jésus Christ, le témoin fidèle, le Premier-né d'entre les morts, le Prince des rois de la terre. Il nous aime et nous a lavés de nos péchés par son sang » (Ap **1** 5) ; « Ils ont lavé leurs robes et les ont blanchies dans le sang de l'Agneau » (Ap **7** 14 ; cf. Ap **22** 14 ; Tt **2** 14 ; He **1** 3 ; **9** 14 ; **10** 22 ; 1 P **1** 2). L'interprétation de Jean II-A préciserait alors celle du récit du Document C. En s'abaissant jusqu'à se faire le « serviteur » de tous, Jésus s'identifierait au « Serviteur de Yahvé » (Is **52** 13) dont la mort purifie les hommes de leurs péchés (Is **53** 10-12). En refusant cette humiliation du Christ (cf. Mt **16** 22-23), Pierre s'oppose au dessein salvifique de Dieu.

C) LE RÉCIT DE JEAN II-B

C'est Jean II-B qui a combiné les récits du Document C et de Jean II-A. Il a aussi ajouté les vv. 1a.c-2.3b.10c.11 et 13-15. Quelle est la portée de ces divers remaniements ?

1. LA PLACE DE L'ÉPISODE

C'est Jean II-B qui a donné à l'évangile sa structure actuelle fondamentale. Un certain nombre des additions qu'il a effectuées ici s'expliquent en fonction de cette nouvelle structure.

a) Au niveau du Document C et de Jean II-A, nous l'avons vu, l'épisode du lavement des pieds était situé immédiatement après le récit de l'onction à Béthanie (Jn **12** 1 ss.). C'était au cours d'un seul et même repas que Jésus avait été oint de parfum par Marie et avait ensuite lavé les pieds de ses disciples. Jean II-B a séparé ces deux épisodes en insérant entre eux tous les matériaux de Jn **12** 12-50. Ce remaniement l'obligeait à donner une nouvelle précision chronologique pour « situer » dans le temps le second repas : « Or, avant la fête de la Pâque » (**13** 1a). Il obtenait ainsi une meilleure répartition des événements constituant la dernière « semaine » de la vie de Jésus (cf. Introd., 3 q et s) ; on est maintenant à la veille de la Pâque (selon notre façon actuelle de compter les jours), le jeudi soir. – Jean II-B se devait d'ajouter aussi le début du v. 2 « Au cours d'un repas », afin de rappeler la notice de Jn **12** 2 : « Ils lui firent là un repas... »

b) Pour Jean II-B, le lavement des pieds constitue le premier épisode de ce que l'on appelle maintenant la « passion » de Jésus. Pour mieux le souligner, il a fait précéder cet épisode d'une introduction solennelle (vv. 1-3), englobant celle des récits du Document C (v. 1b) et de Jean II-A (v. 3a).

ba) Après avoir mentionné la Pâque (v. 1a), Jean II-B complète le texte du Document C de façon à obtenir cette phrase : « Jésus, sachant que son heure est venue de passer de ce monde vers le Père... » (v. 1b) ; l'allusion à la mort de Jésus est évidente. Cette mort est conçue comme un « passage » qui s'effectuera lors de la « Pâque » ; il semble bien que Jean II-B reprend ici une interprétation du mot « Pâque » courante chez Philon d'Alexandrie. Cet auteur écrit, par exemple : « C'est à la hâte, dit Moïse, qu'il faut immoler la Pâque (*pascha*) ; le mot se traduit par 'passage' (*diabasis*) » (De migr. Abrah. **25**). Ailleurs, la « Pâque » est interprétée comme le « passage » (*diabasis*) de la mer rouge, passage de la terre d'Égypte, symbole des passions, vers la terre promise, symbole de la liberté (Leg. Alleg. 3 **94** et **154**). Plus intéressant encore est cet autre texte : « Telle est la Pâque (*pascha*) de l'âme, pour employer le terme exact, ce passage (*diabasis*) à partir de tout ce qui est passion et sensible vers ce qui est... intelligible et divin » (De cong. erud. gratia **106**). De même en Jn **13** 1 : la « Pâque » de Jésus est le moment où il va « passer » de ce monde vers le Père, du monde mauvais (cf. 1 Jn **5** 19) vers le « monde » de Dieu. Tous ces textes ont en commun une conception de la mort différente de ce qu'elle était primitivement dans le monde juif. Elle n'est pas un quasi-anéantissement dans les profondeurs du Shéol ; par son âme, l'homme, laissant sa dépouille mortelle, est emporté vers Dieu comme le patriarche Hénoch et le prophète Élie, montant vers Dieu sans passer par la mort (Gn **5** 24 ; 2 R **2** 11). La mort de Jésus, sa Pâque, est un « exode » (Lc **9** 31 ;

ou un « passage » (Jn) de ce monde vers le Père. On retrouve cette conception dans les textes où Jn parle d'une « élévation » (Jn **3** 14 ; **8** 28 ; **12** 32), comme aussi en Lc **9** 51 où la mort de Jésus est décrite en termes d'« assomption ».

bb) A cette mention du passage du Christ de ce monde vers le Père, Jean II-B a ajouté le v. 1c : « ... ayant aimé les siens qui sont dans le monde, il les aima jusqu'à l'achèvement » (*eis telos*). L'ensemble du v. 1 : « Jésus, sachant que... les aima jusqu'à l'achèvement », forme ainsi inclusion avec le récit de la mort de Jésus : « Après cela, Jésus, sachant que tout est achevé » (*tetelestai* ; **19** 28), ajouté aussi par Jean II-B (note §§ 351-355, II B 5 *a aa*). Toute la vie de Jésus, son ministère comme ses derniers instants, est dominée par son amour pour les siens : « Ayant aimé les siens..., il les aima jusqu'à la fin. » L'expression « les siens qui sont dans le monde » s'éclaire par comparaison avec Jn **15** 19 et **17** 11.14-16 ; le « monde » est pris dans un sens péjoratif ; les disciples de Jésus sont encore « dans le monde », physiquement, mais ils n'appartiennent plus au monde puisque Jésus les a choisis et en a fait « les siens ». Ce v. 1, avec les thèmes du « départ de ce monde » et de « l'amour » de Jésus pour les siens, annonce déjà les thèmes qui seront développés d'une part aux chapitres **14** et **16**, d'autre part au chapitre **15**.

c) Comment justifier l'addition du v. 2b : « Le Diable ayant déjà mis au cœur de Judas (fils) de Simon Iscariote qu'il le livrerait » ? On verra, à la note suivante, que Jean II-B a transféré en **6** 70 une parole de Jésus concernant Judas qui se lisait primitivement en Jn **13** 18 : « l'un de vous est un diable ! ». Ne serait-ce pas pour compenser ce déplacement qu'il aurait ajouté le v. 2b ? Dans sa perspective, d'ailleurs, l'allusion au Diable était mieux placée au début du chapitre **13**, comme introduction à l'ensemble des récits de la passion ; c'était mieux souligner que toute la passion de Jésus est comme la résultante d'une lutte du Diable contre Dieu.

d) La glose du v. 3b « ... et qu'il est sorti de Dieu et qu'il va vers Dieu » complète l'inclusion que nous avons déjà notée entre Jn **13** 1 et Jn **19** 28.30. En effet, le lien entre Jn **13** 3b et Jn **19** 28.30 est évident si l'on rapproche ces textes de celui d'Is **55** 11, lu dans la Septante : « ... ainsi en est-il de la parole qui sort de ma bouche, elle ne revient pas sans avoir accompli (*syntelesthè*) ce que j'ai voulu... » Jn **13** 3b applique au Christ ce qui est dit de la parole dans le v. 11a d'Isaïe, tandis que le thème de l'accomplissement ne sera développé qu'en Jn **19** 28.30 où Jn reprend d'ailleurs un verbe de même racine que celui du texte isaïen : *synteleô* (Is)/*teleô* (Jn). Le sens de l'addition johannique est alors facile à saisir. Pour Jean II-B, Jésus est le Logos qui était auprès de Dieu (Jn **1** 1) ; il est sorti de Dieu pour s'incarner dans le monde (**1** 14) et il ne retourne à Dieu qu'une fois achevée sa mission. Cette mission est d'aimer les siens jusqu'à la fin (**13** 1c), c'est-à-dire jusqu'à donner sa vie pour eux (cf. **15** 13). C'est pourquoi, au moment de mourir pour les siens, et donc de passer de ce monde vers le Père, Jésus, Parole de Dieu, peut dire : « Tout est achevé » (*tetelestai* ; **19** 30).

2. LAVEMENT DES PIEDS ET BAPTÊME

Au niveau de Jean II-B, l'épisode du lavement des pieds revêt une signification nettement baptismale, comme vont le montrer les remarques suivantes.

a) Rappelons d'abord que, au v. 10a, les mots « se baigner » et « pur » *pouvaient* évoquer le baptême, selon une terminologie fréquente dans le NT (Ac **22** 16 ; 1 Co **6** 11 ; Ep **5** 26 ; Tt **3** 5).

b) Nous avons vu par ailleurs que Jean II-B avait ajouté au récit du Document C les vv. 13-15. L'addition du v. 15 est assez étrange puisque ce verset ne fait que reprendre, en la précisant, l'idée du v. 14. Mais les précisions sont importantes : « Je vous ai donné un exemple afin que, comme je vous ai fait, vous aussi vous (le) fassiez. » C'est un ordre très explicite de « réitération » que beaucoup de commentateurs invoquent pour prouver, précisément, que le récit du lavement des pieds a valeur sacramentelle (cf. 1 Co **11** 25c).

c) Notons enfin que, en combinant les récits du Document C et de Jean II-A et en ajoutant les vv. 13-15, Jean II-B obtenait *sept* mentions du verbe « laver » (**13** 5.6.8.8.12.14.14 ; celle du v. 10a est une addition de scribe, cf. *supra*). Or le chiffre *sept* symbolisait la totalité, et ce n'est probablement pas un hasard si le v. 10 contient cette affirmation de Jésus : « ... il est *entièrement* pur. » Le lavement des pieds effectue une purification *totale* de l'homme, et c'est pour le souligner que le verbe « laver » est utilisé *sept* fois. Nous avons là un procédé littéraire de Jean II-B mis en œuvre déjà aux chapitres **5** et **9**. Le récit de la guérison du paralytique contient sept fois l'adjectif « sain », et la dernière fois étroitement uni à l'adjectif « tout entier ». De même, le récit de la guérison de l'aveugle-né contient sept fois l'expression « ouvrir les yeux », et la dernière fois étroitement unie à l'adjectif « tout entier ». Le procédé littéraire est identique (cf. Introd., 6 t). Or, aux chapitres **5** et **9**, ce procédé littéraire sert à évoquer le baptême chrétien, qui guérit l'homme tout entier et lui donne la lumière (voir les notes) ; il doit en être de même ici. Pour Jean II-B, le lavement des pieds est le symbole du baptême.

3. La raison de l'addition des vv. 10c.11 est plus difficile à saisir. Nous verrons dans la note suivante que le récit du lavement des pieds était suivi, au niveau de Jean II-A, d'une annonce de la trahison de Judas ; Jean II-B l'a transférée en Jn **13** 18-19, mais, selon son habitude, il a gardé un écho de cette place primitive en ajoutant le v. 11 (cf. Introd., 8 f). Veut-il aussi mettre en évidence la connaissance surnaturelle de Jésus : « Car il connaissait celui qui le livrait », pour préparer la scène de l'annonce de la trahison de Judas (**13** 21 ss.) ? C'est possible. On notera enfin qu'en insérant ce v. 11, Jean II-B obtient une triple mention de l'adjectif « pur » (vv. 10.10.11), qui renforce l'idée de totalité déjà exprimée dans les expressions « il est entièrement pur » du v. 10.

D) UNE ADDITION DE JEAN III

Dans ce récit du lavement des pieds, l'intervention de Jean III se réduit à l'insertion du v. 16, qui reprend, en l'amplifiant, une parole que Jésus prononcera en **15** 20. Au couple « Serviteur/Maître », Jean III ajoute celui de « Apôtre/Celui qui l'a envoyé ». C'est le seul emploi johannique du terme « apôtre ». Jean III fait-il allusion à certaines difficultés rencontrées dans les premières communautés chrétiennes ? Certains « apôtres » abusaient-ils de leurs titres pour refuser de se mettre humblement au service de leurs frères ? Paul semble faire allusion à une situation analogue lorsqu'à Corinthe il est contraint de faire sa propre apologie (2 Co **11** et **12** ; voir spécialement 2 Co **11** 12-20). Que ces « apôtres » n'oublient pas la leçon d'humilité que leur a donnée Jésus en lavant les pieds de ses disciples !

Note § **317**. *ANNONCE DE LA TRAHISON DE JUDAS* (Jn **13** 18-30)

L'évangile de Jn contient deux récits de l'annonce de la trahison de Judas, séparés par un verset hors contexte (v. 20) : l'un, en **13** 18-19 ; l'autre, beaucoup plus développé, en **13** 21-30. Bien qu'ils soient séparés dans le tome I de la Synopse, nous les étudierons dans la même note.

I. CRITIQUE TEXTUELLE

Au v. 24, au lieu de la leçon du texte Alexandrin « et il lui dit : Dis quel est celui » (*kai legei autô eipe tis estin*), nous avons préféré la leçon « de s'informer quel est celui » (*pythesthai tis an eiè*), avec le texte Antiochien soutenu plus ou moins fidèlement par D, P⁶⁶ (deuxième main) et la plupart des versions. Quant au codex S, il a juxtaposé les deux leçons concurrentes. La première leçon est trop exclusivement alexandrine ; elle donne aussi un texte plus explicite, plus facile à comprendre, et donc probablement secondaire. L'optatif *eiè* s'expliquerait chez Jn par influence de Lc **22** 23 (*infra*, II C 2).

II. ANALYSES LITTÉRAIRES

Jn **13** 21-30 est la seule section que les commentateurs attribuent d'ordinaire formellement au récit de l'annonce de la trahison de Judas. Depuis Schwartz et Wellhausen, on admet souvent que les vv. 28-29, voire 27-29, sont une insertion plus tardive (cf. Bultmann, Wilcox, Fortna, Brown). Pour Bultmann, les vv. 21-26 et 30 seraient d'une source pré-johannique et les vv. 27-29 de Jn qui aurait plus ou moins remanié le texte de sa source. Wilcox n'attribue à la source pré-johannique que les vv. 21-22, 26 et 30 ; le reste serait de Jn. Nos analyses vont nous amener à interpréter de façon différente les faits littéraires notés par nos devanciers. Nous pensons que les vv. 27b-30 sont, en partie, *plus anciens* que les vv. 21-27a ; avec le v. 18, dont un élément fut transféré en **6** 70, ils formaient un récit que nous attribuerons à Jean II-A. En reprenant le texte de Jean II-A, Jean II-B l'a amplifié et lui a donné sa forme actuelle, à l'exception du v. 20 qui fut ajouté par Jean III.

II-A ⎫ II-B ⎮ III

13 18a « Je ne le dis pas de vous tous ; je connais ceux que j'ai choisis

6 70b (et l'un de vous est un diable).
13 18b Mais afin que l'Écriture fût accomplie : *Celui qui mange mon pain a levé contre moi son talon.*

19 | Dès maintenant je vous le dis avant que cela n'arrive afin que vous croyiez, lorsque cela arrivera, que je suis.

20 | En vérité, en vérité, je vous le dis : qui reçoit celui que j'envoie me reçoit, mais qui me reçoit reçoit celui qui m'a envoyé. »

21 | Ayant dit cela, Jésus fut troublé en son esprit et rendit témoignage et dit : « En vérité, en vérité, je vous le dis : l'un de vous me livrera. »

22 | Les disciples se regardaient les uns les autres, ne sachant de qui il parlait.

23 | Un de ses disciples était à table, sur le sein de Jésus, celui que Jésus aimait.

24 | Simon-Pierre lui fait donc signe de s'informer quel est celui dont il parle.

25 | Celui-là, se penchant sur la poitrine de Jésus, lui dit : « Seigneur, qui est-ce ? »

26 | Jésus répond : « C'est celui pour qui je plongerai la bouchée et la lui donnerai. » Plongeant donc la bouchée, il la prend et la donne à Judas, fils de Simon Iscariote.

27a | Et après la bouchée, alors entre en celui-là Satan.
27b Dit
| donc à lui
(à Judas) Jésus : « Ce que tu fais, fais-le vite. »

28 | Mais cela, aucun de ceux qui étaient à table ne comprit en vue de quoi il lui disait.

29 | Car certains pensaient, puisque Judas avait la bourse, que Jésus lui dit :
| « Achète ce dont nous avons besoin pour la fête »
| ou
(qu'il donne quelque chose aux pauvres).

30 | Prenant donc la bouchée, celui-là
(Et il) sortit aussitôt.
| Or c'était la nuit.

A) UNE INSERTION DE JEAN III

Dans ce double récit de l'annonce de la trahison de Judas, le logion du v. 20 fait l'effet d'un corps étranger ; il est de même niveau rédactionnel que le v. 16 auquel il s'apparente et qui est lui aussi un corps étranger (note § 316, II 2 *a*). Comme le v. 16, le v. 20 fut inséré par Jean III. Son vocabulaire et son style sont toutefois très johanniques : « en vérité, en vérité » (A 2*), « recevoir » quelqu'un (A 25*), à quatre reprises, « celui que » (*an tina* ; C 44*), « celui qui m'a envoyé » (A 3*). Jean III n'a pas rédigé lui-même ce verset ; il dépend d'un recueil de logia de tradition johannique (Introd., 5 a).

B) LE RÉCIT DE JEAN II-A

1. LA PREMIÈRE MOITIÉ DU RÉCIT (v. 18)

La première moitié du récit de Jean II-A était constituée par le v. 18, mais Jean II-B en a transféré un des éléments essentiels en **6** 70b.

a) Le P. Lagrange écrit à propos du v. 18 : « Le style est extrêmement concis, et a fait difficulté. » Il est possible de cerner cette difficulté en tenant compte d'une structure grammaticale typiquement johannique contenue dans ce verset : la formule « mais afin que... » (*all'hina*). Une telle formule se lit six fois ailleurs chez Jn (B 78*). Elle est elliptique et il faut toujours sous-entendre une expression entre les conjonctions « mais » et « afin que », expression qui provient du contexte antérieur et qu'il est donc facile de suppléer mentalement. Nous allons donner quelques exemples de ce procédé stylistique en restituant entre parenthèses le ou les mots repris du contexte immédiat. « Celui-ci *vint* pour un témoignage, afin de rendre témoignage à la lumière... Il n'était pas la lumière, *mais* (il vint) *afin qu'*il rende témoignage à la lumière » (**1** 7-8). « Rabbi, qui a péché, lui ou ses parents, qu'*il soit né aveugle* ? Jésus répondit : Ni lui ni ses parents, *mais* (il est né aveugle) *afin que* soient manifestées les œuvres de Dieu en lui » (**9** 2-3). « Mais maintenant, ils ont vu et *ils ont haï et moi* et mon Père ; *mais* (ils m'ont haï) *afin que* soit accomplie la parole qui est écrite dans leur Loi : Ils m'ont haï sans motif » (**15** 24c-25). Revenons maintenant à **13** 18. Le contexte antérieur de la formule « mais afin que » n'est pas assez explicite pour fournir l'expression qu'il faut sous-entendre ; on attendrait une précision sur la malice de l'un de ceux que Jésus a choisis. Tout devient beaucoup plus clair si l'on replace ici la phrase qui se lit actuellement en **6** 70b et *qui est une annonce de la trahison de Judas* : « et l'un de vous est un diable » ; il faut alors donner à la conjonction « et » un sens concessif de saveur sémitique : « et cependant ». On obtient la phrase suivante, que nous donnons, comme dans les exemples précédents, en explicitant les termes qu'il faut sous-entendre : « Je ne dis pas cela de vous tous ; je connais ceux que *j'ai choisis* et (cependant) *l'un* de vous est un diable ; *mais* (je l'ai choisi) *afin que* l'Écriture fût accomplie : Celui qui mange mon pain a levé contre moi son talon. » On rapprochera ce texte de celui de **15** 24c-25 ; le procédé stylistique est maintenant parfaitement appliqué.

Bien entendu, une telle restitution du texte johannique n'est acceptable que si l'on trouve un motif plausible du transfert de texte de **13** 18 en **6** 70b. Ce motif a été exposé à la note § 164 (III 6) : redonner à Judas le titre de « Satan » ou de « diable » que Jésus semble attribuer à Pierre selon Mc **8** 33, dans la scène qui suit la confession de foi de Pierre à Césarée de Philippe, confession de foi dont on trouve l'équivalent en Jn **6** 69. Pour plus de détails, nous renvoyons à ce

que nous avons écrit note § 164. Mais il faut ajouter que Jean II-B (cf. *infra*) a gardé dans le présent contexte le thème de Judas comparé à un « diable », et d'une façon beaucoup plus accentuée ; d'une part, en effet, il a ajouté en **13** 2 la phrase « ... le Diable ayant déjà mis au cœur de Judas, fils de Simon Iscariote, qu'il le livrerait » ; d'autre part il ajoutera le v. 27a (cf. *infra*) où il est dit : « Et après la bouchée, alors entre en celui-là Satan. »

b) Voici les raisons qui nous permettent d'attribuer le v. 18 à Jean II-A.

ba) Le style est johannique. Au v. 18 : « dire de » (C 81), « je sais » (F 25), « mais afin que » (B 78*), « afin que l'Écriture fût accomplie » (A 82* ; cf. F 1*), « manger » (B 47*). En **6** 70b : « l'un de vous » (C 75*).

bb) Nous avons vu à la note § 164 que c'était Jean II-B qui avait transféré en **6** 70b la phrase « et l'un de vous est un diable » ; le texte de **13** 18, d'où provient cette phrase, est donc antérieur à Jean II-B. Puisque son vocabulaire et son style sont trop « johanniques » pour remonter au Document C, il ne peut être que de Jean II-A.

bc) Nous avons fait remarquer, à la note précédente, que le v. 18 ne pouvait suivre primitivement le v. 17, du Document C, mais devait être rattaché au v. 10b : « vous aussi vous êtes purs » (G. Richter). Jn **13** 18 faisait donc suite au récit du lavement des pieds tel qu'il se lisait au niveau de Jean II-A ; on peut alors, sans difficulté, l'attribuer à Jean II-A.

c) Nous verrons plus loin pourquoi nous croyons devoir attribuer le v. 19 à Jean II-B, et non à Jean II-A.

2. LA DEUXIÈME MOITIÉ DU RÉCIT (vv. 27b-30)

a) Beaucoup de commentateurs, nous l'avons dit plus haut, considèrent les vv. 28-30, voire 27-30, comme une addition. Effectivement, ils s'accordent mal avec ce qui est dit aux vv. 24-26. Après la réponse de Jésus donnée au v. 26a et le geste qu'il fait au v. 26b, les remarques faites aux vv. 28 et 29 sur les disciples sont surprenantes ! Au moins le « disciple que Jésus aimait », ainsi que Simon-Pierre, auraient pu comprendre le sens de la parole de Jésus à Judas : « Ce que tu fais, fais-le vite » (v. 27b). Mais la question se pose aussitôt : pourquoi Jn aurait-il ajouté au récit de sa source ces vv. 28-30, qui viennent si mal à la suite des vv. 24-26 et qui ne présentent aucun impact christologique ? On est donc amené à envisager une autre hypothèse, inverse de la précédente : les vv. 27b-30 ne seraient-ils pas, au moins en partie, *antérieurs* aux vv. 24-26 ? Cette hypothèse peut être envisagée d'autant plus facilement que, nous l'avons vu plus haut, l'analyse de **13** 18 nous a amenés à conclure que nous avions là un récit de la trahison de Judas qui doit remonter à Jean II-A. On peut dès lors se demander si les vv. 27b-30 ne seraient pas, en partie, la suite de ce récit de Jean II-A, repris par Jean II-B, lequel aurait composé les vv. 21-27a.

b) Cette hypothèse se trouve confirmée par le fait suivant, négligé par l'ensemble des commentateurs. Le v. 29 comporte une anomalie flagrante. Les disciples interprètent en deux sens différents la parole de Jésus à Judas ; mais tandis que la première interprétation est formulée en style direct : « Achète ce dont nous avons besoin pour la fête », la seconde est formulée en style indirect : « qu'il donne quelque chose aux pauvres. » On admettra difficilement que ces deux interprétations puissent appartenir au même niveau rédactionnel, étant donné leur formulation différente. Voici donc la solution que nous proposons. Au niveau de Jean II-A, on lisait simplement : « ... que Jésus lui dit ( ) qu'il donne quelque chose aux pauvres. » Jean II-B, qui place le dernier repas de Jésus dans le contexte de la fête de Pâque (Introd., 3 v), *remplaça* l'interprétation des disciples exprimée en style indirect par une nouvelle interprétation exprimée en style direct : « ... que Jésus lui dit : Achète ce dont nous avons besoin pour la fête. » C'est Jean III qui fusionna les deux textes ; l'incohérence grammaticale de la phrase ainsi obtenue lui sembla une objection mineure devant l'avantage de conserver *tout* ce qu'avaient écrit ses prédécesseurs ; il se contenta donc d'ajouter un « ou » entre les deux phrases qu'il juxtaposait.

c) En reprenant le texte de Jean II-A, aux vv. 27b-30, Jean II-B lui a apporté d'autres modifications mineures.

ca) Au v. 27b, le nom de Judas devait être mentionné explicitement dans le texte de Jean II-A puisque ce v. 27b se rattachait au v. 18 où Judas n'était qu'implicitement désigné. Jean II-B a remplacé cette mention explicite de Judas, inutile après les vv. 26-27a, par l'expression « donc à lui ».

cb) Au v. 30, il faut attribuer à Jean II-B les mots « prenant donc la bouchée, celui-là », étroitement liés au v. 26.

cc) La remarque finale : « C'était la nuit », est de Jean II-B. Comme nous le verrons dans le commentaire du texte, elle est liée à la mention de Satan, au v. 27a ; elle a aussi une portée symbolique qui convient à la pensée de Jean II-B beaucoup mieux qu'à celle de Jean II-A.

d) Voici les caractéristiques stylistiques du texte que nous avons attribué à Jean II-A. Au v. 27b : « vite » (D 5) ; cet adverbe ne se lit ailleurs chez Jn qu'en **20** 4, un texte que nous attribuerons à Jean II-A. Le v. 28 ne contient aucune caractéristique. Au v. 29 : « bourse » (A 139*), « Jésus lui dit » (C 12).

C) LE RÉCIT DE JEAN II-B

Jean II-B reprit le récit de Jean II-A, mais il inséra entre le v. 18 et les vv. 27b-30 (en partie) : d'une part le v. 19, d'autre part les vv. 21-27a.

1. Le v. 19 est un doublet de **14** 29. Il se distingue toutefois de ce texte en ce que l'objet de la foi des disciples est explicitement mentionné : « afin que vous croyiez... que je suis. » Mais cette expression « je suis », qui évoque le Nom divin (cf. *infra*), est typique de la christologie de Jean II-B (A 77** ; cf. C 50). On rapprochera d'ailleurs cette proposition de celle qui se lit en Jn **8** 24b, que nous avons attribuée à

Jean II-B : « Si vous ne croyez pas que je suis... » Il faut donc attribuer **13** 19 à Jean II-B et **14** 29 à Jean II-A (cf. note § 328).

Ce v. 19 contient encore comme caractéristiques stylistiques : « maintenant » (F 15) et « croire que » (C 43).

2. Jean II-B composa les vv. 21-27a afin d'harmoniser son récit avec celui des Synoptiques. Au v. 21, la parole de Jésus : « En vérité, en vérité, je vous le dis : l'un de vous me livrera », est reprise littéralement de Mt **26** 21b = Mc **14** 18b (avec toutefois redoublement de l'expression « en vérité », cf. *infra*). Le thème des disciples qui ne savent de qui parle Jésus (v. 22) est probablement repris de Lc **22** 23 ; ce même verset de Lc pourrait expliquer l'optatif utilisé par Jean II-B au v. 24, cas unique chez Jn (Lc : *tis ara eiè* ; Jn : *tis an eiè*). Le thème de la bouchée « plongée » dans le plat (Jn **13** 26) pourrait s'inspirer de Mt **26** 23 ou Mc **14** 20, où se lit le même verbe « plonger ». Enfin le v. 27a : « ... alors entre en celui-là Satan » est repris de Lc **22** 3 : « Or Satan entra en Judas » ; c'est le seul texte de Jn où se lit le nom de « Satan », tandis qu'ailleurs on a « Diable » (Jn **6** 70 ; **8** 44 ; **13** 2 ; 1 Jn **3** 8.10). Cette façon de composer un récit en empruntant des détails aux divers Synoptiques est bien dans la manière de Jean II-B (Introd., 4.x).

D'autres détails confirment l'attribution de ce passage à Jean II-B. Aux vv. 23-24, la mention du « disciple que Jésus aimait », surtout mise en relation avec Simon-Pierre (cf. **21** 7.20 et aussi **19** 26-27) ; au niveau de Jean II-A, on a « l'autre disciple » (**18** 15-16 ; **20** 2 ss.). Au v. 26, le nom de « Judas, (fils) de Simon Iscariote » (cf. **6** 71 ; **12** 4, cf. critique textuelle ; **13** 2) ne se lit ailleurs que dans des textes que nous avons attribués à Jean II-B.

Les caractéristiques stylistiques des vv. 21 à 27a son les, suivantes. Au v. 21 : « ayant dit cela » (B 80* ; cf. C t64) « rendre témoignage » (C 58*), « en vérité, en vérité » (A 2*), « l'un de vous » (C 75*). Au v. 22 : « de qui il parlait » (C 81). Au v. 23 : « un de ses disciples » (C 75*), « que Jésus aimait » (C 8*). Au v. 24 : « Simon-Pierre » (B 32), « dont il parle » (C 81). Au v. 25 : « celui-là » (C 37). Au v. 26 : « répondre » (B 74), « celui » (C 37), « Judas (fils) de Simon Iscariote » (A 81**). Au v. 27a : « celui-là » (C 37).

3. Voici les caractéristiques stylistiques des textes ajoutés par Jean II-B aux vv. 27b-30. Au v. 27b : « dit donc à lui Jésus » (A 26* et C 12). Au v. 29 : « fête » (C 2). Au v. 30 : « celui-là » (C 37), « or c'était la nuit » (C 4 ; cf. C 49).

III. LE SENS DES RÉCITS

A) LE RÉCIT DE JEAN II-A

Au niveau de Jean II-A, le récit de l'annonce de la trahison de Judas faisait suite au récit du lavement des pieds ; les vv. 10b et 18a assuraient le lien entre les deux récits. Nous redonnons ici le v. 10b car il est nécessaire à l'intelligence du récit de Jean II-A.

10b « Vous aussi vous êtes purs. ( )
18   Je ne le dis pas de vous tous ; je connais ceux que j'ai choisis, (et l'un de vous est un diable !) Mais afin que l'Écriture fût accomplie : *Celui qui mange mon pain a levé contre moi son talon.* »
27b   Jésus dit (à Judas) : « Ce que tu fais, fais-le vite. »
28   Mais cela, aucun de ceux qui étaient à table ne comprit en vue de quoi il le lui disait.
29   Car certains pensaient, puisque Judas avait la bourse, que Jésus lui dit ( ) qu'il donne quelque chose aux pauvres.
30   ( ) (Et il) sortit aussitôt ( ).

Dans la scène précédente, Jésus s'est abaissé jusqu'à laver les pieds de ses disciples réunis avec lui à l'occasion d'un dernier repas. Ce geste d'humilité, réservé aux serviteurs, préfigurait la grande humiliation sur la croix, du Serviteur de Yahvé (Is **53** 10-12). Par ce geste, Jésus a donc purifié ses disciples de leurs fautes : « Vous aussi vous êtes purs. » Jésus apporte cependant une restriction à cette affirmation : « Je ne le dis pas de vous tous » (v. 18a) ; celui qui n'a pas reçu la purification effectuée par le lavement des pieds, c'est celui qui doit trahir Jésus.

1. L'ACCOMPLISSEMENT DES ÉCRITURES

La première partie du récit de Jean II-A (v. 18) reste assez proche de la tradition synoptique, mais Jn réinterprète la scène afin de donner l'explication d'un fait qui pouvait être une cause de scandale pour les lecteurs.

a) Jean II-A reprend la parole de Jésus rapportée en Mt **26** 21b et qu'il tient du Document A (Introd., 4 v ; modifier en ce sens la note § 317 du tome II de la Synopse ; c'est l'ultime Rédacteur marcien qui aurait ajouté les mots « celui qui mange avec moi » en **14** 18b). Mais il change « l'un de vous me livrera » en « l'un de vous est un diable ». Pour lui, les actions mauvaises des hommes sont attribuées à l'influence perverse du Diable, surtout lorsque ces actions mauvaises vont jusqu'à l'homicide. Il a traité ce thème en **8** 40 ss., à propos des Juifs qui cherchent à faire mourir Jésus ; leurs desseins homicides prouvent qu'ils ne sont pas fils de Dieu, mais fils du Diable, comme l'était Caïn (note § 261, III A 4). Il en va de même de Judas, qui livre Jésus à la mort en le livrant aux Juifs. Lui aussi agit donc sous l'influence perverse du Diable, il est un diable.

b) Mais un problème crucial pouvait troubler les lecteurs de l'évangile. Puisque Judas était un diable, comment se fait-il que Jésus l'ait choisi comme disciple ? Un simple prophète pouvait lire dans le cœur des hommes (Lc **7** 39) ; et Jésus n'est-il pas beaucoup plus qu'un prophète ? Le récit composé par Jean II-A veut répondre à cette difficulté. Jésus affirme d'abord sa connaissance souveraine : « Je connais ceux que j'ai choisis. » Et cependant, ajoute-t-il, « l'un de vous est un diable ! » Pourquoi Jésus a-t-il choisi un « diable » pour en faire son disciple ? La réponse est fournie aussitôt, en référence au Ps **41** 10 ; c'est afin que l'Écriture fût accomplie : « Celui qui mange mon pain a levé contre moi son talon. » Ce qui pouvait faire scandale pour un lecteur non

averti devient au contraire une preuve qui confirme l'envoi de Jésus par Dieu ; le fait même qu'il ait été trahi par l'un de ceux qu'il avait choisis est une preuve que sa vie et sa mort se sont déroulées selon le plan de Dieu exposé dans les Écritures.

c) Il est intéressant de comparer ce v. 18 de Jn à certains passages d'un hymne des textes de Qumrân. L'auteur de cet hymne se plaint de ce que ses compagnons, ceux qu'il a rassemblés autour de lui pour former la secte de l'Alliance, se dressent contre lui ; il cite alors, comme Jésus en Jn **13** 18b, le Ps **41** 10 : « Et tous ceux qui mangeaient, contre moi ils ont levé le talon » (Rouleau des Hymnes, 5 23-24). Un peu plus loin, il parle des mêmes adversaires en disant : « Ils concevaient des projets de Bélial » (5 26), thème qui revient encore une fois dans l'hymne : « Et, comme conseiller, Bélial est dans leur cœur » (6 21-22). Le « Bélial » des textes de Qumrân n'est autre que Satan, ou le Diable. Il existe alors un parallélisme évident entre ce passage de l'hymne de Qumrân et le texte johannique ; faut-il parler déjà d'une influence des textes de Qumrân sur Jean II-A ? On n'oserait l'affirmer.

2. LA PAROLE DE JÉSUS A JUDAS

Après avoir annoncé de façon voilée la trahison de l'un des siens, Jésus dit à Judas : « Ce que tu fais, fais-le vite » (v. 27b). Jn rejoint ici le texte de Mt **26** 25, selon lequel Jésus dévoile à Judas qu'il connaît sa trahison prochaine. Mais il reste dans la perspective du v. 18 : Jésus connaît parfaitement, non seulement le fait que l'un des siens va le trahir, mais encore que le traître n'est autre que Judas. Il le laisse entendre à ce dernier. Jésus et Judas se comprennent. En revanche, les assistants ne saisissent pas que Jésus, en termes voilés, vient de désigner Judas comme le traître (v. 28). Jn précise même que certains s'imaginent que Jésus vient de confier à Judas la mission de faire quelque aumône aux pauvres, puisqu'il tient la bourse de la petite communauté (v. 29), détail repris par Jean II-B en **12** 6). Ainsi, personne ne va s'étonner du brusque départ de Judas (v. 30) ; personne ne va l'empêcher de trahir son Maître.

B) LE RÉCIT DE JEAN II-B

Jean II-B reprend le récit de Jean II-A, mais il le coupe en deux afin d'y insérer les vv. 19 et 21-27b ; il y apporte également quelques modifications mineures. Son texte était celui que nous lisons maintenant, à l'exception du v. 20 ajouté par Jean III, et, au v. 29, des mots : « ou qu'il donne quelque chose aux pauvres. »

1. L'ADDITION DU V. 19

En reprenant le début du récit de Jean II-A (v. 18), Jean II-B a transféré en **13** 2 l'allusion au Diable, beaucoup mieux en situation dans l'introduction générale des récits de la Passion cf. note § 316). Mais il ajoute le v. 19. Ce verset explicite la portée apologétique des paroles prononcées par Jésus au v. 18. Le fait de la trahison de Judas, l'un de ceux qui avaient été choisis par le Christ, pourrait être un « scandale » pour les autres disciples et compromettre leur foi. Jésus prend les devants et donne lui-même l'explication qui doit, lorsque l'événement se produira, sauvegarder la foi des disciples (v. 18).

L'objet de la foi est précisé : « afin que vous croyiez... *que je suis.* » C'est la formule de Jn **8** 24b.28, qui évoque le Nom divin de Ex **3** 14 (cf. le commentaire de ces textes). L'arrestation de Jésus, telle que la conçoit Jean II-B, est bien un drame entre Jésus et Judas ; mais derrière eux se cachent deux autres personnages : « Je suis », c'est-à-dire Dieu, et « Satan » (cf. note § 338). C'est déjà ce que Jean II-B veut insinuer ici en précisant que « Satan entra en » Judas (**13** 27a). Avertis par Jésus, les disciples ne devront pas alors se laisser tromper par les apparences. Puisque la seule évocation du Nom divin terrassera ses adversaires (cf. **18** 6), si Jésus se laisse arrêter, les disciples devront comprendre que c'est parce qu'il le veut bien. Contre lui en effet, même le Prince de ce monde ne peut rien (Jn **14** 30) ; mais il faut que s'accomplissent les desseins de Dieu.

2. Le sens du récit

A partir du v. 21, Jean II-B harmonise le récit de ses sources avec ceux de la tradition synoptique dont il reprend très librement les matériaux. Le contact le plus étroit est entre le v. 21 de Jn et Mt **26** 21b (cf. Mc **14** 18b) : Jésus déclare solennellement qu'un des assistants, donc un de ses disciples, va le livrer. Les disciples sont décontenancés par l'affirmation de Jésus (v. 22). A partir du v. 23, Jean II-B devient très personnel et introduit tout un jeu de scène dont on ne trouve que des traces dans les autres évangiles (comparer Jn **13** 26a et Mt **26** 23). Simon-Pierre ne veut pas rester dans l'incertitude. Selon la mode antique, les convives étaient couchés sur des banquettes ou des tapis, appuyés sur un coude. Un des disciples, spécialement aimé de Jésus, reposait sur le sein de Jésus (v. 23). Simon-Pierre va se servir de lui pour calmer ses inquiétudes ou satisfaire sa curiosité anxieuse. Au v. 24, il faut probablement lire, avec d'excellents témoins : « Simon-Pierre lui fait signe de s'informer quel est celui dont il parle » (B. Metzger, Brown) ; Pierre ne peut, semble-t-il, s'adresser directement au disciple aimé ; il lui fait signe afin de lui exprimer son désir. Ce dernier s'exécute (v. 25). Jésus lui révèle alors qu'il va désigner le traître en lui donnant une bouchée trempée. Il s'agit probablement d'un morceau de pain trempé dans une sauce quelconque (cf. Rt **2** 14). Et c'est à Judas que Jésus donne la bouchée ! On notera que Jn et Mt (**26** 25) sont les seuls à désigner explicitement le traître par son nom. Aussitôt qu'il a reçu la bouchée, Judas sort afin d'accomplir son forfait (v. 30).

3. Le disciple que Jésus aimait

L'intérêt particulier du récit johannique est constitué par le jeu de scène entre Simon-Pierre, le disciple que Jésus aimait, et Jésus lui-même. Dans l'évangile, c'est la première fois qu'apparaît cette figure mystérieuse du « disciple que Jésus aimait ». On la retrouvera au pied de la croix, en compagnie de Marie (**19** 25-27), puis après la résurrection du Christ, lors de la pêche miraculeuse (**21** 7.20), encore étroitement associée à Simon-Pierre. Tous ces textes sont de Jean II-B. Dans deux autres épisodes, l'arrivée dans la cour du Grand Prêtre après l'arrestation du Christ (Jn **18** 15-16) et la course au tombeau vide (Jn **20** 3-10), Simon-Pierre agit en compagnie d'un autre disciple qui n'est pas nommé, mais que **20** 2 identifie explicitement au « disciple que Jésus aimait » ; ces deux derniers récits sont de Jean II-A. De toute façon, le « disciple que Jésus aimait » est identique à « l'autre disciple ». Comment se présente ce mystérieux disciple dans l'évangile de Jn ?

a) Dans presque tous les textes où il apparaît, on sent une volonté, de la part de l'évangéliste, de l'opposer à Simon-Pierre. C'est grâce à lui que Pierre peut connaître la pensée de Jésus (**13** 23-26). C'est grâce à lui encore que Pierre pourra pénétrer dans la cour du Grand Prêtre (**18** 15-16). Seul de tous les disciples, il se tient avec Marie au pied de la croix (**19** 25-27). Il arrive avant Pierre au tombeau, et c'est de lui seul que Jn dit : « Il vit et il crut » (**20** 4.8). C'est grâce à lui que Pierre reconnaît Jésus ressuscité (**21** 7). Jésus enfin semble lui promettre une destinée particulière, qui, en un certain sens, apparaît supérieure à celle de Pierre (**21** 19-22). Dans tous ces textes, il n'est pas très difficile de déceler une rivalité d'écoles ; les cercles johanniques veulent maintenir la supériorité de leur maître, même à l'égard de Pierre (cf. 1 Co **3** 1-4). Ils reconnaissent cependant sans difficulté la primauté de Pierre sur les autres disciples, même sur « le disciple que Jésus aimait » (Jn **21** 15-18) ; en quel sens alors ce disciple peut-il être supérieur à Pierre ?

b) Il lui est supérieur parce qu'il est le type même du parfait disciple ; il est le « disciple » par excellence, et c'est la raison pour laquelle il est aimé de Jésus. Ce thème apparaît en filigrane dans tous les récits mentionnés plus haut (voir les notes respectives). Il est développé ici d'une façon particulière. La clef d'interprétation est donnée par Jn **15** 8-10. Ce texte concerne explicitement les « disciples » de Jésus (v. 8), et ils sont caractérisés exclusivement en référence à l'amour. Disciples de Jésus, ils gardent ses commandements ; or le commandement essentiel est celui de l'amour réciproque (cf. **15** 12) ; le disciple de Jésus se reconnaît donc à son amour pour ses frères (Jn **13** 35). Mais Jn **15** 9-10 approfondit la théologie de l'amour en un sens très particulier ; il établit un parallèle entre Jésus et son Père d'une part, les disciples et Jésus d'autre part. De même que le Père aime Jésus parce que ce dernier aime le Père et garde ses commandements, ainsi Jésus aime ses disciples parce que ceux-ci aiment Jésus et gardent ses commandements. Les rapports d'amour entre Jésus et ses disciples sont commandés par les rapports d'amour entre Jésus et son Père. Or il semble bien que ce thème se retrouve à l'arrière-plan de Jn **13** 23-26, qu'il faut rapprocher de Jn **1** 18 (Kragerud). Les deux textes contiennent la même expression qui ne se lit nulle part ailleurs dans Jn :

le disciple aimé est « sur le sein de » Jésus, de même que le Fils Unique (= Jésus) se trouve « dans le sein du » Père. Cette intimité est le fruit de l'amour ; l'idée est explicite en Jn **13** 23, puisqu'il s'agit du disciple « que Jésus aimait » ; elle est implicite en **1** 18 car dans la Bible il existe une quasi-identité entre les idées de « fils unique » et de « bien-aimé », comme le souligne la traduction grecque de la Septante (cf. Gn **22** 2.12.16 ; Tb **3** 10 ; surtout Jg **11** 34). On notera enfin que le disciple aimé peut révéler (à Pierre) les secrets de Jésus, de même que le Fils Unique peut révéler aux hommes les secrets du Père. Une comparaison entre **13** 23-26 et **1** 18 nous apprend donc qu'il existe les mêmes rapports entre le disciple aimé et Jésus qu'entre Jésus et son Père. Le « disciple aimé » est ainsi le type même du disciple (cf. **15** 8-10), et c'est pourquoi Pierre ne peut accéder aux secrets de Jésus que par son intermédiaire.

c) Ce disciple ne serait-il alors qu'un pur symbole ? Certains l'ont pensé, mais c'est méconnaître les procédés littéraires de Jn. Dans la tradition johannique, les personnages mis en scène ont très souvent une valeur symbolique, mais il n'empêche que ce sont des personnages réels (cf. Introd., 7 j). Quel était alors ce disciple privilégié ? Sur ce problème, voir Introd., 8 l.

4. Le dernier repas de Jésus

Au v. 29, Jean II-B remplace l'interprétation que les disciples donnent de la parole de Jésus à Judas « Ce que tu fais, fais-le vite », par une autre interprétation « Achète ce dont nous avons besoin pour la fête ». D'après cette précision, le dernier repas du Christ ne semble pas être un repas pascal. Les disciples, en effet, se demandent si Judas ne sort pas afin d'acheter ce qui était nécessaire pour la fête. Il s'agit de la Pâque (**13** 1), et plus spécialement du repas pascal qui en constituait l'essen-

tiel. Si Judas sort pour aller acheter ce qui est nécessaire au repas pascal, c'est que ce repas n'a pas encore eu lieu. Jean II-B reste fidèle à la tradition johannique primitive, qui ne mentionnait qu'un seul repas, celui de Béthanie (**12** 1-2).

5. C'était la nuit

Le récit de Jean II-B se termine sur cette remarque que, lorsque Judas sortit, c'était la nuit (**13** 30). Puisque le repas se tenait le soir, il faisait effectivement nuit. Mais si Jean II-B note ce détail, c'est en raison de sa valeur symbolique (Introd., 7 k). Les ténèbres caractérisent toutes les puissances du mal liguées contre Jésus (cf. Jn **1** 4-5 ; *passim*) dont le « Prince de ce monde » est le chef (**14** 30). Lc, de son côté, fait dire à Jésus au moment de son arrestation : « Mais c'est votre heure, et le pouvoir des Ténèbres » (Lc **22** 53b). Dès qu'il sort, Judas se dévoile ; il n'est plus disciple de Jésus, il n'est plus « fils de lumière » (**12** 36), il se range du côté des ténèbres, en disciple du Diable (Jn **13** 2 ; 1 Jn **3** 12 ; **2** 9-11).

C) UNE INSERTION DE JEAN III

Le logion de Jésus du v. 20 fut inséré par Jean III. Son sens général ne pose pas de problème : recevoir un envoyé de Jésus, c'est recevoir le Christ lui-même, de la même manière que recevoir Jésus, c'est recevoir le Père qui l'a envoyé. Mais ce logion, de coloration si johannique, a manifestement perdu son contexte primitif qui pouvait être un discours de Jésus sur l'apostolat, et l'on voit difficilement pourquoi Jean III l'a inséré ici. Veut-il jouer sur l'opposition « mais qui » (*ho de*), et dire que Judas, en trahissant Jésus, trahit en réalité celui qui a envoyé Jésus ?

Note §§ **320-333.** *LE DISCOURS APRÈS LA CÈNE* (Jn **13** 31 – **16** 33)

Au niveau de Jean II-B, le discours après la Cène, adressé par Jésus à ses disciples, a la structure suivante.

Jn **13** 31-35 en forme l'introduction dans laquelle sont annoncés les principaux thèmes qui vont être développés aux chapitres **14** à **17** (note § 320).

Jn **13** 36-38, qui contient l'annonce du reniement de Pierre, forme inclusion avec **16** 32, où Jésus annonce la dispersion des disciples. Les deux thèmes sont liés en Mc **14** 27-31 et Mt **26** 31-35.

Les chapitres **14** et **16** (vv. 4b-33) sont en partie parallèles, centrés sur le thème du départ de Jésus. Jn **16** 4b-7 reprend en le transposant le texte de **14** 1-3 (et **13** 33.36 ; note § 325, I A 2 *b bc* et Synopse, tome I, p. 295). Le thème de la paix, opposée à l'attitude du monde hostile, se lit en **14** 27 comme en **16** 33. Les chapitres **14** et **16** commencent donc et se ter-

minent de façon analogue. Jn **16** 16-22 développe, dans une perspective nouvelle, le thème de **14** 19 (note § 332). Les logia sur la prière (**14** 14 ; **16** 23b-24) et sur l'Esprit (**14** 15-17.25-26 ; **16** 7-15) tiennent une grande place dans les deux chapitres ; il est vrai qu'ils sont présents également dans le chapitre **15** (vv. 7, 16, 26-27).

Le centre du discours est constitué par **15** 1-**16** 2, construit comme un diptyque. Un des volets du diptyque traite de l'amour fraternel (**15** 1-17) ; l'autre, de la haine du monde contre les disciples (**15** 18.20-21.26-27 ; **16** 1-2). L'ensemble donne une idée de ce que doit être la condition du disciple parfait. Il forme contraste avec **13** 36-38 et **16** 32, textes dans lesquels Jésus annonce la défection des disciples, y compris leur chef, Pierre. Seul, le disciple que Jésus aimait restera près de la croix (**19** 25-27).

Note § **320.** *ANNONCE DE LA GLORIFICATION DU CHRIST* (Jn **13** 31-35)

Jn **13** 31-35 constitue l'introduction du « discours après la Cène » ; ce passage contient en effet trois thèmes successifs qui annoncent les idées dominantes de ce discours. Le premier thème est celui de la glorification réciproque du Fils de l'homme et de Dieu (vv. 31-32), qui formera le cadre de la prière finale du discours (**17** 1-5, 22, 24). Le deuxième thème est celui du départ de Jésus (v. 33), qui court tout au long des deux chapitres **14** et **16** (**14** 2-5, 19, 27-28 ; **16** 5-7, 16-22, 28 ; cf. déjà **13** 36-38). Le troisième thème est celui de l'amour fraternel (vv. 34-35), que l'on retrouvera en **15** 9-13, au centre d'une section décrivant de quelle manière être parfait disciple de Jésus. Sauf le début du v. 31 que nous attribuerons à Jean II-A, l'ensemble est de Jean II-B, mais au v. 33 il a réutilisé un texte du Document C dont la suite se lit maintenant en **14** 1 ss.

C	II-A	II-B
31	Lors donc qu'il fut sorti, Jésus dit :	
		« Maintenant fut glorifié le Fils de l'homme, et Dieu fut glorifié en lui ;
32		si Dieu fut glorifié en lui, et Dieu le glorifiera en lui, et aussitôt il le glorifiera.
33		Petits enfants,
	Encore un peu je suis avec vous ; vous me chercherez et	comme je l'ai dit aux Juifs
	où je vais vous ne pouvez pas venir	et à vous je le dis
	maintenant.	
34		Je vous donne un commandement nouveau : que vous vous aimiez les uns les autres ; comme je vous ai aimés, que aussi vous vous aimiez les uns les autres.
35		A ceci tous reconnaîtront que vous êtes mes disciples, si vous avez de l'amour les uns pour les autres.

1. Au début du v. 31, la phrase « Lors donc qu'il fut sorti, Jésus dit » rappelle la sortie de Judas mentionnée en **13** 30, que nous avons attribuée à Jean II-A. Jean II-A l'a introduite pour faire le lien entre le récit de l'annonce de la trahison de Judas qu'il venait d'insérer (cf. note § 317) et le discours d'adieu qui, à son niveau, suivait immédiatement (cf. note § 326, III A et Introd., 3 a). On y relève une caractéristique stylistique : « Lors donc que » (A 28).

Les vv. 31b-32 sont de Jean II-B. La glorification de Dieu y est donnée comme une conséquence de la glorification du Christ, thème que l'on retrouve en **17** 1, un texte de Jean II-B. Par ailleurs, le thème de la glorification du Fils de l'homme est typique de Jean II-B (A 41* ; cf. B 9**). Ces versets contiennent encore, comme caractéristiques stylistiques : « Maintenant » (C 16), « si... fut glorifié... et... le glorifiera » (A 32*), « glorifier », dit du Christ (B 9**).

La gloire de Jésus, participation à celle de Dieu (**1** 14), fut déjà manifestée grâce aux « signes » qu'il a accomplis (**2** 11 ; **11** 40) ; elle sera pleinement manifestée grâce au « signe » par excellence que sera l'exaltation de Jésus auprès du Père (cf. **2** 19-21 ; **17** 5). Pour plus de détails, voir le commentaire de ces deux textes. Au v. 32, la phrase « et Dieu le glorifiera en lui » veut dire que Dieu glorifiera Jésus en lui-même, Dieu (cf. **17** 5).

2. Au v. 33, Jean II-B reprend un texte du Document C, mais en y ajoutant deux gloses. D'abord le vocatif « Petits enfants », qui ne se lit ailleurs dans le NT qu'en 1 Jn (A 30**) ; puis la référence à Jn **7** 33-34 constituée par les mots « comme je l'ai dit aux Juifs... et à vous je le dis » (cf. A 35 et C 7). Ce texte du Document C fut repris, d'une part en **8** 21 par Jean II-A, d'autre part en **7** 33-34 par Jean II-B. La phrase « vous me chercherez » fut complétée de deux façons différentes par Jean II-A et Jean II-B.

Jn **13** (Doc. C)	Jn **8** (II-A)	Jn **7** (II-B)
33 « ( ) Encore un peu je suis avec vous ;		33 « Encore un peu de temps je suis avec vous et je m'en vais vers celui qui m'a envoyé.
	21 « Je m'en vais	
vous me chercherez et ( )	et vous me chercherez et vous mourrez dans votre péché ;	34 Vous me chercherez et vous ne me trouverez pas
où je vais, vous ne pouvez pas venir ( ) maintenant. »	où je vais, vous ne pouvez pas venir. »	et où je suis, vous ne pouvez pas venir. »

Ce texte du Document C contient de nombreuses caractéristiques stylistiques ; mais ce fait provient de ce qu'il fut repris aux niveaux de Jean II-A et de Jean II-B en **8** 21 et **7** 33-34, comme aussi dans les développements de **13** 36 ss. et de **14** 4 ss. Voici ces caractéristiques : « un peu » (C 15), « être avec » quelqu'un (C 51), « chercher » Jésus (C 21), « où je vais » (A 66 ; cf. B 5 et F 33), « je vais... venir » (B 18), « je/vous » (B 3), « maintenant » (F 15).

Ce texte du Document C sera commenté à la note § 325.

3. Les vv. 34-35 sont entièrement de Jean II-B. Le commandement de l'amour fraternel, donné comme la caractéristique du disciple de Jésus, anticipe ce qui sera dit en **15** 12, de Jean II-B. Ce commandement est ici présenté comme un commandement « nouveau », ce qui se concilie difficilement avec Lv **19** 18 : « Tu aimeras ton prochain comme toi-même. »

En 2 Jn 5, d'ailleurs, ce même commandement est donné comme « ancien », et 1 Jn **2** 7-8 s'efforce de concilier les deux points de vue. On peut dire que le commandement de l'amour fraternel est « nouveau » en ce sens que Jésus lui a redonné la première place tandis que beaucoup de rabbins l'étouffaient dans le maquis des prescriptions de troisième ou de quatrième ordre (cf. Mt **23** 23-24). De toute façon, l'amour fraternel est ce qui caractérise le disciple de Jésus.

Les notes stylistiques sont les suivantes. Au v. 34 : « donner un commandement » (A 58** et B 38*), verbe « donner » suivi de « que » (*hina* ; F 17), *hina* épexégétique (B 60), « aimez-vous les uns les autres » (B 83**), « comme... que et vous » (A 142 ; cf. E 7), « je vous ai aimés » (C 8*). Au v. 35 : « à ceci... reconnaîtront que... si » (A 22** et B 45* ; cf. C 17), « vous êtes mes disciples » (C 39*), « avoir de l'amour pour » (A 161** et E 11**) ; on rapprochera la phrase « à ceci tous reconnaîtront que... si (*ean*) » de celle de 1 Jn **2** 3 : « Et à ceci nous reconnaissons que... si (*ean*). »

Note § **323**. *ANNONCE DU RENIEMENT DE PIERRE* (Jn **13** 36-38)

L'épisode de l'annonce du reniement de Pierre est commun aux quatre évangiles. Celui de Jn se distingue des trois autres par des caractéristiques littéraires et théologiques dont nous allons essayer de rendre compte.

I. ANALYSES LITTÉRAIRES

Ce récit est tout entier de la main de Jean II-B. Pour le rédiger, il s'est servi du récit parallèle de Lc qu'il a profondément remanié en fonction du thème fondamental de **13** 33, hérité du Document C (cf. notes §§ 320 et 325).

1. Le récit de Jn est beaucoup plus proche de celui de Lc que de ceux de Mc et de Mt. Comme Lc, Jn place cette annonce du reniement de Pierre durant la dernière Cène tandis que Mc et Mt la placent pendant le trajet qui mène Jésus et les disciples vers Gethsémani (§ 336). Comme celui de Lc, le récit de Jn se déroule en trois temps : Jésus prononce une parole qui peut se comprendre comme une défection prochaine des disciples (Lc **22** 31) ou de Pierre (Jn **13** 36) ; Pierre proteste qu'il est prêt à mourir pour Jésus (Lc **22** 33 ; Jn **13** 37) et Jésus lui annonce alors son prochain reniement (Lc **22** 34 ; Jn **13** 38). Dans Mc/Mt, au contraire, le récit se déroule en quatre temps : Jésus annonce la dispersion de tous les disciples et leur scandale, Pierre proteste qu'il ne sera pas scandalisé, Jésus lui annonce son reniement, Pierre affirme alors qu'il est prêt à mourir pour Jésus (Mc **14** 27-31 ; Mt **26** 31-35). D'une façon plus spéciale, on notera que Lc et Jn ignorent ici le thème de la « dispersion » des disciples (Mc **14** 27b ; Mt **26** 31b) comme la réflexion finale « et tous en disaient autant » (Mc **14** 31b ; cf. Mt **26** 35b) ; Lc et Jn font dire à Pierre qu'il est prêt à mourir pour Jésus avant l'annonce du reniement, et non après comme Mc/Mt.

2. Voici les caractéristiques stylistiques de ce texte. Au v. 36 : « Simon-Pierre lui dit : Seigneur » (B 32 et A 20* ; cf. C 12), « où vas-tu ? » (A 29* ; cf. B 5 et F 13), « répondit » (B 74), « où je vais » (A 66 ; cf. B 5 et F 33), « maintenant » (A 118* ; cf. « à présent » au v. 37). – Au v. 37 : « Pierre lui dit : « Seigneur » (A 20* ; cf. C 12 ; corriger en ce sens le texte du tome I de la Synopse), « à présent » (F 15), « donner sa vie » (A 18*), « pour » (F 26). – Au v. 38 : « donner sa vie » (A 18*), « pour » (F 26), « répond » (B 74), « en vérité, en vérité » (A 2*). On notera le présent du verbe « répondre » (*apokrinetai*), comme en **13** 26, de Jean II-B.

II. LE SENS DU RÉCIT

Le sens fondamental du récit est le même que dans les Synoptiques : Jésus annonce à Pierre son reniement prochain ; Pierre proteste car il se croit capable de mourir pour Jésus. Voyons donc par quels thèmes le récit de Jn se distingue de celui des Synoptiques.

1. PIERRE, DISCIPLE DE JÉSUS

Dans le Document C, Jésus disait aux disciples : « ... où je vais, vous ne pouvez pas *venir* ( ) maintenant » (v. 33) ; dans le récit de Jean II-B, Jésus dit à Pierre d'une façon plus précise : « ... où je vais, tu ne peux *me suivre* maintenant » (v. 36b). Le changement est significatif, car l'expression « suivre Jésus » est un terme technique pour désigner le disciple de Jésus (Jn **1** 43 ; **8** 12 ; **12** 26 ; Mc **1** 18 ; **2** 14 ; **8** 34 et *passim*). Le parfait disciple doit être capable de « suivre Jésus » jusque dans la mort et Pierre le comprend puisqu'il affirme être prêt à donner sa vie pour Jésus. Mais il ignore que sa faiblesse humaine aura raison de sa fidélité. Il ne peut donc « suivre Jésus » maintenant. Sur ce point, Jean II-A oppose Pierre et « l'autre disciple » dans l'épisode de « Jésus et Pierre chez le Grand Prêtre » qui suit immédiatement l'arrestation de Jésus (note § 339). Pour Jean II-B, toutefois, Pierre suivra Jésus « plus tard » (**13** 36b), et il s'expliquera sur ce point en **21** 19 : Pierre mourra lui aussi les bras étendus, comme Jésus. L'introduction ici par Jean II-B du thème de « suivre Jésus » prépare la scène de la réhabilitation de Pierre (**21** 15-19, de Jean II-B) ; Pierre deviendra alors le chef du troupeau, capable de donner sa vie pour ses brebis à l'exemple de l'unique véritable pasteur (cf. **10** 11.15). Mais il faut auparavant que Jésus ressuscite et monte auprès du Père pour envoyer à son disciple cette force de l'Esprit qui lui permettra de surmonter toute défaillance (Jn **15** 26-27 ; **20** 22).

2. JÉSUS, NOUVEAU DAVID

Dans le tome II de la Synopse, note § 323, nous avons dit à la suite de Creed que le récit de l'annonce du reniement de Pierre en Lc **22** 32b-33 dépendait littérairement de 2 S **15** 19 ss., où il s'agit de la fuite de David devant son fils Absalom. Bien que de façon beaucoup moins nette, ce parallélisme entre Jésus et David se retrouve en Jn **13** 36-37, comme on peut s'en rendre compte en mettant les textes en parallèle :

Lc **22** 32b-33	2 S **15** 19 ss.	Jn **13** 36-37
	Et le roi dit à Ittaï : « Pourquoi viens-tu avec nous ?... Et moi j'irai où je dois aller ;	« Où je vais,
« Et toi, une fois revenu (*epistrepsas*), affermis tes frères. » Il lui dit : « Seigneur,	retourne (*epistrephou*) et fais retourner tes frères avec toi. »... Mais Ittaï répondit : « Là où sera mon Seigneur,	tu ne peux me suivre... »
je suis prêt à aller avec toi et en prison et à la mort. »		« Pourquoi ne puis-je te suivre maintenant ?
	soit à la mort, soit à la vie, là sera ton serviteur. »	je donnerai ma vie pour toi. »

Bien que peu sensible ici, l'influence de 2 S **15** sur le texte de Jean II-B est probable car on a vu que, en **12** 26, Jean II-B utilisait ce même texte de 2 S **15** 19 ss. d'une façon beaucoup plus claire (note § 309-B). Sur ce thème de Jésus nouveau David au niveau de Jean II-B, voir Introd., 5 r.

Note § **325**. *JÉSUS ANNONCE SON DÉPART ET SON RETOUR* (Jn **14** 1-3)

I. ANALYSES LITTÉRAIRES

Pour beaucoup de commentateurs modernes, Jn aurait repris, aux vv. 2-3, une « parole » de Jésus de tradition apocalyptique (C. Clemen, O. Michel, S. Schulz, J. Becker, G. Fischer, R. Schnackenburg). Les arguments en faveur d'une telle hypothèse sont impressionnants, et nous allons nous aussi les utiliser. A notre avis, toutefois, le problème se pose de façon un peu différente. Nous pensons que l'ensemble des vv. 1-3, moins quelques gloses insérées par Jean II-B, remonte au Document C, et que ce texte commençait en fait dès **13** 33 (glosé par Jean II-B). Jean II-A élimina ce texte pour des raisons théologiques et le remplaça par **14** 4 ss., que Jean II-B replaça à la suite de **14** 1-3.

Voici comment, en **14** 1-3, nous proposons de distinguer le texte du Document C des additions faites par Jean II-B.

	C	II-B
1	Que votre cœur ne se trouble pas ; croyez en Dieu,	croyez aussi en moi.
2	Dans la maison de mon Père, il y a beaucoup de demeures ;	sinon, je vous l'aurais dit ;
	je pars vous préparer une place.	
3	Et si je pars et vous prépare une place, je viendrai de nouveau et vous prendrai près de moi (.)	
		afin que, où je suis, vous soyez vous aussi.

A) UN TEXTE DU DOCUMENT C

1. Il existe une rupture entre les vv. 3 et 4-5 du chapitre **14**, signalée déjà par Spitta, puis par de nombreux commentateurs modernes (cf. *supra*). Au v. 5 (inséparable du v. 4), Thomas déclare : « Seigneur, nous ne savons pas où tu vas... » ; mais comment justifier une telle parole puisque Jésus vient d'affirmer clairement qu'il va dans la maison du Père afin d'y préparer une place pour ses disciples ? De même, le problème de savoir quelle route prendre pour rejoindre Jésus (vv. 4-5) n'a guère de sens puisque, d'après le v. 3, Jésus doit venir chercher ses disciples pour les prendre auprès de lui. On notera enfin le changement de perspective : au v. 2, Jésus va vers le Père ; aux vv. 4-6, il est la route qui permet d'accéder au Père. Ces raisons, surtout les deux premières, permettent d'affirmer que les vv. 2-3 d'une part, 4-6 d'autre part, appartiennent à deux niveaux rédactionnels différents.

2. Le problème du contexte antérieur est plus délicat. Les commentateurs font remarquer la rupture qui existe entre **13** 36-38 et **14** 1-3, rupture soulignée par le brusque changement de personne. Mais pour eux, le logion primitif repris par Jn n'aurait comporté que les vv. 2 et 3 ; le v. 1 serait de Jn lui-même. Nous sommes d'accord sur la rupture qui existe entre **13** 36-38 et **14** 1-3 ; nous avons vu d'ailleurs à la note § 323 que **13** 36-38 était une composition de Jean II-B,

comme aussi les vv. 34-35 (note § 320). Mais pourquoi ne pas garder au texte primitif le v. 1, au moins en partie ? Par ailleurs, l'hypothèse d'un « logion isolé » repris par Jn est peu satisfaisante ; nous croyons plus économique de proposer l'hypothèse suivante : les vv. 1 à 3, moins quelques gloses de Jean II-B, remonteraient au Document C ; à ce niveau, ils étaient précédés par le v. 33 du chapitre **13**, moins les gloses dues à Jean II-B que nous avons signalées à la note § 320. Voici les raisons qui nous le font penser.

a) Nous verrons dans la seconde partie de cette note que les thèmes du v. 1 complètent harmonieusement ceux des vv. 2-3 pour former un parallèle au texte de Dt **1** 29-33 ; il ne faut donc pas dissocier le v. 1 des vv. 2-3.

b) La séquence primitive du Document C, constituée par **13** 33 et **14** 1-3, est confirmée par la façon dont Jean II va la réutiliser ; nous allons anticiper ici sur ce que nous développerons plus à fond aux notes § 326 et § 331.

ba) Rappelons d'abord que le logion de **13** 33 (moins les gloses de Jean II-B, cf. note § 320) remonte au Document C puisqu'il fut réutilisé, et par Jean II-A en **8** 21, et par Jean II-B en **7** 33-34.

bb) Nous avons dit plus haut que Jean II-A avait composé les vv. 4-6 du chapitre **14** afin de *remplacer* le texte du Document C constitué par les vv. 1-3, ce qui rendait compte de la similitude des thèmes traités aux vv. 1-3 et 4-6 et aussi de leur opposition. Mais le v. 4 commence par ces mots : « Et où je vais... », mots qui se lisaient déjà en **13** 33b : « *et où je vais*, vous ne pouvez pas venir ( ) maintenant. » Ceci confirme que Jean II-A composa les vv. 4-6 pour remplacer un texte du Document C qui comportait, non seulement les vv. 1-3, mais aussi le v. 33 du chapitre **13**. Jean II-A avait déjà repris ces mêmes mots de **13** 33 en **8** 21-22 (note §§ 257-260).

bc) Jean II-B va réutiliser le texte du Document C en **16** 4b-7, texte dans lequel le retour de Jésus (**14** 3) est remplacé par l'envoi du Paraclet (**16** 7c). Mettons en parallèle les thèmes qui se correspondent :

Jn **13-14**	Jn **16**
33 « ( ) Encore un peu je suis avec vous ; vous me chercherez	4b « Mais je ne vous ai pas dit cela dès le début
	parce que j'étais avec vous.
et ( ) où je vais vous ne pouvez pas venir ( ) maintenant.	5 Mais maintenant, je vais à celui qui m'a envoyé...
1 Que votre cœur ne se trouble pas...	6 Mais parce que je vous ai dit cela, la tristesse a rempli votre cœur.
2 ... je pars vous préparer une place ;	7 ... il vaut mieux pour vous que je m'en aille ; si, en effet, je ne m'en vais pas, le Paraclet ne viendra pas à vous ;
3 et si je pars...	mais si je pars... »

Ce parallèle de **16** 4b-7 confirme l'attribution au Document C, non seulement de **13** 33, mais encore de **14** 1.

3. L'étude du vocabulaire et du style confirme les analyses précédentes. Au v. 1, le verbe « être troublé », au sens psychique, est en harmonie avec le style du Document C (cf. **12** 27). L'expression « croire en Dieu » ne se lit qu'ici chez Jn. Il est vrai que la construction grammaticale *pisteuein eis* ne se lit nulle part ailleurs au niveau du Document C et est presque exclusive des textes de Jean II (B 51) ; mais Jean II-B a pu l'introduire en ajoutant les mots suivants : « ... croyez aussi en moi » (*kai eis eme pisteuete*) ; au niveau du Document C, on avait probablement *pisteuete tôi theôi*, formule relativement fréquente dans le NT (Ac **16** 34 ; **27** 25 ; Rm **4** 3 ; Ga **3** 6 ; Tt **3** 8 ; Jc **2** 23 ; 1 Jn **5** 10). – Au v. 2, l'expression « maison de mon Père » (A 147) ne se lit ailleurs dans tout le NT qu'en Jn **2** 16, un texte du Document C. Le verbe « partir », dit de la mort de Jésus, est johannique (B 102) mais ne se lit ailleurs qu'aux chapitres **14** et **16** dans des textes de Jean II qui reprennent celui-ci ; on notera d'ailleurs qu'ici ce verbe de mouvement est construit, non pas avec *hina*, comme c'est de règle au niveau de Jean II (B 76), mais avec l'infinitif, construction qui n'est utilisée chez Jn qu'au niveau du Document C (cf. **4** 7 ; **21** 3). On notera encore la caractéristique stylistique « demeure » (A 146). – Deux détails stylistiques rapprochent enfin le v. 3 de Jn **12** 32, un texte du Document C : la conjonction « si » (*ean*) utilisée avec le sens de « lorsque » (*hotan*), et la formule « près de moi » ou « à moi » (*pros emauton* ; C 23) ; le premier détail ne se trouve chez Jn que dans ces deux textes ; le second ne se lit ailleurs dans tout le NT qu'en Phm 13.

B) LES GLOSES DE JEAN II-B

1. Au v. 1, il faut attribuer à Jean II-B la finale : « ... croyez aussi en moi », dont le thème et le style sont presque exclusifs de Jean II (B 51).

2. On attribuera aussi à Jean II-B la finale du v. 3 : « ... afin que où je suis vous soyez vous aussi » ; le thème est typique des textes de Jean II-B (**12** 26 ; **17** 24 ; au négatif : **7** 34) ; le style aussi est de Jean II-B : « où je suis » (A 65** ; cf. C 50 et F 33), « je... vous aussi » (A 44** ; cf. B 3).

3. Au v. 2, la proposition « sinon je vous aurais dit (que) » pose des problèmes insolubles. Nous examinerons ces difficultés dans la seconde partie de cette note, et nous verrons alors pourquoi nous croyons pouvoir considérer ces mots comme une glose insérée dans le texte du Document C.

II. LE SENS DU DISCOURS

A) AU NIVEAU DU DOCUMENT C

13 33 « ( ) Encore un peu, je suis avec vous ; vous me chercherez et ( ) où je vais vous ne pouvez pas venir ( ) maintenant.

14 1 Que votre cœur ne se trouble pas ; croyez en Dieu ( ).
    2 Dans la maison de mon Père, il y a beaucoup de demeures ( ) ;
      je pars vous préparer une place.
    3 Et si je pars et vous prépare une place, je viendrai de nouveau
      et je vous prendrai près de moi ( ). »

Après avoir lavé les pieds de ses disciples (§ 316), Jésus annonce son prochain départ vers un lieu où ses disciples ne pourront pas le suivre tout de suite. Mais qu'ils se rassurent ! Il va dans la maison de son Père afin de leur préparer une place ; il reviendra ensuite les chercher et les prendre avec lui. Deux thèmes dominent ce passage : Jésus est le nouveau Moïse des temps eschatologiques ; il part, mais il annonce son prochain retour.

1. Jésus, le nouveau Moïse

a) Ce texte dépend de celui de Dt 1 29.32-33, dans lequel Moïse rappelle aux Hébreux comment Dieu les conduisait durant l'Exode, dans une colonne de nuée durant le jour, dans une colonne de feu pendant la nuit. L'auteur du Document C dépend du Targum araméen plutôt que du texte hébreu, et c'est le texte du Targum que nous allons mettre en parallèle avec celui de Jn.

Dt **1**	Jn **14**
29 « Et je vous dis :	
Ne vous troublez pas,	1 « Que votre cœur
n'ayez pas peur d'eux...	ne se trouble pas ;
32 Mais en cette affaire,	
aucun de vous n'a cru	croyez
au nom de la Parole	
de Yahvé votre Dieu,	en Dieu...
33 qui conduisait	
en avant de vous	2b Je pars
sur la route	
pour vous préparer un lieu	vous préparer un lieu... »
pour vos campements,	
dans la colonne de feu,	
la nuit...	
et dans la colonne de nuée,	
le jour. »	

On notera la transposition ; dans le texte du Deutéronome, Moïse reproche aux Hébreux de ne pas avoir cru en la Parole de Dieu, c'est-à-dire de ne pas avoir eu confiance en Dieu ; dans le texte du Document C, Jésus exhorte donc ses disciples à croire en Dieu, à avoir confiance en lui, même si son prochain départ doit les troubler profondément.

b) Dans le texte du Deutéronome, c'est Dieu lui-même qui conduit les Hébreux et marche devant eux pour leur préparer un lieu de campement ; dans le Document C, c'est Jésus. Mais la tradition juive avait déjà effectué cette transposition en parlant de l'Exode eschatologique. C'est ainsi que le texte de Dt 33 21 : « Il est venu comme chef du peuple... », est paraphrasé dans le Targum du pseudo-Jonathan (Jéru-

salem I) : « De même que (Moïse) entrait et sortait en tête du peuple en ce monde, ainsi entrera-t-il et sortira-t-il en tête du peuple dans le monde à venir. » Mais le texte le plus intéressant est celui du Targum fragmentaire (Jérusalem II) sur Ex **12** 42 ; il donne le « Poème des quatre nuits », et voici la traduction du texte de la quatrième nuit : « Nuit quatrième : quand le monde accomplira sa fin pour être libéré. Les liens de l'impiété seront détruits, les jougs de fer seront brisés. Moïse sortira du désert, le Roi-Messie d'en-haut. L'un marchera en tête de la nuée, l'autre marchera en tête de la nuée, et la Parole de Yahvé marchera entre les deux et ils iront ensemble. C'est la nuit de la Pâque devant Yahvé, fixée et réservée pour tous les enfants d'Israël pour toutes leurs générations. » Cette mention de la nuée met ce texte en relation avec celui que nous avons comparé à Jn **14** 1-2b : Moïse se tient aux côtés de la Parole de Dieu, en tête de la nuée, pour conduire le nouveau peuple de Dieu dans son nouvel Exode.

c) La référence de ce texte à l'Exode, et donc à Moïse peut se déduire également du v. 2a : « Dans la maison de mon Père, il y a beaucoup de demeures » ; c'est là que Jésus va préparer un lieu pour ses disciples. L'expression « maison de mon Père » ne se lit qu'une fois ailleurs dans le NT, en Jn 2 16, un texte du Document C où il s'agit du Temple de Jérusalem. Mais ce Temple est à l'image du Temple céleste où Dieu réside (Ap 7 15 ; 11 19 ; 15 5-8 ; cf. He 9 11-12 ; 10 19-21 ; 6 19-20). C'est donc dans ce Temple céleste, la « maison de son Père », que Jésus va nous préparer une place. On rejoint le thème du Targum Néofiti sur Ex **15** 13.17 : « Par ta grâce, tu as conduit ce peuple que tu avais racheté. Tu les mèneras, par ta puissance, à la demeure du Temple de ta sainte Shekina... Tu les introduiras sur la montagne de ton héritage et tu leur en feras prendre possession, le lieu fixé comme résidence de la Shekina, que tu as préparé pour toi, Yahvé : ton Temple, Yahvé, tes deux mains l'ont parfait. » C'est pour nous préparer une place dans le Temple céleste, la maison de son Père, que Jésus part en avant de nous ; c'est de là qu'il reviendra pour nous prendre avec lui et nous introduire à notre tour dans ce Temple céleste : ce sera l'ultime Exode du peuple de Dieu, réalisé sous la conduite du nouveau Moïse, Jésus (cf. Introd., 5 b-e).

2. Le retour de Jésus

Les commentateurs ont souvent noté la tonalité apocalyptique de ce passage johannique, surtout du v. 2a qui parle des nombreuses « demeures » dans la maison de Dieu. Mais le point le plus important est celui-ci : en quel sens comprendre le « retour » de Jésus annoncé au v. 3b ? On a souvent mal compris ce texte parce qu'on a voulu l'harmoniser avec la suite du discours après la Cène, où ce thème du « retour » revient à plusieurs reprises. Mais si Jn **14** 1-3 remonte pour l'essentiel au Document C, n'aurions-nous pas ici une conception très archaïque du retour de Jésus ? De fait, c'est aux textes les plus anciens du NT que Jn **14** 1-3 peut être comparé. Le parallèle le plus frappant est fourni par 1 Th **4** 16-

17, où Paul décrit le scénario du Retour du Christ en ces termes : « Car lui-même, *le Seigneur*, au signal donné par la voix de l'archange et la trompette de Dieu, *descendra du ciel*, et les morts qui sont dans le Christ ressusciteront en premier lieu ; après quoi, *nous, les vivants*, nous qui serons encore là, nous serons réunis à eux *et emportés sur des nuées* pour rencontrer le Seigneur dans les airs. Ainsi, nous serons avec le Seigneur pour toujours. » Jésus, le Seigneur, est maintenant auprès de Dieu, dans les cieux, en suite de sa résurrection ; il y est donc monté *avant nous*. Mais il va descendre du ciel afin de venir chercher tous ceux qui ont cru en lui : les morts préalablement ressuscités afin de pouvoir participer au grand événement eschatologique, et ceux qui seront encore vivants à ce moment-là. Paul envisage ce retour du Christ dans un avenir très proche puisqu'il se compte au nombre de ceux qui seront encore vivants. Cette perspective est celle de Jn **14** 1-3 puisque Jésus promet de revenir chercher ceux auxquels il s'adresse ; rien, dans le texte johannique, ne laisse supposer que les interlocuteurs de Jésus devront passer par la mort.

Le même thème se lit encore en Ac **3** 19-21, un texte très archaïque repris par Lc : « Repentez-vous donc et convertissez-vous, afin que vos péchés soient effacés et qu'ainsi le Seigneur fasse venir le temps du répit. Il enverra alors le Christ qui vous a été destiné, Jésus, celui que le ciel doit garder jusqu'aux temps de la restauration universelle dont Dieu a parlé par la bouche de ses saints prophètes. » Jésus est maintenant « gardé » au ciel, en suite de sa résurrection. Mais Dieu doit l'envoyer pour restaurer toutes choses en lui et inaugurer « le temps du répit ». Ce temps du retour de Jésus est envisagé comme prochain puisqu'il est conditionné par le repentir et la conversion de ceux auxquels s'adresse le discours de Pierre.

En fait, nul ne conteste aujourd'hui que, dans l'Église primitive, on s'attendait à un retour très proche de Jésus, du vivant même de ses disciples. Le texte du Document C doit se comprendre dans cette perspective. Jésus annonce son départ prochain ; à ce moment, toutefois, les disciples ne pourront pas encore venir avec lui (**13** 33). Mais il va leur préparer une place dans la maison de son Père, puis il reviendra les prendre et les conduire dans cette maison du Père. Ce retour se produira du vivant même de ceux auxquels Jésus s'adresse ; c'est du moins ainsi que l'a compris l'auteur du Document C, avec la tradition chrétienne la plus primitive. Jésus prendra alors la tête du nouvel et dernier Exode ; nouveau Moïse, il conduira les siens vers le Temple céleste où réside le Père.

B) LES ADDITIONS DE JEAN II-B

A la note § 320, nous avons vu pourquoi Jean II-B a glosé le texte du Document C en **13** 33 ; nous n'analyserons donc ici que les gloses ajoutées par Jean II-B en **14** 1-3.

1. CROIRE EN JÉSUS

Au v. 1, le texte du Document C avait seulement : « Croyez en Dieu », en référence à Dt **1** 32. Jean II-B ajouta : « ... croyez

aussi en moi. » Il voulait ainsi préparer les développements de **14** 7-11, texte de Jean II-A repris par lui, où l'unité d'action du Père et de Jésus est fortement affirmée. Mais son intention est probablement plus profonde. Il sait que Jésus, lui aussi, est Dieu (Jn **20** 28 ; 1 Jn **5** 20) ; croire en Dieu, c'est donc par le fait même croire en lui, Jésus. Pour ce qui est de son destin final, de ce qui adviendra de lui après la mort, le chrétien peut s'en remettre au Christ comme il s'en remet à Dieu.

2. DEMEURER AVEC JÉSUS

Au v. 3, le texte du Document C se terminait sur ces mots : « ... et je vous prendrai près de moi. » Jean II-B ajouta : « ... afin que, où je suis, vous soyez vous aussi. » Il a voulu montrer par là comment le retour du Christ doit mettre un sceau au destin eschatologique de son disciple. Le disciple, en effet, est par définition celui qui « suit » Jésus en sorte qu'il puisse arriver là où Jésus demeure, et demeurer avec lui (**1** 37-39). Ce thème, ébauché par Jean II-A, va être systématisé par Jean II-B dans des termes propres à lui. Au négatif d'abord, Jésus disait aux Juifs, qui pour Jean II-B représentent ceux qui refusent de devenir disciples de Jésus : « ... et *où je suis*, vous ne pouvez pas venir » (**7** 34). En revanche, de son disciple il disait : « Si quelqu'un me sert, qu'il me suive, et *où je suis*, là aussi sera mon serviteur » (**12** 26). Si Jésus revient chercher ses disciples, c'est « afin que, *où je suis*, vous soyez vous aussi » (**14** 3). Il dira enfin, dans sa prière finale : « Père, ce que tu m'as donné, je veux que, *où je suis*, ils y soient eux aussi avec moi, afin qu'ils voient ma gloire que tu m'as donnée... » (**17** 24). Le destin du disciple est de voir la gloire du Christ, laquelle n'est autre que la gloire de Dieu (**1** 14 ; **17** 5).

En ajoutant la finale du v. 3, Jean II-B est peut-être influencé par le texte de 1 Th **4** 16-17, si proche, on l'a vu, de Jn **14** 1-3, qui se termine par ces mots : « Ainsi, nous serons avec le Seigneur pour toujours. » Sur les influences de Paul sur Jean II-B, voir Introd., 4 z.

3. « SINON, JE VOUS (L') AURAIS DIT »

Au v. 2, la proposition « sinon, je vous (l') aurais dit », que nous avons attribuée à Jean II-B, offre des difficultés insurmontables. Notons d'abord que le texte n'est critiquement pas sûr, car de nombreux excellents témoins ajoutent en finale la conjonction *hoti* qui peut avoir soit un sens déclaratif « que », soit un sens causal « parce que » ; du simple point de vue des témoins qui attestent la présence ou l'absence de cette conjonction, il est impossible de décider quelle est la vraie leçon.

Si l'on choisit de supprimer *hoti*, plusieurs traductions sont possibles. Avec la Bible de Jérusalem, on peut mettre un point après les mots en question et traduire, en sous-entendant un pronom neutre : « ... sinon, je vous (l') aurais dit. » La réflexion de Jésus aurait alors pour but de souligner la déclaration qu'il vient de faire, mais quelle serait l'utilité d'une telle réflexion ? On pourrait traduire aussi : « ... sinon je vous aurais dit : Je pars vous préparer une place » ; les demeures sont prêtes, et il n'est pas nécessaire que Jésus aille y préparer les places. Mais ainsi que le note Lagrange : « C'est précisément lorsqu'il y a de la place qu'on va préparer le lieu. » D'ailleurs, Jésus dit ensuite explicitement qu'il va préparer une place. On pourrait enfin traduire : « sinon, vous aurais-je dit : Je pars vous préparer une place ? » Mais nulle part dans l'évangile Jésus n'a déjà dit une telle parole.

Si l'on maintient la conjonction *hoti* avec le sens déclaratif, nous sommes ramenés aux cas précédents. Si on lui donne le sens causal, on pourra traduire : « sinon je vous (l') aurais dit, parce que je pars vous préparer une place. » Mais la suite des idées est à peine intelligible ! Que Jésus aille préparer une place ne saurait être une raison suffisante de prévenir ses disciples qu'il n'y avait pas beaucoup de demeures chez son Père. Certains commentateurs, qui gardent *hoti*, ont voulu expliquer le texte johannique en recourant à un original araméen mal traduit ; mais les solutions proposées offrent elles aussi leurs difficultés.

En général, quand un texte se refuse à tout commentaire logique, c'est qu'il correspond à une glose, surtout si, en enlevant les mots en question, on obtient un texte parfaitement clair, comme c'est le cas ici. Nous avons donc attribué à Jean II-B les mots « sinon je vous (l') aurais dit » ; peut-être sont-ils plutôt une glose de copiste insérée ensuite dans le texte johannique.

Note § **326**. *LE CHRIST MANIFESTE LE PÈRE* (Jn **14** 4-12)

I. CRITIQUE TEXTUELLE

1. Au v. 4, contrairement au choix fait dans le tome I de la Synopse, nous adopterons la leçon courte du texte Alexandrin : « Et où je vais, vous savez la route. » La leçon longue « Et où je vais, vous (le) savez, et vous savez la route » a voulu harmoniser ce verset avec le suivant qui répète le verbe « savoir » en lui donnant deux compléments différents. Mais la question de Thomas, au v. 5, suppose au contraire que, dans la parole de Jésus rapportée au v. 4, il est question seulement de « savoir » (= « connaître ») la route.

2. Au v. 5, la plupart des témoins ont comme texte : « Comment pourrions-nous savoir la route. » C'est une leçon facilitante, et il faut omettre le verbe « pouvoir » avec B C D VetLat (*a b e*) Geo (Ad) Chrysostome et Nonnos.

3. Au v. 7, la leçon du texte Alexandrin : « Si vous me connaissiez, vous connaîtriez aussi mon Père » est due à une harmonisation sur Jn **8** 19. Il faut adopter la leçon de P⁶⁶ S D SyrSin (cf. en partie VetLat) : « Si vous me connaissez, vous connaîtrez aussi mon Père. »

II. ANALYSES LITTÉRAIRES

Ce discours de Jésus, composé presque entièrement par Jean II-A, remplaçait celui du Document C qui se lit en **14** 1-3 ; il en avait toutefois conservé le début, en **13** 33a. Voici les divers niveaux rédactionnels de ce texte ; notre traduction sera plus littérale que dans le tome I de la Synopse, mais moins française.

C | II-A | II-B | III

13 33 « Encore un peu, je suis avec vous ; vous me chercherez
(et ( ) où je vais, vous ne pouvez pas venir ( ) maintenant)
14 4 | et où je vais, vous savez la route. »
5 | Thomas lui dit : « Seigneur, nous ne savons pas où tu vas, comment savons-nous la route ? »

6 | Jésus lui dit : « Je suis la Route (;)
| et la Vérité et la Vie ;
nul ne vient au Père sinon par moi.
7 Si vous m'avez connu, vous connaîtrez aussi mon Père.
Dès maintenant, vous le connaissez et vous l'avez vu. »
8 Philippe lui dit : « Seigneur, montre-nous le Père et cela nous suffit. »
9 Jésus lui dit : « Depuis tant de temps je suis avec vous et tu ne m'as pas connu, Philippe ? Qui m'a vu a vu le Père. Comment dis-tu : Montre-nous le Père ?
10 Ne crois-tu pas que je suis dans le Père et que le Père est en moi ?
Les paroles que je vous dis, je ne les dis pas de moi-même, mais le Père qui demeure en moi fait ses œuvres.
11 Croyez-moi, que je suis dans le Père et le Père en moi.
Sinon, à cause des œuvres croyez-le.
12 En vérité, en vérité, je vous le dis : Celui qui croit en moi, les œuvres que je fais, celui-là aussi les fera,
| et il en fera de plus grandes,
| parce que je pars vers le Père. »

A) UNE GLOSE DE JEAN III

Au v. 12, la surenchère « et il en fera de plus grandes » doit être une glose de Jean III. L'expression grecque *kai meizona toutôn* se lit en termes identiques en Jn **5** 20, dans une glose de Jean III : « Et il lui en montrera de plus grandes, des œuvres. » Ce point est d'ailleurs d'importance minime.

B) UNE GLOSE DE JEAN II-B

Au v. 6, les mots « et la Vérité et la Vie » furent ajoutés par Jean II-B. Ces termes, de tonalité johannique (E 3* et et F 6), pourraient certes remonter à Jean II-A. Mais deux raisons nous font penser qu'ils ont été ajoutés par Jean II-B. Les formules de type : « Je suis la Route », sont fréquentes chez Jn (A 9*) ; mais partout ailleurs elles ne comportent qu'un seul substantif comme attribut (en **11** 25, les mots « et la vie » sont une addition de scribe ; note § 266, I). De plus, seul le terme de « Route » est impliqué dans la finale du logion : « ... nul ne vient au Père sinon par moi. »

C) LE TEXTE DE JEAN II-A

Les caractéristiques johanniques abondent dans ce discours de Jésus composé par Jean II-A ; sauf un détail que nous signalerons, elles sont communes à Jean II-A et à Jean II-B. Aux vv. 4-6, nous avons le procédé littéraire de l'incompréhension des interlocuteurs de Jésus (A 10*). Au v. 4 : « où je vais » (A 66 et B 5 ; cf. F 33), « vous savez » (F 25). Au v. 5 : « Thomas » (B 19*), mais sans l'addition « qui est appelé Didyme », typique de Jean II-B (cf. A 105**), « Thomas lui dit : Seigneur » (A 20* ; cf. C 12), « nous ne savons pas où » (B 52 ; cf. F 13 et F 25), « où tu vas » (A 29* et B 5). Au v. 6 : « Jésus lui dit » (C 12), « Je suis la Route » (A 9* ; cf. C 50), « le Père » (B 73). Au v. 7 : « si vous m'avez connu, vous connaîtrez aussi » (A 32*), « vous connaîtrez mon Père » (A 55*), « maintenant » (F 15), « vous le connaissez » (A 55*), « vous l'avez vu » (B 54* et B 82). Au v. 8 : « Philippe lui dit : Seigneur » (A 20* ; cf. C 12), « le Père » (B 73). Au v. 9 : « Jésus lui dit » (C 12), « tant » (F 35*), « je suis avec vous » (C 51), « tu... as connu » (B 75*), « qui m'a vu a vu le Père » (B 82 et B 73), « voir le Père » (B 54*), « comment dis-tu » (A 96*). Au v. 10 : « ne crois-tu pas que » (C 43), « le Père » (B 73), « Je suis dans le Père et le Père est en moi » (A 11), « je ne les dis pas de moi-même » (B 61* et A 33* ; cf. F 2), « le Père qui demeure en moi » (B 73 et A 27*), « fait ses œuvres » (B 101 et B 4). Au v. 11 : « croyez-moi que » (F 29* et C 43), « je suis dans le Père et le Père est en moi » (A 11 et B 73), « à cause des œuvres croyez-le » (B 4 et B 100*). Au v. 12 : « en vérité, en vérité » (A 2*), « celui qui croit en moi » (E 10 et B 51), « les œuvres que je fais » (B 4 et B 101 ; cf. surtout **10** 25, de Jean II-B), « celui-là » supportant un *casus pendens* (B 33), « je pars vers le Père » (A 124 et B 73 ; cf. B 102).

III. LE SENS DU DISCOURS

A) AU NIVEAU DE JEAN II-A

Pour le texte de Jean II-A, cf. *supra*.

Au niveau du Document C, Jésus prononçait un discours que l'on retrouve, glosé par Jean II-B, en **13** 33 et **14** 1-3. Ce discours, on l'a vu à la note précédente, exposait une eschatologie archaïque : Jésus s'en va vers son Père ; mais il va revenir, dans un avenir très proche, pour prendre les siens avec lui et les conduire dans la maison de son Père. Lorsque Jean II-A compose son évangile, il ne veut pas reprendre ce texte dont les conceptions eschatologiques sont dépassées ; on ne s'attendait plus à un retour *prochain* de Jésus. Jean II-A se contente donc de reprendre le début du texte du Document C (**13** 33a), mais il remplace le reste du discours (**13** 33b ; **14** 1-3) par une nouvelle rédaction,

beaucoup plus ample, dans laquelle le thème du « retour » de Jésus est réinterprété dans un sens spirituel (**14** 18 ss., note § 327), et le thème de l'accès des disciples auprès du Père est lui aussi transposé (**14** 4-6). On notera que, dans le texte de Jean II-A, les données du texte du Document C (**14** 3) sont inversées ; la raison en est que le thème de l'accès des disciples auprès du Père implique encore la présence de Jésus auprès de ses disciples durant sa vie terrestre ; en revanche, le thème du « retour » de Jésus ne concerne que le Christ glorifié : c'est un événement post-pascal.

1. JÉSUS EST LA ROUTE

a) Le début du discours composé par Jean II-A est structuré en fonction du procédé littéraire de l'incompréhension des interlocuteurs de Jésus (A 10). Après avoir annoncé en termes voilés son prochain départ : « Encore un peu, je suis avec vous ; vous me chercherez... » (**13** 33a), Jésus ajoute : « ... et où je vais, vous savez la route » (**14** 4). Dans le texte du Document C, Jésus disait : « et ( ) où je vais, vous ne pouvez pas venir ( ) maintenant » (**13** 33b) ; dans la nouvelle rédaction faite par Jean II-A, la parole de Jésus laisse entendre au contraire que les disciples peuvent dès maintenant aller là où va Jésus ; ils en connaissent la route. Mais quelle est cette route ? Thomas interprète le « voyage » annoncé par Jésus dans un sens matériel ; il s'imagine que Jésus veut parler d'une route tracée par les hommes et menant à un endroit inconnu des disciples, d'où sa réflexion : « Seigneur, nous ne savons pas où tu vas, comment savons-nous la route ? » (v. 5). Jésus donne alors le véritable sens de sa pensée : « Je suis la Route ( ) ; nul ne vient au Père sinon par moi » (v. 6).

b) Pour comprendre en quel sens Jésus est la « Route » qui, seule, donne accès au Père, il faut préciser ce qu'entend Jean II-A par l'expression « venir au Père ». Dans la suite du texte, il parlera de « connaître » le Père (v. 7), de « voir » le Père (v. 9), et ces expressions nous indiquent dans quel sens orienter notre recherche. Lorsque Jean II-A parle de Jésus, l'expression « venir à » signifie pratiquement « croire en » ; ceci apparaît dans le parallélisme synonymique de phrases telles que « celui qui vient à moi n'aura pas faim et celui qui croit en moi n'aura pas soif, jamais » (**6** 35), ou « si quelqu'un a soif qu'il vienne à moi, et qu'il boive celui qui croit en moi » (**7** 37-38). Étant donné le contexte des vv. 7 et 9, on peut penser qu'il en va de même en **14** 6 : « venir » au Père, c'est « croire » en lui. Cette équivalence apparaît encore quand on compare Jn **14** 6.9 à Jn **12** 44-45 :

Jn **14**	Jn **12**
6 « Je suis la Route ( ) ; nul ne vient au Père sinon par moi. »	44 « Celui qui croit en moi ne croit pas en moi mais en celui qui m'a envoyé ;
9 « Qui m'a vu (*ho heôrakôs*) a vu le Père (*heôraken*) »	45 et qui me voit (*ho theôrôn*) voit celui qui m'a envoyé (*theôrei*) »

En **14** 6, Jésus est la Route qui permet de venir au Père ; en **12** 44, celui qui croit en Jésus croit en celui qui l'a envoyé. Les deux textes se poursuivent par le thème complémentaire : celui qui « voit » Jésus « voit » le Père.

La foi s'épanouit en vision, en connaissance. Mais les expressions doivent être comprises selon leur signification sémitique. « Voir » Jésus, c'est le reconnaître pour ce qu'il est : l'envoyé de Dieu, la Sagesse divine envoyée par Dieu aux hommes (cf. **14** 21 et le commentaire). En conséquence, « voir » le Père, c'est le reconnaître pour ce qu'il est : précisément « le Père » qui a aimé les hommes au point de leur envoyer sa Sagesse pour les conduire durant leur vie, pour leur apprendre à agir toujours en conformité avec la volonté de Dieu (Sg **9** 16-18). Jésus est la « Route » qui mène au Père en ce sens qu'il est seul capable de donner aux hommes la véritable connaissance du Père, en tant que « Père ».

2. Voir le Père dans le Christ

a) Cette manifestation du Père par l'intermédiaire de Jésus n'est pas reportée à une époque future, indéterminée, comme en **14** 3 ; elle s'est effectuée dès la vie terrestre de Jésus : « *Dès maintenant* vous le connaissez et vous l'avez vu... Qui m'a vu a vu le Père » (vv. 7 et 9).

Il n'est pas question de « voir » le Père avec les yeux du corps, mais avec ceux de l'esprit. Dès maintenant, les disciples peuvent comprendre la paternité de Dieu à travers les paroles et les œuvres de Jésus. La clef de cette connaissance n'est autre que la présence réciproque du Père dans le Christ et du Christ dans le Père (vv. 10-11). Pour Jean II-A, cette présence réciproque est conçue au plan de l'agir (en prenant ce verbe au sens large) : « Les paroles que je vous dis, je ne les dis pas de moi-même, mais le Père qui demeure en moi fait ses œuvres » (v. 10b). On retrouve ici le thème de Jésus nouveau Moïse (Introd., 5 g). Jésus ne fait que transmettre les paroles du Père ; en ce sens, quand il parle, c'est le Père qui parle en lui et par lui. En entendant les paroles de Jésus, la Sagesse du Père, ce sont les propres paroles du Père que le disciple entend ; il parvient donc ainsi, par Jésus, à la connaissance du Père, il « voit » le Père au sens sémitique du terme.

Encore faut-il être sûr que c'est bien le Père qui parle par la bouche de Jésus. Jésus l'affirme, et sa parole pourrait suffire. Mais les disciples en ont une autre preuve : les œuvres qu'accomplit Jésus (v. 11). A la fin du v. 10, le terme de « œuvres » pouvait revêtir un sens assez général, englobant l'enseignement du Christ et tout son message de salut. Au v. 11, il prend le sens technique de « miracles ». Or, au niveau de Jean II-A (et du Document C), les miracles sont la preuve que Jésus a bien été envoyé par Dieu, comme cela avait été le cas jadis pour Moïse (Jn **3** 1-2 ; Ex **4** 1-9 ; Introd., 5 h). La présence agissante du Père dans le Christ se manifeste, et par les paroles que Jésus transmet, et par les œuvres qu'il accomplit. Le thème de Jésus nouveau Moïse prend tout son relief avec la séquence des vv. 10 et 11, qui reprend semble-t-il la séquence de Ex **4** 12.17 : « Va maintenant, je serai avec ta bouche et je t'indiquerai ce que tu devras dire...

Quant à ce bâton, prends-le dans ta main, c'est par lui que tu feras les signes », ces signes qui doivent le faire reconnaître comme l'envoyé de Dieu.

b) Le v. 12 fait transition et annonce déjà la section suivante (vv. 18-21) dans laquelle Jean II-A envisagera le temps de l'Église après le départ physique de Jésus. Parce que Jésus part vers le Père, il communique à ceux qui croient en lui le pouvoir d'accomplir les œuvres que lui-même a faites. Ainsi, dans l'avenir, les « œuvres » seront toujours là pour témoigner que les paroles de Jésus, transmises par les disciples, viennent bien du Père.

B) UNE ADDITION DE JEAN II-B

Au v. 6, le texte de Jean II-A avait seulement : « Je suis la Route » ; c'est Jean II-B qui ajouta les deux autres substantifs : « et la Vérité et la Vie. »

1. Le mot « vérité » est typique du vocabulaire de Jean II (E 3*). Mais c'est ici le seul cas où Jésus est identifié à la Vérité (cf. 1 Jn **5** 6, où il s'agit de l'Esprit). Dans le vocabulaire de Jn, qui reprend les thèmes de l'AT et du judaïsme, la « vérité » est l'expression de la volonté de Dieu concernant les hommes et leur comportement moral. Cette « vérité », transmise jadis aux hommes par Moïse et les prophètes, est révélée maintenant par Jésus (Jn **1** 17). Mais d'une façon plus profonde, on peut dire que Jésus s'identifie à la vérité qu'il révèle puisqu'il est la Parole de Dieu venue dans le monde (**1** 1.14) ; il y a identité entre la Parole et la Vérité (**17** 17). En présentant Jésus comme la Vérité, Jean II-B ne fait qu'expliciter ce qu'avait dit implicitement Jean II-A lorsqu'il affirmait que Jésus est « la Route » (cf. *supra*).

2. Étant la Vérité, Jésus est aussi la Vie (cf. 1 Jn **5** 20, à la fin). L'homme en effet ne peut obtenir la vie éternelle qu'en obéissant à la volonté de Dieu exprimée dans la Vérité et dans la Parole. Si les paroles de Dieu transmises par Jésus sont vie (Jn **6** 63 ; **12** 50), à plus forte raison Jésus, qui est la Parole, peut être dit aussi la Vie. C'est en « mangeant » cette Parole, la Sagesse de Dieu, que les hommes peuvent obtenir la vie éternelle (**6** 35.48-50).

C) UNE ADDITION DE JEAN III

Au v. 12, Jean III a ajouté la surenchère « et il en fera de plus grandes », comme il l'avait ajoutée en **5** 20. Le mot « œuvres », au v. 12, a même sens qu'au v. 11 et désigne les miracles. Il est alors difficile de comprendre en quel sens, après le départ de Jésus, ses disciples accompliront des « œuvres » plus grandes que celles qu'il a lui-même accomplies. Peut-être Jean III pense-t-il à des textes tels que Mt **21** 21, où, à propos du figuier maudit et desséché, Jésus dit aux disciples : « En vérité je vous dis : si vous avez de la foi et n'hésitez pas, *non seulement* vous ferez (comme) au figuier, *mais même* si vous dites à cette montagne : 'Soulève-toi et jette-toi dans la mer', cela arrivera. »

Note § **327.** *PRIÈRE DES DISCIPLES ET VENUE DES PERSONNES DIVINES* (Jn **14** 13-26)

I. CRITIQUE TEXTUELLE

1. A la fin du v. 17, le premier verbe doit être compris comme un présent (*menei*), mais le second est au futur : « ... qu'il *demeure* chez vous et il *sera* (*estai*) en vous. » La leçon au futur est attestée par P^{75} S, le texte Antiochien, *r* et SyrSin. Elle est confirmée par le parallèle de 2 Jn 2 : « ... la vérité qui *demeure* en vous et elle *sera* avec vous pour toujours. » Les nombreux témoins qui ont le verbe au présent (*estin*) ont voulu harmoniser le temps des deux verbes qui se suivent, car *menei* se comprend normalement comme un présent et non comme un futur.

2. Au v. 24, il faut lire « ma parole » (*ho logos ho emos*), et non « la parole que vous entendez (cf. Introd., 1 c, où le problème est discuté).

II. ANALYSES LITTÉRAIRES

Jn **14** 13-26 contient les matériaux suivants : deux logia sur la prière exaucée par Jésus (vv. 13-14), trois sections parallèles concernant la venue de l'Esprit (vv. 15-17), de Jésus (vv. 18-22), de Jésus et de son Père (v. 23), un logion isolé décrivant ceux qui n'aiment pas Jésus (v. 24), enfin un nouveau passage concernant l'envoi de l'Esprit par le Père (vv. 25-26). Voici comment nous proposons de répartir ces matériaux entre les niveaux de Jean II-A, Jean II-B et Jean III. La traduction que nous donnons ici diffère quelque peu de celle que nous avions adoptée dans le tome I de la Synopse ; nous la justifierons au cours du commentaire.

II-A | II-B | III

13 « Et ce que vous demanderez en mon nom, je le ferai, afin que le Père soit glorifié dans le Fils.
14   Si vous me demandez quelque chose en mon nom, je le ferai.
15 Si vous m'aimez, vous garderez mes commandements
16 et je prierai le Père et il vous donnera un autre Paraclet, afin qu'il soit avec vous pour toujours,
17 l'Esprit de vérité que le monde ne peut recevoir parce qu'il ne le voit pas et ne le connaît pas ; vous, vous connaissez qu'il demeure chez vous, et il sera en vous.
18 Je ne vous laisserai pas orphelins : je viens à vous.
19 Encore un peu et le monde ne me verra plus mais vous, vous me verrez ;
    | parce que je vis, et vous vous vivrez.
20 En ce jour-là vous connaîtrez que je suis dans le Père (.)
    | et vous en moi et moi en vous.
21 Celui qui a mes commandements
    | et qui les garde
c'est celui-là qui m'aime ; mais celui qui m'aime sera aimé par mon Père, et moi je l'aimerai et je me manifesterai à lui. »
22 Judas
       | non pas l'Iscariote
lui dit : « Seigneur, et qu'est-il arrivé que tu ailles te manifester à nous et non au monde ? »

23 Jésus répondit et lui dit :
    | « Si quelqu'un m'aime, il gardera ma parole et mon Père l'aimera et nous viendrons à lui et nous ferons demeure chez lui.
24 («) Celui qui ne m'aime pas ne garde pas mes paroles, et ma parole n'est pas mienne, mais du Père qui m'a envoyé.
25 | Je vous ai dit cela alors que je demeurais près de vous.
26 | Mais le Paraclet, l'Esprit Saint que le Père enverra en mon nom, celui-là vous enseignera tout et vous rappellera tout ce que je vous ai dit. »

A) LES LOGIA SUR LA PRIÈRE

Le discours après la Cène contient sept phrases dans lesquelles Jésus recommande aux siens de prier (*aitein*, à l'actif ou au moyen). Les deux premières se lisent au début de la présente section, en **14** 13 et 14 ; les autres en **15** 7.16 et **16** 23.24.26 (cf. 1 Jn **3** 21-22 ; **5** 14-15). Donnons, dès maintenant, une vue d'ensemble sur la genèse littéraire de ces textes.

1. La formulation la plus ancienne des logia sur la prière se lit en **16** 23-24. Il est facile en effet de voir comment ce double logion dérive de la tradition synoptique, et comment les autres logia dépendent de ce double logion. Mettons en parallèle Jn **16** 23b-24 et Mt **7** 7-8 (= Lc **11** 9-10), texte qui, identique en Mt et en Lc, provient du Document Q.

Jn **16**	Mt **7**
23b « En vérité, en vérité, je vous dis : *Ce que vous demanderez* au Père en mon nom, *il vous* (*le*) *donnera*.	7 « Demandez et il vous sera donné...
24 Jusqu'à maintenant, vous n'avez rien demandé en mon nom ; *demandez et vous recevrez*, afin que votre joie soit pleine. »	8 car quiconque demande reçoit... »

Malgré des amplifications, nous retrouvons dans Jn tous les éléments fondamentaux du texte attesté par Mt. Dans les deux cas, on a une double demande et une double promesse d'être exaucé. Les mêmes verbes sont employés, et dans le même ordre, ce qui ne saurait être l'effet du hasard, ni même de la tradition orale, étant donné les fluctuations du vocabulaire des autres demandes. Notons enfin que la formule de Mt **7** 7 « et il vous sera donné » est un sémitisme qui veut dire : « et Dieu vous donnera » ; le sens est donc le même que dans le texte parallèle de Jn. Il faut conclure que l'auteur de Jn **16** 23b-24 a connu et utilisé, soit directement le Document Q, soit le texte de Mt, soit plutôt celui de Lc comme nous le verrons à la note § 333 (III A 2).

En menant l'analyse littéraire de Jn **16** 23-33, nous verrons que ce double logion doit probablement remonter à Jean II-B.

2. Les logia sur la prière qui se lisent en **15** 7.16 sont parmi les éléments d'une structure en chiasme composée par Jean II-B (note § 329, III B BA) ; ils sont donc étroitement liés l'un à l'autre ; comparons-les alors aux deux logia de **16** 23b-24 :

Jn **15**	Jn **16**
16 «... afin que ce que vous demanderez au Père en mon nom, il vous (le) donne. » 7 « Si vous demeurez en moi et que mes paroles demeurent en vous, ce que vous voudrez demandez(-le) et (cela) vous arrivera. »	23b « Ce que vous demanderez au Père en mon nom, il vous (le) donnera... 24 ... demandez et vous recevrez. »

Jn **15** 16 et Jn **16** 23b n'offrent que des divergences de détail. Le premier texte est construit en forme de proposition finale afin de pouvoir être inséré dans son contexte. On notera aussi une variante mineure que la traduction française ne peut pas rendre : l'expression « ce que » correspond au grec *ho ti an* en **15** 16 et au grec *an ti* en **16** 23b. Malgré ces divergences mineures, **15** 16 ne fait que reprendre le logion de **16** 23b.

En revanche, les logia de **15** 7 et de **16** 24 n'ont en commun que le verbe « demander » qui, on l'a vu, se lit dans tous les logia sur la prière, y compris ceux de la tradition synoptique. On notera d'ailleurs que ce verbe « demander » est utilisé à la forme active en **16** 24 et à la forme moyenne en **15** 7 (cf. **16** 26 ; 1 Jn **5** 14). En fait, le logion de **15** 7 se distingue nettement des autres par sa formulation littéraire. Il est précédé d'une condition : « Si vous demeurez en moi et que mes paroles demeurent en vous » ; la prière ne sera exaucée que si les disciples observent la parole de Jésus. L'objet de la demande (« ce que ») est rendu en grec par la formule *ho ean* qui ne se lit nulle part ailleurs chez Jn (17/7/6/1/3), mais se retrouve en 1 Jn **3** 22 et **5** 15, dans deux passages qui traitent aussi de la prière exaucée (cf. 1 Jn **4** 15 ; 3 Jn **5**). Par ailleurs, en Jn **15** 7, l'objet de la demande est rendu sous la forme complexe « ce que *vous voudrez* », que l'on comparera à Mc **6** 22b : « Demande-moi ce que tu veux (*ho ean thelès*), et je te (le) donnerai. » Quant à la formule « et cela vous arrivera », elle se lit en Mt **18** 19 : « Si deux d'entre vous s'accordent sur la terre au sujet de toute affaire qu'ils demanderont, (cela) leur arrivera de mon Père qui est dans les cieux. » On comparera aussi à Mc **11** 24 : « Tout ce que vous priez et demandez, croyez que vous l'avez reçu et (cela) vous sera » (cf. Mt **21** 21, avec le verbe « arriver »).

Ainsi, des deux logia de **15** 7.16, le second reprend avec de légères modifications stylistiques celui de **16** 23b ; le premier, beaucoup plus indépendant de **16** 24, se rapproche de textes qui se lisent en Mt ou en Mc et offre des contacts stylistiques avec les logia de 1 Jn **3** 21-22 et **5** 14-15. Selon toute vraisemblance, nous sommes devant des textes com-

posés par Jean II-B, ce que confirmera l'analyse de Jn **15** 7-17 (note § 329).

3. Le logion de **14** 13, premier de la série, peut être comparé avec celui de **16** 23b :

Jn **14** 13	Jn **16** 23b
« Et ce que vous demanderez en mon nom, je ferai cela, afin que soit glorifié le Père dans le Fils. »	« Ce que vous demanderez au Père en mon nom, il vous (le) donnera. »

En **16** 23b, il est dit explicitement que la demande est adressée au Père ; **14** 13 ne le dit pas explicitement, mais le texte *peut* s'interpréter dans ce sens. La divergence fondamentale entre les deux logia est que, en **16** 23b comme en **15** 7.16, c'est le Père qui accorde l'objet de la demande, en **14** 13 Jésus dit : « je ferai cela. » Malgré ces divergences, nous croyons que le logion de **14** 13 peut être attribué à Jean II-B. Pour dire « ce que » (vous demanderez), on a la formule grecque *an ti* en **16** 23b, mais *ho ti an* en **14** 13 comme en **15** 16 (cf. *supra*). Par ailleurs, le changement de « donner » en « faire » est motivé par le contexte du logion : «... les œuvres que je fais, et celui-là (les) fera... » (**14** 12) ; c'est le contexte également qui explique la formule à la première personne du singulier, comme on le verra mieux dans le commentaire du passage : Jésus continue à « faire » les miracles par les mains des disciples.

4. Mettons maintenant en parallèle les logia des vv. 13 et 14 du chapitre **14**.

Jn **14** 13	Jn **14** 14
« Et ce que vous demanderez en mon nom, je ferai cela... »	« Si quelque (chose) vous demandez à moi en mon nom, je (le) ferai. »

Le logion du v. 14 se distingue de celui du v. 13 surtout en ce qu'il précise que la demande est adressée à Jésus, et non au Père ; on obtient alors la formule curieuse : « Si... vous demandez *à moi en mon nom*... » Par ailleurs, hormis quelques divergences stylistiques, les deux logia sont tellement semblables qu'ils font l'effet d'un doublet. On en vient alors à penser que le logion du v. 13 a été dédoublé à seule fin d'obtenir *sept* logia sur la prière, en relation avec les sept demandes du *Pater* attestées par Mt **6** 9-13. Dans le même but, Jean III a ajouté le septième et dernier logion, celui de **16** 26 (cf. note § 333).

B) LES ADDITIONS DE JEAN III

Outre le deuxième logion sur la prière (v. 14), Jean III a ajouté, au v. 22, la précision « non pas l'Iscariote » à la suite du nom de Judas. Au niveau de Jean II, Judas (le traître) est appelé « Judas (fils) de Simon Iscariote », le nom de « Iscariote » se rapportant à Simon et non à Judas (A 81**) ; ici, ce nom se rapporte directement à Judas, comme dans la tradition synoptique. La glose ne peut donc être que de Jean III (Introd., 4 n).

C) LE TEXTE DE JEAN II-A

Le texte de Jean II-A était constitué par les vv. 18-22.24, moins quelques gloses de Jean II-B que nous préciserons plus loin ; il formait la suite de **14** 4-12, texte de Jean II-A que nous avons étudié à la note § 326.

1. UN TEXTE DE JEAN II-A

a) Par delà les vv. 13-17, les vv. 18-20 se situent dans la ligne des vv. 9-12, attribués à Jean II-A. La séquence formée par la fin du v. 12 et le v. 18 est excellente : « ... parce que *je pars* vers le Père. ( ) Je ne vous laisserai pas orphelins ; *je viens* à vous. » On retrouve, réinterprété par Jean II-A, le thème fondamental du texte du Document C : « Et si *je pars* vous préparer une place, *je viens* de nouveau... » (**14** 3). Ces formules des vv. 12 et 18 se retrouveront encore, groupées, en **14** 28 : « Vous avez entendu que je vous ai dit : Je m'en vais et *je viens à vous* ; si vous m'aimiez, vous vous réjouiriez de ce que *je pars vers le Père*. » Les textes de **14** 3 et de **14** 28 confirment donc le lien primitif qui existait entre les vv. 12 et 18. Par ailleurs, les vv. 19 et 20 annoncent la réalisation prochaine, conditionnée par la mort et l'exaltation de Jésus, de ce que les disciples ont eu tant de peine à comprendre durant la vie terrestre de leur Maître. Aux vv. 9 et 10, en effet, Jésus avait dit à Philippe : « Celui qui m'a vu a vu le Père », puis il ajoute : « Ne crois-tu pas que je suis dans le Père et que le Père est en moi ? » (cf. v. 11). Il n'y aura plus de difficulté après le retour de Jésus : « Encore un peu et... vous, *vous me verrez* » (v. 19), « En ce jour-là, vous connaîtrez que *je suis dans le Père* » (v. 20).

b) On pourrait hésiter à placer les vv. 21-22 (qui ne peuvent être disjoints) au même niveau rédactionnel que les vv. 18-20, étant donné le changement de personne : deuxième personne du pluriel aux vv. 18-20, troisième personne du singulier au v. 21. Mais, on le verra dans le commentaire, le changement de personne s'explique parce que le v. 21 développe un thème sapientel repris de Sg **6** 16-18, thème sapientiel parfaitement en situation au niveau de Jean II-A (Introd., 5 w). D'ailleurs, on a constaté un changement de personne analogue entre les vv. 6 et 7. D'autre part, le thème de la « manifestation » de Jésus aux disciples (vv. 21 et 22) se situe, lui aussi, dans la ligne des développements précédents : c'est parce que Jésus « se manifestera » aux disciples que ceux-ci le verront (v. 19) et connaîtront qu'il est dans le Père (v. 20). Enfin, l'intervention de Judas, au v. 22, prolonge de façon harmonieuse les interventions de Thomas et de Philippe dans la section précédente (vv. 5 et 8).

c) Le v. 24 appartenait aussi au texte de Jean II-A et il faisait suite aux vv. 21-22. Il est clair en effet que le v. 23 ne pouvait pas constituer, au niveau de Jean II-A, la suite des vv. 21-22. Au v. 21, Jésus affirme qu'il va bientôt se manifester aux disciples. Au v. 22, la question de Judas introduit un point de vue nouveau : « Seigneur, qu'est-il arrivé que tu ailles te manifester à nous et non au monde ? » Judas demande pourquoi Jésus ne va pas se manifester au monde. On attend maintenant un développement dans lequel le Christ va prendre le « monde » à partie afin de montrer pour quelle raison il n'est pas digne de recevoir cette « manifestation » dont vont bénéficier les disciples. Mais le v. 23 fait piétiner le dialogue, du moins à ce point de vue. Le v. 24, au contraire, semble amorcer un développement dans lequel Jésus dénonce ceux qui ne l'aiment pas, et donc s'en prend au « monde ». On notera d'ailleurs comment ce v. 24 forme un parallélisme antithétique avec le v. 21a : « Celui qui a mes commandements et qui les garde, c'est celui-là qui m'aime... Celui qui ne m'aime pas ne garde pas mes paroles... » ; le v. 21a introduit le thème de la « manifestation » de Jésus aux disciples ; le v. 24 pourrait donc introduire le thème de la « non-manifestation » au monde. Dans cette perspective, bien entendu, le discours de Jésus ne pouvait pas s'arrêter au v. 24 ; nous verrons à la note § 330 qu'il se poursuivait en **15** 22 ss., où Jésus parlera de ceux qui le haïssent, lui et son Père, malgré les paroles qu'il a prononcées et les œuvres qu'il a faites.

Après l'intervention de Judas, au v. 22, il fallait une formule de liaison pour introduire le nouveau discours de Jésus qui commençait au v. 24. Cette formule devait avoir la forme « Jésus lui dit », comme aux vv. 6 et 9. Pour ne pas compliquer les choses, nous avons laissé au niveau de Jean II-A la formule initiale du v. 23 : « Jésus répondit et lui dit », introduite probablement par Jean II-B en même temps que le reste du v. 23.

2. TROIS GLOSES DE JEAN II-B

Au niveau de Jean II-A, le dialogue entre Jésus et ses disciples, commencé en **13** 33a et **14** 4-12, se poursuivait donc aux vv. 18-22.24. Il faut toutefois éliminer de ce dernier texte, outre la glose de Jean III signalée plus haut au v. 22, trois gloses insérées par Jean II-B.

a) Au v. 19, nous tenons pour une glose de Jean II-B les mots « parce que je vis, et vous vous vivrez ». Ils interrompent en effet la suite des thèmes : « ... mais vous, vous me verrez... En ce jour-là, vous connaîtrez que je suis dans le Père... » (cf. **14** 7.9-10). Par ailleurs, le thème de la « vie » correspond à l'addition faite par Jean II-B au v. 6 : « ... la Vérité et la Vie » (voir note § 326). On notera dans cette addition la caractéristique stylistique « je... et vous » (A 44**).

b) Au v. 20, après les mots « ... que je suis dans le Père », Jean II-B a ajouté le thème « et vous en moi et moi en vous ». Jusqu'ici, le thème de l'immanence réciproque (A 11) ne concernait que le Père et Jésus (**14** 10-11.20a) ; Jean II-B a ajouté la relation d'immanence entre Jésus et les disciples afin d'obtenir son thème favori : les rapports entre Jésus et les disciples sont à l'analogie des rapports entre le Père et Jésus (cf. Introd., 6 l). Ce thème de l'immanence réciproque entre Jésus et les disciples ne se lit ailleurs qu'au niveau de Jean II-B (6 56 ; **15** 4-5), de même que la formule « je ...et vous » (A 44**) obtenue ici par Jean II-B lorsqu'il a joint son addition au texte de Jean II-A.

c) Au v. 21, il faut considérer comme une glose de Jean II-B les mots « et qui les garde », le verbe « garder » (F 30) faisant double emploi avec le verbe « avoir » qui précède. Jean II-B aura ajouté l'expression afin d'accentuer le parallélisme entre les vv. 15, 21a et 23 : « garder » les commandements (ou la parole) est le signe de l'amour. La formule « garder les commandements » est d'ailleurs typique de Jean II-B et de 1 Jn (B 56**).

3. Caractéristiques stylistiques

Voici les caractéristiques stylistiques du texte que nous avons attribué à Jean II-A. Au v. 19 : « encore... et » (A 113*), « un peu » (C 15), « le monde » (C 68), « ne... plus » (F 5). Au v. 21 : « commandement » dit du Christ (B 38*), « celui-là » utilisé comme pronom (C 37) et supportant un *casus pendens* (B 33), « aimer » (C 63*), verbe « aimer » (*agapan*) avec Jésus comme sujet (C 8*), pronom « me » (*emauton ;* F 2). Au v. 22 : « Judas ( ) lui dit : Seigneur » (A 20* ; cf. C 12), « monde » (C 68). Au v. 24 : « aimer » (C 63*), « garder les paroles » (A 21 et A 23), « mes paroles » (A 1*), « le Père » (B 73), « qui m'a envoyé » (A 3*).

D) LES ADDITIONS DE JEAN II-B

1. Il faut attribuer à Jean II-B le premier logion sur la prière, au v. 13. Il commence par la même formule que celui de **15** 16b, qui est de Jean II-B (note § 329) : « (et) ce que vous demanderez » (*ho ti an aitèsète*). Il juxtapose les deux personnes « le Père » (B 73) et « le Fils » (B 77**), ce qui ne se retrouve ailleurs que dans des textes de Jean II-B et de 1 Jn (cf. Introd., 5 z). Enfin et surtout, il introduit le premier logion sur le Paraclet, des vv. 15-17, et forme avec lui un excellent parallèle à 1 Jn **3** 22.24 :

Jn **14**	1 Jn **3**
13 « Et ce que vous demanderez en mon nom, je le ferai afin que le Père soit glorifié dans le Fils.	22 Et quoi que nous lui demandions nous le recevons de lui
15 Si vous m'aimez vous garderez mes commandements	parce que nous gardons ses commandements.
16 et je prierai le Père	24 ... Et à ceci nous reconnaissons qu'il demeure en nous, à *l'Esprit*
et il vous donnera un autre Paraclet...	qu'il nous a donné.
17 *l'Esprit* de vérité... »	

De telles séquences parallèles entre Jn et les épîtres johanniques sont d'ordinaire, ailleurs, le fait de Jean II-B (cf. Introd., 8 q). Nous allons voir dans un instant que Jn **14** 16-17 offre aussi une structure dont on a l'équivalent en 2 Jn 1-2.

Signalons enfin la caractéristique stylistique « en mon nom » (A 39** ; cf. F 21**).

2. Les vv. 15-17 contiennent le premier des cinq logia sur l'Esprit qui se trouvent dans le discours après la Cène (cf. **14** 25-26 ; **15** 26-27 ; **16** 7-11 ; **16** 12-15). Jean II-B l'a composé afin d'obtenir un texte à structure trinitaire mentionnant successivement la venue de l'Esprit (vv. 15-17), de Jésus (vv. 18-22), de Jésus et de son Père (v. 23), chez ceux qui aiment le Christ en gardant ses commandements. Il rompt la suite du discours de Jésus entre les vv. 4-12 et 18-22. On se contentera donc ici d'en relever les caractéristiques stylistiques et littéraires.

a) Il existe une parenté littéraire entre Jn **14** 16-17 et 2 Jn 1-2 ; ce qui est dit de la « Vérité » en 2 Jn s'applique à l'Esprit de vérité en Jn **14** :

Jn **14**	2 Jn
16 « ... afin qu'il soit *avec vous pour toujours,*	1 ... et tous ceux qui ont connu la *Vérité,*
17 l'Esprit de *vérité*...	2 à cause de la *Vérité*
vous le connaissez, qu'*il demeure* chez *vous* et il sera en vous. »	qui *demeure* en *vous et sera avec vous pour toujours.*

Cette affinité stylistique avec 2 Jn confirme l'attribution du logion à Jean II-B (cf. Introd., 8 q). On verra à la note § 330 que le troisième logion sur l'Esprit, en Jn **15** 26-27, offre des affinités indéniables avec 3 Jn 12 ; ce troisième logion sera lui aussi attribué à Jean II-B.

b) Pour composer ce logion, Jean II-B a repris en partie les thèmes concernant le Christ qu'il lisait dans le texte de Jean II-A, en **14** 18-21 : comme la manifestation de Jésus aux disciples (v. 21), le don de l'Esprit est conditionné par le fait d'aimer Jésus en gardant ses commandements (cf. v. 15) ; à l'inverse des disciples, le monde ne peut voir l'Esprit (v. 19 ; cf. v. 17).

c) Voici les autres caractéristiques stylistiques des vv. 15-17. Au v. 15 : « aimer » (C 63*), « garder les commandements » (B 56**), « mes commandements » (A 1* et B 38*). Au v. 16 : « le Père » (B 73), « donner... afin que » (F 17), « Paraclet » (A 70**), « pour toujours » (E 13*). Au v. 17 : « l'Esprit de vérité » (A 95** ; cf. E 3*), « le monde... ne connaît pas » (B 42** ; cf. C 68), construction en prolepse (F 37*).

3. Jean II-B a encore ajouté le v. 23 afin d'obtenir la structure trinitaire dont nous avons parlé plus haut. Nous avons vu, à propos du texte de Jean II-A, que ce v. 23 ne pouvait constituer la suite du v. 22 et séparait indûment les vv. 22 et 24.

En voici les caractéristiques stylistiques : « répondit et dit » (B 6), « si quelqu'un » (C 48*), « aimer » (C 63*), « il gardera ma parole » (A 21 et A 23), « mon Père l'aimera » (B 26**), « demeure » (A 146 ; repris de **14** 2).

4. C'est enfin Jean II-B qui a ajouté le deuxième logion sur l'Esprit, aux vv. 25-26. Sa rédaction par Jean II-B apparaîtra surtout lorsque nous ferons le commentaire de ces logia sur l'Esprit ; disons ici seulement que sa rédaction fut influencée par celle de Lc **12** 12, et cette influence lucanienne confirme l'attribution à Jean II-B (cf. Introd., 4 y).

On relève comme caractéristiques stylistiques. Au v. 25 : « je vous ai dit cela » (A 16* et B 85*). Au v. 26 : « Paraclet » (A 70**), « le Père » (B 73), « en mon nom » (A 39** ; cf. F 21**), « celui-là » utilisé comme pronom (C 37), dit de l'Esprit (A 57**) et supportant un *casus pendens* (B 33), « ce que je vous ai dit » (C 64).

III. LE SENS DES DISCOURS

A) AU NIVEAU DE JEAN II-A

18 Je ne vous laisserai pas orphelins : je viens à vous.
19 Encore un peu et le monde ne me verra plus mais vous, vous me verrez ( ).
20 En ce jour-là vous connaîtrez que je suis dans le Père ( ).
21 Celui qui a mes commandements ( ), c'est celui-là qui m'aime ; mais celui qui m'aime sera aimé de mon Père, et moi je l'aimerai et je me manifesterai à lui. »
22 Judas ( ) lui dit : « Seigneur, et qu'est-il arrivé que tu ailles te manifester à nous et non au monde ? »
24 (Jésus répondit et lui dit) : « Celui qui ne m'aime pas ne garde pas mes paroles, et ma parole n'est pas mienne, mais du Père qui m'a envoyé. »

Après avoir annoncé « je pars vers le Père » (v. 12), Jésus ajoute aussitôt : « Je ne vous laisserai pas orphelins, je viens à vous » (v. 18). Jean II-A reprend le thème qu'il lisait dans le Document C (**14** 3) mais il en modifie profondément la perspective. Selon le Document C, qui exprimait une croyance assez répandue chez les premiers chrétiens, Jésus devait revenir sans tarder afin de conduire les siens dans la maison du Père (note § 325, II A 2) ; selon Jean II-A, Jésus va revenir incessamment, comme l'indique le présent « je viens à vous », mais en se manifestant dans le cœur des disciples en tant que Sagesse du Père.

1. « VOUS ME VERREZ »

a) Nous avons traduit le v. 19 : « ... mais vous, vous *me* verrez ; *parce que* je vis... ». Mais on lit dans la Bible de Jérusalem : « ... mais vous, vous ( ) verrez *que* je vis... » Cette différence de traduction demande une explication, d'autant qu'elle commande l'interprétation du texte johannique. Notons d'abord que, en grec, la conjonction *hoti* peut avoir

le sens déclaratif (« que ») ou le sens causal (« parce que »), ce qui explique en partie les deux traductions que nous discutons ici. Par ailleurs, il existe une construction grammaticale assez fréquente en grec (prolepse ; F 37) selon laquelle le sujet d'une proposition complétive est transféré dans la proposition principale où il devient complément direct ; ainsi, Jn **4** 35 devrait se traduire littéralement : « ... voyez les campagnes que (elles) sont blanches... », ce qui signifie : « ... voyez que les campagnes sont blanches... » La Bible de Jérusalem a traduit Jn **14** 19 comme s'il y avait une prolepse, et elle a donc replacé le complément direct de la proposition principale (« me ») comme sujet de la proposition complétive « je ». Mais il n'y a pas ici de prolepse, pour la raison que le sujet de la proposition subordonnée est explicitement exprimé dans le texte grec : « *je* vis » (*egô zô*) ; il n'a donc pas été transféré comme complément direct de la proposition principale. Il faut alors traduire en donnant à *hoti* une valeur causale : « ... mais vous, vous *me* verrez ; *parce que je* vis... » (rappelons que cette proposition causale fut ajoutée par Jean II-B).

Cette différence de traduction du texte johannique est importante parce que la traduction que nous rejetons favoriserait une interprétation de Jn **14** 19 assez répandue : Jésus ferait allusion aux apparitions qui suivront sa résurrection ; les disciples verront qu'il est vivant. Or nous ne pensons pas que ce soit, ici, le sens du texte johannique.

b) Les vv. 19-20, du moins dans les parties attribuées à Jean II-A, reprennent les thèmes des vv. 7-11, mais dans une perspective post-pascale. Tant que Jésus était vivant sur la terre, ses disciples avaient de la difficulté à le « voir », c'est-à-dire à comprendre sa véritable personnalité et à reconnaître son union avec le Père. Mais le départ imminent de Jésus, aussitôt suivi de son retour, va inaugurer une ère nouvelle : « En ce jour-là... » (v. 20). Lorsque Jésus reviendra, ses disciples le « verront » et reconnaîtront sans difficulté qu'il est dans le Père. La simple présence de Jésus au cœur de chacun de ses disciples sera en même temps une « manifestation » (v. 21). La suite du texte va expliquer comment se fera cette « vision » de Jésus par ses disciples. Notons tout de suite une précision importante apportée par Jean II-A et qui annonce déjà le thème négatif qu'il va développer dans la deuxième partie du discours (**14** 22 ss.) : cette vision de Jésus glorifié et de son union au Père sera réservée aux seuls disciples : « Encore un peu et le monde ne me verra plus, mais vous, vous me verrez ( ). »

2. LA SAGESSE SE MANIFESTE

Au v. 21, Jésus explique de quelle façon il va se manifester à ses disciples. Ce texte est tissé de réminiscences de textes de l'AT qui en donnent le véritable sens. Jésus commence par dire : « Celui qui a mes commandements ( ), c'est celui-là qui m'aime. » Ce lien entre l'amour et le fait de garder les commandements est fréquemment exprimé dans l'AT ; citons seulement quelques textes : « ... faisant miséricorde... à ceux qui m'aiment et gardent mes commandements » (Ex **20** 6 ; Dt **5** 10 ; cf. Dt **11** 1 ; Si **2** 15) ; et à propos de la

Sagesse : « ... l'amour, c'est l'observation de ses lois » (Sg **6** 18). Jésus ajoute : « celui qui m'aime sera aimé de mon Père » ; or on lit en Si **4** 14, à propos de la Sagesse : « Le Seigneur aime ceux qui l'aiment » ; et en Sg **7** 27-28 : « ... elle en fait des amis de Dieu, car Dieu n'aime que celui qui habite avec la Sagesse. » Jésus poursuit : « et moi je l'aimerai » ; c'est la Sagesse qui parle : « J'aime ceux qui m'aiment, qui me cherche avec empressement me trouve » (Pr **8** 17). Enfin Jésus précise le sens du « vous me verrez » (*theôreite me*) qu'il a prononcé au v. 19 : « ... et je me manifesterai à lui » ; on revient au texte de Sg **6** : « La Sagesse... se laisse facilement *voir* (*theôreitai*) *par ceux qui l'aiment*... et sur les sentiers *elle leur apparaît* avec bienveillance » (vv. 12 et 16). On notera que le verbe « se manifester » (*emphanizein*), qui se lit à la fin de Jn **14** 21, est utilisé trois fois dans l'AT pour parler de la manifestation de Dieu aux hommes (Ex **33** 13.18 ; Sg **1** 2).

Presque tous les textes qui forment l'arrière-plan de Jn **14** 21 sont tirés des livres sapientiaux ; c'est donc en tant que « Sagesse » de Dieu que Jésus va se manifester à ses disciples une fois qu'il aura été exalté auprès de son Père. Ce thème convient parfaitement à la christologie de Jean II-A (cf. Introd., 5 w). L'utilisation par Jean II-A de ces textes sapientiaux, dans lesquels la Sagesse parle de ses disciples à la troisième personne du singulier, peut expliquer le brusque passage de la deuxième personne du pluriel (vv. 18-20) à la troisième personne du singulier (v. 21) dans le texte de Jean II-A. On comprend mieux enfin le sens de la promesse faite par Jésus au début du v. 18 : « Je ne vous laisserai pas orphelins... » ; la Sagesse n'est-elle pas comparée à un père qui instruit ses enfants pour leur apprendre comment vivre en accord avec la volonté de Dieu (Pr **1** 8 ; **4** 1 ; **15** 5) ? A peine parti, Jésus reviendra afin de continuer à « instruire » ses enfants ; il ne les laissera pas orphelins.

3. LA HAINE DU MONDE

Le v. 22 fait la transition entre la partie positive et la partie négative du discours de Jésus. Après Thomas (**14** 5), puis Philippe (**14** 8), c'est maintenant au tour de Judas (distinct de l'Iscariote ; cf. Lc **6** 16, où « Jude » et « Judas » traduisent le même nom grec) d'intervenir : « Seigneur, et qu'est-il arrivé que tu ailles te manifester à nous et non au monde ? » Après avoir parlé de ses disciples et de leur amour pour lui, Jésus va maintenant parler du monde et de sa haine contre lui (**14** 24 ; **15** 22-25 ; **16** 3-4a). Presque tous les thèmes de la première partie du discours de Jésus vont se retrouver dans cette deuxième partie, mais au négatif ; on le soulignera en commentant ces textes (note § 330), y compris **14** 24 qui ne peut être disjoint de **15** 22 ss.

B) LES ADDITIONS DE JEAN II-B

1. LA PRIÈRE EXAUCÉE (v. 13)

Jn **14** 13 contient le premier des sept logia sur la prière qui se lisent dans le discours après la Cène. Au niveau de Jean II-B, toutefois, le discours n'en avait que cinq : ceux de **14** 13, **15** 7.16 et de **16** 23b-24.

a) Seul, le logion de **15** 16 précise que le Père est celui que l'on prie et qui donne. Le logion de **15** 7 reste très vague sur les deux points : « ... ce que vous voudrez, demandez-le et (cela) vous arrivera. » Dans le logion de **14** 13, Jésus accomplira l'objet de la demande : « ... je le ferai », mais il n'est pas dit à qui la prière est adressée : « Et ce que vous demanderez en mon nom... » Ici, l'imprécision est peut-être voulue, afin de souligner que le Père demeure en Jésus et Jésus dans le Père (**14** 10-11) ; étant donné cette union du Père et de Jésus (cf. **10** 30), qu'importe que la prière soit adressée au Père ou à Jésus ?

b) Jean II-B a ajouté ce logion sur la prière afin de compléter le thème repris de Jean II-A en **14** 12 : « ... celui qui croit en moi, les œuvres que je fais, lui aussi (les) fera, parce que je pars vers le Père. » Le lien entre les vv. 12 et 13 explique la formule « je le ferai » qui se lit au v. 13 ; pour pouvoir « faire » les mêmes œuvres (= miracles) que Jésus, celui qui croit en lui devra le demander, et c'est Jésus qui continuera à « faire » les œuvres par le truchement des disciples. On retrouve ici une des idées maîtresses de la théologie de Jean II-B : les rapports entre Jésus et ses disciples sont à l'analogie des rapports entre le Père et Jésus. Dans le texte de Jean II-A Jésus avait dit : « ... le Père qui demeure en moi fait les œuvres » (**14** 10), puis : « ... celui qui croit en moi, les œuvres que je fais, lui aussi (les) fera... » (**14** 12) ; Jean II-B précise que c'est Jésus qui « fera » les œuvres grâce aux disciples (**14** 13). Les œuvres que fait Jésus, c'est le Père qui les fait ; les œuvres que feront les disciples, c'est Jésus qui les fera. En conséquence, la gloire manifestée par les « œuvres » remontera jusqu'au Père par Jésus : « ... afin que le Père soit glorifié dans le Fils » (cf. **2** 11 ; **11** 4.40).

Ainsi, tout miracle accompli par les disciples doit être demandé au nom de Jésus, en invoquant ce nom qui signifie « Dieu sauve ». Jésus est l'intermédiaire indispensable entre le Père et les disciples. Jn rejoint ici un thème exprimé dans les Actes : c'est seulement « au nom de Jésus » que les apôtres ont le pouvoir d'accomplir des miracles (Ac **3** 6.16 ; **4** 7.10 ; **16** 18).

2. L'ESPRIT-PARACLET (**14** 15-17.25-26)

Le discours après la Cène contient cinq « paroles » de Jésus concernant la venue de l'Esprit, qui reçoit les titres divers de « Esprit Saint », « Esprit de vérité » et « Paraclet » (**14** 15-17 ; **14** 25-26 ; **15** 26-27 ; **16** 7-11 ; **16** 12-15). Dans cette note, nous n'allons donner que le sens général des deux premières « paroles », nous réservant de développer à la note § 331 une synthèse sur l'ensemble des cinq « paroles », spécialement sur le sens des titres « Esprit de vérité » et « Paraclet ».

a) Dans la première « parole » (vv. 15-17), l'Esprit reçoit d'abord le titre de « Paraclet », puis de « Esprit de vérité ». L'expression « un *autre* Paraclet » est motivée par le fait que 1 Jn **2** 1 présente Jésus lui aussi comme un « Paraclet » ; c'est donc en référence à Jésus que l'Esprit est un « autre » Paraclet. Contrairement aux autres logia, celui-ci ne donne aucune fonction à l'Esprit ; seule est affirmée sa présence indéfectible auprès des disciples de Jésus, après le départ de ce dernier : « ... afin qu'il soit avec vous pour toujours... il demeure chez vous et il sera en vous. » Cette présence est conditionnée par l'amour des disciples envers Jésus, amour qui s'exprime en observant ses commandements (v. 15).

Ici, comme dans le logion suivant (vv. 25-26), c'est le Père qui donne et envoie l'Esprit, sur la demande de Jésus. En revanche, dans les troisième et quatrième logia (**15** 26-27 et **16** 7-11), c'est Jésus lui-même qui l'envoie ; nous verrons à la note § 330 la raison de cette différence.

Reprenant un thème qu'il lisait au niveau de Jean II-A à propos de Jésus (**14** 19), Jean II-B oppose le monde aux disciples ; tandis que ceux-ci recevront l'Esprit donné par le Père, celui-là *ne peut pas* le recevoir (v. 17a) parce qu'il ne le « connaît » pas. Il faut donner ici au verbe « connaître » son sens sémitique : il ne vit pas en accord avec son enseignement qui est identique à l'enseignement de Jésus (**14** 26). Le monde ne peut donc pas recevoir l'Esprit parce qu'il ne garde pas les commandements de Jésus (cf. v. 15).

Le v. 17b continue l'opposition entre le monde et les disciples. On le traduit d'ordinaire : « Vous, vous le connaissez parce qu'il demeure en vous » (cf. Synopse, tome I, p. 292 ; Bible de Jérusalem). Mais le texte est alors difficile. Au v. 17a, il est dit que le monde ne peut pas recevoir l'Esprit parce qu'il ne le connaît pas : la connaissance est la condition de la présence ; au v. 17b, ce serait l'inverse : la connaissance serait conditionnée par la présence. Nous croyons donc que, au v. 17b, le *hoti* grec a valeur déclarative et non causale, et que la phrase est construite avec une prolepse (F 37) ; il faudrait traduire littéralement : « vous, vous connaissez lui que (il) demeure chez vous », ce qui veut dire : « vous, vous connaissez que lui demeure chez vous. »

b) Le deuxième logion sur l'Esprit se lit en **14** 25-26. L'Esprit y est appelé « Paraclet », puis « Esprit Saint ». Le sens général n'offre aucune difficulté. L'Esprit est nettement conçu comme celui qui va remplacer Jésus, étant donné l'opposition entre les vv. 25 et 26. Le rôle qu'il jouera auprès des disciples est précisé par deux phrases complémentaires : il enseignera tout, il rappellera tout ce que Jésus a dit. Jésus quitte ses disciples, mais l'Esprit veillera à ce que son enseignement soit conservé en toute intégrité.

Jn **14** 26 doit être rapproché de Lc **12** 12 :

Jn **14** 26	Lc **12** 12
« L'Esprit Saint vous enseignera tout et vous rappellera tout ce que je vous ai dit. »	« Car le Saint Esprit vous enseignera... ce qu'il faut dire. »

Ce sont les deux seuls textes du NT où le verbe « enseigner » a pour sujet l'Esprit Saint. Ce sont les deux seuls textes de Lc et de Jn où le verbe « enseigner » est construit avec un double accusatif, construction classique qui se lit encore en Ac **21** 21. Le contact littéraire est difficile à nier. Or, s'il y a influence littéraire, elle s'est exercée de Lc sur Jn. L'expression « Esprit Saint » en effet, rare chez Jn (ailleurs seulement en **20** 22 ; en **1** 33 cette expression fut probablement ajoutée par un scribe), est spécialement fréquente en Lc/Ac (5/4/13/2/41/25). D'une façon plus précise, l'expression « Esprit Saint » avec le double article ne se lit nulle part ailleurs chez Jn tandis qu'elle est fréquente surtout dans les Actes (2/3/5/1/23/7 ; en Lc **12** 12 toutefois, on a *to hagion pneuma* au lieu de *to pneuma to hagion*). D'autre part, en Jn **14** 26 comme en Lc **12** 12, le verbe « enseigner » est construit avec l'accusatif de la chose enseignée, seul cas dans Jn (opposer 1 Jn **2** 27) tandis que Lc/Ac en offrent plusieurs exemples (1/3/2/1/4). Le vocabulaire et le style de Jn **14** 26, assez insolite chez Jn, rendent très probable l'hypothèse d'un emprunt de Jn à Lc **12** 12.

3. La Trinité

a) En ajoutant au texte de Jean II-A, d'une part les vv. 15-17, d'autre part le v. 23, Jean II-B obtient un texte dont la portée trinitaire est indéniable. Ce texte, en effet, se compose de trois parties parallèles. Jn y affirme successivement : la venue de l'Esprit (vv. 16-17), la venue de Jésus (v. 18), la venue du Père et de Jésus (v. 23). Par ailleurs, les trois parties donnent comme condition de la venue de l'Esprit, de la manifestation de Jésus, de la venue du Père et de Jésus, l'amour envers Jésus qui s'exprime dans le fait de garder ses commandements : vv. 15, 21a, 23a ; c'est probablement pour accentuer ce parallélisme que Jean II-B a ajouté au texte de Jean II-A, au v. 21, les mots « et qui les garde » (cf. *supra*). Étant donné ce parallélisme entre les trois sections contenues dans les vv. 15 à 23, l'Esprit est considéré comme une « personne » au même titre que Jésus et le Père. Nous avons ici une des affirmations les plus claires de la Trinité que comporte le NT (cf. Mt **28** 19).

b) Mais il est remarquable que Jn exprime sa foi trinitaire en référence à la vie surnaturelle du chrétien. Sur la demande de Jésus, le Père va envoyer l'Esprit afin qu'il demeure chez nous, qu'il soit en nous (vv. 16-17) ; l'Esprit est distingué du Père et de Jésus en référence à sa présence en nous. De même de Jésus, et c'est pour le souligner que Jean II-B ajoute au texte de Jean II-A, au v. 20 : « et vous en moi et moi en vous » (cf. **6** 56 ; **15** 4-5). De même du Père : « ... et nous viendrons à lui et nous ferons demeure chez lui » (v. 23). Ce terme de « demeure » ne se lit qu'une fois ailleurs dans tout le NT, en Jn **14** 2, texte du Document C : « Dans la maison de mon Père, il y a beaucoup de demeures. » Après sa mort, le disciple de Jésus ira établir sa demeure dans la maison du Père ; mais durant sa vie terrestre, c'est le Père, et Jésus, et l'Esprit qui font demeure en lui. La vie éternelle est donc déjà commencée ici-bas, par la présence en nous de la Trinité. Jean II-B le précise en ajoutant, au v. 19, les mots : « parce que je vis, et vous vous vivrez » ; la « vie » du disciple de Jésus, dès cette terre, est analogue à la vie du Ressuscité, elle est participation à la vie même de Dieu, à la vie de la Trinité. La vie est une communion, dans l'amour, avec chacune des personnes divines demeurant en nous : « et moi je l'aimerai... et mon Père l'aimera... »

Note § **328**. *LA PAIX DU CHRIST* (Jn **14** 27-31)

I. CRITIQUE TEXTUELLE

1. Au début du v. 30, au lieu de « je ne parlerai plus beaucoup (*polla*) avec vous », il faut lire : « je ne parlerai plus ( ) avec vous », malgré le petit nombre des témoins qui attestent l'omission de *polla* : SyrSin et Chrysostome (cf. *e r*, qui mettent *polla* à une place différente). Le texte long est une leçon facilitante : on a ajouté « beaucoup » puisque le discours de Jésus va se poursuivre aux chapitres **15-17**, ce qui semble contredire l'affirmation : « Je ne parlerai plus ( ) avec vous. »

2. Au v. 30, la plupart des manuscrits ont « le Prince du monde », et sous cette forme : *ho tou kosmou archôn*. On lit toutefois « le Prince de ce monde », sous la forme *ho archôn tou kosmou toutou* comme en **12** 31 et **16** 11, chez les témoins suivants : 579, texte Césaréen (groupes Lake et Ferrar, Arm, Geo), le vieux Sommaire africain, *e ff*, Origène, Hippolyte, Augustin, Hilaire. Ces témoins, anciens et d'origine variée, ont-ils harmonisé avec **12** 31 et **16** 11 ? Ont-ils au contraire gardé la leçon primitive, simplifiée dans la masse des manuscrits ? Il est difficile de répondre. Avec hésitation, nous avons opté pour la seconde solution et nous traduirons donc : « le Prince de ce monde. »

3. Au v. 31, au lieu de « m'a commandé » (*eneteilato*), on lira « m'a donné commandement » (*entolèn edôken*), avec B L 0141 0250 33, le groupe Lake, VetLat. Cette leçon correspond en effet à une caractéristique johannique absolue (A 58), mais qui ne se lit que trois fois ailleurs dans l'évangile ; il est peu vraisemblable qu'elle ait été introduite ici par un scribe ou un réviseur du texte évangélique.

II. ANALYSES LITTÉRAIRES

Au niveau du Document C, la finale de l'entretien de Jésus avec les siens était constituée par Jn **14** 30b.31b ; mais ce texte était précédé de **12** 23.27-28a et l'ensemble formait l'équivalent johannique du récit synoptique de l'agonie à Gethsémani. Jean II-A reprit ce texte comme finale de son discours après la Cène, mais il le fit précéder des vv. 27-29 et ajouta le v. 30a. Quant à Jean II-B, d'une part il transféra **12** 23.27-28a à sa place actuelle mais remplaça ce texte par **14** 30c-31a, qui en est comme un écho ; d'autre part il fit de **14** 27-31, non plus la finale du discours après la Cène, mais la finale de la première partie de ce discours. Voici la répartition des textes.

C	II-A	II-B	
14 27			« Je vous laisse la paix, je vous donne ma paix. Je ne vous donne pas comme donne le monde. Que votre cœur ne se trouble pas et ne craigne pas.
	28		Vous avez entendu que je vous ai dit : Je m'en vais et je viens à vous ; si vous m'aimiez, vous vous réjoui-

riez de ce que je pars vers le Père, parce que le Père est plus grand que moi.

29		Et maintenant, je vous l'ai dit avant que cela n'arrive afin que, lorsque cela arrivera, vous croyiez.
12 23		L'heure est venue, (voici qu'est livré) le Fils de l'homme (aux mains des pécheurs).
27		Maintenant, mon âme est troublée ; et que dirai-je ? Père, sauve-moi de cette heure ? Mais pour cela je suis venu à cette heure !
28a		Père, glorifie ton Nom.
14 30a		Je ne parlerai plus avec vous car
30b	Le Prince de ce monde vient
30c		et il ne peut rien contre moi ;
31a		mais afin que le monde sache que j'aime le Père, et que, comme le Père m'a donné commandement, ainsi je fais.
31b	Levez-vous, allons hors d'ici. »

A) UN TEXTE DU DOCUMENT C

Nous allons résumer ici, en les complétant, les développements que nous avons donnés dans le tome II de la Synopse (note § 337, I B).

1. En Mc **14** 32-42, le récit de l'agonie à Gethsémani est constitué par la fusion de trois récits parallèles appartenant respectivement aux Documents A, B et C. Le récit du Document C, plus ou moins retouché, se retrouve dispersé chez Jn : une partie en **12** 23.27-28a, une partie en **14** 30-31. Voici, mis en parallèle, les textes de Mc et de Jn qui se correspondent et reflètent le texte du Document C :

Jn	Mc **14**
12 23 « L'heure est venue que soit glorifié le Fils de l'homme.	41b « L'heure est venue, voici qu'est livré le Fils de l'homme aux mains des pécheurs.
27 Maintenant mon âme est troublée ;	34a Mon âme est triste, à mort ! »
et que dirai-je ?	35b Et il priait pour que, s'il est possible, passât loin de lui l'heure.
Père, sauve-moi de cette heure ? Mais pour cela je suis venu à cette heure !	
28 Père, glorifie ton Nom. » ( )	(cf. 36b)
14 30 « ( ) Le Prince de ce monde vient...	42b « Voici, celui qui me livre approche ;
31 ( ) Levez-vous, allons hors d'ici. »	42a levez-vous, allons ! »

Beaucoup de commentateurs reconnaissent que Jn **12** 23.27-28a forme l'équivalent johannique du récit de l'agonie de Jésus à Gethsémani, et nous le pensons aussi. Mais il faut ajouter que, au niveau du Document C, la source commune à Jn et à Mc, les paroles prononcées par Jésus en **12** 23.27-28a se lisaient à la fin du discours que Jésus tient à ses intimes lors du dernier repas qu'il prit avec eux, à Béthanie. Jn **12** 23.27-28a et **14** 30b.31b formaient primitivement un tout, comme le montre le parallèle de Mc, et c'est **14** 30b.31b qui est resté à sa place initiale. La séparation du texte du Document C (et de Jean II-A) en deux éléments distincts est le fait de Jean II-B.

2. Essayons maintenant, en comparant les textes de Jn et de Mc, de reconstituer approximativement la teneur du texte du Document C. Ce Document C a pu revêtir des formes différentes ; c'est sa forme johannique que nous voulons reconstituer.

a) Analysons d'abord la section constituée par Jn **12** 23.27-28a.

aa) L'ordre des thèmes, attesté par Jn, est inverse de celui que l'on a dans Mc (vv. 41b et 34a). La séquence johannique est plus primitive que celle de Mc ; il est en effet normal que Jésus commence par annoncer la venue de l'heure (Jn **12** 23 ; Mc **14** 41b), et ensuite seulement demande à en être sauvé (Jn **12** 27 ; Mc **14** 34a). L'inversion dans Mc s'explique par le fait qu'il a fusionné trois textes différents, ce qui l'obligeait à en modifier l'ordonnance pour obtenir un récit cohérent.

ab) Jn **12** 23 et Mc **14** 41b ont en commun les expressions « l'heure est venue » (le temps du verbe est toutefois différent) et « le Fils de l'homme », qui remontent donc au Document C. Pour le reste, Mc reflète plus fidèlement que Jn le texte du Document C. Chez Jn, en effet, l'expression « ... que soit glorifié (le Fils de l'homme) » est typique du style de Jean II-B (A 41* et B 9**) et a dû être introduite par cet auteur lorsqu'il a transféré au chapitre **12** le texte du Document C. En revanche, comme on le verra dans le commentaire, le thème exprimé par Mc **14** 41b s'explique en fonction de Dn **7** 25 et est très archaïque. C'est donc le texte de Mc que nous adopterons pour reconstituer ici celui du Document C.

ac) Entre la formule attestée par Jn **12** 27a « maintenant mon âme est troublée » et celle de Mc **14** 34a « mon âme est triste, à mort », on choisira celle de Jn. Toutes deux se réfèrent au Ps **42**, Mc au v. 6a et Jn au v. 7a. Mais celle de Mc dépend du texte de la Septante, avec l'adjectif « triste » (*perilypos*), ce qui ne peut convenir au Document C ; celle de Jn est plus neutre et *pourrait* dépendre directement du texte hébreu qui a un verbe signifiant « être troublé ».

ad) De même, on préférera la formulation personnelle de la prière de Jésus, telle qu'elle est attestée en Jn **12** 27b, à la formulation impersonnelle qui se lit en Mc **14** 35b. Il semble d'ailleurs que Mc a voulu harmoniser le v. 35b avec le v. 36 : « Abba, Père, tout t'est possible, emporte cette coupe loin de moi ! » Ajoutons que le verbe « sauver », attesté en Jn **12** 27b, n'est pas spécialement johannique (14/13/17/ổ/13/40) et il est peu vraisemblable que Jean II-B l'ait introduit dans le texte qu'il tenait du Document C (cf. Ps **42** 6.12).

ae) Le Document C devait avoir une parole de Jésus par laquelle il exprimait sa soumission à la volonté de Dieu ;

cette parole ne semble pas avoir été retenue par Mc, qui a préféré celle qu'il tenait du Document A (cf. tome II, note § 337). On adoptera donc les deux phrases, très originales, qui se lisent en Jn **12** 27c-28a : « Mais pour cela je suis venu à cette heure ! Père, glorifie ton Nom. »

En revanche, le thème de la voix qui vient du ciel (v. 28b), lié aux commentaires de la foule (v. 29), ne se comprend que dans le cadre du chapitre **12** et fut donc ajouté par Jean II-B. Pour le commentaire de ces vv. 28b-29, voir note § 309-B.

b) Venons-en maintenant à la section finale : Jn **14** 30b.31b.

ba) Le texte de Jn offre ici encore une inversion par rapport à celui de Mc. Il est très difficile de dire qui a gardé la séquence primitive. Dans le doute, nous adopterons l'ordre attesté par Jn ; l'inversion ne modifie d'ailleurs pas le sens du texte.

bb) Le Document C, sous sa forme johannique, pouvait avoir la mention du « Prince de ce monde » (v. 30b) puisqu'elle se lit en Jn **12** 31 au niveau du Document C. C'est même probablement parce que le Document C parlait du « Prince de ce monde » immédiatement après la première moitié de son texte que Jean II-B a transféré cette première moitié en **12** 23.27-28a ; elle précède ainsi immédiatement un autre texte du Document C où il est question du « Prince de ce monde » : **12** 31.

bc) En Jn **14** 31b, on gardera au texte du Document C l'adverbe « d'ici » (*enteuthen*), qui se justifie très bien puisque Jésus parle tandis qu'il se trouve encore à l'intérieur de la salle où il a pris son dernier repas.

c) Le texte du Document C aurait donc eu approximativement cette forme johannique :

12 23   « L'heure est venue, (voici qu'est livré) le Fils de l'homme (aux mains des pécheurs).

    27   Maintenant, mon âme est troublée ; et que dirai-je ? Père, sauve-moi de cette heure ? Mais pour cela je suis venu à cette heure !

   28a Père, glorifie ton Nom.

14 30b Le Prince de ce monde vient ( ) ;

   31b ( ) levez-vous, allons hors d'ici. »

On notera les caractéristiques stylistiques suivantes. En **12** 23, la phrase « l'heure est venue » est johannique (B 7 et B 50) mais elle remonte au Document C puisqu'elle se lit aussi chez Mc. En **12** 27, l'adverbe « maintenant » en début de phrase (C 16) est déjà attesté au niveau du Document C (**12** 31) comme la formule « que dire » (C 64) ; le thème de l'« heure » (B 50) remonte au Document C puisqu'il a son parallèle chez Mc. En **14** 30, l'expression « le Prince de ce monde » (A 102 et B 95) se lisait déjà en **12** 31 au niveau du Document C. En **14** 31, l'adverbe « d'ici » (C 24) se lit ailleurs chez Jn presque toujours au niveau du Document C.

B) UNE ADDITION DE JEAN II-A

1. Voici les raisons qui nous font attribuer à Jean II-A la composition des vv. 27-29.

a) Au v. 27a, le thème de la paix n'offre rien de caractéristique. Il forme toutefois doublet avec celui de **16** 33, où se trouve une opposition analogue entre la « paix » et le « monde » pris au sens péjoratif. Mais on verra à la note § 333 que **16** 33 doit être attribué sans conteste à Jean II-B ; c'est donc à Jean II-A qu'il faut attribuer le doublet formé par **14** 27a.

b) Les vv. 27b-28 forment un tout qui demande à être traité avec beaucoup de précaution. Une analyse superficielle du texte inviterait à l'attribuer à Jean II-B. Au début du v. 28, en effet, la phrase « Vous avez entendu que je vous ai dit » renvoie à un passage précédent du discours après la Cène, et l'on songe spontanément à **14** 1-3. La fin du v. 27 « Que votre cœur ne se trouble pas » reprend littéralement **14** 1a ; quant à la phrase du v. 28 « Je m'en vais et je viens à vous », elle pourrait renvoyer à **14** 3 : « et si je pars et vous prépare une place, je viendrai de nouveau et vous prendrai près de moi... » Puisque Jean II-A avait remplacé **14** 1-3 (du Document C) par **14** 4 ss. (note § 326), les vv. 27b-28 qui semblent renvoyer à **14** 1-3 ne pourraient être que de Jean II-B, ou à la rigueur de Jean III.

Mais les données du problème se présentent différemment. Notons d'abord que la phrase du début du v. 28 « Vous avez entendu que je vous ai dit » introduit seulement les mots « Je m'en vais et je viens à vous », complétés par la formule qui se lit un peu plus loin dans ce même v. 28 « je pars vers le Père ». Or les formules « je viens à vous » et « je pars vers le Père » renvoient, non à **14** 3, mais à **14** 12 et **14** 18, deux textes qui se suivaient au niveau de Jean II-A (note § 327, II C 1 *a*) ; on lit en effet en **14** 12 : « ... parce que je pars vers le Père », et en **14** 18 : « Je ne vous laisserai pas orphelins : je viens à vous. » Voici donc comment nous comprenons la rédaction par Jean II-A des vv. 27b-28. Au v. 27b, il reprend la phrase du Document C que Jean II-B a conservée en **14** 1 : « Que votre cœur ne se trouble pas. » Au v. 28, il reprend le thème du Document C que Jean II-B a conservé en **14** 3, mais en l'exprimant au moyen des phrases qu'il a utilisées déjà en **14** 18 et **14** 12 : « je viens à vous » « je pars vers le Père ». Si ce v. 28 avait été écrit par Jean II-B, cet auteur aurait repris directement les expressions du Document C qu'il lisait en **14** 3.

c) Le v. 29 est un doublet de **13** 19 : « Dès maintenant je vous le dis avant que cela n'arrive afin que vous croyiez, lorsque cela arrivera, que je suis. » Mais **13** 19 est une addition de Jean II-B, étant donné la finale « je suis » (voir note § 317) ; il faut donc attribuer à Jean II-A le doublet de **13** 19 que constitue **14** 29.

2. Après les vv. 27-29, Jean II-A devait avoir conservé le texte du Document C qui terminait le discours après la Cène déjà à ce niveau, à savoir **12** 23.27-28a suivi de **14** 30b. 31b (cf. *supra*). C'est toutefois Jean II-A qui, vraisemblablement, ajouta le v. 30a : « Je ne parlerai plus avec vous, car... » Ce v. 30a s'explique mieux dans la perspective de Jean II-A, étant donné les longs développements qu'il a donnés au discours après la Cène.

On voit mieux maintenant la raison pour laquelle Jean II-A a composé les vv. 27-29 : il a voulu garder substantiellement la séquence qu'il lisait au niveau du Document C. Voici en effet comment nous voyons la reconstitution des textes du Document C et de Jean II-A :

Document C	Jean II-A
14 1 « Que votre cœur ne se trouble pas...	**14** 27 « Que votre cœur ne se trouble pas...
2 Dans la maison de mon Père... je pars vous préparer une place.	
	28 ... je m'en vais
3 Et si je pars... je viendrai de nouveau... »	et je viens à vous. »
12 23.27-28a	**12** 23.27-28a
14 30b.31b	**14** 30.31b

3. Voici les caractéristiques stylistiques du texte ajouté par Jean II-A. Au v. 27 : « ma paix » (A 1*), « pas comme » (B 93*), « le monde » (C 68). – Au v. 28 : « je m'en vais et je viens » (B 5 et B 18), « si... particule *an* » (F 27), « aimer » (C 63*), « je pars vers le Père » (A 124 et B 73 ; cf. B 102). – Au v. 29 : proposition complétive coupée (F 23*), « croire » (F 20). – Au v. 30a : « ne... plus » (F 5), « parler avec » (B 63*).

C) LES REMANIEMENTS DE JEAN II-B

Jean II-B a transféré à sa place actuelle **12** 23.27-28a et a remplacé ici ce passage en composant les vv. 30c-31a, qui sont comme un écho du texte qu'il déplaçait (Introd., 8 f). Sur la place donnée par Jean II-B à **14** 27-31, voir le commentaire du texte.

Voici les caractéristiques stylistiques du texte ajouté par Jean II-B, toutes au v. 31a : « mais afin que » (B 78*), « le monde » (C 68), « j'aime » (C 8*), « le Père » (B 73), « comme ... ainsi » (F 9*), « donner commandement » (A 58**). – La proposition « afin que le monde sache » se lit dans les mêmes termes en **17** 23, que nous attribuerons à Jean II-B. La phrase « comme m'a donné commandement le Père, ainsi je fais » a son équivalent en **12** 50, un texte de Jean II-B : « comme m'a dit le Père, ainsi je parle. »

III. LE SENS DES DISCOURS

A) LE TEXTE DU DOCUMENT C

12 23 « L'heure est venue, (voici qu'est livré) le Fils de l'homme (aux mains des pécheurs).
27 Maintenant, mon âme est troublée ; et que dirai-je ? Père, sauve-moi de cette heure ? Mais c'est pour cela que je suis venu à cette heure !
28a Père, glorifie ton Nom. ( )
14 30b Le Prince de ce monde vient ( ) ;
31b ( ) levez-vous, allons hors d'ici. »

Comme le reconnaissent nombre de commentateurs, nous avons ici l'équivalent johannique du récit de la tradition synoptique que l'on appelle « Agonie à Gethsémani » (Mc **14** 32-42 et par.). Mais, au niveau du Document C et encore de Jean II-A, l'épisode se place à la fin du dernier repas que prit Jésus avec ses intimes, à Béthanie (cf. **12** 2) et non à Gethsémani.

1. LE FILS DE L'HOMME EST LIVRÉ

En **12** 23, nous avons reconstitué le texte du Document C, fortement remanié par Jean II-B, en tenant compte du parallèle de Mc **14** 41b (cf. Mt **26** 45b). Jésus annonce la venue de l'« heure » ; ce terme se réfère d'une façon très immédiate aux événements qui vont provoquer la mort de Jésus. Au niveau du Document C, il n'a pas exactement le même sens que le terme de « temps » qui se lit en **7** 6a et se réfère très précisément à la « manifestation » de Jésus comme Prophète des temps eschatologiques. C'est seulement au niveau de Jean II que le terme de « heure » fusionnera les deux significations.

Jésus décrit ainsi le premier événement qui va provoquer sa mort : « voici qu'est livré le Fils de l'homme aux mains des pécheurs. » Le titre de « Fils de l'homme », dans la tradition évangélique, renvoie à Dn **7** 13 : « Je contemplais dans les visions de la nuit : Voici, allant sur les nuées du ciel, comme un Fils d'homme : il s'avança jusqu'à l'Ancien et fut conduit en sa présence. » Dans Dn **7**, le « Fils d'homme » symbolise le peuple de Dieu, les « Saints du Très-Haut » (cf. **7** 18 comparé à **7** 14) ; or, en **7** 25, il est dit que le roi impie (Antiochus Épiphane) « proférera des paroles contre le Très-Haut et mettra à l'épreuve les Saints du Très-Haut... et les Saints *seront livrés en ses mains* pour un temps et des temps et un demi-temps. » Les paroles de Jésus reprennent, dans un sens personnel en accord avec la tradition juive, les expressions de Dn **7** 13.25 concernant le Fils de l'homme. Mais cette prophétie, dont la réalisation est imminente, contient en elle-même un message d'espérance. Puisque Jésus doit accomplir le destin du Fils de l'homme, il montera finalement jusqu'auprès de l'Ancien, c'est-à-dire de Dieu, afin d'y recevoir l'investiture royale (Dn **7** 13-14) ; c'est ce que Jésus avait voulu signifier déjà en Jn **12** 32 (du Document C) : « ... et moi, quand j'aurai été élevé de terre, j'attirerai tout à moi. »

2. LE TROUBLE DE JÉSUS

A l'approche de cette « heure » où il doit mourir, Jésus est angoissé, et il exprime cette angoisse en reprenant les paroles de Ps **42** 7 : « Mon âme est troublée. » Est-ce que Dieu abandonnerait son Prophète ? « Je dirai à Dieu mon Rocher : pourquoi m'oublies-tu ? pourquoi m'en aller en deuil, accablé par l'ennemi ? Touché à mort dans mes os, mes adversaires m'insultent en me redisant tout le jour : Où est-il, ton Dieu ? » (Ps **42** 10-11). Non, Jésus sait que Dieu ne peut pas l'oublier, et c'est pourquoi il est tenté de lui faire cette prière : « Père, sauve-moi de cette heure » (v. 27 ; cf. Mc **14** 35b). Mais il résiste à la tentation, parce qu'il sait qu'il doit réaliser le destin que Dieu a fixé pour lui ; il accepte la volonté de son Père : « Mais c'est pour cela que je suis venu à cette heure ! » Puisqu'il est le Fils de l'homme Jésus doit mourir pour être exalté jusqu'auprès de Dieu et y recevoir l'investiture royale.

Jésus ne prie donc pas son Père de le sauver de cette heure, il se contente de dire : « Père, glorifie ton Nom. » Dans les Synoptiques, Jésus exprime sa soumission à la volonté du Père par des paroles qui rappellent la troisième demande du Pater : « ... que soit faite ta volonté » (Mt **26** 42b ; cf. Lc **22** 42b ; Mc **14** 36b). En Jn **12** 28a, c'est, sous une forme johannique, la première demande qui est évoquée : « Père, que soit sanctifié ton Nom » (Lc **11** 2 ; cf. Mt **6** 9). Grâce à la mort de Jésus, suivie de son exaltation, le Nom de Dieu va être glorifié, c'est-à-dire reconnu par tous ; une ère nouvelle va commencer dans l'économie du salut : « Tous les païens viendront t'adorer, Seigneur, et glorifier ton Nom » (Ps **86** 9 ; cf. Ml **1** 11). C'est le thème que Jean II-B développera dans la prière qu'il mettra sur les lèvres de Jésus au chapitre **17** (note § 334) ; nous ne pouvons mieux faire que de renvoyer à ce « commentaire ».

3. LE PRINCE DE CE MONDE VIENT

Jésus termine son entretien avec les siens en annonçant la venue du Prince de ce monde (**14** 30b). Il s'agit du Diable, ou Satan, qui était censé dominer le monde jusqu'à l'avènement des temps nouveaux. Il vient accomplir son œuvre de mort contre Jésus. Mais, il ne le sait pas, au moment même où le Fils de l'homme, en mourant, sera exalté auprès de Dieu, la domination de Satan sur ce monde prendra fin : « Maintenant, le Prince de ce monde sera jeté bas ; et moi, quand j'aurai été élevé de terre, j'attirerai tout à moi » (**12** 31-32, du Document C ; voir le commentaire de ce texte à la note § 309-A).

Jésus s'en va donc à la rencontre du Prince de ce monde ; il dit aux siens : « Levez-vous, allons hors d'ici » (**14** 31b), et il s'en va avec eux au-delà du torrent du Cédron (**18** 1). Ce jeu de scène évoque probablement, encore une fois, la figure du nouveau Moïse ; ce point sera développé à la note § 338 (II A 1).

B) LE TEXTE DE JEAN II-A

Pour clore le dernier entretien de Jésus avec ses disciples, Jean II-A avait conservé intégralement le texte du Document C que nous venons de commenter (**12** 23.27-28a ; **14** 30b.31b). Nous ne reviendrons pas sur ce texte, nous contentant de signaler que Jean II-A a ajouté le v. 30a : « Je ne parlerai plus avec vous car... » ; cette phrase justifie le discours relativement long que Jésus vient de tenir à ses disciples.

Voyons donc seulement les vv. 27-29, que Jean II-A a placés avant le texte du Document C.

1. LE DON DE LA PAIX

a) Chez les sémites, il est d'usage de saluer celui qui s'en va en lui disant : « Va en paix » (1 S **1** 17 ; **20** 42 ; **29** 7). Aujourd'hui encore, ce souhait est courant chez les arabes ; les Juifs ont simplifié la formule et disent seulement « shalôm », « paix ». Jésus est sur le point de quitter ses disciples. Or ce ne sont pas les disciples qui lui disent : « Va en paix », c'est lui qui dit aux siens : « Je vous laisse la paix, je vous donne ma paix » (v. 27a). « Va en paix », cela signifiait : « Va en sécurité, évite les dangers de la route, arrive sain et sauf » ; avant de quitter les siens, Jésus leur laisse cette sécurité qui les fera arriver sains et saufs au terme de la route qu'ils ont encore à parcourir sur la terre. Le monde ne peut que « souhaiter » la paix ; Jésus *la donne*, et c'est sa propre paix qu'il donne. Les disciples n'ont rien à craindre : « Que votre cœur ne se trouble pas et ne craigne pas » (v. 27c) ; même s'ils doivent rencontrer des difficultés sur leur route, Jésus ne les quitte que pour un peu de temps et il reviendra pour faire route avec eux et les protéger de tout mal (v. 28a ; cf. **14** 4-6 ; sur ce sens du mot « paix », cf. Jr **23** 17 et aussi **14** 13).

b) Il est probable d'ailleurs que Jean II-A développe ce thème en pensant à Jésus nouveau Moïse. Reprenant à la fin du v. 27 le texte de **14** 1 (Document C), il le complète en ajoutant un second verbe : « Que votre cœur ne se trouble pas *et ne craigne pas* » (*mède deiliatô*). Ce verbe ne se lit qu'ici dans le NT et Jn le reprend sûrement de l'AT. Il se lit effectivement en Dt **1** 21, texte dont s'inspire le Document C en **14** 1 (cf. *supra*), mais aussi en Dt **31** 6, où Moïse donne ses dernières instructions à Josué avant de mourir : « Sois fort et tiens bon ; n'aies pas peur et *ne crains pas* (*mède deilia*) ; ne sois pas frappé d'effroi devant eux, car c'est le Seigneur ton Dieu qui marche avec vous ; il ne te délaissera pas et ne t'abandonnera pas » (LXX). Comme jadis les Hébreux en route vers la Terre promise, les disciples de Jésus n'ont rien à craindre sur la route qui doit les conduire vers Dieu, car Dieu lui-même sera avec eux et les protégera contre leur ennemi, « le Prince de ce monde » (**14** 30), par l'intermédiaire de sa Sagesse, Jésus, le nouveau Moïse (cf. Dt **31** 8).

Le don de la paix n'est-il pas d'ailleurs partie intégrante de cette bénédiction que Dieu promet à son peuple par l'intermédiaire de Moïse : « Voici comment vous bénirez les Israélites ; vous leur direz : 'Que Yahvé te bénisse et te garde ! Que Yahvé fasse pour toi rayonner son visage et te fasse grâce ! Que Yahvé te découvre sa face *et te donne la paix*.' Qu'ils mettent ainsi mon nom sur les Israélites et je les bénirai » (Nb **6** 23b-27).

2. LA JOIE DU DÉPART

Non seulement les disciples ne doivent pas craindre le départ de Jésus, mais s'ils l'aimaient vraiment, ils devraient s'en réjouir (v. 28), parce que Jésus part vers le Père et que le Père est plus grand que lui. On a beaucoup abusé de ce texte lors des controverses trinitaires durant les premiers siècles de l'Église ; il faut l'interpréter dans la perspective qui était celle de Jean II-A. Jésus est la Sagesse de Dieu, envoyée par Dieu dans le monde (Sg **9** 10.17 ; cf. Introd., 5 w). Il retourne maintenant vers celui qui l'a envoyé (cf. **7** 33 ; **13** 3 ; **16** 5, mais de Jean II-B), et donc vers celui qui est plus grand que lui puisqu'il l'a chargé d'une mission (cf. Jn **13** 16) et que sans lui, il ne peut rien faire (**5** 30a). Les disciples devraient se réjouir du « départ » de Jésus puisque ce départ sera aussi l'heure de son retour auprès de Celui qui l'a envoyé.

3. LA FOI DES DISCIPLES

Dans quelques heures, Jésus sera arrêté, puis mis à mort. Aux yeux du monde, cette mort apparaîtra comme un échec, comme un anéantissement (cf. Sg **3** 1-3). Comment la foi des disciples en la mission de Jésus pourrait-elle résister à cette épreuve ? C'est pour éviter une défaillance de leur part que Jésus, à l'avance, leur a tout expliqué (v. 29 ; cf. **13** 19). Lorsqu'ils verront leur Maître « élevé » sur la croix, ils devront se souvenir de ses paroles et comprendre que, loin d'être un anéantissement, sa mort ne fut qu'un « départ », qu'un retour vers celui qui l'a envoyé. Ayant accompli sa mission sur la terre, la Sagesse est retournée vers le Père ; aux disciples maintenant de continuer son œuvre en transmettant aux hommes ses paroles, qui sont les paroles mêmes de Dieu.

C) LE TEXTE DE JEAN II-B

Jean II-B reprit le texte de Jean II-A, mais il lui fit subir deux modifications.

1. JÉSUS ACCOMPLIT LA VOLONTÉ DU PÈRE

Le texte de Jean II-A se terminait par la section composée de **12** 23.27-28a et **14** 30ab.31b. Comme nous l'avons vu plus haut, ce texte, en provenance du Document C, formait l'équivalent johannique de l'agonie de Jésus à Gethsémani racontée par la tradition synoptique. Jean II-B fit d'abord subir au texte de Jean II-A la transformation suivante. Il transféra **12** 23.27-28a à sa place actuelle, dans l'épisode des Grecs qui demandent à voir Jésus (note § 309-B), mais fidèle à ses habitudes, il voulut garder ici un écho du thème majeur qu'il transportait ailleurs. Il le fit en ajoutant **14** 30c-31a : si Jésus accepte de mourir, c'est volontairement, et pour se soumettre à la volonté du Père. Il prépare ce thème en ajoutant d'abord le v. 30c où Jésus dit du Prince de ce monde : « et il ne peut rien contre moi. » On retrouve un thème cher à Jean II-B : Jésus est le souverain maître de sa destinée. S'il meurt, ce n'est pas parce que le Prince de ce monde, le Mal personnifié, serait plus fort que lui ; c'est parce qu'il accepte lui-même de donner sa vie pour les siens (**10** 17-18 ; **18** 6 et le commentaire). La victoire du Prince de ce monde, concrétisée dans la mort de Jésus, ne sera donc qu'éphémère. Mais si Jésus accepte cette victoire du Mal en se soumettant à la mort, c'est parce qu'il en a reçu commandement du Père : « Mais afin que le monde sache que j'aime le Père, et que comme le Père m'a donné commandement, ainsi je fais. » Jésus va mourir parce que le Père lui en a donné commandement ; on retrouve le thème exprimé en Mc **14** 36b : « Mais non pas ce que je veux, mais ce que tu (veux). »

2. JÉSUS, EXEMPLE POUR LES SIENS

Au niveau de Jean II-A, l'épisode que nous commentons formait la finale du discours après la Cène. C'est Jean II-B qui l'a transféré à sa place actuelle (**14** 27-31), gardant d'ailleurs un écho des thèmes de la paix et de l'hostilité du monde (**14** 27) en finale de son propre discours après la Cène (**16** 33 ; voir note § 333). Quels furent les motifs de Jean II-B pour effectuer ce transfert de texte ? Certainement assez forts, puisqu'il obtenait une anomalie flagrante : Jésus poursuit son entretien avec ses disciples après leur avoir dit : « Levez-vous, allons hors d'ici » (**14** 31b) ; de telles paroles ne se comprennent bien que si ces mots étaient prononcés en finale du discours, comme c'était le cas au niveau de Jean II-A et du Document C.

a) En transférant **14** 27-31 à sa place actuelle, Jean II-B faisait du chapitre **14** une unité bien définie, parallèle au chapitre **16** et, avec lui, encadrant les thèmes du chapitre **15** qui revêtaient pour lui une importance primordiale. Ce chapitre **14** est maintenant délimité par une inclusion très nette puisque Jean II-B a replacé en **14** 1-3 le texte du Document C que Jean II-A avait laissé tomber. Maintenant, **14** 27-28 fait inclusion avec **14** 1-3.

b) Mais l'intention principale de Jean II-B est beaucoup plus profonde. En **15** 9-14, il va développer une sorte de description du parfait disciple : celui-ci obéit aux commandements de Jésus, spécialement au commandement de l'amour fraternel, jusqu'à donner sa vie pour ses frères ; en agissant ainsi, il suit les traces de Jésus qui, en obéissant à son Père, est demeuré dans l'amour du Père. Avant de développer ce thème, Jean II-B a voulu rappeler comment Jésus avait donné sa vie par obéissance pour son Père, et mérité ainsi l'amour du Père (comparer **14** 31a et **15** 9-10). On peut penser aussi que l'évocation de la figure du « Prince de ce monde » (v. 30) préparait bien le thème de la haine du monde contre les disciples de Jésus, qui sera développé en **15** 18 ss. Ainsi **14** 30-31 formait une excellente introduction aux développements majeurs contenus dans le chapitre **15**.

Note § **329.** *L'AMOUR FRATERNEL* (Jn **15** 1-17)

I. CRITIQUE TEXTUELLE

1. Jn **15** 1-5 offre un problème de critique textuelle qui a été étudié depuis longtemps. Aux vv. 1-2, Tatien lisait un texte qui devait avoir cette forme : « Je suis *le champ-de-vigne* et mon Père le vigneron. Toute *vigne* en moi qui ne porte pas de fruit sera *déracinée* et toute (vigne) qui porte du fruit etc. » Ce texte peut être reconstitué grâce, en partie, aux témoins actuels du Diatessaron de Tatien ; grâce surtout aux citations faites par Aphraate, Éphrem, Cyrillona, ces auteurs syriaques qui lisaient Jn dans le Diatessaron. Notons que la Syriaque Sinaïtique et l'ancienne version géorgienne ont gardé une trace de cette forme de texte au v. 2, où elles ont : « Toute *vigne* qui (en moi) ne donne pas de fruit. » On lit de même dans un ancien sommaire évangélique conservé par un manuscrit (J) de la Vulgate : « Que Jésus est le champ-de-vigne (*vinea*) et le Père le vigneron et les disciples les vignes (*vites*.) » Hilaire de Poitiers semble combiner les deux leçons concurrentes lorsqu'il cite assez librement sous cette forme : « Je suis la vraie vigne (*vitis*), vous êtes les provins (*propagines*), mon Père est le vigneron. Tout provin (*propago*) qui ne demeure pas en moi et ne porte pas de fruit sera déraciné (*eradicabitur*), etc. » Enfin, plusieurs manuscrits de la version éthiopienne ont au v. 1 : « Je suis le champ-de-vigne », ils parlent toutefois de « sarments » au v. 2.

Mais il semble bien que Tatien avait encore les mêmes variantes aux vv. 4 et 5. Le Diatessaron de Liège a au v. 5 comme au v. 1 : « Je suis le champ-de-vigne ». Aphraate et Éphrem citent le v. 5 sous cette forme : « Je suis le champ-de-vigne et vous les vignes. » Le codex *a* de l'ancienne version latine lit le v. 4 sous cette forme : « comme le sarment de vigne (leçon double) ne peut porter du fruit par lui-même s'il ne demeure dans le champ-de-vigne (*in vineam, sic*) », et le codex *r* a au v. 5 : « Je suis le champ-de-vigne », comme plusieurs manuscrits de la version éthiopienne. On lit enfin dans la version géorgienne, au v. 4 : « Comme *la vigne* ne peut porter du fruit par elle-même, si elle n'est affermie sur la racine... » Tous ces témoins, croyons-nous, *peuvent* dépendre plus ou moins directement du Diatessaron de Tatien. Il devient alors difficile de choisir une forme de texte, très différente du texte reçu, en s'appuyant sur des témoins qui tous pourraient remonter à Tatien. Le mieux est de penser que c'est Tatien qui a harmonisé le texte johannique avec d'autres textes des évangiles (comme Mt **21** 33-43 et par. ; **15** 13 Thomas 40) ou qui a voulu introduire dans le texte johannique un thème plus conforme à ceux de l'AT.

2. Au v. 10, on lira « du Père » au lieu de « de mon Père » avec P⁶⁶ B VetLat (*a b ff²* Novatien) Chrysostome et Nonnos. La tendance des scribes était d'ajouter le possessif plutôt que de le supprimer.

II. ANALYSES LITTÉRAIRES

A) LA VIGNE ET LES SARMENTS

Nous allons d'abord traiter le problème assez complexe des vv. 1-6. Les résultats auxquels nous allons arriver seront assez semblables à ceux que nous avons obtenus dans l'analyse de Jn **10** 1-5 (note § 263, II A). La composition des vv. 1-6 remonte à Jean II-B, mais il a réutilisé deux textes plus anciens, aux vv. 1-2 et 5-6. Ces textes plus anciens sont repris d'un recueil de logia johanniques (cf. Introd., 4 x). Voici comment nous proposons de répartir les matériaux entre les logia et Jean II-B.

L | II-B

1 « Je suis la vigne véritable et mon Père est le vigneron.
2a Tout sarment, en moi, ne portant pas de fruit, il l'enlève
6d (et le jette au feu) ;
2b et tout sarment qui porte du fruit, il le purifie afin qu'il porte plus de fruit.
3 | Déjà vous êtes purs à cause de la parole que je vous ai dite.
4 | Demeurez en moi et moi en vous. Comme le sarment ne peut porter du fruit par lui-même, s'il ne demeure dans la vigne, ainsi vous non plus si vous ne demeurez en moi.
5 Je suis la vigne, vous les sarments. Qui demeure en moi | et moi en lui, celui-ci porte beaucoup de fruit (;) | parce que hors de moi vous ne pouvez rien faire ;
6 si quelqu'un ne demeure pas en moi | il est jeté dehors comme le sarment et il sèche | et on les rassemble et on les jette au feu et ils brûlent. »

1. Les vv. 1 à 6 contiennent deux petites paraboles qui commencent toutes deux par l'affirmation de Jésus : « Je suis la vigne » ; dans les deux cas également, les disciples sont comparés aux sarments qui doivent porter du fruit. Malgré ces similitudes, la perspective est différente dans l'une et l'autre paraboles. Selon la première, tous les sarments restent dans la vigne, mais certains peuvent ne pas porter de fruit : « Tout sarment, *en moi*, ne portant pas de fruit... » (v. 2). Selon la seconde, « porter du fruit » est conditionné par le fait de demeurer ou non dans la vigne (vv. 5-6). En d'autres termes, dans le premier cas, un sarment ne porte pas de fruit, bien que demeurant dans la vigne, et le vigneron va alors le couper et le séparer de la vigne ; dans le second cas, un sarment se coupe de la vigne et c'est la raison pour laquelle il ne pourra pas porter de fruit. Nous sommes bien devant deux paraboles différentes.

La première parabole ne comportait que les vv. 1 et 2 ; le v. 3 est une glose de Jean II-B, comme l'indique le brusque passage de la troisième personne du singulier à la deuxième personne du pluriel, et le v. 4 se rattache au thème de la seconde parabole. Mais le thème du sarment « jeté au feu », exprimé actuellement au v. 6d, se rattachait primitivement à la parabole des vv. 1-2. Le v. 2, en effet, offre un parallélisme évident avec le logion du Baptiste rapporté en Mt **3** 10 et Lc **3** 9 ; or ce parallélisme se complète si l'on rattache le thème « jeté au feu » à Jn **15** 2 :

Jn **15**	Mt **3** 10
2 « Tout sarment en moi ne portant pas de fruit, il l'enlève 6 (et le jette au feu). »	« Donc, tout arbre ne faisant pas de bon fruit est coupé et est jeté au feu. »

Les caractéristiques stylistiques de cette première parabole sont peu nombreuses, mais restent johanniques ; au v. 1 : « je suis (la vigne) » (A 9*), « véritable » (E 1) ; au v. 2 : « porter du fruit » (A 24*), pronom personnel supportant un *casus pendens* (B 35*).

2. Le problème de la seconde parabole est plus difficile. Le plus simple serait de penser qu'elle fut entièrement rédigée par Jean II-B ; l'évolution littéraire de **15** 1-6 serait alors plus proche de celle de **10** 1-5 (note § 263). Nous pensons cependant que, aux vv. 5-6, Jean II-B a repris un logion plus ancien, pour les raisons suivantes.

a) Les vv. 5-6 semblent surchargés.

aa) Au v. 5, la proposition causale « parce que hors de moi vous ne pouvez rien faire », à la deuxième personne du pluriel (cf. le v. 3), ressemble à une glose qui rompt un développement antithétique formulé à la troisième personne du singulier : « Qui demeure en moi... Si quelqu'un ne demeure pas en moi... » Nous verrons en commentant ce texte que l'addition correspond à une intention précise de Jean II-B.

ab) Au v. 6, le destin de celui qui ne demeure pas dans la vigne est décrit au moyen d'un certain nombre d'images reprises des paraboles eschatologiques de Mt (Mt **13** 40-42, 48 ; cf. Mt **3** 10 ; voir le commentaire du texte). Une seule image fait exception : « il sèche. » On devait donc avoir un texte primitif comportant les deux phrases antithétiques suivantes : « Qui demeure en moi... porte beaucoup de fruit ( ) ; si quelqu'un ne demeure pas en moi ( ) il sèche ( ). » Le fait de se dessécher s'oppose au fait de porter du fruit. Jean II-B a complété le thème, d'une part en transposant ici, légèrement transformée, la phrase « et le jette au feu » de la première parabole (cf. *supra*), d'autre part en empruntant un certain nombre d'images à Mt **13** 40-42.

ac) On pourra attribuer aussi à un remaniement de Jean II-B l'addition, au v. 5, des mots « et moi en lui, celui-ci » ; il a voulu obtenir le thème de l'immanence *réciproque* entre Jésus et les chrétiens qu'il avait ajouté en **6** 56 ; cette addition avait d'ailleurs été préparée dès le v. 4.

b) Nous avons vu à la note § 309-B que Jn **12** 24 constituait un logion isolé repris par Jean II-B. Or la parenté entre ce logion et celui de Jn **15** 5-6 que nous venons de reconstituer est évidente :

« En vérité, en vérité, je vous le dis : si *le grain de blé*, tombant en terre, ne meurt pas, il demeure seul ; mais s'il meurt, *il porte beaucoup de fruit*. »

« Je suis *la vigne*, vous les sarments. Qui demeure en moi *porte beaucoup de fruit* ; ( ) si quelqu'un ne demeure pas en moi, ( ) il sèche ( ). »

Les thèmes du « grain de blé » et de la « vigne » sont complémentaires, dans une perspective eucharistique (cf. Did 9 **3-4**).

c) Les caractéristiques stylistiques de cette deuxième parabole sont nettement johanniques. Au v. 5 : « je suis (la vigne) » (A 9*), « qui demeure en moi » (A 7* et A 27*), « porter du fruit » (A 24*), « je/vous » (B 3). Au v. 6 : « si quelqu'un » (C 48*), « ne demeure pas en moi » (A 7*).

3. Le reste du texte, de Jean II-B, offre les caractéristiques stylistiques suivantes. Au v. 3 : « je vous ai dite » (A 16*). On notera la formule « vous êtes purs », comme en Jn **13** 10, de Jean II-A, et l'expression « à cause de la parole », ailleurs seulement en **4** 39.41, deux textes de Jean II-B (cf. **10** 19, au pluriel, encore de Jean II-B) ; l'expression « la parole que j'ai dite » ne se lit ailleurs qu'en Jn **12** 48, que nous avons attribué à Jean II-B. – Au v. 4 : « demeurer dans » (A 7* et A 27*), thème de l'immanence réciproque (A 11), « comme... ainsi » (F 9*), « porter du fruit » (A 24*), « si... ne... pas... non plus » (B 89* et C 62), « par lui-même » (A 43**). – Dans les additions du v. 5 : thème de l'immanence réciproque (A 11), « vous ne pouvez rien faire » (A 76*).

B) LES VRAIS DISCIPLES

L'ensemble constitué par Jn **15** 7-17 est une composition de Jean II-B, sauf le v. 15a qui fut ajouté par Jean III. Cet ensemble offre une structure en chiasme que nous soulignerons dans le commentaire du texte.

1. Le v. 15a ne semble pas être du même niveau rédactionnel que l'ensemble du discours concernant la nature du « disciple » de Jésus. D'une part, en effet, il s'accorde mal avec le v. 14, qui met une condition pour que ceux à qui s'adresse Jésus puissent être considérés comme ses amis : « ... si vous faites ce que je vous commande » ; au v. 15, au contraire, ceux à qui Jésus s'adresse sont déjà ses amis, et la raison donnée est différente : « ... parce que tout ce que j'ai entendu du Père je vous l'ai fait connaître. » Le motif pour lequel les disciples peuvent être considérés comme les « amis » de Jésus est donc différent aux vv. 14 et 15. Par ailleurs, ce v. 15, où il est dit explicitement que les disciples ne sont plus des « serviteurs », mais des « amis », vient mal avant le v. 20 (de Jean II-B) où Jésus dira : « Le serviteur n'est pas plus grand que son maître. »

On pourra toutefois garder au texte de Jean II-B la fin de ce v. 15 : « tout ce que j'ai entendu du Père je vous l'ai fait connaître. » Ce v. 15b forme une excellente suite au v. 14 et, on le verra dans le commentaire, complète bien la structure en chiasme. La formule « tout ce que j'ai entendu de mon Père » est très johannique (B 55 et C 38*) et doit être rapprochée de celle de **8** 38 où est décrit l'anti-disciple : « ce que vous avez entendu de (votre) père. » Par ailleurs, le verbe « faire connaître » (*gnôrizein*) ne se lit ailleurs chez Jn qu'en **17** 26, un texte de Jean II-B.

Le v. 15a, de Jean III, n'offre que deux caractéristiques stylistiques mineures : « ne... plus » (F 5) et « savoir » (F 25).

2. Voici les caractéristiques stylistiques de ce passage. Au v. 7 : « demeurer en » (A 7*), « mes paroles demeurent en vous » (B 15**). Au v. 8 : « En cela... que » (B 45* ; cf. B 60 et C 17), « porter du fruit » (A 24*), « deveniez mes disciples » (C 39*, dans un discours de Jésus **). Au v. 9 : « Comme... moi aussi » (A 35**), « le Père m'a aimé » (B 26** et B 73), « moi... vous » (B 12), « je vous ai aimés » (C 8*), « demeurez dans mon amour » (B 15**, E 11** et A 1*). Au v. 10 : « si vous gardez mes commandements (B 56** et B 38*), « vous demeurerez dans mon amour » (B 15**), « j'ai gardé les commandements du Père » (B 56** et B 73), « je demeure dans » (B 15**), « son amour » (C 74** ; cf. E 11**).

Au v. 11 : « je vous ai dit cela » (A 16* et B 85*), « ma joie » (A 1*), « votre joie soit pleine » (A 52**). Au v. 12 : « Tel est... que » (A 6 ; cf. B 60), « mon commandement » (A 1* et B 38*), « vous vous aimiez les uns les autres » (B 83**), « je vous ai aimés » (C 8*). Au v. 13 : « n'a de plus grand... que » (A 48** et B 60), « amour » (E 11**), « donner sa vie » (A 18*), « pour » (F 26).

Au v. 16 : « vous... mais... moi » (B 3 et B 28**), « me... vous » (B 12), « porter du fruit » (A 24*), « afin que...il vous... » (F 23*), « au Père » (B 73), « en mon nom » (A 39** ; cf. F 21**). Au v. 17 : « que » (B 60), « vous vous aimiez les uns les autres » (B 83**).

On notera encore que, au v. 7, l'efficacité de la prière est conditionnée par l'observance des commandements de Jésus, thème qui se lit aussi en 1 Jn **3** 22, mais à propos des commandements de Dieu ; en Jn **15** 7 comme en 1 Jn **3** 22, la formule « ce que » est exprimée par *ho ean* qui remplace *ho an ;* relativement fréquente chez les Synoptiques, une telle expression ne se lit pas ailleurs chez Jn, mais se retrouve en 1 Jn **4** 15 et **5** 15. – Au v. 8, la formule « en cela... que » (*en toutôi... hina*) ne se lit ailleurs dans tout le NT qu'en 1 Jn **4** 17. – On notera que les vv. 7a et 8b expriment le même thème que Jn **8** 31, texte que nous avons attribué à Jean II-B. – Au v. 12, la phrase « tel est mon commandement que vous vous aimiez les uns les autres » a son équivalent en 2 Jn 6 : « et tel est l'amour, que nous marchions selon ses commandements ; tel est le commandement... » – Au v. 13, la structure grammaticale très particulière « un plus grand amour que celui-ci, personne n'a, que... » (*meizona tautès agapèn oudeis echei hina...*) a son équivalent en 3 Jn 4 : « une plus grande joie que celle-ci, je n'ai pas, que... » (*meizoteran toutôn ouk echô charan hina...*) ; dans les deux cas, il manque la particule grecque *è* après la conjonction *hina*. – Notons enfin que le v. 16 contient, dans le verbe « aller », le même sémitisme qu'en Jn **12** 11, texte de Jean II-B.

III. LE SENS DU DISCOURS

Comme pour les analyses littéraires, nous allons commenter d'abord le texte où il est question de la vigne et des sarments (**15** 1-6), puis la structure en chiasme où est développée la condition du disciple parfait (**15** 7-17).

A) LA VIGNE ET LES SARMENTS

Jean II-B a repris ici deux petites allégories composées en milieu johannique, que nous allons étudier séparément ; nous verrons ensuite le sens du texte tel qu'il se lisait au niveau de Jean II-B.

1. LA VIGNE ET LE VIGNERON

1 « Je suis la vigne véritable et mon Père est le vigneron.
2a Tout sarment en moi ne portant pas de fruit, il l'enlève
6d et le jette au feu ;
2b et tout sarment qui porte du fruit, il le purifie afin qu'il porte plus de fruit. »

a) L'image de la vigne est reprise ici de l'AT ; pour mieux le comprendre, il faut tenir compte des textes dans lesquels Israël était comparé, non pas à un vignoble, mais à un pied de vigne, à un cep (A. Jaubert). Ce thème apparaît déjà en Os **10** 1 : « Israël était une vigne luxuriante, qui donnait bien son fruit. » Jr **2** 21 est plus intéressant, car c'est Dieu lui-même qui parle et se compare implicitement au vigneron : « Moi, je t'ai plantée comme une vigne portant du fruit, tout entière véritable ; comment t'es-tu changée en acidité, vigne étrangère ? » (LXX). En Ps **80** 9-12, non seulement Israël est comparé à une vigne plantée par Dieu, mais les Israélites sont les sarments qui se développent et prennent possession de tout le pays : « Il était une vigne : tu l'arrachas d'Égypte, tu chasses des nations pour la planter ; devant elle tu fais place nette, elle prend racine et remplit le pays... elle étendait ses sarments jusqu'à la mer et du côté du Fleuve ses rejetons. »
Mais cette vigne plantée par Dieu, Israël, n'était que la figure de la seule véritable vigne, Jésus. C'est Jésus qui est le véritable Israël, parfaitement fidèle à Dieu ; ses disciples sont les sarments qui constituent le nouveau peuple de Dieu.

b) La présente allégorie se distingue de la suivante en ce que, au lieu d'insister sur les rapports entre la vigne et les sarments, elle décrit la façon dont le vigneron va traiter les sarments de la vigne, donc l'attitude de Dieu à l'égard des disciples de Jésus. C'est d'abord le cas des sarments ne portant pas de fruit qui est envisagé : ils seront enlevés et jetés au feu (vv. 2a et 6d). Ce thème se lisait déjà en Ez **15** 1-8 à propos d'Israël, la vigne infidèle à Dieu : « C'est pourquoi, ainsi parle le Seigneur Yahvé. Tout comme le bois de la vigne parmi les arbres de la forêt, que j'ai jeté au feu pour le consumer, ainsi ai-je traité les habitants de Jérusalem » (v. 6). Mais la formulation littéraire de Jn **15** 2a.6d s'inspire plus immédiatement de la parole attribuée au Baptiste en Mt **3** 10 = Lc **3** 9 : « Donc, tout arbre ne faisant pas de bon fruit est coupé et jeté au feu. »

Porter du fruit, c'est agir en accord avec la loi divine (Ps **1** 1-3), en accord avec la parole de Dieu (Lc **8** 11.15 et par.) ; c'est donc agir en disciple de Jésus. Dans les développements qui vont suivre, Jn va préciser que c'est aimer ses frères (**15** 7-12), jusqu'à donner sa vie pour eux (**15** 13). Ceux qui ne portent pas de fruit, en ce sens qu'ils n'aiment pas leurs frères, Dieu va les enlever de la vigne et les jeter au feu. Comme dans toute la tradition de l'AT, le feu ne symbolise pas ici des supplices éternels, mais la destruction qui attend ceux qui refusent d'agir en accord avec la parole de Dieu.

c) Quant au sarment qui porte du fruit, Dieu va le purifier afin qu'il en porte davantage. L'image est celle du vigneron qui, au printemps, débarrasse les sarments d'une partie de leurs bourgeons, afin que les bourgeons qui restent soient plus vigoureux en recevant plus de sève. Que faut-il entendre par cette « purification » des sarments porteurs de fruits ? L'image n'est jamais employée dans l'AT à propos des arbres fruitiers ; elle revient toutefois à plusieurs reprises à propos des métaux précieux, de l'or en particulier, qui sont purifiés de leurs scories en passant par le feu, c'est-à-dire par les épreuves (cf. Ml **3** 3 ; et dans le NT : 1 P **1** 6-7). Dans le texte johannique aussi la « purification » est effectuée par les diverses épreuves de la vie, qui rendent le chrétien plus fort lorsqu'il les a surmontées.
L'allégorie, on le voit, s'adresse essentiellement aux disciples de Jésus. Les uns, mauvais disciples puisqu'ils ne vivent pas en accord avec l'enseignement de leur Maître, seront détruits ; les autres seront purifiés par l'épreuve afin de pouvoir vivre toujours plus en accord avec la parole de Jésus.

2. LA VIGNE ET LES SARMENTS

5 « Je suis la vigne, vous les sarments. Qui demeure en moi ( ) porte beaucoup de fruit ( ) ;
6 si quelqu'un ne demeure pas en moi ( ), il sèche. »

En développant les analyses littéraires de Jn **15** 1-6, nous avons hésité entre deux hypothèses : attribuer l'ensemble des vv. 3-6 à Jean II-B, ou admettre que Jean II-B a réutilisé une seconde allégorie que l'on retrouve, amplifiée, aux vv. 5-6. Si l'on opte pour cette deuxième hypothèse, le commentaire de cette seconde allégorie est assez simple.

a) La pointe de l'allégorie concerne les rapports vitaux qui existent entre la vigne et les sarments, donc entre Jésus et ses disciples. Dans la première allégorie, il n'était pas dit par quel moyen les sarments pouvaient porter du fruit ; c'est au contraire ce qui est enseigné ici. Pour porter du fruit, il faut « demeurer » dans la vigne, et donc en Jésus ; autrement, on se dessèche, on devient du bois mort. Mais que recouvre exactement l'expression « demeurer dans le Christ » ? Jean II-B l'expliquera au v. 7 : « Si vous demeurez en moi et que mes paroles demeurent en vous... » Demeurer dans le Christ, c'est garder ses paroles et donc obéir à ses commandements, spécialement au commandement de l'amour fraternel (cf. **15** 8-12 ; 1 Jn **2** 3-6 ; **3** 22-24). Puisque « porter du fruit » c'est aimer ses frères, comme on l'a vu plus haut, celui-là seul porte du fruit qui obéit à la parole de Jésus : « aimez-vous les uns les autres » (**13** 34-35 ; **15** 12). Mais cette parole n'est pas sans force ; elle est un germe de vie qui, déposé dans notre cœur, pousse et grandit et devient fruit abondant (cf. Lc **8** 11.15 et par.). La parole de Dieu, transmise par Jésus, est efficace par elle-même ; le tout est de la garder, et c'est cela « demeurer » en Jésus.

b) Cette petite allégorie a probablement une coloration liturgique et eucharistique. Il faut en effet la rapprocher de la parole de Jésus rapportée en Jn **12** 24 : « Si le grain de blé, tombant en terre, ne meurt pas, il demeure seul ; mais s'il meurt, il porte beaucoup de fruit. » Jn **12** 24 et Jn **15** 5 sont les deux seuls passages du NT où se lit l'expression très précise : « porter *beaucoup* de fruit ». Le thème de la vigne et celui du grain de blé sont par ailleurs complémentaires : la vigne donne le vin, le grain de blé donne le pain ; le vin et le pain sont les éléments essentiels du repas eucharistique. Dans la prière eucharistique de la Didachè (9 **3-4**), on rend grâces à Dieu d'abord pour la vigne, puis il est parlé du grain de blé dispersé, c'est-à-dire semé. On verra que Jean II-B va accentuer cette tonalité eucharistique.

3. Le texte de Jean II-B

Jean II-B a fusionné les deux allégories, ce qui était d'autant plus facile que chacune commençait par la même affirmation de Jésus : « Je suis la vigne. » Cette fusion n'a pas altéré le sens des deux logia primitifs ; nous allons donc simplement étudier les additions effectuées par Jean II-B.

a) La première allégorie se terminait par cette phrase : « et tout sarment qui porte du fruit, *il le purifie* afin qu'il porte plus de fruit » (v. 2b). En ajoutant le v. 3, Jean II-B réinterprète le thème de la « purification » des sarments, c'est-à-dire des disciples. En fait, ils sont déjà « purs » grâce à la parole reçue de Jésus. Pour Jean II-B, sont « purs » ceux qui n'ont pas de péché (cf. 1 Jn **1** 7.9) ; la parole de Jésus est principe de purification, ou de sanctification (Jn **17** 17), puisqu'elle nous dit ce qu'il faut faire pour accomplir la volonté du Père, et donc pour éviter le péché. On le voit, Jean II-B réinterprète la finale de la première allégorie en fonction du thème majeur exprimé dans la seconde : il faut demeurer dans le Christ, c'est-à-dire garder ses paroles, pour porter du fruit.

b) Le v. 4 a pour but d'établir un lien entre les deux allégories ; il ne fait que gloser, par anticipation, ce qui sera dit dans la deuxième allégorie ; il en développe l'application directe aux disciples. Un point toutefois est à noter. La deuxième allégorie parlait seulement de « demeurer » dans le Christ ; Jean II-B complète le thème, au début du v. 4 et au v. 5, en exprimant le principe de l'immanence réciproque : « Demeurez en moi et moi en vous... Qui demeure en moi et moi en lui... » Ce thème est propre à Jean II-B (A 11 ; en référence à Dieu dans 1 Jn). Or il ne se lit ailleurs dans l'évangile qu'en **14** 20 et surtout en **6** 56, dans le discours eucharistique : « Celui qui mange ma chair et boit mon sang demeure

en moi et moi en lui. » Ce rapprochement entre **6** 56 et **15** 4-5 accentue la tonalité eucharistique du présent passage.

c) A la fin du v. 5, Jean II-B ajoute la proposition : « parce que hors de moi vous ne pouvez rien faire ». La formule « vous ne pouvez rien faire » est typique du style de Jean II (A 76*). Elle se lit à quatre reprises dans l'évangile. Dans les trois autres cas, il s'agit du Fils qui ne peut rien faire sans le Père (**5** 19.30 ; **9** 33) ; ici, ce sont les disciples qui ne peuvent rien faire sans demeurer en Jésus. On retrouve un thème cher à Jean II-B : les relations entre les disciples et Jésus sont à l'analogie des relations entre Jésus et son Père (Introd., 6 1 ; cf. **15** 9-10).

d) Au v. 6, Jean II-B développe la description du destin final de ceux qui ne demeurent pas en Jésus. Le texte de la deuxième allégorie avait seulement « il sèche ». Jean II-B fait précéder ce verbe de la phrase « il est jeté dehors comme le sarment » ; il le fait suivre des trois courtes phrases : « et on les rassemble et on les jette au feu et ils brûlent. » La phrase « on les jette au feu » est reprise, légèrement modifiée, de la première allégorie (cf. *supra*). Toutes les autres additions s'inspirent des paraboles eschatologiques de Mt. On lit dans l'explication de la parabole de l'ivraie : « De même donc que l'ivraie *est ramassée et brûlée* au feu, ainsi en sera-t-il à la fin du monde » (Mt **13** 40). On lit de même dans la parabole du filet : « Quand il a été rempli, l'ayant remonté sur le rivage et s'étant assis, *ils ont ramassé* les bonnes (choses) dans des corbeilles, et les mauvaises, *ils* (les) *ont jetées dehors* » (Mt **13** 48). Celui qui ne demeure pas en Jésus sera jeté hors du royaume de Dieu ; tous ceux-là, on les rassemblera comme des sarments épars, on les jettera au feu où ils seront brûlés.

B) LE PARFAIT DISCIPLE

BA) *LE TEXTE DE JEAN II-B*

7 A)	« Si vous demeurez en moi et que mes paroles demeurent en vous, ce que vous voudrez, demandez-le et cela vous arrivera.
8 B)	En cela mon Père est glorifié, que vous portiez beaucoup de fruit
C)	et deveniez mes disciples.
9 D)	Comme le Père m'a aimé, moi aussi je vous ai aimés ; demeurez dans mon amour.
10	Si vous gardez mes commandements, vous demeurerez dans mon amour, comme moi j'ai gardé les commandements du Père et je demeure dans son amour.
11 E)	Je vous ai dit ces choses afin que ma joie soit en vous et que votre joie soit pleine.
12 D')	Tel est mon commandement : que vous vous aimiez les uns les autres comme je vous ai aimés.
13	Nul n'a de plus grand amour que celui-ci : qu'il
14	donne sa vie pour ses amis : vous êtes mes amis si vous faites ce que je vous commande.

15   ( ) Tout ce que j'ai entendu du Père,
        je vous l'ai fait connaître.
16 C')   Ce n'est pas vous qui m'avez choisi,
        mais c'est moi qui vous ai choisis
  B')   et vous ai établis
        afin que vous alliez et portiez du fruit
        et que votre fruit demeure,
  A')   afin que tout ce que vous demanderez au Père en mon
        nom, il vous le donne.
17 Voilà ce que je vous commande : que vous vous aimiez les
    uns les autres. »

La structure en chiasme de ce texte est nettement marquée. Les sections A et A' parlent de la prière exaucée. Les sections B et B' reprennent le thème de « porter du fruit » qui était celui des allégories précédentes. Les sections C et C' montrent que le « disciple » est celui qui a été « choisi » par Jésus. Les sections D et D' se complètent pour développer le thème de l'amour conditionné par le fait de garder les commandements qui viennent du Père. Au centre (E) s'épanouit le thème de la joie parfaite. Quant au v. 17, qui reprend le v. 12a, il a pour but de souligner l'opposition entre les deux thèmes successifs de l'amour (vv. 7-16) et de la haine (vv. 18 ss.), comme en 1 Jn **3** 11.13. L'ensemble expose l'essentiel de la pensée johannique sur la condition du disciple parfait de Jésus.

1. LE LIEN AVEC LES ALLÉGORIES SUR LA VIGNE

Les vv. 7-8 établissent le lien entre les allégories précédentes et le développement sur l'amour qui va commencer au v. 9.

a) Le v. 7a « Si vous demeurez en moi et que mes paroles demeurent en vous », et le v. 8b « ... que vous portiez beaucoup de fruit », reprennent les thèmes du v. 5b : « Qui demeure en moi et moi en lui, celui-là porte beaucoup de fruit. » Par ailleurs, le v. 8a réintroduit la mention du Père : c'est pour sa gloire que le Père purifie les sarments afin qu'ils portent davantage de fruit (vv. 1-2). On rapprochera ce dernier thème de celui qui est exprimé en Mt **5** 16 : « Ainsi, que brille votre lumière devant les hommes pour qu'ils voient vos bonnes œuvres et glorifient votre Père qui est dans les cieux. » On rapprochera aussi ces textes de ceux de Is **60** 21 et **61** 3, lus dans la Septante : « Ton peuple tout entier *sera juste*, et pour toujours ils posséderont la terre, gardant la plantation, œuvres de ses mains *en gloire*... Et ils seront appelés générations de justice, *plantation du Seigneur, en gloire.* »

b) Que signifie exactement « porter du fruit », expression qui tient une place essentielle dans le développement de Jn **15** 1-16 (cf. *infra*, v. 16) ? C'est aimer ses frères, en accord avec le thème qui sera développé aux vv. 9-10 et surtout 12-14. Lorsqu'il reprend le thème du v. 5, en effet, Jean II-B ne dit plus « Celui qui demeure en moi et *moi en lui* », mais « Si vous demeurez en moi et que mes paroles demeurent en vous » ; c'est donc celui qui va garder les paroles de Jésus qui va porter beaucoup de fruit (cf. déjà **15** 3). Mais l'enseignement du Christ se résume dans le commandement de l'amour

fraternel (Jn **13** 34-35 ; **15** 12-14 ; 1 Jn **3** 22-23). La présence en nous des paroles du Christ s'épanouit donc en amour fraternel ; c'est cela : « porter du fruit ». Ce développement de Jean II-B offre de nombreux parallèles dans le reste du NT. *La parole de Dieu* est comme une *semence* qui, tombant dans le cœur de l'homme, va germer, grandir et *porter du fruit* au centuple (Mc **4** 14.20 et par.). *La parole de Dieu* est une semence qui nous fait *renaître* à une vie nouvelle, et cette vie s'épanouit en amour fraternel (1 P **1** 22-25 ; cf. Ja **1** 18-21.27). C'est le thème que l'on retrouve en 1 Jn **3** 9-10, où la « semence de Dieu » qui produit notre nouvelle naissance n'est autre que la parole de Dieu (cf. 1 Jn **2** 14). Mais on aura remarqué que Jean II-B a développé le thème dans une perspective, non plus théocentrique (cf. 1 Jn **3**), mais christocentrique : c'est celui qui garde les paroles *du Christ* qui porte du fruit en aimant ses frères.

c) Porter du fruit en gardant les paroles du Christ, c'est agir en vrai disciple de Jésus. Ce thème est exprimé à la fin du v. 8, où le verbe « devenir » a le sens de « se montrer », « être vraiment » (cf. Jn **20** 27 ; Mt **5** 45 ; **6** 16 ; **10** 16 ; 1 Co **14** 20). La même idée se lisait déjà en Jn **8** 31 : « Si vous demeurez dans ma parole, vraiment vous êtes mes disciples... », et en Jn **13** 35 : « A ceci tous reconnaîtront que vous êtes mes disciples, si vous avez de l'amour les uns pour les autres. » Ce sont les trois seuls passages des évangiles où Jésus parle aux siens de « mes disciples ».

d) Celui qui demeure dans le Christ et en qui demeurent les paroles du Christ est assuré d'être exaucé dans sa prière (cf. 1 Jn **3** 22, mais dans une perspective théocentrique). Sur ce thème de la prière, voir note § 333.

2. LE PÈRE ET JÉSUS, JÉSUS ET LES DISCIPLES

Les vv. 9 et 10 sont très bien construits et constitués de deux phrases complémentaires. Chacune des deux phrases établit un parallélisme entre le Père et Jésus d'une part, Jésus et ses disciples d'autre part. La première phrase mentionne successivement le Père, Jésus, puis les disciples ; la seconde phrase suit un mouvement inverse ; l'ensemble forme donc comme une parabole qui part du Père et fait retour au Père. L'amour a son origine dans le Père (cf. 1 Jn **4** 8.16), il passe du Père dans le Christ, puis du Christ dans les disciples. La condition pour demeurer dans l'amour, c'est de garder les commandements : les disciples doivent garder les commandements du Christ comme le Christ a gardé les commandements du Père.

Les liens qui unissent les disciples à Jésus sont analogues aux liens qui unissent Jésus au Père. Les disciples gardent les commandements de Jésus et sont aimés de lui, comme Jésus garde les commandements de son Père et est aimé de lui. Sur ce thème développé par Jean II-B, voir Introd., 6 l.

3. LA JOIE DANS L'AMOUR

Jean II-B a placé au centre de son développement le thème de la « joie », fruit de l'obéissance et de l'amour (v. 11). Ce thème revient avec insistance au niveau de Jean II-B dans ce discours (**15** 11 ; **16** 20-22.24 ; **17** 13). Ici encore, le destin du disciple est analogue à celui de Jésus : c'est la joie de Jésus qui s'empare du disciple. La joie de Jésus, c'est de baigner dans l'amour du Père en se soumettant à sa volonté ; la joie du disciple, c'est de baigner dans l'amour de Jésus en accomplissant ses commandements. Pour Jésus comme pour ses disciples, la joie est le fruit de l'amour.

4. LE COMMANDEMENT DE L'AMOUR FRATERNEL

Les vv. 12-14.15b complètent le thème développé aux vv. 9-10 en expliquant quel est le commandement dont l'exécution permet de demeurer dans l'amour : « que vous vous aimiez les uns les autres. » Et toujours, Jésus se donne comme le modèle du parfait disciple. Jésus en effet a aimé les siens jusqu'à donner sa vie pour eux, et c'est le plus grand gage d'amour que l'on puisse donner. Bien que le texte ne le dise pas explicitement, c'est là le commandement qu'il avait reçu du Père et qu'il a fidèlement exécuté ; Jean II-B avait développé ce thème en **10** 17, que l'on comparera à **15** 9-10.12-13 : « Pour cette raison m'aime le Père, que je donne ma vie afin de la prendre de nouveau... C'est ce commandement que j'ai reçu de mon Père. » Le Père aime Jésus et Jésus demeure dans son amour parce qu'il garde les commandements du Père (**15** 9-10), même si ce commandement va jusqu'au don de sa vie pour les disciples (**15** 12-13) ; de même, Jésus aime les disciples et ceux-ci demeurent dans son amour en gardant ses commandements, même si ce commandement va jusqu'au don de la vie pour les autres. Jésus peut exiger infiniment de ceux qu'il aime, parce que lui-même a su donner infiniment pour demeurer dans l'amour du Père.

Ce thème de l'imitation du Christ est bien exprimé en 1 Jn **3** 16 : « En ceci nous avons reconnu l'amour, que Celui-là a donné sa vie pour nous ; et nous aussi nous devons donner nos vies pour les frères. » Il avait déjà été exprimé par Paul en Ep **5** 1-2 : « Oui, cherchez à imiter Dieu comme des enfants bien-aimés, et suivez la voie de l'amour à l'exemple du Christ qui vous a aimés et s'est livré pour nous, s'offrant à Dieu en sacrifice d'agréable odeur » ; cette offrande « en sacrifice » n'était autre que l'exécution de la volonté de Dieu : « Je vous exhorte donc, frères, par la miséricorde de Dieu, à offrir vos personnes en hostie vivante, sainte, agréable à Dieu : c'est là le culte spirituel que vous avez à rendre. Et ne vous modelez pas sur le monde présent, mais que le renouvellement de votre jugement vous transforme et vous fasse discerner quelle est la volonté de Dieu, ce qui est bon, ce qui lui plaît, ce qui est parfait » (Rm **12** 1-2).

Jésus commande à ses disciples de s'aimer mutuellement, comme lui-même les a aimés (vv. 12-14). Mais il termine ce développement en rappelant que ce commandement ne vient pas de lui, mais du Père : « Tout ce que j'ai entendu du Père, je vous l'ai fait connaître » (v. 15b ; cf. v. 10).

5. « JE VOUS AI CHOISIS »

Le v. 16 reprend, en ordre inverse, les thèmes des vv. 7-8. Après avoir affirmé : « vous êtes mes amis si vous faites ce que je vous commande ; ( ) tout ce que j'ai entendu du Père, je vous l'ai fait connaître » (vv. 14.15b), Jésus précise : « Ce n'est pas vous qui m'avez choisi, mais c'est moi qui vous ai choisis... » La relation d'amitié entre Jésus et les siens n'est pas comparable aux relations humaines, où les partenaires sont égaux et créent des liens réciproques. Ici, l'initiative revient à Jésus (à Dieu selon 1 Jn **4** 10).

La suite du texte est difficile : « ... et vous ai établis afin que vous alliez et portiez du fruit et que votre fruit demeure. » Beaucoup de commentateurs interprètent le verbe « aller » dans le sens d'une « mission » apostolique et l'expression « porter du fruit » comme s'appliquant au résultat de cette mission. Jésus s'adresserait, au sens strict, à des « apôtres ». Mais pourquoi donner à cette expression « porter du fruit » un sens différent de celui qu'elle revêt en **15** 8 où, on l'a vu, elle s'applique à l'amour fraternel ? En fait, la phrase grecque et sa traduction française reflètent un sémitisme (cf. **12** 11) dans lequel le verbe « aller » marque la durée et la progression de l'action indiquée par le second verbe ; il faudrait traduire : « ... afin que vous portiez du fruit de plus en plus et que votre fruit demeure » ; on rejoint l'idée exprimée en **15** 2 : « ... il le purifie afin qu'il porte davantage de fruit ». – Jn **15** 1-16, qui forme un tout, comporte sept fois l'expression « porter du fruit » (**15** 2.2.2.4.5.8.16) qui ne se lit ailleurs dans tout le NT qu'en Jn **12** 24. « Sept » est le chiffre qui symbolise la totalité, la perfection (Introd., 7 m). Le thème de « porter du fruit » est l'idée essentielle de toute cette section ; celui qui demeure dans le Christ porte du fruit en totalité, il aime parfaitement ses frères, et c'est en cela qu'il se manifeste comme le parfait disciple de Jésus (cf. **15** 8 ; **13** 35).

La fin du v. 16 fait retour au thème exprimé au v. 7 : celui qui croît sans cesse dans l'amour obtient du Père tout ce qu'il demande au nom de Jésus. Mais « Jésus » signifie « Dieu sauve » ; ce que nous demandons « au nom de Jésus », c'est donc ce qui est nécessaire au salut (cf. 1 Jn **5** 14-16).

Le v. 17 reprend le thème du commandement de l'amour fraternel exprimé au v. 12. Est-ce pour faire « inclusion » avec ce v. 12 ? Jean II-B veut plus vraisemblablement rappeler le thème de l'amour fraternel afin de mieux marquer l'opposition entre les deux parties du discours : l'amour (**15** 7-16) et la haine (**15** 18 ss.) ; la même volonté d'opposer les deux thèmes se retrouve en 1 Jn **3** 11.13.

BB) *UNE ADDITION DE JEAN III*

Jean III a ajouté le v. 15a, qu'il a rédigé en tenant compte du v. 15b, du texte de Jean II-B : « Je ne vous appelle plus serviteurs, parce que le serviteur ne sait pas ce que fait son maître ; mais je vous appelle amis (parce que tout ce que j'ai entendu du Père je vous l'ai fait connaître). » Cette addition a pour but de corriger une difficulté d'interprétation du v. 14 : « Vous êtes mes amis si vous faites ce que je vous commande » ; cette phrase ne comporte-t-elle pas une sorte de contradiction ? Faire ce que commande Jésus, n'est-ce pas une condition de « serviteur » ? Comment Jésus peut-il alors nous déclarer ses « amis » ? Le v. 15 écarte cette difficulté en refusant aux

« amis » de Jésus le titre de « serviteurs » ; ils ne sont plus « serviteurs » puisque Jésus leur a révélé ce qu'il a entendu du Père. Ce n'est pas à des serviteurs que l'on révèle les secrets de la vie familiale, c'est à des amis.

Note § **330.** *LA HAINE DU MONDE* (Jn **15** 18 – **16** 4a)

I. CRITIQUE TEXTUELLE

En **16** 4a, nous rencontrons un problème de critique textuelle assez difficile à exposer. Nous pensons qu'il ne faut garder qu'un seul des deux pronoms *autôn* donnés par les éditions critiques, celui qui suit le verbe « vous vous souveniez » (*mnèmoneuète*) ; c'est la leçon attestée par S 054, la Koinè, *ff* Geo Tatien (Chrysostome) Cyrille. Le texte grec contient alors une prolepse ; il faudrait le traduire très littéralement : « Mais je vous ai dit ces (choses) afin que, lorsque viendra l'heure, vous vous souveniez d'elles (*autôn*), que je vous ai dites » ; le sens est : « ... vous vous souveniez que je vous les ai dites », comme a compris SyrSin. Ne voyant pas qu'il y avait une prolepse, un réviseur du texte johannique a cru bien faire en transférant le pronom *autôn* après le mot « heure » : « ... lorsque viendra *leur* heure » (cf. L, groupe Ferrar, VetLat). Les témoins qui ont le pronom aux deux places ont en fait une leçon double (B A *Thèta*, groupe Lake). Quant au codex Bezae (D, cf. *a*), il a évité la difficulté en supprimant le pronom.

Nous traduirons **16** 4a en supprimant la prolepse, impossible à garder en français : « Mais je vous ai dit ces (choses) afin que, lorsque viendra l'heure, vous vous souveniez que je vous les ai dites. »

II. ANALYSES LITTÉRAIRES

La section qui va de **15** 18 à **16** 4a contient deux textes en partie parallèles, l'un de Jean II-A et l'autre de Jean II-B ; ils ont été fusionnés par Jean III qui a ajouté les vv. 19-20a et 20d. Le texte de Jean II-B est resté en place ; celui de Jean II-A suivait primitivement Jn **14** 4-12.18-23a.24. Voici comment nous proposons la répartition des matériaux entre les divers niveaux rédactionnels. La colonne de gauche contient le texte de Jean II-A ; la colonne centrale le texte de Jean II-B avec, en retrait, les gloses de Jean III ; la colonne de droite contient les parallèles matthéens au texte de Jean II-B.

Jn **15-16**	Jn **15-16**	Mt **10**
	18 « Si le monde vous hait, sachez qu'il m'a haï avant vous.	22 « Et vous serez haïs de tous...
	19 Si vous étiez du monde, le monde aimerait son bien ; parce que vous n'êtes pas du monde, mais que je vous ai choisis du monde, pour cela, vous hait le monde.	
	20 Souvenez-vous de la parole que je vous ai dite : Le serviteur n'est pas plus grand que son seigneur ; s'ils m'ont persécuté vous aussi ils vous persécuteront ; s'ils ont gardé ma parole, la vôtre aussi ils garderont.	24 ... ni le serviteur au-dessus de son seigneur. 25 ... s'ils ont appelé... 23 Quand ils vous persécuteront...
22 « Si je n'étais pas venu et ne leur avais pas parlé, ils n'auraient pas de péché ; mais maintenant, ils n'ont pas d'excuse à leur péché. 23 Qui me hait hait aussi mon Père. 24 Si je n'avais pas fait parmi eux les œuvres que nul autre n'a faites, ils n'auraient pas de péché ; mais maintenant, ils ont vu et ils ont haï et moi et mon Père.		

25 Mais afin que fût accomplie la parole qui est écrite dans leur Loi : *Ils m'ont haï sans motif.*

2 Ils vous excluront des synagogues.
Mais *l'heure vient*
où quiconque vous tuera
pensera offrir un sacrifice à Dieu.
21 Mais ils feront tout cela contre vous
à cause de mon nom,
parce qu'ils ne connaissent pas
celui qui m'a envoyé.

21 ... et ils les feront mourir.
22 Et vous serez haïs de tous

à cause de mon nom. »

3 Et ils feront cela

parce qu'ils n'ont connu
ni le Père ni moi.

26 Lorsque viendra le Paraclet
que je vous enverrai d'auprès du Père,
l'Esprit de vérité
qui procède du Père,
celui-là
me rendra témoignage.
27 Mais vous aussi
vous rendrez témoignage,
parce que vous êtes avec moi
dès le début.

20 Car ce n'est pas vous qui parlerez

mais l'Esprit de votre Père

qui parlera en vous.
18 Et vous serez menés...
en témoignage pour eux...

4a Mais je vous ai dit ces choses afin que,

lorsque *viendra l'heure*,
vous vous souveniez que je vous les ai dites. »

1 Je vous ai dit ces choses
afin que
vous ne soyez pas scandalisés. »

26 31 Vous serez scandalisés...

A) LES GLOSES DE JEAN III

Commençons par éliminer du texte de Jean II-B (cf. *infra*) les gloses que Jean III y a insérées.

1. Il faut attribuer à Jean III le v. 20a : « Souvenez-vous de la parole que je vous ai dite. » Cette phrase introduit la parole de Jésus : « Le serviteur n'est pas plus grand que son seigneur. » Mais on lit une parole semblable, sous une forme plus complète, en Jn **13** 16, où elle constitue une addition que nous avons attribuée à Jean III ; c'est donc lui qui a ajouté ici le rappel de cette parole sous la forme « souvenez-vous... ». Un détail stylistique le confirme. La formule « la parole que j'ai dite » est typiquement johannique (A 36) ; ici cependant, le relatif est mis au même cas que son antécédent (*tou logou hou egô eipon*), tandis que Jean II-B l'aurait mis à l'accusatif (*tou logou hon egô eipon* ; **12** 38 ; **18** 32).

2. C'est encore Jean III qui a ajouté la fin du v. 20 : « s'ils ont gardé ma parole, la vôtre aussi ils garderont. » Une telle phrase ne va pas avec le contexte antérieur. D'une part, en effet, elle implique qu'une partie du « monde », qui hait Jésus (v. 18), a gardé sa parole, ce qui n'est guère vraisemblable. D'autre part, et c'est la difficulté la plus grande, on ne voit pas comment la phrase en question peut illustrer la sentence prononcée par Jésus : « Le serviteur n'est pas plus grand que son seigneur » ; on aurait attendu, à l'inverse : « S'ils n'ont pas gardé ma parole, la vôtre non plus ils ne garderont pas. » Le thème dont il est question devrait être traité en un sens péjoratif, comme dans la phrase qui précède : « S'ils m'ont persécuté, vous aussi ils vous persécuteront. » Des deux phrases parallèles qui terminent le v. 20, la première seule remonte à Jean II-B ; la seconde fut ajoutée par Jean III afin d'atténuer le pessimisme concernant le « monde » qu'exprimait le texte de Jean II-B (cf. Introd., 7 e). Il est vrai que la formule « garder ma parole » est johannique (A 23 et A 21), mais elle était facile à imiter pour quelqu'un qui était habitué au style de Jean II.

3. Le v. 19 est une glose de Jean III qui donne le motif de la haine du monde pour les disciples de Jésus : « parce que... pour cela vous hait le monde. » Le texte de Jean II-B offrait une structure classique de forme A B A' :

A « Si le monde *vous* hait, sachez
qu'il *m*'a haï avant tous.

B   Le serviteur n'est pas
plus grand que son seigneur.

A' S'ils *m*'ont persécuté,
vous aussi ils persécuteront. »

Les deux phrases parallèles, en A et A', commencent par une proposition conditionnelle *réelle ;* la structure en chiasme est renforcée du fait que la première phrase a la séquence « vous/me » tandis que la dernière a la séquence inversée « me/vous ». Il est clair que le v. 19 vient rompre cette structure parfaite ; il introduit une double phrase de style assez lourd, dont la première commence par une proposition conditionnelle *irréelle.*

Le style de ce v. 19 est très johannique, mais cela provient de ce que Jean III reprend un certain nombre d'expressions, soit du contexte immédiat, soit de **17** 14.16. La structure grammaticale « si... particule *an* » (F 27) n'est qu'une caractéristique johannique mineure. La formule « être du monde » pourrait être reprise de **17** 14.16 (A 12 ; cf. C 18 et C 68). Le verbe « aimer » (*philein*) est fréquent au niveau de Jean III (C 47). L'expression « son bien » (*to idion*) répond à une caractéristique du style de Jean II (C 29), mais ce dernier a toujours le pluriel (*ta idia*) ; c'est ici le seul cas de l'emploi au singulier. La formule « parce que... pour cela » semble johannique (C 6), mais partout ailleurs chez Jn on a l'ordre inverse : « pour cela... parce que ». La phrase « mais (que) je vous ai choisis du monde » (B 28 et C 68) est reprise littéralement du v. 16. Enfin les mots « vous hait le monde » (A 38 ; cf. C 67 et C 68) sont repris du v. 18a. Sans se laisser impressionner par l'abondance des caractéristiques johanniques, dont certaines sont d'ailleurs trompeuses, on peut donc attribuer ce v. 19 à Jean III.

B) LES TEXTES DE JEAN II-A ET DE JEAN II-B

1. Analysons d'abord la section constituée par **15** 18.20bc. 22-25. Les matériaux qui la composent se divisent en deux groupes distincts.

a) Le premier groupe (dans l'ordre d'invention) est constitué par les vv. 18.20bc (cf. *supra*). Le thème essentiel qui y est traité est celui de la haine du monde pour *les disciples* de Jésus. S'il y est question aussi de la haine du monde pour Jésus, ce thème n'est que secondaire ; il vient seulement comme terme de comparaison. Ce sont donc avant tout les disciples de Jésus qui sont en cause : ils seront haïs par le monde (v. 18) et persécutés (v. 20c) parce qu'ils ne sont pas plus grands que Jésus, leur Seigneur (v. 20b).

Il faut noter aussi que les trois phrases qui forment cette section ont leur parallèle en Mt **10**, comme il est facile de le voir d'après la disposition des textes que nous avons donnée plus haut. Le thème de la haine contre les disciples de Jésus se lit en Mt **10** 22 comme en Jn **15** 18 ; le logion sur le serviteur qui n'est pas plus grand que son seigneur se lit en Mt **10** 24 comme en Jn **15** 20b ; enfin le thème des persécutions contre les disciples se lit en Mt **10** 23 comme en Jn **15** 20c.

b) Le deuxième groupe est constitué par les vv. 22-25 qui forment deux structures parallèles avec, en conclusion, la citation biblique faite au v. 25 :

Jn **15**	Jn **15**
22 « Si je n'étais pas venu et ne leur avais pas parlé, ils n'auraient pas de péché ; mais maintenant, ils n'ont pas d'excuse à leur péché. 23 Qui me hait hait aussi mon Père.	24 « Si je n'avais pas fait parmi eux les œuvres que nul autre n'a faites, ils n'auraient pas de péché ; mais maintenant, ils ont vu et ils ont haï et moi et mon Père.
25	Mais c'est afin que fût accomplie la parole qui est écrite dans leur Loi : *Ils m'ont haï sans motif.*

Malgré le parallélisme des formules, il ne s'agit pas là d'un doublet, mais de deux thèmes complémentaires : celui des paroles transmises par Jésus et celui des œuvres qu'il a accomplies ; ce point sera développé dans le commentaire du texte. Un seul thème est commun à ce texte et au précédent : celui de la haine. Mais on voit vite les différences. Ici, il n'est pas question des disciples de Jésus, qui ne sont même pas nommés. Le thème essentiel est celui de la haine des hommes contre Jésus et son Père, haine qui constitue le « péché » par excellence. D'autre part, contrairement au texte que nous avons analysé plus haut, celui-ci n'offre aucun parallèle avec Mt **10**.

Ces deux groupes de versets : **15** 18.20bc d'une part, **15** 22-25 d'autre part, appartiennent à deux niveaux rédactionnels différents, comme vont le montrer les analyses suivantes.

2. Étudions maintenant la section constituée par **16** 1-4a, à laquelle nous joindrons **15** 21 pour des raisons qui vont apparaître sans tarder.

a) Comparons d'abord **16** 3 et **15** 21 ; nous arrivons à un point crucial de notre démonstration.

aa) Ces deux versets forment un doublet car ils développent le même thème. Ils offrent toutefois entre eux des divergences qui répondent précisément aux caractéristiques des deux textes que nous venons de séparer : **15** 18.20bc et **15** 22-25. Tandis qu'en **16** 3 on a simplement « et ils feront cela... », on lit en **15** 21 : « Mais ils feront tout cela *contre vous à cause de mon nom* ». D'une part, il s'agit de persécutions contre *les disciples* de Jésus ; d'autre part, la formule « à cause de mon nom » a son parallèle en Mt **10** 22 ; le texte de **15** 21 a les mêmes caractéristiques que celui de **15** 18.20bc. Reportons-nous maintenant à Jn **16** 3. Au lieu de « ils ne connaissent pas celui qui m'a envoyé » (**15** 21), on a « ils n'ont connu ni le Père ni moi » ; on retrouve le parallélisme entre Jésus et son Père qui se lisait en **15** 23.24b. Ainsi, **15** 21 se situe dans la ligne de **15** 18.20bc tandis que **16** 3, doublet de **15** 21, se situe au contraire dans la ligne de **15** 22-25. Nous sommes en présence de deux textes parallèles appartenant à deux niveaux rédactionnels différents.

ab) Il manque toutefois un élément entre **15** 18.20bc et **15** 21. En effet, la précision « ils feront *tout cela* » vient mal après **15** 18.20bc, versets qui mentionnent d'une façon très générale la haine et les persécutions dont seront victimes les disciples de Jésus. Nous proposons donc de replacer **16** 2 entre **15** 18.20bc et **15** 21. Ce v. 2 décrit d'une façon précise les persécutions contre les disciples : « ils vous excluront des synagogues... quiconque vous tuera... » On notera en passant que l'allusion à la mise à mort des disciples a son parallèle en Mt **10** 21 ; Jn **16** 2 se situe donc très bien dans la ligne des vv. 18.20bc du chapitre **15**, qu'ils précisent. Il rend compte par ailleurs de l'expression « ils feront *tout cela* » qui se lit en **15** 21. L'ensemble constitué par **15** 18.20bc, **16** 2 et **15** 21 forme un tout parfaitement homogène.

b) Comparons maintenant **16** 1-2 avec **16** 4 ; nous sommes, au moins en partie, devant un doublet qui complète le doublet formé par **16** 3 et **15** 21. Les vv. 1 et 4 commencent par la même formule : « Je vous ai dit ces choses afin que... » Les vv. 2 et 4 contiennent tous deux le thème de « l'heure » qui vient. Nous venons de voir que **16** 2 se situait dans la ligne de **15** 18.20bc ; rien n'empêche de placer le v. 4, assez neutre, dans la ligne de **15** 22-25 et **16** 3.

3. Il reste le problème de **15** 26-27, versets qui contiennent le troisième logion sur l'Esprit. Ce passage doit se rattacher au texte constitué par **15** 18.20bc, **16** 2, **15** 21 et **16** 1, car il en contient les deux caractéristiques. Il y est question des disciples : Jésus leur enverra le Paraclet afin qu'ils puissent témoigner ; par ailleurs, le v. 26 a son parallèle en Mt **10** 20 et le v. 27 en Mt **10** 18. Ces vv. 26-27 se placent sans difficulté après le v. 21, les vv. 22-25 étant de Jean II-A.

4. Il nous faut maintenant justifier l'attribution à Jean II-A et à Jean II-B des deux textes que nous venons de séparer. Puisqu'il s'agit de deux passages écrits par Jean II, nous ne pouvons faire appel que dans une faible mesure à des arguments d'ordre stylistique. Force nous est d'anticiper en résumant les développements que nous donnerons lors du commentaire des textes.

a) Donnons d'abord un argument d'ordre assez général concernant la chronologie relative des deux textes. Le discours de Jésus constitué par **15** 22 ss. (colonne de gauche du schéma donné plus haut) est christocentrique : il veut rendre compte de la haine du monde contre le Christ et contre son Père. En revanche, le discours constitué par **15** 18 ss. (colonne du centre) a pour thème fondamental la haine du monde contre les disciples de Jésus. Le texte le plus ancien est le texte christocentrique ; l'autre fut rédigé à une époque où l'intérêt s'était déplacé : des persécutions contre le Christ aux persécutions contre ses disciples. Le texte christocentrique fut réinterprété en fonction de Mt **10** ; une évolution inverse est inconcevable.

b) Nous avons attribué le discours de **15** 22 ss. à Jean II-A parce qu'il se situe dans la ligne du dialogue entre Jésus et ses disciples que nous avons reconstitué en **14** 4-12.18-23a.24 et que nous avons attribué à Jean II-A. Nous avons vu à la note § 327 que ce dialogue était inachevé (II C 1 *c*). L'intervention de Judas, en **14** 22, marque un changement de perspective : « Seigneur, et qu'est-il arrivé que tu ailles te manifester à nous et non au monde ? » Mais le dialogue tourne court ! On attend un texte dans lequel Jésus explique pourquoi il ne se manifeste pas au monde. Amorcée au v. 24, la réponse de Jésus reste très incomplète. Or nous pensons que cette réponse est exposée en **15** 22 ss. qui reprend, au négatif puisqu'il s'agit maintenant du monde, les thèmes développés en **14** 7-12.18-21. A l'amour des disciples pour Jésus (**14** 21) s'oppose la haine du monde pour Jésus et son Père (**15** 23.24c-25). Dans les deux passages, Jésus et son Père sont intimement unis ; sur ce point, on pourra comparer spécialement les deux phrases suivantes : « Qui m'a vu a vu le Père » (**14** 9 ; cf. **14** 7), et « Qui me hait hait aussi mon Père » (**15** 23 ; cf. **15** 24c). En **14** 7.9.19, il est question de « voir » ou de « connaître » Jésus, et en conséquence le Père ; en **15** 24c et surtout **16** 3, Jésus dit : « ... ils ont vu et ils ont haï et moi et mon Père » « ... ils n'ont connu ni le Père ni moi. » Enfin, en **14** 10-11, Jésus donne *les paroles* qu'il prononce et *les œuvres* qu'il fait comme la preuve de son union avec le Père ; en **15** 22-24, Jésus assure que le monde n'a pas d'excuse à son péché puisqu'il hait Jésus (et son Père) malgré *les paroles* qu'il a prononcées et *les œuvres* qu'il a faites. Nous sommes bien en présence d'un diptyque dont les volets forment antithèse : à l'attitude positive des disciples envers Jésus et son Père (**14** 4-12.18-21) s'oppose l'attitude négative du monde envers Jésus et son Père (**15** 22-25 ; **16** 3-4) ; la question de Judas à Jésus : « Seigneur, et qu'est-il arrivé que tu ailles te manifester à nous et non au monde » (**14** 22) forme la charnière entre les deux volets du diptyque. Rappelons que **14** 23a.24 se rattache au deuxième volet du diptyque : aux disciples qui aiment Jésus en gardant ses commandements (**14** 21) sont opposés ceux qui n'aiment pas Jésus puisqu'ils ne gardent pas ses paroles.

c) Disons rapidement que nous pouvons attribuer sans difficulté notre second texte (**15** 18.20bc, **16** 2, **15** 21.26-27, **16** 1) à Jean II-B. Lui aussi forme le second volet d'un diptyque dont le premier volet est constitué par **15** 7-17 : à l'amour qui caractérise le disciple de Jésus s'oppose la haine du monde pour ces mêmes disciples. La charnière entre les deux volets du diptyque est formée par les vv. 17-18 : « Voilà ce que je vous commande : aimez-vous les uns les autres. Si le monde vous hait, sachez qu'il m'a haï avant vous. » On retrouve une séquence analogue en 1 Jn **3** 11.13 : « Car tel est le message que vous avez entendu dès le début : aimons-nous les uns les autres... Ne vous étonnez pas, frères, si le monde vous hait. » Ce rapprochement avec 1 Jn confirme l'attribution de l'ensemble du diptyque à Jean II-B (cf. Introd., 8 q).

d) Ajoutons quelques précisions sur le logion de **15** 26-27, concernant l'Esprit-Paraclet, qui confirment son attribution à Jean II-B. Ce logion a son parallèle en 3 Jn 12 :

Jn **15** 26-27	3 Jn 12
«... l'Esprit de vérité... me rendra témoignage ; mais vous aussi vous rendrez témoignage... »	«A Démétrios il est rendu témoignage par la vérité elle-même ; mais nous aussi nous rendons témoignage... »

A la note § 327 (II D 2 *a*), nous avons noté un parallélisme semblable entre le premier logion sur le Paraclet (Jn **14** 15-17), de Jean II-B, et 2 Jn 1-2, avec la même transposition de « vérité » en « Esprit de vérité ». Cette parenté thématique avec des textes des épîtres de Jn confirme l'attribution de ces logia à Jean II-B. On verra par ailleurs dans le commentaire des textes que Jn **15** 26-27 est influencé par la pensée de Lc/Ac ; ces influences lucaniennes confirment encore l'attribution du logion à Jean II-B (Introd., 4 y).

5. Voici maintenant quelles sont les caractéristiques stylistiques des textes que nous avons attribués à Jean II-A et à Jean II-B.

a) Nous relevons dans le texte de Jean II-A. Au v. 22 du chapitre **15** : « si... mais maintenant » (C 71 ; cf. E 12*), « ils n'auraient pas de péché » (A 53* et E 6), « à leur péché » (A 74 ; cf. E 6). Au v. 23 : « haïr » (C 67*). Au v. 24 : « si... mais maintenant » (C 71 ; cf. E 12*), « faire les œuvres » (B 101 et B 4), « ils n'auraient pas de péché » (A 53* et E 6), « ils ont vu » (B 82), « ils ont haï » (C 67*). Au v. 25 : « mais afin que » (B 78*), « afin que fût accomplie la parole » (A 83*), « leur Loi » (B 43*).

Au v. 3 du chapitre **16** : « ils n'ont connu ni le Père » (A 55* ; cf. B 73). Au v. 4a : « je vous ai dit ces choses » (A 16* et B 85*), « afin que... vous vous souveniez » (F 23*), « lorsque l'heure viendra » (F 28*, B 7 et B 50), construction en prolepse (F 37*).

b) Le texte que nous avons attribué à Jean II-B est plus nettement caractérisé ; nous donnons les versets selon l'ordre où ils se lisent actuellement dans l'évangile. Au v. 18 du chapitre **15** : « le monde vous hait » (A 38** ; cf. C 67* et C 68), « vous/moi » (B 12). Au v. 20bc : « s'ils m'ont persécuté, vous aussi ils vous persécuteront » (A 32* et B 12). Au v. 21 : « connaître » (F 25), « celui qui m'a envoyé » (A 3*). Au v. 26 : « lorsque viendra » (F 28*), « le Paraclet » (A 70**), « d'auprès du Père » (B 55 ; cf. B 73), « l'Esprit de vérité » (A 95** ; cf. E 3*), « celui-là » désignant l'Esprit Saint (A 57** ; cf. C 37), « me rendra témoignage » (A 4* ; cf. C 58*). Au v. 27 : « mais... aussi » (B 40**), « vous rendrez témoignage » (C 58*), « dès le début » (C 20*).

Au v. 1 du chapitre **16** : « je vous ai dit ces choses » (A 16* et B 85*). Au v. 2 : « exclure des synagogues » (A 101**), « l'heure vient » (B 7).

III. LE SENS DES DISCOURS

A) LE TEXTE DE JEAN II-A

Au niveau de Jean II-A, ce texte faisait suite à **14** 24, qui commence la partie négative du discours de Jésus ; le commentaire ne peut disjoindre **14** 24 de **15** 22 ss.

14 24 « Celui qui ne m'aime pas ne garde pas mes paroles ; et ma parole n'est pas mienne, mais du Père qui m'a envoyé.
15 22 Si je n'étais pas venu et ne leur avais pas parlé, ils n'auraient pas de péché ; mais maintenant, ils n'ont pas d'excuse à leur péché.
23 Qui me hait hait aussi mon Père.
24 Si je n'avais pas fait parmi eux les œuvres que nul autre n'a faites, ils n'auraient pas de péché ; mais maintenant, ils ont vu et ils ont haï et moi et mon Père.
25 Mais afin que fût accomplie la parole qui est écrite dans leur Loi : *Ils m'ont haï sans motif.*
16 3 Et ils feront cela parce qu'ils n'ont connu ni le Père ni moi.
4 Mais je vous ai dit ces choses afin que, lorsque viendra l'heure, vous vous souveniez que je vous les ai dites. »

1. LE REFUS DE L'AMOUR

Le v. 24 du chapitre **14** est le négatif de **14** 21 : « Celui qui a mes commandements ( ), c'est celui-là qui m'aime » « Celui qui ne m'aime pas ne garde pas mes paroles. » Mais en même temps, ce v. 24 introduit le thème qui va se développer en **15** 22 ss. D'une part, en effet, l'absence d'amour est déjà de la haine. D'autre part, puisque la parole de Jésus n'est pas sienne, mais de celui qui l'a envoyé (v. 24b), ne pas aimer Jésus, c'est par le fait même ne pas aimer son Père puisque celui qui ne garde pas les paroles de Jésus ne garde pas les paroles de son Père. Ce thème sera explicité en **15** 23.24b : « Qui me hait hait aussi mon Père » « ... et ils ont haï et moi et mon Père. »

2. ILS N'ONT PAS D'EXCUSE A LEUR PÉCHÉ

Jn **15** 22-24 est constitué de deux séquences parallèles qui se terminent toutes deux par le thème de la haine :

vv. 22-23	v. 24
« Si je n'étais pas venu et ne leur avais pas parlé, ils n'auraient pas de péché ; mais maintenant, ils n'ont pas d'excuse à leur péché. Qui me hait hait aussi mon Père. »	« Si je n'avais pas fait parmi eux les œuvres que nul autre n'a faites, ils n'auraient pas de péché ; mais maintenant, ils ont vu et ils ont haï et moi et mon Père. »

D'une façon plus radicale qu'en **14** 24, au thème de l'amour (**14** 21) s'oppose celui de la haine. Mais l'opposition de ce passage avec la section précédente réside surtout dans l'attitude des hommes à l'égard des paroles et des œuvres de Jésus (**14** 10-11 ; cf. *supra*). Les vv. 22 et 24 commencent par une proposition conditionnelle qui à même valeur dans l'un et l'autre verset ; les « paroles » et les « œuvres » de Jésus sont donc mises à égalité, en tant que « motifs » qui auraient dû inciter les hommes à reconnaître la mission de Jésus. Les « paroles » ont une vertu persuasive parce que Jésus ne fait que transmettre les paroles même de Dieu (cf. **8** 40 ; **12** 49-50) ; les « œuvres », identiques ici aux « signes » que sont les miracles, prouvent également la mission de Jésus car nul ne pourrait faire ces « œuvres » si Dieu n'était avec lui (**3** 2), et donc s'il n'avait été envoyé par Dieu. Comme en **14** 10-11, ce parallélisme entre les « paroles » et les « œuvres » évoque la figure du nouveau Moïse, en référence à Ex **4** 12.17 : « Va maintenant, je serai avec ta bouche et je t'indiquerai ce que tu devras dire... Quant à ce bâton, prends-le dans ta main, c'est par lui que tu accompliras les signes. »

N'ayant pas voulu reconnaître la signification des paroles et des œuvres de Jésus, le monde se trouve chargé d'un « péché » qui n'a pas d'excuse. Au niveau de Jean II-A, le mot « péché » désigne le fait de rejeter Jésus, le refus de le reconnaître pour l'envoyé de Dieu, et donc pour le nouveau Moïse (Jn **8** 21.24a). Et puisque Dieu a accrédité Jésus comme son envoyé grâce aux paroles qu'il a mises sur sa bouche et aux œuvres qu'il lui a donné de pouvoir faire, ceux qui refusent de reconnaître en Jésus l'envoyé de Dieu n'ont pas d'excuse à leur péché.

Jésus s'est présenté comme un réformateur religieux, porteur d'un message destiné à compléter la révélation ancienne qui s'était exprimée par la bouche de Moïse. Pour les chefs religieux du peuple juif, farouchement attachés à l'observance scrupuleuse de la Loi mosaïque, cette volonté de réforme était inadmissible dès lors qu'ils refusaient de reconnaître la mission de Jésus, pourtant authentifiée par ses paroles et par ses œuvres. Du refus de croire à la haine, il n'y avait qu'un pas qu'ils se sont empressés de franchir, et cette haine va se concrétiser dans le meurtre de celui qui bouleverse leurs convictions religieuses.

3. ILS M'ONT HAÏ SANS MOTIF

Cette haine était prévue de Dieu puisqu'elle était déjà annoncée dans l'Écriture dont les Juifs se réclament (**15** 25). On notera la façon solennelle avec laquelle cette citation est introduite : « Mais afin que fût accomplie la parole qui est écrite dans leur Loi. » La formule initiale « mais afin que » est elliptique (B 78) ; il faut sous-entendre le thème majeur exprimé dans la phrase qui précède : « Mais (ils m'ont haï) afin que... » On notera la précision : « ... dans *leur* Loi » ; pour Jean II, Jésus s'est désolidarisé de la Loi mosaïque, qui n'est plus que la Loi de ses adversaires. Cette Loi se distingue de la parole de Jésus (v. 22), expression de la Loi nouvelle.

La phrase « Ils m'ont haï sans raison » se retrouve en Ps **35** 19 ; **69** 5 ; **119** 161 ; mais Jn se réfère très probablement à Ps **69** 5, dont d'autres passages sont cités en Jn **2** 17 et

19 29 ; la citation semble faite d'après la Septante : « Ils se sont multipliés plus que les cheveux de ma tête ceux qui *me haïssent sans motif.* » Mais il est possible que, comme souvent ailleurs chez Jn, la forme littéraire de la citation ait été influencée par un second texte, ici Ps **119** 161 qui aurait fait mettre le verbe à l'aoriste : « Les chefs m'ont persécuté sans motif. » De toute façon, l'intention apologétique de la citation est évidente : lorsque viendra l'heure de la mort de Jésus, les disciples ne devront pas être troublés dans leur foi en sa mission ; son destin restera conforme à ce qu'avait annoncé l'Écriture, et donc à la volonté de Dieu.

4. ILS N'ONT CONNU NI LE PÈRE NI MOI

En **16** 3, Jésus donne la raison pour laquelle ses ennemis vont le haïr jusqu'à le mettre à mort : « ... parce qu'ils n'ont connu ni le Père ni moi. » Le « monde » est à l'opposé des disciples, à qui Jésus vient de dire : « Si (= puisque) vous m'avez connu, vous connaîtrez aussi mon Père. Dès maintenant, vous le connaissez et vous l'avez vu... Qui m'a vu a vu le Père » (**14** 7.9). Mais ici, le Père est nommé avant Jésus parce que le fait de ne pas connaître le Père est cause du fait de ne pas connaître Jésus. Il faut donner au verbe « connaître » son sens biblique de vivre en union avec le Père en accomplissant les commandements de sa volonté. Cette connaissance de Dieu sera la pierre fondamentale de la nouvelle Alliance que Dieu nouera avec son peuple : « Mais voici l'Alliance que je conclurai avec la maison d'Israël après ces jours-là, oracle de Yahvé. Je mettrai ma Loi au fond de leur être et je l'écrirai sur leur cœur. Alors je serai leur Dieu et eux seront mon peuple. Ils n'auront plus à instruire chacun son prochain, chacun son frère, en disant : 'Ayez la connaissance de Yahvé'. Car tous me connaîtront, des plus petits jusqu'aux plus grands... » (Jr **31** 33-34). Si les chefs du peuple juif refusent de reconnaître en Jésus l'envoyé de Dieu, et donc le haïssent, la raison principale en est qu'ils ne « connaissent » pas Dieu, qu'ils méprisent ses commandements. Étant mal disposés envers Dieu, il leur est impossible de bien recevoir son envoyé.

Jésus a tout expliqué à ses disciples : la haine du monde, prévue par l'Écriture, et la raison fondamentale de cette haine. Quand arrivera l'heure fatidique où les puissances du mal se déchaîneront contre Jésus, les disciples devront se souvenir de tout ce que Jésus vient de leur dire (**16** 4a) : ils ne seront pas pris au dépourvu.

B) LE TEXTE DE JEAN II-B

15 18 « Si le monde vous hait, sachez qu'il m'a haï avant vous.
20 ( ) Le serviteur n'est pas plus grand que son seigneur ; s'ils m'ont persécuté, vous aussi ils vous persécuteront.
16 2 Ils vous excluront des synagogues. Mais l'heure vient où quiconque vous tuera pensera offrir un sacrifice à Dieu.
15 21 Mais ils feront tout cela contre vous à cause de mon nom, parce qu'ils ne connaissent pas celui qui m'a envoyé.
26 Lorsque viendra le Paraclet que je vous enverrai d'auprès

du Père, l'Esprit de vérité qui procède du Père, celui-là me rendra témoignage.

27 Mais vous aussi vous rendrez témoignage, parce que vous êtes avec moi dès le début.

16 1 Je vous ai dit ces choses afin que vous ne soyez pas scandalisés. »

Ce texte de Jean II-B est une réinterprétation de celui de Jean II-A, dont il reprend en partie les thèmes ; mais il le complète en s'inspirant largement du discours de mission de Mt **10** 18-25. La perspective en est changée : il ne s'agit plus principalement de la haine du monde envers Jésus, mais de la haine du monde envers ses disciples. Jean II-B reste fidèle à ses motivations essentielles : écrire un évangile qui s'adapte aux circonstances qui sont celles de son temps. Ce qui scandalise maintenant les chrétiens, ce ne sont plus les persécutions que Jésus endura durant sa vie de la part des chefs du peuple juif, ce sont celles qu'ils endurent eux-mêmes de la part des nouveaux chefs religieux du peuple juif, les Pharisiens, ces promoteurs du renouveau juif à la fin du premier siècle de notre ère.

Cette section forme antithèse avec Jn **15** 7-17, presque entièrement rédigé par Jean II-B. Après avoir développé le thème de l'amour fraternel, caractéristique essentielle du vrai disciple, Jean II-B développe maintenant le thème de la haine que tout vrai disciple aura à subir de la part du « monde », à la suite de Jésus. La même opposition se lit en 1 Jn **3** 11.13 : « Car telle est l'annonce que vous avez entendue dès le commencement : que nous nous aimions les uns les autres... Ne vous étonnez pas, frères, si le monde vous hait. »

1. Haine et persécutions (**15** 18.20bc)

Les vv. 18 et 20bc sont très bien construits et donnent une structure en forme de chiasme dont le centre est constitué par une phrase reprise de Mt **10** 24, avec de légères retouches grammaticales :

Si le monde vous hait
   sachez qu'il m'a haï avant vous.
     Le serviteur n'est pas plus grand que son seigneur.
  S'ils m'ont persécuté,
vous aussi ils vous persécuteront.

Le thème de la haine est repris à la fois du texte de Jean II-A **15** 23-25) et de Mt **10** 22, où il s'agit, comme ici, de la haine contre les disciples de Jésus. Le thème des persécutions s'inspire de Mt **10** 23, mais dans une optique un peu différente ; il n'est pas question d'être « poursuivi » d'une ville dans l'autre, mais de souffrir pour le nom du Christ (cf. Mt **5** 11). Le thème reste ici très général et ne sera précisé qu'en **16** 2.

Mais l'intérêt du texte réside surtout dans le parallélisme qu'il établit entre le destin de Jésus durant sa vie terrestre et le destin qui attend ses disciples. On retrouve ici une idée chère à Jean II-B, celle qui l'a incité à puiser dans les Actes des apôtres de nombreux détails destinés à établir un parallélisme entre la vie de Jésus et celle des apôtres Pierre et Paul (Introd., 6 s).

2. Détail des persécutions (**16** 2 ; **15** 21)

a) En **16** 2, Jean II-B décrit plus en détail les persécutions qu'auront à subir les disciples de Jésus. Tout d'abord, ils seront exclus des synagogues. Ce thème revient à plusieurs reprises sous la plume de Jean II-B (**9** 22 ; **12** 42) et lui est propre. Il indique que notre auteur s'adresse surtout à des judéo-chrétiens, en un temps où il n'était plus possible de se proclamer disciple de Jésus tout en restant attaché officiellement au judaïsme ; les autorités religieuses juives ont prononcé l'excommunication contre tous ceux qui se réclament de Jésus. Sur ce problème, voir Introd., 6 z.

Mais les autorités religieuses juives ne se contenteront pas d'expulser les chrétiens ; elles chercheront à les mettre à mort, s'imaginant ainsi « offrir un sacrifice à Dieu ». Puisque les chrétiens rejettent la Loi mosaïque et ses observances, puisqu'ils la croient caduque et remplacée par l'enseignement de Jésus, le nouveau Moïse (Jn **1** 17), n'est-ce pas « servir » Dieu que de mettre à mort de telles gens ? Cette idée est exprimée dans un texte rabbinique, à vrai dire relativement tardif : « Qui verse le sang des impies est comparable à celui qui offre un sacrifice » (Nomb. Rabba 21). Sur ces persécutions dont furent victimes les premiers chrétiens de la part des Juifs, voir Ac **14** 4-5 ; **14** 19 ; **17** 5-9 ; 1 Th **2** 15 ; Ap **2** 9.

b) Jn **15** 21 reprend le thème de **16** 3 (Jean II-A), mais en l'adaptant aux nouvelles perspectives du discours de Jésus. Les autorités juives feront « tout cela contre vous » ; il ne s'agit plus des persécutions contre Jésus, mais des persécutions contre ses disciples. Toutefois, c'est la haine contre Jésus qui se continuera sous une autre forme, puisque tout cela arrivera à cause du nom de Jésus (cf. Mt **10** 22). La même idée est exprimée en 1 P **4** 12-16, mais en référence aux persécutions venues du monde païen. Jean II-B donne la raison de cet acharnement contre les chrétiens : « ... parce qu'ils ne connaissent pas celui qui m'a envoyé. » Il faut donner au verbe « connaître » son sens biblique : « connaître Dieu », c'est vivre en accord avec sa Loi, avec ses commandements. Le refus des Juifs de reconnaître en Jésus l'envoyé de Dieu, et donc leur hostilité envers ses disciples, se situe dans la ligne des refus qui ont jalonné l'histoire du peuple de Dieu et qu'ont stigmatisés les prophètes (cf. note § 150, III A).

3. Le double témoignage (**15** 26-27)

Jn **15** 26-27 contient le troisième logion sur l'Esprit-Paraclet : en ces jours de persécution, les disciples ne seront pas seuls à rendre témoignage à Jésus ; ils seront fortifiés par le témoignage de l'Esprit. Pour comprendre la signification de ce double témoignage de l'Esprit et des disciples, il faut d'abord préciser les influences lucaniennes qui se sont exercées sur la rédaction de ce texte.

a) Le thème du double témoignage de l'Esprit et des disciples se lit explicitement en Ac **5** 32, en référence à la résurrection de Jésus : « Et nous sommes témoins de ces événements, et l'Esprit Saint que Dieu a donné à ceux qui lui obéissent. » Le même thème se trouvait déjà implicitement en Ac **1** 8 : «... mais vous recevrez la puissance de l'Esprit venant sur vous et vous serez mes témoins... » ; les disciples pourront être « témoins » parce qu'ils auront reçu la puissance de l'Esprit. Ce texte des Actes fait allusion au don de l'Esprit le jour de la Pentecôte ; or ce don de l'Esprit est décrit en ces termes : « Élevé par la droite de Dieu et ayant pris la promesse de l'Esprit Saint *d'auprès du Père* (*para tou patros*), il (Jésus) a répandu ce que vous voyez et entendez » (Ac **2** 33) ; c'est Jésus qui envoie l'Esprit qu'il prend d'auprès du Père. Or il est remarquable que, à partir de Jn **15** 26 (cf. **16** 7), ce n'est plus le Père qui donne ou envoie l'Esprit, comme en **14** 16 et **14** 26, mais c'est Jésus lui-même ; par ailleurs, la formulation de **15** 26 est analogue à celle de Ac **2** 33 : « Lorsque viendra le Paraclet, que je vous enverrai *d'auprès du Père* (*para tou patros*). » Jn **15** 26 dépend à la fois de Ac **5** 32 et de Ac **2** 33. Quant au thème des disciples qui peuvent témoigner parce qu'ils ont été avec Jésus *dès le début* (*ap'archès*), on le trouve en plusieurs passages des écrits lucaniens. On lit par exemple en Lc **1** 2 : «... d'après ce que nous ont transmis ceux qui furent *dès le début* (*ap'archès*) (témoins) oculaires et serviteurs de la parole » ; ou en Ac **1** 21-22 : « Il faut donc que, de ces hommes qui nous ont accompagnés tout le temps que le Seigneur Jésus a vécu au milieu de nous, en commençant (*arxamenos*) au baptême de Jean jusqu'au jour où il fut enlevé, il y en ait un qui devienne avec nous témoin de sa résurrection » (cf. Ac **10** 37-39). Le disciple pourra être « témoin » parce qu'il aura vécu avec Jésus « dès le début », c'est-à-dire dès le baptême reçu des mains de Jean ; c'est le thème de Jn **15** 27.

b) Cette influence lucanienne sur Jn **15** 26-27 va nous permettre de mieux comprendre en quoi consiste le double témoignage de l'Esprit et des disciples. Dans la perspective de Lc, l'Esprit va témoigner en tant que « puissance » de Dieu (Lc **24** 48-49 ; Ac **1** 8), donc grâce aux actions extraordinaires et aux prodiges que les disciples vont accomplir par lui (Ac **2** 8.33). Mais il donnera aussi aux disciples la force de témoigner par leur prédication. Ce double thème est explicite en Ac **4** 29 ss. : « A présent donc, Seigneur, considère leurs menaces et, afin de permettre à tes serviteurs *d'annoncer ta parole* en toute assurance, étends la main pour opérer *guérisons, signes et prodiges*, par le nom de ton saint serviteur Jésus. Tandis qu'ils priaient, l'endroit où ils se trouvaient réunis trembla ; tous furent alors *remplis de l'Esprit Saint* et se mirent à *annoncer la parole de Dieu* avec assurance... Avec beaucoup de *puissance* les apôtres *rendaient témoignage* à la résurrection du Seigneur. » Il est facile de comprendre toutes les harmoniques de ce texte. Les apôtres rendent témoignage à la résurrection de Jésus, ils annoncent la parole de Dieu en toute assurance ; la raison en est que guérisons, signes et prodiges accomplis par eux viennent authentifier leur message. Et tout ceci, « paroles » et « signes », c'est l'œuvre de l'Esprit qu'ils viennent de recevoir.

On peut penser que tel est bien aussi le sens fondamental de Jn **15** 26-27. Nous pouvons le déduire d'abord des analyses précédentes, mais aussi du fait que Jean II-B compose ce texte en ayant sous les yeux celui de Jean II-A qui se lit en **15** 22-24 et qu'il semble transposer ici (cf. *supra*) : « paroles » et « œuvres » accomplies par Jésus auraient dû conduire les Juifs à la foi en sa mission. Après la résurrection, « paroles » et « œuvres » que les disciples prononceront ou accompliront, sous la puissance de l'Esprit, rendront témoignage à Jésus et à son envoi par Dieu. C'est en ceci que consistera le double témoignage de l'Esprit et des disciples.

c) On trouvera à la note suivante l'explication des deux titres de « Paraclet » et « Esprit de vérité ».

4. LES DISCIPLES SONT PRÉVENUS (**16** 1)

En **16** 1, Jean II-B reprend le texte de **16** 4 (Jean II-A), mais il introduit une idée nouvelle, celle du « scandale » : « Je vous ai dit ces choses afin que vous ne soyez pas scandalisés. » Ce thème se lit en Mt **24** 10, dans le discours eschatologique parallèle au discours de mission (Mt **10**) dont Jean II-B s'est inspiré pour composer tout ce passage. Mais Jean II-B a aussi dans l'esprit la parole de Jésus qui introduit l'annonce du reniement de Pierre : « Vous tous, vous serez scandalisés à cause de moi en cette nuit » (Mt **26** 31 ; cf. Mc **14** 27). Dans ce texte, Jésus veut dire que la foi des disciples en sa mission chancellera quand ils assisteront à son arrestation et à sa mise à mort. Jean II-B reprend l'idée et la transpose : ce qui pourrait faire chanceler la foi des chrétiens, à la fin du premier siècle, ce sera l'hostilité du monde et ses persécutions contre eux ; Jésus n'a-t-il pas affirmé qu'il avait vaincu les puissances du mal (**16** 33) ? Mais en ces jours sombres, ils devront se rappeler que Jésus avait tout prévu et que ces persécutions rentrent dans le plan de Dieu qui reste maître de l'histoire.

C) LES ADDITIONS DE JEAN III

Jean III a fusionné les textes de Jean II-A et de Jean II-B en prenant ce dernier comme texte de base ; il y a inséré le texte de Jean II-A en le coupant en deux. La place actuelle de **16** 2 s'explique par le désir de rapprocher le thème de l'heure, exprimé aux vv. 2 et 4.

1. En ajoutant le v. 19, Jean III veut expliciter les raisons de la haine du monde contre les disciples, mais en un sens différent de celui voulu par Jean II-B. Pour ce dernier, le monde hait les disciples précisément parce qu'ils sont disciples de Jésus, ce Jésus qu'il a haï en premier (v. 18). Pour Jean III, les disciples sont haïs parce qu'ils ne sont plus du monde ; ils ont été retirés du monde par Jésus, ils ne lui appartiennent plus et le monde ne les reconnaît plus. Ces idées sont reprises de Jn **17** 14.16 (cf. 1 Jn **4** 4-6).

2. Le v. 20d ajoute une note d'optimisme dans ce sombre tableau. Les disciples ne doivent pas se décourager. Même s'ils sont persécutés, il y aura tout de même des hommes pour garder leur parole comme il y en eut pour garder celle de Jésus (Introd., 7 e).

Note § **331.** *JÉSUS ANNONCE SON DÉPART ET LE DON DE L'ESPRIT* (Jn **16** 4b-15)

I. ANALYSES LITTÉRAIRES

Cette section du discours après la Cène contient les deux derniers logia sur l'Esprit-Paraclet (vv. 4b-11 et 12-15), le premier étant d'ailleurs précédé d'une longue introduction (vv. 4b-7) dont nous aurons à donner la signification. Ce texte est intégralement de Jean II-B. Nous verrons en effet plus loin que les cinq logia sur le Paraclet forment un tout homogène et furent rédigés par la même main, donc par Jean II-B comme nous l'avons vu pour les logia précédents ; quant à la longue introduction du quatrième logion, elle fait partie intégrante de la théologie des logia, comme nous le verrons plus loin. Il nous suffit donc ici de donner les caractéristiques stylistiques de ce passage, ce qui va d'ailleurs confirmer son attribution à Jean II-B.

On relève dans le premier logion. Au v. 4b : « dire ces (choses) » (C 64), « dès le début » (A 137**), « j'étais avec vous » (C 51). Au v. 5 : « mais maintenant » (E 12*), « je vais » (B 5), « à celui qui m'a envoyé » (A 3*), « nul de vous » (A 90**), « ne m'interroge » (C 52), « où vas-tu ? » (A 29* ; cf. F 13). Au v. 6 : « je vous ai dit ces (choses) » (A 16* et B 85*), « tristesse » (E 9**). Au v. 7 : « mais je » (B 28**), « je vous dis la vérité » (E 3* et E 8*), « si... ne... pas... ne... pas... » (C 62), « le Paraclet » (A 70**), « je pars » (B 102). Au v. 8 : « celui-là » dit de l'Esprit (A 57** ; cf. C 37), « le monde » (C 68), « péché » (E 6). Au v. 9 : « péché » (E 6), « croire en » (B 51). Au v. 10 : « je vais » (B 5), « au Père » (B 73), « ne... plus » (F 5). Au v. 11 : « le Prince de ce monde » (A 102 ; cf. B 95 et C 68), « est jugé » (E 14). – On comparera encore la séquence : « ... parce que j'étais avec vous. Mais maintenant, je vais à celui qui m'a envoyé » (vv. 4b-5), à celle qui se lit en Jn **17** 12-13, un texte que nous attribuerons à Jean II-B : « lorsque j'étais avec vous... ( ). Mais maintenant, je viens à toi... » Au v. 5, la formule « je vais à celui qui m'a envoyé » ne se lit ailleurs dans le NT qu'en Jn **7** 33, un texte de Jean II-B ; l'expression « aller vers » est d'ailleurs propre à Jean II-B (cf. B 5). Au v. 7, la formule « il vaut mieux pour vous que » ne se lit ailleurs dans Jn qu'en **11** 50, un texte de Jean II-B (cf. Mt **5** 29.30 ; **18** 6, avec « toi » au lieu de « vous »).

Le deuxième logion offre les caractéristiques stylistiques suivantes. Au v. 12 : « maintenant » (F 15). Au v. 13 : « lorsque... viendra » (F 28*), « celui-là » dit de l'Esprit (A 57** ; cf. C 37), « l'Esprit de vérité » (A 95** ; cf. E 3*), « il ne parlera pas de lui-même » (A 43** et B 61**). Au v. 14 : « celui-là » dit de l'Esprit (A 57** ; cf. C 37), « me glorifiera » (B 9*), « il prendra du mien » (E 15** et C 45**). Au v. 15 : « le Père » (B 73), « pour cela j'ai dit » (B 69**), « il prendra du mien » (E 15** et C 45**). – On verra plus loin que ce passage, spécialement au v. 13, reprend des structures de phrases typiques de Jean II-B. Notons simplement ici la parenté entre le début du v. 15 « tout ce qu'a le Père est mien » et **17** 10, de Jean II-B : « ... et ce qui est tien (est) mien. »

II. LE SENS DES LOGIA

1. LE QUATRIÈME LOGION (**16** 4b-11)

Le quatrième logion, dans lequel l'Esprit ne porte qu'un seul titre, celui de « Paraclet », est constitué essentiellement par les vv. 8 à 11. Mais il est introduit par les vv. 4b-7, sur lesquels nous reviendrons plus loin.

Ici, le rôle de l'Esprit-Paraclet sera de « confondre » le monde en réfutant les accusations qu'il a portées contre Jésus (F. Berrouard). Le monde n'a pas cru en la mission de Jésus ; le Paraclet prouvera la fausseté des arguments qu'il s'est donnés pour justifier son refus. Ce thème va être développé selon trois lignes complémentaires. Le Paraclet confondra d'abord le monde « à propos de péché » (**16** 8), et l'explication en est donnée au v. 9, où le *hoti* grec doit être pris au sens, non pas causal, mais explicatif (Bultmann) : « à propos de péché, à savoir qu'ils ne croient pas en moi. » Selon Jn, le « péché » consiste en effet à refuser de reconnaître en Jésus l'envoyé de Dieu, le « péché » est le refus de croire en Jésus (**8** 21.24 ; **9** 41 ; surtout **15** 22.24, de Jean II-A). Le monde s'imaginait que le péché, c'était de croire en Jésus ; le Paraclet fera comprendre que, à l'inverse, le péché est le refus de croire. – Il convaincra aussi le monde « à propos de justice » (**16** 8). Ce mot, utilisé ici seulement chez Jn, s'oppose à « péché » ; la « justice », c'est le fait d'agir en accord avec la volonté de Dieu. Le monde tient Jésus pour un usurpateur qui a agi à l'encontre de la volonté de Dieu et non selon la justice ; le Paraclet fera comprendre que Jésus était l'envoyé de Dieu puisqu'il est retourné vers le Père qui l'avait envoyé (v. 10). – Le Paraclet confondra enfin le monde « à propos de jugement » (**16** 8). Le monde s'imagine avoir jugé et condamné Jésus à mort ; mais il se trompe ! Au moment de sa mort, Jésus a en réalité inauguré son règne glorieux puisque cette mort fut une exaltation à la droite de Dieu. Contrairement aux apparences, lorsque Jésus fut « élevé » sur la croix, et de là à la droite du Père, ce fut en réalité le Prince de ce monde, Satan, qui fut « jeté bas » et perdit son empire sur le monde (v. 11 ; cf. **12** 31-32). En résumé, le Paraclet effectuera une véritable révision du procès que le monde intenta à Jésus. Grâce à lui, Jésus sera réhabilité et le monde confondu. En référence à Jésus, les notions de « péché », de « justice » et de « jugement » retrouveront leur vrai sens, à l'inverse de ce que pense le monde.

2. LE CINQUIÈME LOGION (**16** 12-15)

Le cinquième logion sur l'Esprit (**16** 12-15) a une portée analogue au deuxième (**14** 25-26). Aux vv. 12 et 13, il est dit clairement que le rôle de l'Esprit prolongera la mission de Jésus. Ce dernier aurait encore beaucoup à dire aux disciples, mais ceux-ci ne pourraient pas comprendre le sens de ses paroles ; quand l'Esprit viendra, il achèvera l'instruction des disciples. Ici encore, un seul titre est donné à l'Esprit, celui de « Esprit de vérité ». Ce titre lui convient puisqu'il conduira les disciples vers la vérité tout entière (v. 13a).

La fin du v. 13 est difficile. On traduirait normalement, d'après le sens des mots grecs : « il vous annoncera les choses à venir » ; l'Esprit aurait alors un rôle prophétique (cf. Is **44** 7 ; Ap **19** 10 ; **22** 6). Mais, comme le fait justement remarquer Bultmann, pourquoi les disciples n'auraient-ils pas été capables de comprendre ces prophéties si Jésus lui-même les leur avait faites (**16** 12) ? Par ailleurs, ces « choses à venir » dont parle le v. 13b sont les diverses péripéties de l'arrestation de Jésus et de sa mort ignominieuse (cf. **18** 4). Il faut donc donner au verbe grec *anaggellein*, non pas le sens de « redire » ou de « annoncer », mais celui de « expliquer », de « faire comprendre », comme dans Dn **2**, et par influence sémitique (de la Potterie, cf. Bultmann). L'Esprit fera comprendre aux disciples la véritable signification de la mort de Jésus, « scandale pour les Juifs et folie pour les païens » (1 Co **1** 23) : son exaltation à la droite du Père (cf. Jn **2** 22 ; **12** 16).

A ce point de notre enquête, il suffisait de dégager la signification essentielle du rôle de l'Esprit tel qu'il apparaît dans ce logion. Les autres détails du texte prendront leur signification un peu plus loin.

III. SYNTHÈSE SUR L'ESPRIT

Nous allons maintenant élaborer une synthèse de l'enseignement sur l'Esprit contenu dans les cinq logia concernant l'Esprit-Paraclet : **14** 15-17 ; **14** 25-26 ; **15** 26-27 ; **16** 4b-11 et **16** 12-15. Nous verrons successivement comment l'Esprit est conçu comme un autre Christ, le sens du titre de « Esprit de vérité », le sens du titre de « Paraclet ».

1. L'ESPRIT REMPLACERA LE CHRIST

a) Jn considère l'Esprit comme une personne qui doit venir prendre la place du Christ après le départ de ce dernier, afin de continuer son œuvre de révélation : « Je vous ai dit ces choses alors que je demeurais près de vous ; mais le Paraclet, l'Esprit Saint que le Père enverra en mon Nom, celui-là vous enseignera tout et vous rappellera ce que je vous ai dit » (Jn **14** 25-26 ; cf. **16** 12-13). Pour souligner cette continuité entre l'œuvre du Christ et celle de l'Esprit, pour présenter l'Esprit en quelque sorte comme un « autre » Christ, Jn a volontairement repris, en les appliquant à l'Esprit, des termes et des formules qui expriment la mission de Jésus par son Père et son œuvre de révélation. Mettons en regard les expressions identiques ou semblables.

L'Esprit	Le Christ
« ... qui sort (*ekporeuetai*) d'auprès (*para*) du Père » (**15** 26)	« Il est sorti (*exèlthen*) de (*apo*) Dieu » (**13** 3 ; cf. **16** 30 ; **8** 42 ; **16** 28 ; et aussi **17** 8)
« ... que le Père enverra » (**14** 26 ; cf. **15** 26)	« Lui m'a envoyé » (**8** 42 ; *passim*)
« Il demeurera auprès de vous » (**14** 17)	« ... demeurant auprès de vous » (**14** 25)
« ... que le monde ne peut revevoir parce qu'il ne le voit pas et ne le connaît pas ; vous, vous le connaissez... » (**14** 17)	« et les siens ne l'ont pas reçu » (**1** 11) « et le monde ne me voit plus » (**14** 19) « et le monde ne l'a pas connu » (**1** 10) « mais vous, vous me verrez » (**14** 19)
« Mais lorsqu'il viendra, celui-là,... il vous expliquera... » (**16** 13-14)	« Lorsqu'il viendra, celui-là, il nous expliquera... » (**4** 25)
« Celui-là vous enseignera... » (**14** 26)	« J'ai enseigné... » (**18** 20 ; cf. **6** 59 ; **7** 14.28)
« Il vous conduira dans toute la vérité ; car il ne parlera pas de lui-même, mais tout ce qu'il entendra il (le) dira » (**16** 13)	« Moi, un homme qui vous ai dit la vérité » (**8** 40 ; cf. **8** 45 ; **18** 37) « Je n'ai pas parlé de moi-même » (**12** 49 ; cf. **7** 17) « ... que j'ai entendue d'auprès de Dieu » (**8** 40)
Car l'Esprit est la vérité. (1 Jn **5** 6)	« Je suis... la vérité... » (**14** 6)

La volonté de démarquer la personne et l'œuvre du Christ en parlant de l'Esprit est indéniable. L'Esprit est un autre Christ : après le départ de ce dernier, il viendra continuer son œuvre de révélation.

b) D'une façon plus précise, il faut dire que Jean II-B veut montrer que cet Esprit viendra pour accomplir ce « retour » du Christ qu'attendait la tradition chrétienne primitive. On espérait un retour imminent du Christ, ce fut l'Esprit qui vint. Le quatrième logion sur l'Esprit, en effet, avec son contexte antécédent, ne fait que démarquer le texte essentiel sur le retour du Christ (**14** 2-3), avec son contexte antécédent. Ici, encore, mettons les textes en regard :

Jn **13-14**	Jn **16**
33 « Petits enfants, pour encore un peu je suis avec vous... ... Où je vais (*hypagô*) vous ne pouvez pas venir. 36 Simon-Pierre lui dit : « Seigneur, où vas-tu ? »	4 « Mais je ne vous ai pas dit cela dès le début, parce que j'étais avec vous. 5 Mais maintenant je vais (*hypagô*) à celui qui m'a envoyé, et nul de vous ne m'interroge : « Où vas-tu ? » 6 Mais parce que je vous ai dit ces choses,

1 Que votre cœur ne se trouble pas...	la tristesse a rempli votre cœur.
2 ... je pars vous préparer une place.	7 Mais je vous dis la vérité, il vaut mieux pour vous que je m'en aille...
3 Et si je pars (*kai ean poreuthô*) et vous prépare une place, je viendrai de nouveau... »	Mais si je pars (*ean de poreuthô*) je vous l'enverrai (le Paraclet) »

En finale des deux séries plus ou moins parallèles, l'expression « je vous l'enverrai » (le Paraclet) remplace l'affirmation « je viendrai de nouveau » ; ce n'est plus Jésus qui viendra chercher ses disciples, c'est l'Esprit qui viendra demeurer en eux.

2. L'Esprit de vérité

a) Voyons d'abord l'origine de ce titre. Dans toute la Bible, l'expression « Esprit de vérité » ne se lit que dans les logia sur l'Esprit (**14** 17 ; **15** 26 ; **16** 13) et en 1 Jn **4** 6 ; mais elle se lit aussi à plusieurs reprises dans les textes de Qumrân, et c'est des milieux qumraniens que Jn l'a reprise comme on peut le voir à partir du texte de 1 Jn **4** 6, *où sont opposés* « esprit de vérité » et « esprit d'égarement » (cf. *infra*).

La pensée des gens de Qumrân est dominée par une conception dualiste du monde ; les hommes sont divisés en deux catégories caractérisées par les oppositions « lumière/ténèbres » et « vérité/perversion » (cf. note §§ 78.80, III B 5 *a*). Voici le texte de la Règle de la Communauté dans lequel s'exprime au mieux ce dualisme :

> Et (Dieu) a disposé pour l'homme *deux esprits* pour qu'il marchât en eux jusqu'au temps de sa Visite : ce sont *les esprits de vérité et de perversion*. D'une fontaine de lumière provient *la vérité* et d'une source de ténèbres provient *la perversion* (1 QS 3 **18-19**).

La suite du texte montre comment toute vie morale parfaite provient de l'esprit de vérité tandis que toute vie morale dépravée provient de l'esprit de perversion. Si l'on tient compte de l'ensemble des textes de Qumrân, on voit que ces deux « esprits » sont des qualités inhérentes à l'homme, analogues aux « inclinations » dont parle la tradition rabbinique. Ainsi, les membres de la Communauté doivent se disposer hiérarchiquement, selon l'ordre établi d'après leurs « esprits » (1 QS 2 **20**). Le « maître des novices » doit éprouver soigneusement la qualité de l'esprit des néophytes (1 QS 5 **20-24** ; 6 **17**). Il faut juger la valeur morale des fils de Sadoq, chacun selon son esprit (1 QS 9 **14-15**). A la fin des temps, la rétribution des hommes se fera selon que chacun aura une part plus ou moins grande à l'esprit de vérité ou à l'esprit de perversion. Dans tous ces textes, une importance très grande est donnée à ce que l'on pourrait appeler le « discernement des esprits ». Durant le temps de probation, il appartient

au « maître des novices » de « scruter » leur esprit, de « l'inspecter », de « l'apprécier ». Il faut faire le tri entre ce qui est bon et ce qui est mauvais : ceux qui vivront en accord avec l'esprit de vérité seront acceptés dans la Communauté ; ceux au contraire dont l'esprit de perversion sera la note dominante en seront exclus.

b) Lisons maintenant 1 Jn **4** 1-6 :

1 Bien-aimés, ne vous fiez pas à tout esprit, mais éprouvez les esprits pour voir s'ils viennent de Dieu, car beaucoup de faux prophètes sont venus dans le monde.
2 A ceci vous reconnaissez l'esprit de Dieu : tout esprit qui confesse Jésus Christ venu dans la chair est de Dieu ;
3 et tout esprit qui ne confesse pas Jésus n'est pas de Dieu ; c'est là l'esprit de l'Antichrist. Vous avez entendu dire qu'il allait venir ; eh bien ! maintenant, il est déjà dans le monde...
6 Nous, nous sommes de Dieu. Qui connaît Dieu nous écoute, qui n'est pas de Dieu ne nous écoute pas. C'est à quoi nous reconnaissons l'*esprit de vérité* et l'*esprit d'erreur*.

Cette petite section commence par inviter les chrétiens à pratiquer le discernement des esprits et se termine en opposant « l'esprit de vérité » à « l'esprit d'erreur ». Les analogies avec les textes de Qumrân sont évidentes, ce qui ne saurait surprendre étant donné les affinités étroites qui existent entre 1 Jn et les textes de Qumrân. Si ici 1 Jn **4** 6 oppose l'esprit de vérité à l'esprit d'erreur, et non à l'esprit de perversion, comme dans les textes de Qumrân, c'est sous l'influence du discours eschatologique de Mc **13** ou de Mt **24** (cf. Mc **13** 5-6.21-22 ; 1 Jn **4** 3 ; **2** 18-26 ; 2 Jn 7). Malgré cette différence, on ne saurait sérieusement mettre en doute que, dans la tradition johannique, l'expression « esprit de vérité » provient de Qumrân.

On objectera il est vrai que, dans l'évangile de Jn, l'Esprit de vérité est certainement une Personne divine (cf. *infra*), tandis que dans les textes de Qumrân c'est simplement une « inclination » bonne inhérente à l'homme. Mais dans la suite du texte de la Règle de la Communauté que nous avons cité plus haut (1 QS 3 **18** ss.), formé d'éléments d'époques différentes, on passe sans distinction apparente du thème des deux « esprits » de vérité et de perversion au thème des deux « Princes » ou « Anges » qui ont pouvoir sur les fils de vérité ou sur les fils de perversion ; il était alors facile de faire des deux « esprits » les équivalents des deux « Princes » ou « Anges », et donc de les personnaliser. On comprend comment, chez Jn, l'Esprit de vérité puisse être devenu une « personne » divine.

c) Le titre de « Esprit de vérité » donné à l'Esprit est pleinement justifié puisque son rôle est de conduire les disciples dans la vérité tout entière (**16** 13 ; cf. **14** 26). Son titre est donc en relation avec sa fonction. D'une façon plus profonde, il est même dit en 1 Jn **5** 6 que « l'Esprit *est* la vérité » ; on comprend alors pourquoi Jn peut rédiger les premier et troisième logia sur l'Esprit/Paraclet en démarquant deux textes des épîtres où il est question de la « vérité ». Comparons d'abord Jn **14** 16-17 à 2 Jn 1-2 :

Jn **14**

16 « ... afin qu'il soit
avec vous pour toujours,

17 *l'Esprit de vérité...*
vous, *vous le connaissez,*

qu'*il demeure* chez *vous*
et il sera en vous. »

2 Jn

1 ... et tous ceux qui *ont connu*
la vérité,

2 à cause de *la vérité*
qui *demeure* en *nous*
et sera
avec nous pour toujours.

Comparons maintenant Jn **15** 26-27 et 3 Jn 12 :

Jn **15**

26 « ... *l'Esprit de vérité...*
me rendra témoignage ;
27 *mais vous aussi*
(*kai hymeis de*)
vous *rendrez témoignage...* »

3 Jn 12

A Démétrios
il est rendu témoignage...
par la vérité elle-même ;

mais nous aussi
(*kai hèmeis de*)
nous *rendons témoignage...*

L'Esprit de vérité est bien identique à la Vérité.

3. LE PARACLET

Le titre de « Paraclet » n'est que la transcription française du mot grec *paraklètos*, qu'une partie de l'ancienne tradition latine des évangiles s'était aussi contentée de transcrire *paraclitus*. Rare en grec classique et inconnu de la Septante, ce mot est un adjectif verbal dérivé du verbe *parakalein* qui revêt deux sens principaux : 1) « appeler à soi », d'où : appeler à l'aide, invoquer (les dieux), convoquer un témoin à un tribunal ; 2) « exhorter » ou « encourager », d'où, dans la Septante et le NT sous l'influence de l'hébreu *niham* : « consoler » (certains témoins de l'ancienne version latine ont effectivement traduit par *Consolator* le titre de *Paraklètos* dont nous nous occupons ici). En grec classique, le mot *paraklètos* a toujours une signification juridique et désigne d'ordinaire celui qui est appelé pour défendre un accusé devant les tribunaux : *accessitus et rogatus ut faveat alicui in iudicio* (H. Estienne, *Thesaurus Graecae Linguae*). Il correspond exactement au latin *advocatus* (cf. le français « avocat »), qui traduit précisément le *paraklètos* de Jn **14-16** dans l'ancienne version africaine des évangiles.

Notre étude va procéder comme pour le titre « Esprit de vérité » ; nous allons étudier le thème du Paraclet dans la tradition juive, puis dans 1 Jn **2** 1 qui se situe dans la ligne de cette tradition juive. Nous verrons ensuite que, en reprenant pour l'appliquer à l'Esprit le titre qu'il trouve en 1 Jn **2** 1 dit du Christ, Jean II-B lui donne une signification nettement différente.

a) Bien que rare en grec classique, le terme *paraklètos* est passé dans la littérature juive (targumim, écrits rabbiniques) sous la forme *peraqleita*, qui en est une simple transcription.

Il s'oppose alors souvent au mot *qateigôr*, qui est aussi une transcription du mot grec *katègôr* dont le sens est « accusateur ». Le « paraclet », c'est l'avocat qui prend la défense de celui qui est accusé. D'ordinaire, il s'agit du procès de l'homme pécheur qui comparaît devant le tribunal de Dieu, et du conflit apparent entre la justice de Dieu et sa miséricorde. Essayons de retracer les grandes lignes de ce thème dans l'AT et dans le judaïsme.

Le plus ancien texte qui expose ce thème est Za **3** 1-6 :

> Il me fit voir Josué, le grand prêtre, qui se tenait devant l'ange de Yahvé, tandis que le Satan était debout à sa droite pour l'accuser. L'ange de Yahvé dit au Satan : « Que Yahvé te réprime Satan ; que Yahvé te réprime, lui qui a fait choix de Jérusalem. Celui-ci n'est-il pas un tison tiré du feu ? » Or Josué était vêtu d'habits sales lorsqu'il se tenait devant l'ange de Yahvé. Prenant la parole, celui-ci parla en ces termes à ceux qui se tenaient devant lui : « Enlevez-lui ses habits sales et revêtez-le d'habits somptueux ; et mettez sur sa tête une tiare propre. » On le revêtit donc d'habits somptueux et l'on mit sur sa tête une tiare propre. L'ange de Yahvé se tenait debout et lui dit : « Vois, j'ai enlevé de dessus toi ton iniquité. »

La vision met en scène deux anges : l'ange de Yahvé qui préside le tribunal de Dieu, et le Satan, l'Accusateur, selon la signification de son nom, dont la fonction est de dénoncer les péchés des hommes devant le tribunal divin en vue de leur châtiment. Or, si l'ange de Yahvé « réprime » Satan, ce n'est pas qu'il lui reproche d'avoir formulé des griefs non justifiés contre Josué, le futur restaurateur du Temple, et de l'avoir calomnié ; au contraire, les vêtements sales que porte Josué sont le symbole de sa vie souillée de fautes. Ce que l'ange reproche au Satan, dans la circonstance présente, c'est de méconnaître les intentions divines : Yahvé veut faire grâce au coupable et pardonner ses péchés. C'est pour symboliser l'effet de la miséricorde divine que l'ange ordonne de changer les habits souillés de Josué, et, une fois qu'il l'a revêtu d'habits propres, il lui déclare : « J'ai enlevé de dessus toi ton iniquité. » Dans cette scène, il se produit donc une contestation entre l'ange de Yahvé, qui représente la miséricorde de Dieu, et le Satan qui tient pour la justice et la punition du coupable ; mais la miséricorde triomphe, et c'est pourquoi l'ange de Yahvé dit au Satan : « Que Yahvé te réprime... »

Un siècle plus tard environ, ces deux anges apparaissent à nouveau dans le livre de Job. Le Satan est toujours l'Accusateur (**1** 6 ss. ; **2** 1 ss.), un des anges de la cour divine, mais on le voit ici parcourir le monde afin de surveiller les actions des hommes et de renseigner Dieu sur les péchés qu'ils commettent. S'il accable Job de maux, ce n'est pas par méchanceté, ni par volonté de le faire pécher, mais pour éprouver le désintéressement de sa fidélité à Dieu, dont il doute. L'ange de Yahvé n'est pas mentionné ici ; il intervient beaucoup plus loin, dans le discours qu'Élihu adresse à Job, en **33** 23-25. Élihu décrit les affres d'un homme en telle décrépitude physique qu'il se trouve aux portes du shéol. Va-t-il mourir ? Non :

Alors, s'il se trouve près de lui un Ange, un Médiateur entre mille, qui rappelle à l'homme son devoir, le prenne en pitié et déclare : « Exempte-le .de descendre dans la fosse : j'ai trouvé la rançon pour sa vie », sa chair retrouve une fraîcheur juvénile, il revient aux jours de son adolescence.

Dieu aurait pu livrer l'homme à la mort, à cause de ses péchés ; mais Dieu a eu pitié : « J'avais péché et perverti le droit : Dieu ne m'a pas traité selon ma faute. Il a exempté mon âme de passer par la fosse, il maintient ma vie sous la lumière » (vv. 27-28). C'est donc grâce à l'intervention de l'ange intercesseur que Dieu ferme les yeux sur les péchés des hommes, leur pardonne et leur redonne la vie. Dans Job comme dans Zacharie, bien que de façon moins systématique, la figure de l'Ange intercesseur se dresse en opposition à celle du Satan, de l'Accusateur.

En Jb **33** 23 l'ange intercesseur est qualifié de *mêlît*. Ce participe *hiphil* signifie « parlant » ; ailleurs, il a le sens de « parler à la place de » quelqu'un, lui servir d'interprète (Gn **42** 23) ; ici, le sens est « parler en faveur de quelqu'un » : l'ange parle à Dieu en faveur de l'homme pécheur : « Exempte-le de descendre dans la fosse : j'ai trouvé la rançon pour sa vie » (v. 24). Il est en quelque sorte son avocat auprès de Dieu. C'est ce qu'a bien compris la tradition juive qui lui appliqua le terme de « Paraclet ». Le Targum sur Jb **33** 23 s'exprime ainsi : « S'il se trouve près de lui... un Ange Paraclet pris entre mille Accusateurs qui rappelle à l'homme... » L'Ange du texte de Job devient le Paraclet qui s'oppose aux Accusateurs et se fait l'avocat des hommes pécheurs auprès du tribunal de Dieu.

L'opposition entre « accusateur » et « intercesseur », que le Targum applique ici à Jb **33** 23 est attestée dans de nombreux textes de la tradition rabbinique, avec des applications diverses mais toujours en référence à la situation de l'homme comparaissant devant le tribunal de Dieu. Citons simplement un des plus anciens qui nous soient connus :

> Rabbi Éliezer ben Yaqob (vers 150) a dit : « Celui qui a accompli un commandement (de la Loi) s'est acquis un Paraclet ; mais celui qui a commis une transgression s'est acquis un Accusateur. Pénitence et bonnes œuvres sont comme un bouclier contre le châtiment (Pirqê Aboth, **4** 11).

Notons enfin que la signification religieuse du titre de Paraclet était déjà connue de Philon, qui écrivait dans le *de vita Moysi* :

> Il fallait en effet que celui qui est consacré au Père du monde se servit de ce fils accompli en vertu comme d'un Paraclet pour faire oublier les péchés et procurer les biens les plus abondants (**2** 134).

b) Tous ces textes nous font donc connaître une tradition fermement établie : au *Katègôr*, qui a fonction d'accuser les hommes auprès du tribunal de Dieu, de dénoncer leurs péchés et d'exiger leur châtiment, s'oppose le Paraclet qui intercède auprès de Dieu en leur faveur, afin que Dieu exerce sa miséricorde et pardonne à l'homme pécheur.

Reportons-nous maintenant à deux textes de la tradition johannique qui se complètent pour exprimer ce même thème, mais dans une perspective christianisée. Le premier est Ap **12** 10-11 ; après la chute du Satan, identifié au Serpent de Gn **3**, une voix se fait entendre dans le ciel :

> Maintenant est arrivé le salut et la force et la royauté de notre Dieu, et la puissance de son Christ, parce qu'a été jeté bas l'Accusateur (*ho katègôr*) de nos frères, celui qui les accusait jour et nuit devant Dieu. Et ils l'ont vaincu grâce au sang de l'Agneau.

Nous retrouvons ici le Satan (avec l'article, comme dans Za **3** 1-5) qui a pour fonction d'accuser les hommes devant le tribunal de Dieu. C'est l'Accusateur, le *Katègôr* de la tradition juive. Mais, précipité du ciel sur la terre, il ne peut plus exercer sa fonction contre les fidèles du Christ. Pourquoi ? Parce que les chrétiens l'ont vaincu « grâce au sang de l'Agneau ». Ce sang eut pour effet de les laver, de les purifier de leurs péchés (**1** 5 ; **7** 14) ; ils sont maintenant revêtus de blanc (**22** 14 ; cf. **19** 8), comme on avait revêtu jadis Josué (Za **3** 4), et c'est le signe que leurs péchés leur ont été enlevés. Le Satan n'a donc plus aucun fondement pour étayer ses accusations contre eux : il est vaincu.

Le second texte johannique est 1 Jn **2** 1-2 :

> Mes petits enfants, je vous écris ces (lignes) afin que vous ne péchiez pas. Mais si quelqu'un pèche, nous avons un *Paraclet* auprès du Père, Jésus Christ, un Juste. Et lui, il est « moyen de propitiation » pour nos péchés ; pas seulement pour les nôtres, mais pour le monde entier.

L'ange-*Paraclet* de la tradition juive est devenu le Christ-*Paraclet*, qui s'oppose au Satan-*Katègôr* de Ap **12** 10. Il intercède auprès du Père afin que nos péchés nous soient pardonnés et que la miséricorde triomphe de la justice. Mais son intercession est infiniment plus efficace que celle d'un ange, car le sang qu'il a répandu pour nous « nous purifie de tout péché » (1 Jn **1** 7 ; cf. Ap **1** 5). Son intercession n'est plus une simple prière. Il a effacé nos péchés par son sang. Le texte johannique se réfère à Jb **33** 24, lu à travers le Targum. L'ange intercesseur du texte de Job disait en effet avoir trouvé une « rançon » pour la vie de l'homme pécheur ; le mot hébreu utilisé ici désigne très précisément ce qui nous rend Dieu favorable, ce qui change la face de Dieu et la rend souriante à l'homme, d'irritée qu'elle était. Si l'on se réfère au vocabulaire de la Septante, c'est le sens également du *hilasmos* utilisé par 1 Jn **2** 2 : le Christ, par son sang, est « moyen de propitiation », c'est-à-dire : moyen qui nous rend Dieu propice, favorable.

c) Revenons maintenant au titre de « Paraclet » dans l'évangile de Jn. Rappelons d'abord qu'il n'y désigne plus le Christ, comme dans 1 Jn **2** 1, mais l'Esprit. Or il est facile de voir que, même si deux des logia sur l'Esprit conservent une saveur juridique (**15** 26-27 et surtout **16** 8-11), le rôle de l'Esprit-Paraclet est totalement différent de celui du Christ-Paraclet. Il n'intercède pas pour les hommes auprès de Dieu afin que Dieu leur pardonne leurs péchés, mais il « enseigne » la vérité aux hommes (**14** 25-26 ; **16** 12-15), il « témoigne » avec les disciples en faveur du Christ ressuscité (**15** 26-27), il « confond » le monde en réfutant les arguments que celui-ci croyait pouvoir présenter contre l'authenticité de la mission de Jésus. Le terme de « Paraclet » se rattache, non plus au premier sens du verbe grec *parakalein* : « appeler à soi » comme défenseur ou avocat, mais au second sens : « exhorter » ou « encourager ». On rejoint le sens de la « paraclèse » (ou « exhortation ») telle qu'elle apparaît dans les Actes des Apôtres et les épîtres pastorales. Précisons quel était le sens de cette « exhortation » à laquelle nous garderons le nom de « paraclèse » pour rappeler que c'est un terme quasi technique dans le NT.

Dans les écrits lucaniens, la « paraclèse » se rattache étroitement à l'action de l'Esprit : « Les Églises... s'édifiaient et vivaient dans la crainte du Seigneur, et elles étaient comblées de la paraclèse du Saint Esprit » (Ac **9** 31), c'est-à-dire de la paraclèse accordée par le Saint Esprit (cf. Lc **2** 25-27 ; Ac **15** 28.31 ; Ac **4** 36 rapproché de **11** 23-24). Sous l'influence des écrits lucaniens, Jn pourra donc appeler l'Esprit un « Paraclet », celui qui est à l'origine de la « paraclèse » dans l'Église.

Mais en quoi consistait cette paraclèse ? On lit en Ac **14** 22, à propos de Paul et de Barnabé : « Ils affermissaient le cœur des disciples, les encourageant (verbe *parakalein*) à persévérer dans la foi, 'car, disaient-ils, il nous faut passer par bien des tribulations pour entrer dans le Royaume de Dieu' » ; la paraclèse a donc pour but d'affermir les fidèles dans la foi en leur expliquant que les persécutions qu'ils endurent ont été prévues par Dieu et sont même une condition pour entrer dans le Royaume. Même idée en Ac **15** 32 : « Jude et Silas, qui étaient eux-mêmes prophètes, exhortèrent (*parakalein*) les frères et les affermirent par un long discours. » Ici, la paraclèse est rattachée au prophétisme ; elle est liée à la parole, au « discours ». Lisons encore 2 Th **2** 16-17 ; après avoir rappelé l'action de Satan qui cherche à tromper les hommes pour les égarer et les détourner de la foi (**2** 9-12), Paul rappelle la vocation des fidèles au salut et à la gloire éternelle (**2** 13-14), il les exhorte à tenir bon et à garder les traditions qui leur ont été enseignées (**2** 15), puis il ajoute : « Que notre Seigneur Jésus Christ lui-même, ainsi que Dieu notre Père, qui nous a aimés et nous a donné, par grâce, paraclèse (*paraklèsis*) éternelle et heureuse espérance, encouragent (*parakalein*) vos cœurs et les affermissent en toute bonne œuvre et parole. » Ici, la paraclèse affermit les cœurs et les aide à résister aux entreprises de Satan qui cherche à troubler leur foi.

Une manière spéciale d'exhorter et de fortifier, c'est d'expliquer le sens des Écritures, comme en Ac **13** 15 : « Après la lecture de la Loi et des Prophètes, les chefs de la synagogue leur envoyèrent dire (à Paul et à Barnabé) : Frères, si vous avez quelque parole de paraclèse à dire au peuple, parlez. » Paul prononce alors un discours dans lequel il montre comment Jésus a réalisé le salut annoncé par les Écritures, la Loi et les Prophètes. La paraclèse est ainsi une des fonctions essentielles du prophète chrétien (Ac **15** 32 ; 1 Co **14** 3 ;

Rm **15** 4). Comme toute prophétie, elle comporte un « enseignement », d'où le lien étroit entre « paraclèse » et « enseignement » : « Car vous pouvez tous prophétiser à tour de rôle, afin que tous *soient instruits* (*manthanôsin*) et que tous *soient exhortés* (*parakalôntai* ; 1 Co **14** 31). » On rejoint les textes de Jn **14** 25-26 et **16** 12-15 dans lesquels on voit que la fonction essentielle du Paraclet est d'enseigner la vérité.

Quant au rôle du Paraclet qui consiste à « confondre » (*elegchein*) le monde en réfutant les arguments qu'il propose contre l'authenticité de la mission de Jésus (Jn **16** 8-11), il s'explique au mieux en référence à plusieurs passages des épîtres pastorales qui juxtaposent les verbes « exhorter » (*parakalein*) et « confondre » ou « réfuter » (*elegchein*), souvent en liaison avec le thème de l'enseignement (*didaskalia*). On lit en Tt **1** 9 que l'épiscope doit être capable « à la fois d'exhorter (*parakalein*) dans la saine doctrine (*didaskalia*) et de confondre (*elegchein*) les contradicteurs » ; la suite du texte explique que les « contradicteurs » sont surtout des Juifs qui « enseignent pour de scandaleux profits ce qui ne se doit pas » (**1** 11) ; Tite doit donc veiller sur la foi de ses fidèles : « Reprends-les (*elegchein*) vertement, pour qu'ils conservent une foi saine, sans prêter attention à des fables juives et aux prescriptions de gens qui tournent le dos à la vérité » (*alètheia* ; **1** 13-14). Plus loin, l'auteur de l'épître donne des conseils à Tite qui commencent par cette phrase : « Pour toi, enseigne ce qui est conforme à la saine doctrine (*didaskalia*) », et se terminent par ces mots : « C'est ainsi que tu dois parler, exhorter (*parakalein*), confondre (*elegchein*) avec une autorité entière » (Tt **2** 1.15). On retrouve le même lien entre ces divers thèmes dans la deuxième épître à Timothée : « Pour toi, tiens-toi à ce que tu as appris et dont tu as acquis la certitude. Tu sais de qui tu l'as appris, et c'est depuis ton plus jeune âge que tu connais les saintes Écritures. Elles sont à même de te procurer la sagesse qui conduit au salut par la foi dans le Christ Jésus. Toute Écriture est inspirée de Dieu (*theopneustos*) et utile pour enseigner (*pros didaskalian*), pour réfuter (*pros elegmon*), pour redresser et former à la justice » (2 Tm **3** 14-16). Quelques lignes plus loin, l'auteur de l'épître se fait plus pressant : « Je t'adjure devant Dieu et devant le Christ Jésus qui doit juger les vivants et les morts, au nom de son Apparition et de son Règne : proclame la parole, insiste à temps et à contretemps, réfute (*elegchein*), menace, exhorte (*parakalein*) avec une patience inlassable et le souci d'instruire (*didachè*) » (**4** 1-2).

Dans Jn, l'Esprit a pour rôle d'enseigner (**14** 26), de conduire les hommes dans toute la vérité (**16** 13), de confondre le monde en réfutant les arguments qu'il oppose à la mission de Jésus (**16** 8-11), de rendre témoignage à la résurrection de Jésus (**15** 26) ; tout ceci correspond à la « paraclèse » des textes lucaniens et pauliniens, « paraclèse » faite sous l'influence de l'Esprit. C'est pour cette raison que, dans Jn, l'Esprit est appelé le « Paraclet », celui qui exerce la « paraclèse » (cf. Lagrange, Barrett). Lors donc que Jn **14** 16 présente l'Esprit comme *un autre Paraclet*, en référence à 1 Jn **2** 1, il reprend le titre donné à Jésus dans 1 Jn, mais il lui donne un sens différent. Et s'il le fait, c'est sous l'influence des textes lucaniens et pauliniens (Introd., 4 y-z).

Note § **332.** *JÉSUS ANNONCE SON DÉPART ET SON RETOUR* (Jn **16** 16-22)

I. CRITIQUE TEXTUELLE

1. Au v. 18, nous ne comprenons pas pourquoi la plupart des éditions critiques s'obstinent à choisir le texte long de la tradition Antiochienne et de la Koinè, qui est une leçon double. Il faut adopter l'un des deux textes suivants : ou bien « Qu'est-ce que ce 'peu' qu'il dit ? nous ne savons pas », avec B et quelques autres témoins ; ou bien « Qu'est-ce que ce 'peu' ? Nous ne savons de quoi il parle », avec P⁵ P⁶⁶ S W, le groupe Ferrar, VetLat Geo (cf. D et aussi SyrSin). La seconde leçon est de beaucoup la mieux attestée et c'est celle que nous retiendrons.

2. Au v. 22, il faut lire le présent « enlève » (*airei*), avec P²² P⁶⁶ S C L, la Koinè, une partie de VetLat (*b e f q*), Chrysostome ; c'est la leçon difficile, retenue par les éditions critiques les plus modernes. Le futur (*arei*) est une leçon facilitante attestée par P⁵ B D, la plupart des versions, Tatien, Origène et quelques autres témoins.

II. ANALYSES LITTÉRAIRES

1. Jn **16** 16-22 forme une unité littéraire et doit être d'un seul niveau rédactionnel. Nous verrons dans le commentaire que c'est une réinterprétation et une amplification de Jn **14** 19, texte que nous avons attribué à Jean II-A ; le passage serait donc de Jean II-B. Ceci nous est confirmé par les sept mentions, intentionnelles (cf. *infra*), du mot « un peu » (*mikron*) ; c'est là un procédé rédactionnel de Jean II-B (Introd., 7 m).

2. Nous proposons toutefois de considérer comme une glose de Jean III, au v. 17c, la phrase « Et : Je vais au Père ». Elle rompt le parallélisme des trois formules : « Un peu et vous ne me verrez plus et de nouveau un peu et vous me verrez », des vv. 16, 17b et 19b. Cette phrase est reprise de **16** 10 : « parce que je vais au Père et vous ne me verrez plus », et fut ajoutée par Jean III pour rappeler le thème de **16** 10. On notera les caractéristiques stylistiques : « je vais au Père » (B 5 et B 73).

3. Voici les caractéristiques stylistiques du texte de Jean II-B. Au v. 16 : « un peu » (C 15 ; cf. vv. 17, 18, 19), « ne... plus » (F 5). Au v. 17 : « dirent donc » (B 1). Au v. 18 : « ils disaient donc » (B 25*), « savoir » (F 25). Au v. 19 : « interroger » (C 52), « entre vous » (B 66*). Au v. 20 : « en vérité, en vérité » (A 2*), « le monde » (C 68), « tristesse » (E 9**). Au v. 21 : « tristesse » (E 9**), « son heure est venue » (B 7 et B 49*), « ne... plus » (F 5), « le monde » (C 68). On notera la structure stylistique « la femme, lorsqu'elle enfante, a de la tristesse », dont on a l'équivalent en **7** 31, un texte de Jean II-B : « Le Christ, lorsqu'il viendra, fera-t-il plus de miracles... ? » (cf. Mt **6** 6). Au v. 22 : « tristesse » (E 9**). On comparera la formule « nul ne vous (l') enlève » à celle de Jn **10** 18, de Jean II-B : « nul ne me l'enlève. » Au v. 21, le diminutif *paidion* (« enfant ») ne se lit ailleurs chez Jn qu'en **4** 49, dans une addition de Jean II-B, et au pluriel en **21** 5, également de Jean II-B (cf. 1 Jn **2** 14.18 ; **3** 7). Toujours au v. 21, le mot « souffrance » ne se lit ailleurs chez Jn qu'en **16** 33, de Jean II-B. Au v. 20, le verbe « être dans la tristesse » ne se lit ailleurs chez Jn qu'en **21** 17, de Jean II-B. – Le mot « joie », utilisé aux vv. 20, 21, 22, revient sept fois dans le discours après la Cène, et toujours dans des textes de Jean II-B (**15** 11.11 ; **16** 24 ; **17** 13 ; cf. 1 Jn **1** 4 ; **2** Jn 12 ; **3** Jn 4).

III. LE SENS DU TEXTE

Le texte de Jean II-B se divise en deux parties : l'exposé de la difficulté qu'ont les disciples de comprendre le sens d'une parole de Jésus (vv. 16-20), la parabole que donne Jésus pour expliquer la parole qu'il a prononcée (vv. 21-22).

1. UNE PAROLE DIFFICILE A COMPRENDRE

a) Jésus dit à ses disciples : « Un peu et vous ne me verrez plus, et de nouveau un peu et vous me verrez » (v. 16). Cette parole provoque l'étonnement des disciples (v. 17), qui porte très précisément sur l'expression « un peu » (v. 18). Que ce soit là le nœud du problème, nous en avons pour preuve le fait que cette expression revient *sept fois* dans ce passage (vv. 16-19) ; c'est même probablement afin d'obtenir ce chiffre sept que Jean II-B a rédigé de façon si lourde ces vv. 16-19 dans lesquels la même parole de Jésus revient à trois reprises. Or on peut penser que, comme souvent ailleurs, notre auteur met en scène les disciples pour répondre à des questions qui se posaient avec insistance aux chrétiens de son temps. On songe alors au fameux problème du retard de la Parousie. Les disciples de Jésus attendaient un retour *prochain* de leur maître, retour prochain encore exprimé dans le texte du Document C qui se lit en Jn **14** 1-3 et que nous avons analysé à la note § 325. C'est à cette proximité du retour de Jésus que fait allusion la deuxième partie de la parole du Christ : « ... et de nouveau *un peu* et vous me verrez. » Ce qui fait difficulté, c'est précisément le terme « un peu », qui a le sens de « un peu de temps » : « Qu'est-ce que ce 'un peu' ? Nous ne savons de quoi il parle » (v. 18). Il s'agit donc de réinterpréter le thème du « retour » de Jésus en tenant compte du « un peu », c'est-à-dire de sa proximité. Jean II-A l'avait fait en **14** 19-20, dans le sens d'un « retour » spirituel, en tant que « Sagesse » de Dieu venant habiter dans le cœur des chrétiens (note § 327) ; Jean II-B va le faire ici, mais dans une perspective différente.

b) Jésus a dit : « Un peu et vous ne me verrez plus, et de nouveau un peu et vous me verrez » (v. 16). La première partie de cette phrase fait allusion à la mort imminente de

Jésus. Avec l'ensemble de la tradition patristique grecque, nous pensons que la seconde partie de la phrase fait allusion aux apparitions du Ressuscité. On notera en effet l'importance exceptionnelle du thème de la « joie » aux vv. 20-22 : le mot « joie » revient trois fois, et le verbe « se réjouir » deux fois. Cette « joie » est mise en relation avec le fait que, dans un peu de temps, les disciples verront Jésus (ou Jésus verra les disciples). Or on lit précisément en Jn 20 20b, dans le récit de l'apparition de Jésus aux disciples rassemblés à Jérusalem : « Les disciples *se réjouirent en voyant* le Seigneur. » Ajoutons encore une précision. Pour Jean II-B, le « retour » de Jésus est aussi réinterprété en fonction de l'envoi de l'Esprit (cf. Jn 16 4b-7 comparé à Jn 13 33-14 3 ; note § 331). Mais cet envoi de l'Esprit aux disciples se réalise précisément lors de la première apparition du Ressuscité (Jn 20 22), qui marque donc pour Jean II-B l'heure de la réalisation de la promesse du « retour » : Jésus revient, d'une part en se manifestant vivant aux disciples, d'où leur joie ; d'autre part en leur envoyant cet Esprit qui va prolonger l'action qu'il a eue sur eux durant sa vie terrestre (note § 331).

2. LA PARABOLE DE LA FEMME QUI ENFANTE

Lors de la mort de Jésus, ses disciples pleureront et se lamenteront (cf. Tb **10** 4.7 ; Jr **22** 10) tandis que le monde se réjouira puisqu'il haïssait Jésus (cf. Ap **11** 10), mais leur tristesse se changera en joie lorsque Jésus leur apparaîtra à nouveau, vivant (vv. 20 et 22). Ce thème de la tristesse qui se change en joie évoque le cas de la femme qui enfante. Avant l'enfantement, elle est triste à la pensée des souffrances qui l'attendent ; mais après l'enfantement, il ne reste plus que la joie d'avoir mis au monde un homme (v. 21). Cette image de la femme qui enfante n'est pas une simple comparaison destinée à illustrer les paroles de Jésus ; elle revêt une signification beaucoup plus profonde. Au v. 22, la phrase « et votre cœur se réjouira » est probablement une citation de Is 66 14 : « vous verrez et votre cœur se réjouira. » Mais c'est toute la section qui va du v. 5 au v. 14 qui est ici à l'arrière-plan du texte johannique. En Is **66** 5, les ennemis du peuple de Dieu se moquent de lui en voyant sa destruction ; ils ironisent : « Que Yahvé manifeste sa gloire et que nous soyons témoins de votre joie. » Mais, contrairement à ce qu'ils pensaient, Dieu va intervenir pour que Sion, la Jérusalem nouvelle, enfante à nouveau des fils : « Avant d'être en travail, elle a enfanté, avant que viennent les douleurs, elle a accouché d'un garçon » (v. 7). En fait, Sion a connu les douleurs de l'enfantement, mais elles n'ont duré qu'un peu de temps : « Qui a jamais entendu rien de tel ? Qui a jamais vu chose pareille ? Peut-on mettre au monde un pays en un jour ? Enfante-t-on une nation en une fois ? A peine était-elle en travail que Sion a enfanté ses fils » (v. 8). Sion a connu les douleurs de l'enfantement, mais elles n'ont duré qu'un temps très court. Maintenant, c'est la joie qui éclate : « Réjouissez-vous avec Jérusalem, exultez en elle vous tous qui l'aimez, soyez avec elle dans l'allégresse, vous tous qui avez pris le deuil sur elle » (v. 10). L'image de la femme qui enfante évoque en fait la naissance du nouveau peuple de Dieu, ou, plus exactement, sa « résurrection » après sa quasi-destruction. De même donc, la mort et la résurrection de Jésus seront la naissance du nouveau peuple de Dieu, tristesse d'abord mais joie débordante ensuite. Avec la résurrection de Jésus, c'est une humanité nouvelle qui est créée, comme le signifie l'effusion de l'Esprit que Jn décrit en référence au récit de la création de l'homme selon Gn 2 7 (Jn 20 22, voir note § 367).

Note § **333**. *PRIÈRE DES DISCIPLES ET MANIFESTATION DU PÈRE* (Jn **16** 23-33)

I. CRITIQUE TEXTUELLE

1. Au v. 23, au lieu de la leçon « il vous le donnera en mon nom », de la tradition Alexandrine (P⁵ S B C L 054 Sah Origène Cyrille), il faut lire « (ce que vous demanderez au Père) en mon nom il vous le donnera », avec P²² A D W, la masse des manuscrits, l'ensemble des versions, Tatien, Chrysostome. Plus conforme au style de Jn, cette leçon est retenue par les éditions critiques les plus modernes.

2. Au v. 26, au lieu de la leçon courante « et je ne vous dis pas que je prierai », nous avons adopté la leçon plus difficile « et je ne prierai pas » (*kai ouk erôtèsô*), avec Chrysostome soutenu par VetLat (*a*) et quelques manuscrits de la version éthiopienne. La leçon courante veut atténuer la brutalité de l'expression « je ne prierai pas le Père pour vous ».

3. Au v. 33, il faut lire « vous avez », avec la plupart des témoins du texte johannique et des éditions critiques. La leçon « vous aurez », soutenue par D, le texte Césaréen, VetLat, Chrysostome et quelques autres témoins, est une leçon facilitante : les persécutions du « monde » contre les disciples de Jésus sont encore à venir.

II. ANALYSES LITTÉRAIRES

Jn **16** 23-33 est, dans son ensemble, une composition de Jean II-B ; mais Jean III y a inséré les vv. 26-28.29b et interverti l'ordre des vv. 23b-24 et 25.

II-B | III

23a	« En ce jour-là, vous ne m'interrogerez plus sur rien.
23b	En vérité, en vérité, je vous le dis : ce que vous demanderez au Père en mon nom, il vous le donnera.
24	Jusqu'à maintenant, vous n'avez rien demandé en mon nom ; demandez et vous recevrez, afin que votre joie soit pleine.
25	Je vous ai dit ces choses en figures. L'heure vient où je ne

II-B | III

vous parlerai plus en figures, mais je vous annoncerai ouvertement au sujet du Père.

23b (En vérité, en vérité, je vous le dis : ce que vous demanderez au Père en mon nom, il vous le donnera.

24 Jusqu'à maintenant, vous n'avez rien demandé en mon nom ; demandez et vous recevrez, afin que votre joie soit pleine.)

26 | En ce jour-là, en mon nom vous demanderez et je ne prierai pas le Père pour vous ;

27 | car le Père lui-même vous aime parce que vous m'avez aimé, et vous avez cru que je suis sorti de Dieu.

28 | Je suis sorti du Père et venu dans le monde ; de nouveau je laisse le monde et je pars vers le Père. »

29a Ses disciples lui disent :

29b | « Voici que, maintenant, tu parles ouvertement et ne dis aucune figure.

30 («) Maintenant, nous savons que tu sais tout et que tu n'as pas besoin qu'on t'interroge. A cela nous croyons que tu es sorti de Dieu. »

31 Jésus leur répondit : « Maintenant vous croyez ?

32 Voici que l'heure vient et elle est venue où vous serez dispersés chacun chez soi et vous me laisserez seul. Et je ne suis pas seul, parce que le Père est avec moi.

33 Je vous ai dit ces choses afin que vous ayez la paix en moi. Dans le monde, vous avez de la souffrance ; mais ayez confiance : j'ai vaincu le monde. »

A) LE TEXTE DE JEAN II-B

1. Nous avons vu à la note précédente que **16** 16-22 était un développement fait par Jean II-B à partir du texte de Jean II-A qui se lit en **14** 19. Il faut donc attribuer aussi à Jean II-B le v. 23a, qui continue le parallélisme avec le texte de Jean II-A :

Jn **14**	Jn **16**
19 « Encore un peu et le monde ne me verra plus mais vous, vous me verrez ( ).	16 « Un peu et vous ne me verrez plus, et de nouveau un peu et vous me verrez. . . . .
20 En ce jour-là vous connaîtrez... »	23 En ce jour-là vous ne m'interrogerez plus sur rien. »

2. Les vv. 30-32, qui forment un bloc, se situent eux aussi dans la ligne de **16** 16-22 et sont donc de Jean II-B. En **16** 16 ss., Jésus prononce une parole mystérieuse concernant son départ et son retour (v. 16) ; les disciples se demandent ce qu'il veut dire (vv. 17-18) et Jésus, sachant qu'ils veulent l'interroger (v. 19), leur explique sa pensée au moyen d'une parabole (vv. 20-21). Jésus a donc connu le désir des disciples avant même qu'ils ne l'expriment ouvertement. C'est à cette connaissance surnaturelle que les disciples font allusion au v. 30 : « Maintenant, nous savons que tu sais tout et que tu n'as pas besoin qu'on t'interroge. »

3. Le v. 25 est lui aussi à sa place dans le texte de Jean II-B.

La parole de Jésus « Je vous ai dit ces choses en figures », c'est-à-dire en parabole, renvoie à la petite parabole qu'il vient de prononcer en **16** 21. Quant à l'affirmation « je vous annoncerai ouvertement au sujet du Père », elle complète la phrase du v. 23a : « ... vous ne m'interrogerez plus sur rien. »

4. Le v. 33a fait doublet avec **14** 27, de Jean II-A, où il était question de la « paix » donnée par Jésus. Quant au v. 33b, il se situe dans le prolongement du texte de Jean II-B que nous avons reconstitué à la note § 330. En **15** 20bc.21 et **16** 1-2, Jésus avait annoncé aux disciples des persécutions de la part du monde hostile. Il rappelle ici ces souffrances à venir, mais il ajoute une parole de confiance : « J'ai vaincu le monde. »

5. Les vv. 23b-24 contiennent un double logion sur la prière faite au nom de Jésus. Des sept logia sur la prière contenus dans le discours après la Cène, ce double logion a la formulation la plus archaïque et il ne peut donc pas être de Jean III (note § 327, II A). Il est de Jean II-B, qui a voulu obtenir le chiffre de *cinq* formules de prière (**14** 14 et **16** 26 sont de Jean III) ; ce point sera développé dans la troisième partie de cette note. Ce double logion se lisait toutefois après le v. 25 et il a été déplacé par Jean III ; c'est ce que nous allons expliquer un peu plus loin.

6. Voici les caractéristiques stylistiques du texte que nous attribuons à Jean II-B. Nous les donnons en suivant l'ordre de son texte. Au v. 23a : « interroger » (C 52). – Au v. 25 : « Je vous ai dit ces choses » (A 16* et B 85*), « figures » (A 92**), « l'heure vient où » (B 7**), « ne... plus » (F 5), « ouvertement » (B 21), « le Père » (B 73). – Au v. 23b : « en vérité, en vérité » (A 2*), « ce que » (C 44*), « au Père » (B 73), « en mon nom » (A 39** ; cf. F 21**). – Au v. 24 : « jusqu'à maintenant » (C 79 ; cf. F 15), « en mon nom » (A 39** ; cf. F 21**), « que votre joie soit pleine » (A 52** ; cf. spécialement 1 Jn **1** 4). – Au v. 30 : « nous savons que » (E 4* ; cf. F 25), « tu n'as pas besoin que quelqu'un » (A 48** ; cf. spécialement **2** 25 et 1 Jn **2** 27), « interroger » (C 52), « à cela » (C 17), « nous croyons que » (C 43), « tu es sorti » (A 46). – Au v. 31 : « répondit » (B 74), « maintenant » (A 118* ; cf. F 15), « croire » (F 20). – Au v. 32 : « l'heure vient » (B 7 et B 50), « chez soi » (B 92** ; cf. C 29**), « le Père » (B 73). – Au v. 33 : « je vous ai dit ces choses » (A 16* et B 85*), « j'ai vaincu le monde » (A 89** et C 68 ; cf. spécialement 1 Jn **5** 4).

B) LES REMANIEMENTS DE JEAN III

1. Les vv. 26-28 forment un bloc inséré par Jean III ; il a composé lui-même les vv. 26-27 pour introduire le logion du v. 28, repris de traditions johanniques.

a) Les vv. 26-27 sont une rédaction de Jean III. Le thème du v. 26 se concilie mal avec celui de **14** 16, que nous avons attribué à Jean II-B ; ici, Jésus dit qu'il ne priera pas pour ses disciples tandis qu'en **14** 16 il avait affirmé explicitement qu'il priera le Père pour eux. D'autre part, le v. 27 ne va pas avec les vv. 30-31, de Jean II-B. Au v. 27, en effet, Jésus ne met pas en doute la foi des disciples : « Vous avez cru que je suis sorti de Dieu » ; jointe à l'amour pour Jésus, elle est la raison pour laquelle le Père les aime ; mais aux vv. 30-31, Jésus met au contraire en doute la solidité de la foi des disciples, qui porte cependant sur le même objet : Jésus est « sorti de Dieu ». Les vv. 26-27 et 30-31 appartiennent à deux niveaux rédactionnels différents. On notera que, au v. 27, l'amour du Père pour les disciples et des disciples pour Jésus est exprimé au moyen du verbe *philein*, cher à Jean III (C 47), tandis qu'on aurait attendu *agapan* sous la plume de Jean II-B ; même Jean II-A emploie *agapan* dans le parallèle de **14** 21.

Le style des vv. 26-27 est à vrai dire « johannique », mais leurs caractéristiques stylistiques s'expliquent en partie par le contexte. Au v. 26 : « en mon nom » (A 39 ; repris des vv. 23b-24), « prier pour » (B 59 ; cf. **17** 20, de Jean III), « le Père » (B 73 ; cf. v. 23b). – Au v. 27 : « le Père » (B 73), « aimer » (C 47, souvent au niveau de Jean III), « vous/moi » (B 12), « vous avez cru que je suis sorti de Dieu » (C 43, A 46, A 51, B 84 ; mais toute la phrase est reprise du v. 30b).

b) Le v. 28, en revanche, bien qu'inséré ici par Jean III, est de rédaction plus ancienne. On opposera la formule de ce v. 28 « Je suis sorti du Père » (*exèlthon ek tou patros*) à celle du v. 27 (cf. v. 30) « je suis sorti de Dieu » (*para theou exèlthon*). L'ensemble est de style johannique : « sortir » (A 46), « du Père » (B 73), « je suis venu dans le monde » (B 13* ; cf. C 68), « je pars » (B 102), « le Père » (B 73). L'expression « je pars vers le Père » (A 124) est propre à Jean II-A. Le logion serait-il de Jean II-A ? C'est possible, mais il est difficile de voir où il se situait dans le discours après la Cène composé par lui.

c) Au v. 29b, la remarque des disciples sur le fait que Jésus parle maintenant « ouvertement » est conditionnée par la présence des vv. 26-28 ; ce v. 29b est donc de Jean III. Il interprète d'ailleurs le v. 25 dans un sens différent de celui qu'a voulu Jean II-B ; pour ce dernier, c'est seulement après son retour que Jésus parlera ouvertement du Père, et non immédiatement comme le font penser les vv. 28 et 29b.

Ce v. 29b contient deux caractéristiques stylistiques. L'une, « voici », est peu significative (C 77) ; l'autre, « figure » (A 92) est reprise du v. 25. On notera en revanche l'expression « ouvertement » qui comporte ici la préposition (*en parrèsia*, au témoignage du texte Alexandrin), ce qui est contraire au style de Jean II (B 21).

2. Le v. 26 contient le thème de la prière faite au nom de Jésus, comme les vv. 23b-24. Nous croyons que Jean III a déplacé le logion des vv. 23b-24 et l'a remplacé par celui du v. 26 de façon à pouvoir introduire les vv. 27-28. S'il a gardé, en le déplaçant, le double logion qu'il lisait chez Jean II-B, c'est afin d'obtenir sept mentions du thème de la prière (cf. *infra*). Jean III a interprété le verbe *erôtan* du v. 23a au sens de « prier », et non de « interroger », d'où le lien qu'il a établi entre les vv. 23a et 23b ; au v. 23b, en

effet, ce même verbe *erôtan* a le sens de « prier ». L'ordre primitif du texte de Jean II-B : vv. 23a.25.23b-24, est confirmé par le parallèle de 1 Jn **1** 2.4.

Jn **16**	1 Jn **1**
25 « ... mais ouvertement au sujet du Père je vous annoncerai.	2 ... et nous vous annonçons la vie éternelle qui était auprès du Père...
24 ... afin que votre joie soit pleine. »	4 ... afin que notre joie soit pleine. »

Dans les écrits johanniques, le verbe « annoncer » (*apaggellein*) ne se lit qu'en Jn **16** 25 et 1 Jn **1** 2-3 ; quant au thème de la joie, il est exprimé de façon presque identique en Jn **16** 24 et 1 Jn **1** 4, le pronom personnel seul étant changé : *hina hè chara* (*hymôn*) *è peplèrômenè* ; sous cette forme, la proposition ne se lit que dans ces deux textes.

III. LE SENS DES TEXTES

A) LE TEXTE DE JEAN II-B

23a « En ce jour-là, vous ne m'interrogerez plus sur rien ( ).
25 Je vous ai dit ces choses en figures. L'heure vient où je ne vous parlerai plus en figures, mais je vous annoncerai ouvertement au sujet du Père.
23b En vérité, en vérité, je vous le dis : ce que vous demanderez au Père en mon nom, il vous le donnera.
24 Jusqu'à maintenant, vous n'avez rien demandé en mon nom ; demandez et vous recevrez, afin que votre joie soit pleine. »
29a Ses disciples lui disent : ( )
30 « Maintenant, nous savons que tu sais tout et que tu n'as pas besoin qu'on t'interroge. A cela nous croyons que tu es sorti de Dieu. »
31 Jésus leur répondit : « Maintenant, vous croyez ?
32 Voici que l'heure vient, et elle est venue, où vous serez dispersés chacun chez soi et vous me laisserez seul. Et je ne suis pas seul, parce que le Père est avec moi.
33 Je vous ai dit ces choses afin que vous ayez la paix en moi. Dans le monde vous avez de la souffrance ; mais ayez confiance : j'ai vaincu le monde. »

1. LA FOI CHANCELANTE DES DISCIPLES

Pour comprendre ce texte composé par Jean II-B, il faut rappeler les idées majeures de la section précédente (vv. 16-22). Jésus prononce une parole mystérieuse (v. 16) et les disciples se demandent ce qu'il veut dire (vv. 17-18) ; Jésus, devinant qu'ils veulent l'interroger (v. 19), leur explique sa pensée (v. 20) en utilisant une parabole (vv. 21-22). Le texte du § 333 se rattache étroitement à ce contexte antérieur.

a) Le v. 23a se rattache sans difficulté à ce contexte antérieur, à condition de donner au verbe *erôtan* le sens de « interroger » et non de « prier » (les deux sens sont également fréquents).

L'expression « en ce jour-là » se réfère au temps où de nouveau Jésus verra ses disciples (v. 22b ; cf. **14** 20, d'où l'expression est reprise). L'affirmation « vous ne m'interrogerez plus sur rien » fait contraste avec celle du v. 19 : « Jésus connut qu'ils voulaient l'interroger. »

Le v. 25 se situe lui aussi dans la ligne des vv. 16-22 et 23a. La remarque de Jésus « Je vous ai dit ces choses en figures » fait allusion à la parabole qu'il vient de prononcer au v. 21. Puis Jésus annonce la venue d'une « heure » (cf. v. 21a) où il ne parlera plus en figures, mais « ouvertement » ; puisque Jésus parlera « ouvertement », ses disciples n'auront plus besoin de l'interroger sur rien (cf. v. 23a).

b) Les vv. 30-32 forment un tout introduit par le v. 29a. Eux aussi se rattachent étroitement au contexte antérieur des vv. 16-22. Jésus a manifesté sa connaissance surnaturelle en répondant aux disciples avant même que ceux-ci aient besoin d'exposer leur perplexité par une question (v. 19) ; il « connaît » les pensées secrètes des hommes (cf. Jn **2** 24-25). Les disciples voient dans cette connaissance surnaturelle une preuve de l'origine céleste de Jésus (v. 30) ; ils réagissent donc comme jadis la Samaritaine (Jn **4** 16-19). Mais Jésus leur rétorque implicitement que leur foi, fondée sur un « signe », n'est pas solide : ils vont bientôt l'abandonner (vv. 31-32) ! On retrouve les réticences de Jean II-B sur la valeur apologétique des « signes » : ils ne peuvent produire qu'une foi imparfaite (Introd., 5 l).

c) Lors de l'arrestation de Jésus, les disciples vont s'enfuir et abandonner leur Maître, preuve qu'ils n'avaient pas une foi solide en sa mission. Cette prophétie faite par Jésus a même sens que celle qui se lit au début de l'annonce du reniement de Pierre dans la tradition synoptique (Mc **14** 27 ; Mt **26** 31 ; cf. Za **13** 7), et Jean II-B s'inspire probablement de Mc ou de Mt. Mais il précise que, malgré la défection des disciples, Jésus ne restera pas seul : le Père sera avec lui (v. 32b). L'idée profonde est que le Père n'abandonnera pas Jésus au pouvoir de ses ennemis. Même s'ils le mettent à mort, Dieu saura l'arracher à la mort (cf. Sg **2** 16 – **3** 5).

2. LA PRIÈRE EXAUCÉE

Le thème de la prière exaucée, exprimée en **16** 23b-24, fait pendant à celui que Jean II-B a inséré en **14** 13. Nous avons vu à la note § 327 (II A) que le double logion des vv. 23b-24 était un développement du texte qui se lit en Mt **7** 7-8 = Lc **11** 9-10. Jn dépend ici de Lc et le texte de Lc permet de comprendre en quel sens Jn parle de la prière exaucée. Chez Lc **11** 1 ss., nous trouvons la séquence suivante.. Jésus enseigne le *Pater* aux disciples (**11** 2-4), mais avec seulement *cinq* demandes tandis que le parallèle de Mt en a sept. Lc **11** 9-10 contient le double logion sur la prière repris en Jn **16** 23b-24. Enfin les développements lucaniens sur la prière se terminent par cette parole de Jésus : « ... combien plus le Père qui (est) du ciel *donnera* un esprit saint *à ceux qui lui demandent* » (**11** 13) ; c'est un commentaire du v. 9 : « Demandez et il vous sera donné. » Or, au niveau de Jean II-B, le discours après la Cène contenait : *cinq* logia sur la prière (**14** 13 ; **15** 7. 16 ; **16** 23b ; **16** 24 ; ceux de **14** 14

et **16** 26 furent ajoutés par Jean III), *cinq* logia sur l'Esprit-Paraclet (**14** 15-17 ; **14** 25-26 ; **15** 26-27 ; **16** 8-11 ; **16** 12-15), *cinq* fois la formule « en mon nom », dont quatre dans les logia sur la prière (**14** 13 ; **15** 16 ; **16** 23 ; **16** 24) et une dans le deuxième logion sur l'Esprit (**14** 26), ce qui établit un lien entre la prière et le don de l'Esprit, lien déjà établi dans la séquence de **14** 13.15-17. Ce chiffre cinq correspond aux cinq demandes du Pater chez Lc ; le lien entre la prière et le don de l'Esprit est repris de Lc **11** 9-10.13. Chez Jn comme chez Lc, il faut demander à Dieu de nous envoyer son Esprit, et nous sommes sûrs de le recevoir. C'est ce don de l'Esprit qui produira en nous une joie parfaite (v. 24c ; cf. Ac **13** 52 ; Rm **14** 17 ; Ga **5** 22 ; 1 Th **1** 6).

3. VICTOIRE SUR LE MONDE

Jésus a annoncé à ses disciples qu'ils seront en butte à la haine du monde (**15** 18.20bc.21 ; **16** 2). Il termine son dernier entretien avec eux en revenant sur ce thème : « Dans le monde, vous avez de la souffrance » (**16** 33b). Cette souffrance commencera dans un avenir tout proche, lorsque Jésus sera arrêté et mis à mort (**16** 20-22) et que les disciples, par peur, auront la honte de fuir et d'abandonner leur Maître (**16** 32). Mais Jésus les avertit maintenant de tout ce qui va arriver afin qu'ils sachent que tout était prévu par Dieu et par lui-même ; ainsi, ils retrouveront la paix (v. 33a) puisqu'ils auront la certitude que, malgré tout, c'est Dieu qui reste le maître des événements. Quoi qu'il puisse arriver, les disciples doivent avoir confiance : c'est par sa mort que Jésus a vaincu le monde (v. 33b), puisque son exaltation sur la croix, puis à la droite de Dieu, marque la chute du Prince de ce monde et la fin de sa puissance (**12** 31-32 ; **16** 11). C'est le règne du Christ qui commence.

B) LES REMANIEMENTS DE JEAN III

1. LA PRIÈRE

Jean III ajouta le logion sur la prière qui se lit aux vv. 26-27. Puisqu'il avait déjà ajouté celui de **14** 14, il obtient ainsi *sept* logia sur la prière, avec sept fois la formule « en mon nom ». Nous avons vu plus haut que, au niveau de Jean II-B, le thème de la prière en vue d'obtenir le don de l'Esprit était dominé par le chiffre *cinq*, en référence aux cinq demandes du Pater de Lc **11** 2-4 ; Jean III a voulu élargir ce chiffre jusqu'à sept, pour tenir compte des sept demandes du Pater selon la version matthéenne (Mt **6** 9-13). On notera que Jean II-B connaît lui aussi la version matthéenne du *Pater* (cf. **17** 15), mais il l'utilise dans ce dernier texte parce qu'il est aussi sous l'influence des textes liturgiques de la Didachè (note § 334, III A AA).

2. LE CHRIST-PAROLE

L'addition du dernier logion sur la prière eut aussi pour but de permettre l'insertion de la parole de Jésus rapportée au v. 28. C'est cette dernière insertion qui a motivé le transfert à sa place actuelle du thème de la prière (vv. 23b-24), qui au niveau de Jean II-B se lisait *après* le v. 25. Jean III a voulu placer les vv. 26-28 juste avant le v. 30, qui développe le même thème que le v. 28. Jésus dit : « Je suis sorti du Père et venu dans le monde ; de nouveau je laisse le monde et je pars vers le Père. » Il s'applique le texte de Is **55** 10-11 :

« De même que la pluie et la neige descendent des cieux et n'y retournent pas sans avoir arrosé la terre, sans l'avoir fécondée... ainsi en est-il de la parole qui sort de ma bouche, elle ne revient pas vers moi sans effet, sans avoir accompli ce que j'ai voulu et réalisé ce pour quoi je l'ai envoyée. » Jésus est la Parole de Dieu qui fait retour au Père après avoir rempli sa mission (cf. note § 1).

Note § **334**. *LA PRIÈRE SACERDOTALE ET ROYALE* (Jn **17** 1-26)

I. CRITIQUE TEXTUELLE

1. Au v. 11, avec la quasi-totalité des commentateurs, nous adopterons la leçon «... garde-les en ton Nom que (*hô*) tu m'as donné », soutenue par le texte Alexandrin (y compris P[60] et P[66]) ; nous verrons en commentant ce texte qu'elle s'accorde avec la christologie de Jean II-B et avec les difficultés auxquelles il se trouvait confronté. Quelques témoins (D U 157) ont changé *hô* en *ho* afin d'éviter l'attraction du relatif au cas de son antécédent (datif) ; mais le sens du texte n'en est pas changé. Quant à la leçon « ceux que (*hous*) tu m'as donnés », attestée seulement par 69 Vulgate (suivie par *qf*) Geo Épiphane, elle provient d'une harmonisation du v. 11 avec les vv. 2, 6, 9, 24. Ajoutons que VetLat et SyrSin omettent toute la finale du v. 11 : « que tu m'as donné afin qu'ils soient un comme nous » ; c'est une simplification du texte johannique qu'il est difficile de prendre en considération.

2. Le cas du v. 12 est plus difficile. Trois leçons sont en présence ; celle du texte Alexandrin : «... en ton Nom que (*hô*) tu m'as donné, *et* je (les) ai gardés... » ; celle du texte Antiochien et de la Koinè, soutenus par D VetLat Geo Tatien Chrysostome : «... en ton Nom ; ceux que (*hous*) tu m'as donnés ( ) je (les) ai gardés... » ; celle enfin de P[66] S SyrSin *r* : «... en ton Nom ( ) *et* je (les) ai gardés... » La plupart des éditions critiques retiennent la leçon du texte Alexandrin. Nous préférons toutefois la leçon courte de P[66] et S ; les deux autres leçons s'expliquent par harmonisation avec le v. 11, d'où l'addition des mots « que (*hô*) tu m'as donné » ou « ceux que (*hous*) tu m'as donnés. » Si la leçon du texte Alexandrin était primitive, il serait beaucoup plus difficile d'expliquer la naissance du texte court.

3. Au v. 23, il faut lire « et que je les ai aimés » (*kai ègapèsa autous*), avec D, une partie du groupe Ferrar, *a b r* Geo Tatien et Chrysostome. La plupart des éditions critiques adoptent la leçon des autres témoins : « et que tu les as aimés » (*kai ègapèsas autous*), mais la forme *ègapèsas* s'explique par attraction des formes verbales qui l'entourent : *apesteilas... ègapèsas* ; il était si tentant d'harmoniser les trois verbes ! Le texte que nous adoptons : «... je les ai aimés comme tu m'as aimé », a son équivalent en Jn **15** 9 : « Comme le Père m'a aimé, moi aussi je vous ai aimés... »

II. ANALYSES LITTÉRAIRES

Nous pensons que **17** 1-26 est une composition de Jean II-B dans laquelle Jean III a inséré un certain nombre de gloses.

II-B	III
1	Jésus dit cela et, ayant levé ses yeux au ciel, il dit : « Père, l'heure est venue ; glorifie ton Fils afin que le Fils te glorifie,
2	selon que tu lui as donné pouvoir sur toute chair afin que, tout ce que tu lui as donné, il leur donne la vie éternelle.
3	| Or telle est la vie éternelle : qu'ils te connaissent, toi, | le seul véritable Dieu, et celui que tu as envoyé, Jésus ·Christ.
4	Je t'ai glorifié sur la terre, ayant parfait l'œuvre que tu m'avais donné à faire.
5	Et maintenant, glorifie-moi, toi, Père, auprès de toi, de la gloire que j'avais auprès de toi avant que le monde fût.
6	J'ai manifesté ton Nom aux hommes, que tu m'as donnés du monde ; ils étaient à toi et tu me les as donnés, et ils ont gardé ta parole.
7	Maintenant, ils ont connu que tout ce que tu m'as donné vient de toi,
8	parce que les paroles que tu m'as données je les leur ai données et ils les ont reçues et ils ont connu vraiment | que je suis sorti de toi et ils ont cru que tu m'as envoyé.
9	Je prie pour eux, je ne prie pas pour le monde, mais pour ceux que tu m'as donnés, car ils sont à toi ;
10	et tout ce qui est mien est tien et ce qui est tien est mien, et je suis glorifié en eux.
11	Et je ne suis plus dans le monde et eux sont dans le monde et je viens à toi. Père saint, garde-les en ton Nom que tu m'as donné, afin qu'ils soient un comme nous.
12	Lorsque j'étais avec eux, je les gardais en ton Nom. | et je (les) ai gardés et aucun d'eux ne s'est perdu, sauf | le fils de perdition, afin que l'Écriture fût accomplie.
13	Mais maintenant, je viens à toi, et je dis cela dans le monde afin qu'ils aient ma joie pleine en eux.
14	Je leur ai donné ta parole, et le monde les a haïs parce qu'ils ne sont pas du monde comme je ne suis pas du monde.
15	Je ne prie pas afin que tu les enlèves du monde mais afin que tu les gardes du Mauvais.
16	Ils ne sont pas du monde comme je ne suis pas du monde.
17	Sanctifie-les dans la vérité : ta parole est la vérité.
18	Comme tu m'as envoyé dans le monde, moi aussi je les ai envoyés dans le monde,
19	| et je me sanctifie pour eux afin qu'ils soient, eux aussi, | sanctifiés en vérité.

II-B | III

20 | Je ne prie pas seulement pour eux, mais aussi pour tous ceux qui *croient en moi* grâce à leur parole,

21 | afin que *tous soient un* ; *comme toi, Père, tu es en moi et moi en toi,* qu'eux aussi *soient en nous* afin que *le monde croie que tu m'as envoyé.*

22 Et moi, la gloire que tu m'as donnée, je la leur ai donnée, afin qu'ils *soient un comme nous sommes un* ;

23 *moi en eux et toi en moi,* qu'ils soient parfaits dans l'un afin que *le monde connaisse que tu m'as envoyé* et que je les ai aimés comme tu m'as aimé.

24 Père, ce que tu m'as donné, je veux que, où je suis, ils soient eux aussi avec moi, afin qu'ils voient ma gloire que tu m'as donnée parce que tu m'as aimé avant la fondation du monde.

25 Père juste, le monde ne t'a pas connu, mais moi je t'ai connu et ceux-ci ont connu que tu m'as envoyé.

26 Et je leur ai fait connaître ton Nom, et je leur ferai connaître, afin que l'amour dont tu m'as aimé soit en eux, et moi en eux. »

A) LES ADDITIONS DE JEAN III

1. Le v. 3 est considéré comme une glose par beaucoup de commentateurs modernes (Bultmann, Becker, Brown, Schnackenburg ; cf. déjà Lagrange, mais il pensait que la prière du chapitre **17** avait été prononcée par Jésus lui-même). On fait remarquer, à juste titre, que cette formule de définition vient mal dans une prière adressée par Jésus à son Père. Par ailleurs, c'est la seule fois où la formule « le seul véritable Dieu », typique de la prédication judéo-hellénistique, se rencontre chez Jn. L'auteur de cette glose se serait inspiré de 1 Jn **5** 20, et nous verrons pourquoi en commentant ce texte.

L'analyse stylistique de ce v. 3 confirme l'hypothèse d'une addition tardive. La formule de définition « telle est... que », il est vrai, répond au style de Jean II (A 6 et B 60). Les expressions « connaître (Dieu) » et « véritable » sont également johanniques (C 66 et E 1), mais sont reprises de 1 Jn **5** 20. La formule « que tu as envoyé » est johannique (B 34), mais c'est ici le seul cas où elle est précisée par une apposition (opposer : **5** 38 ; **6** 29 ; **10** 36). L'expression « vie éternelle », inspirée de 1 Jn **5** 20, est apparemment très johannique (C 59 ; cf. F 6), mais elle offre ici deux caractéristiques contraires au style de Jean II : l'adjectif « éternelle » est placé avant le substantif « vie » ; elle est précédée de l'article défini, habituellement absent chez Jn. Le style « johannique » de ce v. 3 est donc en fait du style « imitatif ». Il ne peut être que de Jean III. Cette attribution à Jean III sera confirmée par le commentaire du verset.

2. Au v. 8, le texte primitif devait avoir : « et ils ont connu vraiment ( ) que tu m'as envoyé », phrase qui se retrouve, sans l'adverbe, en **17** 25. Un détail stylistique confirme l'attribution à Jean III des mots « que je suis sorti de toi et ils ont cru » ; le verbe « sortir », au sens christologique, est certes johannique (A 46), mais Jean II le construit avec la préposition *apo* tandis qu'ici on a *para*, comme en **16** 27, un texte que nous avons attribué à Jean III.

3. Nous tenons pour une glose de Jean III le v. 12b :

« et je (les) ai gardés et aucun d'eux ne s'est perdu sauf le fils de perdition, afin que l'Écriture fût accomplie » (cf. R.E. Brown). Cette phrase alourdit le texte constitué par la séquence « Lorsque j'étais avec eux... Mais maintenant je viens à toi » (vv. 12a et 13a ; cf. **16** 4b-5). Elle détruit aussi le parallélisme qui existait entre les phrases des vv. 11 et 12 : « Père saint, garde-les en ton Nom que tu m'as donné... » « Lorsque j'étais avec eux, je les gardais en ton Nom ( ). » Cette glose s'inspire de **18** 9, texte qui reprend lui-même **6** 39 ; on notera toutefois qu'en **6** 39 et **18** 9, textes de Jean II, le verbe « perdre » est transitif et à la première personne du singulier, tandis qu'en **17** 12b il est intransitif et à la troisième personne ; ce changement pourrait être l'indice de niveaux rédactionnels différents. Ce v. 12b contient il est vrai deux caractéristiques johanniques absolues. Mais la première, « aucun d'eux » (A 90), est reprise de **18** 9. Quant à la seconde, « afin que l'Écriture fût accomplie » (A 82), elle est probablement reprise de **13** 18 (voir le commentaire, *infra*) ; c'est le seul cas où une telle formule n'est pas suivie de la citation d'un texte scripturaire précis, et ce fait pourrait être aussi l'indice d'un niveau rédactionnel différent.

4. La plupart des commentateurs modernes reconnaissent que les vv. 20-21, qui forment en partie doublet avec les vv. 22-23, constituent une glose tardive.

Jn **17**	Jn **17**
20 « Je ne prie pas seulement pour eux, mais aussi pour tous ceux qui croient en moi grâce à leur parole,	
	22 « Et moi, la gloire que tu m'as donnée, je la leur ai donnée,
21 afin que tous soient un ; comme	afin qu'ils soient un comme nous (sommes) un ;
	23 moi en eux
toi, Père, tu (es) en moi, et moi en toi, qu'eux aussi soient en nous	et toi en moi,
	qu'ils soient parfaits dans l'un
afin que le monde croie que tu m'as envoyé. »	afin que le monde connaisse que tu m'as envoyé... »

Nous verrons dans le commentaire des textes les raisons pour lesquelles nous croyons pouvoir attribuer les vv. 20-21 à Jean III, tandis que les vv. 22-23 seraient de Jean II-B. Occupons-nous pour l'instant des caractéristiques stylistiques de ces vv. 20-21.

Au v. 20, la structure grammaticale « pas seulement pour... mais aussi pour » (*ou peri... de... monon alla kai peri*) a son équivalent exact en 1 Jn **2** 2 (A 93), mais dans une glose de l'ultime rédacteur de l'épître (cf. Introd., 8 q). La formule « prier pour » (B 59) est reprise de **17** 9. L'expression « ceux qui croient en moi » (E 10 et B 51) contient deux caractéristiques qui appartiennent à la tradition johannique commune. La formule « croire grâce à » (B 100) est ici construite avec le génitif, tandis que Jean II-B aurait utilisé l'accusatif (cf. **4** 39.41.42).

Au v. 21, quatre caractéristiques sont reprises des vv. 22b-23 : « être un » (C 72), thème de l'immanence réciproque (A 11), « le monde » (C 68), « tu m'as envoyé » (B 34). La formule « comme... que (eux) aussi » (A 142) ne se lit ailleurs chez Jn qu'en 13 34, un texte que nous avons attribué à Jean II-B. Enfin l'expression « croire que » (C 43) appartient à la tradition johannique commune.

5. Le v. 19, comme les vv. 20-21, peut être attribué à Jean III. Il reprend le thème du v. 17, mais en donnant au mot « vérité », essentiel dans la perspective du v. 17, un sens très édulcoré ; l'expression « en vérité » devient à peu près équivalente de « vraiment » ; il est donc difficile d'attribuer au même auteur les vv. 17 et 19. Du point de vue stylistique, ce v. 19 offre peu de caractéristiques. Le pronom réfléchi « me » (F 2) et la préposition « pour » (F 26) appartiennent à la tradition johannique commune ; le mot « vérité » (E 3) est repris du v. 17. On notera la structure grammaticale « afin qu'ils soient eux aussi » (*hina ôsin kai autoi*), que l'on retrouve presque identique au v. 21 (de Jean III) : « afin que eux aussi soient en nous » (*hina kai autoi en hèmin ôsin*).

B) LE TEXTE DE JEAN II-B

Une fois éliminées les gloses de Jean III, il reste un texte que nous croyons pouvoir attribuer à Jean II-B. Nous verrons un peu plus loin qu'il offre une structure en chiasme qui assure son unité. Dans l'ensemble, le style convient à Jean II-B, et il est impossible de déceler des matériaux plus primitifs que cet auteur aurait repris. En voici les caractéristiques stylistiques.

Au v. 1 : « dit cela » (B 85*), « l'heure est venue » (B 7 et B 50), « glorifie » (B 9**), « le Fils » (B 77**). – Au v. 2 : « chair » (F 7*), « tout ce que tu lui as donné » (A 14* et A 100*), « leur » supportant un *casus pendens* (B 35*), « donner la vie » (B 39*), « vie éternelle » (C 59* ; cf. F 6). – Au v. 4 : « ayant parfait l'œuvre » (A 159* ; cf. F 19*), « l'œuvre... à faire » (B 101), « donner à » (F 17). – Au v. 5 : « glorifier » (B 9**), « le monde » (C 68).

Au v. 6 : « j'ai manifesté » (E 2), « que tu m'as donnés » (A 14*), « du monde » (C 68), « tu me les as donnés » (A 14*), « ils ont gardé ta parole » (A 23). – Au v. 7 : « maintenant » (C 16), « ils ont connu » (B 75*), « de toi » (B 55). – Au v. 8 : « vraiment » (C 69), « tu m'as envoyé » (B 34).

Au v. 9 : « je prie pour » (B 59), « ne... pas pour... mais pour » (A 93), « le monde » (C 68), « ceux que tu m'as donnés » (A 14*). – Au v. 10 : « mien » (C 45**), « je suis glorifié » (B 9*). – Au v. 11 : « ne ... plus » (F 5), « être dans le monde » (B 36 ; cf. C 68), « garder » (F 30), « en ton Nom » (F 21**), « qu'ils soient un » (C 72**). – Au v. 12 : « j'étais avec eux » (C 51), « garder » (F 30), « en ton Nom » (F 21**).

Au v. 13 : « mais maintenant » (E 12*), « je dis cela » (B 85*), « le monde » (C 68), « qu'ils aient... en eux » (C 27), « ma joie pleine » (A 1* et A 52**). – Au v. 14 : « le monde... a haï » (A 38** ; cf. C 67* et C 68), « ils ne sont pas du monde » (A 12 ; cf. C 18 et C 68, noter qu'au niveau de Jean II-A on aurait eu la formule « être de *ce* monde »). – Au v. 15 : « du monde » (C 68), « garder » (F 30). – Au v. 16 : « ne pas être du monde » (A 12 ; cf. C 18 et C 68). – Au v. 17 : « ta parole » (A 1*), « la vérité » (E 3*). – Au v. 18 : « comme... moi aussi » (A 35**), « envoyer dans le monde » (A 54** ; cf. C 68), « tu m'as envoyé » (B 34).

Au v. 22 : « donner... afin que » (F 17), « qu'ils soient un » (C 72**). – Au v. 23 : « qu'ils soient parfaits » (F 19*) ; « dans l'un » (A 107**), « le monde » (C 68), « tu m'as envoyé » (B 34), « je les ai aimés » (C 8*), « tu m'as aimé » (B 26**). – Au v. 24 : « ce que tu m'as donné » (A 14* et A 100*), « où je suis » (A 65** ; cf. F 33), « eux » (C 37), « ils voient ma gloire » (A 1* et B 88**), « tu m'as aimé » (B 26**), « du monde » (C 68). – Au v. 25 : « le monde ne t'a pas connu » (B 42** ; cf. C 68), « tu m'as envoyé » (B 34). – Au v. 26 : « tu m'as aimé » (B 26**), « l'amour » (E 11**).

Il faut encore noter les particularités stylistiques suivantes. Au v. 7, la formule « tout ce que » (*panta hosa*) ne se lit ailleurs chez Jn qu'au niveau de Jean II-B (**4** 45 ; **10** 41 ; **16** 15). – Au v. 8, l'expression « ils ont connu vraiment » ne se lit ailleurs dans le NT qu'en Jn **7** 26 (avec inversion des mots), un texte de Jean II-B. – Au v. 10, la phrase « tout ce qui est mien est tien » se lit aussi, moyennant une inversion, en Lc **15** 31 ; cette parenté avec le style de Lc convient bien à un texte de Jean II-B (cf. Introd., 8 c). – Au v. 11, le thème de « garder les disciples », qui se retrouvera aux vv. 12 et 15, ne se lit ailleurs dans le NT qu'en 1 Jn **5** 18, Jude 1 et Ap **3** 10. – Au v. 13, la phrase « et je dis *cela* dans le monde *afin que* ils aient ma *joie pleine* en eux » ressemble beaucoup à celle de 1 Jn **1** 4 : « *et* nous écrivons *cela afin que* notre *joie* soit *pleine*. » – Au v. 15, le titre « le Mauvais » ne se lit ailleurs dans les écrits johanniques qu'en 1 Jn **2** 13-14 ; **3** 12 ; **5** 18-19. – Au v. 22, on rapprochera la phrase « la gloire que tu m'as donnée je la leur ai donnée » de celle du v. 8 : « les paroles que tu m'as données je les leur ai données. » – Au v. 23, la formule « afin que le monde connaisse que » a son équivalent en Jn **14** 31, un texte de Jean II-B. La phrase « je les ai aimés comme tu m'as aimé » a son équivalent thématique en Jn **15** 9 : « comme m'a aimé le Père, moi aussi je vous ai aimés », un texte de Jean II-B. – Au v. 24, la phrase « ... que, où je suis, ils soient eux aussi avec moi » exprime le même thème, en termes voisins, qu'en **12** 26 ; **14** 3 ; cf. **7** 34, trois textes de Jean II-B.

Cet ensemble de caractéristiques stylistiques confirme que nous sommes devant une composition que l'on doit attribuer à Jean II-B.

III. LE SENS DE LA PRIÈRE

A) LE TEXTE DE JEAN II-B

1 Jésus dit cela et, ayant levé les yeux au ciel, il dit :

A « Père, l'heure est venue ; glorifie ton Fils

B   afin que le Fils te glorifie,

2 C   selon que tu lui as donné pouvoir sur toute chair
        afin que, tout ce que tu lui as donné, il leur donne la vie éternelle.

4 B'   Je t'ai glorifié sur la terre, ayant parfait l'œuvre que tu m'avais donné à faire.

5 A' Et maintenant, glorifie-moi, toi, Père, auprès de toi, de la gloire que j'avais auprès de toi
avant que le monde fût.

6 | a   *J'ai manifesté ton Nom aux hommes*
que tu m'as donnés du monde ;
ils étaient à toi et tu me les as donnés, et ils ont gardé ta parole.

7 A | b   Maintenant, ils ont connu que tout ce que tu m'as donné vient de toi,
8   parce que les paroles que tu m'as données, je les leur ai données, et ils les ont reçues
        et ils ont connu vraiment ( ) que tu m'as envoyé.

9 | a' Je prie pour eux, je ne prie pas pour le monde,
mais pour ceux que tu m'as donnés,
10   car ils sont à toi ; et tout ce qui est mien est tien et ce qui est tien est mien,
et je suis glorifié en eux.

11 | a Et je ne suis plus dans le monde et eux sont dans le monde
et je viens à toi.
      b   Père saint, garde-les en ton Nom que tu m'as donné,
  B   c   *afin qu'ils soient un comme nous.*
12   b'   Lorsque j'étais avec eux, je les gardais en ton Nom ( ).
13   a' Mais maintenant, je viens à toi,
et je dis cela dans le monde afin qu'ils aient ma joie pleine en eux.

14 | a Je leur ai donné ta parole
          b   et le monde les a haïs
parce qu'ils ne sont pas du monde comme je ne suis pas du monde.
15 C   c   Je ne prie pas afin que tu les enlèves du monde
           mais afin que tu les gardes du Mauvais.
16   b'   Ils ne sont pas du monde comme je ne suis pas du monde.
17   a' Sanctifie-les dans la vérité ; ta parole est la vérité.

18 | a Comme tu m'as envoyé dans le monde, moi aussi je les ai envoyés dans le monde ;
22   et moi, la gloire que tu m'as donnée, je la leur ai donnée,
      b   *afin qu'ils soient un comme nous sommes un ;*
23 B'   c   *moi en eux et toi en moi,*
      b'   *qu'ils soient parfaits dans l'un*
      a' afin que le monde connaisse que tu m'as envoyé
et que je les ai aimés comme tu m'as aimé.

24 | a   Père, ce que tu m'as donné, je veux que, où je suis, ils soient eux aussi avec moi,
afin qu'ils voient ma gloire que tu m'as donnée
parce que tu m'as aimé avant la fondation du monde.

25 A' | b   Père juste, le monde ne t'a pas connu, mais moi je t'ai connu
    et ceux-ci ont connu que tu m'as envoyé.

26 | a' *Et je leur ai fait connaître ton Nom* et je leur ferai connaître,
afin que l'amour dont tu m'as aimé soit en eux, et moi en eux. »

AA) *STRUCTURE DE LA PRIÈRE*

Étant donné le soin avec lequel Jean II-B construit les sections les plus importantes de son évangile, on devait s'attendre à ce qu'il prît un soin particulier pour rédiger l'ultime prière de Jésus à son Père. Effectivement, il s'est ici surpassé !

1. Les vv. 1-2.4-5 constituent comme le porche d'entrée du monument construit par Jn, en forme de chiasme de structure A B C B' A'. Jésus y prie pour lui-même ; il demande au Père sa glorification eschatologique (A et A'), liée à la propre glorification du Père (B et B') grâce au pouvoir qu'il a reçu sur les hommes (C).

2. Le reste du texte forme un vaste chiasme de type A B C B' A', dont chaque section est elle-même construite en forme de chiasme, de type a b a' pour les sections A et A', de type a b c b' a' pour les sections B C et B'. Jésus prie ici pour ses disciples qu'il oppose au « monde » entendu au sens péjoratif.

a) Le lien entre les sections A et A' est établi par la séquence « J'ai manifesté ton Nom aux hommes » (v. 6), « ils ont connu vraiment que tu m'as envoyé » (v. 8), que l'on retrouve en sens inverse (c'est le principe du chiasme) aux vv. 25-26 : « et ceux-ci ont connu que tu m'as envoyé » « Et je leur ai fait connaître ton Nom. » Moins typique est le thème de la « gloire » du Christ, qui se lit à la fin du v. 10 et au v. 24. – Le thème de l'unité forme le lien entre les sections B et B' : « ... afin qu'ils soient un comme nous » (v. 11), « ... afin qu'ils soient un comme nous sommes un... qu'ils soient parfaits dans l'un » (vv. 22-23). – La section centrale est structurée autour du v. 15 : « Je ne prie pas afin que tu les enlèves du monde, mais afin que tu les gardes du Mauvais. »

L'ensemble a une résonance liturgique indéniable, en référence, d'une part au *Pater*, que l'on récitait solennellement durant la célébration eucharistique, d'autre part aux prières eucharistiques attestées par le plus ancien document liturgique qui nous soit parvenu : les chapitres 9 et 10 de la Didachè. La première demande du *Pater* : « Que soit sanctifié ton Nom » (Mt **6** 9) se retrouve au début et à la fin des sections A et A' : « J'ai manifesté ton Nom aux hommes » (v. 6), « Et je leur ai fait connaître ton Nom » (v. 26). La septième et dernière demande du *Pater* : « Mais délivre-nous du Mauvais » (Mt **6** 13) a son équivalent au centre de la section C : « ... mais afin que tu les gardes du Mauvais » (v. 15). Rappelons que la quatrième demande du *Pater* : « Notre pain quotidien, donne-le nous aujourd'hui » (Mt **6** 11), avait été introduite par Jean II-B dans un texte de Jean II-A sous la forme : « Seigneur, donne-nous toujours ce pain » (**6** 34) ; le contexte (**6** 37 ss.) offre beaucoup d'analogies avec **17** 2.9.24.

Quant aux sections B et B', elles sont centrées sur le thème de l'unité, qui est celui de Didachè **9** 4 : « Comme ce fragment avait été dispersé sur les montagnes et, rassemblé, *est devenu un*, de même que soit rassemblée ton Église des extrémités de la terre dans ton royaume. » Les contacts avec les prières eucha-

ristiques de la Didachè ne se limitent pas là. On lit en Did. **10** 5 : « Souviens-toi, Seigneur, de ton Église, pour la délivrer de tout mal et la parfaire dans ton amour, et rassemble-la des quatre vents, celle qui fut sanctifiée, dans ton royaume que tu as préparé pour elle. » Le thème de la délivrance de tout mal correspond à Jn **17** 15 ; le souhait « et la parfaire dans ton amour » a son équivalent en Jn **17** 23 : « ... qu'ils soient *parfaits* dans l'un afin que le monde connaisse... *que je les ai aimés comme tu m'as aimé* » ; l'Église est celle « que tu as sanctifiée », comme en Jn **17** 17 : « Sanctifie-les dans la vérité. » On notera enfin l'importance du Nom dans ces prières de la Didachè, comme en Jn **17** 6.26 : « Nous te remercions, Père saint (cf. Jn **17** 11b), pour ton saint Nom... » (**10** 2), « Toi, Maître tout-puissant, tu as créé toutes choses pour ton Nom... » (**10** 3), « Que personne ne mange et ne boive de votre eucharistie, que ceux qui ont été baptisés dans le Nom du Seigneur... » (**9** 5). Sur les contacts de Jean II-B avec la Didachè, voir Introd., 6 u.

b) Voyons maintenant comment chaque section de ce chiasme est elle-même construite en forme de chiasme.

C'est évident pour la section centrale (C : vv. 14-17). Le centre est formé, on l'a vu, par la septième demande du *Pater* (v. 15). Il est flanqué de deux phrases identiques : « (parce que) ils ne sont pas du monde comme je ne suis pas du monde » (b et b'). Aux ailes (a et a'), on a le thème du don de la parole (v. 14a), identique à la vérité et principe de sanctification (v. 17).

La structure en chiasme de la section B (vv. 11-13) est également facile à reconnaître. Le centre en est formé par le thème de l'unité (v. 11c). Il est flanqué de deux phrases en partie identiques : « Père saint, garde-les en ton Nom que tu m'as donné » « Lorsque j'étais avec eux, je les gardais en ton Nom » (b et b'). Aux ailes (a et a'), on retrouve la même affirmation « je viens à toi », liée à l'idée que les disciples restent « dans le monde ».

La section B' a elle aussi pour thème majeur celui de l'unité, exprimé en deux phrases parallèles (b et b') qui flanquent une phrase par laquelle Jn exprime le fondement même de cette unité : « moi en eux et toi en moi » (c, v. 23a). Aux ailes (a et a'), on trouve le thème commun de la mission de Jésus par son Père (vv. 18 et 23c), suivi de deux thèmes analogues : la gloire et l'amour passent du Père en Jésus, puis de Jésus dans les disciples (vv. 22a et 23d).

Les sections A et A' sont constituées par un chiasme de type plus simple (a b a'), mais dont chaque élément est plus ample que dans les sections B C B'. Dans la section A, les vv. 9-10 (a') reprennent le thème du v. 6 (a) : « que tu m'as donnés du monde ; ils étaient à toi et tu me les as donnés » « mais pour ceux que tu m'as donnés, car ils sont à toi. » Au v. 6, on voit comment les deux structures se complètent ; le v. 6a, qui sera repris au v. 26a, forme l'ossature du grand chiasme général tandis que le v. 6bc, repris aux vv. 9-10, contribue à former le petit chiasme de la section A.

Dans la section A', le thème de l'amour du Père pour Jésus constitue le lien entre a et a'. La composition du v. 26 est analogue à celle du v. 6 (cf. *supra*).

AB) *LE SENS DE LA PRIÈRE*

En commençant sa prière, Jésus lève les yeux vers le ciel, où Dieu est censé résider (Jn **11** 41 ; Lc **18** 13 ; cf. Ac **7** 55 ; **1** R **8** 22).

1. Jésus prie pour lui

Dans la première section de la prière (vv. 1-2.4-5), Jésus prie pour lui seul, et ses disciples ne sont mentionnés qu'en référence à lui.

a) Jésus ne demande qu'une chose au Père : « glorifie ton Fils » (v. 1b), « glorifie-moi » (v. 5). Cette glorification est étroitement liée à l'exaltation de Jésus à la droite du Père (cf. Ps **110** 1 ; Ac **7** 55), puisqu'il précise : « glorifie-moi... auprès de toi » (v. 5). Une telle demande est en parfaite conformité avec la volonté du Père puisque, précise Jésus : « l'heure est venue » (v. 1), cette « heure » fixée par Dieu de toute éternité et que la volonté des hommes ne peut ni avancer ni reculer (Jn **7** 30 ; **8** 20). – En demandant au Père de le glorifier, Jésus n'affiche pas de prétention exorbitante ; il a comme un droit à cette glorification puisqu'il va simplement recouvrer la gloire qui était sienne de toute éternité : « ... glorifie-moi... de la gloire que j'avais auprès de toi avant que le monde fût » (v. 5). Jésus existait, auprès du Père dans la gloire, avant la création du monde ; il est en effet la Sagesse de Dieu qui présida à la création de l'univers (Pr **8** 22-31 ; Sg **9** 9 ; Si **24** 9), la Parole de Dieu par laquelle tout vint à l'existence (Jn **1** 3.14 ; cf. Is **55** 10-11). Il existait avant le Baptiste (Jn **1** 30), avant Abraham (**8** 58), et c'est lui qui se manifestait jadis lorsqu'apparaissait la gloire de Dieu dans l'histoire d'Israël (Jn **12** 40-41 ; cf. Is **6** 1-10). La Parole de Dieu a comme voilé sa gloire en se faisant « chair » (Jn **1** 14) ; cette gloire ne se manifestait plus que par intermittence, spécialement lorsque Jésus accomplissait les miracles (Jn **2** 11 ; **11** 4.40), ou lors de la Transfiguration (Lc **9** 29-32 ; cf. Jn **1** 14). Mais l'heure est venue où Jésus, exalté à la droite du Père, va retrouver tout l'éclat de la gloire qui lui appartient de toute éternité. On retrouve dans cette première partie de la prière de Jésus le grand mouvement de l'hymne reprise par Paul en Ph **2** 6-11 : « Lui, de condition divine, ne retint pas jalousement le rang qui l'égalait à Dieu. Mais il s'anéantit lui-même, prenant condition d'esclave et devenant semblable aux hommes... Aussi Dieu l'a-t-il exalté et lui a donné le Nom qui est au-dessus de tout nom... » – On notera la différence de tonalité entre Jn **17** 1.5 et Jn **12** 23.27-28a. Ici, l'heure est venue pour *le Fils de l'homme* d'être glorifié ; Jésus-homme est effrayé et demande au Père que cette heure lui soit épargnée, car il faut mourir avant d'être glorifié, et quel homme n'aurait peur de la mort ? Là, Jésus-Sagesse demande au Père : « l'heure est venue, glorifie *ton Fils* » ; pour le Fils de Dieu, la perspective de la mort s'estompe et il ne reste plus que le triomphe de la gloire retrouvée dans tout son éclat.

b) La glorification du Père est étroitement liée à la glorification du Fils (vv. 1c et 4), mais selon deux modalités différentes.

ba) Jésus dit d'abord : « Père... glorifie ton Fils afin que le Fils te glorifie » (v. 1). La gloire du Père sera manifestée par la gloire du Fils exalté à sa droite, car la gloire de Jésus-Sagesse n'est qu'une participation à la gloire même du Père (Jn **12** 40-41 ; cf. Is **6** 1-10) ; la Sagesse est « un effluve de la puissance de Dieu, une émanation toute pure de la gloire du Tout-Puissant » (Sg **7** 25).

bb) Mais Jésus a déjà glorifié le Père, durant sa vie terrestre, en achevant l'œuvre qu'il lui avait donné à faire (v. 4). Quelle était cette œuvre ? Non seulement les miracles (cf. **11** 40), mais encore tout ce pour quoi Jésus fut envoyé parmi les hommes : la manifestation de la volonté de Dieu, la révélation de la Vérité. En accueillant cette Vérité, les hommes deviennent disciples de Jésus (**8** 31-32) et, par leur vie conforme à ce que Dieu veut, ils glorifient le Père (**15** 8 ; cf. Mt **5** 16) ; voilà quelle était l'œuvre que Jésus devait mener à bien (Jn **4** 34 et le commentaire). Dans cette perspective, la glorification eschatologique de Jésus apparaît comme une conséquence du fait qu'il a glorifié Dieu sur la terre : « Je t'ai glorifié sur la terre... *Et maintenant*, glorifie-moi... » (vv. 4-5) ; c'est ce que Dieu faisait dire à Éli : « Je glorifierai ceux qui me glorifient, et ceux qui me méprisent seront traités comme rien » (**1** S **2** 30b, LXX).

c) Le v. 2, centre de cette première partie de la prière, explique comment le Fils glorifié va glorifier le Père (cf. v. 1b). « Selon que tu lui as donné pouvoir sur toute chair... » Ces mots sont tirés presque tous de Si **17** 1-4, passage qui lui-même dépend de Gn **1**-3. Nous allons citer le texte du Siracide en soulignant les mots repris par Jn et en indiquant les références à la Genèse : « Le Seigneur a créé l'homme à partir de la terre (Gn **2** 7) et ensuite il l'y a renvoyé (Gn **3** 19). Il leur a donné un nombre précis de jours, et *il leur a donné pouvoir sur ce qui est sur terre*. Il les a revêtus de force, comme lui-même, et à son image il les a créés (Gn **1** 27). Il a mis sa crainte *sur toute chair* pour qu'il domine bêtes sauvages et oiseaux (Gn **1** 28). » Jésus apparaît ainsi comme le nouvel Adam à qui le Père a donné pouvoir sur toute chair, non seulement les bêtes et les oiseaux, mais tous les autres hommes qui eux aussi sont « chair », c'est-à-dire des êtres corruptibles (cf. Is **40** 6-8).

« Afin que, tout ce que tu lui as donné, il leur donne la vie éternelle. » Tout ce que le Père a donné au Fils, ce sont les disciples (**17** 2.6.6.9.24), ceux qui viennent à lui et croient en lui grâce à l'initiative du Père (**6** 37.44). Jésus, le nouvel Adam, leur donne la vie éternelle, tandis que le premier Adam leur avait transmis la mort (Gn **3** 19). On rejoint la pensée de Paul : « Si, en effet, par la faute d'un seul, la mort a régné du fait de ce seul homme, combien plus ceux qui reçoivent avec profusion la grâce et le don de la justice régneront-ils *dans la vie* par le seul Jésus Christ » (Rm **5** 17).

Commencée dès maintenant, cette vie éternelle n'aura sa pleine manifestation qu'en Dieu. Attirés par le Christ exalté (Jn **12** 32) dans la maison du Père (**14** 2), les disciples de Jésus verront sa gloire (**17** 24) ; ils verront alors la gloire de Dieu puisque la gloire du Christ-Sagesse est le rayonnement de la gloire du Père (Sg **7** 25 ; Jn **1** 14). Jésus pouvait donc dire : « Père... glorifie ton Fils afin que le Fils te glorifie » (**17** 1b).

2. Jésus prie pour ses disciples

a) La première section de la prière pour les disciples (vv. 6-10) rappelle l'œuvre accomplie par Jésus sur la terre ; c'est un développement du v. 4, et l'on voit par là que la prière de Jésus pour lui-même et sa prière pour ses disciples sont étroitement liées.

aa) Jésus commence par dire au Père : « J'ai manifesté ton Nom aux hommes » (v. 6a). C'est un écho de la première demande du *Pater* : « Que soit sanctifié ton Nom. » Quel est ce Nom ? Celui que Dieu a jadis révélé à Moïse : « Moïse dit à Dieu : 'Voici, je vais trouver les Israélites et je leur dis : Le Dieu de vos pères m'a envoyé vers vous. Mais s'ils me disent : Quel est son nom ? que leur dirai-je ?' Dieu dit à Moïse : 'Je suis celui qui est'. Et il dit : 'Voici ce que tu diras aux Israélites : JE SUIS m'a envoyé vers vous.' Dieu dit encore à Moïse : 'Yahvé, le Dieu de vos pères, le Dieu d'Abraham, le Dieu d'Isaac et le Dieu de Jacob m'a envoyé vers vous. C'est mon nom pour toujours, c'est ainsi que l'on m'invoquera de génération en génération » (Ex **3** 13-15). Mais combien Jésus est plus apte que Moïse à révéler ce Nom ! Il porte en effet en lui ce Nom que Dieu lui a donné (**17** 11), il peut revendiquer pour lui ce Nom : « Je suis » (Jn **8** 24.28 ; **13** 19) ; c'est donc par sa personne même qu'il révèle aux hommes le Nom par excellence.

Les vv. 7-8 prolongent ce thème de Jésus nouveau Moïse et confirment l'interprétation que nous avons donnée du v. 6a. Jésus n'a fait que transmettre aux hommes les paroles que Dieu lui a données (v. 8a), accomplissant ainsi la fonction du nouveau Moïse : « Je mettrai mes paroles dans sa bouche et il leur dira tout ce que je lui commanderai » (Dt **18** 18 ; cf. Jn **8** 28 ; **12** 49). En « recevant » ces paroles, en les accueillant comme paroles de Dieu, les disciples ont reconnu, c'est-à-dire ont admis, que Jésus a vraiment été envoyé par Dieu (v. 8b ; cf. Ex **3** 13).

ab) Au v. 6, Jésus souligne l'initiative du Père dans cette œuvre de révélation : « J'ai manifesté ton Nom aux hommes *que tu m'as donnés du monde* ; ils étaient à toi et tu me les as donnés. » Dieu les a donnés à Jésus en les mettant à part du monde, le « monde » étant précisément ceux qui refusent de croire en Jésus et de recevoir sa parole. Ne reçoivent révélation du Nom que ceux que le Père a donnés à Jésus. En soulignant cette initiative du Père, Jn rejoint la pensée exprimée par Paul : « Car ceux que d'avance il a discernés, (Dieu) les a aussi prédestinés à reproduire l'image de son Fils, afin qu'il soit l'aîné d'une multitude de frères ; et ceux qu'il a prédestinés, il les a aussi appelés ; ceux qu'il a appelés, il les a aussi justifiés ; ceux qu'il a justifiés, il les a aussi glorifiés » (Rm **8** 29-30).

ac) Au début du v. 9, Jésus, pour la première fois, dit explicitement que les paroles qu'il adresse au Père sont une prière pour ses disciples : « Je prie pour eux, je ne prie pas pour le monde. » Ce que Jésus demande au Père pour les

siens sera développé dans les sections suivantes : « Père saint, garde-les... afin qu'ils soient un comme nous » (v. 11b ; cf. vv. 22-23), « Je ne prie pas afin que tu les enlèves du monde, mais afin que tu les gardes du Mauvais » (v. 15), « Père, ce que tu m'as donné, je veux que, où je suis, ils soient aussi avec moi... » (v. 24). Jésus prie pour ses disciples et non pour le monde. Le « monde » est constitué par tous ceux qui refusent de devenir disciples, tous ceux qui rejettent les paroles de Jésus ; il n'est donc pas question pour lui d'accéder à l'unité, d'être gardé du Mauvais ou de parvenir là où est Jésus. C'est en ce sens seulement que Jésus dit ne pas prier pour le monde ; sa prière *actuelle* ne concerne pas le monde.

Par mode d'inclusion, Jésus rappelle que ses disciples lui ont été donnés par le Père (vv. 9b-10 ; cf. v. 6b), et de telle façon qu'il n'y a plus aucune différence entre ce qui est au Père et ce qui est à Jésus (cf. Lc **15** 31).

b) Dans la deuxième section de la prière pour les disciples (B, vv. 11-13), Jésus exprime au Père sa première demande : « Père saint, garde-les en ton Nom que tu m'as donné, afin qu'ils soient un comme nous » (v. 11b). Jésus n'est déjà plus dans le monde ; il vient au Père (vv. 11a et 13a) et il va donc quitter les siens. Tant qu'il était dans le monde, avec les siens, il pouvait les garder (v. 12) ; maintenant qu'il s'en va, c'est au Père qu'il revient de garder les disciples (v. 11b).

Garde-les « en ton Nom que tu m'as donné ». Le Nom de Dieu est « Je suis » (cf. Ex **3** 14, *supra*). Dieu a donné ce Nom à Jésus qui le porte maintenant en lui (Jn **8** 24.28 ; note §§ 257-260, III B 3 *c cb*). L'unité des chrétiens doit se faire autour de ce Nom. Cet appel à l'unité était d'autant plus urgent que les communautés johanniques étaient menacées de schisme (1 Jn **2** 18-19 ; 2 Jn 9-11), précisément à cause de ce Nom. Certains, restés juifs plus que chrétiens, ne voulaient pas reconnaître en Jésus le nouveau Moïse (Introd., 5 j-k) certains refusaient d'admettre qu'il était Dieu et qu'il portait en lui le Nom révélé jadis à Moïse : « Je suis » (Introd., 6 b) c'est la raison pour laquelle ils avaient décidé de se séparer de leurs frères. Que le Père donc garde les disciples unis par la foi au Nom qu'il a donné à Jésus. Ainsi, ils seront « un », comme le Père et le Fils. L'unité du Père et du Fils est donnée comme le modèle de l'unité des disciples. On rejoint un thème cher à Jean II-B : les rapports entre les disciples, ou entre les disciples et Jésus, sont à l'analogie des rapports qui existent entre Jésus et le Père (Jn **15** 9-10 Introd., 6 l).

Le Christ est le premier à se réjouir de cette unité. Il formule sa prière pour l'unité tandis qu'il est encore dans le monde afin que les disciples qui l'entendent soient assurés que Dieu va les garder dans l'unité ; ainsi, la joie de Jésus leur est communiquée, en plénitude (cf. **15** 11).

c) Dans la deuxième demande qu'il adresse à son Père (C, vv. 14-17), Jésus précise les modalités de la première

ca) La demande est formulée au v. 15 : « Je ne prie pas afin que tu les enlèves du monde, mais afin que tu les gardes du Mauvais. » Le « Mauvais » est le Mal par excellence Satan ; c'est lui qui pousse les hommes au mal. Le « monde » c'est-à-dire l'ensemble de ceux qui refusent de recevoir les paroles de Jésus, de croire en lui, est dominé par l'influence néfaste du Mauvais : « Le monde entier gît au pouvoir du Mauvais » (1 Jn **5** 19) ; c'est pourquoi il est appelé « le Prince de ce monde » (Jn **12** 31 ; **14** 30 ; **16** 11). Bien qu'ils ne soient pas « du monde », en ce sens qu'ils ne partagent pas le refus que le monde oppose au message de Jésus (vv. 14c.16), les disciples vivent cependant « dans le monde » (v. 11a) et pourraient donc se laisser séduire par le Mauvais. Une solution radicale serait de les retirer du monde, et par le fait même les soustraire à l'influence néfaste du Mauvais, comme le juste dont parle la Sagesse, qui meurt dans la fleur de l'âge : « Devenu agréable à Dieu, il a été aimé, et, comme il vivait parmi des pécheurs, il a été transféré ; il a été enlevé, de peur que le mal n'altérât son jugement ou que la fourberie ne séduisît son âme ; car la fascination du mal obscurcit le bien et le tourbillon de la convoitise gâte un esprit sans malice... Son âme était agréable au Seigneur, aussi est-il sorti en hâte du milieu de la perversité » (Sg **4** 10-14). Jésus refuse cette solution trop facile. Les disciples doivent rester « dans le monde », mais il faut alors que le Père les garde des atteintes du Mauvais : « Vous, petits enfants, vous êtes de Dieu et vous les avez vaincus (les Antichrists) ; car Celui qui est en vous est plus grand que celui qui est dans le monde » (1 Jn **4** 4), Dieu est plus grand que le Mauvais qui domine le monde.

cb) Comment les disciples vont-ils pouvoir vaincre le Mauvais et ne pas se laisser séduire par lui ? Grâce à la parole de Dieu que Jésus leur a transmise (vv. 14a.17) et qui, pourtant, leur a attiré la haine du monde (v. 14b ; 1 Jn **3** 13). Pour le comprendre, reportons-nous encore à 1 Jn : « Je vous ai écrit, jeunes gens, parce que vous êtes forts, et la parole de Dieu demeure en vous et vous avez vaincu le Mauvais » (**2** 14b). Cette parole de Dieu n'est autre que la « semence » qui effectue notre renaissance spirituelle et nous permet de ne plus pécher : « Celui qui commet le péché est du Diable, car le Diable est pécheur dès l'origine. C'est pour détruire les œuvres du Diable que le Fils de Dieu est apparu. Quiconque est né de Dieu ne commet pas le péché, parce que sa semence demeure en lui (cf. Lc **8** 11-12) ; il ne peut pas pécher car il est né de Dieu » (1 Jn **3** 8-9). C'est cette naissance divine qui le rend fort contre les atteintes du Mauvais : « Nous savons que quiconque est né de Dieu ne pèche pas ; l'Engendré de Dieu le garde et le Mauvais n'a pas prise sur lui » (1 Jn **5** 18). La parole de Dieu transmise par Jésus, reçue en nous, possède une efficacité telle qu'elle nous rend forts contre les séductions du Mauvais ; elle nous permet de ne plus pécher, et donc elle est pour nous principe de sanctification (Jn **17** 17 ; cf. **15** 3). La parole est la vérité, et c'est la vérité qui nous rend libres, alors que nous étions esclaves du Diable, du Mauvais (Jn **8** 31-37.44 ; cf. note § 261, III B 1 *c*).

cc) Revenons à la prière centrale : « Je ne prie pas afin que tu les enlèves du monde, mais afin que tu les gardes du Mauvais » (v. 15). Étant donné les influences de la pensée de Qumrân sur Jean II-B (Introd., 8 d), on peut se demander si la phrase « je ne prie pas afin que tu les enlèves du monde » ne répondrait pas à une intention très précise. On lit dans la Règle de la Communauté : « Et c'est à cause

de l'Ange de ténèbres que s'égarent tous les fils de justice ; et tout leur péché, toutes leurs iniquités... sont l'effet de sa domination... Et tous les esprits de son lot font tomber les fils de lumière. Mais le Dieu d'Israël, et son Ange de vérité, viennent en aide à tous les fils de lumière » (1 QS **3** 21-25). Le thème est analogue à celui qui est exprimé en Jn **17** 15b. Or, les gens de Qumrân s'étaient retirés dans la solitude du désert afin de ne pas se laisser souiller par les « fils de ténèbres », afin de ne pas tomber sous les coups de l'Ange de ténèbres. Le texte johannique ne serait-il pas une réaction contre ce « retrait » devant les forces du mal : « Je ne prie pas afin que tu les enlèves du monde », ce monde qui gît tout entier dans le Mauvais ?

d) La quatrième section de la prière pour les disciples (B', vv. 18.22-23) reprend, en les précisant, les thèmes de la deuxième section (B, vv. 11-13) : surtout celui de l'unité, mais aussi celui de la présence des disciples dans le monde (vv. 11a et 18).

da) Cette section est dominée par une des idées essentielles de la pensée de Jean II-B concernant la nature du disciple : les rapports entre les disciples et Jésus sont à l'analogie des rapports entre Jésus et le Père (Introd., 6 l). Cette similitude de rapports touche successivement : l'envoi dans le monde (v. 18), le don de la gloire (v. 22a), le fait d'être « un » (v. 22b), la présence (v. 23a), l'amour (v. 23d).

db) Le thème de l'unité est ici beaucoup plus développé que dans la section B (vv. 11-13). La formule plus complète « afin qu'ils soient un comme nous *sommes un* » souligne mieux comment l'unité des disciples est à l'image de l'unité qui existe entre le Père et le Fils. Une seconde phrase, parallèle à la première, précise que c'est par l'unité que la communauté chrétienne atteint à la perfection : « ... afin qu'ils soient parfaits dans l'un » ; Jn rejoint la pensée que Paul exprime en Ep **4** 1 ss. ; après avoir lancé un vibrant appel à l'unité (**4** 3-6), il ajoute : « ... nous devons parvenir, tous ensemble, *à ne plus faire qu'un* dans la foi et la connaissance du Fils de Dieu, et à constituer *cet Homme parfait*, dans la force de l'âge, qui réalise la plénitude du Christ. » (**4** 13) Cette unité est réalisée par la présence : présence du Père dans le Fils et présence du Fils dans les disciples : « moi en eux et toi en moi » ; le Christ est ainsi l'intermédiaire indispensable à toute unité. Mais la cause la plus immédiate de l'unité est le don de la gloire : « et moi, la gloire que tu m'as donnée, je la leur ai donnée, *afin qu'*ils soient un comme nous sommes un. » Il ne s'agit pas ici du pouvoir d'accomplir des « signes » (cf. Jn **2** 11), mais, d'une façon plus profonde, la gloire est plutôt « quelque chose de la nature divine, que Jésus possède tout entière et qui, beaucoup mieux qu'un pouvoir gratuit, est par elle-même un principe d'unité : elle est nommée 'gloire' parce que la nature divine est conçue par nous comme une lumière » (Lagrange). La gloire est le rayonnement, l'éclat de la divinité ; Dieu a donné à Jésus cette gloire en lui donnant son Nom (**17** 5.11) ; Jésus donne à tous ses disciples de participer à leur tour à cette gloire, et c'est là le principe de leur unité. Cette perfection dans l'unité sera enfin un témoignage pour le monde : « ... afin que le monde connaisse que tu m'as envoyé et que je les ai aimés comme tu m'as aimé. » Le verbe « connaître » n'implique pas une « conversion » du monde ; la perfection des chrétiens dans l'unité sera plutôt comme un défi lancé au monde : « Les croyants chrétiens offriront au monde le même type de défi que le Christ a offert : un défi à reconnaître Dieu en Jésus... Ceux que Dieu a donnés à Jésus viendront croire et connaître ; pour le reste des hommes, c'est-à-dire ceux qui constituent le monde, ce défi sera l'occasion d'une auto-condamnation, car ils se détourneront » (Brown). La mission dans le monde du Christ par Dieu (vv. 18 et 23c), et des disciples par le Christ (v. 18), sera comme un témoignage de l'amour du Père pour le Fils et du Fils pour les disciples ; mais le monde s'obstinera dans son refus.

e) Enfin Jésus formule sa dernière demande (A', vv. 24-26), la demande essentielle. Il ne dit plus « je prie » (v. 9), il ne parle plus à l'impératif, il dit : « je veux » (v. 24) ! Quand il s'agit de lui, Jésus se soumet à la volonté du Père : « Non pas ce que je veux, mais ce que tu (veux) » (Mc **14** 36) ; quand il s'agit du destin final de ses disciples, Jésus exige comme un droit : « Père, ce que tu m'as donné, je veux que, où je suis, ils soient eux aussi avec moi... » (v. 24). En « suivant » Jésus, les disciples sont parvenus jusqu'à sa demeure et sont demeurés avec lui (Jn **1** 37-39). C'était là la préfiguration de leur destin final (**12** 26) ; en marchant comme le Christ a marché, en mettant leurs pas dans ses pas (1 Jn **2** 6), ils pourront le suivre jusque dans la maison du Père (Jn **14** 2-3) et y demeurer avec lui. Alors, ils verront la gloire du Christ, non plus voilée par son humanité (cf. **1** 14), mais dans tout son éclat ; ils verront donc la gloire du Père dans celle du Fils. Même dans la maison du Père, le Christ restera l'intermédiaire indispensable entre le Père et les disciples ; il continuera sa mission éternelle : « le Fils Unique, qui est dans le sein du Père, celui-là l'a raconté » (**1** 18).

Ainsi s'épanouira l'œuvre du nouveau Moïse, rappelée aux vv. 25-26 qui sont l'écho des vv. 6-8 (cf. *supra*). De même que Moïse avait eu pour mission de révéler aux Israélites le Nom par excellence (Ex **3** 13-15), ainsi Jésus a fait connaître aux disciples ce même Nom. Mais son œuvre ne sera achevée que dans l'Au-delà : « Et je leur ai fait connaître ton Nom *et je leur ferai connaître* » (v. 26a), lorsque les disciples verront la gloire de Dieu en voyant la gloire du Christ (v. 24).

Ce don de la gloire, principe de connaissance du Nom (cf. Ex **33** 18 et note § 1, III B 2 *e*), est le fruit de l'amour. Dieu a donné sa gloire au Christ parce qu'il l'a aimé (v. 24b ; cf. le parallélisme entre les vv. 22 et 23). La manifestation du Nom sera le sceau mis à l'amour : « ... afin que l'amour dont tu m'as aimé soit en eux, et moi en eux » (v. 26b). Ainsi se termine la prière de Jésus ; elle nous fait comprendre que Dieu n'est pas seulement « Je suis », il est encore « Amour » (1 Jn **4** 8.16).

B) LES ADDITIONS DE JEAN III

1. Jean III a ajouté la définition de la vie éternelle donnée au v. 3. Les commentateurs reconnaissent sans peine la parenté littéraire qui existe entre Jn **17** 3 et 1 Jn **5** 20b :

Jn **17** 3	1 Jn **5** 20b
« Or telle est *la vie éternelle que* (*hina*) *ils* te *connaissent* toi *le seul véritable Dieu* et celui que tu as envoyé, *Jésus Christ*. »	...*afin que* (*hina*) *nous connaissions le Véritable*, et nous sommes dans le Véritable, et dans son Fils *Jésus Christ* ; celui-ci est *le véritable Dieu* et *la vie éternelle*.

Malgré leur parenté littéraire, ces deux textes ne sont pas équivalents. En 1 Jn **5** 20b, nous avons un des rares textes du NT qui donne à Jésus le titre de « Dieu », sans aucune équivoque ; Jésus Christ est le véritable Dieu. En Jn **17** 3, l'expression « le véritable Dieu » est réservée au Père, et il est même précisé que le Père est *le seul* véritable Dieu ; Jésus Christ n'est mentionné qu'après cette profession de foi monothéiste, comme l'envoyé du Père. S'il est vrai que l'anti-judaïsme de Jean II-B était motivé par le fait que les Juifs, et certains cercles judéo-chrétiens, refusaient de reconnaître que Jésus était Dieu (Introd., 7 a et c), Jean III, voulant tendre la main à ces judéo-chrétiens (Introd., 7 d), n'aurait-il pas nuancé ici la formule si radicale qu'il lisait en 1 Jn **5** 20b ? On peut se demander si une tendance analogue ne pourrait être décelée en comparant 1 Tm **2** 5-6 à Tt **2** 13-14. Il n'empêche que Jean III ne fait pas de difficulté pour reconnaître en Jésus la Sagesse de Dieu incarnée, comme le prouve l'addition des mots « que je suis sorti de toi et ils ont cru », au v. 8 ; Jésus est « sorti » du Père comme la Sagesse « sort » de la bouche du Très-Haut (Si **24** 3 ; cf. Is **55** 11).

2. Au v. 12, Jean III apporte une restriction aux paroles de Jésus « je les gardais en ton Nom » ; il ajoute en effet : « et je (les) ai gardés et aucun d'eux ne s'est perdu, sauf le fils de perdition, afin que l'Écriture fût accomplie. » Il s'agit de Judas, le traître. Une telle rectification est bien dans la manière de Jean III (Introd., 4 n). Quand Jean III écrit « afin que l'Écriture fût accomplie », à quel texte scripturaire fait-il allusion ? On peut penser à Ps **41** 10, appliqué à la trahison de Judas en Jn **13** 18.

3. L'addition la plus considérable faite par Jean III est celle des vv. 19-21.

a) Le sens du v. 19 est très difficile à établir. Il reprend le v. 17, mais avec deux glissements de sens qui dénotent une main différente. A l'expression « dans la vérité » succède la formule « en vérité » qui, sans article, ne peut signifier que « vraiment » ; le sens est beaucoup plus faible qu'au v. 17. Par ailleurs, le verbe « sanctifier » n'a plus le sens de « rendre saint » « rendre sans péché », comme au v. 17 (cf. *supra*), mais celui de « consacrer » « mettre à part », fréquent dans l'AT. Quel sens donner à ce verset ? Pour la plupart des commentateurs, Jésus voudrait dire qu'il se consacre lui-même comme victime offerte à Dieu ; il serait donc à la fois prêtre et victime. Ce sens de « consacrer » une victime, de la mettre à part en vue d'un sacrifice, est fréquent dans l'AT (cf. Ex **13** 2 ; Dt **15** 19) ; il serait exigé en Jn **17** 19, et parce que la prière de Jésus précède immédiatement son arrestation et sa passion, et surtout à cause de l'expression « pour eux » qui, chez Jn, se réfère d'ordinaire à la mort de Jésus (**10** 11.15 ; **11** 50-52 ; **18** 14 ; cf. **13** 37-38). Ces arguments sont de poids, mais l'interprétation courante se heurte à une difficulté sérieuse. On vient de faire remarquer que le v. 19 reprenait les expressions du v. 17, mais est placé après le thème de la mission exprimé au v. 18 : « Comme tu m'as envoyé dans le monde, moi aussi je les ai envoyés dans le monde. » Il s'agit de la mission prophétique de Jésus. Étroitement lié au v. 18, le v. 19 devrait se comprendre au sens de Jr **1** 5 : « ... avant même que tu sois sorti du sein, je t'ai consacré ; comme prophète des nations, je t'ai établi. » C'est à ce texte de Jérémie que fait allusion Jn **10** 36, où il est parlé de Jésus « que le Père a consacré et envoyé dans le monde » ; « envoyer » et « consacrer », ce sont les deux verbes essentiels de Jn **17** 18-19. Mais s'il s'agit de la mission de Jésus par Dieu, Jésus ne peut pas dire qu'il « se consacre lui-même » ! Il est donc difficile d'interpréter le v. 19 en fonction du v. 18. Mais alors, pourquoi Jean III a-t-il placé ce v. 19 après le v. 18 et non après le v. 17 dont il reprend en partie les expressions ? La difficulté resterait la même si l'on voulait maintenir les vv. 17-19 au même niveau rédactionnel. En résumé, si l'on retire le v. 19 de son contexte, l'interprétation sacrificielle semble s'imposer ; mais si l'on tient compte du contexte immédiatement antérieur, cette interprétation sacrificielle fait difficulté.

b) Au v. 20, Jean III fait dire à Jésus : « Je ne prie pas seulement pour eux, mais aussi pour tous ceux qui croient en moi grâce à leur parole. » La prière de Jésus, spécialement la prière en vue de l'unité (v. 21), vaut non seulement pour ses disciples immédiats, qui sont là présents, mais aussi pour les disciples de tous les temps. Jean III n'aurait-il pas compris que déjà au niveau de Jean II-B la prière de Jésus avait une valeur universelle ? Ou peut-être a-t-il seulement craint que les lecteurs ne le comprennent pas, d'où l'addition du v. 20 qui dit en clair ce qui était implicite dans le texte johannique. Sur ce procédé littéraire de Jean III, voir Introd., 4 n.

c) Comme nous l'avons dit plus haut, le v. 21 n'est qu'un dédoublement des vv. 22b-23a. Mais dans quel but Jean III l'a-t-il effectué ? Au v. 23, Jean II-B avait écrit : « ... qu'ils soient parfaits dans l'un, afin que le monde *connaisse* que tu m'as envoyé... » En commentant ce texte, nous avons vu que Jean II-B n'envisageait pas une « conversion » du monde. Le texte de Jean III est plus précis : « ... afin que le monde *croie* que tu m'as envoyé. » Ce thème de la foi implique une conversion du monde, qui va croire en la mission de Jésus par le Père. On retrouve la tendance de Jean III à réhabiliter le « monde » ; il ne désigne plus l'ensemble de ceux qui refusent de croire en Jésus, mais il englobe tous les hommes, abstraction faite de leur foi (Introd., 7 e).

Note § **338.** *ARRESTATION DE JÉSUS* (Jn **18** 1-11)

I. ANALYSES LITTÉRAIRES

Le récit de l'arrestation de Jésus, en Jn **18** 1-11, offre de nombreuses difficultés et il est délicat d'en reconstituer la genèse littéraire. Malgré des affinités certaines avec les Synoptiques, Jn contient tant de données propres que beaucoup de commentateurs estiment aujourd'hui qu'il dépendrait en grande partie d'une source particulière, dont on s'efforce de reconstituer le texte. Nous ne rejoindrons qu'en partie les conclusions de nos devanciers. Nous pensons en effet que bien des particularités du texte johannique peuvent s'expliquer, non par une source particulière, mais par l'activité littéraire, soit de Jean II-A, soit de Jean II-B. Toutefois une analyse du texte permet de retrouver un petit récit plus ancien, que Jn tient du Document C. Analysons le texte sections par sections.

1. Présentation des personnages (**18** 1-3)

Dans le tome I de la Synopse, le début du récit johannique a été fragmenté en fonction des parallèles des Synoptiques ; mais notre analyse va tenir compte des vv. 1a (§ 335) et 1b (§ 337).

C | II-B

1 | Ayant dit cela,
Jésus sortit avec ses disciples au-delà du torrent du Cédron,
| où était un jardin, dans lequel il entra, lui et ses disciples.
2 | Judas aussi, qui le livrait, connaissait le lieu parce que souvent Jésus s'y réunissait avec ses disciples.
3 Judas
| donc,
ayant pris
| la cohorte et
des gardes de la part des grands prêtres
| et des Pharisiens,
vient là
| avec des lanternes et des torches et des armes.

a) Il faut attribuer le v. 2 à Jean II-B pour les raisons suivantes. Le lien entre les vv. 2 et 3 est difficile, avec la répétition anormale du nom de Judas au début de chacun des deux versets ; on se trouve devant deux textes appartenant à deux niveaux rédactionnels différents. Le texte le plus récent doit être celui du v. 2 ; dans le cas contraire, en effet, le v. 3 aurait eu la structure suivante : « Ayant donc pris la cohorte... il vient là... » L'insertion du v. 2 avant le v. 3 obligeait à expliciter le nom de Judas dans ce v. 2, d'où la répétition

insolite. Par ailleurs, le nom de Judas est suivi de la formule
« qui le livrait » (*ho paradidous auton*), que l'on retrouvera
au v. 5 et en **21** 20, dans deux textes tardifs. Elle s'explique
ici par un souci, propre à Jean II-B, d'harmoniser cet épisode
johannique sur les Synoptiques (cf. Mc **14** 44 et Mt **26** 48).
Au début du v. 2, le groupement des particules *de kai* se
retrouve presque partout ailleurs dans les textes de Jean II-B
(**3** 23 ; **18** 5 ; **19** 19 ; **19** 39).

Enfin, nous verrons dans la seconde partie de cette note
que ce v. 2 est lié, pour le sens, à Jn **11** 55-57, sommaire
de Jean II-B. Le style de ce verset est assez neutre ; on notera
cependant comme caractéristique stylistique le verbe
« connaître » (F 25).

b) Au v. 1, il faut distinguer deux niveaux différents. Au
début du verset, la suture rédactionnelle « Ayant dit cela »
est de Jean II-B. Elle fut rendue nécessaire après l'insertion
par cet évangéliste des éléments des ch. **15** à **17** qui séparent
désormais **14** 31 de **18** 1 (cf. notes §§ 329 à 334). On lui attribuera aussi la seconde partie du verset « ... où était un jardin
dans lequel il entra, lui et ses disciples. » Cette mention du
« jardin » est destinée à préparer le v. 2 ; on la retrouvera
d'ailleurs en **18** 26, à propos du troisième reniement qui
fut rédigé par Jean II-B (note § 340-A).

Le v. 1a (moins la suture rédactionnelle signalée plus haut)
provient du Document C. On y lit en effet l'expression « avec
ses disciples » ; pour dire « avec », au lieu de l'habituel *meta*
on a *syn* qui ne se lit qu'une fois ailleurs chez Jn : en **21** 3,
du Document C (en **12** 2, *syn autô* est sans doute une addition
de scribe ; cf. note § 272).

On relève sur ce verset les caractéristiques stylistiques
suivantes : « ayant dit cela » (B 80*), « jardin » (B 41*), « où
était » (C 13*) ; on notera aussi l'expression « lui et ses
(disciples) », dont on trouve l'équivalent en **2** 12, du Document C, mais aussi en **4** 12.53, de Jean II. Toutefois l'expression « au-delà de » (B 71) est ici du Document C.

c) L'essentiel du v. 3 remonte au Document C. Il faut
cependant attribuer à Jean II-B les additions suivantes. Au
début du verset, le « donc » de liaison, que Jean II-B ajoute
assez régulièrement après une insertion (ici, celle du v. 2) ;
voir Introd., 8 a. La mention de la cohorte prépare son intervention dans l'arrestation de Jésus en **18** 12 ; mais nous
verrons à la note § 339 que cette intervention fut ajoutée
par Jean II-B sous l'influence d'un texte des Actes ; la mention
de cette cohorte au v. 3 doit donc être aussi de Jean II-B.
Les gardes qui accompagnent Judas ont été envoyés par les
grands prêtres et les Pharisiens. Alors que les premiers joueront un rôle important dans la suite des événements (cf.
18 35 ; **19** 6.15.21), les seconds n'apparaîtront plus dans
les épisodes suivants. Associés comme ici aux grands prêtres,
les Pharisiens ont été introduits partout ailleurs dans l'évangile par Jean II-B qui a voulu leur donner une place pré-
éminente (Introd., 6 z) ; il doit en être de même ici. Les mots
qui terminent le v. 3 : « ... avec des lanternes et des torches
et des armes », viennent assez mal après le verbe « vient »
au singulier et font l'effet d'un ajout que l'on peut aussi attribuer à Jean II-B ; il veut souligner que l'arrestation de Jésus

se fait pendant la nuit, ce qui donne une coloration symbolique
au récit, bien dans la manière de Jean II-B (Introd., 7 k).
Peut-être y a-t-il aussi un souci d'harmoniser Jn avec les
Synoptiques, spécialement avec Mt **26** 47 ; dans Jn comme
dans Mt, on a la structure grammaticale « vient... avec des
(armes) » (*erchesthai meta* + génitif), que l'on ne trouve pas
ailleurs chez Jn.

Dans ce v. 3, on notera deux caractéristiques stylistiques :
le terme « garde » (F 36), mais qui appartient ici au récit
du Document C, et les expressions « les grands prêtres et
les Pharisiens » (C 9**).

2. LE DIALOGUE ENTRE JÉSUS ET CEUX QUI L'ARRÊTENT (**18** 4-9)

Les vv. 4-9 contiennent un dialogue entre Jésus et les
gens venus l'arrêter qui n'offre aucun parallèle dans les Synoptiques ; il a pour but de donner une explication à ce fait en
apparence scandaleux de l'arrestation de Jésus, et donc de
sa mort. Ce texte remonte fondamentalement à Jean II-A,
mais il fut repris et amplifié par Jean II-B. Nous allons donner
les deux niveaux rédactionnels en plaçant en retrait les additions effectuées par Jean II-B ; nous donnerons ensuite la
justification de cette distinction.

4a	Jésus donc,
4b	sachant tout ce qui allait lui arriver, sortit et
4c	leur dit : « Qui cherchez-vous ? »
5a	Ils lui répondirent : « Jésus le Nazôréen. » *Il leur dit : « Je (le) suis. (»)*
5b	Judas aussi, qui le livrait, se tenait avec eux.
6	Quand donc il leur dit : « Je (le) suis », ils reculèrent et tombèrent à terre.
7	De nouveau donc il les interrogea : « Qui cherchez-vous ? » Eux dirent : « Jésus le Nazôréen. »
8a	Jésus répondit : « *Je vous ai dit que je (le) suis.*
8b	Si donc vous me cherchez, laissez ceux-là partir. »
9	Afin que fût accomplie la parole qu'il avait dite : « Ceux que tu m'as donnés, je n'en ai perdu aucun. »

a) Les nombreuses caractéristiques stylistiques de ces
vv. 4-9 dénotent une composition qui ne peut être attribuée
qu'à Jean II ; d'autres arguments confirmeront plus loin
cette affirmation. Au v. 4 : la construction « Jésus donc
sachant... sortit » (A 80**), « qui cherchez-vous ? » (A 59* et
C 21), « savoir » (F 25). – Au v. 5 : « répondirent » (B 74),
« Je suis » (C 50), « se tenait » (F 31). – Au v. 6 : « quand
donc » (B 30*), « Je suis » (C 50), « ils reculèrent » (A 162**),
« terre » (A 156). – Au v. 7 : « qui cherchez-vous ? » (A 59*
et C 21), « de nouveau donc » (A 91). – Au v. 8 : « répondit »
(B 74), « Je suis » (C 50), « vous me cherchez » (C 21), « laissez...
partir » (A 163*). – Au v. 9 : « afin que fût accomplie la
parole » (A 83**), « la parole qu'il avait dite » (A 36** et

C 64), « ceux que tu m'as donnés » (A 14*), « aucun » + *ek* et le génitif (A 90**).

b) Dans cette composition de Jean II occupons-nous d'abord de l'addition par Jean II-B des vv. 5b-8a.

ba) Au v. 8a, la phrase « Je vous ai dit que je (le) suis » renvoie aux paroles que Jésus a prononcées au v. 5a : « Il leur dit : ' Je (le) suis '. » On retrouve le procédé littéraire classique utilisé souvent par Jean II-B : après une insertion, il est obligé de reprendre les expressions du contexte antérieur afin de renouer le fil du récit (Introd., 1 f). Ici, la « reprise » est d'ailleurs beaucoup plus importante puisque c'est en fait le contenu des vv. 4c-5a qui est repris aux vv. 7-8a ; nous sommes en présence d'un véritable dédoublement du texte primitif. Cette manière de composer, déjà rencontrée dans le récit de l'entretien de Jésus avec Nicodème (note §§ 78.80 II A 2) et dans celui de la résurrection de Lazare (note § 266), est typique de Jean II-B ; d'autres indices stylistiques permettent aussi de lui attribuer ces vv. 7-8a. Mettons d'abord en parallèle les vv. 4c-5a, 7 et 1 38, qui offrent une structure analogue :

Jn **18** 4c-5a	Jn **18** 7	Jn **1** 38
Jésus ( ) leur dit : « Qui cherchez-vous ? » Ils lui répondirent : « Jésus le Nazôréen. »	Il les interrogea... : « Qui cherchez-vous ? » Eux dirent : « Jésus le Nazôréen. »	Il leur dit : « Que cherchez-vous ? » Eux lui dirent : « Rabbi, où demeures-tu ? »

En Jn **18** 7, la seconde partie du dialogue est introduite par la formule « Eux dirent » (*hoi de eipan*), comme en **1** 38, formule qui ne se lit nulle part ailleurs chez Jn. Jn **18** 7 imite Jn **1** 38, attribué à Jean II-A. Jean II-B se référera de nouveau à ce passage de Jean II-A en reprenant en **21** 2 les expressions « deux de ses disciples » de **1** 35. Toujours au v. 7, la première partie du dialogue est introduite par la formule : « Il les interrogea de nouveau ». Pour dire « interroger », au lieu de l'habituel *erôtan* (C 52) on a ici le composé *eperôtan* qui ne se lit ailleurs chez Jn qu'en **9** 23, texte que nous avons attribué à Jean II-B (note § 262). On verra enfin, dans la seconde partie de cette note, que l'addition des vv. 6-8a a comme climax le jeu de scène consistant dans la chute à terre de ceux qui viennent arrêter Jésus au moment même où il leur répond « Je (le) suis »; or ce jeu de scène comporte une intention théologique qui correspond aux tendances de Jean II-B, non à celles de Jean II-A.

bb) Le cas du v. 5b doit être traité à part. On pourrait se demander s'il ne s'agirait pas d'une insertion de Jean III pratiquée dans le texte de Jean II-B. Le début du v. 6, en effet, reprend la donnée du v. 5a avec la proposition « Quand il leur dit : ' Je (le) suis ' »; cela n'indiquerait-il pas l'insertion postérieure du v. 5b ? Par ailleurs, la précision apportée par ce v. 5b est superflue après les explications du v. 3. Nous pensons toutefois que le v. 5b et le début du v. 6 sont de Jean II-B comme les vv. 6b-8a. Il est évident tout d'abord que le v. 5b a même structure littéraire que le v. 2, que nous avons attribué à Jean II-B ; la parenté littéraire des textes est encore plus sensible dans le texte grec que dans la traduction française : *èdei de kai Ioudas ho paradidous auton...* *heistèkei de kai Ioudas ho paradidous auton...* Jean III aurait-il repris la formule du v. 2 ? Mais ce n'est pas dans sa manière d'agir tandis que Jean II-B est coutumier de ces reprises presque littérales. La cheville rédactionnelle « Quand donc » (*hôs oun*), typiquement johannique, ne se lit ailleurs que dans des textes de Jean II, et presque toujours après une insertion (B 30*). On connaît aussi l'intérêt porté par Jean II-B à la personne de Judas, qu'il noircit au maximum (Introd., 6 o). On verra enfin, dans le commentaire des textes, que la triple mention de l'expression « Je (le) suis » (y compris donc celle du début du v. 6) comme la triple mention du nom de Judas (vv. 2, 3, 5) correspond à une intention théologique qui ne peut être que de Jean II-B. En définitive, c'est tout le bloc des vv. 5b-8a que nous pouvons attribuer à Jean II-B.

c) L'attribution du v. 4b à Jean II-B s'appuie surtout sur un motif christologique qui sera développé dans la seconde partie de cette note ; le thème de la connaissance surnaturelle de Jésus est en rapport avec la christologie développée au v. 6, de Jean II-B. Mais deux indices stylistiques peuvent aussi être invoqués. D'une part, la structure de la phrase « Jésus donc, sachant... sortit... », donnée plus haut comme une caractéristique stylistique, ne se lit ailleurs qu'en **6** 15 ; **11** 38 ; **19** 26, textes de Jean II-B. D'autre part, l'expression « ce qui allait arriver » (*ta erchomena*) désigne les réalités à venir ; ce sens ne se retrouve qu'une fois ailleurs dans le NT, en Jn **16** 13 qui est de Jean II-B.

Quant au verbe « sortir », il dépend de la mention du « jardin », au v. 1b, que nous avons attribuée à Jean II-B.

d) Le v. 9 enfin doit être lui aussi de Jean II-B. Partout ailleurs, en effet, c'est Jean II-B qui renvoie à des paroles prononcées antérieurement ; d'autre part, ce verset correspond à la christologie, non de Jean II-A, mais de Jean II-B (cf. *infra*). Enfin ce verset a exactement même structure et en grande partie même vocabulaire que Jn **18** 32 de Jean II-B.

Au niveau de Jean II-A, le dialogue entre Jésus et ceux qui viennent l'arrêter était donc simplement constitué des vv. 4ac.5a.8b.

3. L'intervention de Simon-Pierre (**18** 10-11)

L'analyse littéraire du v. 10 est assez décevante. Jn se rapproche de Mc par l'emploi du verbe « frapper » (*paiein*) et du double diminutif *ôtarion* pour dire « oreille »; ce dernier accord pourrait toutefois être fortuit car Mc et Jn aiment utiliser les diminutifs. Avec Lc, Jn précise que l'oreille du serviteur coupée par Simon-Pierre était la droite. Seul, Jn attribue à Simon-Pierre ce geste de défense et seul aussi il nous donne le nom du serviteur : Malchus. Au v. 11, les affinités de Jn sont plus nettes, mais c'est avec Mt ! Bien qu'en termes différents, l'un et l'autre rapportent l'ordre donné par Jésus à Pierre de remettre son glaive en place ; au lieu du vague « à sa place » de Mt, Jn donne le terme plus technique de « fourreau », ce qui pourrait être une correction du texte matthéen. Par ailleurs, le v. 11b de Jn semble dépendre de Mt **26** 39b.42 (agonie à Gethsémani). Ces rapprochements avec chacun des trois Synoptiques font penser que ce texte a été rédigé par Jean II-B (Introd., 4 x).

Trois indices littéraires viennent le confirmer. Au v. 10, la structure grammaticale « Simon-Pierre donc + participe + verbe principal » se retrouvera en **21** 7, qui est de Jean II-B. La façon de nommer le serviteur du Grand Prêtre, bien proche de celle qui se lit en Jn **1** 6 et **3** 1, de Jean II-A, en diffère cependant assez pour pouvoir être attribuée à un niveau rédactionnel différent, celui de Jean II-B. Au v. 11, la séquence « la coupe que m'a donnée le Père » a son équivalent en Jn **5** 36b « les œuvres que m'a données le Père », de Jean II-B. Enfin certaines expressions dénotent le style johannique de ces versets : au v. 10, « donc... et... et » (A 13), « Simon-Pierre » (B 32), « tirer » (B 37), « or avait (le serviteur) » (C 49) ; – au v. 11, le verbe « dire » suivi de « donc » (B 1), « le Père » (B 73).

4. LE RÉCIT DU DOCUMENT C

Il offre très peu de contacts littéraires avec ceux des Synoptiques. On peut toutefois déterminer son origine en se plaçant plutôt du point de vue des thèmes traités. Ni Lc ni Jn ne mentionnent le chant des psaumes (Mt **26** 30 ; Mc **14** 26). – Dans Mt/Mc, le récit commence par un verbe au pluriel (« ils sortirent ») qui a implicitement pour sujet Jésus et ses disciples. Jn et Lc ont le verbe au singulier, avec Jésus comme sujet (non exprimé chez Lc), puis la présence des disciples est explicitement mentionnée (Jn **18** 1a ; Lc **22** 39) ; rappelons que, chez Jn, l'expression « avec ses disciples » est contraire à son style. – Contrairement à Mt/Mc, ni Lc ni Jn ne placent ici l'annonce du reniement de Pierre (Mt **26** 31-35 ; Mc **14** 27-31) ; tous deux ont inséré cet épisode au cours du dernier repas (cf. note § 323). – Jn et Lc ignorent le nom de Gethsémani (Mt **26** 36a ; Mc **14** 32a). – Ils ignorent aussi l'interprétation du baiser donné par Judas à Jésus comme « signe » de reconnaissance qui va rendre possible l'arrestation du Christ (Mt **26** 48 ; Mc **14** 44). – Ils ignorent le thème de l'accomplissement des Écritures (Mt **26** 56a ; Mc **14** 49c). – Enfin contrairement à Mt/Mc qui placent l'arrestation immédiatement après le baiser de Judas (Mt **26** 50b ; Mc **14** 46b), Lc et Jn la mentionnent seulement avant que Jésus ne soit conduit au Grand Prêtre (Jn **18** 12b ; Lc **22** 54a). – En revanche, il n'existe qu'un accord thématique entre Jn et Mt/Mc contre Lc : la description de la foule qui vient arrêter Jésus (Jn **18** 3 ; cf. Mt **26** 47b ; Mc **14** 43b), mais

nous avons vu que cet accord était dû à des remaniements de Jean II-B.

On peut donc dire que, durant toute cette section, la source utilisée par Jean II-A suit un schéma analogue à celui de Lc et assez différent de celui de Mt/Mc. Elle pourrait être, soit le proto-Lc, soit le Document C. Toutefois la sobriété de ce récit johannique, avec l'absence totale d'un dialogue entre Jésus et Judas (opposer Lc **22** 47b-48), invite à y reconnaître plutôt un récit du Document C, centré sur le thème principal de ce Document : Jésus, nouveau Moïse (cf. *infra*).

II. LE SENS DES RÉCITS

A) LE RÉCIT DU DOCUMENT C

La pointe de ce récit n'apparaît que si l'on tient compte du contexte antérieur, Jn **14** 31c qui précédait immédiatement Jn **18** 1 au niveau du Document C. Voici donc ce récit sous sa forme complète :

14 31c « Levez-vous ! Allons (hors) d'ici. »
18 1a ( ) Jésus sortit avec ses disciples au-delà du torrent du Cédron.
    3 Judas ( ), ayant pris ( ) des gardes de la part des grands prêtres ( ), vient là.
  12b ( ) Les gardes ( ) saisirent Jésus
  13a et le menèrent chez Anne ( ).

1. JÉSUS, LE NOUVEAU MOÏSE

D'après Jn **18** 1a, Jésus sortit, non pas « au mont des Oliviers » comme le disent les Synoptiques, mais « au-delà du torrent du Cédron ». L'expression grecque pourrait faire illusion ! Le Cédron n'est pas un « torrent », mais une vallée séparant le Mont des Oliviers de Jérusalem ; elle est d'ordinaire à sec, sauf après de très fortes pluies. C'est la seule fois que le Cédron est mentionné dans le NT. L'auteur du Document C s'inspire probablement d'un texte du Deutéronome ; mettons en parallèle Dt **2** 13 et Jn **14** 31c.**18** 1a :

Jn	Dt **2** 13
14 31c « Levez-vous ! Allons (hors) d'ici. »	Maintenant levez-vous ! et passez le torrent de Zéred
18 1a ( ) Jésus sortit avec ses disciples au-delà du torrent du Cédron.	et nous passâmes le torrent de Zéred.

Le parallélisme est assez net ; Jn **14** 31c.**18** 1a suit le même schéma que Dt **2** 13 et ne s'en sépare que par des divergences dues aux situations différentes. Dans l'un et l'autre texte, le même ordre donne le signal du départ « levez-vous ! ». Notons que la tradition johannique s'inspire ici, non de la Septante qui utilise deux verbes synonymes pour évoquer cet ordre, mais du texte hébreu qui n'en a qu'un comme le récit johannique. Jésus invite ensuite ses disciples à quitter le lieu où ils viennent de prendre leur dernier repas, tandis que le peuple de Dieu reçoit l'ordre de passer « le torrent de Zéred ». Enfin vient l'exécution de cet ordre. Jésus et ses disciples se rendent au-delà du torrent du Cédron, comme Moïse et le peuple passent celui de Zéred. Par cette référence implicite à ce passage de l'Exode l'intention de l'auteur du Document C est claire : Jésus est le nouveau Moïse, guide du nouveau peuple de Dieu symbolisé par les disciples.

L'allusion à ce passage du Deutéronome est d'autant plus vraisemblable que la tradition johannique s'y référera plus tard. Après le passage du torrent de Zéred, en Dt **2** 14, Moïse rappelle l'errance du peuple de Dieu à Cadès qui dura trente-huit ans. Or nous avons vu que Jean II-B pensait à ce texte lorsqu'il précise que le paralytique de la piscine de Béthesda était malade « depuis trente-huit ans » (**5** 5 ; voir la note § 148, IV B 3).

2. LA TRAHISON DE JUDAS

D'après Mt **26** 48-49 et Mc **14** 44-45, Judas aurait trahi Jésus en ce sens que, par un baiser, il l'aurait désigné comme celui qu'il fallait arrêter. Le récit du Document C donne une autre interprétation de cette trahison : Judas aurait trahi Jésus en conduisant des gardes envoyés par les grands prêtres à l'endroit où Jésus s'était retiré avec ses disciples (**18** 3). Intime de Jésus, il connaissait ce lieu comme l'explicitera Jean II-B (cf. *infra*). Sans rencontrer la moindre opposition, même verbale, les gardes saisissent Jésus et le mènent chez Anne (cf. note suivante).

B) LE RÉCIT DE JEAN II-A

Dans le récit du Document C, Jean II-A ajouta un petit dialogue entre Jésus et ceux qui viennent l'arrêter. Rappelons la teneur de ce dialogue :

4a Jésus donc,
4c leur dit : « Qui cherchez-vous ? »
5a Ils lui répondirent : « Jésus le Nazôréen. »
    Il leur dit : « Je (le) suis.
8b Si donc vous me cherchez, laissez ceux-là partir. »

Absent de la tradition synoptique, ce dialogue doit se comprendre à deux plans différents mais complémentaires. Selon Mt/Mc, les disciples abandonnèrent Jésus au moment de son arrestation (Mc **14** 50 ; Mt **26** 56). Jean II-A donne une interprétation différente de cette « fuite » : Jésus lui-même aurait ordonné à ceux qui venaient l'arrêter de laisser partir ses disciples ; dans les desseins de Dieu, lui seul devait être livré à la mort.

Mais ce dialogue a aussi pour but de donner une explication théologique au fait en apparence scandaleux de l'arrestation et de la mort de Jésus (cf. 1 Co **1** 23). Si Jésus est arrêté, puis est mis à mort, c'est afin que ses disciples aient la vie sauve. Cette situation est évoquée par l'expression « laissez

ceux-là partir », comme on peut le déduire de l'utilisation que Jean II-B en fera dans le récit de la résurrection de Lazare : « Déliez-le et laissez-le partir » (Jn **11** 44 et le commentaire du texte à la note § 266, III C 6). Il faut comprendre que les disciples du Christ, tous ses disciples jusqu'à la fin du monde, vont échapper, non à la mort physique, mais à la mort éternelle. Jésus est le bon Pasteur qui donne sa vie pour ses brebis, afin qu'elles ne périssent pas mais aient la vie éternelle (Jn **10** 11.27-28).

C) LE RÉCIT DE JEAN II-B

1. LA TRAHISON DE JUDAS

Le récit du Document C donnait, on l'a vu, une interprétation de la trahison de Judas, différente de celle des Synoptiques. En ajoutant au récit de Jean II-A les vv. 1b-2, Jean II-B ne veut qu'expliciter ce que disait implicitement cette ancienne tradition. Jésus se tenait caché dans un « jardin », c'est-à-dire dans une propriété privée aux environs de Jérusalem, et Judas l'aurait trahi en révélant cette retraite ; il la connaissait bien puisque Jésus y venait souvent avec ses disciples (cf. Lc **22** 39). Ces additions se situent dans la ligne de Jn **11** 54-57 (voir note § 271) où Jésus semble se cacher puisque les grands prêtres et les Pharisiens ignorent où il se trouve. Judas, qui connaît le lieu de sa retraite, prend la tête des gardes envoyés se saisir du Christ.

Les gardes, conduits par Judas, sont envoyés, non seulement par les grands prêtres, mais aussi par les Pharisiens (**18** 3). En associant ces derniers aux grands prêtres, Jean II-B veut rappeler la première mission des gardes, en Jn **7** 32b.45 ; séduits par les paroles de Jésus (**7** 46), ils avaient alors renoncé à l'arrêter. Cette fois-ci, la tentative va réussir parce que l'« heure » de Jésus est arrivée. Même les sympathisants d'un moment deviennent à cette heure ses adversaires.

2. LA PUISSANCE DES TÉNÈBRES

Beaucoup mieux que les Synoptiques, Jean II-B met en évidence le personnage de Judas. Sa trahison est expliquée au v. 2. Son nom frappe le lecteur, placé en tête du v. 3 : « Judas donc... » ; il s'oppose à celui de Jésus, placé en tête du v. 4 : « Jésus donc... » Les deux principaux personnages du drame qui va se jouer se dressent l'un en face de l'autre. Mais, ne l'oublions pas, il y a Satan qui se cache derrière la figure de Judas. Lors du dernier repas, il est entré en Judas pour le pousser à la trahison (**13** 2.27) ; quand donc Judas vient pour arrêter Jésus et le livrer aux mains de ses ennemis, c'est aussi le « Prince de ce monde » qui vient (**14** 30). Le drame dont le dénouement approche est un combat à mort entre Satan et Jésus, entre les ténèbres (**13** 30b) et la lumière (**1** 4-5 ; **3** 19 ; **8** 12 ; **12** 46). Lc, en accord avec les traditions johanniques, l'exprime fort bien lorsqu'il fait dire au Christ au moment de son arrestation : « Mais c'est votre heure et le pouvoir des Ténèbres » (Lc **22** 53b). Jean II-B pourrait évoquer ces ténèbres, où se meuvent Satan et les ennemis de Jésus, en précisant que la troupe venue arrêter le Christ avait « des lanternes et des torches » (**18** 3) ; cette précision ajoutée par Jean II-B fait écho à celle qu'il avait donnée en **13** 30b : quand Judas sortit pour accomplir son œuvre de trahison, « c'était la nuit » !

3. LA PUISSANCE DE DIEU

Au niveau de Jean II-A, Jésus répondait aux gens venus l'arrêter : « Je (le) suis ; si donc vous me cherchez, laissez ceux-là partir. » L'expression « Je (le) suis » ne faisait que confirmer l'identité humaine de Jésus, comme en Mc **6** 50 et Jn **6** 20, dans l'épisode de la marche sur les eaux. En reprenant ce texte, Jean II-B le complète et ajoute en particulier le jeu de scène du v. 6 ; dès que Jésus a répondu : « Je (le) suis », les gens venus l'arrêter « reculèrent et tombèrent à terre ». Pour comprendre la véritable intention de Jean II-B, il faut remarquer que la réponse de Jésus « Je (le) suis » traduit une expression grecque, *egô eimi*, fréquente chez Jn (cf. en particulier **8** 24.28.58 ; **13** 19). On retrouve ici un des thèmes fondamentaux de la christologie de Jean II-B. Selon les apparences, Jésus n'est qu'un homme ; il est « Jésus le Nazôréen » (**18** 5a) ; on connaît ses origines (**7** 27), on croit qu'il est de Nazareth, cette humble bourgade galiléenne d'où rien de bon ne peut sortir (**1** 46 ; **7** 52). En réalité, Jésus porte en lui le Nom qui est au-dessus de tout nom (Ph **2** 9), ce Nom qui est celui même de Dieu, révélé à Moïse lors de la scène du buisson ardent : « Je suis celui qui suis... Voici ce que tu diras aux Israélites : *Je suis* m'a envoyé vers vous » (Ex **3** 14 ; cf. Jn **8** 24.28 et les notes). C'est ce Nom qui est évoqué lorsque Jésus répond aux gens venus pour l'arrêter : « Je suis ». A la seule évocation de ce Nom, les ennemis de Jésus « reculèrent et tombèrent à terre », comme les ennemis du psalmiste protégé par Dieu (Ps **35** 4-8 ; cf. Ps **40** 15 ; **70** 3-4 ; **56** 10). Au-delà des apparences humaines se cache la divinité qui terrasse l'Ennemi ; même le Prince de ce monde ne pourrait rien contre Jésus (Jn **14** 30). Si Jésus se laisse arrêter, c'est donc parce qu'il le veut bien (cf. **10** 17-18). Jean II-B développe, d'une façon beaucoup plus profonde, le thème de Mt **26** 53 : « Ou penses-tu que je ne puisse faire appel à mon Père et il me fournirait maintenant plus de douze légions d'anges ? »

En retravaillant le récit de Jean II-A, Jean II-B s'arrange pour obtenir trois fois la mention du Nom divin par excellence, « Je suis » (vv. 5, 6, 8a). Il ajoute d'autre part au v. 5b le thème de la présence de Judas, superflu après le v. 3. Il obtient ainsi également trois mentions du nom de Judas, et donc trois évocations de Satan qui se cache sous le personnage de Judas (vv. 2, 3, 5b). Ces chiffres ne sont-ils pas intentionnels (Introd., 7 o) ? Le drame qui se joue est en définitive une lutte entre Satan et « Je suis », entre Satan et Dieu.

4. L'ACCOMPLISSEMENT DE LA PAROLE DE JÉSUS

Dans la parole de Jésus du récit de Jean II-A « laissez ceux-là partir » (**18** 8b), Jean II-B voit l'accomplissement d'une autre parole du Christ (**18** 9), prononcée dans le discours sur le pain de vie : « Or telle est la volonté de celui qui m'a envoyé, que tout ce qu'il m'a donné, je n'en perde rien » (**6** 39). Dans la tradition johannique, le verbe « s'accomplir » est d'ordinaire utilisé pour évoquer l'accomplissement de l'Écriture (cf. **13** 18 ; **15** 25 ; **17** 12 ; **19** 24.36). Jn **18** 9 et 32, dont les formules sont si semblables, font toutefois exception ; ce n'est plus l'Écriture qui s'accomplit, mais « la parole que Jésus avait dite ». Par cette substitution, Jean II-B ne veut-il pas signifier que la Parole de Jésus a même valeur que l'Écriture, c'est-à-dire la Parole de Dieu (cf. Jn **2** 22b) ? Jésus n'est autre que Dieu lui-même qui délivre ses disciples de la mort pour que s'accomplisse sa parole qui, comme celle de Dieu, ne peut avoir été prononcée sans effet (cf. Is **55** 10-11). Cette addition du v. 9 reste bien dans la même ligne que les autres insertions introduites par Jean II-B.

5. JÉSUS SE LAISSE ARRÊTER

Jésus pourrait terrasser ses ennemis à la seule évocation du Nom qu'il porte en lui ; pourquoi se laisse-t-il finalement arrêter ? Jean II-B répond à cette question grâce à la parole que Jésus dit à Pierre : « Jette le glaive au fourreau. La coupe que m'a donnée le Père, ne la boirai-je pas ? » (**18** 11). L'allusion à la scène de l'agonie à Gethsémani est transparente : « Mon Père, s'il est possible, que passe loin de moi cette coupe !... Mon Père, si cette (coupe) ne peut passer sans que je la boive, que soit faite ta volonté » (Mt **26** 39.42). Jésus se livre volontairement à la mort, en pleine conscience (**18** 4b, ajouté par Jean II-B), parce que telle est la volonté de son Père (**14** 31) manifestée depuis longtemps dans les Écritures (Mt **26** 54 ; cf. Lc **22** 22 ; Ac **2** 23). Mais ici encore, qu'on ne se laisse pas prendre aux apparences ! La mort de Jésus ne sera pas un anéantissement, une fin absolue ; grâce à elle, Jésus pourra « passer de ce monde vers le Père » (**13** 1), il sera « élevé » jusqu'à la droite de Dieu (**3** 14 ; **8** 28 ; **12** 32) afin d'y recevoir l'intronisation royale (Ps **110** 1). Satan s'imagine écarter définitivement Jésus de son chemin en le mettant à mort ; en fait, il signe sa propre condamnation, la fin de sa domination sur le monde (**12** 31-32). Ce que Dieu veut, ce n'est pas le sang du Christ, c'est son exaltation dans la gloire, dont l'exaltation sur la croix est le signe.

Note § **339.** *JÉSUS ET PIERRE CHEZ LE GRAND PRÊTRE* (Jn **18** 12-18)

I. ANALYSES LITTÉRAIRES

Comme celui de l'arrestation de Jésus auquel il est étroitement lié, le récit de Jn **18** 12-18 contient trois niveaux rédactionnels différents : un récit du Document C, amplifié par Jean II-A, puis par Jean II-B.

```
C  | II-A | II-B
12 |      | La cohorte donc et le tribun et
   les gardes
   |      | des Juifs
   saisirent Jésus
   |      | et le lièrent
13 et le menèrent chez Anne
   |      | d'abord ; il était, en effet, le beau-père de Caïphe,
   |      | qui était Grand Prêtre de cette année-là.
14 |      | Or Caïphe était celui qui avait conseillé aux Juifs :
   |      | Il vaut mieux qu'un seul homme meure pour le peuple.
15 Or suivait (de loin)
   |      | Jésus
   Simon-Pierre
   |      | et un autre disciple. Ce disciple était connu du Grand Prêtre
   et il entra avec Jésus dans la cour du Grand Prêtre.
16 |      | Pierre se tenait à la porte, dehors. Cet autre disciple, qui était connu du Grand Prêtre, sortit donc et parla à la portière et introduisit Pierre.
17 |      | La servante, la portière, dit donc à Pierre : « Toi aussi, n'es-tu pas des disciples de cet homme ? » Celui-là dit : « Je n'en suis pas. »
18 |      | Les serviteurs et
   Les gardes, ayant fait un feu de braises,
   |      | car il faisait froid,
   se tenaient là
   |      | et se chauffaient ;
   (Simon-)Pierre aussi se tenait là avec eux
   |      | et se chauffait.
```

A) LES REMANIEMENTS DE JEAN II-B

1. L'ARRESTATION DE JÉSUS (**18** 12-13a)

a) Au v. 12, Jn se distingue des Synoptiques en ce qu'il mentionne la présence d'une cohorte romaine avec son tribun et le fait qu'on lia Jésus dès son arrestation. La présence d'une cohorte romaine s'expliquerait mal au niveau du Document C qui n'a pas pour habitude de noircir les Romains, comme on le verra dans la suite des récits de la passion. On ne s'explique pas davantage que le tribun ait amené son prisonnier chez Anne plutôt que chez Pilate, le gouverneur romain (cf. Ac **21** 31 ss.). On peut dès lors se demander si Jn n'aurait pas introduit ici des détails en provenance d'un autre récit, où ils sont mieux en situation, qu'il voudrait mettre en parallèle avec celui-ci. Précisément, Jn **18** 12-13a offre des analogies avec le récit de l'arrestation de Paul racontée en Ac **21** 31 ss. :

Jn **18** 12-13a	Ac **21**
La cohorte et *le tribun*...	31 On cherchait à mettre (Paul) à mort, quand cet avis parvint *au tribun de la cohorte*...
saisirent Jésus et le *lièrent* et le *menèrent* chez Anne d'abord	33 Alors *le tribun*, s'approchant, *s'empara de lui et ordonna de *le lier*... 34 ... il ordonna de *le mener* dans la forteresse.

Dans le récit des Actes, la présence d'un tribun et de sa cohorte (ou d'une partie de sa cohorte) se justifie puisqu'il s'agit d'arracher Paul aux mains d'une foule en furie. On notera par ailleurs l'importance que revêtent les « tribuns » dans le livre des Actes (0/1/0/1/17/2) ; en revanche, pourquoi Jn ne s'est-il pas contenté de faire venir un « centurion », ou « chef de cent », personnage plusieurs fois nommé dans les Synoptiques (Mc **15** 39.44.45 ; Mt **8** 5.8.13 ; **27** 54 et les parallèles de Lc) ? L'emprunt de Jn au récit des Actes est d'autant plus probable ici qu'il se poursuivra à la scène suivante : Jésus conduit par le tribun chez Anne (**18** 13a), le Grand Prêtre (**18** 19), est traité par un des assistants (**18** 22-23) de manière analogue à Paul lorsqu'il fut conduit par le tribun devant le Sanhédrin présidé par le Grand Prêtre Ananie (Ac **23** 1 ss.) ; sur ce rapprochement entre Jn et Ac, noté par presque tous les commentateurs, voir note § 340-B.

On le verra dans le commentaire du texte, cet emprunt de Jn à Ac **21** 31 ss. a pour but d'établir un parallélisme entre le destin de Jésus et celui de Paul ; or une telle préoccupation est typique de Jean II-B (Introd., 6 s). C'est donc à lui qu'il faut attribuer, ici, la mention de la cohorte avec son tribun et le fait que Jésus fut lié dès son arrestation. Dans ces remaniements, on notera la séquence grammaticale « la cohorte *donc*... saisirent... *et* le lièrent *et* le menèrent » (A 13).

b) Toujours au v. 12, l'expression « les gardes des Juifs » n'est pas primitive ; dans le récit de l'arrestation de Jésus du Document C, on a vu en effet que les gardes conduits par Judas étaient envoyés par les grands prêtres (**18** 3 ; voir note § 338). L'expression est d'ailleurs dans le style de Jean II-B (Introd., 8 c) ; il mentionne ici « les Juifs » plutôt que les grands prêtres et les Pharisiens, comme dans le récit précédent, pour préparer la glose du v. 14 qui rappelle le conseil donné par Caïphe « aux Juifs ». Dans le récit primitif, on devait avoir simplement « les gardes » (F 36).

c) Selon Jn **18** 13a, Jésus fut mené « chez Anne d'abord ». L'adverbe « d'abord » fut ajouté par Jean II-B pour préparer le v. 24 où il dira que Anne envoya Jésus chez Caïphe (note § 340-B). En revanche, Jean II-B lisait dans sa source le nom de Anne, sinon, on ne voit pas pourquoi il l'aurait introduit, ce qui l'obligeait à ajouter la rectification contenue dans les vv. 13b-14 ; sans elle, on devait conclure que c'était Anne, et non Caïphe, qui était le Grand Prêtre en exercice, d'après les parallèles synoptiques et le v. 15b où il est dit que le disciple qui suivit Jésus entra « dans la cour du Grand Prêtre »

2. La mention de Caïphe (**18** 13b-14)

D'après le récit de Jean II-A, Jésus aurait été mené chez Anne au moment de son arrestation (**18** 13a). Une glose précise ensuite le lien de parenté entre Anne et Caïphe et le rôle joué par Caïphe dans la décision de mettre Jésus à mort (**18** 13b-14). Cette glose reprend assez littéralement les données de Jn **11** 49.50b :

Jn **11** 49.50b	Jn **18** 13b-14
L'un d'eux, Caïphe, étant Grand Prêtre de cette année-là	Il était en effet le beau-père de Caïphe, qui était Grand Prêtre de cette année-là. Caïphe était celui qui avait conseillé aux Juifs :
leur dit : « ... il vaut mieux qu'un seul homme meure pour le peuple... »	Il vaut mieux un seul homme mourir pour le peuple.

La glose de **18** 13b-14 peut être attribuée à Jean II-B pour les raisons suivantes. Elle doit être comparée à celle de Jn **11** 2 qui anticipe très littéralement les données de Jn **12** 3b ; dans les deux cas, il s'agit d'identifier un personnage déterminé, ici Caïphe, là Marie, en référence à une action décrite ailleurs ; ces deux gloses ont en outre une structure grammaticale analogue qui ne se rencontre nulle part ailleurs chez Jn : « Or était Caïphe le ayant conseillé... » « Or était Marie la ayant oint... » Puisque la glose de **11** 2 est de Jean II-B (note § 266), c'est à Jean II-B qu'il faut attribuer aussi celle de **18** 13b-14. L'insertion de cette glose a obligé Jean II-B à ajouter le nom de Jésus après le verbe « suivaient » du v. 15. Au v. 13b, la formule « il était en effet » (*èn gar*) ne se lit ailleurs chez Jn qu'en **3** 19 ; **19** 31 ; **21** 7, tous textes de Jean II-B. On notera aussi les caractéristiques stylistiques du v. 14 : « Or était (Caïphe) » (B 14), « les Juifs » (C 7), « mourir » (F 22), « pour » (F 26).

3. Pierre auprès du feu (**18** 18)

Le v. 17, qui évoque le premier reniement de Pierre, fut ajouté par Jean II-B ; ce point sera développé à la note suivante. Quant au v. 18, il fut quelque peu remanié par Jean II-B. Au début du verset, celui-ci introduisit la mention des « serviteurs », afin de préparer le troisième reniement de Pierre (**18** 26, de Jean II-B). Par ailleurs, il dédoubla le verset pour insérer l'épisode de la comparution de Jésus devant Anne ; il est clair en effet que le v. 25a ne fait que reprendre, en les simplifiant, les termes du v. 18 ; en effectuant ce dédoublement, Jean II-B a probablement transféré au v. 25 le nom double de « Simon-Pierre » et l'a remplacé par le simple « Pierre ». C'est aussi Jean II-B qui a précisé : « car il faisait froid », littéralement : « car c'était la (saison) froide » ; on comparera cette précision à celles de **10** 22 : « C'était l'hiver » et de **13** 30 : « Or c'était la nuit », deux gloses de Jean II-B. Il aurait alors ajouté les deux verbes « et se chauffaient » « et se chauffait », sous l'influence de Mc **14** 54. Ces diverses expressions sont absentes, on l'aura remarqué, du parallèle de Lc, qui a pourtant lui aussi le thème du feu allumé. Sans ces insertions de Jean II-B, le texte de Jn offre une structure très semblable à celui de Lc **22** 55 ; c'est que, comme on le verra plus loin, Jean II-A et Lc dépendent de la même source, le Document C.

Les caractéristiques stylistiques de ce v. 18 se lisaient déjà dans le récit du Document C : « braises » (A 134), « gardes » (F 36), « se tenait » (F 31), « Or était (Pierre) » (B 14).

B) UNE ADDITION DE JEAN II-A

1. Selon Mt **26** 58 (cf. Mc), Pierre suit Jésus et entre sans difficulté dans le palais du Grand Prêtre. D'après Jn **18** 15-16, il aurait eu besoin d'un « autre disciple » connu du Grand Prêtre. Wellhausen et Spitta n'ont qu'en partie raison d'affirmer que les vv. 15-16 sont une insertion de l'évangéliste ; nous allons voir que ce dernier ne fait que compléter le texte de sa source. Pour le comprendre, il faut comparer ce passage à Jn **20** 3 ss. qui présente un jeu de scène analogue. Le matin de Pâques, Pierre et l'autre disciple se retrouvent côte à côte pour se rendre au tombeau du Christ. Ce second récit a son parallèle en Lc **24** 12, où Pierre seul est en scène comme il est seul en scène en Mt **26** 58. Dans les deux récits, Jn utilise le même procédé rédactionnel facile à saisir dès que l'on met en regard tous ces textes.

Mt **26** 58	Jn **18** 15-16	Lc **24** 12	Jn **20** 3 ss.
Or Pierre le suivait de loin	Or Simon-Pierre et un autre disciple suivait Jésus.	Mais Pierre... courut au tombeau	Pierre sortit donc, et l'autre disciple, et ils allaient au tombeau. Ils couraient... ensemble. Et l'autre disciple courut plus vite que Pierre...
jusqu'à la cour du Grand Prêtre et étant entré...	Ce disciple était connu du Grand Prêtre et il entra avec Jésus dans la cour du Grand Prêtre.	et s'étant penché il voit les bandelettes...	et s'étant penché il voit les bandelettes...

Pierre se tenait à la porte dehors. Cet autre disciple... introduisit Pierre.		Simon-Pierre vient alors... et il entra dans le tombeau et il aperçoit les bandelettes...

Le procédé rédactionnel est le suivant. Jn se trouve en présence d'une source dans laquelle Pierre seul est en scène. En introduisant un « autre disciple », il rend commune à Pierre et à cet autre disciple l'action que Pierre accomplissait seul dans le récit de sa source. Il donne ensuite la raison pour laquelle cet « autre disciple » va supplanter Pierre : il était connu du Grand Prêtre, il courut plus vite que Pierre. Une seconde action, accomplie par Pierre chez Mt ou Lc, est alors faite chez Jn par l'autre disciple : il entre dans la cour du Grand Prêtre, il se penche et voit les bandelettes. A ce moment seulement, Pierre peut, après l'autre disciple, accomplir la même action.

2. Le procédé littéraire qui consiste à introduire « un autre disciple » aux côtés de Pierre a son équivalent dans plusieurs passages des Actes, où Pierre et Jean se trouvent côte à côte (**3** 1 ss. ; **4** 1 ss. ; **8** 14 ss.). Les commentateurs du livre des Actes l'ont noté depuis longtemps, dans tous ces cas, Jean, l'apôtre, ne joue qu'un rôle très secondaire par rapport à Pierre. Il est toujours nommé en second. Pierre seul s'adresse à l'impotent qui lui demande l'aumône (**3** 6). Les deux discours qui suivent le miracle sont l'œuvre de Pierre (**3** 12-26 ; **4** 8-12). Enfin, en **8** 17, Pierre et Jean imposent les mains aux Samaritains pour leur transmettre l'Esprit, mais Pierre seul réplique à Simon le magicien qui veut acheter un tel pouvoir (**8** 20-23). Beaucoup de commentateurs admettent donc que, dans tous ces passages, Lc dépendrait d'une source où Pierre seul était en scène ; c'est Lc qui aurait introduit le personnage de Jean aux côtés de Pierre (cf. Ac **3** 4 et **4** 13, où l'addition du nom de Jean semble évidente). Puisque le procédé littéraire est le même en Jn **18** 15-16 et **20** 3 ss., il faut admettre que Jean II a complété le récit de sa source. Précisons que Jean II a dû supprimer l'adverbe « de loin », attesté dans les trois Synoptiques, car il pouvait revêtir une nuance péjorative qui, dans sa perspective, ne convenait pas à « l'autre disciple », symbole du disciple par excellence.

3. Le style des passages qui impliquent la présence de Pierre et de l'autre disciple est de Jean II. Au v. 15, la formule « ce disciple » (*ho mathètès ekeinos*) se lit encore en **21** 7 et **21** 23, deux textes de Jean II. Ce v. 15 ne contient qu'une caractéristique stylistique : « Simon-Pierre », mais qui se lisait déjà dans le récit du Document C (B 32). Les caractéristiques stylistiques du v. 16 dénotent davantage le style de Jean II : « à la porte » (C 34*), « sortit *donc... et* parla... *et* fit entrer » (A 13 et A 19), « l'autre disciple » (A 31*), « portière » (B 91*), « se tenait » (F 31), verbe que Jean II reprend, il est vrai, au récit du Document C.

Certains indices permettent toutefois de préciser que cette introduction de « l'autre disciple » aux côtés de Pierre doit être attribuée à Jean II-A. Le récit de l'annonce de la trahison de Judas contient, on l'a vu, un jeu de scène semblable ; grâce, non à un « autre disciple », mais « au disciple que Jésus aimait », Simon-Pierre peut connaître la pensée de Jésus (**13** 23-26). D'après **20** 2, il s'agit pour Jean III du même personnage (note § 360) ; mais la différence des formules trahit, selon nous, deux niveaux rédactionnels différents. Puisque nous avons attribué à Jean II-B celle « du disciple que Jésus aimait » (note § 317, II C 2), nous attribuerons à Jean II-A celle de « l'autre disciple ». On remarquera par ailleurs que la structure générale de **18** 16 est comparable à celle **20** 8, texte de Jean II-A qui met en scène l'autre disciple : « Sortit donc le disciple, l'autre, qui était connu du Grand Prêtre, et il parla à la portière et il introduisit Pierre » « Alors donc entra aussi l'autre disciple, qui était venu le premier au tombeau, et il vit et il crut. »

C) UN RÉCIT DU DOCUMENT C

Donnons tout de suite le récit primitif tel que nous avons cru pouvoir le reconstituer :

12 ( ) Les gardes ( ) saisirent Jésus ( )
13a et le menèrent chez Anne ( ).
15 Or Simon-Pierre ( ) suivait ( ) (de loin) et il entra avec Jésus dans la cour du Grand Prêtre.
18 ( ) Les gardes, ayant fait un feu de braises ( ), se tenaient là ( ) ; (Simon-)Pierre aussi se tenait là avec eux ( ).

Est-il possible de préciser l'origine de ce récit johannique ?

1. C'est avec le récit de Lc que Jn offre le plus d'affinités. Aux vv. 12-13a, il a en commun avec Lc contre Mt/Mc les deux verbes « saisir » et « mener » (Mc ne mentionne même pas ici l'arrestation proprement dite de Jésus). L'accord de Jn/Lc sur le second verbe n'est pas très significatif car tous deux emploient souvent *agein* pour dire « mener » quelqu'un (3/1/12/8/24). L'accord sur le premier verbe est beaucoup plus intéressant. Pour dire « arrêter » quelqu'un, en effet, Mt/Mc emploient d'ordinaire le verbe *kratein* (8/8/0/0/1) et Jn le verbe *piazein* (C 5) ; ici, Jn et Lc ont *syllambanein*, de saveur plutôt lucanienne (au sens de « arrêter » : 1/1/1/1/4/0 ; chez Mt/Mc, par influence lucanienne ; cf. Synopse, tome II, note § 338, III). Nous avons donc un accord Jn/Lc sur un verbe contraire au style de Jn. Au v. 15, Jn a la particule de liaison « or » et le verbe « suivre » à l'imparfait avec Lc/Mt contre Mc. — Au v. 18, la structure de son texte répond exactement à celle de Lc, bien qu'ils n'aient à peu près aucun mot en commun. Ils sont seuls à mentionner que des gens ont allumé du feu. Tous deux distinguent nettement deux groupes

de personnages : ceux qui ont allumé du feu, puis Pierre (nommé explicitement) qui se tient avec eux (Jn et Lc ont un simple pronom, au lieu de « avec les gardes » de Mt/Mc) ; cette distinction des deux groupes est soulignée par la répétition, chez Lc du verbe « être assis » (avec un préfixe dans le premier cas), chez Jn du verbe « se tenir là ».

2. Mais Jn se sépare aussi de Lc pour se rapprocher de Mt/Mc sur un certain nombre de points. Il mentionne la cour du Grand Prêtre à propos de Pierre, comme Mt/Mc, et non à propos de l'arrestation de Jésus (Lc). Au v. 15, il a le verbe « entrer » avec le seul Mt contre Lc/Mc. Au v. 18, il mentionne les « gardes » avec Mt/Mc contre Lc.

3. Que conclure de ces divers rapprochements ? Avant de porter un jugement, il faut remarquer que le texte actuel de Lc est un texte tronqué. Au v. 54, il est étrange que Lc ne dise pas que Pierre est entré chez le Grand Prêtre à la suite de Jésus. Au v. 55, on ne sait pas qui sont ces gens qui ont allumé du feu et auprès desquels Pierre se tient ; ce ne sont sûrement pas les grands prêtres, les chefs du Temple et les anciens mentionnés au v. 52 ! Le récit actuel de Lc n'aurait-il pas abrégé un récit plus complet du proto-Lc, dans lequel on mentionnait l'entrée de Pierre dans la cour du Grand Prêtre et la présence des gardes autour du feu (cf. Lc **22** 63a) ? Dans ce cas, Jn pourrait tenir l'épisode, soit du proto-Lc, soit directement du Document C. On préférera cette deuxième hypothèse puisque Jean II-A tenait déjà l'épisode précédent de ce Document C.

II. LE SENS DES RÉCITS

Dépourvu de toute pointe théologique, le récit du Document C n'offre aucune difficulté, sinon la mention de Anne au v. 13a ; mais ce problème sera traité à la note § 340-B. Nous nous bornerons donc ici à donner la signification des remaniements effectués par Jean II-A et Jean II-B.

A) L'ADDITION DE JEAN II-A

En **18** 15-16, Jean II-A reprend le texte du Document C racontant comment Simon-Pierre était entré dans la cour du Grand Prêtre, à la suite de Jésus. Mais il ajoute à sa source un jeu de scène très particulier. Pierre n'est pas seul ; il est accompagné d'un autre disciple dont l'évangéliste ne nous donne pas le nom. Cet autre disciple « entre avec Jésus » chez le Grand Prêtre, tandis que Pierre reste dehors. C'est seulement grâce à l'intervention de l'autre disciple que Pierre pourra à son tour entrer chez le Grand Prêtre. Jean II-A introduira un jeu de scène analogue à propos de la visite au tombeau vide, en **20** 3-10. Si l'on se rappelle que, dans la

tradition évangélique, « suivre Jésus » (v. 15a) est la caractéristique du « disciple » (Jn **1** 43 ; Mc **1** 18 ; **2** 14 ; **8** 34 et par.), il est facile de comprendre que, pour Jean II-A, celui qu'il appelle « l'autre disciple » est le type du disciple parfait puisqu'il « suit » Jésus là où les autres, même Pierre, ne peuvent suivre. C'est pour cette raison sans doute que Jean II-A supprime du texte de sa source l'adverbe « de loin », attesté par les trois Synoptiques et qui revêt une nuance péjorative. D'après Jn **20** 2, cet « autre disciple » est identique au « disciple que Jésus aimait » dont il est parlé pour la première fois en Jn **13** 23. Effectivement, pour Jean II-B, le « disciple que Jésus aimait » est également le type du disciple parfait (note § 317, III B 3). Sur le problème de l'identification de ce disciple, voir Introd., 8 l.

B) LES REMANIEMENTS DE JEAN II-B

1. JÉSUS ET PAUL

Pour raconter l'arrestation de Jésus (**18** 12-13a), Jean II-B reprend le texte de Jean II-A mais lui ajoute la mention de la cohorte romaine avec son tribun, ainsi que le détail de Jésus qui est lié. Ces traits sont repris de Ac **21** 31 ss. (*supra*, I A 1 *a*) où nous lisons le récit de l'arrestation de Paul. L'intention de Jean II-B n'est pas d'émailler son récit de précisions historiques ou de détails pittoresques repris d'ailleurs. Il veut établir un parallélisme entre le destin de Paul et celui de Jésus (Introd., 6 s). L'intention est claire ; par delà les cas particuliers de tel ou tel apôtre, il faut montrer que les persécutions contre les disciples de Jésus, d'où qu'elles viennent, des autorités juives ou romaines, se situent dans le prolongement des persécutions endurées par le Christ et qui l'ont mené jusqu'à la mort. Ainsi est illustrée cette parole de Jésus : « Le serviteur n'est pas plus grand que son maître ; s'ils m'ont persécuté, vous aussi ils vous persécuteront » (Jn **15** 20 ; cf. Mt **10** 23-24 ; 1 Th **2** 14-15).

2. ANNE ET CAÏPHE

Au niveau du Document C et encore de Jean II-A, Jésus aurait été conduit chez Anne que l'on pouvait tenir pour le Grand Prêtre d'après le parallèle des Synoptiques (cf. d'ailleurs Jn **18** 19 ss.). La glose des vv. 13b-14, qui reprend les données de Jn **11** 49-50, veut donner une précision historique : c'était Caïphe, et non pas Anne, qui était Grand Prêtre cette année-là (cf. Mt **26** 3.57). Anne en effet avait été destitué de ses fonctions de Grand Prêtre par le procurateur Valerius Gratus en l'an 15 et nous savons, par d'autres sources, que c'était bien Caïphe qui était Grand Prêtre au moment de la mort de Jésus. Jean II-B précise également le lien de parenté qui unissait Anne et Caïphe (v. 13b) et qui explique probablement le rôle que Anne put jouer au cours de la nuit de l'arrestation de Jésus. Sur ce point, voir note § 340-B.

Note § **340-A.** *RENIEMENTS DE PIERRE* (Jn **18** 17-18. 25-27)

Dans Jn, le récit des reniements de Pierre se trouve scindé en deux. Le premier reniement aurait eu lieu au moment où Pierre entre dans le palais du Grand Prêtre (**18** 17-18) ; les deux autres sont racontés après l'interrogatoire de Jésus par Anne (**18** 25-27). Un tel arrangement est artificiel, comme l'indique la reprise en **18** 25a des éléments narratifs de **18** 18b. Avant d'étudier la genèse littéraire du texte johannique, rappelons comment se pose le problème dans la tradition synoptique (Synopse, tome II, note § 340, II). Au niveau des Documents A, B et C, il n'y avait qu'un seul reniement ; c'est le Mc-intermédiaire qui a fusionné les trois récits parallèles et composé un épisode comprenant trois reniements successifs. Son texte est ensuite passé dans les ultimes rédactions matthéenne et lucanienne ; mais au niveau du Mt-intermédiaire et du proto-Lc, il n'y avait qu'un seul reniement, comme dans les Documents anciens. Le reniement en provenance du Document A était passé dans le Mt-intermédiaire ; on en trouve encore des traces en Mt **26** 71b-72 (deuxième reniement ; cf. Mc **14** 69-70a). Le reniement en provenance du Document B se lit encore, avec quelques retouches, en Mc **14** 66b-68 (premier reniement ; cf. Mt **26** 69b-70). Le reniement en provenance du Document C, celui qui va nous intéresser ici, se retrouve en Lc **22** 58, moyennant certaines retouches qui n'en altèrent pas la substance ; on en trouve encore des traces dans le troisième reniement de Mc (**14** 70b-71) et du Mt actuel (**26** 73-74). Comment concevoir les rapports entre le récit de Jn et celui des Synoptiques ?

Quand on compare le récit de Jn à ceux des Synoptiques, un fait apparaît aussitôt : seul, le deuxième reniement (Jn **18** 25) et la conclusion de l'épisode (**18** 27b) offrent des affinités littéraires étroites avec la tradition synoptique, spécialement avec Lc **22** 58 ; le premier reniement n'est qu'un dédoublement du deuxième et le troisième est formé d'éléments repris de Jn **18** 10. On peut dès lors formuler l'hypothèse suivante : le reniement du Document C, le deuxième dans la tradition johannique, fut repris par Jean II-A sans modification appréciable ; les premier et troisième reniements furent ajoutés par Jean II-B sous l'influence des récits synoptiques actuels. Avant de voir si cette hypothèse peut être étayée de sérieux arguments littéraires, donnons la composition des deux niveaux rédactionnels.

C	II-B	
17		La servante, la portière, dit donc à Pierre : « Toi aussi, n'es-tu pas des disciples de cet homme ? » Celui-là dit : « Je n'en suis pas. »
25		Or Simon-Pierre se tenait là, et se chauffait.
	Ils lui dirent (:)	
		donc :
		« Toi aussi, n'es-tu pas (d'entre eux)
		de ses disciples ? » Celui-là nia et
	(Il)	dit : « Je n'en suis pas. »
26		Un des serviteurs du Grand Prêtre, parent de celui à qui Pierre avait coupé l'oreille, dit : « Ne t'ai-je pas vu dans le jardin, avec lui ? »
27		De nouveau donc, Pierre nia.
	Et aussitôt un coq chanta.	

A) LE RÉCIT DU DOCUMENT C

1. Comparons le texte du deuxième reniement, chez Jn, à ceux du deuxième reniement chez Lc et du troisième reniement chez Mc qui dépendent tous deux du Document C.

Mc **14** 70	Lc **22** 58	Jn **18** 15
... ceux qui se tenaient auprès disaient à Pierre : « Vraiment, tu es d'entre eux... »	... un second l'ayant vu déclara : « Toi aussi, tu es d'entre eux. » Mais Pierre déclara : « Homme, Je n'en suis pas. »	Ils lui dirent : « Toi aussi, n'es-tu pas d'entre ses disciples ? » Celui-là nia et dit : « Je n'en suis pas. »

La parenté entre les différents textes est évidente, plus complète entre Lc et Jn qu'entre Mc et Jn. Comme dans les sections précédentes, Jn doit dépendre ici du Document C. Comment peut-on rendre compte de leurs divergences ?

a) Chez Jn, la remarque faite à Pierre est donnée sous la forme d'une question introduite par la négation *mè ;* cette structure grammaticale est caractéristique du style de Jean II (F 3*), et en particulier de Jean II-B quand elle est suivie, comme ici, de « aussi » (*kai*) + pronom personnel (A 37*) ; on peut donc soupçonner Jean II-B d'avoir retouché le texte primitif. Au lieu de la formule attestée par Lc/Mc « d'entre eux » (*ex autôn*), Jn a « d'entre ses disciples » (*ex tôn mathètôn autou*) ; mais c'est une habitude de Jean II-B d'introduire les disciples dans les récits qu'il reprend de sa source (cf. **2** 17.22 ; **3** 22 ; **6** 60 ; **11** 7 ; **12** 16) ; le récit du Document C devait donc avoir, comme Lc/Mc, « d'entre eux ». Enfin, le « celui-là nia » de Jn n'a pas de parallèle dans Lc/Mc ; ce verbe « nier » se lit dans les deux premiers reniements de Mt/Mc et il fut introduit ici par Jean II-B sous leur influence comme au v. 27 (cf. *infra*) ; on notera d'ailleurs que le démonstratif « celui-là » (*ekeinos*), utilisé comme pronom, est bien dans le style de Jean II (C 37).

b) De son côté, Lc a modifié le texte de sa source. Un seul homme s'adresse à Pierre tandis qu'ils sont plusieurs chez Jn/Mc ; si l'on se rappelle qu'au niveau du Document C le v. 25 suivait immédiatement le v. 18 (cf. *supra*), on voit aussitôt le rapprochement entre le texte de Mc « ceux qui se tenaient auprès » et celui de Jn **18** 18 « les gardes... se tenaient là » ; c'est donc Lc qui a changé le texte de sa source. C'est lui aussi qui a ajouté le vocatif « Homme » dans la réponse de Pierre, comme il le fera au v. 60 (troisième reniement) et comme il ajoutera le vocatif « Femme » au v. 57 (premier reniement). Peut-être est-ce Lc aussi qui ajouta la précision « l'ayant vu », absente de Mc, sous l'influence du texte du premier reniement.

2. Au niveau du Document C, le texte se terminait, comme dans le récit actuel, par le v. 27b : « Et aussitôt un coq chanta. » Mais la formule de Jn est identique à celle de Mt, sauf le léger changement de *euthys* en *eutheôs* pour dire « aussitôt » (aucun des deux mots n'est d'ailleurs très johannique). Faut-il voir ici une influence de Mt sur la rédaction de Jean II-B ? Ou la formule se lisait-elle déjà ainsi dans le Document C ? Il est impossible de répondre. De toute façon, le texte du Document C ne devait pas différer beaucoup du texte actuel de Jn.

3. On a déjà fait remarquer que, dans Jn, le deuxième reniement est anormalement séparé de son introduction (**18** 18) par la comparution de Jésus devant Anne (**18** 19-24) ; la suture rédactionnelle est évidente, avec la reprise des données de **18** 18b en **18** 25a. Au niveau du Document C et de Jean II-A, comme dans le proto-Lc, le reniement de Pierre suivait immédiatement la description du groupe des gardes et de Pierre du v. 18. C'est Jean II-B qui est responsable de l'ordonnance actuelle du texte de Jn. Pour reprendre le récit de sa source, après l'insertion des vv. 19-25a, Jean II-B a introduit, selon son habitude, la particule « donc » après le verbe « ils dirent » au début du v. 25b (B 1).

En tenant compte des analyses faites à la note § 339 (pour le v. 18) et des remarques précédentes, on peut reconstituer le texte du Document C de la manière suivante :

18 ( ) Les gardes, ayant fait un feu de braises, ( ) se tenaient là ( );
     (Simon)-Pierre aussi se tenait là avec eux ( ).
25b ( ) Ils lui dirent : « Toi aussi, tu es (d'entre eux). » ( )
     Il dit : « Je n'en suis pas. »
27b Et aussitôt un coq chanta.

Ce récit du Document C contient déjà quelques caractéristiques stylistiques ; dans la note précédente, nous avons relevé celles du v. 18, mais il faut noter ici celle du v. 25, l'expression « être de » (C 18), attestée aussi par Mc/Lc.

B) LES ADDITIONS DE JEAN II-B

C'est Jean II-B qui a ajouté le premier et le troisième reniements de Pierre.

1. Le premier reniement n'est qu'un dédoublement du deuxième tel qu'il se lisait dans Jean II-A, moins le verbe « nia ». Pour s'en convaincre, il suffit de mettre en regard les deux textes :

18 17	**18** 25
La servante, la portière, dit à Pierre : « Toi aussi, n'es-tu pas des disciples de cet homme ? » Celui-là dit : « Je n'en suis pas. »	Ils lui dirent : « Toi aussi, n'es-tu pas de ses disciples ? » Celui-là... dit : « Je n'en suis pas. »

Cette façon de composer, en dédoublant le texte d'une source, est bien dans la manière de Jean II-B (Introd., 1 i). On remarquera qu'au lieu de « de ses disciples » (v. 25) on a au v. 17 « des disciples de cet homme ». Ce changement est intentionnel et a pour but d'obtenir six fois, dans l'évangile, la formule « cet homme » à propos de Jésus (C 78). « Six » est en effet le chiffre qui symbolise l'imperfection, d'où la faiblesse ; Jésus est fatigué à la sixième heure (**4** 6) et c'est à la sixième heure qu'il sera livré pour être crucifié (**19** 14) ; « six » est donc le chiffre qui symbolise l'humanité de Jésus. Mais un tel comput de mots ou d'expressions est le fait de Jean II-B (Introd., 7 n) ; c'est donc bien lui qui a composé le premier reniement. Les caractéristiques stylistiques sont d'ailleurs nombreuses dans ce verset : « portière » (B 91*), « dit donc » (A 26*), « La servante dit à Pierre » (C 12), « Toi aussi, n'es-tu pas » (A 37*), « être de » (C 18), « cet homme » dit du Christ (C 78), « celui-là » (C 37).

2. Quant au troisième reniement, il se réfère aux événements racontés en Jn **18** 1b.10. Plusieurs détails dénotent la main de Jean II-B. Le serviteur du Grand Prêtre qui intervient (v. 26a) est identifié comme « parent de celui à qui Pierre avait coupé l'oreille » (cf. **18** 10) ; cette façon de préciser la personnalité d'un personnage en référence à une situation passée est typique de Jean II-B. Au v. 26, la formule « parent de celui... » (*syggenès ôn* + génitif) a son équivalent en **11** 49 « Grand Prêtre de cette année-là » (*archiereus ôn* + génitif), texte de Jean II-B. De même, l'interrogation « Ne t'ai-je pas vu... ? » a même structure que celle de **6** 70 « Ne vous ai-je pas choisis... ? », texte de Jean II-B. On notera dans ce troisième reniement les caractéristiques stylistiques suivantes : au v. 26, « un des serviteurs » (C 75*), « jardin » (B 41*) ; – au v. 27, « de nouveau donc » (A 91).

3. L'addition des premier et troisième reniements par Jean II-B s'est faite sous l'influence des textes synoptiques tels que nous les avons. Toutefois, on vient de le voir, Jean II-B a repris aux textes synoptiques *le fait* qu'il y aurait eu trois reniements, et non le détail des récits. N'y aurait-il pas malgré

out quelques contacts plus précis entre le texte actuel de Jn et celui des Synoptiques qui indiqueraient de qui dépend Jean II ? Au v. 17, dans le premier reniement, celle qui pose la question à Pierre est désignée par l'expression « la servante, la portière ». Ce doublet a pour but de faire le lien entre « la portière » qui laisse entrer Pierre au v. 16 et la « servante » qui intervient dans le premier reniement raconté par les Synoptiques (Mc **14** 66 et par.). D'autre part, au v. 26 de Jn et donc dans le troisième reniement, celui qui pose la question à Pierre est désigné par l'expression « un des serviteurs du Grand Prêtre » ; on rejoint la formule de Mc **14** 66 (seul) : « une des servantes du Grand Prêtre. » Jean II-B n'aurait-il pas alors dédoublé la formule de Mc **14** 66 pour désigner les personnages qui interviennent dans le premier et le troisième reniements ? Au premier reniement, il aurait simplement gardé le thème de « la servante » qu'il aurait joint à celui de « la portière » que Jean II-A avait introduit au v. 16 ; au troisième, il aurait changé « servante » en « serviteur ».

Jean II a introduit deux fois le verbe « nier » : au v. 25

(deuxième reniement) et au v. 27 (troisième reniement). On lit également deux fois le verbe « nier » dans les récits de Mc et de Mt. Mais en Mc **14** 70 seul ce verbe est employé sans que soit précisé le contenu du reniement ; le même phénomène se lit en Jn **18** 27a, qui dépendrait donc de Mc plutôt que de Mt.

Malgré la très grande originalité de son texte, certains détails indiqueraient donc que, pour ajouter les premier et troisième reniements, Jean II-B fut influencé surtout par le texte actuel de Mc.

4. Ce serait enfin sous l'influence de la tradition Mt/Mc que Jean II-B aurait inséré le récit de la comparution de Jésus devant Anne entre le premier et le deuxième reniements. Son v. 25a, en effet, reprend les données du v. 18b exactement comme les vv. 66a et 69a de Mc et de Mt reprennent les données de leurs vv. 54b et 58b. Cette nouvelle disposition des textes fut inspirée aussi par une intention théologique que nous préciserons à la note § 340-B, II B 3.

Note § **340-B**. *INTERROGATOIRE PAR ANNE* (Jn **18** 19-24)

I. ANALYSES LITTÉRAIRES

L'interrogatoire de Jésus par Anne, que Jn est le seul à raconter, doit remonter au Document C. Repris sans modification appréciable par Jean II-A, il fut considérablement remanié par Jean II-B.

C | II-B

19 Le Grand Prêtre donc interrogea Jésus
| sur ses disciples et
sur sa doctrine.
20 Jésus lui répondit : « En public j'ai parlé au monde ;
| toujours j'ai enseigné en synagogue et dans le Temple
| où tous les Juifs se réunissent ;
et en secret je n'ai parlé de rien.
21 Pourquoi m'interroges-tu ? Interroge ceux qui ont entendu
ce que je leur ai dit. (»)
22 | Voici, eux savent ce que j'ai dit. »
| Mais comme il disait cela,
(Et) un des gardes
| qui se tenait là
donna une gifle à Jésus (.)
| en disant : « Ainsi tu réponds au Grand Prêtre ? »
23 | Jésus lui répondit : « Si j'ai mal parlé, témoigne de ce
qui est mal ; mais si j'ai bien parlé, pourquoi me frappes-
tu ? »
24 | Anne l'envoya donc, lié, au Grand Prêtre, Caïphe.

A) UN RÉCIT DU DOCUMENT C

Le récit de l'interrogatoire de Jésus par Anne remonte, pour l'essentiel, au Document C ; voici les raisons que l'on peut invoquer en ce sens.

1. Le récit johannique est très original. D'après Mc et Mt Jésus est emmené chez le Grand Prêtre aussitôt après son arrestation ; les membres du Sanhédrin sont alors rassemblés d'urgence et entreprennent le « procès » de Jésus qui se termine par sa condamnation à mort (Mc **14** 53-64 ; Mt **26** 57-66). Tout ceci se passe durant la nuit. Au matin, les membres du Sanhédrin se réunissent à nouveau afin de se concerter avant de conduire Jésus devant Pilate (Mc **15** 1 ; Mt **27** 1-2). Selon Lc, il n'y aurait eu qu'une seule réunion du Sanhédrin, celle du matin au cours de laquelle se serait déroulé le « procès » de Jésus, immédiatement suivi de sa comparution devant Pilate (Lc **22** 66 ss.) ; durant la nuit, Jésus serait simplement resté dans la maison du Grand Prêtre en attendant de comparaître devant le Sanhédrin (**22** 54). Jn présente les événements de façon très différente. Il ne dit rien d'une réunion devant le Sanhédrin, ni durant la nuit (Mc/Mt), ni au matin (Lc) ; il en a transféré les éléments, d'une part en **10** 24 ss., d'autre part en **11** 47 ss. (cf. notes § 264 et § 267). En revanche, il place durant la nuit un interrogatoire de Jésus par Anne, le Grand Prêtre, dont ne parlent pas les Synoptiques ; cet interrogatoire reste, semble-t-il, strictement privé. L'originalité du récit johannique permet de penser qu'il doit remonter, pour l'essentiel, au Document C, comme tous les autres récits de quelqu'importance qui ne se lisent pas dans la tradition synoptique.

2. Dans le Document C, nous l'avons vu à la note § 339 (I A 1), Jésus aurait été emmené chez Anne, considéré comme le Grand Prêtre, dès son arrestation (**18** 13a). Jean II-B fut d'ailleurs embarrassé par cette mention de Anne, qui remplace le Caïphe de la tradition matthéenne, et il se crut obligé d'harmoniser son texte sur celui de Mt en ajoutant les précisions

des vv. 13b-14 (note § 339, I A 2). Mais pourquoi le Document C aurait-il mentionné ce fait s'il ne se passait rien entre Anne et Jésus ? Jn **18** 13a, du Document C, ne peut s'expliquer que s'il est suivi d'un récit qui met en scène Anne et Jésus ; ce récit est celui que nous lisons en **18** 19-23, abstraction faite des amplifications dues à Jean II-B.

3. Dans la scène d'outrages à Jésus prophète, qui eut lieu selon Mc/Mt aussitôt après le procès devant le Sanhédrin et qui est l'équivalent johannique de la comparution de Jésus devant Anne, Mc combine vraisemblablement trois traditions différentes, dont l'une trouve un écho dans le récit johannique qui nous occupe : sur la réponse de Jésus au Grand Prêtre, *un garde* lui donne une *gifle* (Jn **18** 22) ; de même il est dit en Mc **14** 65c : « ... et *les gardes* le traitèrent avec des *gifles* » (cf. tome II, note § 343) ; le pluriel, dans Mc, s'explique par la nécessité d'harmoniser avec les autres traditions utilisées pour composer le récit. Si les deux premières traditions reprises par Mc sont celles des Documents A et B, la troisième ne peut être que celle du Document C, une des sources de Mc.

4. Les arguments stylistiques confirment en partie l'attribution du récit primitif au Document C ; mais pour traiter ce problème, il faut d'abord éliminer les additions effectuées par Jean II-B.

B) LES ADDITIONS DE JEAN II-B

1. Au v. 19, on notera la redondance : « sur ses disciples et sur sa doctrine. » Mais dans le Document C, les disciples de Jésus ne sont jamais mentionnés au cours de son ministère ; on peut donc penser que c'est Jean II-B qui a ajouté ici cette mention des disciples, comme il l'a ajoutée dans le récit des reniements de Pierre (cf. note § 340-A, A 1 *a*).

2. Au v. 20, les deux phrases parallèles « En public j'ai parlé... en secret je n'ai parlé de rien », bien dans le style du Document C (cf. *infra*), sont séparées par la phrase : « toujours j'ai enseigné en synagogue et dans le Temple où tous les Juifs se réunissent » ; mais cette phrase ne peut être attribuée au Document C et doit être de Jean II-B. En effet, l'allusion à l'enseignement dans une synagogue renvoie à Jn **6** 59 (conclusion du discours sur le pain de vie), texte qui est de Jean II-B ; ce sont les deux seuls passages où le mot « synagogue » est employé chez Jn. Par ailleurs, le thème de l'enseignement dans le Temple n'apparaît qu'au niveau de Jean II-B, dans le contexte de la fête des Tentes (Jn **7** 14.28 ; cf. **8** 20a).

Cette addition de Jean II-B contient deux caractéristiques stylistiques d'importance mineure : « toujours » (F 4*) et « où » (F 33). Mais on notera la parenté avec le style de Lc/Ac de la proposition « où tous les Juifs se réunissent ». L'expression « tous les Juifs » ne se lit qu'ici chez Jn et est fréquente surtout dans les Actes (0/1/0/1/6/0) ; quant au verbe « se réunir », il est typique du style des Actes (*synerchesthai*, avec ce sens : 1/2/1/1/11/7) ; cette parenté avec le style des Actes convient bien à un texte de Jean II-B (cf. Introd., 8 c).

3. La première partie du v. 21 correspond au style du v. 20a.c (Document C), avec la répétition du verbe « parler » (*lalein*, que l'on a été obligé de traduire par « dire » au v. 21a) il n'en va pas de même du v. 21b, où les mots « voici, eux savent ce que j'ai dit » font l'effet d'une addition, avec le changement de « parler » en « dire ». Mais les raisons d'attribuer le v. 21b à Jean II-B sont surtout d'ordre stylistique. La formule « voici eux savent » (C 77 et F 25) a même structure que celle de **3** 26 : « voici lui baptise », de Jean II-B. L'expression « ce que j'ai dit » (C 64) peut être rapprochée de celle de **14** 26 : « ce que je vous ai dit », texte également de Jean II-B. Il est possible que cette insistance sur le témoignage des auditeurs fasse allusion à la première intervention de « gardes » lors de la fête mentionnée en **5** 1 ; ceux-ci déclarent en effet : « jamais homme n'a parlé comme cet homme a parlé » (**7** 46 ; cf. note § 148) ; ce rappel d'événements passés est bien dans la manière de Jean II-B.

On attribuera aussi à Jean II-B la cheville rédactionnelle qui commence le v. 22 : « Mais comme il disait cela. » Elle a même forme que celle de **7** 9, que nous avons attribuée à Jean II-B, et est d'ailleurs typique du style de Jean II (B 80*). Pour le génitif absolu avec le verbe « dire », cf. Ac **28** 25 et surtout **23** 7; seuls cas dans le NT.

4. Nous avons vu à la note § 339 (I A 1 *a*) que, en **18** 12-13a, Jean II-B avait complété le récit du Document C en empruntant un certain nombre de traits au récit de l'arrestation de Paul raconté en Ac **21** 31-34. Dans les Actes, l'arrestation de Paul est suivie de sa comparution devant le Grand Prêtre Ananias (Ac **23** 1 ss.), de même que chez Jn l'arrestation de Jésus est suivie de sa comparution devant le Grand Prêtre Anne. Or il existe de nouveau une analogie de situation entre le récit de Ac **23** 1-5 et celui de Jn **18** 19-23 ; en voici les grandes lignes. Après que Paul eut fait son apologie, Ananias ordonne de le frapper sur la bouche (Ac **23** 2) ; après que Jésus eut fait son apologie, Jésus est giflé par un garde qui se tenait là (Jn **18** 22). Paul traite Ananias de « muraille blanchie » ; on lui fait alors remarquer qu'il insulte le Grand Prêtre (Ac **23** 4). De même, celui qui a frappé Jésus lui dit : « Ainsi tu réponds au Grand Prêtre ? » (Jn **18** 22c). Paul s'excuse en reprenant le texte d'Ex **22** 27 : « Tu ne diras pas de mal contre le chef de ton peuple » ; on comparera cette réponse à celle de Jésus : « Si j'ai mal parlé, témoigne de ce qui est mal » (Jn **18** 23a). On peut donc penser que, comme le récit de l'arrestation de Jésus, celui de sa comparution devant Anne fut harmonisé par Jean II-B sur le récit de la comparution de Paul devant Ananias. On attribuera alors à Jean II-B : au v. 22 l'expression « qui se tenait là », reprise probablement de Ac **23** 4 ; le v. 22c et le v. 23, parallèles à la scène des Actes.

Les vv. 22c-23 ne contiennent que deux caractéristiques stylistiques, toutes deux au v. 23 : « répondit » (B 74) et surtout « témoigner de » (A 4* ; cf. C 58*). Ajoutons toutefois les remarques suivantes. Au v. 22c, la réflexion du garde à Jésus est introduite par le participe « en disant » ; une telle construction, absente de Mc/Mt, a déjà été utilisée par Jean II-B en **11** 28 mais est surtout fréquente en Lc/Ac : Lc **22** 2 ;

Ac 4 25 ; **7** 26.27.35 ; **11** 13 ; **18** 21 ; **21** 14 ; sur la parenté du style de Jean II-B avec celui de Lc/Ac, cf. Introd., 8 c. Quant à la structure grammaticale « si... mais si » (*ei... ei de*), elle ne se lit qu'ici chez Jn mais apparaît en Ac **18** 14-15 ; **25** 11 (cf. Lc **11** 19-20 // Mt **12** 27-28).

5. On attribuera aussi à Jean II-B le v. 24 ; le détail de Jésus envoyé par Anne à Caïphe est en effet lié à la glose de 18 13b-14 que nous avons attribuée à Jean II-B (cf. note § 339, I A 2).

C) STYLE DU RÉCIT PRIMITIF

Les caractéristiques stylistiques du texte que nous avons attribué au Document C sont peu nombreuses et se retrouvent toutes ailleurs au niveau de ce Document. Au v. 19 : « interroger » (C 52) ; c'est le seul cas chez Jn où ce verbe, avec ce sens, est suivi de *peri*. Au v. 20 : « répondit » (B 74), « en public » (B 21 ; cf. **11** 54 au niveau du Document C) ; « monde » (C 68), « en secret » (A 114 ; ailleurs seulement en **7** 4, du Document C, et en **7** 10, qui reprend **7** 4). On notera spécialement la juxtaposition des expressions « en public » et « en secret », comme en Jn **7** 4 (le mot *en parrèsiai* y est traduit par « en évidence »). Au v. 21 : « interroger » (C 52). Au v. 22 : « gardes » (F 36 ; cf. en **18** 3 au niveau du Document C). La seule fausse note est l'emploi de *parrèsiai* sans préposition au v. 20 (B 21), tandis qu'on a la préposition en **7** 4 (Document C) ; ne serait-ce pas Jean II-B qui aurait supprimé la préposition ici, en accord avec son style, comme il aurait pu le faire aussi en **11** 54 ?

II. LE SENS DES RÉCITS

A) LE RÉCIT DU DOCUMENT C

19 Le Grand Prêtre donc interrogea Jésus ( ) sur sa doctrine.
20 Jésus lui répondit : « En public j'ai parlé au monde ( ) et en secret je n'ai parlé de rien.
21 Pourquoi m'interroges-tu ? Interroge ceux qui ont entendu ce que je leur ai dit. »
22 ( ) (Et) un des gardes ( ) donna une gifle à Jésus ( ).

1. PLACE PRIMITIVE DU RÉCIT

Le récit de l'interrogatoire de Jésus par Anne est actuellement placé entre le premier et le deuxième reniement de Pierre. Cette disposition des textes est secondaire, comme l'indique la reprise au v. 25 des données du v. 18 ; nous avons vu d'ailleurs à la note précédente que, au niveau du Document C et encore de Jean II-A, il n'y avait qu'un seul reniement de Pierre, constitué par les vv. 18, 25 et 27b. Cet unique reniement se situait normalement aussitôt après la scène de l'entrée de Jésus et Pierre chez le Grand Prêtre (**18** 12 ss.) ; on peut donc penser que l'interrogatoire de Jésus par Anne faisait suite au reniement de Pierre.

2. LE SENS DU RÉCIT

Arrêté par les gardes composant la milice du Temple, Jésus est emmené chez Anne, que l'auteur du Document C suppose être le Grand Prêtre en exercice. Nous savons cependant que c'était Caïphe qui remplissait cette fonction au moment de la mort de Jésus ; mais la tradition du Document C, que l'on peut reconstituer à travers les récits johanniques, se retrouve encore en Ac 4 6 (cf. Lc **3** 2). D'où provient la confusion ? Il est difficile de le dire. On sait toutefois que Anne, doué d'une très forte personnalité, conserva une influence prépondérante après sa déposition par Valerius Gratus, vers l'an 15 ; la charge de Grand Prêtre fut d'ailleurs exercée après lui par ses différents fils, puis par son gendre Caïphe. En fait, Anne était resté le véritable chef religieux et politique du peuple juif. On peut le soupçonner d'avoir pris une part essentielle au complot qui aboutit à la mort de Jésus, et ce serait la raison pour laquelle Jésus aurait été mené chez lui aussitôt après son arrestation. De là à le considérer comme le Grand Prêtre en exercice, il n'y avait qu'un pas. Ce pas était d'autant plus facile à faire que tout Grand Prêtre conservait son titre même après qu'il eut cessé d'exercer ses fonctions.

La comparution de Jésus devant Anne n'a rien d'un interrogatoire officiel ; il ne s'agit pas pour Anne d'instruire le « procès » de Jésus, même à titre officieux. Il veut seulement faire la connaissance de cet homme qui s'est présenté comme un réformateur religieux, qui s'est posé en adversaire de la caste sacerdotale, et il lui demande des précisions sur son enseignement. Sa démarche n'est pas sans analogie avec celle que Lc prête à Hérode (Lc **23** 8). Mais Jésus ne se laisse pas duper. Il sait que Anne a déjà décidé sa mort (cf. Jn **11** 53) et que l'intérêt qu'il feint de prendre à sa « doctrine » n'est que pure hypocrisie. Il refuse donc de lui répondre et le renvoie à ceux qui ont entendu l'enseignement qu'il a dispensé en public. Un des gardes qui ont amené Jésus, outré de ce qu'il considère comme un manque de respect envers la plus haute autorité du pays, donne une gifle à Jésus.

Pour l'auteur du Document C, la scène revêt probablement un sens plus profond. Jésus est le nouveau Moïse annoncé par Dt **18** 18. Il a voulu « enseigner » au peuple de Dieu la véritable Loi qui permet aux hommes de vivre en accord avec la volonté de Dieu, comme l'avait fait Moïse (Dt 4 1.14 ; **5** 31 ; **6** 1 et *passim*). Mais les chefs du peuple ont refusé de l'entendre, tandis que les païens, dans la personne des « Grecs » mis en scène en **12** 20 ss., manifestent leur bonne volonté à son égard. Aux Grecs, Jésus répond par un petit discours dans lequel il annonce l'imminence de son intronisation royale, la chute du Prince de ce monde et le jugement de ce monde (**12** 31-32.48a, du Document C) ; mais il refuse de répondre à la curiosité de Anne. Le peuple juif est rejeté dans la personne de son chef suprême, en tant que « peuple de Dieu » ; c'est maintenant les païens qui vont bénéficier de l'enseignement du nouveau Moïse et qui, en se joignant au « petit reste » des fidèles de Jésus, vont former le nouveau peuple de Dieu.

B) LES ADDITIONS DE JEAN II-B

1. Un rappel des discours de Jésus

Les additions introduites par Jean II-B dans la première partie du récit ont pour but de préciser en quelles circonstances Jésus a dispensé son « enseignement » durant son ministère. Il fait dire à Jésus : « Toujours j'ai enseigné en synagogue et dans le Temple, où tous les Juifs se réunissent » (v. 20). La mention de la synagogue rappelle le discours sur le pain de vie, prononcé dans la synagogue de Capharnaüm selon Jean II-B (**6** 22-59) ; la prédication de Jésus dans le Temple fait plus particulièrement allusion aux discours prononcés par Jésus lors de la fête des Tentes, toujours selon Jean II-B (**7** 14.28 ; cf. **8** 20a). Ceux qui « savent » ce que Jésus a dit (v. 21c) peuvent donc témoigner de toute la révélation apportée par Jésus dans ses grands discours.

2. Jésus et Paul

Jean II-B a complété la deuxième partie du récit primitif avec des éléments repris de la comparution de Paul devant Ananias, racontée en Ac **23** 1-5 (cf. *supra*, I B 4). Il veut montrer que « le disciple n'est pas plus grand que son maître » (Jn **15** 20). Paul connaîtra les mêmes persécutions qu'a connues Jésus, et d'une façon plus générale la haine dont le monde a poursuivi Jésus (**15** 18.20b). Sur cette problématique systématisée par Jean II-B, voir Introd., 6 s.

3. Une harmonisation sur les Synoptiques

Jean II-B a enfin voulu harmoniser l'évangile de Jn avec les Synoptiques, plus particulièrement avec Mt. Comme Mt, il mentionne que le Grand Prêtre en exercice était, non pas Anne, mais Caïphe (**18** 14 ; cf. note § 339). C'est pour accentuer cette harmonisation qu'il précise au v. 24 que Anne envoya Jésus chez Caïphe ; mais l'harmonisation reste très matérielle puisque Caïphe ne va jouer aucun rôle précis dans la suite du récit.

D'autre part, Jean II-B déplaça le récit primitif pour l'insérer entre le premier (vv. 17-18) et les deux autres reniements de Pierre (vv. 25-27). Il situe ainsi de nuit cet interrogatoire par Anne, ce qui rejoint la façon dont Mc/Mt présentent la comparution de Jésus devant le Sanhédrin. Mais l'intention de Jean II-B est peut-être plus subtile. Dans Lc, les reniements de Pierre ont lieu *avant* le procès devant le Sanhédrin (**22** 56-62) ; dans Mc et Mt, ils ont lieu au contraire *après* ce procès (Mc **14** 66-72 ; Mt **26** 69-75) ; Jean II-B aurait voulu tenir compte des deux traditions en plaçant le premier reniement de Pierre *avant* l'interrogatoire de Jésus par Anne, et les deux autres *après*. Ce serait une nouvelle preuve que, pour Jean II-B, la comparution de Jésus devant Anne tient lieu du « procès » de Jésus devant le Sanhédrin rapporté par la tradition synoptique.

Notons enfin comment le fait de placer l'interrogatoire de Jésus par Anne dans la trame même du récit des reniements de Pierre donne un sens très spécial à ces reniements. Pierre nie être *disciple* de Jésus au moment même où le Grand Prêtre interroge Jésus sur *ses disciples* (**18** 19 et **18** 25). Ce rapprochement est d'autant plus frappant que, en **18** 19 comme en **18** 25, Jean II-B a ajouté le thème des « disciples » au texte de ses sources (cf. *supra* I B 1 et note § 340-A, A 1 *a*). Le « disciple » est celui qui a entendu l'enseignement de Jésus et est prêt à en rendre témoignage. Au moment même où Jésus dit à Anne : « Interroge ceux qui ont entendu ce que j'ai dit ; voici : eux savent ce que j'ai dit » (**18** 21), Pierre nie être disciple de Jésus. Il a peur et refuse d'être témoin de la Parole reçue. Il faudra qu'il soit revêtu de la force de l'Esprit pour qu'il puisse vaincre sa peur et devenir un véritable témoin (Jn **15** 26-27).

Note §§ **347.349**. *COMPARUTION DEVANT PILATE. CONDAMNATION A MORT* (Jn **18** 28 – **19** 16)

Les récits de la comparution de Jésus devant Pilate et de sa condamnation à mort, séparés dans le tome I de la Synopse en raison du parallèle de Lc qui insère entre eux une comparution de Jésus devant Hérode, forment chez Jn un tout qu'il est impossible de scinder en deux. A ce tout, il faut joindre Jn **18** 28 (§ 345) qui en constitue l'introduction. Cet ensemble forme un récit très soigneusement construit et d'une intensité dramatique remarquable, dont la composition doit être attribuée à Jean II-B. Quelle en était la structure aux niveaux antérieurs ? Les commentateurs sont assez divisés lorsqu'ils essaient de retrouver le texte de la source utilisée par Jn ; comme le note Wellhausen : « Qui peut s'y reconnaître dans ce maquis ? » Nous ferons preuve de plus d'optimisme en tentant à notre tour de résoudre les difficultés du texte. Nous rejoindrons d'ailleurs les conclusions de nos devanciers, en particulier Schwartz, Wellhausen, Spitta et, en partie, Bultmann, en reconnaissant la complexité du premier dialogue entre Jésus et Pilate (**18** 33-38a) et en admettant que l'épisode de Barabbas (**18** 38b-40) ainsi que la scène d'outrages à Jésus (**19** 1-3) sont de rédaction plus tardive, pour nous : de Jean II-B.

I. AFFINITÉS DE JN AVEC LES SYNOPTIQUES

A) LES RÉCITS DE JN ET DE LC

C'est avec le récit de Lc que celui de Jn offre le plus d'affinités. Signalons tout de suite les deux plus remarquables.

Dans l'un et l'autre récit, Pilate reconnaît par trois fois l'innocence de Jésus (Lc **23** 4.14.22 ; Jn **18** 38b ; **19** 4.6) ; l'évangéliste note la volonté de Pilate de libérer Jésus (Lc **23** 20 ; Jn **19** 12). Ces traits communs à Lc et à Jn n'ont pas d'équivalent dans les récits de Mt et de Mc. Nous allons relever systématiquement tous les accords Lc/Jn contre Mt/Mc. En fait, croyons-nous, ces accords se situent à deux niveaux différents : les uns proviennent de la source commune à Jean II-A et au proto-Lc, les autres de l'influence du Lc actuel sur Jean II-B. Nous ne ferons toutefois intervenir cette distinction que dans la deuxième partie de cette note, lorsque nous chercherons à reconstituer le récit de Jean II-A. Nous avons cru préférable, en effet, pour ceux qui n'adopteraient pas nos conclusions, de présenter tout de suite une liste complète des accords Lc/Jn sans tenir compte des distinctions que nous établirons plus loin.

1. L'INTRODUCTION DU RÉCIT

Le récit est introduit de façon semblable en Lc **23** 1 et Jn **18** 28a. Lc et Jn ont en commun le verbe « mener » (*agein*), et cet accord contre Mt/Mc rejoint celui que nous avons noté dans la scène qui suit l'arrestation de Jésus (Lc **22** 54 ; Jn **18** 13a ; § 339). Le texte de Jn « Ils mènent Jésus... au (*eis*) prétoire » rejoint celui de Lc « Ils le menèrent à (*epi*) Pilate ». Contrairement à Mt/Mc, Lc et Jn ne mentionnent ici : ni le fait que Jésus fut lié, ni le thème de Jésus « livré » à Pilate par les membres du Sanhédrin. Pour cette introduction du récit, Jn ne doit rien à Mt ou à Mc ; il dépend d'une tradition commune à Lc et à Jn.

2. INTERROGATOIRE DE JÉSUS

Les récits de Mt **27** 11-14 et Mc **15** 2-5 sont assez maladroitement construits. Ils commencent de façon abrupte par la question de Pilate à Jésus « Tu es le roi des Juifs ? », suivie de la réponse de Jésus « Tu le dis ». Alors seulement nous apprenons que les grands prêtres accusaient Jésus, sans que l'on nous dise d'ailleurs en quoi consistaient ces accusations (Mt **27** 12 ; Mc **15** 3). Pilate s'étonne enfin que Jésus ne réponde rien à ces accusations, mais ce dernier garde le silence (Mt **27** 13-14 ; Mc **15** 4-5). Le récit de Lc est plus cohérent et son schéma se retrouve dans celui de Jn, mais surchargé de développements théologiques. Lc et Jn mentionnent au début les accusations des grands prêtres contre Jésus (Lc **23** 2 ; Jn **18** 29-30). Ils ont ensuite la question de Pilate « Tu es le roi des Juifs ? », suivie de la réponse de Jésus « Tu le dis... » (Lc **23** 3 ; Jn **18** 33.37a ; cf. Mt/Mc). Tous deux donnent enfin, en termes analogues, une première affirmation par Pilate de l'innocence de Jésus : « Je ne trouve aucun motif de condamnation en cet homme » (Lc **23** 4), « Je ne trouve aucun motif de condamnation en lui » (Jn **18** 38b) ; la formule de Jn est un peu différente du fait que pour dire « motif de condamnation » il a *aitian* au lieu de *aition*. Ce dernier thème est absent des récits de Mt et de Mc. Notons enfin que Lc et Jn n'ont rien, ici, qui corresponde aux vv. 13-14 de Mt et 4-5 de Mc

(silence de Jésus). Jn développe son récit à partir d'un schéma analogue à celui de Lc.

Mais il faut revenir sur le premier élément de ce schéma commun : les accusations des grands prêtres. Chez Lc, elles sont explicitement données : Jésus prêche la révolte contre l'occupant romain, il incite les gens à refuser de payer le tribut à César, il se prétend Christ et Roi (Lc **23** 2). Cette dernière accusation prépare très bien la question de Pilate à Jésus : « Tu es le roi des Juifs ? » Chez Jn, le thème apparaît surtout dans la question de Pilate : « *Quelle accusation* portez-vous contre cet homme ?» Dans leur réponse, les Juifs restent évasifs : « Si celui-ci n'était pas un malfaiteur, nous ne te l'aurions pas livré. » En fait, Jn a effectué un chassé-croisé. Pour obtenir un effet dramatique plus intense (cf. *infra*), il a transféré vers la fin du récit une partie des accusations des Juifs contre Jésus contenues en Lc **23** 2 : « Si tu relâches cet homme, tu n'es pas l'ami de *César* ; *quiconque se fait roi* s'oppose à *César* » (Jn **19** 12). Ici (**18** 30), il met dans la bouche des Juifs des paroles qui ressemblent à celles que prononce Pilate en Lc **23** 22 : « Qu'a donc fait de mal celui-ci ?» Les expressions « malfaiteur » (*kakon poiôn*, Jn) et « fait de mal » (*kakon epoièsen*, Lc) se correspondent et ne se lisent jamais ailleurs dans les évangiles, sauf dans les parallèles de Mt/Mc ; mais Jn dépend de la même tradition que Lc puisqu'il a comme Lc le pronom démonstratif « celui-ci » (*houtos*), absent de Mt/Mc.

Il existe donc un parallélisme assez remarquable entre Lc **23** 2-4 et Jn **18** 29-38 (cf. **19** 12), malgré les amplifications et les transpositions effectuées par Jn. Si Jn dépend d'une source, elle est certainement la même que celle où puise Lc.

3. L'ÉPISODE DE BARABBAS

La suite des événements se présente différemment dans Lc et dans Jn. Dans Lc, Jésus est envoyé par Pilate à Hérode (**23** 6-12), puis il revient à Pilate qui le déclare innocent pour la seconde fois et propose de le relâcher (**23** 13-16), mais les grands prêtres et le peuple exigent la mort de Jésus et la libération de Barabbas (**23** 18 ; le v. 17 est probablement inauthentique). Dans Jn, nous avons immédiatement l'épisode de Barabbas, un peu plus développé que chez Lc (Jn **18** 39-40). Malgré tout, l'épisode de Barabbas chez Lc et chez Jn présente des analogies évidentes. On notera d'abord que l'identité de Barabbas ne nous est donnée qu'en finale (Lc **23** 19 ; Jn **18** 40b) ; dans Mt/Mc au contraire, on nous dit dès le début qui était Barabbas (Mt **27** 16 ; Mc **15** 7), ce qui est plus logique. Du point de vue littéraire, Jn **18** 40a se rapproche de Lc **23** 18 beaucoup plus que de Mt **27** 20 ou Mc **15** 11. Ni Lc ni Jn ne parlent d'une influence des grands prêtres sur la foule (Mt/Mc) ; ce que les assistants exigent est formulé, non pas en discours indirect (Mt/Mc), mais en discours direct introduit par un verbe de même sens « ils s'écrièrent » (Lc), « ils crièrent » (Jn) ; leur revendication oppose explicitement Jésus, désigné par un simple démonstratif, et Barabbas. Le v. 40 de Jn ne doit rien aux parallèles de Mt/Mc ; s'il dépend de l'un des Synoptiques, ce ne peut être que de Lc.

4. PILATE LIVRE JÉSUS

Presque tous les éléments de la finale du texte de Lc (**23** 20.14.21-25) se retrouvent dans le récit de Jn. Pilate est décidé à relâcher Jésus (Lc **23** 20 ; Jn **19** 12). Il affirme une deuxième fois l'innocence de Jésus (Lc **23** 14 ; cf. *supra ;* Jn **19** 4), dont les assistants réclament la mort en criant à deux reprises : « Crucifie ! » (Lc **23** 21 ; Jn **19** 6a). Pilate affirme pour la troisième fois l'innocence de Jésus (Lc **23** 22b ; Jn **19** 6c), dont les assistants exigent à nouveau la crucifixion (Lc **23** 23 ; Jn **19** 15). Enfin Jn et Lc terminent le récit en laissant comprendre que Pilate livre Jésus aux autorités juives (Lc **23** 25b ; Jn **19** 16a). De tous ces éléments, seules les deux interventions des assistants pour exiger la crucifixion de Jésus sont communes aux quatre évangélistes ; tout le reste est ignoré de la tradition Mt/Mc. Une précision toutefois doit être encore apportée.

Donnons, en les traduisant très littéralement, les deux derniers cris de la foule ou des Juifs tels qu'ils sont rapportés par Lc et par Jn :

Lc **23** 21.23	Jn **19** 6a.15
Mais eux clamaient, disant : « Crucifie ! Crucifie-le ! »	Quand donc le virent les grands prêtres et les gardes, ils crièrent, disant : « Crucifie ! Crucifie ! »
Mais eux insistèrent à grandes clameurs demandant	Crièrent donc ceux-là :
qu'il fût crucifié.	« Enlève, enlève, crucifie-le. »

Dans le premier cas, Jn et Lc ont la même structure de phrase, malgré l'addition par Jn d'une proposition temporelle. En revanche, il n'existe pratiquement aucun rapport littéraire entre Lc et Jn dans le second cas.

Nous aurons à revenir plus loin sur ces nuances concernant les rapports entre Lc et Jn.

5. LE SILENCE DE JÉSUS

Signalons un dernier accord entre Jn et Lc, bien qu'il soit beaucoup moins caractéristique que les précédents. En Jn **19** 9, Jésus ne répond rien à Pilate lorsque celui-ci lui demande « D'où es-tu ? » Ce silence de Jésus a son parallèle, d'une part en Mt **27** 12-14 et Mc **15** 4-5, d'autre part en Lc **23** 9,

où il s'agit de la comparution de Jésus devant Hérode. Malgré la différence de situation, ici encore le texte de Jn se rapproche de celui de Lc contre Mc et dans une moindre mesure contre Mt (cf. *infra*). Dans Jn comme dans Lc (cf. aussi Mt **27** 14), Jésus refuse de répondre à une question posée par celui qui préside les débats : Pilate (Jn/Mt) ou Hérode (Lc), et non aux accusations des grands prêtres (Mt **27** 12 et Mc **15** 5). Dans Jn comme dans Lc, l'évocation du silence de Jésus fait suite à une remarque concernant son origine : Pilate apprend qu'il est Galiléen (Lc), il lui demande « D'où es-tu ? » (Jn). Reconnaissons que ces accords entre Lc et Jn ne sont pas de même qualité que les précédents.

B) LES RÉCITS DE JN ET DE MT

1. En **19** 2-3, Jn décrit comment les soldats romains se moquèrent de Jésus et le traitèrent en roi de mascarade. Cette scène a son équivalent en Mt **27** 27-31 et Mc **15** 16-20, mais placée après la comparution de Jésus devant Pilate (§ 350). Lc n'a gardé que quelques bribes de cette scène qu'il a placées, soit durant la comparution de Jésus devant Hérode (Lc **23** 11), soit après la crucifixion (**23** 36-37) ; cet arrangement est le fait de l'ultime Rédacteur lucanien. Ici, les contacts entre Jn et Mt sont si forts qu'une dépendance de l'un par rapport à l'autre ne peut être niée. Jn **19** 2 et Mt **27** 29 ont une formule presque identique : « ayant tressé une couronne d'épines, ils (la) déposèrent sur sa tête. » Jn ne se distingue de Mt que par deux détails : l'omission de la préposition « sur » (*epi*) après le verbe, la place du possessif (*autou*) par rapport au mot « tête ».

2. Les autres accords de Jn avec Mt sont beaucoup moins importants. En Jn **18** 30-31, les Juifs disent successivement à Pilate : « Si celui-ci n'était pas un malfaiteur, *nous ne te l'aurions pas livré* », puis : « Il ne nous est pas permis *de tuer quelqu'un.* » Le thème des chefs religieux qui ont *livré* Jésus à Pilate, absent du récit de Lc, se lit en Mt **27** 2 et Mc **15** 1b. Par ailleurs, Mt **27** 1 (mais non Mc **15** 1a) exprime explicitement la volonté des Juifs de mettre Jésus à mort : « ... afin de le faire mourir. » Il est donc possible que Jn **18** 30-31 ait été influencé par Mt **27** 1-2.

En Jn **18** 39, à propos de Barabbas, on a le mot « coutume », de même racine que le verbe « avoir coutume » utilisé par Mt. Mais ce rapprochement est trop imprécis pour que l'on puisse parler d'une influence de Mt sur Jn.

En Jn **19** 9b-10, le thème du silence de Jésus est exprimé selon une structure dont on trouve l'équivalent en Mt **27** 12b-13. Pour s'en rendre compte, mettons en parallèle les textes de Mt, Mc et Jn, en les traduisant de façon à décalquer le texte grec :

Mt **27** 12b-13	Mc **15** 4	Jn **19** 9b-10
Rien il répondit. Alors lui dit Pilate : « Tu n'entends pas... »	Pilate de nouveau l'interrogea disant: « Tu ne réponds rien... »	Pas de réponse il lui donna. Lui dit donc Pilate : « A moi tu ne parles pas ? »

L'ordre des mots est le même dans Jn et dans Mt, et les termes propres à Jn pourraient s'expliquer par des remaniements de l'évangéliste.

Il existe donc des contacts Jn/Mt contre Lc et Mc, mais ils restent très sporadiques. Si Jn a utilisé Mt, ce n'est qu'à titre de source complémentaire.

C) LES RÉCITS DE JN ET DE MC

1. Le contact littéraire le plus important entre Jn et Mc se lit dans l'épisode de Barabbas ; Pilate pose la même question : « Voulez-vous que je vous relâche le roi des Juifs ? » (Jn **18** 39b ; Mc **15** 9). Mt a un texte très différent : « Qui voulez-vous que je vous relâche : Jésus Barabbas ou Jésus qui est dit Christ ? » Lc n'a aucun texte parallèle. Notons toutefois que le texte de Jn diffère de celui de Mc sur deux points. Jn a un « donc » très conforme à son style. Mais surtout, pour dire « vouloir » il emploie le verbe *boulesthai* au lieu du verbe *thelein* de Mc ; nous reviendrons plus loin sur ces différences.

2. Dans la description des outrages à Jésus, Jn **19** 2 et Mc **15** 17 s'accordent pour dire que le vêtement dont on affuble Jésus était de couleur « pourpre » (cf. encore Jn **19** 5).

3. En Jn **19** 5, nous lisons que Jésus sortit « portant la couronne épineuse... », formule qui diffère de celle qu'il avait utilisée en **19** 2 (reprise de Mt) mais correspond à celle de Mc **15** 17 : « ... et ils lui mettent, l'ayant tressée, une couronne épineuse (*akanthinon stephanon*). »

4. Notons un dernier détail, moins caractéristique. Jn **18** 28b précise que, lorsque Jésus fut mené au prétoire, « c'était le matin ». Cette donnée rejoint celle de Mc **15** 1 et Mt **27** 1. Mais Jn a ici l'adverbe *prôi* pour dire « matin », comme Mc, tandis que Mt a le substantif *prôia*, construit au génitif.

D) LES RÉCITS DE JN ET DU PSEUDO-PIERRE

Il faut enfin considérer un certain nombre d'accords qui existent entre Jn et l'Évangile de Pierre. Donnons d'abord le passage de cet évangile qui nous intéresse.

6 Or eux, ayant pris le Seigneur, le poussaient en courant et disaient: « Traînons le fils de Dieu, puisque nous avons pouvoir sur lui. »

7 Et ils l'enveloppèrent de pourpre et le firent asseoir sur un trône de jugement en disant : « Juge avec équité, roi d'Israël. »

8 Et l'un d'eux, ayant apporté une couronne épineuse, la mit sur la tête du Seigneur.

9 Et d'autres assistants lui crachaient au visage, et d'autres le giflaient sur les joues, d'autres le piquaient avec un roseau, et certains le flagellaient en disant : « Avec cet honneur, honorons le fils de Dieu. »

Les contacts avec le récit de Jn sont les suivants. Le supplice de la flagellation est étroitement lié à la scène d'outrages (Jn **19** 1 ; Ps.-Pierre 9) ; pour dire « flageller », Jn et Ps.-Pierre utilisent deux verbes presque identiques (*mastigoun, mastizein*), tandis que Mt **27** 26 et Mc **15** 15 ont *phragelloun*. – Jn **19** 2 et Ps.-Pierre 7 disent en termes voisins : « ils l'enveloppèrent d'un manteau pourpre » (Jn) et « ils l'enveloppèrent de pourpre » (Ps.-Pierre). – Jn **19** 13 doit probablement se traduire : « Pilate... mena Jésus dehors et (le) fit asseoir sur le tribunal » (cf. *infra*) ; c'est le même jeu de scène que l'on a en Ps.-Pierre 7, mais accompli par les Juifs et non par Pilate. – Jésus est bafoué, non seulement comme roi, mais encore comme « fils de Dieu » (Jn **19** 7 ; Ps.-Pierre 6 et 9). – En Ps.-Pierre 6, les Juifs affirment avoir « pouvoir » sur le fils de Dieu ; en Jn **19** 11, Jésus dit à Pilate qu'il n'aurait aucun « pouvoir » sur lui s'il ne lui avait été donné d'en haut, ce qui est reconnaître que Pilate a « pouvoir » sur lui. Les contacts thématiques et littéraires sont difficiles à nier ; mais dans quel sens se sont-ils effectués ? L'opinion la plus courante est que Ps.-Pierre dépendrait de Jn. Certains toutefois ont envisagé l'hypothèse selon laquelle Jn et Ps.-Pierre dépendraient d'une source commune qui pourrait être une forme plus archaïque de l'Évangile de Pierre. De sérieux arguments vont en ce sens.

Comparons d'abord Ps.-Pierre 7 à ce passage de Justin : « Et en effet, comme a dit le prophète, l'ayant bafoué ils (le) firent asseoir sur le tribunal et dirent : Juge-nous » (1 Apol. 35 6) ; comme dans Ps.-Pierre, il s'agit des Juifs qui agissent ainsi, et non de Pilate. Le rapport entre Justin et Ps.-Pierre est certainement indépendant du récit johannique. Or Ps.-Pierre offre une note secondaire par rapport au texte de Justin. Chez ce dernier, le verbe « bafouer » rend un verbe grec, *diasyrein*, qui pourrait avoir aussi le sens de « traîner ». Le Ps.-Pierre reprend ce verbe, mais en supprime le préfixe comme il le fait souvent (M. G. Mara) et le verbe simple ne peut plus avoir que le sens de « traîner » ! Il semble que le Ps.-Pierre amplifie un texte plus ancien, attesté par Justin, et dans lequel on lisait : « Bafouons (*diasyrômen*, et non *syrômen*) le fils de Dieu, puisque nous avons pouvoir sur lui. » Il faudrait alors reconnaître l'existence d'une source, qui n'est pas Jn, à laquelle auraient puisé l'auteur de Ps.-Pierre et Justin.

Si l'on compare maintenant les récits de Jn et de Ps.-Pierre, on constate que Ps.-Pierre apparaît à plusieurs reprises plus primitif parce que lui seul permet de retrouver les textes scripturaires qui sont à l'arrière-plan des récits. Jn note seulement, à la fin du v. 3 : « ... ils lui donnaient des gifles. » Ps.-Pierre 9 a un texte plus complet : « Et d'autres assistants lui crachaient (*eneptuon*) au visage, et d'autres le giflaient (*erapisan*) sur les joues (*siagonas*), ... et certains le flagellaient (*emastizon*). » Grâce à Ps.-Pierre, nous pouvons retrouver l'origine du thème, qui est Is **50** 6 : « J'ai donné le dos aux coups (*mastigas*) et les joues (*siagonas*) aux gifles (*rhapismata*) ; je n'ai pas détourné mon visage de la honte des crachats (*emptysmatôn*) » (LXX). – D'après Jn **19** 13-14, lorsque Pilate a fait asseoir Jésus sur le tribunal, il aurait dit : « Voici votre roi. » D'après Ps.-Pierre (cf. Justin), ceux qui font asseoir Jésus sur un « trône de jugement » lui disent : « Juge avec équité » (*dikaiôs krine*). Justin dit explicitement que cette scène renvoie à un texte prophétique, qui ne peut être que Is **58** 2 : « Ils réclament de moi maintenant un juste jugement » (LXX) ; mais le Ps.-Pierre seul permet de retrouver ce texte prophétique. – En Jn **19** 7-11, les Juifs veulent mettre Jésus à mort parce qu'il s'est fait « Fils de Dieu » ; Pilate est inquiet de ce titre et il demande à Jésus « D'où es-tu ? », ce qui signifie « Qui es-tu ? » ; finalement, Jésus reconnaît que Pilate a « pouvoir » sur lui, mais seulement parce que Dieu le permet. Dieu accepte que Pilate ait « pouvoir » sur le « Fils de Dieu ». Dans tout ce passage, l'expression « Fils de Dieu » doit être prise au sens transcendant. En Ps.-Pierre 6, nous lisons : « (Bafouons) le fils de Dieu, puisque nous avons pouvoir sur lui. » L'arrière-plan de ces textes semble être Sg **2** 18-20, où les sarcasmes des impies contre le juste qu'ils persécutent sont exprimés en ces termes : « Car si le juste est fils de Dieu, (Dieu) l'assistera et le délivrera des mains de ses adversaires. Éprouvons-le par l'outrage et la torture afin de connaître sa douceur... Condamnons-le à une mort honteuse, puisque, d'après ses dires, il sera visité. » L'expression « fils de Dieu », dans Ps.-Pierre 6 comme dans Sg **2** 18, n'a pas le sens transcendant mais signifie simplement la qualité de celui qui est protégé par Dieu. Ps.-Pierre est donc plus proche de Sg **2** 18 ; Jn **19** 7-11 plus théologique.

On admettra difficilement que, dans ces différents exemples, Ps.-Pierre dépend de Jn qu'il aurait modifié de façon à retrouver certains textes de l'Ancien Testament. L'un et l'autre dépendent d'une source plus ancienne, mieux conservée dans le Ps.-Pierre, réinterprétée de façon assez large dans Jn.

II. ANALYSES LITTÉRAIRES

Presque tous les commentateurs qui se sont penchés sur le problème littéraire de ce récit ont essayé de reconstituer la source utilisée par l'évangéliste, et par le fait même de reconnaître les additions qu'il est possible de lui attribuer. En réalité, l'évolution de ce récit est plus complexe.

Le récit actuel de Jn est divisé en sept parties, selon que les événements se passent à l'extérieur ou à l'intérieur du prétoire (cf. § III) ; une telle structure est de Jean II-B. Mais comme partout ailleurs, pour un texte de cette importance, Jean II-B a dû réutiliser un récit plus ancien qu'il tenait de Jean II-A. Le problème est donc d'abord de reconstituer ce récit de Jean II-A. Dans les épisodes précédents, on a vu que Jean II-A dépendait lui-même d'un texte plus archaïque, le Document C ; nous aurons donc aussi à nous demander si Jean II-A ne dépendrait pas ici encore de cette source et quels remaniements éventuels il lui aurait fait subir.

Pour reconstituer, dans la mesure du possible, le récit de Jean II-A, nous tiendrons compte, comme nos prédécesseurs, des tensions internes du récit actuel, mais nous nous servirons aussi, dans une très large mesure, des affinités qui existent entre le récit johannique et celui des Synoptiques. Ce dernier critère, très peu utilisé par les commentateurs, va se révéler d'un maniement délicat. Nous avons noté plus haut les affinités très grandes qu'offrait le récit de Jn avec celui de Lc. Dans le tome II de la Synopse, nous avons vu qu'il fallait distinguer dans le récit de Lc deux niveaux différents : le proto-Lc d'une part, le Lc actuel d'autre part qui a ajouté au récit du proto-Lc deux épisodes importants : la comparution de Jésus devant Hérode, l'épisode de Barabbas. De même, les contacts entre Jn et Lc vont se situer à deux niveaux différents : Jean II-A et le proto-Lc dépendent d'une source commune, le Document C, tandis que Jean II-B a complété le récit de Jean II-A en fonction du Lc actuel. Nous verrons dans quelle mesure il est possible de distinguer ces deux niveaux.

Nous savons enfin que Jean II-B complète souvent les récits de Jean II-A afin de les harmoniser avec ceux des Synoptiques ; c'est donc à Jean II-B que l'on attribuera les sections où dominent les influences de Mt et Mc.

Nous donnons tout de suite le texte johannique en faisant ressortir les trois niveaux rédactionnels successifs : Document C, Jean II-A et Jean II-B. Certains termes que des remaniements ultérieurs ont pu faire disparaître ont été restitués grâce au parallèle de Lc et mis entre parenthèses.

C	II-A	II-B

18 28 Ils (le) mènent
      | donc Jésus de chez Caïphe
(à Pilate)
      | au prétoire.
            | Or c'était le matin. Et eux-mêmes n'entrèrent pas dans le prétoire afin de ne pas se souiller mais de pouvoir manger la Pâque.
29 Pilate sortit
      | donc
vers eux et dit : « Quelle accusation portez-vous contre cet homme ? »
30 Ils répondirent et lui dirent : « Si celui-ci n'était pas un malfaiteur, nous ne te l'aurions pas livré. »
31 | Pilate leur dit donc : « Prenez-le, vous-mêmes, et jugez-le selon votre Loi. » Les Juifs lui dirent :
32   « Il ne nous est pas permis de tuer quelqu'un. » Afin que fût accomplie la parole de Jésus qu'il avait dite, pour signifier de quelle mort il allait mourir.
33 Pilate
      | entra donc de nouveau dans le prétoire et appela Jésus
      | et lui
dit (à Jésus) : « Tu es le roi des Juifs ? »
34 | Jésus répondit : « Dis-tu cela de toi-même ou d'autres te l'ont-ils dit de moi ? »
35 | Pilate répondit : « Est-ce que je suis Juif ? Ta nation et les grands prêtres t'ont livré à moi. Qu'as-tu fait ? »
36 | Jésus répondit : « Ma royauté n'est pas de ce monde. Si de ce monde était ma royauté, mes gardes auraient combattu pour que je ne sois pas livré aux Juifs. Mais en réalité, ma royauté n'est pas d'ici. »
37 | Pilate lui dit donc : « Donc, tu es roi ? »
Jésus répondit : « Tu (le) dis (»)
      | que je suis roi. (»)
            | Je suis né pour cela et je suis venu dans le monde pour cela : que je rende témoignage à la vérité. Quiconque est de la vérité écoute ma voix. »
38   Pilate lui dit : « Qu'est-ce que la vérité ? » Et ayant dit cela, il sortit de nouveau vers les Juifs et leur dit : « Je ne trouve aucun motif de condamnation en lui. »

C	II-A	II-B
39		Or c'est pour vous une coutume que je vous relâche quelqu'un pendant la Pâque. Voulez-vous donc » que je vous relâche le roi des Juifs ?
40		Ils crièrent donc de nouveau : « Pas celui-ci, mais Barabbas. » Or Barabbas était un brigand.
19 1		Alors donc Pilate prit Jésus et le fit flageller.
2		Et les soldats, ayant tressé une couronne d'épines, la mirent sur sa tête et ils l'enveloppèrent d'un manteau pourpre ;
3		et ils venaient à lui et disaient : « Salut, roi des Juifs ! » et ils lui donnaient des gifles.
4	Et Pilate	
	| sortit de nouveau dehors et	
	leur dit :	
		| « Voici, je vous le mène dehors afin que vous sachiez que
	(«)	Je ne trouve en lui aucun motif de condamnation. »
5		| Jésus sortit donc dehors, portant la couronne épineuse et le manteau pourpre. Et il leur dit :
		| « Voici l'homme. »
6	| Quand donc ils le virent,	
	Les grands prêtres et les gardes crièrent, disant : « Crucifie ! crucifie ! » Pilate leur dit : « Prenez-le vous-mêmes et crucifiez-le, car moi, je ne trouve en lui aucun motif de condamnation. »	
7		| Les Juifs lui répondirent : « Nous avons une Loi, et selon la Loi il doit mourir, parce qu'il s'est fait Fils de Dieu. »
8		| Pilate donc, lorsqu'il eut entendu cette parole, eut davantage peur,
9		| et il entra dans le prétoire de nouveau et il dit à Jésus : « D'où es-tu ? » Mais Jésus ne lui donna pas de réponse.
10		| Pilate lui dit donc : « Tu ne me parles pas ? Ne sais-tu pas que j'ai pouvoir de te relâcher et que j'ai pouvoir de te crucifier ? »
11		| Jésus répondit : « Tu n'aurais aucun pouvoir contre moi s'il ne t'avait été donné d'en haut. Pour cette raison, celui qui m'a livré à toi a un plus grand péché. »
12		| Dès lors,
	Pilate cherchait à le relâcher.	
		| Mais les Juifs crièrent, disant : « Si tu relâches celui-ci, tu n'es pas ami de César. Quiconque se fait roi s'oppose à César. »
13		| Pilate donc, ayant entendu ces paroles,
	| (Il) mena Jésus dehors et l'assit sur le tribunal au lieu dit Lithostrôton,	
		| en hébreu, Gabbatha.
14		| Or c'était la Préparation de la Pâque, c'était environ la sixième heure.
	| Et il (leur) dit (:)	
		| aux Juifs :
		| « Voici votre roi. »
15		| Ceux-là crièrent donc : « A mort, à mort ! Crucifie-le ! » Pilate leur dit : « Crucifierai-je votre roi ? »
		| Les grands prêtres répondirent : « Nous n'avons pas de roi, sinon César. »
16a		| Alors donc
	(Et) il le leur livra (.)	
		| pour qu'il fût crucifié.

A) LES ADDITIONS DE JEAN II-B

1. L'INTRODUCTION DU RÉCIT (Jn **18** 28)

L'introduction du récit est constituée par Jn **18** 28 (§ 345). Elle se divise d'elle-même en deux parties.

a) La première partie contient cette phrase : « Ils mènent donc Jésus de chez Caïphe au prétoire. » La plupart des commentateurs attribuent les mots « de chez Caïphe » à l'évangéliste ; ils ne peuvent être dissociés, en effet, de la notice de Jn **18** 24, considérée d'ordinaire comme tardive et que nous avons attribuée à Jean II-B (note § 340-B). On attribuera aussi à Jean II-B la particule « donc », qu'il ajoute volontiers à sa source, ainsi que la mention explicite de Jésus, nécessaire après la scène du reniement de Pierre qu'il a déplacée (note § 340-A). L'omission de ces mots donne la phrase : « Ils (le) mènent ( ) au prétoire », qui a son parallèle en Lc **23** 1 : « ... ils le menèrent à Pilate. » Nous avons là les textes, d'une part du proto-Lc, d'autre part de Jean II-A qui dépendent de la même source, comme on le verra plus loin.

b) La seconde partie du v. 28 doit être entièrement attribuée à Jean II-B. La précision temporelle « Or c'était le matin » s'inspire peut-être de Mc **15** 1 (cf. *supra*, I C 4) ; surtout, elle a son équivalent en Jn **10** 22 « C'était l'hiver » et **13** 30 « Or c'était la nuit », deux gloses de Jean II-B. La suite du v. 28 donne la raison pour laquelle les Juifs ne pénétrèrent pas dans le prétoire : « Et eux-mêmes n'entrèrent pas dans le prétoire afin de ne pas se souiller mais de pouvoir manger la Pâque. » Ce texte doit être attribué à Jean II-B. Il suppose en effet que la mort de Jésus eut lieu durant la Pâque et non après la fête des Tentes, comme c'était le cas au niveau du Document C et de Jean II-A (Introd., 3 v). On rapprochera ce texte de Jn **11** 55, que nous avons attribué à Jean II-B. Enfin, il commence par l'expression « Et eux-mêmes », caractéristique des textes de Jean II-B (**4** 45 ; **17** 8.11).

Le style de cette addition est assez neutre ; on ne relève que deux notes johanniques : « c'était le matin » (C 4 ; cf. C 49) et « Pâque » (C 84**).

2. PILATE ET LES JUIFS (**18** 29-32)

a) Le premier dialogue entre Pilate et les Juifs commence par cette phrase : « Pilate sortit donc vers eux et leur dit... » (à noter que l'adverbe « dehors », omis par de bons témoins du texte johannique et déplacé par d'autres, est probablement une glose de scribe). La particule « donc » doit être de Jean II-B ; selon son habitude, il l'a ajoutée après l'insertion du v. 28b (Introd., 8 a) ; il obtient ainsi une structure typiquement johannique : « sortit donc... et... dit » (A 19). Mais le reste du texte doit remonter à Jean II-A. Cette sortie de Pilate, absente du parallèle de Lc qui se représente la scène assez différemment, prépare en effet la question posée par Pilate aux Juifs : « Quelle accusation portez-vous contre cet homme ? » Or cette question devait se lire aux niveaux antérieurs (cf. *infra*).

b) Dans le texte de Jean II-A, les Juifs devaient répondre à Pilate et cette réponse a été conservée par Jean II-B au v. 30 : « Si celui-ci n'était pas un malfaiteur, nous ne l'aurions pas livré. » Cette phrase a d'ailleurs son équivalent en Lc **23** 22 : « Qu'a donc fait de mal celui-ci ? » (le démonstratif est absent des parallèles de Mt/Mc), qui se lisait dans le proto-Lc (cf. *infra*).

Il aurait été tentant de reporter ici, au niveau de Jean II-A, l'accusation des Juifs que l'on retrouvera en Jn **19** 12 : Jésus se prétend roi ; elle a en effet son parallèle en Lc **23** 2. Nous ne l'avons pas fait pour les raisons suivantes. En Lc **23** 2, il est possible que, au niveau du proto-Lc, l'accusation contre Jésus ait été seulement d'exciter le peuple à la révolte ; c'est la seule qui sera retenue aux vv. 5 et 14 par le Rédacteur lucanien. D'autre part, Jn **19** 12 s'inspire de Ac **17** 7 et non de Lc **23** 2 (cf. *infra*).

c) Au v. 31, l'intervention de Pilate et la réponse des Juifs sont du même niveau rédactionnel ; il faut les attribuer à Jean II-B. Ils n'ont aucun parallèle dans le récit de Lc ; si l'on voulait voir ici une influence des Synoptiques, ce serait plutôt entre Mt **27** 1 et Jn **18** 31b qu'il faudrait chercher : même volonté des autorités juives de mettre Jésus à mort ; une telle influence matthéenne, qui reste, il est vrai, très douteuse, serait à placer au niveau de Jean II-B et non de Jean II-A. On rapprochera aussi les paroles prononcées par Pilate du récit de Ac **25** 6-12 : Festus propose à Paul de le faire mener à Jérusalem pour y être jugé par les Juifs, et non par lui-même. Cette influence des Actes, qui complète celles que l'on a déjà notées dans les récits antérieurs (cf. Introd., 4 *y*), doit être attribuée à Jean II-B, comme dans les autres cas.

Les caractéristiques stylistiques sont assez neutres : « dit donc » (B 1), « votre Loi » (B 43*), « les Juifs » (C 7). Mais plusieurs détails dénotent la main de Jean II, et plus spécialement de Jean II-B. La phrase « selon votre Loi, jugez-le » est analogue à celle de **8** 15, de Jean II-A : « vous, selon la chair vous jugez. » On notera que l'expression « juger selon la Loi » ne se lit ailleurs dans tout le NT qu'en Ac **23** 3, dans un passage qui a fortement influencé le récit de la comparution de Jésus devant Anne au niveau de Jean II-B (note § 340-B, I B 4). On rapprochera la phrase « il ne nous est pas permis de tuer quelqu'un » de celle de **5** 10, que nous avons attribuée à Jean II-B : « et il ne t'est pas permis de porter ton grabat » ; chez Jn, le verbe « il est permis » ne se lit que dans ces deux passages.

d) La glose que constitue le v. 32 ne peut pas être dissociée du jeu de scène du v. 31, qu'elle interprète théologiquement. Elle est elle aussi de Jean II-B, comme d'ailleurs les gloses analogues de **12** 33 et **21** 19. La proposition « afin que fût accompli la parole de Jésus qu'il avait dite » a son parallèle en **12** 38, un texte de Jean II-B : « afin que fût accompli la parole d'Isaïe le prophète qu'il avait dite. » Les caractéristiques stylistiques sont, en grande partie, de Jean II-B : « afin que fût accompli la parole » (A 83**), « la parole qu'il avait dite » (A 36** et C 64), « signifier de quelle mort » (A 127**), « il allait mourir » (A 87** et F 22*).

3. PILATE ET JÉSUS (**18** 33-38a)

Le premier dialogue entre Pilate et Jésus est très développé. Seuls les vv. 33b et 37b ont leur parallèle en Lc **23** 3 (cf. Mt/Mc) ; le reste fut ajouté par Jn, mais à quel niveau ?

a) Le v. 33a est nécessaire au niveau de Jean II-A : il faut que Pilate entre dans le prétoire et fasse appeler Jésus, qui va donc y entrer à sa suite, afin de préparer le jeu de scène de **19** 4.13b, que nous attribuerons à Jean II-A : Pilate sortira vers les Juifs et fera sortir Jésus. C'est donc l'ensemble du v. 33 qui est de Jean II-A.

b) Au v. 33b, Pilate demande à Jésus : « Tu es le roi des Juifs ? », comme en Lc **23** 3a (cf. Mt/Mc). Au v. 37b, Jésus lui répond : « Tu dis que je suis roi », ce qui correspond, en plus développé, à la réponse de Jésus en Lc **23** 3b (cf. Mt/Mc). Mais chez Jn, le dialogue entre Pilate et Jésus est amplifié par l'insertion des vv. 34-36. Pour renouer le fil du dialogue primitif (cf. Lc), Jn fut obligé de répéter, sous une forme abrégée, la question que Pilate posait à Jésus en **18** 33b : « Donc, tu es roi ? » (**18** 37a ; Introd., 1 *f*). Les vv. 34-36 doivent être considérés comme une addition johannique. Mais, comme l'avaient déjà vu Wellhausen et Spitta, cette addition n'est pas homogène et contient deux niveaux rédactionnels différents.

ba) Au niveau de Jean II-A, la réponse de Jésus commençait au v. 36 ; à la question de Pilate : « Tu es le roi des Juifs ? », Jésus répond en précisant la nature de sa royauté : « Ma royauté n'est pas de ce monde », et il en donne ensuite la preuve.

bb) En revanche, les vv. 34-35, qui rompent la séquence formée par les vv. 33.36-37ab, sont de Jean II-B. Au v. 34, la question de Jésus « Dis-tu cela de toi-même ? » est littérairement proche de la phrase composée par Jean II-B en **11** 51 : « Il ne dit pas cela de lui-même. » L'adjectif *allos* (« un autre »), employé comme pronom, est typique des textes de Jean II, en particulier de Jean II-B (**4** 37 ; **5** 7.32.43 et *passim*). Au v. 35, le mot « nation » (*ethnos*), pour désigner la nation juive, ne se lit ailleurs dans le NT qu'en Jn **11** 48-52 (4 fois, dans un récit amplifié par Jean II-B ; cf. note § 267) et dans Lc/Ac (0/0/2/5/6/0). Ces deux versets contiennent enfin quelques caractéristiques stylistiques : au v. 34, « il répondit » (B 74), « de toi-même » (A 43**), « dire de » (C 81) ; – au v. 35, « il répondit » (B 74), « je suis » (C 50), « ta nation » (A 1*).

c) Les vv. 37c-38a n'ont pas de parallèle dans le récit de Lc et sont donc encore une addition johannique ; nous l'attribuerons à Jean II-B pour des raisons surtout stylistiques ; si certaines caractéristiques sont communes à tous les niveaux rédactionnels, d'autres sont propres à Jean II et surtout à Jean II-B. Au v. 37 : « je suis venu dans le monde » (B 13* ; cf. C 68), « je suis venu... que » (B 76), « je rende témoignage à la vérité » (A 115** ; cf. C 58*), « être de la vérité » (A 106** ; cf. C 18 et E 3*), « écoute ma voix » (F 8*). Au v. 38a : « Pilate lui dit » (C 12), « vérité » (E 3*). On notera encore, au v. 37, la formule « je suis né pour cela », où le verbe « naître » est suivi de la préposition *eis* « pour », comme en **16** 21, texte de

Jean II-B (ailleurs seulement en Ga **4** 24 et 2 P **2** 12). La structure grammaticale « pour cela... que » (*eis touto... hina*), rare dans le NT (0/0/0/1/1/5+1), se retrouve en 1 Jn **3** 8.

4. L'ÉPISODE DE BARABBAS (**18** 38b-40)

L'épisode de Barabbas fut rédigé, non par Jean II-A, mais par Jean II-B. Voici les raisons qui nous le font penser.

a) Dans le tome II de la Synopse (p. 412), nous avions admis que l'épisode de Barabbas se lisait déjà au niveau du proto-Lc, mais qu'il avait été amputé par le Rédacteur lucanien qui n'avait laissé du récit primitif que le v. 18. Notre argumentation se fondait sur la présence en Jn **18** 39 du verbe *boulesthai* (« vouloir »), inconnu par ailleurs de Jn, au lieu du si johannique *thelein* qui se lit dans le parallèle de Mc **15** 9. Si Jn **18** 39 avait repris le texte de Mc, pourquoi aurait-il changé *thelein* en *boulesthai* ? Ce verbe *boulesthai* étant fréquent dans les Actes, nous en avions conclu que Jn **18** 39 dépendait, non de Mc, mais d'un texte du proto-Lc parallèle à Mc **15** 9 et qui aurait été supprimé au niveau de l'ultime rédaction lucanienne. Mais une meilleure connaissance du style johannique nous a amenés à conclure que Jean II-B était aussi l'auteur des épîtres johanniques (Introd., 8 q). Or, le verbe *boulesthai* se lit en 2 Jn 12 et 3 Jn 10 ; il peut donc fort bien se trouver sous la plume de Jean II-B au niveau de qui on retrouve d'ailleurs cette influence du style et du vocabulaire des Actes (Introd., 8 c). Comme Lc **23** 19 offre des affinités certaines avec Mc **15** 7 et que les influences de Mc sur Lc se sont produites au niveau de l'ultime rédaction lucanienne, nous pensons que les vv. 18-19 de Lc, donc l'épisode de Barabbas, ne se lisaient pas dans le proto-Lc mais furent ajoutés par l'ultime Rédacteur lucanien. Et puisque Jean II-A dépend de la même source que le proto-Lc (cf. *infra*), il existe une forte probabilité qu'il n'ait pas eu, lui non plus, l'épisode de Barabbas. La présence du verbe *boulesthai* (« vouloir ») en Jn **18** 39 indique plutôt une rédaction faite par Jean II-B (cf. *supra*).

b) Jn **18** 40 offre des contacts littéraires indéniables avec Lc **23** 18 (cf. *supra*, I A 3). Mais Jn **18** 39b a son parallèle exact en Mc **15** 9, moyennant le changement noté plus haut de *thelein* en *boulesthai* (cf. I C 1). Enfin, il n'est pas impossible que Jn **18** 39a ait subi l'influence de Mt **27** 15 (cf. I B 2). Une telle dépendance de Jn par rapport aux trois Synoptiques, spécialement Mc et l'ultime rédaction lucanienne, ne peut être le fait que de Jean II-B (Introd., 4 x).

c) Au v. 39 de Jn, la mention de la Pâque ne s'explique qu'au niveau de Jean II-B ; c'est lui en effet qui a remplacé lors de la Pâque les épisodes de la mort de Jésus qui, au niveau du Document C et de Jean II-A, se passaient après la fête des Tentes (Introd., 3 v).

d) Les conclusions précédentes sont confirmées par l'analyse du vocabulaire et du style, apparentés surtout à ceux de Jean II-B. On trouve comme caractéristiques, au v. 38b : « et ayant dit cela » (A 61** ; cf. C 64), « les Juifs » (C 7). Au v. 39 : « (une coutume) que » (B 60), « Pâque » (C 84**).

Au v. 40 : « donc de nouveau » (A 17*), « ils crièrent » (B 96), « or était Barabbas » (B 14 ; cf. C 49).

Le v. 39 commence par l'expression « Or c'est » (*estin de*), comme en Jn **5** 2, que nous avons attribué à Jean II-B. La remarque qui termine le v. 40, que nous traduisons très littéralement : « Or était Barabbas un brigand », a même structure que la phrase « Or était la tunique sans couture (*araphos*) », de Jn **19** 23b, que nous attribuerons à Jean II-B ; d'autre part elle a même effet dramatique que la phrase « Or (c') était la nuit », qui se lit en finale du récit de Jn **13** 21-30 et qui est de Jean II-B.

5. JÉSUS EST TOURNÉ EN DÉRISION (**19** 1-3)

La scène de moqueries organisée par les soldats romains est elle aussi de Jean II-B.

a) On a noté plus haut (I B 1) que le texte de Jn **19** 2 devait beaucoup à celui de Mt **27** 29. Il a par ailleurs en commun avec Lc le verbe « envelopper » (*periballein* : 5/2/3/1/1/12). Le récit johannique offre également des contacts avec celui du pseudo-Pierre, ce qui dénote l'utilisation d'une source commune (cf. *supra*, I D). Cette façon de composer un récit à partir d'emprunts d'origine différente est celle de Jean II-B (Introd., 4 x).

b) L'analyse du vocabulaire et du style est plus décevante. On ne trouve en effet dans ces trois versets qu'une caractéristique stylistique : au v. 1, « alors donc » (A 99*). Au v. 3, on pourra rapprocher la structure littéraire « ils venaient à lui et ils disaient » de celle de Jn **10** 41 : « Et beaucoup vinrent à lui et disaient », qui est de Jean II-B. Signalons enfin que la flagellation de Jésus pourrait être un nouveau rapprochement entre la passion de Jésus et celle de Paul (cf. Ac **22** 24-25), rapprochement qu'il faudrait alors attribuer à Jean II-B (Introd., 4 y).

6. PILATE ET LES JUIFS (**19** 4-8)

a) Des vv. 4 à 8, seuls les vv. 4 et 6 ont leur parallèle en Lc. En Jn **19** 4 comme en Lc **23** 4, Pilate affirme l'innocence de Jésus. En Jn **19** 6, nous avons la même séquence qu'en Lc **23** 21-22, avec une nouvelle affirmation par Pilate de l'innocence de Jésus (cf. *supra*, I A 4). On notera par ailleurs que la parole de Pilate en **19** 4 : « Voici, je vous le mène dehors... », trouve sa véritable exécution, non pas dans la sortie de Jésus notée au v. 5, mais dans celle qui est mentionnée au v. 13b : « (Il) mena Jésus dehors... » On retrouve en effet la même expression aux vv. 4 et 13b : « mener dehors » (*agein exô*) tandis qu'au v. 5 on a le verbe « sortir » (*exerchesthai*). Au v. 5 d'ailleurs, la sortie de Jésus paraît être une fausse sortie ; le v. 9 semble supposer, en effet, que Jésus est resté à l'intérieur du prétoire où Pilate s'entretient pour la seconde fois seul à seul avec lui. De même, la parole de Pilate en **19** 6 : « Prenez-le vous-mêmes et crucifiez-le... » trouve son exécution en **19** 16 : « Alors il le leur livra pour qu'il fût crucifié. » Les vv. 4 et 6, avec les vv. 13b et 16 qui leur répondent, appartiennent donc à un texte ancien, celui de Jean II-A (cf. les parallèles avec Lc), dont l'ordonnance fut ensuite bouleversée par Jean II-B. Au niveau de Jean II-A, le v. 13b (et en partie le v. 14) devait suivre plus ou moins immédiatement le v. 4, tandis que le v. 16 devait suivre le v. 6.

b) Il résulte des remarques précédentes que les vv. 5 et 7-8, qui n'ont pas d'équivalent chez Lc, furent ajoutés par Jean II-B.

ba) Le v. 5 a pour but d'anticiper, en en transposant le thème, le jeu de scène du récit de Jean II-A placé maintenant au v. 14b. Dans ce dernier texte, Pilate présentera Jésus aux grands prêtres en disant : « Voici votre roi » ; ici, il le leur présente en disant : « Voici l'homme. » Au niveau de Jean II-B, la séquence des vv. 4-5 n'est donc qu'une imitation de la séquence qui se lisait au niveau de Jean II-A : celle des vv. 4.13b.14b (cf. *infra*). – Plusieurs indices stylistiques permettent d'attribuer ce v. 5 à Jean II-B. L'expression « couronne épineuse » est reprise de Mc **15** 17 (cf. *supra*, I C 2) ; or une telle influence de Mc sur Jn se situe au niveau de Jean II-B (Introd., 4 x). On notera l'emploi du verbe rare *phorein*, « porter » (1/0/0/1/0/4). Pour dire « Voici (l'homme) », on a ici *idou* au lieu du très johannique *ide* qui se lira en **19** 14b sous la plume de Jean II-A ; or le mot *idou* ne se retrouve ailleurs chez Jn qu'en **4** 35 et **16** 32, textes de Jean II-B, et en **12** 15 dans une citation de Za **9** 9 faite par Jean II-A.

bb) Le v. 7 introduit un thème nouveau, celui du « Fils de Dieu », qui ne trouve aucun écho dans les textes parallèles des Synoptiques. En fait, une telle accusation renvoie à Jn **10** 33, texte que nous avons attribué à Jean II-B ; ce sont les deux seuls passages johanniques où se rencontre l'expression « les Juifs lui répondirent ». Ce rappel de la scène de Jn **10** 33 expliquerait le changement de sujet : « les grands prêtres et les gardes » au v. 6 (texte de Jean II-A), « les Juifs » au v. 7 (cf. **10** 33). Au point de vue du style, on notera la construction « se faire (Fils de Dieu) » (A 71**) et les verbes « ils répondirent » (B 74) et « mourir » (F 22).

bc) Le v. 8 est inséparable du v. 7 et doit être lui aussi de Jean II-B. Le thème de la « peur » de Pilate pourrait avoir été influencé par la scène développée en Ac **22** 24-29. Apprenant que Paul est citoyen romain, « ceux qui allaient le mettre à la question s'écartèrent de lui et le *tribun lui-même eut peur.* » Si l'on admettait ici une influence des Actes, ce serait une raison de plus d'attribuer à Jean II-B les vv. 7 et 8. Enfin, le v. 8 contient une caractéristique johannique absolue : « lorsque donc » (A 28).

7. PILATE ET JÉSUS (**19** 9-11)

Ce nouveau dialogue entre Pilate et Jésus ne peut être séparé des vv. 7 et 8 puisqu'il continue le thème de Jésus « Fils de Dieu » ; il doit donc être du même niveau rédactionnel : Jean II-B. Les remarques suivantes vont le confirmer. Dans ce passage, seuls les vv. 9b-10a, concernant le silence de Jésus, ont leur parallèle dans les Synoptiques. Mais chez Lc, ce thème se trouve situé lors de la comparution de Jésus devant Hérode (Lc **23** 9) et doit donc appartenir à l'ultime rédaction lucanienne ; il était ignoré du proto-Lc. Il est clair d'ailleurs que Jn dépend ici, non du texte de Lc, mais de celui de Mt **27** 12-13 avec lequel il offre une structure identique (cf. *supra*, I B 2). Cet accord Mt/Jn doit se situer au niveau de Jean II-B, comme dans la scène d'outrages à Jésus en **19** 1-3.

Le style et le vocabulaire de ce passage confirment son attribution à Jean II-B. Au v. 10, la formule « avoir pouvoir » (cf. encore au v. 11) fut déjà utilisée par Jean II-B en **7** 1 et **10** 18. – Au v. 11, la proposition « s'il ne t'avait été donné d'en haut » a son équivalent en Jn **3** 27 et **6** 65, deux textes de Jean II-B. La formule « celui qui m'a livré » (*ho paradous me*), pour désigner Judas, ne se lit ailleurs dans le NT qu'en Mt **10** 4 et surtout **27** 3 ; ce pourrait être un nouvel accord Jn/Mt qui se situerait donc aussi au niveau de Jean II-B. Ajoutons à ces remarques les caractéristiques stylistiques suivantes : au v. 9, « d'où es-tu » (C 40*), « donner réponse » (A 165**) ; – au v. 10, « Pilate lui dit » (C 12), « dit donc » (A 26*), « savoir » (F 25) ; – au v. 11, « il répondit » (B 74), « d'en haut » (F 16), « avoir un péché » (A 53* et E 6).

On verra dans la troisième partie de cette note, que la théologie de cet épisode, de même ordre que celle de Jn **18** 5a.6b, convient beaucoup mieux à Jean II-B qu'à Jean II-A.

8. PILATE ET LES JUIFS (**19** 12-16)

Ce dernier dialogue entre Pilate et les Juifs, qui va se dérouler en présence de Jésus comme le précédent, constitue la finale de l'épisode. Rappelons ce que nous avons dit un peu plus haut (§ 6) ; il semble qu'au niveau de Jean II-A nous avions cette séquence : Pilate annonce aux grands prêtres qu'il va leur amener Jésus (**19** 4), puis il exécute son dessein (**19** 13-14) ; les grands prêtres réclament la crucifixion de Jésus (**19** 6a), Pilate leur répond de le crucifier eux-mêmes (**19** 6b) et le leur livre (**19** 16a). L'analyse littéraire confirme-t-elle cette hypothèse ?

a) Au v. 12a, il est dit explicitement que Pilate cherchait à relâcher Jésus. Cette volonté de Pilate est également notée en Lc **23** 16, 20 et 22 ; elle semble mieux en situation aux vv. 16 et 22, aussitôt après que Pilate eut affirmé sa conviction de l'innocence de Jésus (vv. 14b-15 et 22a). Ce thème se lisait déjà au niveau du proto-Lc et, puisque Jean II-A dépend de la même source que le proto-Lc (cf. *infra*), il devait se lire aussi au niveau de Jean II-A. En le laissant avant les vv. 13-14 de Jn, il viendrait aussitôt après le v. 4 (cf. *supra*) et suivrait donc, comme chez Lc, la déclaration d'innocence de Jésus par Pilate. – On attribuera toutefois à Jean II-B la cheville rédactionnelle « Dès lors » (A 150**), qui fait le lien entre le v. 12 et la section qui précède *actuellement* ce v. 12.

b) En revanche, le v. 12b, où est décrite la violente réaction des Juifs devant le propos de Pilate, doit être de Jean II-B. Les Juifs accusent explicitement Jésus de vouloir se faire roi. Ce thème se lit bien au début du récit de Lc (**23** 2), mais nous avons dit plus haut que cette troisième accusation des Juifs était de l'ultime Rédacteur lucanien ; Jn **19** 12b ne dépend d'ailleurs pas de Lc **23** 2, mais de Ac **17** 7 : « Tous ces gens-là contreviennent aux édits de César en affirmant qu'il y a un autre roi, Jésus. » Cette nouvelle influence des récits des Actes sur le récit johannique doit se situer, comme les autres, au niveau de Jean II-B. Plusieurs indices littéraires dénotent l'activité rédactionnelle de Jean II-B. Le terme « ami », de tonalité lucanienne (1/0/15/6/3/4), ne se lit ailleurs que dans les textes de Jean II-B (**3** 29 ; **11** 11 ; **15** 13-15), et en 3 Jn 15 (bis). On notera aussi la coloration lucanienne du verbe « s'opposer » (*antilegein* : 0/0/2/1/4/3) et les caractéristiques stylistiques : « les Juifs » (C 7), « crier » (B 96), « quiconque (se) fait » (B 46**), « se faire roi » (A 71**), « roi » dit du Christ (C 19).

Le début du v. 13 : « Pilate donc, ayant entendu ces paroles » est solidaire du v. 12b et doit être aussi attribué à Jean II-B. Ces expressions ne peuvent être que de Jean II, et non du Document C (cf. *infra*), étant donné leur parenté littéraire avec cet autre texte de Jean II : « De la foule donc, ayant entendu ces paroles... » (**7** 40).

c) Pour tenter une dernière démarche, Pilate « mena Jésus dehors et l'assit sur le tribunal au lieu dit Lithostrôton, en hébreu, Gabbatha » (v. 13b). Ce jeu de scène n'existe pas chez Lc ; on serait donc tenté d'y voir une addition de Jean II-B. Toutefois, on a vu que la formule « mena Jésus dehors » était l'exécution de l'intention de Pilate, exprimée au v. 4 : « Voici, je vous le mène dehors... » (cf. 6a) ; elle se lisait donc déjà au niveau de Jean II-A. Quant aux expressions « et (l') assit sur le tribunal au lieu dit Lithostrôton », elles ne peuvent être dissociées de la déclaration de Pilate au v. 14b, qu'elles préparent : « Voici votre roi » et dont Jean II-B s'inspire pour composer le v. 5 (cf. *supra*) ; il faut donc aussi les attribuer à Jean II-A. Ce point sera confirmé dans l'analyse du récit de Jean II-A.

On attribuera cependant à Jean II-B la glose « en hébreu, Gabbatha » (A 56**).

d) Au v. 14, la précision chronologique « Or c'était la Préparation de la Pâque » est de Jean II-B ; voir les raisons données plus haut à propos de **18** 28b. Ce genre de phrase est bien dans le style de Jean II-B ; cf. « Or c'était le matin » en **18** 28b ; « or c'était la nuit » en **13** 30. – On attribuera de même à Jean II-B le détail « c'était environ la sixième heure », qui a une portée symbolique (cf. *infra*) ; en **4** 6, nous avons vu que la même précision avait été ajoutée par Jean II-B dans le récit de la Samaritaine. Toujours au v. 14, le terme « aux Juifs » (C 7) est de Jean II-B, qui l'a mis là en référence au v. 12b (de Jean II-B) ; sauf en **18** 36, c'est lui qui les a introduits partout ailleurs dans ce récit ; au niveau du Document C et encore de Jean II-A, on devait avoir un simple pronom personnel « leur » (*autois*). Ces additions de Jean II-B contiennent trois notes johanniques : « or c'était la Préparation » (C 4), « la Pâque » (C 84**), « c'était environ la (sixième) heure » (A 132**).

e) Il faut aussi attribuer à Jean II-B l'ensemble du v. 15. Le v. 15b est de même niveau rédactionnel que le v. 12b, dont il prolonge le thème ; il est donc de Jean II-B. Quant au v. 15a, il a remplacé dans la rédaction de Jean II-B le v. 6a, avec lequel il forme doublet ; on s'en souvient, au niveau de Jean II-A, le v. 6 se lisait précisément entre les vv. 13b.14b et 16a. Rappelons aussi ce que nous avons dit plus haut (I A 4) : tandis que Jn **19** 6a répond à Lc **23** 21 et doit donc être de Jean II-A, le v. 15a n'offre aucun contact littéraire avec le parallèle de Lc **23** 23 ; il n'y a donc aucune raison de l'attribuer à Jean II-A. On notera enfin le style johannique de ce verset : « ceux-là » (C 37), « crier » (B 96), « Pilate leur dit » (C 12), « roi » dit du Christ (C 19), « ils répondirent » (B 74).

f) Au v. 16a, la suture rédactionnelle « Alors donc » (A 99*) fut ajoutée par Jean II-B en même temps que le v. 15 ; au niveau du Document C et de Jean II-A, il devait y avoir la simple conjonction « et ».

Ce v. 16a contient probablement une autre glose de Jean II-B : les mots « pour qu'il fût crucifié ». Pour le comprendre, mettons en parallèle les textes de Mt **27** 26b, Lc **23** 25b, Jn **19** 16a, Ps.-Pierre 5, en les traduisant très littéralement :

Mt **27** 26b	Lc **23** 25b	Jn **19** 16a	Ps.-Pierre **5**
Mais Jésus ayant fait flageller il livra	Mais Jésus il livra à leur volonté.	(Et) il livra lui à eux pour qu'il fût crucifié.	Et il livra lui au peuple...
pour qu'il fût crucifié.			

Le seul contact entre Jn et Mt contre Lc et Ps.-Pierre porte sur l'expression « pour qu'il fût crucifié » ; comme les autres contacts Jn/Mt de ce récit, elle doit avoir été introduite au niveau de Jean II-B, par souci d'harmonisation. Si l'on enlève cette expression, le texte de Jn devient très proche de celui du Ps.-Pierre ; il se rapproche également de celui de Lc, qui a pourtant subi l'influence du texte matthéen

(Mais Jésus), influence perceptible dès le v. 25a. – Le caractère secondaire, chez Jn, de l'expression « pour qu'il fût crucifié » peut être décelé par un autre biais. La phrase « (et) il le livra à eux pour qu'il fût crucifié » implique de la part de Pilate la volonté de crucifier Jésus puisque la proposition finale « pour qu'il fût crucifié » se rapporte au verbe « il livra ». Ainsi formulé, le texte s'accorde bien avec le récit matthéen, où c'est finalement Pilate qui prend la décision de faire crucifier Jésus par ses soldats ; il se concilie mal au contraire avec le texte de Jn, surtout celui du Document C, où Pilate veut relâcher Jésus (**19** 12) et se refuse à le faire crucifier lui-même (**19** 6b).

B) LES ADDITIONS DE JEAN II-A

Débarrassé des additions de Jean II-B, le récit de Jean II-A apparaît cependant plus développé que celui du proto-Lc avec lequel il présente un schéma commun. Jean II-A n'aurait-il pas remanié et amplifié le récit de sa source ? Si oui, dans quelle mesure la comparaison de son texte avec celui du proto-Lc permet-elle de le préciser ?

Nous allons d'abord donner en parallèle le récit du proto-Lc et celui de Jean II-A ; dans ce dernier, nous mettrons en retrait les additions de Jean II-A que nous justifierons ensuite par l'analyse. La reconstruction des textes diffère quelque peu de celle que nous avions proposée dans le tome II de la Synopse (p. 413). La raison en est que, ayant maintenant une meilleure connaissance des problèmes littéraires posés par le quatrième évangile, nous avons cru pouvoir situer à deux niveaux différents les rapports entre Jn et Lc : Jean II-A et le proto-Lc dépendent de la même source (cf. *infra*), tandis que Jean II-B a utilisé l'ultime rédaction lucanienne en même temps que Mc et Mt. N'ayant pas fait cette distinction dans le Tome II, nous avions cru devoir attribuer au proto-Lc tous les accords Lc/Jn contre Mt/Mc.

Signalons une rectification plus particulière. Comme dans le tome II, nous tenons l'épisode de la comparution de Jésus devant Hérode pour une addition de l'ultime Rédacteur lucanien. Mais au lieu de la solution assez complexe que nous avions proposée à la note §§ 347.349, I A, nous pensons désormais que tout le bloc de Lc **23** 5-20a, comprenant donc la comparution devant Hérode et l'épisode de Barabbas, fut ajouté par l'ultime Rédacteur lucanien. Au niveau du proto-Lc, le v. 20b « voulant relâcher Jésus », suivait immédiatement le v. 4 et expliquait la parole de Pilate aux grands prêtres et aux foules : « Je ne trouve aucun motif en cet homme. »

proto-Lc	C | II-A
23 1 Et toute leur assemblée s'étant levée, ils le menèrent à Pilate.	**18** 28 Ils (le) mènent (à Pilate) (.) | au prétoire. 29 Pilate sortit ( ) vers eux et dit : « Quelle accusation portez-vous contre cet homme ? »
2 Ils commencèrent à l'accuser, disant : « Nous avons trouvé celui-ci excitant notre nation à la révolte ( ). »	30 Ils répondirent et lui dirent : « Si *celui-ci* n'était pas *un malfaiteur*, nous ne te l'aurions pas livré. »

3 Pilate	33 Pilate
	  | entra donc de nouveau dans le prétoire
	  | et il appela Jésus et lui

l'interrogea, disant :
« Tu es le roi des Juifs ? »
	dit (à Jésus) :
	« Tu es le roi des Juifs ? »
	36 | Jésus répondit :
	  | « Ma royauté n'est pas de ce monde,
	  | si de ce monde était ma royauté, mes gardes auraient
	  | combattu pour que je ne sois pas livré aux Juifs.
	  | Mais en réalité, ma royauté n'est pas d'ici. »

Mais lui, lui répondant, déclara : « Tu (le) dis. »	37 | Pilate lui dit donc : « Donc, tu es roi ? » Jésus répondit : « Tu (le) dis (. ») | que je suis roi. » ( )
4 Pilate	**19** 4 Et Pilate | sortit de nouveau dehors et
dit aux grands prêtres et aux foules :	leur dit : | « Voici, je vous le mène dehors afin que vous sachiez que
« Je ne trouve aucun motif en cet homme », 20 ( ) voulant relâcher Jésus.	(«) Je ne trouve en lui aucun motif. » 12 ( ) Pilate cherchait à le relâcher. 13 | ( ) (Il) mena Jésus dehors et l'assit sur le tribunal au lieu dit Lithostrôton ( ),
	14 | ( ) et il leur dit : « Voici votre roi. »
21 Mais eux clamaient, disant : « Crucifie ! crucifie-le ! »	6 | Quand donc ils le virent, Les grands prêtres et les gardes crièrent, disant : « Crucifie ! crucifie ! »

proto-Lc	C II-A
22 Il leur dit ( ) : « Qu'a donc *fait de mal celui-ci ?*	Pilate leur dit :
Je n'ai trouvé en lui aucun motif de mort ( ). »	« Prenez-le vous-mêmes et crucifiez-le, car moi, je ne trouve en lui aucun motif. »
. . . .	
25 ( ) Il (le) livra à leur volonté.	16a ( ) (Et) il le leur livra (.)

1. L'INTRODUCTION DU RÉCIT

a) Le récit de Jean II-A commence par la phrase : « Ils (le) mènent au prétoire », tandis que Lc **23** 1a dit : « Ils le menèrent à Pilate. » Plus précis, le texte de Jean II-A a dû être remanié. Jean II-A a changé l'expression « à Pilate » en « au prétoire », afin de préparer l'entretien que Pilate aura à huis clos avec Jésus en **18** 36 et la scène décrite en **19** 13b.14b, deux amplifications du texte johannique que nous attribuerons à Jean II-A.

b) On serait tenté de considérer les expressions du v. 29a : « sortit ( ) vers eux », absentes du parallèle de Lc, comme une addition de Jean II-A en liaison avec la mention du prétoire. Mais cette sortie de Pilate prépare la question posée par Pilate aux Juifs : « Quelle accusation portez-vous contre cet homme ? » Or cette question se lisait déjà dans la source de Jean II-A ; en effet, tous ses éléments se retrouvent dans le texte parallèle du proto-Lc : le thème de l'accusation, en Lc **23** 2a et l'expression « cet homme », en Lc **23** 4. Le v. 29 en son entier remonte donc à la source de Jean II-A.

c) Inséparable du v. 29, le v. 30 faisait lui aussi partie de la source de Jean II-A. A la question de Pilate les Juifs répondaient : « Si *celui-ci* n'était pas *un malfaiteur*, nous ne te l'aurions pas livré. » D'ailleurs, comme on l'a déjà noté plus haut, les termes soulignés ont leur équivalent dans le récit du proto-Lc : « Qu'a donc *fait de mal celui-ci ?* » (Lc **23** 22).

2. L'ENTRETIEN DE PILATE AVEC JÉSUS

a) Après la réponse des grands prêtres (cf. **19** 6), « Pilate entra donc de nouveau dans le prétoire et il appela Jésus et lui dit : 'Tu es le roi des Juifs ?' » (v. 33). Ces détails de Pilate qui entre dans le prétoire et appelle Jésus sont de Jean II-A. Non seulement ils manquent dans le parallèle lucanien, mais surtout ils sont liés à la mention du prétoire du v. 28, que nous venons d'attribuer à Jean II-A. Au niveau de la source, on avait simplement : « Pilate ( ) dit (à Jésus) : 'Tu es le roi des Juifs ?' » On obtient ainsi un texte de même forme que Lc **23** 3a. Précisons que dans la source on devait avoir la mention explicite de Jésus ; Jean II-A a déplacé le mot et lui a substitué le simple pronom « lui ». Deux caractéristiques stylistiques sont à noter dans ce remaniement : les particules « donc... et... et » (A 13) et « donc de nouveau » (A 17*).

b) Dans l'analyse du récit de Jean II-B, on a vu que Jn **18** 33b.37b correspondait à Lc **23** 3 (cf. *supra*, II A 3 *b*). Même débarrassé des additions de Jean II-B (vv. 34-35), le dialogue entre Pilate et Jésus, occasion pour ce dernier de préciser la nature de sa royauté (vv. 36-37a), doit être considéré comme une addition à Jean II-A. Le style et le vocabulaire sont d'ailleurs si johanniques qu'il est impossible de les laisser à la source : au v. 36, « répondit » (B 74), « ma royauté » (ter ; A 1*), « être de (ce) monde » (A 12 ; cf. C 18), « ce monde » (B 95), la conjonction *ei* (si) avec *an* dans l'apodose (F 27), « mes gardes » (A 1* et F 36), « aux Juifs » (C 7), « si... mais en réalité » (C 71), « d'ici » (C 24) ; – au v. 37a, « dit donc » (B 1), « roi » dit du Christ (C 19).

Précisons aussi qu'au v. 37b, les expressions « que je suis roi » ont dû être ajoutées par Jean II-A. Elles ne font que reprendre dans la réponse de Jésus les termes de la question de Pilate au v. 37a : « Donc, tu es roi ? » Au niveau du récit primitif, on avait simplement : « Tu (le) dis », comme en Lc **23** 3b.

3. LE DIALOGUE DE PILATE AVEC LES GRANDS PRÊTRES

a) En **19** 4, Pilate sort de nouveau et déclare aux grands prêtres son intention de leur amener Jésus dans le but de les convaincre de son innocence. Cette sortie de Pilate, comme les expressions « Voici, je vous le mène dehors afin que vous sachiez que », n'ont pas de parallèle dans le récit du proto-Lc ; elles doivent donc être attribuées à Jean II-A. Liés au jeu de scène précédent (vv. 33.36.37), ces remaniements préparent aussi la scène des vv. 13b.14b, de Jean II-A, sur laquelle nous allons revenir dans un instant. Le style de ces additions est toutefois assez neutre ; on ne relève qu'une note johannique mineure : « Voici » (C 77).

Le récit primitif ne comportait donc qu'une affirmation par Pilate de l'innocence de Jésus, comme en Lc **23** 4. Pour retrouver l'équivalent de la séquence lucanienne : déclaration par Pilate de l'innocence de Jésus (Lc **23** 4) et volonté de Pilate de le relâcher (Lc **23** 20), on maintiendra dans la source johannique le v. 12 : « Pilate cherchait à le relâcher. »

b) Sans correspondant dans le récit du proto-Lc, la scène des vv. 13b.14b est une création de Jean II-A. Voici d'autres raisons qui permettent de le penser. Comme le v. 36, que nous avons attribué à Jean II-A, cette addition est centrée sur la royauté du Christ ; la scène culmine en effet sur l'affirmation de Pilate : « Voici votre roi. » Cet épisode forme par ailleurs inclusion avec celui de l'entrée de Jésus à Jérusalem tel qu'on le lisait au niveau de Jean II-A, comme on le verra dans la troisième partie de cette note. Les expressions « l'assit sur le tribunal » ont une forme littéraire très proche de celles de **12** 14 : «... Jésus s'assit sur lui », addition de Jean II-A. Ce sont les deux seuls emplois johanniques du verbe « asseoir » (*kathizein*). La formule « mena (*ègagen*) Jésus dehors » est une reprise, sous forme d'exécution, de la déclaration de Pilate : « Voici, je vous le mène (*agô*) dehors » (v. 4). L'addition de cette scène est enfin soulignée par les expressions du v. 6a : « Quand donc ils le virent » ; les termes « quand donc » sont une cheville rédactionnelle typique de Jean II après une insertion (A 28 ; cf. Introd., 8 a). On notera encore comme caractéristiques stylistiques : au v. 14b, « voici » (C 77), « roi » dit du Christ (C 19).

Mais il faut garder au niveau du récit primitif le v. 6, moins les expressions « Quand donc ils le virent » (cf. *supra*), et le v. 16a. Après que Pilate eut exprimé son désir de relâcher Jésus en le déclarant innocent, les grands prêtres et les gardes réclament à grands cris sa mort. A bout d'arguments, Pilate leur dit : « Prenez-le vous-mêmes et crucifiez-le, car moi, je ne trouve en lui aucun motif. » (v. 6bc) « Et il le leur livra » (v. 16a). Le début de la réponse de Pilate « Prenez-le vous-mêmes et crucifiez-le... » (**19** 6b) est, il est vrai, propre à Jean II-A ; mais la fin du récit de Lc a été fortement remaniée par l'ultime Rédacteur lucanien. Lc **23** 23, très différent de Jn **19** 15, doit être une addition du Rédacteur lucanien (cf. *supra*, I A 4) et il est, par ailleurs, évident que Lc **23** 24.25a est une harmonisation sur le récit de Mc, faite par le dernier Lc. En remaniant sa source, ce Rédacteur a donc pu abandonner certaines expressions dont le récit johannique reste le seul témoin. On peut alors penser que les paroles de Pilate « Prenez-le vous-mêmes et crucifiez-le... » remontent au Document C. Tous les autres éléments de la réponse de Pilate (vv. 6c et 16a) se retrouvent dans le récit du proto-Lc (Lc **23** 21.22.25b) et devaient donc se. lire dans la source à laquelle puise Jean II-A.

C) UN RÉCIT DU DOCUMENT C

Une fois éliminés les remaniements et les additions de Jean II-A, le récit johannique primitif a la même structure que celui du proto-Lc (cf. tableau synoptique). Cette structure identique ne peut guère s'expliquer que par une source commune. Dans le tome II de la Synopse, nous pensions que le proto-Lc était la source directe de Jn. Une telle solution ne tiendrait pas compte de deux faits. D'une part, il subsiste malgré tout des divergences littéraires importantes entre le proto-Lc et le texte qui semble à l'origine du récit de Jean II-A ; ces divergences s'expliquent mieux si l'on suppose que, chacun de son côté, Jean II-A et le proto-Lc ont remanié et imposé leur style à une source commune pour l'adapter à leur propos respectif. D'autre part, depuis le début des récits de la passion (Jn **18** 1 ss.), Jean II-A suit, on l'a vu, non pas le proto-Lc, mais le Document C ; il doit en être de même ici. Dans le texte, tel que nous avons cru pouvoir le reconstituer, on retrouve d'ailleurs deux composantes des récits précédents. Comme en **18** 3.12 et 18 (sous leur forme primitive), les adversaires de Jésus sont, non pas les Juifs, mais les grands prêtres et les gardes (**19** 6). En **18** 28a, la formule « ils mènent donc Jésus à Pilate » est de même style

que celle de **18** 13a « ils le menèrent chez Anne », que nous avons attribuée au Document C.

Voici les caractéristiques stylistiques du texte du Document C. On trouve d'abord les formules de dialogue habituelles, souvent attestées ailleurs dès le niveau du Document C : « ils répondirent et lui dirent » (en **18** 30 ; B 6), « il répondit » (en **18** 37 ; B 74), « Pilate leur dit » (en **19** 6 ; C 12). En **18** 29, l'expression « cet homme », pour désigner Jésus, ne se lit ailleurs chez Jn qu'au niveau de Jean II-B ; mais la présence de cette expression dès le Document C est confirmée par Lc, qui l'a trois fois dans son récit parallèle de la comparution de Jésus devant Pilate : en **23** 4 et **23** 14 (bis) ; on rapprochera spécialement Jn **18** 29 et Lc **23** 4. – En **18** 30, on a *ei* dans la protase et *an* dans l'apodose (F 27). – C'est le v. 6 du chapitre **19** qui offre le plus de caractéristiques stylistiques : « les gardes » (F 36), « crier » (B 96), l'opposition « vous/moi » (B 3) dans la phrase « Prenez-le vous-mêmes... car moi... » Mais le mot « gardes » revient tout au long des récits de la passion au niveau du Document C (**18** 3.12.18.22) ; le verbe « crier » se lit encore en **11** 43 et **12** 13 au niveau du Document C, et si Jean II-B l'emploie en **18** 40 et **19** 12.15, c'est sous l'influence du Document C : l'opposition « vous/moi » se lisait déjà en **13** 33 au niveau du Document C. L'analyse stylistique confirme donc les résultats des analyses littéraires.

III. SENS DES RÉCITS

A) LE RÉCIT DU DOCUMENT C

18 28   Ils (le) mènent ( ) (à Pilate).

29   Pilate sortit ( ) vers eux et dit :
« Quelle accusation portez-vous contre cet homme ? »

30   Ils répondirent et lui dirent :
« Si celui-ci n'était pas un malfaiteur,
nous ne te l'aurions pas livré. »

33   Pilate ( ) dit (à Jésus) : « Tu es le roi des Juifs ? »

37   Jésus répondit : « Tu (le) dis. »

19 4   Et Pilate ( ) leur dit :
« Je ne trouve en lui aucun motif. »

12   ( ) Pilate cherchait à le relâcher.

6   ( ) Les grands prêtres et les gardes crièrent, disant :
« Crucifie ! crucifie ! »
Pilate leur dit : « Prenez-le vous-mêmes et crucifiez-le,
car moi, je ne trouve en lui aucun motif. »

16a   ( ) (Et) il le leur livra.

Pour mieux apprécier l'originalité de ce récit du Document C, nous allons le comparer avec celui de la tradition Mt/Mc. Nous commencerons par analyser rapidement le récit de Mt/Mc, puis nous reviendrons sur celui du Document C.

1. Le récit de Mt/Mc contient deux parties à peine liées entre elles : l'interrogatoire de Jésus par Pilate (Mc **15** 2-5) et l'épisode de Barabbas (Mc **15** 6-15). La première partie est assez mal construite. Elle commence de façon abrupte par la demande de Pilate à Jésus : « Tu es le roi des Juifs ? »

(**15** 2a) ; c'est seulement après avoir donné la réponse de Jésus : « Tu (le) dis », que Mc nous informe : « Et l'accusaient beaucoup les grands prêtres » (**15** 3). Ces accusations semblent d'ailleurs indépendantes du problème de la royauté de Jésus puisque Pilate lui fait remarquer qu'il ne répond rien aux accusations portées contre lui, alors qu'il a reconnu explicitement être roi (**15** 4, opposé à **15** 2b). Ainsi, Pilate demande brusquement à Jésus s'il est roi sans que l'on sache ce qui le pousse à faire cette demande ; on apprend ensuite que les grands prêtres accusaient Jésus mais nous ignorons quels étaient les chefs d'accusation. – Il existe par ailleurs un parallélisme évident entre Mc **15** 2-5 et le procès de Jésus devant le Sanhédrin (Mc **14** 57-62a). Des accusations sont portées contre Jésus (**14** 58-59 ; cf. **15** 3) et le Grand Prêtre s'étonne que Jésus ne réponde rien (**14** 60 ; cf. **15** 4) ; mais Jésus garde le silence (**14** 61a ; cf. **15** 5). Finalement, le Grand Prêtre demande à Jésus : « Es-tu le Christ, le Fils du Béni ? » (**14** 61b ; cf. **15** 2a) et Jésus répond « Je (le) suis » (**14** 62a ; cf. **15** 2b). – Pour ces raisons, beaucoup de commentateurs admettent que, dans le récit de la comparution de Jésus devant Pilate, toute la première partie (Mc **15** 2-5) fut ajoutée afin d'établir un parallélisme entre les deux récits. Nous pensons qu'il y eut aussi une volonté d'harmoniser le récit de la tradition Mt/Mc avec celui du Document C (cf. *infra*). Une telle harmonisation fut effectuée au niveau du Mc-intermédiaire, et non à celui du Document A comme nous l'avions écrit dans le tome II de la Synopse.

Ainsi, dans la tradition Mt/Mc, le récit de la comparution de Jésus devant Pilate ne comportait primitivement que l'épisode de Barabbas (Mc **15** 6-15 ; Mt **27** 15-26), dans lequel Jésus n'apparaissait même pas ! Ce n'était pas une « comparution » de Jésus, encore moins un « jugement », mais une timide tentative faite par Pilate pour libérer Jésus (cf. Mc **15** 10) ; il propose à la foule le choix entre Jésus et Barabbas. Dans cette perspective, le texte de Mt **27** 17 : « Qui voulez-vous que je vous relâche : Jésus Barabbas ou Jésus qui est dit Christ ? » semble plus primitif que celui de Mc **15** 9 : « Voulez-vous que je vous relâche le roi des Juifs ? », retouché en fonction de Mc **15** 2 (au niveau du Mc-intermédiaire).

2. Dans le récit du Document C, au contraire, il s'agit d'une véritable comparution de Jésus devant Pilate. Il ne sera question d'aucun « marchandage » entre Pilate et la foule à propos de Barabbas et de Jésus. Le scénario est très simple. Pilate interroge Jésus présenté par les grands prêtres comme un malfaiteur (**18** 30). Convaincu de son innocence, Pilate veut le relâcher. Mais les grands prêtres et les gardes ne l'entendent pas ainsi et réclament à grands cris sa crucifixion. Pilate, qui réaffirme l'innocence de Jésus, leur répond : « Prenez-le vous-mêmes et crucifiez-le » (**19** 6), et il livre Jésus aux grands prêtres. Les responsabilités sont mises en évidence : ce sont les grands prêtres qui veulent la mort de Jésus, l'obtiennent de Pilate malgré son innocence et vont le mener au Golgotha (cf. **19** 16b) ; quant à Pilate, il ne veut pas se charger lui-même de faire crucifier un homme qu'il juge innocent. Mais que lui importe la vie d'un homme ? Pour éviter une épreuve de force avec les grands prêtres,

il leur livre Jésus, les autorisant ainsi à le crucifier eux-mêmes. Il se déshonore en livrant un innocent à ses plus féroces ennemis.

Le récit du Document C est beaucoup mieux construit que celui du proto-Lc. A la question de Pilate : « Quelle accusation portez-vous contre cet homme ? », les grands prêtres répondent : « Si celui-ci n'était pas un malfaiteur nous ne te l'aurions pas livré » (**18** 30). L'apodose de cette phrase fait inclusion avec la finale du récit : « Et il le leur livra » (**19** 16a). Le contraste est saisissant ! En apparence, ce sont les grands prêtres qui ont livré Jésus à Pilate, comme un malfaiteur qui mérite jugement et condamnation ; en fait, c'est Pilate qui, bien qu'il ait reconnu l'innocence de Jésus, va le livrer aux grands prêtres pour qu'ils le crucifient. La culpabilité des grands prêtres ne saurait faire de doute.

3. La faiblesse de Pilate est soulignée aussi bien dans le récit de la tradition Mt/Mc que dans celui du Document C. Mais quels furent, dans les divers documents, ceux qui réclamèrent la crucifixion de Jésus ? C'est ici qu'apparaît la différence la plus fondamentale entre le récit de la tradition Mt/Mc et celui du Document C. Dans Mt aussi bien que dans Mc, tout se passe entre la foule juive et Pilate, et c'est la foule qui demande que Jésus soit crucifié (Mt **27** 22 ; Mc **15** 13) ; les grands prêtres ne sont mentionnés que dans une parenthèse (Mt **27** 20 ; Mc **15** 11) et nous verrons plus loin qu'elle est probablement tardive. Dans Jn, tout se passe entre les chefs religieux du peuple et Pilate ; ce sont « les grands prêtres et les gardes » qui réclament que Jésus soit crucifié (Jn **19** 6), et la foule n'est jamais mentionnée dans le récit. Lc **23** 4 met en scène il est vrai « les grands prêtres et les foules », mais son texte est le fruit d'une harmonisation entre la tradition en provenance du Document C, mieux conservée par Jean II-A, et celle de Mt/Mc. Le problème qui se pose est donc celui-ci : qui a réclamé la crucifixion de Jésus ? La foule juive venue à Jérusalem pour la fête ou les grands prêtres et leurs satellites ?

Il faut bien reconnaître que le récit du Document A (Mt/Mc) s'accorde difficilement avec tout ce qui est raconté depuis l'entrée solennelle de Jésus à Jérusalem. Après l'épisode des vendeurs chassés du Temple, Mc **11** 18 fait cette remarque : « Et les grands prêtres et les scribes entendirent et ils cherchaient comment ils le feraient périr ; car ils le craignaient, car toute la foule était frappée de son enseignement. » Après la parabole des vignerons homicides, Mc **12** 12 écrit : « Et ils cherchaient à l'arrêter, et ils craignaient la foule » ; selon Mt **21** 45, ceux qui veulent arrêter Jésus sont « les grands prêtres et les Pharisiens » ; ce seraient « les scribes et les grands prêtres » d'après Lc **20** 19 (cf. Mc **11** 27). Enfin, deux jours avant la fête de la Pâque, les grands prêtres et les scribes se rassemblent et « ils cherchaient comment, s'étant emparés de lui par ruse, ils le tueraient » ; pourquoi avoir besoin d'une « ruse » ? « De peur que, pendant la fête, il n'y ait un tumulte du peuple » (Mc **14** 1-2 ; cf. Mt **26** 4-5 ; Lc **22** 1-2). Tous ces textes, dont plusieurs remontent au Document A, reflètent la même situation : ce sont avant tout les grands prêtres qui veulent la mort de Jésus ; mais ils ont peur qu'en agissant ainsi ils ne provoquent une réaction violente de la foule qui, elle, est favorable à Jésus. Comment se fait-il alors que cette même foule réclame la crucifixion de Jésus (Mc **15** 12-13 ; Mt **27** 22) ? Non seulement elle demande la libération de Barabbas, mais elle s'acharne à réclamer la crucifixion de Jésus (Mc **15** 14 ; Mt **27** 23) ! Pour rendre compte de ce revirement incompréhensible de la foule, la tradition évangélique met en cause les grands prêtres présentés comme des agitateurs professionnels (Mc **15** 11 ; Mt **27** 20). Mais le texte de Mt montre que l'intervention des grands prêtres est vraisemblablement une addition, étant donné la « reprise » des données du v. 17 au v. 21. Ainsi, même au niveau du Document A, cet acharnement de la foule à demander la crucifixion de Jésus apparaît assez peu vraisemblable ; la façon dont le Document C présente les événements est beaucoup mieux en situation : ce sont les grands prêtres qui arrachent à Pilate l'autorisation de crucifier Jésus. Le récit de Mt/Mc, surtout sous sa forme la plus ancienne, n'aurait-il pas été composé dans une optique anti-juive ? Les responsables de la crucifixion de Jésus seraient, non plus les seuls grands prêtres, mais le peuple tout entier. L'ultime Rédacteur matthéen ne fera qu'accentuer cette tendance lorsqu'il fera dire à Pilate : « Je suis innocent de ce sang ; à vous de voir » ; et *tout le peuple* répondra : « Que son sang soit sur nous et sur nos enfants ! » (Mt **27** 24-25).

B) LES ADDITIONS DE JEAN II-A

En reprenant le récit du Document C, Jean II-A le remanie quelque peu et ajoute surtout deux additions importantes, centrées sur le thème de la royauté de Jésus : l'entretien entre Pilate et Jésus à l'intérieur du prétoire (**18** 36-37a) et le jeu de scène de **19** 13b.14b au cours duquel Pilate fait asseoir Jésus sur le tribunal et déclare aux grands prêtres : « Voici votre roi. » Nous allons analyser ces particularités du récit de Jean II-A.

1. En **18** 28, Jean II-A a remplacé l'expression du Document C « à Pilate », attestée par Lc, par « au prétoire ». Ce terme ne doit pas être pris dans un sens trop technique mais désigne seulement le lieu où résidait le gouverneur romain lorsqu'il séjournait à Jérusalem (ce sens affaibli du mot se retrouve en Ac **23** 35). Il s'agirait, non de la forteresse Antonia, située au nord de l'esplanade du Temple, mais du palais d'Hérode, à l'extrémité ouest de la ville. L'extérieur du palais devait être pavé de grandes dalles de pierre, d'où le nom de Lithostrôton donné au lieu où Pilate va dresser son tribunal. Par « tribunal », en effet, il ne faut pas imaginer un bâtiment fixe, mais une estrade amovible sur laquelle était installée la chaise curule et que l'on dressait à l'extérieur du prétoire. Pour illustrer le récit johannique, citons le passage de l'historien Flavius Josèphe concernant Gessius Florus, qui fut procurateur romain en Palestine de 64 à 66 : « Florus demeurait alors dans le palais (celui des Hérode) ; le lendemain ayant fait dresser un tribunal devant le palais, il s'y assit et les grands prêtres et les notables de la ville, s'étant avancés, se tinrent près du tribunal » (Guerre Juive, 2 **301**).

2. Après avoir accueilli les grands prêtres et écouté leurs doléances, Pilate va interroger Jésus (**18** 33.36-37). Mais cet interrogatoire se déroulera à huis clos, contrairement à ce qui se passait dans le récit du Document C (cf. Les Synoptiques). Pilate commence par rentrer dans le prétoire et y fait appeler Jésus qui entre donc à sa suite tandis que ses accusateurs restent à l'extérieur. C'est donc en privé que Pilate pose à Jésus la question : « Tu es le roi des Juifs ? » Entre cette question et la réponse de Jésus : « Tu dis que je suis roi » (**18** 37), qui suppose un acquiescement implicite à la question posée, Jean II-A insère une explication donnée par Jésus : « Ma royauté n'est pas de ce monde » ; la preuve en est que ses gardes ne se sont pas opposés à son arrestation (**18** 36). Cette addition faite par Jean II a pour but de répondre à une difficulté du récit du Document C (cf. les Synoptiques). Puisque Jésus répondait affirmativement à la demande de Pilate concernant la réalité de ses prétentions royales, il se mettait en opposition avec le pouvoir romain. On comprend mal alors que Pilate puisse proclamer son innocence (Jn **19** 4. 6b) et veuille le relâcher (Jn **19** 12). Jean II-A fait disparaître la difficulté puisque, selon lui, Jésus explique à Pilate : « Ma royauté n'est pas de ce monde... Ma royauté n'est pas d'ici. » Cette royauté n'entre pas en conflit avec les pouvoirs temporels ; Jésus n'entend pas substituer son pouvoir à celui de César ; sa royauté est d'ordre « spirituel », elle appartient au monde d'en haut (cf. **8** 23), elle trouve son épanouissement en Dieu (**12** 32). Pilate le comprend, et c'est pourquoi il peut affirmer que Jésus n'est pas coupable aux yeux de l'autorité romaine.

En donnant ces explications, Jean II-A ne voudrait-il pas répondre aussi aux chrétiens de son temps qui, influencés par l'apocalyptique juive, attendaient encore un « retour » du Christ qui « restaurerait la royauté en faveur d'Israël » (cf. Ac **1** 6), sur cette terre. C'est aux chrétiens de tous les temps que Jésus peut dire : « Ma royauté n'est pas de ce monde. »

3. Puisque, selon Jean II-A, l'interrogatoire de Jésus s'est déroulé à huis clos, il faut que Pilate ressorte à l'extérieur du prétoire pour annoncer aux grands prêtres qu'il ne trouve aucun motif de condamnation en Jésus (**19** 4). Voulant le relâcher (**19** 12), il le fait venir dehors, le fait asseoir sur le tribunal (**19** 13b) et le présente aux grands prêtres en disant : « Voici votre roi » (**19** 14b). La traduction du v. 13b demande quelques éclaircissements. Ce verset peut se comprendre de deux façons différentes. Le verbe « asseoir », en grec, peut être pris en effet soit au sens intransitif (s'asseoir), soit au sens transitif (faire asseoir) ; ici, le sens transitif est grammaticalement possible, malgré l'absence de complément direct ; en grec, en effet, lorsque deux verbes transitifs se suivent, il est inutile de répéter le complément direct après le deuxième verbe, pas même au moyen d'un pronom personnel. La plupart des commentateurs traduisent : « Pilate... mena Jésus dehors et s'assit sur le tribunal... » Ce sens fait difficulté. Pourquoi Pilate s'assiérait-il sur le tribunal, puisqu'il ne prononce aucune condamnation formelle ? Jean II-A donne, semble-t-il, un sens différent à la scène ; il faut traduire : « Pilate... mena Jésus dehors et (l') assit sur le tribunal... »

Puis il dit aux grands prêtres et aux gardes : « Voici votre roi » (**19** 14). Le jeu de scène est beaucoup plus cohérent (I. de la Potterie), et il est attesté par deux témoins qui ne semblent pas dépendre du texte johannique, le Pseudo-Pierre et Justin (Tome I, p. 320). Contre cette interprétation, on a objecté l'invraisemblance de ce geste de Pilate, susceptible de compromettre la dignité du pouvoir romain ; mais le problème doit être posé en termes différents : cette scène ne serait-elle pas un nouveau trait de l'ironie johannique ? En faisant asseoir Jésus sur son propre tribunal, Pilate ne veut-il pas, dans l'esprit de Jean II-A, le présenter aux grands prêtres comme leur juge ? Sa seule présence les condamne puisqu'ils refusent de le considérer comme leur roi. Les rôles sont renversés ! Les grands prêtres obtiennent bien la condamnation de Jésus, mais du même coup, se condamnent eux-mêmes.

Le verbe « asseoir » (*kathizein*), rare chez Jn, se lisait déjà dans le récit de l'entrée de Jésus à Jérusalem (cf. **12** 14). En le reprenant dans le récit de la comparution de Jésus devant Pilate, Jean II-A aurait voulu établir une opposition entre les deux épisodes. Quelques jours plus tôt, Jésus faisait son entrée dans la ville, assis sur un ânon, et la foule, venue à sa rencontre, l'accueillait en criant : « Béni soit celui qui vient au nom du Seigneur, le roi d'Israël. » C'était la réalisation de l'oracle de Zacharie : « Voici (que) ton roi vient... » (Za **9** 9). Maintenant les grands prêtres rejettent cette royauté de Jésus et, en dépit de la foule de Jérusalem, refusent de le reconnaitre comme le roi d'Israël annoncé par Zacharie. En établissant ce lien littéraire entre les deux récits, Jean II-A ne fait donc qu'accentuer la culpabilité des grands prêtres et des gardes, déjà fortement soulignée dans le récit du Document C.

C) LE RÉCIT DE JEAN II-B

1. STRUCTURE DU RÉCIT

En systématisant le jeu de scène des sorties et des entrées de Pilate, Jean II-B a obtenu un récit très bien structuré, divisé maintenant en sept sections grâce aux sorties et aux entrées de Pilate. Dans les sections impaires, Pilate est à l'extérieur du prétoire et dialogue avec les grands prêtres ; dans les sections paires, il est à l'intérieur et dialogue avec Jésus (la section médiane toutefois n'est pas un dialogue ; il s'agit de la scène d'outrages à Jésus). Pour obtenir une telle composition, beaucoup plus ample qu'au niveau de Jean II-A, Jean II-B compléta le texte de sa source en fonction des récits des Synoptiques et grâce à des éléments de sa propre composition.

Le récit de Jean II-B se trouvant divisé en sept sections, on serait tenté d'y rechercher une structure en chiasme de la forme la plus classique : A B C D C' B' A'. Il semble plutôt que Jean II-B a voulu donner deux séquences parallèles : A B C A' B' C', séparées par la scène centrale (D) des outrages à Jésus-roi. Le schéma suivant, dans lequel ne seront mis que les textes qui se répondent d'une section à l'autre, fera ressortir la structure du récit.

A	A l'extérieur du prétoire. Premier dialogue entre Pilate et les Juifs. « Quelle accusation portez-vous contre *cet homme* ? » « Prenez-le vous-mêmes et selon votre Loi jugez-le. » « Il ne nous est pas permis de *tuer* quelqu'un. »	**18** 29-32
B	A l'intérieur du prétoire. Premier dialogue entre Pilate et Jésus. « Ma royauté n'est pas *d'ici*. »	**18** 33-38a
C	A l'extérieur du prétoire. Deuxième dialogue entre Pilate et les Juifs. « Voulez-vous que je vous relâche le roi des Juifs ? » « Pas celui-ci, mais Barabbas. »	**18** 38b-40
D	A l'intérieur du prétoire. Scène d'outrages à Jésus-roi.	**19** 1-3
A'	A l'extérieur du prétoire. Troisième dialogue entre Pilate et les Juifs. « Voici *l'homme*. » « Prenez-le vous-mêmes et crucifiez-le. » « Selon notre Loi il doit *mourir*. »	**19** 4-8
B'	A l'intérieur du prétoire. Deuxième dialogue entre Pilate et Jésus. « D'où es-tu ? » « ... s'il ne t'avait été donné *d'en haut*. »	**19** 9-11
C'	A l'extérieur du prétoire. Quatrième dialogue entre Pilate et les Juifs. Dès lors, Pilate cherchait à le relâcher. « Voici votre roi. » « A mort ! A mort ! Crucifie-le ! »	**19** 12-16a

Il existe aussi des affinités entre les sections A' et C', les seules où le dialogue entre Pilate et les Juifs se déroule en présence de Jésus. Mettons les deux sections en parallèle :

19 4-8	**19** 12-16a
5 Jésus sortit dehors « Voici l'homme. »	13 Pilate... mena Jésus dehors 14 « Voici votre roi. »
6 « Crucifie ! Crucifie ! »	15 « A mort ! A mort ! Crucifie-le ! »
7 « Il s'est fait Fils de Dieu. »	12 « Quiconque se fait roi. »

Ce dernier parallélisme permet de mieux situer les deux centres d'intérêt du récit. Souvent, on met trop exclusivement en évidence le thème de la royauté de Jésus. Il tient incontestablement la première place puisque le mot « roi » revient neuf fois (**18** 33.37.37.39 ; **19** 3.12.14.15.15), et le mot « royauté » trois fois (**18** 36) ; la section centrale est d'ailleurs constituée par la scène d'outrages à Jésus-roi (**19** 1-3). Mais l'importance de ce thème ne doit pas faire oublier cet autre thème que Jean II-B lui met en parallèle : Jésus s'est dit Fils de Dieu. Nous avons là les deux motifs de la condamnation de Jésus. C'est parce que Jésus s'est dit Fils de Dieu que les grands prêtres ont voulu le mettre à mort (dans la perspective de Jean II-B) ; c'est parce que Jésus fut accusé de s'être proclamé roi que Pilate va laisser s'accomplir le meurtre de Jésus.

2. Commentaire du récit de Jean II-B

Sans revenir sur les explications données à propos du récit du Document C et de Jean II-A, nous allons essayer de comprendre le sens des modifications et des additions effectuées par Jean II-B.

a) Dans l'introduction du récit (**18** 28), Jean II-B reprend le texte de Jean II-A en ajoutant la précision « de chez Caïphe », motivée par l'addition faite par lui du v. 24 (note § 340-B). Mais il le complète en ajoutant toute la seconde partie du v. 28.

aa) La notice « Or c'était le matin » s'inspire peut-être de Mc **15** 1. Le mot « matin » désignait la dernière division romaine de la nuit (Mc **13** 35), qui allait de trois à six heures. Jean II-B suppose probablement qu'il ne faisait pas encore clair (cf. **20** 1). L'addition pourrait alors avoir une valeur symbolique. C'est au début de la nuit que Judas sort pour aller livrer Jésus aux Juifs (**13** 30) ; c'est à la fin de la nuit que les Juifs livrent Jésus à Pilate (**18** 28b.30). Tout se passe la nuit, parce que Satan est à l'œuvre (**13** 27 ; Ap **2** 9 ; **3** 9) et qu'il est le Prince des ténèbres.

ab) Les Juifs « n'entrèrent pas dans le prétoire afin de ne pas se souiller et de pouvoir manger la Pâque. » Cette addition de Jean II-B est à mettre en relation avec la mention du prétoire qu'il lisait dans sa source. Le prétoire était un lieu païen et les Juifs se seraient souillés en y entrant (cf. Ac **10** 28 ; et aussi Jn **4** 9 à propos des Samaritains). Ayant contracté une impureté légale, ils n'auraient pas pu « manger la Pâque », c'est-à-dire participer au repas pascal (cf. Mt **26** 17 ; Mc **14** 14 ; Lc **22** 15). Pour Jean II-B, Jésus aurait été mis à mort le jour de la Pâque. Il modifie ainsi les données de sa source qui situe cette mort dans le prolongement de la fête des Tentes (Introd., 3 a) et celles de la tradition synoptique qui la place le lendemain de la Pâque, lors de la fête des Azymes. Son intention n'est donc pas celle d'un historien désireux de rétablir la vérité historique, mais d'un théologien. En datant la mort de Jésus le jour de la Pâque, il veut signifier à ses lecteurs que Jésus est le véritable Agneau pascal (cf. 1 Co **5** 7) puisqu'il fut mis à mort à l'heure même où l'on égorgeait les agneaux dans le Temple.

b) Le premier dialogue entre Pilate et les Juifs (**18** 29-32) ébauche les thèmes qui seront développés plus explicitement dans le troisième dialogue (**19** 4-8). Ici, dans la perspective de Jean II-B, il n'est encore question que d'un problème spécifiquement juif, évoqué par la phrase très vague reprise de la source : « Si celui-ci n'était pas un malfaiteur, nous ne te l'aurions pas livré » (**18** 30). Pilate en a conscience puisqu'il rétorque aux Juifs : « Prenez-le, vous-mêmes, et jugez-le selon votre Loi » (**18** 31a) ; Pilate ne se sent pas concerné par ce différend entre les Juifs et Jésus. Les Juifs en conviennent ; ils répondent simplement à Pilate : « Il ne nous est pas permis de tuer quelqu'un » (**18** 31b). Jésus a commis un crime qui, à leurs yeux, mérite la mort ; ce crime

toutefois ne semble pas mettre en cause l'autorité romaine. Effectivement, en **19** 7, dans la section parallèle à celle-ci (cf. *supra*), Jean II-B dira explicitement que le crime de Jésus fut de se proclamer « Fils de Dieu ». La démarche des Juifs auprès de Pilate pourrait apparaître comme une conséquence immédiate du « procès » de Jésus devant le Sanhédrin ; Jésus a blasphémé en se disant « Fils de Dieu », il mérite donc la mort (cf. Mt **26** 63-66 et par.).

Mais selon Jn, il n'y a pas eu de « procès » de Jésus devant le Sanhédrin. Non seulement il ne le raconte pas, mais la phrase de Pilate « Prenez-le, vous-mêmes, et jugez-le selon votre Loi » serait incompréhensible si le Sanhédrin venait de se réunir pour condamner Jésus à mort. En fait, Jn voit dans la démarche des Juifs auprès de Pilate le dénouement d'une crise qui, commencée après la guérison de l'infirme à la piscine de Béthesda (**5** 16.18 ; **7** 32), grossie lors de la fête des Tentes (**7** 1.25 ; **8** 20.59), atteint son point culminant lors de la fête de la Dédicace (**10** 30-39) où Jn a transféré les matériaux du « procès » devant le Sanhédrin de la tradition synoptique (voir note § 264). Depuis longtemps, les chefs du peuple juif cherchent à faire mourir Jésus ; ils ont pris officiellement la décision de le mettre à mort au cours d'une réunion du Sanhédrin qui ne fut pas un « procès » (Jn **11** 47-53). Mais puisqu'ils n'ont pas le droit de procéder eux-mêmes à cette exécution, ils demandent à Pilate de s'en charger.

La glose du v. 32 renvoie à la parole prononcée par Jésus en Jn **12** 32, parole qui est suivie d'une glose identique (**12** 33). Si Jésus avait été mis à mort par les Juifs, il aurait été probablement lapidé. Pour lapider un condamné, les Juifs le conduisaient les mains liées au haut d'un escarpement d'où il était précipité en bas et se brisait la colonne vertébrale ; on l'achevait ensuite à coups de pierres. Mis à mort par les Juifs, Jésus aurait donc été précipité de haut en bas. Mis à mort par les romains, il sera crucifié, et donc « élevé de terre » (Jn **12** 32) ; la crucifixion est comme le premier moment de l'exaltation du Christ auprès de Dieu, de son intronisation royale.

Dans ce premier dialogue entre Pilate et les Juifs, le gouverneur romain comprend que le différend opposant Jésus aux Juifs est d'ordre purement religieux ; il conseille donc aux Juifs : « Prenez-le, vous-mêmes, et jugez-le selon votre Loi » (**18** 31a). L'analogie de situation avec certains épisodes concernant Paul, dans les Actes, est évidente. Le parallèle le plus intéressant est Ac **18** 12 ss. : « Alors que Gallion était proconsul d'Achaïe, les Juifs se soulevèrent d'un commun accord contre Paul et l'amenèrent devant le tribunal en disant : 'Cet individu cherche à persuader les gens d'adorer Dieu d'une manière contraire à la Loi.' Paul allait ouvrir la bouche quand Gallion dit aux Juifs: 'S'il était question de quelque délit ou méfait, j'accueillerais, Juifs, votre plainte, comme de raison ; mais puisqu'il s'agit de contestations sur des mots et des noms et sur votre propre Loi, à vous de voir ! Être juge en ces matières, je m'y refuse.' Et il les renvoya du tribunal. » On comparera aussi avec Ac **23** 27 ss. ; le tribun qui a procédé à l'arrestation de Paul envoie ce dernier au gouverneur Félix, auquel il écrit : « L'homme que voici avait été pris par les Juifs, et ils allaient le tuer, quand j'arrivai avec la troupe et le leur arrachai, ayant appris qu'il était citoyen romain. J'ai voulu savoir au juste pourquoi ils l'accusaient et je l'ai amené devant le Sanhédrin. J'ai constaté que l'accusation se rapportait à des points contestés de leur Loi, mais qu'il n'y avait aucune charge qui entraînât la mort ou les chaînes. » Plus tard, lorsque Paul comparaît devant le gouverneur Festus, il affirme : « Je n'ai commis aucune faute contre la Loi des Juifs, ni contre le Temple, ni contre César. » Festus reconnaît alors qu'il s'agit d'un litige religieux relevant, non de sa compétence, mais de celle du Sanhédrin, et il propose à Paul : « Veux-tu monter à Jérusalem pour y être jugé là-dessus en ma présence ? » (Ac **25** 8-9). Dans tous ces cas, le pouvoir romain s'efforce de dégager sa responsabilité : il ne veut pas prendre parti en des matières qui relèvent du domaine strictement religieux. De même en Jn **18** 29-31 : « Prenez-le, vous-mêmes, et jugez-le selon votre Loi. »

c) Le premier dialogue entre Pilate et Jésus (**18** 33-38a) a pour ossature un dialogue beaucoup plus court rapporté par la tradition synoptique. Pilate demande à Jésus s'il est le roi des Juifs (Jn **18** 33 ; cf. Lc **23** 3a) et Jésus répond : « Tu (le) dis... » (Jn **18** 37b ; Lc **23** 3b). Ce dialogue fut étoffé au niveau de Jean II-A par l'addition du v. 36 et de la suture rédactionnelle constituée par le début du v. 37. De son côté, Jean II-B ajouta les vv. 34-35 d'une part, 37c-38a d'autre part.

ca) Au v. 34, Jésus commence par répondre à Pilate : « Dis-tu cela de toi-même ou d'autres te l'ont-ils dit de moi ? » Cette question attribuée à Jésus a pour but de répondre à une anomalie du récit primitif, corrigée aussi par l'ultime Rédacteur lucanien (cf. Lc **23** 2c) : Pilate demande à Jésus s'il est roi et nous ne savons pas qui lui a suggéré cette accusation. En ajoutant le v. 34, Jean II-B fait comprendre au lecteur que Pilate ne pose pas la question « de lui-même », mais que d'autres, à savoir les chefs religieux du peuple juif, ont accusé Jésus de se faire roi. Quant au v. 35, c'est une suture rédactionnelle qui fait le lien entre les deux réponses de Jésus (vv. 34 et 36). On y notera une pointe anti-juive absente du reste du récit johannique. Jusqu'ici, en effet, seuls les grands prêtres et les gardes semblent avoir comploté la mort de Jésus ; c'est avec eux que Pilate dialogue. Or, au v. 35, Pilate déclare à Jésus : « Ta *nation* et les grands prêtres t'ont livré à moi... » Ce ne sont plus les seules autorités religieuses juives qui apparaissent coupables d'avoir « livré » Jésus à Pilate, mais la nation juive tout entière. On a noté plus haut la même note anti-juive dans le récit de Mc et de Mt (III A 3).

cb) Il est difficile de voir le lien entre la réponse de Jésus au v. 37 : « Tu dis que je suis roi », et la suite ajoutée par Jean II-B : « je suis né pour cela, etc. » Cette seconde partie de la réponse de Jésus, dans laquelle il définit sa mission dans le monde, se rattacherait plus facilement à la question formulée par Pilate au v. 35 : « Qu'as-tu fait ? » Plutôt qu'un roi, Jésus est le révélateur de la « vérité » divine ; il est venu dans le monde pour « rendre témoignage à la vérité ». Les hommes doivent écouter sa voix, qui proclame la vérité divine, comme les brebis d'un troupeau écoutent la voix du pasteur qui les conduit (Jn **10** 26-27). Mais pour écouter cette voix, il faut déjà « être de la vérité », c'est-à-dire être accordé à cette vérité qui dit aux hommes comment ils doivent agir pour être sauvés (1 Jn **2** 21 ; **3** 19). Pilate, qui n'est pas juif, ne comprend rien à cette apologie fondée sur le thème de la « vérité » conçu dans une optique essentiellement juive ; il met fin au dialogue par cette remarque désabusée : « Qu'est-ce que la vérité ? »

d) Le deuxième dialogue entre Pilate et les Juifs (**18** 38b-40) est constitué par l'épisode de Barabbas. Jean II-B, on l'a vu, s'inspire ici des récits de Mc et de Lc. Selon Mc (cf. Mt), l'affaire se passe entre Pilate et la foule juive (Mc **15** 8) ; les grands prêtres n'agissent que dans les coulisses, pour orienter le choix de la foule (**15** 11). Toujours selon Mc, c'est la foule qui prend l'initiative de venir réclamer la libération d'un prisonnier (**15** 7-8), ce qui donne à Pilate l'occasion de proposer la libération de Jésus (**15** 9). Chez Jn, la présentation des faits est assez différente. L'affaire se passe entre Pilate et les grands prêtres accompagnés de leurs gardes ; la foule est absente de toute la scène (Jn **18** 38b). D'autre part, c'est Pilate qui prend l'initiative de rappeler la coutume selon laquelle un prisonnier était libéré lors de la fête de la Pâque (**18** 39a), et il propose de délivrer « le roi des Juifs » (**18** 39b). Une telle initiative de Pilate s'explique par le fait qu'il est convaincu de l'innocence de Jésus, comme il le fait remarquer d'emblée à ses interlocuteurs (**18** 38b ; cf. Lc **23** 4.14b). Mais ces derniers refusent la délivrance de Jésus et réclament celle de Barabbas. Contrairement à Mc (**15** 7), Jean II-B ne nous a pas encore parlé de ce Barabbas ; c'est seulement en finale du dialogue qu'il laisse tomber cette remarque dont la brièveté nous bouleverse beaucoup plus que les explications de Lc **23** 19 : « Or Barabbas était un brigand ! » (**18** 40b).

e) Grâce au jeu de scène des sorties et des entrées de Pilate, Jean II-B a obtenu un récit très bien structuré, divisé en sept sections (cf. *supra*). La raison de cette division est facile à saisir. Encadrée de part et d'autre par trois dialogues, la scène d'outrages à Jésus roi devient la scène centrale du drame qui se joue. Elle est la seule qui ne soit pas conçue en forme de dialogue : Pilate fait flageller Jésus (cf. Mc **15** 15b ; Mt **27** 26b), puis les soldats romains se moquent de la prétention de Jésus à la royauté en le déguisant en roi de mascarade (cf. Mc **15** 16-20 ; Mt **27** 27-31). Lc n'a aucun de ces deux épisodes et le récit de Jean II-B se rapproche beaucoup de celui de Mt. Les soldats romains mettent une couronne sur la tête de Jésus, mais c'est une couronne d'épines ! Ils le revêtent de pourpre, la couleur royale. Ils s'approchent de lui en le saluant ironiquement : « Salut, roi des Juifs. » Jean II-B ne fait que reprendre ici les matériaux de la tradition synoptique. Mais il leur donne une dimension théologique nouvelle grâce à deux transformations. Au début du récit, pour dire « flageller » il change le verbe *phragelloun* de Mt/Mc en *mastigoun* ; à la fin du récit, il ajoute un épisode absent de Mc/Mt : « Et ils lui donnaient des gifles (*rhapismata*). » Jean II-B veut évoquer le texte d'Is **50** 6, concernant le « serviteur de Yahvé » : « j'ai donné mon dos aux coups (*eis mastigas*), et mes joues aux gifles (*eis rhapismata*). » Il suit ici une tradition que l'on trouve aussi dans l'Évangile de Pierre, où la référence à Is **50** 6 est plus explicite (cf. *supra*, I D). Pour le sens, cette scène est liée à celle de Jn **19** 13-14 qui la complète (cf. *infra*).

f) Le troisième dialogue entre Pilate et les Juifs (**19** 4-8) constitue la section A' dans la structure du récit que nous avons proposée plus haut. C'est le début d'une nouvelle séquence qui va reprendre, en plus clair, les thèmes de la séquence constituée par **18** 29-40. Cette section A' correspond donc à la section A de la première séquence, soit aux vv. 29-32 du chapitre **18**. Pilate sort du prétoire et annonce aux Juifs qu'il va mener Jésus dehors afin qu'ils reconnaissent que lui, Pilate, n'a trouvé aucun motif de le condamner (**19** 4). Il fait donc sortir Jésus et le présente aux Juifs en disant : « Voici l'homme » (**19** 5). On a beaucoup discuté sur la portée exacte de cette déclaration de Pilate, qui doit avoir une résonance théologique. Sans entrer dans le détail de ces discussions, disons quelle est la solution qui nous semble la plus plausible. Notons d'abord que Jean II-B rappelle, avant cette déclaration de Pilate, que Jésus sortit « portant une couronne épineuse et le manteau pourpre » (**19** 5a) ; il veut donc indiquer que la déclaration de Pilate est en rapport avec la situation de Jésus déguisé en roi de mascarade, donc en rapport avec Jésus arrivé au suprême degré de l'humiliation. Rappelons ensuite que la déclaration de Pilate « Voici l'homme » correspond à la phrase de **18** 29 : « Quelle accusation portez-vous contre *cet homme ?* » Or, dans ce dernier texte, l'expression « cet homme » revient pour la sixième fois chez Jn (**7** 46 ; **9** 16 ; **9** 24 ; **11** 47 ; **18** 17.29), et « six » est le chiffre qui marque la faiblesse (Introd., 7 n), cette faiblesse relative à l'humanité de Jésus qui sera rappelée en **19** 14a grâce à la mention de la « sixième heure » (cf. **4** 6). Nous pensons donc qu'en mettant sur les lèvres de Pilate la déclaration « Voici l'homme », Jean II-B veut évoquer l'humanité de Jésus arrivée à son état le plus extrême de faiblesse, son humanité bafouée par les hommes. Cette déclaration fait contraste avec celle des Juifs qui la suit de près : « ... il s'est fait Fils de Dieu » (**19** 7).

Jean II-B a transposé ici l'épisode par lequel se terminait le récit de Jean II-A : les grands prêtres et les gardes, en voyant Jésus, réclament sa crucifixion. Pilate leur rétorque : «·Prenez-le, vous-mêmes, et crucifiez-le », et il affirme pour la troisième fois l'innocence de Jésus (**19** 6). La raison de ce transfert est le parallélisme que Jean II-B veut établir entre **18** 29-32 (section A) et **19** 4-8 (section A'). Nous avons dit à propos de la section A que, Pilate s'en doute, la volonté des Juifs de mettre Jésus à mort provient de motifs, non pas politiques, mais inhérents au judaïsme. Le motif essentiel est explicité en **19** 7 : « Nous avons une Loi, et selon la Loi il doit mourir parce qu'il s'est fait Fils de Dieu. » L'expression « Fils de Dieu », aux yeux de Jean II-B, revêt un sens théologique très fort, qui fait de Jésus l'égal de Dieu (cf. Jn **10** 30-33) et constituait donc un « blasphème ». Puisque Jésus a blasphémé en se faisant Fils de Dieu, il mérite la mort d'après la prescription de Lv **24** 16 : « Qui blasphème le nom de Yahvé devra mourir, toute la communauté le lapidera. Qu'il soit étranger ou citoyen, il mourra s'il blasphème le Nom. »

g) Cette expression de « Fils de Dieu » impressionne Pilate. Les dieux du paganisme avaient des enfants ; Jésus ne serait-il pas l'un d'eux ? Et Pilate ne se brouillerait-il pas avec quelque dieu du panthéon gréco-romain en ne défendant pas la cause de Jésus contre ses ennemis ? Il rentre donc dans le prétoire pour interroger de nouveau Jésus, qu'il fait entrer avec lui bien que le texte ne le dise pas explicitement. Pilate demande à Jésus : « D'où es-tu ? », ce qui veut dire, selon une façon sémitique de parler : « Qui es-tu ? » (cf. Jn **7** 27-28 ; **8** 14 ; cf. encore Gn **29** 4 ; 1 S **30** 13 ; 2 S **1** 13 ; Tb **5** 5 ; **7** 3). Jésus refuse de répondre (**19** 9). Jean II-B a transposé ici le jeu de scène de Mc **15** 3-5 et Mt **27** 12-14, mais il l'interprète dans un sens un peu différent ; chez Mt/Mc, Jésus ne répond rien aux accusations des grands prêtres ; ici, il ne répond rien à la curiosité de Pilate. Ce dernier s'en étonne et rappelle à Jésus que lui, Pilate, a pouvoir de le relâcher ou de le faire crucifier (**19** 10). Cette phrase rappelle celle que prononçait Jésus en Jn **10** 18 : « Nul ne me l'enlève (ma vie), mais je la donne de moi-même. J'ai pouvoir de la donner et pouvoir de la reprendre. » Jésus porte en lui le Nom divin (**8** 24.28.58) et la seule évocation de ce Nom suffit à jeter ses adversaires à terre (**18** 6 ; voir le commentaire). Il peut donc répondre à Pilate : « Tu n'aurais aucun pouvoir contre moi s'il ne t'avait été donné d'en haut » (**19** 11a). Son sort ne dépend pas du pouvoir que Pilate croit détenir en tant que représentant de l'autorité romaine, seule habilitée à décréter la mort d'un homme (cf. **18** 31, de Jean II-B). Dieu aurait pu s'opposer aux circonstances humaines qui ont conduit à l'arrestation de Jésus (cf. Mt **26** 53), il pourrait aussi s'opposer au pouvoir de Pilate de le faire crucifier. Si Dieu n'intervient pas, c'est pour que s'accomplissent ses desseins annoncés par les Écritures (cf. Mt **26** 54) ; non que Dieu se complaise dans la mort de Jésus, mais de cette mort il peut tirer un bien plus grand : le salut de l'humanité (**3** 16-17). Dans ce drame, Pilate n'est donc qu'un intermédiaire ; son pouvoir dépend totalement du vouloir divin.

Jean II-B ne voudrait-il pas souligner aussi que, dans cette condamnation de Jésus, la culpabilité de Pilate est relative. Jésus ajoute en effet : « Pour cette raison, celui qui m'a livré à toi a un plus grand péché » (corriger en ce sens le texte du tome I de la Synopse). De qui Jésus veut-il parler ? On pense spontanément à Judas puisque partout ailleurs la formule « celui qui me livre » désigne Judas. Avec raison toutefois, les commentateurs modernes pensent qu'il s'agirait de Caïphe (cf. Jn **11** 50), lui-même représentant de la nation juive (cf. **18** 35, ajouté par Jean II-B). C'est encore l'antijudaïsme de Jean II-B qui se manifeste ici. Mais en quel sens celui qui a livré Jésus à Pilate a-t-il un plus grand péché que ce dernier ? Il est difficile de répondre. Cette phrase est liée à la précédente par l'expression « Pour cette raison... » Le P. Lagrange commente ainsi : « *dia touto* est difficile : il faut sous-entendre : 'Puisque tu agis comme saisi de l'affaire' ; à cause de cela, un autre est relativement plus coupable. »

h) Voici la dernière section du récit, la plus dramatique (**19** 12-16a). Elle contient un dernier dialogue entre Pilate et les Juifs, en présence de Jésus. La ligne générale de l'action n'offre pas de difficulté. En suivant le texte de sa source,

Jean II-B commence par rappeler la volonté de Pilate de libérer Jésus (**19** 12), de façon à bien mettre en relief la culpabilité des Juifs. Dans le Document C et Jean II-A, les responsables de la condamnation à mort de Jésus étaient les grands prêtres ; selon Jean II-B, ce sont, non plus seulement les grands prêtres, mais d'une manière plus générale « les Juifs ». Ces derniers mentionnés une seule fois dans le récit de Jean II-A (cf. **18** 36), prennent une place prépondérante dans le récit de Jean II-B. Leurs desseins meurtriers sont volontairement soulignés. Dès leur premier entretien avec Pilate ils les dévoilent, en regrettant de n'avoir pas eux-mêmes le droit de tuer quelqu'un (**18** 31). Alors que Pilate veut relâcher le roi des Juifs, ils réclament la libération de Barabbas, le brigand (**18** 38-40). Dans un troisième dialogue avec Pilate, ils déclarent que selon leur Loi, Jésus doit mourir parce qu'il s'est fait Fils de Dieu (**19** 7). Ici enfin, ils réussissent à lui imposer leur volonté homicide en le menaçant : « Si tu relâches cet homme, tu n'es pas ami de César. Quiconque se fait roi s'oppose à César » (**19** 12b). Puisqu'aux yeux de Pilate la prétention de Jésus à être Fils de Dieu n'est pas un motif suffisant de condamnation, ils brandissent une autre menace : Jésus s'est fait roi, il s'est donc posé en adversaire de César, de l'empereur romain. Si Pilate délivre Jésus, il devient son complice et le voilà menacé des foudres de Rome. Pilate ne va pas mettre en danger sa carrière, et peut-être sa vie, pour un homme qui ne lui est rien.

Mais avant de capituler, il tente une dernière démarche. Il fait venir Jésus dehors et le fait asseoir sur le tribunal, puis il dit aux Juifs : « Voici votre roi » (**19** 13-14). Mise en relation avec les additions antérieures, cette scène de Jean II-A prend, au niveau de Jean II-B, un sens tout différent. Pour le comprendre, il faut la rapprocher de scènes semblables, attestées dans l'Antiquité orientale et romaine (fête des Sacées en Perse, fête des Saturnales à Rome). Citons seulement un exemple qui illustre au mieux le récit de Jean II-B.

D'après Dion Chrysostome (De Reg. 4 66), lors de la fête des Sacées, les Perses se divertissaient ainsi : « Ayant pris un des prisonniers condamnés à mort, ils le font asseoir sur le trône du roi, ils lui donnent un vêtement royal, ils le laissent commander, boire, festoyer, user des concubines du roi pendant ces jours-là ; personne ne l'empêche de faire ce qu'il veut. Après quoi, l'ayant dévêtu et flagellé, ils le pendirent. »

Le récit de Jean II-B présente un jeu de scène parallèle, de même structure et de même portée. Les soldats romains affublent Jésus des insignes royaux (**19** 2-3) ; puis Pilate le fait sortir, ainsi accoutré, et le montre aux Juifs en disant : « Voici l'homme » (**19** 4-5). Après un nouvel interrogatoire de Jésus à l'intérieur du prétoire (**19** 8-11), Pilate le fait de nouveau sortir, toujours revêtu, semble-t-il, des attributs royaux qui le tournent en dérision ; il le fait asseoir sur le tribunal et dit aux Juifs : « Voici votre roi » (**19** 13-14). C'est un roi de mascarade prêt à « juger » son peuple ! A travers ces moqueries, Jean II-B veut montrer que Pilate manifeste, sans le vouloir, la dignité royale de Jésus dont l'humiliation est en réalité le triomphe glorieux (cf. Jn **12** 31-33). C'est encore pour le souligner que Jean II-B ajoute : « C'était environ la sixième heure » (**19** 14b), l'heure qui symbolise la faiblesse du Christ-homme (cf. **4** 6). Mais les Juifs refusent de reconnaître cette royauté de Jésus ; ils répliquent : « Nous n'avons pas de roi, sinon César » (**19** 15). Ils préfèrent la servitude à cette liberté spirituelle que le Christ est venu leur apporter (cf. Jn **8** 31-32).

Par mode d'inclusion, Jean II-B rappelle enfin que « c'était la Préparation de la Pâque » (cf. **18** 28b). Jésus va mourir le jour où l'on immolait au Temple les agneaux pour la fête ; il est le véritable Agneau pascal. Pilate le livre aux grands prêtres et ceux-ci vont l'emmener pour être crucifié (**19** 16a).

Note §§ **351-355.** *DU CHEMIN DE CROIX A LA MORT DE JÉSUS* (Jn **19** 16b-30)

Jn **19** 16b-30 contient un certain nombre d'épisodes relatant les événements qui se sont déroulés depuis la fin de la comparution de Jésus devant Pilate jusqu'à sa mort. Bien qu'ils soient répartis en quatre sections de la Synopse (tome I), nous les traiterons en une seule note car les problèmes littéraires qu'ils offrent sont souvent liés.

I. CRITIQUE TEXTUELLE

1. Les vv. 16b-17 de Jn sont donnés dans la tradition textuelle avec de nombreuses variantes ; voici les principales formes du texte :

B L VetLat	S W *alii*	P⁶⁶	
ils prirent donc Jésus	or eux ayant pris Jésus	or eux l'ayant pris	*hoi de paralabontes auton*
	(l') emmenèrent	(l') emmenèrent	*apègagon*
et chargé lui-même de sa croix il sortit au lieu dit du crâne... où ils le crucifièrent	et chargé lui-même de sa croix il sortit au lieu dit du crâne... où ils le crucifièrent	en un lieu dit du crâne... où ils le crucifièrent	*eis topon legomenon kraniou... hopou auton estaurôsan*

S W et la masse des manuscrits combinent la leçon de P[66] avec celle de B L VetLat ; ils viennent donc apporter un précieux soutien à P[66], qui, autrement, aurait été complètement isolé. Par ailleurs, le texte de B L VetLat est surchargé ; on peut s'étonner en effet du brusque changement de sujet des verbes : « ils prirent... il sortit... ils le crucifièrent » ; les mots : « et chargé lui-même de sa croix il sortit », font l'effet d'une insertion dans un texte où tous les verbes étaient au pluriel. Débarrassé de cette insertion, le texte de B L VetLat ressemble alors beaucoup à celui de P[66]. On peut donc penser que le texte primitif de Jn est celui de P[66], soutenu indirectement par S W et la masse des manuscrits. L'addition de B L VetLat ne serait qu'une correction de scribe voulant réagir contre l'utilisation abusive, par les Docètes, du récit des Synoptiques : Jésus ne serait pas mort réellement ; un autre, Simon de Cyrène, lui aurait été substitué et serait mort à sa place.

2. Au v. 20, le texte donné par la plupart des manuscrits est impossible : *eggys èn ho topos tès poleôs hopou...* ; en traduisant littéralement, on aurait : « proche était le lieu de la ville où... » Le sens est évidemment : « proche était de la ville le lieu où... », et l'on aurait dû avoir en grec : *eggys èn tès poleôs ho topos hopou...*, texte que l'on trouve effectivement attesté par 579, le texte Césaréen (Lake, Ferrar, Geo) et VetLat. Nous croyons ce texte primitif. Il fut corrompu par l'omission accidentelle de l'expression « le lieu » (*ho topos*), en raison de la séquence *otoposopou*, omission possible puisqu'elle se lit dans le ms grec 4. Le texte fautif fut ensuite complété, mais l'expression *ho topos* remise à une mauvaise place.

II. ANALYSES LITTÉRAIRES

Jn **19** 16b-30 contient les épisodes suivants : arrivée au lieu de la crucifixion, crucifiement de Jésus et de deux autres hommes, inscription sur la croix, partage des vêtements, présence de femmes au pied de la croix, mort de Jésus. Ces divers épisodes ont leur parallèle, souvent sous une forme plus sobre, dans les Synoptiques. Mais les Synoptiques sont plus riches et ont en commun un certain nombre d'épisodes ignorés de Jn : Simon de Cyrène porte la croix de Jésus, le vin mêlé de myrrhe (omis par Lc), les diverses scènes de moqueries, les manifestations cosmiques qui précèdent la mort de Jésus, le cri de déréliction (omis par Lc), la confession de foi du centurion romain. Enfin, un simple regard sur la Synopse montre que Jn attache une particulière importance à trois des événements racontés dans cette section de son évangile : l'inscription sur la croix, le partage des vêtements, le dialogue de Jésus avec sa mère et le disciple qu'il aimait.

Que tirer de cette série de constatations ? Plus sensibles aux divergences qu'aux ressemblances de Jn avec les Synoptiques, certains commentateurs estiment que l'évangéliste dépend d'une tradition particulière, seule capable d'expliquer l'originalité de son récit (Dodd, Brown). D'autres pensent au contraire que les nombreux rapports de Jn avec Mt, Mc et Lc, s'originent dans une source commune, synoptique ou pré-synoptique, dans laquelle Jn aurait fait un certain choix (Barrett, Dauer). Avec des divergences notables, beaucoup admettent par ailleurs que Jn a remanié et développé le texte de ses sources (Wellhausen, Spitta, Bultmann, Fortna, Dauer, Brown). Une analyse du récit johannique va nous permettre de proposer les conclusions suivantes, qui rejoignent en partie celles de nos devanciers. Jn offre des affinités beaucoup plus étroites avec Lc qu'avec Mt/Mc ; c'est que, comme pour l'épisode précédent, Jean II-A et le proto-Lc dépendent d'une même source, le Document C ; ce récit primitif reçut toutefois des amplifications au niveau de Jean II-B.

C | II-B

17 Ceux-ci, l'ayant pris, l'emmenèrent en un lieu dit du Crâne
   | ce qui se dit en hébreu Golgotha,
18 où ils le crucifièrent et avec lui deux autres, un de-ci, un de-là, et au milieu Jésus.
19 | Or Pilate écrivit aussi une pancarte et la mit sur la croix ;
     | il y était écrit : « Jésus le Nazôréen, le roi des Juifs. »
20 | Cette pancarte donc, beaucoup de Juifs la lurent parce que le lieu où Jésus fut crucifié était proche de la ville. Et c'était écrit en hébreu, en latin, en grec.
21 | Les grands prêtres des Juifs disaient donc à Pilate : « N'écris pas : le roi des Juifs, mais que celui-là a dit : 'Je suis le roi des Juifs.' »
22 | Pilate répondit : « Ce que j'ai écrit, je l'ai écrit. »
23 | Les soldats donc,
     lorsque (donc) ils eurent crucifié Jésus, (ils) prirent ses vêtements
     | et firent quatre parts, une part pour chaque soldat,
     et la tunique.
     | Or la tunique était sans couture, tissée tout d'une pièce à partir du haut.
24 | Ils se dirent donc entre eux : « Ne la déchirons pas, mais tirons au sort qui l'aura. » Afin que l'Écriture fût accomplie : « *Ils se partagèrent mes vêtements, et mon habit ils le tirèrent au sort.* »
     Les soldats firent donc cela.
25 | Mais se tenaient près de la croix de Jésus : sa mère, et la sœur de sa mère, Marie, la femme de Clopas, et Marie de Magdala.
26 | Jésus donc, voyant sa mère et, tout près, le disciple qu'il aimait, dit à sa mère : « Femme, voilà ton fils. »
27 | Ensuite il dit au disciple : « Voilà ta mère. » Et à partir de cette heure, le disciple la prit chez lui.
28 Après cela, Jésus,
     | sachant que tout est achevé désormais, pour que l'Écriture s'accomplît,
     dit : « J'ai soif. »
29 Un vase était là, plein de vinaigre.
     | Une éponge donc pleine de vinaigre, l'ayant fixée à de l'hysope,
     ils l'approchèrent de sa bouche.
30 Quand donc il eut pris le vinaigre, Jésus
     | dit : « C'est achevé ! », et,
     penchant la tête, il rendit l'esprit.
25 (Mais se tenaient...)

A) UN RÉCIT DU DOCUMENT C

Comme dans les épisodes précédents, la source principale du récit johannique doit être ici le Document C. On peut le conclure des rapports qui existent entre Jn et Lc, et qui s'expliquent par le fait que Jean II-A et le proto-Lc dépendent tous deux du Document C. Cette parenté entre Jn et Lc est toutefois beaucoup plus marquée dans la première partie du récit que dans la seconde ; nous allons donc analyser séparément, d'abord Jn **19** 16b-24, puis Jn **19** 25-30.

1. Première partie du récit

a) La parenté entre Jn et Lc apparaît d'abord dans l'ordonnance des divers épisodes, où Jn et Lc offrent de nombreux accords contre Mc/Mt. Le tableau ci-dessous donne la suite des événements, numérotés selon le récit de Mc (que Mt suit fidèlement) ; dans la colonne de droite sont reportées les références au texte johannique.

	Mc/Mt	Lc	Jn	Jn **19**
Jésus emmené au calvaire (Mc **15** 20b).	1	1	1	16b-17a
Simon de Cyrène (Mc **15** 21). . . .	2	[2]		
Lieu de la crucifixion (Mc **15** 22) . .	3	3	3	17b
Le vin mêlé de myrrhe (Mc **15** 23) . .	4			
Crucifixion de Jésus (Mc **15** 24a) . .	5	5	5	18a
Partage des vêtements (Mc **15** 24b) . .	6			
Inscription sur la croix (Mc **15** 26) . .	7			
Crucifixion des deux larrons (Mc **15** 27)	8	8	8	18b
			7	19-22
		6	6	23-24

Jn et Lc ignorent l'épisode du vin mêlé de myrrhe (4) ; ils mentionnent la crucifixion des deux larrons (8) immédiatement après celle de Jésus (5) ; ils placent le partage des vêtements (6) après la crucifixion des deux larrons (8). A ne considérer que l'ordre des épisodes, Jn n'offre en revanche aucun contact avec Mc ou Mt contre Lc. – Nous avons comparé le texte de Jn avec le texte *actuel* de Lc. Mais dans le tome II de la Synopse, nous avons montré que l'épisode de Simon de Cyrène (2), absent du proto-Lc, avait été ajouté par l'ultime Rédacteur lucanien, sous l'influence du texte de Mc (note § 351, I 2 *a*) ; au niveau du proto-Lc, il y aurait donc un nouvel accord négatif entre Jn et Lc contre Mc/Mt.

Le seul épisode qui n'ait pas la même place en Jn et en Lc est celui de l'inscription sur la croix (7). En fait, cet épisode n'existe pas à proprement parler chez Lc ; certains traits seulement en ont été repris pour former une scène de moqueries de la part des soldats romains (Lc **23** 36-37), scène qui est probablement une composition de l'ultime Rédacteur lucanien. Quant au récit de Jn **19** 19-22, nous verrons plus loin qu'il a été composé par Jean II-B.

Ainsi, au niveau de Jean II-A et du proto-Lc, nous aurions exactement les mêmes épisodes, disposés dans le même ordre. Il reste d'ailleurs vrai que, même dans les textes *actuels* de Jn et de Lc, il existe de nombreux accords entre Jn et Lc contre Mc/Mt, et aucun accord entre Jn et Mc/Mt contre Lc.

b) Cet accord entre Jn et Lc sur l'ordre des épisodes est renforcé par certains accords de détail.

ba) Lorsqu'ils décrivent le lieu de la crucifixion (3), Jn et Lc donnent immédiatement le terme grec « Crâne » tandis que Mc et Mt donnent en premier le nom araméen « Golgotha ». Lc n'a pas le nom araméen, et, chez Jn, il fut ajouté au niveau de Jean II-B (cf. *infra*).

bb) Dans l'épisode de la crucifixion de Jésus (5), Jn et Lc sont d'accord pour mettre le verbe « crucifier » à l'indicatif aoriste et le font précéder d'un adverbe de lieu (*hopou/ekei*) qui se réfère au « calvaire » qu'ils viennent de mentionner. En revanche, Mc a le verbe « crucifier » à l'indicatif présent (**15** 24a) et Mt au participe aoriste (**27** 35a). Un simple coup d'œil aux textes disposés dans le tome I de la Synopse permet de voir le parallélisme entre Jn **19** 17b-18 et Lc **23** 33.

bc) Dans l'épisode de la crucifixion des deux larrons (8), Jn **19** 18 doit être comparé, non seulement à Lc **23** 33b, mais aussi à Lc **23** 32 ; ce dernier passage est un meilleur reflet du texte du proto-Lc (Synopse, tome II, note §§ 352-355, II 1 *a*). Or on trouve l'expression « deux autres » (*heteros/allos*) en Lc **23** 32 comme en Jn **19** 18. Dans Lc, l'expression « deux autres malfaiteurs » est assez maladroite car elle semble dire que Jésus était aussi un malfaiteur ; le mot « malfaiteur » aurait donc pu être supprimé dans la tradition johannique.

2. La seconde partie du récit

La situation est beaucoup plus floue dans la seconde partie du récit, d'ailleurs relativement courte chez Jn (vv. 25-30).

a) Voici la suite des épisodes dans Mc/Mt, dans Lc et dans Jn ; nous continuerons la numérotation commencée dans le tableau précédent.

	Mc/Mt	Lc	Jn	Jn **19**
Moqueries des assistants (Mc **15** 29-32a)	9	9		
		13		
			7	
Moqueries des larrons (Mc **15** 32b) . .	10	10		
Les ténèbres (Mc **15** 33)	11	11		
		15		
Cri de déréliction (Mc **15** 34-35) . . .	12			
			17	25-27
Le vinaigre donné à Jésus (Mc **15** 36).	13		13	28-29
Mort de Jésus (Mc **15** 37)	14	14	14	30
Le rideau du Temple (Mc **15** 38). .	15			
Confession de foi du Centurion (Mc **15** 39)	16	16		
La présence des femmes (Mc **15** 40-41)	17	17		

Jn n'offre ici qu'un accord négatif avec Lc contre Mc/Mt : l'absence du cri de déréliction (12). Il présente en revanche un accord avec Mc/Mt contre Lc : la place de l'épisode du vinaigre donné à Jésus (13) ; mais il est probable que, au niveau du proto-Lc, cet épisode se trouvait situé comme dans les autres évangiles ; le Rédacteur lucanien l'a transféré de façon à composer la scène de dérision de la part des soldats romains (Synopse, tome II, note §§ 352-355, II 4 *c*). Mais surtout, Jn offre ici un texte beaucoup plus court que celui de Lc, relativement proche de Mc/Mt. Il ne mentionne pas : les moqueries des assistants (9), celles des larrons (10), les ténèbres (11), le rideau du Temple (15), la confession de foi du Centurion (16). Selon toute vraisemblance, c'est le Rédacteur lucanien qui a ajouté ces divers épisodes au texte du proto-Lc, pour l'harmoniser à celui de Mc (tome II, note §§ 352-355). Quant à l'épisode des femmes (17), il fut déplacé au niveau de Jean II-B, comme on le verra plus loin.

b) Deux détails rapprochent Lc et Jn contre Mc/Mt.

ba) La présence des femmes (17) est exprimée par la même formule : « Mais se tenaient... » (Jn **19** 25a ; Lc **23** 49a).

bb) Dans l'épisode du vinaigre donné à Jésus (13), Jn et Lc emploient tous deux le verbe « présenter » (*prospherein* : 15/4/4/2/3/21).

L'analyse assez décevante de la seconde partie du récit ne doit pas nous faire oublier les résultats obtenus à propos de la première partie. Comme dans les épisodes précédents, les contacts très nets entre Jn et Lc permettent de penser que tous deux dépendent, par l'intermédiaire de Jean II-A et du proto-Lc, d'une source commune qui ne peut être que le Document C. Nous relèverons les caractéristiques stylistiques de son texte après en avoir éliminé les additions effectuées par Jean II-B.

B) LES REMANIEMENTS DE JEAN II-B

1. LE LIEU DE LA CRUCIFIXION (v. 17)

On lit au v. 17 que les Juifs emmenèrent Jésus « en un lieu dit du Crâne, ce qui se dit en hébreu Golgotha ». Nous avons vu plus haut que le parallèle de Lc ne mentionnait pas l'équivalent araméen du nom grec « Crâne » ; cette équivalence entre le nom grec et le nom araméen ne devait donc pas se lire dans le Document C, et elle fut ajoutée ici par Jean II-B, dont elle reflète le style : « ce qui se dit » (C 80**), « en hébreu » (A 56**). Partout ailleurs, c'est Jean II-B qui est responsable de ces équivalences entre mots grecs et araméens. D'ordinaire, le mot araméen est donné en premier (cf. Jn **1** 38.41.42 et *passim*) ; Jean II-B le lisait dans sa source (Jean II-A ou Document C), et il en donne ensuite l'explication grecque. Ici, comme en **19** 13, c'est le mot grec qui est donné en premier, parce que Jean II-B lisait ce mot dans sa source, (ici le Document C, mais Jean II-A en **19** 13) ; Jean II-B donne l'équivalent araméen sous l'influence du parallèle de Mc/Mt (cf. Mc **15** 22 ; Mt **27** 33).

2. L'INSCRIPTION SUR LA CROIX (**19** 19-22)

Les Synoptiques se contentent de mentionner la présence sur la croix d'une inscription portant : « Le roi des Juifs » (Mc **15** 26 et par.). Le récit de Jn est beaucoup plus développé. C'est Pilate qui a fait placer l'inscription (**19** 19a) ; beaucoup de Juifs en ont eu connaissance (v. 20) ; les grands prêtres en contestent le libellé et demandent à Pilate de le changer (v. 21) ; ce dernier refuse (v. 22). Cet épisode doit être attribué à Jean II-B, pour les raisons suivantes. Dans Lc et Jn, l'inscription sur la croix est le seul épisode qui, dans la première partie, ait une place différente (cf. *supra*, tableau synoptique) ; Jn le situe immédiatement après le crucifiement (**19** 18), tandis que Lc le place après l'épisode du vinaigre donné à Jésus, incorporé aux moqueries des soldats romains (Lc **23** 36-37) ; il ne se lisait donc pas dans leur source commune, le Document C, mais fut inséré plus tard dans la trame de leur récit. On remarquera que le texte de Lc est très proche de celui de Mc ; il doit donc être de l'ultime Rédacteur lucanien. Quant à Jn, il se rapproche de Mt par plusieurs détails : au v. 19, il a le verbe actif « placer » (*tithèmi*) accompagné de la préposition « sur » (avant le verbe chez Mt, après le verbe chez Jn qui rejoint Lc sur ce point), le verbe « écrire » au participe parfait passif, enfin le nom de « Jésus » exprimé avant l'expression « le roi des Juifs ». Mais avec Lc, Jn a la formule *de kai* (« or... et »). Ces contacts avec Mt et Lc nous placent au niveau de Jean II-B (cf. Introd., 4 x).

Les caractéristiques stylistiques sont les suivantes. Au v. 19 : « il y avait écrit » (B 11*). Au v. 20 : « était proche » (B 16), « proche de la ville » (C 22), « le lieu où » (B 23** ; cf. F 33), « était écrit » (B 11*), « en hébreu » (A 56**). Au v. 21 : « disaient donc » (B 25*), « celui-là » (B 31* ; cf. C 37). Au v. 22 : « répondit » (B 74).

Ajoutons les remarques suivantes. Au v. 20, dans le texte grec, le génitif « des Juifs » est séparé de l'adjectif « beaucoup » par le verbe « lire » ; on trouve une structure semblable (avec « beaucoup ») en **4** 39 et **12** 11, deux textes de Jean II-B. Dans ce même passage, le terme de « Juifs » ne désigne pas les autorités religieuses de Jérusalem hostiles à Jésus, mais seulement les habitants de Jérusalem, comme souvent ailleurs dans des additions dues à Jean II-B (cf. Introd., 7 a). Au v. 21, la structure grammaticale « disaient donc à Pilate les grands prêtres... » se retrouvera en **20** 25, un texte de Jean II-B : « Disaient donc à lui les autres disciples... » L'expression « les grands prêtres des Juifs » ne se lit qu'ici dans tout le NT ; cette façon d'utiliser le mot « Juifs » pour caractériser certaines catégories du peuple juif est de Jean II-B (cf. Introd., 7 a).

3. LE PARTAGE DES VÊTEMENTS (**19** 23-24)

Au niveau du Document C, et encore de Jean II-A, il n'y avait pas à proprement parler de « partage » des vêtements ; le texte avait simplement : « Lorsque donc ils eurent crucifié Jésus, ils prirent ses vêtements ( ) et la tunique. » Tout le reste fut ajouté par Jean II-B.

a) D'après les vv. 23-24, ce seraient les soldats romains qui auraient procédé au partage des vêtements de Jésus ; ils sont explicitement mentionnés deux fois au v. 23 et là à la fin du v. 24. Mais cette intervention des soldats est anormate chez Jn puisque, d'après **19** 16a, ce sont les Juifs eux-mêmes qui ont procédé à la crucifixion (note §§ 347.349) ; ce point est confirmé par Jn **19** 32 où il est dit que les soldats *vinrent* pour rompre les membres des condamnés, ce qui suppose qu'ils n'étaient pas encore là. Plusieurs indices permettent de penser que c'est Jean II-B qui les a introduits dans le récit. Ils sont mentionnés au milieu du v. 23 dans la phrase « et ils firent quatre parts, une part pour chaque soldat ». Or cette phrase est une insertion puisqu'elle sépare indûment le complément direct « et la tunique » du verbe dont il dépend : « prirent » ; le texte primitif devait être : « (ils) prirent ses vêtements ( ) et la tunique. » – Le v. 23 commence ainsi : « Les soldats donc, lorsqu'ils eurent crucifié Jésus, prirent... » Une telle structure de phrase est insolite chez Jn ; c'est le seul cas où une proposition temporelle introduite par « lorsque » (*hote*) est insérée entre le sujet et le verbe de la proposition principale. Mais il suffit de supprimer le sujet « les soldats » et de remettre à sa place la conjonction « donc » pour retrouver une construction courante chez Jn et qui remonte au Document C : « Lorsque donc (*hote oun*, A 28) ils eurent crucifié Jésus, ils prirent... » – Enfin, au v. 24, la phrase « Les soldats firent donc ainsi » est de tonalité lucanienne avec la juxtaposition des particules *men oun* (0/0/1/2/27/9), surtout placées entre l'article et son substantif (0/0/0/1/9/0 ; cf. Ac **23** 31 : *hoi men oun stratiôtai*, comme ici !). Cette parenté avec le style des Actes convient bien à Jean II-B (Introd., 8 c).

b) Mais il faut encore attribuer à Jean II-B les vv. 23b-24, concernant la tunique sans couture qui est tirée au sort. L'addition a pour but d'harmoniser le texte johannique avec celui des Synoptiques, ce qui est le propre de Jean II-B (Introd., 4 x). Par ailleurs, la citation de Ps **22** 19 est faite d'après la Septante, ce qui est surtout le fait de Jean II-B (Introd., 7 r). Enfin, le texte a une intention symbolique de portée ecclésiale, ce qui est encore typique de Jean II-B (Introd., 7 k).

Les caractéristiques stylistiques de cette addition sont les suivantes. Au v. 23b : « Or était (la tunique) » (C 49), « à partir du haut » (A 109** ; cf. F 16). Au v. 24 : « ils dirent donc » (B 1), « afin que l'Écriture fût accomplie » (A 82* et F 1*). – Au v. 23b, on rapprochera la phrase « or était la tunique sans couture (*araphos*) » de celle de **18** 40, texte de Jean II-B : « Or était Barabbas un brigand. » De même, la phrase « ils se dirent donc entre eux » a son équivalent en **16** 17, attribué à Jean II-B : « se dirent donc de ses disciples entre eux. »

4. Jésus et sa mère (**19** 25-27)

Après avoir décrit la mort de Jésus et la confession de foi du centurion romain, les trois Synoptiques mentionnent la présence de femmes à quelque distance de la croix (Mt **27** 55-56 et par.). Jn indique aussi la présence de ces femmes, mais *avant* la mort de Jésus (**19** 25). Par ailleurs, il fait suivre cette notice d'un épisode qui lui est propre : Jésus remet sa mère au disciple qu'il aimait (**19** 26-27).

a) L'épisode de Jésus remettant sa mère au disciple qu'il aimait, sans parallèle dans les Synoptiques, est une addition de l'évangéliste (Bultmann, Fortna, Dauer) ; pour nous, cette addition fut effectuée par Jean II-B. Par delà l'événement qu'il raconte, Jn donne une portée symbolique aux personnages qu'il met ici en scène (cf. la troisième partie de la note). D'une façon plus spéciale, le « disciple que Jésus aimait » est le type du disciple parfait. Mais dans l'évangile de Jn, c'est Jean II-B qui donne ainsi une valeur symbolique aux personnages (Introd., 7 j) ; c'est lui aussi qui s'intéresse spécialement à la qualité du « disciple » et en donne comme une définition (Introd., 6 l-m). Enfin, alors que Jean II-A parle de « l'autre disciple » (**18** 15.16 ; **20** 2.3.4.8), Jean II-B le désigne comme le « disciple que Jésus aimait » (**13** 23 ; **21** 7.20). On peut donc lui attribuer la composition de la présente scène.

Les caractéristiques stylistiques de ces vv. 26-27 sont surtout de Jean II-B. Au v. 26 : « Jésus donc voyant... dit » (A 80**), « qu'il aimait » (C 8*), « Femme » (A 140** ; cf. C 70), « voici » (C 77). Au v. 27 : « Ensuite il dit » (A 108**), « voici » (C 77), « chez lui » (B 92** ; cf. C 29). La phrase « ensuite il dit au disciple + impératif » a même structure que celle de **20** 27, de Jean II-B : « Ensuite il dit à Thomas + impératif. »

b) Le v. 25 pose un problème plus délicat. Tout d'abord, si Jn mentionne la présence des femmes avant de décrire la mort de Jésus, et non après comme dans les Synoptiques, c'est parce qu'il veut donner à Jésus l'occasion de laisser un dernier message à sa mère et au disciple qu'il aimait (vv. 26-27). C'est le même auteur qui a ajouté les vv. 26-27 et transféré avant la mort de Jésus les données du v. 25 (Bultmann, Fortna) ; pour nous, on vient de le dire, cet auteur est Jean II-B. Au niveau de Jean II-A et du Document C, le v. 25 devait se lire après le v. 30 (mort de Jésus), en accord avec la tradition synoptique. De même, pour que Jésus puisse parler à sa mère et au disciple, il fallait que le groupe des intimes se trouvât « près de la croix » (v. 25), et non « à distance » comme dans les Synoptiques ; Jean II-B a donc « rapproché » de la croix le groupe des femmes. Plus difficile à résoudre est le problème posé par la nomenclature des femmes. La liste johannique, assez différente de celle donnée par Mt/Mc, est-elle primitive ? Certains répondent affirmativement (Brown) en faisant remarquer que, si Jn en était l'auteur, il aurait mentionné le « disciple que Jésus aimait » aussitôt après la mère de Jésus, ou du moins dès ce v. 25. Cet argument n'est pas sans valeur. On a vu toutefois plus haut (fin du § II A) que, dans toute cette section (**19** 16b-30), Jean II-A dépendait fondamentalement, comme le proto-Lc, du Document C ; cette dépendance est soulignée ici par la présence de la même expression « Mais se tenaient » (F 31) au début des vv. 25 de Jn et 49 de Lc. Mais Lc ne mentionne le nom d'aucune femme, ce qui devait être le cas de la source commune à Lc et à Jn. A quelle source Jean II-A aurait-il repris cette liste de femmes ? Dépendrait-il d'une source particulière juste pour ce v. 25 ? Il est beaucoup plus vraisemblable de penser que la liste des femmes fut ajoutée par Jean II-B au texte de Jean II-A (cf. le proto-Lc), ce qui expliquerait l'importance donnée à la mère de Jésus dans cette liste ; Jean II-B veut préparer la scène des vv. 26-27.

Nous ne tenterons pas de reconstituer le texte de la source de Jn. Disons seulement qu'il commençait par « Mais se tenaient » (cf. Lc) et mentionnait des femmes sans les nommer.

5. L'ÉPISODE DU VINAIGRE (**19** 28-29)

Comme dans Mt/Mc, la mort de Jésus (Jn **19** 30) est précédée par l'épisode du vinaigre qui lui est offert (**19** 28-29). Les couches littéraires de ce petit épisode sont assez délicates à préciser.

a) Commençons par analyser le v. 28, qui n'a pas de parallèle dans Mt/Mc.

aa) Ce v. 28 offre des analogies avec Jn **13** 1 :

13 1	**19** 28
Or, avant la fête de la Pâque, Jésus, sachant que son heure est venue... ... il les aima jusqu'à l'achèvement.	Après cela, Jésus sachant que désormais tout est achevé...

Ces textes offrent deux traits communs : l'expression « Jésus, sachant que » et le thème de l'achèvement exprimé par des mots qui ne se lisent nulle part ailleurs chez Jn (*eis telos/tetelestai*). Il y a une intention assez claire de commencer (**13** 1) et de clore (**19** 28-30) les récits de la passion sous forme d'inclusion. Pour obtenir l'inclusion qu'il cherche, Jean II-B reprend en **19** 28 la formule « Jésus sachant que » qu'il lisait en **13** 1 (en provenance du Document C) et il ajoute en **19** 28 comme en **13** 1 le thème de l'« achèvement ».

ab) Le v. 28b contient le thème de l'accomplissement des Écritures exprimé sous cette forme : « (Jésus)... afin que s'accomplît (*hina teleiôthè*) l'Écriture, dit : « J'ai soif. » Un tel thème revient six fois ailleurs chez Jn : en **12** 38, **13** 18, **15** 25, **17** 12, **19** 24.36, presque toujours sous la plume de Jean II. Mais **19** 28 se distingue de tous ces autres textes en ce que, pour signifier « accomplir », on a le verbe *teleioun* au lieu de l'habituel *plèroun*. Pourquoi cette anomalie ? Probablement pour faire écho à l'expression « tout est achevé » qui se lit juste avant et que l'on retrouvera sur les lèvres de Jésus au v. 30 ; en grec, en effet, les deux verbes « accomplir » (*teleioun*) et « achever » (*teloun*) sont de même racine et ont sensiblement même sens. Puisque le verbe « achever » a été introduit dans le récit par Jean II-B (cf. *supra*), c'est lui qui a également ajouté la référence à l'accomplissement des Écritures, au v. 28b.

Les caractéristiques stylistiques de ces remaniements ne sont toutefois pas spécifiques de Jean II-B : « sachant que » (F 18), « Écriture » (F 1*), « accomplir » (F 19*).

b) Au v. 29, les affinités littéraires du texte johannique avec les Synoptiques ne sont pas homogènes. Le début du v. 29 « Un vase était là, plein de vinaigre » est propre à Jn. La seconde partie du verset, depuis « Une éponge » jusqu'à « à de l'hysope », offre trois mots qui se lisent aussi dans le parallèle de Mt/Mc : « éponge », « vinaigre » et « ayant fixé » ; le contact littéraire est indéniable. En revanche, la finale du texte de Jn « ils (l') approchèrent de sa bouche » se rapproche de Lc **23** 36 par l'emploi commun du verbe *prospherein* (traduit par « présenter » en Lc), assez rare sous

la plume de Lc et de Jn (15/4/4/2/3 ; dans deux des trois autres cas où Lc emploie ce verbe, il le reprend probablement à Mc). On a vu plus haut, que, dans toute cette section, Jn dépendait du Document C ; le contact littéraire de la section médiane du v. 29 avec Mt/Mc devient alors suspect. De fait, la répétition des expressions « plein de vinaigre » (29a) et « pleine de vinaigre » (29b) est anormale et indique un remaniement du texte. Nous proposons donc l'hypothèse suivante. Le texte du Document C, repris par Jean II-A, avait simplement : « Un vase était là, plein de vinaigre ; ( ) ils l'approchèrent de sa bouche. » La partie centrale du verset « Une éponge pleine de vinaigre, l'ayant fixée à de l'hysope » aurait été insérée par Jean II-B afin d'harmoniser le récit johannique avec celui de Mt/Mc.

Ajoutons encore une remarque. Depuis longtemps, les commentateurs ont signalé une anomalie du texte johannique ; comment fixer une éponge pleine de vinaigre à de l'hysope, qui est une sorte de roseau très flexible ? Dès le seizième siècle, Camerarius avait proposé une hypothèse très simple : le texte johannique avait primitivement « à un javelot » (*hyssôi*), expression qu'un scribe aurait corrigée en « à de l'hysope » (*hyssôpôi*). La leçon *hyssôi* est d'ailleurs soutenue par un manuscrit grec (476). Un certain nombre de commentateurs ont repris depuis cette hypothèse, notamment le P. Lagrange. Si elle s'avérait juste, nous aurions un argument de plus pour attribuer au moins la partie médiane du v. 29 à Jean II-B. Le « javelot » suppose la présence des soldats romains ; or on a vu plus haut qu'ils avaient été introduits dans le récit par Jean II-B. On ne relève ici qu'une caractéristique stylistique : « pleine » (E 16), que Jean II-B reprend du Document C.

c) Il nous faut revenir maintenant au problème posé par le v. 28. Nous venons de voir que, au niveau du Document C, le v. 29 avait déjà le thème du vase de vinaigre que l'on approche de la bouche de Jésus ; mais ce thème exige une introduction ; elle pourrait être fournie par le début et la fin du v. 28 : « Après cela, Jésus ( ) dit : J'ai soif. »

d) Puisque, au v. 28, les mots « sachant que tout est achevé » ont été ajoutés par Jean II-B, il faut admettre que, au v. 30, le même Jean II-B a inséré les mots : « dit : C'est achevé » ; ce verbe « achever » ne se retrouve nulle part ailleurs chez Jn.

C) LE RÉCIT DU DOCUMENT C

Débarrassé des additions de Jean II-B, le récit du Document C se présentait sous une forme très sobre. En voici les caractéristiques stylistiques. Au v. 17, la formule « en un lieu dit du Crâne » (*eis topon legomenon Kraniou*), bien que proche de celle de Mt **27** 33, reflète le style du Document C (cf. Jn **4** 5 ; **11** 54). Au v. 18, l'adverbe « de-ci/de-là » (C 24) est presque partout ailleurs du Document C. Au v. 28, la formule « après cela » (A 88), avec le pronom au singulier, est typique du Document C tandis que Jean II met le pronom au pluriel (B 29*). Au v. 29, l'adjectif « plein » (E 16) est peu caractéristique ; si on le lit au v. 29b sous la plume de

Jean II-B, c'est par reprise du v. 29a. Enfin au v. 30 la formule « lorsque donc » (A 28) est attestée ailleurs au niveau du Document C. L'analyse stylistique confirme donc la conclusion que nous avions tirée au début de ces analyses littéraires, en comparant les textes de Jn et de Lc : la source du récit johannique est bien le Document C.

III. COMMENTAIRE DES RÉCITS

A) LE RÉCIT DU DOCUMENT C

16 (Et) il le leur livra ( ). Ceux-ci, l'ayant pris,
17 l'emmenèrent en un lieu dit ( ) du Crâne
18 où ils le crucifièrent et avec lui deux autres, un de-ci, un de-là, et au milieu, Jésus.
23 Lorsque (donc) ils eurent crucifié Jésus, (ils) prirent ses vêtements ( ) et la tunique.
28 Après cela, Jésus ( ) dit : « J'ai soif. »
29 Un vase était là, plein de vinaigre ( ) ; ils l'approchèrent de sa bouche.
30 Quand donc il eut pris le vinaigre, Jésus ( ), penchant la tête rendit l'esprit.
25a (Mais se tenaient...).

Dans ce récit, le Document C rapporte les événements principaux qui composent la scène de la crucifixion et de la mort de Jésus. Le sens général du texte n'offre pas de difficulté ; nous nous attacherons donc, dans cette troisième partie de la note, à faire ressortir les aspects originaux du récit johannique.

1. LES JUIFS ET LA CRUCIFIXION DE JÉSUS

Selon Jn, Pilate livre Jésus aux Juifs ; ce sont eux qui le prennent, le conduisent au lieu dit du Crâne et l'y crucifient (**19** 16-18). Bien attestée par Lc **23** 25 ss., cette tradition trouve de nombreux échos dans le livre des Actes. En Ac **4** 10, Pierre dit aux chefs du peuple et aux anciens : « C'est par le nom de Jésus Christ le Nazôréen, celui que vous, vous avez crucifié et que Dieu a ressuscité des morts... » Dans un discours adressé peu de temps auparavant aux foules de Jérusalem, Pierre tenait déjà les mêmes propos : « Que toute la maison d'Israël le sache donc avec certitude : Dieu l'a fait Seigneur et Christ, ce Jésus que vous, vous avez crucifié » (Ac **2** 36). En des termes un peu différents, il reprendra son accusation au cours de sa comparution devant le Sanhédrin : « Le Dieu de nos Pères a ressuscité ce Jésus que vous, vous avez fait mourir en le suspendant au bois » (Ac **5** 30 ; cf. **10** 39). La même tradition se retrouve dans l'Évangile de Pierre ; Jésus fut condamné à mort, non par Pilate mais par Hérode, en présence de Pilate ; c'est Hérode qui ordonne aux Juifs : « Faites tout ce que je vous ai ordonné de faire » (Ps.-Pierre, 2). C'est d'Hérode qu'il est dit : « Et il le livra au peuple la veille des Azymes, leur fête » (id. 5). Dans la suite du récit,

ce sont les Juifs, et non les Romains, qui accomplissent tout : les moqueries contre Jésus, la crucifixion, l'action de briser les membres des suppliciés et même la descente de croix. De nombreux textes patristiques se font l'écho de cette tradition. Citons seulement un des plus anciens, s. Justin : « C'est Jésus Christ qui a tendu ses mains, quand il fut crucifié par les Juifs contradicteurs » (1 Apol. 35 **6** ; cf. 35 **8** ; 36 **3** ; Dial. 94 **4** ; 97 **3**).

Bien attestée, cette tradition de Jésus crucifié par les Juifs eux-mêmes est assez archaïque, puisqu'elle remonte au Document C ; pour plus de détails sur cette crucifixion par les Juifs, voir note §§ 356-357, II A.

2. JÉSUS ET MOÏSE

On lit en Ex **17** 8-13 : « Les Amalécites survinrent et combattirent contre Israël à Rephidim. Moïse dit alors à Josué : 'Choisis des hommes et demain, sors combattre Amaleq ; moi, je me tiendrai au sommet de la colline, le bâton de Dieu à la main.' Josué fit ce que lui avait dit Moïse, il sortit pour combattre Amaleq, et Moïse, Aaron et Hur montèrent au sommet de la colline. Lorsque Moïse tenait ses mains levées, Israël l'emportait, et quand il les laissait retomber, Amaleq l'emportait. Comme les mains de Moïse s'alourdissaient, ils prirent une pierre et la mirent sous lui. Il s'assit dessus tandis qu'Aaron et Hur lui soutenaient les mains, l'un d'un côté, l'autre de l'autre. Ainsi ses mains restèrent-elles fermes jusqu'au coucher du soleil. Josué défit Amaleq et son peuple au fil de l'épée. »

La tradition chrétienne ancienne a vu dans cette scène une préfiguration du Christ qui, les bras étendus sur la croix, donna la victoire aux hommes sur les puissances du mal. Ici encore, citons s. Justin. A plusieurs reprises, il dit explicitement que le geste de Moïse, bras étendus, préfigurait le signe de la croix (Dial. 90 **4** ; 111 **2** ; 112 **2**). Mais c'est surtout en Dial. 49 **8** qu'il développe le parallélisme entre Jésus et Moïse. Après avoir noté que Jésus reçut l'esprit de Moïse, il poursuit : « Car c'est 'd'une main secrète', est-il dit, que le 'Seigneur combat Amaleq', et vous ne nierez pas qu'Amaleq soit tombé. Et si c'est dans la parousie glorieuse du Christ qu'il est seulement dit qu'il combattra Amaleq, pourquoi le Verbe a-t-il dit 'd'une main secrète le Seigneur combat Amaleq' ? Vous pouvez comprendre qu'une secrète puissance de Dieu appartint *au Christ crucifié* qui fait frémir les démons et, en un mot, toutes les Principautés et Puissances adorées sur la terre. »

Or, la tradition johannique donne une importance spéciale au fait que celui qui est crucifié doit « étendre les mains » : « Lorsque tu seras devenu vieux, *tu étendras tes mains...* Il dit cela pour signifier de quelle mort il glorifierait Dieu » (Jn **21** 18-19 ; cf. **18** 32 ; **12** 33). On peut donc légitimement se demander si certains détails de la crucifixion du Christ, chez Jn, n'évoqueraient pas l'épisode de Moïse cité plus haut. Les détails les plus suggestifs se trouvent dans l'épisode des deux larrons crucifiés avec Jésus (Jn **19** 18). Notons d'abord que Jn, à la différence des trois Synoptiques, ne parle pas de « larrons » ; il dit seulement « deux autres »

De même, au lieu de les placer « l'un à droite et l'autre à gauche », il les dispose « de-ci et de-là » ; pourquoi cette expression plus vague ? Ne voudrait-elle pas évoquer la disposition d'Aaron et d'Hur par rapport à Moïse : « L'un de-ci et l'autre de-là », comme dit la Septante ? N'oublions pas que Jésus et les « deux autres » sont crucifiés en un lieu appelé « crâne » ; or Moïse et ses compagnons sont montés au « sommet » d'une colline et, en hébreu, ce mot signifie aussi « tête ». Enfin, de même que Moïse était resté les bras levés « jusqu'au coucher du soleil », ainsi Jésus restera les bras cloués à la croix jusqu'au soir (Jn **19** 31). L'auteur du Document C qui rapproche si souvent les figures de Jésus et de Moïse (cf. Introd., 5 b-e), n'aurait-il pas voulu évoquer l'épisode de Ex **17** 8-13 ? On n'oserait l'affirmer ; mais l'hypothèse reste vraisemblable.

3. LA SOIF DE JÉSUS

La tradition Mt/Mc raconte que, juste avant la mort de Jésus, « quelqu'un... ayant rempli une éponge *de vinaigre*, l'ayant fixée à un roseau, lui *donnait à boire*. » C'est une allusion discrète à Ps **69** 22 : « Dans ma soif, ils m'ont donné à boire du vinaigre. » Le Document C mentionne l'épisode en ces termes : « Après cela, Jésus ( ) dit : 'J'ai soif'. Un vase était là, plein de vinaigre ( ) ; ils l'approchèrent de sa bouche... » (cf. *supra*). Les allusions au Ps **69** sont soulignées chez Jn par les expressions « J'ai soif » et « vinaigre ». A travers ce vocabulaire un peu différent, l'auteur du Document C ne veut-il pas évoquer de façon très spéciale *aussi* le Ps **42-43**, où le lévite exilé aspire à retrouver la présence de Dieu ? Il suffit de citer quelques passages de ce psaume pour en voir les applications à la situation de Jésus qui, mourant sur la croix, s'apprête à retourner « dans la maison de son Père » (Jn **14** 2) : « Comme languit une biche après les eaux vives, ainsi languit mon âme vers toi mon Dieu. Mon âme *a soif* de Dieu, du Dieu vivant ; quand irai-je et verrai-je la face de Dieu ?... Je dirai à Dieu mon rocher : pourquoi m'oublies-tu ? pourquoi m'en aller en deuil accablé par l'ennemi ? Touché à mort dans mes os, mes adversaires m'insultent en me redisant tout le jour : Où est-il, ton Dieu ? » (Ps **42-43** 1-2 ; 10-11). On pourrait aussi songer à Ps **63** 2, que la tradition juive interprétait en référence à David errant dans le désert : « Dieu, c'est toi mon Dieu, je te cherche ; mon âme *a soif* de toi, après toi languit ma chair, terre sèche, altérée, sans eau. »

B) LES ADDITIONS DE JEAN II-B

1. L'INSCRIPTION SUR LA CROIX (**19** 19-22)

Jean II-B a ajouté sous l'influence des Synoptiques (Mc **15** 26 et par.) l'épisode de l'inscription placée sur la croix, mais en lui donnant une dimension nouvelle. C'est Pilate, un païen, qui aurait fait écrire et placer sur la croix l'inscription : « Jésus le Nazôréen, le roi des Juifs » (v. 19). Cette inscription, beaucoup la lurent, habitants de Jérusalem et pélerins montés à la fête (v. 20a). Rédigée en trois langues, qui symbolisent

la Religion, l'Empire et la Culture, elle exalte la royauté du Christ en lui donnant une dimension universelle (v. 20b). Mais les grands prêtres vont tenter, dans un ultime recours à Pilate, de rejeter cette royauté. Au cours de la comparution de Jésus devant Pilate, ils ont reconnu n'avoir qu'un roi, César (**19** 15) ; admettre la royauté de Jésus, ce serait faire sédition. Cet argument grâce auquel ils ont arraché à Pilate la condamnation injuste de Jésus, ils tentent à nouveau de l'utiliser en demandant de modifier le libellé de l'inscription (v. 21). Mais Pilate ne cède pas (v. 22). Dans sa réponse : « Ce que j'ai écrit, je l'ai écrit », transparaît toute l'ironie johannique. A travers le représentant de l'empire, ce sont désormais les païens qui reconnaissent la royauté de Jésus, contestée et rejetée par les Juifs ! Pour Jean II-B, cet épisode pourrait être l'équivalent de la confession de foi du centurion romain rapportée par Mc **15** 39 (cf. Mt/Lc).

2. LE PARTAGE DES VÊTEMENTS (**19** 23-24)

Au niveau du Document C, et encore de Jean II-A, le texte avait seulement : « Lorsque (donc) ils eurent crucifié Jésus, (ils) prirent ses vêtements ( ) et la tunique. » Il s'agissait des Juifs, puisque ce sont eux qui mènent Jésus au Calvaire pour le crucifier. Jean II-B changea la scène en introduisant les soldats romains, et ce sont eux qui vont se partager les vêtements de Jésus. Il l'a fait afin d'harmoniser son récit avec celui de Mt/Mc. C'est également dans un but d'harmonisation qu'il a ajouté les détails concernant le « partage » des vêtements et le « tirage au sort » de la tunique. Mais il a voulu en même temps souligner combien cet épisode était conforme aux Écritures, en citant explicitement le Ps **22** 19.

Mais Jean II-B précise que la tunique de Jésus était « sans couture, tissée tout d'une pièce à partir du haut », et que, pour cette raison, les soldats décidèrent de la tirer au sort, sans la déchirer. Cette insistance sur ce détail a probablement une portée symbolique. Certains auteurs pensent qu'elle pourrait évoquer la tunique du Grand Prêtre (Ex **28** 4 ; **29** 5 ; Mc **14** 63) qui, selon la description qu'en fait l'historien Josèphe, devait être effectivement « d'une seule pièce » (Ant. **3** 161). Elle symboliserait alors le sacerdoce du Christ qui, mourant sur la croix, s'offre lui-même à Dieu (Braun, Spicq, Gnilka). La tradition patristique ancienne a vu plutôt dans la tunique le symbole de l'Église et de son unité : elle n'est pas déchirée. Ce symbolisme se retrouvera, d'une façon plus nette en Jn **21** 11, à propos du filet qui contient les 153 gros poissons (note § 371, II C 4) ; c'est celui qui nous semble le plus probable ici.

3. JÉSUS ET SA MÈRE (**19** 25-27).

C'est Jean II-B qui a transféré en **19** 25-27 l'épisode des femmes présentes lors de la crucifixion (cf. Lc **23** 49 et par.). En reprenant cet épisode, Jean II-B lui fait subir plusieurs transformations. Il le place *avant* la mort de Jésus, et les femmes se tiennent « près de la croix de Jésus » et non « à distance » ; Jean II-B se donne ainsi la possibilité de faire adresser par Jésus un dernier message à sa mère et à son disciple préféré (vv. 26-27). Cet épisode johannique est un de ceux qui ont suscité le plus de commentaires depuis la tradition patristique ancienne jusqu'à nos jours. Voici, brièvement résumées, les interprétations les plus récentes. Certains voient dans cet épisode une proclamation de la maternité spirituelle de Marie (Gächter, Braun, Feuillet, Schürmann, Brown, Dauer). Dans la ligne de la tradition patristique la plus commune, d'autres comprennent la scène comme une manifestation de la piété filiale de Jésus qui a soin, avant de mourir, de confier sa mère au disciple qu'il aimait (Lagrange, Wikenhauser, van den Bussche). D'autres enfin interprètent le récit dans un sens symbolique, mais selon deux lignes différentes. Selon les uns, le disciple que Jésus aimait accueillant Marie serait le symbole de l'Église pagano-chrétienne accueillant l'Église judéo-chrétienne ; c'est tout le thème de l'unité de l'Église qui serait sous-jacent (Bultmann, Barrett). Selon les autres, Marie symboliserait la communauté des croyants et le disciple préféré représenterait l'évangile ; les croyants seraient invités à se montrer fidèles à l'évangile (Schürmann, Dauer).

Il semble certain que, comme presque partout ailleurs dans l'évangile de Jn, et surtout au niveau de Jean II-B, les personnages mis en scène sont des personnages réels, mais qui revêtent *aussi* une valeur symbolique. Au v. 26, qui forme le centre de l'épisode, le mot « mère » est employé d'une manière absolue (il faudrait traduire littéralement : « Jésus, voyant *la* mère... » ; Marie n'est plus seulement la mère de Jésus, elle devient « la mère » par excellence. Il en est de même du mot « disciple », employé deux fois de façon absolue au v. 27 ; le disciple que Jésus aimait est le type du « disciple » par excellence, présenté ailleurs comme le « témoin » (**19** 35), comme le « croyant » dont la foi dépasse celle de tous les autres disciples (**20** 8). Ajoutons encore, avec beaucoup de commentateurs, que le vocatif « Femme » par lequel Jésus s'adresse à sa mère pourrait dénoter une volonté de l'évangéliste de rapprocher Marie de la première femme, Ève. Marie serait la nouvelle « Ève » (cf. Gn **2** 23) ; et de même que la première était la mère des vivants, Marie serait désignée ici comme la mère des croyants, de ceux qui reçoivent la vie par Jésus. Mais dans cette ligne de pensée, il faut aller plus loin en serrant de plus près le sens du v. 27b, comme l'a fait I. de la Potterie. Il devient difficile, en effet, de penser que, en confiant sa mère au disciple qu'il aimait, Jésus ne se soit soucié que de son avenir matériel et immédiat. Ses paroles ont un sens beaucoup plus profond et correspondent à une sorte de testament. Pour le comprendre, il faut donner à l'expression *eis ta idia* du v. 27, traduite par « chez lui », le sens qu'elle revêt normalement chez Jn ; elle ne désigne pas tant les biens matériels que les biens propres du disciple par excellence, celui « que Jésus aimait » : sa foi au Christ, son attachement à lui, cet espace intérieur du disciple où le Christ habite.

Ainsi, à l'heure de sa mort, qui est aussi l'heure du salut, Jésus propose au disciple par excellence de considérer Marie, la « femme », symbole de l'Église, comme sa mère, comme l'un de ses biens spirituels : « La mère de Jésus est accueillie par le Disciple dans un espace intérieur qui était déjà constitué pour lui par sa relation à Jésus ; il l'accueille comme sa mère, dans la foi ; elle vient ainsi s'ajouter à « ses biens » qui lui venaient de Jésus, et parfaire son état, celui de 'Disciple que Jésus aimait'. » Ce nouveau bien, que le disciple accueille, prolonge et enrichit sa relation au Christ. Jn **19** 26-27 ne se comprend bien qu'en fonction de Jn **1** 11-12, qui contient les deux mêmes expressions fondamentales « accueillir » (*lambanein*) et « chez lui » (*eis ta idia*). Dans le Prologue, l'évangéliste parlait des croyants qui avaient accueilli le Verbe fait chair lors de sa venue parmi les siens (= « chez lui ») ; ici, au moment de l'Heure de Jésus, « les siens » sont représentés par le Disciple ; celui-ci, qui symbolise les croyants, accueille maintenant la mère de Jésus, qui symbolise l'Église. L'œuvre de Jésus se poursuit désormais dans celle de la Femme, de l'Église. En définitive, « recevoir Jésus ou recevoir la mère de Jésus, (ou bien l'Église), c'est tout un » (I. de la Potterie).

4. « TOUT EST ACHEVÉ »

Les épisodes du vinaigre offert à Jésus et de sa mort ont subi plusieurs remaniements (**19** 28-30). Au v. 29, pour harmoniser son récit avec celui de Mt/Mc, Jean II-B ajoute les expressions : « Une éponge donc pleine de vinaigre, l'ayant fixée à de l'hysope. » Plus intéressantes sont les insertions faites aux vv. 28 et 30. Au v. 28, avant le cri de Jésus « J'ai soif », Jean II-B introduit la phrase : « sachant que tout est achevé désormais, pour que l'Écriture s'accomplît... » A la première partie de cette addition correspond, au v. 30, l'insertion des mots : « c'est achevé ». Ces deux remaniements sont essentiellement centrés sur le thème de l' « achèvement », même si, à travers les expressions « pour que l'Écriture s'accomplît », Jean II-B a voulu aussi montrer que les souffrances et la mort de Jésus étaient prévues par les Écritures. Son intention est assez facile à saisir. En **13** 1, les récits de la passion commencent en effet par ces mots : « Or, avant la fête de la Pâque, Jésus, sachant que son heure est venue de passer de ce monde vers le Père, ayant aimé les siens qui sont dans le monde, les aima jusqu'à l'achèvement (*eis telos*). » En **19** 28, la reprise de la formule « Jésus, sachant que... » et l'emploi d'un verbe de même racine *teleô*, pour dire « achever » (cf. encore **19** 30), permettent à Jean II-B d'obtenir une inclusion. Il veut ainsi ouvrir (**13** 1) et clore (**19** 28-30) les récits de la passion par le même thème, celui de l'achèvement. La passion du Christ est une œuvre d'amour ; cet amour de Jésus pour les siens atteint son achèvement, c'est-à-dire sa perfection, dans l'acte suprême du don de sa vie par la mort sur la croix (cf. **15** 13). Sa mort est aussi le sommet de sa mission, de cette œuvre que le Père lui a donné d'accomplir (**4** 34 ; **17** 4). En acceptant cette mort (cf. **18** 11), Jésus ne fait que correspondre parfaitement à la volonté de celui qui l'a envoyé (**5** 30) pour sauver le monde (**3** 16-17 ; cf. **6** 39). Aussi peut-il dire au moment de rendre l'esprit : « C'est achevé » (**19** 30).

Note §§ **356-357.** *LE COUP DE LANCE ET L'ENSEVELISSEMENT* (Jn **19** 31-42)

Chez Jn, le récit de l'ensevelissement de Jésus contient deux parties distinctes : l'épisode du coup de lance (**19** 31-37), qui n'a pas de parallèle dans les Synoptiques, et l'ensevelissement proprement dit (**19** 38-42), qui rejoint la tradition synoptique. Il suffit de comparer les vv. 31 et 38 de Jn pour voir que ces deux parties sont littérairement liées ; il est donc nécessaire de les étudier dans une même note.

I. ANALYSES LITTÉRAIRES

L'analyse littéraire de Jn **19** 31-42 est fort complexe. Pour plus de clarté, nous allons exposer d'abord comment se pose le problème de l'évolution du texte johannique, en laissant entrevoir la solution que nous proposerons. Nous reprendrons ensuite l'analyse du récit section par section afin d'en dégager les divers niveaux rédactionnels.

A) POSITION DU PROBLÈME

1. Pour comprendre comment se pose le problème de l'évolution du récit johannique, nous allons partir d'un fait précis : le parallélisme qui existe entre les vv. 31-32a et 38 :

19 31-32a	**19** 38
	Après cela
Les Juifs donc... demandèrent à Pilate	demanda à Pilate Joseph d'Arimathie...
que (*hina*) soient brisées leurs jambes et (qu') ils soient enlevés.	que (*hina*) il enlève le corps de Jésus. Et Pilate le permit.
Vinrent donc les soldats...	Ils vinrent donc...

En **19** 31, les Juifs demandent à Pilate que soient *enlevés* les corps des suppliciés ; ce verbe (*airein*) vise en premier lieu la descente de croix puisque le but de cette demande est « que les corps ne restent pas sur la croix » (v. 31). En **19** 38, Joseph d'Arimathie demande à Pilate l'autorisation d'*enlever* (*airein*) le corps de Jésus ; ce même verbe vise ici aussi, en premier lieu, la descente de croix puisque l'ensevelissement proprement dit sera décrit plus loin avec un autre verbe : « Ils prirent (*elabon*) le corps de Jésus et le lièrent de bandelettes » (**19** 40). Nous sommes donc en présence d'un doublet, de deux versions différentes du même épisode. D'un côté, les Juifs prennent l'initiative de faire descendre de croix les corps des suppliciés afin de respecter une prescription légale ; de l'autre, Joseph d'Arimathie prend l'initiative de faire descendre de croix le corps du seul Jésus ; dans les deux cas, il faut demander l'autorisation à Pilate. Jn **19** 38 est en harmonie avec la tradition synoptique où l'on voit Joseph d'Arimathie procéder à la descente de croix après

avoir obtenu l'autorisation de Pilate (Mc **15** 43.46 et par.) ; Jn **19** 31 nous orienterait plutôt vers la tradition suivie par Ac **13** 27-29 où il est dit des habitants de Jérusalem et de leurs chefs : « Ils le descendirent de la croix et le mirent au tombeau. » Cet accord entre traditions johannique et lucanienne indiquerait que nous sommes en présence d'une tradition qui remonterait au Document C (Introd., 8 g).

2. Nous avons un autre indice que le récit de Jn pourrait remonter, fondamentalement, au Document C. En **19** 40, Jn note que ceux qui ensevelirent Jésus « le lièrent de bandelettes », et ces bandelettes seront à nouveau mentionnées dans le récit de la visite de Pierre et de l'autre disciple au tombeau (Jn **20** 5-7). Lc ne parle pas de bandelettes dans le récit de l'ensevelissement de Jésus, mais il dit en **24** 12 que Pierre, venu constater que le tombeau était vide, « voit les bandelettes seules » ; il connaît donc une tradition selon laquelle Jésus aurait été enseveli « lié de bandelettes », comme l'affirme Jn **19** 40, même s'il ne suit pas cette tradition, mais celle de Mc/Mt, en racontant l'ensevelissement de Jésus.

Nous avons assez d'indices pour penser que, dans le récit de l'ensevelissement de Jésus, le texte johannique combine deux traditions différentes. Selon l'une, qui remonterait au Document C, les Juifs auraient pris l'initiative d'ensevelir les suppliciés ; selon l'autre, qui aurait son parallèle en Mt/Mc/Lc, Joseph d'Arimathie aurait joué le rôle principal. Il faut compter aussi sur les développements christologiques effectués à tel ou tel niveau rédactionnel johannique. Nous devons donc maintenant mener une analyse littéraire rigoureuse, section par section, de Jn **19** 31-42 afin de faire le tri entre ce qui peut être attribué aux divers niveaux rédactionnels johanniques, dont voici la répartition.

C | II-A | II-B | III

31 Les Juifs donc,
        | puisque c'était la Préparation,
afin que les corps ne restent pas sur la croix
        | durant le sabbat — car le jour de ce sabbat était
        | grand —
demandèrent à Pilate
        | que soient brisées leurs jambes et
qu'(ils) les enlèv(ent).
32 | Les soldats vinrent donc et brisèrent les jambes du premier
    | puis de l'autre qui avait été crucifié avec lui.
33 | Mais étant venus à Jésus, comme ils virent qu'il était
    | déjà mort, ils ne lui brisèrent pas les jambes,
34 | mais un des soldats, de sa lance, lui perça le côté
      | et il sortit aussitôt du sang et de l'eau.
35 | Et celui qui a vu a rendu témoignage
      | et véridique est son témoignage, et celui-là
      | sait qu'il dit vrai,
    | afin que vous croyiez, vous aussi.
36 | Car cela est arrivé
  | afin que l'Écriture fût accomplie :
    | « *On ne lui brisera pas un os.* »
37 | Et encore une autre Écriture dit :
  | « *Ils verront celui qu'ils ont transpercé.* »

C	I II-A	II-B	III

38 | Or, après cela Joseph d'Arimathie, étant disciple de Jésus, mais caché, par crainte des Juifs, demanda à Pilate d'enlever le corps de Jésus.

Et Pilate permit. Ils vinrent donc et enlevèrent lui.

39 | Nicodème vint aussi, qui était venu vers lui de nuit, précédemment, portant un mélange de myrrhe et d'aloès, d'environ cent livres.

40 | Ils prirent

le corps de Jésus et le lièrent de bandelettes, avec les aromates, selon qu'il est coutume aux Juifs d'ensevelir.

41 | Or, au lieu où il avait été crucifié, il y avait un jardin, et dans le jardin un tombeau neuf dans lequel personne encore n'avait été mis.

42 | Là donc, à cause de la Préparation des Juifs, comme le tombeau était proche,

(et) ils (le) mirent

Jésus

(dans un tombeau).

B) LES DIVERS NIVEAUX RÉDACTIONNELS

1. D'après nos analyses précédentes, Jn **19** 31 doit remonter, pour l'essentiel, au Document C puisque c'est ce verset qui, parallèle à **19** 38 (tradition synoptique), donne l'initiative aux Juifs. Le texte du Document C a subi toutefois un certain nombre d'additions qu'il est relativement facile de cerner.

a) Au début du verset, on peut attribuer à Jean II-B la proposition « puisque c'était la Préparation ». Elle se lit en termes identiques en Mc **15** 42. Par ailleurs, comme on le verra dans la seconde partie de cette note, le motif qui oblige à descendre de croix les suppliciés n'a jamais été la proximité d'une fête, mais l'approche de la nuit ; contentons-nous pour l'instant de citer Dt **21** 22-23 : « Si un homme coupable d'un crime capital a été mis à mort et que tu l'aies pendu à un arbre, son corps ne pourra être laissé *la nuit* sur l'arbre ; tu l'enterreras *le jour même*... » L'emprunt à Mc **15** 42 indique la main de Jean II-B (Introd., 4 x).

b) La précision « durant le sabbat » et l'explication qui suit, donnée ici dans une traduction plus fidèle à l'ordre des mots grecs, « était en effet grand le jour de ce sabbat » sont aussi des additions de Jean II-B. Comme on vient de le dire, ce n'est pas la proximité de la fête mais l'approche de la nuit qui oblige les Juifs à descendre de croix le cadavre des suppliciés. La loi de Dt **21** 22-23 n'avait rien à voir avec le problème du sabbat, ni avec celui d'une fête, quelque grande qu'elle fût. Par ailleurs, la glose en question contient la formule : « le jour du sabbat », qui ne se rencontre ailleurs dans le NT que dans des textes lucaniens, avec le mot « sabbat » au singulier comme ici (Lc **13** 14.16 ; **14** 5 ; opposer Mt **12** 11), ou au pluriel (Lc **4** 16 ; opposer Mc **1** 21 ; cf. encore Ac **13** 14 ; **16** 13). Cette formule peut être rapprochée aussi de formules semblables, de saveur plutôt lucanienne : « le jour des Azymes » (Mc **14** 12 ; Lc **22** 7 ; Ac **12** 3 ; **20** 6), « le jour de la Pentecôte » (Ac **2** 1 ; **20** 16), « le jour de la Préparation » (Lc **23** 54 ; opposer Mc **15** 42 et Mt **27** 62). Cette parenté

avec le style lucanien indique une activité rédactionnelle de Jean II-B. On notera aussi que cette glose est introduite par les mots « était en effet », qui ne se lisent ailleurs que dans des additions de Jean II-B (**3** 19 ; **18** 13 ; **21** 7).

c) La seconde moitié du v. 31 a subi elle aussi des modifications, mais que nous ne pourrons préciser qu'après avoir étudié l'origine des vv. 32-37 qui décrivent l'intervention des soldats romains.

2. Dans l'épisode formé par les vv. 32-37, il faut distinguer trois niveaux rédactionnels aux vv. 34-37. Nous allons disposer le texte de ces versets en séparant les trois niveaux ; nous donnerons ensuite une justification de la position que nous avons adoptée.

34 mais un des soldats, de sa lance, lui perça le côté

et il sortit aussitôt du sang et de l'eau.

35 | Et celui qui a vu a rendu témoignage

et véridique est son témoignage, et Celui-là sait qu'il dit vrai,

afin que vous croyiez, vous aussi.

36 | Car cela est arrivé

afin que fût accomplie l'Écriture :

On ne lui brisera pas un os.

37 | Et encore une autre Écriture dit :

Ils verront celui qu'ils ont transpercé.

La plupart des commentateurs tiennent aujourd'hui le v. 35 pour une glose que l'on attribue, soit à l'évangéliste, soit au Rédacteur johannique. Le problème est en fait plus complexe car ce v. 35 n'est pas homogène.

a) Il fut surchargé par Jean III d'une glose constituée des mots « et véridique est son témoignage et Celui-là sait qu'il dit vrai ». La fin du v. 35 « afin que vous croyiez, vous aussi » devait primitivement se rattacher au début de ce même v. 35 : « Et celui qui a vu a rendu témoignage. » La suite des idées est facile à saisir : celui qui a vu a cru, et il a rendu témoignage afin que vous croyiez, vous aussi. Par ailleurs, sous sa forme actuelle, ce v. 35 offre une anomalie grammaticale : la proposition finale « afin que (vous croyiez) » est séparée du verbe principal par deux phrases constituant une parenthèse ; c'est le seul cas chez Jn (opposer Jn **1** 7 ; **6** 30 ; **9** 36 ; **11** 42 ; **13** 19 ; **14** 29 ; **17** 21) ; cette anomalie grammaticale souligne l'insertion plus tardive des mots du v. 35 que nous avons placés en retrait. Du point de vue du vocabulaire, c'est le seul cas chez Jn où le « témoignage » est qualifié de « véridique » (*alèthinos*) au lieu de « vrai » (*alèthès*) ; on opposera Jn **5** 31.32 ; **8** 13.14.17 ; **21** 24 et 3 Jn 12. Mais la formule « son témoignage est *vrai* » remonte à Jean II-A et surtout à Jean II-B (B 20*) ; il faut donc attribuer à Jean III le changement de « vrai » en « véridique ». Dans cette glose de Jean III, on notera comme caractéristiques stylistiques : « véridique » (E 1), « témoignage » (C 1), « Celui-là » (C 37), « savoir » (F 25) et « vrai » (C 36), mais c'est en partie du style imitatif.

b) Débarrassé de sa glose, le v. 35 se présentait sous cette forme : « Et celui qui a vu le a rendu témoignage () afin que vous croyiez, vous aussi. » Nous sommes devant un texte de Jean II-B. Il est vrai que le thème « voir » pour « rendre témoignage » se lit déjà au niveau de Jean II-A (cf. **3** 32), mais dans ce cas, c'est Jésus qui « voit » et « rend témoignage » pour que ses contemporains puissent croire. Ici, il est fait appel au témoignage d'un disciple de Jésus pour que ceux qui n'ont pas été disciples, donc ceux de la deuxième génération chrétienne, puissent croire ; ce glissement de « génération » est souligné par la précision « vous aussi », à la fin du v. 35. Or, ce changement de perspective est bien dans la manière de Jean II-B comme on peut le constater en comparant **3** 11 (de Jean II-B) à **3** 32 (de Jean II-A ; voir le commentaire des textes). On se reportera aussi à 1 Jn **1** 3, où l'idée est la même bien que le verbe « témoigner » n'y soit pas employé : « ce que *nous avons vu* et entendu, nous vous l'annonçons *à vous aussi*, afin que *vous aussi* vous ayez communion avec nous... » C'est d'ailleurs Jean II-B qui a systématisé le thème du « témoignage » dans l'évangile (Introd., 5 m). Un dernier argument permet d'attribuer ce v. 35 (moins la glose) à Jean II-B : le personnage désigné par l'expression « celui qui a vu » ne peut être que le disciple aimé de Jésus dont il est parlé en Jn **19** 25-27, qui, seul de tous les disciples, se tenait au pied de la croix ; or Jn **19** 25-27 est un texte de Jean II-B. Les caractéristiques stylistiques de ce v. 35 sont toutefois communes à Jean II-A et à Jean II-B : « voir » et « rendre témoignage » (A 40* ; cf. B 82 et C 58*) ; « afin que aussi » (E 7), « croire » (F 20).

c) Sur quoi a porté le témoignage de « celui qui a vu » ? Probablement sur un fait attestant que Jésus était *réellement* mort, autrement, comment la foi en la résurrection aurait-elle pu être assurée ? Ce fait, c'est que, du côté transpercé du Christ, il sortit du sang et de l'eau, preuve que Jésus n'avait plus de sang, et donc qu'il était bien mort, condition indispensable pour qu'il y ait résurrection. On peut donc attribuer encore à Jean II-B les mots du v. 34b : « et il sortit aussitôt du sang et de l'eau. » On notera d'ailleurs que l'expression « du sang et de l'eau » est une caractéristique johannique absolue (A 73**). Dans le récit de la résurrection de Lazare, Jean II-B ajouta de même les expressions « depuis quatre jours » (**11** 17) et « il sent déjà, car c'est le quatrième jour » (**11** 39b) afin de prouver que Lazare était réellement mort, et donc qu'il a été réellement ressuscité par Jésus (note § 266, III C 3 *d*).

d) Les vv. 36-37 contiennent deux citations scripturaires qui se suivent, liées par la phrase : « Et encore une autre Écriture dit. » Cette phrase de liaison est peu johannique (sauf le terme « Écriture » : F 1*), comme l'avait déjà noté Wellhausen. Ce fait peut provenir de ce que rares sont chez Jn les cas où deux citations sont ainsi liées (cf. **12** 38-40, avec une formule de liaison qui ressemble à celle de **19** 37a). On notera toutefois que pour dire « autre », au lieu du très johannique *allos* nous avons ici *heteros*, fréquent surtout en Lc/Ac (9/0/33/1/18). Par ailleurs, la formule « l'Écriture dit », avec le verbe au présent, est de saveur surtout paulinienne

(Rm **4** 3 ; **9** 17 ; **10** 11 ; **11** 2 ; Ga **4** 30 ; 1 Tm **5** 18 ; Ja **4** 5). Ces traits nous indiquent que la formule de liaison entre les deux citations est de Jean II-B, et que l'une des deux citations doit être aussi de lui. Le plus simple serait d'attribuer à Jean II-B tout le v. 37 : formule de liaison et seconde citation. Une autre hypothèse se présente, qui nous semble préférable : Jean II-B aurait inséré dans le texte de Jean II-A la *première* citation et la formule de liaison : « On ne lui brisera pas un os. Et encore une autre Écriture dit. » Cette première citation, en effet, a pour but d'identifier Jésus à l'agneau pascal, comme nous le verrons plus loin ; cette intention christologique à résonance liturgique est de Jean II-B (Introd., 3 v et note § 151, I B 1). Par ailleurs, si l'on enlève la première citation et la formule de liaison, on obtient au niveau de Jean II-A un texte excellent : « Mais un des soldats, de sa lance, lui perça le côté (), afin que fût accompli l'Écriture : () Ils verront celui qu'ils ont transpercé. » Nous avons exactement la même structure qu'en **19** 24, texte que nous avons attribué à Jean II-B : un événement de la vie du Christ est *aussitôt* suivi de son interprétation scripturaire, avec la formule d'introduction « afin que fût accompli l'Écriture ». On notera en passant que nous attribuons encore à Jean II-B le début du v. 36 : « Car cela est arrivé » ; l'addition de ces mots fut rendue obligatoire par l'insertion du v. 35 au niveau de Jean II-B ; c'est le seul cas où la formule « afin que fût accompli l'Écriture » (A 82* ; cf. F 1*) ne vient pas en début de phrase.

3. On vient de voir que les vv. 34-37 sont de rédaction johannique et ne contiennent aucun élément qui puisse remonter au Document C. Mais il faut aller plus loin et dire que c'est tout l'épisode concernant l'intervention des soldats romains (vv. 32-37) qui remonte, pour l'essentiel, à Jean II-A. Les soldats romains sont introduits afin de préparer la citation de Za **12** 10, en Jn **19** 37, et de développer le thème de l'appel des païens au salut, comme nous le verrons plus loin. Le style et le vocabulaire de ces versets sont assez neutres ; on notera toutefois qu'au v. 33, les expressions qu'il faudrait traduire littéralement : « comme ils virent déjà lui mort » ont même forme que celles de **11** 33 : « comme il vit elle pleurant », texte que nous avons attribué à Jean II-A. – Le v. 32 commence par ces mots : « Vinrent donc les soldats » dont on a l'équivalent en **7** 45 : « Vinrent donc les gardes », texte de Jean II-B. – Enfin le v. 34 contient une caractéristique stylistique : « côté » (B 72*).

Nous devons alors revenir au v. 31b afin d'en préciser le texte au niveau du Document C. D'une part, les mots « que soient brisées leurs jambes et » furent ajoutés par Jean II-A puisqu'ils préparent l'épisode des vv. 32-37. D'autre part, à la fin du v. 31, le verbe « enlever » devait être primitivement à la forme active, comme en **19** 38 ; c'est Jean II-A qui l'aura mis à la forme passive puisque, dans sa perspective, ce ne sont plus les Juifs eux-mêmes qui vont procéder à la descente de croix, mais les soldats romains.

Ainsi, aux vv. 31-37, le texte du Document C avait seulement ces éléments du v. 31 : « Les Juifs, () afin que les corps ne restent pas sur la croix (), demandèrent à Pilate *qu'ils les enlèvent*. »

On comprend mieux maintenant comment le v. 38a n'est, en partie, qu'un dédoublement de ce texte : « Après cela, demanda à Pilate Joseph d'Arimathie... qu'il enlève le corps de Jésus. »

4. Dans le Document C, la suite du texte devait décrire la descente de croix annoncée au v. 31, ce qui nous renvoie à la fin du v. 38. Puisque, au v. 31, les Juifs demandent une autorisation à Pilate, on gardera au niveau du Document C la phrase : « Et Pilate permit. »

La fin du v. 38 pose un important problème de critique textuelle. La plupart des manuscrits grecs mettent les verbes au singulier : « Il vint donc et enleva », leçon que retiennent la grande majorité des éditions critiques du NT. Mais un ensemble imposant de témoins du texte johannique ont les deux verbes au pluriel : S W N, la plupart des manuscrits de l'ancienne version latine, les versions copte (Sahidique), arménienne et géorgienne, des manuscrits de la version éthiopienne, enfin le lectionnaire syriaque palestinien. Adoptée par Bultmann et, à sa suite, par quelques commentateurs modernes, cette leçon fut retenue aussi dans la traduction de la Bible de Jérusalem. Elle semble bien, en effet, donner le texte authentique de Jn. Si la leçon au singulier était primitive, on ne voit pas pourquoi un réviseur du texte johannique aurait délibérément changé le singulier en pluriel puisque Joseph d'Arimathie était encore seul en scène. On nous fera difficilement croire que ce réviseur éventuel aurait voulu anticiper la situation qui résulte de l'intervention de Nicodème, aux versets suivants. En revanche, si la leçon primitive avait les verbes au pluriel, on comprend qu'un réviseur les ait remplacés par des singuliers puisqu'ils ont pour sujet le seul Joseph d'Arimathie. Mais pourquoi le texte johannique aurait-il eu les verbes au pluriel, contre toute logique grammaticale ? Ne serait-ce pas parce que ces pluriels seraient un reste du texte primitif du Document C qui faisait suite au v. 31 ? C'est, à notre avis, l'hypothèse la plus vraisemblable ; la fin du v. 38 a conservé le texte primitif du Document C : « Et Pilate permit. Ils vinrent donc et enlevèrent... ». On notera la caractéristique stylistique : « donc et » (B 98).

Mais quel était le complément direct du verbe « enlever » ? On pourrait penser que, au niveau du Document C, il y avait un simple pronom personnel au neutre pluriel, se rapportant aux « corps » mentionnés au v. 31. Mais les récits de la venue de Marie au tombeau, puis de Pierre, montrent que l'auteur du Document C ne pense plus maintenant qu'au corps de Jésus (notes §§ 359 et 360) ; le complément direct du verbe « enlever » ne serait-il pas alors plutôt l'expression « le corps de Jésus » mentionnée au début du v. 40 ? Nous verrons plus loin que le v. 39, qui met en scène Nicodème, est une addition de Jean II-B. Cette addition est soulignée par la reprise, au début du v. 40, en termes un peu différents : « ils prirent donc le corps de Jésus » des expressions du v. 38 : « et l'enlevèrent ». Voici dès lors la solution que l'on peut proposer : le texte du Document C avait : « et enlevèrent le corps de Jésus. » Jean II-B a remplacé par le pronom « lui » (*auton*) l'expression « le corps de Jésus », de manière à l'utiliser après la mention de la venue de Nicodème où elle

est mieux en situation, vu l'intention de ce dernier d'embaumer ce corps (cf. v. 39).

L'addition du v. 38a : « Après cela Joseph d'Arimathie, étant disciple de Jésus, mais caché, par crainte des Juifs, demande à Pilate d'enlever le corps de Jésus », est de Jean II-B. Elle dénote une volonté d'harmoniser le récit johannique avec celui de la tradition synoptique, ce qui correspond aux préoccupations de Jean II-B (Introd., 4 x). Par ailleurs, cette harmonisation sur les Synoptiques s'est faite de façon très particulière : si le thème général est repris des Synoptiques, la structure littéraire de la phrase reprend celle de **19** 31, en provenance du Document C (voir les textes mis en parallèle *supra*, I A 1) ; une telle façon de « dédoubler » des récits est typique de Jean II-B, et non de Jean II-A. Le v. 38 commence par l'expression « Après cela » qui est de Jean II (cf. B 29*) ; toutefois on a plus exactement ici « Or, après cela » (*meta de tauta*), qui ne se lit ailleurs dans le NT qu'en Lc **10** 1 et **18** 4 ; cette parenté avec le style de Lc dénote la main de Jean II-B. Le thème de Joseph d'Arimathie « disciple de Jésus » est repris de Mt **27** 57, indice d'une activité rédactionnelle de Jean II-B ; on notera l'expression johannique « étant disciple » (C 39*). Il est précisé enfin que Joseph d'Arimathie était disciple, mais « caché, par crainte des Juifs » ; cette dernière expression « par crainte des Juifs » est une caractéristique johannique absolue (A 131** ; cf. C 7).

5. Selon les vv. 39-40, Nicodème se serait joint à Joseph d'Arimathie pour procéder à l'ensevelissement de Jésus. Mais, à part la phrase « et le lièrent de bandelettes », au v. 40, l'ensemble de ces versets doit être attribué à Jean II-B. On a dit plus haut pourquoi le thème des « bandelettes » (B 67) devait se lire déjà au niveau du Document C : il se retrouvera dans le récit de Pierre au tombeau, attesté par Lc **24** 12 et Jn **20** 5-7, qui dépendent tous deux du Document C. Quant au reste des vv. 39-40, voici les arguments littéraires qui permettent de les attribuer à Jean II-B. On a déjà mentionné la reprise au début du v. 40 des expressions de la fin du v. 38 qui dénote une insertion ; ce procédé rédactionnel est surtout employé par Jean II-B. Au début du v. 39, l'expression *de kai* est typique de son style (cf. **3** 23 ; **18** 2.5.18 ; **19** 19). La façon de préciser la personnalité de quelqu'un en renvoyant à un autre passage de l'évangile, ici à Jn **3** 1-2, est aussi dans la manière de Jean II-B. C'est encore lui qui ajoute des chiffres précédés de l'adverbe « environ » (cf. **1** 39 ; **4** 6 ; **6** 19 ; **11** 18 ; **19** 14 ; **21** 8). Toujours dans ce v. 39, on relève encore comme caractéristiques stylistiques : « Nicodème » (A 64*), « qui était venu » (A 47*), « précédemment » (A 126**), « livre » (A 143**). – Au v. 40, le mot « coutume » est typique du vocabulaire de Lc/Ac (*ethos* : 0/0/3/1/7/1) et conviendrait bien à Jean II-B (Introd., 8 c). Ce verset offre aussi le seul cas, dans Jn, où le verbe « être » est suivi d'un infinitif (7/7/4/1/6) ; mais on remarquera alors que la phrase « selon qu'il est coutume aux Juifs d'ensevelir » a même forme que celle de Ac **25** 16 : « ... il n'est pas coutume aux Romains de céder un homme... » Nous verrons enfin, dans la seconde partie de cette note, que cette manière de procéder à l'embaumement d'un corps avant de l'ensevelir, empruntée aux Égyptiens ou aux Grecs, ne peut être attribuée qu'à Jean II-B.

6. Les vv. 41-42, dans leur ensemble, doivent être aussi de Jean II-B pour les raisons suivantes. Le début du v. 41 se lit ainsi, en traduisant le grec de façon très littérale : « Or était dans le lieu où il avait été crucifié... » ; cette structure grammaticale est analogue à celle que l'on trouve en Jn **11** 30, qui est de Jean II-B : « Or il était encore dans le lieu où l'avait rencontré Marthe. » L'expression johannique « Or était dans le lieu où » est d'ailleurs propre aux textes de Jean II-B (A 98** et B 23**). Le thème du « jardin » (B 41*) est lié aux expressions précédentes (cf. *infra*) ; il fut donc ajouté aussi par Jean II-B. Dans la seconde partie du v. 41, le thème du tombeau « neuf » provient de Mt **27** 60 et la proposition « dans lequel personne encore n'avait été mis » reprend Lc **23** 53 ; de tels emprunts aux ultimes rédactions matthéenne et lucanienne ne peuvent être que de Jean II-B (Introd., 4 x) ; dans cette proposition en question, on notera la négation « ne... pas encore » (C 55**). – Au v. 42, c'est Jean II-B qui a ajouté la mention de la « Préparation », reprise de Lc **23** 54, comme il l'avait ajoutée au v. 31 en la reprenant à Mc **15** 42 (*supra*). Enfin, dans les expressions « comme le tombeau était proche », la formule « était proche » (B 16) ne se rencontre que dans des additions de Jean II-B, sauf en **7** 2, du Document C.

Comment se terminait alors le récit du Document C ? Probablement par la simple phrase « et ils le mirent dans un tombeau », utilisée de façon stéréotypée dans les récits d'ensevelissement ; c'est elle que l'on trouve en Mc **15** 46 et par., en Mc **6** 29 à propos de Jean-Baptiste, et surtout en Ac **13** 29 qui, on l'a vu plus haut, se rattache à la même tradition que le récit du Document C. Au niveau de ce Document, le récit de l'ensevelissement de Jésus se terminait ainsi : « Ils vinrent donc et ils enlevèrent le corps de Jésus et ils le lièrent de bandelettes et ils le mirent dans un tombeau. » On comparera cette finale avec Mc **6** 29 qui décrit ainsi l'ensevelissement de Jean-Baptiste : « Et ... ses disciples vinrent et ils enlevèrent son cadavre et ils le mirent dans un tombeau. »

II. LE SENS DES RÉCITS

A) LE RÉCIT DU DOCUMENT C

D'après Jn **19** 31, ce sont les Juifs qui prennent l'initiative d'enlever les corps des suppliciés, après en avoir référé à Pilate. La raison en était donnée, au niveau du Document C, sous cette forme : « afin que les corps ne restent pas sur la croix ( ). » D'après tout ce qui précède, on est déjà le soir, et les Juifs veulent observer une prescription de leur Loi. Pour mieux comprendre le sens du récit, il faut le replacer dans tout un contexte historique et traditionnel qui l'éclaire.

1. L'ENSEVELISSEMENT DES CONDAMNÉS

a) On lit en Dt **21** 22-23 : « Si un homme coupable d'un crime capital a été mis à mort et que tu l'aies pendu à un arbre, son corps ne pourra être laissé la nuit sur l'arbre ; tu l'enterreras le jour même, car un pendu est une malédiction de Dieu et tu ne rendras pas impur le sol que Yahvé ton Dieu te donne en héritage. » Ce texte législatif concerne le cas des condamnés à mort. R. de Vaux le commente ainsi : « La peine (de mort) pouvait être aggravée par l'exposition des corps des suppliciés. Ils étaient 'suspendus au bois' mais devaient être détachés avant la nuit, Dt **21** 22-23 ; cf. Jos **8** 29 ; **10** 27. Ce n'était pas un supplice de pendaison puisque les condamnés étaient exécutés au préalable, cf. spécialement Jos **10** 26 ; 2 S **4** 12, c'était une marque d'infamie et un exemple. » On aura noté au passage la précision temporelle : « ... son corps ne pourra être laissé *la nuit* sur l'arbre ; tu l'enterreras *le jour même*. » Il n'est pas question ici de « sabbat » (cf. Jn **19** 31) ; il est dit simplement que le supplicié doit être enterré avant la nuit.

Le Targum du pseudo-Jonathan sur Dt **21** 23 reprend cette même prescription mais en y ajoutant une variante : « Vous l'enterrerez *au coucher du soleil*. » C'est cette expression qui semble être d'usage le plus courant à l'époque du Christ. Philon d'Alexandrie glose ainsi le texte de Dt **21** 22-23 : « Ce sont mille morts que le Législateur aurait, s'il l'avait voulu, arrêtées contre eux. Mais comme cela n'était pas possible, c'est un autre châtiment qu'il a prescrit en surplus, ordonnant de suspendre sur le bois ceux qui ont tranché le cours d'une vie. Et après avoir formulé cette prescription, il reprend son visage humain... et il déclare : On ne laissera pas le soleil se coucher sur les pendus, mais on les enlèvera et on les cachera sous terre *avant le coucher du soleil*... afin qu'ils ne souillent pas la surface de la terre » (Spec. Leg. 3 **151-152**). De même, l'historien Josèphe nous apprend que le soin mis par les Juifs à ensevelir leurs morts va jusqu'à « descendre (de croix) et ensevelir *avant le coucher du soleil* ceux qui ont été crucifiés en suite d'une condamnation à mort » (Guerre Juive, 4 **317**). Ce texte est spécialement intéressant puisqu'il parle d'une « crucifixion » accomplie par les Juifs eux-mêmes. On le rapprochera du Targum palestinien sur Nb **25** 4, d'après le Néofiti : « Quiconque a mérité d'être mis à mort, ils le crucifieront sur la croix et on enterrera leur cadavre au coucher du soleil. » Dans tous ces textes, on ne dit plus « avant la nuit », mais « avant le coucher du soleil ». Nous verrons plus loin l'importance de cette précision.

b) Dans le livre de Josué, deux récits montrent comment était appliquée la prescription de Dt **21** 23 concernant les condamnés à mort ; le premier, Jos **8** 29, concerne le roi de Aï ; le second, Jos **10** 26-27, les cinq rois cananéens vaincus par Josué. Le lien entre ces deux récits et Dt **21** 23, reconnu déjà par Philon d'Alexandrie, est communément admis aujourd'hui. Par ailleurs, ces deux récits sont construits exactement selon le même schéma ; leur auteur était donc conscient de raconter une action-type concernant des condamnés à mort. Voici ces deux textes mis en parallèle.

Jos **8** 29	Jos **10** 26-27
Quant au roi de Aï,	Après quoi, Josué... les fit mourir
il le pendit à un arbre	et les pendit à cinq arbres et ils restèrent pendus aux

jusqu'au soir ;
et au coucher du soleil
Josué ordonna
qu'on descendit de l'arbre
son cadavre
et on le jeta
à l'entrée de la porte
de la ville
et on amoncela sur lui
un grand tas de pierres,

jusqu'à ce jour.

arbres jusqu'au soir ;
et au temps du coucher du
soleil Josué ordonna
qu'on les descendit des arbres

et on les jeta
dans la caverne
où ils s'étaient cachés
et on plaça
de grandes pierres
contre l'entrée de la caverne,
jusqu'à ce jour même.

2. Jésus en croix et Dt **21** 23.

Jésus fut crucifié après avoir été condamné à mort. Très tôt, la tradition chrétienne mit cette crucifixion de Jésus en relation avec le texte de Dt **21** 23. Ce lien était d'autant plus facile à faire que, en hébreu ou en grec, le même mot signifiait « arbre » et, d'une façon plus générale, « bois ». Dans tous les textes que nous allons analyser maintenant, on pourra donc mettre une équivalence entre « bois » et « arbre ». L'attestation la plus ancienne que nous ayons de cette identification entre Jésus et le condamné à mort dont parle Dt **21** 23 est Ga **3** 13 : « Le Christ nous a rachetés de la malédiction de la Loi, devenu lui-même malédiction pour nous, car il est écrit : 'Maudit soit quiconque est pendu au bois' » (Paul cite Dt **21** 23 d'après la Septante). Nous sommes ici en présence d'un texte « théologique » qui pourrait donc ne rien nous apprendre concernant les modalités de l'ensevelissement de Jésus. Mais nous allons trouver des références plus ou moins explicites au texte de Dt **21** 23 dans les récits évangéliques eux-mêmes et dans plusieurs passages des Actes qui font probablement écho à la prédication chrétienne primitive. Ce sont ces textes qu'il nous faut analyser maintenant avant de revenir à Jn **19** 31 ss.

a) Le récit de l'ensevelissement de Jésus, selon Mc **15** 42-47 (cf. Mt **27** 57-61), offre des affinités certaines avec les deux récits de Jos **8** 29 et **10** 26-27. Notons d'abord que dans Jos il s'agit du roi de Aï (**8**), ou de cinq rois cananéens (**10**) ; de même dans les évangiles, Jésus est mis à mort en tant que « roi des Juifs », ce qui est rappelé par l'inscription mise sur la croix (Mc **15** 26 et par.). N'oublions pas aussi qu'il était *possible* de voir une analogie de situation entre Jésus cloué au bois de la croix et les rois cananéens « pendus au bois » des arbres. Ceci dit, reprenons certains détails du récit de Mc. Selon Mc **15** 42, l'ensevelissement de Jésus se fait « le soir étant déjà arrivé » ; on rejoint la donnée de Jos **8** 29 ; **10** 26 et aussi Dt **21** 23 : un condamné ne doit rester « pendu au bois » que jusqu'au soir du même jour. – Pour décrire la descente de croix, Mc **15** 46a utilise le verbe *kathairein* qui se lit précisément en Jos **8** 29 et **10** 27 (Septante). – Selon Mc **15** 46c, Joseph d'Arimathie « roula une pierre contre » la porte du tombeau ; de même, en Jos **10** 27, le texte de la Septante porte : « ils roulèrent des pierres contre la caverne. » Les verbes grecs employés pour dire « rouler » ne diffèrent

que par le suffixe : *epekylisan* et *prosekylisen* (mais cf. Mc **16** 3 !). – Mc **15** 46b précise que la tombe avait été taillée dans le roc. Une telle insistance sur la nature de cette tombe n'aurait-elle pas pour but de suggérer qu'il s'agissait d'une sorte de « caverne » (cf. Jn **11** 38, à propos de Lazare) analogue à celle dont il est parlé en Jos **10** 27 ?

La parenté entre le récit de Mc et celui de Jos **10** (Septante) apparaît dès que l'on met les textes en parallèle :

Mc **15** 46	Jos **10** 27 (LXX)
Et,... l'ayant descendu (*kathelôn*),	... et Josué donna un ordre et ils les descendirent (*katheilon*) des bois
il l'enveloppa dans le linceul et le mit dans une tombe qui avait été taillée du roc et il roula (*prosekylisen*) une pierre contre la porte du tombeau.	et ils les jetèrent dans la caverne... et ils roulèrent (*epekylisan*) des pierres contre la caverne.

A part le détail du linceul, ajouté par Mc, les deux récits se ressemblent tant par la structure que par le vocabulaire. Une influence de Jos **10** 27 sur la rédaction marcienne, est non pas certaine, mais probable.

b) Avec l'Évangile de Pierre, nous arrivons sur un terrain plus solide. L'influence du texte de Dt **21** 23 sur les circonstances de l'ensevelissement de Jésus y est indéniable. Elle se manifeste en deux passages différents. Le premier semble maintenant hors de contexte. Avant même que Jésus ne soit crucifié, Joseph d'Arimathie fait demander à Hérode le corps de Jésus, par l'intermédiaire de son ami Pilate. Hérode (responsable de la condamnation de Jésus, d'après le Pseudo-Pierre) répond alors à Pilate : « Frère Pilate, même si personne ne l'avait demandé, nous l'aurions enseveli, car le sabbat va luire. Il est écrit en effet dans la Loi que *le soleil ne (doit) pas se coucher sur un supplicié* » (Ps.-Pierre, 5). Le second passage fait allusion aux ténèbres qui s'abattirent sur le pays avant la mort de Jésus (cf. Mc **15** 33 et par.) : « Il était midi et les ténèbres s'emparèrent de toute la Judée ; et ils s'inquiétaient et ils étaient angoissés (se demandant) si le soleil ne s'était pas couché tandis qu'il était encore en vie. Il est écrit en effet pour eux que *le soleil ne (doit) pas se coucher sur un supplicié* » (Ps.-Pierre, 15).

Il est évident, contrairement à ce que certains ont prétendu, que ces deux passages de l'Évangile de Pierre ne doivent rien à Jn **19** 31 : « Les Juifs, puisque c'était la Préparation, afin que les corps ne restent pas sur la croix durant le sabbat... » Le texte actuel de Jn dit qu'il était nécessaire d'enlever les corps *avant le sabbat* ; il était difficile de retrouver, par-delà le récit johannique, la prescription de Dt **21** 23 où il s'agit de la nuit, et non du sabbat. On notera d'ailleurs que le Pseudo-Pierre ne semble pas se référer immédiatement au texte du Deutéronome. Aux deux passages, il cite en termes identiques une prescription légale qui parle du coucher du soleil, comme dans les textes contemporains de l'époque néo-testamentaire, et non du soir, comme dans Dt **21** 23. On comparera ces deux passages du Pseudo-Pierre au texte de Philon cité plus haut et qui, lui aussi, se réfère à un texte législatif précis : « (Dieu) déclare : *On ne laissera pas le soleil se coucher sur les pendus*... » L'auteur de l'Évangile de Pierre, s'il est féru d'Ancien Testament, ignore tout des coutumes juives ou romaines du temps du Christ. Puisqu'ici il ne semble pas dépendre immédiatement de Dt **21** 23, il doit donc reprendre une tradition archaïque qui mettait l'ensevelissement hâtif du Christ en liaison avec la prescription de Dt **21** 23, mais exprimée sous une forme différente de celle de Dt **21** 23.

c) Il nous faut analyser maintenant trois textes des Actes dans lesquels l'influence de Dt **21** 23 et des récits de Josué (**8** et **10**) est indéniable.

ca) Le premier texte est le discours que Pierre prononce devant le Sanhédrin en Ac **5** 30 : « Le Dieu de nos pères a ressuscité Jésus que vous, vous avez fait mourir *en le pendant au bois.* » Le second passage se trouve également dans un discours de Pierre, en Ac **10** 39 : « Et nous, nous sommes témoins de tout ce que (Jésus) a fait dans le pays des Juifs et à Jérusalem. Lui qu'ils sont allés jusqu'à faire mourir *en le pendant au bois*, Dieu l'a ressuscité le troisième jour... » Dans ces deux textes, la crucifixion de Jésus est exprimée au moyen de la même formule « en pendant au bois » (*kremasantes epi xylou*). Une telle formule reprend certainement les termes de Dt **21** 23 tels qu'ils se lisaient dans la Septante : « Maudit soit de Dieu quiconque est pendu au bois » (*pas kremamenos epi xylou*) ; c'est ce texte de la Septante, on l'a noté plus haut, que citait Paul en Ga **3** 13. – Notons encore que Ac **5** 30 et **10** 39 insistent sur le fait que ce sont les Juifs eux-mêmes, et non les soldats romains, qui ont effectué la crucifixion de Jésus ; on rejoint les données des évangiles de Lc et de Jn (cf. note §§ 351-355, III A 1), comme aussi celles de l'Évangile de Pierre.

cb) Plus intéressant encore est le texte de Ac **13** 27-31 ; citons-le en entier : « En effet, les habitants de Jérusalem et leurs chefs ont accompli sans le savoir les paroles des prophètes qu'on lit chaque sabbat. Sans trouver en lui aucun motif de mort, ils l'ont condamné et ont demandé à Pilate de le faire périr. Et lorsqu'ils eurent accompli tout ce qui était écrit de lui, (l') ayant descendu du bois, ils le mirent au tombeau. Mais Dieu l'a ressuscité ; pendant de nombreux jours, il est apparu à ceux qui étaient montés avec lui de Galilée à Jérusalem, ceux-là mêmes qui sont maintenant ses témoins auprès du peuple. » Ce texte appelle plusieurs remarques. Tout d'abord, on notera la formule « (l') ayant descendu du bois » (*kathelontes apo tou xylou*) ; il n'y est pas question de « croix », mais de « bois », comme dans les deux textes précédents. Ici toutefois, ce n'est pas Dt **21** 23 qui est cité, mais, semble-t-il, Jos **8** 29 : « Et ils descendirent son corps du bois » (*katheilosan... apo tou xylou* ; cf. Jos **10** 27). Cette influence des textes de Jos **8** 29 et **10** 27 sur Ac **13** 29 pourrait confirmer les analyses faites plus haut à propos de Mc **15** 42.46, où nous avons cru pouvoir reconnaître une influence de Jos **10** 26-27 sur la rédaction marcienne.

– Par ailleurs, Ac **13** 29 attribue explicitement aux Juifs (les habitants de Jérusalem et leurs chefs) la descente de croix et la mise au tombeau de Jésus ; nous reprendrons ce point capital en analysant Jn **19** 31 ss. – On peut enfin se demander si ce texte des Actes, spécialement Ac **13** 29b-31a, ne refléterait pas assez fidèlement les termes mêmes de la prédication chrétienne primitive, avec la mention très brève de la descente de croix, de la mise au tombeau, de la résurrection et des apparitions, sans compter le rappel de l'accomplissement des Écritures ; on est très proche de 1 Co **15** 3-5 : « Je vous ai transmis tout d'abord ce que j'ai moi-même reçu, à savoir : le Christ est mort pour nos péchés selon les Écritures, et il fut enseveli, et il est ressuscité le troisième jour selon les Écritures, et il est apparu... »

3. Le récit du Document C

C'est en fonction de cet arrière-plan historique et traditionnel qu'il faut relire le récit du Document C tel que nous avons tenté de le reconstituer.

31 Les Juifs, donc ( ) afin que les corps ne restent pas sur la croix ( ), demandèrent à Pilate qu'(ils) les enlèv(ent).
38 ( ) Et Pilate permit. Ils vinrent donc et enlevèrent ( )
40 ( ) le corps de Jésus et le lièrent de bandelettes ( )
42 ( ) (et) ils (le) mirent (dans un tombeau).

Les autorités juives prennent l'initiative d'enlever les corps des suppliciés le soir même de leur crucifiement ; ils veulent se conformer à la Loi selon laquelle un corps « exposé » sur la croix doit être descendu et enseveli le jour même, avant le coucher du soleil. Ils demandent auparavant l'autorisation de Pilate puisque c'est à lui qu'ils ont arraché la mise à mort de Jésus. A partir du v. 38, le récit ne parle plus que du seul Jésus, sans mentionner les autres suppliciés, puisque c'est lui seul qui intéresse les lecteurs.

Au v. 40, le récit du Document C précise : « Ils le lièrent de bandelettes. » Nous avons gardé le mot « bandelettes » que nous avions adopté dans le tome I de la Synopse, à la suite de la Bible de Jérusalem. En fait, le mot grec *othonia* peut signifier bandelettes, mais il peut désigner aussi de simples linges ; avec raison, c'est ce sens qui fut adopté dans la nouvelle édition de la Bible de Jérusalem. Le corps de Jésus ne fut pas entouré de bandelettes, à la façon d'une momie. On lui lia probablement les mains et les pieds avec des linges, afin de pouvoir le transporter plus facilement (cf. Jn **11** 44).

Au niveau du Document C, comme dans la tradition synoptique ancienne, Jésus fut mis au tombeau sans que l'on ait pratiqué sur lui les onctions rituelles destinées à honorer le cadavre avant de le confier à la terre. Cette omission fut-elle provoquée par l'approche du sabbat (ou de la fête), qui commençait au coucher du soleil et durant lequel tout travail était interdit ? Si ce sont les Juifs qui procédèrent à la mise au tombeau de Jésus, la raison véritable doit être celle que mentionne l'historien Flavius Josèphe : « Celui qui aura blasphémé Dieu, qu'après avoir été lapidé il soit pendu (au bois) durant le jour et qu'il soit enseveli sans honneur et en cachette » (*atimôs kai aphanôs*) (Ant. 4 **202**).

Les cadavres des condamnés, on le sait, étaient jetés dans une fosse commune. Ce n'est toutefois pas ce que suppose le récit du Document C. Les récits qui, dans le Document C, suivaient celui de l'ensevelissement supposent que Jésus fut placé dans un tombeau particulier : Marie trouve la pierre enlevée du tombeau (cf. Jn **20** 1-2), Pierre ne trouve plus dans le tombeau que les bandelettes (Lc **24** 12 ; cf. Jn **20** 5-7). Cette dérogation à la loi commune fut peut-être obtenue grâce à l'intervention d'un notable juif favorable à Jésus : Joseph d'Arimathie ou Nicodème.

B) LE RÉCIT DE JEAN II-A

Jean II-A reprit le récit du Document C, mais il y ajouta l'intervention des soldats romains aux vv. 32-37, après avoir modifié la fin du v. 31. La première partie de son récit se présentait ainsi :

31 Les Juifs donc ( ), afin que les corps ne restent pas sur la croix ( ), demandèrent à Pilate que soient brisées leurs jambes et qu'ils soient enlevés.
38 ( ) Et Pilate le permit. ( )
32 Les soldats vinrent donc et brisèrent les jambes du premier puis de l'autre qui avait été crucifié avec lui.
33 Mais étant venus à Jésus, comme ils virent qu'il était déjà mort, ils ne lui brisèrent pas les jambes,
34 mais l'un des soldats, de sa lance, lui perça le côté ( ),
36 ( ) afin que fût accomplie l'Écriture : ( )
37 ( ) *Ils verront celui qu'ils ont transpercé.*

1. Il faut ensevelir les suppliciés avant le coucher du soleil ; mais que faire s'ils ne sont pas encore morts ? Les Juifs prévoient le cas et demandent que les jambes des suppliciés soient brisées. Ce moyen de hâter la mort semble avoir été employé assez souvent puisqu'un proverbe disait : « Il ne peut mourir à moins qu'on ne lui brise les jambes ! » Il est possible que la tradition avait gardé le souvenir d'une action semblable pratiquée par les Juifs sur ceux qui avaient été crucifiés avec Jésus. Mais Jean II-A attribue cette action aux soldats romains, qui doivent « venir » puisque, encore au niveau de Jean II-A, les Juifs seuls avaient procédé au crucifiement.

2. Comme Jésus est déjà mort, on ne lui brise pas les jambes mais un des soldats lui perce le côté avec sa lance. Jean II-A voit ainsi se réaliser l'oracle de Za **12** 10 : « Ils verront celui qu'ils ont transpercé. » La citation est faite, non d'après le texte hébreu, mais d'après la traduction grecque attribuée à Théodotion. Pour comprendre l'intention de Jean II-A, il faut se rappeler que, dans la tradition johannique, « voir » le Christ, c'est « croire » en lui, c'est reconnaître sa véritable personnalité (Jn **6** 40 ; **12** 44-45 ; **14** 9). Ils « verront » celui qu'ils ont transpercé veut donc dire, en langage johannique,

ils reconnaîtront que celui qu'ils ont transpercé avait été envoyé par Dieu. Mais c'est un soldat romain qui transperce le côté de Jésus, et donc un païen. Jean II-A voit dans ce geste l'annonce prophétique de la conversion des païens au christianisme. On notera que, dans la tradition synoptique, c'est aussi un païen, le centurion chargé de procéder à l'exécution des condamnés, qui reconnaît le premier : « Vraiment cet homme était fils de Dieu » (Mc **15** 39 ; Mt **27** 54) ; il était le « juste » par excellence dont parlait le texte de Sg **2** 18 (cf. Lc **23** 47). Il est possible que la tradition synoptique ait influencé ici la rédaction du texte de Jean II-A.

C) LE RÉCIT DE JEAN II-B

Jean II-B a donné au récit de l'ensevelissement de Jésus sa physionomie actuelle. Analysons brièvement les modifications et les amplifications qu'il a effectuées sur le texte de Jean II-A.

1. Selon la loi juive, on l'a vu, il fallait descendre de croix le corps des suppliciés avant le coucher du soleil ; c'est ce qu'il était facile de comprendre du récit du Document C et de Jean II-A. Mais Jean II-B donne une autre motivation à cette nécessité ; il ajoute en effet, d'une part la proposition « puisque c'était la Préparation », reprise de Mc **15** 42, d'autre part la précision « durant le sabbat », en ajoutant par mode de parenthèse « car le jour de ce sabbat était grand ». Pour Jean II-B, Jésus fut crucifié la veille de la fête des Azymes, qui tombait cette année-là le jour du sabbat. On retrouve là les préoccupations « liturgiques » de Jean II-B (Introd., 3 v). Par mode d'inclusion, il rappellera encore à la fin de son récit que Jésus fut enseveli lors de la « Préparation », c'est-à-dire lors de la veille de la fête (**19** 42 ; cf. Lc **23** 54).

2. En reprenant le texte de Jean II-A, aux vv. 32-37, Jean II-B y apporte les additions suivantes.

a) A la fin du v. 34, il ajoute les mots : « et il sortit aussitôt du sang et de l'eau. » Puis il compose le v. 35 sous cette forme plus simple que celle donnée dans le texte actuel : « Et celui qui a vu a rendu témoignage ( ) afin que vous croyiez, vous aussi. » On a souvent mal interprété le sens de ces détails ajoutés par Jean II-B. Le fait que le côté transpercé de Jésus laisse couler du sang et de l'eau n'est pas une sorte de prodige qui aurait confirmé la foi de « celui qui a vu » ! Quelle que soit la façon dont Jean II-B explique le phénomène, ce fait est pour lui une preuve que Jésus était *réellement* mort. Le disciple que Jésus aimait, celui qui se tenait au pied de la croix avec Marie (Jn **19** 25-27), celui-là a témoigné de ce qu'il a vu et, appuyés sur son témoignage, les chrétiens de la fin du premier siècle ont la certitude que Jésus était réellement mort lorsqu'il fut mis au tombeau ; son retour à la vie fut donc une véritable résurrection, gage de notre propre résurrection. Sur l'importance du « témoignage » pour fonder la foi des chrétiens de la deuxième génération, dans la théologie de Jean II-B, voir Introd., 5 m.

b) En **19** 41, au milieu de détails repris de Mt et de Lc pour décrire la tombe dans laquelle Jésus va être déposé, Jean II-B a inséré le thème du « jardin » qui lui est propre. Ce « jardin » est mis en référence, non seulement avec le tombeau, mais aussi avec « le lieu où avait été crucifié » Jésus. Ce rappel de la crucifixion n'est pas fortuit. Le « jardin » évoque probablement le paradis terrestre dont parle Gn **2-3** ; la croix, plantée au milieu du jardin, serait alors « l'arbre de vie » (cf. Gn **2** 9), source d'immortalité dont le premier homme s'est privé à cause du péché (cf. Gn **3** 22 ; voir Jn **3** 14 et le commentaire). A la lumière de ce symbolisme, les expressions « Et il sortit aussitôt du sang et de l'eau » ont reçu, dès l'époque patristique, une autre interprétation. Le sang et l'eau symboliseraient les sacrements de l'Eucharistie et du Baptême. De ces sacrements de l'Église, s. Augustin passait à l'Église elle-même. A travers toutes ces additions, Jean II-B voudrait décrire Jésus comme le Nouvel Adam, cloué sur l'arbre de vie. Et de même que du côté du premier Adam, endormi, est sortie la première Ève (Gn **2** 21-23), de même du côté du Nouvel Adam, Jésus, endormi du sommeil de la mort, sort la Nouvelle Ève, l'Église, promise à l'immortalité.

c) Tout en gardant la citation de Za **12** 10 introduite par Jean II-A au v. 37, et qui expliquait le sens du coup de lance donné par le soldat romain, Jean II-B ajoute une nouvelle citation, en référence au fait que les jambes de Jésus ne furent pas rompues comme celles des deux autres suppliciés : « On ne lui brisera pas un os. » Les commentateurs ne sont pas d'accord sur l'origine de cette citation. Une traduction très littérale donnerait : « Un os ne sera pas brisé de lui. » Certains pensent que la citation provient de Ex **12** 46, où il s'agit de l'agneau pascal : « Et un os vous ne briserez pas à lui. » Jean II-B voudrait identifier Jésus au nouvel agneau pascal qui meurt afin d'effectuer la délivrance du nouveau peuple de Dieu. Une telle identification conviendrait bien au niveau de Jean II-B et serait en accord avec le souci qu'il a de souligner que la mort de Jésus eut lieu la veille de la fête des Azymes, donc le jour même de la Pâque (**18** 28 ; **19** 14.31.42). La référence à Ex **12** 46 nous semble certaine. Il est toutefois significatif qu'au lieu de mettre le verbe « briser » à la forme active et à la deuxième personne du pluriel, Jean II-B l'ait mis à la forme passive et à la troisième personne du singulier, comme dans ce texte de Ps **34** 21 : « (Dieu) gardera tous ses os, aucun d'eux *ne sera brisé*. » Dans le psaume, il s'agit du juste qui a mis sa confiance en Dieu, et l'on rejoint le thème de la tradition synoptique : Jésus est le « juste » qui meurt, protégé par Dieu qui le fera revivre (Mc **15** 39 et par. ; cf. Sg **2** 18). Si Jean II-B donne à sa citation scripturaire une forme qui l'apparente à la fois à Ex **12** 46 et à Ps **34** 21, ne serait-ce pas parce qu'il voit dans Jésus à la fois le nouvel agneau pascal et le juste que Dieu va protéger en l'arrachant finalement à la mort ?

3. La plus grande transformation que Jean II-B fait subir au récit de Jean II-A (et donc à celui du Document C), c'est d'introduire le personnage de Joseph d'Arimathie (**19** 38),

qui va procéder à la descente de croix et à la mise au tombeau. Jean II-B veut harmoniser le récit johannique avec celui de la tradition synoptique. Pour Mc et Lc, Joseph d'Arimathie n'est qu'un Juif pieux, probablement sympathique à Jésus auquel il veut rendre un dernier service. A la suite de Mt (**27** 57b), Jean II-B en fait un « disciple de Jésus » ; il ajoute toutefois : « mais caché, par crainte des Juifs » ; il n'est pas plus hardi que les autres disciples de Jésus (Jn **20** 19), ce qui donne plus de valeur à l'action qu'il ose entreprendre.

4. Selon Jean II-B, Nicodème, un autre notable juif favorable à Jésus (Jn **3** 1-2 ; **7** 50-52), serait venu lui aussi procéder à l'ensevelissement « portant un mélange de myrrhe et d'aloès d'environ cent livres » (**19** 39). Jean II-B décrit alors l'ensevelissement proprement dit : « ils prirent le corps de Jésus et le lièrent de bandelettes, avec les aromates. » On a dit plus haut que le mot grec *othonia* pouvait signifier, soit « bandelettes », soit « linges », et que ce second sens était celui du Document C. Mais Jean II-B semble comprendre plutôt qu'il s'agit de bandelettes, puisqu'il ajoute « avec des aromates ». Il est évident que son intention n'est pas de nous donner des détails concrets. Ce qui importe à ses yeux, c'est de dire que Jésus fut enseveli « selon qu'il est coutume aux Juifs d'ensevelir. » Mais les Juifs n'embaument pas les corps ; Jean II-B ne se représenterait-il pas l'ensevelissement de Jésus à la manière d'un embaumement tel que le pratiquaient les Égyptiens ou même parfois les Grecs ? Mais pourquoi un tel emprunt ? On a vu plus haut que, selon le Document C, Jésus fut enseveli comme un condamné, sans honneur. Les Juifs devaient en profiter pour se moquer de ce Messie mort de façon si ignominieuse. Et certains chrétiens devaient en être troublés. Or Jean II-B écrit pour des chrétiens d'origine grecque. Comme il l'avait fait pour la description de la piscine de Béthesda (Note § 148 IV B 2), il reprend ici des rites d'embaumement connus de ses lecteurs pour leur montrer que Jésus fut mis au tombeau avec tous les honneurs dus à sa personne. Il réagit comme l'avait fait la tradition synoptique qui avait conçu l'onction de Béthanie comme une onction rituelle faite à l'avance sur le corps de Jésus (cf. Synopse, Tome II, note § 313).

D) UNE ADDITION DE JEAN III

Au v. 35, Jean III ajouta les deux phrases : « et véridique est son témoignage et celui-là sait qu'il dit vrai. » Au niveau de Jean II-B, ce sera la certitude de la communauté johannique qui sera invoquée en faveur du témoignage du disciple qui a « vu » (**21** 24) ; ici, Jean III se réfère à « celui-là ». Qui est ce personnage mystérieux ? En s'appuyant sur des parallèles de la littérature profane ou des écrits johanniques, trois solutions ont été proposées : « celui-là » désignerait, soit l'évangéliste lui-même (donc ici Jean III), soit le Christ, soit Dieu. Étant donné le petit nombre de textes émanant de Jean III, il est impossible de choisir telle solution plutôt que telle autre.

Note §§ **359-360.** *LES FEMMES, PIERRE ET L'AUTRE DISCIPLE AU TOMBEAU* (Jn **20** 1-10)

I. ANALYSES LITTÉRAIRES

Le cycle des récits de la résurrection s'ouvre chez Jn par la venue de Marie de Magdala au tombeau de Jésus (**20** 1) ; l'ayant trouvé vide, elle court avertir Pierre et un autre disciple (**20** 2) qui viennent à leur tour constater que le tombeau est bien vide (**20** 3-10). Alors que Jn **20** 1 offre un parallélisme étroit avec le début du récit des Synoptiques concernant la venue des femmes au tombeau, Jn **20** 2-10 constitue un récit original dont on trouve cependant une version plus simple en Lc **24** 12 ; mais l'authenticité de ce verset est encore discutée. Les commentateurs sont divisés sur l'évolution littéraire de Jn **20** 1-10. Selon certains, le v. 1 serait l'introduction, non de l'épisode suivant, mais du récit de l'apparition de Jésus à Marie de Magdala (**20** 11-18) (Dibelius, Wellhausen, Wilkens, Bultmann, Brown). Leur principal argument est que Jn **20** 11 suppose un retour de Marie au tombeau dont il n'est pas question dans les vv. 3-10 ; il faudrait donc admettre que, dans un état antérieur du texte, Jn **20** 11 ss. suivait immédiatement **20** 1 ; Jn **20** 3-10 serait un récit inséré postérieurement, et le v. 2 un verset rédactionnel. Selon d'autres, au contraire, Jn **20** 1-2 formerait l'introduction primitive du récit de la venue de Pierre et de l'autre disciple au tombeau (Hartmann, Fortna) ; c'est cette position que nous adopterons nous aussi. – Même chez ceux qui admettent l'authenticité lucanienne de Lc **24** 12, le rapport entre ce récit et celui de Jn **20** 3-10 reste controversé. Selon Benoit, Lc **24** 12 dépendrait d'un état antérieur du récit johannique, mais qui avait déjà les personnages de Pierre et de l'autre disciple, comme semble l'indiquer encore Lc **24** 24. Selon d'autres, Jn aurait développé un verset original de Lc (Harnack, Lagrange, Bernard). Certains enfin pensent que Lc et Jn dépendent d'une même source que chacun aurait retravaillée à sa façon (Rengstorf, Hartmann, Fortna, Brown), position que nous adopterons nous aussi. Nous pensons en effet que Jn **20** 1-10 dépend fondamentalement d'un récit du Document C que Lc a aussi utilisé, d'une part en **24** 1-2, d'autre part en **24** 12 ; dans ce récit archaïque, Pierre seul venait au tombeau. Ce récit du Document C fut repris par Jean II-A qui lui a fait subir la modification la plus importante ; en **20** 3-10, il a introduit la figure mystérieuse de « l'autre disciple » aux côtés de Pierre. L'intervention de Jean II-B fut plus modeste ; il a, entre autres choses, réduit en **20** 1 le nombre des femmes à une seule personne : Marie de Magdala et ajouté le v. 7 afin d'obtenir une inclusion avec le récit de la résurrection de Lazare. Quant à Jean III, nous lui attribuerons une courte glose qui identifie « l'autre disciple » au « disciple que Jésus aimait ». Donnons tout de suite l'ensemble du récit avec ses différents niveaux rédactionnels ; nous mettons entre parenthèses certains éléments primitifs, restitués par conjecture à partir du récit parallèle de Lc.

C | II-A | II-B | III

1 Or, le premier jour de la semaine,
    | Marie de Magdala vient
(elles vinrent) au tombeau, tôt,
    | comme c'était encore les ténèbres,
et elle(s) voi(en)t la pierre enlevée du tombeau.
2 Elle(s) cour(en)t donc et elle(s) vien(nen)t à Simon-Pierre
  | et à l'autre disciple,
    | que Jésus aimait,
et elle(s)
  | leur
(lui) di(sen)t : « Ils ont enlevé le Seigneur du tombeau et nous ne savons pas où ils l'ont mis. »
3 Pierre sortit donc,
  | et l'autre disciple, et ils venaient au tombeau.
4 | Ils couraient tous les deux ensemble. Et l'autre disciple courut en avant, plus vite que Pierre
et vint
  | le premier
au tombeau,
5 et, s'étant penché, il voit les bandelettes (seules)
  | gisantes ;
  | cependant il n'entra pas.
6 | Simon-Pierre vient alors, le suivant, et il entra dans le tombeau et il aperçoit les bandelettes (seules)
    | gisantes
7 | et le suaire qui était sur sa tête, non pas gisant avec les bandelettes, mais roulé à part, dans un endroit.
8 | Alors donc entra aussi l'autre disciple qui était venu le premier au tombeau, et il vit et il crut.
9 | Car ils n'avaient pas encore compris l'Écriture, qu'il devait ressusciter des morts.
10 (Et il s'en retourna)
  | Les disciples s'en retournèrent donc de nouveau chez (lui.)
  | eux.

A) LE CORPS DU RÉCIT (§ 360)

AA) *LES ADDITIONS DE JEAN II-B*

1. Pour ensevelir le corps de Jésus, Joseph d'Arimathie et Nicodème n'ont utilisé que des bandelettes (Jn **19** 40) ; mais Jn **20** 7 mentionne aussi la présence d'un « suaire », détail absent du parallèle de Lc **24** 12 où seules les bandelettes sont mentionnées. Ce v. 7 est une addition de Jean II-B. Il a voulu obtenir un parallélisme avec le récit de la résurrection de Lazare (**11** 44), seul autre passage du NT où est employé le terme de *soudarion* au sens de « suaire » ; il prolongeait ainsi la structure en chiasme qu'il avait obtenue en composant les récits de la dernière semaine de la vie de Jésus (note §§ 272-357).

L'addition du suaire obligea Jean II-B à modifier les vv. 5b et 6b. Le parallèle de Lc **24** 12 parle de bandelettes « seules » ; cet adjectif ne convenait plus au récit johannique et Jean II-B le remplaça par le participe « gisantes », obtenant ainsi une phrase conforme à son style : « il aperçoit les bandelettes gisantes » (C 41).

2. On attribuera aussi à Jean II-B l'addition du v. 9, qui a pour but de corriger la théologie du « signe » exprimée par Jean II-A au v. 8 (cf. *infra*). Voici les caractéristiques stylistiques de ce verset. « Ne ... pas encore » (C 55**), « avaient compris » (F 25), « l'Écriture » (F 1*). Pour dire « ressusciter des morts », Jean II-B utilise partout ailleurs le verbe *egeirein* (F 38**), tandis qu'il a ici *anistanai* ; mais c'est sous l'influence de Ac **17** 2-3 (cf. *infra*), ce qui confirme l'attribution du verset à Jean II-B.

AB) *LES ADDITIONS DE JEAN II-A*

1. AUTHENTICITÉ DE Lc **24** 12

On lit en Lc **24** 12 un récit parallèle à celui de Jn **20** 3-10, mais beaucoup plus simple. Pierre court au tombeau, constate qu'il est vide, puis revient chez lui tout étonné. Ce verset lucanien est omis par D et *VetLat* ; beaucoup l'ont donc tenu pour une addition d'un copiste qui aurait résumé le récit de Jn **20** 3-10. Mais actuellement, l'authenticité lucanienne du verset est de plus en plus admise et il recommence à prendre place dans des éditions critiques qui l'avaient jadis écarté. Le fait qu'il soit attesté par P⁷⁵, le plus ancien témoin du

texte lucanien (fin du deuxième siècle ou début du troisième) récemment découvert, n'est certainement pas étranger à ce revirement d'opinion. Mais l'authenticité du verset est solidement appuyée par d'autres arguments. D'une part, le récit de l'apparition aux disciples d'Emmaüs résume la scène de la découverte du tombeau vide (Lc **24** 22-23) en suivant le récit de Lc **24** 1-5 dont il reproduit plusieurs traits caractéristiques. Or, aussitôt après (Lc **24** 24), on a la mention de la venue au tombeau de quelques-uns des disciples, événement dont on aurait un écho précisément en Lc **24** 12. D'autre part, Lc **24** 12 contient plusieurs expressions typiques du style de Lc : l'emploi pléonastique du participe « s'étant levé » (*anastas*), et l'expression « étonné de ce qui était arrivé » (cf. Tome II, pp. 445-446). L'hypothèse d'un scribe ajoutant le v. 12 en imitant le style de Lc n'est guère recevable ; ce v. 12 doit être de Lc lui-même.

2. LES RÉCITS DE Lc ET DE Jn

On obtient une preuve supplémentaire de l'authenticité du texte lucanien quand on compare, d'une part Lc **24** 12 et Jn **20** 3-10, d'autre part Mt **26** 58 et Jn **18** 15-16. Jean **20** 3-10 réagit à partir de Lc **24** 12 exactement comme Jn **18** 15-16 réagit à partir de la tradition synoptique représentée par Mt **26** 58. Mettons les quatre textes en parallèle.

Le procédé rédactionnel est le suivant. Jn se trouve en

Mt **26** 58	Jn **18** 15-16	Lc **24** 12	Jn **20** 3 ss.
Or Pierre le suivait de loin	Or suivait Jésus Simon-Pierre et un autre disciple.	Mais Pierre courut	Sortit donc Pierre et l'autre disciple, et ils venaient au tombeau...
	Ce disciple était connu du Grand Prêtre	au tombeau	Et l'autre disciple courut plus vite que Pierre et il vint le premier au tombeau
jusqu'à la cour du Grand Prêtre et étant entré...	et il entra avec Jésus dans la cour du Grand Prêtre.	et, s'étant penché, il voit les bandelettes...	et s'étant penché, il voit les bandelettes...
	Pierre se tenait à la porte dehors... Cet autre disciple... introduisit Pierre.		Simon-Pierre vient alors...
			et il entra dans le tombeau et il aperçoit les bandelettes...

présence d'une source dans laquelle Pierre seul est en scène. En introduisant dans le récit un « autre disciple », il rend commune à Pierre et à cet autre disciple l'action que Pierre accomplissait seul dans le récit de sa source. Il donne ensuite la raison pour laquelle cet « autre disciple » va supplanter Pierre : il était connu du Grand Prêtre (Jn **18**), il courut plus

vite que Pierre (Jn **20**). C'est donc l'« autre disciple » qui va accomplir une seconde action effectuée par Pierre dans le récit de la source : il entre dans la cour du Grand Prêtre (Jn **18**), il se penche et voit les bandelettes (Jn **20**). A ce moment seulement, après l'autre disciple, Pierre peut accomplir la même action.

Il est clair que Jn travaille à partir d'une source en **20** 3-10 comme il le fait en **18** 15-16. Quelle est cette source ? Ce ne peut être le texte de Lc tel que nous l'avons maintenant ; pourquoi Jn aurait-il systématiquement enlevé les lucanismes de ce texte ? Il est beaucoup plus normal de penser que ces lucanismes furent ajoutés par Lc à un récit qui ne les avait pas, et que Jn connaît aussi. Jn et le récit actuel de Lc dépendraient-ils d'un proto-Lc qui n'avait pas les lucanismes en question ? C'est l'hypothèse que nous avions adoptée dans le Tome II de la Synopse. Mais on se heurte alors à une difficulté. Le texte de Lc contient un présent historique (« il voit ») attesté aussi par Jn **20** 5 ; or Lc évite le plus possible ces présents historiques (proto-Lc et dernier Rédacteur lucanien) ; ce n'est donc certainement pas lui qui l'a placé dans le récit. Pour expliquer les récits de Lc et de Jn, il faut remonter à la source qu'ils utilisent tous deux, spécialement dans les récits de la passion et de la résurrection : le Document C. On verra plus loin une autre preuve de l'indépendance de Jn par rapport à Lc, et donc de sa dépendance directe par rapport au Document C.

3. La rédaction du récit de Jn

Pour pouvoir reconstituer le texte du Document C, il faut étudier la façon dont fut rédigé le récit johannique ; cette étude nous permettra en même temps de préciser quelles additions furent effectuées par Jean II-A.

a) Le problème le plus délicat se trouve aux vv. 3-4. Au v. 3, c'est Jean II-A qui ajouta l'expression « et l'autre disciple » (cf. *supra*), laissant d'ailleurs le verbe principal au singulier (cf. **18** 15). Au v. 4, le verbe « courir » revient deux fois, et comme il est attesté aussi par Lc, on serait tenté de l'attribuer au récit du Document C. Mais le problème n'est peut-être pas aussi simple ! La fin du v. 4 reprend en effet les expressions de la fin du v. 3 ; on retrouve le procédé classique de la « reprise » après une insertion (ici : l'insertion du v. 4) ; cf. Introd., 1 f. Ce procédé est appliqué ici de la même façon qu'en Jn **4** 30.40 et **11** 29.32 (voir les notes) ; mettons les textes en parallèle :

Jn **4**	Jn **11**	Jn **20**
30 Ils sortirent de la ville et venaient vers lui	29 (Marie) se leva et venait vers lui	3 Pierre sortit donc ( ) et venai(en)t au tombeau
(insertion des vv. 31-39)	(insertion des vv. 30s)	(insertion du v. 4ab)
40 Quand donc vinrent vers lui...	32 Marie donc, quand elle vint où était Jésus...	4 et il vint le premier au tombeau...

Comme en **4** 30 et **11** 29, le passé simple (aoriste) du récit primitif fut remplacé par un imparfait (**20** 3) et reporté après l'insertion (**20** 4 ; cf. **4** 40 et **11** 32). Les deux remaniements que nous avons mis en parallèle avec Jn **20** 3-4 sont de Jean II-A ; ici aussi, c'est Jean II-A qui a inséré le v. 4 et qui est responsable de l'introduction de l'« autre disciple » dans le récit, comme en **18** 15-16 (note § 339, I B). Voici les caractéristiques stylistiques des additions de Jean II-A ; aux vv. 3b et 4 : « autre disciple » (A 31*) ; au v. 4 : « ensemble » (B 97), « plus vite » (D 5).

b) Pour compléter le jeu de scène entre Pierre et l'autre disciple, Jean II-A dut ajouter la fin du v. 5 « cependant il n'entra pas » et le v. 6. L'insertion, ici aussi, se reconnaît à la « reprise » des expressions « il (voit) les bandelettes (seules) » ; appartenant au récit primitif (cf. Lc), elles ont

été reprises en Jn **20** 6 après l'insertion de la fin du v. 5 et du v. 6. Les notes johanniques sont encore ici assez neutres ; au v. 5b, « cependant » (C 46*) ; au v. 6, « Simon-Pierre » (B 32), « alors... et... et » (A 13), « bandelettes » (B 67) : ce dernier terme étant repris du Document C (cf. v. 5a).

c) Le v. 8 est aussi de Jean II-A puisqu'il complète le thème de l'« autre disciple ». La fin du v. 8 développe une théologie de la foi comme conséquence du signe, conforme à celle de Jean II-A (cf. *infra*). On notera que ce verset est de tonalité beaucoup plus johannique que les précédents. Comme le v. 6 que nous venons d'attribuer à Jean II-A, le v. 8 a même structure que **18** 16, autre texte de Jean II-A ; pour s'en convaincre, il suffit de mettre ces trois versets en parallèle.

18 16	**20** 8	**20** 6
Sortit donc l'autre disciple, qui était connu du Grand Prêtre, et il dit à la portière et il fit entrer Pierre.	Alors donc entra aussi l'autre disciple qui était venu le premier au tombeau, et il vit et il crut	Vient donc aussi Simon-Pierre le suivant, et il entra dans le tombeau et il aperçoit les bandelettes...

Par ailleurs, on relève dans ce seul v. 8 une assez forte proportion de caractéristiques johanniques : « alors donc » (A 99*), « donc... et... et » (A 13), « autre disciple » (A 31*), « qui était venu » (A 47*), « il vit et il crut » (B 68*).

d) C'est Jean II-A qui a mis au pluriel la phrase du v. 10. Au niveau du récit primitif, la finale du récit devait être « et il s'en retourna chez lui » (cf. Lc.) On lui attribuera aussi l'insertion de l'expression « donc de nouveau » (A 17*), absente du parallèle de Lc.

AC) *LE RÉCIT DU DOCUMENT C*

Débarrassé des additions de Jean II-A, le récit du Document C présente quelques divergences avec Lc **24** 12 dont il faut maintenant rendre compte.

Lc **24** 12 commence ainsi : « Mais Pierre, s'étant levé... » En Jn **20** 3, on lit : « Pierre sortit donc... » On a dit plus haut que le participe « s'étant levé » était un lucanisme et ne devait pas se lire dans le Document C. La tradition johannique est-elle restée plus fidèle au récit primitif en gardant « Pierre sortit » ? C'est probable, car en Lc **4** 38 on a le participe « s'étant levé » là où Mc, la source de Lc, a le verbe « sortir » ; Lc aurait corrigé ici le Document C de la même manière. De même, le « Mais » qui commence le récit de Lc est une cheville littéraire très fréquente chez lui ; on préférera le « donc » de Jn car, on le verra plus loin, le v. 2 de Jn est un écho du récit primitif et, après ce verset, un « donc » est presque nécessaire.

On a vu plus haut que le v. 4 de Jn avait été ajouté par Jean II-A ; au niveau du récit primitif, on lisait : « Pierre sortit donc et vint au tombeau » (cf. fin du v. 4). Mais dans le parallèle de Lc, il est dit que Pierre « courut au tombeau ».

Quel verbe avait le Document C ? Ici encore, nous donnerons la préférence à Jn. Ayant supprimé l'équivalent du v. 2 de Jn, où il était dit que les femmes « coururent » pour aller trouver Pierre, Lc a voulu garder ce verbe « courir » qui s'adaptait si bien à la situation et l'a utilisé à propos de Pierre. Si Jean II-A a ce verbe dans son addition du v. 4, c'est qu'il le reprend au v. 2. Ce problème est d'ailleurs d'une importance secondaire.

La fin de Lc **24** 12 est plus développée que Jn **20** 10. Les expressions « étonné de ce qui était arrivé », absentes du parallèle de Jn et typiquement lucaniennes (cf. *supra*), ont été ajoutées par Lc au récit du Document C.

Cette comparaison du récit de la source johannique avec Lc **24** 12 montre donc que Jn a mieux conservé que Lc le texte du Document C. Dans ce texte, on notera deux caractéristiques stylistiques : au v. 5a, « bandelettes » (B 67, propre au Document C) et au v. 10, « il s'en retourna chez lui » (C 65).

B) L'INTRODUCTION DU RÉCIT

Quelle était l'introduction du récit de la venue de Pierre au tombeau dans le Document C ? Nous pensons que Jn l'a gardée substantiellement en **20** 1-2, tout en lui faisant subir des modifications importantes. Quant à Lc, il offre en **24** 1-2 des contacts littéraires avec Jn **20** 1 assez importants pour que l'on puisse voir en eux un écho du récit du Document C ; mais il n'a pas gardé ce qui, dans le Document C, correspondait à Jn **20** 2 puisqu'il en trouvait l'équivalent dans le récit de Mc (cf. **24** 9).

1. Jn **20** 1b et Lc **24** 2 offrent une structure identique, nettement différente de celle de Mc **16** 4 (et plus encore de Mt **28** 2). Voici les textes :

Mc **16** 4	Lc **24** 2	Jn **20** 1b
Et, ayant regardé, elles voient	Or elles trouvèrent la pierre roulée	... et elle voit la pierre enlevée
qu'avait été roulée la pierre	de (devant) le tombeau.	du tombeau.

La structure du texte est identique dans les récits de Lc et de Jn. Mais il existe entre eux des divergences importantes qu'il faut expliquer. Le verbe principal est au pluriel dans Lc, au singulier dans Jn. On notera cependant qu'en **20** 2, Marie de Magdala dit, au pluriel : « ... et *nous ne savons pas* où ils l'ont mis. » Certains commentateurs ont voulu voir là une harmonisation du récit johannique sur celui des Synoptiques. Ne serait-ce pas plutôt l'indice que, dans Jn comme dans Lc, il s'agissait de la venue de plusieurs femmes au tombeau ? Si Jn ne mentionne que Marie de Magdala (**20** 1a), c'est qu'il lui porte un intérêt spécial en raison de l'apparition qu'il racontera en **20** 11-18. – Au lieu du verbe « voir » (*blepein* dans Jn, mais *theôrein* dans Mc), Lc a le verbe « trouver » ;

or, dans deux autres passages de son évangile, Lc met « trouver » là où sa source a « voir » (Lc **8** 35 ; **9** 36 ; cf. Mc **5** 15 ; **9** 8) ; on peut penser qu'il a agi de même ici. Le verbe « voir » (*blepein*) de Jn est d'ailleurs celui que Lc et Jn ont à propos de Pierre lorsque celui-ci vient au tombeau ; il est bien dans la tonalité du récit du Document C. – Selon Lc, les femmes voient la pierre « roulée de (devant) le tombeau » (*apokeky-lismenon apo tou mnèmeiou*) ; selon Jn, elle était « enlevée du tombeau » (*èrmenon ek tou mnèmeiou*). Lc a dû changer le texte du Document C sous l'influence de Mc ; dans la scène de l'ensevelissement, en effet, contrairement à Mt/Mc, ni Lc ni Jn ne parlent d'une pierre « roulée » devant le tombeau.

On pressent donc, derrière les textes de Jn et de Lc, une

source commune, le Document C, dont le texte aurait eu cette forme : « ... et elles voient la pierre enlevée du tombeau. » Jean II-A reprit sans modification cette partie du récit, mais Jean II-B changea le pluriel en singulier parce que seule Marie de Magdala l'intéresse (note § 361) ; quant à Lc, il effectua des remaniements plus importants en fonction du texte parallèle de Mc et de ses propres habitudes stylistiques.

2. Les divergences entre Jn **20** 1a et Lc **24** 1 sont plus accentuées. On remarquera toutefois que les deux récits commencent de façon identique : « Or, le premier (jour) de la semaine... » (Mc n'a pas le « Or » initial et place devant « le premier (jour) de la semaine » l'adverbe « très tôt »). – Comme en Jn **20** 1b, c'est Jean II-B qui a changé le pluriel « vinrent » en un singulier « vient » et introduit le sujet « Marie de Magdala », puisque c'est lui qui porte un intérêt spécial à cette Marie de Magdala. – La précision « comme c'était encore les ténèbres » doit être aussi de Jean II-B ; le mot « ténèbres » (*skotia*) est typique de son style (B 8*) ; cette précision annonce celle que Jean II-B mettra en **20** 19 : « comme c'était le soir, ce jour-là, le premier de la semaine... » – On gardera au récit primitif l'adverbe « tôt », de Jn, que Lc a changé en « de très bonne heure » (cf. Lc **21** 38 ; **24** 22) ; c'est aussi Lc qui a ajouté « portant les aromates qu'elles avaient préparés », écho de l'addition effectuée en **23** 56.

3. Jn **20** 2 faisait transition, dans le Document C, entre l'épisode des femmes au tombeau et celui de Pierre au tombeau. Lc l'a omis parce que ce verset n'avait plus de raison d'être après l'insertion des vv. 3-9, repris de Mc ; son v. 9 a d'ailleurs même sens que Jn **20** 2. Dans le verset johannique, il faut toutefois distinguer plusieurs remaniements, introduits à différents niveaux. Jean II-A a ajouté les mots « et à l'autre disciple », afin de préparer son propre récit de Pierre et « l'autre disciple » au tombeau. On notera le redoublement de la préposition « à » (*pros*) seul cas dans Jn (opposer Jn **7** 45 ; **11** 19 ; **20** 17) ; ce redoublement insolite confirme l'insertion des mots « et à l'autre disciple » (A 31*). – Jean II-B a mis les verbes principaux au singulier puisque, selon lui, Marie de Magdala serait venue seule au tombeau. – Quant à la glose « que Jésus aimait » (*hon ephilei ho Ièsous*) qui identifie l'« autre disciple » au « disciple que Jésus aimait », elle ne peut être attribuée à Jean II-B, qui a partout ailleurs le verbe *agapan* (C 8*), et non le verbe *philein* (C 47). Elle doit être de Jean III.

On notera enfin que ce v. 2 contient déjà au niveau du Document C quelques caractéristiques stylistiques : « donc et... et » (A 13 et B 98), « Simon-Pierre » (B 32), « nous ne savons pas où » (B 52 ; cf. F 13 et 25).

II. LE SENS DES RÉCITS

A) LE RÉCIT DU DOCUMENT C

1 Or, le premier jour de la semaine, tôt, elles vinrent au tombeau ( ) et elles voient la pierre enlevée du tombeau.
2 Elles courent donc et elles viennent à Simon-Pierre ( ) et elles lui disent : « Ils ont enlevé le Seigneur du tombeau et nous ne savons pas où ils l'ont mis. »
3 Pierre sortit donc ( )
4 ( ) et vint ( ) au tombeau
5 et, s'étant penché, il voit les bandelettes (seules)
10 et il s'en retourna chez lui.

1. Ce récit du Document C rapporte une tradition selon laquelle un groupe de femmes se rendit au tombeau le premier jour de la semaine (le lendemain du sabbat) ; la raison de cette démarche est facile à deviner : rendre un dernier hommage à Jésus. Mais elles constatent que la pierre a été enlevée du tombeau ! A l'époque du Christ, il existait deux sortes de tombes creusées dans le roc. Certaines étaient constituées par une chambre funéraire dont l'entrée était fermée par une meule de pierre que l'on pouvait rouler ; c'est ce genre de tombe que supposent les récits de Mc **15** 46 et **16** 3 et par. Mais d'autres étaient constituées par une simple fosse dont l'orifice, situé au sommet, était fermé par une dalle de pierre ; c'était le cas, par exemple, de la tombe de Lazare, d'après Jn **11** 38b : « C'était une grotte, et une pierre était placée dessus. » Il est probable que, pour l'auteur du Document C, la tombe de Jésus était analogue à celle de Lazare. Il dit en effet que les femmes voient la pierre « enlevée » du tombeau ; ce verbe, utilisé aussi en Jn **11** 39a.41a, ne conviendrait guère s'il s'agissait d'une meule de pierre « roulée » devant l'entrée de la tombe (cf. Mc **16** 3) ; il convient au contraire dans le cas d'une dalle de pierre posée sur l'orifice de la tombe. Ce détail nous confirme l'indépendance de la tradition représentée par le Document C, en regard de la tradition synoptique commune. Les femmes donc, ayant constaté que la pierre a été enlevée, courent avertir Pierre de ce qu'elles interprètent comme un vol : « Ils ont enlevé le Seigneur et nous ne savons pas où ils l'ont mis. » On notera en passant l'importance donnée à Pierre dans le Document C ; il apparaît ici comme le « responsable » de la petite communauté des disciples (comparer Mt **28** 8 et Lc **24** 9). Pierre sort à son tour et, s'étant penché sur l'orifice du tombeau, il ne voit que les bandelettes avec lesquelles Jésus avait été lié (cf. Jn **19** 40, détail en provenance du Document C). Sans plus de précision, l'auteur de ce petit récit nous dit que Pierre s'en retourna chez lui.

2. Le caractère archaïque de ce récit saute aux yeux. Dans le récit parallèle des Synoptiques, un jeune homme (Mc) ou un ange (Mt) est là pour exposer aux femmes la signification du tombeau vide : si Jésus n'est plus là, c'est qu'il est ressuscité des morts (Mc **16** 6 ; Mt **28** 6). Rien de tel dans le récit du Document C. Les femmes s'imaginent qu'on a volé le corps de Jésus ; quant à Pierre, il constate simplement la présence des bandelettes, seules. C'est Jean II-A qui ajoutera « et il crut » (cf. Jn **20** 8). Dans la tradition synoptique, la découverte du tombeau vide est donnée comme une preuve de la résurrection de Jésus, indiscutable. Dans le Document C, il existe bien une intention apologétique, mais beaucoup plus subtile. Les femmes s'imaginent que le corps du Christ a été volé (Jn **20** 2) ; c'est une accusation que les

Juifs opposeront aux affirmations des chrétiens, d'après Mt **28** 13 (cf. Justin, Dial. 108 **2** ; dans Synopse, Tome I, p. 335). Mais si le corps avait été volé, les voleurs auraient-ils pris le soin de détacher les bandelettes et de les laisser sur place ?

Une comparaison avec le récit de la résurrection de Lazare nous permet d'approfondir le sens de Jn **20** 1-10. Lazare sort du tombeau « les pieds et les mains liés de bandelettes » (Jn **11** 44) ; il était encore tenu par les liens de la mort (voir le commentaire). Jésus, au contraire, a laissé sur le lieu de sa sépulture les bandelettes qui le liaient. La « résurrection » de Lazare n'est en fait qu'une réanimation de cadavre ; il mourra une seconde fois (cf. note § 266, III A 1 *b*) ; Jésus, lui, est définitivement délivré de la mort : « ... sachant que le Christ une fois ressuscité ne meurt plus, que la mort n'exerce plus de pouvoir sur lui » (Rm **6** 8-9). En ce sens, le récit du Document C pouvait annoncer, de façon très discrète, la victoire du Christ sur la mort.

B) LE RÉCIT DE JEAN II-A

1 Or, le premier jour de la semaine, elles vinrent au tombeau, tôt, ( ) et elles voient la pierre enlevée du tombeau.
2 Elles courent donc et elles viennent à Simon-Pierre et à l'autre disciple ( ) et elles leur disent : « Ils ont enlevé le Seigneur du tombeau et nous ne savons pas où ils l'ont mis. »
3 Pierre sortit donc et l'autre disciple, et ils venaient au tombeau.
4 Ils couraient tous les deux ensemble. Et l'autre disciple courut en avant, plus vite que Pierre et vint le premier au tombeau,
5 et, s'étant penché, il voit les bandelettes (seules) ; cependant il n'entra pas.
6 Simon-Pierre vient alors, le suivant, et il entra dans le tombeau et il aperçoit les bandelettes (seules).
8 Alors donc entra aussi l'autre disciple qui était venu le premier au tombeau, et il vit et il crut.
10 Les disciples s'en retournèrent donc de nouveau chez eux.

1. L'AUTRE DISCIPLE

Jean II-A reprit le récit du Document C et introduisit un « autre disciple » aux côtés de Pierre. Dans ce parallélisme entre Pierre et l'autre disciple, on a voulu voir une rivalité entre l'église judéo-chrétienne, symbolisée par Pierre, et l'église issue du paganisme, représentée par l'autre disciple ; cette église pagano-chrétienne accède la première à la foi en la résurrection (Bultmann). Il semble plutôt que Jean II-A, et derrière lui les communautés johanniques, aient cherché à mettre en évidence la supériorité de leur chef sur Pierre. Mais il faut bien comprendre l'intention de Jean II-A. Pour lui, Pierre a la prééminence sur l'autre disciple ; ce dernier, en effet, bien qu'arrivé le premier au tombeau (**20** 4), s'efface pour laisser Pierre entrer avant lui (**20** 6). Il ne faut pas voir là un simple geste de déférence d'un plus jeune à l'égard d'un aîné. En Jn **21** 15-18, Jean II-B reconnaîtra explicitement que Pierre prend la place du Christ comme pasteur du troupeau qu'est l'Église. Mais l'« autre disciple », identique au « disciple que Jésus aimait » d'après Jean III (cf. la glose introduite en **20** 2), est le disciple par excellence, supérieur en ce point à Pierre (cf. note § 317, III B 3). Pierre et l'autre disciple

voient tous les deux les bandelettes ; mais c'est de l'autre disciple seul qu'il est dit : « Il vit et il crut » (**20** 8). Sa perspicacité l'introduit dans la foi en la résurrection à laquelle Pierre n'accède pas encore. Lors de la pêche miraculeuse, c'est également le « disciple que Jésus aimait » qui reconnaîtra dans le mystérieux personnage debout sur le rivage Jésus ressuscité (Jn **21** 7) ; Pierre ne reconnaît Jésus que par son intermédiaire. Pierre est sans doute le chef de l'Église, mais l'autre disciple, celui que Jésus aimait, se montre meilleur disciple puisqu'il « suit » Jésus jusque dans la cour du Grand Prêtre (**18** 15-16), puis jusqu'à la croix (**19** 25-27), et qu'il est le premier à croire en la victoire du Christ sur la mort (**20** 8). Il est le « disciple » par excellence.

2. IL VIT ET IL CRUT

En **20** 8, l'insertion du thème de la foi correspond aux tendances théologiques de Jean II-A. Selon lui, tout « signe », qui est une manifestation de gloire, a pour conséquence de mener le disciple à la foi (Introd., 5 i). Plus perspicace que Pierre, l'autre disciple, parce qu'il est le disciple par excellence, reconnaît que les bandelettes abandonnées sont le signe évident que le Christ est vivant : « il vit et il crut. » En ajoutant ce thème de la foi, Jean II-A ne fait qu'expliciter ce qui était implicite dans le Document C : la vue des bandelettes laissées dans la tombe conduit l'autre disciple à la foi en la résurrection de Jésus. Le corps du Christ n'a pas été volé, comme le pensaient les femmes ; pourquoi les voleurs auraient-ils délié le corps ? Jésus est maintenant délivré pour toujours des liens de la mort, symbolisés par les bandelettes ; il est ressuscité.

C) LE RÉCIT DE JEAN II-B

1. Au niveau du Document C, et encore de Jean II-A, l'introduction du récit (**20** 1-2) mentionnait la venue au tombeau d'un certain nombre de femmes, restées anonymes. Cette présentation des faits est encore sensible dans le récit de Lc, qui dépend lui aussi du Document C ; les femmes restent anonymes en **23** 55 et **24** 1 ; c'est seulement en appendice de son récit (**24** 10) que Lc donne leur nom, sous l'influence de la tradition Mt/Mc. Selon Mc **16** 1, ces femmes auraient été au nombre de trois. Elles ne sont plus que deux en Mt **28** 1. Les trois Synoptiques sont d'ailleurs d'accord pour nommer Marie de Magdala la première (cf. Lc **24** 10). Au niveau de Jean II-B, Marie de Magdala reste seule en scène (**20** 1), bien qu'elle s'adresse à Pierre comme si elles avaient été plusieurs à venir au tombeau : « ... et nous ne savons pas où ils l'ont mis » (**20** 2) ; cette dernière phrase est un écho du récit primitif selon lequel les femmes étaient en plus grand nombre. Jean II-B ne reprend à la tradition synoptique que le nom de Marie de Magdala en raison du rôle qu'elle va jouer en **20** 11-18 (apparition du Christ).

Toujours dans l'introduction, le récit primitif disait simplement qu'il était « tôt » (*prôi*) lorsque les femmes vinrent au tombeau. Jean II-B ajoute « comme c'était encore les ténèbres ». Cette expression répond à celle de Jn **13** 30 : quand

Judas sort pour aller livrer le Christ, « c'était la nuit ». La nuit et les ténèbres symbolisent les puissances du mal, le royaume du Diable (cf. Jn **13** 2, de Jean II-B, et aussi **13** 27). Dans les textes de Qumrân, Satan était appelé « le prince des ténèbres ». En Lc **22** 53, Jésus dit à ceux qui viennent l'arrêter : « Mais c'est votre heure, et le pouvoir des Ténèbres. » Marie vient donc au tombeau « comme c'était encore les ténèbres ». Le Christ, il est vrai, est déjà ressuscité ; il a déjà vaincu les puissances des Ténèbres. Mais les hommes sont encore dans les ténèbres tant que le Christ n'est pas venu à eux (cf. Jn **6** 17). Marie de Magdala entrera dans la lumière lorsqu'elle reconnaîtra Jésus ressuscité, près d'elle (cf. note § 361, II B 1).

2. Au niveau de Jean II-A, il était dit de l'autre disciple « ... il vit et il crut. » (**20** 8). Mais ce thème de la foi qui est une conséquence de la vision diffère de la théologie du « signe » de Jean II-B. Pour lui, il vaut mieux croire sans avoir vu (Jn **4** 48 ; **20** 29). C'est pour l'insinuer ici qu'il ajoute le v. 9 :

« Car ils n'avaient pas encore compris l'Écriture, qu'il devait ressusciter des morts. » Jean II-B veut dire que les disciples *auraient dû* croire en la résurrection de Jésus avant de « voir » le tombeau vide et les bandelettes, puisque l'Écriture annonçait à l'avance cette résurrection (cf. encore Ps **16** 10, cité en Ac **2** 27). Dans l'évangile de Jn, l'expression « ressusciter des morts » est utilisée seulement par Jean II-B (F 38 **). Partout ailleurs, cependant, c'est le verbe *egeirein* qui est employé, et non le verbe *'anistèmi*, comme ici. La raison en est que Jn **20** 9 reprend le thème de Ac **17** 2-3 : « Trois sabbats de suite, il discuta avec eux (les Juifs) d'après les Écritures ; il les leur expliquait, établissant que le Christ devait souffrir et ressusciter (*anastènai*) des morts » (cf. Lc **24** 24-26). L'Écriture en question est évidemment Os **6** 2 (cf. note § 29, III C 1).

3. Jean II-B ajouta la mention du suaire à celle des bandelettes (**20** 7) afin d'accentuer le parallélisme entre la résurrection du Christ et celle de Lazare (cf. **11** 44).

Note § **361**. *APPARITION DU CHRIST A MARIE DE MAGDALA* (Jn **20** 11-18)

I. ANALYSES LITTÉRAIRES

Le récit de l'apparition du Christ à Marie de Magdala est propre à Jn. La finale inauthentique de Mc y fait toutefois allusion (Mc **16** 9-10) et de nombreux commentateurs estiment que l'apparition de Jésus aux femmes, en Mt **28** 9-10, pourrait être un écho de la même tradition. L'évolution littéraire de ce récit divise encore les spécialistes. Pour les uns, l'apparition des deux anges à Marie (**20** 11-13) constituerait le noyau primitif que l'évangéliste aurait enrichi d'une apparition du Christ (**20** 14-18) (Goguel, Bultmann). – D'autres, plus nombreux, proposent la solution inverse : l'apparition proprement dite du Christ à Marie proviendrait d'une source préjohannique ; l'évangéliste aurait ajouté l'apparition des deux anges afin d'harmoniser son récit avec celui des Synoptiques, et aussi pour établir un lien plus étroit avec le récit de la visite de Pierre et de l'autre disciple au tombeau (**20** 3-10) (Wellhausen, Spitta, Benoit, Hartmann, Brown). Dans cette hypothèse, le récit primitif proviendrait de la même tradition que Mt **28** 9-10 ; Benoit toutefois penserait plutôt à une influence de Jn sur Mt. – Pour Fortna enfin, l'évangéliste aurait inséré dans un récit pré-johannique les vv. 13.14b. 15.17b. – Aucune de ces hypothèses n'est vraiment satisfaisante. Tout en reprenant certaines conclusions de nos prédécesseurs, nous allons voir qu'une analyse minutieuse du récit permet de dégager un noyau primitif constitué simplement des vv. 11a, 14b et 18a : il s'agissait d'une apparition du Christ à Marie exprimée en termes kérygmatiques. Ce récit remonterait au Document C, la source première de Jn dans les récits de la passion et de la résurrection. Jean II-A aurait repris ce récit primitif et inséré le dialogue de Marie avec Jésus. Jean II-B aurait ajouté l'apparition des anges

pour harmoniser cette apparition du Christ à Marie de Magdala avec la visite des femmes au tombeau des récits synoptiques (Mc **16** 1-8 et par.) ; nous lui attribuerons aussi une glose destinée à éclairer ses lecteurs. Voici le récit avec ses différents niveaux rédactionnels :

```
    C  | II-A | II-B
11 Or Marie se tenait
              | près du tombeau,
   dehors, et pleurait.
                      Comme donc elle pleurait, elle se pencha dans
              | le tombeau,
12            | et elle voit deux anges, en blanc, assis, l'un à la
              tête et l'autre aux pieds, où gisait le corps de Jésus.
13            | Et ceux-là lui disent : « Femme, pourquoi pleures-
              tu ? » Elle leur dit : « Ils ont enlevé mon Seigneur
              et je ne sais où ils l'ont mis. »
14            | Ayant dit cela
   Elle se retourna en arrière et elle voit Jésus debout,
              | et elle ne savait pas que c'était Jésus.
15            | Jésus lui dit : « Femme, pourquoi pleures-tu ?
              | Qui cherches-tu ? » Celle-là, pensant que c'était le jardinier,
              lui dit : « Seigneur, si tu l'as emporté, dis-moi où tu l'as
              mis et j'irai le prendre. »
16            | Jésus lui dit : « Mariam. » Se retournant, celle-là lui dit (:)
              | en hébreu :
              | « Rabbouni ! ( »)
              | ce qui se dit : « Maître ! »
17            | Jésus lui dit : « Ne me touche plus, car je ne suis pas
              encore monté vers le Père, mais pars vers les frères
              et dis-leur : « Je monte vers mon Père et votre Père,
              vers mon Dieu et votre Dieu. »
18                    | Marie de Magdala
   (et elle) vient, annonçant aux disciples : « J'ai vu le Seigneur (.) »
              | et qu'il lui a dit cela.
```

A) LES ADDITIONS DE JEAN II-B

1. L'apparition des anges

L'apparition des anges à Marie de Magdala (vv. 11b-14a) est une insertion dans un récit plus ancien, insertion que nous attribuerons à Jean II-B.

a) L'apparition des anges est introduite au v. 11b par la formule « Comme donc elle pleurait ». C'est une cheville rédactionnelle, étant donné la répétition du verbe « pleurer » (cf. v. 11a) ; par ailleurs, l'expression traduite par « comme donc » (*hôs oun*) indique toujours chez Jn un texte remanié (Introd., 1 h). De même, au v. 14a, la formule « Ayant dit cela » est d'ordinaire une cheville rédactionnelle qui permet de reprendre le fil du récit après une insertion. Les vv. 11b-13 sont donc insérés entre deux chevilles rédactionnelles ; ils ont été introduits dans un récit plus ancien. – Ces versets sont en grande partie constitués d'éléments repris d'ailleurs. La parole de Marie aux anges : « Ils ont enlevé mon Seigneur et je ne sais où ils l'ont mis » (v. 13) est reprise presque littéralement de Jn **20** 2. La phrase du v. 12a « et elle voit deux anges... assis » pourrait être une simple transposition de la phrase du v. 14b « et elle voit Jésus debout ». La question que posent les anges à Marie au v. 13a « Femme, pourquoi pleures-tu ? » est un doublet de celle que Jésus lui pose au v. 15a. On a vu que la formule du v. 11b « Comme donc elle pleurait » reprenait le verbe « pleurer » du v. 11a. Enfin, la phrase « elle se pencha dans le tombeau » condense en une seule formule les deux actions de l'« autre disciple » et de Pierre dans l'épisode précédent : « s'étant penché » (v. 5) et « il entra dans le tombeau » (v. 6). Ce texte, fait de pièces et de morceaux, peut difficilement provenir d'une source pré-johannique.

b) Pour composer cette partie du récit, Jn utilise le récit synoptique de la visite des femmes au tombeau (Mc **16** 1-8 et par.). Au v. 12, Jn met en scène « deux anges » ; ils sont à rapprocher des « deux hommes » dont parle Lc **24** 4, qui sont en réalité deux anges d'après Lc **24** 23 (Mt **28** 2.5 ne fait intervenir qu'un seul ange). Ces anges sont « assis » et « en blanc », détails que l'on retrouve en Mc **16** 5 et Mt **28** 2-3. Enfin, la formule « où gisait le corps de Jésus », à la fin du v. 12 de Jn, reprend en partie Mt **28** 6 : « Voyez le lieu où il gisait ». Ces emprunts à l'un ou à l'autre des récits synoptiques manifestent une volonté d'harmoniser le récit johannique avec celui des autres évangiles.

c) Nous attribuerons l'addition des vv. 11b-13 à Jean II-B. Cette insertion est soulignée, on l'a vu plus haut, au v. 11b par la formule « Comme donc » (B 30*) et au début du v. 14a par l'expression « Ayant dit cela » (B 80* ; cf. C 64) ; or ces deux chevilles rédactionnelles sont surtout typiques de Jean II-B. Cette harmonisation du récit johannique avec celui des Synoptiques dénote son activité rédactionnelle (Introd., 4 x). En **20** 2, texte qui provient du Document C, Marie de Magdala dit : « Ils ont enlevé *le* Seigneur du tombeau... » (cf. **20** 18, que l'on attribuera aussi au Document C) ; mais en **20** 13, qui reprend **20** 2, comme on l'a vu plus haut, elle

dit : « Ils ont enlevé *mon* Seigneur... » La présence du possessif devant le mot « Seigneur » rapproche Jn **20** 13 de la confession de foi de Thomas en Jn **20** 28 : « *Mon* Seigneur et *mon* Dieu » ; or, on le verra, la seconde apparition de Jésus aux disciples (**20** 24-29) est tout entière de Jean II-B. En **20** 12, dans l'expression « l'un à la tête et l'autre aux pieds » (C 34*), on a en grec deux fois la préposition *pros* suivie du datif ; cette construction, très rare dans le NT, se lit déjà chez Jn en **18** 16, texte que nous avons attribué à Jean II-A, et en **20** 11 dans une expression (« près du tombeau » C 34*) que nous attribuerons à Jean II-B ; elle fut en effet introduite précisément pour préparer l'apparition des anges. Toujours dans ce v. 12, la phrase « et elle voit deux anges... assis », de style johannique (C 41), qui imite celle du récit primitif « et elle voit Jésus debout » (cf. *supra*), ne se rencontre en dehors du Document C que dans des additions de Jean II-B. Enfin ces vv. 12-13 contiennent encore quelques notes johanniques mineures, communes à toute la tradition johannique : au v. 12, « où » (F 33) ; – au v. 13, « ceux-là » (C 37), « ceux-là lui disent » (C 12), « Femme » (C 70*), « je ne sais où » (B 52 ; cf. F 13.25).

2. Une glose explicative

On lit en Jn **20** 16 : « Se retournant, elle dit en hébreu : Rabbouni !, ce qui se dit : Maître ! » Les expressions « en hébreu » et « ce qui se dit : Maître » ne sont qu'une explicitation du titre de « Rabbouni » qui était incompréhensible pour des lecteurs ne connaissant pas l'hébreu ; elles furent ajoutées par Jean II-B : « en hébreu » (A 56**), « ce qui se dit » (C 80** ; cf. **19** 17).

3. Marie de Magdala

En Jn **20** 11a, le récit du Document C parle de « Marie » (cf. *infra*) ; en **20** 18, cette « Marie » devient « Marie de Magdala ». Mais nous avons vu dans les récits précédents que c'est Jean II-B qui porte un intérêt spécial à cette femme. C'est donc lui qui a dû l'introduire ici comme il l'avait fait en **19** 25 (voir note §§ 351-355) et en **20** 1-2 (voir note §§ 359-360).

B) LES ADDITIONS DE JEAN II-A

1. La rencontre de Marie et de Jésus

Rappelons d'abord ce que nous avons dit plus haut (I A) ; au niveau de Jean II-A, le v. 16 se lisait sous cette forme plus simple : « Jésus lui dit : Mariam ; se retournant, elle lui dit ( ) : Rabbouni ( ). »

a) Selon Fortna, le v. 14c « et elle ne savait pas que c'était Jésus » et le v. 15 auraient été ajoutés par l'évangéliste ; le v. 16 au contraire serait du récit pré-johannique, à l'exception des mots « se retournant » et « ce qui se dit : Maître ». Mais il est difficile de séparer le v. 16 du v. 14c : Marie ne reconnaît Jésus que lorsque celui-ci l'appelle par son nom ; le v. 16 achève le thème commencé en 14c. Par ailleurs, le v. 16 a même structure que le v. 15 et doit être de la même main, comme on le voit en mettant les textes en parallèle :

20 15	**20** 16
Jésus lui dit :	Jésus lui dit :
« Femme... » ;	« Mariam » ;
celle-là... lui dit :	celle-là lui dit :
« Seigneur, si... »	« Rabbouni. »

C'est donc le problème de l'insertion des vv. 14c-16 qui est en cause, et non celui des seuls vv. 14c-15.

b) Si l'on fait abstraction des vv. 14c-16 (et aussi du v. 17, cf. *infra*), on obtient un récit d'apparition du Christ ressuscité, de forme kérygmatique : Marie « voit » Jésus (**20** 14b) et elle affirme aux disciples « J'ai vu le Seigneur » (**20** 18). La présence des vv. 14c-16 donne au récit le genre « apparition de reconnaissance » ; Marie « reconnaît » Jésus grâce à un « signe », ici la façon dont Jésus prononce son nom. Ce genre « apparition de reconnaissance » se retrouvera dans le récit de la pêche miraculeuse : les disciples ne « reconnaissent » Jésus que grâce au « signe » des poissons pris en abondance (**21** 4.7). Cette parenté des genres littéraires est soulignée par la très grande similitude des phrases « et elle ne savait pas que c'était Jésus » (**20** 14c) – « les disciples toutefois ne savaient pas que c'était Jésus » (**21** 4). Mais on verra à la note § 371 que c'est Jean II qui a fait de la pêche miraculeuse une apparition du Christ ressuscité, et donc une « apparition de reconnaissance ». On peut donc conjecturer que Jean II est aussi l'auteur de Jn **20** 14c-16 : l'apparition de Jésus à Marie devient une « apparition de reconnaissance ».

c) L'analyse du style des vv. 14c-16 confirme qu'ils sont de Jean II et non du Document C. Au v. 15, la phrase « Celle-là, pensant que... lui dit : Seigneur... » a même structure que celle de Jn **13** 25, que nous avons attribuée à Jean II-B : « Celui-là, se penchant... lui dit : Seigneur... » ; une telle structure grammaticale ne se lit nulle part ailleurs dans le NT. Au v. 14, on a la construction « elle ne savait pas que » ; or, sur les 16 emplois du verbe « savoir » à l'imparfait chez Jn, on ne le trouve suivi de la conjonction « que » (*hoti*), comme ici, qu'en **11** 42 (Jean II-A), **20** 9 et **21** 4 (Jean II-B). Au v. 15, le verbe « penser » suivi de « que » (*hoti*) est assez johannique (2/1/4/5/0/2) mais ne se lit ailleurs que dans des textes attribués à Jean II (**5** 45 ; **11** 31 ; **13** 29) ou à Jean III (**11** 13). Le verbe *bastazein*, au sens de « porter » ou « emporter », ne se lit ailleurs chez Jn qu'en **10** 31 et **16** 12, textes de Jean II-B. Notons encore les caractéristiques stylistiques suivantes. Au v. 14c : « savoir » (F 25). – Au v. 15 : « Jésus lui dit » (C 12), « Femme » (C 70*), « qui cherches-tu ? » (A 59* et C 21), « celle-là » (C 37), « jardinier » (B 41*), « où » (F 13). – Au v. 16 : « Jésus lui dit » (C 12), « celle-là » (C 37). Même si certaines de ces caractéristiques se lisent déjà au niveau du Document C, l'ensemble dénote le style de Jean II.

Il est plus difficile de décider si nous sommes en présence d'une addition due à Jean II-A ou à Jean II-B. Nous avons vu que la question posée par les anges à Marie, au v. 13, reprenait en partie celle que Jésus lui pose au v. 15. Puisque nous avons attribué la rédaction des vv. 11b-13 à Jean II-B, il faut attribuer à Jean II-A celle des vv. 14c-16 ; le style « imitatif », en effet, suppose deux niveaux rédactionnels différents.

2. LE MESSAGE DE JÉSUS A MARIE

a) Fortna attribue à l'évangéliste le message de Jésus à Marie rapporté en Jn **20** 17b. Mais, avec Bultmann, c'est tout le v. 17 qu'il faut retirer du récit primitif. Le début des paroles de Jésus, en effet, « Ne me touche plus, car je ne suis pas encore monté vers le Père », est trop lié, et au v. 16, et au v. 17b, pour ne pas appartenir à la même couche rédactionnelle. L'addition du v. 17 est confirmée par la glose qui termine le v. 18 « et qu'il lui a dit cela », manifestement ajoutée et qui renvoie à l'ensemble du v. 17. – Les indices littéraires confirment l'attribution à Jean II des vv. 17 et 18c. Au v. 18, la glose assez curieusement formulée « et qu'il lui a dit cela » ressemble à celle de Jn **12** 16 « et qu'on lui a fait cela », que nous avons attribuée à Jean II-B. On notera encore comme autres caractéristiques stylistiques : au v. 17, « Jésus lui dit » (C 12), « ne... pas encore » (B 99* ; cf. F 12), « Le Père » (B 73) et au v. 18, « a dit cela » (A 68* ; cf. C 64). Inséparables des vv. 14c-16, le v. 17 et la fin du v. 18 ne peuvent être attribués qu'à Jean II-A, non à Jean II-B.

b) Que penser de la dépendance de Mt **28** 9-10 par rapport à Jn ou des deux récits par rapport à une source commune ? Les rapprochements entre les deux épisodes sont les suivants. Il s'agit d'une apparition de Jésus à des femmes ou à une femme. Jésus appelle les disciples « les frères » (Jn **20** 17 ; Mt **28** 10, où l'on a « mes frères », comme d'ailleurs certains manuscrits du texte johannique). Jésus dit à Marie de Magdala « ne me touche pas » (Jn **20** 17), et l'on pense à une réinterprétation du texte de Mt **28** 9 où il est dit que les femmes « étreignirent ses pieds » ; mais le récit johannique aurait alors réinterprété celui de Mt en sens opposé ! Dans Jn comme dans Mt, la ou les femmes sont chargées par Jésus d'un message aux disciples ; mais ce message est totalement différent. Ces contacts assez vagues, voire contradictoires, ne nous semblent pas suffisants pour étayer l'hypothèse d'une dépendance d'un évangile par rapport à l'autre, ou des deux évangiles par rapport à une source commune.

C) UN RÉCIT DU DOCUMENT C

Débarrassé des additions de Jean II-B et de Jean II-A, le récit primitif, de structure très simple (cf. *infra*), doit provenir de la source habituelle de Jn dans les récits de la passion et de la résurrection : le Document C. En voici les caractéristiques stylistiques : au v. 11a, « se tenait » (F 31) ; – au v. 14a, « elle voit Jésus debout » (C 41) ; – au v. 18, « annonçant » (A 72) et « j'ai vu » (B 82).

II. LE SENS DES RÉCITS

A) LE RÉCIT DU DOCUMENT C

11a Or Marie se tenait ( ) dehors, et pleurait.
14a ( ) Elle se retourna en arrière et elle voit Jésus debout ( )
18 (et elle) vient, annonçant aux disciples : « J'ai vu le Seigneur. »

La simplicité de ce récit pourrait faire illusion ; nous allons voir qu'il a une signification beaucoup plus profonde qu'on pourrait le penser à première lecture.

1. JÉSUS RESSUSCITÉ

Dans le tome I de la Synopse, on a traduit Jn **20** 14b : « ... et elle voit Jésus *qui était là.* » L'expression « qui était là » traduit de façon un peu large le participe *hestôta*, du verbe *histèmi* qui signifie « se tenir », et plus précisément « se tenir debout ». Il est donc plus juste de traduire : « ... elle voit Jésus *debout.* » Ce détail de traduction a son importance car c'est dans ce participe que réside la « pointe » du récit. Jésus est « debout » ; cela signifie qu'il est « ressuscité ».

a) En français, il est difficile de percevoir le lien sémantique entre les expressions « debout » et « ressuscité ». En grec au contraire comme dans les langues sémitiques, le lien est immédiatement perceptible. En grec, « se tenir debout » se dit *histanai* ; pour dire « ressusciter », on peut employer *le même verbe*, mais affecté du suffixe *an(a)* qui signifie « de nouveau » (*anistanai*). « Ressusciter », c'est « se re-lever », se remettre debout. Dans les langues sémitiques (syriaque, araméen, hébreu), le lien sémantique est encore plus étroit puisque le même verbe, sans aucune modification, peut signifier « être debout » et « ressusciter » : *qoum* ou *qam*. Ainsi, en Jn **20** 14, toutes les traductions syriaques (même la syriaque palestinienne) ont le participe *qa'em* pour traduire le grec *hestôta* (« debout ») ; or c'est ce verbe qu'elles utilisent aussi pour traduire les deux verbes grecs qui signifient « ressusciter ». En d'autres termes, celui qui est mort, comme celui qui dort, est « couché » par terre ; lorsqu'il revient à la vie, il se remet debout, il se relève (verbe *qoum*). Les idées de « être debout » et de « ressusciter » sont exprimées par le même verbe.

b) Existe-t-il dans le NT, en dehors de Jn **20** 14, des textes où l'idée de « résurrection » soit exprimée par le verbe simple *histanai* au lieu du composé *anistanai* ? Il semble que oui, et précisément dans les traditions johannique et lucanienne. On lit en Ap **5** 6 : « Et je vis... un Agneau debout (*hestèkos*), comme égorgé... » L'Agneau représente le Christ. L'expression « comme égorgé » fait allusion à sa mort, en référence à Is **53** 7. Mais, bien qu'ayant été « égorgé », l'Agneau se tient « debout » : il est ressuscité. Ce sens apparaît clairement quand on compare Ap **5** 6 à Ap **13** 3.14 qui décrit la Bête opposée au Christ : « Et une de ses têtes est comme égorgée à mort, et la plaie de sa mort fut guérie » – « ... disant à ceux qui habitent la terre de faire une image de la Bête qui a la plaie du glaive et qui a revécu. » En Ap **5** 6, si l'Agneau est repré-

senté « debout », c'est pour signifier qu'il a repris vie après avoir été égorgé ; il est ressuscité. – L'idée est la même en Ap **20** 12 : « Et je vis *les morts,* les grands et les petits, *debout* devant le trône (de Dieu) » ; ils étaient morts, couchés dans la terre, mais les voici maintenant « debout », c'est-à-dire « ressuscités ». – Que l'on se réfère encore à Ap **11** 11. Il s'agit des deux « témoins » qui ont été mis à mort et dont les cadavres restent trois jours et demi sans sépulture. Mais après ce temps, « un esprit de vie (venu) de Dieu entra en eux et ils se tinrent debout (*estèsan*) sur leurs pieds. » L'expression « ils se tinrent debout » doit être prise au sens fort de « ressusciter », comme le prouve le texte d'Ez **37** 10 auquel se réfère l'auteur de l'Apocalypse : « Et l'esprit entra en eux et ils revécurent et ils se tinrent debout sur leurs pieds » (LXX). Les deux thèmes de « revivre » et de « se tenir debout » sont inséparables.

Lisons maintenant la finale du récit de la comparution d'Étienne devant le Sanhédrin, en Ac **7** 55-56 : « (Étienne), tout rempli de l'Esprit Saint, fixa son regard vers le ciel ; il vit la gloire de Dieu et Jésus debout à la droite de Dieu. Ah ! dit-il, je vois les cieux ouverts et le Fils de l'homme debout à la droite de Dieu. » Lc s'inspire ici du procès de Jésus devant le Sanhédrin, où le Christ s'applique la parole de Ps **110** 1 : « Le Seigneur a dit à mon Seigneur : Siège à ma droite... » (cf. Lc **22** 69). Étienne cependant ne voit pas Jésus « assis », comme en Lc **22** 69 ou en Ps **110** 1, mais « debout » (*hestôta*). Or il vient de terminer son discours devant le Sanhédrin en disant : « (Vos Pères) ont tué ceux qui prédisaient la venue du Juste, celui-là que maintenant vous venez de trahir et d'assassiner » (Ac **7** 52). Jésus, que les chefs du peuple juif ont fait mourir, se tient maintenant « debout » à la droite de Dieu : il est ressuscité. On notera par ailleurs la similitude d'expressions entre Ac **7** 55 : « Il vit... Jésus debout (*hestôta*) à la droite de Dieu », et Jn **20** 14b : « (Marie) voit Jésus debout (*hestôta*). » Lc, qui connaît et utilise le Document C, ne penserait-il pas, en Ac **7** 55, au récit attesté par Jn **20** 14 ?

c) Dès lors l'interprétation du récit primitif de l'apparition de Jésus à Marie ne présente plus de difficulté. Marie se tient dehors, probablement près du tombeau où elle a dû revenir en compagnie de Pierre ; c'est du moins ainsi que le comprendra Jean II-B (*infra*). Elle pleure celui qui est mort. Soudain, en se retournant, elle voit Jésus « debout », c'est-à-dire « ressuscité ». Elle part aussitôt annoncer aux disciples : « J'ai vu le Seigneur. »

2. JÉSUS EST DEVENU « LE SEIGNEUR »

Marie voit Jésus ressuscité, mais elle annonce aux disciples « J'ai vu le Seigneur ». Pour l'auteur du Document C, le passage du nom de « Jésus » au titre « le Seigneur » n'est pas un effet de style ; il est commandé par une intention théologique précise. Selon Ac **2** 34-36, Pierre aurait dit aux Juifs le jour de la Pentecôte : « (David) lui-même dit : Le Seigneur a dit à mon Seigneur : Siège à ma droite jusqu'à ce que je fasse de tes ennemis l'escabeau de tes pieds. Que toute la maison d'Israël le sache donc avec certitude : Dieu l'a fait *Seigneur* et Christ *ce Jésus* que vous avez crucifié. » Jésus, crucifié par les Juifs, est devenu « Seigneur » en suite de sa résurrection. Exalté à la droite de Dieu, il a reçu l'investiture royale dont parlait le Ps 110 1, cité par Pierre. Il est maintenant « Seigneur des seigneurs et Roi des rois » (Ap 17 14). Il a réalisé en sa personne l'oracle de Dn 7 13-14 : « Je contemplais, dans les visions de la nuit : Voici, allant sur les nuées du ciel, comme un Fils d'homme. Il s'avança jusqu'à l'Ancien et fut conduit en sa présence. A lui fut confié empire, honneur et royaume, et tous les peuples, nations, langues, le servirent. Son empire est un empire éternel qui ne passera point, et son royaume ne sera pas détruit. » Le message de Marie aux disciples : « J'ai vu le Seigneur », est un message « kérygmatique » ; il fait écho à cette profession de foi rapportée par Paul en 1 Co 8 6 : « Pour nous en tout cas, il n'y a qu'un seul Dieu, le Père, de qui tout vient et pour qui nous sommes ; et un seul Seigneur, Jésus Christ, par qui tout existe et par qui nous sommes. » Mais évidemment, pour l'auteur du Document C, il existe une continuité entre le Jésus de l'histoire, celui que Marie avait connu durant sa vie terrestre, et le Seigneur exalté à la droite de Dieu, que reconnaît celui qui, comme Étienne, est « rempli de l'Esprit Saint » (Ac 7 55). On retrouvera une semblable perspective dans le récit de l'apparition à Thomas quand, après avoir vu et touché les plaies de Jésus, celui-ci s'écriera : « Mon Seigneur et mon Dieu » (Jn 20 28, de Jean II-B ; cf. aussi Jn 21 7).

3. DEUX FORMULES KÉRYGMATIQUES DE LA RÉSURRECTION

Les apparitions du Christ ressuscité ont été transmises dans les textes du NT selon deux formulations différentes. L'une, dont l'ancienneté est reconnue de tous, est attestée dans la première épître aux Corinthiens. Paul affirme avoir reçu de la tradition « que (le Christ) est apparu (*ôphthè*) à Céphas, puis aux Douze. Ensuite, il est apparu à plus de cinq cents frères à la fois... Ensuite, il est apparu à Jacques, puis à tous les apôtres. Et en tout dernier lieu, il m'est apparu à moi aussi, comme à l'avorton » (1 Co 15 5-8). Dans cette longue énumération des apparitions du Christ, le verbe « est apparu » (*ôphthè*) revient comme un *leitmotiv* ; il est caractéristique de cette première formulation du kérygme de la résurrection. Il a le sens de « Il se fit voir à un Tel ». Dans cette perspective, l'initiative du ressuscité est mieux mise en relief. Le même verbe se retrouve dans de nombreuses mentions d'apparition du Christ, comme en Lc 24 34 ; Ac 9 17 ; 26 16 ; 13 30-31.

Parallèlement à cette conception des apparitions du Christ, qui semble appartenir aux cercles pauliniens (cf. encore 1 Tm 3 16), il en existe une autre, celle de l'apparition à Marie dans le Document C, qui pourrait être d'origine palestinienne. Marie « *voit* Jésus debout » ; elle vient annoncer aux disciples : « *J'ai vu* le Seigneur. » A leur tour, les disciples diront à Thomas : « *Nous avons vu* le Seigneur » (Jn 20 25, de Jean II-B). Étienne déclare devant le Sanhédrin : « *Je vois*... le Fils de l'homme debout à la droite de Dieu » (Ac 7 56). Dans l'apparition de Jésus aux disciples en Galilée, en Mt 28 17, on lit : « *Et l'ayant vu*, ils se prosternèrent... » Enfin Paul lui-même écrit aux fidèles de Corinthe : « *N'ai-je donc pas vu* Jésus,

notre Seigneur ? » (1 Co 9 1). Dans ces formules, l'initiative du ressuscité est moins soulignée ; l'accent est mis davantage sur l'expérience personnelle de chacun : « J'ai vu », « Nous avons vu ».

Deux proclamations de la résurrection de Jésus, voisines mais non pas concurrentes, ont donc circulé dans l'Église primitive. L'une s'est développée surtout dans les cercles pauliniens ; l'autre dans les cercles johanniques et pourrait être d'origine palestinienne. Il est difficile de déterminer l'antériorité de l'une sur l'autre.

4. L'IDENTITÉ DE MARIE

Au niveau du Document C, la femme à qui Jésus apparaît est simplement nommée « Marie » (v. 11a). De quelle Marie s'agit-il ? Une hypothèse se présente aussitôt : cette Marie serait identique à la sœur de Lazare (Jn 11 1 ss.), qui oignit Jésus de parfum à Béthanie après la résurrection de son frère (Jn 12 3). Dans le Document C, en effet, Marie de Béthanie revêt une telle importance qu'il est difficile de ne pas l'identifier à cette Marie à qui Jésus apparaît. Lorsqu'il lit le récit de l'apparition en 20 11 ss., le lecteur du Document C a encore assez présent à l'esprit les récits des chapitres 11 et 12, relativement proches, pour ne pas faire le rapprochement. D'ailleurs, l'intimité qui existait entre Jésus et la famille de Lazare, déjà soulignée au niveau du Document C dans le message que Marie envoie à Jésus : « Seigneur, voici que celui que tu aimes est malade » (11 3), sera encore mieux mise en lumière au niveau de Jean II-B : « Or Jésus *aimait* Marthe et sa sœur et Lazare » (11 5). Mais cette intimité transparaît aussi dans l'échange de noms entre Jésus et Marie lors de l'apparition, au niveau de Jean II-A : « Jésus lui dit : 'Mariam'. Se retournant, celle-là lui dit : 'Rabbouni' ! » (20 16). Jésus aurait-il aimé deux « Marie » différentes ? Le mieux est de penser que, au niveau du Document C et encore de Jean II-A, il n'y eut qu'une seule Marie : la sœur de Lazare qui oignit Jésus de parfum dans un geste de respect et d'amour, car elle sait qu'il va bientôt mourir ; celle à qui Jésus apparaît avant même de se manifester vivant aux Onze.

B) LE RÉCIT DE JEAN II-A

11a Or Marie se tenait ( ) dehors, et pleurait.
14 ( ) Elle se retourna en arrière et elle voit Jésus debout, et elle ne savait pas que c'était Jésus.
15 Jésus lui dit : « Femme, pourquoi pleures-tu ? Qui cherches-tu ? » Celle-là, pensant que c'était le jardinier, lui dit : « Seigneur, si tu l'as emporté, dis-moi où tu l'as mis et j'irai le prendre. »
16 Jésus lui dit : « Mariam. » Se retournant, celle-là lui dit ( ) : « Rabbouni ! » ( )
17 Jésus lui dit : « Ne me touche plus, car je ne suis pas encore monté vers le Père, mais pars vers les frères et dis-leur : « Je monte vers mon Père et votre Père, vers mon Dieu et votre Dieu. »
18 (Et elle) vient, annonçant aux disciples : « J'ai vu le Seigneur » et qu'il lui a dit cela.

1. L'APPARITION DE JÉSUS (vv. 14-16)

Au niveau du Document C, l'apparition de Jésus à Marie était un récit de type kérygmatique, dépouillé à l'extrême ; en ajoutant les vv. 14c-16, Jean II-A lui donne un genre littéraire nouveau : c'est maintenant une apparition de « reconnaissance ». Jean II-B agira de même en déplaçant le récit de la pêche miraculeuse pour en faire un récit d'apparition du Christ ressuscité (Jn **21** 1-14). Malgré des divergences profondes, dues au caractère particulier de chacun des deux épisodes, les événements se déroulent de façon analogue dans les deux récits. En voyant Jésus, ni Marie (**20** 14c), ni les disciples (**21** 4b) ne le reconnaissent : « Elle (ou : ils) ne savai(en)t pas que c'était Jésus. » Pour se faire reconnaître, Jésus parle et pose une question : « Femme, pourquoi pleures-tu ? Qui cherches-tu ? » (**20** 15a) – « Les enfants, avez-vous quelque nourriture ? » (**21** 5b) ; mais sans succès ! Marie prend Jésus pour le jardinier (**20** 15b) et les disciples restent sans réaction (**21** 5b). Il faut une nouvelle intervention de Jésus pour qu'on le « reconnaisse ». A ce stade des récits, Jean II se montre d'ailleurs un écrivain hors ligne ! En quelques mots, il nous dévoile la profondeur des sentiments qui unissaient Marie et Jésus : « Jésus lui dit : Mariam ; se retournant, elle lui dit () : Rabbouni ! () » (**20** 16). Il suffit que Jésus prononce son nom pour que Marie le reconnaisse. Dans l'autre récit, c'est la pêche miraculeuse qui devient « signe » de reconnaissance ; et dès que Pierre, par l'intermédiaire du « disciple que Jésus aimait », comprend que Jésus est là, vivant, il se précipite à l'eau afin de rejoindre plus vite son Maître (**21** 6-7). Le récit du Document C s'adressait à l'intelligence du lecteur pour lui présenter l'objet de la foi chrétienne sous sa forme la plus dépouillée ; le récit de Jean II-A s'adresse à son cœur et le prend aux entrailles : avec Marie, après les affres de la passion, il retrouve Jésus vivant !

2. MARIE, DISCIPLE « PAR EXCELLENCE »

En ajoutant les vv. 14c-16, Jean II-A semble avoir eu une autre intention, plus subtile à déceler. Il compose cette scène en se servant du récit de vocation des deux premiers disciples en Jn **1** 38. Avant de mettre les textes en parallèle pour le montrer, notons que, au début du récit de la pêche miraculeuse, l'expression « et deux autres de ses disciples » (fin de **21** 2) reprendra celle de Jn **1** 35 : « et deux de ses disciples » (note § 371).

Jn **20** 15-16	Jn **1** 38
Jésus	Jésus,
	s'étant retourné et les ayant vus suivre,
lui dit :	leur dit :
« Femme, pourquoi pleures-tu ? Qui cherches-tu ?	
....	« Que cherchez-vous ? »
Jésus lui dit : « Mariam » ; se retournant, elle lui dit :	
« ( ) Rabbouni ! ( ) »	Eux lui dirent : « Rabbi... où demeures-tu ? »

Dans l'un et l'autre récit, Jésus pose une question analogue : « Qui cherches-tu ? / Que cherchez-vous ? » ; Marie et les deux disciples donnent à Jésus le même titre : « Rabbouni / Rabbi », ce qui veut dire : « Maître » (celui qui enseigne). Marie, comme les deux premiers disciples, reconnaissent en Jésus leur « Maître », celui qu'ils veulent suivre en se mettant à son école, en acceptant son enseignement empreint de sagesse divine. On rejoint un thème sapientiel classique, mais beaucoup plus « humanisé » dans le cas de Marie : « La Sagesse est brillante, elle ne se flétrit pas. Elle se laisse facilement voir (*theôreitai*) *par ceux qui l'aiment*, elle se laisse trouver *par ceux qui la cherchent* » (Sg **6** 12). Marie cherche Jésus parce qu'elle l'aime ; enfin, elle le « voit » (*theôrei*) debout, ressuscité ; elle le reconnaît comme « Maître » de Sagesse divine : « Rabbouni ! » Marie est le type même du « disciple » de Jésus.

Les développements précédents vont nous permettre de proposer une solution à un problème qui a irrité tous les commentateurs. Dans le récit de Jn **1** 38, il est dit de Jésus : « s'étant retourné » ; dans le récit de **20** 16, c'est de Marie qu'il est dit « se retournant ». Mais ce participe est incompréhensible puisque Marie s'est déjà tournée vers Jésus, au v. 14 ! Ne devrait-il pas être pris alors au sens spirituel ? Ne ferait-il pas allusion à la « conversion » exigée de quiconque veut être disciple de Jésus ? En Jn **12** 40, citant Is **6** 9-10, ceux qui ont les yeux ouverts, qui voient Jésus, « se retournent » et sont guéris. Jésus dit de même en Mt **18** 3 : « Si vous ne vous convertissez (= si vous ne vous « retournez ») et ne devenez comme des enfants, vous n'entrerez pas dans le royaume des Cieux. » Ainsi Marie, à l'appel de son nom, se trouve « retournée », « bouleversée » ; Jean II-A aurait vu, dans ce choc psychologique, le « signe » de la conversion que doit effectuer tout disciple de Jésus.

Un autre détail du récit johannique s'expliquerait plus facilement dans cette perspective du « disciple ». D'après Jn **19** 41, Jésus fut enseveli dans un « jardin » ; ce thème revient en **20** 15 : lorsque Marie voit Jésus debout, elle le prend pour le « jardinier ». Dans la ligne de la tradition patristique, beaucoup de commentateurs ont vu là une allusion au Paradis terrestre dont parle Gn **2**-3 : « Yahvé Dieu planta *un jardin* en Éden, à l'Orient, et il y mit l'homme qu'il avait modelé » (Gn **2** 8). Mais, en raison de sa désobéissance, l'homme fut chassé du « jardin » (Gn **3** 23-24). En évoquant ce « jardin » à propos de la résurrection du Christ, Jean II-A voit dans Jésus ressuscité le nouvel Adam qui a repris possession du Paradis. Mais à sa suite, ce sont tous ses « disciples » qui vont pouvoir, à nouveau, retrouver le Paradis. Jésus s'apprête à « monter » vers son Père (**20** 17) d'où il va attirer tous les hommes à lui (Jn **12** 32). Mais pour parvenir là où est le Christ ressuscité, il faut « suivre » Jésus, ce qui est la condition même du disciple (voir note § 25) : « Si quelqu'un me sert, qu'il me suive, et où je suis, là aussi sera mon serviteur » (Jn **12** 26 ; cf. **14** 3 ; **17** 24).

3. LE MESSAGE DU RESSUSCITÉ (v. 17)

a) Avant de transmettre son message à Marie, Jésus commence par lui dire : « Ne me touche plus, car je ne suis pas encore monté vers le Père... » (v. 17a). L'impératif présent « *mè mou haptou* » signifie, non pas « Ne me touche pas », mais « Cesse de me toucher ». « Désormais le temps n'est plus au commerce familier d'autrefois : Jésus est entré dans une vie spirituelle qui n'est plus la reprise des anciens rapports, mais plutôt la préparation à la séparation définitive. Cette vie nouvelle n'empêche pas qu'on touche le ressuscité, mais ne permet pas qu'on s'y attarde. Marie ne l'a pas compris, et il importe que les disciples en soient informés même avant de le voir » (Lagrange).

b) On a beaucoup écrit sur le message que Jésus demande à Marie de transmettre aux frères : « Je monte vers mon Père et votre Père, et mon Dieu et votre Dieu. » L'interprétation en est difficile. On reconnaît habituellement dans cette déclaration du Christ une annonce de son ascension auprès du Père ; mais une telle interprétation n'épuise pas le sens du texte. Ces paroles de Jésus, en effet, sont très probablement une allusion à Ps **89** 27. Ce psaume est une longue prière du Juste au Dieu fidèle qui le sauve. Le psalmiste y rappelle en particulier la protection toute spéciale dont Dieu entoure son serviteur David en écrasant ses adversaires (vv. 21-24). A son tour, ce juste avec qui Dieu a fait une alliance (v. 4) reconnaît Dieu comme son Père : « Toi, mon Père, mon Dieu et le rocher de mon salut » (Ps **89** 27). Pour comprendre ce verset, il faut se rappeler que, dans l'Orient ancien et dans la Bible en particulier, l'expression « Dieu de un Tel » signifie « Protecteur de un Tel » (Fr. Dreyfus ; cf. Synopse, Tome II, note § 284, II 2). Ce sens est bien mis en relief dans Ps **89** 27, où l'expression « mon Dieu » est précisée aussitôt : « le rocher de mon salut. » C'est parce que Dieu est « Dieu de un Tel » qu'il le sauve. On voit dès lors tout le sens que prend cette référence à Ps **89** 27 dans la bouche de Jésus ressuscité. Dieu vient de le faire triompher de la mort, l'ennemi par excellence de l'homme. Il peut donc parler de lui en disant : « Je monte vers mon Père... et *mon Dieu*... » En référence à Ps **89** 27, la parole de Jésus en Jn **20** 17 évoque donc la victoire de Jésus sur la mort que « son Dieu » vient de lui accorder.

c) Cette référence à Ps **89** 27 pourrait expliquer aussi pourquoi Jean II-A utilise en **20** 17 le terme de « frères » au lieu de l'habituel « disciples ». Parce que le juste (David) le reconnaît comme son Père et son Dieu, Dieu déclare : « J'en ferai l'aîné, le très-haut sur les rois de la terre » (Ps **89** 28). C'est la première partie de ce verset qui retient l'attention de Jean II-A. Jésus ressuscité est devenu « l'aîné » ; il est donc le chef de file d'une multitude de « frères ». Ce thème est développé par Paul dans une perspective de « glorification » : « Car ceux que d'avance il a discernés, il les a aussi prédestinés à reproduire l'image de son Fils, afin qu'il soit *l'aîné* d'une multitude de frères ; et ceux qu'il a prédestinés, il les a aussi appelés ; ceux qu'il a appelés, il les a aussi justifiés ; ceux qu'il a justifiés, il les a aussi glorifiés » (Rm **8** 29-30 ; cf. Col **1** 15). Les « frères » sont appelés à bénéficier du même destin que leur « aîné » ; eux aussi seront protégés par Dieu lorsque l'heure de la mort sonnera. Leur mort ne sera qu'une « apparence » (Sg **3** 2) puisqu'ils monteront vers le Père par la partie supérieure de leur être. Jésus le souligne lorsqu'il dit : « Je monte vers mon Père et *votre Père*, vers mon Dieu *et votre Dieu*. » Dieu est « le rocher de notre salut » ; il ne nous abandonnera pas à l'instant où nous aurons le plus besoin de lui : celui de notre mort. C'est ce message que Marie doit transmettre aux « frères ».

d) Avant de confier ce message de salut aux « frères », Jésus ressuscité ne dit qu'un mot à Marie : « Mariam » ; il l'appelle par son nom, comme le Pasteur appelle ses brebis par leur nom (**10** 3) et leur donne la vie éternelle (**10** 10). Mais c'est surtout Is **43** 1 ss. que l'on pourrait évoquer ici, comme si Marie, la « disciple » par excellence, symbolisait l'Israël nouveau : « Et maintenant, ainsi parle Yahvé, celui qui t'a créé, Jacob, qui t'a modelé, Israël : Ne crains pas, car je t'ai racheté, *je t'ai appelé par ton nom : tu es à moi*. Si tu traverses les eaux, je serai avec toi, et les rivières, elles ne te submergeront pas. Si tu passes par le feu, tu ne souffriras pas, et la flamme ne te brûlera pas. Car je suis Yahvé, ton Dieu, le Saint d'Israël, ton sauveur... Car tu comptes beaucoup à mes yeux, tu as du prix *et je t'aime*. »

C) LES ADDITIONS DE JEAN II-B

La structure actuelle du récit est due à Jean II-B. Mais les ultimes transformations qu'il a apportées à l'épisode n'ont pas la même importance que les additions introduites par Jean II-A.

1. L'APPARITION DES ANGES (vv. 11b-14a)

La section du récit johannique actuel qui raconte l'apparition des anges à Marie de Magdala est composée, nous l'avons vu, d'éléments repris soit du contexte immédiat du récit, soit des récits synoptiques racontant la visite des femmes au tombeau. Jean II-B précise d'abord que Marie se trouve « près du tombeau » (v. 11a). Tandis qu'elle pleure, elle voit deux anges qui lui demandent la raison de sa tristesse. D'après la réponse de Marie, la raison de ses larmes semble être maintenant, moins immédiatement la mort de Jésus (comme dans le récit du Document C et de Jean II-A) que la disparition du corps auquel elle aurait voulu rendre un dernier hommage (cf. Mc **16** 1-2 et par.). En introduisant cet épisode, Jean II-B veut-il donner plus de solennité à l'apparition du Christ qui va suivre ? Veut-il, à travers ce dialogue des anges et de Marie, suggérer que ce n'est plus dans la mort qu'il faut chercher celui qui est vivant (cf. Lc **24** 5) ? Ce n'est pas impossible. Mais l'absence de tout message transmis par les envoyés de Dieu semble indiquer plutôt qu'en composant cette scène Jean II-B n'a pas d'intention théologique précise. Son principal souci paraît avoir été d'harmoniser l'évangile de Jn avec les évangiles synoptiques (Introd., 4 x).

2. MARIE DE MAGDALA

Pour l'auteur du Document C et pour Jean II-A, Jésus apparaît à une femme de nom de « Marie » (v. 11a) qui est vraisemblablement la sœur de Lazare (**11** 1 ss.), celle qui oignit Jésus de parfum à Béthanie (**12** 3). Mais Jean II-B précise que la « Marie » à qui apparaît Jésus était « de Magdala », un bourg situé sur la côte ouest du lac de Tibériade (v. 18a). Voudrait-il par là distinguer deux « Marie », celle de Béthanie et celle à qui Jésus apparaît, qui aurait été de Magdala ? En fait, il n'est pas impossible que, pour Jean II-B, Marie de Béthanie ait été originaire de Magdala. Nous avons vu à la note § 266 qu'il identifiait les deux sœurs de Lazare, Marthe et Marie, avec les deux femmes de même nom qui reçoivent Jésus dans un village *de Galilée*, selon Lc **10** 38-42. Jean II-B semble donc admettre que les deux sœurs, originaires de Galilée, seraient venues s'établir plus tard à Béthanie. Pour Jean II-B, il ne semble pas y avoir d'objection majeure à ce que Marie de Magdala soit identique à cette Marie qui résidait à Béthanie peu de temps avant la mort de Jésus.

Note § **365**. *APPARITION AUX DISCIPLES A JÉRUSALEM* (Jn **20** 19-20)

Le récit de Jn **20** 19-20 offre beaucoup d'affinités avec celui de Lc **24** 36-43 ; il est donc impossible d'étudier le texte de Jn sans le comparer à celui de Lc.

I. CRITIQUE TEXTUELLE

Les problèmes de critique textuelle que nous avons à résoudre concernent l'évangile de Lc ; mais ils touchent de trop près les rapports littéraires entre Lc et Jn pour que nous les passions sous silence.

1. La plupart des témoins du texte lucanien donnent, à la fin du v. 36, la phrase « et il leur dit : Paix à vous ». Cette phrase, qui se lit en termes identiques en Jn **20** 19, est omise chez Lc par D et VetLat. Nous croyons qu'elle est due à une harmonisation du texte de Lc sur celui de Jn faite par un réviseur dans le courant du second siècle, mais qu'elle n'appartenait pas au texte authentique de Lc. En voici les raisons. Les évangiles de Lc et de Jn offrent de nombreux contacts littéraires, mais ce serait le seul cas où une phrase complète se retrouverait en termes rigoureusement identiques dans l'un et l'autre évangile. Par ailleurs, dans l'expression « et il leur dit », le verbe « dire » est au présent historique ; extrêmement fréquent chez Jn (environ 117 fois !), un tel présent historique serait unique chez Lc, qui évite d'ordinaire tout présent historique. On comparera enfin la formule « paix à vous » à celle qui se lit en 3 Jn 15 « paix à toi ». La phrase litigieuse est donc de facture johannique.

2. Le problème du v. 40 de Lc se pose en termes analogues. La plupart des témoins du texte lucanien donnent, après le v. 39, cette phrase : « Et ayant dit cela, il leur montra ses mains et ses pieds. » Elle se lit en termes presque identiques en Jn **20** 20 ; la seule différence est que, chez Jn, on lit « et son côté » au lieu de « et ses pieds », en référence à Jn **19** 34. Mais le v. 40 de Lc est omis par D VetLat et VetSyr. Nous croyons qu'il s'agit ici aussi d'une harmonisation de Lc sur Jn faite par un réviseur dans le courant du deuxième siècle, pour les mêmes raisons que celles données dans le cas précédent. Un tel accord entre Lc et Jn portant sur une phrase presque complète serait exceptionnel. Par ailleurs, l'expression « et ayant dit cela » ne se lit ailleurs dans tout le NT que chez Jn, et au niveau de Jean II-B (A 61**). On notera enfin que le parallélisme entre les textes de Lc et de Jn est suffisamment assuré par le v. 39a de Lc, comparé au v. 20a de Jn.

A propos de ces deux variantes, rappelons que le texte Alexandrin, sur lequel s'appuient ceux qui veulent maintenir l'authenticité lucanienne des vv. 36b et 40, a harmonisé de même l'évangile de Mt sur celui de Jn en ajoutant, après Mt **27** 49, les mots « or un autre, ayant pris une lance, perça son côté et il sortit de l'eau et du sang » (cf. Jn **19** 34).

II. ANALYSES LITTÉRAIRES

Selon Bultmann, le récit de Jn dépendrait de celui de Lc, qu'il aurait simplifié en omettant un certain nombre de détails. Partant des analyses de Bultmann, Hartmann propose une autre solution : pour retrouver l'état primitif de la source commune à Lc et à Jn, il faudrait rapprocher de Lc **24** 36-43, non seulement Jn **20** 19-20, mais encore certains détails réutilisés dans le récit de l'apparition à Thomas (Jn **20** 24-29). D'autres commentateurs voient dans le v. 20 de Jn une interpolation soulignée par la reprise, au v. 21a, du v. 19b (Wellhausen, Spitta). Nous pensons pouvoir proposer une hypothèse assez différente. Comme pour le récit de la comparution de Jésus devant Pilate (note §§ 347.349), les contacts entre Lc et Jn se situeraient à deux niveaux différents. Un fragment seulement du récit de Jn (au v. 20), qui a son parallèle dans le v. 39a de Lc, remonterait à un récit d'apparition de Jésus qui se lisait dans le Document C, mais dont la plupart des autres éléments auraient été transférés par Jean II-B, d'une part dans le récit de la marche sur la mer (Jn **6** 19b-20), d'autre part dans le récit de la pêche miraculeuse (Jn **21** 9b. 12-13). Hormis ce fragment remontant au Document C, le reste du récit serait une composition de Jean II-B fortement influencée par la rédaction de Lc. Précisons que Jean II-A avait gardé le récit du Document C.

C	II-B
19	Comme donc c'était le soir, ce jour-là, le premier de la semaine, et les portes étant fermées là où étaient les disciples, par peur des Juifs, Jésus vint et se tint au milieu et leur dit : « Paix à vous ! »
20	Et ayant dit cela,
	il leur montra ses mains et (ses pieds)
	son côté.
	Les disciples se réjouirent donc en voyant le Seigneur.

A) UN RÉCIT DU DOCUMENT C

1. Il existe des affinités nombreuses entre le récit de Jn **20** 19-20 et celui de Lc **24** 36-43. Elles portent d'abord sur les circonstances de lieu et de temps. Jn et Lc situent l'apparition à Jérusalem, comme l'indique le contexte général de Jn **20** 1-20 et l'affirmation explicite de Lc **24** 33. Cette apparition eut lieu le soir du premier jour de la semaine selon Jn **20** 19a, et comme on peut le déduire de Lc **24** 13.29.33.36. Elles portent ensuite sur plusieurs détails du récit. Jn écrit : « et il se tint au milieu » (v. 19), et Lc : « lui se tint au milieu d'eux » (v. 36). Dans l'un et l'autre récit, Jésus se fait reconnaître en montrant les signes de sa passion : « il leur montra ses mains et son côté » (v. 20a), « voyez mes mains et mes pieds » (v. 39a). Enfin le thème de la joie des disciples sert de conclusion au récit johannique (v. 20b) et est évoqué en Lc **24** 41.

2. Depuis le début des récits de la passion et de la résurrection, nous avons vu que les accords entre Lc et Jn pouvaient souvent s'expliquer par le fait que le proto-Lc et Jean II-A dépendent d'une source commune : le Document C. L'hypothèse la plus simple serait donc de supposer que, ici encore, le récit de l'apparition de Jésus aux disciples rassemblés à Jérusalem remonterait au Document C ; les accords entre Lc et Jn s'expliqueraient par leur dépendance commune à l'égard de cette source. Cette hypothèse se heurte toutefois à plusieurs difficultés. Tout d'abord, on ne voit pas comment aurait commencé l'épisode au niveau du Document C. Le v. 36 de Lc ne se comprend qu'en référence à la finale de l'épisode précédent, l'apparition aux disciples d'Emmaüs (cf. v. 33), qui est une composition de Lc et n'a donc rien à voir avec le Document C. Jn a bien les détails du v. 19, qui n'ont pas de parallèle dans Lc, mais nous verrons plus loin que ce verset est de Jean II-B. Il devient donc impossible de reconstituer le début de l'hypothétique récit du Document C. On verra par ailleurs à la note § 371 que le Document C racontait une apparition de Jésus en Galilée, sur les bords du lac de Tibériade ; aurait-il rapporté deux apparitions aux disciples, l'une à Jérusalem et l'autre en Galilée ? Ce n'est pas impossible ; mais on sait que Lc montre un intérêt spécial pour Jérusalem et l'on peut se demander si ce ne serait pas lui qui aurait transféré à Jérusalem une apparition de Jésus aux disciples que le Document C plaçait en Galilée ; Lc ne mentionne aucune apparition en Galilée, contrairement à Jn. Nous croyons donc pouvoir proposer une autre hypothèse pour expliquer les récits de Lc et de Jn, en tenant compte d'un fait que nous avons déjà constaté ailleurs, spécialement dans le récit de la comparution de Jésus devant Pilate : les contacts entre Lc et Jn proviennent parfois, dans un même récit, de deux causes différentes ; d'une part Lc et Jn dépendent d'une même source, le Document C, par l'intermédiaire du proto-Lc et de Jean II-A ; d'autre part, Jn a subi l'influence directe de Lc.

3. L'hypothèse que nous allons proposer dépend étroitement des analyses que nous avons faites à propos du récit de la marche sur les eaux (Jn **6** 16-21 ; note § 152) et de celles que nous ferons à propos du récit de la pêche miraculeuse (Jn **21** 1-14 ; note § 371). En voici les conclusions, très résumées. Le Document C contenait un récit d'apparition de Jésus ressuscité à ses disciples, apparition qui avait lieu sur les bords du lac de Tibériade. Mais ce récit fut disloqué par Jean II-B qui en réutilisa les matériaux, d'une part dans le récit de la marche sur la mer (Jn **6** 19b-20), d'autre part dans le récit de la pêche miraculeuse (Jn **21** 9.12-13). Le récit du Document C se présentait ainsi. Les disciples se trouvaient en bateau non loin du rivage. Ils voient brusquement Jésus marchant, non pas sur la mer, mais au bord de la mer (le texte grec peut avoir les deux sens) ; pensant que c'est un « esprit » ou un « fantôme », ils sont saisis de peur ; mais Jésus les rassure en leur disant « c'est moi, n'ayez pas peur » (Jn **6** 19b-20, complété par Mc **6** 49-50). Or il est remarquable que Lc, qui n'a pas le récit de la marche « sur » la mer, donne l'équivalent de Jn **6** 19b-20 et Mc **6** 49-50 dans le récit de l'apparition de Jésus aux disciples réunis à Jérusalem (Lc **24** 37-38a). – Le récit du Document C se poursuivait par les détails suivants. Une fois descendus à terre, les disciples voient un feu de braises et du poisson placé dessus ; Jésus les invite alors à manger ce poisson grillé à la braise (Jn **21** 9.12-13). Or un détail assez semblable se lit dans le récit lucanien de l'apparition de Jésus aux disciples réunis à Jérusalem : Jésus mange du poisson grillé (Lc **24** 42-43).

Nous arrivons donc à cette conclusion que le récit de Lc **24** 36-43 est en partie composé d'éléments en provenance d'un récit du Document C selon lequel Jésus ressuscité serait apparu aux disciples sur les bords du lac de Tibériade. Or, l'élément essentiel du récit commun à Lc **24** 36-43 et à Jn **20** 19-20 : Jésus montre ses plaies afin de se faire reconnaître de ses disciples, pourrait fort bien s'intégrer au récit que Lc reprend du Document C ; il suffirait de le laisser à la place qu'il occupe dans le récit de Lc, juste avant l'affirmation de Jésus : « C'est moi » (Lc **24** 39a). Pour faire comprendre comment, à partir du récit de Lc et de ceux de Jn, il est possible de reconstituer celui du Document C, mettons en parallèle leurs éléments communs, ainsi que ceux de Mc **6** 49-50 :

Mc **6**	Jn (Document C)	Lc **24**
49 Mais eux le voyant marchant sur la mer	6 19 Ils voient Jésus marchant au bord de la mer ( )	
pensèrent que c'est un fantôme ( )	[ils pensaient voir un esprit] et ils eurent peur.	37 Stupéfaits et saisis de peur ils pensaient voir un esprit
50 ( ) et furent troublés ( )		
	20 20a ( ) et il leur montra ses mains et [ses pieds]	38a et il leur dit : « Voyez mes mains et mes pieds.
et il leur dit : ( ) « C'est moi, n'ayez pas peur. »	6 20a et il leur dit : « C'est moi, n'ayez pas peur. »	C'est moi-même ! »
	21 9 Lorsque ( ) ils furent descendus à terre, ils voient là un feu de braises et du poisson placé dessus ( ).	
	12 Jésus leur dit : « Venez, déjeunez. » Mais personne ( ) n'osait lui demander : « Qui es-tu ? », sachant que c'était le Seigneur.	
	13 Jésus vient, et il prend le (poisson) et il le leur donne ( ).	42 Eux lui donnèrent une part de [poisson grillé. 43 Et, l'ayant prise, il la mangea [devant eux.

Lc a gardé unis en un seul récit, comme dans le Document C, les matériaux que Jn a répartis en trois récits différents. Mais Jn a conservé d'une façon plus complète le texte du Document C, de même que la localisation primitive de l'apparition de Jésus : les bords du lac de Tibériade. C'est Lc qui a transféré cette apparition en la plaçant à Jérusalem, ce qui convenait mieux à sa théologie de la Ville Sainte.

Rappelons que l'hypothèse que nous proposons ici n'est recevable que si l'on a admis déjà les conclusions des notes §§ 152 et 371, auxquelles nous renvoyons pour plus de détails.

B) LES REMANIEMENTS DE JEAN II-B

1. Sous l'influence de Lc, Jean II-B compose un récit d'apparition de Jésus aux disciples réunis à Jérusalem, mais il simplifie le récit de Lc (cf. Bultmann) parce qu'il a déjà utilisé certaines parties, qu'il lisait dans le Document C, en 6 19b-20, ou qu'il les réserve pour son récit de 21 1-14 (vv. 9, 12-13) ; il veut aussi dédoubler le récit de l'apparition à Jérusalem et il en garde certains éléments en vue de composer son deuxième récit (20 24-29).

Précisons un détail. Jean II-B reprend directement du Document C son v. 20a : « il leur montra ses mains (et son côté) », ayant toutefois changé l'expression primitive « et ses pieds » (cf. Lc) en « et son côté », afin de tenir compte du récit de 19 34. Quant au parallèle de Lc 24 39a, il le réutilisera dans le récit suivant, en 20 27 : « ... et vois mes mains... »

2. Le v. 19 en son entier est une composition de Jean II-B qui se prolonge par la cheville rédactionnelle du début du v. 20 : « Et ayant dit cela » (A 61**).

a) Au début du v. 19, la donnée chronologique « Comme donc c'était le soir, ce jour-là, le premier de la semaine » offre des rapports étroits avec Jn **20** 1 d'une part, Jn **20** 26 d'autre part. Les mots « comme donc c'était le soir... le premier de la semaine » correspondent à ceux de **20** 1 : « Or le premier (jour) de la semaine... comme c'était encore les ténèbres » ; ils situent dans le cadre d'une journée les deux premières apparitions de Jésus, à Marie de Magdala le matin, aux disciples le soir. On notera toutefois une divergence stylistique entre les deux textes ; en **20** 1a, du Document C, le mot « semaine » est précédé de l'article (*tôn sabbatôn*), tandis que cet article manque en **20** 19 ; ce pourrait être l'indice que les données de **20** 1 et de **20** 19 ont été écrites par deux mains différentes. Par ailleurs, l'expression « ce jour-là », au v. 19, prépare l'apparition à Thomas qui aura lieu « après huit jours » (**20** 26). En rédigeant le v. 19, Jn veut donc répartir les trois apparitions de Jésus à Jérusalem sur un laps de temps de huit jours, type de préoccupation qui dénote l'activité rédactionnelle de Jean II-B (cf. Introd., 3 q). Ajoutons que le mot « soir » (*opsia* : 7/5/0/2/0/0) ne se lit ailleurs chez Jn qu'en 6 16, que nous avons attribué à Jean II-B.

b) La suite du texte : « et les portes étant fermées là où étaient les disciples par peur des Juifs », n'a pas de parallèle dans le récit de Lc et doit donc être aussi de Jean II-B, comme le confirment les caractéristiques stylistiques : « là où étaient » (C 13* ; cf. F 33), « par peur des Juifs » (A 131** ; cf. C 7). On notera la succession des deux génitifs absolus dans la première moitié du v. 19 : « comme donc c'était le soir... les portes étant fermées » ; l'évangile de Jn n'en offre qu'un autre exemple, en **13** 2, texte que nous avons attribué à Jean II-B.

c) L'apparition proprement dite est décrite ainsi : « Jésus vint et se tint au milieu », description qui a son équivalent en Lc 24 36 : « lui se tint au milieu d'eux. » Ces détails ne se comprennent bien que si les disciples sont rassemblés en un lieu clos, dans la perspective de Jn **20** 19a et de Lc 24 33 ; ils n'appartenaient donc pas au récit du Document C, où ce sont les disciples qui rejoignent Jésus sur le rivage. Jean II-B dépend ici du récit de Lc.

d) Le v. 19 s'achève par un salut : « et il leur dit : 'Paix à vous' ». Absent du parallèle de Lc, cette salutation doit être une addition de Jean II-B. La formule grecque *eirènè* + un datif, que Jean II-B reprendra aux vv. 21 et 26, se lit encore en Lc **10** 5 et est fréquente chez Paul ; mais le parallèle le plus proche est encore 3 Jn 15 : « Paix à toi » (*eirènè soi*) et cette parenté avec une épître johannique dénote le style de Jean II-B.

2. Nous avons vu que, au v. 20, Jean II-B avait repris du Document C la phrase « il leur montra ses mains et ses pieds », se contentant de changer « et ses pieds » en « et son côté » (B 72*). En revanche, il faut lui attribuer le développement du thème de la joie au v. 20b, sous l'influence de Lc 24 41. Ce thème, en effet, renvoie à l'annonce faite par Jésus en **16** 22 : « ... mais de nouveau je vous verrai et votre cœur se réjouira », texte que nous avons attribué à Jean II-B.

III. LE SENS DES RÉCITS

A) LE RÉCIT DU DOCUMENT C

Nous n'avons attribué au Document C qu'un fragment du v. 20 : « il leur montra ses mains (et ses pieds). » Ce fragment faisait partie d'un ensemble beaucoup plus vaste dont on trouvera la reconstitution et le commentaire à la note § 371.

B) LE RÉCIT DE JEAN II-B

On trouvera à la note § 371 les raisons pour lesquelles Jean II-B a disloqué le récit du Document C auquel il reprend ici le fragment du v. 20 mentionné à l'instant. Nous ne ferons ici que commenter le récit johannique sous sa forme actuelle, composé par Jean II-B sous l'influence du récit parallèle de Lc 24 36 ss.

1. Chronologie des apparitions a Jérusalem

Jésus apparaît brusquement aux disciples réunis à Jérusalem, mais en un lieu qui n'est pas précisé. En revanche, Jn insiste sur les circonstances de temps : « Comme c'était le soir, ce jour-là, le premier de la semaine » (v. 19a). Cette précision est un des éléments qui établissent une chronologie des différentes apparitions du Christ à Jérusalem. Selon Jean II-B, les premiers événements du ministère public de Jésus se déroulaient dans un laps de temps d'une semaine (Jn **1** 19 – **2** 11) ; il a donné un cadre semblable aux divers épisodes de la passion (cf. Jn **12** 1 et note § 272). En insérant les expressions de **20** 19a, il inscrit dans un laps de temps de huit jours les trois apparitions du Christ à Jérusalem. La première, à Marie de Magdala, eut lieu le matin du premier jour de la semaine, « comme c'était encore les ténèbres » (**20** 1) ; la deuxième, aux disciples, se situe le « soir » du même jour (**20** 19) ; la troisième, en présence de Thomas, aura lieu « après huit jours » (**20** 26). On notera qu'il ne s'agit plus de sept, mais de huit jours, le chiffre de la plénitude absolue qui convient bien au temps de la résurrection. Peut-être faut-il reconnaître aussi derrière cette répartition des apparitions sur deux « dimanches » successifs l'écho d'un cycle liturgique.

2. « Par crainte des Juifs »

Les disciples sont réunis en un lieu dont les portes sont fermées « par crainte des Juifs », c'est-à-dire des autorités religieuses de Jérusalem. Jésus est mort depuis trois jours ; ses disciples sont effondrés par l'échec apparent de celui en qui ils avaient mis leur espérance (Lc 24 21). Ils se sentent « orphelins » ; Jésus n'est pas revenu comme il l'avait promis (Jn **14** 18). Ils n'ont pas encore reçu cette « force d'en haut », l'Esprit Saint (cf. Jn **20** 22) qui rendra témoignage à Jésus (**15** 26) et prouvera la justice de sa cause (**16** 8-11). Les disciples sont terrifiés, comme l'avait été Pierre lors de ses reniements (**18** 17.25-27). Ils craignent d'être victimes de la haine des Juifs, à leur tour, et c'est pourquoi ils se barricadent derrière des portes clauses.

Mais Jean II-B veut peut-être aussi évoquer le temps des persécutions dont les communautés johanniques eurent à souffrir de la part des Juifs, en particulier des Pharisiens (**7** 13 ; **9** 22 ; **12** 42 ; **19** 38 ; Ac **5** 40 ; **9** 2). Exclus de la Synagogue parce qu'ils reconnaissaient que Jésus était le Christ, ils furent amenés peu à peu à avoir leur propre lieu de réunion à l'abri des regards de leurs persécuteurs (cf. Ac **2** 46b).

3. L'apparition de Jésus

a) Lc décrit en termes très simples l'apparition de Jésus : « Lui se tint au milieu d'eux » (**24** 36). Jean II-B reprend ce texte mais le complète. D'une part, il ajoute la formule « Jésus vint », qui évoque mieux l'apparition brusque du Ressuscité et reprend les propres termes de la promesse faite par Jésus : « ... je viens de nouveau » (**14** 3 ; cf. **14** 18b.28). D'autre part, il met sur les lèvres de Jésus une formule de salut : « Paix à vous », qui est aussi une parole de réconfort (cf. Jg **6** 23 ; **19** 20 ; 1 S **16** 5 ; Lc **10** 5).

b) Dans le récit de l'apparition à Marie de Magdala, Jean II-A avait ajouté certains détails afin de transformer le récit primitif en un récit de reconnaissance ; Jean II-B agit de même ici en insérant, sous l'influence du parallèle de Lc, la phrase qu'il lisait dans le récit d'apparition au bord du lac (Document C) : « Il leur montra ses mains et son côté ». Au lieu de l'expression « ses pieds », qu'il lisait dans le Document C, il met « son côté » pour évoquer l'épisode du coup de lance (Jn **19** 34). C'est aux signes de sa passion que Jésus se fait reconnaître des siens. Le Ressuscité est bien celui dont ils ont partagé la vie et qui est mort sur la croix.

Jean II-B reste ici très discret sur le réalisme de l'apparition. Contrairement à Lc, Jésus n'invite pas ses disciples à le toucher (Lc **24** 39b) ; cet aspect sera au contraire développé dans l'apparition de Jésus à Thomas (note § 368).

c) L'apparition de Jésus vivant provoque la joie des disciples qui « se réjouirent en voyant le Seigneur » (v. 20b). Sur le sens du terme « le Seigneur », voir note § 361. Le thème de la joie que Jean II-B reprend, en le modifiant, du récit parallèle de Lc (**24** 41), renvoie à la promesse faite par Jésus au cours de son discours d'adieux : « Et vous maintenant, vous avez de la tristesse. Mais de nouveau je vous verrai et votre cœur se réjouira et votre joie, nul ne vous la ravira » (Jn **16** 22). Cette promesse est maintenant réalisée ! Les disciples peuvent se réjouir puisqu'ils ont la certitude que le Seigneur a triomphé de ses ennemis, et de la mort.

Note § **367.** *MISSION DES APOTRES* (Jn **20** 21-23)

Chez Jn, le récit de l'apparition de Jésus aux disciples rassemblés à Jérusalem se prolonge par les vv. 21-23 dans lesquels Jésus envoie ses disciples en mission (v. 21), leur insuffle l'Esprit (v. 22) et leur donne pouvoir de remettre les péchés (v. 23). Sous une forme différente, ces divers thèmes sont aussi présents dans le parallèle, plus développé, de Lc **24** 44-49.

I. ANALYSES LITTÉRAIRES

Les commentateurs sont divisés touchant l'évolution littéraire de ce petit texte. Selon Dodd, le v. 21 servait de conclusion à l'apparition aux disciples, qu'il attribue à une source préjohannique ; Jn aurait ajouté les vv. 22 et 23. Mais la plupart des commentateurs adoptent une position opposée. Le style du v. 21 ne laisse aucun doute sur son origine johannique ; seuls les vv. 22-23 (Wellhausen, Spitta, Hartmann), ou même simplement le v. 23 (Bultmann), appartiendraient à la source. Selon Brown, le v. 21, au moins quant au fond, et le v. 23 appartiendraient à la source ; Jn aurait ajouté le v. 22 pour adapter le texte de cette source à sa théologie. Quant à nous, nous pensons que l'ensemble des vv. 21-23 est une composition de Jean II-B, malgré les apparences de retouches littéraires qu'ils contiennent.

1. Le premier fait littéraire qui se présente à l'observation des textes est la répétition, aux vv. 21a et 22a, des expressions qui se lisent aux vv. 19c et 20a : « Jésus... leur dit... : 'Paix à vous'... Et ayant dit cela... » Cette répétition est-elle l'indice de retouches littéraires ? Nous ne le croyons pas. Nous pensons plutôt que Jean II-B dédouble en partie sa narration, comme il le fera d'une façon beaucoup plus systématique dans le récit de l'apparition à Thomas (cf. note § 368). Il faut d'ailleurs apporter les précisions suivantes. La « reprise », au v. 21a, des expressions qui se lisent à la fin du v. 19 se justifie par le fait que, après avoir composé le v. 19, Jean II-B insère dans sa narration le v. 20a « Et ayant dit cela, il leur montra ses mains et son côté... », en partie repris du Document C (voir note § 365) ; au v. 21a, il reprend donc le fil

de sa *propre* narration. Quant à la formule « Et ayant dit cela » (v. 22a), elle est propre à Jean II-B (A 61**) et, partout ailleurs, elle se lit à la suite d'un texte composé par Jean II-B ; elle n'est donc pas une « cheville rédactionnelle » au sens strict du terme : une expression destinée à faire le lien entre deux textes appartenant à des niveaux rédactionnels différents ; elle s'insère normalement dans le fil même de la narration johannique.

2. Le v. 21 abonde en caractéristiques stylistiques : « dit donc » (B 1), « donc de nouveau » (A 17*), « comme... moi aussi » (A 35**), « le Père » (B 73), « m'a envoyé » (B 34), « me... vous » (B 12) ; il ne peut donc être attribué, ni au Document C, ni à Jean III. La construction « comme... moi aussi » ne se lit ailleurs qu'au niveau de Jean II-B ; d'autre part, elle sert à exprimer un thème propre à Jean II-B : les rapports entre Jésus et ses disciples sont à l'analogie des rapports entre le Père et Jésus (cf. Introd., 6 l). Ce v. 21 doit donc être attribué à Jean II-B.

3. Mise à part l'expression qui commence le v. 22 : « Et ayant dit cela » (A 61**), les vv. 22-23 ne contiennent qu'une caractéristique johannique d'importance mineure : *an tinôn* (« ceux à qui » ; C 44*). En revanche, ils offrent de nombreuses expressions ou thèmes qui ne se rencontrent nulle part ailleurs dans l'évangile ; au v. 22, le verbe « il souffla », l'expression « Esprit Saint », sans article ; au v. 23, le mot « péché » au pluriel (cf. cependant **8** 24), le thème de la rémission des péchés. Jean II-B aurait-il alors repris ces vv. 22b-23 à une source ? Nous répondrons en normands : « oui et non », compte tenu des précisions suivantes.

a) Au v. 22, le verbe « souffler » (*emphysan*) n'est pas johannique et c'est même un hapax du NT ; mais Jn le reprend de Gn **2** 7 (LXX), où est décrite la création du premier homme. On verra dans le commentaire de ce texte que ce verbe doit être rapproché de la formule « c'est l'Esprit qui vivifie », de Jn **6** 63, que nous avons attribuée à Jean II-B ; **6** 63 comme **20** 22 renvoient à Gn **2** 7.

b) Il est vrai que l'expression « Esprit Saint », sans article (v. 22) et le thème de la rémission des péchés (v. 23) ne se lisent pas ailleurs dans l'évangile de Jn. Mais Jn ne dépend pas à proprement parler ici d'une « source », au sens où l'entendent les commentateurs ; il dépend tout simplement du parallèle de Lc **24** 47-49, « relu » en fonction de Ac **2** 38. Le thème de la rémission des péchés est explicite en Lc **24** 47 ; celui de l'envoi de l'Esprit est exprimé de façon plus mystérieuse en **24** 49 : « Et voici que j'envoie sur vous la promesse de mon Père » (comparer Lc **24** 48-49 à Ac **1** 8). Les deux thèmes se trouvent encore réunis en Ac **2** 38 ; « Repentez-vous, et que chacun d'entre vous se fasse baptiser au nom de Jésus Christ *pour la rémission des péchés*, et vous recevrez alors *le don du Saint Esprit* ». En Jn **20** 22, l'expression « Saint Esprit », placée après le verbe « recevoir » n'a pas l'article, comme en Ac **8** 15.17.19 ; **19** 2. Il reste que le parallèle le plus proche de Jn **20** 22-23 est Lc **24** 47-49 : ce sont les disciples qui vont recevoir l'Esprit (v. 49), et qui iront ensuite proclamer « le repentir pour la rémission des péchés » (v. 47).

Ajoutons que le thème de la rémission des péchés, absent du reste de l'évangile, se lit cependant en 1 Jn **1** 7-9 ; **2** 2.12 ; **4** 10 ; cette parenté avec 1 Jn confirme l'attribution de Jn **20** 23 à Jean II-B.

En résumé, Jn **20** 21-23 est une composition de Jean II-B qui se situe dans la ligne des vv. 19-20 : la source principale de Jean II-B n'est autre que le récit parallèle de Lc **24** 36-49 dans l'une et l'autre section du récit.

II. LE SENS DU RÉCIT

1. LA MISSION DES DISCIPLES

Après avoir de nouveau souhaité la paix à ses disciples, Jésus leur dit : « Comme le Père m'a envoyé, moi aussi je vous envoie » (v. 21). Ce thème avait déjà été exprimé par Jésus dans sa prière sacerdotale et royale (**17** 18). L'idée fondamentale est que la mission des disciples par Jésus prolonge la mission de Jésus par le Père. Jésus est le nouveau Moïse annoncé par Dt **18** 18. En tant que nouveau Moïse, il a transmis aux hommes les paroles qu'il avait reçues du Père, de celui qui l'a envoyé (Jn **8** 28 ; **12** 49-50) ; sa parole n'est pas sienne, mais du Père qui l'a envoyé (**14** 24b) ; son enseignement n'est pas sien, mais de celui qui l'a envoyé (**7** 16b). Il doit en être de même de ses disciples ; s'il les envoie dans le monde (cf. **17** 18), ce n'est pas pour y répandre leurs propres idées, mais pour lui transmettre les paroles et l'enseignement de Jésus, et donc les paroles et l'enseignement du Père.

2. LE DON DE L'ESPRIT

a) Ayant confié aux disciples une mission analogue à celle qu'il a reçue du Père, Jésus « souffla » sur eux en disant : « Recevez l'Esprit Saint... » (v. 22). Étant donné que, on l'a vu plus haut, Jean II-B reprend les thèmes de Lc **24** 47-49 et Ac **2** 38, il est vraisemblable que, pour lui, ce don de l'Esprit aux disciples est l'équivalent de la scène que raconte Lc en Ac **2** 1 ss. (cf. Ac **4** 31). Jn rassemble en une journée unique les événements que Lc a répartis sur une durée de cinquante jours : résurrection de Jésus (Jn **20** 1 ss. ; Lc **24** 1 ss.), Ascension (Jn **20** 17 ; Ac **1** 9), don de l'Esprit (Jn **20** 22 ; Ac **2** 1 ss.).

b) En Ac **1** 8-9 (cf. Lc **24** 49b), l'Esprit donné aux disciples est conçu comme une « puissance » qui va leur permettre de rendre témoignage à Jésus et à sa résurrection (cf. **4** 31-33) ; ce thème a été repris déjà par Jean II-B en **15** 26-27 (cf. note § 330). Ici, la pensée de Jn prend une orientation différente : le don de l'Esprit effectue comme une « nouvelle création ». On peut le déduire des expressions mêmes utilisées par Jn pour décrire la scène : « il souffla (*enephysèsen*) et leur dit : 'Recevez l'Esprit Saint...' » Le verbe utilisé ici par Jn, absent du reste du NT et rare dans l'AT, est celui qui se lit dans la Septante en Gn **2** 7, ce texte où est décrit la création du premier homme : « Et Dieu façonna l'homme, glaise de la terre, et il souffla (*enephysèsen*) sur son visage une haleine (*pnoèn*) de vie, et l'homme devint un être vivant. » On a mis en doute la référence à Gn **2** 7 sous prétexte que le texte de la Genèse parle d'une « haleine » (*pnoè*) tandis que chez Jn il s'agit d'un « souffle » ou d'un « esprit » (*pneuma* ; ce mot, comme son équivalent hébreu, a les deux sens). Mais c'est oublier que la tradition biblique, lorsqu'elle reprit sous forme d'allusion plus ou moins claire ce texte de Gn **2** 7, eut tendance à remplacer le mot « haleine » par le mot « souffle » (ou « esprit »), comme on le voit en Jb **33** 4.6 ; **34** 14 ; Ps **104** 30 et surtout Sg **15** 11 : « Car il a méconnu Celui qui l'a *façonné*, qui lui a inspiré une âme agissante et *insufflé un souffle vital* (*ton... emphysèsanta pneuma zôtikon*). » Étant donné la rareté du verbe « souffler » (*emphysan*), l'allusion à Gn **2** 7 nous paraît certaine.

En même temps qu'il « souffle » sur les disciples, Jésus leur dit : « Recevez l'Esprit Saint. » Nous venons de voir que cet « Esprit » n'est autre que le « souffle (esprit) vital » dont parle Sg **15** 11, l' « haleine de vie » dont parle Gn **2** 7, qui permet à l'homme de devenir un « être vivant ». L'Esprit est essentiellement lié au don de la vie. On rejoint les thèmes exprimés en Jn **6** 63 et **3** 5-6. Jésus avait affirmé : « C'est l'Esprit qui vivifie, la chair ne sert de rien » « Si quelqu'un ne naît pas d'eau et d'Esprit, il ne peut entrer dans le royaume de Dieu ; ce qui est né de la chair est chair et ce qui est né de l'esprit est esprit. » Le thème de « l'Esprit qui vivifie » est lui-même repris de Gn **2** 7 (cf. Sg **15** 11). Pour Jean II-B, donc, le don de l'Esprit accordé par Jésus ressuscité est principe d'une nouvelle création de l'homme ; ou si l'on préfère, il fait de nous une « créature nouvelle » (cf. Ga **6** 15 ; 2 Co **5** 17), douée d'un principe de vie qui est participation à la vie même de Dieu. De « chair » qu'il était, un être voué à la corruption physique, l'homme est devenu lui-même « esprit » et par le fait même il a acquis la capacité d'entrer dans le royaume de Dieu (Jn **3** 5-6 ; cf. 1 Co **15** 45.50). Exalté à la droite du Père, c'est par le don de l'Esprit que Jésus peut attirer tous les hommes à lui et leur permettre de parvenir dans la maison de son Père (Jn **12** 32 ; **14** 2). Pour tous ces développements, Jean II-B est influencé par la pensée paulinienne, comme nous l'avons vu en commentant Jn **3** 5-6 (note §§ 78.80, III B 2 *b c*).

c) L'Esprit que donne Jésus ressuscité est un « Esprit Saint » ; il doit donc être le principe de sanctification pour ceux qui le reçoivent (cf. 1 Th **4** 3-8). L'Esprit donne aux hommes la force de ne plus pécher, de vivre en conformité avec la Loi de Dieu, spécialement la Loi de l'amour du prochain (Jn **13** 34-35). Jésus donne cet Esprit par le souffle de sa bouche, cette même bouche qui a transmis aux disciples les paroles reçues de Dieu. Il existe de fait un lien intime entre la Parole et l'Esprit. Après avoir affirmé : « C'est l'Esprit qui vivifie, la chair ne sert de rien », Jésus ajoute : « les paroles que je vous ai dites sont esprit et vie », c'est-à-dire sont « esprit vivifiant » (Jn **6** 63). On comprend alors pourquoi Jésus communique l'Esprit aux disciples au moment même où il les envoie en mission (v. 21), au moment où il leur demande de le remplacer pour transmettre aux hommes les paroles reçues du Père (cf. *supra*). Ces paroles sont chargées de la puissance de l'Esprit ; elles sont assez fortes pour convaincre l'homme de vivre en accord avec ce qu'elles enseignent. « Celui qui est engendré de Dieu ne commet pas de péché, parce que Sa semence demeure en lui ; et il ne peut pas pécher parce qu'il est engendré de Dieu » (1 Jn **3** 9) ; cette « semence » de Dieu, c'est la Parole de Dieu (cf. 1 Jn **2** 14 ; Lc **8** 11), mais en tant qu'elle porte en elle la puissance de l'Esprit sanctifiant.

3. La remise des péchés

a) Le v. 23 est difficile à traduire en français. Un point est admis aujourd'hui par presque tous les commentateurs : la particule grecque *an*, placée au début des deux phrases antithétiques, a le sens de *ean* (C 44*), « si » ; nous sommes donc en présence de deux phrases conditionnelles. Par ailleurs, les deux verbes des propositions principales sont à l'indicatif parfait, ce qui équivaut à un présent à sens duratif : « ils sont remis... ils sont retenus », maintenant et pour toujours. Il faut donc traduire le v. 23 : « Si de certains vous remettez les péchés, ils leur sont remis ; si de certains vous retenez les péchés, ils (leur) sont retenus. »

La perspective est, très probablement, eschatologique. On peut le déduire du parallèle de Mt **18** 18 (cf. **16** 19) : « ... tout ce que vous lierez sur la terre sera lié dans le ciel, et tout ce que vous délierez sur la terre sera délié dans le ciel. » On peut le déduire aussi de l'emploi des deux verbes opposés « remettre/retenir », qui ont une résonance sémitique ;

or on lit par exemple dans le Targum Néofiti sur Gn **4** 7 : « N'est-il pas vrai que si tu agis bien en ce monde, *on te remettra* et on te pardonnera dans le monde à venir ? Mais si tu n'agis pas bien en ce monde, ton péché *est retenu* pour le jour du grand jugement... » C'est le sens des parfaits (présents à sens duratif) utilisés par Jn : les péchés remis ou retenus maintenant restent remis ou retenus dans le monde eschatologique, lorsque l'homme paraît auprès du Père.

b) En quel sens comprendre les expressions « remettre » ou « retenir » les péchés ? Vraisemblablement en fonction de la discipline ecclésiastique qui, héritée du judaïsme, était en usage dans les premières communautés chrétiennes et se perpétuera durant de nombreux siècles. On sait que, dans la communauté de Qumrân, par exemple, certaines fautes graves et publiques étaient sanctionnées par une exclusion soit temporaire, soit même définitive. De nombreux cas d'exclusion sont prévus dans le « code pénal » de la Règle de la communauté (1 QS 6 **24** à 7 **25**) : « S'il se trouve parmi eux un homme qui mente quant aux biens et qui le fasse sciemment, on le séparera du milieu de la Purification des Nombreux durant un an, et il sera puni quant au quart de sa nourriture... Et s'il a parlé avec irritation contre un des prêtres inscrits dans le livre, il sera puni un an et séparé individuellement de la Purification des Nombreux. Mais s'il a parlé par inadvertance, il sera puni six mois » (1 QS 6 **24-25** ; 7 **2-3**). C'est seulement une fois « converti », revenu à l'observance intégrale de la Loi, que l'homme pourra être réintégré dans la Communauté, après que l'on aura examiné avec soin sa conduite (1 QS 8 **16-19**). Paul dit de même : « Non, je vous ai écrit de ne pas avoir de rapports avec celui qui, tout en portant le nom de frère, serait débauché, cupide, idolâtre, insulteur, ivrogne ou rapace, et même avec un tel homme de ne point prendre de repas... Enlevez le mauvais du milieu de vous » (1 Co **5** 11-13, qui cite en finale Dt **13** 6 ; cf. 2 Th **3** 6-15 ; Tt **3** 10-11). Ce principe de l'exclusion de la communauté chrétienne pour une faute publique et scandaleuse semble attesté aussi en 2 Jn 10. C'est seulement une fois qu'il avait repris un genre de vie digne du nom de chrétien que le « frère » pouvait être réintégré dans la communauté chrétienne. Mais cette réinsertion dans la communauté devait être sanctionnée par ceux qui étaient à la tête des Églises locales : ils « remettaient les péchés » si le coupable s'était repenti ; dans le cas contraire, les péchés étaient « retenus ».

Note § **368.** *APPARITION AUX DISCIPLES ET A THOMAS* (Jn **20** 24-29)

I. ANALYSES LITTÉRAIRES

La plupart des commentateurs estiment que ce récit est une composition de l'évangéliste (Wellhausen, Spitta, Lindars, Hartmann, Brown, Schnackenburg). Il aurait utilisé, en le dramatisant, le thème du doute qui faisait partie, selon certains, du récit primitif de l'apparition aux disciples en Jn **20** 19-20 et Lc **24** 36-43. Nous attribuerons ce récit à Jean II-B.

1. L'introduction du récit est constituée par les vv. 24-25· Le v. 24 assure le lien avec la première apparition en rappelant l'absence de Thomas ; le v. 25 prépare la suite du récit en décrivant l'incrédulité de ce disciple. Le vocabulaire et le style conviennent à Jean II-B. Au v. 24 : « Thomas » (B 19*), « un des Douze » (C 75* ; cf. spécialement **6** 71, de Jean II-B), « qui est appelé Didyme » (A 105**). – Au v. 25 : « Disaient donc » (B 25*), « les autres disciples » (A 31* ; cf. spécialement

21 8, de Jean II-B), « nous avons vu » (B 82), « Si ne... ne... pas » (C 62), « voir » et « croire » (B 68* ; cf. F 20), « côté » (B 72*). – La phrase « si je ne vois pas... je ne croirai pas » doit être rapprochée de celle de **4** 48, attribuée à Jean II-B : « si vous ne voyez pas... vous ne croyez pas » ; dans les deux cas, la proposition principale contient la double négation *ou mè*. Le verbe « voir » est suivi de la préposition *en* ; le seul autre cas chez Jn est **18** 26, de Jean II-B.

2. L'apparition proprement dite de Jésus aux disciples est décrite au v. 26, dont presque tous les éléments sont repris littéralement de **20** 19 : « étaient (ses) disciples... Jésus vient... les portes étant fermées... et se tint au milieu et dit : Paix à vous. » On notera simplement le changement de temps : « vint... dit (présent) » « vient... dit (aoriste) », et l'addition du possessif après le mot « disciples ». Les seules modifications concernent la donnée chronologique initiale « Et après huit jours » (cf. **4** 43, de Jean II-B), et la présence de Thomas (B 19*). Jean II-B ne fait donc que « dédoubler » la première apparition de Jésus, procédé littéraire dont il est coutumier (Introd., 1 i).

3. La suite du récit reprend les données de Lc **24** 39, ce qui rend l'apparition plus « réaliste » qu'en Jn **20** 19-20. La phrase « et vois mes mains » reprend celle de Lc « Voyez mes mains » ; au « touchez-moi » de Lc répondent les expressions plus développées de Jn « porte ton doigt ici ... porte ta main et mets-la à mon côté ». Enfin, l'adjectif « incrédule » qui termine le v. 27 de Jn fait écho à Lc **24** 41a : « Et comme ils ne croyaient pas encore. » – La suite du récit dénote aussi une parenté littéraire avec Lc/Ac. A la fin du v. 27, l'adjectif *pistos*, au sens religieux de « croyant », ne se lit pas ailleurs dans les évangiles mais revient en Ac **10** 45 et **16** 1.15 (cf. Ap **2** 10 et Paul). Le même adjectif, mais au sens de « fidèle », est construit comme ici avec le verbe *ginesthai* (« devenir ») en Lc **16** 11.12 ; **19** 17 ; He **2** 17 et Ap **2** 10. Au v. 29, la formule « heureux ceux qui... ont cru » a son équivalent en Lc **1** 45 : « et heureuse celle qui a cru » ; il n'existe aucune autre béatitude semblable dans le reste du NT (cf. *infra*). – Voici les caractéristiques stylistiques de la finale du récit. Au v. 27 : « ensuite il dit » (A 108**), « Thomas » (B 19*), « côté » (B 72*). – Au v. 28 : « Thomas » (B 19*), « répondit et dit » (B 6). – Au v. 29 : « Jésus lui dit » (C 12), « tu m'as vu, tu crois » (B 68* et B 82), « qui n'ont pas vu et qui ont cru » (B 68*).

II. LE SENS DU RÉCIT

1. « Après huit jours »

L'apparition du Christ à Thomas est la troisième apparition du Ressuscité à Jérusalem. Une chronologie établie par Jean II-B renforce le lien entre ces trois apparitions ; les deux premières eurent lieu le matin et le soir du premier jour (**20** 1.11 ; **20** 19) ; la troisième, huit jours après (**20** 26). Étant donné son intérêt pour les chiffres (Introd., 7 l-o),

Jean II-B veut probablement montrer que Jérusalem est le lieu par excellence où Jésus s'est manifesté à ses disciples après sa résurrection. Il rejoint ici la tradition lucanienne.

2. LE RÉALISME DE L'APPARITION

En Lc **24** 39, on perçoit deux intentions apologétiques. D'une part, Jésus montre ses mains et ses pieds afin de se faire reconnaître de ses disciples grâce aux plaies encore visibles. D'autre part, Jésus invite ses disciples à le toucher de façon à s'assurer qu'il n'est pas un pur esprit, mais qu'il est revêtu de chair et d'os comme en ont tous les humains. A première lecture, il semblerait que Jean II-B ait repris la première intention apologétique dans son récit de la première apparition de Jésus (**20** 20), et la seconde dans son second récit (**20** 27). En fait, les deux récits johanniques ont la même intention. En **20** 27, on ne trouve aucune référence au fait que l'on pourrait prendre Jésus pour un « esprit ». Si Jésus invite Thomas à le toucher de ses doigts et de sa main, ce n'est pas tellement pour qu'il s'assure de la réalité du corps du Christ, mais pour qu'il « touche du doigt » la réalité des plaies du Ressuscité. Thomas avait lui-même déclaré qu'une simple « vision » ne lui suffirait pas pour croire (**20** 25) ; il estime que le toucher est un sens plus sûr que la vue. Ce qui intéresse Jean II-B, c'est le réalisme *des plaies* qui permettent d'identifier Jésus.

3. LA BÉATITUDE DES CROYANTS

Mais la véritable « pointe » du récit johannique doit être cherchée dans la réflexion finale de Jésus : « Parce que tu m'as vu, tu crois. Heureux ceux qui n'ont pas vu et qui ont cru » (**20** 29). C'est tout le problème de la valeur du « signe » pour croire qui est mis en jeu. Au niveau du Document C et chez Jean II-A, le « signe » est un moyen normal donné aux hommes pour croire en la mission de Jésus (Introd., 5 d et i). Cette théologie du « signe » vaut également lorsqu'il s'agit de croire en la résurrection de Jésus ; Jean II-A l'exprime très bien lorsqu'il note à propos de « l'autre disciple » voyant les bandelettes dans le tombeau vide : « Il vit et il crut » (**20** 8). Pour Jean II-B au contraire, la foi véritable n'a pas besoin de « signes » pour l'étayer (Introd., 5 l-m), et ceci vaut également lorsqu'il s'agit de croire en la résurrection de Jésus. Celui-ci reproche à Thomas d'avoir besoin de voir et de toucher pour croire ; il ne croit que sur le témoignage du « signe ». Cette suspicion à l'égard du signe apparaissait déjà dans le récit de la guérison du fils du fonctionnaire royal de Capharnaüm. Au père venu lui demander la guérison de son fils, Jésus aurait répliqué, selon Jean II-B : « Si vous ne voyez des signes et des prodiges, vous ne croyez pas » (**4** 48). C'était condamner à l'avance la prétention de Thomas : « Si je ne vois pas... je ne croirai pas » (**20** 25). Jean II-B rejoint la perspective théologique des Synoptiques : le miracle n'a pas pour but premier de conduire à la foi, il est plutôt la récompense de la foi (cf. Mc **2** 5 ; **5** 34 ; Mt **8** 13 ; **9** 28 ; Mc **9** 23-25).

Mais le rapprochement le plus intéressant est avec l'évangile de l'enfance de Lc, où il oppose les personnages de Zacharie et de Marie. Zacharie et sa femme sont « avancés en âge » ; un ange leur annonce, de la part de Dieu, qu'ils auront un enfant malgré leur vieillesse ; Zacharie demande un « signe » pour croire à cet événement extraordinaire ; l'ange lui répond qu'il va devenir muet « puisque tu n'as pas cru à mes paroles qui s'accompliront en leur temps » (Lc **1** 18-20). A l'opposé, Marie s'entend dire par Élisabeth : « Heureuse celle qui a cru qu'il y aura accomplissement pour ce qui lui a été dit de la part du Seigneur » (Lc **1** 45) ; ce sont presque les paroles de Jésus à Thomas : « Heureux ceux qui n'ont pas vu et qui ont cru. » On notera que le couple « voir/croire » apparaît sept fois dans l'évangile de Jn (**4** 48 ; **6** 30.36 ; **20** 8.25.29.29) et revient à trois reprises dans le présent épisode. En **20** 25, la négation porte sur le verbe « croire » ; en **20** 29b, elle porte sur le verbe « voir ». La foi parfaite n'est pas celle qui exige des signes (**4** 48), mais celle qui est capable de s'en passer.

Dans cette présentation du « signe », Jean II-B ne voudrait-il pas répondre à une objection de certains chrétiens des communautés johanniques ? Comment croire sans avoir été le témoin oculaire de la résurrection ? Les disciples de Jésus ont bénéficié, semble-t-il, d'une situation privilégiée puisqu'ils ont « vu » le Ressuscité. Non, répond Jean II-B ; ce sont ceux qui croient sans avoir vu qui sont déclarés « heureux ». La foi qui ne s'appuie pas sur la vision est supérieure à la foi qui a besoin d'un « signe ». On rejoint ici une affirmation de l'auteur de la première épître de Pierre, concernant l'amour : « Sans l'avoir vu vous l'aimez, sans le voir encore, mais en croyant, vous tressaillez d'une joie indicible et pleine de gloire » (1 P **1** 8). Pour Jean II-B comme pour l'auteur de 1 P, la situation des chrétiens de la fin du premier siècle n'est pas inférieure à celle des disciples de Jésus, bien au contraire ; leur foi est plus pure puisqu'elle se fonde uniquement sur la Parole de Dieu, non sur des « faits » contrôlés par l'expérience (cf. **4** 41-42). Heureux sont-ils !

Cette théologie du « signe », développée par Jean II-B, sera reprise et durcie dans un des écrits découverts récemment dans la bibliothèque gnostique de Nag Hamadi, la lettre apocryphe de Jacques, que l'on croit pouvoir dater du deuxième siècle : « Songez que vous, vous avez vu le Fils de l'homme ; et celui-ci, vous lui avez parlé et vous l'avez entendu. Malheur à ceux qui ont vu le Fils de l'homme ! Heureux seront ceux qui n'ont pas vu l'homme, et ceux qui n'ont pas eu contact avec lui, et ceux qui ne lui ont point parlé, et ceux qui n'ont rien entendu de lui » (**3** 13-24)... « Heureux seront ceux qui m'ont connu. Malheur à ceux qui m'ont entendu et qui n'ont pas cru ! Heureux seront ceux qui n'ont pas vu mais qui ont cru » (**12** 38-**13** 1).

4. La confession de foi de Thomas

Ayant pu toucher du doigt les plaies du Ressuscité, Thomas reconnaît : « Mon Seigneur et mon Dieu. » Une telle confession de foi est unique dans le NT. Il faut probablement l'interpréter en fonction de Ps **35** 23 (Brown). Le juste persécuté s'adresse à Yahvé de qui il attend le secours : « Éveille-toi, lève-toi pour mon droit, mon Dieu et mon Seigneur pour ma cause » (Septante). Cette confession de foi de Thomas, qui est aussi la dernière de l'évangile, est un des sommets de la christologie johannique. Les différents témoins du ministère public de Jésus n'avaient pas dépassé un certain messianisme. Pour André, Jésus est le Messie (**1** 41) ; pour Nathanaël, le Fils de Dieu et le roi d'Israël (**1** 49) ; pour Nicodème, un Maître qui vient de la part de Dieu (**3** 2) ; pour la Samaritaine, le Christ (**4** 29) ; pour les habitants de Sychar, le Sauveur du monde (**4** 42) ; pour les foules de Galilée, le Prophète par excellence (**6** 14) ; pour Marthe, le Christ, le Fils de Dieu qui vient dans le monde (**11** 27). Pour Thomas, il est « mon Seigneur et mon Dieu ». Le titre de « Seigneur » évoque l'investiture royale que Jésus a reçue en suite de sa résurrection et de son exaltation à la droite de Dieu (note § 361, II A 2). D'une façon plus profonde, par la bouche de Thomas, Jean II-B reconnaît que Jésus peut revendiquer le titre de « Dieu », au sens plein. Grâce à sa résurrection, il a retrouvé la gloire qu'il avait auprès du Père avant que le monde ne fût (**17** 5). Depuis longtemps, le lecteur de l'évangile sait que Jésus, sous le voile de l'incarnation, porte en lui le Nom divin : « Je suis » (**8** 24.58). Par la bouche de Thomas, Jean II-B affirme que vient de se réaliser la prédiction du Christ aux Juifs : « Quand vous aurez élevé le Fils de l'homme, alors vous connaîtrez que Je suis » (**8** 28). Thomas dit au Ressuscité : « Mon Seigneur et mon Dieu » ; l'auteur de la première épître de Jean terminera sa lettre sur ces mots : « Nous sommes dans le Véritable, dans son Fils Jésus Christ; celui-ci est le Dieu véritable et la Vie éternelle » (1 Jn **5** 20).

Note § **369**. *PREMIÈRE CONCLUSION DU QUATRIÈME ÉVANGILE* (Jn **20** 30-31)

I. ANALYSE LITTÉRAIRE

L'évangile de Jn comporte une double conclusion ; la première clôt le cycle des apparitions à Jérusalem (**20** 30-31), la seconde se lit à la fin du chapitre **21** (v. 25). Les commentateurs qui tiennent le chapitre **21** pour un appendice ajouté par les disciples de Jn estiment que **20** 30-31 formait la conclusion primitive de l'évangile de Jn. D'autres pensent que **20** 30-31 se lisait primitivement à la fin du chapitre **21** (Lagrange, Vaganay). Pour Bultmann, ce texte formait la conclusion de ce qu'il appelle la « source des Signes » et serait donc de rédaction pré-johannique. Selon nous, **20** 30-31 est une rédaction de Jean II-B qui s'est inspiré à la fois de **12** 37 (Jean II-A) et de **21** 25 (Document C).

1. On trouve dans ce court passage les caractéristiques stylistiques suivantes. Au v. 30 : « faire des signes » (B 81), « ont été écrits » (B 11*). Au v. 31 : « croire que » (C 43), « croire » (F 20), « avoir la vie » (B 2* ; cf. F 6), « en son nom » (F 21**). Hormis la première, aucune ne se lit ailleurs au niveau du Document C ; le style est donc celui de Jean II.

2. La forme littéraire du v. 31 rejoint celle que l'on trouve dans d'autres textes de Jean II-B ou de 1 Jn. La proposition finale « ... afin que vous croyiez que Jésus est le Christ, le Fils de Dieu » rappelle la confession de foi de Marthe, dans le récit de la résurrection de Lazare : « ... je crois que tu es le Christ, le Fils de Dieu qui vient dans le monde » (Jn **11** 27, de Jean II-B). On rejoint aussi deux textes de 1 Jn qui se suivent à peu de distance l'un de l'autre : « Quiconque croit que Jésus est le Christ... » « ... sinon celui qui croit que Jésus est le Fils de Dieu » (1 Jn **5** 1.5). Notons encore que ce v. 31 offre beaucoup d'analogies avec la finale de 1 Jn :

Jn **20** 31	1 Jn **5** 13
Mais ces (choses) ont été écrites afin que	Ces (choses) je vous ai écrites afin que vous sachiez que *vous avez la vie* éternelle (à vous) qui croyez
vous croyiez que Jésus est le Christ, le Fils de Dieu, et que, en croyant, *vous ayez la vie* en son nom.	au nom du Fils de Dieu.

La construction « écrire afin que » ne se lit ailleurs dans les écrits johanniques qu'en 1 Jn **1** 4 et **2** 1. Rappelons que la formule « (à vous) qui croyez (*tois pisteuousin*) au nom du Fils de Dieu » a son équivalent dans un autre texte de Jean II-B : « à ceux qui croient (*tois pisteuousin*) en son nom » (Jn **1** 12).

3. Jn **20** 30 offre des affinités avec Jn **12** 37, que nous avons attribué à Jean II-A, et avec Jn **21** 25, que nous croyons être du Document C. Comparons les textes en les traduisant très littéralement :

12 37	**20** 30	**21** 25a
Mais tant de signes lui ayant fait devant (*emprosthen*) eux...	Donc encore beaucoup d'autres signes fit Jésus devant (*enôpion*) ses disciples qui n'ont pas été écrits dans ce livre.	Mais il y a encore beaucoup d'autres (choses) que fit Jésus que, si on les écrivait en détail...

Jn **20** 30 reprend à **12** 37 le thème des « signes » faits par Jésus « devant » les hommes ; il reprend à **21** 25a le thème de la multiplicité des actions faites par Jésus, impossible à rapporter dans un livre. On notera toutefois la tonalité « lucanienne » du texte de **20** 30. Au lieu de « Mais il y a encore beaucoup d'autres... » (*estin de kai alla polla*), on a en **20** 30 « Donc encore beaucoup d'autres » (*polla men oun kai alla*) ; la juxtaposition des particules *men oun* ne se retrouve ailleurs chez Jn qu'en **19** 24, texte de Jean II-B, et est, dans le NT, caractéristique du style des Actes (0/0/1/2/27/9) ; par ailleurs, on lit en Lc **3** 18 une structure grammaticale analogue malgré l'emploi de *hetera* au lieu de *alla* pour dire « autres » : « Donc encore beaucoup d'autres... » (*polla men oun kai hetera...*). Notons encore que pour dire « devant », au lieu de *emprosthen* (**12** 37), on a en **20** 30 *enôpion* ; or cette préposition, qui se lit encore en 1 Jn **3** 22 et **3** Jn 6, ne se lit ailleurs dans les évangiles et les Actes qu'en Lc/Ac (0/0/22/1/13). Cette parenté du style de **20** 30 avec celui de Lc/Ac confirme la rédaction par Jean II-B de cette finale de l'évangile (cf. Introd., 8 c).

II. LE SENS DU TEXTE

1. On s'est étonné de la présence de cette conclusion en Jn **20** 30-31 alors que l'évangile se poursuit au chapitre **21**. Mais on rencontre la même anomalie dans la première épître de Jn, où 1 Jn **5** 13 est une conclusion bien que l'épître se poursuive encore pendant quelques versets (**5** 14-21). Ce type de conclusion insérée avant la fin d'un livre trouve des parallèles dans l'AT et Philon d'Alexandrie, sans parler de la littérature profane gréco-latine (cf. Bultmann). Nous ne citerons ici que l'exemple le plus frappant fourni par 1 M **9** 22 : « Le reste des actions de Judas, de ses guerres, des exploits qu'il accomplit et de ses titres de gloire, n'a pas été écrit ; il y en avait trop. » En insérant avant la fin de son évangile une conclusion provisoire, Jean II-B ne fait donc qu'utiliser un procédé littéraire bien attesté dans la littérature antique.

2. Au lieu de la formule vague de Jn **21** 25a : « Mais il y a encore beaucoup d'autres (choses) que fit Jésus... »,

Jean II-B mentionne ici explicitement les « signes » que fit Jésus, comme en **12** 37. Ceci peut s'expliquer par le fait que, pour Jean II-B, la résurrection de Jésus est le « signe » par excellence qui couronne la série des « signes » qu'il a effectués durant sa vie terrestre (cf. Jn **2** 18-21). Mais une question se pose : Jean II-B voudrait-il accorder aux « signes » une importance qu'il leur dénie ailleurs ? Non, car il ne les mentionne que pour affirmer que Jésus en a opérés en bien plus grand nombre que ceux qui sont racontés dans ce livre (**20** 30). Dès le v. 31, il revient à une formule plus générale. Le pronom « ces (choses) » ne désigne pas seulement les « signes », mais aussi les paroles de Jésus et plus exactement tout le contenu du livre que Jean II-B vient d'écrire. Il veut attirer l'attention du lecteur sur ce témoignage écrit de la vie de Jésus. C'est ce témoignage, et non les signes, qui doit amener le lecteur à croire « que Jésus est le Christ, le Fils de Dieu », c'est-à-dire au même acte de foi que Marthe adhérant à la *parole* de Jésus lui promettant que son frère ressuscitera (**11** 27). Cet acte de foi produira un autre fruit : le don de la vie (cf. **3** 36 ; **6** 40.47 et aussi **5** 40). On retrouve ici, non seulement l'importance du témoignage des disciples pour les générations à venir, qui correspond bien à la théologie de Jean II-B, mais encore un écho de l'enseignement de la première épître : « Je vous ai écrit ces (lignes) afin que vous sachiez que vous avez la vie éternelle, (à vous) qui croyez au nom du Fils de Dieu » (1 Jn **5** 13).

Note § **371.** *APPARITION AU BORD DU LAC DE TIBÉRIADE* (Jn **21** 1-14)

I. ANALYSES LITTÉRAIRES

L'évangile de Jn est le seul à raconter comment Jésus ressuscité apparut à quelques disciples au bord du lac de Tibériade. Le récit est fort complexe. On peut y distinguer les éléments suivants. L'épisode de la pêche miraculeuse (**21** 1-4a, 6, 11d), qui offre des analogies indéniables avec le récit de Lc **5** 1-11, lequel n'a rien qui puisse évoquer une apparition du Christ ressuscité. – Un repas de pain et de poisson grillé offert par Jésus aux disciples (**21** 5, 9, 12-13) ; certains détails toutefois sembleraient indiquer que le repas fut aussi constitué par les poissons provenant de la pêche miraculeuse (**21** 10-11). – Jésus ressuscité se fait reconnaître par ses disciples ; cette « reconnaissance » est mentionnée : une première fois à propos de la pêche miraculeuse (**21** 4b. 7) ; une seconde fois à propos du repas offert par Jésus (**21** 12b). C'est un véritable imbroglio ! A la suite de Schwartz et de Wellhausen, presque tous les commentateurs modernes s'accordent à reconnaître que Jn fusionne ici deux récits différents : la pêche miraculeuse et le repas offert par Jésus aux disciples. De nombreux détails de la genèse du texte actuel restent cependant obscurs ; les commentateurs ne s'accordent d'ailleurs même pas sur la reconstitution exacte des deux récits primitifs. Clarifier l'imbroglio constitué par Jn **21** 1-14 est donc une opération fort délicate ; mais il faut bien l'entreprendre.

Pour rendre notre exposé aussi clair que possible, nous allons procéder ainsi. Nous supposerons acquise la distinction fondamentale des deux récits primitifs, en provenance du Document C : pêche miraculeuse et repas offert par Jésus aux disciples, repas qui eut lieu après la résurrection. Nous allons disposer tout de suite le texte johannique en supposant les problèmes résolus. Dans une colonne de gauche, nous mettrons les éléments du récit de Lc **5** 1-11 qui ont leur parallèle en Jn. Dans une colonne de droite, nous disposerons ainsi le texte johannique : d'abord les éléments du Document C appartenant au récit de pêche miraculeuse (C¹) ; puis les éléments du Document C que Jn reprend du récit de repas post-pascal (C²) ; enfin les additions effectuées par Jean II-B (Jean II-A ne semble pas avoir introduit de modifications appréciables dans les récits de sa source). Nous justifierons ensuite les options que nous avons prises.

Lc **5**	C¹	C²	II-B
	21 1		Après cela,
			Jésus se manifesta de nouveau
			à ses disciples
			au bord de la mer de Tibériade.
			Il se manifesta ainsi.
	2		Étaient ensemble Simon-Pierre
			et Thomas qui est appelé Didyme et Nathanaël
			qui est de Cana de Galilée
			et les fils de Zébédée
			et deux autres de ses disciples.
8 Or Simon-Pierre...	3		Simon-Pierre leur dit : « Je vais pêcher. » Ils lui disent :
			« Nous venons nous aussi avec toi. » Ils partirent et
10 de même Jacques et Jean, les fils de Zébédée...			montèrent dans la barque
5 Et, répondant, Simon dit : « Maître, ayant peiné toute une nuit, nous n'avons rien pris... »			et cette nuit-là
			ils ne prirent rien.

Lc 5	C¹	C²	II-B

1 ... et lui se tenait au bord du lac de Gennésareth...

4 Or, le matin étant déjà arrivé,
Jésus se tint sur le rivage ;

les disciples toutefois ne savaient pas que c'était Jésus.
5 Jésus leur dit donc : « Enfants, avez-vous quelque nourriture ? » Ils lui répondirent : « Non. »
6 Mais lui
(Il) leur dit :

4 ...il dit à Simon :
« Va au large en eau profonde et lâchez vos filets

« Jetez le filet au côté droit de la barque et vous trouverez. »
Ils le jetèrent donc
et ils ne pouvaient plus le retirer
à cause de l'abondance des poissons.

pour la pêche. »
6a Et, l'ayant fait,
ils prirent
une grande abondance de poissons...

7 Ce disciple que Jésus aimait dit donc à Pierre : « C'est le Seigneur. »
Simon-Pierre donc, ayant entendu que c'est le Seigneur, se ceignit de son vêtement
— car il était nu — et se jeta à la mer.
8 Mais les autres disciples vinrent avec la barque, car ils n'étaient pas loin de la terre, mais à environ deux cents coudées, en traînant le filet de poissons.
9 Lorsque
donc
ils furent descendus à terre, ils voient là un feu de braises et du poisson placé dessus (.)
et du pain.
10 Jésus leur dit : « Apportez du poisson que vous venez de prendre.
11 Simon-Pierre monta et tira le filet à terre, plein de grands poissons,
au nombre de cent cinquante-trois ; et, quoiqu'il y en eût tant, le filet ne se déchira pas.
12 Jésus leur dit : « Venez, déjeunez. » Or aucun des disciples
n'osait lui demander : « Qui es-tu ? »,
sachant que c'était le Seigneur.
13 Jésus vient et il prend (le poisson)
le pain
et il le leur donne (.)
et de même le poisson.
14 Ceci fut déjà la troisième fois que Jésus fut manifesté (.)
aux disciples, éveillé des morts.

A) L'ACTIVITÉ RÉDACTIONNELLE DE JEAN II-B

Selon l'hypothèse que nous avons adoptée, Jean II-B a fusionné un récit de pêche miraculeuse et un récit de repas offert par le Ressuscité à ses disciples. L'activité rédactionnelle de Jean II-B est plus facile à déceler là où il reprend le récit de pêche miraculeuse, car nous pouvons comparer son texte à celui de Lc 5 1-11. Cette comparaison reste toutefois incomplète car Lc a abandonné le début du récit primitif pour le remplacer par une nouvelle mise en scène qui correspond au début de l'enseignement en paraboles de Mc/Mt (Synopse, Tome II, note § 38).

1. Les noms des disciples

a) Au v. 2, nous trouvons une liste des disciples qui vont participer à la pêche : Simon-Pierre, Thomas, Nathanaël, les fils de Zébédée (c'est-à-dire Jacques et Jean), enfin deux autres disciples qui ne sont pas nommés ; ils sont au nombre de sept. Ce chiffre, qui symbolise la totalité, est spécialement apprécié de Jean II-B (Introd., 7 m) ; on peut donc se demander s'il n'aurait pas complété le nombre des disciples mentionnés dans le récit primitif afin d'en obtenir sept. Une réponse affirmative s'impose si l'on tient compte des remarques suivantes. A la fin du v. 2, la formule « et deux autres de ses disciples » (C 79*) fait écho à celle de Jn **1** 35 : « ... Jean se tenait là, *et deux de ses disciples* » ; il s'agit de ceux qui vont devenir les premiers disciples de Jésus. Or, en comparant **1** 35-37 et **21** 1-14, on constate que les deux passages contiennent le même procédé rédactionnel. Dans le premier, il est question de *deux* disciples et le mot « disciple » revient *deux fois* (**1** 35.37) sans plus jamais réapparaître dans ce récit de vocation (**1** 35-51) ; de même, dans le récit de la pêche miraculeuse, les disciples sont au nombre de *sept* et le mot « disciple » revient *sept fois* (**21** 1.2.4.7.8.12.14). On attribuera difficilement une telle coïncidence au hasard, d'autant qu'un tel procédé rédactionnel se retrouve ailleurs (Introd., 7 l). La rédaction de Jn **1** 35-37 est, il est vrai, de Jean II-A ; mais, étant donné l'intérêt de Jean II-B pour le chiffre « sept », il vaut mieux voir dans le procédé utilisé en Jn **21** 1-14 la main de Jean II-B.

Quels disciples a-t-il ajoutés en **21** 2 ? Le récit parallèle de Lc ne mentionne explicitement que Simon-Pierre (Lc **5** 8) et les fils de Zébédée (Jacques et Jean : **5** 10), noms que l'on retrouve en Jn **21** 2. Si le nom de « Simon-Pierre » est fréquent chez Jn (B 32), il ne se lit chez Lc qu'en **5** 8. Tout porte à croire que Lc le reprend du récit primitif. Quant à l'expression « les fils de Zébédée », elle ne se lit ailleurs ni chez Lc ni chez Jn ; elle doit donc provenir de leur source commune. On objectera qu'en **5** 10, Lc a complété le récit de sa source en s'inspirant de Mc **1** 19 ; mais dans ce texte, comme dans la liste des disciples donnée en Mc **3** 17 et Mt **10** 2, on a la formule « Jacques le fils de Zébédée et Jean son frère » ; l'accord de Lc **5** 10 et Jn **21** 2 sur l'expression au pluriel « les (fils) de Zébédée » semble indiquer que Lc la lisait lui aussi dans sa source. D'ailleurs, la précision que ces fils de Zébédée étaient « compagnons » de Simon rapproche Lc **5** 10 de Jn **21** 2 plus que de Mc **1** 16-20.

En résumé, le récit primitif, commun à Jn et à Lc, ne mentionnait que Simon-Pierre et les fils de Zébédée (cf. R. Pesch). Jean II-B ajouta tous les autres noms. Le choix du nom de « Thomas » (B 19*) se comprend puisqu'il tient une place essentielle dans l'épisode précédent, que nous avons attribué à Jean II-B ; on notera l'expression « Thomas, qui est appelé Didyme » (A 105**). « Nathanaël » (A 49) ne pouvait se lire dans le récit primitif ; pour l'auteur du Document C, en effet, c'est un Docteur de la Loi (**1** 45-49 ; cf. le commentaire) et non un pêcheur de métier, originaire de « Cana de Galilée » (A 85) ; ce nom fut ajouté par Jean II-B qui a repris du récit de Jn **1** 35-51, d'une part les « deux autres disciples » de **1** 35, d'autre part Nathanaël nommé en **1** 45 : les deux premiers et le dernier de cette scène de vocation.

b) Au v. 1, il faut attribuer à Jean II-B l'addition de l'expression « à ses disciples » ; elle fut ajoutée afin d'obtenir les *sept* mentions du mot « disciple » (cf. *supra*). Cette expression ne se comprend guère, en effet, qu'en référence à la totalité des disciples, comme ailleurs dans les évangiles ; elle n'aurait pas convenu à un récit où il n'était question que de Simon-Pierre et des fils de Zébédée.

A la fin du v. 1, la redondance « il (se) manifesta ainsi » (E 2) est aussi une addition de Jean II-B, qui a voulu mettre dans le récit trois fois le verbe « manifester » (vv. 1 et 14),

comme il mettra trois fois l'expression « le Seigneur » (vv. 7 et 12) ; il s'agit de la manifestation de Jésus comme « Seigneur ».

Jean II-B ajouta enfin la suture rédactionnelle « Après cela » (B 29*) au début du v. 1. Nous verrons plus loin, en effet, que c'est lui qui a placé ici cet épisode de la pêche miraculeuse.

2. UNE APPARITION DE RECONNAISSANCE

Au niveau du Document C et de Jean II-A, la pêche miraculeuse constituait le troisième des miracles accomplis par Jésus en Galilée (Introd., 2 g) ; Jean II-B en a fait une apparition du Christ ressuscité. Il faut donc lui attribuer les vv. 4b et 7, évidemment liés, qui précisent que cette apparition de Jésus fut une apparition de reconnaissance. Jean II-A avait utilisé un jeu de scène analogue dans le récit de l'apparition à Marie de Magdala (cf. *infra* et note § 361). Mais l'attribution des vv. 4b et 7 à Jean II-B est confirmée par la mention du « disciple que Jésus aimait » (v. 7), qui n'intervient ailleurs que dans les textes de Jean II-B (**13** 23 ; **19** 26 ; **21** 20 ; cf. C 8*) tandis que Jean II-A parle de « l'autre disciple » (**18** 15-16 ; **20** 2 ss.). On notera que la phrase « Simon-Pierre donc, ayant entendu... se ceignit... » a même structure que celles de **6** 60 : « Beaucoup donc... ayant entendu, dirent... », et de **19** 13 : « Pilate donc, ayant entendu... mena Jésus dehors », deux textes que nous avons attribués à Jean II-B. Enfin la formule « car il était » (*èn gar*) ne se lit ailleurs chez Jn que dans des additions effectuées par Jean II-B (**3** 19 ; **18** 13 ; **19** 31).

On relèvera encore les caractéristiques stylistiques suivantes ; au v. 4b : « toutefois » (C 46*), « ne savaient pas » (F 25). Au v. 7 : « dit donc » (A 26*), « Simon-Pierre » (B 32), « se ceignit » (A 104).

3. LE NOMBRE DES POISSONS PÊCHÉS

a) Jean II-B ajouta au récit primitif les vv. 8 et 10-11. Son but premier était d'indiquer le nombre des poissons capturés, qui avait pour lui une valeur symbolique comme on le verra dans la seconde partie de la note ; il voulait aussi établir un lien avec le thème du repas post-pascal qu'il ajoutait au récit de la pêche miraculeuse.

aa) En Jn **21** 11a, on lit : « Simon-Pierre monta (dans la barque) et tira le filet à terre... » Ce geste de Pierre implique qu'il est auparavant descendu de la barque. Le début du v. 11 est donc inséparable du v. 7 ajouté, on l'a vu, par Jean II-B, où Pierre se jette à l'eau pour rejoindre plus vite Jésus. Par ailleurs, nous apprenons que les poissons pêchés étaient au nombre de cent cinquante-trois. Cette précision, absente du parallèle de Lc, n'est pas primitive. Or on connaît l'intérêt de Jean II-B pour la symbolique des nombres (cf. *supra*, les « sept » disciples, et Introd., 7 l-o). C'est donc lui qui est responsable de l'insertion du v. 11a.

Le v. 11b précise « Et, quoiqu'il y en eût tant (de poissons), le filet ne se déchira pas. » Cette finale rejoint en partie le texte de Lc **5** 6 : « ... et leurs filets se rompaient », où l'imparfait a un sens inchoatif ; il faut comprendre que les filets étaient sur le point de se rompre sous le poids des poissons. Ce détail, commun à Lc et à Jn, se lisait-il dans leur source commune ? C'est possible. Dans ce cas, au niveau du récit primitif, il devait se lire à la fin du v. 6. Mais, étant donné la valeur symbolique du « filet », dans le récit johannique, liée à celle des poissons représentant les chrétiens de tous les temps (cf. *infra*), nous pensons que ce détail a dû être introduit aussi par Jean II-B. C'est donc l'ensemble du v. 11 qu'il faut attribuer à Jean II-B.

ab) Pour que les poissons puissent être comptés, il faut que le filet soit ramené à terre. Jean II-B a donc ajouté au récit primitif le v. 8, qui est d'ailleurs lié à son v. 7. Tandis que Pierre se jette à l'eau pour atteindre plus vite le rivage où se trouve Jésus (**21** 7), les autres disciples viennent avec la barque ; et comme ils n'avaient pas pu retirer le filet de l'eau pour faire tomber les poissons dans le bateau (v. 6, du récit primitif), ils traînent le filet derrière la barque (v. 8c). Jean II-B, qui aime les chiffres, en profite pour préciser que l'opération ne fut pas trop difficile puisque le bateau ne se trouvait qu'à environ deux cents coudées du rivage, soit 90 mètres.

ac) Pour compléter son récit, Jean II-B devait encore trouver un motif pour que les poissons fussent amenés jusqu'à terre afin de pouvoir être comptés. Il se tire assez bien de cette difficulté. Après le v. 8, il insère le v. 9 repris du récit de repas post-pascal : en descendant à terre, les disciples voient un feu de braises avec du poisson placé dessus. Il ajoute ensuite le v. 10 : Jésus commande aux disciples d'apporter des poissons qu'ils ont pris ; le lecteur comprend que ces poissons vont compléter le repas déjà préparé (pour Jean II-B, il y a maintenant sept convives au lieu de trois). Ce v. 10 établit donc un lien entre les deux récits que Jean II-B combine : la pêche miraculeuse et le repas offert par le Ressuscité ; il prépare en même temps le jeu de scène essentiel du v. 11 : les poissons capturés pourront être comptés. Dans son travail rédactionnel, Jean II-B commet toutefois une légère faute. En grec, le mot « poisson » se dit normalement *ichthys*; c'est effectivement ce mot qui est employé aux vv. 6, 8 et 11. Au v. 9, en provenance du récit de repas post-pascal, on a *opsarion*, car il s'agit de « poisson grillé ». Mais au v. 10, Jean II-B, influencé par le v. 9, emploie *opsarion* (A 69) au lieu de *ichthys*, bien qu'il s'agisse de poissons encore vivants !

b) Dans l'ensemble, le vocabulaire et le style des vv. 8 et 10-11 sont johanniques. On notera d'abord les particularités suivantes. Au début du v. 8, l'expression « les autres disciples » (cf. A 31*) au pluriel est propre à Jean II-B (cf. **20** 25). Tandis que, dans le récit primitif, le mot « barque » se dit *ploion* (**21** 3.6), on a, au v. 8, le diminutif *ploiarion* (C 56**). La phrase « ils n'étaient pas loin de la terre, mais à environ deux cents coudées » rappelle celle de Jn **11** 18 « Béthanie était proche de Jérusalem, à environ quinze stades », que nous avons attribuée à Jean II-B. Pour lier le v. 8 au v. 9, repris du récit de repas post-pascal, Jean II-B a ajouté la particule « donc » ; il obtient ainsi l'expression « lorsque donc » (B 30*), fréquente

surtout chez lui. Au v. 10, l'expression « des poissons » est rendue par la préposition *apo* suivie d'un génitif partitif ; sous la plume de Jn, on aurait attendu la préposition *ek* ! Mais le texte johannique n'est pas assuré puisqu'on lit *ek* dans plusieurs manuscrits (L D *b*). Au v. 11, la proposition « quoiqu'il y en eût tant » (F 35*) traduit un génitif absolu grec (*tosoutôn ontôn*)*;* une telle construction grammaticale est relativement fréquente chez Jean II-B. Les autres caractéristiques stylistiques de ces versets sont plus neutres : au v. 10, « Jésus leur dit » (C 12), « prendre » (C 5), verbe que Jean II-B reprend ici du Document C (cf. **21** 3) ; au v. 11, « Simon-Pierre » (B 32), « tirer » (B 37), repris de **21** 6, et « plein » (E 16).

4. LA CONCLUSION DU RÉCIT

En **21** 14, la conclusion du récit répond à son introduction (**21** 1), avec le thème commun de la « manifestation » de Jésus ; elle provient du récit de pêche miraculeuse (cf. *infra*). On attribuera toutefois à Jean II-B, d'une part la mention des « disciples », pour les raisons données déjà à propos du v. 1, d'autre part l'expression « éveillé des morts » (F 38**), ajoutée lorsque le récit de pêche miraculeuse est devenu un récit d'apparition du Christ ressuscité.

B) DEUX RÉCITS DU DOCUMENT C

BA) *LA PÊCHE MIRACULEUSE*

Le récit primitif de la pêche miraculeuse est un récit du Document C (Introd., 2 g). Contentons-nous ici de quelques remarques sur le style et le vocabulaire de cet épisode. Au v. 1 et au v. 14, le verbe « manifester » (E 2) est de tonalité johannique, mais Jn est influencé par la façon de parler du Document C (Introd., 1 r) ; au v. 1 toutefois, on a la forme réfléchie « se manifester » (A 155), propre au Document C. De même, si le terme « Tibériade » (A 129) est johannique, l'expression « mer de Tibériade » est unique dans tout le NT (il faut corriger le texte donné par les éditions critiques en Jn **6** 1 ; voir note § 151). – Au v. 2 (cf. encore au v. 3), le nom double « Simon-Pierre » (B 32) est typiquement johannique, mais Jn le reprend du Document C puisqu'il est attesté aussi en Lc **5** 8 ; on l'a d'ailleurs déjà rencontré en **18** 15 et **20** 2 au niveau du Document C. L'adverbe « ensemble » (B 97) est aussi une caractéristique johannique ; mais en Jn **4** 36 et **20** 4, de Jean II, il est pris au sens temporel, et non au sens local comme ici et en Ac **2** 1. La formule « les fils de Zébédée » ne se lit nulle part ailleurs chez Jn, ni d'ailleurs chez Lc (mais cf. Mt **20** 20 ; **26** 37 ; **27** 56 ; Mc **10** 35 ; et aussi Mt **4** 21 ; **10** 2 ; Mc **1** 19 ; **3** 17). – Au v. 3, le verbe « je vais » (*hypagô*) est suivi d'un infinitif ; c'est le seul cas dans le NT ; une telle construction grammaticale est contraire au style de Jean II qui, après un verbe de mouvement, préfère *hina* et le subjonctif (B 76) ; en revanche, le Document C préfère l'infinitif, comme ici (**4** 7 ; **14** 2). Dans la réponse des fils de Zébédée à Pierre, l'expression « avec toi » n'est pas johannique ; pour dire « avec », Jn a d'ordinaire *meta* et le génitif (40 *fois*) ; on ne trouve *syn* et le datif, comme ici, qu'en **18** 1 du Document C. A la fin du v. 3, le verbe « prendre » est de tonalité johannique (C 5), mais, sauf en **21** 10, qui reprend **21** 3, il est partout ailleurs utilisé en référence au Christ. – Au v. 4a, on notera la formule « Or le matin étant arrivé » ; elle a son équivalent en Mt **27** 1, et ce sont les deux seuls passages du NT où se lit l'adjectif substantivé « matin » (*prôïa*). Par ailleurs, la structure grammaticale est analogue à celle qui est employée dans la formule « le soir étant arrivé », fréquente chez Mt (6 fois) et Mc (5 fois), mais que Lc et Jean II évitent (cf. Jn **6** 16 ; **20** 19). Le mot « rivage » ne se lit pas ailleurs chez Jn, mais simplement parce qu'il n'a pas eu l'occasion de l'employer. – Au v. 6, le mot « abondance », qui se lit aussi dans le parallèle de Lc, est peu johannique (*plèthos* : 0/2/8/2/17/3) ; le seul autre emploi chez Jn est en **5** 3, que nous avons attribué à Jean II-B. Deux autres expressions sont contraires au style de Jn. Pour dire « pouvoir », Jn utilise d'ordinaire le verbe *dynamai* (36 fois) ; jamais ailleurs le verbe *ischyô*, comme ici (4/4/8/1/6/5). D'autre part, pour indiquer le motif qui empêche les disciples de tirer le filet, nous avons ici *apo* et le génitif (« à cause de »), construction grammaticale que l'on ne trouve nulle part ailleurs chez Jn (4/0/5/1/4) ; on a d'ordinaire *dia* et l'accusatif (26 fois).

L'abondance des notes non johanniques interdit d'attribuer ce récit à Jean II. Certaines expressions sont également étrangères à la tradition synoptique ; ceci confirme l'attribution du récit au Document C. On notera toutefois quelques caractéristiques stylistiques, communes à toute la tradition johannique : au v. 3, « Simon-Pierre leur dit » (C 12) ; au v. 6, « Jetez le filet ... ils le jetèrent donc » (B 24), « tirer » (B 37), « ne... plus » (F 5) ; toutes ces caractéristiques sont attestées ailleurs au niveau du Document C.

BB) *LE REPAS POST-PASCAL*

Voici quels sont les éléments du récit johannique qui s'y rattachent ; nous verrons plus loin qu'ils n'appartenaient pas tous au récit primitif.

5 Jésus leur dit donc : « Enfants, avez-vous quelque nourriture ? » Ils lui répondirent : « Non ».

9 Lorsque ( ) ils furent descendus à terre, ils voient là un feu de braises et du poisson placé dessus et du pain.

12 Jésus leur dit : « Venez, déjeunez. » Or, aucun des disciples n'osait lui demander : « Qui es-tu ? », sachant que c'était le Seigneur.

13 Jésus vient et il prend le pain et il le leur donne, et de même le poisson.

Ce texte ne forme pas un récit complet ; il n'en est que la seconde partie. Quel en était le début ? Nous proposons de le rattacher au récit de la marche sur les eaux, que beaucoup d'auteurs tiennent pour un récit d'apparition du Christ ressuscité qui aurait été transformé et déplacé au cours de sa transmission dans la tradition évangélique (cf., entre autres : Leipoldt, Bultmann, Dodd).

1. La marche sur les eaux

Le récit de la marche sur les eaux se lit en Mc **6** 45-52 ; Mt **14** 22-33 ; Jn **6** 16-21. Sous sa forme actuelle, il s'est enrichi d'un certain nombre de traits en provenance du récit de la tempête apaisée (cf. Synopse, Tomes II et III, note § 152). Si l'on fait abstraction de ces traits, on obtient un récit plus simple qui, comme l'a montré Dodd, offre les traits typiques d'un récit post-pascal, surtout dans sa version johannique qui pourrait être plus archaïque que celle de Mc/Mt. Les disciples sont sur la mer tandis que Jésus n'est pas avec eux (Jn **6** 17) ; ils voient Jésus marchant sur la mer (**6** 19) ; ils sont effrayés (**6** 19), mais Jésus se fait reconnaître : « C'est moi, n'ayez pas peur » (**6** 20). Tandis qu'ils veulent le prendre dans la barque, celle-ci arrive à terre (**6** 21), donc sans que Jésus soit monté. Il *pourrait* fort bien s'agir là d'une « apparition » du Christ ressuscité.

Le récit de Mc/Mt contient un détail absent de celui de Jn, qui accentue le thème « apparition » dans l'épisode : « Mais eux, le voyant marchant sur la mer, *pensèrent que c'est un fantôme* et poussèrent des cris » (Mc **6** 49 ; cf. Mt **14** 26). Le mot grec traduit par « fantôme » signifie littéralement « apparition » ; il pouvait s'appliquer, soit à une personne apparaissant à quelqu'un au cours d'un rêve, soit au spectre d'un mort qui apparaît sous forme visible (cf. Platon, Phédon 81 d). C'est ce dernier sens qu'il faut donner au mot « fantôme » dans le récit de Mc/Mt. Ce récit offre alors des analogies certaines avec celui de 1 S **28** 8-14, dans lequel Saül fait revenir sur terre le spectre de Samuel, au grand effroi de la sorcière d'En-Dor qui pousse un cri en le voyant. Ce détail est donc un indice précieux du sens que l'on pouvait donner à cette « apparition » de Jésus au bord de la mer.

2. Le témoignage de Lc

Lc a omis le récit de la marche sur les eaux ; mais, fait remarquable, il en donne certains détails dans le récit de *l'apparition de Jésus* aux Onze, à Jérusalem (Lc **24** 36-43). On lit en Lc **24** 37 : « Stupéfaits et saisis de peur, ils pensaient voir un esprit » ; ce qui correspond à Mc **6** 49 : « Mais eux, le voyant marchant sur la mer, pensèrent que c'est un fantôme. » En Lc **24** 38, Jésus dit aux disciples : « Pourquoi êtes-vous troublés... ? », thème qui correspond à celui de Mc **6** 50 : « ... tous le virent et furent troublés. » En Lc **24** 39, Jésus dit aux disciples : « Voyez mes mains et mes pieds », ce qui correspond à Jn **20** 20a ; mais il ajoute : « C'est moi-même ! », détail qui reprend Mc **6** 50 : « C'est moi, n'ayez pas peur. » Lc semble donc connaître une tradition selon laquelle le récit de la marche sur les eaux aurait été, en fait, un récit d'apparition du Christ ressuscité.

Continuons l'inventaire de certains détails que Lc donne dans le récit de l'apparition aux Onze. En **24** 41, Jésus demande aux disciples : « Avez-vous ici quelque aliment ? » Et le récit poursuit : « Eux lui donnèrent une part de poisson grillé. » Nous rejoignons cette fois, non plus le récit de la marche sur les eaux, mais celui de Jn **21**. Jésus demande aux disciples : « Enfants, avez-vous quelque nourriture ? »

(21 5) ; puis il est question d'un repas fait de poisson (grillé ; *opsarion*) et de pain (21 9.13).

De nombreux traits donnés par Lc dans le récit de l'apparition de Jésus aux Onze correspondent donc, d'une part au récit de la marche sur les eaux, d'autre part au récit de repas post-pascal dont Jn 21 *n'a conservé que la seconde partie*. Au témoignage de Lc, la première partie du repas post-pascal dont témoigne Jn 21 aurait donc été constituée par l'apparition de Jésus marchant sur les eaux.

3. LE TÉMOIGNAGE DE JEAN II-B

D'après Jn 21 7, ajouté par Jean II-B (cf. *supra*), le disciple que Jésus aimait reconnaît « le Seigneur » dans l'homme qui se tient sur le rivage ; à cette nouvelle, Simon-Pierre se jette à l'eau afin de rejoindre plus vite Jésus. Nombre de commentateurs ont rapproché ce jeu de scène de celui qui se lit en Mt 14 28-30, à la fin du récit de la marche sur les eaux. Après que Jésus s'est fait reconnaître des disciples en leur disant « C'est moi » (Mt 14 27 ; Mc 6 50), Pierre lui dit : « Seigneur, si c'est toi, commande-moi de venir sur les eaux. » Jésus lui dit : « Viens » ; Pierre descend alors sur la mer et vient vers Jésus en marchant lui-même sur la mer ; mais le doute le prend et il commence à s'enfoncer dans l'eau. L'analogie de situation avec Jn 21 7 est indéniable ; dans les deux cas, la démarche de Pierre qui vient vers Jésus en se jetant à l'eau ou en marchant sur la mer (mais il coule !) est motivée par une « reconnaissance » de Jésus. Jean II-B n'aurait-il pas repris à Mt 14 28-30 le jeu de scène qu'il place en 21 7 ? Et si oui, ne serait-ce pas un indice qu'il était conscient du lien primitif qui unissait le récit de la marche sur les eaux et le repas post-pascal ?

4. L'ACTIVITÉ RÉDACTIONNELLE DE JEAN II-B

a) Nous avons réuni un certain nombre d'indices qui permettent d'envisager l'hypothèse selon laquelle le repas post-pascal raconté en Jn 21 5.9.12-13 formerait la seconde partie d'un récit plus ample dont la première partie aurait été constituée par l'épisode de la marche sur les eaux. Nous devons toutefois faire ici une remarque qui diminue la force d'un des arguments avancés plus haut en faveur de cette hypothèse. On lit en Jn 21 5 : « Jésus leur dit donc : Enfants, avez-vous quelque nourriture ? Ils répondirent : Non. » Ce verset, avons-nous dit, a son parallèle en Lc 24 41b : « Il leur dit : Avez-vous ici quelque aliment ? » Mais il est difficile d'attribuer Jn 21 5 à un récit pré-johannique étant donné ses caractéristiques stylistiques : « Enfants » (A 123**), « dit donc » (A 26*), « Jésus leur dit » (C 12), le *mè* interrogatif (F 3*), surtout suivi d'un pronom indéfini (cf. Jn 4 33 ; 7 48). La phrase « ils répondirent : Non » (cf. B 74) a son répondant exact en Jn 1 21 : « Et il répondit : Non », que nous avons attribué à Jean II-A. Ce v. 5, inséré dans la partie du récit appartenant à l'épisode primitif de la pêche miraculeuse, a donc été rédigé par Jean II-B sous l'influence de Lc 24 41b.

Cette insertion du v. 5 entraînant un changement de sujet (« les disciples », à la fin du v. 5 ; « Jésus », au v. 6), Jean II-B a dû ajouter au début du v. 6 le démonstratif *ho de*, traduit par « Mais lui » (cf. 1 38 ; 4 32 ; 9 15.17 ; 18 7 ; 20 25).

b) Au v. 12, on lit l'expression « aucun des disciples » ; elle s'explique mieux dans le cas où les disciples auraient été relativement nombreux, comme au niveau de Jean II-B où ils sont sept ; elle s'explique moins bien s'il n'y avait que trois disciples, comme dans le Document C et au niveau de Jean II-A. La mention des disciples fut donc ajoutée ici par Jean II-B, comme partout ailleurs dans ce récit ; n'oublions pas qu'il doit multiplier ces mentions de façon à en obtenir sept (cf. *supra*).

c) On peut se demander enfin si, aux vv. 9 et 12, Jean II-B n'aurait pas ajouté du pain pour accompagner le poisson grillé. Au v. 9, la mention du pain est étrange, en finale. Au v. 12, c'est le contraire ; le pain devient l'élément principal du repas, tandis que la mention du poisson paraît ajoutée, avec une formule semblable à celle qui se lit en Jn 6 11, où la mention des poissons fut ajoutée par Jean II-B. Dans le Document C, on aurait eu au v. 13 : « Jésus vient et il prend (le poisson) et il le leur donne (). » À l'appui de cette hypothèse, on peut faire valoir que dans le parallèle de Lc 24 42, il n'est question que de poisson.

5. UN RÉCIT DU DOCUMENT C

a) Ce récit de repas offert par le Ressuscité, suite de l'apparition du Christ au bord de la mer (cf. note § 152, II A), appartient au Document C. Voici quelques détails stylistiques qui confirment cette origine. Au v. 9, le terme « feu de braises » (A 134) ne se lit ailleurs dans le NT qu'en Jn 18 18, texte que nous avons attribué au Document C. La phrase « ils voient là un feu de braises... » devrait se traduire littéralement « ils voient (*blepousin*) un feu de braises gisant... » ; elle a même structure que celles de 1 29 « il voit (*blepei*) Jésus venant... », et de 20 1 « elle voit (*blepei*) la pierre enlevée... », deux textes du Document C. Au v. 12, l'impératif « venez » est rendu par *deute*, verbe qui ne se lit ailleurs chez Jn qu'en 4 29 et 11 43 (au singulier dans ce dernier passage : *deuro*), deux textes du Document C. Cet impératif est suivi d'un second impératif sans conjonction de coordination ; on trouve des cas semblables en 4 16.29 et 9 7, tous textes du Document C. – Les autres caractéristiques stylistiques sont communes à la tradition johannique. Au v. 9 : « poisson » (A 69 ; cf. v. 13). – Au v. 12 : « Jésus leur dit » (C 12), « Qui es-tu ? » (A 128), « sachant que » (F 18 ; cf. F 25). – En revanche, pour dire « demander », au lieu du très johannique *erôtan* on a ici *exetazein*, ailleurs dans le NT seulement 2 fois chez Mt.

b) Bien que le récit du Document C se trouve dispersé en trois épisodes différents dans le texte johannique actuel, sa reconstitution n'est pas arbitraire puisqu'elle s'appuie sur le récit de Lc 24 36-43 qui en a conservé, groupés, les principaux thèmes :

Jn	Lc **24**
6 19 ... ils voient Jésus marchant au bord de la mer	
	37 Stupéfaits et *saisis de peur*, ils pensaient voir un esprit.
(et ils pensaient voir un esprit) et *ils eurent peur.*	
20 20a ( ) (Et) il leur montra ses mains et (ses pieds)	39 « Voyez mes mains et mes pieds :
6 20a (et) il leur dit : « C'est moi, n'ayez pas peur. »	c'est moi-même... » 38 « Pourquoi êtes-vous troublés ? »
21 9 Lorsque ( ) ils furent descendus à terre, ils voient là un feu de braises	
et du poisson placé dessus.	42 Eux lui donnèrent une part de poisson grillé
12 Jésus leur dit... 13 Jésus vient et il prend le (poisson) et il le leur donne ( ).	43 Et, l'ayant prise, il (la) mangea devant eux.

II. LE SENS DES TEXTES

A) LA PÊCHE MIRACULEUSE

1 ( ) Jésus se manifesta de nouveau ( ) au bord de la mer de Tibériade ( ).

2 Étaient ensemble Simon-Pierre ( ) et les fils de Zébédée ( ).

3 Simon-Pierre leur dit : « Je vais pêcher. » Ils lui disent : « Nous venons nous aussi avec toi. » Ils partirent et montèrent dans la barque et cette nuit-là ils ne prirent rien.

4 Or le matin étant arrivé, Jésus se tint sur le rivage ( ).

6 Il leur dit : « Jetez le filet au côté droit de la barque et vous trouverez. » Ils le jetèrent donc et ils ne pouvaient plus le retirer à cause de l'abondance des poissons.

14 Ceci (fut) déjà la troisième (fois) que Jésus fut manifesté ( ).

1. Dans le Document C, la pêche miraculeuse était le troisième des « signes » accomplis par Jésus en Galilée, au début de son ministère ; les deux premiers signes étaient le changement de l'eau en vin aux noces de Cana et la guérison du fils du fonctionnaire royal à Capharnaüm. Nous ne reviendrons pas sur ce point que nous avons traité dans l'Introduction (2 g). Par ces trois « signes », Jésus était manifesté comme le Prophète semblable à Moïse annoncé par Dt **18** 18, en référence à Ex **4** 1-9 (note § 29, III A 2).

2. Le genre littéraire de ce récit est semblable à celui des noces de Cana (**2** 1-11), tel du moins qu'il se lisait dans le Document C. Il n'a, par lui-même, aucune valeur symbolique,

pas plus que le parallèle de Lc **5** 1 ss. à son niveau ancien. Sa seule signification est de montrer que Dieu agit par Jésus. Et il fait bien les choses ! Non seulement Simon-Pierre et ses deux compagnons vont trouver du poisson tandis qu'ils avaient peiné toute la nuit en vain, mais ils vont le trouver en abondance. Cette munificence de Dieu est exprimée de façon différente dans les récits de Lc et de Jn. Selon Lc, Pierre est obligé de faire appel à ses compagnons qui viennent avec une autre barque ; et l'on remplit si bien les deux barques avec les poissons qu'elles menacent de couler (Lc **5** 7). Selon Jn, le filet contient tant de poissons que les trois pêcheurs ne peuvent le retirer de l'eau pour en verser le contenu dans la barque (Jn **21** 6). Il serait contraire à l'intention des évangélistes, et donc assez vain, de se demander quel récit correspond le mieux à la réalité. Disons simplement que le récit de Jn pourrait être plus proche de ce qu'il était dans le Document C, étant donné les nombreuses notes non johanniques qui s'y trouvent (cf. *supra*).

Au niveau du Document C, seuls les « frères » de Jésus avaient été témoins du miracle de Cana (voir note § 29), comme aussi de la guérison du fils du fonctionnaire royal de Capharnaüm ; il n'y était pas question de « disciples » de Jésus. Dans le récit de la pêche miraculeuse apparaissent pour la première fois (au niveau du Document C) ceux qui vont devenir les « colonnes » de l'Église naissante (Ga **2** 9) : Pierre et les deux fils de Zébédée (Jacques et Jean). La tradition synoptique en fait aussi les témoins privilégiés des principaux « sommets » de la vie de Jésus : résurrection de la fille de Jaïre (Mc **5** 37 ; Lc **8** 51), transfiguration (Mc **9** 2 et par.), agonie à Gethsémani (Mc **14** 33 ; Mt **26** 37). Traditions johannique et synoptique s'accordent donc pour donner à Pierre et aux fils de Zébédée une position privilégiée parmi les autres disciples.

B) REPAS EN PRÉSENCE DU RESSUSCITÉ

6 19 ... ils voient Jésus marchant au bord de la mer (et ils pensaient voir un esprit) et ils eurent peur.

20 20a ( ) (Et) il leur montra ses mains et (ses pieds)

6 20a (et) il leur dit : « C'est moi, n'ayez pas peur. »

21 9 Lorsque ( ) ils furent descendus à terre, ils voient là un feu de braises et du poisson placé dessus ( ).

12 Jésus leur dit : « Venez, déjeunez. » ‘Mais personne ( ) n'osait lui demander : « Qui es-tu ? », sachant que c'était le Seigneur.

13 Jésus vient et il prend le (poisson) et il le leur donne ( ).

1. Les avatars du récit primitif

Dans le récit du tombeau vide de la tradition synoptique, Jésus dit aux femmes : « Mais allez dire à ses disciples et à Pierre qu'il vous précède en Galilée ; là, vous le verrez comme il vous l'a dit » (Mc **16** 7 ; cf. Mt **28** 7 ; Mc **14** 28 ; Mt **26** 32). On s'attend donc à ce que les Synoptiques donnent ensuite une apparition de Jésus en Galilée, mais un tel récit fait défaut dans la tradition synoptique ancienne. Les commentateurs modernes reconnaissent en effet que le récit de Mt **28** 16-20 est de rédaction relativement tardive et de tradition exclusivement matthéenne. Nous pensons que le récit que nous venons de reconstituer est précisément celui que l'on aurait attendu dans la tradition synoptique ; il devait se lire, sous des formes voisines, à la fois dans le Document A et dans le Document C. Voici comment nous expliquons ses diverses transformations, tout en reconnaissant que son introduction semble irrémédiablement perdue.

Installés dans leur bateau à quelque distance du rivage, les disciples voient brusquement Jésus marchant au bord de la mer ; ils pensent voir un « esprit » (Lc **24** 37) ou un « fantôme » (Mc **6** 49). Mais ce détail de Jésus pris pour un fantôme n'allait pas sans danger pour la foi en sa résurrection. Qui pouvait affirmer qu'effectivement les disciples n'avaient pas vu simplement l'ombre du Christ remontant momentanément du Shéol, comme jadis, sur la demande de Saül, la sorcière d'En-Dor avait vu le spectre de Samuël, lequel s'était entretenu avec Saül (1 S **28** 8-14) ? C'est pensons-nous, pour écarter ce danger qu'une partie de la tradition synoptique (Mc/Mt) transforma cette apparition du Christ ressuscité en une « apparition » de Jésus marchant *sur* la mer après le miracle de la multiplication des pains (Mc **6** 45-52 et par.) ; puisque l'événement se passait durant la vie terrestre de Jésus, il n'y avait plus d'inconvénient à ce qu'il soit pris pour un fantôme.

Connaissant le récit primitif, Lc est au courant de la transformation qu'il a subie dans la tradition Mc/Mt. Il abandonne donc le récit de la marche sur la mer (il n'a pas de parallèle à Mc **6** 45-52) et revient au récit primitif. Mais c'est Jérusalem, et non la Galilée, qui forme le centre théologique de son évangile ; il garde donc, groupés dans le même ordre, un certain nombre de détails du récit primitif mais en change les circonstances de temps et de lieu : Jésus apparaît aux disciples rassemblés dans une salle à Jérusalem, et non groupés dans leur barque sur le lac de Tibériade (**24** 36-43). Par ailleurs, s'il maintient le détail de Jésus pris pour un « esprit » (v. 37), il coupe court à toute spéculation sur la réalité de la résurrection en faisant dire à Jésus : « Touchez-moi et voyez, un esprit (= fantôme) n'a ni chair ni os, comme vous voyez que j'en ai » (v. 39). On voit combien ce détail de Jésus pris pour un « esprit » pouvait faire difficulté !

Le récit primitif s'était conservé au niveau du Document C et encore de Jean II-A. C'est Jean II-B qui en a réutilisé les principaux éléments en trois récits différents, et de façon assez habile. Sous l'influence de Mc **6** 45-52, Jean II-B compose lui aussi un récit de marche sur la mer où il utilise les éléments du récit primitif qui se lisent maintenant en Jn **6** 19-20a (cf. *supra*). Sous l'influence de Lc **24** 36-43, il compose un récit d'apparition de Jésus aux disciples réunis à Jérusalem où il utilise les éléments du récit primitif qui se lisent maintenant en Jn **20** 20a. Enfin voulant garder le thème d'une apparition de Jésus sur les bords du lac de Tibériade, il réutilise les éléments du récit primitif qui se lisent maintenant en Jn **21** 9.12-13 et les fusionne avec le récit de pêche miraculeuse qu'il lisait aussi dans le Document C, mais au début du ministère de Jésus.

2. Le sens du récit primitif

Ce que nous avons restitué du récit primitif se compose de deux parties : l'apparition proprement dite, le repas offert par le Ressuscité.

a) L'apparition proprement dite de Jésus est une « apparition de reconnaissance ». Non seulement les disciples croient voir un « esprit », mais ils ne reconnaissent pas les traits de Jésus. Pour se faire reconnaître, celui-ci doit leur montrer ses mains et ses pieds (**20** 20a), où se voient les plaies de la crucifixion. Cette incertitude quant à l'identité de Jésus subsiste même lorsque les disciples sont sur le point de prendre le repas que Jésus leur offre ; plus exactement, l'incertitude primitive est rappelée par cette phrase : « Mais personne n'osait lui demander : Qui es-tu ?, sachant que c'était le Seigneur » (**21** 12b). Les disciples ont reconnu Jésus à ses plaies, non à son visage. C'est que le Jésus ressuscité appartient maintenant à un autre monde, à un monde dont les constituantes physiques ne sont plus les mêmes. Comme l'explique l'auteur qui a ajouté la finale actuelle de l'évangile de Mc, Jésus apparaît « sous une autre forme » (Mc **16** 12).

b) Une fois que les disciples sont descendus à terre, Jésus leur offre un repas fait de poisson grillé (**21** 9.12-13). En Lc **24** 41-43, c'est Jésus qui mange le poisson, pour prouver qu'il n'est pas un « esprit » (cf. Ac **1** 4 ; **10** 40-41) ; mais on a vu plus haut qu'une telle préoccupation apologétique était le fait de Lc et n'appartenait pas au récit primitif. La tradition de Jésus offrant à manger à quelques-uns de ses disciples est réutilisée par Lc dans l'épisode de l'apparition aux disciples d'Emmaüs (Lc **24** 30). Elle est également attestée dans l'évangile aux Hébreux, au témoignage de s. Jérôme ; Jésus apparaît à Jacques, le frère du Seigneur, « et aussitôt après, il prit le pain et le bénit et le rompit et le donna à Jacques le juste et dit : Mon frère, mange ton pain, puisque le Fils de l'homme s'est éveillé des dormants » (Synopse, tome I, p. 337).

C) LE RÉCIT DE JEAN II-B

Jean II-B a transformé le récit primitif de la pêche miraculeuse en un récit d'apparition de Jésus à ses disciples et l'a fusionné avec celui du repas offert par le Ressuscité. Quelles furent ses intentions ? Avant de donner une vue d'ensemble du texte, voyons d'abord le détail des remaniements qu'il a introduits.

1. La manifestation du « Seigneur »

Le dernier d'une série de trois « signes » opérés en Galilée, la pêche miraculeuse était, au niveau du Document C et de Jean II-A, la manifestation de Jésus comme nouveau Moïse, envoyé par Dieu (cf. note § 29, III A 2). Jean II-B transfère cet épisode à la fin de l'évangile et en fait un récit d'apparition de Jésus au bord du Lac. Au v. 1, il ajoute les expressions « il se manifesta ainsi » ; il obtient de la sorte une triple mention du verbe « manifester » (vv. 1 et 14). Dans le corps du récit, il inséra aussi trois fois l'expression « le Seigneur » (vv. 7 et 12), titre qu'il réserve à Jésus dans les récits post-pascaux. La pêche miraculeuse devient donc pour Jean II-B la manifestation de Jésus comme « Seigneur » (pour le sens de ce titre, voir note § 361).

2. LES « SEPT » DISCIPLES

Au v. 2, Jean II-B a ajouté aux côtés de Pierre et des fils de Zébédée (Jacques et Jean), quatre autres disciples. Les deux premiers sont explicitement nommés : Thomas, appelé Didyme et Nathanaël, tandis que les deux derniers conservent l'anonymat (cf. la formule : « et deux autres de ses disciples »). Jean II donne à Thomas une place importante dans l'évangile de Jn. Mentionné pour la première fois dans le récit de la résurrection de Lazare (Jn **11** 16), il intervient encore au cours du discours d'Adieux (Jn **14** 5 ss.) ; dans le récit de la seconde apparition du Christ à ses disciples, il tient la place centrale (**20** 24-29). En l'ajoutant ici, Jean II-B obtient sept fois la mention de son nom dans l'évangile. Pour plus de détails sur l'intérêt spécial que Jean II-B porte à ce disciple, voir note § 266, III C 5 *d*. Pour Jean II-B, Nathanaël n'est plus le docteur de la Loi dont parle le Document C (cf. Jn **1** 45-49 et le commentaire de la note), mais un pêcheur de métier. Ce nom de « Nathanaël » cache-t-il deux personnages différents ? Ou bien Jean II-B sait-il qu'effectivement Nathanaël n'a jamais été un docteur de la Loi ? Quoi qu'il en soit, en le mentionnant ici il veut souligner l'importance de ce disciple pour la tradition johannique. Appelé en même temps que les « deux autres disciples » (cf. Jn **1** 35 et **1** 45 ss.), il bénéficie avec eux de la dernière apparition du Ressuscité. Avec Pierre (cf. Jn **1** 41-42), il est donc le témoin de tout le ministère de Jésus.

En ajoutant ces quatre disciples, Jean II-B nomme donc *sept* disciples témoins de l'apparition de Jésus au bord du lac de Tibériade. Le mot « disciple » revient, on l'a vu, *sept fois* dans le récit (**21** 1.2.4.7.8.12.14). Mais ce chiffre « sept » symbolise la totalité. Jean II-B veut donc dire que c'est l'ensemble des disciples de Jésus, ceux de tous les temps, qui sont appelés à participer au repas que Jésus offre à la fin de la pêche (**21** 13).

3. UNE APPARITION DE RECONNAISSANCE

Pour transformer le récit primitif de la pêche miraculeuse en apparition de reconnaissance du Christ ressuscité, Jean II-B ajouta les vv. 4b et 7. Le jeu de scène est analogue à celui que Jean II-A avait utilisé dans le récit de l'apparition à Marie de Magdala (note § 361). Au niveau du récit primitif, les disciples, comme Marie, se trouvent en présence de Jésus (**21** 4a ; **20** 14a) ; mais, ajoute Jean II-B, ils « ne savaient pas que c'était Jésus » (**21** 4b), ce qui avait été dit de Marie en termes presque identiques (**20** 14b). La véritable identité de Jésus n'est reconnue qu'après le miracle de la pêche (**21** 7) ; de même, Marie n'a reconnu Jésus qu'à l'appel de son nom (**20** 16). Dans cette perspective, il est clair que si les disciples

ne reconnaissent pas Jésus debout sur le rivage, ce n'est pas à cause de la distance (environ 90 mètres, d'après le v. 8), ni en raison de la faible luminosité du jour naissant, mais parce que Jésus avait « une autre forme » (cf. Mc **16** 12). Par ailleurs, ce n'est pas Simon-Pierre qui reconnaît Jésus le premier, mais « le disciple que Jésus aimait » (**21** 7). Ce personnage, plus intuitif que Pierre, fut nommé pour la première fois en **13** 23 ; on se reportera au commentaire de ce texte pour comprendre ce qu'il représente pour Jean II-B et la nature de ses rapports avec Pierre (note § 317, III B 3). Ici, il se montre meilleur « disciple » que Pierre puisqu'il reconnaît avant lui que Jésus est ressuscité (cf. Jn **20** 8b et le commentaire du texte). Il n'empêche que, dans la scène suivante (**21** 15-18), c'est Pierre, et non le « disciple que Jésus aimait », qui sera constitué pasteur du troupeau à la place de Jésus. Cette primauté lui est accordée parce qu'il aime Jésus plus que les autres (**21** 15-18) ; cet amour le pousse à se jeter à l'eau dès qu'il sait que Jésus est là, sur le rivage, afin de rejoindre plus vite son Maître (**21** 7).

4. LES « CENT CINQUANTE-TROIS » POISSONS

Un lien était nécessaire pour assurer la fusion du récit de la pêche miraculeuse et celui du repas offert par le Ressuscité. Jean II-B ajouta les vv. 8 et 10-11. Mais cette nécessité littéraire se doublait d'une intention plus profonde : indiquer le nombre des poissons capturés, qui avait pour Jean II-B une valeur symbolique.

Alors que Pierre rejoint Jésus en se jetant à l'eau, Jean II-B fait venir les autres disciples avec la barque ; et puisqu'ils n'ont pas réussi à retirer le filet de l'eau à cause de l'abondance des poissons (v. 6, du Document C), ils le traînent derrière eux (v. 8) ; ils ne sont d'ailleurs qu'à une faible distance du rivage, deux cents coudées environ, soit 90 mètres, comme Jean II-B, qui aime les chiffres, prend soin de le préciser. Descendus à terre, Jésus leur demande d'apporter des poissons qu'ils viennent de pêcher (v. 10). Pierre tire alors le filet hors de l'eau (v. 11).

Ce v. 11 nous apprend que les poissons pêchés étaient au nombre de cent cinquante-trois. Quand Jean II-B donne une précision numérique, il la fait très souvent précéder de l'adverbe « environ » (**1** 39 ; **4** 6 ; **6** 10.19 ; **11** 18 ; **19** 14 ; **19** 39 ; **21** 8). Cet adverbe n'aurait pas étonné ici, étant donné le grand nombre des poissons ; les disciples étaient-ils si sûrs de leur compte ? En fait, Jean II-B attache une importance symbolique au chiffre qu'il donne ; ce chiffre doit donc être précis. On a discuté sans fin sur sa signification, et il serait oiseux de mentionner toutes les hypothèses qui ont été proposées pour l'expliquer. En partant de données incontestables, nous retiendrons la seule hypothèse qui nous semble plausible. Comme l'avait déjà noté s. Augustin, cent cinquante-trois est un chiffre « triangulaire ». Il représente la somme de tous les chiffres compris entre un et dix-sept. Si l'on représente ces chiffres de un à dix-sept par des points que l'on dispose selon des lignes placées les unes au-dessous des autres, on obtient un triangle équilatéral dont chaque côté contient dix-sept points. Ce genre de chiffres était bien connu dans l'antiquité, et il revêtait souvent une valeur symbolique. Dans ce cas, la valeur symbolique portait sur le chiffre formant le côté du triangle, ici : dix-sept. Or, dix-sept est composé de dix et de sept, deux chiffres qui symbolisent, l'un la totalité, l'autre la multitude. Cent cinquante-trois serait donc un chiffre triangulaire qui symboliserait à la fois la totalité et la multitude. Voici dès lors comment nous pourrions comprendre l'intention de Jean II-B.

Il connaît le récit parallèle de Lc **5** 1-11 et s'y réfère implicitement. Les poissons pêchés représentent les chrétiens de tous les temps. Ce symbolisme peut s'appuyer sur la parole que Jésus dit à Pierre en Lc **5** 10b, en finale de la pêche miraculeuse : « Ne crains pas ; désormais, tu prendras des hommes. » Dans le récit de Lc, les poissons préfigurent donc les hommes qui seront « pris » par la prédication de Pierre et des apôtres ; il en est de même dans le récit de Jn, où c'est d'ailleurs Pierre qui tire à terre le filet rempli de poissons. Ces poissons sont au nombre de cent cinquante-trois ; ils représentent donc à la fois la totalité des chrétiens de tous les temps et leur multitude. – S'il en est ainsi, le filet qui les contient doit symboliser l'Église. Il faut alors donner une portée symbolique à la précision que donne Jean II-B à la fin du v. 11 : « Et, quoiqu'il y eût tant (de poissons), le filet ne se déchira pas. » L'unité de l'Église sera préservée malgré le grand nombre de chrétiens qui en feront partie au cours des âges (cf. **17** 11.22-23). Cette perspective « ecclésiastique » du récit de la pêche miraculeuse, donnée au v. 11, se poursuivra en **21** 15-18, de Jean II-B ; mais le thème des « brebis » aura remplacé celui des « poissons » : Pierre est institué le pasteur du troupeau, à la place de Jésus.

5. LE REPAS DU SEIGNEUR

Pour fusionner le récit du repas offert par le Ressuscité (vv. 9.12-13) avec celui de la pêche miraculeuse, Jean II-B ajoute d'abord, sous l'influence de Lc **24** 41b, la question que Jésus pose à ses disciples au v. 5a : « Enfants, avez-vous quelque nourriture ? » Leur réponse négative (v. 5b) lui donne l'occasion d'opérer son dernier miracle (v. 6). Jésus leur demande alors d'apporter des poissons qu'ils viennent de prendre pour compléter le repas qu'il a préparé (vv. 9-11) ; puis il les invite : « Venez, déjeunez » (v. 12a).

Au récit primitif, Jean II-B a ajouté la mention du « pain », au v. 9 d'abord, au v. 13 ensuite. Au v. 9, cette mention du pain vient comme en surcharge ; mais au v. 13, Jean II-B a remplacé la mention du poisson par celle du pain, qui devient

ainsi l'élément le plus important : « Jésus vient, et il prend *le pain* et il le leur donne, et de même le poisson » (cf. Jn **6** 11). Cette addition du pain à un repas qui ne comprenait primitivement que du poisson grillé a vraisemblablement pour but d'évoquer l'eucharistie. Le thème serait analogue à celui que Lc a voulu développer dans le récit de l'apparition aux disciples d'Emmaüs (Lc **24** 30) : c'est lors de la célébration eucharistique que tout disciple peut « reconnaître » vraiment le Christ ressuscité (Synopse, tome II, note § 364, 2).

6. TROISIÈME APPARITION DE JÉSUS A SES DISCIPLES

a) En plaçant après l'apparition à Thomas le récit primitif de la pêche miraculeuse, devenu un récit d'apparition de reconnaissance, Jean II-B obtenait trois apparitions de Jésus à ses disciples : les deux premières eurent lieu à Jérusalem (**20** 19-20 ; **20** 24-29), la troisième sur les bords du lac de Tibériade (**21** 1-14). Cette troisième apparition est centrée sur le thème de la manifestation du « Seigneur » qui offre un repas à ses disciples (cf. la triple mention du verbe « manifester » et des expressions « c'était le Seigneur »). Pour l'auteur du Document C et pour Jean II-A, en accomplissant au cours de son ministère en Galilée trois « signes » Jésus se manifestait à ses frères, puis à ses disciples, comme nouveau Moïse, envoyé par Dieu. Mais pour Jean II-B, Jésus n'est plus seulement le nouveau Moïse, il est le « Seigneur ». Éveillé des morts (**21** 14), il se manifeste aux sept disciples, c'est-à-dire à tous les disciples, comme « le Seigneur » que Dieu a délivré des liens de la mort et exalté à sa droite (cf. Ps **110** 1 ; Ac **2** 32-36 ; Rm **1** 4 ; Ph **2** 11).

b) Nous avons vu que Jean II-B avait complété la liste primitive des disciples, témoins de la pêche miraculeuse, pour obtenir sept disciples. Aux côtés de Pierre et des fils de Zébédée, il a placé Thomas, Nathanaël et deux autres de ses disciples. Ces trois derniers sont avec Pierre ceux qui furent parmi les premiers appelés (cf. **1** 35 et **1** 45). En les mentionnant de nouveau ici, Jean II-B veut certainement rapprocher le récit des premières vocations (**1** 35 ss.) de celui de la dernière apparition de Jésus à ses disciples. Au début de son ministère, Jésus avait limité son appel à quelques hommes ; ressuscité, ce sont tous les disciples de tous les temps qu'il appelle à devenir des « pêcheurs d'hommes ». Le nouveau peuple de Dieu, dont Pierre devient le chef visible à la place de Jésus (**21** 15-19), engendré par la prédication apostolique, s'enracine dans la résurrection du Christ.

Note § **372**. *SIMON-PIERRE RÉHABILITÉ* (Jn **21** 15-19)

I. ANALYSES LITTÉRAIRES

Jn **21** 15-19 est entièrement de Jean II-B. La triple profession d'amour exigée de Pierre doit effacer son triple reniement (cf. *infra*) ; mais les trois reniements ont été introduits par

Jean II-B dans un récit qui n'en comportait qu'un seul (note § 340-A).

L'analyse du vocabulaire et du style confirme l'attribution du passage à Jean II-B. Aux vv. 15-17, l'expression « Simon (fils) de Jean » (A 97*) ne se lit ailleurs qu'en **1** 42, un texte de Jean II-A où le mot « fils » est explicité, tandis qu'ici il est sous-entendu. – Au v. 15 : « lorsque donc » (A 28), « Jésus dit à Simon-Pierre » (C 12 et B 32), « m'aimes-tu » (C 63*), « oui, Seigneur » (C 54**), « tu sais » (F 25), « je t'aime » (C 47). – Au v. 16 : « m'aimes-tu », « oui, Seigneur », « tu sais », « je t'aime » (cf. v. 15), « brebis » (C 60). – Au v. 17 : « m'aimes-tu », « tu sais », « je t'aime », « brebis » (cf. vv. 15-16). – Au v. 18 : « en vérité, en vérité » (A 2*), « où » (F 33). – Au v. 19 : « or il dit cela » (A 50**), « pour signifier de quelle mort » (A 127**), « et ayant dit cela » (A 61** ; cf. C 64).

Aux vv. 15 et 16, la phrase « Il (elle) lui dit : Oui, Seigneur » se lit en termes identiques en Jn **11** 27, de Jean II-B. Au v. 17, on rapprochera la formule « pour la troisième (fois) » (*to triton*) de l'expression « pour la première fois » (*to prôton* : A 126**). Au v. 18, les formules « où tu voulais » et « où tu ne voulais pas » sont à rapprocher de celle de **3** 8 « où il veut » ; ce sont les seuls passages du NT où le verbe vouloir suit la conjonction « où ». Aux vv. 18-19, on trouve deux expressions qui, ici seulement chez Jn et rares dans Mc/Mt, sont utilisées volontiers par Lc/Ac : « jeune » (*neôteros* : 0/0/3/1/1/6) et « glorifier Dieu » (2/1/8/1/3/9) ; cette affinité avec la langue de Lc/Ac indique la main de Jean II-B (Introd., 8 c).

II. LE SENS DU TEXTE

A) PIERRE EST RÉHABILITÉ

1. Après le repas offert par Jésus aux disciples (§ 371), Jésus va confirmer Simon-Pierre dans sa charge de pasteur du troupeau. Mais auparavant, il lui demande à trois reprises : « Simon, fils de Jean, m'aimes-tu ? » Si Jésus oblige Pierre à reconnaître trois fois de suite son amour pour lui, c'est afin de lui rappeler discrètement le triple reniement dont il s'est rendu coupable (**18** 17.25-27). A la troisième demande, Pierre comprend l'intention de Jésus et le rappel de sa faute le remplit de tristesse (**21** 17). Pour se justifier, il fait appel à la connaissance surnaturelle de Jésus : « Seigneur, tu sais tout, tu sais que je t'aime. »

Pour dire « aimer », Jn utilise tantôt le verbe *agapan*, tantôt le verbe *philein*. On a voulu donner à cette alternance de subtiles nuances psychologiques. Mais dans ce passage Jn parle tantôt d'agneaux, tantôt de brebis ; pour dire « paître », il utilise les verbes *boskein* et *poimainein* ; pour dire « savoir », il rapproche les verbes *eidenai* et *ginôskein*. Dans tous ces changements de vocabulaire, il faut voir un souci de Jean II-B de varier son style, d'autant plus nécessaire ici que la répétition des mêmes phrases aurait rendu le récit fastidieux.

Puisque Simon-Pierre aime Jésus plus que les autres, c'est à lui que le Christ confie la garde du troupeau, c'est-à-dire de l'Église naissante : « Pais mes brebis. » Pierre succède à Jésus comme pasteur visible du troupeau (cf. **10** 11.14). Même si son expression est différente, le thème est analogue à celui que Lc a développé en **22** 32 et Mt en **16** 18. L'institution de Pierre comme « pasteur » complète la perspective ecclésiastique introduite par Jean II-B dans la scène précédente : les cent cinquante-trois gros poissons symbolisent les chrétiens de tous les temps ; le filet qui ne se rompt pas représente l'Église et son unité indéfectible (note § 371, II C 4).

B) ANNONCE DU MARTYRE DE PIERRE

Après avoir confié à Pierre la garde du troupeau, Jésus lui annonce de façon voilée son destin futur (**21** 18). Le P. Lagrange commente très bien : « Se ceindre soi-même indique qu'on choisit librement l'objet de son activité, et le jeune homme va où il veut pour exercer cette énergie. A l'opposé, la vieillesse. Étendre les mains... c'est seulement le geste qui permet à un ami complaisant de fixer la ceinture, sans être embarrassé par les bras ballants ; aussi, est-ce le premier indice de dépendance. Ceint par un autre, le vieillard accepte d'être conduit où l'on voudra, selon les convenances des jeunes. » Mais le geste d'étendre les mains a pour Jean II-B une signification plus précise : il évoque la crucifixion, bras étendus. C'est ce que suggère le v. 19a : « Il dit cela pour signifier de quelle mort il glorifierait Dieu. » Cette phrase en effet se lisait déjà sous une forme voisine en Jn **12** 33 et **18** 32, à propos de Jésus. La mort de Pierre sera donc analogue à celle de Jésus : il sera crucifié (mais la tête en bas, selon une tradition rapportée par Eusèbe de Césarée, Jérôme, Chrysostome). De même que Jésus est le bon Pasteur qui donne sa vie pour ses brebis (**10** 11.14), ainsi Pierre, constitué « pasteur » du troupeau, devra donner sa vie pour ceux qui lui ont été confiés. On voit dès lors toute la signification du « suis-moi » que Jésus dit à Pierre (**21** 19b). C'est l'appel classique à devenir disciple de Jésus (**1** 43 ; voir la note). Jean II-B s'inspire probablement du thème de Lc **5** 11, qui termine le récit de la pêche miraculeuse : « Et, laissant tout, ils le suivirent. » Mais ce thème prend une dimension nouvelle dans le contexte où Jean II-B l'a placé. Pierre est invité à « suivre » Jésus, non seulement en mettant en pratique son enseignement, comme tout disciple doit le faire, mais aussi en acceptant de mourir comme Jésus est mort pour nous. En Jn **13** 37, Pierre avait protesté avec force à Jésus : « Pourquoi ne puis-je te suivre à présent ? Je donnerai ma vie pour toi. » Mais Jésus lui avait répondu : « Tu donneras ta vie pour moi ? En vérité, en vérité, je te le dis, le coq ne chantera pas que tu ne m'aies renié trois fois. » Et ce fut effectivement le triple reniement, sous l'emprise de la peur. Mais la mort de son Maître a « retourné » Pierre (cf. Lc **22** 32). Il vient d'affirmer à trois reprises son amour pour Jésus (**21** 15-17), il a surtout reçu l'Esprit (**20** 22) qui l'a revêtu de force (cf. Ac **1** 8), il est prêt *maintenant* à suivre Jésus jusque dans la mort.

Note § **373.** *DESTINÉE DU DISCIPLE QUE JÉSUS AIMAIT* (Jn **21** 20-23)

I. CRITIQUE TEXTUELLE

A la fin du v. 23, il faut omettre les mots « que t'importe » (*ti pros se*), avec S, le texte Césaréen (groupe Lake Arm Geo), *a e* SyrSin ; ils ont été ajoutés afin d'harmoniser ce v. 23 avec le v. 22.

II. ANALYSES LITTÉRAIRES

II-B | III

20 Pierre, s'étant retourné, voit le disciple que Jésus aimait qui suivait, celui qui, durant le repas, s'était penché sur sa poitrine et avait dit : « Seigneur, quel est celui qui te livre ? »
21 Pierre donc, en le voyant, dit à Jésus : « Seigneur, mais celui-ci, qu'en sera-t-il ? »
22 Jésus lui dit : « Si je veux qu'il demeure jusqu'à ce que je revienne, que t'importe ? Toi, suis-moi. »
23 | Ce propos se répandit donc parmi les frères que ce disciple ne mourrait pas. Mais Jésus ne lui dit pas qu'il ne mourrait pas, mais « Si je veux qu'il demeure jusqu'à ce que je revienne. »

A) UNE ADDITION DE JEAN III

Le v. 23 a pour but de corriger une fausse interprétation du texte johannique qui s'était répandue parmi les frères (cf. *infra*) ; ce genre de précision est dans la manière de Jean III (Introd., 4 n). On n'y relève qu'une caractéristique stylistique : « mourir » (F 22). La construction grammaticale « ne pas... que... mais » (*ouk... hoti... alla*) ne se lit ailleurs chez Jn qu'en **7** 22, une glose de Jean III.

B) UN TEXTE DE JEAN II-B

Les vv. 20-22 sont étroitement liés au contexte antérieur et doivent donc être de Jean II-B, malgré le petit nombre des caractéristiques stylistiques : « aimer » (C 8*) au v. 20 et « Jésus lui dit » (C 12) au v. 22. On notera que « le disciple que Jésus aimait » (v. 20) n'est mentionné ailleurs que par Jean II-B (**13** 23 ; **19** 26 ; **21** 7). Le v. 20a reprend **1** 38, de Jean II-A (cf. *infra*), mais avec une variante significative : pour dire « se retourner », on a le verbe composé *epistrephein* au lieu du verbe simple *strephein* (cf. **12** 40, de Jean II-A, où le simple *strephein* remplace un *epistrephein* de la Septante). Or *epistrephein*, qui ne se lit pas ailleurs chez Jn, est fréquent en Lc/Ac (4/4/7/1/11/9) ; cette parenté avec le vocabulaire de Lc/Ac dénote la main de Jean II-B (Introd., 8 c). Ce v. 20 reprend un certain nombre d'expressions de **13** 23.25 ; mais il y ajoute la formule « celui qui te livre » qui a son équivalent en **18** 2.5, deux textes de Jean II-B.

III. LE SENS DU RÉCIT

A) LE RÉCIT DE JEAN II-B

Pierre s'est mis à suivre Jésus (**21** 19b) ; mais, s'étant retourné, il aperçoit le disciple que Jésus aimait suivant aussi Jésus et il demande au Christ : « Seigneur, mais celui-ci, qu'en sera-t-il ? » Après avoir appris son futur destin (v. 18), Pierre voudrait connaître celui de son ami. Jésus répond de façon évasive : « Si je veux qu'il demeure jusqu'à ce que je revienne, que t'importe ? » Jean II-B n'aurait-il pas vu un sens symbolique dans cette réponse ? Pour lui, le « disciple que Jésus aimait » est le type du disciple parfait (note § 317, III B 3). Or, pour la dernière fois, Jean II-B reprend ici les expressions utilisées en **1** 38 pour décrire la vocation des premiers disciples :

Jn **21** 20a.21b	Jn **1** 38
Pierre, s'étant retourné, voit le disciple... qui suivait... et il dit à Jésus : « Seigneur, mais celui-ci, qu'en sera-t-il ? »	Or Jésus, s'étant retourné et les ayant vus qui suivaient, leur dit : « Que cherchez-vous ? »

Le « disciple que Jésus aimait » reste donc, ici encore, le type du disciple, un personnage réel mais qui est aussi un symbole. Pour Jean II-B, Jésus voudrait affirmer qu'un tel type de disciple existera toujours dans l'Église, même jusqu'à son retour.

B) UNE GLOSE DE JEAN III

C'est Jean III qui a ajouté le v. 23 afin de rectifier une fausse interprétation donnée à la parole de Jésus concernant le disciple que Jésus aimait. On avait pris cette parole au sens propre, et on en avait conclu que ce disciple ne mourrait pas. Après sa mort, beaucoup furent sans doute scandalisés, s'imaginant qu'une prophétie du Christ ne s'était pas réalisée. Jean III croit rétablir le vrai sens de la parole de Jésus en insistant sur la condition placée au début : « *Si je veux* qu'il demeure jusqu'à ce que je revienne. » Puisque le disciple est mort, c'est que, en fait, Jésus n'a pas voulu qu'il demeure jusqu'à son retour.

Note § **375**. *DEUXIÈME CONCLUSION DU QUATRIÈME ÉVANGILE* (Jn **21** 24-25)

I. ANALYSE LITTÉRAIRE

Jn **21** 24-25 est une conclusion de l'évangile que l'on considère généralement comme secondaire ; elle aurait été composée à l'imitation de Jn **20** 30-31. Certains commentateurs, qui attribuent le chapitre **21** à l'évangéliste, pensent toutefois que les vv. 24-25 pourraient être du Rédacteur (Wilkens, Howard, Ruckstuhl). Pour Lagrange, ces versets auraient remplacé **20** 30-31 qui formait la conclusion primitive de l'évangile. En reprenant cette hypothèse, Vaganay l'a quelque peu modifiée ; seul le v. 25 aurait été ajouté ; le v. 24, suivi par **20** 30-31, formait la conclusion de l'évangile. Nous allons adopter une position différente. Deux niveaux rédactionnels peuvent être distingués dans cette deuxième conclusion. Le v. 24 serait de Jean II-B qui a donné au chapitre **21** sa forme actuelle. Quant au v. 25, il formait déjà la conclusion de l'évangile au niveau du Document C.

C	II-B
24	Celui-ci est le disciple qui témoigne de ces choses et qui les a écrites, et nous savons que vrai est son témoignage.
25	Il y a encore beaucoup d'autres choses que fit Jésus, que, si on les écrivait une à une, je ne pense pas que même le monde contiendrait les livres qu'on en écrirait.

A) UNE ADDITION DE JEAN II-B

Le v. 24 est une composition de Jean II-B. Il commence par un pronom démonstratif qui renvoie sans aucun doute au disciple dont viennent de parler les vv. 20-22. Or ces vv. 20-22 sont de Jean II-B, comme nous l'avons dit à la note § 373. Le v. 24 ne peut donc être que de Jean II-B ou de Jean III. L'analyse stylistique permet de trancher définitivement en faveur de Jean II-B.

On trouve dans ce v. 24 les caractéristiques stylistiques suivantes : « témoigner de » (A 4* ; cf. C 58*), « nous savons que » (E 4* ; cf. F 25), « vrai est son témoignage » (B 20* ; cf. C 1 et C 36). Par ailleurs, la phrase « Celui-ci est le disciple qui... » a même structure que celles de **6** 50.58 : « Celui-ci est le pain qui... », respectivement attribuées à Jean II-A et Jean II-B. La phrase « et nous savons que vrai est son témoignage » a son équivalent, moyennant une inversion, en 3 Jn 12 : « et tu sais que notre témoignage est vrai » ; cette parenté avec le style des épîtres de Jn dénote la main de Jean II-B (cf. Introd., 8 q). Enfin, le style « nous » du v. 24b rappelle celui de **3** 11, texte que nous avons attribué à Jean II-B : c'est la communauté johannique qui s'exprime par la bouche du Christ (**3** 11) ou par la plume de Jean II-B (**21** 24 ; cf. 1 Jn **1** 1-3).

B) UNE CONCLUSION DU DOCUMENT C

Pour l'ensemble des commentateurs, le v. 25 serait secondaire. L'argument majeur est le style non johannique de ce verset. Il est vrai que plusieurs expressions ne se lisent nulle part ailleurs chez Jn : « que si » (*hatina ean*), « une à une » (*kata* avec le sens distributif ; cf. toutefois Jn **8** 9, dans l'épisode de la femme adultère), *oude* au sens de « pas même », « je ne pense pas » (*oiesthai*). Par ailleurs, le passage de « nous » (« nous savons », au v. 24), à « je » (« je ne pense pas », v. 25) est assez inattendu ; quand il se produit chez Jn, c'est toujours de « je » à « nous » (cf. Jn **3** 11 ; 3 Jn 9-10). On ne trouve comme caractéristique johannique (au sens large) que le terme de « monde » (C 68), au sens de « univers ». Ce style « non johannique » du v. 25 pourrait convenir à Jean III.

Nous pensons toutefois que ce texte est du Document C. L'argument négatif du style « non johannique » doit être en effet manié avec beaucoup de précaution. Il est vrai que le vocabulaire et les expressions relevés plus haut ne se lisent pas dans les textes attribués au Document C. Mais nous verrons dans le commentaire de ce texte que son auteur a probablement repris une formule toute faite, comme on en trouve beaucoup dans la littérature profane ; ce fait ne pourrait-il pas rendre compte du langage particulier de ce v. 25 ? Signalons en passant que le verbe « contenir » (*chôrein*) ne se lit ailleurs chez Jn qu'en **2** 6, texte que nous avons attribué au Document C.

En fait, l'argument majeur qui nous fait attribuer ce v. 25 au Document C a été développé à la note § 369. Les commentateurs ont noté depuis longtemps la ressemblance qui existe entre **20** 30 et **21** 25, et l'on conclut que **21** 25 n'est qu'une imitation de **20** 30. Mais si l'on fait intervenir aussi le texte de **12** 37, on s'aperçoit que **20** 30 apparaît comme une fusion des textes de **12** 37 (Jean II-A) et **21** 25, qui ne pourrait être alors que du Document C. Faire dépendre **21** 25 de **20** 30, ce serait supposer que l'auteur de **21** 25 aurait repris **20** 30 en éliminant précisément tous les traits qui rapprochent **20** 30 de **12** 37 !

II. LE SENS DES TEXTES

A) LA CONCLUSION AU NIVEAU DU DOCUMENT C

1. SA PLACE PRIMITIVE

L'analyse de Jn **21** 1-14 a montré que, au niveau du Document C et encore de Jean II-A, le dernier épisode de l'évangile était une apparition de Jésus à ses disciples au bord du lac de Tibériade. Disloqué par Jean II-B, ce récit comportait les textes suivants : **6** 19b ; **20** 20b ; **6** 20 ; **21** 9.12-13. Le v. 25 qui termine l'évangile de Jn se lisait donc primitivement à la suite de **21** 9.12-13. S'il en est maintenant séparé, c'est en raison des additions faites par Jean II-B et Jean III.

2. UNE HYPERBOLE CLASSIQUE

La conclusion de l'évangile donnée au v. 25 ne doit par être prise à la lettre. L'auteur du Document C ne veut pas naïvement dire que le monde serait incapable de contenir les livres que l'on pourrait écrire sur les faits et gestes de Jésus et sur son enseignement. Il veut simplement dire qu'il aurait pu allonger, et de beaucoup, la liste des prodiges et des paroles de Jésus, ce que fera d'ailleurs la tradition johannique postérieure. L'auteur du Document C utilise ici une manière hyperbolique de parler dont on a de nombreux exemples dans la littérature antique. Nous reprenons à B. Van de Walle un des exemples les plus typiques, tiré des *Annales de Thoutmosis III*, où, pour souligner l'importance et le grand nombre des hauts faits accomplis par le roi, l'auteur écrit : « Car si l'on voulait en faire mention nommément et cas pour cas, ils seraient trop nombreux pour être consignés par écrit. » Il n'est évidemment pas question de faire dépendre Jn **21** 25 de ce texte hiéroglyphique égyptien ! De bons parallèles pourraient être tirés aussi de la littérature grecque profane. Mais on voit que nous sommes devant un genre littéraire de type classique.

B) L'ADDITION DE JEAN II-B

En ajoutant le v. 24 après les vv. 20-22, Jean II-B a voulu souligner une dernière fois l'importance du thème du « témoignage » auquel il a donné tant de place tout au long de l'évangile (cf. Introd., 5 m). Pour composer ce v. 24, Jean II-B s'inspire probablement de Jn **5** 32a, un texte de Jean II-A : « (Mon Père) est celui qui me rend témoignage », que Jean II-B complète en ajoutant : « et je sais que vrai est le témoignage qu'il me rend. » Au témoignage du Père en faveur de Jésus vient se joindre le témoignage du disciple que Jésus aimait (cf. v. 20) ; il atteste tout ce qui a été consigné dans l'évangile, et c'est la communauté (« nous savons ») qui sait que le témoignage du disciple est vrai. On retrouve ce parallélisme entre le Père et Jésus, Jésus et les disciples, central au niveau de Jean II-B (cf. Introd., 6 l). Par rapport à **19** 35a, la pensée de Jean II-B marque un certain développement. Dans ce dernier texte, le disciple, parce qu'il avait été témoin de la mort de Jésus, pouvait en rendre témoignage, ce qui était indirectement témoigner de la résurrection du Christ. Ici, son témoignage est reconnu vrai par la communauté qui se considère comme son héritière. La continuité entre le Jésus de l'histoire et le Jésus de la foi est assurée, non seulement par le disciple que Jésus aimait, témoin oculaire, mais encore par la communauté qu'il a fondée et qui reconnaît l'authenticité de son témoignage. C'est ce témoignage qui conduit les hommes à la foi en Jésus, de qui ils reçoivent la vie éternelle (cf. **20** 31 ; 1 Jn **5** 13).

LISTE DES CARACTÉRISTIQUES STYLISTIQUES

Les caractéristiques stylistiques de l'évangile de Jn sont classées en six catégories, désignées par les six premières lettres de l'alphabet. Aux lettres A, B et C, évangile et épîtres johanniques sont comparés au reste du NT. Aux lettres D, E et F, l'évangile seul est comparé aux évangiles synoptiques et aux Actes des apôtres. Les lettres A et D contiennent les caractéristiques stylistiques absolues, dont la proportion est de 100 %. Aux lettres B et E, la proportion est de 75 à 99,9 %. Aux lettres C et F, elle est de 50 à 74,9 %.

Pour établir ces proportions, nous avons laissé de côté : l'Apocalypse, considérée comme « neutre » étant donné ses affinités sporadiques avec les écrits johanniques ; Mc **16** 9-20 (finale d'une autre main que Mc) ; Jn **8** 1-11 (épisode de la femme adultère) ; les cas où telle expression provient d'une citation explicite de l'AT. – Lorsqu'une caractéristique est présente dans des textes synoptiques *parallèles*, elle n'est comptée qu'une seule fois. – Dans l'évangile de Jn, certains cas sont douteux en raison d'un problème de critique textuelle ; là où nous avons adopté une leçon communément rejetée, nous la signalerons en la faisant suivre du sigle « CT ».

Chaque caractéristique stylistique est affectée d'un sigle tel que : A 1, B 29, C 38, etc. Il indique la catégorie à laquelle elle appartient (lettre) et son rang d'importance dans cette catégorie (chiffre). Ce sigle porte un astérisque lorsque la caractéristique est commune à Jean II-A, Jean II-B, aux logia johanniques et aux épîtres johanniques ; il en porte deux lorsque la caractéristique ne se trouve que dans Jean II-B et les épîtres johanniques. Nous avons maintenu le ou les astérisques lorsque Jean III reprend manifestement un texte de Jean II ou des épîtres johanniques.

A droite du sigle sera donnée la fréquence de chaque caractéristique. Dans les catégories A, B et C, elle aura le plus souvent cette forme : 27+2/3 ; ces trois chiffres correspondent à la fréquence : d'abord dans l'évangile de Jn, puis dans les épîtres johanniques, enfin dans le reste du NT. Lorsqu'un quatrième chiffre est placé entre parenthèses, précédé du

signe +, il indique les cas où telle caractéristique se trouve dans les parallèles synoptiques (cf. *supra*) ; la formule se présentera alors sous la forme : 15+1/4(+2). Enfin, un dernier chiffre placé entre crochets et précédé du signe + se réfère à l'Apocalypse : 10 + 1/2[+ 5]. – Dans les catégories D, E et F, la suite des chiffres est simplifiée mais obéit aux mêmes règles. On aura par exemple : 7/1(+ 1) ; chaque chiffre donne successivement les caractéristiques : dans l'évangile de Jn, dans les Synoptiques et les Actes, dans les parallèles synoptiques.

Pour les catégories B, C, E et F, nous donnerons, à droite de la fréquence des caractéristiques, leur pourcentage dans les écrits johanniques par rapport à l'ensemble du NT (compte tenu des exceptions mentionnées plus haut). Rappelons que, pour les catégories A et D, ce pourcentage est toujours de 100 %.

Pour chaque caractéristique des écrits johanniques, nous donnerons la liste complète de leurs références. Elles seront groupées selon leur appartenance aux divers niveaux rédactionnels ; dans l'ordre : Document C, logia johanniques (sigle L), Jean II-A, Jean II-B, 1 Jn, 2 Jn, 3 Jn. – Pour le reste du NT, nous ne donnerons les références que lorsque la caractéristique est difficile à repérer, même au moyen d'une Concordance.

Dans l'évangile de Jn, la conjonction « donc » (*oun*) est « caractéristique » lorsqu'elle a perdu son sens consécutif et est devenue une simple particule de liaison. La distinction entre les deux cas est toutefois souvent difficile à établir. Nous avons préféré ne retenir que les cas où cette conjonction, quel que soit son sens, est jointe à un autre mot ; en voici la liste : A 13.17.19.26.28.45.80.91.97, B 1.24.25.30.99.

A 1*   30 + 1/0

Adjectif possessif placé après le substantif, avec redoublement de l'article (cf. *ho logos ho emos*).
« mon »

II-A : **5** 30.30 ; **6** 38 ; **8** 43.43 ; **10** 27 ; **14** 24(CT).27 ; **18** 36. 36.36.36.

II-B : **3** 29 ; **7** 6 ; **8** 16.31.37.56 ; **10** 26 ; **12** 26 ; **14** 15 ; **15** 9.11.12 ; **17** 13.24.

« ton »

II-B : **17** 17 ; **18** 35.

« notre »

1 Jn : **1** 3.

« votre »

II-B : **7** 6 ; **8** 17.

Cf. Septante : Gn **49** 25 ; Rt **4** 21(ms A) ; 2 R **14** 31 ; 3 R **1** 33 ; Jdt **9** 4 ; Is **3** 6 ; **14** 25 ; **59** 21 ; 1 R **22** 15 ; Is **4** 1.

A 2*   25 + 0/0

En vérité, en vérité (*amèn amèn*).

L   : **12** 24 ; **13** 16.20.

II-A : **3** 3 ; **5** 24 ; **6** 32 ; **10** 1 ; **14** 12.

II-B : **1** 51 ; **3** 5.11 ; **5** 19.25 ; **6** 26.47.53 ; **8** 34.51.58 ; **10** 7 ; **13** 21.38 ; **16** 20.23 ; **21** 18.

A 3*   24 + 0/0

Celui qui m'a envoyé (*ho pempsas me*), dit de Dieu.

L   : **12** 44.45 ; **13** 20.

II-A : **1** 33 ; **4** 34 ; **5** 24.30 ; **6** 38.39 ; **8** 26 ; **14** 24.

II-B : **5** 23.37 ; **6** 44 ; **7** 16.18.28.33 ; **8** 16.18.29 ; **12** 49 ; **15** 21 ; **16** 5.

A 4*   19 + 2/0

Rendre témoignage à (*martyrein peri*).

II-A : **5** 31.

II-B : **1** 7.8.15 ; **2** 25 ; **5** 32.32.36.37.39 ; **7** 7 ; **8** 13.14.18.18; **10** 25 ; **15** 26 ; **18** 23 ; **21** 24.

1 Jn : **5** 9.10.

A 5**   19 + 0/0

Lumière (*phôs*), dit du Christ.

II-B : **1** 4.5.7.8.8.9 ; **3** 19.19.20.20.21 ; **8** 12.12 ; **12** 35.35. 36.36 ; **12** 46.

III   : **9** 5 (cf. **8** 12).

A 6   7 + 10/0

Définitions (*touto estin to ergon… hina|hoti|*substantif).

Avec *hina*.

II-A : **6** 39.50.

II-B : **6** 29.40 ; **15** 12.

III   : **17** 3.

1 Jn : **3** 11.23 ; **5** 3.

2 Jn : **6**.6.

Avec *hoti*.

II-B : **3** 19.

1 Jn : **1** 5 ; **5** 11.14.

Avec substantif.

1 Jn : **2** 25 ; **5** 4.

A 7*   7 + 9/0

Demeurer dans (*menein en* ; le chrétien, dans le Christ ou en Dieu).

L   : **15** 5.6.

II-B : **6** 56 ; **15** 4.4.4.7.

1 Jn : **2** 6.24.27.28 ; **3** 6.24 ; **4** 13.15.16.

A 8**   ·5 + 9/0

Naître de (*gennasthai ek* ; au sens métaphorique).

II-B : **1** 13 ; **3** 5.6.6.8.

1 Jn : **2** 29 ; **3** 9.9 ; **4** 7 ; **5** 1.1.4.18.18.

A 9*   13 + 0/0

Je suis (*egô eimi*) + prédicat.

L   : **10** 9 ; **15** 1.5.

II-A : **6** 35.41.51; **10** 7.14 ; **14** 6.

II-B : **6** 48 ; **8** 12 ; **10** 11 ; **11** 25.

A 10*   13 + 0/0

Incompréhension des interlocuteurs.

II-A : **4** 10-14 ; **4** 32-34 ; **8** 21-23 ; **12** 34 ; **13** 8-10 ; **14** 4-6.

II-B : **2** 19-21 ; **3** 3-5 ; **6** 33-35 ; **7** 33-36 ; **8** 56-57 ; **11** 11-14 ; **11** 23-26.

A 11   8 + 4/0

Immanence réciproque.

Le Christ et les disciples.

II-B : **6** 56 ; **14** 20 ; **15** 4.5.

Dieu et les disciples.

1 Jn : **3** 24 ; **4** 13.15.16.

Le Père et le Christ.

II-A : **14** 10.11.

II-B : **10** 38.

III   : **17** 21.

A 12   10 + 2/0

Être de ce monde
(*einai ek tou kosmou toutou*).

II-A : **8** 23.23 ; **18** 36.36.

Être du monde.

II-B : **17** 14.14.16.16.

III   : **15** 19.19.

1 Jn : **2** 16 ; **4** 5.

A 13   12 + 0/0[+ 2]

Donc… et… et (*oun… kai… kai*),
sans changement de sujet.

C   : **4** 28 ; **9** 7 ; **13** 12 ; **20** 2.

II-A : **1** 39 ; **11** 33-34 ; **18** 16.33 ; **20** 6.8.

II-B : **18** 10 ; **18** 12-13.

Cf. Ap **2** 5 ; **3** 3.

A 14*   11 + 0/0

Dieu donne (*didonai*) les disciples
à Jésus.

II-A : **6** 37.39 ; **13** 3.

II-B : **3** 35 ; **10** 29 ; **17** 2.6.6.9.24 ; **18** 9.

A 15**   4 + 7/0

N'est pas en (lui) (*ouk estin en*).

II-B : **1** 47 ; **7** 18 ; **8** 44 ; **11** 10.

1 Jn : **1** 5.8.10 ; **2** 4.10.15 ; **3** 5.

A 16*   10 + 0/0

Je vous ai dit (*lelalèka hymin*).
II-A : **8** 40 ; **16** 4.
II-B : **6** 63 ; **14** 25 ; **15** 3.11 ; **16** 1.6.25.33.

A 17*   10 + 0/0

Donc de nouveau (*oun palin*).
II-A : **8** 21 ; **18** 33 ; **20** 10.
II-B : **4** 46 ; **9** 17 ; **10** 7.39 ; **11** 38 ; **18** 40 ; **20** 21.

A 18*   8 + 2/0

Donner sa vie (*tithenai tèn psychèn*).
II-A : **10** 11.15.
II-B : **10** 17.18.18 ; **13** 37.38 ; **15** 13.
1 Jn : **3** 16.16.

A 19   10 + 0/0

Verbe + donc (*oun*) ... et (*kai*) + verbe « dire ».
II-A : **2** 18 ; **9** 20.24 ; **18** 16.
II-B : **7** 16 ; **10** 24 ; **11** 47.56 ; **18** 29.
III   : **5** 19.

A 20*   9 + 0/0

Dit à lui Un tel : Seigneur (*legei autôi X : Kyrie*).
II-A : **4** 11 ; **13** 9 ; **14** 5.8.22.
II-B : **4** 19 ; **11** 39 ; **13** 36.37.
Cf. 4 15.49, avec *pros auton* ; **11** 8, avec *Rabbi*.

A 21   9 + 0/0

Ma parole (*logos*), du Christ.
II-A : **5** 24 ; **8** 43 ; **14** 24(CT).
II-B : **8** 31.37.51.52 ; **14** 23.
III   : **15** 20.

A 22**   1 + 8/0

En cela + verbe connaître (*en toutôi + ginôskein*).
II-B : **13** 35.
1 Jn : **2** 3.5 ; **3** 16.19.24 ; **4** 2.13 ; **5** 2.

A 23   8 + 1/0[+ 4]

Garder la parole (*tèrein ton logon*).
De Dieu :
II-A : **8** 55.
II-B : **17** 6.
1 Jn : **2** 5.
Du Christ :
II-A : **14** 24.
II-B : **8** 51.52 ; **14** 23.
III   : **15** 20.
Des disciples :
III   : **15** 20.
Cf. Ap **3** 8.10 ; **22** 7.9.

A 24*   8 + 0/0

Porter du fruit (*karpon pherein*).
L   : **12** 24 ; **15** 2.2.2.5.
II-B : **15** 4.8.16.

A 25*   7 + 1/0

Recevoir quelqu'un (*lambanein tina*).
L   : **13** 20.20.20.20.
II-B : **1** 12 ; **5** 43.43.
2 Jn : 10.

A 26*   8 + 0/0

Il dit/ils disent donc (*legei/legousin oun*).
II-A : **4** 9 ; **9** 17.
II-B : **7** 6 ; **13** 27 ; **18** 17 ; **19** 10 ; **21** 5.7.

A 27*   3 + 5/0

Demeurer dans (*menein en*).
Dieu demeure dans le Christ.
II-A : **14** 10.
Dieu demeure dans les chrétiens.
1 Jn : **3** 24 ; **4** 12.13.15.16.
Le Christ demeure dans les chrétiens.
II-B : **15** 4.5.

A 28   8 + 0/0

Lorsque/quand donc (*hote oun*).
C   : **13** 12 ; **19** 30.
II-A : **13** 31 ; **19** 6.
II-B : **2** 22 ; **4** 45 ; **19** 8 ; **21** 15.

A 29*   7 + 1/0

Où aller (*pou hypagein*).
II-A : **8** 14 ; **14** 5.
II-B : **3** 8 ; **8** 14 ; **12** 35 ; **13** 36 ; **16** 5.
1 Jn : **2** 11.

A 30**   1 + 7/0

Petits enfants (*teknia*).
II-B : **13** 33.
1 Jn : **2** 1.12.28 ; **3** 7.18 ; **4** 4 ; **5** 21.

A 31*   7 + 0/0

L'autre disciple (*ho allos mathètès*).
II-A : **18** 16 ; **20** 2.3.4.8.
Les autres disciples (*hoi alloi mathètai*).
II-B : **20** 25 ; **21** 8.

A 32*   6 + 1/0

Si + verbe... et... même verbe.
II-A : **14** 7.
II-B : **8** 19 ; **13** 14.32 ; **15** 20a.
III   : **15** 20b.
1 Jn : **4** 11.

A 33*   7 + 0/0

De moi-même (*ap'emautou*).
II-A : **5** 30 ; **8** 42 ; **14** 10.
II-B : **7** 17.28 ; **8** 28 ; **10** 18.

A 34   7 + 0/0

Au dernier jour (*en tèi eschatèi hèmerai*).
II-B : **7** 37 ; **11** 24.
III   : **6** 39.40.44.54 ; **12** 48.

A 35**   5 + 2/0

Comme... et + pronom (*kathôs... kai* + pronom).
II-B : **10** 15 ; **13** 15 ; **15** 9 ; **17** 18 ; **20** 21.
1 Jn : **2** 6 ; **4** 17.

A 36**   7 + 0/0

La parole qu'il a dite (*ho logos hon eipen*).
II-B : **2** 22 ; **4** 50 ; **7** 36 ; **12** 38 ; **18** 9.32.
La parole que j'ai dite.
III   : **15** 20.

A 37*   7 + 0/0

Est-ce que (vous) aussi (*mè kai* + pronom).
II-A : **9** 27.
II-B : **6** 67 ; **7** 47.52 ; **9** 40 ; **18** 17.25.

A 38**   6 + 1/0

Le monde hait (*ho kosmos misei*).
II-B : **7** 7.7 ; **15** 18.18 ; **17** 14.
III   : **15** 19.
1 Jn : **3** 13.

A 39**   7 + 0/0

En mon nom (*en tôi onomati mou*).
II-B : **14** 13.26 ; **15** 16 ; **16** 23.24.
III   : **14** 14 ; **16** 26.

A 40*   5 + 2/0

Voir et témoigner (*horan/theasthai* + *martyrein*).
II-A : **3** 32.
II-B : **1** 32.34 ; **3** 11 ; **19** 35.
1 Jn : **1** 2 ; **4** 14.

A 41*   7 + 0/0

Le Fils de l'homme + élever (*hypsoun*).
II-A : **3** 14 ; **12** 34.
II-B : **8** 28.
Le Fils de l'homme + glorifier/monter.
II-B : **12** 23 ; **13** 31 ; **3** 13 ; **6** 62.

A 42   7 + 0/0

Vous ne connaissez pas (*hymeis ouk oidate*).
C   : **1** 26.
II-A : **4** 32 ; **8** 14 ; **9** 30.
II-B : **7** 28 ; **11** 49.
Nous ne savons pas (*hèmeis ouk oidamen*).
II-B : **9** 21.

A 43**   6 + 0/0

De lui-même (*aph'heautou*).
II-B : **5** 19 ; **7** 18 ; **11** 51 ; **15** 4 ; **16** 13 ; **18** 34.

A 44**   6 + 0/0

Je... et vous (*egô... kai hymeis*).
II-B : **8** 38 ; **13** 14.15 ; **14** 3.19.20.

A 45**   6 + 0/0

Dit donc à lui (*eipen/eipon oun pros auton*).
II-B : **4** 48 ; **6** 28.34 ; **7** 3 ; **8** 57 ; **11** 21.

A 46   6 + 0/0

Sortir (*exerchesthai*), le Christ, de Dieu.
L   : **16** 28.
II-A : **8** 42.
II-B : **13** 3 ; **16** 30.
III   : **16** 27 ; **17** 8.

A 47*   5 + 1/0

Qui est venu (*ho elthôn/hoi elthontes*).
II-A : **11** 45 ; **20** 8.
II-B : **7** 50 ; **12** 12 ; **19** 39.
1 Jn : **5** 6.

A 48**   4 + 2/0[+ 1]

Il n'a pas besoin que quelqu'un (*ouk echei chreian hina tis*).
II-B : **2** 25 ; **16** 30.
1 Jn : **2** 27.
Il n'a pas + substantif + que (*ouk echei* + subst. + *hina*).
II-B : **5** 7 ; **15** 13.
3 Jn : **4**.
Cf. Ap **21** 23.

A 49   6 + 0/0

Nathanaël.
C   : **1** 45.46.47.48.49.
II-B : **21** 2.

A 50**   6 + 0/0

Or il dit cela (*touto de eipen*).
II-B : **7** 39 ; **11** 51 ; **12** 6 (CT) ; **21** 19.
Or il disait cela (*touto de elegen*).
II-B : **6** 6 ; **12** 33.
Cf. Jn **8** 6.

A 51   6 + 0/0

Être d'auprès de (*einai para* ; de Jésus).
II-A : **9** 33.
II-B : **6** 46 ; **7** 29 ; **9** 16.
D'auprès de (*para* ; de Jésus).
III   : **16** 27 ; **17** 8.

A 52**   4 + 2/0

La joie est pleine (*chara* sujet de *plèrousthai*).
II-B : **3** 29 ; **15** 11 ; **16** 24 ; **17** 13.
1 Jn : **1** 4.
2 Jn : **12**.

A 53*   4 + 1/0

Avoir un péché (*hamartian echein*).
II-A : **15** 22.24.
II-B : **9** 41 ; **19** 11.
1 Jn : **1** 8.

A 54**   4 + 1/0

Envoyer dans le monde (*apostellein eis ton kosmon*).
II-B : **10** 36 ; **17** 18.18.
III   : **3** 17 (cf. 1 Jn **4** 9).
1 Jn : **4** 9.

A 55*   4 + 1/0

Connaître le Père (*ginôskein ton patera*).
II-A : **14** 7.7 (CT) ; **16** 3.
II-B : **10** 15.
1 Jn : **2** 14.

A 56**   5 + 0/0[+ 2]

En hébreu (*hebraïsti*).
II-B : **5** 2 ; **19** 13.17.20 ; **20** 16.
Cf. Ap **9** 11 ; **16** 16.

A 57**   5 + 0/0

Celui-là (*ekeinos*), désignant l'Esprit.
II-B : **14** 26 ; **15** 26 ; **16** 8.13.14.

A 58**   4 + 1/0

Donner commandement (*entolèn didonai*).
II-B : **11** 57 ; **12** 49 ; **13** 34 ; **14** 31 (CT).
1 Jn : **3** 23.

A 59*   5 + 0/0

Que cherches-tu ? (*ti zèteis/zèteite*).
II-A : **1** 38 ; **18** 4 ; **20** 15.
II-B : **4** 27 ; **18** 7.

A 60**   1 + 4/0

Pour la mort (*pros thanaton*).
II-B : **11** 4.
1 Jn : **5** 16.16.16.17.

A 61**   5 + 0/0

Et ayant dit cela (*kai touto eipôn*).
II-B : **11** 28 ; **18** 38 ; **20** 20.22 ; **21** 19.

A 62*   4 + 1/0

Recevoir le témoignage (*lambanein tèn martyrian*).
II-A : **3** 32.33.
II-B : **3** 11 ; **5** 34.
1 Jn : **5** 9.

A 63**   4 + 1/0

Fils Unique (*Monogenès*).
II-B : **1** 14.18.
III : **3** 16.18 (cf. 1 Jn).
1 Jn : **4** 9.

A 64*   5 + 0/0

Nicodème.
II-A : **3** 1.9.
II-B : **3** 4 ; **7** 50 ; **19** 39.

A 65**   5 + 0/0

Où je suis (*hopou eimi egô*).
II-B : **7** 34.36 ; **12** 26 ; **14** 3 ; **17** 24.

A 66   5 + 0/0

Où je vais (*hopou egô hypagô*).
C : **13** 33.

II-A : **8** 21.22 ; **14** 4.
II-B : **13** 36.

A 67*   5 + 0/0[+ 1]

N'est pas encore venu (*oupô elèluthei/èkei*).
II-A : **8** 20.
II-B : **2** 4 ; **6** 17 ; **7** 30 ; **11** 30.
Cf. Ap **17** 10.

A 68*   5 + 0/0

Il dit cela (*tauta eipen/eipon*).
II-A : **20** 18.
II-B : **6** 59 ; **9** 22 ; **11** 11 ; **12** 41.

A 69   5 + 0/0

Poisson (*opsarion*).
C : **21** 9.13.
II-B : **6** 9.11 ; **21** 10.

A 70**   4 + 1/0

Paraclet (*paraklètos*).
II-B : **14** 16.26 ; **15** 26 ; **16** 7.
1 Jn : **2** 1.

A 71   5 + 0/0

Se faire (*poiein heauton*) + substantif attribut**.
II-B : **8** 53 ; **10** 33 ; **19** 7.12.
Se faire (*poiein heauton*) + adjectif attribut.
III : **5** 18.

A 72   2 + 2/0

Annoncer/annonce (*aggelein/aggelia*).
C : **20** 18.
II-B : **4** 51 (CT).
1 Jn : **1** 5 ; **3** 11.

A 73**   1 + 3/0

Sang et eau (*haima kai hydôr*).
II-B : **19** 34.
1 Jn : **5** 6.6.8.

A 74   4 + 0/0

Péché (*hamartia* ; singulier + possessif ou déterminatif).
C : **1** 29.
II-A : **8** 21 ; **15** 22. (Cf. **8** 24aCT).
II-B : **9** 41.

A 75   4 + 0/0

Puiser (*antlein*).
C : **2** 8 ; **4** 7.
II-B : **2** 9 ; **4** 15.

A 76*   4 + 0/0

Ne peut rien faire (*ou dynatai poiein ouden*).
II-A : **5** 30 ; **9** 33.
II-B : **5** 19 ; **15** 5.

A 77**   4 + 0/0

Je suis (*egô eimi*, évoque le Nom divin).
II-B : **8** 24.28.58 ; **13** 19 (cf. **18** 5-8).

A 78   4 + 0/0

La volonté de celui qui m'a envoyé (*to thelèma tou pempsantos me*).
II-A : **4** 34 ; **5** 30 ; **6** 38.39.

A 79** 4 + 0/0

Jérusalem (*ta Hierosolyma*).
II-B : **2** 23 ; **5** 2 ; **10** 22 ; **11** 18.

A 80** 4 + 0/0

Jésus donc (*Ièsous oun*) + participe + verbe fini.
II-B : **6** 15 ; **11** 38 ; **18** 4 ; **19** 26.

A 81** 4 + 0/0

Simon Iscariote.
II-B : **6** 71 ; **12** 4(CT) ; **13** 2.26.

A 82   4 + 0/0

Afin que l'Écriture fût accomplie (*hina hè graphè plèrôthèi*).
Avec citation explicite*.
II-A : **13** 18 ; **19** 36.
II-B : **19** 24.
Sans citation.
III   : **17** 12.

A 83   4 + 0/0

Afin que fût accomplie la parole (*hina plèrôthèi ho logos*)*.
II-A : **15** 25.
Afin que la parole fût accomplie**.
II-B : **12** 38 ; **18** 9.32.

A 84* 3 + 1/0

Afin que... par lui (*hina... di'autou*, en fin de phrase).
II-A : **1** 7.
II-B : **11** 4.
III   : **3** 17 (cf. 1 Jn **4** 9).
1 Jn : **4** 9.

A 85   4 + 0/0

Cana (*Kana*).
C   : **2** 1.11.
II-B : **4** 46 ; **21** 2.

A 86   4 + 0/0

Piscine (*kolymbèthra*).
C   : **9** 7.
II-B : **5** 2.4.7.

A 87** 4 + 0/0

Il allait mourir (*èmellen apothnèskein*).
II-B : **4** 47 ; **11** 51 ; **12** 33 ; **18** 32.

A 88   4 + 0/0[+ 1]

Après cela (*meta touto*).
C   : **2** 12 ; **11** 7 ; **19** 28.
II-B : **11** 11.
Cf. Ap **7** 1.

A 89** 1 + 3/0

Vaincre le monde (*nikan ton kosmon*).
II-B : **16** 33.
1 Jn : **5** 4.4.5.

A 90** 4 + 0/0

Aucun de (*oudeis ek* + gén.).
II-B : **7** 19 ; **16** 5 ; **18** 9.
III   : **17** 12 (cf. **18** 9).

A 91   4 + 0/0

De nouveau donc (*palin oun*).
II-B : **9** 15 ; **18** 7.27.
III   : **8** 12.

A 92** 4 + 0/0

Parabole (*paroimia*).
II-B : **10** 6 ; **16** 25.25.
III   : **16** 29 (cf. **16** 25).

A 93   3 + 1/0

Non pour... mais pour (*ou peri... alla peri*)**.
II-B : **10** 33 ; **17** 9.
Non pour seulement... mais aussi pour (*ou peri de monon... alla kai peri*).
III   : **17** 20.
1 Jn : **2** 2.

A 94   3 + 1/0

Croire au nom (*pisteuein eis to onoma*).
II-A : **2** 23.
II-B : **1** 12.
III   : **3** 18.
1 Jn : **5** 13.

A 95** 3 + 1/0

L'esprit de vérité (*to pneuma tès alètheias*).
II-B : **14** 17 ; **15** 26 ; **16** 13.
1 Jn : **4** 6.

A 96* 4 + 0/0

Comment + dire ? (*pôs...legein*).
II-A : **12** 34 ; **14** 9.
II-B : **6** 42 ; **8** 33.

A 97* 4 + 0/0

Simon fils de Jean.
II-A : **1** 42.
Simon (fils) de Jean.
II-B : **21** 15.16.17.

A 98** 4 + 0/0

Être dans le lieu (*einai en tôi topôi*).
II-B : **5** 13 ; **6** 10 ; **11** 30 ; **19** 41.

A 99* 4 + 0/0

Alors donc (*tote oun*).
II-A : **20** 8.
II-B : **11** 14 ; **19** 1.16.

A 100*   4 + 0/0

Neutre collectif au singulier.
II-A : **6** 37.39.
II-B : **17** 2.24.

A 101**   3 + 0/0

Exclu de la Synagogue (*aposynagôgos*).
II-B : **9** 22 ; **12** 42 ; **16** 2.

A 102   3 + 0/0

Le Prince de ce monde (*ho archôn tou kosmou toutou*).
C : **12** 31 ; **14** 30.
II-B : **16** 11.

A 103*   3 + 0/0

Murmurer au sujet de (*goggyzein peri*).
II-A : **6** 41.
II-B : **6** 61 ; **7** 32.

A 104   3 + 0/0

Ceindre (*diazônnunai*).
C : **13** 4.5.
II-B : **21** 7.

A 105**   3 + 0/0

Didyme (*Didymos*).
II-B : **11** 16 ; **20** 24 ; **21** 2.

A 106**   1 + 2/0

Être de la vérité (*ek tès alètheias einai*).
II-B : **18** 37.
1 Jn : **2** 21 ; **3** 19.

A 107**   2 + 1/0

Dans l'un (*eis hen*).
II-B : **11** 52 ; **17** 23.
1 Jn : **5** 8 (*eis to hen*).

A 108**   3 + 0/0

Ensuite il dit (*eita legei*).
II-B : **2** 3(CT) ; **19** 27 ; **20** 27.

A 109**   3 + 0/0

De (*ek tôn*) + adverbe de lieu.
II-B : **8** 23.23 ; **19** 23.

A 110**   3 + 0/0

Fête des Juifs (*heortè tôn Ioudaiôn*).
II-B : **5** 1 ; **6** 4 ; **7** 2.

A 111**   3 + 0/0

Venir à la fête (*erchesthai eis tèn heortèn*).
II-B : **4** 45 ; **11** 56 ; **12** 12.

A 112**   3 + 0/0

Œuvrer les œuvres (*ergazesthai ta erga*).
II-B : **3** 21 ; **6** 28 ; **9** 4.

A 113*   3 + 0/0

Encore... et (*eti... kai*).
II-A : **14** 19.
II-B : **4** 35 ; **7** 33.

A 114   3 + 0/0

En secret (*en kryptôi*, sans article).
C : **7** 4 ; **18** 20.
II-B : **7** 10.

A 115**   2 + 1/0

Rendre témoignage à la vérité (*martyrein tèi alètheiai*).
II-B : **5** 33 ; **18** 37.
3 Jn : **3**.

A 116   3 + 0/0

Demeurer sur (*menein epi*).
C : **1** 32.
II-A : **1** 33.
II-B : **3** 36.

A 117**   2 + 1/0

Passer (*metabainein*, sens métaphorique).
II-B : **5** 24 ; **13** 1.
1 Jn : **3** 14.

A 118*   3 + 0/0

Maintenant... à présent (*nyn... arti*).
II-A : **9** 19-21.
II-B : **13** 36-37 ; **16** 30-31.

A 119*   3 + 0/0

Celui qui te dit (*ho legôn soi*).
II-A : **4** 10.
II-B : **4** 26 (*lalôn*) ; **5** 12 (*eipôn*).

A 120   3 + 0/0

Que vous dites que (*hon hymeis legete hoti*).
II-A : **9** 19.
II-B : **10** 36.
III : **8** 54.

A 121   3 + 0/0

Que vous ne connaissez pas (*hon hymeis ouk oidate*).
C : **1** 26.
II-A : **4** 32.
II-B : **7** 28.

A 122**   3 + 0/0

Ne... pas... mais (*ou mè... alla*).
II-B : **4** 14 ; **8** 12 ; **10** 5.

A 123**   1 + 2/0

Petits enfants (*paidia*).
II-B : **21** 5.
1 Jn : **2** 14.18.

A 124   3 + 0/0
Je pars vers le Père (*poreuomai pros ton patera*).
L   : **16** 28.
II-A : **14** 12.28.

A 125** 3 + 0/0
Avant (*pro*) + fête.
II-B : **11** 55 ; **12** 1 ; **13** 1.

A 126** 3 + 0/0
D'abord (*to prôton*).
II-B : **10** 40 ; **12** 16 ; **19** 39.

A 127** 3 + 0/0
Signifiant de quelle mort (*sèmainôn poiôi thanatôi*).
II-B : **12** 33 ; **18** 32 ; **21** 19.

A 128   3 + 0/0
Qui es-tu ? (*su tis ei*).
C   : **21** 12.
II-A : **1** 19 ; **8** 25.

A 129   3 + 0/0
Tibériade (*Tiberias*).
C   : **21** 1.
II-A : **6** 1.
II-B : **6** 23.

A 130   3 + 0/0
Jarre/cruche (*hydria*).
C   : **2** 6.7 ; **4** 28.

A 131** 3 + 0/0
Par crainte des Juifs (*dia ton phobon tôn Ioudaiôn*).
II-B : **7** 13 ; **19** 38 ; **20** 19.

A 132** 3 + 0/0
L'heure était environ (*hôra èn hôs*) + chiffre.
II-B : **1** 39 ; **4** 6 ; **19** 14.

A 133** 1 + 1/0
Se purifier (*agnizein heauton*).
II-B : **11** 55.
1 Jn : **3** 3.

A 134   2 + 0/0
Braises (*anthrakia*).
C   : **18** 18 ; **21** 9.

A 135* 1 + 1/0
Tueur d'homme (*anthrôpoktonos*).
II-A : **8** 44.
1 Jn : **3** 15.

A 136** 1 + 1/0
Ce qui plaît (*ta aresta*, pluriel).
II-B : **8** 29.
1 Jn : **3** 22.

A 137** 2 + 0/0
Dès le début (*ex archès*).
II-B : **6** 64 ; **16** 4.

A 138** 1 + 1/0
Connaître la vérité (*ginôskein tèn alètheian*).
II-B : **8** 32.
2 Jn : 1.

A 139* 2 + 0/0
Bourse (*glôssokomon*).
II-A : **13** 29.
II-B : **12** 6.

A 140** 2 + 0/0
Femme (*gynai*, la mère de Jésus).
II-B : **2** 4 ; **19** 26.

A 141   2 + 0/0
Comme il est écrit (*kathôs estin gegrammenon*).
II-A : **6** 31 ; **12** 14.

A 142   2 + 0/0
Comme... que aussi (*kathôs... hina kai*).
II-B : **13** 34.
III   : **17** 21.

A 143** 2 + 0/0
Livre (*litra*).
II-B : **12** 3 ; **19** 39.

A 144** 1 + 1/0[+ 1]
Témoigner le témoignage (*martyrian... martyrein*).
II-B : **5** 32.
1 Jn : **5** 10.
Cf. Ap **1** 2.

A 145* 2 + 0/0
Messie (*Messias*).
II-A : **1** 41.
II-B : **4** 25.

A 146   2 + 0/0
Demeure (*monè*).
C   : **14** 2.
II-B : **14** 23.

A 147   2 + 0/0
Maison de mon Père (*hè oikia tou patros mou*).
C   : **2** 16 ; **14** 2.

A 148   2 + 0/0[+ 2]
Nom à lui (*onoma autôi*).
II-A : **1** 6 ; **3** 1.
cf. Ap **6** 8 ; **9** 11.

A 149** 1 + 1/0
Par son nom (*kat'onoma*).
II-B : **10** 3.
3 Jn : **15**.

A 150** 2 + 0/0
Dès ce (moment) (*ek toutou*).
II-B : **6** 66 ; **19** 12.

A 151** 2 + 0/0[+ 1]
Apparence/visage (*opsis*).
II-B : **7** 24 ; **11** 44.
cf. Ap **1** 16.

A 152** 1 + 1/0
Faire la vérité (*poiein tèn alètheian*).
II-B : **3** 21.
1 Jn : **1** 6.

A 153 2 + 0/0
Les paroles de Dieu (*ta rhèmata tou theou*).
II-A : **3** 34.
III : **8** 47.

A 154** 1 + 1/0
Le sauveur du monde (*ho sôtèr tou kosmou*).
II-B : **4** 42.
1 Jn : **4** 14.

A 155 2 + 0/0
Se manifester (*phaneroun heauton*).
C : **7** 4 ; **21** 1.

A 156 2 + 0/0
A terre (*chamai*).
C : **9** 6.
II-B : **18** 6.

A 157** 2 + 0/0
Lorsque... alors (*hôs... tote*).
II-B : **7** 10 ; **11** 6.

A 158** 2 + 0/0
Servir (*ôphelein*) + double négation.
II-B : **6** 63 ; **12** 19.

A 159* 2 + 0/0
Accomplir l'œuvre (*teleioun to ergon*).
II-A : **4** 34.
II-B : **17** 4.

A 160** 2 + 0/0
Donner la Loi (*didonai ton nomon*).
II-B : **1** 17 ; **7** 19.

A 161** 1 + 1/0
Avoir l'amour en soi (*echein tèn agapèn en*).
II-B : **13** 35 (cf. **5** 42).
1 Jn : **4** 16.

A 162** 2 + 0/0
Reculer/se retirer (*aperchesthai eis ta opisô*).
II-B : **6** 66 ; **18** 6.

A 163* 2 + 0/0
Laissez aller (*aphete hypagein*).
II-A : **18** 8.
II-B : **11** 44.

A 164** 1 + 1/0
La lumière véritable (*to phôs to alèthinon*).
II-B : **1** 9.
1 Jn : **2** 8.

A 165** 2 + 0/0
Donner réponse (*apokrisin didonai*).
II-B : **1** 22 ; **19** 9.

A 166* 2 + 0/0
Que dis-tu de (*ti legeis peri*).
II-A : **9** 17.
II-B : **1** 22.

A 167* 1 + 1/0
Aveugler les yeux (*typhloun ophthalmous*).
II-A : **12** 40.
1 Jn : **2** 11.

B 1 32 + 0/1 97 %
Il dit donc (*eipen/eipon oun*).
Cf. A 45 ; ajouter :
C : **12** 7 ; **18** 25.
II-A : **6** 32 ; **8** 21.24 ; **18** 37.
II-B : **1** 22 ; **2** 20 ; **4** 52 ; **6** 30.53.67 ; **7** 33.35 ; **8** 13 ; **9** 26 ;
  10 7 ; **11** 12.16 ; **16** 17 ; **18** 11.31 ; **19** 24 ; **20** 21.
III : **8** 28 ; **12** 35.
Cf. Lc **19** 12.

B 2* 14 + 4/1 94,7
Avoir la vie (*zôèn echein*).
II-A : **3** 16 ; **5** 24.
II-B : **3** 36 ; **5** 26.26.39(CT).40 ; **6** 40.47.54 ; **10** 10 ; **20** 31.
III : **3** 15 (cf. **3** 16) ; **6** 53 (cf. **6** 54).
1 Jn : **3** 15 ; **5** 12.12.13.
Cf. Mt **19** 16.

B 3 17 + 0/1 94,4
Je/vous (*egô/hymeis*).
En opposition
C : **13** 33 ; **16** 6.
II-A : **8** 21.22.23.
II-B : **7** 8.34.36 ; **8** 23 ; **15** 16.
III : **8** 15.
En parallélisme
Cf. A 44 ; ajouter :
L : **15** 5.
Cf. Ga **4** 12.

B 4   17 + 0/1[+ 1] 94,4

Œuvre (*ergon*) = miracle.
Au singulier** :
II-B : **7** 21 ; **10** 32.33.
Au pluriel :
C   : **7** 3.
II-A : **9** 3 ; **14** 10.11.12 ; **15** 24.
II-B : **5** 36.36 ; **9** 4 ; **10** 25.32.37.38.
III : **5** 20.
Cf. Mt **11** 2 ; Ap **15** 3.

B 5   17 + 0/1(+ 1) 94,4

Aller (*hypagein*), dit de la mort de Jésus.
Cf. A 66. Ajouter :
II-A : **8** 21 ; **14** 5.28.
II-B : **7** 33 ; **8** 14.14 ; **13** 3.36 ; **16** 5.5.10.
III : **16** 17.
Cf. Mt **26** 24 = Mc **14** 21.

B 6   29 + 0/2 93,5

Répondit et dit (*apekrithè kai eipen*).
C   : **1** 48 ; **4** 17 ; **18** 30.
II-A : **2** 18 ; **3** 3.9.10 ; **4** 10.13 ; **8** 48 ; **9** 20.30.34.36 ; **13** 7 ;
        14 23.
II-B : **1** 50 ; **2** 19 ; **3** 27 ; **6** 26.29.43 ; **7** 16.21.52 ; **8** 14.39 ;
        12 30 ; **20** 28.
Cf. Lc **13** 15 ; **17** 20.

B 7   14 + 0/1[+ 2] 93,3

L'heure vient (*hôra* + *erchesthai*).
Suivi de *hina* :
C   : **12** 23 ; **13** 1.
II-B : **16** 2.32.
Suivi de *hote*** :
II-B : **4** 21 ; **5** 25 ; **16** 25.
III : **4** 23 (cf. **4** 21).
Suivi de *en hèi* :
III : **5** 28.
Absolu :
II-A : **8** 20 ; **16** 4.
II-B : **7** 30 ; **16** 21 ; **17** 1.
Cf. Mc **14** 41 ; Ap **14** 7.15.

B 8*   8 + 6/1(+ 1) 93,3

Ténèbres (*skotia*).
L   : **1** 5.5.
II-B : **6** 17 ; **8** 12 ; **12** 35.35.46 ; **20** 1.
1 Jn : **1** 5 ; **2** 8.9.11.11.11.
Cf. Mt **10** 27 = Lc **12** 3.

B 9*   13 + 0/1 92,9

Glorifier (*doxazein*), dit de Jésus.
Au sens eschatologique** :
II-B : **7** 39 ; **11** 4 ; **12** 16.23 ; **13** 31.32.32 ; **17** 1.5.
Non eschatologique :
II-A : **8** 54.54.
II-B : **16** 14 ; **17** 10.
Cf. Lc **4** 15.

B 10*   3 + 10/1 92,9

Être de Dieu (*einai ek* (*tou*) *theou*).
II-A : **8** 47.
II-B : **7** 17.
III : **8** 47.
1 Jn : **3** 10 ; **4** 1.2.3.4.6.6.7 ; **5** 19.
3 Jn : **11**.
Cf. Ac **5** 39.

B 11*   9 + 0/1 90

Il est (était) écrit (*estin gegrammenon*).
Cf. A 141 ; ajouter :
II-B : **2** 17 ; **6** 45 ; **10** 34 ; **12** 16 ; **19** 19.20 ; **20** 30.
Cf. Lc **4** 17.

B 12   8 + 0/1(+ 1) 88,9

Moi/vous (*eme/hymas*).
II-B : **7** 7 ; **12** 30 ; **15** 9.16.18.20 ; **20** 21.
III : **16** 27.
Cf. Mt **10** 40 = Lc **10** 16.

B 13*   8 + 0/1 88,9

Venir dans le monde (*erchesthai eis ton kosmon*).
L   : **16** 28.
II-B : **1** 9 ; **3** 19 ; **6** 14 ; **9** 39 ; **11** 27 ; **12** 46 ; **18** 37.
Cf. 1 Tm **1** 15.

B 14   8 + 0/1 88,9

Or était (*èn de*) + nom propre.
C   : **3** 23 ; **18** 18.
II-B : **1** 44 ; **11** 2.18 ; **18** 14.25.40.
Cf. Lc **24** 10.

B 15**   6 + 9/2 88,2

Demeurer dans (*menein en*).
Dit de la parole, l'enseignement, etc.
II-B : **5** 38 ; **8** 31 ; **15** 7.
1 Jn : **2** 14.24.24.27 ; **3** 9.
2 Jn : **9** 9.
Dit de l'amour.
II-B : **15** 9.10.10.
1 Jn : **3** 17 ; **4** 16.
Cf. 1 Tm **2** 15 ; 2 Tm **3** 14.

B 16   7 + 0/1 87,5

Était proche (*eggys èn*).
C   : **7** 2.
II-B : **2** 13 ; **6** 4 ; **11** 18.55 ; **19** 20.42.
Cf. Ac **27** 8.

B 17*   7 + 0/1 87,5

Celui-là (*ekeinos*), pronom dit de Dieu.
II-A : **1** 33 ; **8** 42.
II-B : **5** 19.37.38 ; **6** 29 ; **7** 29.
Cf. Tt **3** 7.

B 18   7 + 0/1 87,5

Venir... aller (*erchesthai... hypagein*).
C   : **13** 33.
II-A : **8** 14.21.22 ; **14** 28.
II-B : **3** 8 ; **8** 14.
Cf. Mc **6** 31.

B 19*   7 + 0/1[+ 3]   87,5

Thomas.
II-A : **14** 5.
II-B : **11** 16 ; **20** 24.26.27.28 ; **21** 2.

B 20*   6 + 1/1 87,5

Témoignage + vrai (*martyria + alèthès*).
II-A : **5** 31.
II-B : **5** 32 ; **8** 13.14.17 ; **21** 24.
3 Jn : 12.
Cf. Tt **1** 13.

B 21   7 + 0/1 87,5

En public/clairement (*parrèsiai*).
C   : **11** 54 ; **18** 20.
II-B : **7** 13.26 ; **10** 24 ; **11** 14 ; **16** 25.
Cf. Mc **8** 32.

B 22**   7 + 0/1 87,5

Beaucoup de (*polys + ek +* gen.).
II-B : **6** 60.66 ; **7** 31 ; **10** 20 ; **11** 19.45 ; **12** 42.
Cf. Ac **17** 12.

B 23   7 + 0/1(+ 1) [+ 1]   87,5

Le lieu où (*ho topos hopou*)**
II-B : **4** 20 ; **6** 23 ; **10** 40 ; **11** 30 ; **19** 20(CT).41.
Le lieu... où (mots séparés)
C   : **19** 17.
Cf. Mt **28** 6 = Mc **16** 6 ; Ap **12** 14.

B 24   7 + 0/1 87,5

Ordre suivi de son exécution ;
reprise du même verbe, avec « donc » (*oun*)
(sauf *hypage*, remplacé par *aperchesthai*).
C   : **9** 6-7 ; **11** 39-41 ; **21** 6.
II-A : **1** 39 ; **6** 10.
II-B : **6** 12-13 ; **9** 11.
Cf. Ac **10** 32-33.

B 25*   13 + 0/2 86,7

Il disait donc (*elegen/elegon oun*).
II-A : **4** 33 ; **8** 22.25.
II-B : **5** 10 ; **7** 25 ; **8** 19.31 ; **9** 10.16 ; **11** 36 ; **16** 18 ; **19** 21 ;
          20 25.
Cf. Lc **3** 7 ; **13** 18.

B 26**   9 + 3/2 85,7

Aimer (*agapan*), Dieu comme sujet.
II-B : **3** 35 ; **10** 17 ; **14** 21.23 ; **15** 9 ; **17** 23.24.26.
III : **3** 16 (cf. 1 Jn **4** 10).

1 Jn : **4** 10.11.19.
Cf. Ep **2** 4 ; 2 Th **2** 16.

B 27*   6 + 0/1 85,7

Ne... jamais (*ou mè... eis ton aiôna*).
II-A : **10** 28 ; **13** 8.
II-B : **4** 14 ; **8** 51.52 ; **11** 26.
Cf. 1 Co **8** 13.

B 28**   6 + 0/1 85,7

Mais (*alla*) + pronom.
II-B : **8** 16 ; **10** 18.26 ; **15** 16 ; **16** 7.
III : **15** 19 (cf. **15** 16).
Cf. 1 Co **6** 8.

B 29*   6 + 0/1 85,7

Après cela (*meta tauta*) ; en début
de phrase, sans conjonction.
II-A : **5** 1 ; **6** 1.
II-B : **3** 22 ; **5** 14 ; **7** 1(CT) ; **21** 1.
Cf. Ac **18** 1.

B 30*   6 + 0/1 85,7

Quand donc/lors donc que (*hôs oun*).
II-A : **4** 40.
II-B : **4** 1 ; **11** 6 ; **18** 6 ; **20** 11 ; **21** 9.
Cf. Col **2** 6.

B 31*   11 + 6/3 85

Celui-là (*ekeinos*), pronom dit du Christ.
II-A : **9** 28.37.
II-B : **1** 18 ; **2** 21 ; **3** 28.30 ; **4** 25 ; **5** 11 ; **7** 11 ; **9** 12 ;
          19 21.
1 Jn : **2** 6 ; **3** 3.5.7.16 ; **4** 17.
Cf. 2 Co **8** 9 ; 2 Tm **2** 13 ; 2 P **1** 16.

B 32   17 + 0/3 85

Simon-Pierre.
C   : **18** 15 ; **20** 2 ; **21** 2.3.
II-A : **1** 40 ; **13** 6.9 ; **20** 6.
II-B : **6** 8.68 ; **13** 24.36 ; **18** 10.25 ; **21** 7.11.15.
Cf. Mt **16** 16 ; Lc **5** 8 ; 2 P **1** 1.

B 33   11 + 0/2 84,6

Celui-là (*ekeinos*) supportant un *casus pendens*.
II-A : **1** 33 ; **9** 37 ; **10** 1 ; **14** 12.21.
II-B : **1** 18 ; **5** 11.37 ; **12** 48 ; **14** 26.
III : **6** 57.
Cf. Mc **7** 20 ; 2 Co **10** 18.

B 34   17 + 3/4(+ 2)   83,3

Dieu envoie (*apostellein*) le Christ.
II-A : **3** 34 ; **8** 42 ; **11** 42.
II-B : **5** 36.38 ; **6** 29 ; **7** 29 ; **10** 36 ; **17** 8.18.23.25 ; **20** 21.
III : **3** 17 ; **6** 57 ; **17** 3.21.
1 Jn : **4** 9.10.14.

Cf. Mt **10** 40 = Lc **10** 16 ;
   Mc **9** 37 = Lc **9** 48 ;
   Ac **3** 20.26.

B 35*   8 + 2/2[+ 6]   83,3

Lui/eux (*autos/autoi*) supportant un *casus pendens*.
L   : **15** 2.2.
II-A : **4** 14 ; **6** 39.
II-B : **1** 12 ; **12** 49 ; **17** 2 ; **18** 11.
1 Jn : **3** 17 ; **4** 15.
Cf. Ac **10** 38 ; Ep **3** 21 ;
   Ap **2** 7.17.26 ; **3** 12.21 ; **6** 4.

B 36   5 + 5/2   83,3

Dans le monde (être) (*en tôi kosmôi*).
II-B : **1** 10 ; **13** 1 ; **17** 11.11.
III : **9** 5.
1 Jn : **2** 15.16 ; **4** 3.4.17.
Cf. 1 P **5** 9 ; 2 P **1** 4.

B 37   5 + 0/1   83,3

Attirer (*helkyein*).
C   : **12** 32 ; **21** 6.
II-B : **6** 44 ; **18** 10 ; **21** 11.

B 38*   5 + 0/1   83,3

Commandement (*entolè*), du Christ.
II-A : **14** 21.
II-B : **13** 34 ; **14** 15 ; **15** 10.12.
Cf. 1 Co **14** 37.

B 39*   3 + 2/1   83,3

Donner la vie (*zôèn didonai*).
II-A : **10** 28.
II-B : **6** 33 ; **17** 2.
1 Jn : **5** 11.16.
Cf. Ac **17** 25.

B 40**   3 + 2/1   83,3

Et... mais (*kai... de*).
II-B : **8** 16.17 ; **15** 27.
1 Jn : **1** 3. 3 Jn 12.
Cf. Lc **1** 76.

B 41*   5 + 0/1   83,3

Jardin/jardinier (*kèpos/kèpouros*).
II-A : **20** 15.
II-B : **18** 1.26 ; **19** 41.41.

B 42**   3 + 2/1   83,3

Le monde ne connaît pas (*ginôskein*).
II-B : **1** 10 ; **14** 17 ; **17** 25.
1 Jn : **3** 1.1.
Cf. 1 Co **1** 21.

B 43*   5 + 0/1   83,3

Loi (*nomos*) + terme marquant l'appartenance.
II-A : **15** 25.

II-B : **7** 51 ; **8** 17 ; **10** 34 ; **18** 31.
Cf. Ac **18** 15.

B 44*   4 + 1/1   83,3

Ne... jamais (*ou... pôpote*).
II-A : **5** 37 ; **6** 35.
II-B : **1** 18 ; **8** 33.
1 Jn : **4** 12.
Cf. Lc **19** 30.

B 45*   3 + 7/2   83,3

En cela (*en toutôi*) + proposition explicative.
II-A : **9** 30.
II-B : **13** 35 ; **15** 8.
1 Jn : **2** 3 ; **3** 16 ; **4** 9.10.13.17 ; **5** 2.
Cf. Lc **10** 20 ; 2 Co **5** 2.

B 46**   2 + 3/1(+ 1)   83,3

Quiconque fait (*pas ho poiôn*).
II-B : **8** 34 ; **19** 12.
1 Jn : **2** 29 ; **3** 4.10.
Cf. Mt **7** 26 = Lc **6** 47.

B 47*   5 + 0/1   83,3

Manger (*trôgô*).
II-A : **13** 18.
II-B : **6** 54.56.58.
III : **6** 57 (cf. II-B).

B 48   5 + 0/1   83,3

Vous dites que (*hymeis legete hoti*).
Cf. A 120 ; ajouter :
II-B : **4** 20.35.
Cf. Lc **22** 70.

B 49*   5 + 0/1   83,3

Heure (*hôra*) + possessif.
II-A : **8** 20.
II-B : **2** 4 ; **7** 30 ; **13** 1 ; **16** 21.
Cf. Lc **22** 53.

B 50   10 + 0/2(+ 1)   83,3

Heure (*hôra*), dit du Christ.
C   : **12** 23.27.27 ; **13** 1.
II-A : **8** 20 ; **16** 4.
II-B : **2** 4 ; **7** 30 ; **16** 32 ; **17** 1.
Cf. Mt **26** 45 = Mc **14** 41 ; Mc **14** 35.

B 51   36 + 3/8   83

Croire en (*pisteuein eis*).
Cf. A 94 ; ajouter :
L   : **12** 44.44.
II-A : **2** 11 ; **3** 16.18 ; **6** 35 ; **7** 38 ; **9** 35.36 ; **11** 45 ;
   12 37 ; **14** 12.
II-B : **3** 36 ; **4** 39 ; **6** 29.40 ; **7** 5.31.39.48 ;
   8 30 ; **10** 42 ; **11** 25.48 ; **12** 11.36.42.46 ; **14** 1.1 ;
   16 9.
III : **11** 26 ; **17** 20.
1 Jn : **5** 10.10.

B 52   13 + 1/3[+ 1]   82,3

Savoir où/d'où (*eidenai pou/pothen*).
C   : **20** 2.
II-A : **8** 14 ; **9** 29.30 ; **14** 4.5.
II-B : **2** 9 ; **3** 8 ; **7** 27.28 ; **8** 14 ; **12** 35 ; **20** 13.
1 Jn : **2** 11.
Cf. Lc **13** 25.27 ; **20** 7 ; Ap **2** 13.

B 53   9 + 0/2   81,8

Marie (sœur de Marthe).
C   : **11** 2 ; **12** 3.
II-A : **11** 31.32.45.
II-B : **11** 1.19.20.28.
Cf. Lc **10** 39.42.

B 54*   6 + 3/2   81,8

Voir (*horan*) Dieu, le Père.
L   : **12** 45 (*theôrein*).
II-A : **14** 7.9.
II-B : **1** 18 ; **6** 46.46.
1 Jn : **4** 12 (*theasthai*).20.
3 Jn : 11.
Cf. Mt **5** 8 ; He **12** 14.

B 55   8 + 1/2[+ 1]   81,8

D'auprès du Père (*para (tou) patros*).
II-B : **1** 14 ; **6** 45 ; **10** 18 ; **15** 15.26.26 ; **17** 7.
III   : **17** 8.
2 Jn : 4.
Cf. Mt **18** 19 ; Ac **2** 33 ; Ap **2** 28.

B 56**   4 + 5/2[+ 2]   81,8

Garder les commandements (*tèrein tas entolas*).
II-B : **14** 15.21 ; **15** 10.10.
1 Jn : **2** 3.4 ; **3** 22.24 ; **5** 3.
Cf. Mt **19** 17 ; 1 Tm **6** 14 ; Ap **12** 17 ; **14** 12.

B 57   13 + 0/3(+ 1)   81,3

Laver (*niptein*).
C   : **9** 7.7 ; **13** 5.12.
II-A : **9** 15 ; **13** 6.8.8.10.
II-B : **9** 11.11 ; **13** 14.14.

B 58**   2 + 2/1   80

Oeuvres mauvaises (*erga ponèra*).
II-B : **3** 19 ; **7** 7.
1 Jn : **3** 12.
2 Jn : 11.

B 59   4 + 0/1   80

Prier pour (*erôtan peri*).
II-B : **17** 9.9.
III   : **16** 26 ; **17** 20.
Cf. Lc **4** 38.

B 60   12 + 8/5[+ 1]   80

Que (*hina*) épexégétique.
Cf. A 6 ; ajouter :

II-A : **4** 34.
II-B : **13** 34 ; **15** 8.13.17 ; **18** 39.
1 Jn : **4** 17.21.
3 Jn : 4.
Cf. Mt **18** 14 ; Lc **1** 43 ; 1 Co **4** 3 ; **9** 18 ;
Ph **1** 9 ; Ap **22** 14.

B 61*   4 + 0/1   80

Parler de (*lalein apo*).
II-A : **14** 10.
II-B : **7** 17.18 ; **16** 13.
Cf. 2 P **1** 21.

B 62*   3 + 1/1(+ 1)   80

Parler de (*lalein ek*).
II-A : **3** 31.
II-B : **8** 44 ; **12** 49.
1 Jn : **4** 5.
Cf. Mt **12** 34 = Lc **6** 45.

B 63*   4 + 0/1[+ 6]   80

Parler avec (*lalein meta*).
II-A : **9** 37 ; **14** 30.
II-B : **4** 27.27.
Cf. Mc **6** 50 ; Ap **1** 12 ; **4** 1 ; **10** 8 ;
17 1 ; **21** 9.15.

B 64*   8 + 0/2   80

D'autres disaient (*alloi elegon*).
II-A : **7** 41.41.(CT).
II-B : **7** 12 ; **9** 9.9.16 ; **10** 21 ; **12** 29.
Cf. Mc **6** 15.15.

B 65*   3 + 1/1   80

Demeurer toujours (*menein eis ton aiôna*).
II-A : **12** 34.
II-B : **8** 35.35.
1 Jn : **2** 17.
Cf. He **7** 24.

B 66*   3 + 1/1   80

Entre eux (*met'allèlôn*).
II-A : **6** 43.
II-B : **11** 56 ; **16** 19.
1 Jn : **1** 7.
Cf. Lc **23** 12.

B 67   4 + 0/1   80

Bandelette (*othonion*).
C   : **19** 40 ; **20** 5.
II-A : **20** 6.
II-B : **20** 7.

B 68*   8 + 0/2   80

Voir + croire (même sujet).
Dans un sens favorable
II-A : **20** 8.
Dans un sens défavorable

II-B : **4** 48 ; **6** 30.36 ; **20** 25.29.29.
Croire + voir
II-B : **11** 40.
Cf. Mc **15** 32 ; 1 P **1** 8.

B 69**   4 + 0/1   80

Pour cela + dire + que
(*dia touto* + *legein* + *hoti*).
II-B : **6** 65 ; **9** 23 ; **13** 11 ; **16** 15.
Cf. Mt **21** 43.

B 70**   2 + 2/1   80

Non que... mais que (*ouch hoti... all'hoti*).
II-B : **6** 26 ; **12** 6.
1 Jn : **2** 21 ; **4** 10.
Cf. 2 Co **7** 9.

B 71   8 + 0/2(+ 2)   80

Au delà de (*peran* + gen.).
C : **18** 1.
II-A : **6** 1.
II-B : **1** 28 ; **3** 26 ; **6** 17.22.25 ; **10** 40.

B 72*   4 + 0/1   80

Côté (*pleura*).
II-A : **19** 34.
II-B : **20** 20.25.27.

B 73   83 + 16/25   79,8

Le Père (sans déterminatif).
Cf. A 124 ; ajouter :
L : **12** 26 ; **16** 28.
II-A : **6** 37 ; **13** 3 ; **14** 6.8.9.9.10.10.10.11.11.24.28 ; **20** 17.
II-B : **1** 18 ; **3** 35 ; **4** 21.23 ; **5** 19.21.22.23.23.26.36.36.37.45 ;
    6 27.44.46.46.65 ; **8** 16.18.28.38 ; **10** 15.17.29.30.32.36.
    38.38 ; **12** 49.50 ; **13** 1 ; **14** 13.16.26.31.31 ; **15** 9.10.
    16 ; **16** 10.15.23.25.32 ; **18** 11 ; **20** 21.
III : **4** 23 ; **5** 20 ; **6** 57.57 ; **8** 27 ; **16** 17.26.27.
1 Jn : **1** 2.3 ; **2** 1.15.16.22.23.23.24 ; **3** 1 ; **4** 14.
2 Jn : 3.3.9.

B 74   45 + 0/12   78,9

Répondre (non suivi du verbe dire).
Apekrithè
C : **1** 21.49 ; **18** 20.37.
II-A : **9** 3.27 ; **12** 34 ; **13** 8 ; **18** 5.36.
II-B : **3** 5 ; **5** 7.11 ; **6** 7.68.70 ; **7** 20.46.47 ; **8** 19.33.34.49.54 ;
    9 11.25 ; **10** 25.32.33.34 ; **11** 9 ; **13** 36 ; **16** 31 ; **18** 8.
    23.34.35 ; **19** 7.11.15.22 ; **21** 5.
apokrinetai
II-B : **13** 26.38.
apekrinato
III : **5** 17.
Cf. Mc **9** 17 ; Lc **4** 4 ; **8** 50 ; Ac **3** 12 ; **5** 8 ; **10** 46 ; **11** 9 ;
21 13 ; **22** 28 ; **24** 10.25 ; **25** 12.

B 75*   6 + 9/4   78,9

Connaître (*ginôskein*) au parfait.

II-A : **8** 55 ; **14** 9.
II-B : **5** 42 ; **6** 69 ; **8** 52 ; **17** 7.
1 Jn : **2** 3.4.13.14.14 ; **3** 6.16 ; **4** 16.
2 Jn : 1.
Cf. 1 Co **2** 8.11 ; **8** 2 ; 2 Co **5** 16.

B 76   15 + 0/4   78,9

Verbe de mouvement suivi de « que » (*hina*) ;
même sujet dans les deux propositions.
Venir (*erchesthai*) :
II-A : **1** 7.
II-B : **5** 40 ; **6** 15 ; **10** 10 ; **11** 19 ; **12** 9 ; **18** 37.
III : **12** 47.
Cf. Mc **4** 21 ; Ac **9** 21.
Aller (*hypagein*) :
II-A : **11** 31.
Aller (*agein*) :
II-B : **11** 16.
Partir (*poreuesthai*) :
III : **11** 11.
S'en aller (*aperchesthai*) :
II-A : **4** 8.
Cf. Mc **14** 10.
Descendre (*katabainein*) :
II-A : **6** 38.
Monter (*anabainein*) :
C : **12** 20.
II-B : **11** 55.
Cf. Lc **19** 4.
(Opposer mêmes verbes de mouvement suivis de l'infinitif :
15/7/15/3/3/3 ;
C : **4** 7 ; **14** 2 ; **21** 3)

B 77**   18 + 7/7(+ 4)   78,1

Le Fils (*ho Hyios*), absolu.
II-B : **3** 35.36.36 ; **5** 19.19.21.22.23.23.26 ; **6** 40 ; **8** 36 ;
    14 13 ; **17** 1.1.
III : **3** 16.17 (cf. 1 Jn **4** 14) ; **5** 20.
1 Jn : **2** 22.23.23.24 ; **4** 14 ; **5** 12.
2 Jn : 9.

B 78*   6 + 1/2   77,8

Mais afin que (*all'hina*), elliptique.
II-A : **9** 3 ; **13** 18 ; **15** 25.
II-B : **1** 8 ; **11** 52 ; **14** 31.
1 Jn : **2** 19.
Cf. Mc **4** 22 ; **14** 49.

B 79*   7 + 0/2   77,8

Chercher à tuer (*zètein apokteinai*).
II-A : **8** 40.
II-B : **5** 18 ; **7** 1.19.20.25 ; **8** 37.
Cf. Mc **14** 1 ; Ac **21** 31.

B 80*   7 + 0/2   77,8

Ayant dit cela (*tauta eipôn*).
II-A : **9** 6 ; **11** 43.

II-B : **7** 9 ; **13** 21 ; **18** 1.22 ; **20** 14.
Cf. Ac **1** 9 ; **20** 36.

B 81   14 + 0/4[+ 4]   77,8
Faire des signes (*sèmeia poiein*).
C   : **2** 11 ; **4** 54.
II-A : **2** 23 ; **3** 2 ; **6** 2.14 ; **12** 37.
II-B : **6** 30 ; **7** 31 ; **9** 16 ; **10** 41 ; **11** 47 ; **12** 18 ; **20** 30.
Cf. Ac **6** 8 ; **7** 36 ; **15** 12 ; **8** 6 ;
    Ap **13** 13.14 ; **16** 14 ; **19** 20.

B 82   20 + 7/8   77,1
Voir (*horaô*), au parfait.
C   : **20** 18.
II-A : **3** 32 ; **5** 37 ; **9** 37 ; **14** 7.9.9 ; **15** 24.
II-B : **1** 18.34 ; **3** 11 ; **4** 45 ; **6** 36.46.46 ; **8** 38.57 ; **19** 35 ;
    20 25.29.
1 Jn : **1** 1.2.3 ; **3** 6 ; **4** 20.20.
3 Jn : 11.
Cf. Lc **1** 22 ; **9** 36 ; **24** 23 ; Ac **7** 44 ; **22** 15 ; 1 Co **9** 1 ;
    Col **2** 1.18.

B 83**   4 + 6/3   76,9
S'aimer les uns les autres
(*agapan allèlous*).
II-B : **13** 34.34 ; **15** 12.17.
1 Jn : **3** 11.23 ; **4** 7.11.12.
2 Jn : 5.
Cf. Rm **13** 8 ; 1 Th **4** 9 ; 1 P **1** 22.

B 84   9 + 1/3   76,9
D'auprès de Dieu (*para (tou) theou*).
II-A : **1** 6 ; **8** 40 ; **9** 33 ; **8** 26.
II-B : **5** 44 ; **6** 46 ; **9** 16 ; **7** 29.
III   : **16** 27(CT).
2 Jn : 3.
Cf. Lc **1** 37 ; Ja **1** 5 ; 2 P **1** 17.

B 85*   13 + 0/4   76,5
Dire cela (*tauta lalein*).
II-A : **8** 26 ; **16** 4.
II-B : **8** 28.30 ; **12** 36 ; **14** 25 ; **15** 11 ; **16** 1.6.25.33 ;
    17 1.13.
Cf. Mt **9** 18 ; Lc **24** 36 ; 1 Co **9** 8 ; Tt **2** 15.

B 86*   9 + 0/3(+ 1)   75
Ouvrir les yeux (*anoigein tous ophthalmous*).
II-A : **9** 17.30.
II-B : **9** 10.14.21.26.32 ; **10** 21 ; **11** 37.

B 87**   3 + 0/1(+ 2)   75
Le Maître (*ho didaskalos*).
II-B : **11** 28 ; **13** 13.14.

B 88**   3 + 0/1   75
Voir la gloire (du Christ).
II-B : **1** 14 ; **12** 41 ; **17** 24.
Cf. Lc **9** 32.

B 89*   6 + 0/2(+ 1)   75
Ne peut...si ne... pas
(*ou/oudeis dynatai... ean mè*).
II-A : **3** 2.
II-B : **3** 27 ; **6** 44.65 ; **15** 4.4.
Cf. Mt **12** 29 = Mc **3** 27 ; Ac **8** 31.

B 90**   3 + 0/1   75
Interpréter (*hermèneuein*).
II-B : **1** 38.42 ; **9** 7.

B 91*   3 + 0/1   75
Portier (*thyrôros*).
II-A : **18** 16.
II-B : **10** 3 ; **18** 17.

B 92**   3 + 0/1   75
Chez soi (*eis ta idia*).
II-B : **1** 11 ; **16** 32 ; **19** 27.
Cf. Ac **21** 6.

B 93*   2 + 1/1   75
Non pas comme (*ou kathôs*).
II-A : **14** 27.
II-B : **6** 58.
1 Jn : **3** 12.
Cf. 2 Co **8** 5.

B 94   9 + 0/3[+ 9]   75
Descendre du ciel
(*katabainein (ek tou) ouranou*).
C   : **1** 32.
II-A : **6** 38.41.50.51.
II-B : **3** 13 ; **6** 33.42.58.

B 95   11 + 1/4   75
Ce monde (*ho kosmos houtos*).
L   : **12** 25.
C   : **12** 31.31 ; (cf. **14** 30, CT).
II-A : **8** 23.23 ; **18** 36.36.
II-B : **9** 39 ; **11** 9 ; **13** 1 ; **16** 11.
1 Jn : **4** 17.
Cf. 1 Co **3** 19 ; **5** 10 ; **7** 31 ; Ep **2** 2.

B 96   6 + 0/2   75
Crier (*kraugazein*).
C   : **11** 43 ; **12** 13 ; **19** 6.
II-B : **18** 40 ; **19** 12.15.

B 97   3 + 0/1   75
Ensemble (*homou*).
C   : **21** 2.
II-A : **20** 4.
II-B : **4** 36.

B 98   6 + 0/2[+ 1]   75
Donc et (*oun kai*), liés.
C   : **9** 7 ; **19** 38 ; **20** 2.

II-A : **1** 39.
II-B : **6** 13 ; **9** 11.
Cf. Ac **3** 19 ; 1 P **4** 7 ; Ap **3** 19.

B 99* **3** + 0/1 75

Car ne... pas encore (*oupô gar*).
II-A : **20** 17.
II-B : **3** 24 ; **7** 39.

B 100 **6** + 0/2 75

Croire à cause de (*pisteuein dia*).
Avec accusatif* :
II-A : **14** 11.
II-B : **4** 39.41.42 (cf. **12** 11).
Avec génitif :
II-A : **1** 7.
III : **17** 20.
Cf. Ac **18** 27 ; 1 Co **3** 5.

B 101 **11** + 1/4[+ 1] 75

Faire les œuvres (*poiein ta erga*).
C : **7** 3.
II-A : **8** 41 ; **14** 10.12 ; **15** 24.
II-B : **5** 36 ; **7** 21 ; **8** 39 ; **10** 25.37 ; **17** 4.
3 Jn : 10.

B 102 **6** + 0/2 75

Partir (*poreuesthai*), de la mort du Christ.
Cf. A 124 ; ajouter :
C : **14** 2.3.
II-B : **16** 7.
Cf. 1 P **3** 19.22.

B 103** **3** + 0/1 75

La lumière du monde (*to phôs tou kosmou*).
II-B : **8** 12 ; **11** 9.
III : **9** 5 (cf. **8** 12).
Cf. Mt **5** 14.

C 1 **14** + 7/7[+ 9] 74,9

Témoignage (*martyria*).
Cf. A 62.144, B 20 ; et ajouter :
II-A : **1** 7.
II-B : **1** 19 ; **5** 36.
III : **19** 35.
1 Jn : **5** 9.9.10.11.

C 2 **17** + 0/6(+ 2) 73,9

Fête (*heortè*).
Cf. A 110.111 ; et ajouter :
C : **7** 10 ; **12** 20.
II-A : **2** 23.
II-B : **4** 45 ; **7** 8.8.11.14.37 ; **13** 1.29.

C 3 **11** + 0/4 73,3

Lazare
C : **11** 2.11.43.
II-B : **11** 1.5.14 ; **12** 1.2.9.10.17.

C 4 **8** + 0/3 72,7

Or était (*èn de*) + note temporelle.
C : **7** 2.
II-B : **5** 9 ; **6** 4 ; **9** 14 ; **11** 55 ; **13** 30 ; **18** 28 ; **19** 14.
Cf. Mc **14** 1 ; **15** 25 ; Ac **12** 3.

C 5 **8** + 0/3[+ 1] 72,7

Prendre (*piazein*).
C : **21** 3.
II-B : **21** 10.
Prendre Jésus*.
II-A : **8** 20.
II-B : **7** 30.32.44 ; **10** 39 ; **11** 57.

C 6 **7** + 1/3 72,7

Pour cela... que (*dia touto... hoti*).
II-B : **5** 16 ; **10** 17 ; **12** 18.39.
III : **5** 18 ; **8** 47 ; **15** 19.
1 Jn : **3** 1.
Cf. Mt **13** 13 ; **24** 44 ; 1 Th **2** 13.

C 7 **34** + 0/13 72,3

Les Juifs (autorités de Jérusalem).
Cf. A 131 ; ajouter :
C : **1** 19 ; **19** 31.
II-A : **2** 18 ; **8** 22.48 ; **9** 18 ; **18** 36.
II-B : **2** 20 ; **5** 10.15.16 ; **7** 1.15.35 ; **8** 31.52.57 ; **9** 22.22 ; **10** 24.31.33 ; **11** 8 ; **13** 33 ; **18** 14.31.38 ; **19** 7.12.14.
III : **5** 18 (cf. **5** 16).
Cf. Ac **12** 3 ; **21** 11 ; **22** 30 ; **23** 12.20.27 ; **24** 9.27 ; **25** 7.9 ; **26** 2.7.21.

C 8* **13** + 0/5[+ 2] 72,2

Aimer (*agapan*), Jésus comme sujet.
II-A : **14** 21.
II-B : **11** 5 ; **13** 1.1.23.34 ; **14** 31 ; **15** 9.12 ; **17** 23(CT) ; **19** 26 ; **21** 7.20.
Cf. Mc **10** 21 ; Rm **8** 37 ; Ga **2** 20 ; Ep **5** 2.25 ; Ap **1** 5 ; **3** 9.

C 9** **5** + 0/2 71,4

Les grands prêtres et les Pharisiens.
II-B : **7** 32.45 ; **11** 47.57 ; **18** 3.
Cf. Mt **21** 45 ; **27** 62.

C 10** **5** + 0/2(+ 1) 71,4

Avoir un démon (*daimonion echein*).
II-B : **7** 20 ; **8** 48.49.52 ; **10** 20.

C 11** **1** + 4/2 71,4

Demeurer dans (sens métaphorique) (*menein en*).
II-B : **12** 46.
1 Jn : **2** 10 ; **3** 14.15.
2 Jn : 2.
Cf. 1 Co **7** 20.24.

C 12   53 + 0/22(+ 1)   70,7

Dit à lui Un tel (*legei/legousin*).
Cf. A 20 ; ajouter :
C   : **1** 43.46.48 ; **2** 7 ; **4** 7.9.17.50 ; **7** 6 ; **19** 6 ; **21** 3.12.
II-A : **4** 34 ; **6** 8 ; **13** 8.10.29 ; **14** 6.9 ; **20** 15.16.17.
II-B : **2** 4 ; **4** 21.25.26 ; **5** 8 ; **8** 39 ; **11** 8.23.24.40.44 ; **13** 27 ;
          18 17.38 ; **19** 10.15 ; **20** 13.29 ; **21** 5.10.15.22.

C 13*   7 + 0/3   70

Où était (*hopou èn/èsan*).
II-A : **11** 32.
II-B : **1** 28 ; **6** 62 ; **10** 40 ; **12** 1 ; **18** 1 ; **20** 19.

C 14   2 + 5/3   70

Menteur (*pseustès*).
II-B : **8** 44.
III   : **8** 55.
1 Jn : **1** 10 ; **2** 4.22 ; **4** 20 ; **5** 10.

C 15   9 + 0/4   69,2

Un peu (*mikron*).
C   : **13** 33.
II-A : **14** 19.
II-B : **16** 16.16.17.17.18.19.19.

C 16   8 + 1/4   69,2

Maintenant (*nyn*), début de phrase,
sans particule de liaison.
C   : **12** 27.31.31.
II-B : **8** 52 ; **11** 8 ; **13** 31 ; **16** 30 ; **17** 7.
1 Jn : **3** 2.
Cf. Lc **2** 29 ; **11** 39 ; Ac **12** 11 ; Col **1** 24.

C 17   5 + 14/9   67,9

En cela (*en toutôi*).
Cf. A 22, B 45 ; ajouter :
II-B : **4** 37 ; **16** 30.
1 Jn : **2** 4.5 ; **3** 10.

C 18   28 + 20/23(+ 3) [+ 2]   67,6

Être de (*einai ek*).
Cf. A 12.106, B 10 ; ajouter :
C   : **1** 46 ; **18** 25.
II-A : **3** 1.31.31 ; **8** 44.
II-B : **7** 52 ; **8** 23.23 ; **10** 26 ; **18** 17.
III   : **4** 22 ; **7** 22 ; **10** 16.
1 Jn : **2** 16.19.19.19 ; **3** 8.12.

C 19   8 + 0/4[+ 2]   66,7

Roi (*basileus*), du Christ.
C   : **1** 49 ; **12** 13.
II-A : **18** 37.37 ; **19** 14.
II-B : **6** 15 ; **19** 12.15.

C 20*   2 + 10/6(+ 2)   66,7

Dès le début (*ap'archès*).
II-A : **8** 44.
II-B : **15** 27.

1 Jn : **1** 1 ; **2** 7.13.14.24.24 ; **3** 8.11.
2 Jn : 5.6.

C 21   12 + 0/6(+ 2)   66,7

Chercher (*zètein*) Jésus.
C   : **13** 33.
II-A : **8** 21 ; **18** 4.8 ; **20** 15.
II-B : **6** 24.26 ; **7** 11.34.36 ; **11** 56 ; **18** 7.

C 22   6 + 0/3   66,7

Près de (*eggys*) + génitif.
C   : **3** 23 ; **11** 54.
II-B : **6** 19.23 ; **11** 18 ; **19** 20.

C 23   2 + 0/1   66,7

A moi (*pros emauton*).
C   : **12** 32 ; **14** 3.

C 24   6 + 0/3[+ 1]   66,7

D'ici (*enteuthen*).
C   : **2** 16 ; **7** 3 ; **14** 31 ; **19** 18.18.
II-A : **18** 36.

C 25**   1 + 1/1   66,7

Recevoir commandement
(*entolèn lambanein*).
II-B : **10** 18.
2 Jn : 4.
Cf. Ac **17** 15.

C 26*   6 + 0/3[+ 1]   66,7

Avoir (*echein*) + accusatif
de temps.
II-A : **5** 6 ; **9** 21.
II-B : **5** 5 ; **8** 57 ; **9** 23 ; **11** 17.
Cf. Ga **6** 10 ; He **7** 3 ; **11** 15 ;
       Ap **12** 12.

C 27   5 + 1/3(+ 1)   66,7

Avoir en soi (*echein en heautôi*).
II-B : **5** 26.26.42 ; **17** 13.
III   : **6** 53.
1 Jn : **5** 10.
Cf. Mt **13** 21 = Mc **4** 17 ; Mc **9** 50.
       2 Co **1** 9.

C 28**   4 + 0/2   66,7

Chercher la gloire (*doxan zètein*).
II-B : **5** 44 ; **7** 18.18 ; **8** 50.

C 29   6 + 0/3   66,7

Le sien (*to idion*).
Singulier :
III   : **15** 19.
Pluriel** :
Cf. B 92 ; ajouter :
II-B : **8** 44 ; **10** 4.

C 30*   2 + 0/1   66,7

Langage/parler (*lalian*).
II-A : **8** 43.
II-B : **4** 42.

C 31**   8 + 0/4   66,7

Marthe.
II-B : **11** 5.19.20.21.24.30.39 ; **12** 2.

C 32*   8 + 0/4   66,7

Beaucoup crurent (*polloi episteusan*).
II-A : **2** 23.
II-B : **4** 39 ; **7** 31 ; **8** 30 ; **10** 42 ; **11** 45 ; **12** 11.42.
Cf. Ac **4** 4 ; **9** 42 ; **17** 12 ; **18** 8.

C 33**   4 + 0/2   66,7

Faire pendant (*poiein en*),
et note temporelle.
II-B : **4** 45 ; **5** 16 ; **7** 23 ; **9** 14.
Cf. Mt **12** 2 ; Lc **1** 25.

C 34*   4 + 0/2[+ 1]   66,7

Près de (*pros* + datif).
II-A : **18** 16.
II-B : **20** 11.12.12.
Cf. Mc **5** 11 ; Lc **19** 37 ; Ap **1** 13.

C 35*   8 + 0/4(+ 1)   66,7

Rabbi (vocatif).
II-A : **1** 38 ; **3** 2 ; **4** 31 ; **9** 2.
II-B : **1** 49 ; **3** 26 ; **6** 25 ; **11** 8.

C 36   12 + 3/8(+ 1)   65,2

Vrai (*alèthès*).
Cf. B 20 ; ajouter :
C   : **4** 18.
II-A : **3** 33 ; **8** 26.
II-B : **7** 18 ; **10** 41.
III   : **19** 35.
1 Jn : **2** 8.27.

C 37   57 + 7/35   64,6

Celui-là (*ekeinos*), pronom.
Cf. A 57, B 17.31.33 ; ajouter :
II-A : **8** 44 ; **9** 36 ; **20** 15.16.
II-B : **1** 8 ; **5** 35.39.43.46.47 ; **7** 45 ; **9** 9.11.25 ; **10** 6.35 ;
       11 29 ; **13** 25 26.27.30 ; **17** 24 ; **18** 17.25 ; **19** 15 ; **20** 13.
III   : **10** 16 ; **11** 13 ; **19** 35.
1 Jn : **5** 16.

C 38*   7 + 0/4   63,6

Entendre de (*akouein para*).
II-A : **1** 40 ; **8** 26.40.
II-B : **6** 45 ; **7** 51 ; **8** 38 ; **15** 15.

C 39*   7 + 0/4   63,6

Être/devenir disciple
(*einai/ginesthai mathètèn*).

Dans discours du Christ :
II-B : **8** 31 ; **13** 35 ; **15** 8.
Ailleurs :
II-A : **9** 27.28.28.
II-B : **19** 38.
Cf. Lc **14** 26.27.33 ; Ac **9** 26.

C 40*   7 + 0/4   63,6

D'où (*pothen*) + verbe être.
II-A : **9** 29.30.
II-B : **2** 9 ; **7** 27.27.28 ; **19** 9.

C 41   6 + 1/4   63,6

Voir (*theôrein*) + subst. + participe.
C   : **6** 19 ; **20** 14.
II-A : **10** 12.
II-B : **6** 62 ; **20** 6.12.
1 Jn : **3** 17.
Cf. Mc **5** 15 ; Lc **10** 18 ; Ac **7** 56 ; **10** 11.

C 42**   5 + 2/4   63,6

Croire à (*pisteuein* + datif de la chose).
II-B : **2** 22 ; **4** 50 ; **5** 47.47 ; **10** 38.
1 Jn : **3** 23 ; **4** 1.
Cf. Lc **1** 20 ; Ac **24** 14 ; 2 Th **2** 11.12.

C 43   13 + 2/9   62,5

Croire que (*pisteuin hoti*).
II-A : **9** 18 ; **11** 42 ; **14** 10.11.
II-B : **6** 69 ; **8** 24 ; **11** 27 ; **13** 19 ; **16** 30 ; **20** 31.
III   : **16** 27 ; **17** 8.21.
1 Jn : **5** 1.5

C 44*   5 + 0/3   62,5

Si quelque (*an tis/ti*).
L   : **13** 20.
II-B : **5** 19 ; **16** 23 ; **20** 23.23.
Cf. Ac **2** 45 ; **4** 35 ; **9** 2.

C 45**   5 + 0/3   62,5

Le mien (*to emon/ta ema*, pronom).
II-B : **10** 14.14 ; **16** 14.15 ; **17** 10.
Cf. Mt **20** 15 ; **25** 27 ; Lc **15** 31.

C 46*   5 + 0/3   62,5

Toutefois (*mentoi*).
II-A : **20** 5.
II-B : **4** 27 ; **7** 13 ; **12** 42 ; **21** 4.

C 47   13 + 0/8(+ 2) [+ 2]   61,9

Aimer (*philein*).
C   : **11** 3.
L   : **12** 25.
II-B : **11** 36 ; **21** 15.16.17.17.17.
III   : **5** 20 ; **15** 19 ; **16** 27.27 ; **20** 2.

C 48*   18 + 4/14(+ 3) [+ 3]   61,1

Si quelqu'un (*ean tis*).

Dans récit :
II-B : **9** 22 ; **11** 57.
Dans discours :
L : **10** 9 ; **12** 26 ; **15** 6.
II-A : **3** 3 ; **6** 51 ; **7** 37 ;
II-B : **3** 5 ; **7** 17 ; **8** 51.52 ; **9** 31 ; **11** 9.10 ; **12** 26.47 ; **14** 23.
1 Jn : **2** 1.15 ; **4** 20 ; **5** 16.

C 49   22 + 0/14   61,1

Or était (*èn de*) suivi immédiatement du sujet.
Cf. B 14 ; ajouter :
C : **4** 46 ; **11** 1.38 ; **12** 20.
II-A : **3** 1 ; **5** 5.
II-B : **5** 9 ; **6** 10 ; **9** 14 ; **13** 30 ; **18** 10.28 ; **19** 14.23.
Cf. Mt **28** 3 ; Mc **2** 6 ; **14** 1.4 ; **15** 25.40 ; Lc **15** 25 ; **23** 38 ;
Ac **9** 10 ; **11** 20 ; **12** 3 ; **19** 7 ; **20** 8.

C 50   34 + 0/22(+ 3) [+ 4]   60,7

Je suis (*egô eimi*).
Cf. A 9.77 ; ajouter :
C : **6** 20.
II-A : **1** 20 ; **8** 23 ; **18** 5.
II-B : **3** 28 ; **4** 26 ; **8** 18.23 ; **9** 9 ; **18** 6.8.35.

C 51   6 + 0/4   60

Être avec quelqu'un
(dit de Jésus).
C : **13** 33.
II-A : **14** 9.
II-B : **3** 26 ; **7** 33 ; **16** 4 ; **17** 12.
Cf. Mt **17** 17 ; **28** 20 ; Lc **22** 53 ; Ac **18** 10.

C 52   15 + 0/10(+ 1)   60

erôtan = interroger.
C : **1** 19.25 ; **18** 19.21.21.
II-A : **1** 21 ; **9** 2.15.19.21.
II-B : **5** 12 ; **16** 5.19.23.30.

C 53*   3 + 0/2   60

Propre (*ho idios*) (après substantif,
avec redoublement de l'article).
II-A : **1** 41.
II-B : **5** 43 ; **7** 18.
Cf. Ac **1** 25 ; **20** 28.

C 54**   3 + 0/2(+ 1) [+ 1]   60

Oui Seigneur (*nai Kyrie*).
II-B : **11** 27 ; **21** 15.16.

C 55**   3 + 0/2   60

Ne... pas encore (*oudepô*).
II-B : **7** 39 ; **19** 41 ; **20** 9.

C 56**   3 + 0/2   60

Barque (*ploiarion*).
II-B : **6** 23.24 ; **21** 8.

C 57**   2 + 4/4   60
Enfants de Dieu (*tekna theou*).
II-B : **1** 12 ; **11** 52.
1 Jn : **3** 1.2.10 ; **5** 2.

C 58*   33 + 10/29[+ 4]   59,7
Témoigner (*martyrein*).
Cf. A 4.40.115.144, C 83 ; et ajouter :
II-B : **3** 26 ; **12** 17 ; **13** 21 ; **15** 27.
1 Jn : **5** 7.
3 Jn : 6.12.12.

C 59*   16 + 6/15   59,4
Vie éternelle (*zôè aiônios*).
L : **12** 25.
II-A : **3** 16 ; **4** 14 ; **5** 24 ; **10** 28.
II-B : **3** 36 ; **4** 36 ; **6** 27.40.47.54.68 ; **12** 50 ; **17** 2.
III : **3** 15 (cf. **3** 16) ; **17** 3 (cf. 1 Jn **5** 20).
1 Jn : **1** 2 ; **2** 25 ; **3** 15 ; **5** 11.13.20.

C 60   19 + 0/13(+ 2) [+ 1]   59,3
Brebis (*probaton*).
C : **2** 14.
II-A : **10** 1.2.3.4.7.8.11.12.15.27.
II-B : **2** 15 ; **10** 3.26 ; **21** 16.17.
III : **10** 12.13.16.

C 61**   7 + 0/5   58,3
Sain (*hygiès*).
II-B : **5** 4.6.9.11.14.15 ; **7** 23.

C 62   15 + 0/11   57,7
Si ne... pas... ne... pas
(*ean mè... ou/oudeis*).
Cf. B 89 ; ajouter :
II-A : **3** 3 ; **13** 8.
II-B : **3** 5 ; **4** 48 ; **5** 19 ; **12** 47 ; **16** 7 ; **20** 25.
III : **6** 53.

C 63*   37 + 31/50(+ 4) [+ 4]   57,6
Aimer (*agapan*).
Cf. B 26.83 ; C 8 ; ajouter :
II-A : **8** 42 ; **14** 21.21.21.24.28.
II-B : **3** 19 ; **12** 43 ; **14** 15.23 ; **21** 15.16.
1 Jn : **2** 10.15.15 ; **3** 10.14.14.18 ; **4** 7.8.10.19.20.20.20.21.21 ;
5 1.1.2.2.
2 Jn : 1.
3 Jn : 1.

C 64   39 + 0/29(+ 3)   57,3
Dire (*eipein*) + accusatif de la chose.
Cf. A 36.50.61.68, B 80 ; et ajouter :
C : **4** 29 ; **12** 27.
II-B : **3** 12.12 ; **4** 39 ; **10** 6.41 ; **11** 46 ; **12** 49 ; **14** 26 ; **16** 4 ;
18 21.

C 65   4 + 0/3[+ 1]   57,1
Aller vers (*aperchesthai pros*).
C : **4** 47 ; **20** 10.
II-B : **6** 68 ; **11** 46.

C 66　　　1 + 3/3　57,1

Connaître Dieu (*ginôskein ton theon*).
III　　: **17** 3.
1 Jn : **4** 6.7.8.
Cf. Rm **1** 21 ; 1 Co **1** 21 ; Ga **4** 9.

C 67*　　　11 + 5/12[+ 4]　57,1

Haïr (*misein*).
Cf. A 38 ; ajouter :
L　　: **12** 25.
II-A : **15** 23.23.24.
II-B : **3** 20.
1 Jn : **2** 9.11 ; **3** 15 ; **4** 20.

C 68　　　78 + 24/80[+ 3]　56

Monde (*kosmos*).
Cf. A 12.38.54.89.102.154 ;
　　B 13.36.42.95.103 ; ajouter :
C　　: **1** 29 ; **7** 4 ; **12** 19 ; **18** 20 ; **21** 25.
L　　: **16** 28.
II-A : **8** 26 ; **14** 19.22.27.
II-B : **1** 10 ; **6** 33.51 ; **14** 31 ; **16** 8.20.21.33 ; **17** 5.6.9.13.15.
　　23.24.
III　　: **3** 16.17.17 ; **12** 47.47 ; **15** 19.19 ; **17** 21.
1 Jn : **2** 2.15.15.17 ; **3** 17 ; **4** 1.5.5 ; **5** 19.
2 Jn : 7.

C 69　　　9 + 1/8(+ 2)　55,6

Vraiment (*alèthôs*).
C　　: **1** 47.
II-A : **6** 14 ; **7** 40.
II-B : **4** 42 ; **6** 55.55 ; **7** 26 ; **8** 31 ; **17** 8.
1 Jn : **2** 5.

C 70*　　　5 + 0/4　55,6

Femme (*gynai*, vocatif).
Cf. A 140 ; ajouter :
II-A : **20** 15.
II-B : **4** 21 ; **20** 13.

C 71　　　5 + 0/4　55,6

Si... mais maintenant
(*ei...nyn de*).
II-A : **15** 22.24 ; **18** 36.
II-B : **9** 41.
III　　: **8** 40.
Cf. Lc **19** 42 ; 1 Co **12** 17-18 ; **12** 19-20 ; He **11** 15-16.

C 72**　　　5 + 0/4　55,6

Être un (*einai hen*).
II-B : **10** 30 ; **17** 11.22.22.
III　　: **17** 21.
Cf. 1 Co **3** 8 ; **11** 5 ; **12** 12.12.

C 73*　　　5 + 0/4　55,6

Comment peut + infinitif
(*pôs dynatai*/inf.).

II-A : **3** 9.
II-B : **3** 4 ; **5** 44 ; **6** 52 ; **9** 16.

C 74**　　　2 + 4/5　54,5

L'amour de Dieu (*hè agapè tou theou*).
II-B : **5** 42 ; **15** 10.
1 Jn : **2** 5 ; **3** 17 ; **4** 9 ; **5** 3.

C 75*　　　13 + 0/11(+ 2) [+ 8]　54,2

Un des (*heis ek* + génitif).
II-A : **1** 40 ; **6** 8.70.
II-B : **6** 71 ; **7** 50 ; **11** 49 ; **12** 2 ; **13** 21.23 ; **18** 26 ; **20** 24.
　　(Cf. **12** 4 CT).
Deux des (*dyo ek* + génitif).
II-A : **1** 35.
II-B : **21** 2.

C 76　　　13 + 0/12(+ 2) [+ 2]　52

D'où (*pothen*).
Cf. C 40 ; ajouter :
C　　: **1** 48.
II-A : **4** 11 ; **8** 14.
II-B : **3** 8 ; **6** 5 ; **8** 14.

C 77　　　15 + 0/14　51,7

Voici (*ide*).
C　　: **1** 29.47 ; **11** 3.36 ; **12** 19.
II-A : **1** 36 ; **19** 4.14.
II-B : **3** 26 ; **5** 14 ; **7** 26 ; **18** 21 ; **19** 26.27.
III　　: **16** 29.

C 78　　　6 + 0/6(+ 1)　50

Cet homme (*houtos ho anthrôpos*),
dit du Christ.
C　　: **18** 29.
II-B : **7** 46 ; **9** 16.24 ; **11** 47 ; **18** 17.
Cf. Mc **15** 39 = Lc **23** 47 ; Mc **14** 71 ; Lc **23** 4.14.14 ; Ac **5** 28.

C 79　　　3 + 1/4　50

Jusqu'à maintenant (*heôs arti*).
II-A : **2** 10.
II-B : **16** 24.
III　　: **5** 17.
1 Jn : **2** 9.

C 80**　　　3 + 0/3[+ 1]　50

Qui est dit (*ho legetai*).
II-B : **1** 38 ; **19** 17 ; **20** 16.
Cf. Mt **13** 55 ; Ac **9** 36 ; He **9** 2 ; Ap **8** 11.

C 81　　　12 + 1/13(+ 1)　50

Dire au sujet de (*legein/eipein peri*).
Cf. A 166 ; ajouter :
C　　: **1** 47.
II-A : **13** 18.24.
II-B : **2** 21 ; **7** 39 ; **10** 41 ; **13** 22 ; **18** 34.
III　　: **11** 13.13.
1 Jn : **5** 16.

C **82****   4 + 0/4   50

Lapider (*lithazein*).
II-B : **10** 31.32.33 ; **11** 8.

C **83****   6 + 2/8   50

Témoigner que (*martyrein hoti*).
II-B : **1** 34 ; **3** 28 ; **4** 39.44 ; **5** 36 ; **7** 7.
1 Jn : **4** 14 ; **5** 6.

C **84****   10 + 0/10(+ 9)   50

Pâque (*pascha*).
Cf. A 125 ; ajouter :
II-B : **2** 13.23 ; **6** 4 ; **11** 55 ; **18** 28.39 ; **19** 14.

C **85***   3 + 0/3   50

Division parmi (*schisma en*).
II-A : **7** 43.
II-B : **9** 16 ; **10** 19.

D **1***   4/0

Nourriture (*brôsis*).
II-A : **4** 32.
II-B : **6** 27.27.55.

D **2**   3/0

En haut (*anô*).
C   : **2** 7.
II-A : **11** 41.
II-B : **8** 23.

D **3****   3/0

Auparavant (*proteron*).
II-B : **6** 62 ; **7** 50 ; **9** 8.

D **4****   2/0

Scruter (*eraunan*).
II-B : **5** 39 ; **7** 52.

D **5**   2/0

Plus vite (*tachion*).
II-A : **13** 27 ; **20** 4.

D **6**   2/0

Vil (*phaulos*).
II-B : **3** 20.
III   : **5** 29.

E **1**   9/1   90

Véritable (*alèthinos*).
L   : **15** 1.
II-A : **6** 32.
II-B : **1** 9 ; **4** 23.37 ; **7** 28 ; **8** 16.
III   : **17** 3 ; **19** 35.

E **2**   9/1   90

Manifester (*phaneroun*).

Cf. A 155 ; ajouter :
C   : **1** 31 ; **21** 14.
II-A : **2** 11 ; **9** 3.
II-B : **3** 21 ; **17** 6 ; **21** 1.

E **3***   25/3   89,3

Vérité (*alètheia*).
Cf. A 95.106.115.138.152,
    E 8 ; ajouter :
II-A : **8** 44.
II-B : **1** 14.17 ; **4** 23 ; **8** 32.44 ; **14** 6 ; **16** 13 ; **17** 17.17 ;
      18 38.
III   : **4** 24 (cf. **4** 23) ; **17** 19 (cf. **17** 17).

E **4***   8/1(+ 2)   88,9

Nous savons que (*oidamen hoti*).
II-A : **3** 2 ; **9** 20.29.
II-B : **4** 42 ; **9** 24.31 ; **16** 30 ; **21** 24.
Cf. Mt **22** 16 = Mc **12** 14 = Lc **20** 21.

E **5**   8/1   88,9

Marcher parmi (*peripatein en*).
Sens réel :
C   : **7** 1 ; **11** 54.
II-B : **7** 1 ; **10** 23.
Sens métaphorique** :
II-B : **8** 12 ; **11** 9.10 ; **12** 35.

E **6**   12/3   85,7

Péché (*hamartia*), au singulier.
Cf. A 53.74 ; ajouter :
II-B : **8** 34.46 ; **9** 41 ; **16** 8.9.

E **7**   8/2   80

Afin que aussi (*hina kai*).
Cf. A 142 ; ajouter :
II-B : **7** 3 ; **11** 37.52 ; **12** 9.10 ; **19** 35.
Cf. Mc **1** 38 ; **11** 25.

E **8***   4/1   80

Dire la vérité (*legein/lalein tèn alètheian*).
II-A : **8** 40.46.
II-B : **8** 45 ; **16** 7.
Cf. Mc **5** 33 (*eipein*).

E **9****   4/1   80

Tristesse (*lypè*).
II-B : **16** 6.20.21.22.

E **10**   18/5(+ 1)   78,3

Celui qui croit (*ho pisteuôn*).
L   : **12** 44.
II-A : **3** 16.18.18 ; **5** 24 ; **6** 35.47 ; **7** 38 ; **14** 12.
II-B : **1** 12 ; **3** 36 ; **6** 40.64 ; **11** 25 ; **12** 46.
III   : **3** 15 ; **11** 26 ; **17** 20.

E **11****   7/2   77,8

Amour (*agapè*).

Cf. A 161, C 74 ; ajouter :
II-B : **15** 9.10.13 ; **17** 26.

E 12*   7/2   77,8

Mais maintenant (*nyn de*).
II-A : **8** 40 ; **15** 22.24 ; **18** 36.
II-B : **9** 41 ; **16** 5 ; **17** 13.
Cf. Lc **16** 25 ; **19** 42.

E 13*   12/4(+ 1)   75

Toujours (*eis ton aiôna*).
Cf. B 27.65 ; ajouter :
II-A : **6** 51.
II-B : **6** 58 ; **14** 16.

E 14   12/4(+ 2)   75

Juger (*krinein*), eschatologique.
C   : **12** 48.
II-A : **3** 18.18 ; **5** 30.
II-B : **5** 22 ; **8** 15.16 ; **12** 47.48 ; **16** 11.
III   : **3** 17 ; **12** 47.

E 15**   3/1   75

Recevoir de (*lambanein ek*).
II-B : **1** 16 ; **16** 14.15.
Cf. Ac **15** 14.

E 16   3/1   75

Plein (*mestos*).
C   : **19** 29.
II-B : **19** 29 ; **21** 11.

F 1*   11/4   73,3

Écriture (*graphè*), singulier.
Cf. A 82 ; ajouter :
II-A : **7** 38.42.
II-B : **2** 22 ; **10** 35 ; **19** 28.37 ; **20** 9.

F 2   16/6(+ 1)   72,7

Moi-même (*emautou*).
Cf. A 33, C 23 ; ajouter :
II-A : **5** 31 ; **8** 54 ; **14** 21.
II-B : **8** 14.18 ; **12** 49.
III   : **17** 19.

F 3*   18/7(+ 4)   72

(*mè*) interrogatif.
Cf. A 37 ; ajouter :
II-A : **4** 12.33 ; **7** 41.
II-B : **3** 4 ; **7** 31.35.48.51 ; **8** 53 ; **10** 21 ; **21** 5.

F 4*   5/2   71,4

Toujours (*pantote*).
II-A : **11** 42.
II-B : **6** 34 ; **7** 6 ; **8** 29 ; **18** 20.

F 5   12/5(+ 1)   70,6

Ne... plus (*ouketi*, sans deuxième négation).
C   : **11** 54 ; **21** 6.
II-A : **14** 19.30.
II-B : **4** 42 ; **6** 66 ; **16** 10.16.21.25 ; **17** 11.
III   : **15** 15.
Cf. Mt **19** 6 = Mc **10** 8 ; Lc **15** 19.21 ; Ac **20** 25.38.

F 6   35/15(+ 7)   70

Vie (*zôè*).
Cf. B 2.39, C 59 ; ajouter :
L   : **1** 4.4.
II-A : **6** 35.
II-B : **3** 36 ; **5** 24 ; **6** 48.51.63 ; **8** 12 ; **14** 6.
III   : **5** 29.

F 7*   13/6   68,4

Chair (*sarx*).
II-A : **8** 15.
II-B : **1** 13.14 ; **3** 6.6 ; **6** 51.52.54.55.56.63 ; **17** 2.
III   : **6** 53 (cf. **6** 52).

F 8*   8/4(+ 3)   66,7

Entendre la voix (*akouein*).
tès phônès :
II-A : **10** 3.27.
II-B : **5** 25 ; **18** 37.
III   : **5** 28 (Cf. **5** 25) ; **10** 16 (cf. **10** 3).
tèn phônèn :
II-A : **5** 37.
II-B : **3** 8.

F 9*   4/2   66,7

Comme... ainsi (*kathôs... houtôs*).
II-A : **3** 14.
II-B : **12** 50 ; **14** 31 ; **15** 4.
Cf. Lc **11** 30 ; **17** 26.

F 10**   4/2   66,7

Quand/lorsque... alors
(*hotan, hote, hôs... tote*).
Cf. A 157 ; ajouter :
II-B : **8** 28 ; **12** 16.
Cf. Mt **13** 26 ; **21** 1.

F 11   2/1   66,7

Sceller/certifier (*sphragizein*).
II-A : **3** 33.
III   : **6** 27.

F 12   11/6(+ 2)   64,7

Ne... pas encore (*oupô*).
Cf. A 67, B 99 ; ajouter :
C   : **7** 6
II-B : **7** 8 ; **8** 57.

F 13   18/10(+ 4) 64,3

Où (*pou*).
Cf. A 29 ; ajouter :
C   : **11** 34 ; **20** 2.
II-A : **1** 38.39 ; **20** 15.
II-B : **7** 11.35 ; **8** 19 ; **9** 12 ; **11** 57 ; **20** 13.

F 14*   7/4(+ 2) 63,6

Venir à moi (discours de Jésus).
(*erchesthai pros me*).
II-A : **6** 35.37 ; **7** 37.
II-B : **5** 40 ; **6** 44.45.65.

F 15   12/7 63,2

Maintenant (*arti*).
Cf. C 79 ; ajouter :
C   : **13** 33.
II-A : **9** 19 ; **13** 7 ; **14** 7.
II-B : **9** 25 ; **13** 19.37 ; **16** 12.31.

F 16   5/3(+ 1) 62,5

D'en haut/de nouveau (*anôthen*).
II-A : **3** 3.
II-B : **3** 7 ; **19** 11.23.
III   : **3** 31.

F 17   10/6(+ 1) 62,5

Donner... que (*didonai... hina*).
II-B : **4** 15 ; **5** 23.36 ; **11** 57 ; **13** 15.34 ; **14** 16 ; **17** 4.22.
III   : **3** 16.

F 18   5/3 62,5

Sachant que (*eidôs hoti*).
C   : **13** 1 ; **21** 12.
II-A : **13** 3.
II-B : **6** 61 ; **19** 28.

F 19*   5/3 62,5

Accomplir (*teleioun*).
Cf. A 159 ; ajouter :
II-B : **5** 36 ; **17** 23 ; **19** 28.

F 20   95/57 62,5

Croire (*pisteuein*).
Cf. A 94, B 51.68.100, C 32.42.43, E 10, F 29 ; ajouter :
II-A : **14** 29.
II-B : **1** 50 ; **3** 12.12 ; **4** 53 ; **5** 44 ; **6** 64 ; **10** 25.26 ; **11** 26 ;
      12 39 ; **16** 31 ; **19** 35 ; **20** 31.
III   : **11** 15.

F 21**   13/8(+ 1) 61,9

Au nom (*en tôi onomati*).
Cf. A 39 ; ajouter :
II-B : **5** 43.43 ; **10** 25 ; **17** 11.12 ; **20** 31.

F 22   28/18(+ 7) 60,8

Mourir (*apothnèskein*).
Cf. A 87 ; ajouter :

L   : **12** 24.24.
II-A : **6** 49.50 ; **8** 21.24 ; **11** 32.
II-B : **4** 49 ; **6** 58 ; **8** 24.52.53 ; **11** 14.16.21.25.37.50 ;
      18 14 ; **19** 7.
III   : **8** 53 ; **11** 26 ; **21** 23.23.

F 23*   7/5 58,3

Proposition avec *hina*, coupée.
II-A : **14** 29.
II-B : **5** 7 ; **9** 22 ; **11** 57 ; **13** 15 ; **15** 16 ; **16** 4.
Cf. Mt **10** 35 ; **14** 35 ; Lc **14** 10 ; **16** 4.9.

F 24*   22/16(+ 6) 57,9

Lumière (*phôs*).
Cf. A 5 ; B 103 ; ajouter :
II-B : **8** 35 ; **11** 10.

F 25   84/63(+ 25) 57,1

Savoir/connaître (*eidenai*).
Cf. A 42, B 52, E 4, F 18 ; ajouter :
C   : **1** 31 ; **13** 17.
II-A : **1** 33 ; **4** 10 ; **8** 55 ; **9** 21 ; **11** 42 ; **13** 7.18 ; **14** 5.
II-B : **2** 9 ; **3** 11 ; **4** 25 ; **5** 13.32 ; **6** 6.42.64 ; **7** 15.28.29 ;
      8 19.19.19.37 ; **9** 12.25.25 ; **10** 4.5 ; **11** 24 ; **12** 50 ;
      13 11 ; **15** 21 ; **16** 18.30 ; **18** 2.4.21 ; **19** 10 ; **20** 9.14 ;
      21 4.15.16.17.
III   : **4** 22.22 ; **8** 55.55 ; **11** 22 ; **15** 15 ; **19** 35.

F 26   13/10(+ 1) 56,5

Pour (*hyper* + génitif).
II-A : **10** 11.15.
II-B : **1** 30 ; **6** 51 ; **11** 50.51.52 ; **13** 37.38 ; **15** 13 ; **18** 14.
III   : **11** 4 ; **17** 19.

F 27   11/9(+ 3) 55

Si... particule *an*.
C   : **11** 32 ; **18** 30.
II-A : **4** 10 ; **8** 42 ; **14** 28 ; **18** 36.
II-B : **5** 46 ; **8** 19 ; **9** 41 ; **11** 21.
III   : **15** 19.

F 28*   6/5(+ 1) 54,5

Lorsqu'il viendra (*hotan* + *erchesthai*).
II-A : **16** 4.
II-B : **4** 25 ; **7** 27.31 ; **15** 26 ; **16** 13.

F 29*   12/10(+ 2) 54,5

Croire (*pisteuein*) + datif de la personne.
II-A : **5** 24 ; **8** 46 ; **14** 11.
II-B : **4** 21 ; **5** 38.46.46 ; **6** 30 ; **8** 31.45 ; **10** 37.38.

F 30   18/15 54,5

Garder (*tèrein*).
Cf. A 23, B 56 ; ajouter :
II-A : **2** 10.
II-B : **9** 16 ; **12** 7 ; **17** 11.12.15.

F 31   7/6   53,8

Se tenir (forme *heistèkei*).
C   : **18** 18 ; **19** 25 ; **20** 11.
II-A : **1** 35 ; **18** 16.
II-B : **7** 37 ; **18** 5.

F 32   9/8   52,9

Être malade (*asthenein*).
C   : **4** 46 ; **11** 2.3.
II-A : **6** 2.
II-B : **5** 3.7.13(CT) ; **11** 1.6.

F 33   29/27(+ 8)   51,8

Où (*hopou*).
Cf. A 65.66 ; B 23, C 13 ; ajouter :
C   : **19** 18.
II-B : **3** 8 ; **4** 46 ; **18** 20 ; **20** 12 ; **21** 18.18.

F 34*   4/4(+ 1)   50

Faire la volonté (*poiein to thelèma*).
II-A : **4** 34 ; **6** 38.
II-B : **7** 17 ; **9** 31.

F 35*   4/4(+ 1)   50

Tant (*tosoutos*).
II-A : **6** 9 ; **12** 37 ; **14** 9.
II-B : **21** 11.

F 36   9/9(+ 1)   50

Garde (*hypèretès*).
C   : **18** 3.12.18.22 ; **19** 6.
II-A : **18** 36.
II-B : **7** 32.45.46.

F 37*   8/8(+ 1)   50

Prolepse.
II-A : **9** 29 ; **16** 4.
II-B : **4** 35 ; **5** 42 ; **7** 27 ; **9** 8 ; **11** 31 ; **14** 17.
Cf. Mc **1** 24 = Lc **4** 34 ; Mc **7** 2 ; **11** 32 ; **12** 34 ;
      Mt **6** 28 ; Lc **13** 25 ; **24** 7 ; Ac **13** 32.

F 38**   5/5(+ 1)   50

Ressusciter des (*ek*) morts.
II-B : **2** 22 ; **12** 1.9.17 ; **21** 14.
Cf. Mt **17** 9 ; Mc **6** 14 = Lc **9** 7 ;
      Ac **3** 15 ; **4** 10 ; **13** 30.

APPENDICE II

CARACTÉRISTIQUES STYLISTIQUES CLASSÉES PAR VERSETS

1	1						
	2						
	3						
	4	A.5					F.6.24
	5	A.5	B.8				F.24
	6	A.148	B.84				
	7	A.4.5.84	B.76.100	C.1.58			F.20.24
	8	A.4.5.	B.78	C.37.58			F.24
	9	A.5.164	B.13	C.68		E.1	F.24
	10		B.36.42	C.68			
	11		B.92	C.29			
	12	A.25.94	B.35.51	C.57		E.10	F.20
	13	A.8					F.7
	14	A.63	B.55.73.88			E.3	F.7
	15	A.4		C.58			
	16					E.15	
	17	A.160				E.3	
	18	A.63	B.31.33.44.54.73.82	C.37			
	19	A.128		C.1.7.52			
	20			C.50			
	21		B.74	C.52			
	22	A.165.166	B.1	C.81			
	23						
	24						
	25			C.52			
	26	A.42.121					F.25
	27						
	28		B.71	C.13			F.33
	29	A.74		C.68.77		E.6	
	30						F.26
	31					E.2	F.25
	32	A.40.116	B.94	C.58			
	33	A.3.116	B.17.33	C.37			F.25
	34	A.40	B.82	C.58.83			
	35			C.75			F.31
	36			C.77			
	37						
	38	A.59	B.90	C.35.80			F.13
	39	A.13.132	B.24.98				F.13
	40		B.32	C.38.75			
	41	A.145		C.53			
	42	A.97	B.90				
	43			C.12			
	44		B.14	C.49			
	45	A.49					
	46	A.49		C.12.18			
	47	A.15.49		C.69.77.81			
	48	A.49	B.6	C.12.76			
	49	A.49	B.74	C.19.35			
	50		B.6				F.20
	51	A.2					
2	1	A.85					
	2						
	3	A.108					
	4	A.67.140	B.49.50	C.12.70			F.12
	5						

		A	B	C	D	E	F
2	6	A.130					
	7	A.130		C.12	D.2		
	8	A.75					
	9	A.75	B.52	C.40.76			F.25
	10			C.79			F.15.30
	11	A.85	B.51.81			E.2	F.20
	12	A.88					
	13		B.16	C.84			
	14			C.60			
	15			C.60			
	16	A.147		C.24			
	17		B.11				
	18	A.19	B.6	C.7			
	19	A.10	B.6				
	20		B.1	C.7			
	21		B.31	C.37.81			
	22	A.28.36		C.42.64			F.1.20.38
	23	A.79.94	B.51.81	C.2.32.84			F.20
	24						
	25	A.4.48		C.58			
3	1	A.64.148.		C.18.49			
	2		B.81.89	C.35.62		E.4	F.25
	3	A.2.10	B.6	C.48.62			F.16
	4	A.64		C.73			F.3
	5	A.2.8	B.74	C.48.62			
	6	A.8					F.7
	7						F.16
	8	A.8.29	B.18.52	C.76			F.8.13.25.33
	9	A.64	B.6	C.73			
	10		B.6				
	11	A.2.40.62	B.82	C.1.58			F.25
	12			C.64			F.20
	13	A.41	B.94				
	14	A.41					F.9
	15		B.2	C.59		E.10	F.6.20
	16	A.63	B.2.26.51.77	C.59.63.68		E.10	F.6.17.20
	17	A.54.84	B.34.77	C.68		E.14	
	18	A.63.94	B.51			E.10.14	F.20
	19	A.5.6	B.13.58	C.63.68			F.24
	20	A.5		C.67	D.6		F.24
	21	A.5.112.152				E.2.3	F.24
	22		B.29				
	23		B.14	C.22.49			
	24		B.99				F.12
	25						
	26		B.71	C.35.51.58.77			
	27		B.6.89	C.62			
	28		B.31	C.37.50.58.83			
	29	A.1.52					
	30		B.31	C.37			
	31		B.62	C.18			F.16
	32	A.40.62	B.82	C.1.58			
	33	A.62		C.1.36			F.11
	34	A.153	B.34				
	35	A.14	B.26.73.77	C.63			
	36	A.116	B.2.51.77	C.59		E.10	F.6.20

		A	B	C	D	E	F
4	1		B.30				
	2						
	3						
	4						
	5						
	6	A.132					
	7	A.75		C.12			
	8		B.76				
	9	A.26		C.12			
	10	A.10.119	B.6				F.25.27
	11	A.20		C.12.76			
	12						F.3
	13		B.6				
	14	A.122	B.27.35	C.59		E.13	F.6
	15	A.75					F.17
	16						
	17		B.6	C.12			
	18			C.36			
	19	A.20		C.12			
	20		B.23.48				F.33
	21		B.7.73	C.12.70			F.20.29
	22			C.18			F.25
	23		B.7.73			E.1.3	
	24					E.3	
	25	A.145	B.31	C.12.37			F.25.28
	26	A.119		C.12.50			
	27	A.59	B.63	C.46			
	28	A.13.130					
	29			C.64			
	30						
	31			C.35			
	32	A.10.42.121			D.1		F.25
	33		B.25				F.3
	34	A.3.78.159	B.60	C.12			F.19.34
	35	A.113	B.48				F.37
	36		B.97	C.59			F.6
	37			C.17		E.1	
	38						
	39		B.51.100	C.32.58.64.83			F.20
	40		B.30				
	41		B.100				F.20
	42	A.154	B.100	C.30.68.69		E.4	F.5.20.25
	43						
	44			C.58.83			
	45	A.28.111	B.82	C.2.33			
	46	A.17.85		C.49			F.32.33
	47	A.87		C.65			F.22
	48	A.45	B.1.68	C.62			F.20
	49						F.22
	50	A.36		C.12.42.64			F.20
	51	A.72					
	52		B.1				
	53						F.20
	54		B.81				
5	1	A.110	B.29	C.2			
	2	A.56.79.86					
	3						F.32

5	4	A.86		C.61			
	5			C.26.49			
	6			C.26.61			
	7	A.48.86	B.74				F.23.32
	8			C.12			
	9			C.4.49.61			
	10		B.25	C.7			
	11		B.31.33.74	C.37.61			
	12	A.119		C.52			
	13	A.98					F.25.32
	14		B.29	C.61.77			
	15			C.7.61			
	16			C.6.7.33			
	17		B.74	C.79			F.15
	18	A.71	B.79	C.6.7			
	19	A.2.19.43.76	B.17.73.77	C.37.44.62			
	20		B.4.73.77	C.47			
	21		B.73.77				
	22		B.73.77			E.14	
	23	A.3	B.73.77				F.17
	24	A.2.3.21.117	B.2	C.59		E.10	F.6.20.29
	25	A.2	B.7				F.8
	26		B.2.73.77	C.27			F.6
	27						
	28		B.7				F.8
	29						F.6
	30	A.1.3.33.76.78			D.6	E.14	F.2
	31	A.4	B.20	C.1.36.58			F.2
	32	A.4.144	B.20	C.1.36.58			F.25
	33	A.115		C.58		E.3	
	34	A.62		C.1			
	35			C.37			F.24
	36	A.4	B.4.34.73.101	C.1.58.83			F.17.19
	37	A.3.4	B.17.33.44.73.82	C.37.58			F.8
	38		B.15.17.34	C.37			F.20.29
	39	A.4	B.2	C.37.58	D.4		F.6
	40		B.2.76				F.6.14
	41						
	42		B.75	C.27.74		E.11	F.37
	43	A.25		C.37.53			F.21
	44		B.84	C.28.73			F.20
	45		B.73				
	46			C.37			F.20.27.29
	47			C.37.42			F.20
6	1	A.129	B.29.71				
	2		B.81				F.32
	3						
	4	A.110	B.16	C.2.4.84			
	5			C.76			
	6	A.50					F.25
	7		B.74				
	8		B.32	C.12.75			
	9	A.69					F.35
	10	A.98	B.24	C.49			
	11	A.69					
	12						
	13		B.24.98				

	A	B	C	D	E	F
6 14		B.13.81	C.68.69			
15	A.80	B.76	C.19			
16						
17	A. 67	B.8.71				F.12
18						
19			C.22.41			
20			C.50			
21						
22		B.71				
23	A.129	B.23	C.22.56			F.33
24			C.21.56			
25		B.71	C.35			
26	A.2	B.6.70	C.21			
27		B.73	C.59	D.1		F.6.11
28	A.45.112	B.1				
29	A.6.	B.6.17.34.51.60	C.37			F.20
30		B.1.68.81				F.20.29
31	A.141	B.11				
32	A.2	B.1			E.1	
33	A.10	B.39.94	C.68			F.6
34	A.45	B.1				F.4
35	A.9	B.44.51	C.50		E.10	F.6.14.20
36		B.68.82				F.20
37	A.14.100	B.73				F.14
38	A.1.3.78	B.76.94				F.34
39	A.3.6.14.34.78.100	B.35.60			E.10	
40	A.6.34	B.2.51.60.77	C.59			F.6.20
41	A.9.103	B.94	C.50			
42	A.96	B.94				F.25
43		B.6.66				
44	A.3.34	B.37.73.89	C.62			F.14
45		B.11.55.73	C.38			F.14
46	A.51	B.54.73.82.84				
47	A.2	B.2	C.59		E.10	F.6.20
48	A.9		C.50			F.6
49						F.22
50	A.6	B.60.94				F.22
51	A.9	B.94	C.48.50.68		E.13	F.6.7.26
52			C.73			F.7
53	A.2	B.1.2	C.27.62			F.6.7
54	A.34	B.2.47	C.59			F.6.7
55			C.69	D.1		F.7
56	A.7.11	B.47				F.7
57		B.33.34.47.73	C.37			
58		B.47.93.94			E.13	F.22
59	A.68		C.64			
60		B.22				
61	A.103					F.18.25
62	A.41		C.13.41	D.3		F.33
63	A.16.158					F.6.7
64	A.137				E.10	F.20.25
65		B.69.73.89	C.62			F.14
66	A.150.162	B.22				F.5
67	A.37	B.1				F.3
68		B.32.74	C.59.65			F.6
69		B.75	C.43			F.20
70		B.74	C.75			
71	A.81		C.75			

	A	B	C	D	E	F
7 1		B.29.79	C.7		E.5	
2	A.110	B.16	C.2.4			
3	A.45	B.1.4.101	C.24		E.7	
4	A.114.155		C.68		E.2	
5		B.51				F.20
6	A.1.26		C.12			F.4.12
7	A.4.38	B.12.58	C.58.67.68.83			
8		B.3	C.2			F.12
9		B.80	C.64			
10	A.114.157		C.2			F.10
11		B.31	C.2.21.37			F.13
12		B.64				
13	A.131	B.21	C.7.46			
14			C.2			
15			C.7			F.25
16	A.3.19	B.6				
17	A.33	B.10.61	C.18.48			F.2.34
18	A.3.15.43	B.61	C.28.36.53			
19	A.90.160	B.79				
20		B.74.79	C.10			
21		B.4.6.101				
22			C.18			
23			C.33.61			
24	A.151					
25		B.25.79				
26		B.21	C.69.77			
27		B.52	C.40.76			F.25.28.37
28	A.3.33.42.121	B.52	C.40.76		E.1	F.2.25
29	A.51	B.17.34.84	C.37			F.25
30	A.67	B.7.49.50	C.5			F.12
31		B.22.51.81	C.32			F.3.20.28
32	A.103		C.5.9			F.36
33	A.3.10.113	B.1.5	C.51			
34	A.65	B.3	C.21			F.33
35		B.1	C.7			F.3.13
36	A.36.65	B.3	C.21.64			F.33
37	A.34		C.2.48			F.14.31
38		B.51			E.10	F.1.20
39	A.50	B.9.51.99	C.55.64.81			F.12.20
40			C.69			
41		B.64				F.3
42						F.1
43			C.85			
44			C.5			
45			C.9.37			F.36
46		B.74	C.78			F.36
47	A.37	B.74				F.3
48		B.51				F.3.20
49						
50	A.47.64		C.75	D.3		
51		B.43	C.38			F.3
52	A.37	B.6	C.18	D.4		F.3
53						
8 1						
2						
3						
4						

8 5			C.82			
6	A.50					
7						
8						
9						
10			C.70			F.13
11						
12	A.5.9.91.122	B.8.103	C.50.68		E.5	F.6.24
13	A.4	B.1.20	C.1.36.58			
14	A.4.29.42	B.5.6.18.20.52	C.1.36.58.76			F.2.13.25
15		B.3			E.14	F.7
16	A.1.3	B.28.40.73			E.1.14	
17	A.1	B.20.40.43	C.1.36			
18	A.3.4	B.73	C.50.58			F.2
19	A.32	B.25.74				F.13.25.27
20	A.67	B.7.49.50	C.5			F.12
21	A.10.17.66.74	B.1.3.5.18	C.21		E.6	F.22.33
22	A.66	B.3.5.18.25	C.7			F.33
23	A.12.109	B.3.95	C.18.50.68	D.2		
24	A.77	B.1	C.43.50			F.20.22
25	A.128	B.25				
26	A.3	B.84.85	C.36.38.68			
27		B.73				
28	A.33.41.77	B.1.73.85	C.50			F.2.10
29	A.3.136					F.4
30		B.51.85	C.32			F.20
31	A.1.21	B.15.25	C.7.39.69			F.20.29
32	A.138				E.3	
33	A.96	B.44.74				
34	A.2	B.46.74			E.6	
35		B.65			E.13	
36		B.77				
37	A.1.21	B.79				F.25
38	A.44	B.3.73.82	C.38			
39		B.6.101	C.12			
40	A.16	B.79.84	C.38.71		E.3.8.12	
41		B.101				
42	A.33.46	B.17.34	C.37.63			F.2.27
43	A.1.21		C.30			
44	A.15.135	B.62	C.14.18.20.29.37		E.3	
45					E.3.8	F.20.29
46					E.3.6.8	F.20.29
47	A.153	B.10	C.6.18			
48		B.6	C.7.10			
49		B.74	C.10			
50			C.28			
51	A.2.21.23	B.27	C.48		E.13	F.30
52	A.21.23	B.27.75	C.7.10.16.48		E.13	F.22.30
53	A.71					F.3.22
54	A.120	B.9.48.74				F.2
55	A.23	B.75	C.14			F.25.30
56	A.1.10					
57	A.45	B.1.82	C.7.26			F.12
58	A.2.77		C.50			
59						
9 1						
2			C.35.52			

		A	B	C	D	E	F
9	3		B.4.74.78			E.2	
	4	A.112	B.4				
	5	A.5	B.36.103	C.68			F.24
	6	A.156	B.80	C.64			
	7	A.13.86	B.24.57.90.98				
	8				D.3		F.37
	9		B.64	C.37.50			
	10		B.25.86				
	11		B.24.57.74.98	C.37			
	12		B.31	C.37			F.13.25
	13						
	14		B.86	C.4.33.49			
	15	A.91	B.57	C.52			
	16	A.51	B.25.64.81.84	C.73.78.85			F.30
	17	A.17.26.166	B.86	C.81			
	18			C.7.43			F.20
	19	A.118.120	B.48	C.52			F.15
	20	A.19	B.6			E.4	F.25
	21	A.42	B.86	C.26.52			F.25
	22	A.68.101		C.7.48.64			F.23
	23		B.69	C.26			
	24	A.19		C.78		E.4	F.25
	25		B.74	C.37			F.15.25
	26		B.1.86				
	27	A.37	B.74	C.39			F.3
	28		B.31	C.37.39			
	29		B.52	C.40.76		E.4	F.25.37
	30	A.42	B.6.45.52.86	C.17.40.76			F.25
	31			C.48		E.4	F.25.34
	32		B.86				
	33	A.51.76	B.84				
	34		B.6				
	35		B.51				F.20
	36		B.6.51	C.37			F.20
	37		B.31.33.63.82	C.37			
	38						
	39		B.13.95	C.68			
	40	A.37					F.3
	41	A.53.74		C.71		E.6.12	F.27
	42						
10	1	A.2	B.33	C.37.60			
	2			C.60			
	3	A.149	B.91	C.60			F.8
	4			C.29.60			F.25
	5	A.122					F.25
	6	A.92		C.37.64			
	7	A.2.9.17	B.1	C.50.60			
	8			C.60			
	9	A.9		C.48.50			
	10		B.2.76				F.6
	11	A.9.18		C.50.60			F.26
	12			C.41.60			
	13			C.60			
	14	A.9		C.45.50			
	15	A.18.35.55	B. 73	C.60			F.26
	16			C.18.37.60			F.8
	17	A.18	B.26.73	C.6.63			

10 18	A.18.33	B.28.55	C.25			F.2
19			C.85			
20		B.22	C.10			
21		B.64.86				F.3
22	A.79					
23					E.5	
24	A.19	B.21	C.7			
25	A.4	B.4.74.101	C.58			F.20.21
26	A.1	B.28	C.18.60			F.20
27	A.1		C.60			F.8
28		B.27.39	C.59		E.13	F.6
29	A.14	B.73				
30		B.73	C.72			
31			C.7.82			
32		B.4.73.74	C.82			
33	A.71.93	B.4.74	C.7.82			
34		B.11.43.74				
35			C.37			F.1
36	A.54.120	B.34.48.73	C.68			
37		B.4.101				F.20.29
38	A.11	B.4.73	C.42			F.20.29
39	A.17		C.5			
40	A.126	B.23.71	C.13			F.33
41		B.81	C.36.64.81			
42		B.51	C.32			F.20
11 1		B.53	C.3.49			F.32
2		B.14.53	C.3.49			F.32
3			C.47.77			F.32
4	A.60.84	B.9				F.26
5			C.3.8.31.63			
6	A.157	B.30				F.10.32
7	A.88					
8			C.7.12.16.35.82			
9		B.74.95.103	C.48.68		E.5	F.24
10	A.15		C.48		E.5	F.24
11	A.10.68.88	B.76	C.3.64			
12		B.1				
13			C.37.81			
14	A.99	B.21	C.3			F.22
15						F.20
16	A.105	B.1.19.76				F.22
17			C.26			
18	A.79	B.14.16	C.22.49			
19		B.22.53.76	C.31			
20		B.53	C.31			
21	A.45	B.1	C.31			F.22.27
22						F.25
23	A.10		C.12			
24	A.34		C.12.31			F.25
25	A.9	B.51	C.50		E.10	F.20.22
26		B.27.51			E.10.13	F.20.22
27		B.13	C.43.54.68			F.20
28	A.61	B.53.87	C.64			
29			C.37			
30	A.67.98	B.23	C.31			F.12.33
31		B.53.76				F.37
32		B.53	C.13			F.22.27.33

		A	B	C	D	E	F
11	33	A.13					
	34						F.13
	35						
	36		B.25	C.47.77			
	37		B.86			E.7	F.22
	38	A.17.80		C.49			
	39	A.20		C.12.31			
	40		B.68	C.12			F.20
	41		B.24		D.2		
	42		B.34	C.43			F.4.20.25
	43		B.80.96	C.3.64			
	44	A.151.163		C.12			
	45	A.47	B.22.51.53	C.32			F.20
	46			C.64.65			
	47	A.19	B.81	C.9.78			
	48		B.51				F.20
	49	A.42		C.75			F.25
	50						F.22.26
	51	A.43.50.87		C.64			F.22.26
	52	A.107	B.78	C.57		E.7	F.26
	53						
	54		B.21	C.22		E.5	F.5
	55	A.125.133	B.16.76	C.4.84			
	56	A.19.111	B.66	C.2.21			
	57	A.58		C.5.9.48			F.13.17.23
12	1	A.125		C.3.13.84			F.33.38
	2			C.3.31.75			
	3	A.143	B.53				
	4	A.81					
	5						
	6	A.50.139	B.70	C.64			
	7		B.1				F.30
	8						
	9		B.76	C.3		E.7	F.38
	10			C.3		E.7	
	11		B.51	C.32			F.20
	12	A.47.111		C.2			
	13		B.96	C.19			
	14	A.141	B.11				
	15						
	16	A.126	B.9.11				F.10
	17			C.3.58			F.38
	18		B.81	C.6			
	19	A.158		C.68.77			
	20		B.76	C.2.49			
	21						
	22						
	23	A.41	B.7.9.50				
	24	A.2.24					F.22
	25		B.95	C.47.59.67.68			F.6
	26	A.1.65	B.73	C.48			F.33
	27		B.50	C.16.64			
	28						
	29		B.64				
	30		B.6.12				
	31	A.102	B.95	C.16.68			
	32		B.37	C.23			F.2

12 33	A.50.87.127					F.22
34	A.10.41.96	B.65.74			E13	
35	A.5.29	B.1.8.52			E.5	F.13.24.25
36	A.5	B.51.85				F.20.24
37		B.51.81				F.20.35
38	A.36.83		C.64			
39			C.6			F.20
40	A.167					
41	A.68	B.88	C.64			F.20
42	A.101	B.22.51	C.32.46			
43			C.63			F.20
44	A.3	B.51			E.10	
45	A.3	B.54				
46	A.5	B.8.13.51	C.11.68		E.10	F.20.24
47		B.76	C.48.62.68		E.14	
48	A.34	B.33	C.37		E.14	
49	A.3.58	B.35.62.73	C.64			F.2
50		B.73	C.59			F.6.9.25
13 1	A.117.125	B.7.36.49.50.73. 95	C.2.8.63.68.84			F.18.25
2	A.81					
3	A.14.46	B.5.73				F.18.25
4	A.104					
5	A.104	B.57				
6		B.32.57				
7		B.6				F.15.25
8	A.10	B.27.57.74	C.12.62		E.13	
9	A.20	B.32	C.12			
10			C.12			
11		B.69				F.25
12	A.13.28	B.57				
13		B.87				
14	A.32.44	B.3.57.87				
15	A.35.44	B.3				F.17.23
16	A.2					
17						F.25
18	A.82	B.47.78	C.81			F.1.25
19	A.77		C.43.50			F.15.20
20	A.2.3.25		C.44			
21	A.2	B.80	C.58.64.75			
22			C.81			
23			C.8.63.75			
24		B.32	C.81			
25			C.37			
26	A.81	B.74	C.37			
27	A.26		C.12.37	D.5		
28						
29	A.139		C.2.12			
30			C.4.37.49			
31	A.28.41	B.9	C.16			
32	A.32	B.9				
33	A.30.66	B.3.5.18	C.7.15.21.51			F.15.33
34	A.58.142	B.38.60.83	C.8.63		E.7	F.17
35	A.22.161	B.45	C.17.39		E.11	
36	A.20.29.66.118	B.5.32.74	C.12			F.13.33
37	A.18.20		C.12			F.15.26
38	A.2.18	B.74				F.26

		A	B	C		E	F
14	1		B.51				F.20
	2	A.146.147	B.102				
	3	A.44.65	B.3.102	C.23.50			F.2.33
	4	A.10.66	B.5.52				F.25.33
	5	A.20.29	B.5.19.52	C.12			F.13.25
	6	A.9	B.73	C.12.50		E.3	F.6
	7	A.32.55	B.54.82				F.15
	8	A.20	B.73	C.12			
	9	A.96	B.54.73.75.82	C.12.51			F.35
	10	A.11.27.33	B.2.4.61.73.101	C.43			F.2.20
	11	A.11	B.4.73.100	C.43			F.20.29
	12	A.2.124	B.4.33.51.73. 101.102	C.37		E.10	F.20
	13	A.39	B.73.77				F.21
	14	A.39					F.21
	15	A.1	B.38.56	C.63			F.30
	16	A.70	B.73			E.13	F.17
	17	A.95	B.42	C.68		E.3	F.37
	18						
	19	A.44.113	B.3	C.15.68			F.5
	20	A.11.44	B.3				
	21		B.33.38.56	C.8.37.63			F.2.30
	22	A.20		C.12.68			
	23	A.21.23.146	B.6.26	C.48.63			F.30
	24	A.1.3.21.23	B.73	C.63			F.30
	25	A.16	B.85				
	26	A.39.57.70	B.33.73	C.37.64			F.21
	27	A.1	B.93	C.68			
	28	A.124	B.5.18.73.102	C.63			F.27
	29						F.20.23
	30	A.102	B.63	C.68			F.5
	31	A.58	B.73.78	C.8.24.63.68			F.9
15	1	A.9		C.50		E.1	
	2	A.24	B.35				
	3	A.16					
	4	A.7.11.24.27.43	B.89	C.62			F.9
	5	A.7.9.11.24.27. 76	B.3	C.50			
	6	A.7		C.48			
	7	A.7	B.15				
	8	A.24	B.45.60	C.17.39			
	9	A.1.35	B.12.15.26.73	C.8.63		E.11	
	10		B.15.38.56.73	C.74		E.11	F.30
	11	A.1.16.52	B.85				
	12	A.1.6	B.38.60.83	C.8.63			
	13	A.18.48	B.60			E.11	F.26
	14						
	15		B.55	C.38			F.5.25
	16	A.24.39	B.3.12.28.73				F.21.23
	17		B.60.83	C.63			
	18	A.38	B.12	C.67.68			
	19	A.12.38	B.28	C.6.18.29.47.67. 68			F.27
	20	A.21.23.32.36	B.12				F.30
	21	A.3					F.25
	22	A.53.74		C.71		E.6.12	
	23			C.67			

		A	B	C		E	F
15	24	A.53	B.4.82.101	C.67.71		E.6.12	
	25	A.83	B.43.78				
	26	A.4.57.70.95	B.55.73	C.37.58		E.3	F.28
	27		B.40	C.20.58			
16	1	A.16	B.85				
	2	A.101	B.7				
	3	A.55	B.73				
	4	A.16.137	B.7.50.85	C.51.64			F.23.28.37
	5	A.3.29.90	B.5	C.52		E.12	F.13
	6	A.16	B.85			E.9	
	7	A.70	B.28.102	C.62		E.3.8	
	8	A.57		C.37.68		E.6	
	9		B.51			E.6	F.20
	10		B.5.73				F.5
	11	A.102	B.95	C.68		E.14	
	12						F.15
	13	A.43.57.95	B.61	C.37		E.3	F.28
	14	A.57	B.9	C.37.45		E.15	
	15		B.69.73	C.45		E.15	
	16			C.15			F.5
	17		B.1.5.73	C.15			
	18		B.25	C.15			F.25
	19		B.66	C.15.52			
	20	A.2		C.68		E.9	
	21		B.7.49	C.68		E.9	F.5
	22					E.9	
	23	A.2.39	B.73	C.44			F.21
	24	A.39.52		C.79			F.15.21
	25	A.16.92	B.7.21.73.85				E.5
	26	A.39	B.59.73				F.21
	27	A.46.51	B.12.73.84	C.43.47			F.20
	28	A.46.124	B.13.73.102	C.68			
	29	A.92		C.77			
	30	A.46.48.118		C.16.17.43.52		E.4	F.20.25
	31		B.74				F.15.20
	32		B.7.50.73.92	C.29			
	33	A.16.89	B.85	C.68			
17	1		B.7.9.50.77.85				
	2	A.14.100	B.35.39	C.59			F.6.7
	3	A.6	B.34.60	C.59.66		E.1	F.6
	4	A.159	B.101				F.17.19
	5		B.9	C.68			
	6	A.14.23		C.68		E.2	F.30
	7		B.55.75	C.16			
	8	A.46.51	B.34.55	C.43.69			F.20
	9	A.14.93	B.59	C.68			
	10		B.9	C.45			
	11		B.36	C.68.72			F.5.21.30
	12	A.82.90		C.51			F.1.21.30
	13	A.1.52	B.85	C.27.68		E.12	
	14	A.12.38		C.18.67.68			
	15			C.68			F.30
	16	A.12		C.18.68			
	17	A.1				E.3	
	18	A.35.54	B.34	C.68			
	19					E.3	F.2.26

17	20	A.93	B.51.59.100		E.10	F.20
	21	A.11.142	B.34	C.43.68.72	E.7	F.20
	22			C.72		F.17
	23	A.107	B.26.34	C.8.63.68		F.19
	24	A.1.14.65.100	B.26.88	C.37.63.68		F.33
	25		B.34.42	C.68		
	26		B.26	C.63	E.11	
18	1		B.41.71.80	C.13.64		F.33
	2					F.25
	3			C.9		F.36
	4	A.59.80		C.21		F.25
	5		B.74	C.50		F.31
	6	A.156.162	B.30	C.50		
	7	A.59.91		C.21		
	8	A.163	B.74	C.21.50		
	9	A.14.36.83.90		C.64		
	10	A.13	B.32.37	C.49		
	11		B.1.35.73			
	12	A.13				F.36
	13					
	14		B.14	C.7.49		F.22.26
	15		B.32			
	16	A.13.19.31	B.91	C.34		F.31
	17	A.26.37	B.91	C.12.18.37.78		F.3
	18	A.134	B.14	C.49		F.31.36
	19			C.52		
	20	A.114	B.21.74	C.68		F.4.33
	21			C.52.64.77		F.25
	22		B.80	C.64		F.36
	23	A.4	B.74	C.58		
	24					
	25	A.37	B.1.14.32	C.18.37.49		F.3
	26		B.41	C.75		
	27	A.91				
	28			C.4.49.84		
	29	A.19		C.78		
	30		B.6			F.27
	31		B.1.43	C.7		
	32	A.36.83.87.127		C.64		F.22
	33	A.13.17				
	34	A.43	B.74	C.81		
	35	A.1	B.74	C.50		
	36	A.1.12	B.74.95	C.7.18.24.68.71	E.12	F.27.36
	37	A.106.115	B.1.13.74.76	C.18.19.58.68	E.3	F.8
	38	A.61		C.7.12.64	E.3	
	39		B.60	C.84		
	40	A.17	B.14.96	C.49		
19	1	A.99				
	2					
	3					
	4			C.77		
	5					
	6	A.28	B.3.96	C.12		F.36
	7	A.71	B.74	C.7		F.22
	8	A.28				
	9	A.165		C.40.76		

		A	B	C	D	E	F
19	10	A.26		C.12			F.25
	11	A.53	B.74			E.6	F.16
	12	A.71.150	B.46.96	C.7.19			
	13	A.56					
	14	A.132		C.4.7.19.49.77.84			
	15		B.74.96	C.12.19.37			
	16	A.99					
	17	A.56		C.80			
	18			C.24			F.33
	19		B.11				
	20	A.56	B.11.16.23	C.22			F.33
	21		B.25.31	C.37			
	22		B.74				
	23	A.109		C.49			F.16
	24	A.82	B.1				F.1
	25						F.31
	26	A.80.140		C.8.63.70.77			
	27	A.108	B.92	C.29.77			
	28	A.88					F.1.18.19.25
	29					E.16	
	30	A.28					
	31			C.7			
	32						
	33						
	34	A.73	B.72				
	35	A.40	B.82	C.1.36.37.58		E.1.7	F.20.25
	36	A.82					F.1
	37						F.1
	38	A.131	B.98	C.7.39			
	39	A.47.64.126.143					
	40		B.67				
	41	A.98	B.23.41	C.55			F.33
	42		B.16				
20	1		B.8				
	2	A.13.31	B.32.52.98	C.47			F.13.25
	3	A.31					
	4	A.31	B.97		D.5		
	5		B.67	C.46			
	6	A.13	B.32.67	C.41			
	7		B.67				
	8	A.13.31.47.99	B.68				F.20
	9			C.55			F.1.25
	10	A.17		C.65			
	11		B.30	C.34			F.31
	12			C.34.41			F.33
	13		B.52	C.12.37.70			F.13.25
	14		B.80	C.41.64			F.25
	15	A.59	B.41	C.12.21.37.70			F.13
	16	A.56		C.12.37.80			
	17		B.73.99	C.12			F.12
	18	A.68.72	B.82	C.64			
	19	A.131		C.7.13			F.33
	20	A.61	B.72	C.64			
	21	A.17.35	B.1.12.34.73				
	22	A.61		C.64			
	23			C.44			
	24	A.105	B.19	C.75			

		A	B	C		E	F
20	25	A.31	B.25.68.72.82	C.62			F.20
	26		B.19				
	27	A.108	B.19.72				
	28		B.6.19				
	29		B.68.82	C.12			F.20
	30		B.11.81				
	31		B.2	C.43			F.6.20.21
21	1	A.129.155	B.29			E.2	
	2	A.49.85.105	B.19.32.97	C.75			
	3		B.32	C.5.12			
	4			C.46			F.25
	5	A.26.123	B.74	C.12			F.3
	6		B.24.37				F.5
	7	A.26.104	B.32	C.8.63			
	8	A.31		C.56			
	9	A.69.134	B.30				
	10	A.69		C.5.12			
	11		B.32.37			E.16	F.35
	12	A.128		C.12			F.18.25
	13	A.69					
	14					E.2	F.38
	15	A.28.97	B.32	C.12.47.54.63			F.25
	16	A.97		C.47.54.60.63			F.25
	17	A.97		C.47.60			F.25
	18	A.2					F.33
	19	A.50.61.127		C.64			
	20			C.8.63			
	21						
	22			C.12			
	23						F.22
	24	A.4	B.20	C.1.36.58		E.4	F.25
	25			C.68			

INDEX DES AUTEURS MODERNES CITÉS

ABEL, F.M., *Histoire de la Palestine* (Études Bibliques). Paris, 1952.

ALBRIGHT, W.F., « Some Observations Favoring the Palestinian Origin of the Gospel of John », HTR, 1924, pp. 189-195.

BARRETT, C.K., *The Gospel According to St John*. An Introduction with Commentary and Notes on the Greek Text. Londres, 1955.

BAUER, W., *Das Johannesevangelium* (Handbuch zum Neuen Testament, 6). Tübingen, 1933.

BECKER, J., « Aufbau, Schichtung und theologiegeschichtliche Stellung des Gebetes in Johannes 17 », ZNW, 1969, pp. 56-83.

BECKER, J., « Die Abschiedsreden Jesu im Johannesevangelium », ZNW, 1970, pp. 215-246.

BENOIT, P., « Marie-Madeleine et les Disciples au Tombeau selon Jn 20, 1-18 », dans : *Exégèse et Théologie*, tome III, pp. 270-282. Paris, 1968 (cf. *Judentum, Urchristentum und Kirche*, Festschrift für Joachim Jeremias, Beiheft 26 z. ZNW, pp. 141-152, 1960).

BERNARD, J.H., *A Critical and Exegetical Commentary on the Gospel according to St. John*, vol. I-II (The International Critical Commentary). Edinburgh, 1928.

BLASS, Fr., *Evangelium secundum Johannem cum variae lectionis delectu edidit*. Leipzig, Teubner, 1902.

BLOCH, R., « Quelques aspects de la figure de Moïse dans la tradition rabbinique », dans : *Moïse, l'homme de l'Alliance*. Paris-Tournai, 1955, pp. 93-167.

BORGEN, P., « The Unity of the Discourse in John 6 », ZNW, 1959, pp. 277-278.

BORGEN, P., « Observations on the Targumic Character of the Prologue of John », NTS, 1969-70, pp. 288-295.

BOURKE, cité par Dillon, cf. *infra*.

BOWMAN, J., « Samaritan Studies, I, The Fourth Gospel and the Samaritans », *Bulletin of the John Ryland Library*, 1957-58, pp. 298-308.

BRAUN, F.M., « Quatre 'signes' johanniques de l'unité chrétienne, NTS, 1962-63, pp. 147-155.

BROWN, R.E., *The Gospel according to John*. A New Translation with Introduction and Commentary (The Anchor Bible, 29-29 A). New York, 1966 et 1970.

BULTMANN, R., *Das Evangelium des Johannes* (Kritisch-exegetischer Kommentar über das Neue Testament). Göttingen, 1950.

CARRINGTON, Ph., *The Primitive Christian Calendar. A Study in the Making of the Marcan Gospel*. Cambridge, 1952.

CLEMEN, C., *Die Entstehung des Johannesevangeliums*, Halle, 1912.

COMBLIN, J., « La liturgie de la Nouvelle Jérusalem (Apoc, XXI, 1 – XXII, 5) », ETL, 1953, pp. 5-40.

CULLMANN, O., « Samarien und die Anfänge der christlichen Mission », *Vorträge und Aufsätze 1925-1962*, pp. 232-240. Tübingen et Zürich, 1966.

DANIÉLOU, J., « Les Quatre-temps de Septembre et la fête des Tabernacles », *La Maison-Dieu*, 1956, pp. 114-136.

DAUER, A., « Das Wort des Gekreuzigten an seine Mutter und den 'Jünger, den er liebte' », BZ, 1967, pp. 222-239 ; 1968, pp. 80-93.

DAUER, A., *Die Passionsgeschichte im Johannesevangelium* (Studien z. A. und NT, 30). Munich, 1972.

DEISSMANN, A., *Licht vom Osten. Das Neue Testament und die neuentdeckten Texte der hellenistisch-römischen Welt*. Tübingen, 1923.

DIBELIUS, M., *Botschaft und Geschichte*. I Band : zur Evangelienforschung. Tübingen, 1953.

DILLON, R.J., « Wisdom Tradition and Sacramental Retrospect in the Cana Account (Jn 2, 1-11) », CBQ, 1962, pp. 268-296.

DODD, C.H., *The Interpretation of the Fourth Gospel*. Cambridge, 1953. – *L'interprétation du quatrième évangile* (Lectio Divina, 82). Paris, 1975.

DODD, C.H., *Historical Tradition in the Fourth Gospel*. Cambridge, 1963.

DODD, C.H., « The Appearances of the Risen Christ : an Essay in Form-Criticism of the Gospels ». Dans : *More New Testament Studies*, pp. 102-133. Manchester, 1968.

DREYFUS, F., « L'argument scripturaire de Jésus en faveur de la résurrection des morts (Marc, XII, 26-27) », RB, 1959, pp. 213-224.

DUPREZ, A., *Jésus et les dieux guérisseurs. A propos de Jean, V* (Cahiers de la Revue Biblique, 12). Paris, 1970.

ESTIENNE, H., *Thesaurus Graecae Linguae*. Paris, 1831-1865.

FEUILLET, A., « Les adieux du Christ à sa mère (Jn 19, 25-27) et la maternité spirituelle de Marie », NRT, 1964, pp. 469-489.

FORTNA, R.T., *The Gospel of Signs. A Reconstruction of the Narrative Source underlying the Fourth Gospel* (Society for New Testament Studies, Monograph Series, 11). Cambridge, 1970.

FREED, E.D., « The Entry into Jerusalem in the Gospel of John », JBL, 1961, pp. 329-338.

GAECHTER, P., *Maria im Erdenleben, Neutestamentliche Marienstudien*. Innsbruck, 1953.

GNILKA, J., « Die Erwartung des messianischen Hohenpriesters in den Schriften von Qumran und im Neuen Testament », *Revue de Qumrân*, 1959-60, pp. 395-426.

GOGUEL, M., *La foi à la Résurrection de Jésus dans le christianisme primitif*. Paris, 1933.

GOURBILLON, J.-G., « La parabole du serpent d'airain et la 'lacune' du chap. III de l'Évangile selon S. Jean », *Vivre et Penser*, IIᵉ série (RB, 1942), pp. 213-226.

GRELOT, P., « 'De son ventre couleront des fleuves d'eau' – La citation de Jean, VII, 38 », RB, 1959, pp. 369-374.

HARNACK, A., cité par P. Benoit, *supra*, p. 272, note 1.

HARTMANN, G., « Die Vorlage der Osterberichte in Joh 20 », ZNW, 1964, pp. 197-220.

HIRSCH, E., *Studien zum vierten Evangelium*. Tübingen, 1936.

HOWARD, W.F., *The Gospel According to St. John. Introduction and Exegesis*. New York, 1952.

JAUBERT, A., « L'image de la vigne (Jean 15) ». *Oikonomia – Heilsgeschichte als Thema der Theologie*. – Festschrift O. Cullmann, pp. 93-99. Hambourg-Bergstedt, 1967.

JEREMIAS, J., « Joh. 6, 51c-58 – Redactionell ? » ZNW, 1952-53, pp. 256-257.

JEREMIAS, J., *Die Gleichnisse Jesu*. Göttingen, 1954. – *Les paraboles de Jésus*. Le Puy-Lyon, 1962.

JEREMIAS, J., *Paroles de Jésus, Le Sernom sur la Montagne, Le Notre-Père dans l'Exégèse actuelle* (Lectio Divina, 38). Paris, 1963.

JOÜON, P., « Le Verbe *anaggellô* dans saint Jean », RSR, 1938, pp. 234-235.

LAGRANGE, M.-J., *Évangile selon saint Jean* (Études Bibliques). Paris, 1936.

LAGRANGE, M.-J., *Introduction à l'étude du Nouveau Testament*. Deuxième partie : Critique textuelle ; II : La critique rationnelle (Études Bibliques). Paris, 1935.

LA POTTERIE (I. de), « Jésus, roi et juge, d'après Jn 19, 13 : *Ekathisen epi bèmatos* », *Biblica*, 1960, pp. 217-247.

LA POTTERIE (I. de), « Ad dialogum Jesu cum Nicodemo (2, 23 – 3, 21) ». Analysis litteraria, *Verbum Domini*, 1969, pp. 141-150.

LA POTTERIE (I. de), « La parole de Jésus 'Voici ta mère' et l'accueil du Disciple (Jn 19 27b) », *Marianum*, 1974, pp. 1-39 (Cf. *Neues Testament und Kirche*, Festschrift für Rudolf Schnackenburg, pp. 191-219. Fribourg – Bâle – Vienne, 1974).

LE DÉAUT, R., *Liturgie juive et Nouveau Testament. Le témoignage des versions araméennes* (Scripta Pontificii Instituti Biblici, 115). Rome, 1965.

LINDARS, B., « The Composition of John XX », NTS, 1960-61, pp. 142-147.

LOHMEYER, E., *Das Evangelium des Markus* (Kritisch-exegetischer Kommentar über das Neue Testament). Göttingen, 1951.

LOISY, A., *Le Quatrième Évangile* (2ᵉ édition refondue). *Les Épîtres dites de Jean*. Paris, 1921.

MACDONALD, J., « The Theological Hymns of Amram Darah », *Annual of the Leeds Univers. Oriental Society*, 1959-61, pp. 54-73.

MANSON, T.W., « The Cleaning of the Temple », *Bulletin of the John Ryland Library*, 1950-51, pp. 271-282.

MARA, M.-G., *Évangile de Pierre* (Sources Chrétiennes, 201). Paris, 1973.

MENOUD, Ph., *L'Évangile de Jean d'après les recherches récentes* (Cahiers théologiques de l'actualité protestante, 3). Neuchâtel, 1947.

MENOUD, Ph., « Les Études johanniques de Bultmann à Barrett », dans : *L'Évangile de Jean, Études et Problèmes* (Recherches Bibliques, III). Paris-Tournai, 1958, pp. 11-40.

NICOL, W., *The sèmeia in the Fourth Gospel. Tradition and Redaction* (Supplements to Novum Testamentum, 32). Leiden, 1972.

O'ROURKE, J.J., « Jo 10, 1-18 : Series Parabolarum ? », *Verbum Domini*, 1964, pp. 22-25.

PESCH, R., *Der reiche Fischfang – Lk 5, 1-11/Jo 21, 1-14*. Wundergeschichte, Berufungserzählung, Erscheinungsbericht (Kommentare und Beiträge zum A. und NT, 6). Düsseldorf, 1969.

RAMON DIAZ, J., « Palestinian Targum and New Testament », NT, 1963, pp. 75-80.

RENGSTORF, K.H., *Die Auferstehung Jesu. Form, Art und Sinn der urchristlichen Osterbotschaft*. Witten-Ruhr, 1954.

RICHTER, G., *Die Fusswaschung im Johannesevangelium. Geschichte ihrer Deutung* (Biblische Untersuchungen, 1). Regensburg, 1967.

ROBINSON, J.A.T., « The 'Others' of John 4, 38 » (Texte und Untersuchungen, 73). Berlin, 1959, p. 513.

ROBINSON, J.A.T., « The Parable of John 10 1-5 », ZNW, 1955, pp. 233-240.

ROUSÉE, J.-M., « Jérusalem (Piscine Probatique) », RB, 1962, pp. 107-109.

ROUSTANG, F., « L'entretien avec Nicodème », NRT, 1956, pp. 337-358.

RUCKSTUHL, E., *Die literarische Einheit des Johannesevangeliums. Der gegenwärtige Stand der einschlägigen Forschungen* (Studia Friburgensia. Neue Folge, Heft 3). Fribourg, 1951.

SCHNACKENBURG, R., *Das Johannesevangelium* (Herders Theologischer Kommentar zum NT, IV). Fribourg – Bâle – Vienne, 1965-1975.

SCHUERMANN, H., « Jesus letzte Weisung. Jo, 19, 26-27a », dans : *Sapienter ordinare*, Festschrift für E. Kleineidam. Leipzig, 1969, pp. 105-123.

SCHULTZ, S., *Komposition und Herkunft der Johanneischen Reden* (Beiträge zur Wissenschaft vom A. und NT, 81). Stuttgart, 1960.

SCHWARTZ, E., *Aporien im vierten Evangelium* (Nachrichten der Gesellschaft der Wissenschaften zu Göttingen. Philologisch-historische Klasse). Berlin, 1907.

SCHWEIZER, E., *Ego Eimi. Die religionsgeschichtliche Herkunft und theologische Bedeutung der johanneischen Bildreden, zugleich ein Beitrag zur Quellenfrage des vierten Evangeliums.* Göttingen, 1939.

SMITH, C.W.F., « Tabernacles in the Fourth Gospel and Mark », NTS, 1962-63, pp. 130-146.

SMITH, M., *The Secret Gospel. The Discovery and Interpretation of the Secret Gospel according to Mark.* New York – Londres, 1973.

SMITMANS, A., *Das Weinwunder von Kana. Die Auslegung von Jo 2, 1-11 bei den Vätern und heute* (Beiträge zur Geschichte der biblischen Exegese, 6). Tübingen, 1966.

SPICQ, C., *L'origine johannique de la conception du Christ-prêtre dans l'épître aux Hébreux* (Bibliothèque théologique). Neuchâtel-Paris, 1950, pp. 258-269.

SPITTA, F., *Das Johannes-Evangelium als Quelle der Geschichte Jesu.* Göttingen, 1910.

TEEPLE, H.M., *The Literary Origin of the Gospel of John.* Evanston Religion and Ethics Institute, 1974.

VAGANAY, L., « La finale du quatrième Évangile », RB, 1936, pp. 512-528.

VAN DEN BUSSCHE, H., *Jean. Commentaire de l'Évangile spirituel.* Bible et Vie chrétienne. Tournai, 1967.

VAN DE WALLE, B., *Une hyperbole égyptienne devenue proverbiale* (Annuaire de l'Institut de Philologie et d'Histoire Orientales et Slaves, XX, 1968-72), pp. 497-505.

VANHOYE, A., « La composition de Jn 5, 19-30 », dans : *Mélanges Bibliques en hommage au R.P. Beda Rigaux*, pp. 259-274. Gembloux, 1970.

VANHOYE, A., « Interrogation johannique et exégèse de Cana (Jn 2, 4) », *Biblica*, 1974, pp. 157-167.

VAN IERSEL, B.M.F., « Tradition und Redaktion in Joh I 19-36 », NT, 1962, pp. 245-267).

VAN IERSEL, B.M.F., « Die wunderbare Speisung und das Abendmahl in der synoptischen Tradition (Mk VI 35-44 par., VIII 1-20 par.) », NT, 1964, pp. 167-194.

VAN KASTEREN, I.P., « Versimilia circa pericopen de muliere adultera (Joan. VII, 53 – VIII, 11) », RB, 1911, pp. 96-102.

DE VAUX, R., *Les Institutions de l'Ancien Testament.* Paris, 1967.

WELLHAUSEN, J., *Das Evangelium Johannis.* Berlin, 1908.

WENDT, H.H., *Das Johannesevangelium. Eine Untersuchung seiner Entstehung und seines geschichtlichen Wertes.* Göttingen, 1900.

WIKENHAUSER, A., *Das Evangelium nach Johannes übersetzt und erklärt* (Regensburger N.T.). Regensburg, 1957.

WILCOX, M., « The composition of John 13 : 21-30 », dans : *Neotestamentica et Semitica.* Studies in honour of M. Black, pp. 143-156. Edinburg, 1969.

WILKENS, P., *Die Entstehungsgeschichte des vierten Evangeliums.* Zollikon, 1958.

WINTER, P., « 'Nazareth' und 'Jerusalem' in Luke chs I and II », NTS 1956-57, p. 139, note 1.

INDEX ALPHABÉTIQUE

Lumière. Luit dans les ténèbres (Hymne primitive) 75b.
— Christ (II-B) 73b. 74b.
— Vie (II-B) 76a.
— Parole (II-B) 77a.
— Et ténèbres (Qumrân et II-B) 60a. 116b. 123b-124a. 321a.
— Du monde (II-B III) 253b. 261b.

Main. Symbole de puissance 124b. 336a.

Marc. Fragment attribué à Marc rapporté par Clément d'Alexandrie 277b. 279b.

Marche (Rom II-B) 258a. 291b.
— Au bord de la mer. Apparition de Jésus (C II-A) 19b. 32a. 186a-188a. 480b.
— Sur les eaux (Mc II-B) 187a-188b.

Mariage. Symbole : Rébecca – Les 5 maris – Nouveau mariage : Dieu et son peuple (C) 137a-b.
— Église et Jésus (II-B) 127b.

Marie. Mère de Jésus. Symbole de l'Église 55b. 443a-b.
— Nouvelle Ève 60b.
— Deux fois en Jn (II-B) 101b.
— A Cana 105b-106b.
— « Femme » (II-B) 106b.
— Jésus remet sa mère au disciple qu'il aimait (II-B) 439a-b.
— Près de la croix (II-B) 442b-443b.

Marie. De Béthanie – soeur de Lazare. Disciple de Jésus (C) 53b.
— Importance dans C 68a.
— Seule dans le récit de la résurrection de Lazare (C II-A) 13b. 276b-277a. 279b-282a.
— Plus importante que Lazare dans le récit de C 287b.

— Onction de Béthanie (C II-B) 302a-305b.
— Jésus lui apparaît (C II-A) 32a. 460b-465b.
— Disciple par excellence (II-A) 53b. 464a-b.
— Supplantée par Marthe lors de la résurrection de Lazare (II-B) 290a-b.
— Identifiée à la pécheresse de Lc (II-B) 304a.
— De Magdala au tombeau de Jésus (II-B) 453a-b. 458b.
— Apparition du Christ (II-B) 459a-466b.
— Sa maison symbolise l'Église 55b. 61a.

Marié – Le Christ aux Noces de Cana (II-A) 104b.

Marqah. Auteur samaritain du 4ᵉ s. 50a.
— Memar 2 **1** : 140a.
— 2 **8** : 142b.
— 2 **9** : 142b.
— 2 **12** : 94a.
— 4 **9** : 138a.
— 4 **10** : 94a.
— 4 **12** : 93b. 142b.
— 6 **3** : 139b. 140a.
— Durran 22 : 93b.

Marthe. Supplante Marie (II-B) 13b. 47b.
— Disciple parfaite (II-B) 51a.
— Reconnaît solennellement que Jésus est Messie (II-B) 53a.
— Type du disciple. Remplace Marie (II-B) 55a.
— Symbole du disciple parfait (II-B) 60b.
— Lors de la résurrection de Lazare II-B ajoute Marthe 276a-282a. 290a-b.
— Lors de l'onction de Béthanie II-B ajoute Marthe 302a. 303b.

Martyre d'Isaïe 2 4 : 317b.

Matin. Symbolisme (II-B) 61a. 432a.

Matthieu. Ultime rédacteur utilise II-A 68b.

TABLE DES MATIÈRES

Tirée sur les presses
de l'Imprimerie Saint-Paul
55001 Bar le Duc
cette première édition de

L'évangile de Jean
Synopse t. III

a été achevée d'imprimer
le 29 juillet 1977
Dép. lég. : 3e trimestre 1977
No éd. 6797 - No 1-77-066

Imprimé en France